ALLBRIGHT
LAW OFFICES
锦天城

锦天城法律实务丛书

GLOSSARY OF
CONSTRUCTION PROJECT COSTS
IN-DEPTH ANALYSIS AND PRACTICAL GUIDANCE

建设工程造价术语

深度解析及实务指引

单春利 著

法律出版社 LAW PRESS · CHINA
北京

图书在版编目（CIP）数据

建设工程造价术语深度解析及实务指引 / 单春利著.
北京：法律出版社，2025. --（锦天城法律实务丛书）.
ISBN 978 -7 -5244 -0035 -6

Ⅰ. D922.297.5

中国国家版本馆 CIP 数据核字第 20258LM526 号

锦天城法律实务丛书	**建设工程造价术语深度解析及实务指引** **JIANSHE GONGCHENG ZAOJIA SHUYU SHENDU JIEXI JI SHIWU ZHIYIN**	单春利　著	策划编辑 田　浩 责任编辑 田　浩 装帧设计 臧晓飞

出版发行 法律出版社
编辑统筹 法商出版分社
责任校对 李慧艳
责任印制 胡晓雅
经　　销 新华书店

开本 710 毫米 ×1000 毫米　1/16
印张 60　　**字数** 974 千
版本 2025 年 6 月第 1 版
印次 2025 年 6 月第 1 次印刷
印刷 北京盛通印刷股份有限公司

地址：北京市丰台区莲花池西里 7 号（100073）
网址：www.lawpress.com.cn
投稿邮箱：info@lawpress.com.cn
举报盗版邮箱：jbwq@lawpress.com.cn

销售电话：010 -83938349
客服电话：010 -83938350
咨询电话：010 -63939796

书号：ISBN 978 -7 -5244 -0035 -6
定价：238.00 元

序

建设工程领域的法律实务，历来是法律与技术深度融合的复杂领域。法律条文与造价规范的交互、合同约定与行业惯例的博弈、司法裁判与专业认知的碰撞，构成了这一领域独特的实践图景。然而，长期以来，法律人与造价人之间的知识鸿沟，使得许多争议陷入“法律逻辑难解技术难题，技术视角难触法律内核”的困局。如何架起二者之间的桥梁，实现专业融合与实务精进，既是行业发展的迫切需求，亦是法律人肩负的时代使命。

欣闻单春利律师的专著《建设工程造价术语深度解析及实务指引》即将付梓，作为深耕法律实务与学术研究多年的同行者，我深感欣慰。单律师不仅是上海市锦天城律师事务所建设工程领域的资深合伙人，更是一位兼具法律执业资格、一级造价工程师、一级建造师等多项专业资质的复合型专家。他以十五年一线实务经验为根基，将法律思维与造价技术熔于一炉，开创性地提出“造价证据链分析法”，在近百起重大工程纠纷案件中展现了卓越的专业能力。本书的诞生，既是其个人学术积淀与实务智慧的结晶，亦为建设工程法律与造价交叉领域的研究与实践树立了新的标杆。

通览全书，结构严谨、内容详实、视角独特。作者以《建设工程工程量清单计价标准》与现行规范为双主线，系统梳理了造价术语的法律内涵，深入剖析了合同约定、价款调整、结算支付等高频争议的司法裁判逻辑，并通过大量最高人民法院指导性案例、各省级高院裁判规则及行业权威观点，为读者构建了“术语解析—法律适用—争议解决”的三维知识体系。尤为可贵的是，书中对“人工费调差”“甲供材计价”“安全文明施工费争议”等实务痛点的解析，既立足技术细节，又紧扣法律原则，充分彰显了作者“以法律思维解决造价问题，以造价技术支撑法律主张”的写作初衷。

本书的实用价值与理论意义并重。对于法律从业者而言，它是破解造价术语迷局、精准把握合同实质的“解码器”；对于造价工程师而言，它是理解法律位阶、强化专业主张的“指南针”；对于法官、仲裁员、调解员、律师乃至学术研究者而言，它更是弥合理论与实践鸿沟的“关键纽带”。在建设工程纠纷日益复杂化、专业化的今天，此书无疑为行业提供了一盏理性之光。

作为上海市锦天城律师事务所的主任，我见证了许多优秀同仁在专业领域的探索与突破，单春利律师无疑是其中的佼佼者。他的努力不仅体现了锦天城“专业至上、务实创新”的律所精神，更展现了法律人推动行业进步的担当。在此，我诚挚推荐本书给所有建设工程领域的从业者——愿诸君能从中汲取智慧，共同推动法律与造价的无缝衔接，为中国建设工程领域的高质量发展注入更多专业力量。

2025 年 5 月于上海

目·录

第一章 造价构成

第二章 计量与计价

第五章 价款结算

第六章 价款支付

第一章 造价构成

根据《工程造价术语标准》（GB/T 50875—2013）的定义，工程造价指的是工程项目在建设期预计或实际支出的建设费用，包括建设投资和建设期利息。建设投资包括工程费用、工程建设其他费用和预备费三部分。工程费用是指建设期内直接用于工程建造、设备购置及其安装的建设投资，可以分为设备及工器具购置费和建筑安装工程费。其中，用于购买工程项目所需各种设备及工器具的费用，如购买电梯的费用，构成设备及工器具购置费；用于购买建筑施工和安装施工所支出的费用，如购买施工用的钢筋、混凝土，用于支付施工人员劳务费等，构成建筑安装工程费。工程建设其他费用是指建设期为项目建设或运营必须产生的但不包括在工程费用中的费用，如发包人支付的设计费、土地费、项目筹建和项目管理费用等。预备费是在建设期内因各种不可预见因素的变化而预留的可能增加的费用，包括基本预备费和价差预备费。如为预防在工程实施中可能存在的工程变更、材料变更、一般自然灾害处理、地下障碍物处理、超规超限设备运输等可能增大成本而预留的费用，构成基本预备费，亦可称为工程建设不可预见费。价差预备费则指的是在建设期内，为防止利率、汇率或价格等因素的波动致使投资增大而预留的费用，如为预防人工价上涨、材料费涨价而预留的费用（见图 1-1）①。

① 全国造价工程师职业资格考试培训教材编审委员会编：《建设工程计价》（第 2 版），中国计划出版社 2021 年版，第 2 页。

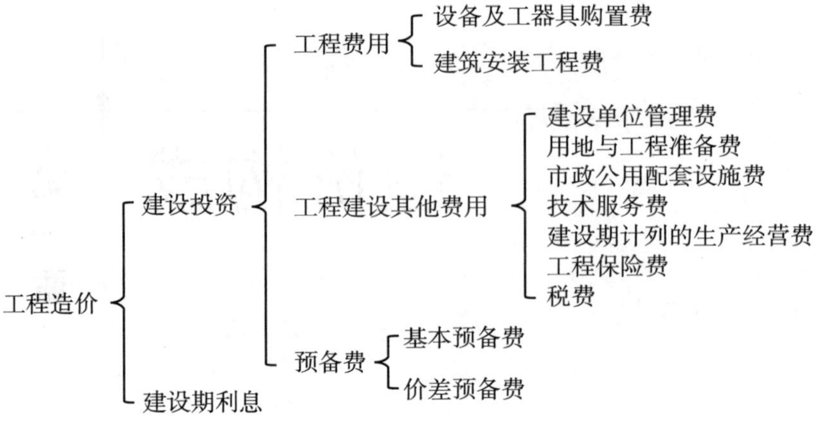

图 1-1　工程造价的构成

在工程实务中，工程造价是一个泛指性概念，可以在不同场合下使用。如既可以把整个工程的固定资产投资称为工程造价，如整栋办公楼造价；也可以把特定的某建筑工程、安装工程的花费称为工程造价，如土建工程造价、暖通工程造价等。工程造价在工程建设的不同阶段有具体的称谓，如在投资决策阶段，所有工程建设的实质性工作均未开展，没有初步设计文件及施工图，只能根据以往同类工程参照地域性差异、通胀指数差异及规模差异进行综合评估所需费用，称为投资估算；在初步设计阶段，对位置、大小、层数、朝向、设计标高、道路及绿化布置等建设方的要求已经比较明晰，有了初步设计图纸但并不详尽，无法根据图纸确定工程量从而确定工程造价，此阶段只能根据概算指标或概算定额确定造价，称为设计概算；在施工图设计完成后，可以根据施工图确定各分部分项工程的工程量，与之对应的人工费、材料费、机械费也能随之确定，再加上施工企业所需要的管理费、利润及需要向国家必须缴纳的规费和税金，即可计算出图纸上的工程造价，但因该工程并未真正实施，属于先期确定的造价，称为施工图预算；在招投标阶段，发包人为了防止投标人串通投标、恶意抬高价格、控制总投资，对招标标的物实施总价控制，称为招标控制价，投标人为了获取中标机会，在投标时响应招标文件要求所报出的欲与发包人达成交易的总价称为投标报价；发承包双方根据中标通知书，在合同中约定的工程造价，称为签约合同价；在工程完工后，发承包双方根据国家有关法律、法规规定和合同约定，在承包人完成合同约定的全部工作后，经双方调整和确定最终的工程价款为竣工结算价；有些建设项目，需要计算从立项到交付使用全过程中实际支出费用总和，将此作为建设单位财务部门核算汇总新增固定资产、考核分析投资效果的主要依据，由建设单位进行的，依据财政部颁发的《基本建设财务管理规定》（已失效）等相关规定，通过编制竣工决算书等文件形式确认工程建设项目的最终造价，称为决算价。

工程造价对不同的主体而言，由于所处的角度不同，工程造价有不同的含义。从投资者（业主）角度分析，工程造价是建设一项工程预期开支或实际开支的全部固定资产投资费用。投资者为了获得投资项目的预期效益，需要对项目进行策划决策、建设实施（设计、施工）直至竣工验收等一系列活动。在上述活动中所花费的全部费用，包括用于购买工程项目所含各种设备的费用、用于建筑施工和安装施工所需支出的费用、用于委托工程勘察设计应支付的费用、用于获取土地使用权所需的费用，也包括用于建设单位自身进行项目筹建和项目管理所花费的费用等。①从市场交易角度分析，工程造价是在工程发承包交易活动中形成的建筑安装工程费用或建设工程总费用。②

建筑安装工程费用③是为了完成工程项目的建造、生产性设备及配套工程安装所需的费用。根据住房和城乡建设部、财政部颁布的《建筑安装工程费用项目组成》（建标〔2013〕44 号）的规定，我国现行建筑安装工程费用项目按照两种方式划分，即按照费用构成要素划分和按照工程造价形成划分。第一，按照费用构成要素划分，建筑安装工程费按照费用由人工费、材料（包含工程设备，下同）费、施工机具使用费、企业管理费、利润、规费和税金组成。第二，按照工程造价形成划分，建筑安装工程费由分部分项工程费、措施项目费、其他项目费、规费、税金组成。

两种划分方法看似毫无关联，但本质内容具有统一性。按照工程造价形成划分的分部分项工程费、措施项目费、其他项目费均包含了人工费、材料费、施工机具使用费、企业管理费和利润等要素，即人工费、材料费、施工机具使用费、

① 参见全国造价工程师职业资格考试培训教材编审委员会编:《建设工程计价》，中国计划出版社 2021 年版，第 1 页。

② 参见全国造价工程师职业资格考试培训教材编审委员会编:《建设工程造价管理》，中国计划出版社 2021 年版，第 1 页。

③ 说明：本书以建设工程施工合同纠纷为背景进行写作，故而只选择建筑安装工程费作为研究对象。

企业管理费和利润是构成分部分项工程费、措施项目费、其他项目费的要素。

如某建筑工程，根据结构形成可以分为地基与基础工程、主体结构工程、防水工程及装饰装修工程。对于该建筑工程的造价，我们既可以按照费用构成要素计算，如所有的人工费单独累加，所有的材料费、施工机具使用费、企业管理费、利润均单独累加，最终与向国家缴纳的规费和税金汇总计算总数；也可以把地基与基础工程、主体结构工程、防水工程及装饰装修工程的造价分别计算出来，最终与向国家缴纳的规费和税金汇总计算总数。但对于地基与基础工程、主体结构工程、防水工程及装饰装修工程的造价费用来说，每一个分部工程均包含对应的若干个分项工程费、措施项目费、其他项目费。而对应的分项工程费、措施项目费、其他项目费，均可能涉及人工费、材料费、施工机具使用费、企业管理费、利润中的一种或多种。

在 2013 年《建筑安装工程费用项目组成》出台之前，通常把建筑安装工程费划分为直接费、间接费、利润和税金四个部分。直接费包括直接工程费和措施费。直接工程费是指能够形成工程实体的人工、材料、机械费用；措施费是指为完成建设工程施工而必须发生但不构成工程实体的人工、材料、机械费用，包括夜间施工费、二次搬运费、临时设施费等。间接费包括规费、管理费。其中，管理费包括企业管理费和现场管理费等。自 2013 年《建筑安装工程费用项目组成》出台以后，之前划分标准文件[①]已经发生变化，建筑安装工程费不再按照直接费、间接费、利润和税金进行划分。

《建设工程工程量清单计价规范》(GB 50500–2013)(以下简称《2013 清单计价规范》)对工程量清单构成的规定[②]与《建筑安装工程费用项目组成》(建标

---

① 1989 年 6 月 18 日原建设部、中国人民建设银行公布的《关于改进建筑安装工程费用项目划分的若干规定》(建标〔1989〕248 号)第 1 条规定："建筑安装工程费用项目的组成。包括直接费、间接费、计划利润和税金四个部分(详见附件)。"1993 年 12 月 30 日原建设部、中国人民建设银行公布的《关于调整建筑安装工程费用项目组成的若干规定》(建标〔1993〕894 号，已失效)第 1 条规定："建筑安装工程费由直接工程费、间接费、计划利润、税金等四个部分组成，内容见附件。"2003 年 10 月 15 日原建设部、财政部公布的《建筑安装工程费用项目组成》(建标〔2003〕206 号，已失效)第 1 条第 1 项规定："建筑安装工程费由直接费、间接费、利润和税金组成。"

② 《2013 清单计价规范》第 1.0.3 条规定，建设工程发承包及实施阶段的工程造价应由分部分项工程费、措施项目费、其他项目费、规费和税金组成。

〔2013〕44号）内容一致，即包括分部分项工程费、措施项目费、其他项目费、规费、税金等。2024年11月26日发布的《建设工程工程量清单计价标准》（GB/T 50500—2024）（以下简称《2024清单计价标准》）则对工程量清单进行重新调整，新的工程量清单构成包括分项工程项目清单、措施项目清单、其他项目清单、增值税等，不再单列规费。① 新的清单计价标准在工程量清单中不再单列规费，并非是取消规费，而是把规费所包含的内容与其他相关费用进行有机合并，使其在造价构成要素设置更为科学、工程价款调整操作更为方便。根据《2013清单计价规范》的规定，规费由工程排污费、社会保险费、住房公积金组成，② 其中“工程排污费”已经取消 ③，改为环境保护税，④“社会保险费和住房公积金”中，属于生产工人应缴纳部分的计入人工费，属于管理人员应缴纳部分的计入管理费。

第一节 分部分项工程费

分部分项工程费，是指各专业工程的分部分项工程应予列支的各项费用。⑤

① 《2024清单计价标准》第3.1.2条规定，工程量清单应按分部分项工程项目清单、措施项目清单、其他项目清单、增值税分别编制及计价。采用其他清单形式计价的，本标准适用的规则仍应执行，专门性的规定可由发承包双方参照本标准相关规定另行明确。

② 《2013清单计价规范》第4.5.1条规定，规费项目清单应按照下列内容列项：1 社会保险费：包括养老保险费、失业保险费、医疗保险费、工伤保险费、生育保险费；2 住房公积金；3 工程排污费。

③ 《财政部关于停征排污费等行政事业性收费有关事项的通知》（财税〔2018〕4号）规定，自2018年1月1日起，在全国范围内统一停征排污费和海洋工程污水排污费。其中，排污费包括污水排污费、废气排污费、固体废物及危险废物排污费、噪声超标排污费和挥发性有机物排污收费；海洋工程污水排污费包括生产污水与机舱污水排污费、钻井泥浆与钻屑排污费、生活污水排污费和生活垃圾排污费。

④ 《环境保护税法》（2018年修正）第27条规定，自本法施行之日起，依照本法规定征收环境保护税，不再征收排污费。

⑤ 根据《2024清单计价标准》第2.0.2条定义，分部分项工程是分部工程、分项工程的总称。分部工程是单位工程的组成部分，是按施工部位、路段长度、施工特点或施工任务、材料类别等将单位工程划分的若干个项目单元；分项工程是分部工程的组成部分，是按不同施工方法、工序、材料、工种等将分部工程划分的若干个项目单元。其发生的费用为分部分项工程费。

其中，专业工程是指按现行国家计量规范划分的工程类别，包括房屋建筑与装饰工程、仿古建筑工程、通用安装工程、市政工程、园林绿化工程、矿山工程、构筑物工程、城市轨道交通工程、爆破工程等各类工程。分部分项工程指按现行国家计量规范对各专业工程划分的项目类别，如房屋建筑与装饰工程划分的土石方工程、地基处理与桩基工程、砌筑工程、钢筋及钢筋混凝土工程等。各类专业工程的分部分项工程划分遵循国家或行业工程量计算规范的规定。

分部分项工程费，是指向工程实体的花费。工程项目具有单件性与多样化的特点，每个工程项目都是按业主的特定需求进行单独设计和施工，无法批量生产，其工程项目的价格也无法复制，只能采用特殊的计价程序和方法确定。计价的整体思路是从小到大的累加，故而计价需要先将整个建设项目进行分解，划分为可以按有关技术经济参数测算价格的基本单元子项，然后再组合计价。

根据《建筑工程施工质量验收统一标准》（GB 50300—2013）的规定，建设项目按照整体到局部进行分解，可分为单项工程、单位工程、分部工程、分项工程及检验批。其中，单项工程是建设项目的组成部分，具有独立的设计文件，竣工后能单独发挥设计所规定的生产能力或效益，并构成建设工程项目的组成部分，如一所学校的教学楼、实验楼、图书馆等。单位工程是具备独立施工条件并能形成独立使用功能的建筑物及构筑物，如小区中的一栋楼。分部工程是单位工程的组成部分，按建筑工程的主要部位或土建工程及安装工程的种类划分，如地基与基础工程、主体结构工程、装饰装修工程、屋面工程等。分项工程是分部工程的组成部分，是施工图预算中最基本的计算单位，按照不同的施工方法、不同材料及不同规格进行划分，如主体结构工程（混凝土工程）中的模板、钢筋、混凝土工程。检验批是按同一生产条件或按规定的方式汇总起来供检验用的，由一定数量样本组成的检验体。检验批是工程质量验收的基本单元。

一般而言，结构分解层次越多，基本子项也越细，价格计算也更精确，但结构分解过细又不利于计价效率。通常以既能用较为简单的施工过程生产出来，又能用适当的计量单位计量并便于测定或计算的工程基本构造要素确定[①]价格计算的层次。实践中，把分项工程作为计算资金消耗的最基本的构造要素。分部分项工程费通常用分部分项工程量乘以对应的综合单价进行计算，公式为：

---

① 参见李建峰主编：《建筑工程》（下册），陕西人民出版社 2013 年版，第 10 页。

分部分项工程费 = Σ（分部分项工程量 × 综合单价）

其中，综合单价包括人工费、材料费、施工机具使用费、企业管理费、利润及一定范围的风险费用。

一、人工费

| 导读 |

在建设工程成本体系中，人工费作为建安工程费的核心组成部分，其占比通常达 15%~25%，特殊工程甚至突破 40%。这一费用不仅是劳动力市场价值的直接映射，更是成本管控的关键节点。近十年来，受国家宏观政策调整、城市化进程加速及人口结构变化等多重因素驱动，建筑业劳动力供需矛盾日益凸显，人工价格波动较大。在此背景下，人工费的风险分担机制成为发承包双方博弈的焦点——若合同未明确约定风险分配，当市场价格波动超出合理预期时，需通过人工费调差机制重新平衡双方权益，这一实践已成为工程纠纷预防与化解的重要制度设计。

人工费的复杂性还体现在其关联费用的政策演变中。根据《2013 清单计价规范》，社会保险费与住房公积金被列为规费，作为不可竞争费用按定额人工费计取。2017 年住房和城乡建设部《关于加强和改善工程造价监管的意见》（建标〔2017〕209 号）进一步要求扩大人工单价计算口径，将工资、津贴、福利费、社保公积金等 8 类支出纳入人工单价构成，推动计价体系向全成本覆盖转型。

2024 年 11 月 26 日发布的《2024 清单计价标准》标志着工程造价的深度改革：取消规费单列，将原规费中施工人员的社会保险与住房公积金划归人工费，管理人员相关费用则计入企业管理费。这一调整重构了成本分类逻辑，使人工费核算更贴近实际用工成本，同时倒逼企业精细化区分生产性与管理性支出。

【术语解读】

人工费，是指用于支付从事建筑安装工程施工的生产工人和附属生产单位工人的各项费用。人工费是造价构成中的计价要素，并不等同于发放给工人的劳务费。造价构成中的人工费仅指与一线生产工人有关的费用，通常并不包括与施工管理人员和施工机械操作人员有关的费用，施工管理人员相关费用计入管理费，施工机械操作人员有关的费用计入机械费。

（一）人工费的构成

人工费包括：工资、津贴、职工福利费、劳动保护费、社会保险费、住房公积金、工会经费、职工教育经费以及特殊情况下工资性费用等。[①] 其中：

1. 工资包括：计时工资或计件工资，是指按计时工资标准和工作时间或对已做工作按计件单价支付给个人的劳动报酬。

2. 津贴，是指为了补偿职工特殊或额外的劳动消耗和其他特殊原因支付给个人的津贴，以及为了保证职工工资水平不受物价影响支付给个人的物价补贴。如流动施工津贴、特殊地区施工津贴、高温（寒）作业临时津贴、高空津贴等。

3. 职工福利费，是指企业为职工提供的除职工工资、奖金、津贴、纳入工资总额管理的补贴、职工教育经费的费用，包括发放给职工或为职工支付的以下各项现金补贴和非货币性集体福利等。

4. 劳动保护费，是指用于职工劳动保护方面的费用支出。如购买安全帽、防护服等费用。

5. 工会经费，是指工会组织依法筹集、管理和使用的资金，用于维护职工权益、开展工会活动及保障工会正常运作。如困难帮扶、文体活动、教育培训等。

6. 特殊情况下支付的工资，是指根据国家法律、法规和政策规定，因病、工伤、产假、计划生育假、婚丧假、事假、探亲假、定期休假、停工学习、执行国家或社会义务等原因按计时工资标准或计时工资标准的一定比例支付的工资。

（二）人工费的计算

人工费的计算取决于两个因素，即人工工日消耗量和人工日工资单价。其中，工程工日消耗量是指在正常施工条件下，完成标准计量单位工程所消耗的人

① 住房和城乡建设部《关于加强和改善工程造价监管的意见》（建标〔2017〕209 号）第 2 条第 4 项规定：完善建设工程人工单价市场形成机制。改革计价依据中人工单价的计算方法，使其更加贴近市场，满足市场实际需要。扩大人工单价计算口径，将单价构成调整为工资、津贴、职工福利费、劳动保护费、社会保险费、住房公积金、工会经费、职工教育经费以及特殊情况下工资性费用，并依据新材料、新技术的发展，及时调整人工消耗量。各省级建设主管部门、有关行业主管部门工程造价管理机构要深入市场调查，按上述口径建立人工单价信息动态发布机制，引导企业将工资分配向关键技术技能岗位倾斜，定期集中发布人工单价信息。

工工日数量；日工资单价是指施工企业平均技术熟练程度的生产工人在每工作日（国家法定工作时间内）按规定从事施工作业应得的日工资总额。

故人工费的基本计算公式为：人工费 = ∑（工程工日消耗量 × 日工资单价）

其中：工程工日消耗量是指完成国家或地方标准类工程量所预算的人工工日数量。工程工日消耗量按预算定额，是一个标准类的工日消耗量，可在相关地方及行业预算定额或消耗量定额中查询。日工资单价是指施工企业平均技术熟练程度的生产工人在每工作日（国家法定工作时间内）按规定从事施工作业应得的日工资总额。①

根据住房和城乡建设部、财政部《建筑安装工程费用项目组成》（建标〔2013〕44号）的规定，日工资单价是指施工企业平均技术熟练程度的生产工人在每工作日（国家法定工作时间内）按规定从事施工作业应得的日工资总额。根据《2024清单计价标准》关于工程量清单构成的规定，工程量清单不再单独设有规费项目，原规费项目中属于生产工人应缴纳部分的社会保险费和住房公积金计入人工费，故在《2024清单计价标准》实施后的日工资单价还应包含对应的社会保险费和住房公积金等费用。按照住房和城乡建设部《关于加强和改善工程造价监管的意见》（建标〔2017〕209号）的要求，各省级建设主管部门、有关行业主管部门工程造价管理机构要建立人工单价信息动态发布机制，定期集中发布人工单价信息。

（三）人工费调差

工程合同通常不能即时完成，而合同总价款所依据的日工资单价往往是签约合同时的预算定额价或市场价，当施工期间日工资单价发生变化时，签约人工费不能如实反映真实人工费，在合同约定风险范围外需要对人工费差额进行调整，即人工费调差。

根据《2013清单计价规范》的规定，② 合同履行期间，出现工程造价管理机构发布的人工价格与合同工程基准日期相应单价或价格比较出现涨落，发承包双方应调整合同价款。根据《2024清单计价标准》第8.7.1条的规定，合同约定因

① 参见住房和城乡建设部、财政部《建筑安装工程费用项目组成》。

② 《2013清单计价规范》第9.8.1条规定，合同履行期间，因人工、材料、工程设备、机械台班价格波动影响合同价款时，应根据合同约定，按本规范附录A的方法之一调整合同价款。

物价变化引起合同清单的分部分项项目清单的人工费、材料费、施工机具使用费中的燃料动力费进行价格调整的，应依据合同约定的市场价格信息来源所发布的合同基准日与调价时间区段相关人工费、材料费、施工机具使用费中的燃料动力费市场价格信息所反映的价格波动幅度，计算调价区段超出合同约定幅度的人工费、材料费。

因发包人原因引起工期延长的，则计划进度日期后续工程的价格或单价，采用计划进度日期与实际进度日期两者的较高者；因承包人原因引起工期延长的，则计划进度日期后续工程的价格或单价，采用计划进度日期与实际进度日期两者的较低者。因非发承包双方原因引起工期延长的，按照合同约定或法律法规及政策规定调整，如合同没有约定或法律法规及政策没有规定，市场价格波动幅度超出 5% 时，应予调整。①

《建设工程施工合同（示范文本）》通用条款指引，除专用合同条款另有约定外，市场价格波动超过合同当事人约定的范围，合同价格应当调整。

【司法实务】

问题 1. 固定总价合同能否进行人工费调差？

固定总价合同，是指发承包双方约定以施工图及其预算和有关条件进行合同价款计算、调整和确认，在约定的工程范围内总价保持不变的建设工程施工合同。实务中也称“总价包干合同”“包死价合同”，即在结算时按合同约定价结

---

① 《2024 清单计价标准》第 8.7.2 条规定，合同约定调整的人工费、材料费、施工机具使用费中的燃料动力费市场价格波动超出合同约定幅度，如合同未约定幅度或约定不明，其市场价格波动幅度超出 5% 时，可按本标准附录 A 的方法之一调整合同价格。第 8.7.3 条规定，若不属于合同约定调整的人工费、材料费、施工机具使用费中的燃料动力费的其他材料费市场价格出现异常变动，且是发承包双方在订立合同时无法预见的重大变化，继续履行合同对于受不利影响的合同一方明显不公平的，发承包双方可按风险合理分担原则，协商合同风险幅度或费用分担比例，承担相关部分的增（减）价差或据实调整合同价格。第 8.7.4 条规定，合同工程出现工期延长的，应按下列规定确定及调整合同履行期由于物价变化影响的价格：1. 因发包人原因引起工期延长的，计划进度日期后续工程的价格，采用计划进度日期与实际进度日期两者的较高者；2. 因承包人原因引起工期延长的，计划进度日期后续工程的价格，采用计划进度日期与实际进度日期两者的较低者；3. 因非发承包双方原因引起工期延长的，计划进度日期后续工程的价格应按本标准第 8.7.2 条的规定调整，合同另有约定或法律法规及政策另有规定除外。

算，不再调整价款的合同。人工费是建安工程费的组成部分，是构成固定总价合同的价格要素，在总价包干、总价不变的情况下，人工费也不应发生变化。但根据《2013清单计价规范》条文说明原则，人工费系关系建筑安装工程公司职工切身利益的费用构成，不应纳入风险，各省、自治区、直辖市建设行政主管部门均根据当地人力资源和社会保障行政主管部门的有关规定发布人工成本信息或人工费调整。

对于固定总价合同的人工费上涨成本由谁承担问题，一直是法律实务中难以解决的问题。固定总价合同模式下能否对人工费调差，实务中存在两种不同观点：

第一种观点认为，固定总价合同是总价包干合同，总价包干当然包含了人工费的包干，总价包干是承发包双方真实意思表示，在不违反法律行政法规强制性规定情况下，不得随意更改，不能对人工费调差。

第二种观点认为，虽然固定总价合同为总价包干合同，但建设工程合同不得采用无限风险、所有风险①，且低于成本价亦违反了招投标法的强制性规定②，故人工费增长超出一定范围后应当调差。

笔者认为以上观点均不完整。

人工费是在生产、建设、服务过程中，用于支付给劳动者的各项费用。包括劳动者的工资、津贴、奖金、加班费等，是生产成本或经营成本的重要组成部分。人工费既是劳动力价值的体现，也是社会稳定的保障。随着社会的发展和经济的增长，人们的收入水平普遍提高，用工成本不断增加，人工费逐年递增。一般来说，在施工期内，每跨越人工费调整节点，人工费工日单价就会有一定比例的上涨，在同等施工强度下承包人用工成本会随之增加。

对于固定总价合同人工费上涨的成本承担的问题，笔者认为应从商业风险和过错责任两方面分析。

一、属于商业风险的，各自在风险范围内承担

商业风险是指在商业活动中，由于各种不确定因素引起的，给商业主体带来

---

① 《2013清单计价规范》第3.4.1条规定：建设工程发承包，必须在招标文件、合同中明确计价中的风险内容及其范围，不得采用无限风险、所有风险或类似语句规定计价中的风险内容及范围。

② 《招标投标法》第33条规定：投标人不得以低于成本的报价竞标，也不得以他人名义投标或者以其他方式弄虚作假，骗取中标。

损失的机会或可能性的一切客观经济现象。如固定总价合同是合同总价一次性包死、固定不变的合同。固定总价合同价格以图纸及规范为基础，这类合同对应的工程在施工前工程任务明确，施工条件明晰，业主要求清楚，结算时合同价格不再因为施工环境变化和工程量增减而改变。

商业风险不是基于对方违约造成的，而是因市场环境等客观因素产生的，是商事主体自行选择的结果。在固定总价合同中，承包商承担了全部的工程量和价格的风险。尽管人工单价上涨会使承包人用工成本增加，但作为有经验的承包商，明知固定总价合同的含义，也应当知道施工过程中可能出现人工费价格上涨的情况，其自愿承担该商业风险，该约定系双方真实意思表示，没有违反法律、行政法规的强制性规定，应按照合同约定执行。最高人民法院《关于审理建设工程施工合同纠纷案件适用法律问题的解释（一）》（以下简称《建设工程施工合同司法解释（一）》）第 28 条规定："当事人约定按照固定价结算工程价款，一方当事人请求对建设工程造价进行鉴定的，人民法院不予支持。"

如最高人民法院在（2017）最高法民申 374 号"河南国安建设集团有限公司与舞钢市房地产开发公司建设工程施工合同纠纷案"中认为："国安公司与舞钢房地产公司所签《建设工程施工合同》约定，合同价款采用固定方式确定，风险范围包括政策性调整、承包人可以预见的因素等，此约定意味着风险范围之内的费用不再予以调整。从河南省住房和城乡建设厅就人工费计价问题发布〔2011〕45 号通知进行指导和调整来看，人工费属于政策性调整范围，依据合同约定属于风险范围之内，因此不应再予调整。双方合同签订时间早于河南省住房和城乡建设厅〔2011〕45 号通知执行时间，虽然该通知规定执行之日前已经签订的合同可按照该通知精神约定未完工程量人工费用的调整办法，但双方在该通知发布之后并未对未完工程量人工费调整办法另行约定，因此二审法院在认定人工费问题时未适用该通知，并无不当。国安公司再审申请所提原判决适用法律法规错误的理由，不能成立。"

当然，也有一些合同虽约定为固定总价合同，但并不排除人工费调整。如在合同中约定：本合同为固定总价合同，合同履行期内人工费按照最新调价执行；本合同为固定总价合同，固定总价风险不包括人工费上涨风险等。该类固定总价合同为有限固定总价合同，即风险范围内的为承包人应当承担的风险，结算时不再调整；风险范围外的为发包人应承担的风险，在结算时可以调整价款。[①]

二、因一方过错导致工期延误造成人工费增加的，由过错方承担

违约责任，是指当事人不履行或不适当履行合同义务而应承担的民事责任。违约方的违约责任不属于守约方应当承担的商业风险，除非合同明确约定，否则会导致商业道德风险。《民法典》第577条规定："当事人一方不履行合同义务或者履行合同义务不符合约定的，应当承担继续履行、采取补救措施或者赔偿损失等违约责任。"第584条规定："当事人一方不履行合同义务或者履行合同义务不符合约定，造成对方损失的，损失赔偿额应当相当于因违约所造成的损失……"根据《民法典》的规定，发包人未按照约定的时间和要求提供原材料、设备、场地、资金、技术资料的，或发包人没有及时对隐蔽工程进行检查的，构成违约，承包人可以顺延工程日期，并有权请求赔偿停工、窝工等损失。如果发包人导致工期顺延跨越人工费调整节点，则人工费调整节点后的人工费增加成本属于因发包人违约造成承包人的损失。此种情况，人工费应当调整，以弥补非违约方承包人的损失。

最高人民法院在（2014）民抗字第80号"福建章诚隆建设工程有限公司与

---

① 如最高人民法院在"浙江城建建设集团有限公司、西宁城辉建设投资有限公司建设工程施工合同纠纷案"中认为：关于浙江城建公司主张调整人工费造价应否支持的问题。两公司所签的《建设工程施工合同》通用条款第16条约定，"本合同为固定价合同"，同时第16.1条约定，"除专用合同条款另有约定外，因物价波动引起的价格调整按照本款约定处理"，第16.1.2条约定，"施工期内，因人工、材料、设备和机械台班价格波动影响合同价格时，人工、机械使用费按照国家或省、自治区、直辖市建设行政管理部门、行业建设管理部门或其授权的工程造价管理机构发布的人工成本信息、机械台班单价或机械使用费系数进行调整；需要进行价格调整的材料，其单价和采购数应由监理人复核，监理人确认需调整的材料单价及数量，作为调整工程合同价格差额的依据"。上述约定表明，两公司所签的《建设工程施工合同》虽然为固定价合同，但施工期内人工价格波动影响合同价格时，人工费可以进行调整。青海省住房和城乡建设厅《关于调整青海建设工程预算的定额人工费单价的通知》（青建工〔2013〕417号）决定对该省预算定额人工费单价进行调整，人工费单价较之前上涨17.67元，可见人工费的价格波动影响合同价格。原《合同法》第62条规定，"当事人就有关合同内容约定不明确，依照本法第六十一条的规定仍不能确定的，适用下列规定：……（二）价款或者报酬不明确的，按照订立合同时履行地的市场价格履行；依法应当执行政府定价或者政府指导价的，按照规定履行……"。浙江城建公司主张调整人工费造价4380114.84元应当计入工程价款，具有事实与法律依据，最高人民法院予以支持。西宁城辉公司以双方签订的是固定价合同、人工费调整不属于国家政策调整为由主张调整的人工费造价不应当计入工程价款，与事实不符，最高人民法院不予采纳。一审法院对该笔款项处理有误，最高人民法院予以纠正。

厦门经济特区房地产开发集团有限公司建设工程施工合同纠纷案”中认为：合同价款采用固定价格合同方式确定，其中人工费属合同的风险包括范围，不因政府指导价格的调整而发生变化。鉴于特房集团于2007年7月才将上部工程交由章诚隆公司施工，实际开工时间比合同约定的开工时间推迟了4个月，使本可以于2007年5月1日前发生的工程量推迟到2007年5月1日以后发生，为此造成的人工费损失，章诚隆公司有权要求特房集团承担。但对双方正常履行合同的情况下仍不可避免的人工费调整风险，章诚隆公司无权要求调整。

如果双方均有违约，应根据《民法典》第592条的规定，各自承担相应的责任。

关联判例

四川省邛崃市川康建筑工程有限责任公司、四川省邛崃市川康建筑工程有限责任公司西藏分公司与西藏世邦投资有限责任公司建设工程施工合同纠纷案

（2013）民提字第77号

【裁判要旨】

合同在采用固定价的情况下，明确约定了劳动力价格上涨风险已包含在合同价格内，承包人主张人支付人工费上涨后调增工资的请求没有事实依据。

【基本案情】

川康西藏分公司与世邦公司于2007年8月2日签订的《建设工程施工合同》通用条款第23.2条约定，采用固定价格合同，双方在专用条款内约定合同价款包含的风险范围和风险费用的计算方式，在约定的风险范围内合同价款不再调整，风险范围以外的合同价款调整方法，应当在专用条款内约定。专用条款第23.2条约定，此合同价款采用固定单价加变更方式确定，合同价款中包括的风险范围为：市场材料调差、劳动力市场调差、施工风险等，不包括不可抗力因素导致的风险。合同约定由承包人采购材料设备，具体标准依照双方签订的补充条款确定。同日，川康西藏分公司与世邦公司签订的

《拉萨世邦国际商务公寓正式合同补充条款》第16条约定了钢材和水泥的型号标准。

【裁判摘要】

法院认为，从鉴定报告的内容和川康西藏分公司在一审、二审中提交的相关证据看，关于人工费的上调，双方当事人在一审、二审判决作出前，并未达成一致意见。虽然在该案二审判决作出后，世邦公司与工人代表签订协议，承诺代川康西藏分公司支付拖欠工资，该工资数额包含在川康西藏分公司请求上调人工费的范围内，但该协议的当事人仅为世邦公司与工人代表，其内容亦未表明世邦公司认可川康西藏分公司上调人工费的要求，或者放弃向川康西藏分公司行使相应追偿权利，因而该协议不能视为川康西藏分公司与世邦公司在上调人工费的问题上达成一致。川康西藏分公司与世邦公司在两次财务对账中，虽然确认了世邦公司代付工人工资的事实，但经核算，两次对账明细中所列各类工人工资的数额总计均为5863870元，远低于川康西藏分公司所主张的11981536元和鉴定报告核定的7549991元，因而双方进行财务对账的事实，亦不能支持川康西藏分公司提出的上调人工费的主张。而且，参照双方合同中合同价款的约定，合同在采用固定价的情况下，明确约定了劳动力价格上涨风险已包含在合同价格内，因此，川康西藏分公司应自行承担人工费上涨带来的额外费用。故法院认为，川康西藏分公司要求世邦公司支付人工费上涨后调增工资的请求，缺乏事实和法律依据，法院对此不予支持。

问题2. 工程结算时，是否应当执行地方政府出台的人工费调价文件？

随着社会的发展和经济的增长，人们的收入水平普遍提高，建设工程施工人员劳务成本逐年递增，作为建筑安装工程费组成部分的人工费也随之增高。为了平衡造价构成及适用市场需求，建设工程所在地的建设行政主管部门根据国际国内经济形势的发展变化和当地建筑市场人工成本变化情况，在合适时机发布人工工日指导价。如陕西省住房和城乡建设厅于2018年11月28日发布《关于调整房屋建筑和市政基础设施工程工程量清单计价综合人工单价的通知》（陕建发〔2018〕2019号），对建筑工程、安装工程、市政工程、园林绿化工程、装饰工程、仿古建筑工程等预算定额中的综合人工单价进行调整。①

对地方政府出台人工费调价文件是否必然导致人工费调整问题，实务界存在两种不同观点：

第一种观点认为，地方政府出台人工费调价文件属于政府性文件，具有普遍约束力，在其效力范围内的工程应当基于该文件对人工费进行调整。

第二种观点认为，地方政府出台人工费调价文件不能对抗合同约定，是否对人工费进行调整需要看合同的具体约定。

笔者认可第二种观点。

地方政府出台的人工费调价文件，是为了适应经济形势，指导建筑企业合理确定人工成本，保护劳务用工人员合理收益。民事主体依照法律规定或者按照当事人约定，履行民事义务，承担民事责任。根据《民法典》第511条的规定，当事人就有关合同内容约定不明确，且不能达成补充协议的，也无法按照合同相关条款或者交易习惯确定价款的，才可以执行政府定价或者政府指导价。地方住建部门发布的调价意见，属于行政部门发布的指导性意见，不具有强制性。在发、承包双方未协商一致的情况下，不能变更双方现有合同约定。在双方产生争议时，通常也不能作为人民法院适用的依据。

如果双方当事人没有约定固定总价或固定单价，或对人工费调整没有约定，根据《2013清单计价规范》第3.4条，各省、自治区、直辖市建设行政主管部门均根据当地人力资源和社会保障行政主管部门的有关规定发布人工成本信息或人工费调整，对此关系职工切身利益的人工费不应纳入风险，当地方政府对人工费

---

① 《关于调整房屋建筑和市政基础设施工程工程量清单计价综合人工单价的通知》（陕建发〔2018〕2019号）规定："2017年以来，建筑劳务市场人工单价普遍上涨，为客观反映陕西省建设工程人工单价水平，根据《陕西省建设工程造价管理办法》和2009年《陕西省建设工程工程量清单计价规则》相关条文规定，陕西省住房和城乡建设厅在对市场人工工日单价情况调研的基础上，对陕西省建设工程综合人工单价调整如下：（1）调整标准综合人工单价：建筑工程、安装工程、市政工程、园林绿化工程由原90元工日调整为120元工日；装饰工程由原100元工日调整为130元工日；仿古建筑工程预算定额中第五、六、七、十、十一、十二章执行装饰工程调整标准，其余章节执行建筑工程调整标准；修缮工程执行建筑工程调整标准；综合人工单价调整后，调增部分计入差价。（2）执行时间及有关规定该《通知》自2018年12月1日起执行。2018年12月1日以后新开工的项目执行调整后标准。截至2018年11月30日未完成的项目，2018年12月1日以后完成工作量，执行调整后标准。（3）该《通知》由陕西省建设工程造价与建筑行业劳动保险基金统筹管理总站负责解释。"

进行调整时，该时点之后的人工费按照调整后的单价计入结算。即便是固定总价或固定单价合同，如果当事人双方根据调价文件协商变更合同价款，或者施工合同明确约定“适用当地行政主管部门的调价文件”，固定价格合同履行过程中，可以适用当地政府行政主管部门发布的调价文件调整建筑材料价差损失。

关联判例

湖南省金帆经济发展公司与长沙市天心区城市建设开发公司工程欠款纠纷案

（1997）民终字第98号

【裁判要旨】

建筑工程造价，应尊重合同当事人意思自治原则。政策性调整文件，不排除当事人自行约定取价标准。

【基本案情】

1994年6月18日，金帆公司与建安公司签订《建筑工程承包合同》，约定：建安公司承建金帆公司位于长沙市白沙路金帆大厦工程。工程为一层地下室，三层地上框架结构商场及六层砖混结构住宅，总建筑面积约16000平方米；工程造价按本合同签订时所执行的土建、安装及相应配套的有关文件，实行预算包干。1995年8月27日，金帆大厦工程竣工。双方为金帆大厦工程依据湖南省建设委员会1990年颁布的《湖南省建筑工程预算定额》取价，还是依据湖南省建设委员会1994年颁布的《湖南省建筑工程预算定额》取价结算发生纠纷。

【裁判摘要】

关于人工费价差是否应纳入工程款调整范围的问题。虽然双方实际履行的《建设工程施工合同》并未将人工费价差纳入工程款调整范围。但因该合同无效，该条款亦无效，对双方当事人无约束力。另外，人工费价差属于政策性调整，行政主管部门发布的人工费政策性调整文件，在工程建设行业具有一定的普遍约束力。在合同未明确约定人工费不得调整的情况下，鉴定机构依照地方政策性文件规定调整人工费价差，并不违背法律禁止性规定，原审据此采纳鉴定机构意见并无不当。广联公司对此提出两点主张:（1）亚坤公司恶意主张合同无效，规避合同约定内容及其履行责任，却获得比有效合同更多的利益。合同是否有效，取决于其是否满足法定生效要件，而非取决于当事人之主张，广联公司前述主张带有明显的主观色彩，缺乏事实依据，法院不予采信。（2）广联公司主张人工费上涨不属于当事人不可预见的情形，亦不能适用情势变更原则。经查，鉴定机构系根据地方政策性文件规定调整人工费价差，符合行业习惯，原审予以采纳，而非是原审法院根据情势变更原则直接对人工费价差予以调整，因此广联公司的主张不能成立。

问题 3. 人工费调差，是否计取管理费、利润、规费和税金?

施工期内，因人工价格波动影响合同价格时，发承包人根据合同约定及国家或省、自治区、直辖市建设行政管理部门、行业建设管理部门或其授权的工程造价管理机构发布的人工成本信息进行调整。实务中对人工费调差，是否计取管理费、利润、规费和税金问题争议较大，从以下几个维度来分析。

一、人工费是计取管理费、利润、规费和税金的基础

根据《建筑安装工程费用项目组成》（建标〔2013〕44 号）的规定，按照费用构成要素划分，建筑安装工程费包括人工费、材料费（包含工程设备，下同）、施工机具使用费、企业管理费、利润、规费和税金。其中，人工费、材料费和施工机具使用费称为直接费，包括直接工程费和措施项目费；企业管理费和规费为间接费。

1. 按照定额法计算，各要素计算公式如下[①]:

企业管理费 = 直接费 × 企业管理费费率 =（人工费 + 材料费 + 施工机具使用费）× 企业管理费费率

利润 =（人工费 + 材料费 + 施工机具使用费 + 企业管理费）× 利润率 =（人工费 + 材料费 + 施工机具使用费）×（1+ 企业管理费费率）× 利润率

规费 =（人工费 + 材料费 + 施工机具使用费 + 企业管理费 + 利润）× 规费费率 =（人工费 + 材料费 + 施工机具使用费）×（1+ 企业管理费费率）×（1+

① 参见李建峰等编著:《建设工程定额原理与实务》（第 2 版），机械工业出版社 2022 年版，第 156~157 页。

利润率）× 规费费率

税金 =（人工费 + 材料费 + 施工机具使用费 + 企业管理费 + 利润 + 规费）× 规定税率 =（人工费 + 材料费 + 施工机具使用费）×（1+ 企业管理费费率）×（1+ 利润率）×（1+ 规费费率）× 规定税率

建筑安装工程费 = 人工费 + 材料费 + 施工机具使用费 + 企业管理费 + 利润 + 规费 + 税金 =（人工费 + 材料费 + 施工机具使用费）×（1+ 企业管理费费率）×（1+ 利润率）×（1+ 规费费率）×（1+ 规定税率）

从以上建筑安装工程费费用构成要素公式上看，除人工费、材料费和施工机具使用费各自独立计算外，其余各项按照企业管理费、利润、规费和税金，每一个前项都是后项的计算基础。人工费调差是用新的人工费单价代替原有人工费单价，仅从造价要素计算公式来看，管理费、利润、规费和税金会随之调整。

2. 按照工程量清单计价方式。

《2013 清单计价规范》第 1.0.3 条规定，建设工程发承包及实施阶段的工程造价应由分部分项工程费、措施项目费、其他项日费、规费和税金组成。其中，分部分项工程费、措施项目费、其他项日费是采用综合单价与之对应的工程量之和确定，而综合单价是完成一个规定清单项目所需的人工费、材料和工程设备费、施工机具使用费和企业管理费、利润以及一定范围内的风险费用。故人工费是计取管理费、利润、规费和税金的基础。尽管《2024 清单计价标准》第 3.1.2 条规定，工程量清单应按分部分项工程项目清单、措施项目清单、其他项目清单、增值税分别编制及计价，未把规费列为工程量清单计价单项，但规费所包含的社会保险费及住房公积金是法定必须缴纳的费用，必然随人工成本计入工程造价。

二、人工费调差应计取规费和税金，不宜再计取管理费和利润

人工费作为建筑安装工程费的组成部分，是施工方投入的费用，其上涨会增加承包人的施工成本。但人工费是关系建设施工企业员工切身利益的费用，并且各省、自治区、直辖市建设行政主管部门均根据当地人力资源和社会保障行政主管部门的有关规定发布人工成本信息或人工费调整，不把人工费列入施工成本风险范围之内，故在合同没有特殊约定的情况下，通常允许承包人根据当地政府发布的人工费工日单价对人工费进行调差。

人工费调差的本质不是用当期的人工费代替基期人工费，并以此进行结算，而是用当期人工费与基期人工费的差值弥补承包人因人工费上涨而带来的成本增

长。人工费调差，即把当期人工费与基期人工费的差值支付给承包人，与之相对应的规费和税金会随之改变，故而人工费调差需要计取规费和税金。但企业管理成本并不会因施工人工日单价的上涨而增加，故而人工费调差部分不应计取企业管理费。而利润作为施工企业价值追求的目标，其在施工企业投标时已经被确定，施工企业不能从发包人替其承担风险中获取超额利益。根据《民法典》第 6 条“民事主体从事民事活动，应当遵循公平原则，合理确定各方的权利和义务”之规定，人工费调差只应计取规费和税金，不应计取管理费和利润。

《2024 清单计价标准》第 3.3.5 条第 4 项规定，“综合单价的人工费、材料费、施工机具使用费价差调整只计取税金，不计取管理费、利润”。其根本原因是该清单计价标准实施后，规费所包含的社会保险费及住房公积金已经前置于人工费之中，无须另行计算规费。

三、各地有特殊规定从规定

徐州市于 2022 年 11 月 30 日在江苏工程造价信息网发布《关于人工费价差调整是否计取管理费和利润的说明》：近日，还有单位咨询人工费调差是否计取管理费和利润，现统一回复。建设工程施工合同履行期间，如按合同约定允许对人工费进行调整，其中人工费调整属政策性调整，调整方法应按相关文件精神执行，人工费调差差价直接计入综合单价，作为计取管理费和利润的基础。合同另有约定的从其约定。①

石家庄市工程建设造价管理站《关于发布 2023 年上半年综合用工指导价的通知》（石建价信〔2023〕2 号）第 2 条规定：“该指导价与 2012 年计价依据人工基期价格的调整部分做差价处理，仅计取安全生产、文明施工费和税金，不参与取费。”

陕西省住房和城乡建设厅《陕西省建设工程工程量清单计价规则》第 4.1.13 条规定：“由发包人承担的除工程量变化以外的风险费用按差价计列。差价不计入综合单价，只计取规费和税金。”

吉林省住房和城乡建设厅《关于 2009 年度吉林省建设工程结算工作有关规定的通知》（吉建造〔2009〕14 号）第 4.1 条规定：“调整部分取费：人工费调整、

① 《关于人工费价差调整是否计取管理费和利润的说明》，载江苏工程造价信息网 2022 年 11 月 30 日，http://www.jszj.com.cn/xydt/001004/001004003/20221130/962b6fdd-ee8a-4e0d-90db-1f32d596cbc0.html。

材料费调整、机械费调、定额未计价材料费只计取税金。”

原青岛市城乡建设委员会《关于加强工程建设材料价格风险控制的意见》（鲁建标字〔2008〕27号）第4条规定，该意见第2、3款中计取的材料价差只能作为计算有关规费和税金的基础，不得计取其他费用。

从以上造价规定上看，对人工费调差是否计取企业管理费、利润、规费和税金，各地规定并不一致。

综上所述，对人工费调差，是否计取管理费、利润、规费和税金问题，笔者认为首先应遵从合同约定；在合同没有约定的情况下，应适用当地政府发布的计价规定；合同既没有约定，当地政府也没有规定时，应计取规费（人工单价已经包含规费的除外）和税金，不计取管理费和利润。

二、材料费

| 导读 |

在建设工程造价体系中，材料费作为建安工程费的核心构成要素，其占比通常高达总成本的60%以上，金属结构工程等专业领域甚至突破70%。材料不仅是工程实体的物质基础，更是成本控制的关键靶点。材料价格的波动性、质量风险及供应效率直接影响合同履行的稳定性与工程效益的实现。

从合同权责分配视角看，《建设工程施工合同》虽明确建安工程费涵盖人工、材料、机械、管理等全要素成本，并默认由承包人承担材料采购与质量责任，但实务中普遍存在的甲供材模式（发包人直接供应部分工程材料）打破了这一传统范式。发包人基于质量控制、成本管控或利润留存等动因，通过招标文件设定甲供材范围，在工程价款中扣除相应费用。此模式下，材料供应链被重构为“发包人→承包人→施工应用”的三元结构，衍生出多重管理挑战：承包人面临材料调度与施工组织衔接难题，发包人则因介入材料采购环节而需承担更高的质量责任风险。

【术语解读】

材料费，是指工程施工过程中耗费的各种原材料、半成品、构配件、工程设备等的费用，以及周转材料等的摊销、租赁费用。

（一）材料的分类

按照不同的分类标准，可把材料分为不同的类型，其法律意义亦有所不同。

1. 按照材料的用途和价值，可以把材料分为主材、辅材和一般性材料。主材是建设工程施工中必不可少且起到主要性能的高价值材料，如建设工程施工中的钢筋、水泥、混凝土等；辅材是指在建设工程施工中起到辅助功能的低价值材料，如混凝土添加剂、钢筋除锈剂、钢筋扎条、固定模板的钉子、扎带等；一般性材料是指介于主材和辅助中间的、在施工中必不可少的其他材料。一般来说，劳务分包合同约定具有劳务作业资质自行配备或购买劳务工作必须的辅材并不导致劳务合同无效，但如果劳务公司负责采购其他材料，甚至采购主材、租赁机械设备等，此时的劳务分包可能构成转包或违法分包情形。

2. 按照是否具有独立功能划分，可以把材料分为原始材料和工程设备。原始材料包括原材料、辅助材料、构配件、零件、半成品或成品等，需要加工后方可使用，如钢筋需要制作成符合图纸要求的形状并浇筑后才可发挥其功能；工程设备是指构成或计划构成永久工程一部分的机电设备、金属结构设备、仪器装置及其他类似的设备和装置，通常具有独立功能，如电梯的功能具有独立性。一般来说，原始材料的加工与施工，施工单位自己即可完成，而工程设备的安装与调试，需要特殊资质的厂家和人员方可实施。

3. 按照是否可以重复使用，可以分为一次性材料和周转性材料。一次性材料是指在工程施工中与构成工程实体的材料，或虽不构成实体，但不能重复使用的材料，如钢筋、水泥、混凝土及起到固定作用的发泡等；周转性材料是指在工程施工中可以重复使用的材料。如模板、脚手架等。一次性材料和周转性材料的计价基础不同，一次性材料计材料终值，而周转性材料计材料摊销。

（二）材料的构成

建设工程施工中的材料费是以各种材料单价乘以对应数量之和的总计。对于单一材料而言，其单价是指从来源地运到施工工地仓库直至出库形成的综合平均单价，包括材料原价、材料运杂费、材料运输损耗费、材料采购及保管费等。

1. 材料原价

材料原价是指材料、工程设备的出厂价格或商家供应价格，分为国内采购材料原价和国外采购材料原价两种。其中，国内采购材料的原价是指材料的出厂价格，国外采购材料的原价是指抵达买方边境、港口或车站并交纳完各种手续费、税费（不含增值税）后形成的价格。对于同一种材料因来源地、交货地、供货单位、生产厂家不同导致价格不同时，应根据不同来源地供货数量比例，采取加权平均的方法确定其综合原价。

计算公式如下：

原价 =（$K_1C_1+K_2C_2+\cdots+K_nC_n$）/（$K_1+K_2+\cdots+K_n$）

说明：（1）K_1，K_2，…，K_n 为各不同供应地点的供应量；C_1，C_2，…，C_n 为各不同供应地点的原价。（2）原价计算为不含税价格，若材料供货价格为含税价格，则材料原价应扣除对应增值税进项税额。

2. 材料运杂费

材料运杂费是指材料、工程设备从来源地运至工地仓库或指定堆放地点所发生的全部费用，分为国内采购材料运杂费和国外采购材料运杂费两种。其中，国内采购材料运杂费是指从出厂地运至工地仓库或指定堆放地点发生的费用；国外采购材料运杂费是指自到岸港运至工地仓库或指定堆放地点发生的费用。同一品种的材料有若干个来源地，应采用加权平均的方法计算材料运杂费。计算公式如下：

运杂费 =（$K_1T_1+K_2T_2+\cdots+K_nT_n$）/（$K_1+K_2+\cdots+K_n$）

说明：（1）K_1，K_2，…，K_n 为各不同供应地点的供应量；T_1，T_2，…，T_n 为各不同供应地点供货的运费。（2）公式中的运费不含税价格，若运费中含税，则应在扣税后计算。

在交易实务中，根据材料生产厂家和采购方的习惯不同，有两种交易方式。一种方式为合同单价包含材料原价和运费价格，即含税含运费单价，该种方式材料价格与运费不作分离，只以材料费对外开具发票，通常把材料原价和运杂费统一扣除增值税进项税额并计算。另一种方式是材料原价和运费分别计费，并向采购方分别提供货物销售发票和交通运输发票，该种方式即把材料原价和运费分别按照各种增值税率扣除各自增值税后计算。

3. 材料运输损耗费

材料在运输装卸过程中不可避免地存在损耗，如水泥、沙子在运输中与运输工具的粘连、运输晃动造成的撒漏，墙板在运输途中的挤压变形，地砖在运输中的损坏等。材料在运输中应考虑一定的运输损耗费用，材料运输损耗费的计算公式如下：

运输损耗费 =（材料原价 + 材料运杂费）× 材料运输损耗率（%）

不同材料的运输损耗率不同，通常可以在各地预算定额或消耗量定额中查询。如《福建省建筑安装工程费用定额》（2017 版）规定：瓦、空心砖的运输损耗率为 3%，砌块的运输损耗率为 1.5%；砖、砂、石子、水泥、陶粒、耐火土、饰面砖、玻璃、卫生洁具、玻璃灯具、商品混凝土等材料的运输损耗率为 1%；金属材料一般不计取运输损耗；其他材料的运输损耗率按 0.5% 计取。

4. 材料采购及保管费

材料采购及保管费，是指为组织采购、供应和保管材料过程中所需要的各项费用，包括采购费、仓储费、工地保管费和仓储损耗等。

材料采购及保管费一般按照材料到库价格以费率计算，即材料采购及保管费的计费基础包括材料原价、材料运杂费及材料运输损耗费。计算公式为：

材料采购及保管费 =（材料原价 + 材料运杂费 + 材料运输损耗费）× 材料采购及保管费费率（%）

说明：（1）材料采购及保管费的计算基础不包括增值税；（2）因各地地理环境、气候等因素不同，材料采购及保管费按各地区规定编制。

（三）材料费调整

1. 材料费调整范围

发承包双方应当在合同中对因物价变化需要调整材料价款的范围和波动幅度进行约定。当合同对可调整材料范围没有约定或约定不明时，通常认为对工程价款影响较大的主要材料、工程设备及机械设备的燃料动力费为可调整范围。施工耗材、辅助材料等在没有合同特别约定的情况下，不列为材料费调整范围。

2. 材料费调价因素

材料费调价通常涉及四个因素：（1）合同约定材料价格，合同约定材料价格既是建设工程施工合同计价基础，也是材料费调价的对比价格，只有合同约定材料价与当期材料价格严重不匹配时，方可对材料价格进行调整。（2）基期材料价格，基期材料价格是承包人投标时的市场材料价格，该价格是综合考量承包人是否通过不平衡报价以追求更大利润，也是衡量市场波动率是否超出合同约定风险系数的重要指标。（3）当期材料价格，当期材料价格是指施工期间的材料市场价格，是有别于合同约定的材料价格，当期材料价格是动态价格。（4）风险系数，风险系数指的是当材料价格上涨或下跌一定比例时，可以对材料费进行调整的界限。发承包双方可以在合同中约定材料费的风险系数，当材料市场价格波动超出合同约定幅度时，发承包双方应当按照合同约定对材料价格进行调整。对发承包双方对材料价格风险系数没有约定或约定不明的，适用《2013清单计价规范》的，当材料、工程设备单价变化超过5%时，超过部分的价格应调整。适用《2024清单计价标准》的，如果合同约定了材料价格调整，仅是风险系数未约定或约定不明，则市场价格波动幅度超出5%时可调整合同价格；如果合同没有约定材料价格可以调整，当材料费市场价格出现异常变动，且是发承包双方在订立合同时无法预见的重大变化，继续履行合同对于受不利影响的合同一方明显不公平的，发承包双方可按风险合理分担原则，协商合同风险幅度或费用分担比例，承担相关部分的增（减）价差或据实调整合同价格。

3. 材料价格风险分配原则

工程材料在建设工程造价中占比较高，材料价格风险分配及调价原则直接影响合同履行。材料价格风险通常按照以下原则分配：

（1）约定原则。发承包双方可以在合同中约定材料费的调价原则及调价程序。合同约定因物价变化引起材料费进行价格调整的，应依据合同约定的市场价格信息来源所发布的合同基准日与调价时间区段相关材料费市场价格信息所反映的价格波动幅度，超出合同约定比例时，计算调价区段超出合同约定幅度的材料费价差进行调整。如果合同仅约定材料价格调整，但未约定幅度或约定不明，通常认为其市场价格波动幅度超出5%时可以调整。

（2）过错原则。因工期延误而导致材料费变动的，应根据工期延误的原因处理材料费价格调整。①因发包人原因引起工期延长的，计划进度日期后续工程的材料价格，采用计划进度日期与实际进度日期两者的较高者；②因承包人原因引起工期延长的，计划进度日期后续工程的价格，采用计划进度日期与实际进度日期两者的较低者；③因非发承包双方原因引起工期延长的，计划进度日期后续工程的价格应按合同约定调整，合同没有约定或约定不明的，应依据合同履行时有效的清单计价规范或清单计价标准按照利益均衡原则进行调整。

（3）利益均衡原则。利益均衡是民法典的重要原则，是公平合理的重要体现。一般来说，当出现国家法律、法规、规章和政策发生变化致使材料价格上涨，或由政府定价或政府指导价管理的原材料等价格进行调整而影响合同价款调整的，应由发包人承担。合同未约定因物价变化应予调整材料价格的，当市场材料价格异常波动超出合同约定幅度，或合同未约定物价波动幅度，但市场物价异常波动且有经验的承包人不能预见的，发承包双方可调整受异常波动物价变化影响的相关清单项目价款，费用可由发承包双方合理分摊。

4. 材料费调价计算

在合同没有特殊约定的情况下，材料费调价价差仅计取增值税，不应计取管理费、利润。

（四）发包人提供材料

发包人提供材料又称“甲供材料”，是指由发包人采购并提供给承包人，由承包人将其用于合同约定的建设工程项目的建筑材料。

1. 发包人提供材料适用流程

一般来说，发承包双方在建设工程施工合同中约定的材料清单，是由承包人自行采购并将其用于合同约定的建设工程项目之中，由承包人对材料的质量负责。在工程实务中，发包人基于对工程主要材料质量的控制或为获取主要材料价差利润，会要求工程主要材料由甲方提供。

以往的甲供材料，是发包人在招标文件中提供《发包人提供材料和工程设备一览表》，写明甲供材料的名称、规格、数量、单价、交货方式、交货地点等。承包人投标时，按照甲供材料清单及单价计入相应项目的综合单价中，并按照包含甲供材料价格的投标报价签订《建设工程施工合同》。在施工过程中，承包人根据工程进度计划的安排，向发包人提交甲供材料交货的日期计划，发包人按照承包人提交的计划提供甲供材。发包人在支付价款时按合同约定扣除甲供材料款。

《2024 清单计价标准》规定，建设工程存在发包人提供材料的，发包人应在招标文件中明确发包人提供材料的名称、档次、规格型号、交货方式及地点，并在招标工程量清单的项目特征中对发包人提供材料予以描述。发包人提供材料价格不列入合同总价。

2. 发包人提供材料质量责任

建筑材料的质量是工程质量的基石，是工程安全性、耐久性和舒适性的保证，是确保工程项目成功的重要环节。《建设工程质量管理条例》第 14 条规定："按照合同约定，由建设单位采购建筑材料、建筑构配件和设备的，建设单位应当保证建筑材料、建筑构配件和设备符合设计文件和合同要求。"《民法典》第 803 条规定："发包人未按照约定的时间和要求提供原材料、设备、场地、资金、技术资料的，承包人可以顺延工程日期，并有权请求赔偿停工、窝工等损失。"

发包人提供材料如规格、数量或质量不符合合同要求，或由于发包人原因发生交货日期延误、交货地点及交货方式变更等情况的，发包人应承担由此增加的费用和（或）工期延误，并应向承包人支付合理利润。[①] 承包人有义务核验材料质量。如承包人未核验或者核验后未提出异议的，也应对该材料质量缺陷导致的质量问题承担责任。

3. 发包人提供材料消耗量

尽管在招标文件及施工合同中已经确定发包人提供材料数量，但其仅为理论数量。在实际供应中，发包人并非一次性把发包人提供材料全部交付给施工方，而是根据承包人工程进度计划的安排逐步把发包人提供材料交付给承包人，发包人提供材料实际供应量需要到施工合同履行完毕后才能确定。

因施工工艺和施工水平的差异，不同施工企业的材料损耗率不同。在乙供材料模式下，甲方仅按合同约定支付工程价款，工程材料数量和质量由乙方承担，材料损耗率只会影响施工方利润，不会在发承包之间产生纠纷。但在发包人提供材料模式下，发包人提供材料消耗量的争议非常普遍。

司法实践中，通常采用以下程序和方法对发包人提供材料消耗量争议进行解决：（1）合同有约定的，按照合同约定处理。如合同明确约定"发包人提供材料实际消耗量小于定额消耗量的，按照节约额的 30% 给乙方奖励"，该约定不违反法律规定，按照约定执行。（2）合同没有约定或约定不明的，由发承包双方协商确定。（3）发承包双方对发包人提供材料的数量发生争议不能达成一致的，应按照相关工程的计价定额同类项目规定的材料消耗量计算。

---

① 《2024 清单计价标准》第 3.6.5 条规定，发包人提供的材料（如规格型号、质量）不符合合同要求及不满足交货计划，或由于发包人原因发生交货日期延误、交货地点及交货方式变更等情况的，承包人应协助发包人协调供货人将不符合合同要求的材料撤出现场，并按交货计划提供符合合同要求的材料，如引起承包人工期延长的，应按本标准第 8 章的相关规定合理延长承包人受影响的工期，并赔偿承包人的损失，包括利润。

《2024清单计价标准》对发包人提供材料的材料数量及消耗量做了明确规定，材料数量应根据招标图纸和相关工程国家及行业工程量计算标准规定计算；发包人提供材料耗损率可按照类似工程同类项目合理确定并在招标文件中明确。合同履行过程中，因承包人原因引起实际领用数量超过单价合同的施工图纸计算的实际数量或总价合同的合同图纸计算的合理数量及合同约定的材料有效损耗时，超出部分的材料费用应由承包人承担，发包人可按相应供货合同的单价计算确定超领数量的材料费用，并从承包人完成合同工程的施工过程结算或竣工结算的价款中扣除。因发包人实际提供材料的规格型号与招标文件中规定的规格型号不同而引起材料实际损耗率超出有效损耗率的，超出部分应由发包人承担。

4. 发包人提供材料价格

发包人提供材料价格一般没有太多争议，但《2013清单计价规范》与《2024清单计价标准》对发包人提供材料（甲供材料）的规定具有较大不同。适用《2013清单计价规范》的，无论是甲供材料还是乙供材料，所要支出的价款均为材料款，在建设工程项目结算时，计入工程造价。甲供材与乙供材最大的区别是，甲供材料款计入工程造价后，并在工程进度款支付时予以抵扣①；乙供材料款计入工程造价后，在确定应付款时无须扣除乙供材料款。适用《2024清单计价标准》的，发包人提供材料不计入合同总价，而与之关联的管理费、利润则计入总价。

对合同约定为发包人提供材料，发包人却要求施工方提供的，因合同约定的发包人提供材料价格与施工方实际采购价格有差异，故争议较多。一方面，合同约定价格并非承包人报价，不应约束承包人；另一方面，合同约定价格也非投标人经市场竞争价格，不能当然要求发包人接受。发包人要求合同中约定为发包人提供的材料变更为承包人负责采购的，发包人应征得承包人的书面同意，承包人有权对其变更提出合理反对意见。如承包人接受其变更，承包人应按工程进度计划负责变更材料的采购及供应，如合同总价中已计取发包人提供材料的协助协调、保管及提供相应服务的总承包服务费的，应予以扣减。变更材料价格可通过发承包双方共同招标采购或市场询价确定。根据《2024清单计价标准》第3.6.6条的规定，发包人提供材料变为施工人提供材料，其综合单价按下式计算综合单价：

① 《2013清单计价规范》第10.3.5条规定："发包人提供的甲供材料金额，应按照发包人签约提供的单价和数量从进度款支付中扣除，列入本周期应扣减的金额中。"

综合单价 = 合同单价 + 已确认材料价格 ×（1+ 损耗率）×（1+ 管理费费率）×（1+ 利润率）

【司法实务】

问题 1. 合同约定材料费不调，当材料费大幅上涨，能否依据情势变更申请调价？

合同成立后，当事人应按照合同约定履行，此为合同严守原则。但工程施工中，经常出现合同约定材料费不调，而施工过程中的材料费单价却大幅上涨，如 2020 年受新冠疫情影响，部分材料价格上涨 30%—50%。该种情形下，承包人能否依据情势变更申请调价，对此问题，实务界有不同观点：

第一种观点认为，尽管合同约定材料费不调，当材料费大幅上涨，双方当事人履行的合同基础条件发生重大变化，如果仍然按照原合同继续履行对承包人明显不公，应当适用情势变更原则进行调价。

第二种观点认为，合同约定材料费不调，作为有经验的承包商在投标报价时已经把该部分风险予以考虑并体现在报价之中，该约定体现当事人真实意思表示，真实有效，即便材料费大幅上涨，也不能申请调价。

第三种观点认为，合同约定材料费不调，当材料费大幅上涨，能否依据情势变更申请调价，不能一概而论。情势变更制度的适用有诸多条件限制，如合同的基础条件发生重大变化，该种变化是双方当事人在订立合同时所无法预见的，并且继续履行合同对一方当事人明显不公平等，只有满足上述条件才能予以适用。

笔者倾向于第三种观点。

《民法典》第 533 条规定："合同成立后，合同的基础条件发生了当事人在订立合同时无法预见的、不属于商业风险的重大变化，继续履行合同对于当事人一方明显不公平的，受不利影响的当事人可以与对方重新协商；在合理期限内协商不成的，当事人可以请求人民法院或者仲裁机构变更或者解除合同。人民法院或者仲裁机构应当结合案件的实际情况，根据公平原则变更或者解除合同。"

根据《民法典》第 533 条的规定，适用情势变更的条件需要满足如下条件。

一、合同的基础条件发生重大变化

所谓的"情势"，是指合同订立所依赖的客观基础事实，即为合同的基础条件。情势变更是指合同订立所依赖的客观基础事实发生重大变化，足以影响当事人之间的合同权利义务关系。

情势变更主要表现为自然灾害、政府行为、社会事件等。[①]（1）虽然自然灾害通常被视为不可抗力，但不可抗力与情势变更并非互相排斥的两个概念，两者都规范当事人在订立合同时不能预见、不能承受的其支配领域外的客观风险。两者存在交叉，不可抗力可以作为情势变更事由，不可抗力为因，情势变更为果，但情势变更并非都是由不可抗力所导致。[②]如2020年新冠疫情，全国人大常委会法制工作委员会将其确定为不可抗力。[③]最高人民法院也随之发布《关于依法妥善办理涉新冠肺炎疫情执行案件若干问题的指导意见》及《关于依法妥善审理涉新冠肺炎疫情民事案件若干问题的指导意见》一、二、三，明确因疫情或者疫情防控措施导致的继续履行合同对于当事人一方明显不公平的，当事人可以请求变更或解除合同。[④]（2）法律法规变化。如果与合同相关的法律法规在合同签署后

---

① 最高人民法院民法典贯彻实施工作领导小组主编：《中华人民共和国民法典合同编理解与适用（一）》，人民法院出版社2020年版，第489页。

② 最高人民法院民法典贯彻实施工作领导小组主编：《中华人民共和国民法典合同编理解与适用（一）》，人民法院出版社2020年版，第481~482页。

③ 2020年2月10日，全国人大常委会法制工作委员会发言人、法制工作委员会研究室主任臧铁伟就"疫情防控相关法律问题"答记者问时指出，"当前我国发生了新冠肺炎疫情这一突发公共卫生事件。为了保护公众健康，政府也采取了相应疫情防控措施。对于因此不能履行合同的当事人来说，属于不能预见、不能避免并不能克服的不可抗力。根据合同法的相关规定，因不可抗力不能履行合同的，根据不可抗力的影响，部分或者全部免除责任，但法律另有规定的除外"。参见《你关心的疫情防控相关法律问题，全国人大常委会法工委权威解答来了！》，载中国政府网，https：//www.gov.cn/xinwen/2020-02/11/content_5477092.htm。

④ 《关于依法妥善审理涉新冠肺炎疫情民事案件若干问题的指导意见（一）》第3条规定："……疫情或者疫情防控措施仅导致合同履行困难的，当事人可以重新协商；能够继续履行的，人民法院应当切实加强调解工作，积极引导当事人继续履行。当事人以合同履行困难为由请求解除合同的，人民法院不予支持。继续履行合同对于一方当事人明显不公平，其请求变更合同履行期限、履行方式、价款数额等的，人民法院应当结合案件实际情况决定是否予以支持。合同依法变更后，当事人仍然主张部分或者全部免除责任的，人民法院不予支持。因疫情或者疫情防控措施导致合同目的不能实现，当事人请求解除合同的，人民法院应予支持……"《关于依法妥善审理涉新冠肺炎疫情民事案件若干问题的指导意见（二）》第2条规定："买卖合同能够继续履行，但疫情或者疫情防控措施导致人工、原材料、物流等履约成本显著增加，或者导致产品大幅降价，继续履行合同对一方当事人明显不公平，受不利影响的当事人请求调整价款的，人民法院应当结合案件的实际情况，根据公平原则调整价款。疫情或者疫情防控措施导致出卖人不能按照约定的期限交货，或者导致买受人不能按照约定的期限付款，当事人请求变更履行期限的，人民法院应当结合案件的实际情况，根据公平原则变更履行期限……"

发生了重大变化，可能会影响到合同的履行。（3）市场环境巨大变化。市场变化通常被视为商业风险，但如果市场价格显著波动、供需关系重大变化等，都可能导致合同的基础条件发生变化。如 1992 年 3 月 6 日，最高人民法院发布《关于武汉市煤气公司诉重庆检测仪表厂煤气表装配线技术转让合同购销煤气表散件合同纠纷一案适用法律问题的函》（法函〔1992〕27 号），在该函中所列“生产煤气表散件的主要原材料铝锭的价格，由签订合同时国家定价为每吨 4400 元至 4600 元，上调到每吨 16000 元，铝外壳的售价也相应由每套 23.085 元上调到 41 元”，属于价格异常，市场环境巨大变化。①

就建设工程施工合同而言，法律法规并没有规定价格变化超过多少比例可构成客观基础事实发生重大变化。各地方建设行政主管部门根据当地建筑市场工程要素价格的变动情况，就一定时期内建筑市场工程要素价格出现涨跌后，合同价款的调整问题发布的一些规范性意见，可以作为建筑材料价格涨跌幅度的参考。如云南省建设厅《关于进一步规范建设工程材料价格波动风险条款约定及工程合同价款调整等事宜的通知》（云建标〔2008〕201 号）第 2 条规定，……施工合同约定采用固定价格但未计取相应包干风险费用的工程，在包干范围以内的主要材料（含设备）单价发生上涨或下降的情况，其幅度在 ±10% 以内（含 10%）的，其价差由承包人承担或受益；幅度在 ±10% 以外的，其超过部分的价差由发包人承担或受益……

① 最高人民法院在《关于武汉市煤气公司诉重庆检测仪表厂煤气表装配线技术转让合同购销煤气表散件合同纠纷一案适用法律问题的函》（法函〔1992〕27 号）中回复湖北省高级人民法院：“你院鄂法［1992］经呈字第 6 号关于武汉市煤气公司诉重庆检测仪表厂煤气表装配线技术转让合同、购销煤气表散件合同纠纷一案适用法律问题的请示报告收悉。经研究，同意你院的处理意见。本案由两个独立的合同组成。鉴于武汉市煤气公司与重庆检测仪表厂签订的技术转让合同已基本履行，煤气表生产线已投入生产并产生了经济效益，一审法院判决解除该合同并由仪表厂拆除煤气表装配生产线，是不利于社会生产力发展的。就本案购销煤气表散件合同而言，在合同履行过程中，由于发生了当事人无法预见和防止的情事变更，即生产煤气表散件的主要原材料铝锭的价格，由签订合同时国家定价为每吨 4400 元至 4600 元，上调到每吨 16000 元，铝外壳的售价也相应由每套 23.085 元上调到 41 元，如要求重庆检测仪表厂仍按原合同约定的价格供给煤气表散件，显失公平，对于对方由此而产生的纠纷，你院可依照《中华人民共和国经济合同法》第二十七条第一款第四项之规定，根据本案实际情况，酌情予以公平合理地解决。”

二、情势变更为当事人在订立合同时所无法预见

当事人在订立合同时无法预见通常包含两层意思，一是双方当事人都无法预见。无法预见体现在如果双方当事人能够预见到这一变更就不会订立合同或者会以不同的内容订立合同，如果当事人在订立合同时已预见但仍订立合同，则表明其自愿承担情势变更的风险，或是其在合同权利义务中已经考虑了情势变更的因素，故不适用本条规定。双方当事主体均无法预见，体现在如果一方当事人能够预见并积极追求该种结果，则不属于情势变更调解范畴，而应属于重大误解或存在一方欺诈可能，由另外法律关系所调整。二是情势变更的内容具有突发性。如果变更事项本身就具有市场敏感性，如长期以来价格波动较大的大宗商品以及股票、期货等风险投资型金融产品，其价格变化不能归属于情势变更；如果变更事项自身预留适应期，其变化也不能归属于情势变更，如“营改增”立法。①

三、继续履行合同对一方当事人明显不公平

继续履行合同对一方当事人明显不公平是适用情势变更制度的核心要件。情势变更制度是通过司法或仲裁手段对当事人意思自治进行干预，其根本目的就是改变实质不公，实现合同正义。《民法典》第6条规定：“民事主体从事民事活动，应当遵循公平原则，合理确定各方的权利和义务。”若合同的基础条件发生重大变化，继续履行原合同会导致当事人之间的利益明显失衡而不能依法进行调整，此乃违背公平原则。

继续履行合同对一方当事人明显不公平指的是整体利益的不公平，使合同双方整体权利义务明显不对等，违反等价有偿原则，具有结果型的不公平，而不能是局部要素、局部时间段的不公平。如建设施工合同中的材料费通常占建工工程费的50%—70%，如果主要材料在没有征兆的情况下突然单价翻倍上涨且短期没有下降趋势，继续履行合同会造成承包人巨额亏损，对承包人一方明显不公，构成情势变更，承包人可以请求人民法院或仲裁机构变更或解除合同。如果在施工中仅是电费或水费因国家阶梯价格政策导致涨价，因其所占比例极小，哪怕涨价10倍之多，也依然构不成整体利益失衡，不适用情势变更原则。

---

① 参见最高人民法院民事审判第二庭、研究室编著：《最高人民法院民法典合同编通则司法解释理解与适用》，人民法院出版社2023年版，第371页。

四、发生情势变更具有不可归责性

情势变更的发生为政策调整或市场供求关系所引发的，不可归责于合同主体。1993年，最高人民法院《全国经济审判工作座谈会纪要》（法发〔1993〕8号，已失效）指出："市场对从事经营活动的当事人来说，既有机遇，也有风险。人民法院作为商品交易纠纷的最终裁判，要按照法律规定、商业习惯，注意正确确定风险的承担。应当由某一当事人承担的风险损失，不应转嫁给其他人。一方当事人在对方严重违约时采取合理的自我保护措施的，应当给予支持。由于不可归责于当事人双方的原因，作为合同基础的客观情况发生了非当事人所能预见的根本性变化，以致按原合同履行显失公平的，可以根据当事人的申请，按情势变更的原则变更或解除合同。"如果风险源于当事人，合同基础条件的变化是由于当事人一方的过错造成的，则属于当事人违约，应由当事人承担违约责任，而非情势变更。

五、合同基础条件的变化，不属于商业风险范畴

关于情势变更，最难把握的是其与商业风险的界限。一般可以从以下几方面进行审查：（1）合同基础条件变化是否是签订合同时可预见的。该种预见指的是依据当时的条件及能力能否预见，而非依据现在的能力和条件，也非双方当事人当时客观上是否已经预见。适用情势变更的客观情形发生变更不具有可预见性，商业风险具有可预见性。在签订合同时，根据当时的实际条件及能力根本无法预见，那么应当认为该调整变化超出了正常的范围。如果当事人对该调整变化虽未预见，但是根据当时的实际情况是可以预见的，这是有经验的承包人自己的过失，由此产生的后果应由其自己承担。商业风险是从事商业活动的固有风险，一般情况产品价格随市场供求变化，不会使合同基础的客观情况发生异常变化的程度，属于当事人正常可预见、能承受的范围；如果当事人追求高风险、高收益，则属于当事人有意为之，不属于不可预见的风险。（2）从后果看。判断商业风险还是情势变更可以根据继续履行合同所带来的后果来分析：情势变更是合同赖以履行的基础发生变化，如果合同继续履行，将导致对一方当事人明显不公或者合同目的不能实现；商业风险是在商业活动过程中由于市场变化所带来的合理的、正常的损失，合同继续履行仅会使一方利润减少或非出现重大性的亏损，而不会造成明显不公。

六、情势变更的事实应发生在合同成立之后、合同义务履行完毕之前

根据《民法典》第533条的规定，构成情势变更的后果是当事人可以请求人民法院或者仲裁机构变更或者解除合同，故而要求情势变更的事实应发生在合同成立之后、合同义务履行完毕之前。如果在合同成立前或履行完毕后，合同无可履行性，不涉及继续履行问题，也不存在要求变更和解除问题。

七、依据情势变更申请变更或终止合同必须在合同义务履行完毕之前

发生情势变更有两个法律效果：一是产生再交涉的权利和义务；二是再交涉不能达成一致意见，有请权求法院或仲裁机构作出变更或解除合同的裁决。[①] 发包人的合法信赖利益应当得以保护，故当出现情势变更事由，承包人应及时向发包人提出要求，并说明理由。如承包人没有在此期间向发包人提出变更或解除合同的再交涉行为，应视为没有情势变更事由发生。如果承包人及时提出但双方未达成一致意见，承包人可以（或应当，如果继续追求变更或解除）请求人民法院或仲裁机构变更或解除合同。如果发包人怠于履行再交涉义务或违反诚实信用原则拒绝相互磋商造成承包人损失，应予赔偿。

最高人民法院在（2020）最高法民申5763号“成都市浩航劳务有限公司、四川川交路桥有限责任公司建设工程施工合同纠纷案”中认为，最高人民法院《关于适用〈中华人民共和国合同法〉若干问题的解释（二）》（已失效）第26条规定，合同成立以后客观情况发生了当事人在订立合同时无法预见的、非不可抗力造成的不属于商业风险的重大变化，继续履行合同对于一方当事人明显不公平或者不能实现合同目的，当事人请求人民法院变更或者解除合同的，人民法院应当根据公平原则，并结合案件的实际情况确定是否变更。据原审查明，案涉合同于2010年年底已履行完毕，且浩航公司未提供证据证明在案涉工程施工合同履行期间，因发生“5·12大地震”导致人工和材料价格大幅上涨，继续履行合同会产生显失公平的结果，亦未向人民法院起诉请求变更合同。故浩航公司关于该案应适用情势变更原则调增工程款的主张，不符合上述司法解释的规定。该项申请再审理由亦不能成立，不予支持。

---

① 参见最高人民法院民法典贯彻实施工作领导小组主编：《中华人民共和国民法典合同编理解与适用（一）》，人民法院出版社2020年版，第485页。

八、情势变更的适用

尽管各地方高级人民法院出台了一系列关于情势变更的指导意见，[①]但最高人民法院对此保持谨慎态度。为了正确理解、慎重适用，最高人民法院在《关于正确适用〈中华人民共和国合同法〉若干问题的解释（二）服务党和国家的工作大局的通知》（法〔2009〕165号）中要求："如果根据案件的特殊情况，确需在个

---

① 如江苏省高级人民法院《关于审理建设工程施工合同纠纷案件若干问题的意见》（已失效）第9条第1款规定：建设工程施工合同约定工程价款实行固定价结算的，一方当事人要求按定额结算工程价款的，人民法院不予支持，但合同履行过程中原材料价格发生重大变化的除外。

广东省高级人民法院《关于审理建设工程合同纠纷案件的暂行规定》（已失效）第27条规定：建设工程合同约定对工程总价或材料价格实行包干的，合同有效，工程款应按该约定结算。因情势变更导致建材价格大幅上涨而明显不利于承包人的，承包人可请求增加工程款。但建材涨价属正常的市场风险范畴，涨价部分应由承包人承担。

北京市高级人民法院《关于审理建设工程施工合同纠纷案件若干疑难问题的解答》第12条规定：建设工程施工合同约定工程价款实行固定价结算，在实际履行过程中，钢材、木材、水泥、混凝土等对工程造价影响较大的主要建筑材料价格发生重大变化，超出了正常市场风险的范围，合同对建材价格变动风险负担有约定的，原则上依照其约定处理；没有约定或约定不明，该当事人要求调整工程价款的，可在市场风险范围和幅度之外酌情予以支持；具体数额可以委托鉴定机构参照施工地建设行政主管部门关于处理建材差价问题的意见予以确定。因一方当事人原因导致工期延误或建筑材料供应时间延误的，在此期间的建材差价部分工程款，由过错方予以承担。

四川省高级人民法院《关于审理建设工程施工合同纠纷案件若干疑难问题的解答》第24条规定：约定工程价款实行固定总价结算的施工合同在履行过程中材料价格发生重大变化如何处理？约定工程价款实行固定总价结算的施工合同履行过程中，主要建筑材料价格发生重大变化，超出了正常市场风险范围，合同对建材价格变动风险负担有约定的，依照其约定处理；没有约定或约定不明的，当事人要求调整工程价款，如不调整显失公平的，可在市场风险范围和幅度之外酌情予以支持，具体数额可以委托鉴定机构参照工程所在地建设行政主管部门关于处理建材差价问题的意见予以确定。因一方当事人原因致使工期或建筑材料供应时间延误导致的建材价格变化风险由该方当事人承担，该方当事人要求调整工程价款的，不予支持。

山东省高级人民法院《2011年民事审判会议纪要》第5条规定：关于约定以固定价款结算的建设工程合同，是否可以调整工程价款的问题。建设工程施工合同约定工程价款实行固定价结算的，因设计变更导致工程量变化或质量标准变化，除对工程量增加或减少部分应按实结算外，合同范围内的应按固定价结算，不得随意调整。但在合同履行过程中出现原材料价格发生重大变化，超出当事人正常风险预测范围，如继续履行原合同将导致当事人双方权利义务严重失衡的，则属于当事人双方签约时无法预料的客观情况。如果当事人双方不能协商处理，在必要时人民法院可以根据一方当事人的请求，依据情势变更原则，予以调整原合同价格。对于情势变更原则的适用，应严格依照《关于正确适用〈中华人民共和国合同法〉若干问题的解释（二）》第26条和最高人民法院《关于当前形势下审理民商事合同纠纷案件若干问题的指导意见》第一部分的相关规定，慎重适用情势变更原则，合理调整双方利益关系。

案中适用的，应当由高级人民法院审核。必要时应报请最高人民法院审核。”在此本背景下，相当于排除了基层法院和中级法院直接适用情势变更的可能。不过，该种情形随着最高人民法院《关于适用〈中华人民共和国民法典〉合同编通则若干问题的解释》（法释〔2023〕13号）的出台，已经发生改变，[①] 但关于情势变更制度的应用，涉及对当事人意思自治的干预，必须严格限制在非常必要的情形之内。

关联判例

重庆建工集团股份有限公司、重庆市荣昌区荣新环保产业发展有限公司建设工程施工合同纠纷案

（2019）最高法民申5829号

【裁判要旨】

合同约定市场价格波动不调整合同价格，属于商业风险，不能调整。

【基本案情】

2016年10月11日，重庆建工公司与荣新环保公司签订《苏高新荣昌节能环保产业园一期接续产业平台建设项目（A区）总承包工程建设工程施工合同》。其中“专用合同条款”第11.1条“市场价格波动引起的调整”，约定市场价格波动不调整合同价格。

【裁判摘要】

法院认为，案涉《建设工程施工合同》专用条款第11.1条约定，市场价

① 最高人民法院《关于认真学习、贯彻〈最高人民法院关于适用《中华人民共和国民法典》合同编通则若干问题的解释〉的通知》第3条规定：关于情势变更制度的适用：原最高人民法院《关于适用〈中华人民共和国合同法〉若干问题的解释（二）》第26条规定情势变更制度后，最高人民法院发布了《关于正确适用〈中华人民共和国合同法〉若干问题的解释（二）服务党和国家的工作大局的通知》，要求各级人民法院审慎适用情势变更制度，根据案件的特殊情况，确需在个案中适用的，应当由高级人民法院审核；必要时应报请最高人民法院审核。考虑到《民法典》第533条已就情势变更制度作了明确规定，最高人民法院《关于适用〈中华人民共和国民法典〉合同编通则若干问题的解释》施行后，上述审核制度不再施行。各级人民法院应正确理解民法典及最高人民法院《关于适用〈中华人民共和国民法典〉合同编通则若干问题的解释》关于情势变更制度的规定，妥善处理实现个案公平与维护合同稳定之间的关系。

格波动不调整合同价格，即市场价格上涨的风险由重庆建工集团承担。合同签订后，市场价格确实因政策或市场环境的变化存在上涨的情况，但重庆建工集团作为专业、理性的建筑工程施工企业是在仔细研究了招标文件的全部内容并综合考虑相应的商业风险和成本变动后才向荣新环保公司投标，其在明知案涉工程限定造价 1.5 亿元的前提下理应将建筑材料的市场环境以及价格变化纳入其是否投标以及如何投标应考虑的商业风险因素中。最高人民法院《关于适用〈中华人民共和国合同法〉若干问题的解释（二）》（现已失效）第 26 条是对合同法上情势变更原则所做的规定，该条强调的客观情况是当事人在订立合同时无法预见的、非不可抗力造成的非商业风险，继续履行将会对一方明显不公平或不能实现合同目的，该案中建筑材料价格上涨应属于重庆建工集团在投标和签订合同时应合理预见的商业风险，且上涨幅度并未超过市场价峰值，因此不应适用最高人民法院《关于适用〈中华人民共和国合同法〉若干问题的解释（二）》第 26 条的规定，原审法院适用法律并无不当，重庆建工集团的该项申请再审理由不能成立。

问题 2. 甲供材费是否要纳入组价范围？

甲供材料，是指是由发包人采购并提供给承包人，由承包人将其用于合同约定的建设工程项目的建筑材料，甲供材费属于材料费。

材料单价，是指建筑材料从其来源地运到施工工地仓库直至出库形成的综合平均单价，由材料原价、运杂费、运输损耗费、采购及保管费组成。一般来说，承包人所提供材料的材料费包含材料单价的所有要素，但对于甲供材料，发包人仅负责从采购到运输到场内，需承包人履行保管义务。故承包人需要收取相应保管费，通常计入总承包服务费，按发包人提供甲供材料总价值及承包人投标时所确定的费率计算。

对甲供材费是否纳入组价范围？需要从该工程量清单依据的是《2013 清单计价规范》，还是依据的是《2024 清单计价标准》。

适用《2013 清单计价规范》的，根据《建筑安装工程费用项目组成》规定，建筑安装工程费按照工程造价形成由分部分项工程费、措施项目费、其他项目费、规费、税金组成。其中，分部分项工程费、措施项目费、其他项目费一般是由其对应的清单工程量乘以综合单价获得。根据《2013 清单计价规范》第 2.0.8

条规定，综合单价是指完成一个规定清单项目所需的人工费、材料和工程设备费、施工机具使用费和企业管理费、利润以及一定范围内的风险费用。按《2013清单计价规范》进行计价的，甲供材费用作为建设工程施工材料费要纳入组价范围，计取管理费、利润、规费和税金。

2025年9月1日实施的《2024清单计价标准》规定，工程量清单应按分部分项工程项目清单、措施项目清单、其他项目清单、增值税分别编制及计价。《2024清单计价标准》第3.2.4条规定，发包人提供材料、承包人负责安装的清单项目，其清单项目综合单价应包括承包人自身应承担的安装损耗，但不包括发包人提供材料的价格；发包人提供材料且材料供应方负责安装，而承包人不负责安装但提供配合及协调服务的，工程量清单不应列项也不计算其综合单价。按《2024清单计价标准》进行计价的，甲供材费不纳入组价范围。

关联判例

大庆创业建筑安装工程有限责任公司、大庆建筑安装集团有限责任公司、大庆油田房地产开发有限责任公司建设工程施工合同纠纷案

（2019）最高法民申838号

【裁判要旨】

甲供材料属于建筑安装工程费的组成部分，应按照造价构成进行组价。

【基本案情】

黑龙江省大庆市中级人民法院（2017）黑06民初250号民事判决显示：2011年5月1日，大庆油田房地产开发有限责任公司与建安集团签订了一份《建设工程施工合同》，约定建安集团承建城市乡村区块开发项目创业城工程二标段。2011年6月7日建安集团以下属单位鑫龙海公司的名义与大庆创业建筑安装公司签订了《建设工程施工分包合同》，将全部案涉工程转包给大庆创业建筑安装公司施工完成。上述全部工程均已竣工验收合格并交付使用，《竣工验收报告》上载明的竣工时间均为2013年7月30日。经核实、对账，实际发生的工程总造价为257195895.52元。案涉工程发生的全部甲供材

料为137441278.95元；房开公司代扣代缴养老保险3574546.60元、462248.83元；代扣代缴人身意外伤害保险85910元；代扣代缴税金3803948.13元、1195871.86元、76318.03元、67373.06元；已扣工程罚款169200元；发生水电费1078310.06元。该案先后经大庆市中级人民法院、黑龙江省高级人民法院、最高人民法院审理，其中最高人民法院经审理确定争议焦点包含：建安集团应否留取规费，规费的计算基础是否包括甲供材料等。

【裁判摘要】

参考《建筑安装工程费用项目组成》及《黑龙江省施工企业规费计取管理办法》等规范性文件规定，规费是指按国家法律法规规定，由省级政府和省级有关权力部门规定必须缴纳或计取的、应计入建筑安装工程造价的费用。建安集团作为案涉施工合同约定的施工总承包单位，负有计取规费并向有权部门缴纳规费的义务。在办理工程结算时，应参照法定和约定施工企业规费计取标准核定计取费用。案涉施工合同第77条约定，工程结算定额执行2010年《黑龙江省建设工程计价依据》各分册大庆市单价表。黑龙江省住房和城乡建设厅主编的《2010年黑龙江省建设工程计价依据：建设工程费用定额》规定，以工程量清单计价的工程，规费的计算基础为分部分项工程费＋措施费＋其他费用。《建筑安装工程费用项目组成》规定，分部分项工程费是指各专业工程的分部分项工程应予列支的各项费用。案涉工程甲供材料部分属施工耗费的材料费用，系分部分项工程费的组成部分，应当纳入规费的计算基数。根据国家税务总局《企业所得税核定征收办法（试行）》规定，建安集团系案涉工程的纳税义务人，其应缴纳的企业所得税额为应税收入额（工程价款）× 应税所得率 × 适用税率。案涉工程甲供材料属于建筑企业应税收入，即工程价款的组成部分，应当计入企业所得税的应纳税所得额中。

问题3. 甲供材料的节约利益归谁所有？

建设工程施工材料的消耗量包括净用量和损耗量。其中，净用量是指按照工程设计图纸和建筑规范进行计算的用于工程实体的理论用量；损耗量是指不能形成工程实体且必须发生的各种工艺性及管理性的消耗量。如钢筋的搭接用量、钢筋头的消耗、搅拌水泥不可避免粘附在搅拌设备上的消耗、加工所产生的废品消耗等。

甲供材料的节约利益指的是承包人在实际施工过程中，加强管理、提高施工工艺水平，减少材料损耗量而节省材料用量的收益。甲供材料的节约利益归属问题，需要从合同是否对此有无约定两方面分析。

一、合同明确约定节约奖励的，按照合同约定确定

甲供材料消耗量与该工程的净用量和损耗量直接相关。为了加强材耗管理，节约成本、减少浪费，发包人通常会与承包人签订甲供材料的节约奖励，即把节约甲供材料金额的一定比例奖励给承包人。建设工程施工合同在约定节约奖励时，需要明确约定以下内容：①承包人所适用节约奖励的计量标准，如工程所在地消耗量定额标准或某可以被确定的企业标准等；②节约奖励的计价标准，如按照施工当月信息价计算当月甲供材料节约金额等；③确定甲供材料节约利益分配比例，如发包人与承包人按照 5∶5 分成，或按照节约额的 40% 奖励承包人等；④约定节约奖励的支付节点等。

《2024 清单计价标准》第 3.6.2 条规定，发包人应在招标文件中明确发包人提供材料的有效损耗率，其相应有效损耗率可按类似工程同类项目材料损耗率合理确定。合同履行过程中，因承包人原因引起实际领用数量超过单价合同的施工图纸计算的实际数量或总价合同的合同图纸计算的合理数量及合同约定的材料有效损耗时，超出部分的材料费用应由承包人承担，发包人可按相应供货合同的单价计算确定超领数量的材料费用，并从承包人完成合同工程的施工过程结算或竣工结算的价款中扣除。

二、合同对甲供材料节约相关内容没有约定的，剩余甲供材料归发包人所有

建设工程施工合同对甲供材料节约相关内容没有约定，没有评判节约的标准即无法确定是否有节约。甲供材料是甲方提供的材料，工程完工后剩余的甲供材料归甲方所有。

当然，尽管合同对甲供材料节约相关内容没有约定，但承包人并非可以任意浪费甲供材料。节约能源、绿色施工既是承包人的法定义务，也是社会主义核心价值观的体现。《2013 清单计价规范》第 3.2.4 条规定：“发承包双方对甲供材料

的数量发生争议不能达成一致的，应按照相关工程的计价定额同类项目规定的材料消耗量计算。”当承包人甲供材料使用量超过社会平均消耗量时，应视为承包人浪费甲供材料，应照价赔偿。《2024 清单计价标准》第 3.6.3 条规定，合同履行过程中，因承包人原因引起实际领用数量超过单价合同的施工图纸计算的实际数量或总价合同的合同图纸计算的合理数量及合同约定的材料有效损耗时，超出部分的材料费用应由承包人承担，发包人可按相应供货合同的单价计算确定超领数量的材料费用，并从承包人完成合同工程的施工过程结算或竣工结算的价款中扣除。

如最高人民法院在（2019）最高法民终 1490 号“中国能源建设集团安徽电力建设第二工程有限公司、山东魏桥铝电有限公司建设工程施工合同纠纷案”中，关于一审判决认定的甲供材料金额是否正确问题，认为：甲供材料总量没有异议，甲供材料总金额是双方无争议的甲供材料总量与鉴定报告中甲供材料单价的乘积，该金额真实、准确，应当予以确认。安徽电建二公司实际耗用的甲供材料总金额是定额甲供材料与施工单位超出定额含量领用的甲供材料之和，其总金额远大于定额甲供材料，超过定额部分均为安徽电建二公司领用并耗用，该部分金额应由安徽电建二公司承担并从工程造价中扣除。

关联判例

浙江省东阳第三建筑工程有限公司、烟台经纬实业有限责任公司建设工程施工合同纠纷案

（2018）最高法民终 920 号

【裁判要旨】

作为案涉工程甲供材料的钢筋和混凝土是保证工程质量的重要材料，定额系正常施工过程中的标准用量，东阳三建关于其施工节省下来即可由其享有的主张，理据不足。

【基本案情】

2012 年 7 月 24 日，烟台经纬与东阳三建签订《烟台经纬广场施工总承

包合同》，合同对施工范围、价款、质量、工期、价款支付等内容进行了约定，但对甲供材料计量标准、节约奖励等内容没有约定。

【裁判摘要】

关于扣除甲供材料金额问题。双方的争议在于按照定额确定甲供材料价格后是直接扣减该数额还是按照工程实际使用的数额进行扣减。根据一审判决认定，鉴定中将甲供材金额49842437元计入工程总造价，但是仅扣除了东阳三建实际使用的49638180.99元，东阳三建解释称，该差额部分为其施工所节省，余额利益理应由其享有。对此，法院认为，一审判决的计算方法标准不一致，而且，作为案涉工程甲供材料的钢筋和混凝土是保证工程质量的重要材料，定额系正常施工过程中的标准用量，东阳三建关于其施工节省下来即可由其享有的主张，理据不足，故以鉴定数额进行扣减为宜，即扣减49842437元。一审判决的此项认定不当，法院予以纠正。烟台经纬该项上诉主张有事实依据，法院予以支持。

三、施工机具使用费

|导读|

根据《建筑安装工程费用项目组成》的规定，施工机具施工费包括施工机械使用费和仪器仪表使用费两种。施工机械使用费和仪器仪表没有严格的区分界限，通常把需要安装的称为施工机械，把不需要安装的称为仪器仪表。根据《建设工程施工机械台班费用编制规则》（建标〔2015〕34号，已失效）的规定，施工机械分为土石方及筑路机械、桩工机械、起重机械、水平运输机械、垂直运输机械、混凝土及砂浆机械、加工机械、泵类机械、焊接机械、动力机械、地下工程机械和其他工程机械等十二个类别；施工仪器仪表分为自动化仪表及系统、电工仪器仪表、光学仪器、分析仪表、试验机、电子和通信测量仪器仪表、专用仪器仪表七个类别。

正确区分施工机械与仪器仪表对工程管理具有双重意义：一方面，二者的维护保养方式、折旧计算方法存在显著差异；另一方面，精确分类直接影响施工组织设计中机械选型、台班费用计算等关键环节，从而确保工程造价编制的准确性和施工成本控制的有效性。

【术语解读】

施工机具使用费，是指施工作业所发生的施工机械、仪器仪表使用费或其租赁费。

（一）施工机械使用费

1. 施工机械费的计算

施工机械使用费，是指施工机械作业发生的使用费或租赁费。根据所有权与使用权关系，施工机具可分为租赁机械和自有机械两种，对于租赁机械通常按照租赁费计算台班单价；对自有机械，通常按照台班折旧费、日常维保费及每次安拆运费等计算台班单价。租赁机械和自有机械应分别计价，合并计算。

机械使用费由两个要素构成，即机械使用量和机械使用单价。机械使用量用施工机械台班计算，机械每工作 8 小时计算一个台班。机械使用单价用施工机械台班单价计算。一台施工机械，在正常运转条件下一个工作班中所发生的全部费用称为施工机械台班单价。施工机械使用费的基本计算公式为：

施工机械使用费 = Σ（施工机械台班消耗量 × 施工机械台班单价）

2. 施工机械费的构成

根据《建筑安装工程费用项目组成》的规定，施工机械台班单价由七项费用组成，包括折旧费、大修理费、经常修理费、安拆费及场外运费、人工费、燃料动力费和税费。

（1）折旧费

折旧费指施工机械在规定的使用年限内，陆续收回其原值的费用。固定资产折旧通常采用平均年限法、工作量法、双倍余额递减法等三种方法。

①平均年限法。平均年限法又称直线法，是一种最简单的计算折旧费的方法。其原理是以机械资产原值减去预计净残值后再除以预计使用年限，求得每年的折旧费用。计算公式：

年折旧费 =（机械资产原值 – 预计净残值）÷ 预计使用年限

②工作量法。工作量法是根据实际工作量计提折旧额的一种方法。其原理与平均年限法类似，是以机械资产原值减去预计净残值后再除以耐用总台班，求得台班折旧费用。计算公式：

台班折旧费 = 机械预算价格 ×（1– 残值率）÷ 耐用总台班

③加速折旧法。加速折旧法也称为快速折旧法或递减折旧法。其特点是：在固定资产有效使用年限的前期多提折旧，后期则少提折旧。从而相对加快折旧的速度，以使固定资产成本在有效使用年限中加快得到补偿。加速折旧方法又包括年数总和法和双倍余额递减法两种。残值率是指机械回收残余价值占施工机械价格的百分数。残值率按国家标准计取，目前各类施工机械均按 5%计算。耐用总台班指施工机械可以使用的总台班数，应按机械设备相关技术指标取定。

（2）大修理费

大修理费，是指施工机械按规定的大修理间隔台班进行必要的大修理，以恢复其正常功能所需的费用。大修理费的金额取决于一次大修理所需检修费与机械耐用总台班内的检修次数。

（3）经常修理费

经常修理费，是指施工机械除大修理以外的各级保养和临时故障排除所需的费用。包括为保障机械正常运转所需替换设备与随机配备工具附具的摊销和维护费用，机械运转中日常保养所需润滑与擦拭的材料费用及机械停滞期间的维护和保养费用；等等。

（4）安拆费及场外运费

安拆费，是指施工机械（大型机械除外）在现场进行安装与拆卸所需的人工、材料、机械和试运转费用以及机械辅助设施的折旧、搭设、拆除等费用；场外运费，是指施工机械整体或部分自停放地点运至施工现场或由一施工地点运至另一施工地点的运输、装卸、辅助材料及架线等费用。

（5）人工费

人工费，是指机械台班单价中的人工费指机上司机（司炉）和其他操作人员的人工费，不包括建筑安装人工费。

（6）燃料动力费

燃料动力费，是指施工机械在运转作业中所消耗的各种燃料及水、电等。

（7）税费

税费，是指施工机械按照国家规定应缴纳的车船使用税、保险费及年检费等。

（二）仪器仪表使用费

仪器仪表使用费，是指工程施工所需使用的仪器仪表的摊销及维修费用。根据《建设工程施工仪器仪表台班费用编制规则》（已失效）的规定，施工仪器仪表划分为七个类别：自动化仪表及系统、电工仪器仪表、光学仪器、分析仪表、试验机、电子和通信测量仪器仪表、专用仪器仪表。

施工仪器仪表作为施工机具之一，与施工机械有诸多类似之处，其费用计算也是台班消耗量 × 台班单价，即仪器仪表使用费 = Σ（仪器仪表台班消耗量 × 仪器仪表台班单价）。

但施工机械通常需要现场安装，仪器仪表通常不需要现场安装，施工仪器仪表台班单价又与施工机械台班单价有所不同，由四项费用组成，包括折旧费、维护费、校验费、动力费。其中：（1）折旧费，施工仪器仪表台班折旧费，是指施工仪器仪表在耐用总台班内，陆续收回其原值的费用。性质与计算方法与施工机械折旧费相同。（2）维护费，施工仪器仪表台班维护费，是指各级维护、临时故障排除所需的费用及为保证仪器仪表正常使用所购买备品备件的费用。计算公式为：台班维护费 = 总维护费 / 耐用总台班。（3）校验费，施工仪器仪表台班校验费，是指按国家与地方政府规定的定期或每使用一定台班数进行标定与检验的费用。计算公式为：台班校验费 = 总校验费 / 耐用总台班。（4）动力费，施工仪器仪表台班动力费，是指施工仪器仪表在使用过程中所耗用的电费。计算公式为：台班动力费 = 台班耗电量 × 电价。

【司法实务】

问题 1. 实际施工人租赁机械设备，出租方能否向被挂靠人主张权益？

工程挂靠的准确法律术语叫作“借用资质”，而通过其基本表现形式可以概括其法律含义的内核为“借用行为”。挂靠合同并非建设工程施工合同，被挂靠人仅以出借资质获取管理费，并非项目的实际投入者和管理者，不是建设工程施工合同的真正施工人。实际施工人在履行建设工程施工合同义务时，需要招募施工工人、购买原材料、租赁机械设备等，也常出现实际施工人未按合同约定支付工人工资、材料款项及机械设备租金等问题。

实务中，对实际施工人租赁机械设备，出租方能否向被挂靠人主张权益问题，实务界有不同看法：

第一种观点认为，实际施工人以被挂靠人名义承揽工程，被挂靠人理应对项目进行管理，不论机械设备租赁方是否明知为挂靠，在实际施工人没有如约支付机械设备租赁费的情况下，被挂靠人均有义务支付租金。

第二种观点认为，实际施工人以被挂靠人名义承揽工程，被挂靠人并非该工程的真实施工人，不享有承包利益，不承担施工义务及与施工相关的材料购买义务、人工工资支付义务及机械设备租赁义务。

笔者认为以上观点均不完整。

根据《民法典》第 143 条第 2 项、第 146 条第 1 款的规定，意思表示真实是民事法律行为有效的前提，行为人与相对人以虚假的意思表示实施的民事法律行为无效。因挂靠行为是挂靠人以被挂靠人名义与发包人签订并履行合同，但其在招募施工工人、购买原材料、租赁机械设备是否以被挂靠人名义进行并不确定，故实际施工人租赁机械设备，出租方能否向被挂靠人主张权益，还需根据具体情况确定。

第一种情况，实际施工人以自己名义签订租赁合同。

合同相对性的内涵在于合同只在特定的当事人之间发生法律约束力，只有合同当事人能基于合同向相对方提出请求或提起诉讼，而不能向与其无合同关系的第三人提出合同上的请求，也不能擅自为第三人设定合同上的义务。[①]《民法典》第 465 条第 2 款规定："依法成立的合同，仅对当事人具有法律约束力，但是法律另有规定的除外。"实际施工人以自己名义与租赁方签订租赁合同，实际施工人与租赁方互为合同相对人，合同的权利义务关系只对其二人产生约束力，实际施工人的权利和义务只能由其本人承受，不应当溯及基础的挂靠关系。机械设备租赁方只能根据合同的相对性向挂靠人主张权益，不能因物的性质或物的流转方向发生变化而突破合同的相对性，让非合同相对人承担本应由合同相对人承担的责任；[②]也不得以材料、设备已用于工程建设为由要求被挂靠方承担责任。

① 参见王利明：《合同法研究》（第 1 卷）（第 3 版），中国人民大学出版社 2015 年版，第 132 页。
② 参见杜玉明：《建设工程疑难法律问题实务深度解析》，法律出版社 2015 年版，第 148 页。

第二种情况，实际施工人以项目部名义签订租赁合同[①]。

《民法典》第 172 条规定："行为人没有代理权、超越代理权或者代理权终止后，仍然实施代理行为，相对人有理由相信行为人有代理权的，代理行为有效。"实际施工人以项目部名义签订租赁合同通常表现为以下两种情形：一种是由承包人授权的项目经理直接签署合同；另一种是在签署的合同上加盖项目部印章。

根据原建设部于 1995 年发布的《建筑施工企业项目经理资质管理办法》（建建〔1995〕1 号，已失效）第 2 条的规定，该办法所称建筑施工企业项目经理（以下简称项目经理），是指受企业法定人代表人委托对工程项目施工过程全面负责的项目管理者，是建筑施工企业法定代表人在工程项目上的代表人。《2007 标准施工招标文件》"合同条款及格式"第 1.1.2.4 条规定，承包人项目经理是指承包人派驻施工场地的全权负责人。《建设工程施工合同（示范文本）》第 1.1.2.8 条对项目经理的定义，是指由承包人任命并派驻施工现场，在承包人授权范围内负责合同履行，且按照法律规定具有相应资格的项目负责人。由此可知，项目经理是承包人法定代表人的授权人，也是建设工程项目管理的负责人。项目经理在建设工程施工合同履行中所实施的民事行为，既是一种委托代理行为，也是一种职务行为。项目部印章通常是承包人刻制并备案的供项目部使用的印章，加盖项目部印章的民事法律行为通常被认为是承包人行为。

故在挂靠情形下，实际施工人以项目部名义签订租赁合同，出租方不明知实

① 最高人民法院在（2015）民申字第 1413 号"江苏帝都建设工程有限公司、袁某莲等租赁合同纠纷案"，认为：虽然帝都公司与王某运在《项目承包合同》中约定债权债务由实际施工人王某运负责，王某运与帝都公司之间没有隶属关系和职务关系，但是王某运在经营期间，使用帝都公司项目部公章，以帝都公司项目部名义施工及进行其他民事行为，帝都公司作为承包人，并没有予以制止。帝都公司的默认，使王某运的行为客观上形成了具有帝都公司代理权的表象。王某运与袁某莲、刘某厂签订《租赁建筑设备合同》时，是以帝都公司项目部名义签订合同的，在签订合同中，王某运并没有告知袁某莲、刘某厂自己与帝都公司没有关系。因此，虽然帝都公司没有实际授权给王某运，但是，王某运以帝都公司项目部经理名义签订《建筑器材租赁合同》，合同上加盖帝都公司项目部印章，租赁的设备、器材也全部运到帝都公司项目部承建的项目工地，用于工地施工。这一切使交易相对人袁某莲、刘某厂能根据这些表象推断出王某运对帝都公司具有代理权，并且有理由相信王某运对帝都公司享有代理权。在债权得不到清偿时，袁某莲、刘某厂根据合同相对性原则，以案涉《租赁建筑设备合同》的签约方帝都公司及其项目部经理王某运为共同被告提起诉讼，有事实依据。而承包人帝都公司不能举证证明袁某莲、刘某厂明知或应当知道王某运没有代理权仍然与王某运签订《建筑器材租赁合同》，故仍需对该租赁行为承担民事责任。

际施工人与项目部所在企业为挂靠关系，且租赁的机械设备应用于该项目，出租方主观上善意且无过失地相信实际施工人有代理权，构成表见代理的，可以向被挂靠人主张权益。

当然，项目部印章的使用范围和法律效力应以承包人对项目部的委托权限为限，即在授权范围内，项目部的民事法律行为视为承包人的行为；超越授权，项目部的民事行为属于无权代理，对承包人无约束力。如果出租人对挂靠事实明知，或未尽到合理的注意义务，不构成表见代理的，则不能向被挂靠人主张权益。

最高人民法院在《关于当前形势下审理民商事合同纠纷案件若干问题的指导意见》（法发〔2009〕40号）第4条“正确把握法律构成要件，稳妥认定表见代理行为”中要求，对转包、分包、挂靠、转租方式所出现的，以单位部门、项目经理乃至个人名义签订或实际履行合同，实行严格表见代理行为认定。表见代理制度不仅要求代理人的无权代理行为在客观上形成具有代理权的表象，而且要求相对人在主观上善意且无过失地相信行为人有代理权。合同相对人主张构成表见代理的，应当承担举证责任，不仅应当举证证明代理行为存在诸如合同书、公章、印鉴等有权代理的客观表象形式要素，而且应当证明其善意且无过失地相信行为人具有代理权。人民法院在判断合同相对人主观上是否属于善意且无过失时，应当结合合同缔结与履行过程中的各种因素，综合判断合同相对人是否尽到合理注意义务，此外还要考虑合同的缔结时间、以谁的名义签字、是否盖有相关印章及印章真伪、标的物的交付方式与地点、购买的材料、租赁的器材、所借款项的用途、建筑单位是否知道项目经理的行为、是否参与合同履行等各种因素，作出综合分析判断。

第三种情况，实际施工人以被挂靠人名义签订租赁合同。

如果实际施工人以被挂靠人名义对外签订合同，并盖有被挂靠人印章，通过被挂靠人公司账户支付价款，无论第三方是否明知挂靠人与被挂靠人之间存在挂靠关系，工程机械租赁方均有权向被挂靠人主张权益。

当然，在司法实践中也有冒用别人名义签订租赁合同情形。实际施工人私刻被冒用企业印章与施工机械出租方签订合同，以现金或个人转账形式支付租金。在该种情况下，被冒用单位与实际施工人之间不存在任何挂靠关系，与租赁方没有建立交易的意思表示，不是租赁合同当事人，不承担任何责任。如上海市高级人民法院在（2011）沪高民二（商）再提字第6号“温州市瓯海建筑工程公司与上海平博木业有限公司、上海仓盛建材有限公司、程某某租赁合同纠纷案”中，认为：根据查明的事实，程某某冒用仓盛公司的名义，使用私刻的仓盛公司的业务专用章分别与平博公司、瓯海公司签订了租赁合同、脚手架搭设合同各一份。现没有证据可以证明仓盛公司对程某某冒用其公司的名义与平博公司、瓯海公司签订涉案合同是明知的，故仓盛公司不是上述合同的主体。

关联判例

潞安新疆煤化工（集团）昌达建筑安装有限责任公司、张某华租赁合同纠纷案

（2018）最高法民申1702号

【裁判要旨】

实际施工人以项目部名义对外签订《建筑设备材料租赁合同》，并盖有项目部印章，构成表见代理。

【基本案情】

新疆昌达公司承接潞新家园1#楼（集资建房）施工任务。2011年3月18日，昌达公司与李某亮签订《施工合同》，双方约定，“昌达公司将潞新家园（集资建房）二标段1#楼工程分包给李某亮，承包方式：包工、三材及批量材料昌达公司提供，提取2%管理费”。2011年9月7日，李某亮使用新疆昌达公司第二项目部印章与张某华签订《建筑设备材料租赁合同》。

【裁判摘要】

关于新疆昌达公司与李某亮是否构成表见代理的问题。新疆昌达公司否认曾授权李某亮对外承租周转材料，主张李某亮属无代理权。《合同法》第49条规定，“行为人没有代理权、超越代理权或者代理权终止后以被代理人名义订立合同，相对人有理由相信行为人有代理权的，该代理行为有效”。根据该规定，表见代理制度是基于被代理人的过失或被代理人与无权代理人之间存在特殊关系，使相对人有理由相信无权代理人享有代理权而与之为民事法律行为，代理行为的后果由被代理人承担的一种特殊的无权代理。该案

中，根据二审法院查明的事实，新疆昌达公司为涉案工程路新家园1#楼的承包方，李某亮为实际施工人，李某亮使用新疆昌达公司第二项目部印章与张某华签订《建筑设备材料租赁合同》，张某华有理由相信李某亮签订租赁合同的行为代表新疆昌达公司，故二审法院认定李某亮与新疆昌达公司之间具有表见代理关系，并无不当。

问题2.施工机具使用费如何计算？

施工机具使用费是指施工作业所发生的施工机械、仪器仪表使用费或其租赁费。包括施工机械使用费和仪器仪表使用费。其中，施工机械使用费是以施工机械台班耗用量乘以施工机械台班单价表示。仪器仪表使用费是指工程施工所需使用的仪器仪表的摊销及维修费用，是工程使用的仪器仪表摊销费与维修费之和。

对施工机具使用费，如果发承包双方对此有约定，按合同约定确定。如果合同对使用费单价没有约定，且该施工机具为租赁机具，以租赁价格为准；如果合同对使用费单价没有约定，且该施工机具属于承包人自有机具，按照机械折旧费计算。

关联判例

四川兴鼎电力有限责任公司、刘某兴建设工程施工合同纠纷案

（2017）川民终1055号

【裁判要旨】

租赁机械按租赁费计算损失，自有机械按折旧计算损失。

【基本案情】

2010年3月兴鼎公司与中铁七局签订《毛尔盖河西里水电站引水隧洞工程1#工作面协议书》，兴鼎公司将西里水电站1#洞工作面发包给中铁七局。2010年5月20日中铁七局与川建攀西分公司签订《施工合同书》，将其与兴鼎公司约定的四川省阿坝州黑水县毛尔盖河西里水电站1#引水隧洞工程交川建攀西分公司承建。2012年4月5日川建攀西分公司与福建天翔建设工程

有限公司签订《联合施工协议书》，川建攀西分公司将涉案四川省阿坝州黑水县毛尔盖河西里水电站1#引水隧洞工程转包给福建天翔建设工程有限公司，该协议有川建攀西分公司加盖的印章及委托代理人李某彬的签字，无福建天翔建设工程有限公司印章，乙方单位有刘某兴的签字。2012年5月18日中铁七局与川建攀西分公司终止合同，刘某兴以中铁七局刘某兴施工队名义进场实际施工。施工中，存在各类原因的停工情形。

【裁判摘要】

该工程的投标报价依据的是四川省水利厅《关于颁发〈四川省水利水电建筑工程预算定额〉、〈四川省水利水电工程设计概（估）算编制规定〉的通知》（川水发〔2007〕20号）。……兴鼎公司上诉认为“鉴定的主洞塌方费用不合理、停工补偿费用仅42万元”，缺乏确实充分的事实依据，不予支持。根据鉴定意见可知：“停工期间的人工费，按《投标文件》中的计日人工单价计算。施工期间停工的机械停滞台班按《水利工程施工机械台时费定额》中一类费用乘以K值系数，K值系数按相关行业标准取0.7。停工看守期间的机械停滞台班：由于本项目的停工看守期较长，日历天数达939天，属于《建设工程施工合同（示范文本）》中暂停施工持续84天以上情况，此时承包方应合理预见工程前景，采取相应措施，防止损失扩大。针对本工程长时间停工以及承包方可能发生的实际损失情况，参照行业内对停滞机械的补偿计算方法，本工程小型机械按施工期市场价为其补偿上限，大型自有机械按《水利工程施工机械台时费定额》中折旧费计算停滞补偿费用。”

四、企业管理费

| 导读 |

企业管理费是施工企业在生产经营过程中必然产生的综合性费用，作为工程成本核算的关键组成部分，其本质是对企业组织管理能力的价值体现。根据费用归集范围，通常分为总部管理费与项目管理费两大层级，前者指向企业总部为统筹经营活动产生的行政、财务、人力资源等共性支出；后者则聚焦于具体项目实施过程中现场管理、协调服务、风险防控等专项成本。二者共同构成企业维持正常运营和项目顺利实施的基础保障。

在费用计价模式上，企业管理费的确定存在显著的制度差异：定额计价模式下，管理费费率通常由地方建设主管部门通过定额文件统一规定，其计算基数与费率标准与企业资质等级、工程项目类别直接挂钩。清单计价模式则赋予承包人更大自主权，企业可基于自身管理水平、成本控制能力及市场竞争策略，选择参照定额标准或完全自主测算报价。

司法实践中经常出现与法定企业管理费性质不同的管理费，如在转包、违法分包或挂靠等无效合同中所约定的管理费。该种管理费虽在名称上与企业管理费相似，但实质是违法主体通过权力寻租获取的不当得利。

【术语解读】

企业管理费，是指建筑安装企业组织施工生产和经营管理所需的费用。

（一）企业管理费的构成

根据《建筑安装工程费用项目组成》，企业管理费由以下内容构成：

1. 管理人员工资，是指按规定支付给管理人员的计时工资、奖金、津贴补贴、加班加点工资及特殊情况下支付的工资等。不包括建筑安装工程费中劳务人员工资和机械台班单价中的人工费指机上司机（司炉）和其他操作人员的人工费。

2. 办公费，是指企业管理办公用的文具、纸张、帐表、印刷、邮电、书报、办公软件、现场监控、会议、水电、烧水和集体取暖降温（包括现场临时宿舍取暖降温）等费用。

3. 差旅交通费，是指职工因公出差、调动工作的差旅费、住勤补助费，市内交通费和误餐补助费，职工探亲路费，劳动力招募费，职工退休、退职一次性路费，工伤人员就医路费，工地转移费以及管理部门使用的交通工具的油料、燃料等费用。

4. 固定资产使用费，是指管理和试验部门及附属生产单位使用的属于固定资产的房屋、设备、仪器等的折旧、大修、维修或租赁费。

5. 工具用具使用费，是指企业施工生产和管理使用的不属于固定资产的工具、器具、家具、交通工具和检验、试验、测绘、消防用具等的购置、维修和摊销费。不包括建筑安装工程费中机械及大型机械使用费、安拆费及仪器仪表使用费。

6. 劳动保险和职工福利费，是指由企业支付的职工退职金、按规定支付给离休干部的经费、集体福利费、夏季防暑降温补贴、冬季取暖补贴、上下班交通补贴等。不包括规费中所含的养老保险费、失业保险费、医疗保险费、工伤保险费、生育保险费等社会保险费。

7. 劳动保护费，是企业按规定发放的劳动保护用品的支出。如工作服、手套、防暑降温饮料以及在有碍身体健康的环境中施工的保健费用等。

8. 检验试验费，是指施工企业按照有关标准规定，对建筑以及材料、构件和建筑安装物进行一般鉴定、检查所发生的费用，包括自设试验室进行试验所耗用的材料等费用。不包括新结构、新材料的试验费，对构件做破坏性试验及其他特殊要求检验试验的费用和建设单位委托检测机构进行检测的费用，对此类检测发生的费用，由建设单位在工程建设其他费用中列支。但对施工企业提供的具有合格证明的材料进行检测不合格的，该检测费用由施工企业支付。

9. 工会经费，是指企业按《工会法》规定的全部职工工资总额比例计提的工会经费。

10. 职工教育经费，是指按职工工资总额的规定比例计提，企业为职工进行专业技术和职业技能培训，专业技术人员继续教育、职工职业技能鉴定、职业资格认定以及根据需要对职工进行各类文化教育所发生的费用。

11. 财产保险费，是指施工管理用财产、车辆等的保险费用。

12. 财务费，是指企业为施工生产筹集资金或提供预付款担保、履约担保、职工工资支付担保等所发生的各种费用。

13. 税金，是指企业按规定缴纳的房产税、非生产性车船使用税、土地使用税、印花税、城市维护建设税、教育费附加、地方教育附加等。不包括建筑安装增值税。

14. 其他，包括技术转让费、技术开发费、投标费、业务招待费、绿化费、广告费、公证费、法律顾问费、审计费、咨询费、保险费等。

（二）企业管理费的分类

从造价构成上来看，企业管理费是建筑安装工程费用的一个构成要素，反映了施工企业对工程项目的间接成本，在投标报价中以综合单价组成要素的形式出现。从功能上来看，企业管理费是建筑安装企业组织施工生产和经营管理所需的费用，包括公司总部管理费和现场项目管理费两种。

1. 公司总部管理费

公司总部管理费指的是公司总部为组织施工生产和经营管理所需的费用。包括为了获取项目而投入的投标费、业务招待费、广告费等费用；为了项目管理而投入的管理人员工资、差旅交通费、工具用具使用费、劳动保险和职工福利费、劳动保护费、检验试验费等费用；为了企业经营而投入的办公费、固定资产使用费、技术转让费、技术开发费、财务费、工会经费、职工教育经费、财产保险费、税金等费用。

公司总部管理是建设工程施工企业施工生产和经营管理的重要组成部分，是获取交易机会和如约完成施工任务的重要保障。公司总部管理费投入较大，通常约占整个管理费的50%—70%。

2. 现场项目管理费

现场项目管理费指的是设立在施工现场管理部门为组织施工项目生产和项目经营管理所需的费用。现场项目管理费包括现场项目管理人员工资、劳动保险和职工福利费、劳动保护费，项目招待费、办公费等费用。现场项目管理费是项目质量管理、安全管理和进度管理的重要保障，通常约占整个管理费的30%—50%。

（三）企业管理费的计算方法

企业管理费一般采用取费基数乘以费率的方法计算。取费基数有三种，分别是：①以直接费为计算基础；②以人工费和施工机具使用费合计为计算基础；③以人工费为计算基础。企业管理费计算公式为：

企业管理费 = 企业管理费取费基数 × 企业管理费费率（%）

不同的取费基数对应不同的企业管理费费率。发包人在招标文件中应明确企业管理费取费基数，承包人投标时应根据招标文件确定的企业管理费取费基数填报企业管理费费率及企业管理费。工程造价管理机构在确定计价定额中的企业管理费时，应以定额人工费或定额人工费与施工机具使用费之和作为计算基数，其费率根据历年积累的工程造价资料，辅以调查数据确定。①

① 参见全国造价工程师职业资格考试培训教材编审委员会编：《建设工程计价》（第2版），中国计划出版社2021年版，第13页。

（四）转包、违法分包及挂靠中的管理费

在工程实务中，转包合同、违法分包合同及挂靠合同中经常也约定“管理费”，但该种管理费并非工程造价构成中的企业管理费，两者有本质区别。

造价构成中的企业管理费是建筑安装企业组织施工生产和经营管理所需的费用，其本质是工程项目成本，在投标中属于施工企业可竞争性的自主报价，在造价形成中被包含在分部分项工程费、措施项目费和其他项目费之中。企业管理费在工程造价构成中具有正当性、合法性，受到法律和司法的尊重。

转包合同、违法分包合同及挂靠合同中出现的“管理费”，并不具备成本属性，其本质是非法利益的再分配。就转包、违法分包及挂靠管理费而言，其各自性质也并不相同。

1. 转包管理费

住房和城乡建设部《建筑工程施工转包违法分包等违法行为认定查处管理办法（试行）》（建市〔2014〕118号，已失效）第6条规定：“本办法所称转包，是指施工单位承包工程后，不履行合同约定的责任和义务，将其承包的全部工程或者将其承包的全部工程肢解后以分包的名义分别转给其他单位或个人施工的行为。”

转包的施工总承包单位或专业承包单位不在施工现场设立项目管理机构，不派驻项目负责人、技术负责人、质量管理负责人、安全管理负责人等主要管理人员，不履行管理义务，不对该工程的施工活动进行组织管理的，施工总承包单位在转包后即退出合同履行流程，转包者所获得的转包管理费，其本质是转卖工程项目所获得的利差，该利差中不含有项目管理实际投入。

2. 违法分包管理费

住房和城乡建设部《建筑工程施工转包违法分包等违法行为认定查处管理办法（试行）》（已失效）第8条规定：“本办法所称违法分包，是指施工单位承包工程后违反法律法规规定或者施工合同关于工程分包的约定，把单位工程或分部分项工程分包给其他单位或个人施工的行为。”违法分包通常是承包人分包给没有资质单位或个人，或把本该由自己独立完成的主体结构分包，再或是违反分包程序——未经发包人同意进行分包。施工单位在违法分包后，并未退出合同履行流程，施工单位需要对项目进行管理，需要支付相应管理成本。

承包人和上游发包人所签订的《建设工程施工合同》与承包人和下游分包人所签订的《分包合同》是两份相对独立的合同。通常来说，两份合同对应工程范围内的价格并不相同，之间的差价为承包人的利润。实务中，也有分包合同约定分包价格以承包人与发包人结算为准，承包人获取固定比例管理费的情况。此时管理费的性质就是总包合同与分包合同对应工程要素的利差，该利差中含有承包人实际支付的相应管理成本。

3. 挂靠管理费

工程挂靠的准确法律术语叫作“借用资质”，而通过其基本表现形式可以概括其法律含义的内核为“借用行为”[①]。住房和城乡建设部《建筑工程施工转包违法分包等违法行为认定查处管理办法（试行）》（已失效）第10条第1款规定：“本办法所称挂靠，是指单位或个人以其他有资质的施工单位的名义，承揽工程的行为。”

被挂靠人通常并不参与投标、订立合同、办理有关施工手续、从事施工等活动。被挂靠人通过“出借资质”并获取管理费，其本质是通过“出租资质”获取管理费。因企业资质仅能自己使用，不得转让、出借。《建筑法》第66条规定：“建筑施工企业转让、出借资质证书或者以其他方式允许他人以本企业的名义承揽工程的……对因该项承揽工程不符合规定的质量标准造成的损失，建筑施工企业与使用本企业名义的单位或者个人承担连带赔偿责任。”由此可见，法律明确否定了借用资质行为的合法性，挂靠管理费亦不具合法性。

【司法实务】

问题 . 管理费约定条款是否属于计价条款？

在工程实务中，对“管理费”的约定较为普遍，如挂靠管理费、转包管理费、企业管理费、项目管理费、总承包管理费等。《民法典》第793条第1款规定：“建设工程施工合同无效，但是建设工程经验收合格的，可以参照合同关于工程价款的约定折价补偿承包人。”管理费约定条款是否属于计价条款，直接决定着无效合同的管理费约定能否按约定予以履行问题。对此，实务界存在两种不

① 最高人民法院民事审判第一庭编著：《最高人民法院新建设工程施工合同司法解释（一）理解与适用》，人民法院出版社2021年版，第80~81页。

同观点：

第一种观点认为，管理费是工程价款的组成部分，属于计价条款。

第二种观点认为，管理费形式多样，管理费的约定是否属于计价条款要根据具体情况予以确定。

笔者倾向第二种观点。

由于工程合同的复杂性，实务中常出现把诸多有名、无名的交易价款统称为"管理费"，如上文所说的挂靠管理费、转包管理费、分包管理费等。尽管在实务界以管理费名义约定内容繁多，但总结起来大致可分为三种情形。

第一种，能够物化至工程实体中的管理费。

能够物化至工程实体中的管理费包括企业管理费和总承包管理费。其中，企业管理费是指建筑安装企业组织施工生产和经营管理所需的费用。企业管理费包括企业总包管理费、项目管理费，具体内容有：（1）管理人员工资；（2）办公费；（3）差旅交通费；（4）固定资产使用费；（5）工具用具使用费；（6）劳动保险和职工福利费；（7）劳动保护费；（8）检验试验费；（9）工会经费；（10）职工教育经费；（11）财产保险费；（12）财务费；（13）税金：是指企业按规定缴纳的房产税、车船使用税、土地使用税、印花税等；（14）其他：包括技术转让费、技术开发费、投标费、业务招待费、绿化费、广告费、公证费、法律顾问费、审计费、咨询费、保险费等。总承包管理费属于其他项目费。

能够物化至工程实体中的管理费是工程价款的组成部分，该种管理费的约定属于计价条款。如最高人民法院在（2015）民申字第2603号"刘某明与湖南昌华建设集团有限公司、郴州市祺瑞房地产开发有限责任公司建设工程施工合同纠纷案"中，认为：根据《建筑安装工程费用项目组成》的规定，建筑安装工程费用项目包括人工费、材料费、施工机具使用费、企业管理费、利润、规费和税金。可见，利润以及企业管理费、冬雨季施工增加费、职工教育经费、养老保障费等费用属于建筑安装工程费用的组成部分。

第二种，以获取利差为本质的管理费。

分包、转包、违法分包，是把工程的全部或部分转给第三人施工的行为。有的合同直接约定分包或转包工程的单价及总价；有的分包合同约定分包人向总包人缴纳一定比例的管理费。不管如何约定，总包人分包、转包、违法分包的本质目的均是在合同差价中获利。以获取利差为本质的管理费属于该合同的计价条款，合同无效应当参照工程价款补偿。[①]

第三种，以出借资质获利的管理费。

转让、出借资质证书或者以其他方式允许他人使用本单位名义承揽建设工程的，均属借用资质或者资质挂靠行为，为法律所不许。《建筑法》第26条规定："承包建筑工程的单位应当持有依法取得的资质证书，并在其资质等级许可的业务范围内承揽工程。禁止建筑施工企业超越本企业资质等级许可的业务范围或者以任何形式用其他建筑施工企业的名义承揽工程。禁止建筑施工企业以任何形式允许其他单位或者个人使用本企业的资质证书、营业执照，以本企业的名义承揽工程。"

挂靠合同并非建设工程施工合同，借用资质的本质是出租资质，通过"借用资质"并获取相应对价的"管理费"，其实质为出租资质所获取的"租金"，故以出借资质获利的"管理费"不属于建设工程计价条款。挂靠是法律明确禁止行为，挂靠合同无效，挂靠合同项下的任何一方均不能以《民法典》第793条规定向相对人主张管理费。

关联判例

宋某松、郑州宇泰置业有限公司建设工程施工合同纠纷案

（2016）最高法民再383号

【裁判要旨】

出借资质获利的管理费条款不属于工程价款的结算条款。

【基本案情】

2005年9月22日，宇泰公司（甲方）与宏鑫公司（乙方）签订《郑州

① 最高人民法院在（2020）最高法民申2954号"陕西煜塬建筑工程有限公司、西北建设有限公司建设工程施工合同纠案"中认为：《劳务分包协议》约定，西北公司按照每次收到建设单位支付工程款的95%向煜塬公司支付劳务费。该条内容属于双方关于工程价款的约定内容之一，如前所述，可以参照适用。原审中，煜塬公司认可西北公司在施工过程中有代付工人工资、支付塔吊费、打桩费，参与工程结算等行为，证明西北公司参与了工程管理。原审判决参照双方合同约定，扣除5%管理费，按照世纪城投资公司支付给西北公司工程款的95%计算西北公司应付煜塬公司工程款，并无不当，且不存在超出诉讼请求的情形。

文博公寓一号住宅楼施工承包合同书》，约定乙方为项目承包单位，按照甲方要求进行施工，并对其他事项进行了明确约定。落款处甲方为宇泰公司，法人代表（签字）夏某；乙方（盖章）宋某松，法人代表（签字）为宋某松。2005年9月22日，宏鑫公司（甲方）与宏鑫公司第六项目部宋某松（乙方）签订《合同书》一份，约定：（1）甲方同意乙方自愿申请加入宏鑫公司，并编为第六项目部，项目经理为宋某松，第六项目部实行自主管理施工，独立核算、自负盈亏，并独立承担政治、经济和民事法律责任……（5）……返工的所有费用和经济损失，由乙方独立承担。（6）乙方承担郑州文博公寓1号楼工程，属包工包料项目，按本合同第3款执行，甲方委托乙方全权独立组织施工，并由建设单位按施工承包合同约定，直接向乙方拨付工程款。乙方要按国家规定从所得工程款中交纳建筑税，同时按工程总造价3%向甲方交纳管理费（从工程款中按比例分批扣除）。乙方所欠内、外债均由乙方承担，甲方对此概不负任何连带责任。

【裁判摘要】

该案工程系宋某松借用宏鑫公司的施工企业资质，作为实际施工人对涉案工程进行的施工，该合同书第6条虽然约定：宋某松按照工程总造价3%向宏鑫公司缴纳管理费。但该条款非工程价款的结算条款，其为无效条款，宇泰公司和宏鑫公司应从工程价款中扣除管理费的主张不能成立。

五、利润

|导读|

在市场经济框架下，利润作为企业投资的核心价值载体，直接体现为项目净收益、资本回报率等核心财务指标。利润是衡量施工企业可持续发展能力的关键标尺，从建安工程费构成视角看，利润虽被明确定义为工程造价的法定组成部分。然而在实务中却成为最易被侵蚀的环节。建设工程行业是一个充分竞争的微利行业，当前建筑市场呈现出明显的“三低一高”特征，即行业平均利润率低、准入门槛低、市场集中度低、资金需求高。在这种市场格局下，施工企业为争夺有限的项目资源并获取项目机会，往往采取“低价中标”策略，即常采取“零利润报价”或“负利润投标”策略，通过压缩管理成本、牺牲合理利润空间来获取订单，将盈利期望寄托于工程变更索赔、材料价差调整等非确定性收益。这种经营模式本质上是将企业置于风险敞口之下，一旦遭遇人工材料价格超幅波动、工期延误或设计变更管控失当，极易触发项目亏损甚至资金链断裂。

《2024 清单计价标准》更加强调工程造价管理的市场化、法治化方向，新标准强化了合同主体的契约自由原则，在发包人具有主导地位的承发包关系中，索赔难度进一步加大。承包人需要发挥自身优势，走出低价竞争怪圈。面对新的市场环境，施工企业应当通过技术升级、管理创新和成本管控等多维度构建核心竞争力，逐步摆脱对低价竞争的依赖，最终实现差异化竞争升级及利润升级。

【术语解读】

利润是企业利用各种经济资源，在一定时期内获取的经济利益。利润对企业的持续发展和稳健经营至关重要，是企业赖以生存的基本条件，是企业发展的基础、创造的内驱力。根据《2013 清单计价规范》的定义，造价构成中的利润指的是施工企业完成所承包工程获得的盈利。

（一）利润的计算基础

根据《建筑安装工程费用项目组成》（建标〔2013〕44 号）规定，施工企业根据企业自身需求并结合建筑市场实际自主确定利润，列入报价中。按照《2013 清单计价规范》进行计价的，工程造价管理机构在确定计价定额中利润时，应以“定额人工费”或“定额人工费加定额机械费”作为计算基数，其费率根据历年工程造价积累的资料，并结合建筑市场实际确定，以单位（单项）工程测算，利润在税前建筑安装工程费的比重，可按不低于 5% 且不高于 7% 的费率计算。《2024 清单计价标准》更强调发挥市场在资源配置中的作用，降低政府干预，删除定额表述。按此标准计价的，利润由承包人在投标文件中自行确定，也可参考同类工程的同期市场竞争合理价格利润率计算。

（二）价款调整对利润的影响

建设工程施工合同价款调整条款是用以平衡发承包双方计价风险、防止利益失衡的重要条款设计。

一般来说，除合同特别约定，因物价波动而产生的价款变更，不计取或调整利润。例如，因用工成本上涨而按约定进行的人工费调差，其本质是通过调整人工费增长差值以弥补承包人的用工成本，施工企业原施工义务并未因人工费上涨而发生变化，故其应获取的利润不应因人工费上涨而增加。根据《2024 清单计价标准》第 3.3.5 条的规定，合同约定因物价变化应予调整价格的项目，由于市场物价波动影响合同价格的，合同价格应按合同约定予以调整，综合单价的人工费、材料费、施工机具使用费的燃料动力费价差调整应计取增值税，不应计取管理费、利润。第 8.8.5 条规定，法律法规及政策性变化引起合同价格调整的，其合同总价及合同单价内的管理费及利润不应做调整。

除合同特别约定，因工程量变动而产生的价款变更，应当计取或调整利润。例如，因工程量增加而调整工程价款，其本质是施工方付出更多的施工任务而获得更高的利润价值。

另外，根据《2024 清单计价标准》第 8.11.10 条的规定，除特殊约定外，因发包人违约导致施工方施工任务增加，通常都可以索赔利润。例如，发包人将合同中的某项工作改变为其他承包人负责完成；发包人延迟提供施工图纸或施工场地；发包人提供材料的质量不合格、延迟提供、改变交货地点等引起工程不合格；发包人原因引起承包人测量放线错误、工程返工；发包人对施工场地额外限制、未按时履约审批、干扰正常施工顺序等；发包人原因引起工期延误、暂停施工、工程暂停后无法按时复工；发包人在工程竣工前提前占用工程；发包人原因引起缺陷责任期内的工程缺陷或损坏的修复。

根据《2024 清单计价标准》第 8.11.11 条的规定，发包人或监理人正常履行监督职责而造成给承包人造成经济损失的，发包人应补偿给承包人损失和（或）直接费用，不包括利润。如按发包人或监理人的要求对材料和工程（包括已覆盖的隐蔽工程）进行重新检测、且检测结果质量合格引起的直接费用，以及修复受影响工程的费用；额外增加的检查、检验、试验等的直接费用；工程试运行失败引起的直接费用；其他情况的直接损失和（或）费用等。

（三）利润与预期利润

造价构成中的利润是个造价概念，是综合单价的组成部分，是承包人在投标报价中期望获取的盈利。《招标投标法》第 33 条规定的“投标人不得以低于成本的报价竞标”，指的是工程项目的预期利润不得为负值，即投标报价（包括人工费、材料费、机具使用费、管理费、利润、规费、税金等七项内容）不能小于其应当承担的成本（包括人工费、材料费、机具使用费、管理费、规费、税金等六项内容）。

预期利润损失是指合同当事主体一方因另一方违约造成的本应获取而未获取的利润。《民法典》第584条规定："当事人一方不履行合同义务或者履行合同义务不符合约定，造成对方损失的，损失赔偿额应当相当于因违约所造成的损失，包括合同履行后可以获得的利益；但是，不得超过违约一方订立合同时预见到或者应当预见到的因违约可能造成的损失。"

《2013清单计价规范》第9.3.3条规定，当发包人提出的工程变更因非承包人原因删减了合同中的某项原定工作或工程，致使承包人发生的费用或（和）得到的收益不能被包括在其他已支付或应支付的项目中，也未被包含在任何替代的工作或工程中时，承包人有权提出并应得到合理的费用及利润补偿。《2024清单计价标准》第8.9.8条规定，非承包人原因，发包人提出的工程变更取消了合同中的某项原定工作或工程，且承包人发生的费用或（和）应得的收益没有包括在其他已支付或应支付的项目中或在任何替代的工作或工程中，发包人应补偿承包人的损失费用及合理的预期收益。

因可得利益受到合同的效力，一般的交易惯例、经验，市场情况，合同原本能否履行等因素影响，尽管法律有明确规定，但在司法审判实务中可得利益得以支持的概率较小。

【司法实务】

问题.建设工程施工合同无效，利润是否应当扣除？

利润是企业经营的价值追求，也是建筑安装工程费的重要组成部分。对于无效的建设施工合同，施工方是否有权获取相应利润，实务界存在两种不同观点：

第一种观点认为，企业不能从违法中获利，建设工程施工合同无效，利润应当扣除。

第二种观点认为，尽管建设工程施工合同无效，但工程经过竣工验收，发包人的目的得以实现，承包人的利润不应扣除。

笔者认可第二种观点。

无效合同，是指因违反法律强制性规定、违背公序良俗或存在严重法定瑕疵，导致其自始、当然、确定不发生法律效力的合同。无效合同核心特征是法律对合同效力的彻底否定，当事人不得履行，已履行的部分需恢复原状。法律通过阻碍无效合同履行的方式维护法律权威、保护公共利益、促进公平正义。但对于已经履行且无法恢复原状的合同，如已经把人工、材料和机械物化至建筑物的无效的建设工程施工合同，须参照合同约定均衡各合同主体的权利义务。

一、建设工程施工合同无效，参照合同约定折价补偿

建设工程施工合同对工程价款约定，既可以按照定额计价，也可以按照清单计价。定额计价的基本结构是直接费、间接费、利润和税金四部分。其中，直接费又包括直接工程费和措施费。直接工程费包括人工费、材料费（包括设备费）、施工机具使用费；措施费包括安全文明施工费、夜间施工费、二次搬运费、冬雨季施工费、临时设施费及已完工程保护费等。间接费包括规费、管理费。规费包括社会保险费及住房公积金等；管理费包括企业管理费、现场管理费等。税金为增值税。《2024 清单计价标准》清单报价的基本结构是：分部分项工程费、措施项目费、其他项目费、规费和税金。其中，分部分项工程费和措施项目费均包括人工费、材料费、施工机具使用费、企业管理费、利润；其他项目费包括暂列金、专业工程暂估价、计日工和总承包服务费；税金为增值税。

无论是清单计价还是定额计价，均包含人工费、材料费、施工机具使用费、企业管理费、利润和税金。《民法典》第 793 条第 1 款规定："建设工程施工合同无效，但是建设工程经验收合格的，可以参照合同关于工程价款的约定折价补偿承包人。"折价补偿承包人并不等同于仅返还建造成本，民法典也未将无效合同的利润排除在外。相反，民法典所规定的合同无效参照合同约定折价补偿，应参照包含利润在内的整个造价构成的约定。

二、扣除无效合同利润没有法律依据

《民法总则》（已失效）出台前，人民法院可以依据《民法通则》（已失效）第 134 条第 2 款的规定对非法所得予以收缴，最高人民法院《关于审理建设工程施工合同纠纷案件适用法律问题的解释》（法释〔2004〕14 号，以下简称《建设工程施工合同司法解释》）第 4 条也是基于此规定收缴当事人已经取得的非法所得，[①] 但实际上法院很少行使追缴权。《民法总则》（已失效）及 2021 年

---

① 《建设工程施工合同司法解释》第 4 条规定："承包人非法转包、违法分包建设工程或者没有资质的实际施工人借用有资质的建筑施工企业名义与他人签订建设工程施工合同的行为无效。人民法院可以根据民法通则第一百三十四条规定，收缴当事人已经取得的非法所得。"

1 月 1 日起开始施行的《民法典》均删除了《民法通则》(已失效)中收缴非法所得的规定，最高人民法院关于收缴非法所得的司法解释没有了上位法依据，且《建设工程施工合同司法解释》也于 2020 年 1 月 1 日起失效，目前已无相关规定。

三、合同无效但质量验收合格，发包人利益得以满足

施工合同虽然无效，但如果工程经竣工验收质量合格，说明建筑产品的质量符合国家规定的强制性规定，包括外观、使用功能、适用性、安全性、耐久性能、环境保护等。满足了建设单位对建筑产品的使用要求，意味着承包人完全履行了合同约定的义务，符合其订立建设工程施工合同的目的。根据等价有偿原则，发包人应当按照合同约定支付价款。

四、合同无效并非全部归责于承包人

为了保障建设工程质量、安全，和社会主义市场环境，我国法律、行政法规对建设工程行业做了诸多限制规定。如我国《城乡规划法》规定工程建设必须经过建设用地规划许可、建设工程规划许可等；《建筑法》明确规定施工企业必须在资质允许范围内施工，不得挂靠、转包、肢解分包等；《招标投标法》规定不得围标、串标，不得将依法必须进行招标的项目化整为零或者以其他任何方式规避招标等。凡违反法律、行政法规强制性规定的民事法律行为，可能会导致合同无效。这些行为可能是承包人原因，也可能是发包人原因。如因发包人导致合同无效而扣除承包人利润，则构成发包人从违法或过错中获利，与立法目的不符。

合同约定的工程款包含利润是当事人签订合同时的真实意思表示，发承包人均不得随意反悔，否则会指引合同当事人恶意违反法律规定，以追求更高利润，违反诚实信用原则和公平原则。①

---

① 如最高人民法院（2021）最高法民终 412 号在“潘某进、中铁十二局集团第二工程有限公司建设工程施工合同纠纷案”中，认为：至于利润，作为施工方的潘某进，其劳力、材料等已物化在建设工程的整体价值中，在潘某进完成的工程不存在质量问题的情况下，中铁十二局二公司的合同目的已实现，利润是潘某进理应获得的相应对价，如将该部分利润留给中铁十二局二公司，则基于同样一份无效合同，中铁十二局二公司将获得更多的非法利益，有违合同公平合理的基本原则，故利润亦不应从潘某进应得工程价款中扣除。

关联判例

上饶市建和实业发展有限公司、郭某东、浙江通达建设集团有限公司建设工程施工合同纠纷案

（2022）最高法民终 4 号

【裁判要旨】

建设工程施工合同无效，发包人并不能以此在结算中扣除承包人应得利润。

【基本案情】

2013 年 9 月 15 日，郭某东与通达公司签订《劳动合同》，约定通达公司安排郭某东从事工程部岗位工作，合同期限自 2013 年 10 月 1 日起至 2017 年 10 月 1 日止。2013 年 12 月 12 日，郭某东与通达公司签订《企业内部工程施工承包协议》，约定由郭某东承包上饶翰林华府项目工程，案涉工程一切经费由郭某东自负，挂靠建造师费用由郭某东向建造师本人协商支付。

2013 年 12 月 12 日，建和公司与通达公司签订了一份《建设工程施工合同》，约定由通达公司包工包料总承包设计施工图纸内翰林华府 1–9# 楼及地下室的土建、水电、安装等工程（除铝合金门窗、栏杆、电梯、弱电分包工程外）。2014 年 4 月 16 日，经过招投标程序，建和公司与通达公司分别就翰林华府 1–3#、9# 楼及地下室工程，翰林华府 4–8# 楼及地下室工程签订了两份《建设工程施工合同》(《备案合同》)。

【裁判摘要】

关于案涉工程款利润应否在结算价款中扣除问题。最高人民法院《建设工程施工合同司法解释》第 2 条规定："建设工程施工合同无效，但建设工程经竣工验收合格，承包人请求参照合同约定支付工程价款的，应予支持。"案涉工程 1#、2#、3#、9# 楼于 2017 年 1 月 3 日经竣工验收合格，4–8# 楼于 2018 年 6 月 3 日经竣工验收合格。一审判决认定案涉建设工程施工合同无效，参照《备案合同》计付案涉工程价款，符合上述司法解释规定，亦无不当。建和公司关于案涉施工合同无效，故工程款利润应在结算价款中扣除的上诉主张，于法无据，不应支持。

六、风险费用

|导读|

在建设工程造价管理体系中，风险费用并不是造价构成中的单独子项，却是综合单价构成中不可或缺的隐性保障机制，是应对物价波动、保障施工企业顺利履约的规范性安排。

综合单价中预留的风险金，其核心价值在于通过科学的契约设计，平衡发承包双方对市场波动、工程量偏差等不确定风险的权责关系，从而维护工程履约的稳定性与公平性。风险比例的科学设定与合理运用直接关系到发承包合同设立、承包人顺利履约、承包人利润基本收益率，乃至工程建设的质量安全。定额及清单规范中均未规定风险金的计算基础和计算比率，承包人基于自身经验、管理水平、历史数据、项目基础资料、所在环境及对未知事物影响力的判断，在投标报价中时综合确定。

【术语解读】

风险费用指的是隐含于已标价工程量清单综合单价中，用于化解发承包双方在工程合同中约定内容和范围内的市场价格波动风险的费用。

（一）风险费用特点

1. 隐含在工程量清单综合单价中

根据《建筑安装工程费用项目组成》的规定，建筑安装工程费可按照费用构成要素及工程造价形成两种方式划分。按照费用构成要素划分，建筑安装工程费由人工费、材料费、施工机具使用费、企业管理费、利润、规费和税金组成。其中人工费、材料费、施工机具使用费、企业管理费和利润包含在分部分项工程费、措施项目费、其他项目费中。按照工程造价形成划分，建筑安装工程费由分部分项工程费、措施项目费、其他项目费、规费、税金组成，分部分项工程费、措施项目费、其他项目费包含人工费、材料费、施工机具使用费、企业管理费和利润。

从以上“建筑安装工程费用项目组成”来看，并不包含风险费用。但从承包人对分部分项工程、措施项目、其他项目的报价来看，均是以清单综合单价进行报价，而综合单价则包含了人工费、材料费、施工机具使用费、企业管理费、利润和一定数量的风险费用。

2. 没有计算基础和费率

工程量清单综合单价所包含的其他因素均有相应的计费基础或费率。如按《2013 清单计价规范》进行计价的，人工费通常以定额人工费或信息价计算；材料费通常以市场价或信息价计算；施工机具使用费通常以市场租赁价计算；企业管理费通常以人工费或人材机费用之和为基数，乘以对应费率计算；利润通常以人工费、材料费、机械费及管理费为基数，乘以利润率计算。在强调“发挥市场在资源配置中的决定性作用”背景下，《2024 清单计价标准》取消了定额的相关表述。按此标准进行计价的，可以通过类似工程的价格信息、价格指数及市场造价资讯等确定分部分项工程价格及措施项目价格。通过市场询价的方式获得人工、材料、施工机具、清单项目综合单价等相关合理工程价格。而风险金没有计算基数，也没有对应费率，由承包人基于项目类型，甲方资金状况、支付能力，市场环境，物价波动，项目周期，社会、科技、文化、能源、资源及自身战略定位等各种因素综合而定，全面体现充分竞争与风险把控的统一。

3. 风险范围及幅度由合同约定

工程发包是一种期货交易行为，工程建设具有单件性和复杂性的特点，风险客观存在且多发。为了明确发承包双方风险界限，双方需要在合同中对风险范围及风险幅度进行约定。《2013 清单计价规范》第 3.4.1 条规定，建设工程发承包，必须在招标文件、合同中明确计价中的风险内容及其范围，不得采用无限风险、所有风险或类似语句规定计价中的风险内容及范围。《2024 清单计价标准》第 6.1.8 条规定，投标人的投标价应包括招标文件中规定的由承包人承担范围及幅度内的风险费用。

4. 不得约定承包人承担无限风险

在工程施工过程中，影响工程施工及工程造价的风险因素较多，但并非所有的风险都是承包人能预测、能控制和应承担的。基于发承包双方权责对等性及交易公平性要求，《2013 清单计价规范》第 3.4.1 条规定，建设工程发承包，必须在招标文件、合同中明确计价中的风险内容及其范围，不得采用无限风险、所有风险或类似语句规定计价中的风险内容及范围。《2024 清单计价标准》第 3.3.1 条规定，建设工程的施工发承包，应在招标文件、合同中明确计量与计价的风险内容及其范围，不得采用无限风险、所有风险或类似语句约定工程计量与计价中的风险内容及范围。计价规范的直接规定，促进发承包双方在合同内对各自应承担的风险范围或风险幅度进行约定。

（二）风险因素

发承包双方应合理分摊风险，投标人在综合单价中应适当考虑合理风险费用。在工程实务中，影响工程造价的风险因素主要有：

1. 国家法律、法规、规章和政策发生变化

《2024 清单计价标准》第 8.8.1 条规定，合同工程实施期间，在合同基准日后发生以下法律法规及政策性变化引起合同价款增减变化和（或）工期延误的，发承包双方应按合同约定和国家、省级或行业建设主管部门及其授权的工程造价管理机构据此发布的规定调整合同价格及（或）工期。其中，招标工程的合同基准日价格指数，为投标截止日前 28 天的价格指数，招标人应在招标文件中予以明确。非招标工程的，应为合同签订日前 28 天的价格指数。法律法规及政策性变化的主要内容包括：①新增的法律法规及政策性规定；②修改原有的法律法规及政策性规定；③废止原有的法律法规及政策性规定；④政府对相关法律法规的解释发生了变化。如省级或行业建设主管部门发布的人工费调整，由政府定价或政府指导价管理的原材料等价格进行了调整等。

2. 人工单价信息

根据我国目前工程建设的实际情况，各省、自治区、直辖市建设行政主管部门均根据当地人力资源和社会保障行政主管部门的有关规定发布人工成本信息或人工费调整，该调整的人工费价格是工程造价计价的依据。即当省级或行业建设主管部门发布的人工费价格出现调整时，对应工程造价也会跟随调整，但承包人对人工单价的报价高于发布的或合同另有约定人工单价固定不变的除外。

3. 市场物价波动

由于市场物价波动影响合同价款的，可由发承包双方合理分摊风险，承发包双方应在合同中明确物价变化时合同价款调整的方法。

当合同对因物价变动是否调整合同价款或如何调整价款没有约定或约定不明时，《2013 清单计价规范》与《2024 清单计价标准》处理原则并不相同。《2013 清单计价规范》强调公平原则，对关系职工切身利益的人工费不应纳入风险，应根据各省、自治区、直辖市建设行政主管部门均按照当地人力资源和社会保障行

政主管部门有关规定发布的人工成本信息或人工费进行调整；材料价格的风险宜控制在5%以内，施工机械使用费的风险可控制在10%以内，超过者予以调整。《2024清单计价标准》强调意思自治原则，单价合同的本质是固定单价，总价合同的本质是合同约定施工范围的总价包干。当合同没有对人工费、材料费、施工机具使用费中的燃料动力费等内容因物价变动可以调整进行约定的，则应视为该部分内容不调整。除非该部分内容市场价格出现异常变动，且是发承包双方在订立合同时无法预见的重大变化，继续履行合同对于受不利影响的合同一方明显不公平。当合同仅约定人工费、材料费、施工机具使用费中的燃料动力费等内容可因物价变动进行调整，而未约定幅度或约定不明，其市场价格波动幅度超出5%时，可以调整合同价格。

如发生合同工期延误的，因发包人原因导致工期延误的，则计划进度日期后续工程的价格，采用计划进度日期与实际进度日期两者的较高者；因承包人原因导致工期延误的，则计划进度日期后续工程的价格，采用计划进度日期与实际进度日期两者的较低者。

4. 工程量变动

工程量变动，是指合同工程实施过程中，由发包人提出或由承包人提出，经发包人批准的合同工程任何一项工作的增、减、取消或施工工艺、顺序、时间的改变，设计图纸的修改，施工条件的改变，招标工程量清单的错、漏，从而引起合同条件的改变或工程量的增减变化。

施工过程中，施工条件、地质水文、工程变更等变化以及招标工程量清单编制人专业水平的差异，往往会造成实际工程量与招标工程量清单出现偏差。工程量偏差过大，会对综合成本的分摊带来影响。工程变更引起的工程价款调整按变更工程量和变更单价进行确定，其中工程量按照承包人在变更项目中实际完成的工程量计算。

如工程量增加太多，仍按原综合单价计价，对发包人不公平；如工程量减少太多，仍按原综合单价计价，对承包人不公平。故对于任一招标工程量清单项目，如果工程量偏差和工程变更等导致工程量偏差超过15%，调整的原则为：当工程量增加15%以上时，其增加部分的工程量的综合单价应予调低；当工程量减少15%以上时，减少后剩余部分的工程量的综合单价应予调高。

5. 其他风险

除上述风险外，工程造价风险还包括项目特征描述不符风险、工程量清单缺项风险、工程量偏差风险、现场签证风险、不可抗力风险、误期赔偿风险、施工索赔风险等。

【司法实务】

问题．风险包干费能否包含所有风险？

《2013清单计价规范》第3.4.1条规定："建设工程发承包，必须在招标文件、合同中明确计价中的风险内容及其范围，不得采用无限风险、所有风险或类似语句规定计价中的风险内容及范围。"

在司法实务中，发承包双方并不约定承包人承担无限风险，而是在合同价款之外另行约定风险包干费。对于该风险包干费是否能够包含所有风险问题，实务界存在两种不同观点：

第一种观点认为，发包人支付风险包干费的目的就是要求承包人对风险进行包干，该约定等价有偿，不违反法律、行政法规的强制性规定，合法有效。

第二种观点认为，风险包干费为包干一定系数风险的费用。

笔者倾向于第二种观点。

风险费用指的是隐含于已标价工程量清单综合单价中，用于化解发承包双方在工程合同中约定内容和范围内的市场价格波动风险及其他风险因素的费用。笔者经搜索查询，"风险包干"一词最初出现在1989年《深圳市工程招标计价办法》（深府办〔1989〕932号，已失效）第3条第4款第2项规定："招标书采用材料风险包干时，标底可暂不计算包干金额，待定标时取报价最优者计算。"原铁道部发布的《铁路工程估算指标》（铁建设〔1999〕100号），规定工程招标降造费使用范围包括未纳入工程合同的风险包干费。之后出现在各省级计价文件之中。

风险费主要是应对在施工过程中的各种不确定性，防止利益失衡及极端情况下的道德性风险。

一、不得约定承担无限风险的含义

公平原则作为民法的基本原则，是民事主体从事民事活动应当遵守的基本行为准则。《民法典》第6条规定："民事主体从事民事活动，应当遵循公平原则，合理确定各方的权利和义务。"产生民事法律关系时，民事主体要秉持公平理念，公平、合理地确定各方的权利和义务；进行民事活动时，要按照公平观念行使权利、履行义务，特别是对于双方民事法律行为，一方的权利和义务应当相适应，双方之间的权利和义务应当对等，不能一方只承担义务而另一方只享有权利，也不能风险由一方无限承担。①

除《2013清单计价规范》规定不得在合同中约定由一方承担无限风险、所有风险外，各地方均有类似规定。如北京市住房和城乡建设委员会印发的《关于执行2014年〈北京市城市轨道交通运营改造工程计价依据——预算定额〉的规定》（京建法〔2016〕5号）② 规定，招标文件及合同中应当明确风险内容及其

---

① 参见最高人民法院民法典贯彻实施工作领导小组主编：《中华人民共和国民法典合同编理解与适用（一）》，人民法院出版社2020年版，第62页。

② 北京市住房和城乡建设委员会印发的《关于执行2014年〈北京市城市轨道交通运营改造工程计价依据——预算定额〉的规定》（京建法〔2016〕5号）第6条规定，风险范围及幅度的规定：招标文件及合同中应当明确风险内容及其范围、幅度，不得采用无限风险、所有风险或类似语句规定风险范围及幅度。主要材料和机械以及人工风险幅度在±3%—±6%内约定。

1. 风险幅度变化确定原则。（1）基准价：招标人应当在招标文件中明确投标报价的基准期，与基准期对应的主要材料和机械以及人工市场价格为基准价。基准价应当以造价信息价格为依据确定。造价信息价格缺项时，应当以发包人、承包人共同确认的市场价格为依据确定。（2）施工期市场价应当以发包人、承包人共同确认的价格为准。若发包人、承包人未能就施工期市场价格达成一致，可以参考施工期的造价信息价格。（3）风险幅度的计算：①当承包人投标报价中的主要材料和机械以及人工单价低于基准价时，施工期市场价的涨幅以基准价格为基础确定，跌幅以投标报价为基础确定，涨（跌）幅度超过合同约定的风险幅度值时，其超过部分按第6条第2款的规定执行。②当承包人投标报价中的主要材料和机械以及人工单价高于基准价时，施工期市场价跌幅以基准价格为基础确定，涨幅以投标报价为基础确定，涨（跌）幅度超过合同约定的风险幅度值时，其超过部分按第6条第2款的规定执行。③当承包人投标报价中的主要材料和机械以及人工单价等于基准价时，施工期市场价涨（跌）幅度以基准价格为基础确定，涨（跌）幅度超过合同约定的风险幅度值时，其超过部分按第6条第2款的规定执行。

2. 超过风险幅度的调整原则。（1）发包人、承包人应当在施工合同中约定市场价格变化幅度超过合同约定幅度的单价调整办法，可采用加权平均法、算术平均法或其他计算方法。（2）主要材料和机械市场价格的变化幅度小于或等于合同中约定的价格变化幅度时，不做调整；变化幅度大于合同中约定的价格变化幅度时，应当计算超过部分的价格差额，其价格差额由发包人承担或受益。（3）人工市场价格的变化幅度小于或等于合同中约定的价格变化幅度时，不做调整；变化幅度大于合同中约定的价格变化幅度时，应当计算全部价格差额，其价格差额由发包人承担或受益。（4）人工费价格差额不计取规费；人工费、材料费、机械费计算后的价格差额只计取税金。

范围、幅度，不得采用无限风险、所有风险或类似语句规定风险范围及幅度。《广东省建设工程造价管理规定》（2021 年修订）第 24 条第 1 款规定，招标文件、施工合同中应当明确发承包双方承担风险的内容、范围和费用。发包人不得以无限风险、所有风险等规避自身风险。《海南省房屋建筑和市政基础设施项目工程总承包管理实施细则（试行）》（琼建规〔2022〕26 号）第 15 条第 1 款规定，（风险分担原则）招标文件以及工程总承包合同应合理约定工程总承包风险的分担，不得采用无限风险、所有风险及类似语句规定计价中的风险内容及范围。① 2025 年 9 月 1 日实施的《2024 清单计价标准》第 3.3.1 条规定，建设工程的施工发承包，应在招标文件、合同中明确计量与计价的风险内容及其范围，不得采用无限风险、所有风险或类似语句约定工程计量与计价中的风险内容及范围。

二、风险包干费并不能包含所有风险

风险包干费并非包干所有风险，而是在一定范围和幅度内包干风险。如果认为风险包干费即包干所有风险，则相当于约定承包人承担无限风险，这与《2013 清单计价规范》强制性条文及《2024 清单计价标准》相关条文相违背，也不符公平原则。

湖南省住房和城乡建设厅发布的《关于贯彻执行〈湖南省建设工程计价办法〉若干问题的通知》（湘建价〔2009〕3 号）第 5 条规定："采用工程量清单计价的工程，应在招标文件和合同中明确投标人承担的风险内容及其范围（幅度），同时明确风险包干系数。招标文件或合同中不得采用无限风险、所有风险或者类似语句规定风险内容及其范围（幅度）；工程安全防护和文明施工措施费、人工费、规费、税金及政策性调整不属于风险范围，应按规定执行。"山东省住房和城乡

① 《海南省房屋建筑和市政基础设施项目工程总承包管理实施细则（试行）》（琼建规〔2022〕26 号）第 15 条规定，（风险分担原则）招标文件以及工程总承包合同应合理约定工程总承包风险的分担，不得采用无限风险、所有风险及类似语句规定计价中的风险内容及范围。建设单位承担的风险主要包括：（1）主要工程材料、设备、人工价格与招标时基期价相比，波动幅度超过合同约定幅度的部分；（2）因国家法律法规政策变化引起的合同价格的变化；（3）不可预见的地质条件、地下掩埋物造成的工程费用和工期的变化；（4）因建设单位原因产生的工程费用和工期的变化；（5）不可抗力造成的工程费用和工期的变化。工程总承包单位承担由于自身原因造成的风险。鼓励建设单位和工程总承包单位通过购买保险的方式增强防范风险能力。推动相关保险产品的开发，逐步建立与工程总承包相适应的工程保险体系。

建设厅《关于加强工程建设材料价格风险控制的意见》（鲁建标字〔2008〕27号）第3条规定："发承包双方在固定价格合同中已约定风险包干系数的，当材料价格波动幅度超过合同约定的材料价格风险系数时，材料价格上涨的，其价差由发包人承担；材料价格下降的，其价差由发包人受益。"

当事人约定风险包干，当风险合同约定风险范围及幅度时，承包人可以申请调整价款；合同没有约定风险范围及幅度的，当超出承包人预期范围或构成情势变更时，承包人也可申请调整。

关联判例

中建六局第二建筑工程有限公司、国家税务总局恩施土家族苗族自治州税务局建设工程施工合同纠纷案

（2019）最高法民终1667号

【裁判要旨】

风险包干费只影响对应合同约定幅度范围内的风险。

【基本案情】

2012年10月25日，发包人恩施州税务局（甲方）与承包人中建六局二公司（乙方）签订了《湖北省建设工程施工合同》。其中，该合同第55.2条规定，合同价格调整方式：采用固定单价合同。合同风险范围如下：市场物价风险，包括水泥、钢材、商品砼材料单价变化幅度超过±10%以外按照湖北省原建设厅鄂建文〔2008〕190号文执行；±10%以内的风险由承包人承担或受益，合同单价不予调整。风险范围以外合同价款调整方法：因设计变更、工程量增减引起合同价款的变化依据监理工程师实际签发数量及价格进行调整。调整办法是依据工程师实际审签并经发包人确认的工程量乘以合同对应固定单价进行调整，合同中没有适用或类似于变更、增减工程的价格，由承包人参照2008版《湖北省建筑安装工程消耗量定额及统一基价表》及取费文件、2008年《建设工程工程量清单计价规范》（GB 50500—2008）（以下简称《2008清单计价规范》）编制相应的变更价格，经与发包人协商一致后，按监理工程师审签并经发包人确认的工程量计算调整。

【裁判摘要】

中建六局二公司上诉主张，一审法院调减材料价差463534.19元有误。湖北省原建设厅鄂建文〔2008〕190号文规定，工程施工合同价格计取了风险包干费用，明确了材料价格风险包干幅度，材料价差调整原则为：施工期间材料价格上涨或下降幅度在风险包干幅度以内的部分，其价差不予调整；超过风险包干幅度以外的部分，本着相互协商、风险共担的原则，应由发、承包双方协商调整。因此，对于超过风险包干幅度以外部分的计价，应以协商一致为基本原则。在固定单价合同且中建六局二公司不同意调减的情况下，鉴定机构将钢筋价差调减463534.19元，没有依据。对此法院认为，根据双方签订的《湖北省建设工程施工合同》第三部分专用条款第55.2条“合同价格调整方式：采用固定单价合同。合同风险范围如下：市场物价风险，包括水泥、钢材、商品砼材料单价变化幅度超过±10%以外按照省建设厅鄂建文〔2008〕190号文执行；±10%以内的风险由承包人承担或受益，合同单价不予调整”的约定，超过±10%风险幅度以外的材料单价要按照湖北省原建设厅鄂建文〔2008〕190号文调整。鄂建文〔2008〕190号文第1条规定：“超过风险幅度以外部分，本着相互协商、风险共担的原则，双方协商调整”，同时鄂建文〔2008〕190号文第3条规定：“……以上部分材料价差的计算，以合同约定的价格与施工期双方认定的价格或当地建设工程造价管理部门发布的同期市场信息价，计算价差。”因此，即使双方没有协商一致，鉴定机构可根据前述规定对超过风险幅度以外部分予以调减，一审判决关于案涉工程造价中调减材料价差463534.19元，并无不当。中建六局二公司的此上诉理由不能成立。

第二节 措施项目费

措施项目费，是指为完成建设工程施工，发生于该工程施工前和施工过程中的技术、生活、安全、环境保护等方面的费用。包括：安全生产措施费、文明施工费，夜间施工增加费，非夜间施工照明费，二次搬运费，冬雨季施工增加费，地上、地下设施、建筑物的临时保护设施费，已完工程及设备保护费，脚手架费，混凝土模板及支架（撑）费，垂直运输费，超高施工增加费，大型机械设备进出场及安拆费，施工排水、降水费及其他措施项目费，等等。

（一）措施项目费的分类

措施项目费分为施工技术措施费和施工组织措施费两种。其中，施工技术措施费包括：大型机械设备进出场及安拆费，脚手架工程费，混凝土、钢筋混凝土模板及支拆费，施工排水、降水费及其他施工技术措施费，等等；施工组织措施费包括：安全生产措施费、文明施工费、夜间施工增加费、二次搬运费、冬雨季施工增加费、已完工程及设备保护费、工程定位复测费、特殊地区施工增加费、临时设施费等。

（二）措施项目费的特点

1. 措施项目并不直接构成工程实体，但又为实体工程建造过程中所不可或缺的部分。比如，主体工程中的砌筑工程是实体工程，由于施工人员身高所限，不能完成超出身高能力所限的砌筑工作，需要搭设脚手架，该脚手架为措施项目。当砌筑工程及其后续工作完成后，脚手架即会拆除，不构成实体工程。

2. 措施项目清单中的安全生产措施费应按国家或省级、行业建设主管部门的规定费用标准计价。

3. 由于现行国家计量规范（标准）已将措施项目纳入规范中，因此，措施项目清单必须根据相关工程计量规范的规定编制。

（三）措施项目费的编制

编制总价措施项目清单与计价表需要注意以下事项：（1）措施项目清单的编制需考虑多种因素，除工程本身的因素外，还涉及水文、气象、环境、安全等因素。措施项目清单应根据拟建工程的实际情况，并依据现行国家计量规范进行列项。计价规范中的附表仅列举常见措施项目费，在编制清单时可以根据实际情况对表中措施项目进行增减。专业工程措施项目可按照附录中规定的项目选择列项。[①]（2）在编制招标控制价时，所有措施项目费的计算基数、费率均应按照

---

① 赵军编著：《〈建设工程工程量清单计价规范〉操作实务》，中国建材工业出版社2013年版，第26页。

省级或行业建设主管部门的规定填写；（3）在编制投标报价时，安全生产措施费应按照国家及省级、行业主管部门的规定进行计价，其他措施项目由投标人自主报价；（4）编制竣工结算时，如果省级或行业建设主管部门调整了安全生产措施费，应按照调整后的标准计算此费用，其他总价措施项目经发承包双方协商进行调整的，按调整后的标准计算。[①]

（四）措施项目费的计算

根据《2013 清单计价规范》的规定，结合有关专业工计量规范，措施项目可划分为两类：一类是应予计量的措施项目，如脚手架、降水工程等，就以"量"计价，更有利于措施费的确定和调整，称为"单价措施项目"；另一类是不宜计量的措施项目，如安全文明施工费、临时设施等，就以"项"计价，称为"总价措施项目"。

1. 应予计量的措施项目通常以"工程量 × 综合单价"的方式计算。

措施项目费 =（措施项目工程量 × 综合单价）

不同的措施项目工程量的计算单位和计算内容是不同的，详见各个措施项目术语解析。

2. 不宜计量的措施项目，通常用"计算基数 × 费率"的方法计算。

（1）安全文明施工费，计算公式为：

安全文明施工费 = 计算基数 × 安全文明施工费费率（%）

安全文明施工费的计算基数可为"定额基价"（定额分部分项工程费 + 定额中可以计量的措施项目费）、"定额人工费"或"定额人工费 + 定额机械费"。其费率由工程造价管理机构根据各专业工程的特点按国家或省级、行业建设主管部门的规定确定。

（2）其他不宜计量的措施项目。计算公式为：

其他措施项目费 = 计算基数 × 措施项目费费率（%）

其他措施项目费的计算基础可为"定额人工费"或"定额人工费 + 定额机械费"。其费率由工程造价管理机构根据各专业工程特点和调查资料综合分析后确定。

---

① 参见中国建筑文化中心等编：《〈建设工程工程量清单计价规范〉释义与解读》，中国建材工业出版社 2013 年版，第 48 页。

3. 施工方案措施费。按施工方案计算的措施费，若无“计算基数”和“费率”的数值，也可只填“金额”数值，但应在备注栏说明施工方案出处或计算方法。

不同的措施项目工程量的计算单位是不同的，详见各术语解析。

根据《2024 清单计价标准》的规定，措施项目清单的价格可根据招标文件和招标工程量清单、工程实施要求及常规的施工工艺措施、合同条款、措施项目清单构成明细分析表、类似工程的措施价格信息及市场造价资讯等确定。其中安全生产措施费的计算应符合国家及省级、行业主管部门的规定。

一、安全文明施工费

| 导读 |

原建设部《关于印发〈建筑工程安全防护、文明施工措施费用及使用管理规定〉的通知》（建办〔2005〕89 号）将安全文明施工费纳入国家强制性标准管理范围，为不可竞争费。《2013 清单计价规范》规定措施项目清单中的安全文明施工费应按国家或省级、行业建设主管部门的规定费用标准计价，招标人不得要求投标人对该项费用进行优惠，投标人也不得将该项费用参与市场竞争。2022 年 11 月 21 日，财政部、应急部印发了《企业安全生产费用提取和使用管理办法》（财资〔2022〕136 号），提出建设工程施工企业以建筑安装工程造价为依据，于月末按工程进度计算提取企业安全生产费用。新版《2024 清单计价标准》未延续《2013 清单计价规范》关于“安全文明施工费”的表述，而改为“安全生产措施费”，其性质相似，内容更倾向于实体性的安全生产。因文明施工依然是安全施工的重要组成部分，故本小节以“安全文明施工费”为题，与“安全生产措施费”一并解析。

【术语解读】

安全文明施工费指的是在合同履行过程中，承包人按照国家法律、法规、标准等规定，为保证安全施工、文明施工，保护现场内外环境和搭拆临时设施等所采用的措施而发生的费用。安全生产措施费承包人按照国家、行业及地方主管部门等有关安全生产的要求进行及完成工程所发生的保证施工生产安全所采用的措施而发生的费用。

（一）安全文明施工费与安全生产措施费

根据《2013清单计价规范》规定，安全文明施工费的内容是以财政部、安全监管总局印发的《企业安全生产费用提取和使用管理办法》和相关工程现行国家计量规范的规定为准。《2024清单计价标准》所规定的安全生产措施费，其法律渊源也是《企业安全生产费用提取和使用管理办法》。[①] 安全文明施工费与安全生产措施费具有同源属性。

《2013清单计价规范》所规定的安全文明施工费必须按国家或省级、行业建设主管部门的规定计算，不得作为竞争性费用。安全文明施工费包括的内容和使用范围，应符合国家有关文件和计量规范的规定。《2024清单计价标准》规定，安全生产措施费的计算应符合国家及省级、行业主管部门的规定。安全生产措施费包括的内容和使用范围，应符合合同约定和国家及省级、行业主管部门有关文件及工程量计算标准的规定。安全文明施工费与安全生产措施费就有同质属性。施工过程中，国家或省级、行业建设主管部门对安全文明施工费进行了调整的，措施项目中的安全文明施工费应作相应调整，发承包双方不得自行约定减免、放弃。

（二）安全文明施工费的构成

安全文明施工费分为安全施工费、文明施工费、环境保护费和临时设施费四种。

---

① 《企业安全生产费用提取和使用管理办法》（财资〔2022〕136号）第19条规定，建设工程施工企业安全生产费用应当用于以下支出：（1）完善、改造和维护安全防护设施设备支出（不含“三同时”要求初期投入的安全设施），包括施工现场临时用电系统、洞口或临边防护、高处作业或交叉作业防护、临时安全防护、支护及防治边坡滑坡、工程有害气体监测和通风、保障安全的机械设备、防火、防爆、防触电、防尘、防毒、防雷、防台风、防地质灾害等设施设备支出；（2）应急救援技术装备、设施配置及维护保养支出，事故逃生和紧急避难设施设备的配置和应急救援队伍建设、应急预案制修订与应急演练支出；（3）开展施工现场重大危险源检测、评估、监控支出，安全风险分级管控和事故隐患排查整改支出，工程项目安全生产信息化建设、运维和网络安全支出；（4）安全生产检查、评估评价（不含新建、改建、扩建项目安全评价）、咨询和标准化建设支出；（5）配备和更新现场作业人员安全防护用品支出；（6）安全生产宣传、教育、培训和从业人员发现并报告事故隐患的奖励支出；（7）安全生产适用的新技术、新标准、新工艺、新装备的推广应用支出；（8）安全设施及特种设备检测检验、检定校准支出；（9）安全生产责任保险支出；（10）与安全生产直接相关的其他支出。

1. 安全施工费，是指施工现场安全施工所需要的各项费用。包括：安全资料、特殊作业专项方案的编制费，安全警示标志的购置及宣传费用，“三宝”“四口”“五临边”防护费用，三级配电、两级保护及外电防护的安全用电费用，起重机械的检验检测费用及起重机、塔吊及外用电梯的安全防护措施费用，卸料平台的临边防护、层间安全门防护棚、施工机具防护棚及其围栏的安全保护设施费用，施工现场安全防护通道的费用，工人的防护用品、用具购置费用，消防设施与消防器材的配置费用，电气保护、安全文明设施费，以及其他安全防护措施费用。

2. 文明施工费，是指施工现场文明施工所需要的各项费用。包括：“五牌一图”费用，现场围墙、临时设施的美化费，现场生活卫生设施费用，符合卫生要求的饮水设备、淋浴、消毒等设施费用，生活用洁净燃料费用，防煤气中毒、防蚊虫叮咬等措施费用，施工现场操作场地的硬化费用，现场绿化费用、治安综合治理费用，防暑降温及医疗保健费，以及其他文明施工措施费用。

3. 环境保护费，是指施工现场为达到环保部门要求所需要的各项费用。包括：隔音降噪费，密闭储存防尘费，土石方、弃渣外运防护费，防污费，以及其他环境保护措施费。

4. 临时设施费，是指施工企业为进行建设工程施工所必须搭设的生活和生产用的临时建筑物、构筑物和其他临时设施费用。包括临时设施的搭设、维修、拆除、清理费或摊销费等。

（三）安全文明施工费的计算

安全文明费属于不宜计量的措施费，通常以计算基数乘以费率费方法予以计算。

安全文明施工费 = 计算基数 × 安全文明施工费费率（%）

适用《2013 清单计价规范》的，安全文明施工费的计算基础可为“定额基价”、“定额人工费”或“定额人工费 + 定额机械费”，其中“定额基价”为定额分部分项工程费加定额中可以计量的措施项目费。安全文明施工费费率由工程造价管理机构根据各专业工程的特点综合确定。《2024 清单计价标准》取消了定额的相关表述，不宜按照定额人工费计算安全生产措施费。该标准第 3.2.5 规定，措施项目清单中的安全生产措施费应按国家及省级、行业主管部门的相关规定计价。[①]

（四）安全文明施工费的支付

安全文明施工费是施工单位能够安全施工、文明施工和保护现场内外环境的保障，在工程项目施工期间，要确保安全文明施工费的及时支付。《关于印发〈建筑工程安全防护、文明施工措施费用及使用管理规定〉的通知》（以下简称《安全文明施工费管理规定》）规定，建设单位要与施工单位在施工合同中对安全文明施工措施费、支付计划，使用要求、调整方式做出明确约定，有保证按时支付的具体措施。[②]《2013 清单计价规范》规定，发包人没有按时支付安全文明施工费的，承包人可催告发包人支付；发包人在付款期满后的 7 天内仍未支付的，若发生安全事故，发包人应承担相应责任。

对安全文明施工费的首次支付比例，《安全文明施工费管理规定》《2013 清单计价规范》和《2017 工程施工合同》均有规定，但各不一致。《安全文明施工费管理规定》第 7 条第 2 款规定，建设单位与施工单位在施工合同中对安全防护、文明施工措施费用预付、支付计划未作约定或约定不明的，合同工期在一年以内的，建设单位预付安全防护、文明施工措施项目费用不得低于该费用总额的 50%；合同工期在一年以上的（含一年），预付安全防护、文明施工措施费用不得低于该费用总额的 30%，其余费用应当按照施工进度支付。《2013 清单计价规范》规定，发包人应在工程开工后的 28 天内预付不低于当年施工进度计划的安全文明施工费总额的 60%，其余部分应按照提前安排的原则进行分解，并应与进度款同期支付。《2017 工程施工合同》规定，除专用合同条款另有约定外，发

① 《企业安全生产费用提取和使用管理办法》第 17 条规定，建设工程施工企业以建筑安装工程造价为依据，于月末按工程进度计算提取企业安全生产费用。提取标准如下：（1）矿山工程 3.5%；（2）铁路工程、房屋建筑工程、城市轨道交通工程 3%；（3）水利水电工程、电力工程 2.5%；（4）冶炼工程、机电安装工程、化工石油工程、通信工程 2%；（5）市政公用工程、港口与航道工程、公路工程 1.5%。建设工程施工企业编制投标报价应当包含并单列企业安全生产费用，竞标时不得删减。国家对基本建设投资概算另有规定的，从其规定。本办法实施前建设工程项目已经完成招投标并签订合同的，企业安全生产费用按照原规定提取标准执行。

② 原建设部《关于印发〈建筑工程安全防护、文明施工措施费用及使用管理规定〉的通知》第 7 条第 1 款规定，建设单位与施工单位应当在施工合同中明确安全防护、文明施工措施项目总费用，以及费用预付、支付计划，使用要求、调整方式等条款。第 8 条规定，建设单位申请领取建筑工程施工许可证时，应当将施工合同中约定的安全防护、文明施工措施费用支付计划作为保证工程安全的具体措施提交建设行政主管部门。未提交的，建设行政主管部门不予核发施工许可证。

包人应在开工后 28 天内预付安全文明施工费总额的 50%，其余部分与进度款同期支付。《2024 清单计价标准》第 9.3.2 条规定，发包人应在工程开工后 28 天内预付不低于安全生产措施费总额的 50% 给承包人，其余部分应按照提前安排的原则进行分解，并与工程进度款同期支付。对跨年度实施的重大工程，预付的安全生产措施费总额可按年度工程进度计划分解计算。发承包双方在计算应付工程进度款时，不应扣回预付的安全生产措施费。

以上规定均为指引性规定，并非法律行政法规的强制性规定，安全文明施工费的首次支付比例应以合同约定为准，同时应能达到保障安全施工、文明施工和保护现场内外环境的目的。

（五）安全文明施工费的使用

承包人对安全文明施工费应专款专用，承包人应在财务账目中单独列项备查，不得挪作他用，否则发包人有权责令其限期改正；逾期未改正的，可以责令其暂停施工，由此增加的费用和（或）延误的工期由承包人承担。

（六）造价改革

需要特别说明的是，随着造价改革，越来越多的地方把工程量清单综合单价调整为全费用综合单价，将安全文明施工费纳入可竞争费用。

2021 年 3 月 17 日，浙江省住房和城乡建设厅发布了《关于进一步推进工程造价改革试点相关工作的通知》，规定：安全文明施工费（包括基本费和标化工增加费）及规费由招标人依据市场实际编制；增值税按国家相关规定计算。投标人根据本实施意见及工程量清单计价要求进行投标报价，并考虑一定的风险费用，其中安全文明施工费及规费可根据企业实际情况编制，当地建设管理部门提取安全文明施工费以投标人所报的相应费用为依据的，招标文件应设置安全费用最低报价。

2021 年 5 月 27 日，广西壮族自治区住房和城乡建设厅发布《关于建设工程造价改革试点项目招投标及计价规定调整的通知》（桂建标〔2021〕6 号），规定：取消不可竞争费用的规定。现行安全文明施工费、规费、税金等不再作为不可竞争费用，但增值税应按国家规定计算。

2021 年 8 月 19 日，河南省住房和城乡建设厅发布《河南省工程造价市场化改革实施方案》（豫建科〔2021〕236 号），规定：试行取消现行工程量清单计价规范中规费等作为不可竞争费用的规定，按照国际上较为通行的全费用综合单价计价，在满足设计要求和保证工程质量前提下，投标人根据企业定额或企业实际情况编制投标报价，其中规费项目清单也按企业实际情况编制。

2021 年 5 月 31 日，湖北省住房和城乡建设厅发布《湖北省建设工程造价改革试点实施方案》（厅头〔2021〕865 号），规定：建立适合市场化发展需要的工程量清单计量计价规则，试行工程量清单综合单价调整为全费用综合单价，取消安全文明施工费、规费等作为不可竞争费用的规定，实现工程造价费用组成贴合市场实际。

2023 年 5 月 24 日，济南市住房和城乡建设局、济南市发展和改革委员会、济南市财政局、济南市城乡交通运输局、济南市园林和林业绿化局、济南市审计局、济南市人民政府国有资产监督管理委员会、济南市行政审批服务局、济南公共资源交易中心等九部门联合印发《济南市房屋建筑和市政基础设施工程最高投标限价编制改革试点工作指引（试行）》，规定：投标人根据本工作指引及工程量清单计价要求进行投标报价，并考虑一定的风险费用。其中安全文明施工费可根据企业实际情况，严格按照国家、山东省、济南市建设工程安全文明施工管理的相关规定、技术标准、指南、图册以及招标人对安全文明施工的具体要求自主竞报。中标单位按经批准的安全文明施工方案严格实施，安全文明施工费竣工结算价按合同约定计算与调整。

【司法实务】

问题 1. 约定的安全文明施工费与政府规定的标准不一致，是否应当调整？

《2013 清单计价规范》第 3.1.5 条规定，措施项目中的安全文明施工费必须按国家或省级、行业建设主管部门的规定计算，不得作为竞争性费用。

对约定的安全文明施工费与政府规定标准不一致，是否应当调整问题，实务界存在两种不同观点：

第一种观点认为，安全文明施工费是不可竞争费用，其合同约定与政府规定标准不一致，应当以政府标准为准予以调整。

第二种观点认为，合同约定的安全文明施工费标准，是当事人真实意思表示，不违反法律行政法规的强制性规定，合法有效。

笔者认可第二种观点。

安全文明施工费，是指按照国家现行的建筑施工安全、施工现场环境与卫生标准和有关规定，购置和更新施工安全防护用具及设施、改善安全生产条件和作业环境所需要的费用。关于安全文明施工费的计费，具有以下特点：

一、安全文明施工费的费率由各地管理部门单独确定

由于各地的资源、环境的不同，各地的安全、文明措施项目不完全一致，再加上各地经济水平的差异，各地安全文明施工费的费率由各地单独确定。

如北京市《关于调整城市副中心规划区域内的建设工程安全文明施工费费率标准的通知》（京建发〔2017〕525 号）规定，自 2018 年 1 月 1 日起，城市副中心规划区域内的建设工程安全文明施工费费率按现行北京市建设工程计价依据中“五环路以内”标准执行。浙江省《关于调整建筑工程安全文明施工费的通知》（浙建建发〔2022〕37 号）规定，自 2022 年 4 月 1 日起，安全文明施工基本费中增加疫情常态化防控和“智慧工地”增加费两项费用，安全文明施工基本费按照《浙江省建设工程计价规则（2018 版）》的费率乘以 1.15 系数。

二、各项目概算、预算应严格按照工程所在地费率编制安全文明施工费

概算是以初步设计文件为依据，按照规定的程序、方法和依据，对建设项目总投资及其构成进行的概略计算。概算以概算定额为基础进行计算，概算定额是指完成单位合格扩大分项工程，或扩大结构构件所需消耗的人工、材料和施工机械台班的数量及其费用标准。施工图预算是以施工图设计文件为依据，按照规定的程序、方法和依据，在工程施工前对工程项目的工程费用进行的预测与计算。施工图预算是以预算定额为基础进行计算，预算定额指的是在正常的施工条件下，完成一定计量单位合格分项工程和结构构件所需消耗的人工、材料、施工机械台班数量及其费用标准。

概算、预算均是发包人在事前确定工程投资的一种方法，其本身并不是参与市场竞争下的计价方法，故其计算标准为一般标准。安全文明施工费的标准也为同样标准，即地方造价部门所公布标准。原建设部《安全文明施工费管理规定》第 5 条规定，建设单位、设计单位在编制工程概（预）算时，应当依据工程所在地工程造价管理机构测定的相应费率，合理确定工程安全防护、文明施工措施费。

三、投标中的安全文明施工费能否下浮，主要看招标文件和地方政府规定

法律、行政法规并没有对安全文明施工费能否下浮做出明确规定。原建设部在《安全文明施工费管理规定》不但没有限制安全文明施工费下浮，而且明确投标方安全防护、文明施工措施的报价，不得低于依据工程所在地工程造价管理机构测定费率计算所需费用总额的90%。[①]

《招标投标法》第27条第1款规定，投标人应当按照招标文件的要求编制投标文件。投标文件应当对招标文件提出的实质性要求和条件作出响应。《招标投标法实施条例》第51条规定，投标文件没有对招标文件的实质性要求和条件作出响应，评标委员会应否定其投标。[②] 当招标文件要求投标人对安全文明施工费报价不能下浮时，应按照招标文件要求，否则构成没有对招标文件的实质性要求和条件作出响应，被废标或条款无效。

因安全文明施工费受地方管理文件约束，如果地方建设工程管理性文件规定安全文明施工费不得下浮，则按照地方规定。如辽宁省住房和城乡建设厅2009年6月15日发布的《辽宁省建筑工程安全文明施工费管理实施细则》第4条第3款规定，安全文明施工费为不可竞争性费用，不得删减，在计价中单列并计入总价。安徽省住房和城乡建设厅《关于调整安徽省建设工程不可竞争费构成及计费标准的通知》（建标〔2021〕42号）第1条规定，不可竞争费由安全文明施工费和环境保护税等费用构成（费率见附件），扬尘污染防治费和建筑工人实名制管理费包含在安全文明施工费中。编制与审核建设工程造价时，相应费用应按规定费率计取，不应调整。《黑龙江省房屋建筑和市政基础设施工程招标投标管理办法》（黑建招〔2012〕15号）第21条第2款规定，……投标人应当将安全文明

① 原建设部《安全文明施工费管理规定》第6条第2款规定，投标方应当根据现行标准规范，结合工程特点、工期进度和作业环境要求，在施工组织设计文件中制定相应的安全防护、文明施工措施，并按照招标文件要求结合自身的施工技术水平、管理水平对工程安全防护、文明施工措施项目单独报价。投标方安全防护、文明施工措施的报价，不得低于依据工程所在地工程造价管理机构测定费率计算所需费用总额的90%。

② 《招标投标法实施条例》第51条规定，有下列情形之一的，评标委员会应当否决其投标：（1）投标文件未经投标单位盖章和单位负责人签字；（2）投标联合体没有提交共同投标协议；（3）投标人不符合国家或者招标文件规定的资格条件；（4）同一投标人提交两个以上不同的投标文件或者投标报价，但招标文件要求提交备选投标的除外；（5）投标报价低于成本或者高于招标文件设定的最高投标限价；（6）投标文件没有对招标文件的实质性要求和条件作出响应；（7）投标人有串通投标、弄虚作假、行贿等违法行为。

施工费等不可竞争项目的费用按规定标准计取并计入投标总报价，未按上述规定报价的，应当认定其投标报价低于企业成本价，评标委员会应当否决其评标。①

需要说明的是，有诸多地方政府文件禁止安全文明施工费下浮，但并不禁止安全文明施工费上浮。如北京市住房和城乡建设委员会印发的《北京市建设工程安全文明施工费管理办法（试行）》（京建法〔2019〕9号）第4条第1款规定，安全文明施工费应根据相关施工措施和市场价格测算确定，但不得低于按该办法规定的费用标准（费率）计算的金额，且不得作为让利因素。温州市水利局《温州市水利建设工程安全文明施工措施费使用管理暂行办法》（温水政发〔2015〕184号，已失效）第6条规定，对安全文明施工措施项目，投标人投标报价（提取）费率不得低于浙江省水利水电工程设计概（预）算编制规定的费率。在工程招标阶段，安全文明施工措施费不得低于规定费率计取，不得作为竞争性费用，且实行标外管理。

四、合同约定安全文明施工费下浮，不违反法律强制性规定

所谓的不可竞争费，是指由法律、行政法规或国家相关文件规定的必须缴纳的、投标人无法通过私权规避或通过内部管理进行成本压缩的费用，如税金、社保费等。地方政府出台相关文件把安全文明施工费、税金、社保费等纳入不可竞争费，其根本目的是防止投标人无限竞争、保障涉及质量安全项目的足额投入及国家法定税费的如数征收。在合同价格固定的情况下，究竟是分部分项工程费价格高一点还是安全文明施工费高一点，对于投标人来说并无实质影响。国家法律、行政法规也没有明确规定哪些费用为不可竞争费，故合同约定安全文明施工费下浮，不违反法律强制性规定。

五、造价改革新的动向，部分省市已经安全文明施工费不再属于不可竞争费

竞争是社会主义市场经济的核心，是促进市场进步和企业优胜劣汰的必要手段。承包人在市场中的竞争体现在质量的提高和成本的下降，承包人对发包人的优惠体现在总价的下浮，至于造价构成中哪部分下浮是承包人自己内部组价事

① 《黑龙江省房屋建筑和市政基础设施工程招标投标管理办法》（黑建招〔2012〕15号）第21条规定，投标报价应当按照招标文件规定的报价方式，按照国家和省有关工程计价规定进行投标报价。投标人不得以低于其企业成本的投标报价竞标；投标人应当将不可竞争项目的费用按规定标准计取并计入投标总报价，未按上述规定报价的，应当认定其投标报价低于企业成本价，评标委员会应当否决其评标。不可竞争项目费用是指：（1）经国家或省政府批准应当缴纳的规费；（2）国家规定的安全文明施工费；（3）国家规定的营业税、城市维护建设税、教育费附加等。

宜，不影响发承包双方权利义务。如果规定某种费用不可调整、不可竞争，本质上影响了市场的竞争，也为一方当事人事后毁约提供了依据，从而影响了诚实信用原则。

关联判例

贵州大地建设集团第九建筑工程有限责任公司建设工程施工合同纠纷案

（2020）最高法民申2376号

【裁判要旨】

安全文明施工费费率系双方协商一致的结果，依据该约定计算安全文明施工费并无不当。

【基本案情】

2014年2月28日，大地公司、达润公司签订《建设工程施工合同》，约定达润公司将道真县迎江花园发包给大地公司承建。合同其他内容略。2014年3月1日，大地公司、达润公司签订《道真县迎江花园项目建设工程施工合同的补充协议》，主要内容为：甲、乙双方于2014年2月28日签订的建设工程施工合同仅为办理施工手续，对甲、乙双方没有任何约束力。

2014年3月3日，大地公司、达润公司再次就涉案迎江花园工程项目签订《建设工程施工合同》及《迎江花园工程施工合同补充协议》（以下简称《工程补充协议》）。价款约定的主要内容：……（4）工程价款：该项目总建筑面积约5.6万平方米，实行预决算制，总投资约4000万元。（5）结算方法：①该工程土建执行《贵州省2004年定额》不下浮结算取费，水电消防安装执行《贵州省2004年定额》下浮5%结算收费。②主要材料按双方签字认可的当地市场价格（现款价格）调差（调增或调减）进行结算。不同批次价格以材料用量为权重进行加权平均。③人工费、机械费调整执行《贵州省2004年定额》。④结算依据为施工图、设计变更通知单、现场签证及甲方认可的其他依据。⑤安全文明措施必须按当地质监站通过施工方案搭设，并通过甲方与监理现场验收合格，其费用按乙方所承建工程总造价0.2%提计。

【裁判摘要】

关于安全文明施工费的问题。大地公司认为《工程补充协议》约定与政府规定、行业规定收费标准差距较大，应对安全文明施工费进行调整。《工程补充协议》是大地公司与达润公司协商一致订立，该协议明确约定“安全文明施工费按照工程总造价的 0.2% 计提”，原审法院依据该约定计算安全文明施工费并无不当。

问题 2. 未达到合同约定文明工地标准，安全文明施工费应否扣除？

安全文明施工费是基于建筑施工安全、施工现场环境与卫生标准和有关规定，购置和更新施工安全防护用具及设施、改善安全生产条件和作业环境所需要的费用。包括安全施工费、文明施工费、环境保护费和临时设施费。

对未达到合同约定文明工地标准，安全文明施工费应否扣除问题，实务界存在两种不同观点：

第一种观点认为，安全文明施工费包括文明施工费，且合同明确约定承包人应当达到文明工地标准，如果承包人未能达到构成违约，不应计取安全文明施工费。

第二种观点认为，安全文明施工费是不可竞争费，且无论是否达到文明工地标准，该笔费用均会投入，故不能扣除。

笔者认为以上观点均不完整。

文明施工是指在工程建设过程中，通过科学组织、严格管理、采用先进技术、注重环境保护、保障劳动者权益等措施，实现保持施工现场整洁、卫生、有序、科学的施工组织，规范、标准、合理地施工。文明施工是现代建设工程施工中不可或缺的一环，其重要性日益凸显。它不仅关乎工程的顺利进行，更直接关系到施工人员的工作环境、社会公众的安全感以及城市形象的塑造。文明施工的主要内容包括：施工场地、现场围挡、材料堆放、封闭管理、现场宿舍、防火防污、综合治理、标识标牌、环境卫生等。如施工现场围挡应做到：市区主要路段的工地周围，必须设置高于 2.5 米的围挡；一般路段的工地周围必须设置不低于 1.8 米的围挡；围挡必须使用硬质材料，必须满足坚固、稳定、整洁、美观的要求；围挡必须沿工地四周连续设置，不得中断等。

当施工现场没有达到合同约定的文明工地标准，笔者认为应按照以下原则处理安全文明施工费：

1. 合同明确约定没有评为文明工地不计安全文明施工费的，从约定

《民法典》第176条规定，民事主体依照法律规定或者按照当事人约定，履行民事义务，承担民事责任。如果合同明确约定施工现场未达到文明工地标准则不计安全文明施工费，该约定为当事人真实意思表示，并不违反法律强制性规定，应当按照合同约定履行。

如最高人民法院在（2019）最高法民申679号“陕西建工第一建设集团有限公司建设工程施工合同纠纷案”中认为，根据《施工协议书》的约定，计取文明施工费需以取得文明工地证书为前提，而陕西一建公司并未取得文明工地证书。陕西一建公司称其已向监理申报了文明工地，但未在指定期限提交证据予以证明，故二审判决认定工程总价款中不包括文明施工费并无不当。

2. 合同未对没有评为文明工地后果进行约定的，应当适当调整

《民法典》第577条规定，当事人一方不履行合同义务或者履行合同义务不符合约定的，应当承担继续履行、采取补救措施或者赔偿损失等违约责任。施工方施工现场未按合同约定评为文明工地构成违约，应当承担违约责任。因合同未对没有评为文明工地后果进行约定，可以根据《民法典》第582条的规定，合理调整安全文明施工费。[①]

如最高人民法院在（2021）最高法民申1645号“陕西志华置业有限公司、江苏天宇建设集团有限公司建设工程施工合同纠纷案”中认为，安全文明施工费是施工过程中必然发生的费用。志华公司与天宇公司签订的《建设工程施工合同》约定安全文明工地费按2.6%计算，志华公司提供的《施工组织设计》方案约定，文明施工和环保目标：创西安市“文明工地”。文明施工标准：保证达到“西安市安全文明工地”要求并获得相关荣誉称号。《施工组织设计》方案仅仅是提出文明施工标准，未明示未达到要求如何承担责任。故原审判决对安全文明施工费予以调整并无不当之处。

---

① 《民法典》第582条规定，履行不符合约定的，应当按照当事人的约定承担违约责任。对违约责任没有约定或者约定不明确，依据该法第510条的规定仍不能确定的，受损害方根据标的的性质以及损失的大小，可以合理选择请求对方承担修理、重作、更换、退货、减少价款或者报酬等违约责任。

3. 发包人存在过错的，应当承担相应责任

《民法典》第592条规定，当事人都违反合同的，应当各自承担相应的责任。当事人一方违约造成对方损失，对方对损失的发生有过错的，可以减少相应的损失赔偿额。由于工程及工程管理的复杂性，发包人在工程管理中具有天然优势地位，对现场的质量管理、进度管理、安全管理、文明施工及环境工程均有较强的监督权。有权利即有责任，如果发包人在文明工地评选中有过错，应当减少承包人的违约责任。

如最高人民法院在（2018）最高法民申2464号"南部县美好家园房地产开发有限公司建设工程施工合同纠纷案"中认为，美好公司认为案涉工程没有进行安全评价，根据双方合同约定，安全文明施工费在有关部门考核达标后按规定付给，故不应计算安全文明施工费。但安全文明施工费是施工项目中必然发生的费用，该工程已经竣工验收备案，无法按照相关程序进行安全文明施工费评定，支付条件无法实现。该案涉工程已实际施工完成并交付使用，且美好公司未能举证证明无法进行考核评定的责任在东源公司一方，根据合同约定及公平原则，美好公司应当支付相应的安全文明施工费用，二审按50%的基本费率酌情判处美好公司应支付的安全文明施工费并无不公。

安全文明施工费是施工过程中必然发生的费用，包括安全施工费、文明施工费、环境保护费和临时设施费，在没有合同明确约定的情况下，根据公平原则，无论是否达到文明工地标准，均不应全部扣除。

关联判例

江苏润扬建设工程集团有限公司、瑞丽市奥星房地产开发有限责任公司建设工程施工合同纠纷案

（2021）最高法民申4066号

【裁判要旨】

合同约定安全文明施工费按100%计取的条件是达市级以上文明工地，因未达市级以上文明工地，安全文明施工费应作相应扣减。

【基本案情】

2014 年 4 月 23 日，奥星公司与润扬公司签订《建设工程施工合同》，合同约定了奥星·世纪二期项目一标段建设工程中双方的权利义务。2014 年 6 月 6 日，双方又签订了《建设工程施工合同》。合同约定了奥星·世纪二期项目二标段建设工程中双方的权利义务。其中二标段《建设工程施工合同》专用条款第 15.1.（9）条约定，涉案工地被评为市级或省级安全文明施工工地并取得合格证书，才能按 100% 计取安全文明施工费。

【裁判摘要】

最高人民法院认为，《建设工程施工合同》专用条款约定，案涉施工工地被评为市级或省级安全文明施工工地并取得合格证书，才能按 100% 计取安全文明施工费。上述合同履行中，润扬公司施工工地未被评为市级或省级安全文明施工工地，据此，润扬公司主张依约按 100% 计取安全文明施工费，缺乏合同依据。原审判决支持奥星公司关于在结算的工程款中扣除安全文明施工费的 60%，并无不当。

二、可予计量措施费

| 导读 |

根据 2013 版各类工程工程量计算规范的规定，可把措施项目划分为两类：一类是可予计量的措施项目，如脚手架、降水工程等，就以“量”计价，该种计价方式有利于措施费的确定和调整，称为“单价项目”；另一类是不宜计量的措施项目，如二次搬运费、临时设施等，就以“项”计价，称为“总价项目”。

《2024 清单计价标准》推荐措施项目清单按“项”计价，规定措施项目清单计价宜采用总价计价方式。鉴于 2024 版各类工程工程量计算标准均把措施项目按“项”计量，该种计量方式较为简洁，无需更多展开，本节以按单价计价的方式对可计量措施费进行解析。

《2024 清单计价标准》第 3.2.1 条规定，分部分项工程项目清单、措施项目清单中，按单价计价方式计价的，应按其工程数量乘以相应的综合单价计算该工程量清单项目的价格；按总价计价方式计价的，应以项为单位计算其清单项目价格。其中，可以单价计价方式计价的措施项目，即为《2013清单计价规范》所规定的可予计量的措施项目。包括：脚手架工程，混凝土模板及支架（撑）工程，垂直运输工程，超高施工措施工程，大型机械设备进出场及安拆费工程，施工排水、降水工程等。

可予计量的措施项目通常以“工程量 × 综合单价”的方式确定。

措施项目费 = 措施项目工程量 × 综合单价

依照《2024清单计价标准》的规定，建设工程无论是采用单价合同还是总价合同，按项编制的措施项目清单的完整性及准确性均应由承包人负责。

【术语解读】

（一）脚手架费

脚手架费，是指施工需要的各种脚手架的搭、拆、运输费用以及脚手架购置费的摊销（或租赁）费用。

1. 脚手架功能

脚手架工程是建筑施工过程中一项不可缺少的措施项目，具有提供高空作业空间，使建筑工人在高空不同的建筑部位进行操作；提供外围防护架，保护施工人员高空作业安全；为高空施工人员提供卸料用的平台，提高施工效率等作用。工作内容包括：搭设脚手架、斜道、上料平台，铺设安全网，铺（翻）脚手板，转运、改制、维修维护，拆除、堆放、整理，外运、归库等。脚手架的类型有综合脚手架、外脚手架、里脚手架、悬空脚手架、挑脚手架、满堂脚手架、整体提升架、外装饰吊篮等。

脚手架工程的设计、类型、材料质量、搭设、拆除等事项不仅关系施工人员的人身安全，对工程质量、进度也有着重大影响。

2. 脚手架费用包含的内容

不同脚手架的性质、功能及使用方法并不一致，其搭、拆的方法也不相同，故每一种脚手架费所包含的内容有所不同。但通常包括以下内容[①]：①施工时可能发生的场内、场外材料搬运费用；②搭、拆脚手架、斜道、上料平台费用；③安全网的铺设费用；④拆除脚手架后材料的堆放费用。

① 参见全国造价工程师职业资格考试培训教材编审委员会编：《建设工程计价》（第2版），中国计划出版社2021年版，第17~18页。

3. 脚手架工程的计量与计价

（1）计量

脚手架属于应予计量的措施项目，其计量规则为：①综合脚手架按建筑面积计算；②外脚手架、里脚手架、整体提升架、外装饰吊篮按所服务对象的垂直投影面积计算；③悬空脚手架、满堂脚手架按搭设的水平投影面积计算；④挑脚手架按搭设长度乘以搭设层数以延长米计算。

（2）计价

不同种类型的脚手架，其工程量计量方法及综合单价均有差异，通常以各类脚手架单独计算费用再集合的方式计算脚手架费。其公式为：

脚手架费 = ∑（脚手架工程量 × 综合单价）

根据《房屋建筑与装饰工程工程量计算规范》（GB 50854—2013）规定，作以下说明：①使用综合脚手架时，不再使用外脚手架、里脚手架等单项脚手架；综合脚手架适用于能够按“建筑面积计算规则”计算建筑面积的建筑工程脚手架，不适用于房屋加层、构筑物及附属工程脚手架。②同一建筑物有不同檐高时，按建筑物竖向切面分别按不同檐高编列清单项目。③整体提升架已包括 2 米高的防护架体设施。④脚手架材质可以不描述，但应注明由投标人根据工程实际情况按照国家现行标准《建筑施工扣件式钢管脚手架安全技术规范》（JGJ 130—2011）、《建筑施工附着升降脚手架管理暂行规定》（建建〔2000〕230 号，已失效）等规范自行确定。

（二）混凝土模板及支架（撑）费

混凝土模板及支架（撑）费是指混凝土施工过程中需要的各种钢模板、木模板、支架等的支拆、运输费用，以及模板、支架的摊销（或租赁）费用。在《2013 清单计价规范》及配套的各类工程工程量计算规范中，把混凝土模板工程列为措施项目工程，在《2024 清单计价标准》及配套的各类工程工程量计算标准中，把混凝土模板工程列为分部分项工程，按单价计价方式计价。

因混凝土具有高抗压性及强可塑性，为工程建设中最重要的原材料之一。混凝土通常用于建造各类型的梁、板、柱、墙面、地面、基础、沟槽、台阶、散水、楼体等实体工程。混凝土在固化之前具有流动性，需要模板及支架对其限制。

1. 混凝土模板及支架（撑）费的构成

混凝土模板工程通常包括模板的制作，模板安装、拆除、整理堆放及场内外运输，及清理模板黏结物及模内杂物、刷隔离剂等内容。因此，混凝土模板及支架（撑）费包含以下内容：（1）混凝土施工过程中需要的各种模板制作费用；（2）模板安装、拆除、整理堆放及场内外运输费用；（3）清理模板黏结物及模内杂物、刷隔离剂等费用；（4）模板及支撑整理、小修、堆放相关费用。

2. 混凝土模板及支架（撑）的计量与计价

（1）计量

根据《房屋建筑与装饰工程工程量计算标准》（GB/T 50854–2024）的规定，混凝土模板工程可细分 20 种单独子项，其工程量通常可按模板与现浇混凝土接触面积计算。每种子项的工程量计算规则各有特点，如：①墙面模板、楼板、屋面板、坡道板模板及其他板模板，除按模板与现浇混凝土构件的接触面积计算外，应扣除门窗洞口及单个面积 >0.3 平方米的孔洞所占面积，洞侧壁面积并入计算；不扣除单个面积≤ 0.3 平方米的孔洞所占的面积，洞侧壁面积亦不计算。②梁模板，按模板与现浇混凝土构件的接触面积计算，梁板连接时，边缘处梁侧模不扣除板厚。③构造柱模板，按混凝土外露宽度乘以柱高以面积计算，与砌体嵌接处按混凝土外露面最大宽度计算。④圈梁模板、过梁模板，按模板与现浇混凝土构件的接触面积计算。圈梁与构造柱连接时，梁长算至构造柱（含马牙槎）的侧面；过梁梁长设计无规定时，按梁下洞口宽度两端各加 250 毫米，计算侧模面积。⑤挡土墙模板，按模板与现浇混凝土构件的接触面积计算，不扣除单个面积≤ 0.3 平方米的孔洞所占的面积，洞侧壁模板亦不增加。

（2）计价

不同种类型的混凝土模板及支架（撑），尽管其计量单位相同，均按“平方米”计量，但鉴于各种模板的制作工艺、尺寸大小不同，综合单价均有差异。模板工程通常以各类模板单独计算费用再集合的方式计算混凝土模板及支架（撑）费。其公式为：

混凝土模板及支架（撑）= Σ（混凝土模板及支架（撑）工程量 × 综合单价）

3. 混凝土模板及支架（撑）工程的清单编制

对于模板工程而言，既可能出现在实体项目混凝土工程之中，如混凝土工程工作内容包括模板及支架（撑）制作、按照、拆除、堆放、运输及清理模内杂物、刷隔离剂等；也可能出现在措施项目中，单独作为措施项目进行计量计价。对实体工程中的模板及支架（撑）内容的工程量，以立方米计量，与混凝土工程项目一起组成综合单价；对措施项目中单列了现浇混凝土模板工程项目，以平方米计量，单独组成综合单价。

招标人在编制混凝土模板及支架（撑）工程清单时，应根据工程的实际情况，并考虑各专业的特点及使用者是否方便计价，在同一个标段（或合同段）中选择其中一种计算方式，不应两种方式混用。

（1）招标人若采用单列现浇混凝土模板工程，则应按工程量计算规范或标准所规定的项目编码、计量单位、项目特征进行描述并列出清单，同时，现浇混凝土项目中不再含有模板工程费用。例如，现浇混土梁、板、柱，若招标人不选择含模板工程，则要单列现浇混凝土模板，在编制清单时，应按照《工程量计量规范 / 标准》措施项目中“混凝土模板及支架（撑）”的规定，单列现浇混凝土梁、板、柱的模板清单项目，并列出项目编码、项目特征和计量单位。

（2）若招标人不单列现浇混凝土模板工程项目，不单独编列现浇混凝土模板项目清单，则意味着现浇混凝土工程项目的综合单价中需要包含模板工程费用。如现浇混土剪力墙，招标人选择含模板工程，则模板费应含在剪力墙费用之中。在编制清单时，不再单列现浇混凝土柱的模板清单项目，在组成综合单价或投标人报价时，现浇混凝土工程项目的综合单价中应包括模板工程的费用。

（3）若采用成品预制混凝土构件时，成品预制混凝土构件已综合了模板制作和安装、混凝土制作、构件运输、安装等内容，在编制清单项目时，不得将模板、混凝土、构件运输、安装等内容分开列项。单价中已经包含了模板、钢筋、混凝土等所有费用的，只需把成品价计入综合单价中即可。对预制混凝土构件，《房屋建筑与装饰工程工程量计算规范》只列不同构件的名称、项目编码、项目特征描述、计量单位、工程量计算规则等内容。

（三）垂直运输费

垂直运输费，是指现场所用材料、机具从地面运至相应高度以及职工人员上下工作面等所发生的运输费用。

1. 垂直运输费包含的工作内容

垂直运输工程是工程施工过程中必须发生的辅助项目，通常包括：起重、吊装，垂直运输人、材及小型机具的塔式或井架式起重设备，以及运输人、货物的电梯等。垂直运输工程涉及的工作内容包括：垂直运输机械的固定装置、基础制作、安装，行走式垂直运输机械轨道的铺设、拆除等。因此垂直运输费主要为两项费用：一是垂直运输机械的固定装置、基础制作、安装费；二是行走式垂直运输机械轨道的铺设、拆除、摊销费。[①]

2. 垂直运输工程的计量与计价

（1）计量

垂直运输属于应予计量的措施项目，在《2024 清单计价标准》及配套的各类工程工程量计算标准中，垂直运输工程按“项”计量。在《2013 清单计价规范》及配套的各类工程工程量计算规范中，垂直运输工程可以按照实际施工日历天数计量，也可以按照施工面积进行计量。其计量规则为：①按施工工期日历天数计算。这种计量方式方法简单，争议性不大，通常以入场及出场时间为界限计算实际施工天数，也有在合同中约定法定节假日、超过一定期限的停工不计或按一半计量工作日历天数。②按照施工面积进行计量。因不同的建筑类型、结构形式、高度、层数等因素对垂直运输工程的计量有较大的影响，如同样建筑面积的房建工程，规整型的混凝土浇筑、辅助工程的施工时间都远远少于不规整型的混凝土浇筑、辅助工程的施工时间，这对垂直运输机械的使用效率、租金或折旧影响很大，所以会在按施工面积进行计量时予以考量。通常以建筑物建筑类型及结构形式，地下室建筑面积，建筑物檐口高度、层数作为主要影响施工面积计量的因素。

（2）计价

不同种类型的垂直运输，其输送能力及综合单价均有差异，通常以各类垂直运输单独计算费用再累加的方式计算垂直运输费。

①按施工工期日历天计算，垂直运输费 = Σ（垂直运输日历天数 × 综合单价）

②按照施工面积进行计量，垂直运输费 = Σ（垂直运输工程量 × 综合单价）

根据《房屋建筑与装饰工程工程量计算规范》的规定，作以下说明：①使用

---

① 参见全国造价工程师职业资格考试培训教材编审委员会编：《建设工程计价》（第 2 版），中国计划出版社 2021 年版，第 17~18 页。

综合垂直运输时，不再使用外垂直运输、里垂直运输等单项垂直运输；综合垂直运输适用于能够按“建筑面积计算规则”计算建筑面积的建筑工程垂直运输，不适用于房屋加层、构筑物及附属工程脚手架。②同一建筑物有不同檐高时，根据建筑物竖向切面分别按不同檐高编列清单项目。③整体提升架已包括2米高的防护架体设施。④垂直运输材质可以不描述，但应注明由投标人根据工程实际情况按照国家现行标准《建筑施工扣件式钢管脚手架安全技术规范》《建筑施工附着升降脚手架管理暂行规定》等规范自行确定。

（四）大型机械设备进出场及安拆费

大型机械设备进出场及安拆费是指机械整体或部分自停放场地运至施工现场或由一个施工地点运至另一个施工地点，所发生的机械进出场运输及转移费用及机械在施工现场进行安装、拆卸所需的人工费、材料费、机械费、试运转费和安装所需的辅助设施的费用。

1. 大型机械与“工料机”中机械的关系

（1）大型机械属于“工料机”中机械的一部分，在实际使用过程中也是按照机械台班进行计价。合同对单价有约定按照约定，合同对单价没有约定的，如果是租赁设备，以租金作为机械费原价计入综合单价，如果是自有机械，则根据耐用台班数折算单价作为原价计入综合单价。

（2）大型机械是“工料机”中机械中的特殊部分。本术语所说机械设备特指大型机械设备，是指不能或不允许在交通道路上自行行走、必须整体或部分用托运方式运输至施工现场或运离出施工现场的机械设备。如塔式起重机、履带式挖掘机、静力压桩机、起重机、打桩机械（柴油打桩机、钻孔灌注桩架、深层搅拌桩架）、压路机、塔吊、大型升降梯等。

（3）大型机械设备的“进出场及安拆费”需要单独计算，而“工料机”中普通机械的“安拆费及场外运费”已经包含在机械使用费中，不再额外计算。这是大型机械设备的“进出场及安拆费”与“施工机具使用费”中的“安拆费及场外运费”的本质区别。[①]

2. 大型机械设备进出场及安拆费的构成

大型机械设备进出场及安拆费由安拆费和进出场费组成：①安拆费包括施工

① 参见李建峰主编：《建筑工程》（下册），陕西人民出版社2013年版，第169页。

机械、设备在现场进行安装拆卸所需人工、材料、机具和试运转费用以及机械辅助设施的折旧、搭设、拆除等费用；②进出场费包括施工机械、设备整体或分体自停放地点运至施工现场或由一施工地点运至另一施工地点所发生的运输、装卸、辅助材料等费用。

在《2024清单计价标准》及配套的各类工程工程量计算标准中，大型机械设备进出场及安拆工程按“项”计量。在《2013清单计价规范》及配套的各类工程工程量计算规范中，大型机械设备进出场及安拆工程按“台次”计量，即按照使用机械设备的数量计算。

（五）施工排水、降水费

施工排水费，是指在施工期间将妨碍工作业和影响工程质量的水排到施工场地以外所需的费用。降水费，是指在施工期间将有碍施工作业和影响工程质量的水降至地下水水位设计标高以下，并把降水过程中所聚集的水排到施工场地以外所需的费用。排水的目的是降水，降水中含有排水。

1. 排水、降水的目的

排水、降水，是指为了防止在地下水位较高的地区开挖深基坑出现基坑浸水，地基承载力下降，在动水压力作用下还可能引起流砂、管涌和边坡失稳等现象而必须采取的措施。两者的目的具体包括：（1）防止地下水涌入坑内；（2）防止边坡由于地下水的渗流而引起的塌方；（3）使坑底的土层消除地下水位差引起的压力，进而防止坑底的管涌；（4）降水后，使板桩减少横向荷载；（5）消除地下水的渗流，防止流砂现象；（6）降低地下水位，使土壤固结，增加地基土的承载能力。

2. 施工排水、降水费的构成

在《2024清单计价标准》及配套的各类工程工程量计算标准中，施工排水、降水工程按“项”计量。在《2013清单计价规范》及配套的各类工程工程量计算规范中，施工排水、降水工程是由成井和排水、降水两个独立的工程项目组成：

（1）成井工程。成井工程通常按照设计图示尺寸以钻孔深度以“米”为单位进行计算。成井的费用主要包括：①准备钻孔机械、埋设护筒、钻机就位，泥浆制作、固壁，成孔、出渣、清孔等费用；②对接上、下井管（滤管）焊接，安防，下滤料，洗井，连接试抽等费用。

（2）排水、降水工程。排水、降水工程用通常按照排、降水日历天数以“昼夜”为单位进行计算。排水、降水的费用主要包括：①管道安装、拆除，场内搬运等费用；②抽水、值班、降水设备维修等费用。

【司法实务】

问题 1. 合同约定措施费总价包干，但设计变更导致工程发生变化，措施费是否调整？

措施费指的是为了完成工程项目的施工任务而必须产生的非实体项目的费用，包括：（1）技术措施费，如大型机械设备进出场及安拆费、模板支架费、脚手架费、垂直运输、超高施工增加费、施工排水及降水等费用；（2）组织措施费，如施工准备及过程中关于安全管理、文明施工、环境保护、施工组织管理、现场临时生活配套、赶工措施费等费用。

对合同约定措施费总价包干，但设计变更导致发生工程变化，措施费是否调整问题，实务界存在三种不同观点：

第一种观点认为，合同约定措施费包干是发承包双方当事主体真实意思表示，不违反法律强制性规定，应当按照合同约定履行，且作为有经验的承包人应当知道在施工过程中存在设计变更的可能性，同意措施费包干，即便在施工中发生设计变更，措施费也不应调整。

第二种观点认为，合同约定措施费包干，指的是在合同约定施工范围内的措施费包干，设计变更改变了原施工范围，措施费包干基础已经不复存在，应当调整。另外，承包人无法预知设计变更，且设计变更的本质是发包人违约，因发包人违约造成措施费的增加由承包人承担，不符合权利义务相一致原则。

第三种观点认为，合同约定措施费包干是发承包双方当事主体的真实意思表示，应当予以尊重；设计变更改变了原施工范围，使措施费包干基础发生改变。在两者具有矛盾的情况下，应综合看设计变更的变化是否会造成双方权利失衡，并以此确定是否应当调整。

笔者认可第三种观点。

措施费的计算方式有多种，如（1）固定费率法，即以分部分项工程费为基数，按照固定费率进行计算措施费；（2）定额法，即根据工程所在地定额或合同约定适用地定额计算措施费；（3）结构面积包干法，常见于房建工程，即以房屋建筑面积与单位面积措施费的乘积数作为措施费；（4）据实计算法，即以承包人实际投入措施项目金额计算措施费；（5）措施费总价包干，即合同约定措施费为固定值，不再调整。

作为施工中必须发生的非实体项目的措施费，通常占整个工程价款的12.85%—27.08%[①]，而工程的变更直接影响着措施项目，进而影响措施费。对于合同约定措施费总价包干，但设计变更导致发生工程变化，措施费是否调整问题，笔者认为应分不同情况分析。

一、设计变更未引起措施费较大变化

工程措施项目按照投入属性可分为一次性投入措施项目和持续投入措施项目两种。一次性投入措施项目通常指的是该措施项目仅需要一次性投入即可，其费用大小与该措施项目持续时间无关或关联度极小。一次性投入措施项目常见于各种措施项目的安拆、搭建费，如脚手架工程搭设项目，垂直运输设备安拆项目，降水设备采购安装、降水井施工，大型机械设备进出场及安拆项目，安全文明施工中的环境保护措施、文明施工措施、安全施工措施、临时设施搭建等。对于一次性投入措施项目，只要设计变更不改变该措施项目投入数量，就不会改变对应措施费。持续投入措施项目通常指的是该措施项目的措施费与项目持续时间相关联，项目持续时间越长，该措施费就越多，反之亦然。持续投入措施项目常见于各种措施项目的租赁、摊销，如脚手架租赁使用费或摊销费，垂直运输设备的租赁使用费或摊销费，降水台班费，已完工程及设备保护费等。

设计变更未引起追加措施项目及追加工期，通常不会引起措施费的较大变化，合同约定措施费总价包干，应按合同约定不予调整。

二、设计变更未改变原施工范围

市场对从事经营活动的当事人来说，既有机遇，也有风险。发承包双方在合同中约定某一特定风险由其中一方当事人承担，该约定如不违反法律、行政法规的强制性规定，也不损害国家利益、集体利益和第三人利益，应当认定合法有效。但该风险应当以合同当事人在签约时能够预见的范围为限，不应要求一方当事人承担无限风险。

---

① 参见龙达恒信工程咨询有限公司组编：《建设工程典型案例经济指标》，中国建筑工业出版社2017年版，第78页。

由于工程项目的复杂性、长期性和动态性，无论事先怎么准备，都很难预测施工过程中可能出现的变化。作为有经验的承包人应当知道在施工过程中存在设计变更的可能性，在原施工范围内发生的变更在合同当事人签约时所能够预见变更范围内的，措施费包干是其真实意思表示，不应调整。

例如云南省高级人民法院在（2019）云民终1077号“大理市第十二建筑工程有限责任公司、云南康邦房地产开发有限公司建设工程施工合同纠纷案”中认为：“关于大理十二建司主张的措施费应否支持的问题。本院认为，案涉合同第23.2（4）条约定‘措施费包干使用，不得调整’，该约定的措施费包干，系指合同约定的工程范围对应的措施费包干，是双方真实意思表示，大理十二建司对此也无异议……虽然案涉总工程价款超过了合同约定的暂定价，但施工范围没有超出合同约定范围，不存在措施费调整的问题。”

三、设计变更改变了原施工范围

《2013清单计价规范》第9.3.2条规定：“工程变更引起的施工方案改变并使措施项目发生变化时，承包人提出调整措施项目费的，应事先将拟实施的施工方案提交发包人确认，并应详细说明与原方案措施项目相比的变化情况。拟实施的方案经发承包双方确认后执行，并应按照下列规定调整措施项目费……”由此可见措施费随着措施项目的变化应当调整，措施费属于发包人应承担的风险。当合同约定措施费包干，其本质是发包人把本属于自身的风险，通过合同约定的方式转嫁给了施工方。而发包人的设计变更，改变了原合同的约定，且本质属于违约行为。

最高人民法院在《全国经济审判工作座谈会纪要》（法发〔1993〕第8号，已失效）[①]中指出：“应当由某一当事人承担的风险损失，不应转嫁给其他人。一方当事人在对方严重违约时采取合理的自我保护措施的，应当给予支持。由于不可归责于当事人双方的原因，作为合同基础的客观情况发生了非当事人所能预见的根本性变化，以致按原合同履行显失公平的，可以根据当事人的申请，按情势变更的原则变更或解除合同。”

《建设工程施工合同司法解释（一）》第19条第2款规定，因设计变更导致

① 说明：最高人民法院《全国经济审判工作座谈会纪要》（法发〔1993〕8号）被最高人民法院《关于废止1980年1月1日至1997年6月30日期间发布的部分司法解释和司法解释性质文件（第九批）的决定》（2013年1月14日发布；2013年1月18日实施）废止。本书引用作为一般性推理。

建设工程的工程量或者质量标准发生变化，当事人对该部分工程价款不能协商一致的，可以参照签订建设工程施工合同时当地建设行政主管部门发布的计价方法或者计价标准结算工程价款。

另外，根据《2013 清单计价规范》第 3.4.1 条规定："建设工程发承包，必须在招标文件、合同中明确计价中的风险内容及其范围，不得采用无限风险、所有风险或类似语句规定计价中的风险内容及范围。"该条款为强制性条文，必须严格执行。部分合同中约定的类似于"任何情况下措施费均不予调整"条款，通常会被认定为无效条款。

关联判例

沈阳地铁集团有限公司、中铁城建集团第三工程有限公司建设工程施工合同纠纷案

（2019）最高法民申 1422 号

【裁判要旨】

施工范围发生了实质变更，措施项目费应当予以适当调整。

【基本案情】

2006 年 6 月，地铁公司就沈阳市地铁 ×× 线 ×× 延伸线工程对外进行招标，2006 年 8 月 21 日中铁二十二局中标并与地铁公司签订了《施工合同》。2008 年 11 月，因施工范围发生变更，中铁二十二局与地铁公司签订《补充协议》。中铁二十二局于 2006 年 7 月 15 日开始施工，于 2009 年 9 月竣工验收并交付，2010 年 4 月投入使用。

【裁判摘要】

最高人民法院认为：最高人民法院《建设工程施工合同司法解释》第 19 条规定，"当事人对工程量有争议的，按照施工过程中形成的签证等书面文件确认。承包人能够证明发包人同意其施工，但未能提供签证文件证明工程量发生的，可以按照当事人提供的其他证据确认实际发生的工程量"。该案中，地铁集团对于钻空桩、刷围墙、交通疏散道施工、施工围挡增加、降水停工导致混凝土上涨、抢险费用、马镫钢筋、工人村残值等争议项目的工程

量，主张已经包含在合同总价款当中，但上述工程量的变更，均有第三方监理单位出具的工程签证单予以确认，地铁集团在工程结算单中对工程增量也有所确认，不能认定上述争议项目的工程量已包含在合同总价款之内。对于没有工程签证单的增加措施费投入项目，在工程结算单中，地铁集团工程一处和监理单位对于此项费用均持“同意”意见，也可以认定该项费用是在合同总价之外实际发生的项目费用。因此，地铁集团关于不予支付工程增量价款的申请再审理由，不能被支持。因此，在施工范围内工程量发生变化，措施项目费不予调整，但倘若施工范围发生了实质变更，措施项目费应当予以适当调整。

问题 2. 措施清单漏项，措施费能否调整？

措施项目指的是为了完成工程项目的施工任务，必须发生的与该工程技术、质量、安全、环境保护等有关的不构成工程实体的项目。如脚手架工程、混凝土模板及支架、垂直运输、夜间施工、冬雨季施工等项目。措施项目通常与施工方的施工组织设计、施工方案息息相关。

根据《2013 清单计价规范》规定，发包人在招标时应当提供招标工程量清单，招标工程量清单包括分部分项工程项目清单、措施项目清单、其他项目清单、规费和税金项目清单，且招标工程量清单必须作为招标文件的组成部分，其准确性和完整性应由招标人负责。

对措施清单漏项，措施费能否调整问题，实务界存在两种不同观点：

第一种观点认为，措施项目清单是招标工程量清单的组成部分，《2013 清单计价规范》明确规定“招标工程量清单的准确性和完整性应由招标人负责”，故措施清单漏项，措施费应当调整。

第二种观点认为，除安全文明施工费外，其他措施费均为可竞争费，措施项目是体现施工企业管理和技术水平的重要手段。措施项目通常与施工方的施工组织设计、施工方案有关，不同的施工方案对应的措施项目也不同，无法达到统一标准。投标人在投标时要综合考虑施工范围内的所有措施项目并合理报价，故措施清单漏项，措施费不能调整。

笔者认为以上两种观点均不完整，应根据具体情况分析。

一、措施项目清单编制的复杂性

《2013 清单计价规范》第 4.3.1 条规定："措施项目清单必须根据相关工程现行国家计量规范的规定编制。"《土木工程施工合同条件》（以下简称 FIDIC 合同条件）概述里所列措施费项目多达百项之多，而工程量计算规范所列的措施项目仅为常见的措施项目，且是可计量的措施项目，如脚手架工程、混凝土模板与支架工程、垂直运输工程、排降水等。因此，该规范第 4.3.2 条又规定："措施项目清单应根据拟建工程的实际情况列项。"而拟建工程的实际情况包括多种因素，既包括工程自身因素，如结构类型、耐用年限、安全等级、工期要求等；也包括自然条件，如地质、水文、气象、环境等；还包括社会条件，如技术水平、经济环境、法律、政策等。

措施项目清单编制具有复杂性。比如超高层剪力墙结构建筑与多层砖混结构建筑在脚手架的搭设、混凝土模板的使用、垂直运输机械的选择均有不同；南方湿热地区与北方寒冷地区在冬雨季施工措施、已完工程保护措施不能一致；城市建筑密集区施工要考虑更多的支护、隔水或回灌，防止周围建筑不均匀沉降，而空旷区则可对土方工程大开挖。另外，各个公司之间因技术水平、经济实力、资源条件各不相同，可采用的措施项目也不尽相同。

二、措施项目清单的编制主体

为了充分发挥市场竞争性，保证投标人之间的公平竞争，发包人需要对所有投标人提供一致的工程量清单，《2013 清单计价规范》第 4.1.2 条规定："招标工程量清单必须作为招标文件的组成部分，其准确性和完整性应由招标人负责。"该规定为强制性规定。

但在具体实务中，"招标工程量清单"是否包含"措施项目清单"不一定。

首先，《2008 清单计价规范》允许投标人对措施项目进行增补。

《2008 清单计价规范》第 4.3.5 条规定："投标人可根据工程实际情况结合施工组织设计，对招标人所列的措施项目进行增补。措施项目费应根据招标文件中的措施项目清单及投标时拟定的施工组织设计或施工方案按本规范第 4.1.4 条的规定自主确定。其中安全文明施工费应按照本规范第 4.1.5 条的规定确定。"由于对规范适用的习惯性及编制措施项目清单的复杂性，尽管《2008 清单计价规范》已被《2013 清单计价规范》替代多年，但实务中依然有大量的发包人在招标时仅列部分常见的措施清单项目，要求施工方根据招标文件要求增补措施项目并报价。

其次，《2013 清单计价规范》对发包人编制措施项目没有强制要求。

尽管《2013 清单计价规范》规定发包人应当提供招标工程量清单，且第 4.1.4 条规定："招标工程量清单应以单位（项）工程为单位编制，应由分部分项工程项目清单、措施项目清单、其他项目清单、规费和税金项目清单组成。"但该条并非强制性规定，仅是推荐性标准。

从《2008 清单计价规范》允许投标人自行增补措施项目，到《2013 清单计价规范》取消投标人自行增补措施项目，并非是发包人编制措施项目清单更科学，而是为了提供统一竞价平台，提供统一的计价基础，为投标人之间的公平竞争提供保证。

《2013 清单计价规范》"条文说明"亦明确：措施项目清单的编制需考虑多种因素，除工程本身的因素外，还涉及水文、气象、环境、安全等因素。由于影响措施项目设置的因素太多，计量规范不可能将施工中可能出现的措施项目一一列出。在编制措施项目清单时，因工程情况不同，出现计量规范附录中未列的措施项目，可根据工程的具体情况对措施项目清单作补充。

最后，发包人不提供统一的措施项目清单并不影响投标人的公平竞争。

发包人最终目的是获得实体项目，而措施项目是为了保证项目顺利实施而必须投入的非实体项目，包括与技术、质量、安全、环境保护等有关的非实体项目。《2013 清单计价规范》第 6.2.4 条规定："措施项目中的总价项目金额应根据招标文件及投标时拟定的施工组织设计或施工方案，按本规范第 3.1.4 条的规定自主确定。其中安全文明施工费应按照本规范第 3.1.5 条的规定确定。"但各公司经济实力、技术水平和资源配置各不一样，施工组织设计和施工方案也各不相同，对同一施工目的措施项目也会不同。如垂直运输可以选择施工电梯，也可以选择卷扬机；模板工程可以选择木模、竹模，也可以选择钢模；土方外运，既可以选择小功率运输车运输，也可以选择大功率运输车运输等。对同一施工措施项目，因投入的资源不同，价格水平也不同，这恰恰体现竞争性。

投标人的竞争，并非仅是人、材、机的竞争，更是施工组织和施工方案的竞争。如果发包人在招标文件中要求"投标人根据自身资金、资源、技术水平自行编制措施清单并报价，措施项目清单漏项责任由承包人自行承担，措施项目未报价视为已经包含在总价之中"，该发包人的要求并不违反法律强制性规定，反而有利于投标人之间全方位竞争。

三、措施清单漏项，措施费调整原则

基于上述原因，在工程实务中，措施项目清单有发包人编制、承包人编制和发承包人共同编制三种情况。

1. 发包人提供措施费清单漏项

发包人作为招标文件的提供单位，招标工程量清单必须作为招标文件的组成部分，其准确性和完整性应由招标人负责。发包人招标过程中提供的措施项目清单存在缺漏，未能涵盖措施项目的所有内容，进而导致实际措施费与合同约定措施费发生变化时，根据《2013 清单计价规范》第 9.5.3 条“由于招标工程量清单中措施项目缺项，承包人应将新增项目实施方案提交发包人批准后，按照本规范第 9.3.1 条、第 9.3.2 条的规定调整合同价款”的规定，措施项目费应当予以调整。

2. 承包人提供措施项目清单漏项

承包人可以按照招标文件要求编制措施项目清单并报价。承包人通常据招标图纸、施工内容及项目具体情况，编写切实可行且工序完整的施工组织设计和施工方案，并根据施工组织设计、施工方案、企业资源、发包人工程量清单编制措施项目清单，投标人应对自己编制的措施项目清单的合理性、完整性负责。

如果承包人自身导致一些必须施工的内容或措施项目产生缺漏，可以理解为投标人不需要该措施项目，或者虽需要该措施项目，但该项目价格已包含在别的项目中，除非发包人同意变更，否则措施项目费一般不予调整。

3. 发承包人共同编制措施项目清单漏项

发承包人共同编制措施项目清单一般是指发包人提供主要措施项目清单后，允许投标人可根据工程实际情况结合施工组织设计，对招标人所列的措施项目进行增补。投标人应根据拟定的施工方案对措施项目清单进行增补，不应以发包人提供的措施项目清单存在漏项要求调整措施费用。

需要特别说明的是，《2024 清单计价标准》规定措施项目可以按照单价计价方式也可以按照总价计价方式进行计价，而该计价标准推荐总价方式计价，规定“措施项目清单计价宜采用总价计价方式”，即措施项目清单按“项”计价。依照该计价标准第 3.1.8 条规定，建设工程无论是采用单价合同还是总价合同，按项编制的措施项目清单的完整性及准确性均应由承包人负责。故在《2024 清单计价标准》实施后所签订的合同，如合同没有特殊约定，措施清单漏项责任，应由承包人承担，措施费不能调整。

问题3. 建设工程施工合同解除，未完工程部分措施费是否计取？

根据《建筑安装工程费用项目组成》规定，措施项目费是指为完成建设工程施工，发生于该工程施工前和施工过程中的技术、生活、安全、环境保护等方面的费用。具体内容包括安全文明施工费、夜间施工增加费、二次搬运费、冬雨季施工增加费、脚手架及模板工程费、大型机械设备进出场及安拆费、已完工程及设备保护费、工程定位复测费等。措施项目费并非直接形成工程实体，但却是形成工程实体必不可少的一部分支出。

对建设工程施工合同解除，未施工部分的措施费是否扣除问题，实务界存在两种不同观点：

第一种观点认为，尽管合同未完工，但措施费通常是一次性投入，对未施工部分的措施费不应扣除。

第二种观点认为，合同约定的措施费所对应的是完成整个施工任务所需的全部措施费，在工程未完的情况下，不应全部计算，应当按照工程本体完成的产值比例计算措施费。

笔者认为以上两种观点均有失偏颇。

措施项目费并不单指某一项费用，而是一系列具体措施项目产生的项目费用的统称。措施费的支出相当复杂，对未完工程部分的措施费不能简单认为应该计取或不应该计取。

一、措施项目分类

工程措施项目按照投入属性可分为一次性投入措施项目和持续投入措施项目两种。一次性投入措施项目通常指的是该措施项目仅需要一次性投入即可，其费用大小与该措施项目持续时间无关或关联度极小。一次性投入措施项目常见于各种措施项目的安拆、搭建费，如脚手架工程搭设项目，垂直运输设备安拆项目，降水设备采购安装、降水井施工，大型机械设备进出场及安拆项目，安全文明施工中的环境保护措施、文明施工措施、安全施工措施、临时设施搭建等。对于该类措施项目，通常都是在施工工艺或施工方案需要该措施项目时即要一次性投入所有费用，后续不再投入或较少投入。一次性投入措施项目费通常是按照该措施项目所对应的实体项目的工程量或措施项目自身服务期限来分摊成本，即一次性投入措施项目所服务的实体项目越多或自身服务的期限越长，其单位成本就越低。持续投入措施项目通常指的是该措施项目的措施费与项目持续时间相关联，项目持续时间越长，该措施费就越多，反之亦然。持续投入措施项目常见于各种措施项目的租赁、摊销，如脚手架租赁使用费或摊销费，垂直运输设备的租赁使用费或摊销费，降水台班费，已完工程及设备保护费等。对同一种设备，完全可能含有以上两种措施项目费，如垂直运输设备，其出入场及安拆项目费为一次性措施项目费，长期使用的、按时间计算价格的租赁使用费或摊销费，即为持续投入措施费。

二、未完工程措施费计取原则

措施项目是为工程实体服务的项目，措施项目的实施通常是早于或快于工程实体的实施。在工程实务中，在实体工程未开始时，很多措施项目已经开始投入，如安全文明施工项目、大型设备入场、临时设施搭建等；工程实体进行过程中，很多措施项目快于实体项目完成，如混凝土工程浇筑前模板工程需要搭设、安装完成，深基坑开挖前需要排降水等。

对未完工程项目而言，如果仅按照工程产值比例计算措施费，因不同的工程类别、不同的施工方法所对应的措施项目费均不相同，产值大小与措施费大小并不成比例。如土方工程，放坡开挖措施费通常小于支护开挖的措施费，按产值比例计算措施费显然是不合理的。如按照工程总价计算全部措施费，无疑是对发包人不公的，毕竟工程没有完工，后续施工必然涉及措施项目及措施费。

笔者认为，对未完工程项目措施费要综合各种因素确定计取原则。

1. 合同约定优先原则

基于当事人意思自治而成立的合同，当事人应当按照合同约定全面履行自己的义务。《民法典》第 509 条第 1 款规定：“当事人应当按照约定全面履行自己的义务。”在发承包双方对措施项目费有明确约定且不会导致双方权利义务失衡的情况下，应当尊重双方当事人约定，按照约定计费。

在工程实务中，对措施费的计取通常也是按照合同约定优先原则进行。如《建设工程造价鉴定规范》（GB/T 51262—2017）第 5.10.6 规定：“单价合同解除后的争议，按以下规定进行鉴定，供委托人判断使用：1. 合同中有约定的，按合同约定进行鉴定……”

2. 实际发生原则

当发生合同对未完工程措施费计取方法没有约定，或虽有约定但约定不明致使约定不能适用，再或虽有明确约定但会导致利益失衡等情况，应按照最能反映权利义务相一致的“实际发生”原则进行计取。

（1）对一次性投入的措施项目全额计取

类似安全文明施工费通常在施工前期即一次性投入，该类费用已经投入，应当计取。如河南省高级人民法院在（2021）豫民终426号“中亿丰建设集团股份有限公司、许昌郭医颈肩腰腿痛医院有限公司等建设工程施工合同纠纷案”中认为：“根据《关于调整河南省建设工程安全文明施工措施费计取办法的通知》及该通知所附《安全文明施工实际投入一览表》可知，建设工程安全文明施工措施费是保障建设工程安全生产和改善施工作业条件所必要的费用，其计价标准划分为安全生产费、文明施工措施费两部分，其中文明施工的项目内容包括：①现场围挡；②五板一图；③场区道路、场容场貌；④材料堆放、操作加工棚；⑤办公、生活用房；⑥其他相关费用。本案鉴定人员在一审出庭时明确表示，上述六项文明施工的项目是施工前期都要投入进去的。中亿丰公司在一审时也提供了供需合同、供货单、结算单、发票等证据，证明其按照国家规定实际采取了保障案涉工程文明施工的相关措施，因此，未完工程部分的文明施工措施费717815.66元应当计入案涉工程造价。中亿丰公司要求未完工程部分的文明施工措施费具有事实和法律依据，一审判决不予支持不当，本院依法予以纠正。”

（2）对于非一次性投入的措施项目费，应分开按实计取

由于措施项目种类繁多，对于非一次性投入的措施项目费，应分开按实计取。如内蒙古自治区乌海市海南区人民法院在（2019）内0303民初818号“重庆中环建设有限公司、乌海市包钢万腾煤业有限责任公司等建设工程施工合同纠纷案”中，对于凿井措施费的争议，认为：“凿井措施费是指为完成工程项目施工，发生于该工程施工前和施工过程中非工程实体项目的费用，由施工技术措施费和施工组织措施费组成。依据双方签订的《建设工程施工合同》约定，凿井措施费：108.7万元、施工机具迁移费等：71.8万元（施工机具迁移费已包括在双方确定的工程项目造价95.7674万元中）。因其他情况工程没有完成，如按合同约定支付，明显损害包钢煤业公司的利益，但鉴定机构的分析认为措施费应该与实体工程进度相匹配的原则即按照成活18米计算，其计算方法也违反客观事实。

重庆中环公司在工程施工前和施工过程中投入临建附属设施非工程实体项目，是正常施工的前提条件，如不投入上述费用，就无法正常施工。因此，凿井措施费应当按重庆中环公司实际投入临建附属设施费用计算，即临建附属设施 11 项费用，共计 46.047475 万元。”

另外，《2013 清单计价规范》对措施项目费的调整的指导原则亦是按实计取。如第 9.3.2 条规定，工程变更引起施工方案改变并使措施项目发生变化时，承包人提出调整措施项目费的，应事先将拟实施的方案提交发包人确认，并应详细说明与原方案措施项目相比的变化情况。拟实施的方案经发承包双方确认后执行，并应按照下列规定调整措施项目费：①安全文明施工费应按照实际发生变化的措施项目依据本规范第 3.1.5 条的规定计算。②采用单价计算的措施项目费，应按照实际发生变化的措施项目，按本规范第 9.3.1 条的规定确定单价。③按总价（或系数）计算的措施项目费，按照实际发生变化的措施项目调整，但应考虑承包人报价浮动因素，即调整金额按照实际调整金额乘以本规范第 9.3.1 条规定的承包人报价浮动率计算……

3. 合理比例原则

由于措施项目种类繁多，开始与持续时间各异，各种措施项目存在相互交叉和影响，实际投入与承包人的施工组织设计、施工方案及自有资源息息相关，措施项目费的计取较为复杂，尤其是未全部施工的工程项目。当工程进度和措施项目投入情况无法明确时，应综合考虑工程进度和措施费的实际投入情况，合理确定承担比例。

如最高人民法院在（2019）最高法民终 1357 号“云南景升建筑工程有限公司、红云红河烟草（集团）有限责任公司建设工程施工合同纠纷案”中，对“如何确定措施费”问题，认为：“从红河公司制作的《红云红河烟草（集团）有限责任公司曲靖卷烟厂打叶复烤易地技术改造及新建烟叶仓库项目场地平整工程（一期）施工招标控制价》中载明的内容看，工程单价不包含措施费、规费和税金，因此一审法院以单价乘以工程量的计算方式未含上述费用，故以此判决红河公司应给付工程款金额有误，应予纠正。但因景升公司未完成合同约定的工程，无法按照合同约定计算相关费用，景升公司又未举出证据证明措施费、规费的具体金额，故本院参考措施费、规费、税金所占工程投标总造价的比例，结合景升公司实际完成的工程量，酌定红河公司应给付的措施费、规费、税金为 3000000 元。

故红河公司应给付景升公司的工程款为11954474.26元。”

另外，河南省高级人民法院在（2019）豫民终825号“田某泉、新野龙翔房地产开发有限公司建设工程施工合同纠纷案”中，对“关于施工措施费的比例如何计算”问题，亦认为：“虽然田某泉与龙翔公司签订的建设工程施工协议约定的工程价款为2.2亿元，一审委托鉴定结论中无争议部分与有争议部分工程价款之和并未超过1.1亿元，未达到整个工程价款的50%，但是措施费的计算不应简单地以工程价款所占比例确定。在田某泉退场时涉案工程的主体部分基本上已经完工，所产生的主体施工措施费用要高于后期施工产生的措施费用，一审酌定按照75%计取并无不当，本院予以维持。龙翔公司上诉请求措施费比例为50%无法律依据，本院不予支持。”

4. 过错责任原则

合同履行是实现合同订立目的的基本途径。经双方意思表示一致成立的合同没有履行或没有完全履行，除双方当事人协商一致解除合同外，还包括因不可抗力而无法履行、因违反法律强制性规定而不得履行，或因一方或双方违约致使合同不再履行等。

《民法典》第157条规定：“民事法律行为无效、被撤销或者确定不发生效力后，行为人因该行为取得的财产，应当予以返还；不能返还或者没有必要返还的，应当折价补偿。有过错的一方应当赔偿对方由此所受到的损失；各方都有过错的，应当各自承担相应的责任。法律另有规定的，依照其规定。”第584条规定：“当事人一方不履行合同义务或者履行合同义务不符合约定，造成对方损失的，损失赔偿额应当相当于因违约所造成的损失，包括合同履行后可以获得的利益；但是，不得超过违约一方订立合同时预见到或者应当预见到的因违约可能造成的损失。”故在确定未完工程措施项目费时，应当综合考虑双方当事人对合同终止的过错程度，合理分配过错责任。

如最高人民法院在（2022）最高法民终49号“洛阳中迈置业有限公司、中建二局第二建筑工程有限公司建设工程施工合同纠纷案”中，对“未施工的脚手架费用、C3以下结构款和C3以上公共措施费三项费用共计105672.14元的负担问题”，认为：“相关公共措施费是为了履行合同的必要支出，鉴于《建设工程施工合同》已不再履行，双方在实际履行过程中均存在违约行为，一审判决双方对此费用各承担一半，较为公平合理。洛阳中迈公司的相关上诉理由不能成立，本院不予支持。”

关联判例

山东友创置业有限公司、广东省电白建筑集团有限公司等建设工程施工合同纠纷案

（2021）鲁07民终8166号

【裁判要旨】

对未完工程措施项目费无法准确计算，应合理确定比例计取。

【基本案情】

2017年10月28日，电白公司、建强公司签订《工程项目内部承包协议书》；2017年11月4日，友创公司、电白公司、建强公司签订《施工合同》；2017年12月22日，友创公司、电白公司签订《金尊华府项目（一期）工程施工合作协议书》。通过以上协议，友创公司将金尊华府项目一期工程发包给电白公司，电白公司将该工程转包给建强公司，由建强公司实际施工。2018年10月至11月，友创公司、建强公司双方因施工、付款等问题产生分歧，继而工程停工，虽经住建部门调解，因双方矛盾激化、不可调和。2018年11月16日友创公司、建强公司、电白公司、鼎信公司对工程量进行确认，并签署“金尊华府一期8#-12#楼、地下车库工程量部位完成明细”后，建强公司撤场。

【裁判摘要】

针对“涉案工程措施费数额是否正确”这一争议焦点，山东省潍坊市中级人民法院认为：“山东金诺工程咨询有限公司根据潍坊市奎文区人民法院委托作出的《关于对（2019）奎法技评字第0044号造价的定报告》对涉案工程措施费是按照双方当事人合同约定的全部完成涉案工程的前提下按288元/平方米计入工程造价。本案原一审审理过程中，鉴定机构对鉴定结果作出了说明：因双方当事人提供措施费的质证资料不充分，无法计算，暂按双方提供的编制报告及施工合同约定的288元/平方米计入工程造价，得出涉

案工程措施费为14233592.64元的结论。本院认为，被上诉人建强公司仅完成涉案工程主体施工、未完成全部涉案工程即撤场是各方均无异议的事实，故鉴定机构作出的暂按施工合同约定的288元/平方米计入工程造价与事实不符。因本案系发回重审案件，重审过程中并未纠正原一审判决的错误，亦未重新进行鉴定。法院参考建筑行业的施工惯例，前期主体部分产生的措施费用要高于后期施工产生的措施费用，综合考虑被上诉人已对涉案工程主体施工完成的实际情况和具体措施项目完成情况，以及建强公司在撤场时部分施工措施未带出施工现场的实际情况，本院酌定涉案工程措施费按照80%计取，即11386874.11元（14233592.64元×80%）。”

问题4.投标时未报排水、降水措施费，结算能否计入？

施工排水是指在施工期间将有碍施工作业和影响工程质量的水排到施工场地以外，降水是指在施工期间将有碍施工作业和影响工程质量的水降至地下水水位设计标高以下，并把降水过程中所聚集的水排到施工场地以外。排水、降水是涉及地下工程项目常见的措施项目。但在工程实务中，经常出现承包人在投标时未报排水、降水措施费现象。

对投标时未报排水、降水措施费，结算能否计入问题，实务界存在两种不同观点：

第一种观点认为，排水、降水措施是涉及地下工程项目常见的措施项目，尽管施工方未对此进行报价，但只要实际产生，就应按实计入结算。

第二种观点认为，承包人未对排水、降水措施进行报价或报价为零，意味着该项措施费已经包含在其他措施项目中，承包人不能要求调整。

笔者认为以上两种观点均不完整，应根据具体情况分析。

《2013清单计价规范》第6.2.7条规定：“招标工程量清单与计价表中列明的所有需要填写单价和合价的项目，投标人均应填写且只允许有一个报价。未填写单价和合价的项目，可视为此项费用已包含在已标价工程量清单中其他项目的单价和合价之中。当竣工结算时，此项目不得重新组价予以调整。”

基于该条规定，在工程实务中，通常认为投标人在投标报价中未对排水、降水措施项目进行报价，竣工结算时不得要求重新组价。但实务的多样性远比书籍所罗列的情形复杂。在适用《2013清单计价规范》第6.2.7条规定时，要考虑如下因素。

一、招标工程量清单中是否含有排水、降水措施项目

工程施工招标发包可采用多种方式，但采用工程量清单方式招标发包，招标人必须将工程量清单作为招标文件的组成部分，连同招标文件一并发（或售）给投标人，招标人对编制的招标工程量清单的准确性和完整性负责。招标工程量清单是工程量清单计价的基础，应作为编制招标控制价、投标报价、计算或调整工程量、索赔等的依据之一。

《2013 清单计价规范》第 4.1.5 条规定，编制招标工程量清单应依据：（1）本规范和相关工程的国家计量规范；（2）国家或省级、行业建设主管部门颁发的计价定额和办法；（3）建设工程设计文件及相关资料；（4）与建设工程有关的标准、规范、技术资料；（5）拟定的招标文件；（6）施工现场情况、地勘水文资料、工程特点及常规施工方案；（7）其他相关资料。

投标人依据招标工程量清单进行投标报价。《2013 清单计价规范》第 6.1.4 条规定："投标人必须按招标工程量清单填报价格。项目编码、项目名称、项目特征、计量单位、工程量必须与招标工程量清单一致。"如果发包人招标工程量清单中未含有排水、降水措施项目，则承包人无法单独报价，这不属于《2013 清单计价规范》第 6.2.7 条所规定的投标人未在招标工程量清单与计价表中填报价格，不应视为此项费用已包含在已标价工程量清单中其他项目的单价和合价之中。当竣工结算时，此项目应当以清单漏项按照合同约定调整价款。

二、发包人提供的勘察资料显示水位线在施工深度范围之下

勘察报告作为工程最基础的地质资料有着非常重要的作用，是设计单位、工程施工企业了解和研究地质条件的重要手段，是揭示整个项目地质的概况、地质条件、土体物理力学性质指标、地下水、场地稳定性的原始资料，是通过设计和施工保证地基强度、稳定性以及提高地基承载能力的依据。

《2013 清单计价规范》第 4.1.5 条规定，招标工程量清单编制需要根据"地勘水文资料"。第 6.2.1 条亦规定投标报价编制和复核也需要根据"施工现场情况、工程特点及投标时拟定的施工组织设计或施工方案"，而施工组织设计或施工方案的编制需要依据"地勘水文资料"。

发包人提供的勘察资料显示水位线在施工深度范围之下，施工过程无须排水、降水，自然无须对此进行报价。如因设计变更、工程变更或地勘资料不准而

实际需要排水、降水措施，不能因承包人未报降水费而排除价款调整。

三、招标控制价中排水、降水措施项目价格标为 0 元

为了客观、合理地评审投标报价和避免哄抬标价，避免造成国有资产流失，国有资金投资的工程实行工程量清单招标，招标人必须编制招标控制价，规定最高投标限价。招标人根据国家或省级、行业建设主管部门颁发的有关计价依据和办法，以及拟定的招标文件和招标工程量清单，结合工程具体情况编制的招标工程的最高投标限价。发包人不得对招标控制价进行上浮或下调。当招标控制价中排水、降水措施项目价格标为 0 元时，意味着招标工程量清单中没有该项措施项目，或可理解为该措施项目暂估价为 0 元。

《2013 清单计价规范》第 6.1.5 条规定，投标人的投标报价高于招标控制价的应予废标。其中，"高于招标控制价"既包括承包人报价总价高于招标控制价总价，也包括发包人为了防止不平衡报价而在招标文件中明确要求的"分部分项及措施项投标报价亦不得高于对应招标控制价分部分项及措施项的价格"。投标人基于谨慎而没有对排水、降水措施项目进行报价，不应视为此项费用已包含在已标价工程量清单中其他项目的单价和合价之中。

关联判例

河南国基建设集团有限公司、焦作市中山置业有限公司建设工程施工合同纠纷案

（2018）最高法民申 2123 号

【裁判要旨】

边坡支护和井点降水工程作为上述工程施工过程中所应采取的必要措施，无特别约定的情况下，应视为已包含在合同价款之内。

【基本案情】

2010 年 9 月 13 日，中山公司与国基公司签订《建设工程施工合同》，约定国基公司承建中山公司博爱中山国际广场工程。双方签订施工合同时，中山公司未提供边坡支护和井点降水工程的施工方案和图纸，双方在合同中也未对边坡支护和井点降水进行明确约定。

【裁判摘要】

关于边坡支护和井点降水工程价款 1795699.20 元应否另行计算的问题。最高人民法院认为：依据合同约定，案涉工程图纸内的基础、人防、土建等全部工程均属国基公司的施工范围，而边坡支护和井点降水工程作为上述工程施工过程中所应采取的必要措施，在国基公司与中山公司无特别约定的情况下，该两项工程的价款理应包括在合同价款之内，国基公司主张另行计取无事实依据，法院不予支持。

三、不宜计量措施费

| 导读 |

不宜计量的措施项目，通常是指实施该种措施的工程量不宜计量或计量所占成本较高的项目。包括夜间施工增加费，非夜间施工照明费，二次搬运费，冬雨季施工增加费，地上、地下设施、建筑物的临时保护设施费，已完工程及设备保护费等。不宜计量的措施项目费通常以费率计算，公式为：

措施项目费 = 计算基数 × 措施项目费费率（%）

按照《2013 清单计价规范》的规定，不宜计量的措施项目的计算基数应为定额人工费或定额人工费与定额施工机具使用费之和，其费率由工程造价管理机构根据各专业工程特点和调查资料综合分析后确定。《2024 清单计价标准》的规定，采用费率计价方式的，应分别填写“计算基础”“费率”“价格”列数值；采用总价计价方式的，可只填“价格”列数值。

【术语解读】

（一）夜间施工增加费

夜间施工增加费是指因夜间施工所发生的夜班补助费、夜间施工降效费、夜间施工照明设备摊销及照明用电费等措施费用。

1. 夜间施工费的构成

内容由以下各项组成：（1）夜间固定照明灯具和临时可移动照明灯具的设置、拆除费用；（2）夜间施工时，施工现场交通标志、安全标牌、警示灯的设置、移动、拆除费用；（3）夜间照明设备摊销及照明用电、施工人员夜班补助、夜间施工劳动效率降低等费用。

2. 夜间施工费的计算

夜间施工费的计算方法有两种：

（1）以每工日夜间施工乘以夜间施工总工日数进行计算，如天津等地采用该种方法。其公式为：

夜间施工增加费 =（1– 合同工期 / 定额工期）×（直接工程费中的人工费合计 / 平均日工资单价）× 每工日夜间施工费开支

其中：（1– 合同工期 / 定额工期）为工期节约比率；（直接工程费中的人工费合计 / 平均日工资单价）为该工程需要总人工工日数；该公式相当于“工期节约比率”×“总工日数”×“夜间施工费单价”。

（2）直接费或人工费为基数乘相适应的费率进行计算。这种计费方式比较简单、直接、恒定，即无论是否发生夜间施工增加费，均按此计取。海南、山东等省采用该种方法。如 2011 年《海南省建设工程计价定额》（房屋建筑与装饰工程）规定，夜间施工增加费的计费基数为综合价，费率为 0.14%；《山东省建设工程费用组成及计算规则 2022 版》规定，建筑工程夜间施工费的费率为 2.55%，计价基础为分部分项工程的省价人工费之和。

3. 完全夜间施工增加费

完全夜间施工增加费通常出现在市政工程，如为了保证白天正常通行主要交通道路，或部分市政基础设施类工程必须在夜间组织实施施工的工程。该种工程通常是白天人员、机械及剩余材料等均撤离施工现场、恢复临时通车，夜间进行围挡施工。

完全夜间施工的工程，其人工降效、夜间照明、机械多次进出场运输、临时钢板铺设、交通维护及疏导等费用均应计入工程造价。完全夜间施工工程，应按合同约定计价，合同没有约定或约定不明的，可以参照单位工程夜间施工分部分项部分的人工消耗并考虑一定比例的人工降效。对夜间照明、机械多次进出场运输、临时钢板铺设、交通维护及疏导等相关措施费，可根据批准的施工方案及现场实际计入造价。

（二）二次搬运费

二次搬运费，是指因施工管理需要或因场地狭小等，导致建筑材料、设备等不能一次搬运到位，必须发生的二次或以上搬运所需的费用。

1. 二次搬运费的含义

在建设工程施工过程中，施工所需要的各种建材通常需要多轮移动才能最终应用到工程实体之中。如钢筋，进场需要见证取样，存储需要堆放至仓库，加工需要从仓库移至钢筋加工区，加工完毕后需要移至成品或半成品堆放区，最终应用到工程中则需要移至施工区。

（1）二次搬运费不包含一次材料运输费

所谓的一次材料运输，是指材料、工程设备自来源地运至工地仓库或指定堆放地点所发生的全部费用，即运杂费。一次材料运输属于材料费范畴，根据《建筑安装工程费用项目组成》的规定，材料费是指施工过程中耗费的原材料、辅助材料、构配件、零件、半成品或成品、工程设备的费用。内容包括：①材料原价，即指材料、工程设备的出厂价格或商家供应价格。②运杂费，即指材料、工程设备自来源地运至工地仓库或指定堆放地点所发生的全部费用。③运输损耗费，即指材料在运输装卸过程中不可避免的损耗。④采购及保管费，即指为组织采购、供应和保管材料、工程设备的过程中所需要的各项费用，包括采购费、仓储费、工地保管费、仓储损耗。

（2）二次搬运费不包含正常施工作业工序内的材料移动

施工中所需要的各种建材，包括成品和半成品构件，都应按照施工平面图及施工组织设计要求，运送到施工现场指定的地点堆放，按照正常作业工序进行加工、使用。在此期间所发生的材料搬动、运输可称为正常施工作业工序内的材料移动。如钢筋从仓库堆放区移至钢筋加工区，再从钢筋加工区移至成品或半成品堆放区，最后由成品或半成品堆放区移至施工区等。正常施工作业工序内的材料移动属于施工机具使用费范畴，包含在施工定额中。如云南省住房和城乡建设厅《关于发布实施云南省2013版建设工程造价计价依据的通知》（云建标〔2013〕918号）总说明中规定：“本定额中已包括材料、成品、半成品从工地仓库现场集中堆放地点或现场加工地点至操作安装地点常规的水平和垂直运输所需要的机械消耗量。”《全国统一建筑工程基础定额》（GJD—101—95）总说明中规定：“定额中均已包括材料、成品半成品从工地仓库、现场集中堆放地点或现场加工地点至操作安装地点的水平和垂直运输，所需的人工和机械消耗量。”2012年《北京市建设工程计价依据》总说明规定：“本计价依据中包括：材料（设备）自施工现场仓库或现场指定堆放点运至安装地点的水平和垂直运输。”

（3）二次搬运费通常在以下情形下产生

①施工场地小，材料需要多次倒运。当施工场地较小，材料堆放较为密集，场内预留道路较为狭窄，会形成互相干扰，原本可正常移动的材料，经常需要先挪动其他材料并空出作业面方能移动，构成场内材料无效倒运。二次搬运费用通常因施工场地狭小等特殊情况而发生，这里的“施工场地狭小”一般指的是施工用地面积小于首层建筑面积3倍。如北京市《关于执行〈建设工程工程量清单计价规范〉（GB 50500—2008）若干意见的通知》（京造定〔2009〕7号）第11条“其他费用有关说明”规定：“预算定额基价中所包括的材料二次搬运费是指建筑材料、成品、半成品和构配件等场内外运输费。在编制工程量清单时，应列入分部分项工程量清单中；由于施工场地狭小（施工用地面积小于首层建筑面积三倍时）等特殊情况而发生的建筑材料、成品、半成品和构配件等施工现场外的二次搬运费用（包括运输及装卸费用），则应列入措施项目清单中。”

②施工场地小，材料需要堆放在施工场地之外。当施工场地较小，建筑材料在施工场地之外存放，在施工时，需要施工工人把该部分建筑材料分批次运至施工现场。一方面，材料费包括材料自来源地运至工地仓库或指定堆放地点所发生的全部费用，即运杂费；另一方面，施工定额中包含了材料、成品、半成品从工地仓库现场集中堆放地点或现场加工地点至操作安装地点常规的水平和垂直运输所需要的机械消耗量。由于两者均没有包含从场地外存放点到场地内存放点之间的运输费，该部分计入二次搬运费。

③材料运输车辆无法直接到达施工场地，需要通过其他方式转运。一般来说，材料费中已经包含了运输至工地仓库或指定堆放地点所发生的全部费用，入库前不再单独计取运输成本费，但如果交通道路条件较差，使运输车辆难以直接到达施工现场指定地点，而需要通过小车或人力进行二次或多次的转运，此费用未包含在材料运输费之中，也不包含在施工定额之中，应计入二次搬运费。

④施工场地内需要长距离倒运。有些地方定额中已经包含且仅包含部分场内运输费，超出规定运输距离时需要计算二次搬运费。如《贵州省园林绿化工程计价定额》（2016版）第11条规定：因施工环境和场地的限制，材料不能直接运送到施工现场或超出规定运距，而必须进行二次运输或转运时，才能计算材料和构件的二次运输费用。第一，该定额已包括堆放点至施工点距离≤100米的水平

运输及坡度≤ 15% 的坡道运输，水平运距 >100 米时，按绿化材料或园建材料的二次转运相应定额项目计算；坡度 >15% 的且垂直提升高度 >1.5 米的，可以计算垂直运输，垂直运距的计算不扣除 1.5 米的垂直高度。第二，人力垂直运距按水平运距的 7 倍计算。第三，该定额的水平运距按以下规定计算：以取料中心点为起点，到堆放中心或使用中心为终点。

⑤发包人要求二次倒运。因临时事件、暂停施工等，发包人要求对场地内的材料、构配件进行二次移动的，承包人应及时办理签证，计入二次搬运费。

需要注意的是，一般指场内发生的二次搬运不包括混凝土预制件和金属构件，因为定额通常考虑混凝土预制件和金属构件一定范围的机械运输回转半径。对于二次搬运费的计取基数、费率、计费方式和程序，各地规定并不完全一致，需要根据当地规定确定。

2. 二次搬运费的计算

二次搬运费通常是以计费基础按照一定取费比例进行计算，其公式为：

二次搬运费 = 计费基数 × 二次搬运费费率（%）

二次搬运费费率（%）= 年平均二次搬运费开支额 ÷［全年建安产值 × 直接工程费占总造价的比例（%）］

如《江西省建筑安装工程费用定额》（2014 版）中规定，建筑（机械土石方）的二次搬运费为工料机总额的 0.35%。

3. 关于二次搬运费的注意事项

（1）二次搬运费作为措施费的一种，需要在投标时进行计取，否则会被认为该措施费已经分摊到其他项目中，结算时不能再追加。如果是施工过程中出现甲方指示导致措施费二次搬运费产生，应及时做好签证。

（2）二次搬运费产生有施工场地狭小、交通道路条件较差等原因，而施工场地面积、交通道路条件等信息在施工图上并不能准确了解，需要施工方到现场踏勘了解，以免错误报价造成损失。

（三）冬雨季施工增加费

冬雨季施工增加费，是指冬雨季天气导致施工效率降低加大投入而增加的费用，以及为确保冬雨季施工质量和安全而采取的保温、防雨等措施所需的费用。

1. 冬雨季施工增加费的构成

根据《2013 清单计算规范》的规定，冬雨季施工增加费的内容由以下各项组成：（1）冬雨（风）季施工时增加的临时设施（防寒保温、防雨、防风设施）的搭设、拆除费用；（2）冬雨（风）季施工时，对砌体、混凝土等采用的特殊加温、保温和养护措施费用；（3）冬雨（风）季施工时，施工现场的防滑处理、对影响施工的雨雪的清除费用；（4）冬雨（风）季施工时增加的临时设施、施工人员的劳动保护用品、冬雨（风）季施工劳动效率降低等费用。

2. 冬雨季施工增加费的计算

根据住房和城乡建设部、财政部《建筑安装工程费用项目组成》计算规则，冬雨季施工增加费的公式为：

冬雨季施工增加费 = 计算基数 × 冬雨季施工增加费费率（%）

冬雨季施工增加费计算及费率由各省行政主管部门规定。如《山东省建设工程费用组成及计算规则 2022 版》规定，建筑工程冬雨季施工增加费为 2.91%，其中计算基数为省价人工费。

3. 各地冬雨季施工增加费的差异

由于我国南北、东西跨度较大，自然气候和生态环境各不一样。根据《建筑气候区划标准》（GB 50178—93）规定，建筑气候的区划系统分为一级区和二级区两级，二级区是一级区的细分。一级区共划分为 7 个区，用Ⅰ、Ⅱ、Ⅲ、Ⅳ等表示，如第一区表示为第Ⅰ建筑气候区。二级区划分为 20 个区，用 A、B、C、D 等字母表示，如ⅠC 为第一一级区中的第三二级区。

（1）一级区第Ⅰ建筑气候区

一级区第Ⅰ建筑气候区特点为：冬季漫长严寒，夏季短促凉爽；西部偏于干燥，东部偏于湿润；气温年较差很大；冰冻期长，冻土深，积雪厚；太阳辐射量大，日照丰富；冬半年多大风。该区建筑的基本要求应符合下列规定：①建筑物必须充分满足冬季防寒、保温、防冻等要求，夏季可不考虑防热。②总体规划、单体设计和构造处理应使建筑物满足冬季日照和防御寒风的要求；建筑物应采取减少外露面积，加强冬季密闭性，合理利用太阳能等节能措施；结构上应考虑气温年较差大及大风的不利影响；屋面构造应考虑积雪及冻融危害；施工应考虑冬季漫长严寒的特点，采取相应的措施。③ⅠA 区和ⅠB 区尚应着重考虑冻土对建筑物地基和地下管道的影响，防止冻土融化塌陷及冻胀的危害。④ⅠB、ⅠC 和ⅠD 区的西部，建筑物尚应注意防冰雹和防风沙。

根据《中国建筑气候区划图》，一级区第Ⅰ建筑气候区主要在我国东北地区，包括黑龙江、吉林等严寒地区。

（2）一级区第Ⅳ建筑气候区

一级区第Ⅳ建筑气候区特点为：长夏无冬，温高湿重，气温年较差和日较差均小；雨量丰沛，多热带风暴和台风袭击，易有大风暴雨天气；太阳高度角大，日照较小，太阳辐射强烈。该区建筑基本要求应符合下列规定：①该区建筑物必须充分满足夏季防热、通风、防雨要求，冬季可不考虑防寒、保温。②总体规划、单体设计和构造处理宜开敞通透，充分利用自然通风；建筑物应避西晒，宜设遮阳；应注意防暴雨、防洪、防潮、防雷击；夏季施工应有防高温和暴雨的措施。③ⅣA区建筑物尚应注意防热带风暴和台风、暴雨袭击及盐雾侵蚀。④ⅣB区内云南的河谷地区建筑物尚应注意屋面及墙身抗裂。

根据《中国建筑气候区划图》，一级区第Ⅳ建筑气候区主要集中在我国东南沿海等地的夏热冬暖地区，如广东、广西、海南等省份。

尽管《2013清单计价规范》对冬季施工费内容作了基础性的规定，但因各地所处的气候区域不同，施工时所需要采用的措施差异较大，冬季施工费率及计取基数也有所不同。[①]

① 如黑龙江省规定：冬季施工费是指在冬季施工时，为确保工程质量所增加的费用。包括人工费、人工降效费、材料费、保温设施（包括炉具设施）费、人工室内外作业临时取暖燃料费、建筑物门窗洞口封闭等费用。不包括电加热法养护混凝土、蒸汽法养护混凝土、暖棚法施工的费用及越冬工程基础的维护、保护费，发生时另行计算。

吉林省规定：冬雨季施工增加费是指在冬季或雨季施工需增加的临时设施、防滑、排除雨雪，人工及施工机械效率降低等费用，内容详见2013年各专业工程量计算规范。

内蒙古自治区规定：冬雨季施工增加费是指施工单位在施工规范规定的冬季气温条件下施工所增加的费用，包括冬季施工措施费和人工、机械降效费。

河北省规定：冬季施工增加费指当地规定的取暖期间施工所增加的工序、劳动工效降低、保温、加热的材料、人工和设施费用。不包括暖棚搭设、外加剂和冬季施工需要提供混凝土和砂浆强度所增加的费用，发生时另计。

四川省规定：冬雨季施工增加费是指在冬季或雨季施工需增加的临时设施、防滑、排除雨雪，人工及施工机械效率降低等费用。

江苏省规定：冬雨季施工是指在冬雨季施工期间所增加的费用。包括冬季作业、临时取暖、建筑物门窗洞口封闭及防雨措施、排水、工效降低、防冻等费用。不包括设计要求混凝土内添加防冻剂的费用。

福建省规定：冬季施工增加费是指在冬季施工需增加的临时设施，排除雨雪天气人工及施工机械效率降低等费用。

（四）赶工费

根据《2024清单计价标准》的定义，赶工费是指在工程实施过程中，承包人应发包人的要求而采取加快工程进度措施，使合同工期或分期竣工工程的合同工期（包括经发包人批准的延长工期）缩短，由此产生的应由发包人额外支付给承包人的费用。

1. 赶工措施的类型

基于产生的原因，赶工措施主要分为三大类，第一类是压缩合同工期导致的赶工；第二类是工期延误导致的赶工；第三类是发包方要求提前竣工导致的赶工。

（1）合同工期压缩导致的赶工

《2013清单计价规范》第9.11.1条规定："招标人应依据相关工程的工期定额合理计算工期，压缩的工期天数不得超过定额工期的20%，超过者，应在招标文件中明示增加赶工费用。"招标人应当按照工期定额来确定合理工期，如果招标文件要求工期少于定额工期导致需要赶工，应计算赶工措施费。

（2）工期延误导致的赶工

无论是发包人还是承包人导致工期延误，都可能存在赶工问题，但承包人造成工期延误并不构成工期顺延，承包人因此组织的赶工属于自身履约的一种手段，并不涉及赶工费。非施工单位导致工期延误，工期应当顺延，当发包方要求该项工程按照合同约定工期竣工，其本质是压缩施工日期，应当支付赶工费。如施工中发现文物、古迹；发包人迟延提供施工场地；施工中遇到不利物质条件；承包人依据发包人提供的错误资料导致测检放线错误；因发包人提供的材料、工程设备造成工程不合格；承包人应监理人要求对材料、工程设备和工程重新检验且检验结果合格；发生合同约定的地震、台风、暴雨等不可抗力等。

《2013清单计价规范》第9.10条规定，不可抗力解除后复工的，若不能按期竣工，应合理延长工期。发包人要求赶工的，赶工费用由发包人承担。《2024清单计价标准》第8.11.12条第5项规定，因不可抗力影响承包人履行合同约定的义务，引起工期延误的，应当顺延工期，发包人要求赶工的，由此增加的赶工费用应由发包人承担。

（3）发包方要求提前竣工

在工程实务中，发包方需要建设项目提前发挥经济效益，或需要建设项目提前发挥形象价值，要求工程提前竣工交付使用。《2013 清单计价规范》第 9.11.2 条规定，发包人要求合同工程提前竣工的，应征得承包人同意后与承包人商定采取加快工程进度的措施，并应修订合同工程进度计划。发包人应承担承包人由此增加的提前竣工（赶工补偿）费用。

2. 赶工措施费形成原因

赶工是加快施工进场、缩短施工周期。赶工的本质是施工，故赶工涉及费用也是人工费、材料费和施工机具使用费。理论上讲，完成相同的施工内容所需的人工、材料和机械的数量是一致的，工程进度快慢并不影响施工成本，但事实并非如此，压缩合同工期会造成施工成本的增加。

（1）压缩工期需要增加新的施工人员

压缩合同约定工期意味着施工周期变短，原合同约定每日历天施工任务变多，在工人劳动强度一定的情况下，必然需要增加新的施工人员。一般来说，临时增加的施工人员需要进行岗前培训、体检、安全交底、入场及退场等程序，平均花费要远高于长期稳定的施工人员。

另外，增加了施工人员，打破了原有的施工组织涉及和进度计划，会造成施工进度不平衡，会出现因等待前置工序而产生的停工、窝工情况，增加了停窝工损失。

（2）压缩工期需要投入更多机械台班

因压缩工期增加新的施工人员，平均人员工作面减小，人员及机械的相互干扰增大，需要投入更多机械台班。另外，因夜晚光线不充足，机械操作人员无法快速了解周围环境，致使设备空转时间加长而降效，或需要增加更多人员指挥而造成降效。压缩工期可能需要增加新的设备，尤其是大型设备，增加投入的设备进出场及安拆费用。

（3）压缩工期会加大材料损耗

压缩工期、提高施工效率，会造成不经济地使用材料进而导致材料损耗过大。加速施工需要材料提前交货，可能需要增加材料成本及运输成本。加速施工也会增加一次性投入的周转性材料、工器具的短期租赁，增加施工人员宿舍、现场临时办公设施、安全防护措施和材料二次搬运等。

（4）压缩工期会导致施工降效

压缩工期、提高施工效率，投入更多的施工人员和施工机械，当工作面处于饱和或超饱和状态，就会造成施工人员之间、施工机械之间或施工人员和施工机械之间相互影响，致使施工人员和施工机械不能最大发挥应有效能而降效。夜晚施工、光线不充足，延长劳动时间致使施工人员体力不能得以恢复均会造成施工降效。另外，为抢工期吸引用工的激励费用也属于赶工措施费范畴。

3. 赶工费的计取因素

赶工费的计取是以有赶工行为为前提，但仅有赶工行为并不足以引发发包人向承包人支付赶工费，除合同另有约定外，赶工费的计取还必须同时满足以下条件：

（1）发包人要求赶工。赶工费是以发包人要求赶工为计取条件，如果承包人自行组织赶工，不涉及赶工费，但可能按照合同约定获得提前竣工奖励。

（2）以压缩约定工期为目的。只有以压缩约定工期为目的的赶工才可以计取赶工费，如果工程本处于工期延误状态，承包人为了不受延误工程惩罚而自行组织赶工，或发包人为了督促承包人按照合同约定进度施工而要求承包人赶工，均不应计取赶工费。

《2013 清单计价规范》“条文说明”第 9.12 条规定：承包人未按照合同约定施工，导致实际进度迟于计划进度的，承包人应加快进度，实现合同工期。即使承包人采取了赶工措施，赶工费用仍应由承包人承担。如合同工程仍然误期，承包人应赔偿发包人由此造成的损失，并按照合同约定向发包人支付误期赔偿费，除合同另有约定外，误期赔偿可为合同价款的5%。即使承包人支付误期赔偿费，也不能免除承包人按照合同约定应承担的任何责任和应履行的任何义务。

（3）压缩后的工期在定额工期和合理工期之间。工期分为定额工期和合理工期，定额工期是指在标准化、规范化的条件下，按照工程一般性的施工方法、技术水平、施工设备、人员数量、材料消耗等因素进行计算的工期。合理工期是指在正常建设条件下，采取科学合理的施工工艺和管理方法，以现行的建设行政主管部门颁布的工期定额为基础，结合项目建设的具体情况而确定的使投资方、各参加单位均获得满意的经济效益的工期。

一般性理解，合理工期仅需要采用科学合理的施工工艺和管理方法，并不需要特别投入赶工措施，因此，当合同约定工期为合理工期或发包人要求承包人合理压缩工期，并不导致赶工费的出现。

《建设工程质量管理条例》第 10 条第 1 款规定：“建设工程发包单位不得迫

使承包方以低于成本的价格竞标，不得任意压缩合理工期。”从该条规定可以看出，并不是不可以压缩合理工期，而是不能任意压缩合理工期，压缩合理工期必须有保证工程质量和施工安全的措施。《2013 清单计价规范》第 9.11.1 条规定：“招标人应依据相关工程的工期定额合理计算工期，压缩的工期天数不得超过定额工期的 20%，超过者，应在招标文件中明示增加赶工费用。”按此规定，可理解为压缩定额工期的 20%属于合理工期范围，招标人压缩的工期天数超过定额工期的 20%，应认定为压缩了合理工期，需要专项技术方案，需要专门的赶工措施，应当支付赶工费。

另外，《深圳市建设工程计价费率标准（2018）》规定：“计划工期压缩超过按现行《深圳市建设工程施工工期定额》计算所得定额工期 20% 的，其周转材料的摊销次数缩短、人工加班费用增加等费用可按下列公式计算。需采取特殊措施以缩短工期的，可据实估算相应费用。”其相应道理亦属如此。

4. 赶工费的确认方式

针对赶工费的计算，目前尚无全国统一的计算标准，部分省市的建设行政主管部门或造价管理机构颁发了当地适用的赶工措施费计算方法。总结几种常见的赶工费计算方法：

（1）协商法

发承包双方可以通过对原进度计划与缩减后的进度计划进行对比，确定赶工措施及需要增加的费用明细，从而确定赶工费。在不违反法律、行政法规强制性规定的情况下，发承包双方通过自愿协商确定赶工费的计算依据、标准、方法，合法有效，双方应当按照约定履行。

常见协商确定的方式有：①参照本省行政主管部门所规定的赶工费方式，或参照邻省赶工措施费计取办法。②直接约定赶工费费率，或提前竣工奖励比例及迟延竣工罚款比例。如按合同约定工期每提前一天竣工奖 1 万元，按合同约定工期每推迟一天竣工罚 1 万元。

（2）费率法

按费率计算赶工费就是以规定的计算基数乘以对应赶工措施费费率进行计算。在合同没有约定或约定不明的情况下，发承包双方可以按照行政主管部门或行业协会发布的规范性文件所载明的计算依据、标准、方法进行计算。

如《2013 清单计价规范》“条文说明”第 9.11 条第 2 款规定，发包人要求合同工程提前竣工，应征得承包人同意后与承包人商定采取加快工程进度的措施，并修订合同工程进度计划。发包人应承担承包人由此增加的提前竣工（赶工补偿）费，除合同另有约定外，提前竣工补偿的金额可为合同价款的5%。

全国许多地方政府已经出台相关文件，对赶工措施费的计算方法做了明确规定。

如广东省，赶工措施费以定额人工费或分部分项工程费为基数进行计算：①安装工程、园林绿化工程赶工措施费以定额人工费为基数进行计算，计算公式为：$(1-\delta)\times$ 人工费 $\times 0.7$，其中 $\delta=$ 合同工期 $\div$ 定额工期，且 $0.8\leqslant\delta<1$；②建筑装饰工程、市政工程赶工措施费以分部分项工程费为基数进行计算，计算公式为：$(1-\delta)\times$ 分部分项工程费 $\times 0.1$，其中 $\delta=$ 合同工期 $\div$ 定额工期，且 $0.8\leqslant\delta<1$。

再如，北京市，赶工措施费以工程总造价为基数、按工期压缩天数进行计算：①建筑工程及轨道交通工程，总工期压缩 $\delta\leqslant 5\%$，工期每压缩一天，支付赶工费为工程总造价的0.25‰；总工期压缩 $5\%<\delta\leqslant 10\%$，工期每压缩一天，支付赶工费为工程总造价的0.5‰；总工期压缩 $10\%<\delta\leqslant 20\%$，工期每压缩一天，支付赶工费为工程总造价的0.9‰；总工期压缩 $\delta>20\%$ 的，工期每压缩一天，支付赶工费为工程总造价的1.35‰。②市政及房屋修缮工程，总工期压缩 $\delta\leqslant 5\%$，工期每压缩一天，支付赶工费为工程总造价的0.75‰；总工期压缩 $5\%<\delta\leqslant 10\%$，工期每压缩一天，支付赶工费为工程总造价的1.25‰；总工期压缩 $10\%<\delta\leqslant 20\%$，工期每压缩一天，支付赶工费为工程总造价的2.55‰；总工期压缩 $\delta>20\%$ 的，工期每压缩一天，支付赶工费为工程总造价的3.9‰。

（3）实际费用法

实际费用法也称据实计算法，是指按照承包人在原施工计划的基础上为缩短工期而实际增加的费用进行计取的一种方法。

（五）其他措施费

虽然措施项目不属于工程实体，但其贯穿于工程始终，数额大小与施工方法、持续时间紧密相关，通常造价占比并不低，以房屋建筑和装饰工程为例，通常在12.85%—27.08%。由于工程施工的多样性和复杂性，对应的措施项目亦具有多样性和复杂性特点。FIDIC合同条件概述里所列措施费项目多达百项，但并非所有措施项在每个建设工程项目中都有发生，也非每个措施项在发生后对发承包双方的经济利益影响都相同。限于篇幅，本节已经把常见、发生争议较多且对发承包利益影响较大的措施项目进行解析，对常见但发生争议较少或对发承包利益影响较小的措施项目，如为保证工程施工正常进行，对在地下室等特殊施工部位施工时所采用的照明设备的安拆、维护费及照明用电等所产生的“非夜间施工照明费”；在工程施工过程中，对已建成的地上、地下设施和建筑物进行的遮盖、封闭、隔离等必要保护措施所产生的“地上、地下设施、建筑物的临时保护设施费”；竣工验收前，对已完工程及设备采取的覆盖、包裹、封闭、隔离等必要保护措施所产生的“已完工程及设备保护费”；施工企业派出施工力量离开城市或基地到远郊区、山区或边远地区承建工程所需增加的远征费以及其他措施费不再逐一分析，可直接参照各地方规范性文件。

【司法实务】

问题 1. 合同未约定，承包人能否基于夜间施工的事实主张夜间施工增加费？

所谓夜间施工增加费，是指因夜间施工所发生的夜班补助费、夜间施工降效、夜间施工照明设备摊销及照明用电等费用。夜间施工增加费由以下各项组成：（1）夜间固定照明灯具及临时可移动照明灯具的设置、拆除费用。（2）夜间施工时，施工现场交通标志、安全标牌、警示灯的设置、移动、拆除费用。（3）夜间照明设备摊销及照明用电、施工人员夜班补助、夜间施工劳动效率降低等费用。

对合同未约定夜间施工增加费，承包人在夜间实际施工的，能否基于施工事实向发包人主张夜间施工增加费问题，实务界存在两种不同观点：

第一种观点认为，虽然双方在合同中没有明确约定夜间施工增加费，但双方约定的结算方式为按实结算。施工过程中确实存在夜间施工，应当计取夜间施工增加费。

第二种观点认为，合同没有约定夜间施工增加费，主张夜间施工增加费没有合同依据。

笔者以上两种观点均不完整。

夜间施工增加费属于措施项目费的一种，是不能计量的总价措施项目费。合同未约定夜间施工增加费，承包人能否基于夜间施工的事实，能否向在结算时向发包人主张该部分费用，取决于很多因素。

1. 合同没有约定夜间施工增加费，是否属于视为包含在其他项目中

《2013清单计价规范》第6.2.7条规定："招标工程量清单与计价表中列明的所有需要填写单价和合价的项目，投标人均应填写且只允许有一个报价。未填写单价和合价的项目，可视为此项费用已包含在已标价工程量清单中其他项目的单价和合价之中。当竣工结算时，此项目不得重新组价予以调整。"如果合同没有约定夜间施工增加费是因为承包人未填报夜间施工增加费价格，那么承包人不能基于夜间施工的事实主张夜间施工增加费。

2. 夜间施工有无必要性

夜间施工因光线会有夜间施工降效问题，且需要额外的夜间施工照明设备摊销及照明用电、夜班施工补助等，夜间施工较为不经济。一般来说，如果不因赶工，或因工程结构和施工工艺要求需要在夜间连续施工，不会选择夜间施工。在无夜间施工必要的情况下，承包人自行夜间施工，不能向发包人主张夜间施工增加费。

如河南省高级人民法院在（2020）豫民终866号"博爱县住房和城乡建设局、太平洋建设集团有限公司建设工程施工合同纠纷案"中认为："夜间施工增加费系因工程结构和施工工艺要求需要在夜间连续施工而增加的施工费用。博爱县太平洋公司未能举证案涉工程施工工艺要求需夜间施工，且博爱县太平洋公司主张计取该费用的理由是由于博爱县人民政府环保要求不允许白天施工，所以改为夜间施工，然而该事由不是计取夜间施工增加费的依据。因此，原审计取该费用依据不足，本院予以纠正。"

3. 合同价款中是否已经综合包含了夜间施工增加费

如固定总价合同、固定单价合同，或措施费包干等，尽管合同未对夜间施工增加费进行约定，但价格中已经综合包含了夜间施工增加费，合同约定的价格构成限制夜间施工增加费的单独计取，即便夜间施工增加费系因工程结构和施工工艺要求需要在夜间连续施工而增加，也不再调整。

4. 承包人夜间施工是否为了满足发包方赶工要求

发包人要求承包人进行赶工的，双方应协商确定赶工费，赶工费中应包括夜间施工增加费。

关联判例

江苏农垦建设有限公司与连云港华都房地产开发有限公司建设工程施工合同纠纷案

（2015）苏民终字第00102号

【裁判要旨】

尽管合同没有约定夜间施工增加费，但合同约定的结算方式为按实结算。案涉工程施工过程中确实存在夜间施工，应当计取。

【基本案情】

2007年2月1日，农垦公司（承包人）与华都公司（发包人）签订《建设工程施工合同》，约定由农垦公司承建华都现代城的土建、水电安装及室外附属等工程。其中，第23.2条关于造价约定，该合同价款采用可调价格合同，合同价款调整方法：按照2004年江苏省建设工程综合定额、建设工程安装定额及相关收费标准计算，材料按东海县建设工程造价站每月发布的材料信息价为准（如无信息价，按发包方指定品牌价格执行）进行竣工结算。第23.3条约定，双方合同价款的其他调整因素：施工图纸设计变更发包方签证和通用条款第23.3条规定。

【裁判摘要】

关于华都公司上诉认为夜间施工增加费、已完工程及设备保护费、赶工措施费不应计取。江苏省高级人民法院认为，虽然双方在合同中没有明确约定该三项费用，但双方约定的结算方式为按实结算。根据原审查明事实，案涉工程施工过程中确实存在夜间施工、工程竣工后至交付华都公司前由农垦公司看管已完工程及设备的情形，原审法院计取夜间施工增加费、已完工程及设备保护费并无不当；农垦公司早于定额工期完成施工，按照双方约定计价所依据的2004年江苏省建筑与装饰工程费用计算规则，应当予以计取赶工措施费。

问题2. 合同未明确约定，冬季施工费是否应当计取？

《2013清单计价规范》规定，冬雨季施工增加费的内容由以下各项组成：（1）冬雨（风）季施工时增加的临时设施（防寒保温、防雨、防风设施）的搭设、拆除费用；（2）冬雨（风）季施工时，对砌体、混凝土等采用的特殊加温、保温和养护措施费用；（3）冬雨（风）季施工时，施工现场的防滑处理、对影响施工的雨雪的清除费用；（4）冬雨（风）季施工时增加的临时设施、施工人员的劳动保护用品、冬雨（风）季施工劳动效率降低等费用。

针对合同没有明确约定冬雨季施工增加费，而工程却跨越了冬季施工期是否应当计取冬季施工费问题，实务界存在两种不同观点：

第一种观点认为，合同没有约定冬雨季施工增加费，该主张没有依据，不应支持。

第二种观点认为，尽管合同没有约定冬雨季施工增加费，但施工期限跨越了冬季施工期，就应当计取。

笔者认为以上两种观点均有失偏颇。

冬雨季施工增加费是措施费的一种，是为了应对冬雨季天气导致施工效率降低而加大投入增加的费用，以及确保冬雨季施工质量和安全而采取的保温、防雨等措施所需要的费用。该费用在结算时能否计取受很多因素影响。

1. 冬季未施工不应计取冬季施工增加费

根据《2013清单计价规范》的规定，冬雨季施工增加费主要是为了增加防寒、防雨、保温的措施费，以及增加施工人员的劳动保护用品费用。当冬季未施工，该部分费用不会产生，不应计取。

如最高人民法院在（2020）最高法民终860号“重庆市基础工程有限公司、新疆生产建设兵团建设工程（集团）有限责任公司建设工程施工合同纠纷案”中认为：基础公司认为案涉工程施工经历两个冬雨季，应当依据《新疆维吾尔自治区建筑安装工程费用定额》（2004版已停止使用）标准计取施工包干费即冬雨季施工增加费90万元，因基础公司未提交证据证明其在冬雨季进行了施工及施工天数，其计取该部分费用无事实依据，故不予支持。

2. 具有排除性约定条款，不能计取冬雨季施工增加费

尽管冬雨季施工费用因实施对应措施而客观存在，但发承包双方均有权对自身权利进行处分，如果双方所签约的是具有排除冬雨季施工增加费性质的合同，如固定总价合同、固定单价合同、措施费包干合同、措施费含在风险范围内的合同，则不能计取冬雨季施工增加费。

冬季施工费的计取问题还受其他因素影响，如原本可不在冬季施工的工程，因发包人或承包人工期延误导致进入冬季施工；原本就有冬季施工期，但发包人

工程量清单中未包含该措施项导致合同没有约定；原本就有冬季施工期，发包人列项但承包人没有对此报价导致合同没有约定等。不同因素的结果会有所不同，需根据具体情况进行分析。

关联判例

中国第十三冶金建设有限公司、陕西黄延高速公路有限责任公司建设工程施工合同纠纷案

（2018）最高法民终 380 号

【裁判要旨】

未在冬雨季施工的，不计冬雨季施工增加费；部分在冬雨季施工的，按对应比例计取。

【基本案情】

2003 年 6 月 9 日，黄延公司（业主）与十三冶金公司（承包人）签订《合同协议书》，约定由十三冶金公司承建西部大通道包（头）北（海）线陕西境黄陵至延安高速公路第二批路基、桥隧工程HY-8 标段。合同履行过程中，跨越了 2 个冬雨季施工期。

【裁判摘要】

关于冬季施工费用 835804 元是否应该全额支持的问题。最高人民法院认为：首先，合同约定工期为 30 个月，工程要经过两个冬季施工期，合同价款中已经包含了 2003 年度、2004 年度冬季施工费用。其次，根据黄延公司作出的《关于 HY-7 合同段 2003 年冬季施工费用补偿的批复》记载，黄延高速公路 2003 年 4 月开工后便遭遇“非典”疫情以及特大暴雨，为保证黄延高速公路建设任务的顺利完成，黄延公司只要求对七座连续钢构特大桥合同段开展冬季施工。而十三冶金公司编制的黄陵至延安高速公路 HY-8 施工组织建议书中的施工安排并不是黄延公司要求的。最后，一审法院委托鉴定部门作出的鉴定意见里，对于冬季施工费用，也认为应由法院根据实际情况进行裁量。一审判决综合考虑该案各种具体情况，依据十三冶金公司的相关支出票据，并结合其他标段的补偿标准，酌定按照 40% 确定补偿标准给予施工单位冬季施工费用，亦无不妥。

第三节
其他项目费

其他项目费，是指在分部分项工程项目清单、措施项目清单所包含的内容之外，因招标人的特殊要求而产生的与拟建工程有关的其他费用项目和相应数量的清单。①常见其他项目费包括暂列金、暂估价、计日工、总承包服务费4项。其中暂估价又分为材料暂估价和专业工程暂估价。

在造价实务中，由于工程建设标准的高低、工程的复杂程度、工期的长短、工程的组成内容及发包人对工程管理要求等均不相同，直接影响其他项目清单的具体内容。清单计价规范中所列的暂列金、暂估价、计日工、总承包服务费四项内容仅作为列项参考，不足部分，可根据工程的具体情况进行补充。如《福建省建筑安装工程费用定额》(2017年版)规定，其他项目费包含暂列金额、专业工程暂估价、总承包服务费、优质工程增加费、缩短定额工期增加费、远程监控系统租赁费、发包人检测费、工程噪音超标排污费、渣土收纳费等。

造价实务中，并不以“其他项目费”名义独立计价，而是以其所包含的子项单独计费后，在其他项目清单与计价汇总表中汇总。需要说明的是，对于暂估价子项来说，因材料及工程设备暂估价需计入清单项目综合单价，此处不再汇总，否则构成重复计算，但专业工程暂估价应在“其他项目费”汇总内。

一、暂列金

|导读|

在建设工程合同履约过程中，合同约定的价格与其最终的竣工结算价格相等或接近是合同风控最理性的结果，但该理论趋同性往往被不可预见的工程变更打破。如由于业主需求的变化、施工环境的变化、国家规划的调整、社会资源供给

① 参见全国造价工程师职业资格考试培训教材编审委员会编:《建设工程计价》(第2版)，中国计划出版社2021年版，第48页。

的改变等，工程建设需要不断地优化和调整，即实际工程与原设计发生变更，而消化这些变更必然影响最终合同价格。

暂列金作为工程造价控制的战略性储备资金，通过预先设置风险缓冲池，为应对设计优化、政策调整、环境变化等不可抗力因素提供制度性保障。除此之外，暂列金还具有投资控制功能，如通过设置资金上限，防止工程结算价突破投资概算；争议化解功能，如为突发性签证索赔提供支付通道，减少合同纠纷等。

【术语解读】

根据《2024 清单计价标准》的定义，暂列金额是指发包人在工程量清单中暂定并包括在合同总价中，用于招标时尚未能确定或详细说明的工程、服务和工程实施中可能发生的合同价款调整等所预留的费用。

（一）暂列金的特征

暂列金作为招标人在工程量清单中暂定并包括在合同价款中的一笔款项，具有以下特征：（1）暂列金额是发包人在工程量清单或预算书中暂定并包括在合同价格中的一笔款项，因此，暂列金列入合同总价。（2）暂列金在施工过程中既可能产生，也可能不会产生，具有不可预见性。（3）暂列金数额由发包人填写在招标工程款清单中，既可以列明细，也可以只列总额。（4）暂列金设立的目的是用于支付工程合同签订时尚未确定或者不可预见的所需材料、工程设备、服务的采购，施工中可能发生的工程变更、合同约定调整因素出现时的合同价格调整以及发生的索赔、现场签证确认等的费用。但并非只要发生类似事项就需要启动暂列金，如两项材料暂估价在最后确定价款时，一项高一项低，恰好冲抵，尽管都有签证也无须启动暂列金。再如，施工中发生了索赔事项，但施工人并未按照合同约定进行索赔，造成索赔失权，也可能无须启动暂列金。（5）暂列金是用于支付工程合同签订时尚未确定或者不可预见的费用，但该费用并不能列于暂列金项下，而是根据支出费用的性质，按照清单分部分项据实列项结算。已签约合同价中的暂列金额应由发包人掌握使用，依据发包人指令。（6）结算时，暂列金额的实际支出额，应依据实际情况计入结算总额。项目施工完成后，如果工程没有变更增加、人材机调增等费用，暂列金额费用由建设单位收回；如果有以上增加的费用，则从暂列金额中调拨。若增加费用超出暂列金额，则需建设单位追加投资或由建设单位向上级主管部门申请下拨资金。若增加费用没有超出暂列金额，则按实际增加费用由暂列金额填补，剩余资金归于建设单位。

（二）暂列金的编制

编制暂列金应符合以下规则：（1）在编制招标工程量清单中，应根据工程特点，按照有关规定估算。（2）在编制投标报价清单中，投标人应按照招标工程量清单给出暂列金额及拟用的项目进行填写，无权自行填报或更改金额，也不需要在暂列金以外开列其他任何费用。[①]

（三）暂列金的限制

我国对政府投资工程实行概算管理，设置暂列金额是为了防止施工费超出概算。经项目审批部门批复的设计概算是工程投资控制的刚性指标，如果施工费超出概算，则需要调整概算。但工程建设自身的特性决定了在工程建设中一定会发生各种难以预见的额外开销，因此需要设置一定比例的暂列金额作为工程的不可预见风险与概算的不可突破性风险之间的缓冲区间。

从投资风险管控角度来说，暂列金比例越高，则超概缓冲区间就越大，超概的风险就越小。如果暂列金比例过高，必然挤压分部分项工程费和措施项目费占比，不符合清单计价规范要求。[②]编制招标控制价中的暂列金额，应由招标人根据工程特点、工期长短，按有关计价规定进行估算确定，一般可以分部分项工程费的10%—15%为参考。

各地政府对暂列金额比例也有相应限制，如《江苏省房屋建筑和市政基础设施项目工程总承包计价规则（试行）》第3.7条规定，暂列金额依据不同阶段的发包内容，参照现行的投资估算或设计概算相关规定计列。暂列金额的设定比例一般为工程设计费、建筑安装工程费、设备购置费三项之和的5%—15%，不宜高于15%。江西省人民政府办公厅《印发〈关于进一步规范政府投资工程建设项目招标投标活动的若干规定（试行）〉的通知》第8条规定，严格控制暂列金额和暂估价。招标项目中的暂列金额和暂估价原则上不得超过招标控制价的20%，并不得作为投标让利竞争费用。暂列金额和暂估价达到招标规模标准的，由发包人

① 参见中国建筑文化中心组编：《〈建设工程工程量清单计价规范〉释义与解读》，中国建材工业出版社2013年版，第51页。

② 《2013清单计价规范》第2.0.45条规定，招标人根据国家或省级、行业建设主管部门颁发的有关计价依据和办法，以及拟定的招标文件和招标工程量清单，结合工程具体情况编制的招标工程的最高投标限价。

和承包人双方共同依法组织招标。以上招标活动均须接受行政监督部门的监督。

设立暂列金额并不能保证合同结算价款就不会再超越合同价格的情况，是否超出合同价格，完全取决于工程量清单编制人对暂列金额预测的准确性，以及工程建设过程中是否出现了其他事先未预测到的事件。[①]

【司法实务】

问题 1. 合同变更签证金额能否超过暂列金数额?

暂列金是招标人在工程量清单中暂定并包括在合同价款中的一笔款项。用于工程合同签订时尚未确定或者不可预见的所需材料、工程设备、服务的采购，施工中可能发生的工程变更、合同约定调整因素出现时的合同价款调整以及发生的索赔、现场签证确认等的费用。

对工程变更金额能否超过暂列金额问题，实务界存在两种不同观点：

第一种观点认为，工程变更应受暂列金限制，发承包及设计单位均不能对工程无限变更，否则会造成合同价款失控，合同变更签证金额不能超出合同约定的暂列金额。

第二种观点认为，工程是否变更，需要根据工程项目具体情况及发包人具体需求而定，不受暂列金限制，其金额可以超过暂列金额。

笔者倾向于第二种观点。

自 1999 年版 FIDIC《施工合同条件》出现“暂定金额”,《2003 清单计价规范》出现“预留金”,《2007 标准施工招标文件》改为“暂列金额”之后,《2008 清单计价规范》、《2013 清单计价规范》、2013 年《建设工程施工合同（示范文本）》、《2017 工程施工合同》、《2024 工程量清单计价标准》均沿用“暂列金额”概念。

一、暂列金的功能

虽然各自对暂列金额的作用表述不同，但核心均体现了：暂列金是指发包人在工程量清单或预算书中暂定并包括在合同价款中的一笔款项。用于工程合同签订时尚未确定或者不可预见的所需材料、工程设备、服务的采购，施工中可能发

---

① 参见全国造价工程师职业资格考试培训教材编审委员会编:《建设工程计价》(第 2 版)，中国计划出版社 2021 年版，第 1 页。

生的工程变更、合同约定调整因素出现时的合同价款调整以及发生的索赔、现场签证确认等的费用。因此，暂列金的根本目的就是填补合同签约价和合同结算价之间的价格空隙，使签约价与结算价尽可能趋同，提高合同签约的预测性和履约的稳定性。

二、暂列金预测性

暂列金所适用的对象是招标时并不确定发生、但在实际履约时可能发生的索赔、签证和材料等。暂列金的不确定性既体现在事务本身是否发生的不确定性，也体现在事务发生所需要费用大小的不确定性。如果事务本身必然发生，仅是所需费用大小不确定，不能适用暂列金，应适用暂估价。

在招标采购阶段项目并未实际实施，暂列金所适用的可能发生的各类事项并未实际发生，事项的内容及金额均具有不确定性，招标时所预留暂列金数量或比例，仅是招标人根据建设项目类型、规模、施工期限、复杂程度、工程造价等特点，参照同类项目数据和实施经验，并根据相关政策文件所预估的数量或比例。

三、暂列金额不是控制合同变更的上限

建设项目是一项复杂易变的系统工程。在建设过程中，由于法律法规、国家政策、资源能源、工艺技术、市场环境等因素的变化，不可避免地需要对工程项目实施优化设计、变更设计、方案调整等措施。

一般来说，建设项目是发包人投资兴建，发包人是项目的所有者，发包人对设计变更、工程变更具有主导性。一旦发包人同意相应变更并与承包人形成变更签证，就构成一项新的协议，其所包含的权利义务系双方合意产生，不应受到暂列金的限制。

《2024 清单计价标准》第 8.3.5 条规定，在合同履行过程中没有发生暂列金额调整事件的，合同总价包括的暂列金额应在结算时全部扣除；如发生暂列金额调整事件的，发承包双方应按本标准第 8 章的相关规定进行暂列金额调整价格的申报、核实及确定，并按本标准第 9 章、第 10 章的规定支付相应的价款。该规定并未限制暂列金额调整限额。

暂列金额是不完全合同理论下，为了“完美”合同而创设的“资金池”，是合同状态平衡的调节器，但其仅能作为合同签约标的额与履约结算额差异风险的缓冲空间，并不能直接影响发承包双方已经确定的权利义务。

关联判例

威海建设集团股份有限公司、天津唐美投资有限公司建设工程施工合同纠纷案

（2017）最高法民终176号

【裁判要旨】

暂列金额是可用于支付变更的备用金，但合同变更不受暂列金数额的限制。

【基本案情】

2010年5月12日，威海建设集团与新都市公司签订《施工合同1》，由威海建设集团承建新都市公司北塘总部基地一期工程。2011年8月24日，新都市公司向威海建设集团发函，要求威海建设集团协助办理将诉争工程的发包人变更为唐美公司等相关事宜。之后，威海建设集团、新都市公司与唐美公司签订《三方协议书》《三方协议书补充条款》，约定由唐美公司概括并全部承受新都市公司依据《施工合同1》及补充协议中北塘总部基地一期的全部权利和义务。同时约定，威海建设集团和唐美公司重新签订的施工合同及补充协议除工期外，与原合同相比不得再有其他实质性的内容变更，且新都市公司及天津福信大唐投资有限公司对合同的履行承担连带责任。2011年12月12日，威海建设集团与唐美公司按照三方协议的约定对施工合同的主体进行了变更，重新签订了《施工合同2》及《补充协议2》。《施工合同2》在建设主管部门办理了备案手续。威海建设集团依约施工。2013年1月15日工程竣工验收。

新都市公司认为，由于威海建设集团所增加签证变更的工程价款早已超过原合同约定的暂估价及暂列金额之总和，此部分签证变更未取得新都市公司的同意，新都市公司不应当再承担保证责任。

【裁判摘要】

最高人民法院认为，施工的范围、项目亦由合同约定，根据发包方的要求，设计变更、施工项目的增减都是建设施工中的正常做法，属于合同履行的内容，设计的工程量及工程造价亦应计入工程总价。

问题 2. 暂列金和预备费有何区别？

暂列金是招标人在工程量清单中暂定并包括在合同价款中的一笔款项，是用于工程合同签订时尚未确定或者不可预见的所需材料、工程设备、服务的采购，施工中可能发生的工程变更、合同约定调整因素出现时的合同价款调整以及发生的索赔、现场签证确认等的费用。

根据国家发展和改革委员会、原建设部发布的《建设项目经济评价方法与参数》（发改投资〔2006〕1325 号）的规定，建设投资包括工程费、工程建设其他费和预备费三部分。其中，预备费是在建设期内因各种不可预见因素的变化而预留的可能增加的费用，包括基本预备费和价差预备费。

那么，同样都是作为因各种不可预见因素的变化而预留的可能增加的费用，暂列金和预备费有何区别？

一、所适用的阶段不同

暂列金是招标人在招标时所预留的风险金，该款项是为了缓冲合同签约金额与合同结算金额之间的差异。

预备费是在投资估算或工程概算阶段预留的，用于工程开发过程中不可预见的各项费用，预备费是为了缓冲投资估算或概算与建设项目总投资之间的差异。

二、所适用的范围不同

暂列金所适用的是发承包合同范围内的，合同签订时尚未确定或者不可预见的所需材料、工程设备、服务的采购及工程变更、索赔、签证所引起的价格调整。

预备费所适用的范围既包括在批准的初步设计范围内技术设计、施工图设计及施工过程中所增加的工程费用，如设计变更、工程变更、材料代用、局部地基处理等增加的费用；也包括发承包合同范围外的可能增加费，如一般自然灾害造成的损失和预防自然灾害所采取的措施费用。

三、表现形式不同

暂列金在合同中通常表现为暂列金额、暂定金额或预留金等。暂列金额尽管包含在合同总价之中，但在合同结算时通常并不单独对其进行计算。结算数额与实际施工对价相关，与暂列金预留多少并无关系。

预备费通常不在施工合同中体现。预备费分为基本预备费和价差预备费（以前称为涨价预备费），基本预备费是指投资估算或工程概算阶段预留的，由于工程实施中不可预见的工程变更及洽商、一般自然灾害处理、地下障碍物处理、超规超限设备运输等而可能增加的费用，亦可称为工程建设不可预见费。价差预备费是指为在建设期内应对利率、汇率或价格等因素的变化而预留的可能增加的费用，亦称为价格变动不可预见费。①

四、计算依据不同

1. 暂列金

对暂列金额计取比例，法律、法规没有具体规定，通常与设计图纸的精细程度、施工现场及周边环境的复杂情况、招标控制价编制人水平的高低等因素有关。暂列金额计取最高上限一般不高于项目可行性研究报告批复或初步设计批复中的预备费。如《海南省房屋建筑和市政基础设施项目工程总承包管理实施细则（试行）》规定，（暂列金额和暂估价招标）暂列金额指由建设单位在项目清单中给定，用于在签订合同时尚未确定或不可预见变更的设计、施工及其所需材料、工程设备、服务等的金额，额度不超过项目可行性研究报告批复或初步设计批复中的预备费，使用权归属建设单位，为不可竞争费用。

2. 预备费分为基本预备费和价差预备费

（1）基本预备费以工程费用和工程建设其他费用二者之和为计取基础，乘以基本预备费费率进行计算。公式为：

基本预备费 =（工程费用 + 工程建设其他费用）× 基本预备费费率

基本预备费费率由国家及有关部门进行规定。

基本预备费费率各部门规定可能不同，如水电水利规划设计总院在《水电建设项目水土保持工程投资编制细则》（水电规造价〔2005〕0019 号）第 32 条规定，基本预备费，按工程措施、植物措施、施工辅助措施、水土保持监测工程和独立费用五部分投资合计的百分率计算，基本预备费费率一般取 5%—8%。另外，原化学工业部规定基本预备费费率为 8%；中国石油天然气集团公司规定工业项目为 8%，民用项目为 5%。

同一部门对不同阶段的基本预备费费率规定也可能不同，如原能源部关于颁发《火电、送变电工程建设预算费用构成及计算标准（试行）》（能源基〔1988〕49 号）第 50 条规定，基本预备费计算标准：基本预备费 =［建筑工程费 + 安装

① 参见全国造价工程师职业资格考试培训教材编审委员会编：《建设工程计价》（第 2 版），中国计划出版社 2021 年版，第 31 页。

工程费 + 设备购置费 + 其他费用（不包括基本预备费）] × 费率，其中费率在不同工程及不同阶段均不相同，见表 1–1。

表 1–1　火电送变电工程基本预备费率　　单位：%

项目设计阶段	发电工程	送电工程	变电工程
可行性研究估算	10	10	10
初步设计概算	6	5	5
施工图预算	4	3	3

（2）价差预备费一般根据国家规定的投资综合价格指数，以估算年份价格水平的投资额为基数，采用复利方法计算。计算公式为[①]：

$$PF = \sum_{t=1}^{n} I_t \left[(1+f)^m (1+f)^{0.5} (1+f)^{t-1} - 1 \right]$$

式中：PF 表示价差预备费；

I_t 表示建设期第 t 年的静态投资计划额（工程费用、工程建设其他费用及基本预备费）；

n 表示建设期年份数；

f 表示建设期年均投资上涨率；

m 表示建设前期年限（从编制估算到开工建设，单位：年）。

该公式考虑了建设前期的涨价因素，式中（$1+f$）$^{0.5}$ 是按第 t 年投资分期均匀投入考虑的涨价幅度。关于年涨价率，政府部门有规定的按规定执行，没有规定的由可行性研究人员预测。

二、暂估价

| 导读 |

在建设工程招标采购中，暂估价作为应对价格不确定性的特殊计价机制，既是发包人控制投资风险的工具，也是平衡合同刚性与市场弹性的关键设计。其本质是通过两阶段定价模式，在保障招标竞争性的同时，为后续专业工程、设备材

① 参见全国造价工程师职业资格考试培训教材编审委员会编：《建设工程计价》（第 2 版），中国计划出版社 2021 年版，第 31 页。

料采购预留市场化操作空间。

暂估价一般适用于两种情形，一是工程项目设计深度不够，不能在招标时通过招标图纸或工程量清单中的项目特征确定材料价格、设备价格或专业工程金额，需在招标后确定；二是发包人希望通过在招标时设置暂估价，在项目进行中再对价格进行确认，从而达到更好控制项目的目的。

无论基于哪种情形，暂估价均是发包人事先确定，投标人在投标中均是按照发包人给定的暂估价计入合同总价，并非承包人的真实报价，也未形成竞争，需要在标后以新的材料、工程设备的单价以及专业工程的金额计入总价。

【术语解读】

根据《2024清单计价标准》的定义，材料暂估价是指发包人在工程量清单中提供的，用于支付设计图纸要求必需使用的材料，但在招标时暂不能确定其标准、规格、价格而在工程量清单中预估到达施工现场的不含增值税的材料价格。专业工程暂估价是指发包人在工程量清单中提供的，在招标时暂不能确定工程具体要求及价格而预估的含增值税的专业工程费用。

（一）暂估价的作用

建设工程项目具有周期长、投入大、涉及因素多等特点，早开工、早投产、早收益是发包人在建设期的核心目标。等待所有设计文件完成后再组织施工招投标，不但会拉长整个建设期，使得资金投入不经济，而且可能影响商业机会。在通常情况下，施工总承包招标时，专业工程设计深度往往不够[①]，专业工程施工图纸及工程量清单未完成，发包人需要通过设置暂估价推动项目进展，这对合理压缩工期、有效节约投资均有益处。

（二）暂估价的设置

针对发包人在工程量清单或预算书中所提供的，必然发生但暂时不能确定的材料、工程设备及专业工程的价格，以暂定价格代替投标价从而促进招投标的顺利进行，这是推进项目顺利实施的有效的制度设计。但暂估价的不确定性，无疑会给发承包双方带来风险，且暂估价的比重越大，双方的风险也就越大。

---

① 参见全国造价工程师职业资格考试培训教材编审委员会编：《建设工程计价》（第2版），中国计划出版社2021年版，第50页。

发包人应谨慎设置暂估价对应项。对于材料、工程设备而言，一般在招标时设计文件未能明确材料的材质、规格与型号，或未能明确工程设备的品牌、参数及型号时宜设置材料及工程设备暂估价。对专业工程而言，暂估价一般适用于施工图纸不完善、工程量无法确定，或需要承包人自行设计，或因施工人不能自行完成的专业工程等情形。

（三）暂估价的编制

暂估价按照材料（工程设备）暂估价和专业工程暂估价分开列项编制。在编制暂估价需要注意以下事项。

1. 编制材料及工程设备暂估价的注意事项。（1）招标人填写材料（工程设备）暂估单价及调整表中的数量，指的是材料实际消耗量，包括材料净用量和不可避免的损耗量。①（2）招标人填写材料（工程设备）暂估单价及调整表中的暂估单价，指的是材料费单价，包括材料原价、运杂费、运输损耗费、采购及保管费等，但不包括管理费和利润。招标人需要在备注栏说明暂估价的材料、工程设备拟用在哪些清单项目上。（3）材料（工程设备）暂估单价应根据工程造价信息或参照市场价格估算，列出明细表。（4）为了方便投标人组价和合同管理，投标人需要把材料及工程设备暂估单价计入工程量清单综合单价报价中。

2. 编制专业工程暂估价的注意事项。（1）专业工程暂估价应分不同专业，按照有关计价规定估算，列出明细表。（2）专业工程暂估价中的暂估价，指的是分包人实施专业工程的含税金额后的完整价，包括完成该专业工程中所有供应、安装、完工、调试、修复缺陷等工作在内的价格。除合同约定的发包人应承担的总包管理、协调、配合和服务责任所对应的总承包服务费用以外，承包人未履行其总包管理、协调、配合和服务所产生的费用也应包括在投标报价中。②（3）招标人应将专业工程暂估价的工程名称、工程内容及暂估金额填入专业工程暂估价及结算价表中。（4）投标人把专业工程暂估价的暂估金额填入其他项目清单与计价汇总表，汇总后计入投标总价中。（5）专业工程的暂估价一般应是综合暂估价，包括人工费、材料费、施工机具使用费、企业管理费和利润，不包括规

① 参见中国建筑文化中心组编：《〈建设工程工程量清单计价规范〉释义与解读》，中国建材工业出版社2013年版，第52页。

② 参见中国建筑文化中心组编：《〈建设工程工程量清单计价规范〉释义与解读》，中国建材工业出版社2013年版，第54页。

费和税金。[①]

（四）暂估价的调整

暂估价是招标阶段及合同签约阶段暂时不能确定，在合同履约阶段必然发生且必须要确定的价格。一旦价格被确定，就应以此为依据取代暂估价，调整合同价款。暂估价调整应符合以下原则。

1. 材料（工程设备）暂估价调整

（1）发包人在招标工程量清单中给定暂估价的材料、工程设备属于依法必须招标的，应按合同约定由发包人、承包人或发包人与承包人共同组织招标选择供应商，并应以材料（工程设备）税前价格取代暂估价，调整合同价款。

（2）发包人在招标工程量清单中给定暂估价的材料、工程设备不属于依法必须招标的，可由承包人进行市场采购询价或自主报价，经发包人确认价格后以税前价格取代暂估价，或可由发承包双方共同询价确认价格后以税前价格取代暂估价，并计算相应价格调整引起的增值税变化，调整合同价格。

（3）工程量清单中给定材料暂估价的清单项目价格调整，应只调整综合单价的材料暂估价价格，合同清单中该清单项目的综合单价的其他费用不宜做调整。

2. 专业工程暂估价调整

（1）发包人在工程量清单中给定暂估价的专业工程属于依法必须招标的，应按合同约定由发包人、承包人或发包人与承包人共同组织招标选择供应商，并以中标合同含税价取代暂估价，调整合同价格。

对依法必须招标的暂估价专业工程，在组织程序上应符合以下要求：①发包人、承包人均可为暂估价专业工程的招标人，也可以由发包人和承包人共同作为招标人组织招标，由谁作为暂估价专业工程招标人进行招标应该在原招标文件及施工合同中约定。其中，发包人组织招标的，由发包人承担相关费用，需要承包人配合的，承包人自行承担相关费用，反之亦然。②由发包人作为暂估价专业工程招标人的，承包人可以参加该专业工程投标，同等条件下，应优先选择承包人中标。承包人中标的，应扣减该专业工程的总承包服务费。③承包人作为招标人

① 参见全国造价工程师职业资格考试培训教材编审委员会编：《建设工程计价》（第2版），中国计划出版社2021年版，第50页。

组织招标的，但拟定的招标文件、评标工作、评标结果应报送发包人批准。与组织招标工作有关的费用应当被认为已经包括在承包人的签约合同价（投标总报价）中。④接受有管辖权的建设工程招标投标管理机构监督。

（2）发包人在工程量清单中给定暂估价的专业工程不属于依法必须招标的，可按新增工程确定含增值税专业工程价格，并以此取代专业工程暂估价，或可由发承包双方共同招标确定含增值税专业分包工程价格取代专业工程暂估价，调整合同价格。

对不属于依法必须招标的暂估价专业工程选择不招标的，发承包双方可以协商由承包人直接承包该暂估价专业工程，也可由承包人确定专业分包并报发包人批准。承包人直接承包该专业工程的，应在实施前将其施工组织设计或实施方案、施工进度计划、自身要求费用的报价单（包括分部分项工程项目清单及措施项目清单等）提交给发包人审核，发包人应在合理时间内予以审定。

（五）需要特别说明

1. 材料及工程设备暂估价中的设备，仅指可以列入建筑安装工程费的设备，如住宅的电梯。不包括“设备及工器具”中的设备，如施工电梯。同样都是电梯，但后一电梯的性质是施工机械，其租价或折旧费[①]可列建筑安装工程费，但其交易价不可列入建筑安装工程费中，工程设备暂估价指的是工程设备的到货交易价。

2. 为了方便投标人组价和合同管理，投标人需要把材料及工程设备暂估单价计入工程量清单综合单价报价中，故在《2013 清单计价规范》“其他项目清单与计价汇总表”中，仅对专业工程暂估价进行列项、计价、汇总，对材料及工程设备暂估价只列项、不汇总，否则构成重复计算。《2024 清单计价标准》对该部分内容进一步优化，“其他项目清单与计价汇总表”仅对专业工程暂估价进行列项、计价、汇总，对材料及工程设备暂估价既不列项、也不汇总。

暂估价是工程计价中的一种特殊的制度设计，对节约工期、促进项目进展有重要作用。但是，暂估价属于事后确定价格，承包人是否会如实报价、是否能够按约定如期申报价格，发包人是否会事后打压利润、是否会拒绝确认价款，这都是摆在发承包面前需要解决的问题。

① 机械费按照自有机械和租赁机械分类，自有机械通常按照折旧计算机械费，租赁机械按照租价计算机械费。详见机械费一节。

【司法实务】

问题 1. 专业工程暂估价项目，应由谁负责招标？

《招标投标法实施条例》第 29 条第 1 款规定，招标人可以依法对工程以及与工程建设有关的货物、服务全部或者部分实行总承包招标。以暂估价形式包括在总承包范围内的工程、货物、服务属于依法必须进行招标的项目范围且达到国家规定规模标准的，应当依法进行招标。

由于《招标投标法实施条例》并没有规定以暂估价形式包括在总承包范围内的工程、货物、服务由谁组织招标，其他法律、法规也均未规定。对此，实务界存在两种不同观点：

第一种观点认为，应当由总承包人负责招标，因为暂估价对应工程包含在总承包范围内，总承包人具有当然发包权。另外，如果发包人直接发包，会有肢解发包的嫌疑。

第二种观点认为，应当由发包人组织招标，因为尽管暂估价对应工程包含在总承包范围内，但该部分工程、货物、服务的其最终价格由发包人所承受，应由发包人组织招标并得以市场充分竞争，否则会直接损害发包人利益。另外，由承包人直接发包，等于限制了承包人自行施工该部分工程的权利。

笔者认为该问题不能一概而论，应根据具体情况分析。

因以暂估价形式包括在总承包范围内的工程、货物、服务在总承包合同中以暂定价出现，该部分价格并没有经过市场竞争，故按照《招标投标法实施条例》的规定，属于依法必须进行招标的项目范围且达到国家规定规模标准的①，应当依法进行招标。

施工总承包合同中暂估价项目包括材料（包含工程设备）暂估价、专业工程暂估价和管理服务暂估价，其中前两种最为常见。国家法律、法规没有对暂估价所包含的工程、货物、服务的招标人进行规定，故应理解为只要不违反法律、行政法规强制性规定，如何组织应基于经营需要。

理论上来说，专业工程暂估价项目的发包方式有三种，即建设方发包、总承包单位发包共同发包。

---

① 从经济价值角度来说，专业工程暂估价项目有的价值高、有的价值低。对于低于招标投标法所规定的必须招标项目限额的专业工程暂估价项目，不在本书讨论范围之列。

一、三种发包模式对比

1. 建设方发包

暂估价项目是在发包及合同签约时无法确定金额的项目，因暂估价项目的最终价款由发包人承担，暂估价项目承包人的选择直接影响发包人利益，故由发包人组织招标能促使市场充分竞争。且《建筑法》第 29 条第 1 款规定："建筑工程总承包单位可以将承包工程中的部分工程发包给具有相应资质条件的分包单位；但是，除总承包合同中约定的分包外，必须经建设单位认可。施工总承包的，建筑工程主体结构的施工必须由总承包单位自行完成。"总承包单位进行专业分包时，无论是按照合同约定，还是经发包人同意后选择分包人，其本质都是发包人掌控分包单位的选择权。

但是，毕竟专业工程暂估价项目属于总承包单位的承包范围，如果把本属于总包范围的工程再由发包人另行招标并与之签订中标合同，存在支解发包的嫌疑，也会诱导发包人选择以暂估价的形式进行肢解发包，违反《建筑法》的相关规定。另外，由发包人其直接发包选择暂估价项目的专业工程分包人，为了节约投资，发包人极易选择质次价低的分包人，并要求总承包人对此部分施工内容质量承担连带责任，引发总承包人的抗议。

2. 总承包单位发包

专业工程暂估价项目属于施工总承包合同范畴，属于总承包单位承包范围，总承包单位应对其工程质量和施工安全负责，且对应价款也应由发包人向总承包单位支付，再由总承包单位向专业分包单位支付，故专业工程暂估价项目由总承包单位进行发包符合法律逻辑。

但是，由于暂估价具有特殊性，在签署总承包合同时只暂定一个金额放置在总承包合同总价之中，只有在最终确定暂估价项目实际金额后，才替换原暂估价并确定最终合同价款。对承包人而言，暂估价工程最终中标价格的多少并不影响其利润，以招标竞争节约项目投资的内在驱动力不足，不利于发包人节约经济，且可能会诱导承包人与潜在暂估价工程投标人串通投标，损害发包人利益。更为重要的是，如果总承包人能够独立完成、且意愿独立完成该专业工程暂估价项目，由总承包人发包意味着剥夺了其自行完成的权利。

3. 共同发包

发包人和承包人共同组织招标有利于解决各自发包中出现的各类问题，是公开、透明、合理地确定暂估价专业工程的合同价的最佳途径，也是《建设工程施工合同示范文本》（2013 版及 2017 版）推荐的两种招标方式之一。但在共同组织招标中，招标主导方的确定，招标主体和合同签约主体的选择，招标责任的界限与承担等问题是联合发包的障碍。对总承包人能够独立完成、且意愿独立完成该专业工程暂估价项目，在共同发包情形下，总包人无权参与投标，剥夺了总承包人的优先承包权。

二、三种发包模式的适用

因专业工程暂估价项目的三种发包模式各有优缺点，且均受法律、法规制约。基于对专业工程暂估价项目存在这一现实的一种妥协，最大化地满足合规性与经济性的统一，三种发包模式有严格的适用条件。

（一）建设方直接发包

1. 建设方直接发包的适用问题

发包人对暂估价项目进行直接招标，一般适用于承包人参加投标的专业工程暂估价招标的项目。《2013 清单计价规范》第 9.9.4 条第 2 款规定："承包人参加投标的专业工程发包招标，应由发包人作为招标人，与组织招标工作有关的费用由发包人承担。同等条件下，应优先选择承包人中标。"

对于非承包人参加投标的专业工程暂估价招标的项目，不宜由建设方直接发包。其理由如下：

（1）有肢解发包嫌疑

由发包人发包非承包人参加投标的专业工程暂估价项目，根据《招标投标法》的规定[①]，应由招标人与中标人签订书面合同。该书面合同与总承包合同的发包人为同一建设单位，根据《建筑法》的规定，肢解发包是指将应当由一个承包单位完成的建筑工程肢解成若干部分发包给几个承包单位进行施工。《建筑法》第 24 条第 1 款明确规定："提倡对建筑工程实行总承包，禁止将建筑工程肢解发包。"《建筑工程施工发包与承包违法行为认定查处管理办法》第 6 条"违法发包"的认定中就包括"建设单位将一个单位工程的施工分解成若干部分发包给不同的施工总承包或专业承包单位的"。

① 《招标投标法》第 46 条第 1 款规定："招标人和中标人应当自中标通知书发出之日起三十日内，按照招标文件和中标人的投标文件订立书面合同。招标人和中标人不得再行订立背离合同实质性内容的其他协议。"

对于发包人对专业工程暂估价项目进行直接发包并与中标人签订合同是否构成肢解发包，学术界及理论界的观点各不一致。有观点认为：在专业工程设计标准、设备选型、工程主材等项目未完全确定，招标条件未完全具备的情况下，以暂估价形式进行招标是法律所允许的，不违反法律规定。当以暂估价招标的专业工程、工程设备及主材达到必须招标的标准，也应当按照法律、法规的规定进行招标，且法律、法规并未限制招标人组织招标，不能认定发包人对专业工程暂估价项目组织招标就是肢解发包。

笔者认为并非两个合法事务关联到一起就一定合法，也可能存在的仅是合法的形式。如果对暂估价工程及对暂估价工程的招标没有限制，发包人极可能通过对暂估价工程的设置，规避《建筑法》所规定的“禁止将建筑工程肢解发包”的限制。

（2）变相指定分包

即便发包人对非承包人参加投标的专业工程暂估价项目进行发包后，不按照《招标投标法》的规定直接与中标人签订书面合同，而是指示中标人与总承包人签订书面分包合同，也不会构成形式上的肢解发包行为。但该招标的中标人为发包人所确定，其本质上是发包人指定了分包人。《房屋建筑和市政基础设施工程施工分包管理办法》第 7 条规定：“建设单位不得直接指定分包工程承包人。任何单位和个人不得对依法实施的分包活动进行干预。”

（3）不利于总承包人工程管理

当发包人采用直接发包方式确定非承包人投标范围内的专业工程实施单位时，无论采取发包人直接缔约模式抑或指令总承包单位缔约模式，均可能引发项目管理界面重叠的法律风险。具体表现为：①管理协调风险。两种缔约方式均会导致工程现场形成实质性的平行发包结构，致使总承包单位丧失法定管理权限。根据《建设工程质量管理条例》第 26 条，总承包单位依法应对分包工程承担连带管理责任，而平行发包模式客观上造成管理权责错位，形成“多头指挥、权责不清”的管理困境。②施工影响风险。实践中该模式易引发工序衔接不畅导致的推诿扯皮现象，如施工界面交叉时工序冲突难以协调、垂直运输设备等资源共享产生争议、安全文明施工标准执行不统一、质量验收程序衔接存在漏洞等。③责任归属风险。发包人直接指定分包人分包的专业工程存在工程质量缺陷，发包人应当承担过错责任。[①]

2. 建设方直接发包的合同约定问题

关于建设方直接发包模式下中标合同签订的法律实务问题，笔者认为需重点把握以下两个维度：其一，严格遵循《招标投标法》第46条关于“招标人与中标人订立书面合同”的强制性规定；[②]其二，通过合同架构创新实现总承包单位与专业分包人的法定契约联结。具体操作路径可通过合同主体创新设计予以实现：

第一，总承包单位非中标主体情形。建议采用“三方契约”模式，在招标文件中将总承包单位预设为合同履约主体，在合同条款中明确约定：（1）建设单位作为招标主体承担缔约责任；（2）总承包单位作为工程管理主体行使分包管理权；（3）专业分包人作为中标主体承担履约责任。在计价条款中，应建立总包合同价与中标价之间的衔接机制，明确约定中标价纳入总包合同计价体系，作为专业分包工程结算依据，由总承包人向专业分包人支付。

第二，总承包单位作为中标主体情形。鉴于总承包人与中标人主体同一，可直接将专业分包工程纳入总承包合同范围，在专用条款中单列专业分包工程计价规范，明确约定专业分包工程价款按照中标价执行，作为总承包合同不可分割的组成部分。

（二）承包人发包

1. 承包人直接发包的适用问题

暂估价专业工程在总承包施工合同范围之内，由总承包人进行发包具有法理基础。《建筑法》规定施工现场的质量和安全由施工总承包负责，由总承包人进行发包有利于项目实施与管理，符合总承包责任主体一元化的原则，能有效地降低施工过程中相互干扰、扯皮问题的发生。故而总承包人直接发包也是三种发包模式中应用数量最多的一种方式。

---

① 最高人民法院《关于审理建设工程施工合同纠纷案件适用法律问题的解释（一）》（法释〔2020〕25号）第13条规定：“发包人具有下列情形之一，造成建设工程质量缺陷，应当承担过错责任：（一）提供的设计有缺陷；（二）提供或者指定购买的建筑材料、建筑构配件、设备不符合强制性标准；（三）直接指定分包人分包专业工程。承包人有过错的，也应当承担相应的过错责任。”

② 《招标投标法》第46条规定：“招标人和中标人应当自中标通知书发出之日起三十日内，按照招标文件和中标人的投标文件订立书面合同。招标人和中标人不得再行订立背离合同实质性内容的其他协议。”

2. 承包人直接发包的价款控制问题

承包人直接发包最大的问题就是价款控制问题，对此，《建设工程施工合同（示范文本）》（2013 版及 2017 版）均有较为成熟的解决办法。上述两合同示范文本通用条款第 10.7 条约定，对于依法必须招标的暂估价项目，由承包人招标，对该暂估价项目的确认和批准按照以下约定执行：（1）承包人应当根据施工进度计划，在招标工作启动前 14 天将招标方案通过监理人报送发包人审查，发包人应当在收到承包人报送的招标方案后 7 天内批准或提出修改意见。承包人应当按照经过发包人批准的招标方案开展招标工作；（2）承包人应当根据施工进度计划，提前 14 天将招标文件通过监理人报送发包人审批，发包人应当在收到承包人报送的相关文件后 7 天内完成审批或提出修改意见；发包人有权确定招标控制价并按照法律规定参加评标；（3）承包人与供应商、分包人在签订暂估价合同前，应当提前 7 天将确定的中标候选供应商或中标候选分包人的资料报送发包人，发包人应在收到资料后 3 天内与承包人共同确定中标人；承包人应当在签订合同后 7 天内，将暂估价合同副本报送发包人留存。

（三）共同发包

1. 共同发包的适用问题

由发包人与总承包人共同对专业工程暂估价项目进行发包是《2013 清单计价规范》和《建设工程施工合同（示范文本）》（2013 版及 2017 版）均认可的方式，《工程建设项目货物招标投标办法》也明确可由总承包中标人单独或者与发包人共同招标。共同发包既能反映暂估价项目属于总承包合同的一部分，即总承包方具有选择权，也能体现发包人的最终决定权，还能够在一定程度上平衡和保证发承包双方的参与和决定权，在实践中被广泛地认可。

但是在发承包双方共同组织实施招标的情形下，双方需要就招标时间、招标方案、招标文件等均达成一致，对招标的工作分工进行确定，会影响招标效率。另外，在发承包双方共同作为招标主体的情形下，签约时亦应共同作为签约主体与中标供应商签订三方协议。如此一来，形成的合同法律关系不清晰，双方责任、权利和义务的界定难免出现遗漏、重叠或者冲突，实践中出现了扯皮多、易投诉和进度慢等诸多问题。

2. 共同发包的程序问题

《建设工程施工合同（示范文本）》（2013 版及 2017 版）通用条款第 10.7 条

第 2 种方式：对于依法必须招标的暂估价项目，由发包人和承包人共同招标确定暂估价供应商或分包人的，承包人应按照施工进度计划，在招标工作启动前 14 天通知发包人，并提交暂估价招标方案和工作分工。发包人应在收到后 7 天内确认。确定中标人后，由发包人、承包人与中标人共同签订暂估价合同。

综上所述，专业工程暂估价项目的发包方式可以有三种选择，每一种选择应结合暂估价项目的特点，并最大满足工程的进度控制、质量控制、投资（成本）控制及合同管理、信息管理、安全管理，有利于总承包人的全面组织协调和整体管理，且不得违反法律规定。

问题 2. 合同约定结算时按总价下浮，暂估价项目是否需要下浮？

《2013 清单计价规范》第 9.9 条规定，发包人在招标工程量清单中给定暂估价的材料、工程设备属于依法必须招标的，应由发承包双方以招标的方式选择供应商，确定价格，并应以此为依据取代暂估价，调整合同价款。不属于依法必须招标的，应由承包人按照合同约定采购，经发包人确认单价后取代暂估价，调整合同价款。

对合同约定结算时按总价下浮，暂估价项目是否需要下浮问题，实务界存在三种不同观点：

第一种观点认为，不应下浮。暂估价项目与其他项目相比有自身特点，其他项目是承包人根据自身情况自主完成报价，发包人要求总价下浮，承包人可以把相应单价提高后再下浮，不会实质影响承包人利益；而对于暂估价项目，由于可替换价格是通过招投标而产生的，承包人并不能从中获利，如果要求此部分价格下浮，有损承包人利益。

第二种观点认为，应分情况而定。对于必须招标的项目而言，由于承包人未在暂估价项目中获利，故不应下浮；对于非必须招标的项目，暂估价项目的单价属于发承包双方协商范畴，其与承包人投标没有本质区别，故应按照合同约定予以下浮。

第三种观点认为，合同约定结算时按总价下浮在没有违反法律行政法规的强制性规定的情况下，合法有效，承包人在投标时对总价下浮及暂估价项目系明知，对可得利润及风险有预期，故应当按照合同约定执行。

笔者倾向于第二种观点。

关于合同约定结算时按总价下浮，暂估价项目是否需要下浮问题，前面两种观点均有一定道理，但均不完整，要从以下几个方面分析。

一、合同约定结算时按总价下浮是否有效

《招标投标法》第46条第1款规定：……招标人和中标人不得订立与招标投标文件实质性内容相违背的其他协议。这是认定合同总价下浮或让利的法律依据，但该条所指的是招标人在确定中标人后，中标人向招标人承诺让利，该让利承诺与招标投标合同实质背离，该承诺应为无效，不产生变更中标建设工程施工合同的效力。

但是法律并不限制招投标人在公开公平与公正的情况下让利。比如，招标文件明确规定中标人在工程结算时给予5%的让利。该种让利要求明确、具体，在招标文件中公开、透明，对每个投标人公平、公正。投标人可以选择接受，从而继续投标；也可以选择不接受放弃投标，这不损害任何投标人的合法权益。参与投标人可以根据招标文件规定的下浮比例及自身利润水准，综合选择报价策略，如适当提高管理费或利润比例，或适当提高人材机价格等，该种方式不会导致投标报价低于成本价，不会出现因低价给工程带来隐患，危及工程质量，损害公共利益的情况。合同约定结算时按总价下浮或总价让利并不违反法律强制性规定，系双方真实意思表示，应参照适用。

二、暂估价下浮对承包人利益影响

从内容上来说，暂估价可分为材料暂估价、工程设备暂估价和专业工程暂估价。对于材料和工程设备而言，由招标人填写暂估单价，并在备注栏说明暂估价的材料、工程设备拟用在哪些清单项目上，投标人应将上述材料、工程设备暂估单价计入工程量清单综合单价报价中。对专业工程而言，由招标人填写相应专业工程暂估金额，投标人将暂估金额计入投标总价中。结算时按合同约定结算金额填写。

从造价组成上来说，对材料和工程设备，承包人是在发包人提供暂估单价的基础上自行计取管理费和利润，组成综合单价并计入总价，承包人有对冲合同所约定结算时按总价下浮的条件；对专业工程，因专业工程费属于全费用报价，承包人没有自行计取管理费和利润的空间，承包人没有对冲合同所约定结算时按总价下浮的条件，且专业工程暂估价最终结算金额越大，承包人在此处“亏损”也越大。

三、暂估价项目价格下浮是否造成发承包利益失衡

尽管暂估价项目下浮致使承包人的结算和利润具有不确定性，但暂估价通常不会导致发承包双方权利失衡。原因有三：（1）作为一个成熟的承包人，可以通过各类造价指标、行业信息及自身经验对暂估价项目所占比例进行预判，进而合理报价。（2）根据《2013 清单计价规范》的规定，承包人可以参加专业工程的投标，并在同等条件下，招标人应优先选择承包人中标，承包人可以以此获取利润。（3）如果承包人不参与专业工程投标，根据《2013 清单计价规范》的规定，应由承包人组织招标，承包人可以在招标文件中约定由分包人承担总包配合费，以此转嫁风险。根据《2024 清单计价标准》第 3.2.9 条的规定，总承包人在对发包人提供材料的供货人、专业工程暂估价的专业分包人（承包人实施的除外）和发包人直接发包的专业工程分包人履行管理、协调及配合责任服务时，有权收取总承包服务费。

因此，暂估项目价随总价下浮，并不会导致发包人明显损害承包人利益，合同约定结算时按总价下浮，暂估价项目应当下浮。

参考文件

广东省建设工程标准定额站《关于肇庆高新区城市环境综合整治项目（二期）工程计价争议的复函》

（粤标定复函〔2022〕116 号）

关于淤泥固化专业工程暂估价结算的争议。

由于淤泥固化处理属于特殊工艺，发包人编制施工图预算时把淤泥固化工程定为暂估价。双方就淤泥固化工程作为暂估价是否按投标下浮率进行结算发生争议。发包人认为，专业分包属于承包方建安工程费的组成部分，结算应按招标文件的规定计算，该项费用结算应考虑投标下浮率。承包人认为，暂估价属于通过招标形成的专业分包的合同价，属于双方确认的市场价，结算时不应下浮，暂估价下浮对承包人不公平。参照《民法典》第 510 条，双方招标确认的价格相当于对原合同缺失价格的专业工程形成补充约定，优于原合同解释顺序，暂估价不应下浮。

我站认为，招标文件中明确建安费结算的计算方式为：以工程建安费乘以（1%—5%）的结果为计算基础，乘以（1－建安费投标下浮率）。作为有经验的承包人，是知晓并已经在考虑暂估价纳入总承包建安费用范围的条件下，围绕拟报出的投标总价确定投标下浮率，因此暂估价工程费用计入工程建安费后，应按合同约定的建安费结算方式下浮计价。

问题3. 暂列金和暂估价有何区别？

暂列金和暂估价主要有以下不同：

1. 性质不同。暂列金额实质是招标人的预备金，是包含在合同价里面的一笔费用，用来支付在施工过程中可能发生的项目费用。暂列金额项目是否在招投标文件或施工合同中明确，并不影响施工合同的履行。暂估价招标人在工程量清单中提供的用于支付必然发生但暂时不能确定价格的材料、工程设备的单价以及专业工程的金额。暂估价项目的工作内容在招标文件及施工合同中已经明确，双方均需要按照约定履行。

2. 预见性不同。暂列金额是发包人在招标时尚未确定或不可预见的预备支出，具有不可预见性。暂估价是包含在合同必然发生但价格尚不确定的支出，具有可预见性。

3. 使用方式不同。暂列金额属于工程量清单计价中其他项目费的组成部分，包括在合同价之内，但并不直接属承包人所有，而是由发包人暂定并掌握使用的一笔款项。暂列金额的使用由发包人自主决定，如有剩余应归发包人所有。暂估价也是属于工程量清单计价中其他项目费的组成部分，包括在合同价之内，但暂估价并非直接列入总价之中，而是要按照规定进行重新组价。暂估价属于依法必须招标的，应通过招标确定价格，并以此取代暂估价，调整合同价款；不属于招标的，应由承包人按照合同采购，经发包人确认单价后取代暂估价，调整合同价款。暂估价部分在竣工结算时会根据市场实际价格进行调整。

4. 投标时组价不同。暂列金额应按招标工程量清单中列出的金额填写。暂估价分为材料、工程设备暂估价，专业工程暂估价。其中，材料、工程设备暂估价应按招标工程量清单中列出的单价计入综合单价；专业工程暂估价应按招标工程量清单中列出的金额填写。

5. 功能不同。暂列金额不属于工程项目费用，是建设单位在招标时，对于工程建设过程中可能出现的费用增加而预先预留的费，可用于工程变更增加、人材机费用的调增以及其他不可预测费用的增加。而暂估价费用只能用于固定且确定的暂估价项目上。

三、计日工

| 导读 |

在建设工程合同履行中，零星作业的突发性与不确定性常引发价款结算争议。计日工计价机制即是为规范建设工程领域零星工作价款结算的专业制度安排，其核心功能在于解决发包人要求承包人完成施工合同范围以外的零星项目或工作的计量与计价难题。国际上常见的标准合同条款中，大多数都设立了计日工计价机制。计日工对完成零星工作所消耗的人工工时、材料数量、施工机械台班进行计量，并按照计日工表中填报的适用项目的单价进行计价支付。计日工适用的所谓零星工作一般是指合同约定之外或者因变更而产生的、工程量清单中没有相应项目的额外工作，尤其是那些时间不允许事先商定价格的额外工作。[①]

【术语解读】

根据《2024 清单计价标准》定义，计日工是指承包人完成发包人提出的零星项目或工作，但不宜按合同约定的计量与计价规则进行计价，而应依据经发包人确认的实际消耗人工工日、材料数量、施工机具台班等，按合同约定的单价计价的一种方式。

（一）常见以计日工计价的工作内容

计日工的工作内容通常为工程合同范围之外，或者因变更而产生的、工程量清单中没有相应项目的额外工作，是以发包人指示为主导的临时性零星项目或工作。《2024 清单计价标准》第 7.5.2 条规定，除合同另有约定外，下列工程项目及零星工作可采用计日工计量计价：（1）不能依据施工图纸、工程变更及合同约

---

① 参见《2013 清单计价规范》“条文说明”第 4.4 条。

定计量规则进行计量的增加工程或替代工程；（2）按发包人要求增加的短工期、零星、有限工程范围、少量工程数量的工程项目；（3）极端变化的工作条件引起的非正常操作；（4）进行紧急工程引起其他工程损坏的修复；（5）按发包人要求打开已隐蔽的工程，但相关工程通过检测证明符合合同要求的；（6）修复其他承包人完成工作后周边受影响工程的费用；（7）因发包人暂缓（停）工程引起工程延期而必须更换材料的费用；（8）合同范围外发包人特殊要求的清扫和清场工作；（9）合同范围外发包人要求的测试运行；（10）非承包人原因引起的修复和恢复被损坏的微小工程（大规模的损坏恢复应按工程变更规定计量与计价）。具体而言，如非合同约定范围内的临时设施搭建；非施工区域的路面保洁、清扫（积雪、工程土等）、路基维护等；非合同范围内的标志、标语牌的制作、安拆、维护；为便于施工组织管理，或满足居民生活需要，增加便道、便涵数量所发生的费用；加强施工现场精神文明建设发生的费用等。

计日工的计价约定属于施工合同约定内容。《2017 施工合同示范文本》第 10.9 条规定，需要采用计日工方式的，经发包人同意后，由监理人通知承包人以计日工计价方式实施相应的工作，其价款按列入已标价工程量清单或预算书中的计日工计价项目及其单价进行计算；已标价工程量清单或预算书中无相应的计日工单价的，按照合理的成本与利润构成的原则，由合同当事人按照第 4.4 款【商定或确定】确定计日工的单价。

（二）计日工计量

1. 实体计量

计日工并非仅指人工，包括人工、材料和机械等内容。计日工数量通常与工程的复杂程度、设计深度等因素相关。一般而言，工程较复杂、设计深度较低会使得合同外零星工作较多，则计日工所包括的人工、材料、施工机械等数量应较多，反之则少。

（1）人工数量。计日工人工数量只计取直接从事计日工工作的工人和班组长，不应包括企业管理人员和项目工长以上的管理人员。计日人工工时从工人抵达工作地点进行指定工作开始起算，回到出发地点时截止，不计算用餐和工休时间。计日工劳务按工日计量，工作 8 小时为一个工日，单次工作小于 4 小时的计 0.5 个工日，单次工作时常在 4 小时到 8 小时之间的，计 1 个工日，加班时间按照国家劳动法律法规的规定办。

（2）材料暂定数量。计日工材料一般都是在工程实践中用到的零星材料，但不是所用到的所有的零星材料都应该计入计日工材料中，如果该零星材料已经在其他费用中计算，则不能再次计入计日工。如根据《建筑安装工程费用项目组成》（建标〔2013〕44 号）的规定，设备维护保养所需要的维保费等已经计入该设备的使用费的中，故与设备维保相关的零星材料不宜再计入计日工。

（3）施工机械暂定数量。施工机械台班按 8 小时一个台班计量，单次 4 小时以内按 0.5 个台班计算，单次 4 小时至 8 小时计 1 个台班。

2. 计量程序

（1）当天可完成的计日工。对当天可完成的计日工，承包人应在当天或合同约定的期限内容把已完成的工作内容和有关凭证报送给发包人核实。报送文件包括：①工作名称、内容和数量；②投入该工作所有人员的姓名、工种、级别和耗用工时；③投入该工作的材料名称、类别、规格、品牌和数量；④投入该工作的施工机具型号、数量和耗用台班；⑤发包人要求提交的其他资料和凭证。

（2）当天不能完成的计日工。对当天不能完成的计日工，承包人应按照约定时间间隔向发包人发送已完成计日工量表；在该项工作实施结束后，在约定的时间内向发包人提交计日工签证报告，内容应包括每天计日工记录的汇总。

（三）计日工结算与付款

计日工综合单价应为完成相应清单项目单位数量不含增值税的价格，包括随时、少量完成相关计日工项目所需的费用。发包人应在收到承包人提交报表后的约定时间内以书面形式通知承包人相关的核实结果，并在收到承包人提交的计日工签证报告后，在约定时间内进行复核。如发包人未在约定时限内提供核实结果或复核结果的，根据《2024 清单计价标准》第 7.5.5 条规定，应视为承包人提交的报表或计日工签证报告中的内容已获得发包人认可。发承包双方共同确认计日工数量，是计算相关计日工价格的依据。计日工清单项目合价可依据计日工清单项目数量乘以综合单价计算。

承包人应在该计日工项目实施结束后，按照发包人核实的计日工数量和计日工单价进行计算，申请付款。计入工单价在承包人已标价工程量清单中查询，已标价工程量清单中没有单价的，由发承包双方按商定计日工单价计算。

每个支付期末，承包人应向发包人提交本期间所有计日工记录的签证汇总表，并应说明本期间自己认为有权得到的计日工金额，调整合同价款，列入进度款支付。

【司法实务】

问题1.计日工费用能否根据工程量清单数量及单价直接计入结算？

计日工是指在施工过程中，承包人完成发包人提出的工程合同范围以外的零星项目或工作，按合同中约定的单价计价的一种方式。其中，零星工作一般指合同约定之外的或因变更而产生的、工程量清单中没有相应项目的额外工作。

对于计日工费用能否根据工程量清单数量及单价直接计入结算问题，笔者认为计日工费用不能根据工程量清单数量及单价直接计入结算。其原因如下。

一、结算价是以实际完成工程量与对应合同单价所形成的

无论是合同内结算还是合同外结算，均是以实际完成工程量与对应合同单价之积所形成的。作为合同范围以外的零星项目或工作的一种计价方式，计日工结算也需要以实际完成工程所需要的人材机数量予以确定，由此确定的实际完成工程量与对应计日工单价之积所形成的合价，最终计入结算。

而实务中，无论是依据《2013清单计价规范》计价，[①] 还是依据《2024清单计价标准》计价，[②] 工程量清单中所列计日工均为暂定数量，而这些暂定数量并非必然发生，并不能直接计入结算。当计日工实际发生后，由发承包人共同办理签证后方可计入。

二、计日工有规范的审核程序

根据《2013清单计价规范》的规定，发包人通知承包人以计日工方式实施的零星工作，承包人应予执行。在执行过程中，应按照以下程序报审及复核：

1.承包人提交报表及凭证送发包人复核。根据《2013清单计价规范》第9.7.2条规定，在采用计日工计价的任一变更工作实施过程中，承包人应按合同约定提

---

① 《2013清单计价规范》第4.4.4条约定，计日工应列出项目名称、计量单位和暂估数量。

② 《2024清单计价标准》第4.2.6条第5项规定，计日工应在项目特征中说明招标工程实施中可能发生的计日工性质的工种类别、材料及施工机具名称、零星工作项目、拆除修复项目等，并列出每一项目相应的名称、计量单位和合理暂估数量。

交下列报表和有关凭证送发包人复核：（1）工作名称、内容和数量；（2）投入该工作所有人员的姓名、工种、级别和耗用工时；（3）投入该工作的材料名称、类别和数量；（4）投入该工作的施工设备型号、台数和耗用台时；（5）发包人要求提交的其他资料和凭证。

2. 承包人提交现场签证报告。根据《2013 清单计价规范》第 9.7.3 条规定，任一计日工项目持续进行时，承包人应在该项工作实施结束后的 24 小时内向发包人提交有计日工记录汇总的现场签证报告一式三份。发包人收到后 2 天内予以确认并将其中一份返还给承包人，作为计日工计价和支付的依据……

3. 承包人核实签证报告，计算并提出应付价款。根据《2013 清单计价规范》第 9.7.4 条规定，任一计日工项目实施结束后，承包人应按照确认的计日工现场签证报告核实该类项目的工程数量，并应根据核实的工程数量和承包人已标价工程量清单中的计日工单价计算，提出应付价款……

4. 承包人提交签证汇总表，计日工价款列入进度款支付。根据《2013 清单计价规范》第 9.7.5 条规定，每个支付期末，承包人应按照该规定第 10.3 节的规定向发包人提交本期间所有计日工记录的签证汇总表，并说明本期间自己认为有权得到的计日工价款，调整合同价款，列入进度款支付。

《2024 清单计价标准》对计日工的计量、计价、结算及支付程序的规定与《2013 清单计价规范》稍有不同，但大致一致。因此，计日工费用不能直接计入结算，需要承包人及时提交发包人确认并形成签证，并最终计入结算。如云南省高级人民法院在（2017）云民终 415 号“潘某红、西南交通建设集团股份有限公司建设工程施工合同纠纷案”认为：关于计日工劳务费 13680 元，发生的主体为颜某鲁劳务组和李某美，计日使用签证表上并无潘某红及其授权人的签字认可。一审法院以该部分费用未经潘某红认可不予确认并无不当。

三、对实际发生但未办理签证的计日工的处理

结算是发承包双方根据合同约定，对合同工程在实施中、终止时、已完工后进行的合同价款计算、调整和确认。对实际发生但未办理签证的计日工，其本质是发承包对计日工价款尚未达成合意，需要双方协商确认，如不能达成一致意见，承包人可以保留证据并按合同约定争议解决机制处理。

关联判例

宿州市元邦科技材料有限公司、孙某建设工程施工合同纠纷案

（2017）最高法民终533号

【裁判要旨】

计日工费用应当计入工程总造价。

【基本案情】

2009年3月1日，孙某以山东元邦公司委托代理人的名义与宿州元邦公司签订一份《建设工程施工合同》，该合同约定的工程名称为退火车间，资金来源为自筹（孙某包清工），合同价款以工程造价咨询单位的审计为准。宿州元邦公司委托代理人吉某在该合同书上签名并加盖公司印章；山东元邦公司在该合同书上加盖印章，孙某作为委托代理人在该合同上签名。2009年4月3日，新亚建设公司与孙某签订一份《劳动合同书》，约定新亚建设公司承揽宿州元邦公司“60万吨/年冷轧宽薄带钢深加工项目”建设工程，新亚建设公司将该工程施工劳务承包给孙某，承包范围为图纸所涉及的公寓楼、办公楼，合同项下的内容为土建工程。宿州元邦公司作为该合同的担保人在合同上签字盖章。

孙某在合同履行过程中，施工部分零星工程。

【裁判摘要】

零工费用是否应计入总造价范围。宿州元邦公司主张鉴定机构存在擅自增加零工费用作为鉴定事项，并计入工程总造价的错误。经查，零工费用系按照2012年7月24日求是咨询公司报告中第25子项总价608497.5元计入。宿州元邦公司在鉴定报告讨论稿中并未就零星费用部分提出异议。鉴于宿州元邦公司在庭审中认可孙某施工零星工程的事实，且零工费用计算依据的签证单均有宿州元邦公司负责人签字认可，宿州元邦公司也未提供证据证明该部分款项已经结算完毕，故宿州元邦公司主张此部分不应计入工程总造价依据不足。

问题 2. 计日工是否参与取费?

计日工是在施工过程中，承包人完成发包人提出的工程合同范围以外的零星项目或工作，按合同中约定的单价计价的一种方式。对计工日是否参与取费？笔者认为应分情况确定：

1. 合同明确约定计日工不参与取费。合同明确约定计日工不参与取费，且计日工仅约定了人工、材料、机械等原价，该约定并不违反法律、行政法规的强制性规定，合法有效，应按照合同约定不予取费。

2. 合同明确约定取费标准。合同明确约定计日工取费标准，一般是在合同明确约定非综合单价的计日工基价或计价来源，合同约定计日工与分部分项工程费有不同的取费标准，该约定系双方真实意思表示，应按合同约定执行。

3. 合同没有特殊约定。合同没有约定的，应该根据法律、法规和规范的规定。适用《2013 清单计价规范》的，根据该规范第 6.2.5 条第 4 款的规定，计日工应按招标工程量清单中列出的项目和数量，自主确定综合单价并计算计日工金额。适用《2024 清单计价标准》的，根据该规范第 3.2.10 条的规定，计日工综合单价应为完成相应清单项目单位数量不含增值税的价格，包括随时、少量完成相关计日工项目所需的费用。计日工清单项目合价可依据计日工清单项目数量乘以综合单价计算。由此可见，无论适用《2013 清单计价规范》的非全费用综合单价，还是适用《2024 清单计价标准》的全费用综合单价，承包人对计日工的报价均是已经包含了管理费和利润的综合单价，计入总价时仅需按照对应的计价规范或计价标准，把不可竞争的规费和税金或仅税金纳入便构成全费用单价。

四、总承包服务费

| 导读 |

总承包服务费是建设工程领域为规范总分包协同管理而设立的专业费用科目，其本质是招标人对总承包人履行专业工程协调、甲供物资管理及现场统筹管理所支付的对价，是招标人应预计该项费用，并按投标人的投标报价向投标人支付该项费用。[1]

---

① 参见《建设工程工程量清单计价规范条文说明》（GB 50500—2013）第 4.4 条。

根据《2024 清单计价标准》的规定，当招标人依法对专业工程进行分包或自行供应材料设备时，总承包人需承担界面协调、进度衔接、质量监督等管理义务，由此产生的服务成本通过总承包服务费予以补偿。该费用涵盖三大核心场景：一是对专业分包工程的施工配合，包括场地移交、交叉作业协调、竣工验收配合等；二是对甲供材料设备的接收、仓储、发放及损耗管理；三是对整体施工现场的综合管理，如安全施工督导、临时设施共享、竣工资料汇编等。

【术语解读】

根据《2024 清单计价标准》的定义，总承包服务费是指按合同约定，承包人对发包人提供材料履行保管及其配套服务所需的费用；和（或）承包人对合同范围的专业分包工程（承包人实施的除外）提供配合、协调、施工现场管理、已有临时设施使用、竣工资料汇总整理等服务所需的费用；以及（或）承包人对非合同范围的发包人直接发包的专业工程履行协调及配合责任所需的费用。总承包服务的相关管理、协调及配合责任等应在招标文件及合同中详细说明。

（一）总包服务费的内容

总包服务费包括总承包管理费、总承包配合费和总承包保管费三部分内容：（1）总包管理费，是指总承包单位在对分包单位进行管理和协调过程中所产生的费用总称，包括：安全文明管理、质量管理、进度管理，为分包单位提供作业面、标高轴线，配合协调交叉作业、分包工程竣工验收资料的归档整理及竣工初验等。（2）总包配合费，是指总承包单位为分包单位提供施工资源所产生的费用总称，如为施工方提供水电、脚手架、垂直运输、临设；以及根据专业类别提供分包条件的配合服务，如门窗洞口修补、墙面基底处理、屋面基底处理等。（3）总包保管费，是指总承包单位为发包单位提供存储空间、库房等用于储存保管甲供材料、设备所产生的费用总称。比如甲供钢材的存储费，为已入场未安装的甲供电梯搭设保护设施费，对场地内各类甲供设备的看管费等。

（二）总承包服务费的费率

总包服务费通常是由发包人在招标文件中列项，由投标人进行费率报价，属于发承包可自主约定的内容。在双方没有约定或约定不明的情况下，也可以参照相关行业标准或地方规范性文件。

《2013清单计价规范》规定，招标人应根据招标文件中列出的内容和向总承包人提出的要求参照下列标准计算：（1）总承包管理费费率，即招标人仅要求对分包的专业工程进行总承包管理和协调时，按分包的专业工程估算造价的1.5%计算；（2）总承包管理费及总承包配合费费率，即招标人要求对分包的专业工程进行总承包管理和协调并同时要求提供配合服务时，根据招标文件中列出的配合服务内容和提出的要求按分包的专业工程估算造价的3%—5%计算；（3）总包保管费，即招标人自行供应材料的，按招标人供应材料价值的1%计算。

2010年《黑龙江省建设工程计价依据》规定：（1）总承包对专业工程管理和协调的总承包服务费，工程量清单计价的工程，按照单独分包专业工程的（分部分项工程费＋措施费）1.5%计算；定额计价的工程：单独分包专业工程的（分部分项工程费＋措施费＋企业管理费＋利润）1.5%。（2）总承包对专业工程管理和协调并提供配备服务的总承包服务费，工程量清单计价的工程，按照单独分包专业工程的（分部分项工程费＋措施费）3%—5%计算；定额计价的工程：单独分包专业工程的（分部分项工程费＋措施费＋企业管理费＋利润）3%—5%计算。（3）发包人供应材料、采购设备的总承包服务费按照供应材料费用或采购设备费用的1%计算。

（三）总承包服务费的编制

发包人与承包人均需要对总承包服务费计价表进行填写，但填写内容、依据各不一致。

1. 编制招标控制价。招标人应把拟进行直接发包的专项工程项目名称、自行采购的材料设备及需要承包人服务内容填写清楚，以便投标人报价。招标控制价的费率及金额由招标人按有关计价规定填写。发包人编制最高投标报价时，总承包服务费的费率宜按照上限计算，列出的服务范围和内容没有参考计算标准时，应进行有根据的市场调查，确保总承包服务费的计取科学合理。

根据《2024清单计价标准》第5.2.6条第4项的规定，总承包服务费按招标工程量清单列出的需要投标人提供服务的发包人提供材料、专业分包工程、直接发包的专业工程，以及类似工程价格信息和造价资讯等分别确定各清单项目的服务费或费率并计价。

2. 投标报价。编制投标文件时，投标人应按工程实施方案和对各专业分包上程、直接发包的专业工程的工期安排，以及对发包人提供材料的供应履行管理及协调责任、对各专业分包工程履行管理和协调及配合责任、对各直接发包的专业工程履行协调及配合责任等招标文件规定的总承包服务内容及要求，对其他项目清单中的各项总承包服务费进行投标报价，并应满足总承包服务费计价风险的要求。投标人对发包人填写的项目名称、服务内容不得变动，对费率及金额可以自主报价，计入总价。一般来说，专业分包项目属于专业性较强的工程，专业工程设计深度、总包配合程度、专业分包持续时间等因素对总承包服务费具有较大影响，投标人在投标报价时需对此综合考虑。

3. 结算。办理结算时，发承包双方应按照合同约定对总承包服务费进行结算，包括所有专业分包工程、直接发包的专业工程、发包人提供材料的总承包服务费。

总承包服务费应按服务事项的计价方式计算。以总价计价的，应按当期发包人确认的专业分包工程累计进度款占专业分包工程合同价的比例乘以其相应的服务费总价计算各专业分包工程累计完成的总承包服务费；以费率计价的，应按当期发包人确认的专业分包工程累计进度款乘以相应的费率计算各专业分包工程累计完成的总承包服务费；发包人提供材料及直接发包的专业工程可按专业分包工程计价方法计算累计完成的总承包服务费。

施工过程结算中列支的总承包服务费不应作为工程竣工结算的依据，在合同没有特别约定的情况下，应按照以下原则调整总承包服务费。（1）承包人参加由发包人作为招标人的暂估价专业工程投标并中标的，应扣减该专业工程的总承包服务费。（2）若合同履行过程中发生合同约定由承包人提供材料变更为发包人提供的，发承包双方应当协商计算并增加该部分总承包服务费，调整合同价格。（3）若合同履行过程中发生暂估价专业分包工程、发包人直接发包的专业工程取消，发承包双方应扣除合同总价中计取的相应专业分包工程、直接发包的专业工程的总承包服务费。（4）发包人批准的专业分包工程发生工程变更或发包人原因引起相关专业分包工程、直接发包的专业工程的实质性工期改变，发承包双方应计算并调整受影响的专业分包工程（或直接发包专业工程）总承包服务费。

（四）总承包服务费的支付

承包人应在合同约定的每个计量周期及付款核定日或之前及时向发包人提交

已完工程进度款支付申请，说明本期认为应得到的价款，包括建筑工人工资的申请金额和专业分包人已完工程的进度款，并附上计算依据。发包人应在收到承包人进度款支付申请后在合理时间内对申请内容予以核对，确认后向承包人出具进度款支付证书并依时支付进度款。

（五）总承包服务费的承担

总承包服务费是总承包提供了协调配合发包人进行的专业工程发包，对发包人自行采购的材料、工程设备等进行保管以及施工现场管理、竣工资料汇总整理等服务所需的费用。该费用究竟是由发包人承担，还是由分包人承担，笔者认为应综合分析。

1. 如果总包合同明确约定总包服务费由发包人承担，则应由发包人承担。招标人应预计该项费用，并按合同约定向投标人支付该项费用。

2. 如果总包合同明确约定总包服务费由专业承包人承担，因总承包人与发包人另行发包的专业承包人之间不存在分包合同关系，发包人与总承包人签订的总包合同并不约束第三人专业承包人。故总承包人仅能在专业承包人要求时提供配合服务，并按服务内容收取服务费，其本质是专业承包人与总承包人达成的服务合同。《河南省建设工程工程量清单综合单价（2008）》总说明部分第22条规定：“施工配合费是指专业分包单位要求总承包单位为其提供的脚手架、垂直运输和水电设施等所发生的费用。该费用数额经双方共同协商，由专业分包单位承担，并可计入专业分包工程造价。”

3. 如果总包合同对总包服务费没有约定或约定不明，总包服务费由发包人承担。（1）总包管理费及总包配合费是基于发包人另行发包且要求总承包人进行管理与协调及提供配套作业资源而产生的，理应由发包人承担。（2）总包保管费是基于为发包人提供甲供材保管场所而产生的费用，也理应由发包人承担。（3）由发包人承担总承包服务费须符合相关规范规定，如吉林省住房和城乡建设厅《关于2009年度吉林省建设工程结算工作有关规定的通知》（吉建造〔2009〕14号）第四部分“工程结算有关取费的问题”第6条规定：“施工配合费：由发包方直接发包的专业工程与总承包工程交叉作业时，发包方应向总承包方支付专业工程造价（不包括定额中未列入的材料费和设备费等）2%的施工配合费（施工配合的具体内容由发包方和总包单位在合同中约定）。”

发包人在进行专业工程发包时，应在合同中明确由总承包人向专业承包人提供的总承包服务的内容，以避免专业承包人在投标中再次报价。

【司法实务】

问题 1. 总承包服务费如何承担？

总承包服务费是为了解决招标人在法律、法规允许的条件下进行专业工程发包以及自行供应材料、工程设备，并需要总承包人对发包的专业工程提供协调和配合服务，对甲供材料、工程设备提供收、发和保管服务以及进行施工现场管理时产生并向总承包人支付的费用。招标人应预计该项费用，并按投标人的投标报价向投标人支付该项费用。[①] 对总承包服务费如何承担问题，实务界存在两种不同观点：

第一种观点认为，分包人是分包行为的最终获利方，总承包服务费应由分包人承担。

第二种观点认为，作为接受发包人直接发包的专业分包人与总包单位并无合同关系，只有发包人与总包有合同关系，且发包人享有直接发包或直供材料利益，总包服务费应由发包人承担。

笔者认为，因合同约定的多样性，总承包服务费的承担问题应根据具体情况进行分析。

一、发包人没有直接发包也没有直供材料，没有总承包服务费

尽管《2024 清单计价标准》对总承包服务费的概念、适用等内容做了大幅度调整，但总承包服务费系发包人与总承包之间所产生的服务费用没有改变。总承包服务费是总承包人为配合、协调建设单位进行的专业工程分包，对建设单位自行采购的材料、工程设备等进行保管以及施工现场管理等服务所需的费用。总承包服务费应依据招标人在招标文件中列出的分包专业工程内容和供应材料设备情况，按照招标人提出的协调、配合与服务要求和施工现场管理需要由投标人自主确定。竣工结算时总承包服务费应依据合同约定的金额计算。但总承包单位未向分包单位提供服务或由总承包单位分包给其他施工单位的，不应收取总承包服务费。

---

① 《建设工程工程量清单计价规范条文说明》（GB 50500–2013）第 4.4 条第 4 项。

如上海市高级人民法院在（2009）沪高民一（民）终字第53号“上海智富建设工程有限公司与剑腾液晶显示（上海）有限公司建设工程纠纷案”中认为：总包管理费应当理解为在工程发生指定分包的情况下才有总包的概念，而在没有指定分包的情况下或是承包方自行将专业工程实行分包的，则不存在总包管理费问题，而应在已承包的工程管理费内列支。所以，虽然双方当事人约定了总包管理费，但在事实上不存在总包的情况下，智富公司收取该管理费缺乏依据，法院不予支持。

对于总承包单位自行分包项目，由总承包与专业分包人签订合同，总承包人从分包项目的对应价差中获取利润，或以管理费的形式获取利润，其本身并不涉及总承包管理费。如果总承包人对自行分包的专业工程提供配合、协调、施工现场管理、已有临时设施使用、竣工资料汇总整理等服务而收取的管理费、配合费，这都不是总承包管理费。

二、总承包合同约定总承包服务费包含在合同总价之中不再另行计取的，从约定

总承包服务费是意定项目费，不是法律规定的不可竞争费，遵循当事人意思自治。发承包双方可以约定总承包服务费服务范围、费率多少，也可以把该部分费用包含在其他项目费中，甚至免收。

如最高人民法院在（2014）民一终字第00192号“江苏南通六建建设集团有限公司与厦门新景地集团有限公司建设工程施工合同纠纷案”中认为：依据《建设工程施工合同》第一部分第2条、第三部分第9条的约定，南通六建承包范围及应做的其他工作虽然不包含电梯及安装、变压器和发电机组等设备及安装、燃气工程和有线电视及景观工程等，但包含了“因设备的安装产生部分的土建、铁件、预埋、施工用水用电等”，以及“承包范围外其他项目施工总进度安排、总包管理及配合等工作”。因而总包管理及配合属于南通六建应完成的工作事项。而双方在《建设工程施工合同》中约定的工程价款系总包干价，在双方签订的《建设工程施工合同》及之后的所有协议中，均没有关于计取总包配合费的约定，南通六建主张总包配合费没有合同依据。并且双方在《工程签证双方确认书》中已经确认新景地公司应当承担的新景缘工程最终付款金额，南通六建主张总包配合费亦不符合《验收、决算协议（一）》相关约定。故原审判决未支持南通六建提出的判令新景地公司支付总包配合费的诉讼请求及与此相关的鉴定、调查取证

申请并无不当。

三、总承包合同约定总承包服务费由分包单位承担，视情况而定

1. 总承包合同约定总承包服务费由分包单位承担，分包单位未同意的，发包单位承担

《民法典》第465条第2款规定："依法成立的合同，仅对当事人具有法律约束力，但是法律另有规定的除外。"因总承包人与专业承包人之间不存在分包合同关系，发包人与总承包人签订的总包合同并不约束第三人专业承包人，故不能直接以总包合同的约定要求分包方支付总包服务费，发包人享有直接发包或直供材料利益，总包服务费应由发包人承担。

如最高人民法院在（2016）最高法民申3264号"成都成飞建设有限公司与成都蜀记天正房地产开发有限公司建设工程施工合同纠纷案"中认为：《补充合同》第2条第5款约定，蜀记公司另行发包的工程，需要成飞公司配合，成飞公司向分包单位收取总造价3%的配合费。根据合同的相对性原则，蜀记公司与成飞公司系合同的相对方，成飞公司按蜀记公司的要求履行了配合的义务，即应当向蜀记公司主张权利。虽然从文义上，分包单位系配合费的实际支付人，但鉴于成飞公司与分包单位并无合同关系，蜀记公司有义务在订立分包合同时，对配合费的支付进行约定，以保障成飞公司收取配合费的权利。在原审阶段，蜀记公司拒不提供分包工程合同资料等相关证据，应视为蜀记公司未完成协助或保障成飞公司收取配合费的义务，原审判决认定蜀记公司应当承担支付配合费的责任，并无不当。

2. 总承包合同约定总承包服务费由分包单位承担，分包单位同意的，分包单位承担

一般而言，专业承包人不是总包合同的当事人，总包合同并不约束专业承包人。总包合同没有明确约定总包服务费承担主体时，应由发包人承担，专业承包人自愿承担总承包服务费，构成债务加入，发包人与专业分包人均有义务向总承包人支付总承包服务费。当发包人与总承包人在总包合同约定由专业分包人承担总包服务费，且专业分包人同意的，构成债务转移，由专业分包人承担总承包服务费。

如最高人民法院在（2003）民一终字第29号"太原三晋国际饭店等与山西省第六建筑工程有限责任公司建筑工程欠款纠纷案"中认为：由发包人向总承包人支付配合费，不是法律、行政法规的强制性规定，当事人对有关配合费承担的

约定不违反法律和行政法规的强制性规定，对当事人具有约束力。发包人与总承包人约定由总承包人与分包人商定发生的配合费，且总承包人与分包单位已明确约定由各分包商自行承担有关施工管理配合费，作为发包人就没有承担施工配合费的合同义务。

四、发包人指定分包，总承包合同未约定总承包服务费承担主体的，由发包人承担

总承包合同是由发包人与总承包人签订，依法成立的合同，仅对当事人具有法律约束力。因发包人指定分包，总承包人为配合协调发包人进行的专业工程发包，对发包人自行采购的材料、工程设备等进行保管以及施工现场管理、竣工资料汇总整理等服务所产生的费用，理应由发包人承担。发包人应预计该项费用，并按合同约定向总承包人支付该项费用。[①]

如最高人民法院在（2020）最高法民申2107号“黑龙江省百强新兴房地产开发有限公司、南通长城建设集团有限公司建设工程施工合同纠纷案”中认为：案涉《施工补充协议》第3条约定了案涉工程高层土方等多个项目由百强公司单独另行分包；第7条约定了百强公司直接分包的工程项目南通公司结算时按照2010年《黑龙江省建设工程计价依据》的标准提取相关费用，并多次提及南通公司为总包单位。鉴于百强公司将案涉工程的多个项目另行直接分包，必然发生使用南通公司机械以及南通公司配合分包人施工的情况，南通公司作为总承包人，有权依照《施工补充协议》的约定计取总包服务费，该费用为案涉工程价款的组成部分。

关联判例

中国五冶集团有限公司、新疆精诚房地产开发有限公司建设工程施工合同纠纷案

（2020）最高法民终848号

【裁判要旨】

分包配合费按协议收取。

① 参见《2013清单计价规范》“条文说明”第4.4条。

【基本案情】

2012 年，业主精诚公司与代建方龙润公司（甲方）及总承包方五冶公司（乙方）签订《神华城配套项目建设工程施工合同补充协议》，约定由总承包方五冶公司施工建设“神华城配套项目”。承包方式：包工包料。所有分包项目统一由乙方按总承包方相关管理制度、要求、规定协调、配合、管理。甲方按各专业分包总价（不含设备价格）另行支付乙方的配合费，水电费等其他费用由分包单位承担。

【裁判摘要】

法院认为，《补充协议三》第 3 条约定了分包配合费的收取。根据该条约定，对龙润公司指定分包的专业工程，以龙润公司、五冶公司及外包施工方三方签订的分包合同为依据，五冶公司可向龙润公司收取分包工程 2% 的配合费和 2.5% 的管理费。对其他未签订三方合同的分包项，五冶公司按原合同仅收取 2% 的分包配合费。鉴定机构根据合同约定计算出 3668614.72 元分包配合费，一审法院采信鉴定意见，将 3668614.72 元分包配合费计入工程造价，处理正确。

问题 2. 总承包服务费如何计算？

总承包服务费是总承包人为配合协调发包人进行的专业工程发包，对发包人自行采购的材料、工程设备等进行保管以及施工现场管理、竣工资料汇总整理等服务所需的费用。

总承包服务费作为其他项目费的一种，应计入造价，其计算一般遵循“有约定从约定，无约定参照规范”的原则。笔者根据相关判例及规范总结总承包服务费计算规则如下。

一、总承包服务费可以按按项或费率计量

总承包服务费应为完成招标文件、合同约定的总承包人承担总承包服务相关合同责任的相应清单项目不含增值税的价格，包括总承包人对发包人提供材料的供货人、专业工程暂估价的专业分包人（承包人实施的除外）和发包人直接发包的专业工程分包人履行管理、协调及配合责任等所需的服务费用。《2024 清单计价标准》规定，发包人提供材料、专业分包工程的总承包服务费应分别列项，可按项或费率计量。按项计量，即每一单项服务内容价格固定，根据总服务项目收取总承包服务费；按费率计量，即以甲方直接分包合同金额或甲供材金额为基数，按照对应约定费率计算总包服务费。

如最高人民法院在（2019）最高法民终108号“安徽万特投资发展有限公司、中色十二冶金建设有限公司建设工程施工合同纠纷案”中认为：关于土方工程总包服务费是否应计入案涉工程总造价的问题。根据《施工合同》第三部分专用条款第32.7条第5项约定，万特公司应按下列标准向中色十二冶公司支付总承包服务费：电梯、空调机组、配电设备等设备安装收取安装费的3%作为总承包服务费，消防工程、中央空调、精装修工程，按分包工程总价的2%支付总承包服务费。2013年4月3日，万特公司与中色十二冶公司、安畅公司三方签订《建筑工程施工专业分包合同》，将案涉六安市地下人防商业街土方工程交由安畅公司施工。《建筑工程施工专业分包合同》还约定，中色十二冶公司作为总承包单位，在建设单位万特公司向其拨款后，扣除3%的总包服务费及相关的税费后将工程款支付给安畅公司。但是，2016年1月7日，土方施工单位人员与万特公司工作人员对解放路地下人防工程土方工程量确认表进行签字确认。双方直接确认土方工程总价款为20943073.24元，但并未明确该工程价款中包含总包服务费。因此，原审判决认定总承包服务费应计入工程总造价，并由万特公司向中色十二冶公司支付，有事实和法律依据。

二、合同约定总包服务费包干，按照合同约定

总承包服务费不属于法律规定的不可竞争费，属于可由发承包自行协商确定的意定费用范畴，合同约定总包服务费包干，不违反法律强制性规定，合法有效，应按照合同约定。

如最高人民法院在（2015）民申字第1372号“重庆民信建设（集团）有限公司与西北电力建设第三工程公司、陕西电力建设总公司建设工程施工合同纠纷案”中认为：经审查，西北电力公司系依据《总分包协议》的约定收取重庆民信公司的总包管理费用150万元。根据协议约定，西北电力公司在协议中的权责是负责与业主进行工程合同的洽谈签订、现场工程建设的管理、工程进度的控制与协调、工程款的收取和支付以及工程竣工移交等。案涉工程从相关合同的签订、履行、付款、费用补偿，到最终竣工验收并交付使用，西北电力公司进行了相应的协调、管理工作，其已经善尽了《总分包协议》所约定的管理职责，所收取总

包管理费用150万元属其付出上述劳动的对价。

三、明确约定不计总包服务费的，按约定

尽管总承包服务费是总承包人为配合协调发包人进行的专业工程发包，对发包人自行采购的材料、工程设备等进行保管以及施工现场管理、竣工资料汇总整理等服务所产生的费用，该费用发包人应当承担。但总包合同明确约定不计总包服务费并不违反法律强制性规定，该笔费用会因承包人的非一致性报价而隐藏至其他项目之中，只要投标报价不低于成本价，不会因约定合同不计总包服务费而显失公平，总包合同明确约定不计总包服务费的，按约定。

如河南省高级人民法院在（2015）豫法民三终字第112号“河南省第一建筑工程集团有限责任公司与舞钢市人民医院建设工程施工合同纠纷案”中认为：该案涉案工程在招投标时要求不记取总包管理费，且双方当事人签订的合同中未约定总包管理费，河南一建关于要求舞钢市人民医院支付总包管理费1116100元的上诉请求缺乏事实依据，法院不予支持。

四、费率未约定或约定不明的处理

总承包服务费的费率有约定的从约定，没有约定或约定不明的，应依据行政主管部门或行业管理部门发布指导文件所载明的费率，指导文件所载明的费率为区间值的，由裁判机关在区间值内酌情确定。如《2013清单计价规范》规定，总承包服务费包括总包管理费、总包配合费和总包管理费三种，其中，总承包管理费以分包的专业工程估算造价为基数，按照1.5%计算；总承包配合费以专业工程估算造价为基数，按照1.5%—3.5%计算；总包保管费以招标人供应材料价值为基数，按照1%计算。

最高人民法院在（2020）最高法民申723号“马某忠、宁夏农垦建设有限公司建设工程施工合同纠纷案”中认为：因马某忠与农垦公司就分项工程配合费未作约定，但因分包事实的存在，马某忠为配合分包人亦发生了现场管理费用，二审判决酌情按照工程款的3%计取配合费，并无不当。马某忠主张按5%计取配合费，无事实及法律依据，不能成立。

五、未完工程，按照配合量计取

对于总包方中途退场，未按照合同约定完成所有对专业分包工程的配合及管理任务，总包管理费按照合同约定以全部专业分包造价计取，对发包人明显不公，应按照总承包人已经履行配合义务及管理义务的工作量计取。

《2024清单计价标准》第8.5.3条规定，若合同履行过程中发生暂估价专业分包工程、发包人直接发包的专业工程取消，或确定由承包人负责完成，或在承包人的合同工程已竣工且撤离现场后进行的，发承包双方应扣除合同总价中计取的相应专业分包工程、直接发包的专业工程的总承包服务费。

最高人民法院在（2017）最高法民申4424号“贵州建工集团第三建筑工程有限责任公司建设工程施工合同纠纷案”中认为：关于12%的配合费。本案2000年12月19日的《补充协议书》中确有“按该分项工程总造价的12%向乙方支付工程配合费”的约定，但实际履行中建工三公司存在提前退场的情况，其没有证据证明退场以后仍然履行了工程配合义务，现要求按照合同约定只要从建工三公司承包范围内拨离出去的分项工程就按照分项工程造价的12%支付配合费，显然不尽合理。

六、总包服务费的调整

总包服务费是总承包人为发包人进行的专业工程发包提供配合工作及管理工作所获得的对价。根据《民法典》第6条的规定，民事主体从事民事活动，应当遵循公平原则，合理确定各方的权利和义务。当相关当事主体对总承包服务费约定明显不符合对价，严重影响一方利益时，法院或仲裁机构可以依职权予以调整。

根据《2024清单计价标准》的规定，在合同没有特别约定的情况下，应按照以下原则调整总承包服务费。（1）承包人参加由发包人作为招标人的暂估价专业工程投标并中标的，应扣减该专业工程的总承包服务费。（2）若合同履行过程中，发生合同约定由承包人提供材料变更为发包人提供的，发承包双方应当协商计算并增加该部分总承包服务费，调整合同价格。（3）若合同履行过程中发生暂估价专业分包工程、发包人直接发包的专业工程取消，发承包双方应扣除合同总价中计取的相应专业分包工程、直接发包的专业工程的总承包服务费。（4）发包人批准的专业分包工程发生工程变更或发包人原因引起相关专业分包工程、直接发包的专业工程的实质性工期改变，发承包双方应计算并调整受影响的专业分包工程（或直接发包专业工程）总承包服务费。

问题3. 挂靠总包的实际施工人是否有权获得总包配合费？

所谓的挂靠，是指单位或个人以其他有资质的施工单位的名义，承揽工程的行为。对挂靠总包的实际施工人是否有权获得总包配合费问题，实务界存在两种不同观点：

第一种观点认为，实际施工人无总包资质，其借用有资质企业承揽工程系非法获取利益，无权获取总包配合费。

第二种观点认为，作为配合分包单位所使用的脚手架、施工电梯等相关设备工器具，其相应费用实际施工人已经实际支出，实际施工人有权按照约定收取总包配合费。

笔者倾向第二种观点。

总承包服务费是总承包人为配合协调发包人进行的专业工程发包，对发包人自行采购的材料、工程设备等进行保管以及施工现场管理、竣工资料汇总整理等服务所产生的费用。对挂靠项目而言，有资质的被挂靠人并不实际出资，也不参与实际管理，所有投入均是挂靠实际施工人，包括搭设脚手架、施工电梯等施工配合费，也包括投入标识标牌、现场绿化、安全防护及组织协调等项目在内的总包管理费，还包括为甲供材及甲供设备提供场地和看管的总包保管费。该部分费用是实际施工人为专业工程发包实际支出的费用，理应获得补偿。

另外，根据《民法典》第 793 条第 1 款的规定，建设工程施工合同无效，但是建设工程经验收合格的，可以参照合同关于工程价款的约定折价补偿承包人。总承包服务费作为建筑安装工程费的组成部分，理应按照合同约定折价补偿。

如最高人民法院在（2017）最高法民申 3521 号“戴某林、广东环渤海房地产开发有限公司建设工程施工合同纠纷案”中认为：关于案涉工程电梯配合费和消防工程配合费问题。戴某林作为实际施工人，也即事实上的总包方享有收取上述工程分包配合费的权利。2008 年 3 月 6 日的《协议书》明确约定环渤海公司应向湖南六建支付电梯配合费；湖南六建与广东省保安消防机电装饰工程有限公司签订的《协议书》约定，湖南六建按工程造价的 2.5% 收取总包配合费，但案涉工程联系单显示环渤海公司同意在消防公司结算中为戴某林代扣，结算后支付。因此，环渤海公司再审主张不应支付消防工程配合费和电梯配合费与事实不符。

第四节

规　费

规费是依法律规定必须缴纳的费用，是建设工程施工企业为施工任务所必需支付的成本，在造价构成上属于建筑安装工程费。规费的缴纳依据除法律、行政法规外，还包括省级政府规章及省级部门的规定，故而各省的规费收费依据和收费标准有所不同。随着法律、法规及地方政府相关文件的变化，规费内容也会发生变化。如在很长时间内，建设工程施工企业必须缴纳劳保统筹基金，后随着《社会保险法》的出台和实施，各施工企业参保水平不断提高，劳保统筹基金被逐步取消。

《2024 清单计价标准》第 3.1.2 条规定，工程量清单应按分部分项工程项目清单、措施项目清单、其他项目清单、增值税分别编制及计价。《2024 清单计价标准》没有沿袭《2013 清单计价规范》关于工程量清单构成的规定，把“规费”从工程量清单项目构成中删除。该种方式的删除并非取消规费，仅是没有把规费作为一个清单项单独列在工程量清单之中，而是根据相关法律法规规定把原规费中属于施工人员的社会保险费和住房公积金计入人工费，原规费中属于管理人员的社会保险费和住房公积金计入管理费。①

鉴于规费项目并未取消，其性质也未发生变化，仅是在造价构成中的位置发生变化，且因为争议解决的滞后性，涉及规费争议长期存在，故本章对规费内容进行系统解析。

一、规费

| 导读 |

根据《2013 清单计价规范》的规定，规费是建筑安装工程费用的法定组成部

① 住房和城乡建设部《关于加强和改善工程造价监管的意见》（建标〔2017〕209 号）要求扩大人工单价计算口径，将人工单价构成调整为工资、津贴、职工福利费、劳动保护费、社会保险费、住房公积金、工会经费、职工教育经费以及特殊情况下工资性费用。

分，体现政府对社会管理的强制性要求。根据《建筑安装工程费用项目组成》及最新政策调整，规费构成已动态演进：原包含的工程排污费依据《关于停征排污费等行政事业性收费有关事项的通知》(财税〔2018〕4号)自2018年1月1日起全面停征，现行规费主要包括社会保险费(养老保险、失业保险、医疗保险、工伤保险、生育保险)和住房公积金两大法定项目。

规费作为政府和有关权力部门规定必须缴纳的费用，其计取标准是依据有关法律、法规和政策规定制订的，具有强制性。如《建筑安装工程费用项目组成》未包括，但地方政府有特殊规定的规费项目，造价人员在编制规费项目清单时应根据省级政府或省级有关权力部门的规定列项。

【术语解读】

规费是指按国家法律、法规规定，由省级政府和省级有关权力部门规定必须缴纳或计取的费用。包括：(1)社会保险费，即养老保险费、失业保险费、医疗保险费、生育保险费和工伤保险费；(2)住房公积金；(3)省级政府和省级有关权力部门规定的其他费用。

(一)规费内容

1. 社会保险费。《社会保险法》第2条规定，国家建立基本养老保险、基本医疗保险、工伤保险、失业保险、生育保险等社会保险制度，保障公民在年老、疾病、工伤、失业、生育等情况下依法从国家和社会获得物质帮助的权利。该法第10条、第23条、第33条、第44条、第53条分别规定了职工应当参加基本养老保险、基本医疗保险、工伤保险、失业保险、生育保险，故养老保险费、失业保险费、医疗保险费、生育保险费和工伤保险费是法定社会保险费用，属于规费范畴。

2. 住房公积金。《住房公积金管理条例》第15条规定，单位录用职工的，应当自录用之日起30日内向住房公积金管理中心办理缴存登记，并办理职工住房公积金账户的设立或者转移手续。该条例第20条规定，单位应当按时、足额缴存住房公积金，不得逾期缴存或者少缴。因此，住房公积金也属于法律规定企业必须为职工缴纳的费用，属于规费范畴。

3. 省级政府和省级有关权力部门规定的其他费用。

（二）规费特点

1. 规费的时间性

规费作为省级政府和省级有关权力部门规定必须缴纳的费用，当省级政府和省级有关权力部门对规费项目进行调整时，应按最新规定列项计算，对《建筑安装工程费用项目组成》所规定的规费进行调整。如生态环境部令第 2 号《关于废止有关排污收费规章和规范性文件的决定》于 2018 年 5 月 2 日开始实施，原规费中的工程排污费不再计入。

2. 规费的地域性

规费是按国家法律、法规规定，由省级政府和省级有关权力部门规定的费用，因各省级政府和省级有关权力部门规定不一致，规费缴纳或计取内容也具有地域差异性。主要体现在以下几个方面。

（1）规费的包含项不同。如北京市《关于调整 2001 年〈北京市建设工程预算定额〉规费计算方法的有关规定》（京造定〔2009〕6 号）① 规定，规费包括住房公积金、基本医疗保险基金、基本养老保险费、失业保险基金、工伤保险基金、残疾人就业保障金、生育保险。上海市《关于调整〈上海市建设工程施工费用计算规则（2000）〉部分内容及标准的通知》则规定，规费包括工程排污费（已取消）、社会保障费（包括养老、失业、医疗、生育和工伤保险费）、住房公积金、外来从业人员综合保险费和河道管理费。

（2）规费的计算基数及费率不同。以建筑和装饰工程为例，北京市规费是以人工费为基数，整体取费，即规费 = 人工费 × 费率，费率为 24.09%。上海市规费按包含项分别取费，①社会保障费和住房公积金是以直接费、综合费用、安全防护费、文明施工措施费和施工措施费之和为基数，其中社会保障费费率为 1.72%、住房公积金费率为 0.32%；②外来从业人员综合保险费以现行规定计算；③河道管理费以直接费、综合费用、安全防护费、文明施工措施费、施工措施费、社会保障费、住房公积金和外来从业人员综合保险费之和为基数，乘以

① 《关于执行〈建设工程工程量清单计价规范〉（GB 50500—2008）若干意见的通知》（京造定〔2009〕7 号）规定，招标人在编制招标控制价时，应按照《关于调整 2001 年〈北京市建设工程预算定额〉规费计算方法的有关规定》中的相关规定计算。

0.03% 计算。[①]

另外，就同一省区而言，不同类型工程的规费也不相同。如北京市，各类工程规费的计算基数均是人工费，但建筑工程规费费率为 24.09%，市政工程规费费率为 26.50%，庭院、绿化工程规费费率为 20.19%，地铁工程中的土建、轨道工程规费费率为 22.89%，地铁工程中的通信、信号、供电、机电、人防工程规费费率为 22.89%。

3. 规费的强制性

规费是国家法律、法规所规定的、必须缴纳的费用。如规费中的社会保险费源于《劳动法》，其第 72 条规定，社会保险基金按照保险类型确定资金来源，逐步实行社会统筹。用人单位和劳动者必须依法参加社会保险，缴纳社会保险费。住房公积金源于《住房公积金管理条例》，其第 20 条规定，单位应当按时、足额缴存住房公积金，不得逾期缴存或者少缴。

4. 规费的不可竞争性

规费应按国家或省级、行业建设主管部门的规定计算，足额上缴，属于不可竞争费。招标人不得要求投标人对该项费用进行优惠，投标人也不得以该项费用参与市场竞争。

（三）规费的计算

规费 = Σ（计费基数 × 费率）

其中，（1）规费的计算基数及费率按照省级文件规定执行；（2）规费的计算基数及费率与工程类型对应。

---

① 预算定额中规费包括的内容和计算的主要依据如下，（1）住房公积金：《北京市实施〈住房公积金管理条例〉若干规定》（北京市人民政府令第 164 号）、《北京住房公积金缴存管理办法》（京房公积金管委会〔2006〕2 号）、《关于 2008 住房公积金年度住房公积金缴存有关问题的通知》（京房公积金管委会〔2008〕1 号）。（2）基本医疗保险基金：《北京市基本医疗保险规定》（北京市人民政府令第 158 号）。（3）基本养老保险费：《北京市基本养老保险规定》（北京市人民政府令第 183 号）、《关于贯彻实施〈北京市基本养老保险规定〉有关问题的通知》（京劳社养发〔2007〕29 号）。（4）失业保险基金：《北京市失业保险规定》（北京市人民政府令第 190 号）。（5）工伤保险基金：《北京市实施〈工伤保险条例〉办法》（北京市人民政府令第 140 号，已失效）、《关于做好北京市建筑业农民工参加工伤保险工作的通知》（京劳社工发〔2006〕138 号）。（6）残疾人就业保障金：《北京市人民政府关于印发北京市残疾人就业保障金征缴管理办法的通知》（京政发〔2006〕18 号，已失效）。（7）生育保险：《北京市企业职工生育保险规定》（北京市人民政府令第 154 号）。

【司法实务】

问题 1. 固定总价合同中没有计算规费，承包人能否单独索要规费?

固定总价合同，是指发承包双方约定以施工图及其预算和有关条件进行合同价款计算、调整和确认，在约定的工程范围内总价保持不变的建设工程施工合同。而规费是国家法律、法规规定，由省级政府和省级有关权力部门规定必须缴纳或计取的费用，是不可竞争费。

对固定总价合同中没有计算规费，承包人能否单独索要规费的问题，实务界存在两种不同观点：

第一种观点认为，双方签订固定总价合同即明确该合同的价格不做调整，承包人无权再单独索要规费。

第二种观点认为，规费是公法所规定的必须缴纳的费用，私权约定不能违反公法规定，固定总价合同没有计取的规费，承包人有权单独索要。

笔者倾向于第一种观点。

一、固定总价合同的价格构成，由承包人自行确定

根据造价构成基本理论，建筑安装工程费由分部分项工程费、措施项目费、其他项目费、规费、税金构成。通常情况下，承包人在市场竞争中会按照造价构成要求分别报价，以防止因不平衡报价被废标。

对固定总价合同而言，承包人需要自行承担自然环境、地质条件、项目工程量及人工、材料、施工机械价格上涨等因素带来的风险。承包人在投标时，更多地考虑投标总价能否足够覆盖合同约定的风险范围，而相对弱化投标报价的规范性。发包人更注重合同约定风险范围内的总价，至于承包人如何计量、组价，仅作为发包人评标参考，甚至在有些招标文件及合同中明确约定承包人的分项报价不作为签证、索赔和调价的依据。

二、合同价款内是否含有规费，不影响承包人按照规定缴纳规费

合同约定的规费与承包人实际缴纳的规费具有诸多不同，合同价款内是否含有规费，不影响承包人按照规定缴纳规费。

1. 性质不同

合同所约定的规费，本质是合同价款的构成项目之一，其作用是为更精确的计取工程价款。发包人向承包人支付工程价款，通常并不区分工程款构成，也不

限制承包人使用方式。承包人实际缴纳的规费，是企业按照国家法律规定缴纳的费用，该费用来源并非要求跟施工合同约定一致，如收到甲项目的款项不能为乙项目缴纳规费。

2. 计算方式不同

《2013 清单计价规范》规定，造价构成中规费的计算方式为定额人工费 × 对应规费费率，合同约定的规费与建设工程项目所需人工用工天数及定额人工单价有关。承包人实际缴纳的规费，是按照承包人实际人工工资 × 对应费率计算所得，跟承包人实际投入工人人数、工资水平及持续施工时间有关。

3. 受约束法律不同

合同所约定的规费，属于私法性质下的合同约定，合同中是否约定规费，以及规费比例、规费数额是否优惠，均属于承包人自身权利处分，不影响承包人按照公法规定缴纳规费。

而承包人实际应当缴纳的规费属于公法意义上的社会义务，必须履行。根据《2013 清单计价规范》的规定，规费包括：（1）社会保险费，即养老保险费、失业保险费、医疗保险费、生育保险费和工伤保险费；（2）住房公积金。其中，社会保险费是《社会保险法》所规定的企业必须为员工缴纳的费用，住房公积金是由《住房公积金管理条例》规定的企业必须为员工缴纳的费用。规费是企业应当承担的法定义务，无论企业是否承接工程，也无论企业承接工程是否盈利，只要施工企业有相应人员，对应的社会保险费和住房公积金便需要缴纳。

三、固定总价合同在履行过程中未出现调价因素，不应调价

《建设工程施工合同司法解释（一）》第 28 条规定："当事人约定按照固定价结算工程价款，一方当事人请求对建设工程造价进行鉴定的，人民法院不予支持。"

关联判例

天津博海缘置业投资有限公司、北京住总第六开发建设有限公司建设工程施工合同纠纷案

（2016）最高法民终 259 号

【裁判要旨】

投标人是否足额计取了税金、规费等费用，是其自主计算范畴，不影响

私法意义上的合同效力。

【基本案情】

2008 年 6 月 25 日，博海缘公司与住六公司签订《天津市建设工程施工合同》，约定：住六公司承建博海缘公司开发建设的天津塘沽海洋科技商务园一期工程 1 标段。其中造价条款约定：本合同价款采用固定价格，合同价款中包括的风险范围为投标文件中报价工程量计量风险，工、料、机价格上涨的风险及施工方案措施（施工组织设计）费用计量的风险；风险费用已包括在固定价格内，风险范围以外的合同价款调整按合同补充条款相应规定执行。住六公司在投标报价中未足额计取税金、规费。

【裁判摘要】

一审天津市高级人民法院认为：关于投标报价效力的问题。住六公司主张其投标报价中未足额计取税金、规费等，中标价低于成本价，违反国家强制性规定，故投标报价无效，不能作为鉴定的依据，鉴定单位应当依照国家规定的标准将税金、规费计入工程造价。本案中，招标文件明确规定投标人在计算报价时应当充分考虑各种风险和费用，合同履行期间（除合同另行约定外）单价及合价均不予调整。住六公司投标文件中也承诺投标报价中已包括招标文件中规定的招标范围内的全部工作内容、责任和义务的费用。至于住六公司报价时是否足额计取了税金、规费等费用，是其自主计算范畴，而住六公司亦不能提供证据证明其投标报价低于成本价，故其主张投标报价无效并要求鉴定单位在合同价格之外另行“足额”计算税金及规费，依据不足，不予支持。

最高人民法院认为：住六公司投标时是采用综合单价计价，确实没有规费，但是双方签订合同时约定采取固定总价方式，应是住六公司综合分析各方面情况后，对承建案涉工程真实的意思表示。现住六公司主张在固定总价之外单独收取规费，没有事实依据，一审判决不予支持并无不当。

问题 2. 承包人未向相关行政主管部门缴纳规费，能否向发包人主张规费？

规费是指按国家法律、法规规定，由省级政府和省级有关权力部门规定必须缴纳或计取的费用。有些地方为了防止施工企业不按时缴纳规费，在地方文件中规定施工企业需要向发包人提供规费缴纳凭证后方可取得规费。

对承包人未向相关行政主管部门缴纳规费，未获取规费缴纳凭证，能否向发包人主张规费的问题，实务界存在两种不同观点：

第一种观点认为，规费是不可竞争费，承包人应按照合同相关约定足额缴纳，否则不能向发包人主张。

第二种观点认为，规费是施工合同价款组成部分，无论承包人是否缴纳规费，均有权向发包人主张。

笔者倾向于第二种观点。

一、规费是具有公法性质的法定义务

根据《2013 清单计价规范》的规定，规费包括：（1）社会保险费，即养老保险费、失业保险费、医疗保险费、生育保险费和工伤保险费；（2）住房公积金。其中，社会保险费是《社会保险法》所规定的企业必须为员工缴纳的费用，住房公积金是《住房公积金管理条例》所规定的企业必须为员工缴纳的费用。

《社会保险法》属于社会保障法范畴。社会保障权是指社会成员因年老、失业、工伤、疾病、生育、死亡、遭遇灾害等社会风险而面临生活困难时，从国家和社会获得物质帮助，以保障其基本（最低）生存需要的权利。社会保障法的再分配法律属性决定社会保障法是一种公权力“干预”和“保障”民生私权利的法。[①]《社会保险法》是一部具有公法性质的法。

规费是企业应当承担社会保障的法定义务，无论企业是否承接工程，也无论企业承接工程是否盈利，只要施工企业有相应人员，对应的社会保险费和住房公积金便需要缴纳。

二、承包人未履行法定缴费义务，相关行政部门有权予以追缴并进行处罚

《社会保险法》第 84 条规定，用人单位不办理社会保险登记的，由社会保险行政部门责令限期改正；逾期不改正的，对用人单位处应缴社会保险费数额 1 倍以上 3 倍以下的罚款，对其直接负责的主管人员和其他直接责任人员处 500 元以上 3000 元以下的罚款。该法第 86 条规定，用人单位未按时足额缴纳社会保险费的，由社会保险费征收机构责令限期缴纳或者补足，并自欠缴之日起，按日加收

① 参见孙淑云：《漫谈社会保障法》，载微信公众号“山西大学法学院”2017 年 12 月 6 日。

0.05% 的滞纳金；逾期仍不缴纳的，由有关行政部门处欠缴数额 1 倍以上 3 倍以下的罚款。

《社会保险费征缴暂行条例》《住房公积金管理条例》分别对企业未按规定足额缴纳社会保险及住房公积金时的追缴、处罚方式进行规定。

如江苏省高级人民法院在（2017）苏民申 4932 号“周某祥与江苏盛业建设集团有限公司、江苏天元建设工程有限公司建设工程施工合同纠纷案”中认为：“建设工程规费是建设工程费用的组成部分，也是施工企业按照规定必须向有关部门缴纳的费用。施工企业如果未按照规定缴纳相应的规费，有关部门有权向施工企业追缴。”

三、承包人是否履行公法义务，并不影响其私法权利

发承包双方在合同中所约定的规费属于工程价款的组成部分，承包人依法、依规完成合同约定的施工任务的，有权依据法律、法规及合同约定向发包人主张工程价款。

关联判例

河南华福房地产开发有限公司、泉州市丰泽建筑工程有限公司建设工程施工合同纠纷案

（2019）最高法民申 6890 号

【裁判要旨】

建设单位负有缴纳社会保障费的义务，施工单位没有缴纳社会保障费不能成为建设单位拒绝支付社会保障费的抗辩理由。

【基本案情】

2011 年 8 月 1 日华福公司与丰泽公司签订《建设工程施工合同》，约定由丰泽公司承建华福国际生态城D地块 5 栋建筑（总建筑面积约 50400 平方米，最高层 12 层）施工及小区道路、雨污水管道工程。工程承包范围：施工图纸范围内的土建、安装、装饰工程，以及所承包小区红线图内的小区道路、雨污水管道工程。合同工期：350 日历天。合同总价 60585854.61 元，其中安全文明措施费：1220158.99 元，规费：2077087.30 元。

【裁判摘要】

最高人民法院认为，依据河南省住房和城乡建设厅《关于加强建设工程费用计价项目中社会保障费管理的意见》（豫建建〔2012〕76号，已废止）第3条规定，建设劳保费是建设工程成本的组成部分，作为不可竞争费用，实行统一管理，由各级建设劳保费管理机构按省建设行政主管部门发布的计费标准，统一向建设单位收取，统一向建筑业企业拨付、调剂，确保建设劳保费专款专用。第13条规定，建设劳保费属于法定规费，任何单位和个人不得以任何理由减免、截留和挪用。社会保障费属于法定规费，是建设工程成本的组成部分，由建设单位支付。丰泽公司虽未提供其缴纳社会保障费的证据，但华福公司应依法承担支付社会保障费的义务，丰泽公司是否缴纳社会保障费不影响华福公司应承担义务地履行，也不能成为华福公司拒绝支付社会保障费的抗辩理由。故二审判决认定华福公司为最终责任主体，将社会保障费计入工程总价，并无不当，其该项再审申请理由无事实和法律依据，不能成立。

问题3. 规费的计取应当以何种标准为依据?

《2013清单计价规范》规定，规费包括社会保险费和住房公积金，两者的计算均是以定额人工费为计算基础，根据工程所在地省、自治区、直辖市或行业建设主管部门规定的费率计算。

社会保险费和住房公积金 = Σ（工程定额人工费 × 社会保险费和住房公积金费率）

社会保险费和住房公积金费率可以每万元发承包价的生产工人人工费和管理人员工资含量与工程所在地规定的缴纳标准综合分析取定。

规费是指按国家法律、法规规定，由省级政府和省级有关权力部门规定必须缴纳或计取的费用。故如果省级政府和省级有关权力部门规定的内容与《2013清单计价规范》所规定的内容不同，则按照各省级政府和省级有关权力部门的规定执行。

如根据黑龙江省住房和城乡建设厅出台的《黑龙江省建设工程计价依据－建设工程费用定额》（黑建造价〔2010〕5号）第4条第6项规费构成表可知，规费包括养老保险费、医疗保险费、失业保险费、工伤保险费、生育保险费、住房公积金、危险作业意外伤害保险费、工程排污费（包括固体废物及危险废物排污、噪声超标排污）等项。各自费率不同，规费总费率共计4.34%。规费中各项的计费基础相同，但不同计价模式的计费基础不同，其中，工程量清单计价的工程规费计费基础为：分部分项工程费+措施费+其他费用；定额计价的工程规费计费基础为：分部分项工程费+措施费+企业管理费+利润+其他费用。

在司法实践中，各审判机构也是根据工程所在地或合同约定的规费标准计算规费。如最高人民法院在（2019）最高法民申838号"大庆创业建筑安装工程有限责任公司、大庆建筑安装集团有限责任公司建设工程施工合同纠纷案"中认为：在办理工程结算时，应参照法定和约定的施工企业规费计取标准核定计取费用。案涉施工合同第77条约定，工程结算定额该施工年度《黑龙江省建设工程计价依据》中大庆市单价表执行。黑龙江省住房和城乡建设厅主编的《2010年黑龙江省建设工程计价依据－建设工程费用定额》规定，以工程量清单计价的工程，规费的计算基础为分部分项工程费+措施费+其他费用。《建筑安装工程费用项目组成》规定，分部分项工程费是指各专业工程的分部分项工程应予列支的各项费用。案涉工程甲供材部分费用属施工耗费的材料费用，系分部分项工程费的组成部分，应当纳入规费的计算基础。大庆创业公司主张甲供材不应缴纳规费，未能提供相关证据予以证实，其提供的单体（单项）工程结算费用汇总明细表对规费的计算亦未扣除甲供材。

二、劳保统筹

|导读|

劳保统筹是为解决施工企业从业人员在达到国家规定的解除劳动关系的年龄或因年老丧失劳动能力而退出劳动岗位后没有稳定收入来源，而建立的一种保障其基本生活的社会保险制度。

1984年7月3日，国务院第三十七次常务会议关于"可以先在建筑业实行行业保险试点"的精神，是劳保统筹的最早渊源。随后，1986年原建设部《关于建筑业实行退休基金统筹试点的通知》（城劳字〔1986〕131号），第一次提出"统筹"字样。1993年陕西省人民政府办公厅《关于建筑业实行劳保费用统筹管理的批复》(陕政函〔1993〕130号)正式使用“劳保统筹”这一名称。

劳保统筹费用由统筹管理机构统一向建设单位收取，专户储存，按照建筑安装企业的资质等级和负担程度，由行业统筹机构实施统一调剂后，再分配给施工企业用于缴纳在职职工养老保险和支付离退休人员职工养老的生活费用。

目前，社会保险制度逐渐完善，社保水平逐渐提高，劳保统筹制度正在慢慢退出历史舞台。但由于争议及争议解决的滞后性，现仍有大量案件涉及劳保统筹，故本节把劳保统筹作一专题。

【术语解读】

劳保统筹全称是建筑业劳动保险费用统筹管理，又称劳保费用或劳保基金，指在建筑工程费用组成中列项的，用于施工企业为从业人员(含农民工)缴纳社会养老保险费和支付离休人员离休费用、20世纪60年代精简职工生活补助费、遗属生活困难补助费、困难职工生活补助及统筹机构工作经费等规定在劳保费用中列支的其他费用。[①]

(一)劳保统筹费用的性质

劳保统筹是根据建筑业的实际情况，按建筑安装工程造价的一定比例统一向建设单位提取劳保基金的一种统筹办法。劳保统筹费用对于建设方而言为工程造价，对于施工方而言则是建筑行业劳动保险费，是建筑施工企业为职工缴纳养老保险的专项资金。

随着社会保障体系的建立，特别是《劳动法》、《劳动合同法》及《社会保险法》的出台，为劳动者缴纳社会保险已成为企业法定职责。2013年住房和城乡建设部发布的《2013清单计价规范》已把劳保费用列为工程费用中的专项规费，并规定规费必须按国家或省级、行业建设主管部门的规定计算，不得作为竞争性费用。

(二)劳保统筹费用用途

劳保统筹费用主要用于支付施工企业离退休职工的养老金、医疗福利费以及6个月以上病伤假人员的工资和医疗福利费等，也包括养老保险金福利下其他项

① 陕西省住房和城乡建设厅、陕西省财政厅《陕西省建筑业劳保费用行业统筹管理实施细则》第3条第3款(已废止)。

目。劳保统筹费用实行各省行业统筹管理，每个省份对劳保统筹费用用途的规定也稍有不同。

陕西省住房和城乡建设厅2016年发布的《陕西省建筑业劳保费用行业统筹管理实施细则》（陕建发〔2016〕290号，已废止）第3条规定，建筑业劳保费用，是指在建筑工程费用组成中列项的，用于施工企业为从业人员（含农民工）缴纳社会养老保险费和支付离休人员离休费用、20世纪60年代精简职工生活补助费、遗属生活困难补助费、困难职工生活补助及统筹机构工作经费等规定在劳保费用中列支的其他费用。

湖南省人民政府于1993年发布的《湖南省建筑企业劳动保险基金统筹管理办法》规定，劳动保险基金的开支范围包括：（1）离退休职工的费用，即离退休职工的退职金、生活补助费、医疗费、丧亡丧葬补助费、安家补助费、交通费、养老保险基金，离退休职工供养直系亲属的抚恤救济费；（2）其他属于劳动保险基金内开支的费用，如因公残废补助费、疾病及因公负伤救济费等。

（三）劳保统筹费用的缴纳

建筑业劳保统筹费用实行全省行业统筹管理，统一定额计取标准、统一向建设单位收取、统一向施工企业返还拨付。

1. 缴纳主体

《陕西省建筑业劳保费用行业统筹管理实施细则》（已废止）规定，陕西省劳保统筹缴费对象为陕西省行政区域内从事建筑工程活动的建设单位、法人登记注册在陕西省的国有、国有控股及民营施工企业（包括建筑劳务企业、专业作业小微企业）和有关管理部门。

劳保统筹费用用于缴纳施工企业施工人员的社会保险费用，本应由施工企业缴纳，但从陕西省的有关规定上看，劳保统筹的缴费对象为建设单位。其根本原因是，诸多施工企业并不给其劳动人员缴纳劳动保险费用，为了防止施工单位在收取了建设单位拨付的工程款后不为其劳动人员缴纳该项费用，故由统筹机构直接向建设单位收取。该项费用由谁先行缴纳，均不会改变劳动统筹费用的性质与最终用途。①

---

① 贵州嘉友房地产开发有限责任公司与贵州建工集团第五建筑工程有限责任公司建设工程合同纠纷二审民事判决书，（2016）最高法民终414号。

2. 缴纳比例与范围

劳保统筹实行的是全省行业统筹管理，故各省的缴费基数范围、缴费比例均不完全相同，同一省份的标准也会因政策变化而变化。

以陕西省为例，《陕西省建筑业劳保费用行业统筹管理实施细则》（陕建发〔2016〕290号，已废止）规定，劳保统筹费用应当在工程概算、招标标底、投标报价、工程合同中单独列项。施工企业按《陕西省建设工程工程量清单计价费率（2009）》规定，以分部分项工程费、措施费以及其他项目费的3.55%①（不含税造价）比例收缴劳保费用。统筹机构收缴劳保费用时，应当向建设单位开具由陕西省财政厅监制的陕西省建筑行业劳保费用统一收款票据，作为缴费和结算的凭证。

以湖南省为例，2015年湖南省住房和城乡建设厅《关于进一步明确我省建筑行业劳保基金管理相关事项的通知》（湘建建〔2015〕6号）规定，劳保基金按建筑安装工程中标价的3.5%计取，自2015年4月1日起执行。2016年湖南省住房和城乡建设厅《关于取消建筑行业劳保基金与增加社会保险费有关事项的通知》（湘建价〔2016〕134号，已失效）规定，一般计税法其“社会保险费”以建筑安装造价（扣除规费）为基数计算；简易计税法其“社会保险费”以税前造价（扣除规费）为基数计算。费率标准为3.18%，自2016年7月28日起执行。2017年，湖南省住房和城乡建设厅《关于调整园林苗木等综合税率和社会保险费计费标准的通知》（湘建价〔2017〕134号，已废止）规定，社会保险费计费标准由3.18%调整为3.15%，自2017年8月3日起施行。2019年湖南省住房和城乡建设厅《关于调整建设工程社会保险费计费标准的通知》（湘建价〔2019〕61号）规定，建设工程社会保险费计费标准由3.15%调整为2.84%，自2019年5月1日起施行，有效期至2024年4月30日。建设单位按照规定向劳保统筹管理部门缴纳劳保统筹费用后，不再向承包工程的施工企业支付劳保基金，已经向行业统筹机构缴纳的劳保统筹费用在竣工结算时予以体现，在付款中予以扣除。

（四）劳保统筹费用的拨付

劳保统筹费用的拨付程序、拨付比例、用途，每个省份的规定各不相同，应

① 《陕西省建设工程工程量清单计价费率（2009）》计价费率第1项。

按照各省具体规定执行。以陕西省为例，《陕西省建筑业劳保费用行业统筹管理实施细则》（已废止）第13条规定，为提高劳保费用使用效率、公平分配劳保费用，将工程项目返还三个不同比例合并，统一将收缴的劳保费用的85%用于工程项目返还，15%用于离休人员离休费用等专项支付和养老保险缴费困难补助。

（五）劳保统筹制度的退出

随着养老制度的不断完善，具有行政色彩的劳保统筹制度已经不再适应社会主义市场经济发展，各地为了进一步贯彻落实政府“放管服”改革政策，优化营商环境，有效激发建筑行业市场主体活力，逐步出台相关文件，停止劳保费管理机构统一收取“劳保费”，由建设单位按照有关规定直接支付给建筑施工企业。如2015年，宁夏回族自治区人民政府令第75号《关于废止宁夏回族自治区建筑工程劳动保险费管理办法的决定》，废止了《宁夏回族自治区建筑工程劳动保险费管理办法》（2011年2月28日自治区人民政府令第31号公布） 建筑施工企业社会保障费的接续工作，按照《宁夏回族自治区2013建设工程费用定额》及《2013清单计价规范》执行。2015年，贵州省住房和城乡建设厅《关于停止收取建筑安装工程劳动保险费用的通知》（黔建建通〔2015〕416号）规定，自2016年1月1日起，该省行政区域内签订施工合同的新开工工程，不再缴纳劳保费。同时废止《贵州省建筑安装工程劳动保险费用管理办法》（黔建施通〔2005〕424号）和贵州省住房和城乡建设厅《关于建筑安装工程劳动保险费用管理改革的通知》（黔建建通〔2012〕781号）等相关文件。

之后，河南、湖南、新疆、山西等地也均出台相关文件，[①]取消建设单位直接

① 2016年9月7日，河南省住房和城乡建设厅《关于废止〈加强建设工程费用计价项目中社会保障费管理的意见〉的通知》（豫建建〔2016〕62号）规定，（1）废止《河南省住房和城乡建设厅关于加强建设工程费用计价项目中社会保障费管理的意见》（豫建建〔2012〕76号）。（2）改变建设劳保费统一收缴的管理方式，由发、承包双方在编制工程预结算时直接计取计价项目中的社会保障费，并由发包人直接支付给承包人。（3）该通知自发布之日起实施。凡已招标但未计取建设劳保费，也未向当地建设劳保费管理机构缴纳相应费用的项目，由发包人按照建设劳保费计价标准直接支付给承包方。对于已办理分期缴纳手续的项目，尚未缴纳的部分，由发包人直接支付给承包方。

2016年湖南省人民政府办公厅《关于废止〈建筑行业劳保基金统筹管理制度〉的通知》（湘政办发〔2016〕51号）规定，为进一步推进“三去一降一补”供给侧结构性改革，切实减轻企业负担。湖南省人民政府决定，自2016年7月1日起在全省范围内全面废止建筑行业劳保基金统筹管理制度。

缴纳劳保统筹费用，劳保统筹制度逐步退出历史舞台。

【司法实务】

问题 1. 发包人未按规定缴纳劳保统筹费用，能否从未付款中扣除？

《建筑安装工程劳动保险费用管理办法》（建人〔1996〕512 号）第 11 条规定："劳保费管理机构对在本地区建设的工程项目，按照本地区的劳保费计取标准或建筑安装工程费用定额规定的标准，在工程开工前，直接向建设单位收取劳保费。施工企业不再向建设单位收取劳保费。"

劳保统筹制度作为劳动保险缴纳的一种方法，相关法规已明确该项费用由建

（接上页）2017 年，大连市城乡建设委员会、财政局《关于取消建设工程劳动保险费统一管理后相关问题的通知》（大建委发〔2017〕20 号）规定，根据大连市人民政府《关于公布大连市 2011 年以来取消（含免征、停征）涉企收费目录清单的通知》（大政发〔2016〕53 号）文件精神，建设工程劳动保险费已于 2016 年 4 月 28 日起停止统一管理。

2017 年，山西省人民政府《关于废止建筑企业劳动保险统筹费有关文件的通知》（晋政函〔2017〕105 号）规定，自 2017 年 7 月 1 日起，废止《关于全省建筑企业劳动保险费用统筹管理的意见的通知》（晋政办发〔1991〕48 号）。有关单位和部门依据该文件制定实施的相关文件，一并停止执行。

2017 年 12 月 28 日，新疆维吾尔自治区住房和城乡建设厅《关于暂时停止收取自治区建筑工程社会保险费的通知》（新建筹函〔2017〕12 号）规定，自 2018 年 1 月 1 日起，凡实行建筑工程施工许可制的新开工项目，暂停收取新疆维吾尔自治区建筑工程社会保险费。该项收费暂停后，各地住房城乡建设主管部门不再向建设单位告知办理建筑工程社会保险费缴纳手续，可直接办理施工许可证等相关手续。

2019 年 4 月 28 日，广西壮族自治区《人民政府关于停止统一收取建筑安装工程劳动保险费的通知》（桂政发〔2019〕20 号）规定，为贯彻落实好"放管服"改革的要求，不断优化营商环境，广西壮族自治区人民政府决定，在该区行政区域范围内停止统一收取建筑安装工程劳动保险费（以下简称建安劳保费）。停止统一收取后，建安劳保费（含应缴未缴）不再上缴各级建安劳保费管理机构、财政部门，由项目建设单位按照有关规定直接支付给建筑施工企业，建筑施工企业须按照有关规定足额向社会保险费征收机构缴纳社会保险费。全区各级住房城乡建设、财政、人力资源社会保障等部门要做好有关政策和具体工作的衔接，切实保障企业人员的合法权益。

2021 年，陕西省住房和城乡建设厅《关于全省统一停止收缴建筑业劳保费用的通知》（陕建发〔2021〕1021 号）规定，为认真贯彻落实党中央、国务院和陕西省委、政府"放管服"改革工作部署要求，进一步推进收费清理改革、规范收费行为，有效激发市场主体活力，经研究决定，自 2021 年 3 月 15 日起，对陕西省行政区域内房屋建筑和市政基础设施建设项目，停止统一收缴建筑业劳保费用。建筑企业与建设单位，应按照国家和陕西省有关建筑安装工程费用项目组成规定，在建设工程报价中计入，进行劳保费用结算，确保建筑企业人员社会养老保险资金落实。其他未尽事项，按照陕西省有关通知要求执行。

设单位缴纳，对建设单位缴纳的劳保统筹费用，建设单位可在施工方工程款内扣除。对发包人未缴纳劳保统筹费用能否从工程款中扣除的问题，实务界存在两种不同观点：

第一种观点认为，劳保统筹费用属于工程价款的一部分，发包人未按规定缴纳，不能从工程价款中扣除。

第二种观点认为，尽管劳保统筹费用属于工程价款的一部分，但相关法律、法规规定劳保统筹费用由建设单位缴纳，承包人应向劳保统筹管理机构申请返还，等于相关法规改变了劳保统筹费用的支付路径，在合同没有明确约定的情况下，应当依照该规定，故发包人有权扣除。

笔者倾向于第一种观点。

劳保统筹是劳动保险统筹管理的简称，指的是劳动保险费实行统一计取标准，统一向建设单位收取，统一向施工企业调剂拨付。劳保统筹是缴纳劳动保险的一种方法，劳保统筹费用是建设工程必须缴纳的费用。

一、劳保统筹费用属于工程价款组成部分

劳动保险费属于人工费的组成部分，劳保统筹管理不改变劳动保险费属于建筑安装工程费范畴，《建筑安装工程劳动保险费用管理办法》（建人〔1996〕512号）第16条规定，劳动保险费统一计取之后，劳动保险费仍列入工程总造价，但不参与竞标，即在工程招标和投标时，不列入标底和标价，并且建设单位不得将应缴纳的劳动保险费转嫁给施工企业。

二、劳保统筹费用本应由承包人缴纳

早在1951年，原政务院（1954年9月改名为国务院）就出台了《劳动保险条例》（已失效）。该条例第4条明确规定："凡在实行劳动保险各企业内工作的工人与职员（包括学徒）不分民族、年龄、性别和国籍，均适用本条例，但被剥夺政治权利者除外。"根据该条例精神，企业应当为本企业职工缴纳劳动保险费。施工企业为自己企业施工人员缴纳社会保险费用是法定义务，该义务不得随意转移。

三、劳保统筹管理是特定形式下的制度安排

劳保统筹费用是用于施工企业施工人员的社会保险费用，本应由施工企业缴纳，但很多施工企业并不给其劳动人员缴纳劳动保险费用。

另外，从经济结构上看，经济体制改革之前，所有的建筑企业都是以全民所有制或集体所有制的形式组建。建筑企业社会负担较重，建筑企业养老保障金制度的建立可以减轻国有建筑施工企业劳动包袱，促进他们转换经营机制。[①] 原建设部（已撤销）《关于印发〈建筑安装工程劳动保险费用管理办法〉的通知》（建人〔1996〕512号）第2条也明确，建筑安装工程劳动保险费用实行统一计取标准、统一向建设单位收取、统一向施工企业调剂拨付的管理办法，是改革完善建筑安装工程计价方式，缓解国有大中型施工企业劳动保险费用严重亏损，为各类施工企业创造平等竞争环境的一项重要举措，也是国家社会保障体制改革和振兴建筑业的一项重要内容。

四、发包人缴纳劳保统筹费用，可以在未付工程款中扣除

劳保统筹费用由统筹费用管理机构统一向建设单位收取，专户储存，之后再由该管理机构实施统一调剂，分配给施工企业用于缴纳在职职工养老保险和支付离退休职工养老的生活费用。

发包人缴纳劳保统筹费用至劳保统筹管理中心，最终由劳保统筹中心向承包人转移支付，仅是发包人依照法规规定改变了直接向承包人支付所有价款的一种方法，发包人缴纳劳保统筹费用视同向承包人支付该部分费用，可以在未付工程款中扣除。

如最高人民法院在（2019）最高法民申288号“湖南桔洲建设集团有限公司、周某进建设工程施工合同纠纷案”中认为，根据住房和城乡建设部、财政部《关于印发〈建筑安装工程费用项目组成〉的通知》（建标〔2013〕44号）相关规定，工程造价包含劳动保险费用。该案中，由于桔洲公司与正泰公司签订的两份承包合同均被认定为无效，亦无证据证明双方就涉案工程劳保基金的计算、缴纳以及返还等有约定或者桔洲公司已经向有关部门缴纳涉案劳保基金。故正泰公司作为建设单位，按照有关文件通知要求向相关部门缴纳劳保基金，符合相关规定，应当计入已付工程款，并在结算时从欠付工程款中予以扣除。原判决将该款项从正泰公司未付工程款中予以扣除，并无不当。

五、现行制度下，劳保统筹又回归劳动保险本位，由施工企业缴纳，建设单位不缴纳、也不得扣除

住房和城乡建设部、财政部《关于印发〈建筑安装工程费用项目组成〉的通

① 参见姚建军：《建设工程合同中劳动保险费用的负担》，载《人民法院报》2015年3月4日，第7版。

知》规定，建筑安装工程费可按照费用构成要素划分，也可以按照工程造价形成顺序划分。按照费用构成要素划分，建筑安装工程费由人工费、材料费、施工机具使用费、企业管理费、利润、规费和税金组成。按照工程造价形成顺序划分，建筑安装工程费可分为分部分项工程费、措施项目费、其他项目费、规费、税金共五个部分。其中，分部分项工程费、措施项目费、其他项目费亦是由人工费、材料费、施工机具使用费、企业管理费、利润和一定风险费用构成。故不论是按照费用构成要素划分，还是按照工程造价形成顺序划分，其本质相同，均包含人工费、材料费、施工机具使用费、企业管理费、利润、规费和税金等几种要素。

在建筑安装工程费费用构成要素中，企业管理费是指建筑安装企业组织施工生产和经营管理所需的费用，包括劳动保险费、集体福利费、夏季防暑降温补贴、冬季取暖补贴、上下班交通补贴等。规费是指按国家法律、法规规定，由省级政府和省级有关权力部门规定必须缴纳或计取的费用，包括了养老、失业、工伤、生育和医疗等社会保险费。以上费用中含有并概括了原法律、法规所规定的劳保统筹费用，而该部分费用属于建筑安装工程费，是工程价款的组成部分。建设单位不应缴纳劳保费用、也不得扣除，应按照合同约定及结算协议支付价款。

关联判例

陕西天荣房地产开发有限公司与中建海峡建设发展有限公司建设工程施工合同纠纷案

（2016）陕民终284号

【裁判要旨】

发包人未缴纳劳保统筹费用，不能在未付工程款中扣除。

【基本案情】

2009年6月25日，天荣公司与海峡公司（原名中建七局第三建筑有限公司）签订《建设工程施工合同》，天荣公司将其骊景苑2号、3号楼发包给海峡公司施工，合同对承包范围、合同价款及工程进度款的支付方式、时间和比例等均作了约定。2009年6月27日，双方又签订补充协议，约定承包范围为工程施工图纸所涉及的工作内容，承包方式为包工包料，工期双方由另外商定，质量为合格，工程价款实行预算加签证的办法按实结算，安全文明措施费及四项保险双方由另行商定计取，劳保统筹费用单列，该工程执行1999年《陕西省建筑工程综合概预算定额》、2001年《全国统一安装工程预算定额》中陕西省价目表及相关配套的费用定额；用水、用电由承包人安装水、电表，并按表上使用数量及主管部门所定价格确认费用，由发包人支付工程款时扣减。

后双方产生争议诉至法院，陕西信远工程造价咨询有限公司对工程造价进行鉴定。最终结论：（1）海峡公司实际施工的2号、3号楼可确定的工程造价为17945013.74元（不含劳保统筹费用、安全文明措施费及四项保险费），劳保统筹费用为625947.34元。（2）海峡公司实际施工完成的2号、3号楼无法确定部分项目的工程造价为1957144.41元（不含劳保统筹费用、安全文明措施费及四项保险费），劳保统筹费用为53836.18元（由法庭质证后决定取舍）。（3）可确定项目及无法确定项目的安全文明措施费合计191055.52元；可确定项目及无法确定项目的四项保险费合计195461.63元（由法庭质证后决定取舍）。

【裁判摘要】

最高人民法院认为，依据陕西省建设厅陕建发〔2004〕136号文件第3条的规定："建筑企业要积极配合做好劳保费收缴工作。建筑企业在与建设单位进行工程决算时，要核对劳保费缴费资料，同步办理劳保费结算。对漏收漏交劳保费的工程项目，应将劳保费列入工程决算，以便在收取工程价款的同时收取劳保费。"发包人提交的其向劳保统筹管理机构出具的欠条和承诺，不能作为其已向劳保统筹管理机构缴纳涉案工程劳保统筹费用的凭证，应认定为发包人未提供其向劳保统筹管理机构缴纳涉案工程劳保统筹费用的相关凭证。由于发包人未向劳保统筹管理机构缴纳该费用，致使承包人无法向该机构领取该费用，故劳保统筹费用应计入工程价款。

问题 2. 发承包双方约定造价中不计劳保统筹，该约定是否有效?

建设部（已撤销）《关于印发〈建筑安装工程劳动保险费用管理办法〉的通知》（建人〔1996〕512 号）第 1 条规定，建筑安装工程劳动保险费用实行统一计取标准、统一向建设单位收取、统一向施工企业调剂拨付的办法，是改革完善现行建筑安装工程计价方式，缓解国有大中型施工企业劳动保险费用严重亏损，为各类施工企业创造平等竞争环境的一项重要举措，也是国家社会保障体制改革和振兴建筑业的一项重要内容。

劳保统筹是劳动保险统筹管理的一种方法，包括计取方法、收取方法和支付方法，劳保统筹费用是建设工程必须缴纳的费用，由发包人缴纳。

对发承包双方约定造价中不计劳保统筹，该约定是否有效的问题，实务界存在两种不同观点：

第一种观点认为，工程价款中不计劳保统筹是当事人真实意思表示，该约定不违反法律、行政法规强制性规定，该约定有效。

第二种观点认为，劳保统筹属于规费，是依法必须缴纳的不可竞争费用，双方约定不计入造价违反《2013 清单计价规范》强制性规定，故该约定无效。

笔者倾向于第一种观点。

一、双方约定劳保统筹费用不计入工程造价，不影响劳保统筹目的的实现

劳保统筹费用是否计入工程造价与劳保统筹目的能否得以实现是两个维度的事宜，并没有必然的一致性。

1. 劳保统筹费用不计入工程造价，其本质是劳保统筹费用所对应的价款不再计取。换言之，就是承包人以劳保统筹费用相同金额的价款对发包人进行优惠。这种优惠是发承包双方真实意思表示，内容不违反法律强制性规定，合法有效。

2. 设置劳保统筹的根本目的，一方面是为了改革完善建筑安装工程计价方式，缓解国有大中型施工企业劳动保险费用严重亏损，为各类施工企业创造平等竞争环境的一项重要举措，也是国家社会保障体制改革和振兴建筑业的一项重要内容；另一方面也是为了防止施工单位收取建设单位拨付的工程款后不为从业人员缴纳该项费用。造价构成的细分是为了更好地按功能使用费用，但基于价款的流动性，是否按照造价构成获取价款并不影响其实际功能的发挥。发承包双方约

定在合同价款中不计取劳保统筹费用，并不影响发包人或承包人依法向劳保统筹管理中心缴纳劳保统筹费用。

3. 发包人按照规定缴纳劳保统筹费用，而非按照约定缴纳劳保统筹费用。《建筑安装工程劳动保险费用管理办法》（建人〔1996〕512 号）第 11 条规定："劳保费管理机构对在本地区建设的工程项目，按照本地区的劳保费计取标准或建筑安装工程费用定额规定的标准，在工程开工前，直接向建设单位收取劳保费。施工企业不再向建设单位收取劳保费。"因此，发包人缴纳劳保统筹费用属于法定义务，而非约定义务，无论建设工程施工合同是否约定计取劳保统筹费用均不影响发包人履行缴纳劳保统筹费用的义务。

建设单位如不按时足额缴纳执行地方费用定额的劳保费，各地区建设行政主管部门不办理建设项目的有关手续。对于少缴、漏缴或没有按时缴纳劳保费的建设单位，除补缴劳保费之外，还应交纳一定数额的滞纳金。

二、违反《2013 清单计价规范》强制性规定并不导致合同无效

1.《2013 清单计价规范》不属于强制性国家标准

《标准化法》第 10 条第 1 款规定："对保障人身健康和生命财产安全、国家安全、生态环境安全以及满足经济社会管理基本需要的技术要求，应当制定强制性国家标准。"《标准化法实施条例》第 18 条规定，"国家标准、行业标准分为强制性标准和推荐性标准。下列标准属于强制性标准：……工程建设的质量、安全、卫生标准及国家需要控制的其他工程建设标准；……国家需要控制的重要产品目录由国务院标准化行政主管部门会同国务院有关行政主管部门确定"。

《2013 清单计价规范》尽管以 GB 开头，为国家标准，但其并不涉及保障人身健康和生命财产安全、国家安全、生态环境安全等内容。《2013 清单计价规范》是否属于《标准化法》第 10 条第 1 款规定的"满足经济社会管理基本需要的技术要求"呢？根据《建筑法》第 18 条第 1 款第 1 句"建筑工程造价应当按照国家有关规定，由发包单位与承包单位在合同中约定"之规定，工程造价属于当事人意思自治范畴，不属于国家必须强制管控的内容。

另外，根据《标准化法》第 10 条第 4 款之规定："强制性国家标准由国务院批准发布或者授权批准发布。"显然《2013 清单计价规范》并不符合"国务院批准发布或者授权批准发布"的标准，不属于强制性国家标准。

2.《2013 清单计价规范》的强制性规定不是法律意义上的强制性规定

《民法典》第 153 条第 1 款规定："违反法律、行政法规的强制性规定的民事法律行为无效。但是，该强制性规定不导致该民事法律行为无效的除外。"根据合同效力的一般原则，只有损害国家利益、社会公共利益或者他人合法权益的约定，才属于违反法律、行政法规的强制性规定的民事法律行为。发承包双方约定不计劳保统筹费用，并不影响发包人向劳保统筹管理部门缴纳劳保统筹费用，不影响国家劳保统筹费用的正常收缴。发包人缴纳劳保统筹费用后，在剩余工程款中扣除或不扣除该费用，仅影响发承包双方利益，不损害国家利益、社会公共利益或者他人合法权益，故该约定合法有效。

如最高人民法院在（2018）最高法民再 418 号"陕西中辉建设工程有限公司、陕西泰洲房地产开发有限公司建设工程施工合同纠纷案"中认为，劳保统筹费用对于建设方而言为工程造价，对于施工方而言则是建筑行业劳动保险费。两者在含义和金额上并不完全相同。该案中鉴定机构依照建设工程计价规则计算出的诉争的劳保统筹费用数额是建设单位应当缴纳的数额，属于工程造价的一部分，是否计入工程造价取决于当事人的意思自治，在双方有明确约定的情况下，该约定不违反法律法规的强制性规定，应属有效。因此，泰洲公司根据双方合同造价条款中"劳保统筹费不计入工程造价"的约定，主张将鉴定意见中计取的该部分造价予以扣除，其该项再审请求有事实依据。二审判决对该部分造价认定错误，依法予以纠正。

关联判例

陕西中晖建设工程有限公司、神木市房地产管理领导小组办公室等建设工程施工合同纠纷案

（2021）最高法民申 2480 号

【裁判要旨】

合同约定"劳保统筹费不计入工程造价"，该约定不违反法律法规的强制性规定，应属有效。

【基本案情】

2012年5月，原神木县房管办委托榆林新世纪工程造价咨询有限公司招标神木县2012年新建公租房项目，招标文件约定报价方式为：以该次工程最终审定的造价优惠率作为该次投标报价。工程计价方式和结算依据约定：按《2008清单计价规范》、2009《陕西省建设工程工程量清单计价规则》、《陕西省建设工程工程量清单计价费率》、《陕西省建筑、装饰、安装、市政、园林绿化工程价目表》、《陕西省建设工程施工机械台班价目表》、《陕西省建设工程消耗量定额勘误及补充定额》执行。劳保统筹费不计取。补充条款约定：结算价 = 预算价 ×（1− 投标报价优惠率）。预算价由神木县审价办按实际施工图纸和变更编制的最终审定价确定。

2012年6月15日，神木房管办与中晖公司签订了《陕西省建设工程施工合同》，约定由中晖公司施工神木县2012年新建公租房N3标段，竣工时间为2013年5月31日，合同总价：政府审定价 ×99.4%。

【裁判摘要】

劳保统筹费系建筑行业劳动保险费，应由施工单位向社会保障机构缴纳。根据原判决查明的事实，案涉招标文件及补充条款中明确载明劳保统筹费不计取，双方当事人已明确约定劳保统筹费不计入工程造价，该约定不违反法律、行政法规的强制性规定。中晖公司主张神木房管办向其支付劳保统筹费没有事实与法律的依据，原判决未支持中晖公司该项主张，并无不当。

第五节 税金

通常所说的税金，一般是指国家向企业或集体、个人征收的货币或实物。具体而言，包括增值税、消费税、企业所得税、个人所得税、资源税、城镇土地使用税、土地增值税、房产税、城市维护建设税、车辆购置税、车船税、印花税、契税、耕地占用税、烟叶税、关税、船舶吨税、环保税等。

一、建筑安装工程涉及的税包括增值税、城市维护建设税、教育费附加、地方教育附加[①]、水利建设基金、印花税等

1. 城市维护建设税

《城市维护建设税法》第 1 条规定："在中华人民共和国境内缴纳增值税、消费税的单位和个人，为城市维护建设税的纳税人，应当依照本法规定缴纳城市维护建设税。"

（1）计税依据：城市维护建设税以纳税人依法实际缴纳的增值税、消费税税额为计税依据。城市维护建设税的计税依据应当按照规定扣除期末留抵退税退还的增值税税额。

（2）税率：根据《城市维护建设税法》第 4 条的规定，城市维护建设税税率如下，①纳税人所在地在市区的，税率为 7%；②纳税人所在地在县城、镇的，税率为 5%；③纳税人所在地不在市区、县城或者镇的，税率为 1%。前款所称纳税人所在地，是指纳税人住所地或者与纳税人生产经营活动相关的其他地点，具体地点由省、自治区、直辖市确定。

2. 教育费附加

教育费附加是国家为扶持教育事业发展，计征用于教育的专项收入，属于政府性基金收入，在预算管理中列入一般公共预算。地方教育附加是指各省、自治区、直辖市根据国家有关规定，为实施"科教兴省"战略，增加地方教育的资金投入，促进本省、自治区、直辖市教育事业发展，开征的一项地方政府性基金。在预算管理中，地方教育附加列入一般公共预算。

《征收教育费附加的暂行规定》第 2 条规定："凡缴纳消费税、增值税、营业税的单位和个人，除按照《国务院关于筹措农村学校办学经费的通知》（国发〔1984〕174 号文）的规定，缴纳农村教育事业费附加的单位外，都应当依照本规定缴纳教育费附加。"

（1）计税依据：教育费附加，以各单位和个人实际缴纳的增值税、营业税、消费税的税额为计征依据，教育费附加率为 3%。

（2）税率：根据《国务院关于修改〈征收教育费附加的暂行规定〉的决定》，

① 城市维护建设税、教育费附加、地方教育附加是以营业税税额或应纳增值税税额为计数依据，营业税改征增值税之后，因开具销项增值税发票时无法明确可抵扣的进项税额的具体数额，造成此三项附加税无法计算，故该部分税以"税金及附加"在管理费中核算。

教育费附加，以各单位和个人实际缴纳的增值税、营业税、消费税的税额为计征依据，教育费附加率为3%，分别与增值税、营业税、消费税同时缴纳。

（3）优惠政策：财政部、税务总局《关于进一步支持小微企业和个体工商户发展有关税费政策的公告》（财政部、税务总局公告2023年第12号）第2条规定："自2023年1月1日至2027年12月31日，对增值税小规模纳税人、小型微利企业和个体工商户减半征收资源税（不含水资源税）、城市维护建设税、房产税、城镇土地使用税、印花税（不含证券交易印花税）、耕地占用税和教育费附加、地方教育附加。"

3. 地方教育附加

地方征收的教育费附加，按专项资金管理，由教育部门统筹安排，提出分配方案，商同级财政部门同意后，用于改善中小学教学设施和办学条件，不得用于职工福利和发放奖金。

《财政部关于统一地方教育附加政策有关问题的通知》（财综〔2010〕98号）第2条规定："统一地方教育附加征收标准。地方教育附加征收标准统一为单位和个人（包括外商投资企业、外国企业及外籍个人）实际缴纳的增值税、营业税和消费税税额的2%。已经财政部审批且征收标准低于2%的省份，应将地方教育附加的征收标准调整为2%，调整征收标准的方案由省级人民政府于2010年12月31日前报财政部审批。"

4. 水利建设基金

水利建设基金是用于水利建设的专项资金，为加快水利建设步伐，提高大江大河防洪抗旱能力，改变重点水利工程设施和江河防洪体系建设滞后的状况，缓解水资源供需矛盾，促进社会经济持续、快速、健康发展而设立。水利建设基金由中央水利建设基金和地方水利建设基金组成。中央水利建设基金专项用于大江大河重点治理工程的维护和建设；大江大河防汛抗洪设施的维护和水毁工程的修复；大江大河的清淤除障及流域内蓄滞洪区安全建设；全国性防汛抗旱通讯和信息系统的维护和建设；其他经国务院批准的全局性水利工程。地方水利建设基金主要用于地方重点水利工程建设项目；地方中小河流、湖泊的治理；地方重点水土流失防治工程建设；重点防洪城市的防洪设施建设；地方水利工程维护；其他经省级人民政府批准的水利工程项目。

二、列入建筑安装工程费中的税金，仅指增值税

建筑安装工程费涉及的税并非仅有增值税，还包括企业固定应缴纳的房产税、非生产性车船使用税、土地使用税、印花税、城市维护建设税、教育费附加、地方教育附加等各项税费。

在营业税改征增值税之前，根据《建筑安装工程费用项目组成》（建标〔2013〕44 号）的规定，房产税、车船使用税、土地使用税、印花税属于管理费。营业税、城市维护建设税、教育费附加和地方教育附加被列入税金项。

营业税改征增值税方案实施后，税收相关的政策发生较大变动，计税依据、税率、会计科目均发生改变。营业税改征增值税之前，城市维护建设税、教育费附加、地方教育附加的计算基数是营业税，营业税以营业额为征收基数，随着开票金额确定。营业税改征增值税之后，上述三项附加税的计算基数是增值税，而增值税额是销项税额与进项税额之差，在开具销项增值税发票时无法明确可抵扣的具体进项税额，故此三项附加税无法计算。财政部《关于印发〈增值税会计处理规定〉的通知》（财会〔2016〕22 号）规定："全面试行营业税改征增值税后，'营业税金及附加'科目名称调整为'税金及附加'科目，该科目核算企业经营活动发生的消费税、城市维护建设税、资源税、教育费附加及房产税、土地使用税、车船使用税、印花税等相关税费；利润表中的'营业税金及附加'项目调整为'税金及附加'项目。"

住房和城乡建设部办公厅《关于做好建筑业营改增建设工程计价依据调整准备工作的通知》（建办标〔2016〕4 号）把工程造价计算方法明确为："工程造价 = 税前工程造价 ×（1+11%）。其中，11% 为建筑业拟征增值税税率[①]，税前工程造价为人工费、材料费、施工机具使用费、企业管理费、利润和规费之和，各费用项目均以不包含增值税可抵扣进项税额的价格计算，相应计价依据按上述方法调整。"实质上是把三项附加税调出建筑安装工程费造价构成中的税金项，该三项附加税作为"税金及附加"项目，在管理费中核算。

地方建设主管部门亦在相关文件中列明上述三项附加税在管理费中核算。如重庆市住房和城乡建设委员会《关于建筑业营业税改征增值税调整建设工程计价

---

① 财政部、国家税务总局、海关总署《关于深化增值税改革有关政策的公告》（2019 年第 39 号）已把增值税税率调整为 9%。

依据的通知》(渝建发〔2016〕35号)附件中明确“企业管理费包含城市维护建设税、教育费附加、地方教育附加。”

建筑安装工程费中的税金是指按照国家税法规定的应计入建筑安装工程造价内的增值税额。其他税被计入管理费中。

增值税

| 导读 |

住房和城乡建设部、财政部《关于印发〈建筑安装工程费用项目组成〉的通知》(建标〔2013〕44号)规定，建筑安装工程费按照费用构成要素划分，分为人工费、材料费、施工机具使用费、企业管理费、利润、规费和税金；按照工程造价形成顺序划分，分为分部分项工程费、措施项目费、其他项目费、规费、税金五个部分。两种划分方法均包含税金项。

在营业税改征增值税之前，建筑安装工程费构成要素中的税金为营业税及附加，具体包括营业税、城市维护建设税、教育费附加税、地方教育费附加税、水利建设基金等。城市维护建设税、教育费附加税、地方教育费附加税是以营业税税额为计数依据。营业税改征增值税之后，因开具销项增值税发票时无法明确可抵扣的具体进项税额，造成此三项附加税无法计算，故该部分税以“税金及附加”在管理费中核算。

建筑安装工程费中的税金仅指按照国家税法规定的应计入建筑安装工程造价内的增值税额。

【术语解读】

增值税指的是对商品或服务增值部分征收的税，是对在我国境内销售货物或者加工、修理修配劳务，销售服务、无形资产、不动产以及进口货物的单位和个人征收的，以商品生产、流通、劳务服务中的增值价值为计税依据而课征的一种流转税。

(一)建筑业增值税的适用范围

根据财政部、国家税务总局《营业税改征增值税试点实施办法》(财税〔2016〕36号)附录《销售服务、无形资产、不动产注释》的规定，建筑服务，是指各类建筑物、构筑物及其附属设施的建造、修缮、装饰，线路、管道、设备、设施等的安装以及其他工程作业的业务活动。包括工程服务、安装服务、修缮服务、装饰服务和其他建筑服务。

（1）工程服务。工程服务是指新建、改建各种建筑物、构筑物的工程作业，包括与建筑物相连的各种设备或者支柱、操作平台的安装或者装设工程作业，以及各种窑炉和金属结构工程作业。

（2）安装服务。安装服务是指生产设备、动力设备、起重设备、运输设备、传动设备、医疗实验设备以及其他各种设备、设施的装配、安置工程作业，包括与被安装设备相连的工作台、梯子、栏杆的装设工程作业，以及被安装设备的绝缘、防腐、保温、油漆等工程作业。

固定电话、有线电视、宽带、水、电、燃气、暖气等经营者向用户收取的安装费、初装费、开户费、扩容费以及类似收费，按照安装服务缴纳增值税。

（3）修缮服务。修缮服务是指对建筑物、构筑物进行修补、加固、养护、改善，使之恢复原来的使用价值或者延长其使用期限的工程作业。

（4）装饰服务。装饰服务是指对建筑物、构筑物进行修饰装修，使之美观或者具有特定用途的工程作业。

（5）其他建筑服务。其他建筑服务是指上列工程作业之外的各种工程作业服务，如钻井（打井）、拆除建筑物或者构筑物、平整土地、园林绿化、疏浚（不包括航道疏浚）、建筑物平移、搭脚手架、爆破、矿山穿孔、表面附着物（包括岩层、土层、沙层等）剥离和清理等工程作业。

另外，根据财政部、国家税务总局《关于明确金融、房地产开发、教育辅助服务等增值税政策的通知》（财税〔2016〕140号）第15条、第16条的规定，物业服务企业为业主提供的装修服务，以及纳税人将建筑施工设备出租给他人使用并配备操作人员的，按照“建筑服务”缴纳增值税。

（二）建筑业增值税税率

1. 3%税率

根据财政部、国家税务总局《关于全面推开营业税改征增值税试点的通知》（财税〔2016〕36号）的规定，建筑企业适用简易计税方法计税的，税率为3%。同时，纳税人可以开具或者申请代开增值税专用发票。

3%是简易征收办法计税税率，是国家的一种税收优惠措施。施工企业提供的某些特定建筑服务，包括适用简易计税方法的建筑工程老项目、清包工工程、甲供工程以及小规模纳税人提供的建筑服务，可以选择适用3%税率的简易计税方法。

2. 9%税率

《关于深化增值税改革有关政策的公告》(财政部、税务总局、海关总署公告2019年第39号)第1条规定，增值税一般纳税人发生增值税应税销售行为或者进口货物，原适用16%税率的，税率调整为13%；原适用10%税率的，税率调整为9%。

9%为一般计税方法计税税率，广泛适用于应一般计税的各类建筑物、构筑物及其附属设施的建造、修缮、装饰，线路、管道、设备、设施等的安装以及其他工程作业的业务活动，包括但不限于工程服务、安装服务、修缮服务、装饰服务和其他建筑服务。

如异地经营，需要根据相关法律规定预缴增值税，非异地经营，则按照9%税率征收。

3. 13%税率

13%税率主要适用于纳税人销售货物、劳务、有形动产租赁服务或者进口货物等具有贸易属性的业务。对于建筑业而言，设备的租赁、材料的采购均适用13%税率。

需要说明的是，适用13%税率的设备租赁，仅包括只出租设备，不包括配劳务人员的租赁。财政部、国家税务总局《关于明确金融、房地产开发、教育辅助服务等增值税政策的通知》(财税〔2016〕140号)第16条规定，纳税人将建筑施工设备出租给他人使用并配备操作人员的，按照"建筑服务"缴纳增值税，税率为9%。

4. 6%税率

根据《增值税暂行条例》(2017年修订)第2条第3项的规定，纳税人销售服务、无形资产，除该条第1项、第2项、第5项另有规定外，税率为6%。

根据财政部、税务总局《关于全面推开营业税改征增值税试点的通知》(财税〔2016〕36号)附件1后附《销售服务、无形资产、不动产注释》的规定：(1)工程勘察勘探服务是指在采矿、工程施工前后，对地形、地质构造、地下资源蕴藏情况进行实地调查的业务活动。工程勘查勘探服务属于现代服务中"研发和技术服务”税目，按照6%征税。（2）工程设计属于现代服务中“文化创意服务”税目，按照6%征税。（3）工程造价鉴证、工程监理、建筑图纸审核属于现代服务中“鉴证咨询服务”税目，按照6%征税。

根据《纳税人跨县（市、区）提供建筑服务增值税征收管理暂行办法》（国家税务总局公告2016年第17号，已部分修改）规定，纳税人跨县（市、区）提供建筑服务，需要按照规定预缴增值税。而工程勘察勘探服务属于现代服务中“研发和技术服务”税目，工程设计属于现代服务中“文化创意服务”税目，工程造价鉴证、工程监理、建筑图纸审核属于现代服务中“鉴证咨询服务”税目并不属于“建筑服务”的应税项目。因此，以上服务无须在项目地预缴增值税，直接在机构所在地申报缴纳增值税即可。

（三）税收管理

1. 按属地管理原则

《增值税暂行条例》第22条规定，固定业户应当向其机构所在地的主管税务机关申报纳税。总机构和分支机构不在同一县（市）的，应当分别向各自所在地的主管税务机关申报纳税；经国务院财政、税务主管部门或者其授权的财政、税务机关批准，可以由总机构汇总向总机构所在地的主管税务机关申报纳税。扣缴义务人应当向其机构所在地或者居住地的主管税务机关申报缴纳其扣缴的税款。

2. 预缴

《增值税暂行条例》第22条规定，固定业户到外县（市）销售货物或者劳务，应当向其机构所在地的主管税务机关报告外出经营事项，并向其机构所在地的主管税务机关申报纳税；未报告的，应当向销售地或者劳务发生地的主管税务机关申报纳税；未向销售地或者劳务发生地的主管税务机关申报纳税的，由其机构所在地的主管税务机关补征税款。

国家税务总局《纳税人跨县（市、区）提供建筑服务增值税征收管理暂行办法》（国家税务总局公告2016年第17号）第3条规定，纳税人跨县（市、区）提供建筑服务，应按照财税〔2016〕36号文件规定的纳税义务发生时间和计税方法，向建筑服务发生地主管税务机关预缴税款，向机构所在地主管税务机关申报纳税。

具体预缴方法：

（1）一般纳税人跨县（市、区）提供建筑服务，适用一般计税方法计税的，以取得的全部价款和价外费用扣除支付的分包款后的余额，按照2%的预征率计算应预缴税款。公式为：

应预缴税款 =（全部价款和价外费用 – 支付的分包款）÷（1+11%）×2%。

（2）一般纳税人跨县（市、区）提供建筑服务，选择适用简易计税方法计税的，以取得的全部价款和价外费用扣除支付的分包款后的余额，按照3%的征收率计算应预缴税款。公式为：

应预缴税款 =（全部价款和价外费用 – 支付的分包款）÷（1+3%）×3%

（3）小规模纳税人跨县（市、区）提供建筑服务，以取得的全部价款和价外费用扣除支付的分包款后的余额，按照3%的征收率计算应预缴税款。公式为：

应预缴税款 =（全部价款和价外费用 – 支付的分包款）÷（1+3%）×3%

纳税人应按照工程项目分别计算应预缴税款，分别预缴。纳税人取得的全部价款和价外费用扣除支付的分包款后的余额为负数的，可结转下次预缴税款时继续扣除，非异地情况，按照9%税率征收。

（四）建筑安装工程费中税金的计算

建筑安装工程费中税金按税前造价乘以增值税税率确定，可采用一般计税方法或简易计税方法计算。

1. 一般计税方法计税

当采用一般计税方法计算时，建筑业增值税税率为9%。计算公式为：

增值税 = 税前造价 ×9%

税前造价为人工费、材料费、施工机具使用费、企业管理费、利润和规费之和，各费用项目均以不包含增值税可抵扣进项税额的价格计算。当期销项税额小于当期进项税额不足抵扣时，不足部分可以结转下期继续抵扣。

2. 简易计税方法计税

（1）简易计税的适用范围

根据财政部、国家税务总局《关于全面推开营业税改征增值税试点实施办法》（财税〔2016〕36号）、《12366营改增热点问题答复口径》和《关于建筑服务等营改增试点政策的通知》（财税〔2017〕58号）的规定，建设工程行业简易计税方法主要适用于以下几种情况。

①小规模纳税人发生应税行为适用简易计税方法计税。小规模纳税人通常是

指纳税人提供建筑服务的年应征增值税销售额未超过500万元，并且会计核算不健全，不能按规定报送有关税务资料的增值税纳税人。年应税销售额超过500万元，但不经常发生应税行为的单位也可选择按照小规模纳税人计税。

②一般纳税人以清包工方式提供的建筑服务，可以选择适用简易计税方法计税。以清包工方式提供建筑服务，是指施工方不采购建筑工程所需的材料或只采购辅助材料，并收取人工费、管理费或者其他费用的建筑服务。

③一般纳税人为甲供工程提供的建筑服务，可以选择适用简易计税方法计税。甲供工程，是指全部或部分设备、材料、动力由工程发包方自行采购的建筑工程。

④一般纳税人为建筑工程老项目提供的建筑服务[①]，可以选择适用简易计税方法计税。

⑤建筑工程总承包单位为房屋建筑的地基与基础、主体结构提供工程服务，建设单位自行采购全部或部分钢材、混凝土、砌体材料、预制构件的，适用简易计税方法计税。

（2）税款计算

建筑业符合简易计税条件的，可以采用简易计税方法计税。建筑业简易计税方法的增值税税率为3%。计算公式为：

增值税 = 税前造价 ×3%

税前造价为人工费、材料费、施工机具使用费、企业管理费、利润和规费之和，各费用项目均以包含增值税进项税额的含税价格计算。

【司法实务】

问题1.合同价款中未包含税金，建设工程税金该由谁承担?

《2013清单计价规范》第3.1.6条规定，规费和税金必须按国家或省级、行业

① 国家税务总局纳税服务司《12366营改增热点问题答复口径》：根据财政部、国家税务总局《关于全面推开营业税改征增值税试点的通知》（财税〔2016〕36号）及国家税务总局《关于发布〈纳税人跨县（市、区）提供建筑服务增值税征收管理暂行办法〉的公告》（国家税务总局公告2016年第17号）的规定，2016年4月30日之前自建老项目是指：（1）《建筑工程施工许可证》注明的合同开工日期在2016年4月30日前的建筑工程项目。（2）《建筑工程施工许可证》未注明合同开工日期，但建筑工程承包合同注明的开工日期在2016年4月30日前的建筑工程项目。（3）未取得《建筑工程施工许可证》的，建筑工程承包合同注明的开工日期在2016年4月30日前的建筑工程项目。

建设主管部门的规定计算，不得作为竞争性费用。在工程实务中，时常出现合同约定的价款为未含税价款。对于该税金该由谁承担，实务界有两种不同的观点：

第一种观点认为，依法纳税是企业的法定义务，税金作为不可竞争费，合同约定的价款中未包含税金，属于组价漏项，应按照法定税率计入结算后由发包人承担。

第二种观点认为，合同约定的价款中未包含税金应视为承包人对此让利，该约定不违反法律、行政法规的强制性规定，该税款应由承包人承担。

笔者认为以上观点均有失偏颇。

依法纳税是公民和企业的法定义务。公法领域中，税是国家法律规定，由国家专门机关按照一定标准收取，不可更改。但在私法领域，法律并不强制由谁承担税金，谁承担税金是对自身权利的处分，在不影响国家、集体及其他人利益的情况下，公权力不宜干涉。① 合同约定的价款为未含税价款，通常包含以下几种情况。

第一种情况是为了防止税率变化引发争议。

自 2016 年营业税改征增值税全面实施以来，国家降税减费不断推进。仅建筑业的一般纳税人先后就有三种税率：2016 年的 5 月 1 日，刚刚实行改征方案的建筑业增值税税率为 11%；2018 年 5 月 1 日，建筑业增值税税率由原来的 11% 降为 10%；2019 年 4 月 1 日，增值税税率降为 9%。小规模纳税人在不同时期也有不同税率优惠。

税金是建筑安装工程费的组成部分，税率的变化会影响税金的计算，进而影响建筑安装工程费的确定。实务中税率变化引发的纠纷并不少见，如“阳煤集团太原化工新材料有限公司、山西新唐工程设计股份有限公司建设工程施工合同纠纷案”中，投标时的税率为 17%，合同履行期间的税率调整为 16%，各方因此产生争议。②

① 如最高人民法院在“陕西江林房地产开发有限公司、中国核工业第二二建设有限公司建设工程施工合同纠纷案”[（2019）最高法民终 187 号］中认为：我国现行法律未禁止当事人通过合同确定税金的实际承担者。江林房地产公司依据《解除协议》向中核第二二公司支付各项费用产生的税金相应金额的款项，与中核第二二公司向税收行政管理机关缴纳税金，是不同的法律关系，二者并不冲突。因此，江林房地产公司认为双方对税金的约定违反法律、行政法规强制性规定而无效的理由不能成立。

② 参见最高人民法院民事裁定书，（2020）最高法民申 4542 号。

为了避免争议，发承包双方约定按照税率变化计算税金并计入建筑安装工程费，这符合法律及造价规则规定。如合同约定："本合同不含税单价为……"，或"以最新税率计入结算"等。在该种情况下，因合同价款中未包含税金，且该税金不属于承包人让利部分，故应由发包人承担。

第二种情况是承包人让利。

《建设工程施工合同司法解释（一）》第2条规定的承包人让利无效，指的是发包人与承包人通过让利方式另行签订的与中标合同有实质性区别的合同无效，[①]并非所有施工合同不能让利。承包人以税金方式让利于发包人，其本质是承包人按照税金金额对发包人进行等值让利，而非承包人以不缴纳税款为手段进行让利，承包人依法纳税受公法规制，纳税义务并不能因合同约定而免除。

第三种情况是承包人在投标报价时故意过少填报或不填报税金。

如某项目通过组价后分部分项工程费、措施项目费、其他项目费、规费合计为10000万元，总报价应为10000×（1+9%）=10900万元，其中900万元为税金。承包人通过少填报或不填报该税金，并期待以"税金必须按国家或省级、行业建设主管部门的规定计算，不得作为竞争性费用"为由在结算时予以调整，获取高额利润。

《2013清单计价规范》第2.0.46条对投标价的定义为，投标人投标时响应招标文件要求所报出的对已标价工程量清单汇总后标明的总价。第3.1.6条规定，规费和税金必须按国家或省级、行业建设主管部门的规定计算，不得作为竞争性费用。投标总价应当与分部分项工程费、措施项目费、其他项目费和规费、税金的合计金额一致。承包人基于获利目的，对税金项目少填报或不填报，参照《2013清单计价规范》第6.2.7条规定（招标工程量清单与计价表中列明的所有需要填写单价和合价的项目，投标人均应填写且只允许有一个报价。未填写单价和合价的项目，可视为此项费用已包含在已标价工程量清单中其他项目的单价和合价之中。当竣工结算时，此项目不得重新组价予以调整），应视为承包人应缴

① 《建设工程施工合同司法解释（一）》第2条规定，招标人和中标人另行签订的建设工程施工合同约定的工程范围、建设工期、工程质量、工程价款等实质性内容，与中标合同不一致，一方当事人请求按照中标合同确定权利义务的，人民法院应予支持。招标人和中标人在中标合同之外就明显高于市场价格购买承建房产、无偿建设住房配套设施、让利、向建设单位捐赠财物等另行签订合同，变相降低工程价款，一方当事人以该合同背离中标合同实质性内容为由请求确认无效的，人民法院应予支持。

纳的税金已经包含在其他费用中，向国家所纳税金由承包人自行承担。

最高人民法院在（2021）最高法民申 6954 号“江西省昌南建筑有限公司与南昌市青山湖区罗家镇罗家村民委员会建设工程施工合同纠纷案”中认为，关于昌南公司因开具工程款发票产生的相应损失应由谁承担的问题。在当地审计部门出具的结论中，税金部分并未计入工程总价款，因此罗家村委会所支付的工程款中不包含税金，昌南公司所收取的工程款中不含税金收益。在此情况下，作为纳税义务人的昌南公司如应罗家村委会的请求向其开具税务发票，因开具税务发票所应交纳的税金，属于昌南公司增加的额外负担，故该负担应由罗家村委会承担。

问题 2. 异地经营未开“外管证”，如何缴纳企业所得税？[①]

“外管证”的全称是“外出经营活动税收管理证明”，是指从事生产、经营的纳税人到外县（市、区）从事生产、经营活动时，由企业所在地税务机关填发的、向营业地税务机关报验登记的一种证明文件。

一、“外管证”制度

“外管证”起源于“外销证”，在 20 世纪 80 年代，“外管证”是办了税务登记的集体所有制企业到外地销售商品的税务凭证。1988 年原财政部、税务总局《关于对未办“外销证”外出经营如何征税问题的批复》（财税营〔1988〕3 号）规定：对有营业执照而未办理“外出经营税收管理证明”（含外销证、外出服务证）外出经营的，不宜按“临时经营”征税。

1993 年制定的《税收征收管理法实施细则》（已失效）、《增值税暂行条例》（已被修改）均对“外管证”作了规定。其中，1993 年 8 月 4 日施行的《税收征收管理法实施细则》（已失效）第一次提出“外管证”的概念，其第 16 条规定，从事生产、经营的纳税人到外县（市）从事生产、经营活动的，必须持所在地税务机关填发的外出经营活动税收管理证明，向营业地税务机关报验登记，接受税务管理。

二、“外管证”制度的发展及对缴纳企业所得税的影响

企业所得税是对我国境内的企业和其他取得收入的组织的生产经营所得和其他所得征收的一种所得税。早在 1979 年《中外合资经营企业法》（已失效）中便

① 本问题于 2020 年 12 月 14 日发表于上海市锦天城律师事务所网站，后被威科先行收录。

有企业所得税的概念。根据《企业所得税法》规定，居民企业以企业登记注册地为纳税地点。在此种征收模式下，“外管证”制度对是否能够合法合规、顺利征收企业所得税有深远影响。

1.“外管证”制度实施前的纳税模式

“外管证”制度实施前，跨地区经营企业的企业所得税缴纳方式为：企业跨区签订合同→企业跨区经营→营业地施工、营业地缴纳营业税及附加→回企业所在地缴纳企业所得税。

此种方式下，由于企业所在地税务机关无法获知该企业有跨地区经营行为，而工程或项目所在地税务机关又无企业所得税的征收管理权，部分经营企业在没有监督的情况下，往往不会主动申报缴纳税款，造成国家税收流失。

2.“外管证”制度实施后的纳税模式

“外管证”制度实施后，企业跨地区经营需要先由其所在地税务机关开具“外管证”，并交给营业地税务机关，待项目完成后，由营业地税务机关签字盖章返回给企业所在地税务机关，形成两地税务机关共同监管模式。

跨地区经营企业的企业所得税缴纳方式为：企业跨区签订合同→向企业所在地税务机关报备→企业所在地税务机关开具“外管证”→企业把“外管证”报送给营业地税务机关→营业地施工，营业地税务机关只收营业税及附加，预收部分企业所得税→营业地税务机关在“外管证”上签字盖章并返还给企业所在地税务机关→企业所在地税务机关收企业所得税。

“外管证”是跨地区经营中企业所在地税务机关和营业地税务机关共管的桥梁和纽带，对防止重复征税及税收流失起到重要作用。然而，一些企业在利益驱使下选择不开“外管证”，直接异地经营，此种方式相当于又回到了没有“外管证”的模式，营业地税务机关没有企业所得税税收管理权，而企业所在地税务机关不知道有该项目，无法监管该企业。

为此，国家税务总局于2010年1月1日出台了国家税务总局《关于跨地区经营建筑企业所得税征收管理问题的通知》(国税函〔2010〕156号)，该通知第6条明确规定，跨地区经营的项目部（包括二级以下分支机构管理的项目部）应向项目所在地主管税务机关出具总机构所在地主管税务机关开具的《外出经营活动税收管理证明》，未提供上述证明的，项目部所在地主管税务机关应督促其限期补办；不能提供上述证明的，应作为独立纳税人就地缴纳企业所得税。

至此，“外管证”对防止企业跨地区经营偷逃企业所得税、界定和衔接纳税人主管税务机关与经营地税务机关管理权限和管理职责、防止企业所得税被漏征或重复征收起到重要作用。

三、“外管证”制度对企业所得税税收管理权的影响

根据《企业所得税法》规定，除税收法律、行政法规另有规定外，居民企业以企业登记注册地为纳税地点。由此可知，对于一般性居民企业而言，其企业所得税的税收管理权属于其企业登记注册地税务机关，而对于跨区经营且未开“外管证”的企业，根据国税函〔2010〕156 号第 6 条之规定，其项目部应作为独立纳税人就地缴纳企业所得税，该跨区域经营项目的企业所得税应在项目所在地缴纳。

如国家税务总局《关于优化〈外出经营活动税收管理证明〉相关制度和办理程序的意见》中所述，“‘外管证’……，对维持现行税收属地入库原则、防止漏征漏管和重复征收具有重要作用”。开展跨地区经营项目的企业在项目所在地缴纳企业所得税后，企业所在地税务机关不得重复征收因该项目盈利所得的企业所得税，实际上改变了企业所得税的税收管理权。

就上述案件而言，原告因未开“外管证”，该项目企业所得税税收管理器改变，原告不能也无法在其住所地税务机关缴纳本涉案工程所产生的企业所得税，原告所提交的纳税凭证也有其他相应法规可以证明与本案无关，故法院驳回其诉讼请求。

关联判例

深圳市晶宫设计装饰工程有限公司与陕西成达建筑装饰有限公司建设工程分包合同纠纷案

（2020）陕 0102 民初 1915 号

【裁判要旨】

“外管证”是纳税人主管税务机关与经营地税务机关管理权限界定的依据和管理职责衔接的纽带，晶宫公司跨地区经营但未开具“外管证”，跨区经营项目部应作为独立纳税人就地缴纳企业所得税，从而排除企业住所地税

务机关的税收管辖权。

【基本案情】

2010 年 10 月，成达公司借用晶宫公司资质承包 C 医院门诊楼装修工程，2012 年 5 月工程经竣工验收交付使用，2016 年 12 月完成审计，审计金额为 4909.8112 万元。至 2019 年 1 月，成达公司收到全部工程价款。整个施工期间晶宫公司未向深圳市税务局申请开具“外管证”，成达公司未给晶宫公司开具发票，成达公司以晶宫公司名义在项目所在地税务局代开建筑业统一发票，并缴纳了所有法定税款。

2019 年 1 月，晶宫公司以成达公司未开具发票造成晶宫公司 1227.4528 万元税务损失为由起诉成达公司。

【裁判摘要】

西安市新城区人民法院认为：“外管证”作为纳税人主管税务机关与经营地税务机关管理权限界定的依据和管理职责衔接的纽带，对维持现行税收属地入库原则、防止漏征漏管和重复征收具有重要作用。晶宫公司未为涉案工程开具“外管证”，根据国家税务总局《关于跨地区经营建筑企业所得税征收管理问题的通知》（国税函〔2010〕156 号）第 6 条规定，跨地区经营的项目部应作为独立纳税人就地缴纳企业所得税，从而排除企业住所地税务机关的税收管辖权，晶宫公司诉称为涉案工程补缴企业所得税无法律依据，该院不予采信。陕西省地方税务局公告 2014 第 1 号文亦规定，对外省在陕经营项目，若发现纳税人没有按税法规定开具“外管证”以及开具的证明超过税法规定有效期限的，经营地主管税务机关应督促其限期补办，不能提供上述证明的，作为独立纳税人进行管理。晶宫公司未提供“外管证”，成达公司已按项目所在地税务机关核定金额缴纳所有税款，故该院认为成达公司已经完成缴纳义务。

第二章 计量与计价

工程量是以自然计量单位或物理计量单位表示的各分项工程或结构件的数量。自然计量单位是以物体（分项工程或结构件）表现在自然状态下的简单点数所表示的个、条、套、樘、座、块等计量单位，如门窗工程以“樘”为计量单位。物理计量单位是指以公制度量表示的长度、面积、体积和质量等法定计量单位，如预制钢筋混凝土方桩、楼梯扶手、栏杆以“m”为计量单位，墙面抹灰以“m^2”为计量单位，混凝土以“m^3”为计量单位等。工程量清单是表现工程的各分项工程项目名称和相应数量的明细清单。

工程量计算是工程计价活动的基础工作。工程量是施工企业编制各项施工计划，合理进行施工调度、检查、统计，计划执行情况分析，成本核算和财务管理的基本依据；是确定概、预算造价，编制招标文件、最高限价、投标报价和进行工程价款结算的基础数据。[①] 工程量计算的准确性，直接影响工程造价的准确性，以及建设投资控制的准确性。

建设工程的计价活动包括工程量清单编制、招标控制价编制、投标报价编制、工程合同价款的约定、工程施工过程中工程计量与合同价款的支付、索赔与现场签证、合同价款的调整、竣工结算的办理和合同价款争议的解决以及工程造价鉴定等活动，涵盖了工程建设发承包以及施工阶段的整个过程。不论哪个阶段的计价，均离不开计量，只有量价统一才能构成计价。《2013 清单计价规范》第 1.0.3 条规定：“建设工程发承包及实施阶段的工程造价由分部分项工程费、措施

① 参见李建峰主编：《建筑工程》（下册），陕西人民出版社 2013 年版，第 23 页。

项目费、其他项目费、规费和税金组成。”为了更好地适应市场经济发展要求，减少政府对企业自主行为的干预，2024年11月26日出台的《2024清单计价标准》取消了“规费”在工程量清单中的单独设置，由分部分项工程项目清单、措施项目清单、其他项目清单、增值税四部分构成。[①]但无论如何，造价构成中的分部分项工程费、措施项目费所对应的实体项目和措施项目的计量方法，根据专业的不同，对应着各自的计量规范[②]。

工程造价的计量与计价均具有动态性和阶段性特点。从设计概算、施工图预算、工程结算整个项目过程中，可能需要重复地、更准确地去计算工程量。在不同计价阶段，工程计量依据有所不同，如在招标阶段主要依据施工图纸和工程量计算规则确定拟建分部分项工程项目和措施项目的工程数量；在竣工结算阶段主要根据合同约定、施工图纸（竣工图纸）及工程量计算规则对已完成工程量进行计算和确认。

第一节 工程计量

工程计量，是指在工程项目建设中，以设计图纸、施工组织设计和施工方案为依据，参照有关技术经济指标，按照国家相关标准及规范，采用统一的计算规则、计量单位进行工程数量计算和确认的活动。

（一）工程计量的作用

工程计量是工程计价的基础，是工程造价活动中最基本的工作，一般来说工程计量有以下作用：（1）工程量是发包方进行投资管理的依据。工程量是编制工程项目投资计划、筹集资金、控制投资的重要依据，是确定工程概算、预算及经济指标的依据，是发包人进行工程招标、编制招标工程量清单、最高限价的依据，是工程结算及价款支付的依据。（2）工程量是承包方进行生产经营管理的依

① 《2024清单计价标准》第3.1.2条规定，工程量清单应按分部分项工程项目清单、措施项目清单、其他项目清单、增值税分别编制及计价。

② 参见《2013建设工程计价计量规范辅导》，中国计划出版社2013年版，第19页。

据。在投标报价时，工程量是确定清单综合单价和投标策略的依据；在工程实施时，工程量是编制项目管理规划、材料供应计划的依据，是编制人工、材料、机具台班需要量的依据，是安排工程施工进度、编制工程形象进度的依据；在工程竣工时，工程量是发承包双方确定工程结算价款的依据。（3）工程量是确定建筑安装工程造价的依据。工程量计算的准确性，直接影响工程造价的准确性，只有准确计算工程量，才能正确计算工程相关费用，合理确定工程造价。

（二）计量原则

工程建设具有周期长、金额大、不确定因素多的特点，不同阶段的计价有不同的要求，决定了建设工程需要分阶段计价。工程量作为计价的基础，必须要有统一的计量原则。

1. 依据确定原则

工程量计算依据的确定性体现在计量规范的确定性及计量依据文件的确定性。2013 版各个专业的《工程量计算规范》均规定：本专业工程计价，必须按本规范规定的工程量计算规则进行工程计量。2024 版各个专业的《工程量计算标准》也均规定：本专业工程的计量按照本标准计量，除本标准外，尚应符合国家现行有关标准的规定。工程量计算除依据各个专业计算规范、计算标准的规定外，还要遵循工程量清单计价规范或计价标准的相关规定，及经审定通过与该项目有关的施工设计图纸及其说明、施工组织设计或施工方案、其他有关技术经济文件等。

2. 单位恒定原则

工程量计算规范中对同一物品有两个或两个以上计量单位的，应结合建工程项目的实际情况，确定其中一个为计量单位。同一工程项目的计量单位应保持一致，否则极易出现因理解上的歧义而发生纠纷。如门窗工程中的木质门，在《房屋建筑与装饰工程工程量计算规范》（GB 50854–2013）规定了两种计量单位，分别有“樘”“m^2”，如果单位不统一，则对应的工程量、综合单价均不一致。假如某个门窗变大了，以“m^2”为单位的计量，则可以直接用原综合单价 × 变更后的工程量进行计价，而以“樘”为单位的计量，需要参照合同确定能否调价及如何调价，从而出现纠纷。2024 年 12 月 13 日公布的新的《房屋建筑与装饰工程工程量计算标准》（GB/T 50854—2024）对此做了修改，把同一计量项目所规定的两种以上计量单位，统一改为一种计量单位，从而减少因计量单位而产生的计价争议。如门窗工程中的木质门，在新计量标准中只有“m^2”这一个单位。

3. 精度统一原则

工程计价的复杂性决定了工程计价的多次性和多样性。在汇总工程量时需要统一有效位数：（1）以“t”为单位，应保留小数点后三位数字，第四位小数四舍五入；（2）以“m”“m^2”“m^3”“kg”为单位，应保留小数点后两位数字，第三位小数四舍五入；（3）以“个”“件”“根”“组”“系统”为单位，应取整数。

4. 有限列举原则

计量规范对各项目的具体工作内容无法穷尽列举，仅列出了主要工作内容，除另有规定和说明者外，规范所列明项应视为已经包括完成该项目所列或未列的全部工作内容，未列内容或未发生，不应另行计算。如施工过程中必然发生的机械移动、材料运输等辅助内容，虽然计量规范或计量标准中没有具体列出，但应视为已经包括在内，不再额外计费。

5. 计量规范交叉适用原则

建设工程复杂多变，各类项目相互交织。在同一工程中，出现不同类型的工程内容，应按各自当时有效的工程量计算规范或计量标准进行计量。如假设在 2025 年 9 月 1 日前的房屋建筑与装饰工程，涉及电气、给排水、消防等安装工程的项目，应按照当时有效的国家标准《通用安装工程工程量计算规范》（GB 50856）的相应项目执行；涉及仿古建筑工程的项目，应按照当时有效的国家标准《仿古建筑工程工程量计算规范》（GB 50855）的相应项目执行；涉及室外地（路）面、室外给排水等工程的项目，应按照当时有效的国家标准《市政工程工程量计算规范》（GB 50857）的相应项目执行；采用爆破法施工的石方工程应按照当时有效的国家标准《爆破工程工程量计算规范》（GB 50862）的相应项目执行等。在 2025 年 9 月 1 日之后，则适用 2024 版的《工程量计算标准》。

（三）计量依据

工程计量是以工程设计图纸、施工组织设计或施工方案及有关技术经济文件为依据，按照相关工程国家标准的计算规则、计量单位等规定进行的工程数量计算活动。设计图纸、施工组织设计及施工方案等能够体现计量必要信息的各类资源，称为计量依据，包括法定性计量依据、约定性计量依据及事实性计量依据。

1. 法定性计量依据

法定性计量依据通常是指法律、法规、规章、规范及各级政府出台的具有普遍约束力的相关文件所规定的计量类文件。如国家发布的九本工程量计算规范及其他相关施工技术规范、标准图集，国家、地方和行业发布的消耗量定额，住房和城乡建设部及地方住房和城乡建设厅所发布的工程计量指引规则等文件。法定性计量依据具有指引和规范计量的作用，工程计量应按照各自工程量计算规范或计算标准进行。

2. 约定性计量依据

约定性计量依据，是指在具体项目中，由发承包双方通过约定的方式确定的计量类文件。约定性计量依据包括工程施工合同，招标文件的商务条款，能够全面反映建筑物（或构筑物）的结构构造、各部位的尺寸及工程做法的施工图，能够体现具体施工方法及施工措施的施工组织设计或施工方案，在施工过程中所形成的各类签证文件及商务洽谈、变更资料等。如开挖基础土方，是人工开挖，还是机械开挖，基坑周围是否需要放坡，是否做支撑防护，是否需要排、降水等，应以施工方案为计算依据。

另外，发承包双方在建设工程施工过程中所形成的补充协议、会议纪要、工程联系单、工程对账单以及其他往来函件、记录等书面资料，均可以作为工程量计算依据，属于约定性计量依据。约定性计量依据中的施工图纸、施工方案标准高于标准图集及施工规范的，按照施工图纸、施工方案进行计量。

3. 事实性计量依据

事实性计量依据，是指在合同履行中，基于事实发生所形成的计量性文件。如果该类计量文件被发包人确认，形成新的约定、签证，则转变成约定性计量依据；如果该类计量文件没有被发包人确认，则承包人可以通过索赔程序处理。

一、工程量清单

| 导读 |

在我国工程建设领域，工程量清单计价作为国际通行的计价模式，已成为工程造价管理的核心手段。《建筑工程施工发包与承包计价管理办法》第 6 条第 1 款明确规定：“全部使用国有资金投资或者以国有资金投资为主的建筑工程（以下简称国有资金投资的建筑工程），应当采用工程量清单计价；非国有资金投资的建筑工程，鼓励采用工程量清单计价。”这一规定体现了国家对工程造价管理改革的深化，旨在通过分类推进的方式，逐步实现计价方式的标准化与市场化。

对于国有资金投资的工程项目，强制采用工程量清单计价具有多重意义。一方面，通过统一的工程量计算规则和公开透明的计价方式，能够有效避免传统定额计价的局限性，减少人为干预，确保财政资金使用的规范性和准确性；另一方面，清单计价模式强调“量价分离”，便于发包方与承包方明确风险分担，有利于控制投资成本、防范合同纠纷，从而提升国有资金的使用效益。

对于非国有资金投资的工程项目，虽未作强制性要求，但政策仍积极鼓励采用工程量清单计价。这一模式能够帮助市场主体更科学地评估工程成本，增强报价竞争性，适应市场化需求。同时，清单计价的广泛应用也有助于推动行业形成统一标准，促进建筑市场公平有序发展。

当前，工程量清单计价已成为工程价款确定的主要方式，其科学性与先进性在实践中得到充分验证。未来，随着工程造价管理体系的不断完善，清单计价将进一步发挥其在优化资源配置、提高工程效率方面的积极作用，为我国建筑业高质量发展提供有力支撑。

【术语解读】

根据《2024 清单计价标准》的定义，工程量清单是指建设工程文件中载明项目编码、项目名称、项目特征、计量单位、工程数量等的明细清单。[①]

（一）工程量清单内容

《建筑工程施工发包与承包计价管理办法》第 7 条规定：“工程量清单应当依据国家制定的工程量清单计价规范、工程量计算规范等编制。工程量清单应当作为招标文件的组成部分。”根据《2024 清单计价标准》、《房屋建筑与装饰工程工程量计算标准》（GB/T 50854-2024）的一般规定，工程量清单包括项目编码、项目名称、项目特征、计量单位、工程量计算规则、工作内容和金额等，其中金额

① 关于工程量清单，各规范对此定义并不一致。其中，《工程造价术语标准》（GB/T 50875-2013）对此定义为：工程量清单是指建设工程中载明各分部分项工程和措施项目名称、单位、特征和工程数量等的明细表。《2013 清单计价规范》对此定义为：载明建设工程分部分项工程项目、措施项目、其他项目的名称和相应数量以及规费、税金项目等内容的明细清单。

包括综合单价和合价。

1. 项目编码

项目编码是分部分项工程项目清单名称和措施项目清单名称的数字标识。项目编码采用五级十二位制，即由 12 位阿拉伯数字构成。从前至后共设五级，第一级为专业工程代码顺序码，共计 2 位（一、二位），其中，01 表示房屋建筑与装饰工程，02 表示仿古建筑工程，03 表示通用安装工程，04 表示市政工程，05 表示园林绿化工程，等等。第二级为附录分类顺序码，共计 2 位（三、四位），如房屋建筑与装饰工程项下的 01 表示土石方工程，即 0101 表示房屋建筑与装饰工程中的土石方工程。第三级为分部工程顺序码，共计 2 位（五、六位），如房屋建筑与装饰工程项下有土石方工程，土石方工程项下有土方工程和石方工程，其中，01 表示土方工程，即 010101 表示房屋建筑与装饰工程中的土方工程。以此类推，第四级为分项工程顺序码，第五级为清单项目名称顺序码，由清单编制人按照项目特征从 001 开始分别编码。

2. 项目名称

工程量清单中的项目名称，原则上应按照工程量计算规范附录中的项目名称结合拟建工程的实际情况确定，结合设计，以形成的工程实体或主要分项工程命名。项目名称如有缺项，可按相应的原则进行补充。补充项目的编码由专业工程代码与 B 和三位阿拉伯数字组成，并应从 ××B001 起按顺序编制，同一工程的项目不得重码。

3. 项目特征

项目特征是指构成分部分项工程项目、措施项目自身价值的本质特征。它是区分清单项目、确定综合单价的前提，是履行合同义务的基础。

项目特征是最能体现清单项目质量的要素，在编制工程量清单时，必须结合技术规范、标准图集、施工图纸，按照工程结构、使用材质及规格或安装位置等，对项目特征进行描述应达到规范、简捷、准确、全面的要求。

4. 计量单位

清单项目的计量单位应按工程量计算规范附录中规定的计量单位确定。规范中的计量单位均为基本单位。如重量以吨或千克（t 或 kg）为计量单位，体积以立方米（m^3）为计量单位，面积以平方米（m^2）为计量单位，长度以米（m）为计量单位，自然计量单位以个、套、根、块、组、台等为计量单位，整体数量的项目以系统、项等为计量单位。

同一计量事项有两个或两个以上计量单位的，应结合项目实际情况，选择其一确定，且同项目计量单位必须保持一致。不同的计量单位的有效位数也有所不同，根据工程量计算规范规定，以“t”为单位，应保留小数点后三位数字；以“m”“m^2”“m^3”“kg”等为单位，应保留小数点后两位数字；以“个”“项”“根”等为单位，应取整数。

5. 工程量

工程量计算规范统一规定了工程量清单项目的工程量计算规则，其基本原则是只计算工程量净值，不考虑因具体的施工方法、施工工艺和施工措施而产生的施工余量。如挖一般土方的工程量计算规则为“按设计图示尺寸以体积计算”，即按照图示尺寸以基础垫层底面积乘以深度计算，不包括放坡所产生的土方余量。

工程建设行业的新材料、新技术、新工艺不断涌现，因此，当新的清单项目未包含在工程量计算规范附录所列项目内时，需要工程量清单编制人进行补充。补充的清单项目也应包括：项目编码、项目名称、项目特征、计量单位、工程量计算规则和工作内容等。其中，补充项目的项目编码由工程量计算规范的代码与B和三位阿拉伯数字组成，并应从001起顺序编制，例如房屋建筑与装饰工程如需补充项目，则其编码应从01B001开始起顺序编制，同一招标工程的项目不得重码。补充后的清单项目应报省级或行业工程造价管理机构备案。

6. 金额

工程量清单中的金额包括单价和合价，其中单价是不包含增值税的综合单价，①合价是根据工程量与综合单价计算得出的总价，包括分部分项工程项目合价及措施项目合价。在工程建设过程中必然发生但暂时不能确定价格的材料、工程设备以及专业工程提供暂估价，该暂估价直接计入工程量清单金额，并在暂估价一栏标注数额。

（二）工程量清单相关概念

1. 招标工程量清单

根据《2013清单计价规范》第2.0.2条定义，招标工程量清单是指招标人依

① 按照《2013清单计价规范》的规定，工程量清单中的金额包括单价和合价，其中单价是不包含规费和税金的综合单价。《2024清单计价标准》已经删除规费，并把税金改为增值税。

据国家标准、招标文件、设计文件以及施工现场实际情况编制的，随招标文件发布供投标报价的工程量清单，包括其说明和表格。招标人依据国家标准、招标文件、设计文件以及施工现场实际情况编制的，随招标文件发布供投标报价的工程量清单，包括其说明和表格。

《2024 清单计价标准》对工程量清单未做定义，但对工程量清单做以下规定：（1）招标工程量清单应根据招标文件要求及工程交付范围，以合同标的或以单项工程、单位工程为工程量清单编制对象进行列项编制，并作为招标文件的组成部分。（2）招标人根据工程实际情况编制的招标工程量清单应用于总价合同的，其清单项目和工程数量应视为与招标图纸和技术标准规范相符。投标人应在接收招标文件后，在规定时间内对招标工程量清单进行复核。如投标人对工程项目清单有疑问或异议的，应按招标文件的规定以书面形式提请招标人澄清，招标人核实后作出修正的，投标人应按修正后的工程量清单进行报价。如投标人经复核认为招标工程量清单及其修正后（如有）的分部分项工程项目清单存在工程量清单缺陷的，可在已标价工程量清单的分部分项工程项目清单中进行补充完善及报价，并对已标价分部分项工程项目清单的完整性和准确性负责。无论投标人是否已提出疑问、异议或按已修正后的工程量清单报价、或对分部分项工程项目清单做出补充完善及报价，除招标工程量清单说明为暂定数量的单价计价分部分项工程项目清单外，存在工程量清单缺陷的，承包人应承担工程量清单缺陷的补充完善责任，合同价格不应因存在工程量清单缺陷而调整。（3）编制的招标工程量清单应用于单价合同的，其清单项目列项、项目特征的工作内容及其工程数量应视为符合招标图纸和技术标准规范的要求，存在分部分项工程项目清单缺陷的，应由发包人承担相关清单缺陷责任，调整相应单价与合价。

2. 已标价工程量清单

根据《2013 清单计价规范》第 2.0.3 条定义，已标价工程量清单是指构成合同文件组成部分的投标文件中已标明价格，经算术性错误修正（如有）且承包人已确认的工程量清单，包括其说明和表格。已标价工程量清单包含于投标价、合同清单之中。

《2024 清单计价标准》对已标价工程量清单未做定义，但对已标价工程量清单做以下规定：（1）在招标中，投标人可以按照招标文件、各种国家计量计价标准、工程特点及交付标准、地勘水文资料、现场踏勘情况等内容自主确定投标报价，并应对已标价工程量清单填报价格的一致性及合理性负责，承担不合理报价及总价合同的工程量清单缺陷等风险。投标人所报的投标总价与已标价工程量清单项目填报的价格累计总额不一致的，应以投标总价为准，修正工程量清单项目报价累计总额。（2）采用单价合同的工程，合同总价应包括按招标文件规定完成合同工程工程量清单所需的全部费用。已标价工程量清单应作为合同文件的组成部分，合同单价可用于合同价格调整的计价，但已标价工程量清单中以项计价的分部分项工程项目清单和措施项目清单，应按本标准中总价合同的相关规定计价。（3）采用总价合同的工程，合同总价应包括按招标文件规定完成合同图纸及合同规范要求的合同工程所需的全部费用。已标价工程量清单仅反映合同总价的价格构成，出现工程量清单缺陷的，其价格应视为已包含在合同总价中。已标价工程量清单的单价可作为合同文件的组成部分，按合同约定应用于工程变更、新增工程等合同价格调整的计价。如总价合同的工程量清单中存在以暂定数量单价计价的项目，其清单项目应按本标准中单价合同的相关规定计价。

（三）工程量清单的作用

工程量清单是发承包双方计价的基础。《2013 清单计价规范》第 3.1 条第 1 项规定：使用国有资金投资的建设工程发承包，必须采用工程量清单计价。第 3.1 条第 2 项规定：非国有资金投资的建设工程，宜采用工程量清单计价。

《2024 清单计价标准》第 3.1 条规定，建设工程施工发承包的工程计量与计价应符合以下规定：建设工程施工发承包的工程计量与计价应符合以下规定：（1）使用财政资金或国有资金投资的建设工程，应按国家及行业工程量计算标准编制工程量清单，采用工程量清单计价；（2）非使用财政资金或国有投资的建设工程，宜按国家及行业工程量计算标准编制工程量清单，采用工程量清单计价。①

【司法实务】

问题 1. 招标工程量清单的准确性和完整性责任由谁承担？

一般来说，招标工程量清单作为招标文件的组成部分，由招标人或招标人委

① 《2013 清单计价规范》第 3.1.1 条规定：使用国有资金投资的建设工程发承包，必须采用工程量清单计价。

托的咨询机构编制，其准确性和完整性由招标人负责。《2024 清单计价标准》第 1.0.5 条规定，发承包双方中的任一方，应对出具的工程造价成果文件的质量向另一方负责。投标人不应承担工程量清单的缺项、漏项以及计算错误带来的风险与损失。①

如果招标文件明确要求投标人在投标时核对工程量清单，并规定投标人对工程量清单的准确性、完整性负责，责任到底由谁承担，需要分情况讨论。

一、约定由投标人对工程量清单的准确性、完整性负责，不违反法律强制性规定

招标人在招标文件中明确要求，由投标方自行复核工程量清单，并规定工程量清单的准确性和完整性由投标人负责；或在招标文件中要求，投标人应当参照施工图纸核对工程量清单，如认为工程量清单有误，应告知招标人或自行修改报价等，如未告知且不作修改的，视为认可工程量清单，如投标人中标，在签订合同时价款不予调整。该种要求属于发包人在招标文件中列明的实质性要求。《招标投标法》第 27 条第 1 款规定："投标人应当按照招标文件的要求编制投标文件。投标文件应当对招标文件提出的实质性要求和条件作出响应。"投标人参与投标并中标，应视为双方对"由投标人对工程量清单的准确性、完整性负责"条款达成一致约定，该条款对双方具有拘束力。

尽管《2013 清单计价规范》把第 4.1.2 条（招标工程量清单必须作为招标文件的组成部分，其准确性和完整性应由招标人负责）列为强制性条文，但该条文不是法律、行政法规的强制性规定，且该条所规定的内容并不涉及质量、安全及国家基本交易制度，不属于影响合同效力的条文，不能改变合同约定。2024 年新修改的《2024 清单计价标准》删除了该条规定，取而代之的是第 1.0.5 条，发承包双方中的任一方，应对出具的工程造价成果文件的质量向另一方负责。接受委托的承担工程造价文件编制与核对的工程造价咨询人及其从业人员，应对其工程造价成果文件的质量向委托方负责。发承包双方中的任一方应就其委托并确认的工程造价咨询人编制与核对的工程造价成果文件的质量，向另一方负责。

① 《2013 清单计价规范》第 4.1.2 条规定，招标工程量清单必须作为招标文件的组成部分，其准确性和完整性应由招标人负责。

另外，根据《2017 工程施工合同》通用合同条款第 1.13 条约定，“除专用合同条款另有约定外，发包人提供的工程量清单，应被认为是准确的和完整的。出现下列情形之一时，发包人应予以修正，并相应调整合同价格：（1）工程量清单存在缺项、漏项的……”。说明工程量清单的准确性和完整性责任可以约定承担主体。

二、总价合同，承包人有审核工程量的义务

总价合同通常是以施工图纸、规范为基础，在工程任务内容明确、发包人的要求条件清楚、计价依据和要求确定的条件下，发承包双方依据承包人编制的施工图预算商谈确定合同价款。当合同约定工程施工内容和有关条件不发生变化时，发包人付给承包人的工程价款总额就不会发生变化。《2024 清单计价标准》第 4.1.4 条规定，招标人根据工程实际情况编制的招标工程量清单应用于总价合同的，其清单项目和工程数量应视为与招标图纸和技术标准规范相符，存在工程量清单缺陷的，承包人应承担工程量清单缺陷的补充完善责任，工程量清单缺陷应按本标准第 6.1.7 条的规定不做调整。

《2013 清单计价规范》第 8.3.2 条规定，采用经审定批准的施工图纸及其预算方式发包形成的总价合同，除按照工程变更规定的工程量增减外，总价合同各项目的工程量应为承包人用于结算的最终工程量。承包人未尽到审核工程量义务，应承担不利后果。发包人以工程量清单方式招标形成的总价合同除外。[①]

三、由投标人承担工程量清单的准确性和完整性责任

1. 招标人必须提供可供投标人复核工程量清单的相关资料

工程计量基础资料是发承包双方约定作为合同文件的组成部分，表达合同价款的工程范围及品质要求所依据的设计文件，包括招标文件提供的设计文件和招标人在招标过程中发出的有关设计文件的补充、澄清或修改文件。

判断工程量清单的准确性和完整性的标准主要是：（1）该项工作在施工图纸中存在；（2）该项工作在清单规范中有对应的工作编码或编制者可以补充编码予以归类、列项；（3）该项工作在工程量清单中没有体现。招标人不提供可供投标人复核工程量清单的相关资料，或提供错误的施工资料，致使投标人无法核实或无法准确核实，过错方在发包人的，即便有约定，投标人也无须承担相关责任；

① 《2013 清单计价规范》第 8.3.1 条规定，采用工程量清单方式招标形成的总价合同，其工程量应按照本规范第 8.2 条的规定计算。

投标人也有过错的，按过错比例承担相应责任。

2. 招标人须给投标人留有复核工程量清单的合理时间

投标人复核工程量，是根据发包人提供的有关设计文件、图纸等资料，按照图纸标注的尺寸逐一计算各分部分项工程实体工程量，检查、核对招标工程量清单中存在的错项、漏项、重复计算及错误计算等内容，所有这些工作均需要合理的工作时间为基础。《招标投标法》第24条规定，招标人应当确定投标人编制投标文件所需要的合理时间；但是，依法必须进行招标的项目，自招标文件开始发出之日起至投标人提交投标文件截止之日止，最短不得少于二十日。《招标投标法》所规定的投标截止期限并不含投标人复核清单工程量时间，需要发包人另行考虑。发包人在招标时未给投标人留有必要合理复核工程量清单的时间，应承担相应责任，承包人也有过错的，按过错比例承担相应责任。

关联判例

金某祥、株洲银泰房地产开发有限公司建设工程施工合同纠纷案

（2019）最高法民终379号

【裁判要旨】

招投标文件和案涉《建设工程施工合同》均约定承包人对工程量清单有复核的义务，发承包双方对发包人在招标时未提供图纸均有过错，依公平原则，应按过错比例承担责任。

【基本案情】

2010年3月6日，东欣公司金某华与金某祥签订《内部协议书》，约定金某华联系承接的株洲银泰财富广场的土建项目工程，由公司出面承包给金某祥，金某祥向金某华支付业务费580万元。东欣公司作为担保方在该协议上签章。2010年3月15日，银泰公司向东欣公司马某发放了施工图纸两套，施工图纸包括水施、电施、1号结施和建施、3号结施和建施、裙房及地下室结施和建施等图纸。2010年3月24日，株洲市求实项目管理有限公司根据银泰公司的委托发放招标文件，对案涉项目进行了招标。其中投标须知前

附表载明：招标截止时间及开标时间为2010年3月29日，招标范围为施工图纸范围内的所有土建工程、安装工程及变更工程，具体以《补充协议》第2条的工程施工范围为准，详见工程量清单。上限值为161198474.17元，上限值计价方式采用《湖南省建设工程工程量清单计价办法》中的工程量清单计价法。投标须知第12.5条载明：投标人对招标人提供的工程量清单应根据招标资料及设计图纸认真计算复核，如果少算、多算或漏算，应于投标截止日2天前以书面形式向招标代理公司提出，否则视同对招标人提供的工程量清单无异议；第12.9条载明：本工程采用固定单价合同方式，即投标人填写的单价和合价在合同实施期间（设计变更除外）均不调整；投标人改变招标人提供的分部分项工程量清单项目的数量或名称或综合单价至零的，评标委员会应当认定其为不合格的投标人等。

2010年5月，建设、设计、监理、施工等单位进行图纸会审，形成图纸会审记录，其中涉及明确或调整项目212项。银泰公司法定代表人郭某桦在首页手写“同意会审记录内容。在实施中如有增量与减量，则按实际现状增、减执行”。

本案诉讼中，东欣公司、金某祥与银泰公司对工程结算计量计价方法存在争议。根据金某祥的申请，湖南省高级人民法院委托鉴定机构利安达公司采取多种方法对工程造价进行了司法鉴定。利安达公司的鉴定结论包含以下内容：（1）招标工程量清单与银泰公司提供的图纸上的工程量已完部分的工程造价相差35885509.09元。（2）招标工程量清单与银泰公司提供的图纸工程量不一致，二者之间的工程造价相差54800877.12元。（3）工程是按金某祥提供的图纸进行实际施工。（4）施工方提供4900吨钢筋价差及保管费共5599000元。

【裁判摘要】

关于招标工程量清单与银泰公司提供图纸工程量的差额问题。最高人民法院认为，根据鉴定结果，银泰公司提供的招标工程量清单与图纸之间的工程量差额为54800877.12元，已完成部分差额为35885509.09元。金某祥提出，根据《建设工程造价咨询成果文件质量标准》，招标工程量清单与图纸不符的合理误差应为3%。最高人民法院认为，3%系在承包人无复核义务亦无其他过错的情况下，发包人的合理误差比。本案中，招投标文件和案涉《建设工程施工合同》均明确约定承包人对工程量清单有根据招标资料及设计图纸计算复核的义务，且在招标前未就其准确性和完整性提出异议的，工程量不予调整。但根据招标代理机构、其他投标人的情况说明，银泰公司在招标工程中没有发放工程图纸。银泰公司虽在招标前给东欣公司马某发放过一份工程图纸，但未能提供证据证明该份图纸与招标清单相配套。而东欣公司、金某祥作为承包人和实际施工人在负有核对工程量清单与图纸一致性义务的情况下，未就图纸发放问题提出异议，也未与银泰公司协商；银泰公司实际发放图纸后，也未就工程量清单与图纸之间的差异进行核对，亦应承担相应责任。综合考虑，案涉工程已验收合格并实际交付银泰公司使用，金某祥就工程量清单与图纸差额部分已实际付出成本与劳动，银泰公司作为案涉工程的实际使用者与收益方，依公平原则，应就大部分款项承担支付义务。故最高人民法院对一审法院酌定已完工部分差额35885509.09元中的80%，即28708407.27元属银泰公司应当支付工程款的处理意见，予以认可。

问题2.合同约定的计价方式与清单计价规范规定方式冲突，以何为准？

《标准化法》第10条第1款规定，对保障人身健康和生命财产安全、国家安全、生态环境安全以及满足经济社会管理基本需要的技术要求，应当制定强制性国家标准。《标准化法实施条例》第18条规定，国家标准、行业标准分为强制性标准和推荐性标准。下列标准属于强制性标准：（1）药品标准，食品卫生标准，兽药标准；（2）产品及产品生产、储运和使用中的安全、卫生标准，劳动安全、卫生标准，运输安全标准；（3）工程建设的质量、安全、卫生标准及国家需要控制的其他工程建设标准；（4）环境保护的污染物排放标准和环境质量标准；（5）重要的通用技术术语、符号、代号和制图方法；（6）通用的试验、检验方法标准；（7）互换配合标准；（8）国家需要控制的重要产品质量标准。

建设工程工程量清单类的计价规范或标准是调整发承包双方在建设工程施工

招标、投标及合同签订、履行过程中的计量、计价和结算的基本规范。尽管《建设工程工程量清单计价规范》（GB 50500–2013）是以 GB 开头的国家标准，但工程计价并非属于关系人身健康、生命财产安全、国家安全、生态环境安全以及满足经济社会管理基本需要的技术种类，并不属于法定必须强制适用的技术标准，且该规范中大多是任意性条文而非强制性条文。① 2024 年新颁发的《2024 清单计价标准》已经按照《标准化法》和《标准化法实施条例》② 的规定，由国家强制性标准变为国家推荐性标准，且该计价标准中不再设有必须强制适用的条文。

《民法典》第 5 条规定，民事主体从事民事活动，应当遵循自愿原则，按照自己的意思设立、变更、终止民事法律关系。当事人在合同中约定的计价方式与清单计价方式不同，并不影响其效力，应以合同约定为准。

① 根据住房和城乡建设部第 1567 号公告,《2013 清单计价规范》的下列条文为强制性条文：3.1.1 使用国有资金投资的建设工程发承包，必须采用工程量清单计价。3.1.4 工程量清单应采用综合单价计价。3.1.5 措施项目中的安全文明施工费必须按国家或省级、行业建设主管部门的规定计算，不得作为竞争性费用。3.1.6 规费和税金必须按国家或省级、行业建设主管部门的规定计算，不得作为竞争性费用。3.4.1 建设工程发承包，必须在招标文件、合同中明确计价中的风险内容及其范围，不得采用无限风险、所有风险或类似语句规定计价中的风险内容及范围。4.1.2 招标工程量清单必须作为招标文件的组成部分，其准确性和完整性应由招标人负责。4.2.1 分部分项工程项目清单必须载明项目编码、项目名称、项目特征、计量单位和工程量。4.2.2 分部分项工程项目清单必须根据相关工程现行国家计量规范规定的项目编码、项目名称、项目特征、计量单位和工程量计算规则进行编制。4.3.1 措施项目清单必须根据相关工程现行国家计量规范的规定编制。5.1.1 国有资金投资的建设工程招标，招标人必须编制招标控制价。6.1.3 投标报价不得低于工程成本。6.1.4 投标人必须按招标工程量清单填报价格。项目编码、项目名称、项目特征、计量单位、工程量必须与招标工程量清单一致。8.1.1 工程量必须按照相关工程现行国家计量规范规定的工程量计算规则计算。8.2.1 工程量必须以承包人完成合同工程应予计量的工程量确定。11.1.1 工程完工后，发承包双方必须在合同约定时间内办理工程竣工结算。

② 《标准化法实施条例》第 18 条规定，国家标准、行业标准分为强制性标准和推荐性标准。下列标准属于强制性标准：（1）药品标准，食品卫生标准，兽药标准；（2）产品及产品生产、储运和使用中的安全、卫生标准，劳动安全、卫生标准，运输安全标准；（3）工程建设的质量、安全、卫生标准及国家需要控制的其他工程建设标准；（4）环境保护的污染物排放标准和环境质量标准；（5）重要的通用技术术语、符号、代号和制图方法；（6）通用的试验、检验方法标准；（7）互换配合标准；（8）国家需要控制的重要产品质量标准。国家需要控制的重要产品目录由国务院标准化行政主管部门会同国务院有关行政主管部门确定。强制性标准以外的标准是推荐性标准。

关联判例

四川华铁钢结构有限公司、北京长林瑞投资有限公司建设工程施工合同纠纷案

(2018)最高法民申1815号

【裁判要旨】

双方当事人约定以工程结算造价的30%交纳综合管理费，该约定是双方的真实意思表示，没有违反法律、行政法规的强制性规定，未按清单计价规范及配套文件计价不影响该约定效力。

【基本案情】

2013年3月22日，华铁公司(乙方)与广西一建成都分公司(甲方)签订《工程项目内部承包协议》(此为合同封面名称，合同正文名称为《工程项目责任承包协议》)，约定华铁公司施工巴中市体育馆、游泳馆的钢结构工程。该合同第3条约定，承包范围包括但不限于施工总承包合同中的钢结构和网架及阳光板屋面所载明的全部内容。第4条约定，(1)协议暂估价款5870万元(最终以结算为准)。(2)乙方向甲方上交管理费，以本工程结算造价的35%交纳综合管理费(其中包括税金、上交公司管理费、项目配合费及综合管理费等)。2015年4月14日，双方签订补充协议，约定内容“按审计结算总金额的30%计收综合管理费”。

【裁判摘要】

关于《工程项目内部承包协议》《补充协议》及其中有关综合管理费的约定是否有效问题。最高人民法院认为，广西一建成都分公司与华铁公司签订的《工程项目内部承包协议》虽然规定了“其价格计算方法如下：按《建设工程工程量清单计价规范》(GB 50500—2008)、2009年《四川省建设工程工程量清单计价定额》及相关配套文件按实计取”，但《工程项目内部承包协议》中有特别规定的应当按照协议执行。且本案中《工程项目内部承包协议》及《补充协议》并非通过招投标程序订立的合同，不适用《招标投标法》以及《2008清单计价规范》“4.2招标控制价”中的有关规定。华铁公司关于《工程项目内部承包协议》及《补充协议》因违反《2008清单计价规范》

（GB 50500—2008）第4.2.6条的规定以及《招标投标法》第41条第2项而无效的再审申请理由不应予以支持。本案双方当事人在《工程项目内部承包协议》及《补充协议》中约定以工程结算造价的30%交纳综合管理费（其中包括税金、上交公司管理费、项目配合费及综合管理费等），该约定是双方的真实意思表示，没有违反法律、行政法规的强制性规定。二审判决关于《工程项目内部承包协议》《补充协议》及其中有关综合管理费的约定均合法有效的认定并无不当。

二、工程量清单缺陷

| 导读 |

工程量清单作为发承包双方确定施工范围及工程价款的核心依据，其准确性和完整性直接影响合同履行和工程造价控制。《2024 清单计价标准》第1.0.5条明确规定，发承包双方应对各自出具的工程造价成果文件质量负责，并默认工程量清单是准确和完整的。然而，在工程实践中，清单缺陷问题长期存在，可能导致结算争议、投资失控甚至合同纠纷。

我国现行规范体系对工程量清单缺陷责任已有较为明确的规定。例如，《2013 清单计价规范》第4.1.2条强调，采用工程量清单招标时，招标人必须对清单的准确性和完整性负责，投标人则依据该清单报价，不得随意调整工程量。《建设工程施工合同（示范文本）》（GF–2017–0201）通用条款第1.13条同样规定，除非合同另有约定，发包人提供的工程量清单应被视为准确和完整，承包人有权依赖该清单进行投标和施工。

尽管相关规范对清单缺陷责任进行了划分，但实际工程中仍存在因清单漏项、工程量偏差、项目特征描述不清等问题引发的争议。2024版清单计价标准在延续既有规则的基础上，进一步强化了发承包双方的质量责任，要求各方审慎编制和审核清单，以减少履约风险。

【术语解读】

根据《2024 清单计价标准》的定义，工程量清单缺陷，是指工程量清单的分部分项工程项目清单中所列的清单项目与对应的合同图纸及合同规范所要求的清单项目在列项、项目特征、工程数量上存在的差异。

（一）工程量清单漏项的判断标准

工程量清单缺陷包括工程量清单多列项、错漏项、项目特征不符、工程数量偏差及其他同类。清单漏项又称清单缺项，是最为常见的清单缺陷，是指依据工程量清单计价规范及相应计量规范应当在工程量清单中设置而没有设置的项目。

工程量清单是否漏项，主要从以下几个方面确定：（1）编制清单所依据的图纸中是否存在该工作。如果编制清单所依据的图纸中没有该工作，即便实际施工中通过设计变更或工程变更增加了该项工作，也不属于清单漏项。（2）工程量清单是否对该工作进行列项。只有工程量清单没有对该工作进行列项才可能构成清单漏项，如果清单对该工作进行列项，仅是数量不准确，不属于清单漏项。（3）该项工作是否应归属于规范的项目名称。工程量清单应根据清单计价规范和各工程量计算规范规则列项，每一项目下的工作内容应符合各工程量计算规范规则，如果是该项目名称项下的工作内容，则不能再次列项。比如，土方工程中的010101001 平整场地，因其工作内容包括土方开挖、场地找平和运输，项目特征包括土壤类别、弃土运距和取土运距，故该平整场地项下的土方外运则不属于清单漏项。（4）如果编制人在编制工程量清单时发现工程量计算规范附录中未包括的清单项目，应作补充。补充项目的编码应按工程量计算规范的规定确定，补充项目也应包括项目名称、项目特征、计量单位、工程量计算规则和工作内容，补充项目应报省级或行业工程造价管理机构备案。

（二）工程量清单漏项的原因

产生工程量清单漏项的原因很多，无法一一列举，但常见的原因有三种，包括：图纸设计深度不足，编制人员自身水平有限，招标人故意设置。

1. 施工图设计深度不足

工程量清单的编制以工程项目施工图纸为基础。理论上说，施工图纸设计越精细，工程量清单的编制应越准确。但现实中，发包人为了赶进度，经常出现仅有初步设计图、方案效果图即开始招标，有时即便有图纸，也常出现标注不清、自出自审等不规范问题。编制人员只能按照问题图纸编制工程量清单，或根据经验、参考类似工程编制，难免产生清单漏项。

2. 编制人员自身水平有限

工程量清单子目设置与定额子目设置不同，定额子目是按工序设置，而清单子目设置是将若干工序组合起来。如土方开挖，定额子目中分人工土方和机械土方。其中，人工挖土的工作内容包括①：挖土、倒土、抛土；装土、100m 以内运土、卸土，平整道路；修整底边。机械挖土，如挖掘机挖土（配自卸汽车）的工作内容包括②：挖土、装土、运土、卸土、平整，推土机辅助推土；修理边坡、人工处理基底 30cm 厚土层，清理底、边、角及机下余土；工作面内排水及现场行使道路的养护。而工程量清单子目仅分为挖一般土方、挖沟槽土方和挖基坑土方，其工作内容包括：排地表水、土方开挖、维护（挡土板）支撑，基底钎探和运输。当编制人员把二者混淆时，容易造成清单漏项或错项。

3. 招标人故意漏项

在编制工程量清单的过程中，不排除招标人故意模糊项目特征，将项目特征描述不清的风险转移给投标人。如招标人在招标文件中要求投标人审核工程量清单，并承担工程量清单错项、漏项风险。

（三）工程量清单缺陷的价款调整方法

1. 分部分项工程费的调整

根据《2013 清单计价规范》第 9.5.1 条的规定，在施工合同履行期间，由于招标工程量清单中分部分项工程出现缺项漏项，造成新增工程清单项目的，应按照工程变更事件中关于分部分项工程费的调整方法，调整合同价款。

根据《2024 清单计价标准》的规定，采用单价合同的工程，招标人根据工程实际情况编制的招标工程量清单，其应视为清单项目和工程数量与招标图纸和技术标准规范相符。发包人提供的项目清单存在工程量清单缺陷的，除措施项目清单外，其计量与计价风险应由发包人承担。采用总价合同的工程，合同总价应包括按招标文件规定完成合同图纸及合同规范要求的合同工程所需的全部费用。采用总价合同的招标工程，投标人应在接收招标文件后，在规定时间内对招标工程量清单进行复核。如投标人对工程项目清单有疑问或异议的，应按招标文件的规

---

① 参见陕西省建设厅编：《陕西省建筑、装饰工程消耗量定额》，陕西科学技术出版社 2004 年版，第 13 页。

② 参见陕西省建设厅编：《陕西省建筑、装饰工程消耗量定额》，陕西科学技术出版社 2004 年版，第 33 页。

定以书面形式提请招标人澄清，招标人核实后作出修正的，投标人应按修正后的工程量清单进行报价。如投标人经复核认为招标工程量清单及其修正后（如有）的分部分项工程项目清单存在工程量清单缺陷的，可在已标价工程量清单的分部分项工程项目清单中进行补充完善及报价，并对已标价分部分项工程项目清单的完整性和准确性负责。已标价工程量清单仅反映合同总价的价格构成，出现工程量清单缺陷的，承包人应承担工程量清单缺陷的补充完善责任，其价格应视为已包含在合同总价中。

2. 措施项目费的调整

《2013 清单计价规范》第 9.5.2 条、第 9.5.3 条规定，新增分部分项工程清单项目后，引起措施项目发生变化的，应当按照工程变更事件中措施项目费的调整方法，在承包人提交的实施方案被发包人批准后，调整合同价款；招标工程量清单中措施项目缺项，承包人应将新增措施项目实施方案提交发包人批准后，按照该规范的有关规定调整合同价款。

根据《2024 清单计价标准》相关规定，工程量清单缺陷引起的措施项目变化，应按以下方式执行。（1）采用单价合同的工程，工程量清单缺陷已经以发包人提供的工程实际施工图纸及颁发和确认的变更指令，按照合同约定的国家及行业工程量计算标准及补充的工程量计算规则进行重新计量进行修正，工程量清单各项目单价按照合同约定或清单计价标准规定进行调整的，除合同约定应予计量的其他措施项目、安全生产措施项目及以综合单价形式计价、在分部分项工程项目清单中所列属于措施项目的模板等工程外，合同清单的措施项目清单及合同工期均不应予调整。（2）采用总价合同的工程，合同价格及合同工期不应因合同清单缺陷而调整。（3）建设工程无论是采用单价合同或总价合同，按项编制的措施项目清单的完整性及准确性均应由承包人负责，不能调整。

【司法实务】

问题．建设工程施工合同约定漏项包干，是否有效？

《2013 清单计价规范》第 4.1.2 条规定："招标工程量清单必须作为招标文件的组成部分，其准确性和完整性应由招标人负责。"在工程实务中，招标人为了转移工程量清单漏项风险，有的在招标文件中要求投标人对工程量清单的准确性和完整性负责；有的在合同中约定工程量清单漏项包干，并给予一定数额的包干费。

实务中对漏项包干约定的效力问题，有不同观点。

第一种观点认为，漏项包干意味着漏项产生的所有风险均由承包人承担，该约定违反了“合同不得采用无限风险”的规定，约定无效。

第二种观点认为，漏项包干并不违反法律、行政法规的强制性规定，合法有效。

笔者倾向于第二种观点。

尽管《2013清单计价规范》第3.4.1条规定：“建设工程发承包，必须在招标文件、合同中明确计价中的风险内容及其范围，不得采用无限风险、所有风险或类似语句规定计价中的风险内容及范围。”但漏项包干费并不属于无限风险。

实践中判断清单漏项的标准主要是：（1）该项工作在施工图纸中存在；（2）该项工作在清单规范中有对应的工作编码或编制者可以补充编码予以归类、列项；（3）该项工作在工程量清单中没有体现。[①] 基于工程量清单漏项的判断标准，适用漏项包干的前提是承包人既有图纸，也有工程量清单。有了施工图纸和工程量清单，图纸与工程量清单的差异已经确定，属于投标人可控范畴，并非无限风险，投标人可以根据实际漏项价值投报漏项包干费价格。假如招标人给定漏项包干费，投标人可以根据招标人给定的漏项包干费与实际漏项价值大小，合理确定其他给定工程量单价，以抵销定值包干费风险。

尽管编制招标工程量清单通常被看成是发包人义务，但法律并不禁止发承包双方就非主要权利义务以约定的方式进行转移，发承包双方可以把审核招标工程量清单的义务以约定的方式转移给承包人。《建设工程施工合同》通常包括总价合同和单价合同两种，根据《2024清单计价标准》第4.1.4条的规定，[②] 在总价合同模式下，承包人应承担工程量清单缺陷的补充完善责任；在单价合同模式下，

---

① 常设中国建设工程法律论坛第八工作组：《中国建设工程施工合同法律全书词条释义与实务指导》，法律出版社2019年版，第276页。

② 《2024清单计价标准》第4.1.4条规定，招标人根据工程实际情况编制的招标工程量清单应用于总价合同的，其清单项目和工程数量应视为与招标图纸和技术标准规范相符，存在工程量清单缺陷的，承包人应承担工程量清单缺陷的补充完善责任，工程量清单缺陷应按本标准第6.1.7条的规定不做调整；编制的招标工程量清单应用于单价合同的，其清单项目列项、项目特征的工作内容及其工程数量应视为符合招标图纸和技术标准规范的要求，存在分部分项工程项目清单缺陷的，应由发包人承担相关清单缺陷责任，工程量清单缺陷应按本标准第8.2条的规定调整。

应由发包人承担相关清单缺陷责任。但根据该清单计价标准第1.0.3条“有约从约”的原则，应当允许合同约定在单价合同模式下的承包人承担工程量清单缺陷的补充完善责任。

关联判例

福建章诚隆建设工程有限公司与厦门经济特区房地产开发集团有限公司建设工程施工合同纠纷案

（2014）民抗字第80号

【裁判要旨】

合同约定工程量漏项风险属于风险包干范围，承包人要求对其投标时错、漏算的工程量增补工程款，不予支持。

【基本案情】

经过公开招、投标，章诚隆公司成为特房集团开发的“特房·锦绣祥安一期20#-24#楼”土建及安装工程的施工单位。2007年3月1日，双方签订《建设工程施工合同》，约定开工日期为2007年3月7日，竣工日期为2008年5月29日，合同总工期为450天，合同价款为39411875元。合同采用固定价格方式确定，合同价款中包括工程量清单有错、漏导致的工程预算控制价不准确，市场变化、政策性调整导致的人工、机械和材料变化等风险范围，施工过程和竣工结算时不再调整包干造价。当发包人累计支付工程款达到合同价的90%时停止支付工程款。待办完工程竣工手续，完成工程质量评定，承包人报送的竣工结算经监理工程师和发包人审核后报送发包人指定的造价咨询单位审定，造价咨询单位出具审核结论书且办理完结算手续后，发包人除扣留结算总价的3%作为保修金外，余款一次性向承包人付清。

【裁判摘要】

法院认为，在建行厦门分行对讼争工程作出建筑安装工程造价审核意见书后，章诚隆公司提出异议认为，讼争工程屋顶、凸窗台增加铝合金格栅，建行厦门分行进行工程造价审核时无依据地调整其单价，使工程款结算金额少算了1007330元。对于章诚隆公司提出的异议，监理单位厦门基业衡信咨询有限公司进行核对，其审核结果为15356.8元。建行厦门分行在监理单位审核结果的基础上又进行复核，审核结果为9099.76元。经查，讼争工程因设计变更而增加的铝合金格栅数量仅为77.17平方米。章诚隆公司主张增加的其余部分，是其多算及投标时漏算工程量的部分，根据招标文件及施工合同条款约定，工程量错、漏算属风险包干范围，不应予以增补。因此，章诚隆公司以建行厦门分行在审核时错误调整铝合金格栅单价为由，主张工程款结算金额少算了1007330元，实质上是要求对其投标时错、漏算的铝合金格栅工程量增补工程款，其此项主张无事实和合同依据，不应予以支持。

三、项目特征

|导读|

在工程量清单计价体系中，项目特征是定义清单项目的核心依据，它不仅决定了工程实体的施工内容和工艺要求，更是发承包双方履行合同义务的重要基础。项目特征的描述是否准确、完整，直接影响投标报价的合理性以及最终工程结算的合规性。因此，发包人在编制招标工程量清单时，必须确保项目特征的描述与实际施工要求严格匹配，否则可能导致承包人无法准确报价，甚至引发后续的合同纠纷。

以现浇混凝土梁为例，依据《房屋建筑与装饰工程量计算规范》，其工程量应按设计图示尺寸以体积计算。然而，混凝土的种类（如普通混凝土、抗渗混凝土等）、强度等级（如C30、C40等）以及施工工艺要求（如是否需要添加外加剂）均会直接影响材料价格和施工成本。如果招标人在项目特征中未明确这些关键信息，投标人将难以合理测算综合单价，可能导致报价偏差。而在结算阶段，若实际施工内容与清单描述不符，双方极易因单价调整问题产生争议，甚至影响工程顺利实施。

由此可见，项目特征的准确描述是工程量清单编制工作的重中之重。它不仅关系到投标人的报价策略，更影响合同履行过程中的成本控制与风险管理。因此，发包人应严格依据设计文件、施工规范和市场实际，确保项目特征描述的完整性和准确性；而承包人也应在投标阶段仔细核查清单内容，避免因特征描述不清导致的报价失误。只有双方共同重视项目特征的规范表述，才能有效减少工程争议，保障建设项目的顺利实施。

【术语解读】

根据《2024 清单计价标准》的定义，项目特征是指载明构成工程量清单项目自身的本质及要求，用于说明设计图纸、技术标准规范及招标文件所要求完成的清单项目的文字性描述。

（一）项目特征描述的原则

项目特征是构成分部分项工程项目、措施项目自身价值的本质特征，决定工程实体的自身价值，也直接影响着投标人的投标报价。对项目特征的描述要符合以下原则。

1. 凡是对确定工程造价有影响的特征均应该详细描述

对工程价款有影响的项目特征通常包括：（1）材料。不同种类、不同材质、不同质量等级材料价格通常不同。如同是水泥，硅酸盐水泥和铝酸盐水泥价格不同；同是混凝土，C20 混凝土、C30 混凝土与 C40 混凝土价格不同；同是管材，碳钢管、塑料管、不锈钢管价格不同，这些需要详细描述。（2）设备。不同品牌、不同技术指标、不同精度指标的设备价格不同，如纳、镁、铝离子在线检测仪器，不同精度等级的单价存在数倍的差异。（3）影响工程量计量的内容。如以“樘”计量的门窗，无法确定准确尺寸；以“米”计量的桩，无法确定直径等。（4）特殊工艺要求和安装方法。（5）其他影响价格的情形。

2. 施工方可以知晓、应当知晓或需要自行确定的，可以不详细描述

施工方的义务是按照图纸施工，不得违反施工规范和标准图集。因此，如果施工规范、标准图集及施工图纸已经标注明确的各类参数，招标人可以不详细描述，可以简单描述为详见 ×× 图集 ×× 页号及节点等。如因地下较为复杂，对土壤类别进行准确描述较为困难，招标人可以对此描述为综合土，并注明由投标人根据地勘资料自行确定土壤类别进行报价。

3. 对投标报价没有影响，属于投标人竞争方案，或属于内容明确且唯一的，可以不描述

比如对混凝土浇筑，无论是施工方购买原材料商品砼，还是浇筑施工，均是以“立方米”计量，梁板柱的标高、尺寸均不影响计价，故通常不对此进行描述。

对于土方工程，施工方究竟是放坡开挖还是支护开挖，是投标人基于现场踏勘、了解施工条件后而采用的施工方案，由投标人自行决定，招标人并非必须对此进行描述。

（二）项目特征描述方法

对项目特征的描述，应参照各自专业的工程量计算规范附录中规定的项目特征，并结合相关技术规范、标准图集、施工图纸，以及材料、材质、规格等进行描述。对计量规范未规定而实际有的特殊项目特征，清单编制人也应视项目具体情况进行准确描述。

需要注意的是，在工程量计算规范附录中还有各清单项目“工作内容”的描述。一般来说，在编制工程项目清单时，工程内容通常无须描述。因为工程内容就是完成清单项目可能发生的具体工作和操作程序，选择了工程量清单计价，选择了该工程量清单项目与工程量计算规则，也就确定了该施工所有程序和内容，即该“工作内容”是明确且唯一的。

（三）项目特征不符的处理

招标人在招标工程量清单中对项目特征的描述，应被认为是准确而全面，并且与实际施工要求相符合的。投标人应按照招标人提供的招标工程量清单，根据项目特征描述的内容及有关要求实施合同工程，直到项目被改变为止。

投标人应按照招标人提供的设计图纸实施合同工程，若在合同履行期间出现设计图纸（含设计变更）与招标工程量清单任一项目的特征描述不符的情况，且该差异引起该项目工程造价增减变化的，应按照实际施工的项目特征，重新确定相应工程量清单项目的综合单价，并调整合同价款。

【司法实务】

问题 1. 工程量清单缺少项目特征，如何计价？

项目特征是指构成分部分项工程项目、措施项目自身价值的本质特征。实行工程量清单招标，招标人在招标文件中提供工程量清单，其目的是使各投标人在投标报价中具有共同的竞争平台。因此，招标工程项目清单必须根据相关工程现行国家计量规范规定的项目编码、项目名称、项目特征、计量单位和工程量计算规则进行编制，以便投标人在投标报价中所填写的工程量清单各项内容与招标工程量清单内容保持一致。

项目特征是构成清单项目价值的本质特征，单价的高低与其具有必然联系。因此，招标人在招标工程量清单中对项目特征的描述，应被认为是准确而全面，并且与实际施工要求相符合的，否则，投标人无法报价。

当工程量清单缺少项目特征时，需要有提供工程量清单义务的单位组织相关资质人员，根据施工图纸并参照各自专业的工程量计算规范附录中所规定的项目特征，结合相关技术规范、标准图集、施工图纸等，重新描述工程量清单项目特征。不能或已经失去重新描述项目特征意义时，如工程已经施工完毕进入结算程序，可由发承包双方重新确定计价方式。双方不能达成补充协议，且按照合同相关条款或者交易习惯无法确定的，可以按照当地适用的定额确定价款。

关联判例

佳木斯恒远建设集团有限公司、城子河区煤矿棚户区改造办公室建设工程施工合同纠纷案

（2018）最高法民申5615号

【裁判要旨】

合同约定采用清单结算方式，但工程量清单缺少项目特征，无法依据清单结算，应以定额结算。

【基本案情】

2009年8月26日，棚改办为甲方、恒远公司为乙方，签订《施工协议》一份，主要内容为：乙方对甲方开发的城子河区城花居住区C区2、3、4、6、7、8、10、11、12号楼，面积约47219平方米进行施工，按竣工图实际面积进行结算等。

2009年9月30日，恒远公司进场开始对2、3、4、6、7、8号楼进行施工（由于当时棚改办未能依约提供10、11、12号楼场地，恒远公司于2010年8月开始对10、11、12号楼施工）。双方后就案涉工程补办了招投标手续。招标文件记载工程计价方式为“工程量清单报价”，在招标文件后附的工程量清单中，对“项目名称”“计量单位”“工程量”进行了表述，但未对“项

目特征”进行表述。恒远公司就案涉工程进行投标，在投标文件中，恒远公司以定额计价的方式编制了工程预（结）算书，确定了32318066.01元的投标总报价。棚改办向恒远公司出具中标通知书，通知恒远公司为中标人。2009年11月11日，恒远公司与棚改办签订了《建设工程施工合同》。

【裁判摘要】

关于案涉工程价款结算依据的问题。根据原审查明的事实，2009年8月26日，恒远公司与棚改办签订《施工协议》约定，案涉工程施工费按建筑面积920元/平方米计算。2009年11月11日，双方通过招投标程序且经备案另行签订《建设工程施工合同》约定，采用固定单价方式确定合同价款，执行《2008清单计价规范》和黑龙江省关于工程量清单计价的有关规定。最高人民法院《关于审理建设工程施工合同纠纷案件适用法律问题的解释》(已失效，以下简称《建设工程施工合同司法解释》)第21条规定：“当事人就同一建设工程另行订立的建设工程施工合同与经过备案的中标合同实质性内容不一致的，应当以备案的中标合同作为结算工程价款的根据。”双方在原审中均认可《建设工程施工合同》为当事人的真实意思表示，故原审认定案涉工程应按照工程量清单计价方式进行结算，有事实和法律依据。但是，由于案涉工程的招标文件所附工程量清单缺少清单报价所必需的“项目特征”描述，无法依据清单计价方式进行结算，且2009年之前当地建设行政主管部门未编制与清单规范配套的估价表，国有投资项目采用定额报价，恒远公司亦系按照定额计价方式投标并中标，原审据此确定案涉工程参照定额计价方式确定工程价款，并无不当。

问题2.清单项目特征与图纸不符，是否应当重新计价？

项目特征是工程量清单的一个组成部分，是区分清单项目的依据，决定了工程施工的实质内容，是履行合同义务的基础，项目特征直接影响该清单项目单价。

清单项目特征与图纸不符，是否应当重新计价不可一概而论，要从复核清单与图纸一致性的义务主体上分析。

一、发包人为复核清单与图纸一致性的义务主体

《2013清单计价规范》第4.1.2条规定，招标工程量清单必须作为招标文件

的组成部分，其准确性和完整性应由招标人负责。《2024 清单计价标准》第 1.0.5 条规定，发承包双方中的任一方，应对出具的工程造价成果文件的质量向另一方负责；第 3.1.8 条规定，采用单价合同的工程，分部分项工程项目清单的准确性、完整性应由发包人负责。

发包人编制的招标工程量清单，其清单项目列项、项目特征的工作内容及其工程数量应视为符合招标图纸和技术标准规范的要求。如果项目特征与招标图纸和技术标准规范要求不符，造成承包人投标报价错误，发包人应承担过错责任，即根据公平原则调整相应价格。

《2013 清单计价规范》第 9.1.1 条所列 15 种发承包双方应当按照合同约定调整合同价款的情形，其中第 3 项即为项目特征不符。① 另外，该规范第 9.4.2 条亦规定，承包人应按照发包人提供的设计图纸实施合同工程，若在合同履行期间出现设计图纸（含设计变更）与招标工程量清单任一项目的特征描述不符，且该变化引起该项目工程造价增减变化的，应按照实际施工的项目特征，重新确定相应工程量清单项目的综合单价，并调整合同价款。

各地出台的造价管理办法一般也规定工程量清单特征发生变化时需要重新调整价格。例如，安徽省住建厅、发改委、财政厅、人力资源保障厅、国资委等部门于 2023 年 10 月 12 日发布的《安徽省房屋建筑和市政基础设施工程施工过程结算管理办法》（建市规〔2023〕2 号）第 6 条规定，合同价款调整部分是指因法律法规变化、工程变更、项目特征描述不符、工程量清单缺项和错项、工程量偏差、物价变化、暂估价、误期赔偿、索赔、现场签证、暂列金额、发承包双方约定的其他调整事项等原因增加或减少的工程价款。再如，常州市住房和城乡建设局发布的《关于规范危大工程施工技术措施费计价办法的通知》（常住建〔2023〕200 号）在关于"危险性较大的分部分项工程专项施工费用中关于模板支撑工程"规定：项目特征应明确搭设区域、高度、跨度、构件截面尺寸等相关要求，不同项目特征的支撑工程应分别列项计价。广东省建设工程标准定额站在

① 《2013 清单计价规范》第 9.1.1 条规定，下列事项（但不限于）发生，发承包双方应当按照合同约定调整合同价款：（1）法律法规变化；（2）工程变更；（3）项目特征不符；（4）工程量清单缺项；（5）工程量偏差；（6）计日工；（7）物价变化；（8）暂估价；（9）不可抗力；（10）提前竣工（赶工补偿）；（11）误期赔偿；（12）索赔；（13）现场签证；（14）暂列金额；（15）发承包双方约定的其他调整事项。

《对〈工程量清单特征描述不完整能否重新定价的咨询函〉的回复》（粤标定复函〔2024〕8号文）中指出：依据来函资料，风雨连廊星辰方案雨棚玻璃钢屋面清单，清单项目特征描述中未描述玻璃形状，该工程的合同价格形式为单价合同，投标人是依据招标清单项目特征进行报价，因此清单项目特征描述不完整导致清单与招标图纸不符的，应依据合同专用条款中的合同价款调整原则，按审定的竣工图重新确定其综合单价。①

二、承包人为复核清单与图纸一致性的义务主体

一般来说，工程量清单作为招标文件组成部分，其内容应由发包人编制，其准确性应由发包人负责，但法律并不禁止发包人在招标文件中规定由承包人在投标时复核工程量清单，并对工程量清单的准确性负责。如果招标文件如此规定，并提供相应图纸文件，承包人有义务对工程量清单进行复核，包括对项目特征进行复核。承包人发现招标工程量清单中存在项目特征错误，可以向发包人反映，并按照发包人修订后的工程量清单进行报价。如果承包人没有发现项目特征错误、或发现错误没有向发包人反映，承包人不得以项目特征与图纸要求不符而主张修改价格。如果发包人收到承包人反馈信息后没有修改相应错误的项目特征，承包人应综合考虑该项目特征对造价影响后合理报价，一旦中标后，不得以项目特征与图纸要求不符而主张修改价格。

对总价合同而言，因总价合同是以施工图纸、规范为基础，在工程任务内容明确、发包人的要求条件清楚、计价依据和要求确定的条件下，发承包双方依据承包人编制的施工图预算商谈确定合同价款。当合同约定工程施工内容和有关条件不发生变化时，发包人付给承包人的工程价款总额不会发生变化。

当工程施工内容与合同约定内容不一致时，如果合同价款是依据承包人根据施工图自行计算的工程量所确定，或发包人提供招标工程量清单的同时又提供施工图纸，并要求承包人自行复核工程量及项目特征的，除工程自身变更造成的工程量变化外，合同约定的工程量是承包人完成的最终工程量，发承包双方不能以工程量变化作为合同价款调整的依据。《2024清单计价标准》第3.1.8条规定，采用总价合同的工程，已标价分部分项工程项目清单的准确性、完整性应由承包人

① 参见广东省建设工程标准定额站：《争议案例分享（113）—特征描述不完整能否重新定价的争议》，载微信公众号“广东省建设工程标准定额站订阅号”2024年5月14日，https://mp.weixin.qq.com/s/aZuGq-4hBHC5WE34VhNH5g。

负责。当总价合同的工程价款是依据发包人提供的工程量清单所确定，且发包人在招标时未提供施工图纸供承包人复核工程量及项目特征，法律不应强人所难，工程量清单准确性、完整性应由发包人负责。如发生清单项目特征与图纸不符，应重新组价，调整相应价款。

第二节 工程计价

工程计价，是指按照法律法规及标准规范规定的程序、方法和依据，对建设工程项目的各个阶段工程造价及其构成进行预测和估算的行为。[①]

（一）工程计价的原理

计价过程是工程项目分解及分项价款组合的过程，故工程计价的基本原理可分为工程项目的分解原理和工程项目价格的组合原理。

1. 工程项目的分解原理

工程项目具有特质性，每个项目均是单独设计和施工，无法批量生产。即使某些大型开发公司为了追求品质的一致性，采用相同的图纸施工，但由于施工的时间、地点不同，对应的地质条件、生态环境、经济水平不同，每个项目的造价也不能简单复制，只能单个计算。

由于工程项目具有规模大、造价要素多的特点，为了保证计价的准确性，防止多计、少计、漏计或重复计算，只能采用特定的计价程序和方法。具体而言，先将整个建设项目按照一定规律进行逐级分解，划分至可以单独计价的基本单元（计价因子），然后对该计价因子的单价进行确定，最后逆向逐级组合计价，形成完整的工程造价。在工程实务中，工程项目等级可分为单项工程、单位工程、分部工程、分项工程及检验批。一般而言，分解结构层次越多，基本子项也越细，价格计算也越精确，但计价过程亦越复杂。因检验批不是独立的功能单元，故通常把检验批的上一级分项工程作为基本计价单元。

---

① 参见全国造价工程师职业资格考试培训教材编审委员会编：《建设工程计价》（第 2 版），中国计划出版社 2021 年版，第 33 页。

如某房建工程，由四栋高层组成。根据《建筑工程施工质量验收统一标准》（GB 50300—2013）划分标准，每一栋楼为一单项工程，可划分为地基与基础工程、主体结构工程、建筑装饰装修工程、屋面工程、建筑给排水及供暖工程、通风与空调工程、建筑电气工程、智能建筑工程、建筑节能工程9个分部工程。每一个分部工程又可细分为若干子分部工程，如地基与基础工程可分为地基工程、基础工程、基坑支护、地下水控制、土方工程、边坡工程、地下防水工程7个子分部工程。每一个子分部工程又可细分为若干分项工程，如地基工程又分为素土灰土地基、砂和砂石地基、土工合成材料地基粉煤灰地基、强夯地基、注浆地基等13个分项工程。

2. 工程项目价格的组合原理

工程项目经过分解后，先要对可计价单元进行人工、材料和施工机械量的确定，并结合对应单价及合同约定或相关文件规定的管理费、利润，计算分项工程费用。当某一分部工程的所有分项工程费均已计算，全部相加构成该分部工程费用。逐级组合，可计算完整的实体项目费。同理，可计算措施费、其他项目费。最后加上不可竞争的规费、税金，形成整个项目造价。

（二）工程计价程序

工程计价可分为工程计量和工程组价两个环节。

1. 工程计量

工程计量包括工程项目分解和工程量计算两个环节。（1）工程项目分解。工程项目分解是按照项目构成结构逐级分解。对工程项目分解需要注意两点：①编制工程概预算时，通常需要按照工程定额进行项目的划分，对不同的施工方法、施工要素进行细分，如挖一般土方，要细分至人工土方还是机械土方，以方便选择合适定额子目；②编制工程量清单时，主要是按照工程量清单计算规范的规定进行划分，以便投标人自行组价，如挖一般土方，无须细分至人工土方还是机械土方，由投标人自行选择。（2）工程量计算。工程量的计算就是按照工程量计算规则对每个细分项目进行计算并汇总。

2. 工程组价

工程组价包括单价计算和总计汇总两个环节。（1）单价计算。单价计算指的是在工程项目分解后，对可计价单元按照规定或约定的工程计价依据进行价款计算的过程。工程计价依据是指在工程计价活动中，所要依据的与计价内容、计价方法和价格标准相关的工程计量计价标准、工程计价定额及工程计价信息等。

（2）总计汇总。总计汇总指的是在对分项工程计价完成后，汇总形成各分部工程造价，再加上措施项目费、其他项目费、规费和税金，构成单位工程造价。

（三）工程计价特点

由于工程项目具有投资大、周期长、个体极具差异性等特点，工程造价亦具有与普通生产型工业产品不同的计价特征。

第一，计价的单件性。建设工程通常是单独设计、独立施工，每个工程项目都是特定物，不是种类物，个体之间具有显著差别，因此每项工程都必须单独计算其造价。

第二，计价的多次性。由于建设工程规模大、周期长、造价高，建设工程不可能一劳永逸，要按建设程序分阶段进行，相应的工程价款也要多次计算，以保证工程造价的科学性。

第三，计价的组合性。每一个建设项目都由若干个分部工程构成，每个分部工程又由若干个分项工程构成。建设工程计价就是把工程分解成可计价因子后，经计价并逐步组合的过程。其组合顺序通常是：分项工程单价—分部工程单价—单位工程造价—单项工程造价—建设项目总造价。

第四，计价的动态性。一项工程从立项、招投标、施工到竣工验收交付使用，经历了一个较长的建设周期。由于经济、技术的不断发展，自然环境、社会环境、国家政策的不断变化，价格不可控因素不断聚集，为了准确计算工程造价，需要对工程造价进行动态调整，这就是计价的动态性。一般来说，只要项目还在建设，工程造价就处于不确定状态，直至竣工决算后才能最终确定工程的实际造价。

第五，计价方法的多样性。因计价要求和计价依据不同，工程造价的计价方法亦有不同。如概算、预算造价有单价法和实物法；投资估算有设备系数法和生产能力指数法；交易体系下有定额计价法和清单计价法等。

第六，计价的复杂性。由于工程项目特质性强，不能像工业产品一样批量生产，故其造价亦不能像工业品一样直接确定，必须采用单独编制建设工程造价的方法来确定。首先，计价的复杂性体现在计量的复杂性。由于工程项目投资规模大、结构复杂，工程项目会分解出数量庞大的计价因子，每种计价因子涉及的人工、材料、机械的消耗量不同，需要根据实际情况进行计算、确定。其次，计价的复杂性体现在计价依据的多样性。工程需要按照一定规则进行计价，计价内容、计价方法和价格标准构成计价依据。根据是否属于双方合意产生的计价依据，可把计价依据分为法定依据和约定依据两种。法定依据是指由有关机关、部门发布的在一定地域或行业范围内具有普遍约束力的计价依据。如国家权力机关发布的各类法律、行政法规、政府和部门规章，及建设行政主管部门发布的计量规范、计价规范、工程定额、造价指数、信息价等。约定依据是指在交易过程中，基于双方真实意思表示而形成的各类文件，包括招标文件、投标文件、中标通知书、建设工程施工合同、技术资料、各类签证等。最后，计价的复杂性体现在合同约定的不明确性。《民法典》第 176 条规定："民事主体依照法律规定或者按照当事人约定，履行民事义务，承担民事责任。"在以交易为基础的投标报价、合同签约价及工程结算价计价中，招标文件规定不清或建设工程施工合同约定不明，会导致计价争议。

一、定额计价

| 导读 |

在建筑工程领域，工程量作为基础性技术经济指标，其本质是建筑产品形成过程中资源转化的量化表征。具体而言，该指标系统性地反映了施工主体将各类建筑材料转化为实体工程成果所耗费的生产要素总量，具体涵盖人工、材料、机械三大核心要素的量化指标，包括不同工种的人工工日数、各类施工机械的台班数以及多种建筑材料的消耗量。

鉴于不同施工主体在实施相同工程项目时，其人力、材料及机械资源的消耗存在显著差异，为建立科学的生产效能评估体系，工程定额制度应运而生。这一制度体系包含三个关键维度：建筑安装工程定额（规定人工 / 材料 / 机械的消耗标准）、工期定额（确立合理施工周期）、计价定额（设定费用计取标准），三者共同构成工程建设管理的三大基准体系。其中，工程定额通过规范生产要素消耗标准，为工程质量控制、成本核算及效率评估提供了统一的技术标尺，在工程建设的全生命周期管理中发挥着不可替代的支撑作用。

近年来，随着市场化的不断推进，尤其是坚持改革创新，充分发挥市场在资源配置中的决定性作用的大背景下，工程造价领域去定额化已是大势所趋。《2024清单计价标准》已经不再把定额作为编制工程量清单、编制最高投标限价及计算发包人提供材料（甲供材）数量的依据。笔者认为，在全国工程价格信息、造价资讯及相关价格指数或投标价格指数未形成动态大数据之前，定额在很长时间内还将继续发挥应有作用。

【术语解读】

工程定额，是指在正常施工条件下完成规定计量单位的合格建筑安装工程所消耗的人工、材料、施工机具台班、工期天数及相关费率等的数量标准。由于不同的产品有不同的质量和安全要求，因此定额不单纯是一种合理的数量标准，而是数量、质量和安全要求的统一体。①

（一）定额计价原理

工程计价，是指按照法律法规及标准规范规定的程序、方法和依据，对工程项目实施建设的各个阶段的工程造价及其构成内容进行预测和估算的行为。工程计价最重要的指标是工程量及单价，通常可以简单地理解为：工程价款 = 工程量 × 单价 + 税费。

1. 消耗量及消耗量定额

消耗量指的是完成一个规定计量单位工程合格产品所需要的资源数量，包括人工消耗量、材料消耗量和施工机械消耗量。人工消耗量是指完成一个规定计量单位工程合格产品所需消耗的各种用工量或时间，通常用“工日”表示。材料消耗量是指完成一个规定计量单位工程合格产品所需消耗的自然资源数量，通常用各材料自然单位表示。施工机械消耗量指的是完成一个规定计量单位工程合格产品所需消耗的机械时间数量，通常用“台班”表示。

消耗量定额又称基础定额，是由建设行政主管部门根据合理的施工组织设计，在正常施工条件下制定的，完成一定计量单位分项工程或结构构件所需人工、材料、机具台班的社会平均消耗量标准。

消耗量是实际资源的损耗量，不同的企业在不同的项目中的消耗量不相同。

① 参见李建峰等编著：《建设工程定额原理与实务》，机械工业出版社 2023 年版，第 1 页。

消耗量定额是一个标准，任何企业施工的任何项目，在同一定额子目下的消耗量定额均一致。消耗量定额是编制施工图预算的主要依据。

2. 价目表与市场价

价目表又称为地区基价表，它是消耗量定额的价格表现形式，是指以完成一定单位分项工程或结构构件的合格产品所需的人工综合工日消耗量、材料耗用量、施工机械台班的消耗数量，乘以本地区对应的人工单价、材料价格和施工机械台班单价，计算出完成该合格产品的价格。如《陕西省建筑装饰市政园林绿化工程价目表》（2009）定额 1–1 人工挖土方，挖深（2m）以内，100m^3 的基价为 1351.56 元，其中，人工费为 1351.56 元，材料费和机械费均为 0 元；定额 1–94 装载机现场倒运土，距离（20m）以内，1000m^3 的基价为 2000.69 元，其中，人工费为 252 元，材料费为 19.25 元，机械费为 1729.44 元。

3. 税费与费用定额

建筑工程费用定额规定了建筑安装工程费用中措施项目费、间接费、利润和税金的费率标准和取费方法，它是在建筑安装工程人工费、材料费和机械台班使用费计算完毕后，计算其他各种费用的依据和确定最终工程造价的基础。建筑工程费用定额必须与相应的定额配套使用。如《重庆市建设工程费用定额》（CQFYDE—2018）即为费用定额。

（二）定额的特点

1. 定额具有科学性。定额是一种标准，是在通常条件下采用科学的方法和手段，经过实验和测定而得到的标注数据。如在确定单位施工产品所需要的作业时间消耗时，需要考虑必需消耗的工作时间和损失时间。其中，必需消耗的工作时间是工人在正常施工条件下，为完成一定合格产品所消耗的时间，包括有效工作时间、休息时间和不可避免中断时间的消耗。损失时间是与产品生产无关，而与施工组织和技术上的缺点有关，与工人在施工过程中的个人过失或某些偶然因素有关的时间消耗，损失时间中包括多余和偶然工作停工、违背劳动纪律所引起的工时损失。①

2. 定额具有权威性。定额具有的科学性，能够真正反映在通常条件下完成一

① 参见全国造价工程师职业资格考试培训教材编审委员会编：《建设工程计价》（第 2 版），中国计划出版社 2021 年版，第 56~57 页。

定施工任务的消耗量标准及时间和费用标准，经授权单位批准颁发后，定额即具有法定性和通用性，任何单位或个人不得任意改变定额的结构形式和内容。在交易模式下，尊重当事人意思自治，双方可以选择或不选择定额作为计量、计价标准，但作为能够反映社会生产力水平的定额，依然是发包人编制标底和招标控制价的依据。

3. 定额具有指导性。采用先进科学方法编制的定额对实务造价具有指导性。定额编制的科学性决定定额具有广泛的适用性，并以此作为核算尺度，从而更快、更好地确定造价。工程计价具有多次性，无论是发包人单方的设计概算、施工图预算，还是交易模式下的招标控制计价，在无法确定真实人材机消耗的情况下，无不需要以工程定额作为计价依据。即便是在工程量清单计价模式下，投标人可以自主报价，但依然需要参照定额确定在特定施工措施下的人材机消耗量，并结合自身报价体系进行报价。

4. 定额具有系统性。工程施工涉及祖国建设的方方面面，各类工程定额在工程建设中担负着重要作用。工程定额经过多次修订，已经形成覆盖面广、功能齐全、具有统一功能的定额体系。如基于生产要素的定额，有劳动定额、材料消耗定额和机械台班定额，该三种定额直接反映人工、材料、机械台班的消耗量，是基础性定额。用于投资参考使用的定额，有估算指标、概算指标、概算定额、预算定额等，其中估算指标精确度较低，主要用在投资决策上；概算指标、概算定额主要适用于可行性研究及设计阶段；预算定额更为精确，是施工图预算、招标工程标底及投标报价的依据。另外，还有工期定额、施工定额、工序定额；因不同地区之间的自然环境、气象条件、社会及经济因素不同，施工效率和资源投入不同，各地有地方性定额；因行业间的施工要求不同，还设有行业定额等。各定额之间相互独立又相互关联，形成有机整体。

5. 定额具有统一性。工程定额是在一定范围内具有统一性的数量标准，其在制定时已经确定统一范围。如全国定额在全国范围内具有统一性，地方定额在该地区范围内具有统一性，行业定额仅适用于该行业，企业定额仅适用于该企业。但定额一经颁布并使用，就有统一的程序、原则、要求和用途。①

6. 定额所依附的是普通条件。定额所体现的是在普通条件下完成建设工程单

① 参见李建峰等编著：《建设工程定额原理与实务》，机械工业出版社 2023 年版，第 5 页。

位合格产品所必须消耗的各种资源的数量标准。包括：（1）施工条件的一般性，主要体现在施工现场、环境等条件与其他同类项目的施工条件没有特殊区别，并非理想条件下的施工条件；（2）资源的一般性，主要体现在人工、材料、机械并非是无限的供应，任由组织者根据需要最大限度地调配，也非是人工、材料、机械存在绝对短缺的情形，而是要经过合理组织，合理地使用各类生产资源，完成建设工程单位合格产品。

7. 定额所反映的是通常标准。定额是完成某项合格产品对应消耗各种资源的数量关系，定额标准不是最优标准，也不是最差标准，而是反映一定社会生产力水平条件下的通常标准，反映着特定时期、特定主体的施工技术水平和管理水平。

8. 定额的内容具有全面性。定额的全面性不仅体现在定额种类的全面，如施工定额、工期定额、消耗量定额等；还体现在定额内容的全面性，如工程定额内容不仅含有工程投入与产出的数量关系，同时还含有具体的工作内容、质量标准，甚至还含有施工方法及安全要求。如 2015 年《四川省建设工程工程量清单计价定额》墙柱面工程中规定："1. 普通抹灰：一遍底层、一遍中层、一遍面层，三遍成活。2. 高级抹灰：二遍底层、一遍中层、一遍面层，四遍成活。"

9. 定额对象的特定性。工程定额是以工程产品为研究对象，尽管不同的定额的研究对象并不相同，但特定的定额，其所研究的对象是特定的。如工序定额是以个别工序为测定对象，施工定额以同一性质的施工过程或分项工程为测定对象。①

（三）定额的分类

工程定额是一个综合概念，是建设工程造价计价和管理中各类定额的总称。《工程造价术语标准》把工程定额分为工程消耗量定额、工程计价定额、企业定额、劳动定额、施工定额、预算定额、概算定额、概算指标、投资估算指标、建设项目综合估算指标、单项工程估算指标、单位工程估算指标、工期定额、定额基价、工日消耗量、材料消耗量、施工机械台班消耗量等 17 项。其中预算定额、概算定额及工程消耗量定额为建设工程施工合同中常见定额。

1. 工程消耗量定额。如前文所述，工程消耗量定额是指在正常施工条件下制定的，完成一定计量单位分项工程或结构构件所需人工、材料、施工机具台班的

---

① 参见李建峰等编著：《建设工程定额原理与实务》，机械工业出版社 2023 年版，第 6 页。

社会平均消耗量标准。工程消耗量定额中的工程量计算，综合考虑了施工方法、施工工艺和施工质量要求，包含了施工中的余量。如土方工程，在工程量清单计价规范中是以净量计算，在工程消耗量定额中则“按设计图示基础（含垫层）尺寸，另加工作面宽度、土方放坡宽度乘以开挖深度，以体积计算”。

2. 预算定额。预算定额是指在正常的施工条件下，完成一定计量单位合格分项工程和结构构件所需消耗的人工、材料、施工机具台班数量及其相应费用标准。预算定额的本质是在人材机消耗量标准的基础上计入一定时期的人材机单价而形成的一种计价性定额。预算定额是工程建设中的一项重要的技术经济文件，从编制程序上看，预算定额是以施工定额为基础综合扩大编制的，是编制施工图预算的主要依据，同时它也是编制概算定额的基础，是确定和控制工程造价的基础。

3. 概算定额。概算定额又称扩大结构定额或综合预算定额，是由主管部门颁发的用于确定一定计量单位的扩大分项工程或扩大结构构件所需的人工、材料、施工机械台班消耗量及其费用的数量标准。概算定额也是一种计价性定额。概算定额是由预算定额综合与扩大而成的，是将预算定额中有联系的若干个分项工程项目综合为概算定额中的一个项目。项目划分粗细，与初步设计的深度相适应。如砖基础概算定额项目，就是以砖基础为主，综合了平整场地、挖地槽、铺设垫层、砌砖基础、铺设防潮层、回填土及运土等预算定额中分项工程项目。概算定额的基础是预算定额。概算定额是编制初步设计概算、确定建设项目投资额的依据。

4. 施工定额。施工定额是一种企业定额，是指完成一定计量单位的某一施工过程或基本工序所需消耗的人工工日、材料数量和机械台班的数量标准。施工定额是施工企业为了组织生产和加强管理在企业内部使用的一种定额。施工定额以施工过程或基本工序作为研究对象，是工程定额中分项最细、定额子目最多的一种定额，也是工程定额中的基础性定额。

5. 企业定额。企业定额是施工单位根据本企业的施工技术、机械装备和管理水平编制的人工、材料、机械台班的消耗标准。企业定额反映了企业综合管理水平，一般应高于国家现行定额。企业定额在企业内部使用，是施工企业进行投标报价的依据，是一种竞争性定额。

6. 工期定额。所谓工期定额，是指完成一定计量单位合格产品所需要的时间标准，包括建设工期定额和施工工期定额两个层次。工期定额受各种因素的影响，包括季节性施工的影响、地域性及文化的影响、工程结构和规模的影响、施工技术与管理水平的影响。

2016 年的《全国统一建筑安装工程工期定额》（TY01—89—2016）是现行工期定额，是依据国家现行产品标准，设计规范，施工及验收规范，质量评定标准和技术、安全操作规程，按照正常施工条件、常用施工方法、合理劳动组织及平均施工技术装备程度和管理水平，并结合当前常见结构及规模建筑安装工程的施工情况编制的，适用于新建及扩建建筑安装工程的工期定额。

（四）定额的作用

1. 工程定额是编制投资计划的依据。项目决策的正确与否，直接关系到项目建设的成败。在项目决策阶段，需要对项目投入、产出、市场等因素进行调查分析，对拟建项目的必要性和可行性进行技术经济论证，对不同建设方案进行技术经济比较并做出判断和决定，并在充分研究的基础上，选择和确定投资行动方案。资金投入是项目决策的核心，项目固定资产投资，即工程造价是项目总投资的重要一环，只有在项目启动前能够合理地估算工程造价，才能确保投资稳定性与可靠性。而在项目启动前，没有施工图纸，无法编制工程量清单，无法形成市场报价；项目建设并无实际发生，无法确定实际人材机消耗量。

2. 工程定额是评价项目指标的依据。我国的工程建设投资仍然是以国家为主体，国家投资在建设工程投资总量中仍占据绝对地位。工程定额是专门为工程建设而制定的定额，是生产建设产品资源消耗的限额规定，它反映了工程建设和各种资源消耗之间的客观规律。工程定额、造价指标是工程计价的基础，具有评价建设方案的功能，是评价项目合理性的依据。

3. 工程定额为交易双方提供公允价格参考。对建筑企业而言，定额计价方法具有一定的权威性、统一性，无论是建设单位还是建筑企业，均习惯使用当地建设行政主管部门发布的定额计价方法核定建设工程的造价，而且各地政府发布的建设工程造价管理文件中，也通常要求建设单位和建筑企业根据各种工程定额合理确定建设工程造价。

定额计价标准在目前仍是我国建筑行业确定工程造价的主要依据，而且普遍被建设单位和施工单位所接受。因此，在司法实践中，当建设施工合同对工程价款没有约定或约定不明时，定额计价标准就成为法院确认工程造价的重要参考依据。在工程量清单计价规范颁布之后，曾有传言要废止定额，笔者认为这既不符合客观现实，也不符合建设工程行业发展的稳定性，定额对工程计价的指导性、参考性将继续存在。

【司法实务】

问题1.合同约定价格明显低于或高于定额价，当事人能否以此要求变更合同价格？

工程定额，是指在正常施工条件下完成规定计量单位的合格建筑安装工程所消耗的人工、材料、施工机械台班、工期天数及相关费率等的数量标准。建设工程定额标准是各地建设主管部门根据本地建筑成本的平均值综合确定，是完成一定计量单位产品的人工、材料、机械和资金消费的规定额度，属于政府指导价范畴。

实务中，对合同约定价格明显低于或高于定额价，当事人能否以此要求变更合同价格的问题，存在两种不同观点：

第一种观点认为，定额价格是依据当地平均建筑成本所确定的价格，属于地方政府指导价范畴，具有一定公平性，发承包双方合同约定明显低于或高于定额价时，属于发承包利益失衡，应当允许一方当事人请求变更该合同价格。

第二种观点认为，定额价格仅是反映当地一般劳动和管理水平的价格标准，没有考虑企业的技术专长、劳动生产力水平、材料采购渠道和管理能力，在鼓励市场化竞争的大背景下，应当允许施工企业通过提高管理水平和劳动效力降低生产成本。发承包双方自愿缔结的施工合同对双方均有拘束力，任何一方不得随意要求变更合同价款。

笔者倾向于第二种观点。

实务中所说的定额价，通常指的是带有费用标准的预算定额价。预算定额是指在正常的施工条件下，完成一定计量单位合格分项工程和结构构件所需消耗的人工、材料、施工机械台班数量及其相应费用标准。

一、预算定额的性质

预算定额作为反映单位合格工程人材机消耗量标准，通常由政府主管部门按照以下原则组织编制。（1）按社会平均水平确定预算定额原则。预算定额反映的是社会平均水平而非竞争水平，是在正常的施工条件下，按照通用施工工艺及平均劳动熟练程度和强度所计算的完成一定计量单位工程所需要消耗人工、材料和机械资源的数量水平和费用水平。（2）简明适用原则。简明适用原则主要体现在三个方面：一是科目齐全，便于查找和适用，对于新技术、新结构、新材料科目要进行补充。二是单位统一，便于换算。三是精度合理，对于那些主要的、常用的、价值量大的项目，分项工程划分宜细；次要的、不常用的、价值量相对较小的项目则可以粗一些。①

由此，建设工程定额标准是各地建设主管部门根据本地建筑市场建筑成本的平均值确定的，是完成一定计量单位产品的人工、材料、机械和资金消费的规定额度，是政府指导价范畴，属于任意性规范而非强制性规范。②

二、定额价与合同价的关系

1. 定额价和合同价的形成过程及作用各不相同。定额是政府为了加强行业调控，了解和规范竞争，由相关主管部门组织编制的消耗量标准和计价标准。定额反映的是正常状态下的劳动力及管理水平，故在编制时统计的是正常工艺水平、平均劳动熟练程度和强度下的资源消耗量水平，定额价是编制定额时及适当超前的平均价格水平。合同价是承包人经过市场竞争后的价格，是充分考虑自身企业的技术专长、劳动生产力水平、材料采购渠道、管理能力和竞争对手综合实力后的可盈利价格。国家鼓励企业通过提高技术水平和管理能力降低成本获取利润。定额价与合同价之间的差异与该企业的劳动力水平、市场竞争及该企业的经营策略有关，两者本身没有必然联系。

2. 定额仅是确定合同价的工具之一。《民法典》第 5 条规定："民事主体从事民事活动，应当遵循自愿原则，按照自己的意思设立、变更、终止民事法律关系。"发承包双方可以依法缔结合同并确定合同价格。当事人对合同价格没有约定或约定不明的，可以协议补充；不能达成补充协议的，按照合同相关条款或者交易习惯确定。按照合同相关条款或者交易习惯仍不能确定的，按照订立合同时履行地的市场价格履行；依法应当执行政府定价或者政府指导价的，依照规定履行。定额属于政府指导价范畴，属于发承包双方可自由选择适用的任意性规范而非强制性规范。

---

① 参见全国造价工程师职业资格考试培训教材编审委员会编：《建设工程计价》（第 2 版），中国计划出版社 2021 年版，第 75 页。

② 参见最高人民法院民事判决书，（2011）民提字第 104 号。

3. 定额价是计价标准，合同价是妥协价。即便发承包双方以定额计价，但由于定额仅是确定价格的工具，实务中也需要根据合同工程量计算出定额价。合同价则是经双方协商一致、相互妥协的结果。合同价一旦确定，即为双方真实意思表示，对双方均有拘束力，与定额及依据定额计算出的价格没有关系。

三、低于成本价投标只能主张合同无效，承包人不能要求变更该合同价格

《招标投标法》第 33 条规定，投标人不得以低于成本的报价竞标。该成本价指的是投标企业自身成本，而非社会平均成本。故合同价格低于反映社会平均价格水平的定额价并非必然低于该企业的自身成本。

如果承包人投标价格低于其自身投标时的成本价，承包人可以依据《招标投标法》第 33 条的规定主张合同无效，并终止履行该合同，但不能要求变更合同价款。其主要原因如下：（1）《招标投标法》除具有规范招标投标活动、保护国家利益、社会公共利益，提高经济效益，保证项目质量，及预防腐败功能之外，还兼有平等的保护招标、投标活动中各方当事人合法权益的功能。如果允许承包人在投标价低于其成本价时调整合同价，则属于对招标投标的公开、公平、公正和诚实信用原则的突破，属于变相违法招标，侵害了其他投标人利益。（2）允许低于成本价中标后再调整价格，属于鼓励投标人通过违法手段获取非法利益，与法律基本原则不符。

对发包人而言，在承包人因低于成本价而主张合同无效时，可以主张承包人赔偿其招标损失、工期延误损失及价格上涨造成的损失，但不能主张原承包人与新的承包人之间价格差值。因为原承包人低于成本价投标并中标，相当于发包人对原合同的履行没有支付合理对价。这不符合法律规定的公平原则，没有合理确定各方的权利和义务，对支付超低价格获取建筑产品没有合理预期性。

四、发包人不能以合同价明显高于定额价要求变更合同

《招标投标法实施条例》第 27 条第 3 款规定，招标人设有最高投标限价的，应当在招标文件中明确最高投标限价或者最高投标限价的计算方法。招标人不得规定最低投标限价。《2024 清单计价标准》第 5.1.1 条规定，建设工程招标设有最高投标限价的，应按国家有关规定编制最高投标限价，并在发布招标文件时公布最高投标限价及其编制依据。①

① 《2013 清单计价规范》第 5.1.1 条规定，国有资金投资的建设工程招标，招标人必须编制招标控制价。

最高投标限价应根据清单计价规范或标准，相关工程国家及行业工程量计算标准，招标文件（包括招标工程量清单、合同条款、招标图纸、技术标准规范等）及其补遗、澄清或修改，国家及省级、行业建设主管部门颁发的工程计量与计价相关规定，根据工程需要补充的工程量计算规则，与招标工程相关的技术标准规范，工程特点及交付标准、地勘水文资料、现场情况，合理施工工期及常规施工工艺、顺序，工程价格信息及造价资讯、工程造价数据及指数，及其他相关资料进行编制与复核，不应上调或下浮。

发包人在招标时设置最高投标限价的，应以投标价是否超过最高投标限价作为是否否决其投标的依据，不能以合同价明显高于定额价要求变更合同；对于没有设置最高投标限价的，评标时应综合考虑相关经济、技术指标，从而决定是否授予其合同，也不能以合同价明显高于定额价要求变更合同。

根据《民法典》的自愿和诚信原则，只要当事人的约定不违反法律和行政法规的强制性规定，应当允许合同当事人随行就市订立与定额标准不一致的工程结算价格。建设工程施工合同约定的工程款结算标准与建筑行业主管部门颁布的工程定额标准和造价计价办法不一致的，应以合同约定为准。同样道理，当事人签订低于承包人企业类别、资质等级定额标准的建设工程合同也属市场经营行为，应当认定双方签订的建设工程施工合同有效。①

关联判例

湖北桂乡建筑安装工程有限责任公司、湖北天邦置业有限公司建设工程施工合同纠纷案

（2018）最高法民申 3574 号

【裁判要旨】

建设工程定额标准属于政府指导价范畴，是任意性规范而非强制性规范，合同当事人可以随行就市订立与定额标准不一致的工程结算价格。本案双方根据自身的条件及市场经济状况协商确定的合同工程价款与定额标准计

① 参见最高人民法院民事审判第一庭编著：《最高人民法院新建设工程施工合同司法解释（一）理解与适用》，人民法院出版社 2021 年版，第 193 页。

价之间存在差距，是市场经济的正常现象，既不能因合同价和定额计价存在差额就认为未施工的部分亦应按差额的比例进行扣减，也不能因此拒绝参照适用双方协议中的价格条款。

【基本案情】

天邦公司拟开发咸宁市怡宁小区工程，2010年8月12日在咸安区建设工程管理处办理报建手续后向咸宁市咸安区建设工程招标投标办公室（以下简称咸安区招标办）申请招标，同月20日咸安区招标办同意招标，并于同日向桂乡公司、湖北闽泉建筑工程有限公司、湖北宁通建筑工程有限公司发出投标邀请书，约定投标文件递交截止时间为2010年9月13日8时30分。2010年8月26日天邦公司与桂乡公司签订了《施工合同》。2010年9月12日桂乡公司发出投标函："经考察现场和研究招标文件后，愿以69509473元投标报价按招标文件要求承包上述工程的施工、竣工并修补其任何缺陷；如中标，在2010年9月开工，共计680日历天内竣工并移交全部工程；按照招标文件规定提交履约保证金为合同总价的10%；保证工程质量达到市优良；招标文件、中标通知书和本投标文件将构成约束我们双方的合同"。2010年9月13日开标后经评委会确定桂乡公司中标，建筑面积63600平方米，中标价为69509473元，中标工期为680日历天。同月20日，天邦公司通知桂乡公司中标，并要求桂乡公司同日与天邦公司签订承包合同，报招投标管理机构备案，在限期内不来草拟合同的按放弃中标处理。中标后桂乡公司未与天邦公司重新签订施工合同，而是以2010年8月26日签订的《施工合同》交建设管理部门备案，办理"三证"，并于2010年9月28日正式开工。

【裁判摘要】

一、建设工程施工合同被认定为无效后，工程价款的计算标准问题

《建设工程施工合同司法解释》（已失效）第2条规定："建设工程施工合同无效，但建设工程经竣工验收合格，承包人请求参照合同约定支付工程价款的，应予支持。"一般情况下，在建设工程施工合同无效时应参照合同约定进行结算。一方面，合同无效适用折价补偿原则时，应尊重双方当事人

已对价款达成的合意。另一方面，有利于避免当事人按照其他标准结算获得比合同有效情形下更多的利益。只有在工程项目发生重大变更或据实结算更符合实际的情况下才支持当事人选择其他标准进行结算。本案中，桂乡公司要求按照定额标准结算工程价款，主要原因是合同约定价款系让利情况下签订，该公司并无其他充分理由和证据证明应当按照定额标准结算。故，原审判决对该公司主张未予支持，判决天邦公司应当参照合同约定支付工程价款并无不当。

二、未施工部分的工程款是否应当参照合同约定的优惠价格条款扣减的问题

双方在《施工合同》的专用条款中有“附属工程根据实际发生的工程量计算后总价下浮12%计价结算”的约定，对于主体工程价款并未有此类下浮计价结算的约定。案涉的未施工部分并非附属工程，桂乡公司主张案涉工程款应按比例下浮不符合合同中下浮计价结算的约定。同时，建设工程定额标准属于政府指导价范畴，是任意性规范而非强制性规范，合同当事人可以随行就市订立与定额标准不一致的工程结算价格。本案双方根据自身的条件及市场经济状况协商确定的合同工程价款与定额标准计价之间存在差距，是市场经济的正常现象，不能因合同价和定额计价存在差额就认为未施工的部分亦应按差额的比例进行扣减，亦不能因此拒绝参照适用双方协议中的价格条款。故桂乡公司主张未施工部分的工程款按定额标准下浮12%扣减，据理不足，原审判决并无不当。

问题2.未签订书面合同的建设工程该如何计价？

建设工程合同标的额大、履行周期长，而且履行过程中情况复杂，容易出现变化。为了明确约定各方的权利义务，促使当事人严格履行合同，防止发生纠纷，及在发生纠纷时可以按照约定区分各自的法律责任，《民法典》第789条规定：“建设工程合同应当采用书面形式。”施工合同一般包括工程范围、建设工期、中间交工工程的开工和竣工时间、工程质量、工程造价、技术资料交付时间、材料和设备供应责任、拨款和结算、竣工验收、质量保修范围和质量保证期、相互协作等条款。

但工程实务中，经常出现未批先建、标前入场等情形，发包人为了防止潜在风险的发生，通常在项目正式审批之前或正式招标之前，不与承包人签订施工合同。更有甚者，发承包双方仅是口头约定便入场施工，直到工程结束都未签订施工合同。双方未签订书面施工合同，均无法提供有效证据证明约定的结算方式，该如何计价？

（1）双方可以重新约定计价标准和计价方式。《民法典》第 510 条规定，合同生效后，当事人就质量、价款或者报酬、履行地点等内容没有约定或者约定不明确的，可以协议补充；不能达成补充协议的，按照合同相关条款或者交易习惯确定。即便合同因“未批先建、标前入场”等情况无效，根据《民法典》第 793 条第 1 款规定，建设工程施工合同无效，但是建设工程经验收合格的，可以参照合同关于工程价款的约定折价补偿承包人。当工程已经完成，质量合格，双方实质债权债务已经形成，可以重新约定计价标准和计价方式。

（2）双方对计价标准和计价方式不能达成一致的，可以按照市场价格据实结算。

市场价格是一定区域内的竞争价格，反映订立合同时履行地的供求关系。按订立合同时履行地的市场价格及承包人实际完成的工程量据实结算，反映了具有竞争性的施工价格，对发承包双方较为公平。《民法典》第 511 条第 2 款规定，当事人就价款或者报酬约定不明确，且不能重新达成一致意见的，按照订立合同时履行地的市场价格履行；依法应当执行政府定价或者政府指导价的，依照规定履行。

（3）无法按照市场价结算的，可以参照当地政府发布的计价标准和计价方法。

尽管工程造价不属于依法应当执行政府定价或者政府指导价范畴，当无法按照市场价结算时，也可以参照当地政府发布的计价标准和计价方法结算价款。《建设工程施工合同司法解释（一）》第 19 条第 2 款规定，因设计变更导致建设工程的工程量或者质量标准发生变化，当事人对该部分工程价款不能协商一致的，可以参照签订建设工程施工合同时当地建设行政主管部门发布的计价方法或者计价标准结算工程价款。

关联判例

山东齐锦程物流发展有限公司建设工程施工合同纠纷案

（2020）最高法民申 6681 号

【裁判要旨】

双方未签订书面建设工程施工合同，无法确定计价方式也不能达成新协议，可以依照施工期间建设行政主管部门发布的工程量消耗定额及配套价目表确定工程造价。

【基本案情】

2017 年 4 月，淄建集团承包建设了齐锦程公司发包的鲁中现代综合物流产业集聚园（一期）3#、4#、5#、9#、11#、12# 库房土建及水电安装工程，双方未签订建设工程施工合同。案涉工程于 2017 年 6 月正式开工，淄建集团进行了施工。在施工过程中，淄建集团又按照齐锦程公司的要求施工了齐锦程公司的办公楼装修以及山东龙阳化工宿舍楼拆除和道路工程。淄建集团已完成地基基础、主体结构的施工，部分工程由建设、施工、监理三方进行了验收。

【裁判摘要】

最高人民法院认为，关于案涉工程造价问题。根据本案已经查明的事实，在案涉工程施工过程中，齐锦程公司与淄建公司未签订建设工程施工合同，双方均无异议。齐锦程公司主张以施工过程中向淄建公司发送的电子邮件中显示的计价标准结算工程价款，但该计价标准未经双方当事人达成一致，不能作为结算案涉工程价款的依据。在案涉工程已经施工完毕并通过验收的情况下，齐锦程公司应支付相应的工程价款。由于双方当事人没有关于工程造价计价标准的约定，一审法院采信鉴定机构依据施工期间定额及对应价目表确定的造价结论，较好地平衡了双方当事人的利益，故原审法院认定的工程价款并无不当。

二、清单计价

| 导读 |

我国工程量清单计价模式自 2003 年正式实施以来，历经 2008 版和 2013 版《建设工程工程量清单计价规范》的不断完善，特别是通过“全部使用国有资金投资或国有资金投资为主的工程建设项目必须采用工程量清单计价”这一强制性规定的实施，已成为工程建设领域主流的计价方式。这一变革标志着我国工程造价管理从传统的定额计价模式向市场化、国际化的清单计价模式转型。

工程量清单计价采用“量价分离”的基本原则，其核心特征体现在两个方面：一是工程量计算采用净值计量法，仅计算工程实体净量，不包含施工措施所需的工程余量；二是价格计算采用综合单价法，该单价包含完成清单项目所需的人工费、材料和工程设备费、施工机具使用费、企业管理费、利润以及合同约定的风险费用。这种计价方式不仅提高了工程计价的透明度和准确性，更有利于发承包双方合理分担风险。

随着“放管服”改革的深入推进和市场在资源配置中决定性作用的强化，住房和城乡建设部于 2024 年 11 月 26 日发布了《建设工程工程量清单计价标准》（GB/T 50500—2024），并将于 2025 年 9 月 1 日正式实施。新标准的出台，既是适应工程建设市场化改革的需要，也是推动工程造价管理向更高质量、更有效率方向发展的制度保障，必将进一步促进建筑市场的规范有序发展。

【术语解读】

清单计价的全称是工程量清单计价，是指由工程招标人根据国家标准、招标文件、设计资料以及施工现场实际情况编制招标工程量清单，由投标人根据自身情况填报完成工程量清单项目所需费用的计价模式。清单计价是区别于定额计价的一种主要由市场定价的计价模式，是由建设单位和施工单位根据建设市场上的供求状况、信任程度进行自由竞争，从而最终确定工程合同价款的方法。由于我国目前使用的《2013 清单计价规范》主要用于施工图完成后进行发包的阶段，故将工程量清单的项目设置分为分部分项工程项目、措施项目、其他项目以及规费和税金项目五大类。[①]《2024 清单计价标准》则把工程量清单设置为分部分项

---

① 参见全国造价工程师职业资格考试培训教材编审委员会编：《建设工程计价》（第 2 版），中国计划出版社 2021 年版，第 43 页。

工程项目清单、措施项目清单、其他项目清单、增值税四个部分，不再把社会保险费及住房公积金单独设置为不可竞争的规费。

（一）工程量清单计价的基本原理

工程量清单计价的基本原理是：招标人按照清单计价规范或计价标准及各相应专业工程计量规范或计量标准的规定设置相应清单项目，根据具体工程的施工图、技术规范及其他相关文件计算出各个清单项目的工程量，并以此工程量清单为评价平台对投标人进行优选。投标人则是根据自身的管理、技术和财务实力进行投标报价。

（二）工程量清单计价的特点

工程量清单计价方法实行量、价分离模式，招标人根据具体工程的施工图纸和施工规范计算各个清单项目的工程量，向投标人提供工程量清单，投标人或招标最高限价编制人再根据各自的价款编制依据和价格信息，计算并汇总得到工程造价。工程量清单计价是以法律法规规范为指导，引导企业公平竞争，鼓励企业自行组价的市场化计价机制，具有以下特点。

1. 计价规则统一、竞争条件平等

工程量清单计价的基本思路就是，通过制定统一的工程量计算规则和计价方法，达到规范计价行为的目的。招标人向潜在的投标人发布统一的工程量清单，所有的投标人在同一工程量的基础上自主报价，充分体现了公平竞争的原则。

2. 企业自主报价、市场充分竞争

工程量清单计价中的人工费、材料费、施工机械机具使用费、管理费、利润全部由投标人自主报价，只要不违反《招标投标法》的“不低于成本价”的规定即为有效。企业可以自身技术专长、材料采购渠道、管理水平及自身资源优势等因素，充分参与市场竞争，获取市场份额。

3. 权利义务对等、风险合理分担

发包人通过工程量清单的统一性达到市场充分竞争，从而节约投资成本，相应的工程量清单错误风险通常由发包人承担。投标人要市场充分竞争下获取利润，需要根据发包人提供的工程量清单及自身经济、技术实力进行报价，承包人通常只需要对自己报价负责，而对工程量的项目特征描述错误或计算错误等通常不负责任，除非招标文件另有要求或签订图纸总价合同。工程量清单计价符合权利义务对等、风险合理分担的一般原则，有利于促进建设各方提高责任意识和管理水平。

（三）工程量清单计价的范围

清单计价适用于建设工程发承包及其实施阶段的计价活动。《2013清单计价规范》第3.1条规定，使用国有资金投资的建设工程发承包，必须采用工程量清单计价；非国有资金投资的建设工程，宜采用工程量清单计价；不采用工程量清单计价的建设工程，应执行清单计价规范中除工程量清单等专门性规定外的其他规定。《2024清单计价标准》虽未有强制性规定，但其第3.1.1条也同样规定，使用财政资金或国有资金投资的建设工程，应按国家及行业工程量计算标准编制工程量清单，采用工程量清单计价；非使用财政资金或国有投资的建设工程，宜按国家及行业工程量计算标准编制工程量清单，采用工程量清单计价。

1. 国有资金投资的工程建设项目包括：（1）使用各级财政预算资金的项目；（2）使用纳入财政管理的各种政府性专项建设资金的项目；（3）使用国有企事业单位自有资金，并且国有资产投资者实际拥有控制权的项目。

2. 国家融资资金投资的工程建设项目包括：（1）使用国家发行债券所筹资金的项目；（2）使用国家对外借款或者担保所筹资金的项目；（3）使用国家政策性贷款的项目；（4）国家授权投资主体融资的项目；（5）国家特许的融资项目。

3. 国有资金为主的工程建设项目是指国有资金占投资总额50%以上，或虽不足50%但国有投资者实质上拥有控股权的工程建设项目。

（四）工程量清单计价的作用

1. 有利于公平竞争

工程量清单计价模式，即由招标人在招标文件中提供统一的招标工程量清单，各投标单位基于工程量清单及施工图纸，自行组织踏勘、自行确定施工方案，并以此确定投标报价。该种模式下，招标人提供的是相同的工程量清单，平等竞争的条件，由企业根据自身的经济实力和管理水平填报价格，从而形成有力的竞争环境。同时，工程量清单计价有利于增加招标投标透明度，便于公平竞争，避免“暗箱”操作。

2. 有利于过程管理

发承包双方签订建设工程施工合同后，便进入合同履行阶段。合同变更、进度款支付、价款结算均涉及工程量清单。

《2013 清单计价规范》第 9.3.1 条规定，因工程变更引起已标价工程量清单项目或其工程数量发生变化时，应按照下列规定调整：（1）已标价工程量清单中有适用于变更工程项目的，应采用该项目的单价。（2）已标价工程量清单中没有适用但有类似于变更工程项目的，可在合理范围内参照类似项目的单价。（3）已标价工程量清单中没有适用也没有类似于变更工程项目的，应由承包人根据变更工程资料、计量规则和计价办法、工程造价管理机构发布的信息价格和承包人报价浮动率提出变更工程项目的单价，并应报发包人确认后调整。《2024 清单计价标准》亦有类似规定。[①] 当合同履行发生变更，需要参照原合同，如果原清单中有合适价格，则无须另行确定价格。

发包人向承包人支付进度款，可直接依据工程量清单中的单价及承包人当月实际完成工程量确定，除非清单中没有该项目，否则无须另行组价。同时，工程量清单计价有利于工程索赔、签证及结算过程中及时确定价款。

3. 有利于提高施工企业的技术水平和管理水平

工程量清单计价方式，通常由招标人提供统一的招标工程量清单，投标人再针对招标工程量清单进行报价，避免了传统计价方式下招标人与各投标人在确定工程量上的重复工作。各投标人以招标人提供的招标工程量清单为统一平台，结合自身的管理水平和施工方案进行报价，能够促使各投标人不断完善自身企业定额，不断积累与整理工程造价信息，从而提升施工企业的造价技术水平和管理水平。

---

① 《2024 清单计价标准》第 8.9.1 条规定，采用单价合同的工程，因工程变更或工程量清单缺陷引起分部分项工程的清单项目变化（项目增减），或清单工程量发生变化且工程量变化不超出 15%（含 15%）时，发承包双方应依据本标准第 7.1 节、第 7.2 节、第 7.4 节规定确认的工程变更或工程量清单缺陷引起变化的工程量，按下列规定确定综合单价并计价，调整合同价格：1 相同施工条件下实施相同项目特征的清单项目，应采用相应的合同单价；2 相同施工条件下实施类似项目特征的清单项目或类似施工条件下实施相同项目特征的清单项目，应采用类似清单项目的合同单价换算调整后的综合单价；3 相同施工条件下实施不同项目特征的清单项目或不同施工条件下实施相同项目特征的清单项目，可依据工程实施情况，结合类似项目的合同单价计价规则及报价水平，协商确定市场合理的综合单价；4 不同施工条件下实施不同项目特征的清单项目，可依据工程实施情况，结合同类工程类似清单项目的综合单价，协商确定市场合理的综合单价；5 因减少或取消清单项目的工程变更显著改变了实施中的工程施工条件，可根据实施工程的具体情况、市场价格、合同单价计价规则及报价水平协商确定工程变更的综合单价。

4. 有利于业主对投资的控制

我国现阶段常采用两种报价形式，即工程量清单报价和施工图预算报价。在工程量清单计价规范颁布以前，建设工程中以往的招投标，基本都采用施工图预算报价方法。施工图预算计价，是指以施工图为依据，按照预算定额和规定的取费标准，对图纸工程量的项目成本进行计算。施工图预算计价模式下，工程价款需到工程竣工后才按照施工范围和计价口径得以最终确定，业主在前期对设计变更、工程量的增减所引起的工程造价变化不敏感，往往等到竣工结算时才知道已经严重超出预算。而采用工程量清单计价方式，设计变更、工程变更引起的投资变化一目了然。业主能够因此对比确定工程变更对工程造价的影响，从而理性地决定是否进行变更及对施工方案进行优化。

5. 有利于我国企业与国际接轨，拓展国际市场

工程量清单计价模式是国际工程计价的惯例。在建设工程行业推行工程量清单计价模式，为我国建设施工企业充分学习国际先进经验提供了平台，为开拓国际建筑市场排除了一个障碍。有利于我国企业与国际接轨，拓展国际市场。

当然，工程量清单计价并非无所不能。由于工程量清单计价的前提是有设计图纸，并能依据图纸确定工程量清单，故项目前期的投资估算、设计概算依然需要根据工程定额编制。工程量清单计价是基于竞争关系而产生的计价模式，正常施工条件下的施工图预算、最高投标限价，需要根据工程定额编制。总体来说，工程量清单是工程价款管理的工具和平台，工程定额为工程价款管理提供数据性支持和依据。工程项目管理以及工程价款管理都要依据工程定额模式与工程量清单模式进行。①

【司法实务】

问题．工程量清单计价模式下，清单总价合同中出现清单漏项，责任由谁承担？

《2013清单计价规范》第4.1.2条规定，招标工程量清单必须作为招标文件的组成部分，其准确性和完整性应由招标人负责。一般而言，发包人在工程技术及造价领域的专业实力远不如承包人，尤其是偶发型工程开发企业的发包人。在

---

① 参见尹贻林：《工程价款管理》，机械工业出版社2018年版，第11页。

此情况下，发包人希望通过市场竞争方式锁定风险范围，即以固定总价方式进行招标并与中标人签订承包合同，故而出现“清单总价合同”。

实务中，对清单总价合同出现清单漏项责任由谁承担的问题，存在两种不同观点：

第一种观点认为，招标工程量清单必须作为招标文件的组成部分，其准确性和完整性应由招标人负责，工程量清单出现漏项，责任应由招标人承担。

第二种观点认为，总价合同的本质是总的合同价格对应总的施工工程量，当合同约定的施工范围和施工内容未发生变化，工程量清单是否漏项不影响承包人施工内容，承包人无权改变合同约定价格。

笔者认为以上两种观点均不完整。

《2013 工程量清单计价规范》与《2024 清单计价标准》均对工程量清单的编制主体、编制原则、编制方法及相应责任承担作了原则规定，但该两个清单计价规则的规定并不一致。在具体实务中，清单漏项责任受招标文件要求、发包条件、投标人承诺、施工合同约定等因素影响，可能在发承包双方相互转移。

一、一般情况下，招标工程量清单的准确性和完整性应由招标人负责

根据《2017 工程施工合同》通用条款第 1.13 条关于“工程量清单错误的修正”的约定，除专用合同条款另有约定外，发包人提供的工程量清单，应被认为是准确的和完整的。出现下列情形之一时，发包人应予以修正，并相应调整合同价格：（1）工程量清单存在缺项、漏项的；（2）工程量清单偏差超出专用合同条款约定的工程量偏差范围的；（3）未按照国家现行计量规范强制性规定计量的。

根据《2013 清单计价规范》的规定，工程量清单是载明建设工程分部分项工程项目、措施项目、其他项目的名称和相应数量以及规费、税金项目等内容的明细清单。招标工程量清单是招标人依据国家标准、招标文件、设计文件以及施工现场实际情况编制的，随招标文件发布供投标报价的工程量清单，包括其说明和表格。招标工程量清单应由具有编制能力的招标人或受其委托、具有相应资质的工程造价咨询人编制。招标工程量清单必须作为招标文件的组成部分，其准确性和完整性应由招标人负责。

二、清单总价合同的本质是单价合同[①]

总价合同是发承包双方约定以施工图及其预算和有关条件进行合同价款计算、调整和确认的建设工程施工合同。根据《2013 清单计价规范》的规定，总价合同可分为两种，一种是采用经审定批准的施工图纸及其预算方式发包形成的总价合同，[②]俗称图纸总价合同；另一种是采用工程量清单方式招标形成的总价合同，[③]俗称清单总价合同。

对于图纸总价合同而言，是以图纸工程量为施工范围计取总价，超出图纸范围的部分进行价格调整，为典型的总价合同。清单总价合同尽管名称为总价合同，但从其计价原理、计价程序及计价方法来看，应为单价合同。

1. 从计价原理上看

总价合同，是指发承包双方约定以施工图及其预算和有关条件进行合同价款计算、调整和确认的建设工程施工合同。在工程任务内容明确、发包人的要求清楚、计价依据确定的条件下，发承包双方依据承包人编制的施工图预算商谈确定合同价款。该合同价款经商谈确定后，只要合同约定工程施工内容和有关条件不发生变化，发包人付给承包人的工程价款总额就不会发生变化，无须再次计量和计价。

单价合同，是指发承包双方约定以工程量清单及其综合单价进行合同价款计算、调整和确认的建设工程施工合同。单价合同的计价原理是清单工程量与对应综合单价组成分部分项工程费，再加上对应措施项目费、其他项目费、规费和税金构成合同总价。其中，清单工程量和综合单价是基础。单价合同以承包人最终实际完成的工程量（包括工程变更、工程量清单错、漏项）确定工程合同价款。《2013 清单计价规范》第 3.1.4 条规定："工程量清单应采用综合单价计价。"故而清单总价合同的本质是按照综合单价和清单工程量进行计价的单价合同。

2. 从适用条件上看

《2013 清单计价规范》第 7.1.3 条规定，实行工程量清单计价的工程，应采

---

① 参见王忠、程松：《建设工程总价合同的理解与适用》，载微信公众号"建设工程造价法律合作联盟"2022 年 1 月 25 日，https：//mp.weixin.qq.com/s/MX_kyTggjheGtg0byjvTSQ。

② 《2013 清单计价规范》第 8.3.2 条规定，采用经审定批准的施工图纸及其预算方式发包形成的总价合同，除按照工程变更规定的工程量增减外，总价合同各项目的工程量应为承包人用于结算的最终工程量。

③ 《2013 清单计价规范》第 8.3.1 条规定，采用工程量清单方式招标形成的总价合同，其工程量应按照本规范第 8.2 节的规定计算。

用单价合同；建设规模较小，技术难度较低，工期较短，且施工图设计已审查批准的建设工程可采用总价合同。该条规定包含两层含义：（1）实行工程量清单计价的工程，一般应采用单价合同方式，即合同中的工程量清单项目综合单价在合同约定的条件内固定不变，超过合同约定的条件时，依据合同约定进行调整。工程量清单项目及工程量依据承包人实际完成且应予计量的工程量确定。（2）可以适用总价合同的条件，除建设规模较小，技术难度较低，工期较短外，最重要的是施工图设计已经审查批准。这就意味着清单工程量与图纸工程量一致，以合同约定的综合单价、清单工程量为基础，按照法定税费标准进行计价，与施工图预算计价相一致。故而该种情况的总价合同，是以施工图确定施工范围、以综合单价和清单工程量确定施工图预算的图纸总价合同。

3. 从计价程序上看

根据《2013 清单计价规范》“条文说明”第 2.0.12 条规定，总价合同模式下，当合同约定工程施工内容和有关条件不发生变化时，发包人付给承包人的工程价款总额就不会发生变化。《2013 清单计价规范》第 8.3.2 条规定，图纸总价合同模式下，除按照工程变更规定的工程量增减外，总价合同各项目的工程量应为承包人用于结算的最终工程量。

根据该规范第 8.3.1 条规定指引，清单总价合同模式下，无论是否存在工程变更，工程量必须以承包人完成合同工程应予计量的工程量确定，发承包双方应依据承包人最终实际完成的工程量（包括工程变更、工程量清单错、漏项）调整确定工程合同价款。这属于典型的单价合同模式。《2013 清单计价规范》第 8.3.1 条规定，采用工程量清单方式招标形成的总价合同，其工程量应按照该规范第 8.2 条的规定计算。而第 8.2 条规定的是单价合同的计量。

另外，从《2024 清单计价标准》对总价合同和单价合同的定义来看，总价合同是指对总价合同进行定义，发承包双方约定以合同图纸、合同规范进行合同价款计算、调整和确认的建设工程施工合同。而单价合同是指发承包双方约定以工程量清单、项目特征及其综合单价进行合同价款计算、调整和确认的建设工程施工合同。故清单总价合同的本质是单价合同。

单价合同的准确性和完整性应由招标人负责。《2024 清单计价标准》第 3.1.8 条规定，采用单价合同的工程，分部分项工程项目清单的准确性、完整性应由发包人负责。第 6.1.6 条规定，采用单价合同的招标工程，投标人对招标文件有疑问或异议，可以书面要求发包人进行澄清。无论投标人是否已提出疑问或异议，分部分项工程项目清单的完整性和准确性由招标人负责。[①]

三、总价合同已标价分部分项工程项目清单的准确性、完整性应由承包人负责

根据《2013 工程量清单计价规范》的规定，“总价合同”是以施工图纸、规范为基础，在工程任务内容明确、发包人的要求条件清楚、计价依据和要求确定的条件下，发承包双方依据承包人编制的施工图预算商谈确定合同价款。当合同价款是依据承包人根据施工图自行计算的工程量确定时，除工程变更造成的工程量变化外，合同约定的工程量是承包人完成的最终工程量，发承包双方不能以工程量变化作为合同价款调整的依据。

《2024 清单计价标准》第 3.1.8 条规定，采用总价合同的工程，已标价分部分项工程项目清单的准确性、完整性应由承包人负责。第 6.1.7 条规定，采用总价合同的招标工程，投标人应在接收招标文件后，在规定时间内对招标工程量清单进行复核。无论投标人是否已提出疑问、异议或按已修正后的工程量清单报价、或对分部分项工程项目清单做出补充完善及报价，除招标工程量清单说明为暂定数量的单价计价分部分项工程项目清单外，合同价格不应因存在工程量清单缺陷而调整。[②]

---

① 《2024 清单计价标准》第 6.1.6 条规定，采用单价合同的招标工程，投标人应在接收招标文件后，在规定时间内对招标工程量清单的分部分项工程项目清单进行复核。如投标人对分部分项工程项目清单有疑问或异议的，应按招标文件的规定以书面形式提请招标人澄清，招标人核实后作出修正的，投标人应按修正后的分部分项工程项目清单进行投标报价。无论投标人是否已提出疑问或异议，分部分项工程项目清单的完整性和准确性由招标人负责，清单项目或修正后（如有）的清单项目存在工程量清单缺陷的，应按本标准第 8.2 节的规定调整相关价款及合同总价。

② 《2024 清单计价标准》第 6.1.7 条规定，采用总价合同的招标工程，投标人应在接收招标文件后，在规定时间内对招标工程量清单进行复核。如投标人对工程项目清单有疑问或异议的，应按招标文件的规定以书面形式提请招标人澄清，招标人核实后作出修正的，投标人应按修正后的工程量清单进行报价。如投标人经复核认为招标工程量清单及其修正后（如有）的分部分项工程项目清单存在工程量清单缺陷的，可在已标价工程量清单的分部分项工程项目清单中进行补充完善及报价，并对已标价分部分项工程项目清单的完整性和准确性负责。无论投标人是否已提出疑问、异议或按已修正后的工程量清单报价，或对分部分项工程项目清单做出补充完善及报价，除招标工程量清单说明为暂定数量的单价计价分部分项工程项目清单外，合同价格不应因存在工程量清单缺陷而调整。

四、合同约定承包人应核对工程量清单并对其准确性和完整性负责的，按其约定

根据清单计价的一般原理，招标工程量清单的准确性和完整性应由招标人负责。但法律并不禁止合同的特殊约定。如果招标人在招标时提供招标工程量清单及经审批的施工图纸，且在招标文件中明确要求，由投标方自行复核工程量清单，并规定工程量清单的准确性和完整性由投标人负责。因该条为实质性响应条款，投标人投标时对此响应，即为双方对此达成一致意见，此时招标工程量清单漏项风险发生转移，责任应由投标人承担。

当然，如果招标人在招标时没有向投标人发放施工图纸，致使投标人不能复核的，工程量清单漏项责任不应转移。招、投标双方对清单漏项均有过错的，根据各自的过错程度，按比例承担相应责任。

三、综合单价

| 导读 |

综合单价是工程量清单计价的基础，也是区分单价合同与总价合同的关键依据。《2013 清单计价规范》第 3.1.4 条明确规定“工程量清单应采用综合单价计价”。在单价合同中，项目价格通过综合单价乘以工程量计算；而在总价合同中，则以“项”为单位直接确定价格。这种计价方式体现了“量价分离”原则，使发承包双方能够更清晰地界定合同风险。

在 2013 版规范实施阶段，为规范建筑市场过度竞争行为，我国采用了“不完全综合单价”模式，即综合单价不包含规费和增值税。这种安排旨在保障工程质量和施工企业合理利润。但随着“放管服”改革的深化，2017 年住房和城乡建设部发布《关于加强和改善工程造价监管的意见》，推动人工单价计算口径扩大，将社会保险费、住房公积金等规费纳入人工费范畴。《2024 清单计价标准》进一步改革，取消规费作为不可竞争费用的规定，明确综合单价为不含增值税的税前全费用价格，包含人工费、材料费、施工机具使用费、管理费和利润等全部成本要素。

从国际惯例看，全费用综合单价（包含所有费用的完全综合单价）是主流做法。随着我国市场经济体制的完善和社会保障机制的健全，实现与国际接轨的全

费用综合单价模式将成为必然趋势。这一演进过程体现了我国工程造价管理市场化改革的深化，也反映了建筑行业逐步与国际通行做法接轨的发展方向。

【术语解读】

根据《2024 清单计价标准》的定义，综合考虑技术标准规范、施工工期、施工顺序、施工条件、地理气候等影响因素以及约定范围与幅度内的风险，完成一个单位数量工程量清单项目所需的费用。清单项目综合单价包括人工费、材料费、施工机具使用费、管理费、利润和一定范围内的风险费用，不包括增值税。

（一）综合单价的构成

按照费用构成要素来说，综合单价包含了人工费、材料费、施工机具使用费、企业管理费、利润及一定范围的风险费用。

其中，人工费是指按工资总额构成规定，支付给从事建筑安装工程施工的生产工人和附属生产单位工人的各项费用。材料费是指施工过程中耗费的原材料、辅助材料、构配件、零件、半成品或成品、工程设备的费用。施工机具使用费是指施工作业所发生的施工机械、仪器仪表使用费或其租赁费。企业管理费是指建筑安装企业组织施工生产和经营管理所需的费用。

综合单价中的风险，指的是投标人在投标报价中应当考虑的未来可能发生的风险，不仅包括未来可能出现的人工、材料、机械价格上涨的风险，也包括投标人原因导致的组价内容未覆盖全部施工工作内容的风险，还包括招标人在招标文件中已经明示投标人应当考虑的风险，如需要投标人自行踏勘确定施工方案等。投标人既要考虑风险范围，也要考虑风险幅度，应以招标文件的规定为准计算有限风险，计入分部分项工程报价之中。

按照造价形成划分，综合单价包括了每个分项工程所含的全部工作费用、措施项目所含的全部工作费用、其他项目所包含的其他费用，不包括增值税。

（二）综合单价的适用

综合单价可适用于预算书、标底、招标最高限价、投标报价及结算价等文件的编制。（1）编制预算、标底、招标最高限价时，综合单价中的人工费、材料费、施工机具使用费、企业管理费、利润应根据《消耗量定额》《计价费率》及相关计价依据确定。人工费应按照当地政府行政主管部门发布的人工单价计算，材料价格应按造价管理机构发布的信息价计算，没有发布造价信息的参照市场价计算。（2）编制投标报价时，人工费、材料费、施工机具使用费通常以市场价计入，企业管理费、利润由投标人自主确定。（3）编制结算价时，在招投标中所确定的单价一般不能改变，但施工中可能发生的人工、材料单价，在合同没有明确约定不能调整时，应按差价处理；材料暂估单价按市场价确定。

（三）综合单价的确定

随着《建设工程工程量清单计价规范》的颁布实施，明确要求使用国有资金投资的建设工程发承包，必须采用工程量清单计价，非国有资金投资的建设工程，宜采用工程量清单计价，工程量清单计价模式在越来越多的工程项目中采用。

综合单价通常采用定额法予以确定。目前，定额法是主要的确定综合单价的常用方法。定额法的基本原理是：通过了解招标文件、合同条件、工程量清单内容确定施工方案，由施工内容和施工方案确定施工工程量和措施工程量，并以预算定额或消耗量定额计算完成该分部分项工程所有施工内容所需费用，最后以该费用平分至工程量清单中的工程量，由此计算出每一个单位净值工程量的花费，即综合单价。

以土方工程为例，计算综合单价的计算方法与步骤：（1）根据地质勘察资料和当时条件确定施工方案。（2）根据现场资料及施工方案计算机械挖土方量、人工挖土方量。（3）根据回填要求及密实度计算回填量，根据现场堆放条件、回填量及挖方量确定弃土方量；根据甲方确定的弃土场确定弃土运距。（4）根据机械挖土方量、人工挖土方量分别计算机械台班消耗量和人工工日消耗量；根据弃土量及弃土运距计算运土机械台班消耗量和辅助人工工日消耗量。（5）以消耗量 × 单价的计算规则，分别计算出挖土费用和运土费用。（6）根据取费标准（包括取费基础及费率）记取管理费，根据利润率（包括计算基础及利润率）分别计算挖土、运土的管理费和利润。（7）计算分部分项工程费，即分部分项工程费 = 人工费 + 材料费 + 施工机具使用费 + 管理费 + 利润。土方工程没有材料费，可计为 0。（8）计算综合单价。根据工程量清单确定或根据施工图纸计算土方工程量的净值，并以分部分项工程费除以土方工程量净值计算综合单价。

由于定额法的形成和应用已经较为成熟，消耗量的数据经长期使用并修正，较为可靠，因此，采用定额法计算综合单价较为准确，该方法的使用也较为普遍。除此之外，市场询价法、成本分析法、历史数据法、合同约定法等方法也是确定综合单价的常用方法。

【司法实务】

问题.固定综合单价合同，工程量发生重大变化，承包人可否请求调整综合单价?

单价合同是发承包双方约定以工程量清单及其综合单价进行合同价款计算、调整和确认的建设工程施工合同。固定综合单价合同通常是指在一定风险范围内的综合单价保持不变的单价合同。对约定为固定综合单价合同，工程量发生重大变化，承包人可否请求调整综合单价的问题，实务界存在不同观点：

第一种观点认为，合同约定为固定综合单价合同，应当按照合同约定履行，工程价款跟工程量成正向比例，即便工程量发生重大变化，也不会导致发承包双方权利失衡，承包人无权请求调整综合单价。

第二种观点认为，合同约定的固定综合单价，指的是一定风险范围内的综合单价，超出合同约定风险范围或工程量变化导致双方利益严重失衡的，承包人可以请求调整综合单价。

笔者倾向于第二种观点。

实行工程量清单计价的工程，一般应采用单价合同方式，即合同中的工程量清单项目综合单价在合同约定的条件内固定不变，超过合同约定条件时，依据合同约定进行调整；工程量清单项目及工程量依据承包人实际完成且应予计量的工程量确定。

综合单价是指完成一个规定清单项目所需的人工费、材料和工程设备费、施工机具使用费和企业管理费、利润以及一定范围内的风险费用。其中风险费已经综合考虑技术标准规范、施工工期、施工顺序、施工条件、地理气候等影响因素以及约定范围与幅度内的风险。《2013清单计价规范》第2.0.9条规定，风险费用是指隐含于已标价工程量清单综合单价中，用于化解发承包双方在工程合同中约定内容和范围内的市场价格波动风险的费用。包括工程量变化的风险和市场价格波动的风险。

一、工程量变化的风险

根据《2024 清单计价标准》的定义，[①] 综合单价中的风险是指综合考虑技术标准规范、施工工期、施工顺序、施工条件、地理气候等影响因素以及约定范围与幅度内的风险。固定综合单价合同的本质是在一定风险范围内工程量清单综合单位是固定的，合同约定工程量是承包人投标报价和考虑风险的重要因素。实际施工工程量与合同约定工程量不一致，其本质是一种违约行为，根据责权利相一致原则，守约人不应因违约人的违约行为承担更多责任。

《2017 工程施工合同》通用条款第 10.4.1 条第 3 项约定，“变更导致实际完成的变更工程量与已标价工程量清单或预算书中列明的该项目工程量的变化幅度超过 15% 的，或已标价工程量清单或预算书中无相同项目及类似项目单价的，按照合理的成本与利润构成的原则，由合同当事人按照第 4.4 款【商定或确定】确定变更工作的单价”。《2013 清单计价规范》第 9.6.2 条规定：“对于任一招标工程量清单项目，当因本节规定的工程量偏差和第 9.3 节规定的工程变更等原因导致工程量偏差超过 15%时，可进行调整。当工程量增加 15%以上时，增加部分的工程量的综合单价应予调低；当工程量减少 15%以上时，减少后剩余部分的工程量的综合单价应予调高。”《2024 清单计价标准》有类似规定。[②]

《建设工程造价鉴定规范》（GB/T 51262—2017）第 5.8.5 条规定，因发包人原因，发包人删减了合同中某项工作或工程项目，承包人提出应由发包人给予合理的费用及预期利润，委托人认定该事实成立的，鉴定人进行鉴定时，其费用可按相关工程企业管理费的一定比例计算，预期利润可按相关工程项目报价中的

---

① 《2024 清单计价标准》第 2.0.9 条规定，综合单价是综合考虑技术标准规范、施工工期、施工顺序、施工条件、地理气候等影响因素以及约定范围与幅度内的风险，完成一个单位数量工程量清单项目所需的费用。清单项目综合单价包括人工费、材料费、施工机具使用费、管理费、利润和一定范围内的风险费用，不包括增值税。

② 《2024 清单计价标准》第 8.9.2 条规定，采用单价合同的工程，因工程变更或工程量清单缺陷引起分部分项工程的清单工程量发生变化，且工程量变化超出 15%（不含 15%）时，发承包双方应按本标准第 7.1 节、第 7.2 节、第 7.4 节规定确认的工程变更或工程量清单缺陷引起变化的工程量，按下列规定调整合同价格：1. 如工程变更或工程量清单缺陷引起增加清单项目及相应清单项目工程量的，可依据本标准第 8.9.1 条的规定，并结合因增加工程数量引起的人工及材料采购价格优惠的影响，在合理下调其合同单价及新增综合单价后，计算相应清单项目价格，调整合同价格；2. 如工程变更或工程量清单缺陷引起减少清单项目及相应清单项目工程量的，可依据本标准第 8.9.1 条的规定，并结合因减少工程数量引起的人工及材料采购价格失去优惠的影响，在合理上调其合同单价及新增综合单价后，计算相应清单项目价格，调整合同价格。

利润的一定比例或工程所在地统计部门发布的建筑企业统计年报的利润率计算。

二、市场价格波动的风险

《2013 清单计价规范》第 3.4.1 条规定，建设工程发承包，必须在招标文件、合同中明确计价中的风险内容及其范围，不得采用无限风险、所有风险或类似语句规定计价中的风险内容及范围。《2024 清单计价标准》第 3.3.1 条规定，建设工程的施工发承包，应在招标文件、合同中明确计量与计价的风险内容及其范围，不得采用无限风险、所有风险或类似语句约定工程计量与计价中的风险内容及范围。合同确定发承包双方风险，也是《民法典》公平原则的体现。[①]

《2017 工程施工合同》通用条款第 11.1 条约定，合同履行期间，因人工、材料、工程设备和机械台班价格波动影响合同价格时，人工、机械使用费按照国家或省、自治区、直辖市建设行政管理部门、行业建设管理部门或其授权的工程造价管理机构发布的人工、机械使用费系数进行调整；需要进行价格调整的材料，其单价和采购数量应由发包人审批，发包人确认需调整的材料单价及数量，作为调整合同价格的依据。

《2013 清单计价规范》附录 A 第 A.2.1 条规定，施工期内，因人工、材料和工程设备、施工机械台班价格波动影响合同价格时，人工、机械使用费按照国家或省、自治区、直辖市建设行政管理部门、行业建设管理部门或其授权的工程造价管理机构发布的人工成本信息、机械台班单价或机械使用费系数进行调整；需要进行价格调整的材料，其单价和采购数应由发包人复核，发包人确认需调整的材料单价及数量，作为调整合同价款差额的依据。

《建设工程造价鉴定规范》（GB/T 51262—2017）第 5.6.2 条规定，当事人因物价波动，要求调整合同价款发生争议的，鉴定人应按以下规定进行鉴定：（1）合同中约定了计价风险范围和幅度的，按合同约定进行鉴定；合同中约定了物价波动可以调整，但没有约定风险范围和幅度的，应提请委托人决定，按现行国家标准计价规范的相关规定进行鉴定；但已经采用价格指数法进行了调整的除外。（2）合同中约定物价波动不予调整的，仍应对实行政府定价或政府指导价的材料按《合同法》（已被《民法典》取代）的相关规定进行鉴定。

《2013 清单计价规范》第 5.2.2 条规定，综合单价中应包括招标文件中划分

---

① 《民法典》第 6 条规定，民事主体从事民事活动，应当遵循公平原则，合理确定各方的权利和义务。

的应由投标人承担的风险范围及其费用。招标文件中没有明确的，如是工程造价咨询人编制，应提请招标人明确；如是招标人编制，应予明确。采用《建设工程施工合同（示范文本）》签约的，合同当事人应在专用合同条款中约定综合单价包含的风险范围和风险费用的计算方法，并约定风险范围以外的合同价格的调整方法。出现合同约定范围以外的风险，应当调整综合单价；合同没有明确约定风险范围的，应参照《建设工程施工合同（示范文本）》及《工程量清单计价规范》相关规定确定。

《2024 清单计价标准》更强调发承包双方签订合同的意思自治性。如果合同没有约定固定单价可以调整或明确约定综合单价不调整，则综合单价不能调整，除非发生发承包双方在订立合同时无法预见的重大变化，继续履行合同对于受不利影响的合同一方明显不公平的极端情况。此时，发承包双方可按风险合理分担原则，协商合同风险幅度或费用分担比例，承担相关部分的增（减）价差或据实调整合同价格。如果合同约定人工费、材料费、施工机具使用费中的燃料动力费市场价格波动超出合同约定幅度可调，仅是对可调界限幅度值没有约定或约定不明，其市场价格波动幅度超出 5% 时调整合同价格。

最高人民法院在（2012）民再申字第 146 号“冯某升与重庆欧林保温材料有限公司建设工程分包合同纠纷案”中指出，尽管合同约定单价包干，但工程量大幅减少非施工方原因导致，为保护施工方利益，可对综合单价酌情提高。[①]

① 最高人民法院（2012）民再申字第 146 号民事裁定书认为，《合同法》（已失效）第 61 条规定：“合同生效后，当事人就质量、价款或者报酬、履行地点等内容没有约定或者约定不明确的，可以协议补充；不能达成补充协议的，按照合同有关条款或者交易习惯确定。”第 62 条规定：“当事人就有关合同内容约定不明确，依照本法第六十一条的规定仍不能确定的，适用下列规定：……（二）价款或者报酬不明确的，按照订立合同时履行地的市场价格履行；依法应当执行政府定价或者政府指导价的，按照规定履行。”该案中，在冯某升与欧林公司未在合同中单独约定施工外墙水泥砂浆找平价款，且事后未能协商一致的情形下，人民法院有权根据市场价格及合同法基本原则确定该价款。再审判决认为，冯某升单独施工外墙水泥砂浆找平的工程量为 9029.07 平方米，占据了整个外墙工程的大部分面积，从通常情况推断，双方在签订合同时，该部分面积本来应当包含在完整施工外墙保温的预期范围之内。完整施工外墙保温的施工面积之减少，系项目部事后调整所致，而非冯某升个人原因。因此，在公平公正的原则基础上，考虑到该大面积的工程量调整对冯某升预期的工程量及工程利润有一定影响，并结合二审法院向咨询公司的咨询情况，即外墙水泥砂浆找平工程当时的市场价为 8—9 元，再审法院通过适当提高单价，酌情将外墙水泥砂浆找平工程的单价提高为每平方米 11 元，合理调整了当事人之间的利益关系，已经充分考虑了冯某升在订立合同当时的预期，通过适当提高单价合理调整了当事人之间的利益关系，特别是充分保护了冯某升作为实际施工方的利益。

四、信息价

| 导读 |

信息价是由政府主管部门或专业造价机构定期发布的动态价格指标体系，涵盖人工费、材料费、施工机械台班费及工程设备租赁费等核心要素的市场基准价格。其目的是为政府有关部门和社会提供公共服务，为建筑市场各方主体计价提供造价信息的专业服务，实现资源共享。

作为工程建设领域的核心数据中枢，工程造价管理机构通过采集、处理、测算构建的全链条服务体系，包括四大基础职能：工程要素价格信息的动态监测（涵盖人工、材料、设备及机械台班）、建设工程造价指标体系的持续完善、造价指数模型的科学编制以及市场信息服务的精准供给。其运作机制既体现政府宏观调控的公共属性，又彰显市场服务的专业价值，实质上构建起连接政府监管与市场交易的双向数据通道。

【术语解读】

信息价是指由工程造价管理机构根据调查和测算发布的建设工程人工、材料、工程设备、施工机械台班的价格信息，以及各类工程的造价指数、指标。发布信息价的目的是为政府有关部门和社会提供公共服务，为建筑市场各方主体计价提供造价信息的专业服务，实现资源共享。

（一）信息价的内容

信息价有广义信息价和狭义信息价之分。广义信息价是指能够体现价格信息动态性变化特征，并能对工程计价起到重要作用的各类计价信息，包括价格信息、工程造价指数和工程造价指标；狭义信息价仅指工程价格信息，包括人工费价格信息、材料价格信息和施工机具价格信息三种。

1. 人工费价格信息

人工费价格信息又称人工成本信息，是指建筑工程实物工程量人工单价与建筑工种人工工资，经综合后贴近发布地区市场实际的信息价格。我国自 2007 年起开展建筑工程实物工程量与建筑工种人工成本信息的测算和发布工作。人工成本信息，是引导建筑企业理性报价，发承包双方合理确定工程造价的基础；是建筑劳务合同双方签订劳务分包合同、合理支付劳动报酬的指导标准，也是有关部门调解、处理建筑劳动工资纠纷的重要依据；是工程招投标过程中评审人工费成本，确定人工费合理区间的重要指标；是实行工程造价动态管理、合理确定社会平均价的基础；是构建和谐社会、建立解决拖欠农民工工资长效机制的重要组成部分。

2. 材料价格信息

材料价格信息是政府造价主管部门根据各类典型工程材料用量和社会供货量，通过市场调研经过加权平均计算得到的平均价格，属于社会平均价格。在材料价格信息的发布中，应披露材料类别、规格、单价（是否含税及税率）、供货地区、供货单位以及发布日期等信息。

材料信息价格一般包括材料供应价（原价）、运杂费、运输损耗费、采购保管费不包括材料检验试验费。

3. 施工机具价格信息

施工机具价格信息的主要内容为施工机械价格信息，又分为设备市场价格信息和设备租赁市场价格信息两部分。设备市场价格信息对应的是自有机械部分，对大型自有机械台时单价，台班费一般由机械折旧费、应摊维修费、台时能源动力消耗费、台时应摊驾驶工人工资、台时应摊工程机械设备保险费及第三者责任保险费等组成。设备租赁市场价格信息对应的是租赁机械，对租赁的设备，一般按台班租金加上每台班分摊的施工机械进出场费计算。相对而言，设备租赁市场价格信息对于工程计价更为重要，其内容应包括机械种类、规格型号、供货厂商名称、租赁单价、发布日期等信息。

（二）信息价的特点

1. 区域性

一般来说，建筑材料大多属于依靠能源消耗及资源消耗的粗犷型产品，其本身的价值或生产价格并不高。但由于产地远离城市，且大多建筑材料重量大、体积大，运输成本很高，同一种产品在不同区域运费不同，最终体现出的价格亦不相同。故而信息价往往只能限制在一定的区域内适用。

2. 多样性

建设工程的多样性致使对建筑材料的需求呈多样性。国家建立建筑材料价格信息平台，是为了打破垄断、强化竞争、促进交易，满足建设工程对建筑材料多元化的需求。故建筑材料价格信息资料要能满足不同行为主体及不同项目特点的需求，在内容和形式上应具有多样性。

3. 动态性

价格随价值波动是经济学基本规律。受到供求关系、能源与资源价格水平、国家及地方经济政策等因素影响，工程材料价格处于不断变化之中。为了保障工程材料价格信息的时效性，需要基于市场信息不断调整。另外，因新能源、新材料、新工艺的不断使用，新的工程材料也不断产生，老的、落后产能的建筑材料不断被淘汰，在客观上也需要不断地收集和补充新的内容，进行信息更新，以真实反映工程造价的动态变化。

（三）信息价的应用

1. 信息价是编制最高投标限价的依据

最高投标限价又称为拦标价、招标控制价，是招标人为限制潜在投标人报价而提出的最高限额。《2024 清单计价标准》第 5.2.1 条规定，最高投标限价编制应符合工程价格信息及造价资讯、工程造价数据及指数等要求。[①]第 5.2.8 条规定，最高投标限价清单项目价格可依据招标工程技术标准规范、交付标准和招标文件要求，并结合相关工程价格信息及造价资讯进行编制。[②]《建筑工程施工发包与承包计价管理办法》（住房和城乡建设部令第 16 号）第 8 条规定，最高投标限价应当依据工程量清单、工程计价有关规定和市场价格信息等编制。

2. 信息价是编制标底的参考

《建筑工程施工发包与承包计价管理办法》第 9 条规定，招标标底应当依据工程计价有关规定和市场价格信息等编制。

---

① 《2024 清单计价标准》第 5.2.1 条规定，最高投标限价编制应符合下列要求：（1）本标准和相关工程国家及行业工程量计算标准；（2）招标文件（包括招标工程量清单、合同条款、招标图纸、技术标准规范等）及其补遗、澄清或修改；（3）国家及省级、行业建设主管部门颁发的工程计量与计价相关规定，以及根据工程需要补充的工程量计算规则；（4）与招标工程相关的技术标准规范；（5）工程特点及交付标准、地勘水文资料、现场情况；（6）合理施工工期及常规施工工艺、顺序；（7）工程价格信息及造价资讯、工程造价数据及指数；（8）其他相关资料。

② 《2024 清单计价标准》第 5.2.8 条规定，最高投标限价清单项目价格可依据招标工程技术标准规范、交付标准和招标文件要求，并结合下列工程价格信息及造价资讯进行编制：（1）近期完成的类似工程最高投标限价、施工图预算、设计概算、成本估算的价格；（2）近期获得的类似工程市场竞争合理投标单价；（3）近期确定的类似清单项目结算单价；（4）近期签订的类似工程合同价格；（5）通过市场询价获得的人工、材料、施工机具、清单项目综合单价等相关合理工程价格；（6）近期人工、材料、施工机具使用的市场价格和相关价格指数或投标价格指数等。

3. 信息价是合同调价的基础

参照《建设工程施工发包与承包价格管理暂行规定》(已失效)的规定，合同价差调整方法包括：(1)按主材计算价差。甲方在招标文件中列出需要调整价差的主要材料表及其基期价格(一般采用当时工地工程造价管理机构公布的信息价或结算价)，工程竣工结算时按竣工时当地工程造价管理机构公布的材料信息价或结算价，与招标文件中列出的基期价比较计算材料差价。(2)主材按抽料计算价差，其他材料按系数计算价差。主要材料按施工图计算的用量和竣工当月当地工程造价管理机构公布的材料结算价或信息价与基期价对比计算差价。其他材料按当地工程造价管理机构公布的调价系数计算差价。(3)按工程造价管理机构公布的竣工调价系数及调价计算方法计算差价。

《2013 清单计价规范》第 9.3.1 条规定，因工程变更引起已标价工程量清单项目或其工程数量发生变化时，如果已标价工程量清单中没有适用也没有类似于变更工程项目的，应由承包人根据变更工程资料、计量规则和计价办法、工程造价管理机构发布的信息价格和承包人报价浮动率提出变更工程项目的单价，并应报发包人确认后调整。[①]《2024 清单计价标准》第 8.7.1 条规定，合同约定因物价变化引起合同清单的分部分项项目清单的人工费、材料费、施工机具使用费中的燃料动力费进行价格调整的，应依据合同约定的市场价格信息来源所发布的合同基准日与调价时间区段相关人工费、材料费、施工机具使用费中的燃料动力费市场价格信息所反映的价格波动幅度，计算调价区段超出合同约定幅度的人工费、材料费、施工机具使用费中的燃料动力费价差，进行调整其价格。[②]

---

① 《2013 清单计价规范》第 9.3.1 条规定，因工程变更引起已标价工程量清单项目或其工程数量发生变化时，应按照下列规定调整：(1)已标价工程量清单中有适用于变更工程项目的，应采用该项目的单价；但当工程变更导致该清单项目的工程数量发生变化，且工程量偏差超过 15% 时，该项目单价应按照本规范第 9.6.2 条的规定调整。(2)已标价工程量清单中没有适用但有类似于变更工程项目的，可在合理范围内参照类似项目的单价。(3)已标价工程量清单中没有适用也没有类似于变更工程项目的，应由承包人根据变更工程资料、计量规则和计价办法、工程造价管理机构发布的信息价格和承包人报价浮动率提出变更工程项目的单价，并应报发包人确认后调整。

② 《2024 清单计价标准》第 8.7.1 条规定，合同约定因物价变化引起合同清单的分部分项项目清单的人工费、材料费、施工机具使用费中的燃料动力费进行价格调整的，应依据合同约定的市场价格信息来源所发布的合同基准日与调价时间区段相关人工费、材料费、施工机具使用费中的燃料动力费市场价格信息所反映的价格波动幅度，计算调价区段超出合同约定幅度的人工费、材料费、施工机具使用费中的燃料动力费价差，并按本标准第 8.7.2~8.7.4 条的规定调整其价格。

4. 信息价是投标报价的参考

根据《建筑工程施工发包与承包计价管理办法》(住房和城乡建设部令第16号)第10条的规定，投标报价不得低于工程成本，不得高于最高投标限价。投标报价应当依据工程量清单、工程计价有关规定、企业定额和市场价格信息等编制。《2024清单计价标准》第6.2.1条规定，投标报价编制应符合投标人企业定额、工程造价数据、市场价格信息及价格变动预期、装备及管理水平、造价资讯等有关规定。①

(四)信息价查询

根据原建设部标准定额司《关于开展工程造价信息管理有关工作的通知》(建标造函〔2005〕45号)规定，为加强工程造价管理机构间的信息交流，逐步建立全国工程造价监控系统，把中国建设工程造价信息网(www.cecn.gov.cn)作为信息价查询的官方网站。

2020年9月2日，住房和城乡建设部标准定额研究所在中国建设工程造价信息网网站上刊发网站域名变更公告：根据政府网站域名管理工作有关要求，当日起，中国建设工程造价信息网域名变更为www.cecn.org.cn。

【司法实务】

问题1. 造价站所发布的信息价是否属于政府指导价?

合同生效后，当事人就价款或者报酬等内容没有约定或者约定不明确的，可以协议补充；不能达成补充协议的，按照合同相关条款或者交易习惯确定。通过补充协议、合同相关条款或交易习惯仍不能确定的，可以根据《民法典》第511条第2款的规定，按照订立合同时履行地的市场价格履行；依法应当执行政府定价或者政府指导价的，依照规定履行。

---

① 《2024清单计价标准》第6.2.1条规定，投标报价编制应符合下列规定：(1)本标准和相关工程国家及行业工程量计算标准；(2)招标文件(包括招标工程量清单、合同条款、招标图纸、技术标准规范等)及其补遗、答疑、异议澄清或修正；(3)国家及省级、行业建设主管部门颁发的工程计量与计价相关规定，以及根据工程需要补充的工程量计算规则；(4)与招标工程相关的技术标准规范等技术资料；(5)工程特点及交付标准、地勘水文资料、现场踏勘情况；(6)投标人的工程实施方案及投标工期；(7)投标人企业定额、工程造价数据、市场价格信息及价格变动预期、装备及管理水平、造价资讯等；(8)其他相关资料。

在工程实务中，发包人及承包人进行工程造价活动时，通常采用当地政府造价管理部门发布的信息价作为计价依据。地方政府造价管理部门发布的信息价是不是属于政府指导价，实务中存在两种不同观点：

第一种观点认为，造价站所发布的信息价是当地政府造价管理部门发布的、发承包双方确定工程造价的依据，属于政府指导价范畴。

第二种观点认为，造价站所发布的信息价是当地政府造价管理部门采集、整理和发布的体现市场供求关系的价格，不具有政府指导性，属于市场价范畴。

笔者倾向于第二种观点。

政府指导价，是指依照《价格法》的规定，由政府价格主管部门或者其他有关部门，按照定价权限和范围规定基准价及其浮动幅度，指导经营者制定的价格。政府指导价具有两大核心特点。

1. 政府指导价的范围必须由法律明确规定。我国实行宏观经济调控下的市场竞争价格机制，价格应当符合产品价值规律。大多数商品和服务价格实行市场调节价，极少数商品和服务价格实行政府指导价或者政府定价。《价格法》第 6 条规定，商品价格和服务价格，除依照该法第 18 条规定适用政府指导价或者政府定价外，实行市场调节价，由经营者依照该法自主制定。具体而言，与国民经济发展和人民生活关系重大的极少数商品、资源稀缺的少数商品、自然垄断经营商品、重要的公用事业、重要的公益性服务等价格在必要时可以实行政府指导价或者政府定价，如关系公众利益的水、电、气、油等。

2. 政府指导价中的基础价格由政府确定。政府价格主管部门和其他有关部门制定政府指导价、政府定价，应当开展价格、成本调查，听取消费者、经营者和有关方面的意见。应当依据有关商品或者服务的社会平均成本和市场供求状况、国民经济与社会发展要求以及社会承受能力，实行合理的购销差价、批零差价、地区差价和季节差价。

信息价不是某一类产品或某一种产品的价格，而是公布在造价信息网上的包含绝大多数工程材料及工程设备的价格。这些材料和设备通常不属于与国民经济发展和人民生活关系重大的极少数、资源稀缺及自然垄断经营型商品，没有被法律列为政府指导价范围，不属于政府指导价。信息价不是政府部门根据各产品真实成本及综合考虑社会承受能力、市场供求关系等内容确定的，而是政府造价主管部门根据各类典型工程材料用量及工程设备用量，通过市场调研并加权平均计算得到的价格，是经统计并对外公布的价格。信息价受市场主体自主定价的影响，而市场主体的定价受市场竞争的影响，故信息价属于市场价格范畴。

问题 2. 合同约定采用当地信息价，当地信息价不全该如何处理？

信息价在建设施工领域工程计价活动中发挥重要作用，是编制设计概算、施工图预算、招标控制价、预算标底的重要依据，是编制投标报价、约定工程合同价、办理竣工结算、调解处理工程计价纠纷、鉴定工程造价的重要参考。信息价是工程造价管理机构通过搜集、整理、测算并对外发布的价格，其及时性、完整性受到极大考验。合同约定采用当地信息价计价，而当地信息价不全时，通常采用以下两种方式处理。

一、参考临近地区信息价

材料信息价格是政府造价主管部门根据各类典型工程材料用量及工程设备用量，通过市场调研并加权平均计算得到的价格，是经统计并对外公布的价格。材料的信息价格一般包括材料供应价（原价）、运杂费、运输损耗费、采购保管费。一般而言，在市场充分竞争的情况下，运输成本是相邻两地建筑材料信息价的主要差异。在当地信息价不全时，发承包双方可以参考相邻地区的信息价。

二、市场调查并协商确定

参照《2013 清单计价规范》第 9.3.1 条关于工程变更价款调整方法的规定，已标价工程量清单中没有适用但有类似于变更工程项目的，可在合理范围内参照类似项目的单价。已标价工程量清单中没有适用也没有类似于变更工程项目的，应由承包人根据变更工程资料、计量规则和计价办法、工程造价管理机构发布的信息价格和承包人报价浮动率提出变更工程项目的单价，并应报发包人确认后调整。已标价工程量清单中没有适用也没有类似于变更工程项目，且工程造价管理机构发布的信息价格缺价的，应由承包人根据变更工程资料、计量规则、计价办法和通过市场调查等取得有合法依据的市场价格提出变更工程项目的单价，并应报发包人确认后调整。如某管道安装材料，当地建筑材料信息网有同一材料、同一厚度的 DN50 及 DN100 无缝钢管的信息价，而无 DN75 的信息价，发承包双方可以参照 DN50 及 DN100 两种型号的无缝钢管单价，合理推算 DN75 无缝钢管的单价；也可通过询价并经双方共同协商合理确定 DN75 无缝钢管的单价。

关联判例

福建地矿建设集团公司、明发集团（漳州）房地产开发有限公司建设工程施工合同纠纷案

（2020）闽民终440号

【裁判要旨】

合同约定按照当地信息价对材料价进行调差，而当地无该产品信息价时，可以参照临近地市信息价进行价格调整。

【基本案情】

2010年5月，地矿公司与明发公司先后签订《建设工程施工合同》、《建设工程施工补充合同》及《水电安装工程施工承包合同书》。合同约定地矿公司作为总承包方，承建明发公司开发的漳州明发商业广场16#–19#工程，工程内容主要包括建筑、装饰、水施、电施等。合同约定的土建的开工日期为2010年6月1日，竣工日期为2011年10月30日，工期510日历天，备案日期为2011年11月30日。合同约定的水电安装工程开工日期以明发公司出具的开工通知书为准，竣工日期为2011年10月30日，合同工期为210日历天。土建工程造价含税包干价为168398945.8元，水电安装工程合同价款为18000874元，合同约定的工程造价合计为186399819.8元。合同还约定了其他内容。合同签订后，讼争工程于2010年6月1日实际开工，地矿公司依约进场施工，2013年3月20日讼争工程实际竣工验收，2016年9月6日讼争工程完成竣工验收备案。

【裁判摘要】

关于混凝土差价。地矿公司认为项目招标合同约定商品混凝土品牌为“佳宝”或“新鸿基”，施工期间漳州市建设工程材料指导价均有相应品牌材料公布价格，根据《建设工程施工补充合同》第5.3.1.3条及2015年4月15日会议纪要的约定，“材料差价的确定以2010年3月投标当日《漳州市建设工程信息》公布的《建设工程主要材料市场信息（综合）价格》为‘报告期价’”“材料价格按延后一个月的‘漳州市建设工程或指导价’与投标当月

（2010 年 3 月）信息价之差给予调整列入结算”。本案应采用漳州市公布的建设工程材料指导价作为混凝土价差的计算依据。原审鉴定机构采用厦门市建设工程造价网公布的厦门地区主材价格进行调差，没有依据。但经核查，案涉工程施工期间，漳州市建设工程材料信息网发布的混凝土信息价或指导价并不完整（仅公布了型号为 32.5 和 42.5 的水泥信息价）。地矿公司主张的“佳宝”或“新鸿基”混凝土的价格为品牌价格，合同及会议纪要都没有明确约定按品牌价格来计取差价，且上述两个品牌的各型号混凝土的价格也不完整。因此，鉴定机构按照就近原则，参考相对完善、完整的厦门市建设工程造价网公布的厦门地区混凝土主材价格进行价差调整，并无不当。

五、市场价

| 导读 |

《民法典》第 511 条规定，当事人合同价款约定不明确，依据前条规定仍不能确定的，按照订立合同时履行地的市场价格履行；依法应当执行政府定价或者政府指导价的，依照规定履行。

针对政府定价或者政府指导价，《价格法》明确界定了其适用范围。具体包括与国民经济发展和人民生活关系重大的极少数商品、自然垄断经营的商品、资源稀缺的少数商品以及重要的公用事业、公益性服务。

建设工程虽然具有社会公共属性，但其定价机制并不符合上述法定要件。首先，建设工程市场竞争充分，施工主体多元，不存在自然垄断特征；其次，建筑材料和劳动力资源通过市场配置即可满足需求，不属资源稀缺范畴；最后，建设工程虽涉及公共利益，但其本质仍属商事活动，有别于水、电、气等具有强制服务性质的公用事业。因此建设工程价款不应当执行政府定价或政府指导价，其价格应由市场决定。当合同价款出现约定瑕疵时，裁判机关应优先考察缔约时的市场行情，参照当地建设行政主管部门发布的计价标准、定额信息价等市场要素，结合具体工程的施工条件、技术难度等个案因素综合认定。

【术语解读】

市场价通常是指商品在市场中可以交易的价格。建设工程领域中的市场价通常包括人工市场价、机械台班市场价和材料市场价三种，其中人工市场价是指在劳务市场中可招聘的一线工人价格，分技工和普工；机械台班市场价是指机械的市场租赁价格；材料市场价一般指材料的供应价格，有的是出厂价，即原价，有的则是把原价、运杂费及运输损耗费等均包含在内的到场价，但一般均不包括采购保管费。

（一）市场价的特点

在现代市场经济中，市场是资源配置的主要形式。作为市场机制的核心，市场价具有以下特点：

1. 市场价的竞争性

竞争是市场机制的重要组成部分，是供求和价格有效发挥作用的必要条件。生产者为了获取利润，就会采用先进的生产技术和管理方式，科学的降低成本，以质优价廉的方式确立自己在市场中的地位。

2. 市场价的离散性

市场价具有离散性，通常以价格离散率表示。所谓价格离散率是指同一类商品的价格分布相对于某一中心的偏离程度。价格离散性既可以指同一品牌不同种型号的产品，也可以指同一种物品不同品牌的产品。本小节所讲的是同一种物品不同品牌的价格离散性，体现不同产品的价值属性。

3. 市场价的波动性

价格机制是市场机制的核心，是资源配置的基础。当某种商品供不应求时，价格就会上升，从而引起需求量减少和供给量增加，促使价格回归。当某种商品供过于求时，价格就会下降，从而引起需求量的增加和供给量的减少，促使价格回归。价格随供求关系的变化而不断波动变化。

（二）市场价的适用

1. 适用前提

根据《民法典》第 511 条的规定，适用市场价有四个前提：（1）当事人合同价款没有约定或约定不明确；（2）双方无法就价款内容达成补充协议；（3）按照合同其他条款或交易习惯无法确定价款内容；（4）不属于政府定价或者政府指导价范畴。

2. 市场价的确定

市场价格具有离散性，即在同一时期的同一种产品，因产地、厂家、品牌的不同，价格迥异。把具有交易属性的每个具体产品价格，称为交易市场价；对同类型产品价格进行收集、整理、测算，把能够反映该产品在某时间节点整体价格水平的数字予以公布，称为信息价。因产品属性、厂家、品牌的不同，各产品之间的交易市场价差异较大；而同一时空范围内的信息价是唯一的。笔者认为应从以下几个方面分析市场价适用问题。

（1）合同履行阶段的市场价确定

《民法典》第511条所规定的“按照订立合同时履行地的市场价格履行”的前提之一是合同价款没有约定或约定不明，显然属于合同签约之后的阶段。

在工程实务中，招标文件及合同中所明确约定属于暂估价的材料、设备和专业工程，招标文件及合同明确约定属于认质认价范畴的施工材料和工程设备，及甲供转为乙供的材料及设备均属于合同对价款没有约定或约定不明的情形。

在合同履行阶段以市场价确定价格，应当区分甲控价和乙供价。甲控价应当以信息价为准。如对于必须招标的暂估价材料，招标人应以信息价为基础编制最高限价。对于乙供价，因具体品牌、型号明确，应以市场交易价为基础确定单价，无法确定市场交易价的，按照信息价确定。

（2）造价审计或鉴定阶段的市场价确定

当工程进入造价审计或鉴定阶段时，该工程已经完工。一般来说，已完工程的各类施工材料和工程设备都已具体化，有按照市场交易价确定单价的条件，且以市场交易价确定单价更为贴近造价实际。但材料的种类繁多，逐一还原市场价几乎无法完成，且同类产品多次采购价格有高有低，在计价时需要加权平均，从数值上看与信息价较为接近。故在司法实务中，对合同没有约定或约定不明的造价审计及造价鉴定，通常以信息价为准。

如重庆市高级人民法院在（2014）渝高法民终字第00017号“重庆庆华建设工程有限公司、重庆君丰房地产开发有限公司建设工程施工合同纠纷案”中，针对主体结算中2008年11月至2009年1月钢材价格调整争议，认为，“双方合同约定的定价规则为：‘土建和安装材料由发包人和承包人根据工程进度和市场行情及时定质定价’。由此可以看出钢材定价需由双方当事人根据市场行情共同商定，在双方不能达成一致的情况下，应按当时的市场价来确定。施工期间重庆市建设工程造价管理总站公布的《重庆工程造价信息》（以下简称信息价），是工程造价管理机构对工程造价实行动态管理、定期发布的市场价格，是工程造价结算的重要参考依据。本案鉴定机构以施工期间钢材月度价格波动较大，参照信息价确定此部分工程款并在结算书基础上增加 32820.90 元的意见，符合双方当事人的合同约定和建设工程造价管理规定，应予确认。”

（3）市场价为合同订立时的价格

由于市场价格具有波动性，每个时间点的市场价可能都不一致。按照哪个时间节点确定价格直接影响发承包双方利益，故应选择最能体现交易基础的合同订立时的价格。此时，合同当事人对当时的市场价格是知道或者应当知道的。即便之后价格有波动，只要在市场正常的价格变动范围内，不会超过当事人的预期范围，这个价格就是公平合理的。至于合同履行时市场价格发生重大波动，则要看是否符合情势变更制度的调整范围。①

（4）市场价为合同履行地价格

市场交易应以经济、快捷、方便为原则。根据《建筑安装工程费用项目组成》规定，造价构成中的材料费包含材料原价、运杂费、运输损耗费、采购费、仓储费、工地保管费和仓储损耗费，是到货价格。故笔者认为，在工程实务中，《民法典》第 511 条所规定的“履行地价格”应理解为工程所在地价格。

【司法实务】

问题 . 投标价格低于市场价，投标人能否要求调价？

《招标投标法》第 33 条规定：“投标人不得以低于成本的报价竞标，也不得以他人名义投标或者以其他方式弄虚作假，骗取中标。”但在日趋激烈的市场竞争中，投标方希望压低价格中标后再通过高价索赔、要求调价获取利润。现行法律对投标人以低于市场价投标能否要求调价没有明确规定，实务中对此亦有不同观点：

第一种观点认为，投标价格低于市场价，低于成本中标的，为了保证工程质量及维护发承包双方的利益均衡，应允许调价。

① 参见最高人民法院民法典贯彻实施工作领导小组主编：《中华人民共和国民法典合同编理解与适用（一）》，人民法院出版社 2020 年版，第 354 页。

第二种观点认为，投标人以低于市场价进行投标，是投标人的商业行为，法律应维护诚信意识，不应随意允许施工方调价。

笔者认为以上两种观点均不完整。

对投标价格低于市场价，施工方能否要求调价的问题，主要从以下几个方面分析。

一、投标价是否低于投标时的成本价

市场价是指商品在市场中可以交易的价格。市场价通常包含卖方购置成本、经营中费用、国家税费及卖方合理利润等。由于各市场主体的差异化，其购置成本、经营管理成本并不相同，无法用统一标准衡量承包人的投标价是否低于其投标时的成本价。不能简单以社会平均成本作为认定投标价低于成本价的依据，也不能以投标价与招标控制价的差额或下浮率作为认定投标价低于成本价的依据。国家鼓励企业通过提高管理水平降低生产成本，以增强企业竞争力。最高人民法院在（2014）民申字第 848 号“建设工程施工合同纠纷案”中认为，《招标投标法》第 33 条所称的“低于成本”，是指低于投标人为完成投标项目所需支出的个别成本。每个投标人的管理水平、技术能力与条件不同，即使完成同样的招标项目，其个别成本也不可能完全相同，个别成本与行业平均成本存在差异，这是市场经济环境下的正常现象。

二、不能从违法、违约中获利

《民法典》第 5 条规定，民事主体从事民事活动，应当遵循自愿原则，按照自己的意思设立、变更、终止民事法律关系。在不影响国家、集体及第三人利益，不违背国家法律基本制度，仅公平原则、诚信原则、公序良俗等的情况下，法律、行政法规通常不干涉民事主体的缔约自由。《招标投标法》规定投标人不得低于成本价投标，其根本目的包含两个方面：一是防止投标人因实际投入大于收入而偷工减料，影响建筑产品的质量与安全，对社会公共利益产生影响；二是防止招标人利用买方优势地位侵犯投标人利益，《建设工程质量管理条例》第 10 条第 1 款规定建设工程发包单位不得迫使承包方以低于成本的价格竞标，不得任意压缩合理工期。

投标人作为专业的建设施工企业，可以通过提高管理水平和经济效益，降低个别成本以提升其市场竞争力。在投标时，应充分考虑各种风险和费用，理性的选择合理竞标方案和价格。投标人故意压低报价中标后，又以低于成本价投标违反法律强制性规定为由主张调整工程价款，将极大损害其他投标人的利益，亦有违诚实信用原则。

即便施工合同因投标价格低于投标时的成本价被认定为无效，根据《民法典》第 793 条第 1 款规定（建设工程施工合同无效，但是建设工程经验收合格的，可以参照合同关于工程价款的约定折价补偿承包人）也不应调整工程价款，承包人不能从违法、违约中获利。

三、利益显著失衡，方可调价

在企业经营中，盈利或亏损均是企业运营的正常现象。作为有经验的承包商，有能力依据招标工程量清单、技术规范、标准图集及招标人提供的其他资料，合理确定施工成本，并根据招标控制价及行业竞争合理确定投标报价。投标人对低价中标、高价索赔、过程调价的风险明知，选择低价投标是其独立经营行为，后果自担。但如果投标价格明显低于市场价，造成发承包双方利益严重失衡的，可以根据《民法典》第 6 条规定的公平原则予以适当调整。

投标价格过低的标准，法律、行政法规并没有明确规定，可参照安徽省住房和城乡建设厅《关于切实加强全省房屋建筑和市政基础设施工程招标投标活动管理的通知》（建市函〔2022〕453 号，已失效）第 1 条的规定，2022 年全省房屋建筑、轨道交通、市政基础设施等工程（不含工程总承包类）投标报价分别低于招标控制价的 90%、88%、85%，作为异常低价。各市、省直管县（市）可结合本地实际设置依法可独立发包专业工程的异常低价，招标人可参照执行。山东省高级人民法院于 1998 年 10 月 30 日发布的《关于审理建筑工程承包合同纠纷案件若干问题的意见》第 30 条规定，在审理建筑工程欠款纠纷中，一般应以当事人在合同中约定的工程造价和结算方式进行结算；但约定的价款明显超过或低于市场价的 30%，所得的劳动报酬明显超过或低于同类劳动标准的 30%，致使双方利益严重失衡的，应公平合理地对约定价款予以变更。如约定价款与市场行情差别不大或约定的价款虽对一方不利，但是由于该方当事人在合同履行中经营管理不善或主观判断失误使自己的利益受到损失，该方当事人主张变更工程造价的，不应予以支持。

除此之外，投标人是否属于利用不平衡报价追求超额利润、招标人有无要求投标人对低价投标做出澄清及投标人是否作出不低于成本价承诺等，也是考量能否调价的因素。

关联判例

郑州正豫置业有限公司与郑州市管城建筑安装工程有限公司建设工程施工合同纠纷案

（2014）民申字第786号

【裁判要旨】

中标价明显偏低，可以根据公平原则适当调整。

【基本案情】

2007年10月23日，正豫公司就位于登封新店的龙腾豪邸住宅小区1—8号楼及地下车库工程进行招标。招标文件要求投标预算价按施工图纸、《河南省建筑和装饰工程综合基价》（2002版）、《河南省安装工程单位综合基价》（2003版）、设计变更、有关补充说明、答疑纪要及有关造价文件进行编制；材料价格按当时市场价计取；投标报价以施工图为依据，以投标预算为参考，在预算价的基础上根据实际情况在合理的范围内自主报价，但不得低于企业成本。管城建筑公司在投标时编制的投标预算造价为2059.1198万元，投标报价1838万元，中标价1838万元。双方于2007年10月25日签订《建设工程施工合同》，合同价款为1838万元。

【裁判摘要】

最高人民法院认为：关于案涉工程款的计算依据问题。首先，从一审法院委托鉴定机构根据“执行合同”和“按实结算”两个标准计算的工程款数额来看，相差1000万元左右，相对于合同的中标价1838万元而言，差距显然较大，这说明，案涉合同的中标价明显偏低。其次，案涉工程施工过程中，市场价格、材料变化及多项变更等诸多因素导致案涉工程款按照原中标价计算，将显失公平。一审、二审法院综合考虑案涉合同解除的方式、本案纠纷形成的原因以及发包方和承包方的利益平衡，根据公平原则，酌定按照鉴定机构依据前述两个标准作出的工程造价的平均值作为案涉工程款的计算依据，并无不当。

六、认质认价

|导读|

从法律属性层面分析，建设工程的招标投标与合同缔结程序，即构成了认质认价法律行为体系。在标准化招标程序中，发包人通过发布招标工程量清单设定契约基础，承包人依据招标文件要求编制技术标与商务标进行实质性响应。评标阶段可拆解为两大法定程序：其一为技术标评审，评标委员会依据招标文件载明的技术标准，对投标人提交的施工组织设计、工艺方案及材料设备选型等技术要素进行专业评估，此即认质过程的法律体现；其二为经济标评审，评标委员会根据工程量清单计价规范，系统审查投标报价的合理性、项目单价平衡性及综合单价组成的经济指标，此系认价过程的法律表征。

在建设工程领域，受制于项目设计深度不足、技术标准迭代或施工条件变更等客观因素，约 15%—30% 的工程材料设备往往难以在招标阶段完成品质与价格的最终锁定。此种“先定施工主体、后定材料参数”的操作模式，本质上是建设工程交易中风险分配与效率平衡的特殊制度设计，需通过动态认质认价机制实现合同漏洞填补。

【术语解读】

所谓认质认价，就是在施工过程中，发承包双方对合同未约定单价的施工材料或工程设备进行市场调查、确认，并以书面形式对其质量及价格进行确认。认质认价包括两部分内容，一是认质，二是认价。其中，认质是指发承包双方按设计文件的要求及相关规范，对施工材料或工程设备的产品型号、规格参数等予以选定并确认。认价是指发承包双方在认质的基础上，确认其相应的价格，并作为双方结算的依据。

（一）认质认价的适用范围

《招标投标法》第 4 条规定：“任何单位和个人不得将依法必须进行招标的项目化整为零或者以其他任何方式规避招标。”在实务中，对施工材料、工程设备的认质认价应严格限制，不能以此方式规避招标。认质认价的适用范围包括：

1. 在招标文件中以暂估价出现的施工材料及工程设备。暂估价材料及设备是指招标阶段直至签订合同时，招标人都无法准确给出参数和型号但又必然需要的材料和设备。由于招标时无法确定价款，故按照暂定金额报价，待合同履行时再确定质量标准、产品型号及价格。

2. 工程变更所使用的新的材料和设备。工程材料成百上千种，在同一工程项目中并非每种材料和设备都能用到，故原合同清单仅包含变更前所使用的材料及设备。当工程变更需要使用新的材料和设备时，需要发承包双方共同选择并重新确定价格。

3. 甲供材改为乙供的材料和设备。甲供材的价格是招标人在招标文件中已经确定的价格，并非市场价格，也非市场竞争价格，而是招标人基于经营和管理需要自主确定的价格。把甲供材改为乙供，合同约定的甲供材价格并不能适用，需要重新确定价格。

4. 合同明确列项需要认质认价的材料和设备。

（二）认质认价的风险

1. 发包人风险

材料及设备价格一般占工程造价的 50%—70%，在有些工程中占比会更高。材料及设备的质量是建设工程质量的基础，而工程材料成百上千种，不同厂家、不同材质、不同工艺所生产的产品质量千差万别。在施工过程中，由本就在工程技术方面处于弱势地位的发包人认质，远远比不上由经济技术专家组成的评标小组对工程材料及设备的质量把控。

施工材料和工程设备的价格因质量、品牌、规格、型号、功能、产地等因素的不同而不同，发包人对这些内容的熟悉程度也远不如承包人。认质认价内容是合同外的内容，对于承包人来说，是一个争取更大利益的机会，且原材料价格还受市场行情、供求关系、流通成本等因素的影响，常常出现承包人报出“天价”的情况。未经市场充分竞争，由发包人在短时间内对产品价格进行确认，有高估冒认的风险。

2. 承包人风险

承包人在认质认价中主要存在三种风险：（1）承包人未按照合同约定的时间提前向发包人申请认质认价；（2）承包人先采购后申请认质认价；（3）承包人在发包人认价前自行购买了施工材料或工程设备。对于质量问题，一般来说，涉及新增工程，应由设计机构设计并经发包人同意方可实施；涉及工程变更，施工企业应按照建设单位认可的工程变更通知变更施工。承包人未经发包人“认质”程序便自行采购，有不被发包人认可的风险。对于价款问题，一般来说，工程变更涉及工程价款调整的，应由受益方在合同约定时间内或合理时间内以书面文件提出，经对方审核同意后调整合同价款。受益方未在合同约定时间内或合理时间内提出工程价款调整报告的，视为不涉及合同价款调整。①

（三）认质认价的程序

1. 认质程序

认质认价的程序是先认质后认价。认质指的是发包人或发包人委托的相关技术单位及人员确认待采购的施工材料符合现行国家标准、行业标准、图纸、图集以及施工、验收规范的要求；确认待采购的工程设备质量合格、规格参数正确、满足图纸设计及施工要求。

认质程序需要工程等相关技术部门完成，包括：（1）施工方根据施工进度及施工计划，提前向发包人申报所需施工材料或工程设备名称；（2）由发包人或发包人委托的相关技术单位及人员审核并确认施工材料或工程设备的规格型号、技术参数。

2. 认价程序

（1）询价。认质认价中的询价，指的是承包人在发包人确定了产品型号或技术参数后，向材料或设备生产厂家询问价格的过程。总包单位、监理单位、建设单位均可推荐材料或设备生产厂家。承包人在询价单中应注明询价的内容、询价的单位、询价的品牌、价格的组成等内容。

（2）报审。承包人在询价完成后，填写工程材料 / 设备认质认价报审单，并按照合同约定的程序对需要认质认价的材料及设备提出书面申请。在报审单中需要注明此报审单仅作为报审之用，不作为结算使用。

（3）确认价格。发包人收到承包人提交的工程材料 / 设备认质认价报审单后，应及时组织人员对承包人所报请产品厂家的资质、生产能力、产品业绩、产品价

① 参照《天津市建设工程造价管理办法》（建筑〔2012〕142 号）第 28 条规定，工程设计变更确定后 14 天内，设计变更涉及工程价款调整的，由受益方以书面文件提出，经对方审核同意后调整合同价款。受益方未在 14 天内提出工程价款调整报告的，视为不涉及合同价款调整。收到工程价款调整报告的一方应在合同约定时间内确认或提出协商意见，否则视为工程价款调整报告已确认。

格等内容进行考察，了解产品质量、使用寿命、稳定性及产品性价比等指标，必要时可以考察承包人报请之外的厂家。在确定市场价格后，应按照合同约定的时间、内容向承包人回复工程材料 / 设备认质认价确认单，并注明本确认单为结算依据等内容。

（四）无法认价处理

认质认价的本质是发承包双方对原合同中未明确的施工材料单价及工程设备单价的重新确定。发包人对认质认价没有形成权，不能通过单方意思表示确定认质认价，须经双方达成一致意见。

实务中，因建设工程领域为买方市场，建设施工企业竞争大、利润低，通常采用低价中标、高价索赔方式获取利润。认质认价恰好符合工程变更、材料变更的索赔特点，故而常出现承包人以超高利润向发包人报审认质认价。对发包人而言，因认质认价发生在合同履行过程中，没有形成有效的市场竞争，故对承包人报审的认质认价格外谨慎，通常以极低价格予以确认，双方之间难以达成一致意见。

双方对认质认价无法达成一致意见时，可以按照以下方式确定。

1. 所需施工材料 / 工程设备必须招标的，由承包人公开招标方式确定

招标投标制是确立市场定价的价格形成机制，通过招投标可以促进价格的有效竞争，有利于节约投资、提高投资效益，使签约价格接近产品价值，更好地控制工程造价，有利于发承包双方对价格达成一致意见。

2. 不是必须招标的施工材料 / 工程设备，可以通过共同询价的方式确定

对不是必须招标的施工材料 / 工程设备，可以在发包人确定了产品型号或技术参数后，由发承包单位共同或分别寻找供应单位，并按一定标准进行排序，由发包人最终确定施工材料 / 工程设备厂家。如果采用承包人所提供厂家的产品，产品质量责任应由承包人承担；如果采用发包人所提供厂家的产品，产品质量责任应由发包人承担。

3. 双方未确定认质认价，但已经采购施工材料 / 工程设备的，可参照甲供材及暂估价的确认方法

《2013 清单计价规范》第 3.2.5 条规定："若发包人要求承包人采购已在招标文件中确定为甲供材料的，材料价格应由发承包双方根据市场调查确定，并应另

行签订补充协议。”第 4.4.3 条规定：“暂估价中的材料、工程设备暂估单价应根据工程造价信息或参照市场价格估算……”《2024 清单计价标准》第 8.4.5 条规定，工程量清单中给定暂估价的材料不属于依法必须招标的，可由承包人进行市场采购询价或自主报价，经发包人确认价格后以税前价格取代暂估价，或可由发承包双方共同询价确认价格后以税前价格取代暂估价，并计算相应价格调整引起的增值税变化，调整合同价格。

故对未经认质认价确定的施工材料 / 工程设备，可以适用工程造价管理机构发布的单价，工程造价信息未发布有关施工材料及工程设备单价的，可通过市场调查确定。

【司法实务】

问题 1. 经认质认价程序确认的材料价格，在结算时是否要参与总价下浮？

由于建设施工合同的复杂性，所涉及施工材料和工程设备的多样性及价格的不稳定性，为了均衡利益，发包人经常对部分价值较高、质量要求较严格、实际使用靠后的施工材料和工程设备，在招标时给出暂估价供承包人组价投标，最终发承包双方经认质认价程序确定价格。实务中，对合同明确约定结算价按照一定比例下浮的，经认质认价程序确认的材料价格，在结算时是否要参与总价下浮问题，存在不同观点。

第一种观点认为，认质认价是发承包双方在原合同之后签订的补充协议，该协议是对原合同相关产品价格的补充约定，具有确定性，如无特殊约定，该补充协议效力高于原合同，在结算时无须参与总价下浮。

第二种观点认为，认质认价是发承包双方对合同未约定单价的施工材料或工程设备进行再次约定，是对原合同的补充，受原合同的约束，如无特殊约定，认质认价部分受合同总价下浮约束。

笔者倾向于第二种观点。

认质认价包括认质和认价两个方面。认质是指发承包双方按照设计图纸及规范要求，对工程设备、材料的品牌档次、规格参数、品质效果等予以选择并书面确认。认价是指发承包双方对经过认质程序确定的施工材料或工程设备进行市场调查、确认，并以书面形式对价格进行确认。认质认价属于补充协议，如果认质认价单明确约定该部分施工材料或工程设备在计入总价后随总价下浮或不下浮，按此约定。如果认质认价单中没有特殊约定，应按照主合同约定进行整体下浮。

一、发承包双方对认质认价后的材料价格参与总价总体下浮有心理预期

从造价构成角度来说，不论是施工材料单价还是工程设备单价，都是工程造价的一个因素，其本身与工程总造价之间没有直接联系。施工材料单价或工程设备单价与一个最低造价单元的工程量合计为该造价单元的施工材料费或工程设备费，并与相对应的人工费、施工机具使用费、管理费、利润及一定范围的风险费用共同构成该造价单元的分部分项工程费。一个工程项目的所有分部分项工程费分层累加并计取规费和税金后构成该项目的总造价。

合同约定项目总造价下浮，是包含该工程所有造价构成要素的总价的整体下浮，在无特殊约定的情况下，自然不应排除认质认价单中所确定的施工材料或工程设备。合同约定项目总造价下浮，发包人和承包人对此均有预期性，承包人报请发包人的确认价和发包人实际给出的确认价均应考虑总价下浮比例。如果承包人在报请发包人确认时未考虑总价下浮，应自行承担该风险，如果发包人实际确认时未考虑总价下浮比例，承包人应提醒发包人，或在认质认价单上明确该部分内容不参与总价下浮。

二、认质认价单所确定的价格，通常不会降低承包人利润空间

认价并非是发包人单方确认价格，而是发承包双方共同协商确定价格。认质认价是在施工过程中进行的，承包人在与发包人协商确认工程材料及工程设备单价时，已经没有竞标压力，可以与发包人平等协商，以确定合理价格。

即便双方无法达成合意确定价格，只要对发承包双方履约不产生实质影响，双方应继续履行合同义务，直到该价格分歧按照合同约定的争议解决方式得到处理。[①]《建设工程造价鉴定规范》（GB/T 51262—2017）第5.6.4条规定：“当事人因材料价格发生争议的，鉴定人应提请委托人决定并按其决定进行鉴定。委托人

① 《2013清单计价规范》第9.1.5条规定：发包人与承包人对合同价款调整的不同意见不能达成一致的，只要对发承包双方履约不产生实质影响，双方应继续履行合同义务，直到其按照合同约定的争议解决方式得到处理。

未及时决定可按以下规定进行鉴定，供委托人判断使用：1 材料价格在采购前经发包人或其代表签批认可的，应按签批的材料价格进行鉴定；2 材料采购前未报发包人或其代表认质认价的，应按合同约定的价格进行鉴定；3 发包人认为承包人采购的材料不符合质量要求，不予认价的，应按双方约定的价格进行鉴定，质量方面的争议应告知发包人另行申请质量鉴定。”

由于承包人在认质认价确认程序中有谈判筹码，故认质认价单所确定的价格，通常不会降低承包人的合理利润空间。

三、按比例下浮符合计价规则的一般规定

参照工程变更，根据《2013 清单计价规范》第 9.3.1 条第 3 项的规定，已标价工程量清单中没有适用也没有类似于变更工程项目的，应由承包人根据变更工程资料、计量规则和计价办法、工程造价管理机构发布的信息价格和承包人报价浮动率提出变更工程项目的单价，并应报发包人确认后调整。承包人报价浮动率可按下列公式计算：

招标工程：承包人报价浮动率 L=（1– 中标价 ÷ 招标控制价）×100%

非招标工程：承包人报价浮动率 L=（1– 报价 ÷ 施工图预算）×100%

承包人在投标竞争中所报价格以合同总价下浮方式优惠，举重以明轻，承包人在没有竞争、且有计价规范及鉴定规范托底的情况下与发包人协商价格，更应按照合同约定以合同总价下浮方式优惠。

有观点认为，认质认价为补充合同，其约定具有优先权，代替了原合同的内容。笔者认为，补充合同的优先性仅体现在新旧合同约定有冲突的地方，如某产品原合同约定 100 元 / 千克，补充合同约定 90 元 / 千克，则适用补充合同。如果补充合同所约定的是原合同没有约定的内容，两份合同内容均需履行；如果补充合同没有约定或内容约定不明，依然要适用主合同，没有优先性。认质认价单仅仅更改了工程材料或设备的原合同单价，对这些材料是否参与合同总价下浮没有新的约定，需要按照原合同履行。

当然如果认质认价远低于市场价格，参与总价下浮对承包人明显不公的，可以依据公平原则处理，这是法律规则必须符合法律原则的价值体现。

关联判例

安徽中昊建设工程有限公司、天长市炳辉中学建设工程施工合同纠纷案

（2018）皖民终85号[①]

【裁判要旨】

合同约定总价下浮，认质认价属于总价构成部分，应一并下浮。

【基本案情】

2009年12月，炳辉中学因建设初中部新校区，决定采取BT方式，发布了《天长市炳辉中学初中部新校区建设BT项目谈判文件》（以下简称《谈判文件》）。2009年12月7日，中昊公司（乙方）响应炳辉中学（甲方）的要约与其进行了竞争性谈判，并签订一份《天长市炳辉中学初中部新校区建设BT项目竞争性谈判谅解备忘录》（以下简称《谅解备忘录》）。2009年12月22日，中昊公司向炳辉中学出具一份竞争性谈判投标函，同意审计后的工程施工总造价（M）结算优惠率（下浮）为18.01%。通过竞争性谈判，双方于2010年1月22日签订一份《建设工程施工合同》，由中昊公司承建炳辉中学初中部新校区工程，合同约定：工程内容为土建、装饰、安装、室外道路、给排水等设计图纸范围内的所有内容。

【裁判摘要】

关于工程造价应否下浮18.01%的问题。中昊公司上诉称案涉合同无效，故双方对案涉工程造价下浮18.01%的约定应属无效，鉴定意见在计取工程造价时不应下浮18.01%。二审法院认为，案涉合同虽无效，依照《建设工程施工合同司法解释》（已失效）第2条的规定，应参照双方关于工程造价下浮18.01%的约定计取工程造价，否则，势必造成中昊公司在合同无效时反而比合同有效时获得更多工程款项的悖论。故，中昊公司主张工程造价不应下浮18.01%的主张不能成立。诚信公司作出的第二种造价鉴定意见将二次招标材料及认价采保费价款不下浮时应返补的价款712101.34元单独列出，供法院

① 最高人民法院（2018）最高法民申4198号民事裁定书维持了该判决。

判定适用，一审法院认为二次招标材料及认价采保费造价不应下浮，将该部分不予下浮时应返补的价款712101.34元计入工程造价与双方约定不符，应属不当，二审法院予以纠正。

问题2.发包人的认质认价，是否需要经承包人确认？

认质认价的本质是发承包双方对合同中未确定价格的施工材料及工程设备进行协商确定价格，不是由发包人单方确定价格。《民法典》第471条规定："当事人订立合同，可以采取要约、承诺方式或者其他方式。"作为双方协商一致才能确定的价格，认质认价也要经历要约与承诺的过程。

1.要约。对需要认质认价的施工材料或工程设备，承包人应按照合同约定提前把技术参数、规格型号报监理人员、建设单位驻现场主管审核。审核确定型号及参数后，承包人征询市场单价，并向发包人报送认质认价申请单。

2.承诺。发包人收到承包人递交的认质认价申请单后，认可承包报价并签章确认的，完成认质认价程序，所形成的认质认价表可作为结算依据。

3.新邀约。如果发包人收到承包人递交的认质认价申请单后，不认可承包报价并修改报价的，构成新邀约，应经承包人确认后完成认质认价程序。如果承包人不同意发包人所确认的单价，双方可以再次协商，或按照合同约定通过争议程序解决。

在实务中，经常出现承包人提交认质认价申请后，发包人并不及时签字确认价格，而是等到工程竣工验收需要结算时方签认极低的价格返给承包人的情形。承包人主张并不认可该价格，但该认质认价申请除了显示承包人报价及发包人认价外，还表明发承包双方均已签字盖章。发包人签署的日期通常与承包人签署的日期一致，尽管发包人认价一栏为手写，但无法确定承包人签字盖章的时间是否在发包人认价之前，该申请在形式上体现的是双方共同确认的价格，这给司法裁判带来困扰，也给施工企业带来风险。

七、不可竞争费

| 导读 |

在建设工程造价管理体系中，不可竞争费用制度是平衡市场自由竞争与公共利益保护的特殊机制。该制度通过刚性约束特定费用的计价规则，确保工程质量安全基础投入，其立法演进与规范重构集中体现了国家对建筑市场治理的深层逻辑。

2005 年原建设部《建筑工程安全防护、文明施工措施费用及使用管理规定》（建办〔2005〕89 号）首次将安全文明施工费纳入强制性管理范畴，明确其费用标准不得竞争，要求招标人不得压减、投标人不得优惠，确立了“刚性计价 + 专款专用”的管理范式。2015 年住房和城乡建设部《建设单位项目负责人质量安全责任八项规定（试行）》（建市〔2015〕35 号）进一步升级监管，将安全生产措施费与工伤保险费用单列为不可竞争费，形成“安全投入双保险”机制。《2013 清单计价规范》则通过标准化手段，将安全文明施工费、规费及税金统一归入不可竞争费用序列，实现技术标准与行政监管的体系衔接。

2024 年 11 月 26 日出台的《2024 清单计价标准》对不可竞争费用制度作出重大调整：①结构性删减：取消规费在工程量清单中的单独列项，删除安全文明施工费、规费及税金的不可竞争性表述；②结构性调整：取消规费在工程量清单中单列位置，把原规费内容计入可以竞争的人工费及管理费之中；③责任体系重构：通过《建筑法》《安全生产法》《建设工程质量管理条例》等上位法衔接，将不可竞争费用的保障义务，从计价环节移至合同约定与过程监管。

【术语解读】

关于不可竞争费，法律、法规并没有给出明确定义。所谓不可竞争费，是指由法律、行政法规或国家相关文件规定的必须缴纳的，投标人无法通过私权规避或通过内部管理进行成本压缩的费用，如税金、社保费等。

（一）不可竞争费范围

《2013 清单计价规范》第 3.1.5 条规定：“措施项目中的安全文明施工费必须按国家或省级、行业建设主管部门的规定计算，不得作为竞争性费用。”第 3.1.6 条规定：“规费和税金必须按国家或省级、行业建设主管部门的规定计算，不得作为竞争性费用。”其中，措施项目清单中的安全文明施工费包括《建筑安装工程费用项目组成》中“措施项目费”中的文明施工费、环境保护费、临时设施费、安全施工费；规费包括社会保险费和住房公积金，社会保险费又包括养老保险费、失业保险费、医疗保险费、工伤保险费、生育保险费等。

除此之外，国家行政主管部门和地方主管部门对不可竞争费亦有特殊规定。如住房和城乡建设部、中央精神文明建设指导委员会办公室、教育部、中华全国总工会、中国共产主义青年团中央委员会《关于深入推进建筑工地农民工业余学校工作的指导意见》（建人〔2012〕200号）第4条规定，条件成熟时把“职工教育培训经费”列为工程项目招标投标中不可竞争费用。① 安徽省住房和城乡建设厅《关于调整安徽省建设工程不可竞争费构成及计费标准的通知》第1条把“扬尘污染防治费”和“建筑工人实名制管理费”包含在安全文明施工费中。② 山西省住房和城乡建设厅《关于发布2022年度全省建筑信息模型（BIM）技术推广应用情况的通知》（晋建科字〔2023〕109号）第2条第1款把“建筑信息模型技术的服务费”作为不可竞争费计入工程造价。③

（二）不可竞争费的理解

随着经济和社会的发展，法律理念日趋成熟，对法律的解释从最原始的表意解释转化为融入法律逻辑体系中的解释，对不可竞争费的理解也在发生变化。

1.早期观点，合同不得对不可竞争费有特殊约定

在提出不可竞争费的初期，对不可竞争费的一般理解是，不可竞争费是国家

① 住房和城乡建设部、中央精神文明建设指导委员会办公室、教育部、中华全国总工会、中国共产主义青年团中央委员会《关于深入推进建筑工地农民工业余学校工作的指导意见》（建人〔2012〕200号）第4条规定：“落实农民工业余学校办校经费投入，提高各项保障水平。鼓励企业加大投入，多渠道筹集资金，按照现行建设工程费组成的规定，引导企业从文明施工措施费、职工教育培训费等项中提取一定费用支持农民工业余学校建设。各省（区、市）和城市住房城乡建设、文明办、教育、工会、共青团等部门和组织发挥各自优势，积极支持改善农民工业余学校办校条件。试点符合建筑业农民工特点的教育培训经费提取、统筹管理办法，确保经费用于一线生产操作人员。探索实行将工程费中职工教育培训经费单独列支的措施，条件成熟时将职工教育培训经费列为工程项目招标投标中不可竞争费用。”

② 安徽省住房和城乡建设厅《关于调整安徽省建设工程不可竞争费构成及计费标准的通知》第1条规定：“不可竞争费由安全文明施工费和环境保护税等费用构成（费率见附件），扬尘污染防治费和建筑工人实名制管理费包含在安全文明施工费中。编制与审核建设工程造价时，相应费用应按规定费率计取，不应调整。”

③ 山西省住房和城乡建设厅《关于发布2022年度全省建筑信息模型（BIM）技术推广应用情况的通知》（晋建科字〔2023〕109号）第2条第1款规定：完善顶层设计，积极营造良好发展环境。充分发挥政策引导、服务和推动作用，不断健全推广应用机制。一是建立法治保障。颁布《山西省绿色建筑发展条例》，规定“大型公共建筑、装配式建筑等绿色建筑项目应当应用建筑信息模型技术”“应用建筑信息模型技术的服务费用应当作为不可竞争费用计入工程造价”，推动BIM推广工作有法可依。……

法律、行政法规或相关文件所规定的企业必须缴纳的，在招投标文件、合同价款约定和工程价款结算中必须列项且必须按照规定计价程序、计价费率计价的费用。[①]

2002年12月16日，厦门市建设与管理局颁布实施《厦门市建设工程施工招标投标计价暂行办法》（厦建建〔2002〕53号，已失效），其第20条规定："投标人的报价由不可竞争费用和可竞争费用构成。不可竞争费用应严格执行有关费用标准，不得降低标准进行竞标。不可竞争费用包括：（一）劳动保险费；（二）建筑税金；（三）应缴纳的各种规费（定额测定费、墙改基金、水泥扶散基金等）；（四）招标文件中明确的由建设单位自行采购的材料费及暂定金；（五）法规规章、上级文件规定的其他不可竞争费用。可竞争费用包括：（一）人工费、材料费、机械费；（二）综合费；（三）利润；（四）工程特殊费。"这是笔者所能检索到的涉及不可竞争费的最早立法，该条规定"不可竞争费用应严格执行有关费用标准，不得降低标准进行竞标"。与之对应的是该暂行办法第21条："可竞争费用由投标人自主报价"。

随后，在各地方多个地方立法中都出现了"不可竞争费"，如无锡市建设局办公室《关于进一步加强建设工程招标投标管理工作的通知》、天津经济技术开发区管理委员会《天津经济技术开发区工程建设项目招标投标监督管理办法》、山西省建设厅《关于印发〈建设工程工程量清单招标评标办法〉的通知》（晋建建字〔2005〕109号）。尤其是《2013清单计价规范》所规定的安全文明施工费、规费和税金必须按国家或省级、行业建设主管部门的规定计算，不得作为竞争性费用。且该规范总说明明确规定，上述条文为强制性条文，必须严格执行。

不可竞争费的立法目的是防止承包人对涉及质量、安全、环境、劳动保护等内容的投入降低，从而避免质量安全事故及环境污染事故。故法律意义上的"不可竞争费"应当理解为在建设工程造价中需列项且必须按照计价程序、计价费率计取的费用，该费用不做竞价、不参与竞争。承包人不得对不可竞争费折价，发包人也不能要求该部分折价，即不允许当事人协商调增或调减。如有调整或让利，应属无效。

如最高人民法院在（2019）最高法民终917号"山东太阳控股集团有限公司、

① 参见江苏省滨海县人民法院（2016）苏0922民初1575号"江苏省千和建设工程有限公司与滨海新华书店有限责任公司建设工程合同纠纷一审民事判决书"。

山东圣德国际酒店有限公司建设工程施工合同纠纷案”中认为，施工项目在结算工程款时虽有让利，但作为工程款组成部分的社会保障费属于不可竞争费，即该费用有固定比率，其计算基数是工程项目造价，而非让利后的工程款。对此，原审法院对社会保障费进行让利处理不当，最高人民法院予以纠正。

2. 新司法观点

尽管《2013清单计价规范》规定安全文明施工费、规费和税金是不可竞争费，不能参与竞争，且该规定为强制性规定，必须严格执行，但经笔者检索发现，更多的司法裁判观点认为当事人意思自治的效力更高，安全文明施工费、规费和税金尽管必须缴纳，但可以约定承担主体。

如最高人民法院在（2019）最高法民申3110号“青海众信建筑安装有限公司陕西分公司、固原华星置业有限公司建设工程施工合同纠纷案”中认为：《总承包施工合同》专用条款第23.4条约定，工程取费时，如承包方取得文明工地，按50%的费率计取安全文明施工定额费，否则不计取；规费按照承包方实际缴纳的50%计取，工程款不计取贷款利息；不计取劳保基金。诉讼中，众信公司并未提交证据证明其在施工过程中已取得安全文明施工工地的事实，同时合同中明确约定不计取劳保基金，故一审、二审判决未支持众信公司关于安全文明施工费、劳保基金的请求，并无不妥。

又如，最高人民法院在（2018）最高法民再418号“陕西中辉建设工程有限公司、陕西泰洲房地产开发有限公司建设工程施工合同纠纷案”中认为：劳保统筹费属于工程造价的一部分，是否计入工程造价取决于当事人的意思自治，在双方有明确约定的情况下，该约定不违反法律法规的强制性规定，应属有效。因此，泰洲公司根据双方在合同造价条款中“劳保统筹费不计入工程造价”的约定，主张将鉴定意见中计取的该部分造价予以扣除，其该项再审请求有事实依据。二审法院认为劳保统筹费用系不可竞争费用，双方在合同中约定工程价款中不计取劳保统筹费用因明显违反相关规定而无效的观点错误，依法予以纠正。

3. 不可竞争费新的规定

2020年7月24日，住房和城乡建设部发布《工程造价改革工作方案》（建办标〔2020〕38号），决定在全国房地产开发项目，以及北京市、浙江省、湖北省、广东省、广西壮族自治区有条件的国有资金投资的房屋建筑、市政公用工程项目进行工程造价改革试点。该方案的总体思路是：推行清单计量、市场询价、自主报价、竞争定价的工程计价方式，进一步完善工程造价市场形成机制。

之后，多地出台了关于取消安全文明施工费、规费等作为不可竞争费用的规定。

2020 年 11 月 16 日，广西壮族自治区住房和城乡建设厅、财政厅发布了《广西建设工程造价改革试点实施方案》（桂建标〔2020〕22 号），该方案明确：可通过改进工程计量和计价规则，完善工程计价依据发布机制，加强工程造价数据积累等措施，推行清单计量、市场询价、自主报价、竞争定价的工程计价方式，进一步完善工程造价市场形成机制；试行取消现行工程量清单计价规范有关安全文明施工费、规费、税金等作为不可竞争费用的规定，同时将工程量清单综合单价费用构成改为国际上较为通行的全费用综合单价。

2021 年 3 月 16 日，浙江省住房和城乡建设厅《关于进一步推进工程造价改革试点相关工作的通知》（浙建建函〔2021〕77 号）规定，投标人根据《浙江省工程造价改革实施意见》及工程量清单计价要求进行投标报价，并考虑一定的风险费用，其中安全文明施工费及规费可根据企业实际情况编制，当地建设管理部门提取安全文明施工费以投标人所报的相应费用为依据的，招标文件应设置安全费用最低报价。投标价格应考虑一定的风险费用。

2021 年 6 月 1 日，河南省住房和城乡建设厅于发布的《河南省工程造价市场化改革实施方案（征求意见稿）》规定，试行取消现行工程量清单计价规范有关安全文明费、规费等作为不可竞争费用的规定，按照国际上较为通行的全费用综合单价计价，在满足设计要求和保证工程质量前提下，投标人根据企业定额或企业实际情况编制投标报价，其中安全文明施工费及规费也按企业实际情况编制。

2024 年 11 月 26 日，住房和城乡建设部发布了新的《2024 清单计价标准》，删除了《2013 清单计价规范》关于安全文明费、规费和税金为不可竞争费用的规定。

至此，笔者认为不可竞争费并非某一具体费用，也不能机械地理解为在投标报价时不可以降低或取消、并以此与对手竞争的费用，而是由公法所规定必须缴纳，不可通过私法约定予以规避缴纳的费用。不可竞争费所包含的费或税，其缴纳主体、缴纳比例由公法规定，不可更改，但该部分费用的承担主体、承担比例属于私法约定范畴，公法不宜过多干涉。

【司法实务】

问题．当事人在合同中对不可竞争费进行调整，能否参照适用？

不可竞争费是指由法律、行政法规或国家相关文件规定的必须缴纳的，投标人无法通过私权规避或通过内部管理进行成本压缩的费用，如增值税、社保费等。

在公法领域，国家规定必须缴纳的费用，缴纳义务人必须按照法律规定进行缴纳。但在私法领域中，如何分担公法所规定的义务，是合同双方意思自治的结果，公法不宜过多干涉。尽管造价构成含有可竞争费和不可竞争费两个部分，但发包人向承包人支付价款时并不区分何为可竞争费及何为不可竞争费，也无法监督承包人的使用方式。

不可竞争费仅是历史性的产物，是国家为了防止施工企业过度竞争而采取的行政干预的手段。随着经济的发展和市场化程度的提高，这种干预的效果越来越低，国家行政管理部门也将逐渐放开竞争限制。① 如《2013 清单计价规范》第 3.1.5 条规定："措施项目中的安全文明施工费必须按国家或省级、行业建设主管部门的规定计算，不得作为竞争性费用。"第 3.1.6 条规定："规费和税金必须按国家或省级、行业建设主管部门的规定计算，不得作为竞争性费用。"2024 年 11 月 26 日出台的《2024 清单计价标准》取消了"规费"在工程量清单中的单独设置，删除了《2013 清单计价规范》关于安全文明费、规费和税金为不可竞争费用的规定。

因此，笔者认为当事人在合同中对不可竞争费进行调整，应当参照适用。

---

① 2021 年 3 月 16 日，浙江省住房和城乡建设厅《关于进一步推进工程造价改革试点相关工作的通知》（浙建建函〔2021〕77 号文）规定，投标人根据本实施意见及工程量清单计价要求进行投标报价，并考虑一定的风险费用，其中安全文明施工费及规费可根据企业实际情况编制，当地建设管理部门提取安全文明施工费以投标人所报的相应费用为依据的，招标文件应设置安全费用最低报价。投标价格应考虑一定的风险费用。

2021 年 6 月 1 日，河南省住房和城乡建设厅于发布的《河南省工程造价市场化改革实施方案（征求意见稿）》规定，试行取消现行工程量清单计价规范有关安全文明费、规费等作为不可竞争费用的规定，按照国际上较为通行的全费用综合单价计价，在满足设计要求和保证工程质量前提下，投标人根据企业定额或企业实际情况编制投标报价，其中安全文明施工费及规费也按企业实际情况编制。

关联判例

陕西有色建设有限公司与固原华星置业有限公司建设工程施工合同纠纷案

（2018）最高法民终 141 号

【裁判要旨】

当事人在合同中对安全文明施工费、规费及劳动保险基金等不可竞争费用的计取有特殊约定的，按其约定确定工程价款。

【基本案情】

2012 年 5 月 31 日，陕西有色公司与固原华星公司签订《固原华星福鑫园一期项目工程施工总承包施工合同》。该合同约定由陕西有色公司完成固原华星公司发包的固原市开发区福鑫园小区东 1#、东 3# 住宅楼工程。该合同第 23.3 条约定：东 1#、东 3# 楼土建及安装工程按 2008 年《宁夏建设工程费用定额》规定计价；按照 2008 年《宁夏建设工程费用定额》关于建设工程类别、企业类别划分标准降一级标准执行取费费率，企业类别降一级标准执行取费费率，承包方自愿按该合同工程总造价下浮 2% 的优惠价计算工程造价。第 23.4 条约定工程取费时，如承包方取得文明工地，按 50% 费率计取安全文明施工定额补贴费，否则不计取安全文明工地费用；规费按照承包方实际缴纳的 50% 计取（发包方依据承包方缴纳的票据进行结算），如承包方未缴纳，结算时不计取；工程款（含垫资部分）不计取贷款利息；不计取远征工程增加费；不计取劳动保险基金。

【裁判摘要】

陕西有色公司与固原华星公司签订的施工合同系双方当事人真实意思表示，不违反法律及行政法规的强制性规定，应为有效合同。关于安全文明施工费，最高人民法院《关于适用〈中华人民共和国民事诉讼法〉的解释》（以下简称《民事诉讼法司法解释》）第 90 条规定：“当事人对自己提出的诉讼请求所依据的事实或者反驳对方诉讼请求所依据的事实，应当提供证据加以证明，但法律另有规定的除外。在作出判决前，当事人未能提供证据或者证据不足以证明其事实主张的，由负有举证证明责任的当事人承担不利的后果。”根据双方合同第23.4条约定，工程取费时，如陕西有色公司取得文明工地，按50%费率计取安全文明施工定额补贴费，否则不计取安全文明工地费用。陕西有色公司未提交施工过程中取得安全文明施工工地的证据，故其主张计取该项费用的依据不足，应承担举证不能的不利后果。关于规费，双方约定按照陕西有色公司实际缴纳的50%计取，固原华星公司依据陕西有色公司缴纳的票据进行结算。陕西有色公司未提交其实际缴纳相关费用的票据，主张计取该项费用的依据不足。关于劳动保险基金，陕西有色公司与固原华星公司在合同中约定不计取劳动保险基金，未违反法律禁止性规定，陕西有色公司主张该约定无效，依据不足，上诉理由不能成立。

第三章 价款约定

《民法典》第 788 条第 1 款规定："建设工程合同是承包人进行工程建设，发包人支付价款的合同。"价款约定是建设工程施工合同的核心内容，与施工范围、建设工期及工程质量条款均系建设工程施工合同的实质性条款。

一、招标投标对价款约定的影响

在建设工程领域，招标投标是优选合作伙伴、确定发承包关系的主要方式，也是优化资源配置、实现市场有序竞争的交易行为。一旦选择了招投标方式，无论该工程是否属于必须招标的项目，都必须严格按照《招标投标法》的规定进行招标、投标、评标及选择中标单位，并以中标时确定的金额为签约合同价。在招投标实施过程中，为了防止投标人围标、串标、相互抬价导致投资失控，招标人通常在发布招标文件的同时发布最高投标限价；为了防止投标人不按招标文件要求投标或恶意投标扰乱招投标秩序，损害招标人权益，招标人通常会要求投标人缴纳投标保证金；为了保证工程质量，防止投标人恶意竞争而偷工减料，《招标投标法》规定投标人不得低于成本价竞标；投标人为了能够中标并获取更大利益，会利用自身技术优势和经营经验优势进行投标及报价，如采取不平衡报价。

二、合同类型对价款约定的影响

《民法典》第 790 条规定："建设工程的招标投标活动，应当依照有关法律的规定公开、公平、公正进行。"招标人在招标时，应把合同条款的主要内容纳入招标文件中，如建设工程施工合同的计价模式。《2017 工程施工合同》通用合同条款第 12.1 条将建设工程施工合同计价方式划分为"单价合同"方式、"总价合同"

方式和其他价格形式等三种方式。

1. 单价合同。单价合同是指合同当事人约定以工程量清单及其综合单价进行合同价格计算、调整和确认的建设工程施工合同，在约定的范围内合同单价不作调整。合同当事人应在专用合同条款中约定综合单价包含的风险范围和风险费用的计算方法，并约定风险范围以外的合同价格的调整方法。

2. 总价合同。总价合同是指合同当事人约定以施工图、已标价工程量清单或预算书及有关条件进行合同价格计算、调整和确认的建设工程施工合同，在约定的范围内合同总价不作调整。合同当事人应在专用合同条款中约定总价包含的风险范围和风险费用的计算方法，并约定风险范围以外的合同价格的调整方法。对于直接发包的总价合同项目，如按初步设计总概算投资计算总价时，应以经审批的概算投资中与承包内容相关部分的投资（包括相应的不可预见费）为签约合同价；如按施工图预算计算总价时，则应以审查后的施工图预算或综合预算为签约合同价。[①]

3. 其他价格形式是包括成本加酬金模式在内的多种计价形式。随着建设工程行业的发展，合同约定越来越精细化，混合计价模式层出不穷，如“部分范围总价 + 其余部分单价合同”模式等。合同当事人可在专用合同条款中对计价模式进行详细约定。

三、合同条款对价款约定的影响

合同承载的意思表示通过合同条款体现出来，合同条款直接影响着合同主体的权利义务关系。合同条款的效力位阶是相互竞合条款适用的依据，如通用条款与专用条款约定有冲突，适用专用条款，专用条款与协议书之间约定不一致，应以协议书为准等。结算条款直接影响结算程序和结算结果，如合同约定以报审价为准条款，发包人在约定期限内没有答复承包人的，则其丧失审价权利；合同约定以审计为准条款，则意味着承包人把双方的结算权拱手送给了发包人。合同约定了垫资条款，则意味着垫资范围内的工程价款，发包人可以在约定的条件内不予支付，故承包人需要根据融资成本、机会成本及资金的时间价值，决定是直接约定垫资利息，还是在工程价款中予以体现。

① 参见全国造价工程师职业资格考试培训教材编审委员会编：《建设工程计价》（第2版），中国计划出版社2021年版，第183页。

四、规范性文件对价款约定的影响

在市场经济条件下，当事人有权通过自由竞争、自愿协商的方式确定工程价款，包括工程价款的数额及表现形式，定额等规范性文件不再是强制适用标准。但发承包双方自愿协商一致的定价仍需法律、行政法规及相关规范予以约束，如不能低于成本价投标，不能低于国家合格标准建设等。

工程价款是建设工程施工合同的核心内容，招标投标、计价模式及合同条款均会对合同价款产生影响。无论采用何种发包模式、计价模式，双方均应平等、自愿和诚实守信地签订并履行合约，以实现项目建设的预期目标。

第一节 招标投标

招投标是相互依存的经济概念，包括招标和投标，通常是指采购人事先提出商品、工程或者服务采购的条件和要求，邀请投标人参加投标并按照规定程序从中选择交易对象的一种市场交易行为。

（一）招标分类

1. 根据是否必须通过招标方式选择承包人，可以将招标分为强制性招标和非强制性招标

根据《招标投标法》第 3 条第 1 款的规定，必须招标的项目包括：（1）大型基础设施、公用事业等关系社会公共利益、公众安全的项目；（2）全部或者部分使用国有资金投资或者国家融资的项目；（3）使用国际组织或者外国政府贷款、援助资金的项目。

必须招标的项目受双重指标限制：（1）范围指标，即必须是法律规定的必须招标的项目，其他项目发包主体可以自行选择发包模式。（2）规模指标，即项目需要达到一定规模要求才属于必须招标的项目，如果项目规模较小，招投标费用比例过高，不利于资源节约，则不再属于必须招标范围之列。对于强制招标项目的具体范围和规模标准，《招标投标法》第 3 条规定必须招标项目的具体范围和

规模标准，由国务院发展计划部门[①]会同国务院有关部门制订，报国务院批准。原国家发展计划委员会3号令对必须招标的项目进行了规定，2018年3月，国家发展和改革委员会发布《必须招标的工程项目规定》（国家发展改革委令第16号）对原计委3号令进行了修改和变更，主要体现在以下三点：（1）缩小了强制招标项目的范围；（2）提高了强制招标项目的规模标准；（3）明确了全国统一的规模标准。[②]

国家发展和改革委员会发布的《必须招标的基础设施和公用事业项目范围规定》（发改法规规〔2018〕843号）第2条规定："不属于《必须招标的工程项目规定》第二条、第三条规定情形的大型基础设施、公用事业等关系社会公共利益、公众安全的项目，必须招标的具体范围包括：（一）煤炭、石油、天然气、电力、新能源等能源基础设施项目；（二）铁路、公路、管道、水运，以及公共航空和A1级通用机场等交通运输基础设施项目；（三）电信枢纽、通信信息网络等通信基础设施项目；（四）防洪、灌溉、排涝、引（供）水等水利基础设施项目；（五）城市轨道交通等城建项目。"

强制招标项目之外的项目，均属于非强制招标项目，发包人有权自行决定发

① 1998年3月，国家计划委员会更名为国家发展计划委员会。2003年3月，根据《第十届全国人民代表大会第一次会议关于国务院机构改革方案的决定》，将国家发展计划委员会改组为国家发展和改革委员会。

② 国家发展和改革委员会发布《必须招标的工程项目规定》第2条规定："全部或者部分使用国有资金投资或者国家融资的项目包括：（一）使用预算资金200万元人民币以上，并且该资金占投资额10%以上的项目；（二）使用国有企业事业单位资金，并且该资金占控股或者主导地位的项目。"

第3条规定："使用国际组织或者外国政府贷款、援助资金的项目包括：（一）使用世界银行、亚洲开发银行等国际组织贷款、援助资金的项目；（二）使用外国政府及其机构贷款、援助资金的项目。"

第4条规定："不属于本规定第二条、第三条规定情形的大型基础设施、公用事业等关系社会公共利益、公众安全的项目，必须招标的具体范围由国务院发展改革部门会同国务院有关部门按照确有必要、严格限定的原则制订，报国务院批准。"

第5条规定："本规定第二条至第四条规定范围内的项目，其勘察、设计、施工、监理以及与工程建设有关的重要设备、材料等的采购达到下列标准之一的，必须招标：（一）施工单项合同估算价在400万元人民币以上；（二）重要设备、材料等货物的采购，单项合同估算价在200万元人民币以上；（三）勘察、设计、监理等服务的采购，单项合同估算价在100万元人民币以上。同一项目中可以合并进行的勘察、设计、施工、监理以及与工程建设有关的重要设备、材料等的采购，合同估算价合计达到前款规定标准的，必须招标。"

包模式，既可以选择直接发包，也可以选择招投标方式发包。

有些必须招标的项目，在特定情况下也可以不进行招标。主要包括：（1）涉及国家安全、国家秘密、抢险救灾或者属于利用扶贫资金实行以工代赈、需要使用农民工等特殊情况，不适宜进行招标的项目。[①]（2）需要采用不可替代的专利或者专有技术的项目，采购人依法能够自行建设、生产或者提供相关材料、设备的项目，已通过招标方式选定的特许经营项目投资人依法能够自行建设、生产或者提供相关材料、设备的项目，需要向原中标人采购工程、货物或者服务，否则将影响施工或者功能配套要求的项目。[②]

关于以上规定，应从以下几个方面理解：（1）可以不招标的前提是必须招标的项目仅在特定情况下，基于质量、安全及经济的考量，由法律、法规规定可以不招标，从而保护更大的利益。（2）对“需要采用不可替代的专利或者专有技术”的理解，关键是看所需要的专利或者专有技术是否具有不可替代性，如果是可替代的专利或专有技术则不适用此种情形。（3）关于“采购人依法能够自行建设、生产或者提供”。对该条应做如下理解，第一，能够自行建设、生产或者提供的主体仅限于采购人自身，不包括采购人的母公司、子公司、分公司、投资股东以及具有管理或利害关系的其他单位。第二，采购人能够自行建设、生产或者提供并不排除采购人自愿采用招投标方式选择承包人、生产者或者提供商。第三，采购人必须具有法律、法规所规定的相关资质。第四，采购人的自建、生产或者提供服务行为必须符合法律规定，如不能将工程主体工程对外分包。（4）关于“已通过招标方式选定的特许经营项目投资人依法能够自行建设、生产或者提供”。适用该条而可以不招标的条件有三个，①特许经营项目的投资人必须是通过招标方式选定的；②具有自行建设、生产或者提供能力的主体必须是该通过招标方式选定的投资人；③该投资人必须具有自行建设、生产或者提供的能力，包括资格

① 《招标投标法》第66条规定：“涉及国家安全、国家秘密、抢险救灾或者属于利用扶贫资金实行以工代赈、需要使用农民工等特殊情况，不适宜进行招标的项目，按照国家有关规定可以不进行招标。”

② 《招标投标法实施条例》第9条第1款规定：“除招标投标法第六十六条规定的可以不进行招标的特殊情况外，有下列情形之一的，可以不进行招标：（一）需要采用不可替代的专利或者专有技术；（二）采购人依法能够自行建设、生产或者提供；（三）已通过招标方式选定的特许经营项目投资人依法能够自行建设、生产或者提供；（四）需要向原中标人采购工程、货物或者服务，否则将影响施工或者功能配套要求；（五）国家规定的其他特殊情形。”

条件和生产能力。（5）关于“需要向原中标人采购工程、货物或者服务，否则将影响施工或者功能配套要求”。对该条应做如下理解，①原项目工程是必须招标的项目，如果原工程不是必须招标的项目，其配套设施或构配件不在“可以不招标”的讨论范围之内。②可以不招标的根本原因是采购其他单位的工程、货物或者服务可能影响施工或者功能配套要求。比如，所需采购的内容为非标准件，无法满足通用互换等。

2. 根据招标形式，可分为公开招标和邀请招标

（1）公开招标。公开招标又称无限竞争性招标，是指招标人在公开媒介上以招标公告的方式邀请不特定的法人或其他组织参与投标，并在符合条件的投标人中择优确定中标人的一种招标方式。

公开招标的优点是招标人有较大的选择范围，能更好地开展竞争，打破垄断，招标以公开招标为原则。但公开招标也有明显缺点，如投标单位较多，所需要的各种费用较多，审查投标者资格和标书的工作量较大，招标过程需要的时间较长等。

（2）邀请招标。邀请招标又称有限竞争性招标，是指招标人以投标邀请书的方式邀请特定的法人或者其他组织投标。有下列情形之一的，可以进行邀请招标：①非国有资金投资的依法必须进行招标的工程项目。②虽有国有资金投入，但国有资金未控股或者未占主导地位的依法必须进行招标的项目。③国有资金控股或者占主导地位的依法必须进行招标的项目，有下列情形之一的，第一，技术复杂、有特殊要求或者受自然环境限制，只有少量潜在投标人可供选择；第二，采用公开招标方式的费用占项目合同金额的比例过大。

（二）招标程序

1. 发布招标公告

招标公告是指招标人为了寻找合适的供应商或承包商，发布的一种意在吸引投标人参与竞争的公开通知。

招标公告通常包含了招标人的基本信息、项目概况与招标范围、招标文件获取方式、投标文件的递交、投标人资质要求、技术性要求、递交投标文件的截止时间、递交投标文件的具体地点、评标标准等信息。一般来说，公开招标的招标公告应发布在公开的媒体上，如报纸、网站、电视等，以确保公告的穿透性。邀

请招标的招标公告，由招标单位向潜在的投标人发送，以便他们及时了解并参与投标。

2. 提供招标文件

招标文件是招标人向潜在投标人提供的为进行投标工作所必需的文件。招标文件既是投标人编制投标文件的依据，也是招标人与中标人签订合同的基础。①

招标文件由以下内容组成：（1）招标公告（或投标邀请书）；（2）投标人须知；（3）评标办法；（4）合同条款及格式；（5）工程量清单；（6）图纸；（7）技术标准和要求；（8）投标文件格式；（9）投标人须知前附表规定的其他材料。

3. 投标人递交投标文件

投标文件是指投标人应招标文件要求编制的响应性文件，一般由商务文件、技术文件、报价文件和其他部分组成。投标文件由以下内容组成：（1）投标函及投标函附录；（2）法定代表人身份证明或附有法定代表人身份证明的授权委托书；（3）联合体协议书；（4）投标保证金；（5）已标价工程量清单；（6）施工组织设计；（7）项目管理机构；（8）拟分包项目情况表；（9）资格审查资料；（10）投标人须知前附表规定的其他材料。

4. 评标

评标是指招标人或评标委员会依据招标文件规定的评标办法对投标人递交的投标文件进行审查、评选，并最终确定中标人的行为。

评标委员会由招标人或其委托的招标代理机构中熟悉相关业务的代表，以及有关技术、经济等方面的专家组成。根据《招标投标法》的规定，依法必须进行招标的项目，其评标委员会由招标人的代表和有关技术、经济等方面的专家组成，成员人数为 5 人以上单数，其中技术、经济等方面的专家不得少于成员总数的 2/3。前款专家应当从事相关领域工作满 8 年并具有高级职称或者具有同等专业水平，由招标人从国务院有关部门或者省、自治区、直辖市人民政府有关部门提供的专家名册或者招标代理机构的专家库内的相关专业的专家名单中确定；一般招标项目可以采取随机抽取方式，特殊招标项目可以由招标人直接确定。与投标人有利害关系的人不得进入相关项目的评标委员会，已经进入的应当更换。评标委员会成员的名单在中标结果确定前应当保密。

① 参见赵曾海主编：《招标投标操作实务》（第 4 版），首都经济贸易大学出版社 2017 年版，第 78 页。

5. 中标通知书

中标通知书指招标人在确定中标人后，向中标人发出的告知其中标的书面凭证。在投标有效期内，招标人以书面形式向中标人发出中标通知书，同时将中标结果通知未中标的投标人。

中标通知书对招标人和中标人均具有法律效力，如果招标人无正当理由不发出中标通知书，或在中标通知书发出后无正当理由改变中标结果，有关行政监督部门可以责令招标人改正，并可以处中标项目金额 10% 以下的罚款；给他人造成损失的，招标人依法承担赔偿责任；对单位直接负责的主管人员和其他直接责任人员依法给予处分。

6. 签约

确定中标后，招标人和中标人应当自中标通知书发出之日起 30 天内，根据招标文件和中标人的投标文件订立书面合同。中标人无正当理由拒签合同的，招标人取消其中标资格，其投标保证金不予退还；给招标人造成的损失超过投标保证金数额的，中标人还应当对超过部分予以赔偿。

发出中标通知书后，招标人无正当理由拒签合同的，招标人向中标人退还投标保证金；给中标人造成损失的，应当赔偿损失。

一、招标文件

| 导读 |

招投标制度作为社会主义市场经济体制的重要基石，在优化资源配置效率、提升采购质量效能、构建公平竞争秩序及防范廉政风险等方面发挥着不可替代的制度价值。这一兼具程序规范与实体约束的缔约机制，已深度融入货物贸易、工程建设、土地开发、技术转让等国民经济关键领域，成为现代市场交易体系的重要支撑。

招标文件作为招投标活动的纲领性文件，其编制质量直接影响市场交易的公平性与经济性。招标人须严格遵循《招标投标法》及其实施条例的规范要求，立足项目特性与市场需求，系统构建包含技术参数、资质标准、评标规则、合同要件等核心要素的完整招标体系。特别是在技术需求设定层面，既要体现项目实施的客观需要，又须恪守非歧视原则，严禁设置指向特定供应商的技术壁垒或带有倾向性的准入条件。

招标文件的合规性审查是防范法律风险的关键环节。编制过程中须严守法律、行政法规的强制性规范，重点防范设定不合理资质门槛、指定品牌型号、隐含地域限制等违反竞争中性原则的条款。对于可能影响投标文件编制的实质性修改或补充说明，招标人应严格遵循法定时限要求，确保投标人具有充分的响应时间与调整空间，这既是保障程序正义的重要机制，也是维护招投标活动公信力的必然要求。

作为连接市场交易主体、规范缔约行为的法律纽带，招标文件不仅承载着平衡各方权益的技术标准体系，更蕴含着构建诚信市场环境的价值导向。其科学性与规范性的持续提升，对于推进国家治理体系现代化、完善社会主义市场经济法治建设具有深远的现实意义。

【术语解读】

招标文件是指导招标投标工作全过程的纲领性文件，是招标人按照《招标投标法》和《招标投标法实施条例》等法律、法规的规定向潜在投标人提供的为吸引投标人进行投标所必需的文件。招标文件应当包括招标项目的技术要求，对投标人资格审查的标准，投标报价要求和评标标准等所有实质性要求和条件以及拟签合同的主要条款。招标文件既是投标人编制投标文件的依据，也是招标人与中标人签订合同的基础。[①]

（一）招标文件的性质

《民法典》第473条规定，招标公告是要约邀请，即希望他人向自己发出要约的表示。不论是要约还是要约邀请都是一种行为，而招标文件仅是记录招标、投标要求的载体，通常应当包括招标项目的技术要求、对投标人资格审查的标准、投标报价要求和评标标准等所有实质性要求和条件以及拟签订合同的主要条款。但其本身并不是行为，故而招标文件既不是要约也不属于要约邀请。

当承包人中标并与发包人签订合同时，招标文件构成合同的组成内容。尽管《2017工程施工合同》“第一部分　合同协议书”第6条“合同文件构成”没有列招标文件，但笔者认为招标文件是合同的组成内容。《建设工程施工合同司法

---

① 参见赵曾海主编：《招标投标操作实务》（第4版），首都经济贸易大学出版社2017年版，第78页。

解释（一）》第22条规定："当事人签订的建设工程施工合同与招标文件、投标文件、中标通知书载明的工程范围、建设工期、工程质量、工程价款不一致，一方当事人请求将招标文件、投标文件、中标通知书作为结算工程价款的依据的，人民法院应予支持。"《招标投标法》第27条第1款规定："投标人应当按照招标文件的要求编制投标文件。投标文件应当对招标文件提出的实质性要求和条件作出响应。"第46条第1款规定："招标人和中标人应当自中标通知书发出之日起三十日内，按照招标文件和中标人的投标文件订立书面合同。招标人和中标人不得再行订立背离合同实质性内容的其他协议。"

以上规定均确立了招投标文件与中标通知书的优先适用效力，即中标合同实质性内容与招投标文件、中标通知书不一致时，应当优先适用招投标文件与中标通知书。

（二）招标文件的内容

根据《2007标准施工招标文件》第2.1条"招标文件的组成"规定，招标文件包括：（1）招标公告（或投标邀请书）；（2）投标人须知；（3）评标办法；（4）合同条款及格式；（5）工程量清单；（6）图纸；（7）技术标准和要求；（8）投标文件格式；（9）投标人须知前附表规定的其他材料。

《工程建设项目施工招标投标办法》（2013年修正）第24条规定："招标人根据施工招标项目的特点和需要编制招标文件。招标文件一般包括下列内容：（一）招标公告或投标邀请书；（二）投标人须知；（三）合同主要条款；（四）投标文件格式；（五）采用工程量清单招标的，应当提供工程量清单；（六）技术条款；（七）设计图纸；（八）评标标准和方法；（九）投标辅助材料。招标人应当在招标文件中规定实质性要求和条件，并用醒目的方式标明。"

（三）招标文件的编制

根据《招标投标法》第19条第1款的规定，招标人应当根据招标项目的特点和需要编制招标文件。招标文件应当包括招标项目的技术要求、对投标人资格审查的标准、投标报价要求和评标标准等所有实质性要求和条件以及拟签订合同的主要条款。招标文件由招标人或招标人委托的招标代理机构进行编制。招标文件通常包含以下内容。

1. 招标公告（或投标邀请书）

《招标投标法》第10条规定，招标分为公开招标和邀请招标。公开招标，是指招标人以招标公告的方式邀请不特定的法人或者其他组织投标。邀请招标，是指招标人以投标邀请书的方式邀请特定的法人或者其他组织投标。该法第16条第1款规定，招标人采用公开招标方式的，应当发布招标公告。该法第17条第1款规定，招标人采用邀请招标方式的，应当向3个以上具备承担招标项目能力、资信良好的特定的法人或者其他组织发出投标邀请书。

招标公告或投标邀请书应当载明招标人的名称和地址、招标项目的性质、数量、实施地点和时间以及获取招标文件的办法等事项。

2. 投标人须知

投标人须知主要包括对项目概况的介绍和招标过程的各种具体要求，招标文件正文中的未尽事宜可以通过“投标人须知前附表”进行进一步明确，由招标人根据招标项目具体特点和实际需要编制和填写。

根据《2007标准施工招标文件》规定，投标人须知通常包含以下内容：招标人，招标代理机构，项目名称，建设地点，资金来源，出资比例，资金落实情况，计划工期，质量要求，投标人资质条件、能力和信誉，是否接受联合体投标，踏勘现场，投标预备会，投标人提出问题的截止时间，招标人书面澄清的时间，分包，构成招标文件的其他材料，投标人要求澄清招标文件的截止时间，投标截止时间，投标人确认收到招标文件澄清的时间，投标人确认收到招标文件修改的时间，构成投标文件的其他材料，投标有效期，投标保证金，近年财务状况的年份要求，近年完成的类似项目的年份要求，近年发生的诉讼及仲裁情况的年份要求，是否允许递交备选投标方案，签字或盖章要求，投标文件副本份数，递交投标文件地点，是否退还投标文件，开标时间和地点，开标程序，评标委员会的组建，是否授权评标委员会确定中标人，履约担保等内容。

3. 评标办法

常见的评标办法有经评审的最低投标价法和综合评估法，招标人可以选择其一进行公示并按此评标。（1）经评审的最低投标价法。评标委员会对满足招标文件实质要求的投标文件，根据有关文件规定的量化因素及量化标准进行价格折算，按照经评审的投标价由低到高的顺序推荐中标候选人，或根据招标人授权直接确定中标人，但投标报价低于投标人成本的除外。经评审的投标价相等时，投标报价低的优先；投标报价也相等的，由招标人自行确定。（2）综合评估法。评标委员会对满足招标文件实质性要求的投标文件，按照有关文件规定的评分标准进行打分，并按得分由高到低顺序推荐中标候选人，或根据招标人授权直接确定中标人，但投标报价低于投标人成本的除外。综合评分相等时，以投标报价低的优先；投标报价也相等的，由招标人自行确定。

4. 合同条款及格式

招标文件中应当提供合同条款及格式供投标人提前了解，并自行决定是否参与投标。合同条款及格式包括该工程拟采用的通用合同条款、专用合同条款以及各种合同附件的格式。

5. 工程量清单（最高投标限价）

工程量清单包括拟建工程分部分项工程、措施项目和其他项目名称和相应数量的明细清单。《2013 清单计价规范》第 4.1.2 条规定：“招标工程量清单必须作为招标文件的组成部分，其准确性和完整性应由招标人负责。”《招标投标法实施条例》第 27 条第 3 款规定：“招标人设有最高投标限价的，应当在招标文件中明确最高投标限价或者最高投标限价的计算方法。招标人不得规定最低投标限价。”

6. 其他材料

招标文件还包括图纸、技术标准和要求等。

（四）招标文件的修改与澄清

《招标投标法》第 20 条规定：“招标文件不得要求或者标明特定的生产供应者以及含有倾向或者排斥潜在投标人的其他内容。”招标人编制的资格预审文件、招标文件的内容违反法律、行政法规的强制性规定，违反公开、公平、公正和诚实信用原则，影响资格预审结果或者影响潜在投标人投标的，依法必须进行招标的项目的招标人应当在修改资格预审文件或者招标文件后重新招标。

招标人可以对已发出的资格预审文件或者招标文件进行必要的澄清或者修改。澄清或者修改的内容可能影响资格预审申请文件或者投标文件编制的，招标人应当在提交资格预审申请文件截止时间至少 3 日前，或者投标截止时间至少 15 日前，以书面形式通知所有获取资格预审文件或者招标文件的潜在投标人；不足 3 日或者 15 日的，招标人应当顺延提交资格预审申请文件或者投标文件的截止时间。

（五）招标文件的发售

招标人应当按照资格预审公告、招标公告或者投标邀请书规定的时间、地点发售资格预审文件或者招标文件。资格预审文件或者招标文件的发售期不得少于5日。招标人发售资格预审文件、招标文件收取的费用应当限于补偿印刷、邮寄的成本支出，不得以营利为目的。

【司法实务】

问题1.必须招标的项目，先签合同后招标，以哪个合同为准？

《招标投标法》第3条第1款规定："在中华人民共和国境内进行下列工程建设项目包括项目的勘察、设计、施工、监理以及与工程建设有关的重要设备、材料等的采购，必须进行招标：（一）大型基础设施、公用事业等关系社会公共利益、公众安全的项目；（二）全部或者部分使用国有资金投资或者国家融资的项目；（三）使用国际组织或者外国政府贷款、援助资金的项目。"对于必须招标的项目，《招标投标法》第43条规定："在确定中标人前，招标人不得与投标人就投标价格、投标方案等实质性内容进行谈判。"但实务中，经常出现标前合同、标前入场、明招暗定等情形。

必须招标的项目，先签合同后招标，标前合同与中标合同哪个为准，实务界存在两种不同观点：

第一种观点认为，必须招标项目，先签合同后招标属于串标行为，招标无效，所有合同均无效，应当以标前的实际履行合同为准。

第二种观点认为，必须招标项目的标前合同并非必然导致中标合同无效，即便是标前合同导致中标合同无效，标前合同也未必是实际履行合同，需要根据案情具体分析。

笔者倾向第二种观点。

《招标投标法》规定必须招标项目的具体范围和规模标准，由国务院发展计划部门会同国务院有关部门制订，报国务院批准。2000年5月1日原国家发展计划委员会发布的《工程建设项目招标范围和规模标准规定》（已失效）对必须招标的项目作了具体规定。为了进一步扩大民营企业的经营自主权，2018年3月27日，国家发展和改革委员会公布了《必须招标的工程项目规定》，2018年6月6日又发布了《必须招标的基础设施和公用事业项目范围规定》，这两个规定取代了2000年原国家发展计划委员会关于招标范围和规模标准的规定。该两份规定大幅缩减了必须招标的工程项目范围，对发挥市场配置资源的决定性作用、推动切实放宽市场准入、破除隐性壁垒、优化营商环境起到重要作用。同时还将必须招标的工程规模标准予以提高，删除了原规定中的“其他基础设施项目”“其他公用事业项目”的兜底性条款，避免必须招标项目范围在适用中被扩大。

通常来说，标前合同违反了《招标投标法》第43条“在确定中标人前，招标人不得与投标人就投标价格、投标方案等实质性内容进行谈判”的规定，应以《招标投标法》第53条“投标人相互串通投标或者与招标人串通投标的，投标人以向招标人或者评标委员会成员行贿的手段谋取中标的，中标无效”认定为串标行为，中标合同无效。标前合同也因必须招标未招标而无效。如最高人民法院在（2019）最高法民终612号“中国华冶科工集团有限公司与营口雅威房地产开发有限公司建设工程施工合同纠纷案”中所述：“就备案建筑施工合同而言，经招投标程序，万隆广场与华冶集团于2012年10月15日签订了备案建筑施工合同，即中标合同。但在该份合同签订之前，2010年6月13日万隆广场与中冶集团华冶资源开发有限责任公司签订《万隆广场施工总承包合同》，且实际开始进行施工活动，即双方当事人在开展项目招投标之前，已经实际签订建设工程施工合同并履行。依据《中华人民共和国招标投标法》第四十三条、第五十五条的规定，因串标行为导致中标无效的，中标合同无效。”

地方高院亦有类似规定，如安徽省高级人民法院《关于审理建设工程施工合同纠纷案件适用法律问题的指导意见（二）》第2条规定：“依法必须进行招标的建设工程，招标人与投标人在履行招投标程序前，以签订补充协议等形式对建设工程的施工范围、工期、计价方式、总价款等内容进行约定的，属串通投标，所签订的建设工程施工合同无效。”

由于标前合同及中标合同均无效，属于所有合同均无效情形。《民法典》第793条第1款规定：“建设工程施工合同无效，但是建设工程经验收合格的，可以参照合同关于工程价款的约定折价补偿承包人。”因所有合同均无效，故可参照发承包双方真实意思表示的实际履行合同执行。

尽管必须招标项目的标前合同通常会被认定为无效，但依然有例外，并非所有标前合同都必然导致中标合同无效。《招标投标法》第55条规定：“依法必须进行招标的项目，招标人违反本法规定，与投标人就投标价格、投标方案等实质性内容进行谈判的，给予警告，对单位直接负责的主管人员和其他直接责任人员依法给予处分。前款所列行为影响中标结果的，中标无效。”根据该条规定，中标无效有两个条件：其一，招标人与投标人就投标价格、投标方案等实质性内容进行谈判；其二，该行为影响中标结果。只有两个要件都成立时，中标才无效。最高人民法院民事审判第一庭观点：“不能简单地以当事人在招标投标之前签订过具备施工合同实质要件的意向书、补充协议、承诺书、会议纪要、备忘录等即否定中标合同的效力。中标合同是否无效，取决于双方当事人在招标投标过程中是否存在导致招标投标无效的情形。”①

“慎用合同无效”已经在理论界和司法实务界获得了广泛共识，尤其是在法律只禁止一方行为，或一方在该行为中占决定因素时，在确定合同效力时，需要优先考虑交易相对人的保护问题。如最高人民法院在（2019）最高法民终 347 号“新疆华诚安居房地产开发有限公司、中国铁建大桥工程局集团有限公司建设工程施工合同纠纷案”中所述：“在招投标过程中，较承包人而言，发包人掌握一定主动权。本案中，华诚房地产公司作为招标人，明知其与铁建大桥工程局于招投标之前就合同实质性内容进行谈判的行为可能导致双方其后签订的《建设工程施工合同》因违反《招标投标法》的相关规定而被认定为无效，仍然积极追求或放任该法律后果的发生，经招投标程序后与铁建大桥工程局签订了涉案《建设工程施工合同》，华诚房地产公司对该违法行为具有明显过错，应负主要责任。华诚房地产公司作为涉案建设工程的招标人、甲方，主导签订了涉案《建设工程施工合同》，在合同相对方铁建大桥工程局按约履行合同而其并未按约支付工程款，一审判决华诚房地产公司承担相应责任后，华诚房地产公司以其自身的招标行为存在违法违规为由，于二审中主张合同无效，其行为不仅违反诚实信用基本原则，而且不利于民事法律关系的稳定，属于不讲诚信、为追求自身利益最大化而置他人利益于不顾的恶意抗辩行为。合同无效制度设立的重要目的在于防止因为无效合同的履行给国家、社会以及第三人利益带来损失，维护社会的法治秩序和公共道德。而本案中，华诚房地产公司作为违法行为人恶意主动请求确认合同无效，如支持其诉求，意味着体现双方真实意愿的合同约定不仅对其没有约束力，

---

① 最高人民法院民事审判第一庭编著：《最高人民法院新建设工程施工合同司法解释（一）理解与适用》，人民法院出版社 2021 年版，第 37 页。

甚至可能使其获得不正当的利益，这将违背合同无效制度设立的宗旨，也将纵容违法行为人从事违法行为，使合同无效制度沦为违法行为人追求不正当甚至非法利益的手段。”

对于有效的中标合同，应当按照中标合同结算。

关联判例

天津市三电建筑工程有限公司、中建城市建设发展有限公司建设工程施工合同纠纷案

（2021）最高法民申2256号

【裁判要旨】

必须招标的项目，在招标前进行实质性磋商并实际入场施工，应认定后续招标为串通投标，中标合同无效，参照实际履行合同结算。

【基本案情】

2010年10月17日，中建公司与三电公司就现代电力电子电信工业大厦工程签订《现代电力电子电信工业大厦天津市建设工程施工合同》。合同约定，工程名称：现代电力电子电信工业大厦；工程地点：天津市河东区毛条路2号；承包范围：按照发包人所发现代电力电子电信工业大厦图纸（建施、结施、电施、水施、暖施）中全部内容［包括地下建筑工程、地上建筑工程、地下内装修工程、地上内装修工程（含全部门窗工程）、弱电预埋工程、电气工程、通风采暖工程、给排水工程、泵房工程等工程内容］进行施工。

2010年12月19日，中建公司中标三电公司发标的现代电力电子电信工业大厦工程，中标规模21512平方米，中标价格29010886元。2011年1月14日，中建公司与三电公司签订《天津市建设工程施工合同》，主要约定内容：工程名称为现代电力电子电信工业大厦，工程地点为天津市河东区毛条路，工程内容为地上20387平方米，地下1125平方米；设备安装内容包括水、暖、通风、电、泵房、预埋。开工日期2010年12月20日，竣工日期2011年12月30日，合同工期总日历天数275天。合同价款29010866元。该合同经行政管理部门于2011年3月25日盖章备案。

【裁判摘要】

最高人民法院经审查认为，根据《招标投标法》第2条、第32条、第43条的相关规定，投标人不得与招标人串通投标，在确定中标人前，招标人不得与投标人就投标价格、投标方案等实质性内容进行谈判。原审查明，三电公司与中建公司在招投标开展前就案涉工程项目进行实质性磋商，并于2010年10月17日签订建设工程施工合同，中建公司于2010年10月24日进场施工。随后双方通过招投标程序，确定中建公司为中标人，并签订了备案的《天津市建设工程施工合同》。故原判决依照《建设工程施工合同司法解释》（已失效）第1条规定，认定中标无效，由此签订的《现代电力电子电信工业大厦天津市建设工程施工合同》《天津市建设工程施工合同》均属无效合同，适用法律并无不当。在上述建设工程施工合同均无效的情形下，依照最高人民法院《关于审理建设工程施工合同纠纷案件适用法律问题的解释（二）》[已失效，以下简称《建设工程施工合同司法解释（二）》]第11条的规定，当事人就同一建设工程订立的数份建设工程施工合同均属无效，但建设工程质量合格，一方当事人请求参照实际履行的合同结算建设工程价款的，人民法院应予支持。同时原判决考虑到两份合同中关于合同价款的约定基本一致，双方于2010年10月17日签订的《现代电力电子电信工业大厦天津市建设工程施工合同》已实际履行，故参照该合同进行工程价款的结算。同时，双方所签订的合同虽对合同价款进行约定，但双方当事人对该合同价款组成所依据的图纸存在巨大争议，且均无法进一步提供证据佐证己方所主张的事实。一审法院根据中建公司申请，委托滨海旺辉公司依据竣工图对涉案工程造价进行鉴定亦无明显不当。

问题2.非必须招标的项目，先签协议后招标，以哪个合同为结算依据？

《招标投标法》是在我国进行招标投标活动所需遵循的基本法律，其第2条规定："在中华人民共和国境内进行招标投标活动，适用本法。"这是对适用范围的原则性规定，并不区分必须招标项目及非必须招标项目。对于不是必须招标的项目，发包人自行确定承包人并不违反法律规定，发包人选择以招标的形式确定承包人也符合法律规定，但签协议后又进行招投标的行为却存在巨大争议。

实务中，对不是必须招标的项目，先签协议后招标，以哪个合同为结算依据的问题，存在两种不同观点：

第一种观点认为，无论是否为必须招标的项目，只要选择招投标，就必须受《招标投标法》约束，标前合同属于串标，投标无效所有合同均无效，应当以实际履行的标前合同为准。

第二种观点认为，不是必须招标的项目，标前签订合同不违反法律强制性规定，合法有效。对于之后的招投标需要按照具体情况分析，如果双方均确定以招标方式重新选择施工人，且标前合同对中标没有影响，则招标有效，以中标合同为准，标前合同已经解除；如果之后的招标仅为履行备案程序，则招标为虚假招标，中标合同无效，以标前合同为准。

笔者倾向于第二种观点。

《招标投标法》并没有规定哪些项目为非必须招标项目，根据法无禁止即自由原则，除法律规定必须招标的项目之外，就属于非必须招标的项目。尤其是在 2018 年 3 月 27 日，国家发展和改革委员会公布的《必须招标的工程项目规定》及 2018 年 6 月 6 日发布的《必须招标的基础设施和公用事业项目范围规定》，这两个规定大幅缩减了必须招标的工程项目范围，如将民间资本投资较多的商品住宅项目、科教文卫体和旅游项目、市政工程项目、生态环境保护项目等从必须招标的工程项目范围中删除，将“其他基础设施项目”“其他公用事业项目”兜底条款删除，避免造成适用中的扩大。

对非必须招标项目的招标效力，笔者认为需要从以下几个方面理解。

一、以缔结合同为目的的标前合同有效，其后为履行备案手续签订的中标合同无效

对于非必须招标项目，是否通过招标方式确定承包人是发包人自由选择的权利，发包人自行选择承包人并不违反法律强制性规定，其所签合同合法有效。其后为履行备案手续签订的中标合同应为无效。因为发承包双方已经通过自行协商确定缔结合同关系，招标投标仅为履行备案手续，并非为了推翻原有合同关系。根据其他投标人是否知情发包人仅为备案手续的不同，中标合同无效的原理亦有所不同。如果所有投标人均知悉该招标并非真正意义上的招标，而是为了配合所

履行的招标程序，则属于意思表示不真实，根据《民法典》第146条第1款“行为人与相对人以虚假的意思表示实施的民事法律行为无效”的规定认定中标合同无效；如果其他投标人并不知悉该招标并非真正意义上的招标，而积极准备、参与投标，发包人却已经事先确定中标人，违反了《招标投标法》第32条及第53条规定，排挤其他投标人的公平竞争，损害了其他投标人的合法权益，构成串标，中标无效。

如最高人民法院在（2021）最高法民申3933号“湖北泰地置业发展有限公司、武汉鲁园建设集团有限公司建设工程施工合同纠纷案”中认为，“《中华人民共和国民法总则》（已失效）第一百四十六条规定：‘行为人与相对人以虚假的意思表示实施的民事法律行为无效。以虚假的意思表示隐藏的民事法律行为的效力，依照有关法律规定处理。’具体到本案中，根据一、二审查明的事实，在泰地公司对涉案建设工程项目招标之前，泰地公司已与鲁园公司签订标前合同，鲁园公司也已进场施工并完成了过半工程量，双方之间实际履行的系标前合同，且泰地公司、鲁园公司所签订的标前合同与中标合同在工程价款、建设工期、工程质量等方面均存在实质差异。二审据此认定中标合同虽在相关部门进行了备案，但并非双方当事人真实意思表示并不缺乏依据。而对于标前合同以及补充协议，作为被虚假意思表示所隐藏的民事法律行为，其效力需要根据相关法律规定进行判断。因涉案项目并非必须招投标的工程项目，泰地公司在一、二审中也未提供充分证据证明鲁园公司在签订标前合同时知晓涉案工程将履行招投标程序，结合泰地公司在一审法院组织质证时明确表示同意以标前合同以及补充协议作为确定双方当事人之间权利义务关系的依据，二审据此认定标前合同以及补充协议系双方当事人真实意思表示应为有效并不缺乏依据。”

二、非必须招标项目，自愿选择以招标方式确定施工人的，受《招标投标法》约束

对于非必须招标工程项目，发包人本可以不招标而自行决定对外发包，至于发包方式、合同内容，是通过发承包双方真实意思表示确定的，其权利义务的影响仅限于发承包双方。但选择招标，其影响的不仅是发承包两方，而是所有招投标的参与方及招投标制度。因此，为了维护其他招投标参与方的利益和维护招投标制度的稳定性，对于非必须招标项目而自愿选择以招标方式确定施工人的，必须严格按照《招标投标法》实施。

1. 标前有合同，对中标有影响的，两份合同均无效，以实际履行合同确定结算依据

发包人自愿选择以招标方式确定施工人的，标前合同显然并非双方真实要履行的合同，根据《民法典》的规定，以虚假的意思表示实施的民事法律行为无效，故而标前合同无效。标前合同对中标产生了实质影响的，根据《招标投标法》第53条的规定，构成串通投标，中标无效。两个合同均无效，按照实际履行合同确定结算依据。

如最高人民法院在（2019）最高法民申4527号“黑龙江新陆建筑工程集团有限公司、林口县华邦房地产开发有限公司建设工程施工合同纠纷案”中认为，“《招标投标法》第二条规定：‘在中华人民共和国境内进行招标投标活动，适用本法。’该条规定并未区分依法必须招标的工程项目和非必须招标的工程项目的招标投标活动，因此，凡是在我国领域内发生的招标投标活动均应符合《招标投标法》的规定。合同双方在履行招投标程序之前签订《建设工程施工合同》，违反了《招标投标法》的相关规定，法院据此认定《建设工程施工合同》无效符合法律规定。当事人以案涉工程不属于法律规定的必须履行招投标程序的工程项目为由，主张法院认定《建设工程施工合同》无效错误的申请再审理由，缺乏事实和法律依据。”

2. 标前有合同，对中标没有影响的，标前合同无效，中标合同有效，以中标合同为准

如前文所述，因发包人自愿选择以招标方式确定施工人，标前合同并非双方真实要履行的合同，标前合同无效。但并非所有标前合同都影响中标结果导致中标合同无效。最高人民法院民事审判第一庭也认为：“不能简单地以当事人在招标投标之前签订过具备施工合同实质要件的意向书、补充协议、承诺书、会议纪要、备忘录等即否定中标合同的效力。中标合同是否无效，取决于双方当事人在招标投标过程中是否存在导致招标投标无效的情形。”①

如山东省威海市环翠区人民法院在（2018）鲁1002民初2874号“原告（反诉被告）威海利安建筑安装工程有限公司与被告（反诉原告）威海市山海房地产

① 最高人民法院民事审判第一庭编著:《最高人民法院新建设工程施工合同司法解释（一）理解与适用》，人民法院出版社2021年版，第37页。

开发有限公司建设工程施工合同纠纷案”中认为：“原、被告就涉案工程经招投标程序签订了建设工程施工合同，所约定内容未见违法之处，亦无证据证实该合同并非双方真实意思表示，应属合法有效，对原、被告具有约束力。对于被告主张双方存在先定后招等违反《招标投标法》的相关规定的情况，对此仅提供原、被告双方在招投标前所签订的意向书，该意向书中对于涉案工程发、承包事宜进行了相应约定，但亦载明在双方签订正式合同后，意向书失效。被告亦未举证证实存在导致招投标无效的法定情形，不能仅凭双方在招标投标前签订过具备施工合同实质要件的意向书即否定中标合同的效力，被告主张涉案中标合同无效，证据不足，本院不予采纳。”

三、非必须招标项目，招标后又签订背离中标合同的其他协议

对于非必须招标工程项目，发包人本可以不招标而自行决定对外发包，但长期以来地方政府对建设工程施工合同采取备案制度，[①]未经招标无法满足地方政府对建设工程施工合同的备案要求。选择招标方式确定施工人的，招标公告或投标邀请函及招标文件须向项目所在地建设主管部门备案，受政府监督，这无法满足个性化需求。因此实践中常出现发包人在非必须招标工程项目招标后又与承包人另行签订背离中标合同实质性内容合同的情况。对此，《建设工程施工合同司法解释（一）》第23条规定：“发包人将依法不属于必须招标的建设工程进行招标后，与承包人另行订立的建设工程施工合同背离中标合同的实质性内容，当事人请求以中标合同作为结算建设工程价款依据的，人民法院应予支持，但发包人与承包人因客观情况发生了在招标投标时难以预见的变化而另行订立建设工程施工合同的除外。”

① 2019年3月18日发布并实施的住房和城乡建设部《关于修改有关文件的通知》（建法规〔2019〕3号），修改删除了《建筑工程方案设计招标投标管理办法》（建市〔2008〕63号）第18条中“招标人和招标代理机构应将加盖单位公章的招标公告或投标邀请函及招标文件，报项目所在地建设主管部门备案”的规定。修改删除了《住房城乡建设部关于进一步加强建筑市场监管工作的意见》（建市〔2011〕86号）“（八）推行合同备案制度。合同双方要按照有关规定，将合同报项目所在地建设主管部门备案。工程项目的规模标准、使用功能、结构形式、基础处理等方面发生重大变更的，合同双方要及时签订变更协议并报送原备案机关备案。在解决合同争议时，应当以备案合同为依据”的规定。自此建设工程施工合同备案制度取消。

关联判例

石家庄三建建业集团有限公司与石家庄恒丰房地产开发有限公司建设工程施工合同纠纷案

（2015）民申字第11号

【裁判要旨】

不是必须招标项目的标前协议合法有效，为了备案而招标明显属于串标行为，中标无效。标前协议作为唯一合法有效的施工合同，应作为确定工程款数额的依据。

【基本案情】

2009年5月20日恒丰公司与三建公司协商签订了《建筑工程协议》，由三建公司承建恒丰公司开发的新河县城2020都市风情大道A、B区商铺。2009年12月恒丰公司就该工程在社会上公开招标，三建公司于同月30日进行投标并中标，2010年1月8日，恒丰公司向三建公司发出中标通知书。2010年1月5日双方签订了《建设工程施工合同》，并在新河县建设工程招标投标管理办公室备案。

【裁判摘要】

关于该以中标的《建设工程施工合同》还是以标前的《建筑工程协议》作为确定工程款数额的依据。

三建公司认为，即便如邢台市中级人民法院（2012）邢民二初字第18号民事判决书所认定的，该工程中标无效导致《建设工程施工合同》无效，根据《建设工程施工合同司法解释》（已失效）第2条的规定，建设工程施工合同无效，但建设工程经竣工验收合格，承包人请求参照合同约定支付工程价款的，应予支持。本案中，一审、二审判决均已确认2011年3月22日恒丰公司未经竣工验收就已经擅自使用了该建设工程。因此，作为承包人的三建公司请求参照《建设工程施工合同》约定的合同价款10802954元作为结算工程款的依据合理合法，应得到支持。

最高人民法院认为，三建公司的该项申请理由不成立。首先，本案中双方当事人共签订了两份施工合同，第一份施工合同（《建筑工程协议》）合法有效。根据《招标投标法》第3条以及原国家发展计划委员会《工程建设项目招标范围和规模标准规定》（已失效）第3条第6项的规定，本案诉争建设项目不属于法定的必须进行招标的工程建设项目，且三建公司具备与承揽的讼争工程项目相适应的法定资质等级。因此，双方自主签订的《建筑工程协议》并不违反法律强制性规定，且签约时双方意思表示真实，合同内容合法，因此依法认定该协议有效。

其次，第二份施工合同（《建设工程施工合同》）因当事人双方在招投标过程中明显存在串通行为而无效。第一，《招标投标法》第53条规定：投标人相互串通投标或者与招标人串通投标的，中标无效。本案中，恒丰公司与三建公司于2009年年底2010年年初履行招投标程序并备案，但三建公司实际于2009年5月即进场施工，并在2009年年底就完成了工程的主体施工，恒丰公司也支付了大部分工程款，招投标材料中的工程量清单报价表所载工程情况也与事实不符，故双方明显存在串标行为，该中标应属无效。依据《合同法》（已失效）第52条第2项的规定，在此基础上签订的《建设工程施工合同》无效。第二，最高人民法院《建设工程施工合同司法解释》（已失效）第21条规定："当事人就同一建设工程另行订立的建设工程施工合同与经过备案的中标合同实质性内容不一致的，应当以备案的中标合同作为结算工程价款的根据。"该条适用的前提条件是招投标程序合法有效，本案显然不满足这一适用条件。第三，根据监理单位河北新三佳建设项目管理有限公司出具的证明以及新河县住房和城乡建设局综合管理科2009年12月25日作出的调查报告显示，截至双方进行招投标时，工程主体已完工；双方在2010年11月10日签订的会议纪要中亦明确，备案是为了完备手续，双方仍执行原协议。

最后，《建筑工程协议》是案涉唯一合法有效的施工合同，应作为确定工程款数额的依据。《建设工程施工合同司法解释》（已失效）第2条规定："建设工程施工合同无效，但建设工程经竣工验收合格，承包人请求参照合同约定支付工程价款的，应予支持。"该法条适用的前提是，建筑工程施工合同无效。然而本案中存在着合法有效的施工合同（《建筑工程协议》），因此三建公司请求参照《建设工程施工合同》约定的合同价款支付工程价款的理由不成立；河北法院把该《建筑工程协议》作为定案依据并无不妥，应予维持。三建公司的此项再审申请不符合 2012 年《民事诉讼法》第 200 条第 3 项规定的情形。

问题 3. 招标文件所附的合同条款是否为格式条款？

《民法典》第 496 条第 1 款规定："格式条款是当事人为了重复使用而预先拟定，并在订立合同时未与对方协商的条款。"

在建设工程项目招投标过程中，招标文件通常由招标人制定，且招标文件一般均含有建设工程施工合同，如《2007 标准施工招标文件》第四章为"合同条款及格式"。招标文件构成施工合同的组成部分，发承包双方通常也是按照招标文件中所含有的施工合同条款进行签订。招标文件中所附的合同条款是否为格式条款，对此问题实务界存在两种不同观点：

第一种观点认为，招标文件中的合同条款是发包人为了重复使用而预先拟定，在签约时并不会允许承包人与之协商并加以修改，故招标文件所附的合同条款应当属于格式条款。

第二种观点认为，尽管招标文件中的合同条款系发包人预先拟定，但并非为重复使用，且发承包双方可以就合同条款进行协商，故招标文件所附的合同条款不属于格式条款。

笔者倾向于第二种观点。

格式条款是当事人为了重复使用而预先拟定，并在订立合同时未与对方协商的条款，格式条款是社会经济发展的产物①。格式条款应同时具有以下特征：一是在签约前已经事先拟定；二是当事人为了重复使用而拟定；三是在签约时合同相对方不能通过协商修改合同条款。

就招标文件所附的合同条款是否为格式条款问题，笔者认为应根据具体情况进行分析。

① 参见最高人民法院民法典贯彻实施工作领导小组主编：《中华人民共和国民法典合同编理解与适用（一）》，人民法院出版社 2020 年版，第 241 页。

一、招标文件所附的合同条款为示范文本合同条款的，不宜认定为格式条款

格式合同一般由经济上处于优势地位的一方当事人提供，其不仅具有缔约地位上的优势，更在专业知识上胜于对方当事人。格式合同提供者提供格式合同不仅是为了节约交易成本、提高交易效率，更有增强交易安全、防范交易风险的目的，通常表现为双方权利义务不对等，明显或适度增加对方义务并减少对方权利，及明显或适度减少己方义务并增加己方权利。

而《建设工程施工合同（示范文本）》由政府主导起草制定，并非由发包人主导起草制定，且示范文本内容相对公平、合理、全面。因示范文本的制定者认为发包人在建设工程施工过程中具有天然优势地位，故在示范文本的条款中体现着公平、合理但适度向承包人倾斜的理念。因此，招标文件所附的合同条款为示范文本合同条款的，不宜认定为格式条款。

二、发包人仅是偶尔招标，招标文件所附的合同条款不宜认定为格式条款

"重复使用"是格式条款的主要特征之一。尽管实务中对将"重复使用"作为格式条款认定标准有不同观点，如王利明教授认为："重复使用"只是其经济功能，而不是其法律特征。① 最高人民法院也有观点认为把"重复使用"作为格式条款认定的必要条件，会加重当事人举证责任，与立法目的不符。②但《民法典》最终保留"重复使用"这一条件，说明立法机关认为重复使用系格式条款的实质特征。③

发包人仅是偶尔招标，招标文件所附的合同条款没有重复使用目的，也没有重复使用行为的，不宜认定为格式条款。

三、招标文件没有明确规定对合同条款不得做任何调整的，不宜认定为格式条款

尽管《建设工程施工合同司法解释（一）》规定招标人和中标人不得就工程范围、建设工期、工程质量、工程价款等实质性内容进行变更，但并没有限制对合同条款的调整。

---

① 参见王利明：《对〈合同法〉格式条款规定的评析》，载《政法论坛》1999 年第 6 期。

② 参见最高人民法院研究室编著：《最高人民法院关于合同法司法解释（二）理解与适用》，人民法院出版社 2009 年版，第 82 页。

③ 参见最高人民法院民法典贯彻实施工作领导小组主编：《中华人民共和国民法典合同编理解与适用（一）》，人民法院出版社 2020 年版，第 245 页。

在招投标实务中，投标人能否对招标文件所附合同条款进行协商变更，应分三种情形分析：[①]

1. 招标文件明确规定招标文件所附合同条款为参考条款，双方可在签订合同时协商调整。对于该种情形，无论投标人实际提交的投标文件所载明的条款内容是否与招标文件一致，也无论在签约时是否对合同条款全面接受，招标文件所附合同条款均不应认定为格式条款。

2. 招标文件仅规定工程范围、建设工期、工程质量为必须实质性响应因素，对合同其他条款内容未作规定。由于工程范围、建设工期、工程质量是建设工程施工合同的实质性内容，投标人必须实质性响应是其法定义务，不构成格式条款。其他条款没有规定，意味着招标人并没有限制投标人协商调整其他条款的权利，无论投标人是否行使该权利，均不能认定招标文件所附合同条款为格式条款。

3. 招标文件明确规定招标文件所附合同条款为无条件执行条款，投标人必须响应，否则无效。该种规定本质上排除投标人对条款协商的可能，投标人只能无条件地响应招标文件，否则为废标。在该种情形下，无其他格式条款否定事由，可以认定为格式条款。

格式条款影响双方权利义务的主要原因包括：（1）提供格式合同的当事人有充分的时间和精力研究一份对自己有利的合同，而对方当事人在订约时往往没有对合同条款进行协商的机会和能力，很难在短时间内正确理解合同条款。（2）提供格式条款的合同当事人往往具有行业优势，包括日常生活交易及公用事业领域，合同相对人无法拒绝其提供服务，如银行、保险、邮政、电信、供水、供电、燃气等。

而建设工程领域，尤其是通过招标投标程序订立的建设工程合同，投标人具有行业专业知识和资质，国家以立法的形式保障投标人用于研究招标文件和附属条款的时间[②]，投标人是否同意受招标文件附属合同条款约束并进行投标，完全由

---

① 参见曹文衔、宿辉、曲笑飞：《民法典建设工程合同章条文解释与司法适用》，法律出版社2021年版，第141~142页。

② 《招标投标法》第24条规定，招标人应当确定投标人编制投标文件所需要的合理时间；但是，依法必须进行招标的项目，自招标文件开始发出之日起至投标人提交投标文件截止之日止，最短不得少于20日。

投标人自由决定，不宜在投标并签约后再以格式条款主张合同条款无效，这有违诚实信用原则，除非招标人的优势地位已经足以影响该行业，投标人不参与该投标会对其生存和发展有重大影响。

关联判例

江苏中南建筑产业集团有限责任公司、潜江市兴城投资开发有限公司建设工程施工合同纠纷案

（2019）最高法民终1996号

【裁判要旨】

招标文件中的合同条款，并非为重复使用而预先拟定且在订立时未与投标人协商，不属于格式条款。

【基本案情】

2012年5月2日，兴城公司发布湖北省潜江市新城区范新村农民公寓工程施工招标公告，其中资金来源：施工期间，由施工单位自筹；工程竣工验收审计后5年内待新城区土地出让后由业主支付。付款方式为详见招标文件“第四章合同条款及格式”。“合同条款及格式”第2条约定，乙方关于工程款的承诺：同意招标人以“湖北省潜江市新城区境内建设用地”预期出让收益作为案涉工程资金主要来源，承诺参加“湖北省潜江市新城区境内建设用地”的招拍挂竞价，若承诺人未遵守该项承诺的，业主可不支付工程款；“湖北省潜江市新城区境内建设用地”招拍挂手续由业主负责办理，所有招拍挂手续在工程竣工验收之日起5年内完成，在招拍挂手续完成后支付工程款。2012年5月27日，南通总承包公司报送的投标文件中承诺：“如我司有幸中标，我司完全接受并响应招标文件主要合同条款规定的全部内容”。2012年7月6日，兴城公司与南通总承包公司就湖北省潜江市新城区范新村农民公寓工程签订《建设工程施工合同》。2012年7月15日，中南集团公司（第三人）作为出资人，兴城公司作为发包人，南通总承包公司作为承包人，就湖北省潜江市新城区管委会彩钢板办公楼工程签订《建设工程施工协议》，约定：南通总承包公司承建湖北省潜江市新城区办公楼工程，工程质量标准合格。

【裁判摘要】

《合同法》（已失效）第39条第2款规定："格式条款是当事人为了重复使用而预先拟定，并在订立合同时未与对方协商的条款。"第40条规定："格式条款具有本法第五十二条和第五十三条规定情形的，或者提供格式条款一方免除其责任、加重对方责任、排除对方主要权利的，该条款无效。"中南建筑公司与兴城公司、领导小组办公室系通过招标投标方式签订建设工程施工合同。上述合同并非兴城公司或者领导小组办公室为了重复使用而预先拟定且在订立时未与中南建筑公司协商的合同。故中南建筑公司关于案涉招标公告中付款方式所附的"第四章合同条款及格式"属于格式条款，其内容存在提供格式条款的一方免除自身责任、加重对方责任、排除对方主要权利的情形，应为无效的上诉理由不能成立，最高人民法院不予支持。

二、最高投标限价

| 导读 |

在建设工程招投标领域，如何实现市场竞争效率与投资风险防控的平衡，始终是制度设计的核心命题。针对国有资金投资项目易受投标人非理性竞价行为影响的现实痛点，《2013清单计价规范》第5.1.1条作出突破性规定：国有资金投资的建设工程招标必须编制最高投标限价。这一强制性规范的确立，既是对《招标投标法》预防国有资产流失原则的深化落实，更是完善工程造价市场化形成机制的关键举措。

最高投标限价制度通过双重维度构建起价格约束体系：技术层面，严格依据国家及地方建设主管部门发布的计价规范、定额标准与市场价格信息，结合工程特征及合理施工组织方案进行编制，形成具有科学性与公信力的造价控制基准；制度层面，通过《建筑工程施工发包与承包计价管理办法》（住房和城乡建设部令第16号）确立差异化管控机制，对国有投资项目实施强制性限价管理，对非国有投资项目则采取限价与标底并行的弹性规则，既彰显国有资本监管的刚性要求，又尊重市场主体的经营自主权。

当前，随着工程造价市场化改革的纵深推进，最高投标限价制度的精细化实施已成为提升国有资本投资效益、促进建筑业高质量发展的重要抓手。其制度设计与执行效果，直接影响着建筑市场公平竞争生态的构建与工程投资风险的防控水平。

【术语解读】

最高投标限价又称招标控制价。根据《2024 清单计价标准》的定义，最高投标限价是指招标人根据国家法律法规及相关标准、建设主管部门的有关规定，以及拟定的招标文件和招标工程量清单，并结合工程实际情况，按照本标准规定编制的，限定投标人投标报价的最高价格。

（一）最高投标限价的作用

《建筑工程施工发包与承包计价管理办法》第 6 条第 1 款、第 2 款规定："全部使用国有资金投资或者以国有资金投资为主的建筑工程（以下简称国有资金投资的建筑工程），应当采用工程量清单计价；非国有资金投资的建筑工程，鼓励采用工程量清单计价。国有资金投资的建筑工程招标的，应当设有最高投标限价；非国有资金投资的建筑工程招标的，可以设有最高投标限价或者招标标底。"

因此，在工程量清单招标活动中，发包人要编制合理最高投标限价，以发挥最高投标限价在市场化竞争中对投标人报价的限制和导向作用。

1. 最高投标限价可有效控制投资

建设项目投资控制的主要目标就是防止投资突破限额。《政府投资条例》第 23 条规定，政府投资项目建设投资原则上不得超过经核定的投资概算。因国家政策调整、价格上涨、地质条件发生重大变化等原因确需增加投资概算的，项目单位应当提出调整方案及资金来源，按照规定的程序报原初步设计审批部门或者投资概算核定部门核定；涉及预算调整或者调剂的，依照有关预算的法律、行政法规和国家有关规定办理。

最高投标限价对投资的约束直接表现在价格上。（1）最高投标限价的设置不能超过经批准的概算。当最高投标限价超过批准的概算时，招标人应报原概算审批部门审批。（2）投标人的投标报价不能高于最高投标限价，否则评标委员会应否决投标人的投标。（3）招标人可以以最高投标限价的分部分项综合单价评价投标人是否进行不平衡报价，从而控制结算成本。

2. 最高投标限价可防止投标人恶性哄抬报价

最高投标限价在总价上直接限制投标报价，对遏制投标人之间的串标、围标、哄抬报价等行为具有积极的限制作用。根据《招标投标法实施条例》第51条的规定，投标报价低于成本或者高于招标文件设定的最高投标限价，评标委员会应当否决其投标。《2013清单计价规范》第6.1.5条规定："投标人的投标报价高于招标控制价的应予废标。"因此，最高投标限价作为投标人投标报价的最高上限，能够起到限制投标报价的作用，也能够有效地避免投标人之间的串标、围标、哄抬报价等问题。

3. 最高投标限价可促使各投标人公平竞争

发包人招标选择承包人，通过设置最高投标限价控制项目投资。投标人可以通过最高投标限价对项目投资收益率进行理性分析，根据项目特征、自身企业战略、生产经营水平等确定投标策略，避免投标决策的盲目性，提高投标活动的选择性和经济性。合理的最高投标限价对引导投标人公平竞争，规范市场秩序和预防造价纠纷均能起到积极的促进作用。

当然，如果最高投标限价设置不合理，也会带来相应问题。若最高投标限价过高，就预示中标后利润丰厚，从而可能诱导投标人串标、围标。若最高投标限价过低，就会影响投标人的投标积极性，无法形成有效竞争，甚至出现投标人数少于3家而导致招标失败的情形。

（二）最高投标限价的编制依据

《招标投标法实施条例》第27条第3款规定："招标人设有最高投标限价的，应当在招标文件中明确最高投标限价或者最高投标限价的计算方法。招标人不得规定最低投标限价。"

招标人可依据招标文件要求、工程实际情况、结合类似工程合理的施工方案及工期数据编制最高投标限价。根据《2024清单计价标准》第5.2.1条规定，最高投标限价编制应符合下列要求：（1）本标准和相关工程国家及行业工程量计算标准；（2）招标文件（包括招标工程量清单、合同条款、招标图纸、技术标准规范等）及其补遗、澄清或修改；（3）国家及省级、行业建设主管部门颁发的工程计量与计价相关规定，以及根据工程需要补充的工程量计算规则；（4）与招标工程相关的技术标准规范；（5）工程特点及交付标准、地勘水文资料、现场情况；

（6）合理施工工期及常规施工工艺、顺序；（7）工程价格信息及造价资讯、工程造价数据及指数；（8）其他相关资料。

最高投标限价要基于招标工程技术标准规范、交付标准和招标文件要求、招标工程量清单及同类工程的价格信息和造价资讯等资料编制。根据《2024 清单计价标准》第 5.2.8 条规定，下列工程价格信息及造价资讯可以作为编制最高投标限价的依据：（1）近期完成的类似工程最高投标限价、施工图预算、设计概算、成本估算的价格；（2）近期获得的类似工程市场竞争合理投标单价；（3）近期确定的类似清单项目结算单价；（4）近期签订的类似工程合同价格；（5）通过市场询价获得的人工、材料、施工机具、清单项目综合单价等相关合理工程价格；（6）近期人工、材料、施工机具使用的市场价格和相关价格指数或投标价格指数等。

根据《工程造价改革工作方案》的规定，取消最高投标限价按定额计价的规定，逐步停止发布预算定额。预算定额已经不再是最高投标限价的编制依据。

（三）最高投标限价的公布

原建设部《关于加强房屋建筑和市政基础设施工程项目施工招标投标行政监督工作的若干意见》（建市〔2005〕208 号）第 4 条第 2 款规定："提倡在工程项目的施工招标中设立对投标报价的最高限价，以预防和遏制串通投标和哄抬标价的行为。招标人设定最高限价的，应当在投标截止日 3 天前公布。"

鉴于最高投标限价的根本目的是控制项目投资，并非以此限制投标人数。招标人应当确定投标人编制投标文件所需要的合理时间，以便投标人合理投标报价，从而满足双方利益，故最高投标限价不宜公布太晚。《招标投标法实施条例》第 27 条第 3 款规定："招标人设有最高投标限价的，应当在招标文件中明确最高投标限价或者最高投标限价的计算方法。"对于招标文件发布时间，根据《招标投标法》第 24 条的规定，依法必须进行招标的项目，自招标文件开始发出之日起至投标人提交投标文件截止之日止，最短不得少于 20 日。

【司法实务】

问题．招标人压低最高投标限价招标，是否影响合同效力？

《招标投标法实施条例》第 27 条第 3 款规定："招标人设有最高投标限价的，

应当在招标文件中明确最高投标限价或者最高投标限价的计算方法。”《2013 清单计价规范》第 5.1.1 条规定：“国有资金投资的建设工程招标，招标人必须编制招标控制价。”

针对最高投标限价的编制依据和方法，《2013 清单计价规范》第 5.1.4 条规定：“招标控制价应按照本规范第 5.2.1 条的规定编制，不应上调或下浮。”该规范第 5.2.1 条对招标控制价的编制和复核依据作了明确规定，包括：（1）该规范；（2）国家或省级、行业建设主管部门颁发的计价定额和计价办法；（3）建设工程设计文件及相关资料；（4）拟定的招标文件及招标工程量清单；（5）与建设项目相关的标准、规范、技术资料；（6）施工现场情况、工程特点及常规施工方案；（7）工程造价管理机构发布的工程造价信息，当工程造价信息没有发布时，参照市场价；（8）其他的相关资料。

在工程实务中，有些招标人为了降低成本，防止投标人串通投标，选择以压低最高投标限价的方式进行招标。对招标人压低最高投标限价招标，合同是否有效的问题，实务界存在两种不同观点：

第一种观点认为，法律、行政法规并未规定最高投标限价不能下浮，且规定最高投标限价不能上调或下浮的《2013 清单计价规范》第 5.1.4 条并非强制实施条款，招标人下浮最高投标限价招标并不会导致建设工程施工合同无效。

第二种观点认为，尽管法律、行政法规并未规定最高投标限价不能下浮，但如果招标人压低最高投标限价招标导致投标人报价低于成本价，则影响建设工程施工合同的效力。

笔者倾向于第二种观点。

最高投标限价是招标人在招标时发布的，允许投标人投标的最高限价。最高投标限价对控制投资、提高投资效力，预防和避免围标及串标行为，保障市场充分竞争等具有极大的促进作用。

对于招标人压低最高投标限价招标，合同是否有效的问题，需要从以下几个方面分析。

一、法律、行政法规并不限制最高投标限价下浮

《2013 清单计价规范》规定最高投标限价应按照国家或省级、行业建设主管部门颁发的计价定额和计价办法，以及其他资料进行编制，不能上调、也不能下浮。但从工程造价改革来看，市场及竞争机制是造价未来的趋势，包括对最高投

标限价的编制。

如住房和城乡建设部办公厅《关于印发〈工程造价改革工作方案〉的通知》已经明确取消最高投标限价按定额计价的规定，逐步停止发布预算定额；鼓励企事业单位通过信息平台发布各自的人工、材料、机械台班市场价格信息，供市场主体选择；引导建设单位根据工程造价数据库、造价指标指数和市场价格信息等编制和确定最高投标限价。

地方建设主管部门也开始对造价进行改革，如佛山市住房和城乡建设局《关于印发〈工程造价改革试点项目最高投标限价编制方法〉的通知》附件《工程造价改革试点项目最高投标限价编制方法（试行）》第1条“现行计价依据改进法”规定：“按照现行国标清单计价规范（GB 50500—2013）及配套工程量计算规范（以下简称‘计量规范’）拟定招标工程量清单，但在综合单价组价和计算有关费用时，应对现行‘省2018定额体系’的定额消耗量和有关计费系数进行市场化改进，即通过市场询价并自行取定；同时自行取定人工、材料等要素市场价格，编制最高投标限价。”

二、招标人压低最高投标限价招标，通常不会影响合同效力

《民法典》第153条第1款规定：“违反法律、行政法规的强制性规定的民事法律行为无效。”法律、行政法规并未规定招标人不得压低最高投标限价招标，且住房和城乡建设部办公厅所印发的《工程造价改革工作方案》第2条第4项规定，“引导建设单位根据工程造价数据库、造价指标指数和市场价格信息等编制和确定最高投标限价，按照现行招标投标有关规定，在满足设计要求和保证工程质量前提下，充分发挥市场竞争机制，提高投资效益。”其本质是允许、鼓励招标人通过引进市场竞争机制确定最高投标限价。故而压低最高投标限价招标，通常不会影响合同效力。

三、招标人压低最高投标限价招标致使中标价低于成本价，中标合同无效

《招标投标法》第33条规定，投标人不得以低于成本的报价竞标。当招标人压低招标控制价招标致使中标价低于成本价的，中标合同因违反法律强制性规定而无效。

如湖北省高级人民法院在（2016）鄂民终173号“湖北金垦建筑工程有限公司与湖北省宜昌监狱建设工程施工合同纠纷案”中认为：根据查明事实，宜昌监狱虽就涉案工程依法进行了公开招标，但其在招标过程中就工程价款向投标人设

置拦标价，将投标价格限定在 8241600 元之下。无论是从宜昌监狱招投标前审核确定的预算价 9263714.30 元来看，还是从一审法院委托湖北中衡信工程造价咨询有限公司宜昌分公司就涉案工程造价作出的鄂中衡信造咨字［2015］0701 号《宜昌监狱第 6 标段（刁艺钢球）车间厂房工程造价的鉴定报告》中确认的涉案工程成本造价 11638395.69 元（13503284.01 元 –1864888.32 元）来看，宜昌监狱设置的拦标价均远低于上述成本造价。另从宜昌监狱二审中提交的华发鼎诚建设集团有限公司、湖北中勤建设发展有限公司、宜昌市坤发建筑有限责任公司、荆州市九鑫建设发展有限公司、金垦公司这五个公司的投标函、投标函附录来看，投标人均是按照宜昌监狱限定的拦标价报价，故宜昌监狱在招投标程序中设置拦标价的行为，是导致投标人低于造价成本报价的主要原因。宜昌监狱设置拦标价的行为，以及金垦公司在宜昌监狱设置拦标价的情况下，故意以低于成本的报价竞标并中标的行为，均违反了招标投标活动应当遵循的公开、公平、公正和诚实信用原则，侵害了其他投标人的合法权益，扰乱了我国建筑施工的正常招投标秩序。一审法院依据《招标投标法》第 33 条关于“投标人不得以低于成本的报价竞标，也不得以他人名义投标或者以其他方式弄虚作假，骗取中标”的规定，以及第 41 条关于“中标人的投标应当符合下列条件之一：（一）能够最大限度地满足招标文件中规定的各项综合评价标准；（二）能够满足招标文件的实质性要求，并且经评审的投标价格最低；但是投标价格低于成本的除外”的规定，确认金垦公司中标行为及双方签订的《建设工程施工合同》无效，具有事实和法律依据。

关联判例

苟某林、陈某与云南东银房地产开发有限公司建设工程施工合同纠纷案

（2014）民申字第 1129 号

【裁判要旨】

尽管招标人在编制拦标价时自行降低了 3%，但并不影响投标报价的合法有效性，二审将投标人投标之前已下浮的拦标价 3% 再行计入总造价，缺乏合同和法律依据。

【基本案情】

东银公司通过招标，于2006年5月22日与云南省第四建筑工程公司（以下简称省四建公司）签订了《建设工程施工合同》，约定东银公司将会泽县烟草公司润泽苑小区1标段工程发包给省四建公司，工程价款（拦标价基础上的可调整合同价）为25826610.27元。2006年9月2日双方签订《补充协议书》，对工程中标价及结算方式、期限等作了约定。苟某林、陈某通过攀枝花贯烽投资有限公司与云南百四通建筑建材有限公司于2006年9月12日签订《分项承包协议书》，于2006年9月入场施工。因东银公司与省四建公司发生纠纷，2007年5月25日东银公司解除了与省四建公司的合同。2007年10月14日，东银公司又与沾益县金龙建筑工程有限公司签订了《建设工程施工合同》。但苟某林、陈某仍一直在为东银公司施工，东银公司亦直接向苟某林、陈某支付相应工程款项。

2009年9月1日，苟某林、陈某向曲靖市中级人民法院起诉，要求东银公司支付所欠的工程价款7122237.62元和拖欠工程款利息及违约金120万元。在审理过程中，东银公司申请对本案工程进行造价鉴定。经委托昆明华昆华信司法鉴定所对本案工程进行鉴定。本案工程总造价为29179100.53元=28338169.47元（按补充协议计算的造价）−1361586.36元（苟某林、陈某未施工部分）+1370825.84元（签证设计变更部分）+156257.94元（工程类别调整）+656847.51元（安全防护文明施工费）+18586.13元（4号、17号设计变更），该造价未包含基础造价变更3234399.20元、补正拦标价3%的924730.17元、不应返还东银公司拦标价4%的1183947.46元。

【裁判摘要】

关于补正拦标价3%应否计入工程总造价的问题。工程拦标价是指最高投标限价，一般由招标人在招标文件中明确最高投标限价或者最高投标限价的计算方法，投标人编制的投标报价不得高于最高投标限价。最高投标限价需由有资质的造价工程师编制。东银公司认可其在编制涉案工程拦标价时自行降低了3%，二审法院对该拦标价予以补正并计入工程总造价缺乏依据。省四建公司通过自主投标报价，低于该拦标价2%中标，二审判决并未否定该投标报价合法有效。工程总造价是根据工程量与合同约定造价计算的，将投标人投标之前已下浮的拦标价3%再行计入总造价，二审判决有关此节的认定似缺乏合同和法律依据。

三、标底

| 导读 |

在工程招投标价格形成机制中，标底作为承载发包人投资控制意志的核心载体，既是衡量投标报价合理性的专业标尺，亦是平衡市场竞争效率与投资管控效能的重要工具。相较于具有强制约束力的最高投标限价，标底制度更侧重于通过市场化比价机制实现投资效益优化，其制度价值在非国有资金投资项目领域尤为凸显。

标底编制的科学性集中体现在三个维度：基础数据层面，严格依据经审批的施工图纸、招标文件技术规范及现场踏勘结果，确保工程实体量与施工条件的准确对应；计价规则层面，遵循《2024清单计价标准》等最新技术规范，通过整合原单独列项的规费科目，重构适应市场化改革的计价体系；风险管控层面，引入物价波动调节因子与未知事项储备金机制，使静态造价指标具备动态适应性，有效应对复杂市场环境下的成本异动。

当前，随着工程总承包、全过程咨询等新型建设组织模式的普及，标底制度正面临从静态造价测算向动态投资管控的范式转换，其功能也从招标控制逐渐演变成成本管理控制。

【术语解读】

标底指的是招标人对招标项目所期望的交易价格。《招标投标法实施条例》第27条第1款、第50条规定，招标人可以自行决定是否编制标底，一个招标项目只能有一个标底，标底必须保密。招标项目设有标底的，招标人应当在开标时公布。标底只能作为评标的参考，不得以投标报价是否接近标底作为中标条件，也不得以投标报价超过标底上下浮动范围作为否决投标的条件。

（一）"标底"的渊源

在笔者的检索下，"标底"一词最早出现在1951年8月4日最高人民法院《就沈阳市院送来民事强制执行工作汇报中两个问题提出处理意见的复函》（法督字第7765号）中，但当时标底的含义与此时并不相同。

1983年6月，原城乡建设环境保护部颁布的《建筑安装工程招标投标试行办法》对标底作进一步规定，其第10条规定："工程的标底，由招标单位在发布招标广告前提出，报建设主管部门和建设银行复核。"第11条规定："确定标底时，除工程直接费按定额和当地实际价格计算外，施工管理费、法定利润和技术装备费等，仍按国家和地方现行规定执行。队伍调遣费、运输装卸费、三通一平、各项施工措施费、暂设工程费和预算不可预计费用等，均应根据工程建设需要计入造价，投标单位在报价时可进行合理浮动。"第12条规定："标底在开标前要严格保密，如有泄露，对责任者要严肃处理，直至法律制裁。"同年7月，原国家计委、中国人民建设银行试行《关于改进工程建设概预算工作的若干规定》（计标〔1983〕1038号）规定："建筑安装工程施工图预算经审定后，是确定工程预算造价，签订建筑安装工程合同，实行建设单位和施工单位投资包干和办理工程结算的依据。实行招标的工程，预算是工程价款的标底。"

（二）标底的功能

标底作为招标控制的一种工具，具有以下功能：（1）对发包人投资有较为准确的预估。标底价格是建设单位的期望价格，在编制标底时要按照市场价格行情客观、公正地确定，力求与市场的实际相吻合。（2）作为评判的参考依据和评判基准。标底由招标人或其委托他人编制，在批准的总概算（或修正概算）及投资包干的限额内按照成本、利润、税金等分项组成，同时考虑人工、材料、机械台班等价格变动因素及施工不可预见费、包干费用和措施费等，通常能够较为客观合理地反映市场价格。用标底与投标报价对比，可以发现投标报价中是否存在漏项报价、不平衡报价及低于成本报价等不合理报价情况。（3）能够协助纠正招标文件、设计图纸中的错误。标底由招标人或其委托的中介机构根据设计图纸及有关资料，参照国家规定的技术、经济标准定额及规范进行编制，相互对比、交叉引用，对招标文件、设计图纸以及工程量清单存在的差错、疏漏能够及时发现并纠正，以减少招标和评标的失误。（4）预防串通投标和不合理报价。虽然标底不能直接作为确定中标人的依据，但可以作为评标的参考。过高或过低的投标价都会引起发包人的特别注意，投标价格过低的，是否低于成本价，是否会在施工过程中偷工减料；投标报价过高的，是否存在围标串标情形。

（三）标底的适应性

标底的适应性问题在现行的工程造价管理政策中很少出现，[①] 主要出现以下情形：（1）保密性要求。无论法律规定还是实务要求，标底都必须保密，一旦泄露标底就可能引发“暗箱”操作，使招标失去公平公正性。现在的工程项目以国有资金和财政资金投资为主，现有的工程管理制度和外部社会环境难以实现标底完全保密，而一旦泄密，项目管理者将承担巨大的责任风险，甚至违法犯罪，因此项目管理者更愿意采用相对安全的最高投标限价模式。（2）施工方案对标底价格的影响。不同的项目条件需要不同的施工方案，如施工场地开阔可以对基坑大开挖，而施工场地狭小必须支护开挖；不同的施工方案所产生的施工费用不同，如机械开挖与人工开挖成本不同。标底的编制者较难考虑不同投标人的不同施工方案、技术措施，尤其是不少造价咨询机构从业人员对工程项目及市场价格不熟悉，只习惯按预算定额或消耗量标准和政策性文件计算工程造价，造成标底与市场造价水平脱节，不能满足招标人的需求。（3）评标尺度。标底为评标的参考，在无法确定标底价为合理价格时，真正合理的投标价可能会在评标中显得不合理，这为人为操控招投标提供了方便。（4）指引性。尽管法律规定标底只能作为评标的参考，不得以投标报价是否接近标底作为中标条件，也不得以投标报价超过标底上下浮动范围作为否决投标的条件，但实务中，发包人通常以标底作为评标的重要指标，投标人为了中标往往会尽力地去迎合标底。由此造成招投标体现的是投标人编制投标报价能力的竞争，而不是投标人综合实力的竞争。

（四）标底与最高投标限价

1. 标底弊端破局

在最高投标限价出台之前，标底曾一度是招标单位评标、控标的重要手段，但由于标底需要保密而现实中经常被泄露，以至于出现围标、串标及“暗箱”操作的现象，失去招标的公平公正性，甚至诱发违法犯罪行为。

---

① 参见罗国基：《招标控制价与标底的异同和使用探讨》，载微信公众号“亭台阁”2017 年 1 月 13 日，https：//mp.weixin.qq.com/s/WwlJwUN1pVOtUsmI2m5M5A。

为了解决标底诸多弊端，各省市区相继出台了控制最高投标价格的规定。

2007年6月8日，吉安市人民政府发布的《吉安市中心城区重点建设工程项目资金使用管理暂行办法》（吉府发〔2007〕7号，已失效）第7条规定："项目招标应当设定招标控制价（最高限价），项目建设单位在依法公开招标基础上，选定合理低价中标单位。合同签订条款的内容应符合招投标文件规定，合同一经签订，双方应严格履行合同约定，不得随意变更合同所明确条款。"

2008年5月29日，原黑龙江省建设厅颁发的《黑龙江省建筑工程招标控制价管理办法》（黑建发〔2008〕10号）对招标控制价作了全面规定：①招标控制价的性质，是指招标人根据国家、省有关计价规定计算的，对招标工程限定的最高工程造价；②招标控制价的公布要求，应在招标文件中公布招标控制价，并不得只公布总价，应包括费用项目的组成、各分部工程的费用小计；③招标控制价的编制依据；④招标控制价的异议等。

2008年，《2008清单计价规范》第一次以国家标准的形式提出"招标控制价"。随后，《2013清单计价规范》对招标控制价进行了细化和强调。《2024清单计价标准》对最高投标限价的编制要求及编制依据作出了详细规定。

2013年3月，国家发展和改革委员会等12部门发布的《工程建设项目施工招标投标办法》第34条第6款规定："招标人设有最高投标限价的，应当在招标文件中明确最高投标限价或者最高投标限价的计算方法。招标人不得规定最低投标限价。"其把招标控制价改名为"最高投标限价"。之后，《招标投标法》《招标投标法实施条例》均采用了"最高投标限价"一词。

虽然各文件中所列名称不同，如招标控制价、拦标价、最高投标报价，但均要求在招标文件中将其公布，并规定如果投标人的报价超过该最高限价，将为废标。

2. 标底与最高投标限价对比

（1）不同方面。标底是招标人对招标项目所期望的交易价格，反映招标项目的社会平均价格水平，最高投标限价是投标报价的最高限额；标底必须保密，开标时现场公布，最高投标限价在开标前约定时间公布。

（2）功能相似部分。尽管标底和最高投标限价在性质、使用要求上有所不同，但标底和最高投标限价在功能上具有重叠部分。具体体现在：①两者均可以对发包人投资有较为准确的预估。标底价格作为建设单位的期望价格，力求与市场的实际相吻合；最高投标限价作为确定中标的最高限价，中标价只能在此之内。②两者均可作为评标的参考依据和评判基准。标底、最高投标限价与投标人投标报价均要按照相关计量、计价规范进行编制，其内容具有一致性，在评标中均可做横向和纵向对比，是查找和发现不平衡报价的重要参考。③两者均能够协助纠正招标文件、设计图纸中的错误。④两者均能够预防串通投标和不合理报价。

现有法律对最高投标限价和标底的规定完全不同，国有资金投资的建筑工程招标的，应当设有最高投标限价；非国有资金投资的建筑工程招标的，可以设有最高投标限价。但对于招标标底，无论国有资金还是非国有资金，均不强制编制。①

【司法实务】

问题．发包人泄露标底，是否影响中标合同效力？

《招标投标法》第 22 条规定："招标人不得向他人透露已获取招标文件的潜在投标人的名称、数量以及可能影响公平竞争的有关招标投标的其他情况。招标人设有标底的，标底必须保密。"

对于招标人在招标时泄露标底是否影响中标合同效力的问题，实务界存在两种不同观点：

第一种观点认为，"招标人设有标底的，标底必须保密"是招标投标法的明确规定，也是强制性规定，违反该规定将导致中标合同无效。

第二种观点认为，泄露标底是否影响中标合同效力，并不能仅从泄露标底行为本身来认定，还要结合泄露标底行为的后果等因素综合认定。

笔者倾向于第二种观点。

《招标投标法》第 52 条第 1 款规定："依法必须进行招标的项目的招标人向他人透露已获取招标文件的潜在投标人的名称、数量或者可能影响公平竞争的有关招标投标的其他情况的，或者泄露标底的，给予警告，可以并处一万元以上十万元以下的罚款；对单位直接负责的主管人员和其他直接责任人员依法给予处分；构成犯罪的，依法追究刑事责任。"第 2 款规定："前款所列行为影响中标结

① 《建筑工程施工发包与承包计价管理办法》第 6 条第 2 款规定："国有资金投资的建筑工程招标的，应当设有最高投标限价；非国有资金投资的建筑工程招标的，可以设有最高投标限价或者招标标底。"

果的，中标无效。”故而泄露标底是否构成中标无效，其前提是泄露标底行为是否影响中标结果。

一、泄露标底构成串通投标并中标的，中标无效

泄露标底分为主动泄露和被动泄露两种形式，主动泄露标底是指发包人主动把标底透露给潜在投标人，并希望该投标人中标的行为。招标人主动泄露标底给投标人属于招标人与投标人串通投标行为，[①] 根据《招标投标法实施条例》第 67 条的规定，投标人相互串通投标或者与招标人串通投标的，投标人向招标人或者评标委员会成员行贿谋取中标的，中标无效。

例如，西藏自治区高级人民法院在（2020）藏民终 74 号“西藏华泰龙矿业开发有限公司与华新建工集团有限公司、中新房西藏建设投资有限公司建设工程施工合同纠纷案”中认为：“根据庭审调查，案涉项目 2017 年 12 月 26 日发布《招标文件》：其中，《投标邀请书》显示投标截止时间为 2017 年 12 月 29 日 18 时。《投标人须知》中 6.3 评标办法—本次招标采用费率招标，即在接受文件及附件条款及结算办法的前提下，根据经评审的合理最低费率下浮数投标价法评定。10.3 中标价本次招标费率按下浮点中标。《合同协议书》第五条合同价款中约定，我单位按上述计算方法同意税前总价下浮 2% 合同价款为暂定，最终以实际完成的工程量结算价款为准。专用条款第 12.3.3.7 条约定，按上述约定税前计价后总价下浮 2%。2018 年 1 月 19 日《评标报告》显示，华新建工公司投标报价税前总价下浮 2%，另两家公司下浮比例分别为 1.2% 和 0.9%。2017 年 12 月 30 日中新房公司与华新建工公司签订《建设工程施工合同》第 20.3 条第 7 项约定：工程费用按税前计价后总价下浮 2%。如前所述，案涉项目在开标前，中新房公司在《招标文件》中即泄露标底—招标费率按下浮点中标，且明确为 2%；其他两家公司下浮比例分别为 1.2% 和 0.9%，系陪标行为。案涉项目 2018 年 1 月 19 日开标，2018 年 1 月 25 日确定中标人，有两份中标通知书，为中新房公司与华泰龙公司分别向华新建工公司出具。一审法院认定两份中标通知书均有效系认定错误，中

① 参见《招标投标法实施条例》第 41 条规定：“禁止招标人与投标人串通投标。有下列情形之一的，属于招标人与投标人串通投标：（一）招标人在开标前开启投标文件并将有关信息泄露给其他投标人；（二）招标人直接或者间接向投标人泄露标底、评标委员会成员等信息；（三）招标人明示或者暗示投标人压低或者抬高投标报价；（四）招标人授意投标人撤换、修改投标文件；（五）招标人明示或者暗示投标人为特定投标人中标提供方便；（六）招标人与投标人为谋求特定投标人中标而采取的其他串通行为。”

新房公司应为唯一招标人。故案涉项目先行议标，后进行招投标程序，在招投标程序进行期间即签订《建设工程施工合同》并确定施工单位，且作为投标人之一的华新建工公司已经进场。鉴于案涉铭著工程招投标程序存在泄露标底、串标、陪标、实质性谈判等行为，违反了《招投标法》第二条、第三条、第二十二条、第四十三条、第五十三条之规定，中标行为当属无效。”

二、泄露标底影响中标结果的，中标无效

被动泄露标底指的是发包人对泄露标底行为并不追求，而是由非主观原因泄露，如储存标底电脑或招标网站被黑客攻击，或储存标底电脑或存储器丢失而导致的标底泄露，在该种情况下，招标人和承包人并不构成串通投标。

标底作为招标人所期望的交易价格，越接近标底的投标价格，通常来说中标的概率也就越大。投标人在获取标底后，会无限接近标底报价，以期中标。泄露标底并影响中标结果的，中标无效。

南京市鼓楼区人民法院在（2013）鼓商初字第 833 号“南京市鼓楼医院与南京中凯医疗器械有限公司买卖合同纠纷案”中认为：“关于鼓楼医院与中凯公司于 2011 年 10 月 10 日签订的设备采购合同的效力问题，生效的刑事判决书认定魏某勇在参与鼓楼医院采购医学高清显示屏的过程中，与中凯公司法定代表人程某滨共同商议价格，并将该公司代理销售的奇菱牌高清显示屏的技术参数作为南京市政府采购中心的技术参数。政府采购中心的回函也证实正是因为中凯公司的技术参数占优势，才最终中标。事后，程某滨向魏某勇行贿 20 余万元，根据《招标投标法》的相关规定，招标人向投标人泄露标底或可能影响公平竞争的其他情况的，可能影响中标结果的，中标无效。因鼓楼医院工作人员魏某勇在招投标过程中与中凯公司串通，使中凯公司在招投竞争中具有排他性优势，故中凯公司的中标应属无效。中标无效，根据中标结果而签订的上述设备采购合同亦应为无效。”

三、泄露标底不应影响中标结果的，不应认定中标无效

尽管标底是招标人所期望的交易价格，但标底只能作为评标的参考，发包人不能以投标报价是否接近标底作为中标条件，也不能以投标报价超过标底上下浮动范围作为否决投标的条件。[①]

---

① 参见《招标投标法实施条例》第 50 条规定，招标项目设有标底的，招标人应当在开标时公布。标底只能作为评标的参考，不得以投标报价是否接近标底作为中标条件，也不得以投标报价超过标底上下浮动范围作为否决投标的条件。

根据《招标投标法实施条例》第50条的规定，招标项目设有标底的，招标人应当在开标时公布。标底只能作为评标的参考，不得以投标报价是否接近标底作为中标条件，也不得以投标报价超过标底上下浮动范围作为否决投标的条件。投标人能否中标要综合考虑资质、业绩、财务、技术方案、人员构成、对招标文件的响应程度等各个因素，并非投标报价接近标底的投标人就必然中标。泄露标底没有影响中标结果的，不应认定中标无效。

例如，内蒙古自治区高级人民法院在（2016）内民申917号“包头市第二建筑工程有限责任公司与内蒙古久盛招标有限责任公司确认合同无效纠纷案”中认为：“《合同法》第五十二条第五项规定的关于违反法律、行政法规的强制性规定有管理性与效力性之分，管理性规定旨在管理和处罚违反规定的行为，但并不否认该行为在民法上的效力。本案中，包头二建虽称其与发包方在投标前就标底进行了实质性磋商，其隐瞒预算成本以低于成本价投标、中标，但并未举证证明该行为影响了中标结果，或是损害了国家利益和社会公共利益，故其主张《中标通知书》无效，缺乏事实和法律依据。原审判决依据查明事实及招标文件规定对包头二建的诉讼请求未予支持并无不当。”

关联判例

江苏江都建设集团有限公司与天津市鸿轩房地产开发有限公司建设工程施工合同纠纷案

（2013）民申字第330号

【裁判要旨】

天津市鸿轩房地产开发有限公司（以下简称鸿轩公司）及江苏江都建设集团有限公司（以下简称江都公司）在招投标前已明确标底，并排除将招投标价格作为有关结算依据，致招投标流于形式，损害了其他投标者的竞争利益和招投标市场的公正性。

【裁判摘要】

最高人民法院认为，本案的争议焦点是鸿轩公司与江都公司有无串通招投标行为。根据原审查明的事实，原审认定江都公司与鸿轩公司存在串通招投标行为，事实清楚。第一，在投标前，江都公司即知道案涉项目的实际建设方是鸿轩公司。（1）2006年4月21日，江都公司即与鸿轩公司签订《协议书》，明确了投标项目的基本情况并明确鸿轩公司邀请江都公司为项目的承建单位；同时，协议还对合作方式及施工款的给付方式予以了明确约定。据此，江都公司知道鸿轩公司是实际建设方。（2）一审法院审理期间，双方对先由华津公司订立合同再转让给鸿轩公司（先以华津公司招标再由鸿轩公司转让）这种项目操作方式均无异议，说明鸿轩公司是项目实际建设方，也即江都公司知道实际的招标方是鸿轩公司。第二，江都公司与鸿轩公司均将招投标作为一种形式。2006年10月13日，鸿轩公司与江都公司在招投标前进一步签订《协议书》约定：受设计图纸不全、时间紧等各方面因素影响，此次卫国道138号项目（暂定名）公开招标中的甲方标底和乙方的中标价格不作为今后施工及结算的依据。今后施工及结算要根据完整的施工设计图纸及有关设计文件，重新编制施工图预算，并根据施工承包合同及补充协议进行最终结算。根据上述协议内容，鸿轩公司及江都公司在招投标前已明确标底，并排除将招投标价格作为有关结算依据，致招投标流于形式，损害了其他投标者的竞争利益和招投标市场的公正性。原审认定为双方串标，依法有据。

四、不平衡报价

| 导读 |

在建设工程合同价格形成机制中，不平衡报价作为承包人应对市场风险与追求效益最大化的博弈工具，既折射出工程交易的风险分配逻辑，也深刻影响着建筑市场的竞争生态。这种通过调整分部分项工程单价实现总价平衡的报价策略，本质上是承包人对工程量偏差风险与预期利润的精密计算，其合法性与合规性边界始终是工程法学研究的焦点命题。

不平衡报价的制度运行基础包含四大要件：其一，合同类型须为单价合同，使承包人得以在总价约束下对分项单价进行策略性调整；其二，招标文件需赋予自主报价权，若采用最高投标限价下浮率机制将直接抑制单价弹性空间；其三，工程量清单须存在可识别的错漏，为承包人预判工程变更提供技术依据；其四，设计深度不足形成工程变更预期，使有经验的承包人可通过技术预判实施价格布局。这四个要件构成不平衡报价存在的制度性土壤，也揭示了风险分配的动态平衡机制。

从市场治理视角观察，不平衡报价具有双重制度效应：正向维度上，其倒逼发包人提升设计深度、优化招标文件编制质量，推动工程造价管理从粗放型向精细化转型；负向维度上，过度使用可能诱发低价中标高价索赔的道德风险，破坏合同履行的诚信基础。这种矛盾属性促使发承包双方构建新型风险防控体系——发包人通过 BIM 技术深化设计、完善工程量清单审计、引入全过程咨询等手段压缩不平衡报价空间；承包人则转向施工组织优化、成本动态管控等管理创新，在合规框架内实现风险溢价。

当前，随着《2024 清单计价标准》的实施，不平衡报价的博弈空间正发生结构性变化。新标准通过强化清单编制责任、完善价格风险分担机制，推动不平衡报价从单纯的价格策略转向技术与管理能力的综合竞争。

【术语解读】

不平衡报价并非法律专有名词，而是投标报价的一种方法，指的是投标人在确定投标总价基本不变的情况下，根据自身经验预判发包人所提供的工程量清单与实际工程量可能出现的变化，通过调整工程量清单中各种计价单元的综合单价，以期在结算时获得更多收益或更早获取收益的投标报价方法。

（一）不平衡报价的特点

1. 保持总报价不变

报价发生在投标阶段，争取中标是承包人获取交易机会的首要任务。投标价是评标得分最核心因素之一，有经验的承包人会根据自身优势合理地确定投标报价。不平衡报价是在已经确定投标报价且保持总报价不变的前提下，根据项目特征对计价单元进行调整。不平衡报价不是对总价的调整，是在保持总价不变的前提下进行。

2. 有策略地调整报价

投标人采用不平衡报价的最终目的是期望在结算时获得更多收益。该种更多收益一般分为两种，一种是在利润基本一致的情况下，实现风险最小化。该种模式下，投标人通常把发生在前期的分部分项工程费或者措施项目费报价较高，后期进行的项目报价较低。另一种是在风险基本一致的情况下，实现利润最大化。该种模式下，投标人通常把预计工程量增加的项目报价适当提高，预计工程量降低的项目报价适当降低。不平衡报价可以简要概括为“多结算、早收钱”。

（二）不平衡报价的类型

1. 时间型不平衡报价

时间型不平衡报价是把工程量清单中能够先行完成的分部分项工程（如土方工程、地基基础工程、主体结构工程等）的综合单价相对调高，把延后完成工程（如安装工程、装饰装修工程等）的清单项目综合单价相对调低的一种报价方式。

对于承包人而言，时间型不平衡报价具有以下特点：（1）回款快、融资成本低。在合同总价及付款条件保持不变的情况下，先施工部分工程综合单价相对较高，进度款回款比例也就相对较快，有利于提高资金周转利用效率及资金的时间价值，提高项目的收益水平。（2）风险小、后期占有优势地位。时间型不平衡报价使前期收款较多，较早地收回成本及利润，进一步降低施工企业的投资风险。另外，由于前施工项目单价相对较高，前期已经收回成本及利润，对后施工项目而言，可能无利润甚至负利润，承包人继续履约意愿降低。此时，承包人已经不再担心或较少担心发包人支付风险，相反，发包人反而担心因自己违约触发合同解除条款，给予承包人以不再履行后续合同的理由。

2. 变更型不平衡报价

变更型不平衡报价指的是承包人基于对合同履行过程中的工程量可能发生变化的预判，通过调整工程量清单中可能发生变化的分部分项工程的综合单价实现较多获益目的的一种报价方式。一般来说，其是把工程量可能增加的分部分项工程综合单价相对调高，把工程量可能减少的分部分项工程综合单价相对调低。

变更型不平衡报价通常适用以下情况：

（1）招标工程量清单不够精确

变更型不平衡报价的适用前提是工程量需要发生变化，即发包人用于招标的工程量清单与实际施工的工程量清单不能完全一致。尽管在工程实务中几乎很难出现工程量不发生变化的情况，但正常的引起工程量变化的原因通常出现在施工过程中，如业主要求发生变化、施工方案发生变化、设计院有新的设计变更等。对于在施工过程中所形成的能够产生工程量变化的原因，承包人在投标之初无法预知，承包人无法使用变更型不平衡报价法进行报价。投标初期，承包人在有限资料的情况下能够确定招标的工程量清单与将来实际施工的工程量清单不一致，唯有招标工程量清单不精确，包括漏项、清单项目数量不准确、项目特征描述不清晰等，才能适用变更型不平衡报价。

招标工程量清单不精确的常见原因包括：①施工图设计深度不够，招标工程量清单无法准确编制。②招标工程量清单列项、数量与施工图纸存在差异。对于施工企业来说，需要通过细致研究招标图纸、招标工程量清单，并结合勘察资料、自身类似工程施工经验，预测项目施工过程中可能发生的工程量变化，调整对应清单单价，实现不平衡报价。

（2）施工方案需要调整

施工方案通常由承包人根据招标文件所提供的施工条件进行编制，并作为投标文件的一部分，其合理性通常由承包人承担。如果实际遇到的施工条件与招标文件中的施工条件不一致，导致施工方案发生变化，那么其风险应由发包人承担。例如，在基坑工程中，发包人提供的施工条件是放坡开挖，而实际只能支护开挖。

因此，有经验的承包商通常会认真研究招标文件中的施工条件、勘察设计资料，并亲自踏勘，将可能出现的实际施工条件与招标文件所描述的施工条件进行对比分析，预测施工方案及措施项目可能发生变化的部分，分析工作内容及价格构成，并对此进行不平衡调整报价。

3. 风险型不平衡报价

风险型不平衡报价，是指投标人对发包人及发包人所实施的项目进行全面风险评估，把可能对投标方未来实际施工产生影响的风险进行总结、归类，并据此调整投标价格的一种报价方法。例如，经调查发现发包人资金不足，可能在施工过程中出现停工风险，投标人在报价时可以适当降低材料单价，抬高人工单价和机械设备台班单价，以便实际发生停工时索赔。

4. 综合单价内部调整型不平衡报价

综合单价内部调整型不平衡报价是一种新型不平衡报价，主要体现在组价技巧上，该种方法不是对某一分部分项工程的价格进行调高或调低，而是在具体的分部分项工程中，通过调整人工费、材料费、施工机具使用费、管理费、利润之间的价格配比达到不平衡报价的目的。

例如，招标文件规定遇到地方政府发布人工费指导意见时，按此对人工费进行调整，投标人在投标时适当降低人工费报价，以期在后续人工费调整中获取较大差额利润。又如，招标文件明确规定，发包方原因导致工程延误、工程变更或增加工程量的，承包人可以进行工期及费用索赔，但不得进行利润索赔，投标人在投标时可以适当降低利润、适当增大管理费及其他费用报价。

（三）不平衡报价的识别与应对

不平衡报价是承包人获取超额利润的手段，自然对发包人来说属于损益行为。我国相关法律、行政法规没有禁止施工企业采用不平衡报价法进行报价，相反，《2013 清单计价规范》给施工企业采用不平衡报价留下了空间，其第 4.1.2 条规定："招标工程量清单必须作为招标文件的组成部分，其准确性和完整性应由招标人负责。"

发包人可以根据不同类型不平衡报价的特点进行识别：

1. 时间型不平衡报价的最大特点是"前高后低"，即在总报价不变的情况下，先施工部分报价相对较高，后施工部分报价相对较低。对此，发包人可以采用投标报价与最高投标限价对比法进行核查，即先计算该投标报价的下浮率，再逐一核实每一分部分项工程价格对应的下浮率，如果明显呈现"前高后低"的特点，就属于时间型不平衡报价。

2. 承包人基于自身技术水平和资源优势进行报价，高高低低实属正常，如非明显，通常难以核查。如果投标人对某一分部分项工程综合单价的报价明显过高或过低，则通常是变更型不平衡报价。

3. 风险型不平衡报价通常不是基于某一分部分项工程，而是对潜在风险可能影响的报价因素进行不平衡报价，如果某一单因素价格较高，如施工机械费明显占比较高，则有风险型不平衡报价的可能。

4. 由于综合单价内部调整型不平衡报价通常是在综合单价内部进行调整，识别难度最大，通常需要通过清标完成各类经济数据对比及对投标人所报单价的价格来源及计费依据标准进行分析方可知晓。具体分析方法可以参照 2012 年江西省住房和城乡建设厅颁布的《江西省房屋建筑和市政基础设施工程施工招投标评标办法》（已修改）。该办法规定：投标报价有利润为零或者负值，管理费低于本省现行工程费用定额规定费率的 70%（按工程专业和类别对比），不可竞争费参与竞争，违反强制性条文，不平衡报价等情况，经评标委员会集体讨论后，可裁定其不响应招标文件实质性要求，作废标处理。

发包人可以在招标程序上和合同条款上对不平衡报价予以限制。

1. 招标文件。在招标文件中明确要求不得采用不平衡报价，并同时公布认定不平衡报价的标准。例如，①当投标人的某分部分项工程量清单项目综合单价低于或高于投标报价下浮率一定比例时（如 10%—25%，具体数额由招标人在招标文件中明确），视为该项目的报价未不平衡报价；②各分部分项工程量清单项目组成内容的价款来源不统一且不能合理说明理由的，视为采用不平衡报价；③各分部分项工程的取费标准和记取利润标准不统一的，视为采用不平衡报价等。

2. 清标。严格按照清标程序和清标内容进行，对工程量大、单价过高或过低的项目进行重点审查。对工程总价、各分部分项工程单价及要素价格进行合理性分析、测算。

3. 定标。评标时，有经验的评审专家，通常能够识别出投标人是否存在不平衡报价。当不平衡报价超过招标文件所规定的比率时，应按废标处理；当不平衡报价项目的金额及比例未超过招标文件所规定的比率时，评标委员会应在评标报告中记录，提醒招标人在签订合同时注意，并在施工过程中加强风险管控。[①] 例如，2016 年深圳市住房和建设局《关于印发〈建设工程招标文件定性评审要素设置规则〉的通知》第 4 条商务标评审要素与评审结论规定：“商务标一般通过计算机自动评审以下内容：是否符合招标文件约定、投标人之间是否存在围标串标行为、是否存在不平衡报价情况。出现围标串标及招标文件约定废标情形的，商务标评定等级为‘不合格’，其他均应评定为‘合格’，并指出不平衡报价、签订合同前应注意和澄清的事项。”

4. 合同。发包人在与施工人签订合同时，要充分利用清单计价规范和施工示范文本对不平衡报价的规制作用，从实体上控制不平衡报价对最终工程价款的影响。

例如，《2013 清单计价规范》“条文说明”对第 9.6 条“工程量偏差”的说明：施工过程中，由于施工条件、地质水文、工程变更等变化以及招标工程量清单编制人专业水平的差异，往往会造成实际工程量与招标工程量清单出现偏差，工程

---

① 参见孙凌志、刘芳：《新时期工程造价疑难问题与典型案例解析》，中国建筑工业出版社 2019 年版，第 75 页。

量偏差过大，会给综合成本的分摊带来影响。如突然增加太多，仍按原综合单价计价，对发包人不公平；如突然减少太多，仍按原综合单价计价，对承包人不公平。并且，这给有经验的承包人的不平衡报价打开了大门。因此，为维护合同的公平，该节作了以下规定。对于任一招标工程量清单项目，如果工程量偏差和第9.3条规定的工程变更等原因导致工程量偏差超过15%，调整的原则为：当工程量增加15%以上时，其增加部分的工程量的综合单价应予调低；当工程量减少15%以上时，减少后剩余部分的工程量的综合单价应予调高。

《2017工程施工合同》通用合同条款第10.4.1条约定，除专用合同条款另有约定外，变更估价按照该条约定处理，其中第3项为："变更导致实际完成的变更工程量与已标价工程量清单或预算书中列明的该项目工程量的变化幅度超过15%的，或已标价工程量清单或预算书中无相同项目及类似项目单价的，按照合理的成本与利润构成的原则，由合同当事人按照第4.4款【商定或确定】确定变更工作的单价。"

总之，不平衡报价是承包人获取超额利润的方法之一，承包人设计方案前一定要认真研究招标文件，分析评标办法，确定合适的不平衡度，以保证合同价款变动幅度在合理幅度内，避免使用不平衡报价而造成废标。①

【司法实务】

问题．采用不平衡报价法所报价格是否有效？

不平衡报价并非法律专有名词，而是投标报价的一种方法，指的是投标人在确定投标总价基本不变的情况下，根据自身经验预判发包人所提供的工程量清单与实际工程量可能出现的变化，通过调整工程量清单中各种计价单元的综合单价，以期在结算时获得更多收益或更早获取收益的投标报价方法。对于采用不平衡报价法所报价格是否有效问题，实务界存在两种不同观点：

第一种观点认为，不平衡报价是一种市场行为，我国法律、行政法规对此并没有限制，不平衡报价在不足以导致承、发包双方之间的利益严重失衡的情况下，应认为有效。

① 参见尹贻林：《工程价款管理——基于DBB模式的建设工程投资管控百科全书》，机械工业出版社2018年版，第111页。

第二种观点认为，投标人利用自身在工程实践中的丰富经验，通过秘密手段有针对性地调高或调低某些计价单元的价格，以期获取高额利润，违反诚实信用原则，应为无效。

笔者倾向于第一种观点。

追求利益最大化是企业的天性，也是企业维持自身发展的必要方式。不平衡报价为承包人带来更多收益，是承包人参与建筑市场竞争的正常表现。[①]

一、法律、行政法规没有限制不平衡报价

首先，不平衡报价属于惯常商业行为。不平衡报价是投标人根据自身施工管理能力、施工技术以及以往施工经验等，对报价的一种差异调整。这种价格调整是投标人在投标时根据工程的情况、未来预期进行风险与利润的博弈调整，属于施工经营风险的范畴。如果承包人对目标工程的变量预期错误，如承包人对预期工程量会增加的工程报高价，而实际工程量减少，则会导致最终结算价降低，从而承担不利后果；反之亦然。

其次，不平衡报价并不违反法律法规的强制性规定。我国现行法律法规并没有明确禁止不平衡报价，只要投标人不违反招投标法及其招投标文件的相关要求，不突破单项综合单价的限制价，不低于成本价投标，就应当认为其符合要求。《民法典》第 119 条规定："依法成立的合同，对当事人具有法律约束力。"

二、不平衡报价可以增加承包人额外收入，但通常不足以导致利益严重失衡

承包人采用不平衡报价获取超额利润，主要通过招标工程量与实际工程量的量差产生，如对可能增加的工程量的工程单价适当报高，对可能减少工程量的工程单价适当报低，但承包人获取超高利润会受到清单计价规范和施工合同示范文本的规制，不能无限放大超额利润。[②]

---

① 参见尹贻林:《工程价款管理——基于 DBB 模式的建设工程投资管控百科全书》，机械工业出版社 2018 年版，第 104 页。

② 参见最高人民法院《关于适用〈中华人民共和国民法典〉合同编通则若干问题的解释》第 42 条规定："对于民法典第五百三十九条规定的'明显不合理'的低价或者高价，人民法院应当按照交易当地一般经营者的判断，并参考交易时交易地的市场交易价或者物价部门指导价予以认定。转让价格未达到交易时交易地的市场交易价或者指导价百分之七十的，一般可以认定为'明显不合理的低价'；受让价格高于交易时交易地的市场交易价或者指导价百分之三十的，一般可以认定为'明显不合理的高价'。债务人与相对人存在亲属关系、关联关系的，不受前款规定的百分之七十、百分之三十的限制。"

当《2013 清单计价规范》及《2017 工程施工合同》均规定，变更导致实际完成的变更工程量与已标价工程量清单或预算书中列明的该项目工程量的变化幅度超过 15% 时，可进行调整。当工程量增加 15%以上时，增加部分的工程量的综合单价应予调低；当工程量减少 15%以上时，减少后剩余部分的工程量的综合单价应予调高。调整的方式按照合理的成本与利润构成的原则，由合同当事人协商确定变更工作的单价。因此，即便承包人实施了不平衡报价，工程量超过 15% 部分依然不能按照承包人所报价计价，从而控制承包人通过不平衡报价获取的超额利润。

《四川省房屋建筑和市政工程工程量清单招标投标报价评审办法》第 24 条规定，当投标人的某分部分项工程量清单项目综合单价低于或高于招标控制价相应项目综合单价 15%—25% 时（具体幅度由招标人在招标文件中明确），该项目的报价视为不平衡报价。发包人可以在合同中约定超出招标控制价多少比例属于严重不平衡报价。对于严重不平衡报价，发包人可以拒绝其投标。

三、发包人有对应反制措施

尽管我国法律、行政法规没有限制不平衡报价，但作为利益相关方的招标人，通常会在招标文件中明确限制不平衡报价，并附有识别不平衡报价的方法。投标人违反招标文件实质性规定，属于没有对招标文件的实质性要求和条件作出响应。根据《招标投标法》第 27 条第 1 款“投标人应当按照招标文件的要求编制投标文件。投标文件应当对招标文件提出的实质性要求和条件作出响应”及《招标投标法实施条例》第 51 条第 6 项投标文件没有对招标文件的实质性要求和条件作出响应的，评标委员会应当否决其投标的规定，发包人应当否决其投标，即实务中所称的“废标”。

除了招标文件对不平衡报价的限制外，诸多省市或部门直接出台相关规定对不平衡报价予以规制。例如，2014 年安徽省财政厅《关于进一步加强农业综合开发项目建设招标投标管理的意见》（财购〔2014〕494 号，已失效）第四节第 7 条规定：“投标单位承诺投标文件中无不平衡报价，若单项子目单价过高或过低，经评标专家评审认定属于不平衡报价，直接以废标处理。”2022 年 7 月，国家发展和改革委会同有关部门印发《关于严格执行招标投标法规制度进一步规范招标投标主体行为的若干意见》（发改法规规〔2022〕1117 号），其规定，评标委员会要对可能低于成本或者影响履约的异常低价投标和严重不平衡报价进行分析研判，招标人要认真审查，确认存在问题的依法予以纠正。

承包人采用不平衡报价的目的是获取超额利润，中标是首要前提。尤其是清标会对投标文件的各类经济指标进行逐一分析，因此，即便承包人选择不平衡报价，也会慎之又慎，仅会稍作调整，不会达到极易识别的地步，对工程价款影响通常也很难达到显失公平的地步。

四、如不平衡报价造成发承包双方利益严重失衡，可以认定该不平衡报价无效

一般来说，发承包双方按照约定全部履行合同，基于法律、法规、规范及示范文本的相互规制作用，通常不会出现利益严重失衡现象。但由于建设工程造价的复杂性，如不平衡报价造成发承包双方利益严重失衡，可以认定该不平衡报价无效。

1. 因参照类似项目单价导致的利益失衡

根据《2013 清单计价规范》第 9.3.1 条第 2 款的计价规则，已标价工程量清单中没有适用但有类似变更工程项目的，可在合理范围内参照类似项目的单价。该规范所称类似工程项目通常为同质、同类产品；所谓参照类似项目单价，通常指的是质量优者价格高、质量劣者价格低，耗量大者价高、耗量小者价低。

假如在某项安装工程中，原设计三通 DN2000 × 1000 × 600（长度、厚度参数略）数量为 100 个，每个该规格三通市场价为 10000 元，承包人通过不平衡报价每个三通报价 20000 元，如果因设计变更，该规格型号的三通数量增加到 200 个，《2013 清单计价规范》第 9.6.2 条规定："对于任一招标工程量清单项目，当因本节规定的工程量偏差和第 9.3 节规定的工程变更等原因导致工程量偏差超过 15% 时，可进行调整。当工程量增加 15% 以上时，增加部分的工程量的综合单价应予调低；当工程量减少 15% 以上时，减少后剩余部分的工程量的综合单价应予调高。"发包人承担的损失仅为"工程量偏差的 15% 部分"即 15 个，因为原有的 100 个范围是采用的不平衡报价，尽管该部分价格从 10000 元 / 个报到 20000 元 / 个，但其他工程的价格存在同步降低。对于超过 15% 部分，由发承包双方重新组价。因此，该种情况下不至于利益严重失衡。

但假如设计变更增加三通 DN2000 × 1000 × 800（其他参数相同），数量为 200 个，市场价为 12000 元 / 个。根据《2013 清单计价规范》第 9.3.1 条第 2 款规定，清单中有类似的项目应当参考，DN2000 × 1000 × 800 的三通明显比 DN2000 × 1000 × 600 的三通耗材高，单价理应比 20000 元 / 个要高，又因该规

格三通为新增加内容，不能适用《2013 清单计价规范》第 9.6.2 条“工程量超出 15% 价格调低”的规定，此种情况可能造成发承包双方利益失衡。

2. 因合同解除造成的利益失衡

承包人采用前高后低的不平衡报价法，甚至把后部施工部分的利润及部分成本均放置在前施工部分，出现前部施工内容报价极高，获取超高额利润，而后部施工内容报价极低，工程报价低于成本价。在完成前部超高利润施工后，承包人便开始消极怠工，寻找各种理由解除合同。此种情况，应根据不能从违法或违约中获利原则，调整原不平衡报价。

关联判例

中国建筑第六工程局有限公司、内黄县人民医院建设工程施工合同纠纷案

（2021）最高法民申 3915 号

【裁判要旨】

承包人严重不平衡报价导致利益失衡，发包人可以要求重新组价。

【基本案情】

2010 年 5 月，内黄县人民医院就病房楼施工发布招标文件，中国建筑第六工程局有限公司（以下简称中建六局）中标，2010 年 8 月 4 日，双方签订建设工程施工合同。合同价款：46431576.61 元，采用固定单价合同方式确定。材料价格一次性包死，市场变化导致材料价格变动的一律不予调整，设计变更价款的结算原则：合同有类似的项目，参照类似项目计价，本工程采用包工包料。

2013 年 12 月 24 日，经中建六局同意，内黄县人民医院委托诚德公司对病房楼结算资料进行评审，2014 年 6 月 6 日，中建六局出具“对于外墙保温综合单价不应核减的依据”等四项意见，并书面送达内黄县人民医院。诚德公司于 2015 年 8 月 6 日出具审核报告，审核结论为：报审总金额：78555950.29 元，审定总金额：64819416.1 元，核减金额：13736534.19 元，其中保温隔热墙综合单价为每平方米 77.33 元，合价 1199017.12 元，并因工程量减少，核减 209474.52 元，中建六局对该结果有异议。

【裁判摘要】

最高人民法院认为，根据原审查明，内黄县人民医院制定的招标控制价中分部分项工程量清单与计价表记载：保温隔热墙材料为60毫米厚聚苯烯板，工程量为15505.2平方米，综合单价为806.34元，合价12502462.97元。中建六局制定的投标文件中分部分项工程量清单与计价表记载：保温隔热墙材料为60毫米厚聚苯烯板，工程量为15505.2平方米，综合单价793.79元，合价12307872.71元。原审期间，一审法院咨询四方公司参与鉴定人员，其称60毫米厚聚苯烯板与30毫米加厚挤塑板两种材料价格差别不大。一审法院到安阳市工程建设标准定额管理站调查，亦发现60毫米厚聚苯烯板与30毫米厚挤塑板材料价格相差不大，其时施工市场综合单价均为每平方米80元左右。原审法院由此认定中建六局相应部分工程中标价与市场价格相差过于悬殊，不应作为工程造价计付依据，符合本案实际情况。在无其他证据充分佐证的情况下，中建六局以外墙保温造价占工程总造价比例较大为由主张采用不平衡报价法中标，难以令人信服。

第二节 合同类型

建设工程合同按照不同的标准，可分为不同的合同类型。

（一）根据合同性质及内容，建设工程合同可分为工程勘察合同、设计合同和施工合同

《民法典》第788条规定："建设工程合同是承包人进行工程建设，发包人支付价款的合同。建设工程合同包括工程勘察、设计、施工合同。"

1. 工程勘察合同

工程勘察合同是指委托方与承包方为完成特定的勘察任务，明确相互权利义务关系而订立的合同。建设单位为委托方，勘察单位为承包方。

工程勘察合同通常适用于岩土工程勘察、岩土工程物探 / 测试 / 检测 / 监测、

水文地质勘察及工程测量等工程勘察活动。

为了指导建设工程勘察合同当事人的签约行为，维护合同当事人的合法权益，住房和城乡建设部、原国家工商行政管理总局于 2016 年 9 月制定并发布了《建设工程勘察合同（示范文本）》（GF—2016—0203）。该示范文本为非强制性使用文本，合同当事人可结合工程具体情况，根据示范文本订立合同，并按照法律法规和合同约定履行相应的权利义务，承担相应的法律责任。

2. 设计合同

建设工程设计是指根据建设工程的要求，对建设工程所需的技术、经济、资源、环境等条件进行综合分析、论证，编制建设工程设计文件的活动。

为规范工程设计市场秩序，维护工程设计合同当事人的合法权益，住房和城乡建设部、原国家工商行政管理总局于 2015 年 3 月制定并发布了《建设工程设计合同示范文本（房屋建筑工程）》（GF—2015—0209）、《建设工程设计合同示范文本（专业建设工程）》（GF—2015—0210）。两份示范文本为非强制性使用文本，双方当事人可以参照使用。其中，《建设工程设计合同示范文本（房屋建筑工程）》适用于建设用地规划许可证范围内的建筑物构筑物设计、室外工程设计、民用建筑修建的地下工程设计及住宅小区、工厂厂前区、工厂生活区、小区规划设计及单体设计等，以及所包含的相关专业的设计内容（总平面布置、竖向设计、各类管网管线设计、景观设计、室内外环境设计及建筑装饰、道路、消防、智能、安保、通信、防雷、人防、供配电、照明、废水治理、空调设施、抗震加固等）等工程设计活动。其还可适用于方案设计招标投标、队伍比选等形式下的合同订立。《建设工程设计合同示范文本（专业建设工程）》适用于房屋建筑工程以外各行业建设工程①项目的主体工程和配套工程（含厂 / 矿区内的自备电站、道路、专用铁路、通信、各种管网管线和配套的建筑物等全部配套工程）以及与主体工程、配套工程相关的工艺、土木、建筑、环境保护、水土保持、消防、安全、卫生、节能、防雷、抗震、照明工程等工程设计活动。

① 根据《建设工程设计合同示范文本（专业建设工程）》（GF—2015—0210）说明，房屋建筑工程以外的各行业建设工程统称为专业建设工程，具体包括煤炭、化工石化医药、石油天然气（海洋石油）、电力、冶金、军工、机械、商物粮、核工业、电子通信广电、轻纺、建材、铁道、公路、水运、民航、市政、农林、水利、海洋等工程。

3. 施工合同

建设工程施工合同是承包人进行工程建设、交付工作成果即建设工程并由发包人支付价款的合同。

为了指导建设工程施工合同当事人的签约行为，维护合同当事人的合法权益，住房和城乡建设部、原国家工商行政管理总局于2017年制定了《2017工程施工合同》（GF—2017—0201）。该示范文本适用于房屋建筑工程、土木工程、线路管道和设备安装工程、装修工程等建设工程的施工承发包活动。该示范文本为非强制性使用文本，合同当事人可结合建设工程具体情况，根据示范文本订立合同，并按照法律法规规定和合同约定承担相应的法律责任及合同权利义务。

（二）根据设计、采购、施工分离程度，建设工程合同可分为工程总承包合同和施工总承包合同

1. 工程总承包合同

工程总承包是指工程总承包企业受业主委托，依据合同约定对建设项目的设计、采购、施工、试运行实行全过程或若干阶段的承包。

为促进建设项目工程总承包健康发展，维护工程总承包合同当事人的合法权益，住房和城乡建设部、国家市场监管总局于2020年11月制定了《建设项目工程总承包合同（示范文本）》（GF—2020—0216）。该示范文本适用于房屋建筑和市政基础设施项目工程总承包承发包活动。

工程总承包合同通常含有设计、采购与施工内容，在发承包双方签订工程总承包合同时，设计并未完成，双方需要通过发包人要求确立合同的主要内容。发包人要求应尽可能清晰准确，对于可以进行定量评估的工作，发包人要求不仅应明确规定其产能、功能、用途、质量、环境、安全，而且要规定偏离的范围和计算方法，以及检验、试验、试运行的具体要求。对于承包人负责提供的有关设备和服务，对发包人人员进行培训和提供一些消耗品等，在发包人要求中应一并明确规定。

发包人要求通常包括但不限于以下内容：（1）功能要求，如工程目的、工程规模、性能保证指标（性能保证表）、产能保证指标。（2）工程范围，如工程概述、工作内容、工作界区、发包人提供的现场条件、发包人提供的技术文件等。（3）工艺安排或要求（如有）。（4）时间要求，如开始工作时间、设计完成

时间、进度计划、竣工时间、缺陷责任期、其他时间要求等。(5) 技术要求，如设计阶段和设计任务，设计标准和规范，技术标准和要求，质量标准，设计、施工和设备监造、试验（如有），样品，发包人提供的其他条件等。(6) 竣工试验。(7) 竣工验收。(8) 价款支付。(9) 质量保修。(10) 其他。

工程总承包通常采用总价合同，除工程变更外，工程量不予以调整。

2. 施工总承包合同

施工总承包是发包人将全部的施工内容发包给具有施工资质的施工单位进行施工并支付价款的活动。施工总承包不包括勘察、设计，是根据发包人提供的图纸进行施工的。施工总承包一般为单价合同，施工图纸及工程量清单的准确性由招标人负责，结算时工程量据实调整。

（三）根据施工范围，施工合同可分为总承包合同、专业分包合同和劳务分包合同

1. 总承包合同

总承包合同包括工程总承包合同和施工总承包合同。无论工程总承包还是施工总承包，总承包人均可在发包人同意的条件下将所承包工程的非主体部分分包给具有相应资质的专业承包企业，总承包人及专业分包人也可以进行劳务分包。

2. 专业分包合同

专业分包是指工程总承包人或施工总承包人依据专业分包合同的约定，将自己承包工程中的专业工程分包给具有相应资质条件的专业分包人完成，由工程总承包人向专业分包人支付工程分包价款的工程承包方式。

专业分包需要四个条件：①专业分包的内容是建筑工程总承包单位所承包工程中的部分工程；②专业分包单位必须具有相应资质条件；③分包必须是总承包合同约定可分包内容或建设单位同意分包的内容；④建筑工程主体结构的施工不能分包。

总包人与分包人对专业分包部分工程的质量承担连带责任。

3. 劳务分包合同

劳务分包是指工程总承包人、施工总承包人或工程专业分包人依据劳务分包合同约定，将所承包的工程中的施工劳务分包给具有相应资质条件的劳务分包人完成，并向其支付劳务报酬的承包方式。

根据住房和城乡建设部办公厅《关于做好建筑业“证照分离”改革衔接有关工作的通知》(建办市〔2021〕30号)的规定，自2021年7月1日起，建筑业企业施工劳务资质由审批制改为备案制，由企业注册地设区市住房和城乡建设主管部门负责办理备案手续。企业提交企业名称、统一社会信用代码、办公地址、法定代表人姓名及联系方式、企业净资产、技术负责人、技术工人等信息材料后，备案部门应当场办理备案手续，并核发建筑业企业施工劳务资质证书。企业完成备案手续并取得资质证书后，即可承接施工劳务作业。

(四)根据合同计价方式，可分为总价合同、单价合同、成本加酬金合同

《工程造价术语标准》(GB/T 50875—2013)规定，工程合同类型按照计价方式可以分为：总价合同、单价合同、成本加酬金合同。

《2017工程施工合同》通用合同条款第12.1条约定，发包人和承包人应在合同协议书中选择下列一种合同价格形式：

1. 单价合同。单价合同是指合同当事人约定以工程量清单及其综合单价进行合同价格计算、调整和确认的建设工程施工合同，在约定的范围内合同单价不作调整。合同当事人应在专用合同条款中约定综合单价包含的风险范围和风险费用的计算方法，并约定风险范围以外的合同价格的调整方法，其中因市场价格波动引起的调整按市场价格波动引起的调整约定执行。

2. 总价合同。总价合同是指合同当事人约定以施工图、已标价工程量清单或预算书及有关条件进行合同价格计算、调整和确认的建设工程施工合同，在约定的范围内合同总价不作调整。合同当事人应在专用合同条款中约定总价包含的风险范围和风险费用的计算方法，并约定风险范围以外的合同价格的调整方法，其中因市场价格波动引起的调整按市场价格波动引起的调整、因法律变化引起的调整按法律变化引起的调整约定执行。

3. 成本加酬金合同。成本加酬金合同又称“成本补偿合同”，是指发承包双方约定以施工工程成本再加合同约定酬金进行合同价款计算、调整和确认的建设工程施工合同。

合同类型的不同决定了责任承担主体的不同，也决定了工程计价方式的不同。不同的合同类型，有不同的应用条件、不同的权力和责任的分配、不同的付款方式、不同的风险分配方式。一般来说，实行工程量清单计价的工程，应采用

单价合同；建设规模较小，技术难度较低，工期较短，且施工图设计已审查批准的建设工程可采用总价合同；紧急抢险、救灾以及施工技术特别复杂的建设工程可采用成本加酬金合同。在具体实务中，应根据具体情况选择合同类型，可以在一个合同中采取上述合同类型的组合形式，也可以在同一项目合同规划的各个合同中分别采取不同的合同形式。[①]

一、总价合同

| 导读 |

在建设工程合同价格形成机制中，总价合同以其明确的风险分配边界与成本可控性优势，成为固定投资管控的核心工具。根据《建设工程施工合同示范文本》（GF-2017-0201）的界定，总价合同是以施工图纸、已标价工程量清单及技术规范为基础，通过预先锁定合同总价实现风险闭环管理的缔约模式。这种合同形式将工程量偏差风险实质性转移至承包人，倒逼市场主体提升技术预判与履约能力，深刻影响着现代工程管理的演进方向。

总价合同的制度效能依托三大核心要件：其一，缔约基础需具备充分的设计深度与施工条件确定性，通常要求施工图设计全面完成、工程范围清晰无歧义；其二，风险分配机制需通过专用条款明示，既可在约定范围内保持总价刚性，亦可对市场价格波动、法律政策调整等外生变量设置弹性调节规则；其三，计价体系需实现技术标准与商务条款的深度融合，通过预算书与工程量清单的精准对标，构建可验证的价格。这些要件的系统性整合，使总价合同突破传统固定总价的僵化模式，进化为兼具稳定性与适应性的现代契约工具。

从市场实践维度审视，总价合同的推广折射出三大制度创新：首先，通过风险包干机制激发承包人优化施工组织、控制工程变更的内生动力；其次，借助价格锁定功能帮助发包人突破“三超”困局，提升投资控制效能；最后，依托专用条款的个性化设计，为新材料、新工艺的应用预留创新空间。这种制度设计既坚守了契约严守的民法精神，又体现了风险共担的商事理念。

当前，随着工程总承包（EPC）模式的普及，总价合同正经历从单纯价格工

---

① 参见尹贻林：《工程价款管理——基于DBB模式的建设工程投资管控百科全书》，机械工业出版社2018年版，第60页。

具向全过程管理载体的转型升级。《2024清单计价标准》的实施，更通过强化设计施工一体化责任、完善价格风险预警机制，推动总价合同向精细化、智能化方向演进。

【术语解读】

总价合同是以施工图纸、规范为基础，在工程任务内容明确、发包人的要求条件清楚、计价依据和要求确定的条件下，发承包双方依据承包人编制的施工图预算商谈确定合同价款。

（一）总价合同的分类

1. 根据合同价款是否可调，分为固定总价合同和可调总价合同

（1）固定总价合同

固定总价合同也称作“总价包干合同”“包死价合同”，是指发承包双方以施工图及其预算和有关条件对合同价款进行计算、调整和确认，并在合同约定范围内保持价格不变的建设工程施工合同。固定总价合同的本质是风险包干，即发承包双方经协商，在施工图预算的基础上，考虑可能发生的合同内容风险因素，增加一定数量或比例的风险金作为固定总价合同的包干价。

固定总价合同一旦签订，合同内约定的施工内容和条件不发生变化，量价风险通常均由承包人承担，包括但不限于人、材、机等生产要素的价格上涨风险、投标人投标过失风险、未达到不可抗力程度的政策与环境变化的风险等。

因固定总价风险过于集中，通常只适用于建设规模较小、技术难度较低、工期较短且施工图设计已审查批准的建设工程。

（2）可调总价合同

可调总价合同即除固定总价合同之外的总价合同，是以图纸和相关说明、规范为依据，由承包人与发包人协商以总价计取的合同。固定总价合同与可调总价合同的最核心区别就是合同是否约定了风险范围，如果合同约定在施工范围内的合同价格为“总价包干”“一次包死价”“任何情况总价均不调整”等应为固定总价合同；如果合同一方面约定为固定总价合同，另一方面约定材料费上涨10%可以进行材料费调差，或人工费按政府指导文件进行调差等，该合同应理解为可调总价合同。对合同约定施工范围以外的工程，已经超出总价合同所包含的施工范围，无论是固定总价合同还是可调总价合同均可调整合同价格。

2. 根据合同价款计价基础不同，总价合同可分为工程量清单总价合同和施工图总价合同

（1）工程量清单总价合同

工程量清单总价合同指的是承包人以招标工程量清单为计价依据所确定的总价合同。因投标人仅能依据工程量清单进行报价，且招标工程量清单的准确性、完整性应由招标人负责，工程量清单总价仅针对招标工程量清单范围内的工程。对于采用工程量清单方式招标形成的总价合同，当发现招标工程量清单中出现缺项、工程量偏差，或因工程变更引起工程量增减时，对清单范围内的部分按照合同约定的总价计取，对变化的部分按承包人在履行合同义务中完成的工程量计算。采用工程量清单方式招标形成的总价合同，其本质是单价合同，仅是以总价的形式出现。《2013 清单计价规范》第 8.3.1 条规定："采用工程量清单方式招标形成的总价合同，其工程量应按照本规范第 8.2 节的规定计算。"而《2013 清单计价规范》第 8.2 节所规定的正是单价合同的计量条款。《2024 清单计价标准》已取消清单总价合同的相关规定，即便是发包人提供总价合同的工程量清单，其已标价分部分项工程项目清单的准确性、完整性应由承包人负责。

（2）施工图总价合同

施工图总价合同指的是由施工方根据发包人提供的经审定批准的施工图纸及其预算自行报价而形成的总价合同。施工图总价合同的图纸范围内的工程量计量风险由承包人承担。因此，采用经审定批准的施工图纸及其预算方式发包形成的总价合同，除按照工程变更规定的工程量增减外，总价合同各项目的工程量应为承包人用于结算的最终工程量。

在实务中，也经常出现发包人在招标时提供工程量清单，但同时规定承包人应自行核对图纸及工程量，发包人对工程量的计算错误概不负责的合同。对此，通常分两种情形讨论：①发包人提供工程量清单的同时也提供施工图纸，应视为施工图总价合同，工程量风险由承包人承担；②发包人仅提供工程量清单，此时承包人无法核实工程量清单是否存在漏项，法律不应强人所难，发包人承担工程量准确性、完整性责任不发生转移。

（二）总价合同的特点

1. 发包人承担的风险较小，承包人将承担较多的风险

总价合同承包人所要承担的风险主要包括：价格风险、工程量风险和承包商

索赔机会减少的风险。

（1）价格风险

价格风险包括计价错误的风险、漏报项目的风险和物价上涨的风险。其中，计价错误的风险是指计算错误或价格原因而引起的风险；漏报项目的风险是指合同中本应含有的而报价中未计入的风险。对承包商而言，总价合同一经签订，承包商首先要承担的是价格风险，任何的漏报、计算错误，业主不会给予补偿，固定总价合同履行过程中的价格上涨风险也由承包商承担。

（2）工程量风险

在总价合同中，发包人往往只提供施工图纸、规范和说明，让承包人投标报价。承包人在报价时要自己计算工程量，再根据工程量进行报价。若承包人自己计算工程量错误，则应由承包人自行承担风险。即便发包人提供工程量清单，也通常声明该工程量清单仅作承包人投标报价的参考，由承包人自行核对图纸工程量，业主不对工程量的计算错误负责。如果设计深度不够，无法详细核算工程量，承包人按经验或统计资料估算工程量所造成的误差，通常由承包人自己承担。

《2024 清单计价标准》第 3.1.8 条规定，采用总价合同的工程，已标价分部分项工程项目清单的准确性、完整性应由承包人负责。

（3）承包商索赔机会减少的风险

根据《2024 清单计价标准》第 3.4.6 条的规定，采用总价合同的工程，合同总价应包括按招标文件规定完成合同图纸及合同规范要求的合同工程所需的全部费用。已标价工程量清单仅反映合同总价的价格构成，出现工程量清单缺陷的，其价格应视为已包含在合同总价中。只有工程变更或新增工程，才可以按合同约定以已标价工程量清单的单价或参照相关造价信息调整合同价款。

2. 承包商获得较高利润

承包人对总价合同所蕴含的高风险性是明确知晓的，其愿意接受高风险的总价合同，自然会强化风险收益。另外，对于有经验的承包商，在投标时，通常已经对施工内容及条件进行深入了解，做到风险可控。

3. 工程造价易于结算

总价合同的结算，通常由四部分组成：①固定总价部分，即合同约定没有发生变动部分，该部分内容再进行单独计量和计价，合同约定的价款就是该部分的结算价款；②设计变更或新增工程，不论是可调总价合同还是固定总价合同，凡是涉及设计变更新增工程的，都应该对价格进行调整；③其他价款调整部分。发承包双方在结算时仅需要对占据份额较小的设计变更或新增工程部分及其他价款调整部分进行单独计价即可与固定价款部分合并完成结算。

（三）总价合同的价款调整

《2013 清单计价规范》“条文说明”第 2.0.12 条规定，当合同约定工程施工内容和有关条件不发生变化时，发包人付给承包人的工程价款总额就不会发生变化。当工程施工内容和有关条件发生变化时，发承包双方根据变化情况和合同约定调整工程价款，但对工程量变化引起的合同价款调整应遵循以下原则：（1）当合同价款是依据承包人根据施工图自行计算的工程量确定时，除工程变更造成的工程量变化外，合同约定的工程量是承包人完成的最终工程量，发承包双方不能以工程量变化作为合同价款调整的依据；（2）当合同价款是依据发包人提供的工程量清单确定时，发承包双方应依据承包人最终实际完成的工程量（包括工程变更、工程量清单错、漏）调整确定工程合同价款。

《2024 清单计价标准》对总价合同不再区分发包人或承包人编制工程款清单，统一由承包人对工程款清单的准确性负责。对总价合同价款调整，该计价标准第 4.1.6 条规定，采用总价合同的工程量清单，如工程量清单存在缺陷的，清单缺陷引起的价款变化应视为已包含在合同总价内，合同履行中不予调整；但分部分项工程项目清单内说明是暂定数量的清单项目及其工程数量，应按本标准单价计价的规定重新计量确定，并对相关清单项目的合同价格及合同总价进行相应调整。

【司法实务】

问题．固定价款合同未履行完毕而解除的，工程价款如何结算？

《建设工程施工合同司法解释（一）》第 28 条规定：“当事人约定按照固定价结算工程价款，一方当事人请求对建设工程造价进行鉴定的，人民法院不予支持。”但在实务中，存在诸多未完工程，合同所约定的固定价款已经不能适用，必须重新结算。

对固定总价未完工程的工程价款结算问题，实务界通常有三种结算方法。

一、直接计价法

直接计价法是指按照已完工程量与投标清单价直接计算已完工程价款的方法。该种方法直接计价，简单高效，但适用该种方法有两个前提：一是工程量清单必须准确，即承包所施工的内容包含在工程量清单之内；二是投标人按照工程量清单进行报价，即承包人所完成的工程内容有对应单价。除此之外，直接计价法还有两个缺陷：一是未能规避不平衡报价，发包人以固定总价模式进行签约，其在评标时更看重投标总价这一指标，投标人的清单单价仅作参考，发包人通常不对投标人是不是不平衡报价作实质审查。按照不平衡报价的一般规律，投标人通常把工序在前的施工内容的价格报高，把工序在后的施工内容的价格报低。如果采取直接计价法计算已完工程价款，会引导承包人在完成前期利润较高施工内容后恶意违约并解除合同，不利于合同履行并损害守约方发包人利益。二是对合同解除的过错方没有对应的惩罚。合同解除分为发包人原因导致的解除、承包人原因导致的解除、混合原因导致的解除，以及非当事方原因导致的解除。《民法典》第566条第2款规定："合同因违约解除的，解除权人可以请求违约方承担违约责任，但是当事人另有约定的除外。"直接计价法只考虑已完工程的量和对应的投标报价，未考虑合同不能继续履行的原因及承包人可能的不平衡报价。

二、定额法

定额法是指对承包人已完工程按照定额计价方式确定工程价款的方法。定额属于政府指导价，通常应用于价款或者报酬不明确的情形。如《民法典》第511条第2项规定："价款或者报酬不明确的，按照订立合同时履行地的市场价格履行；依法应当执行政府定价或者政府指导价的，依照规定履行。"但作为计价依据的预算定额所反映的是社会平均水平，没有体现市场竞争，通常不符合合同约定。对固定总价未完工程的价款计算，应慎重选择该种方法，尤其是承包人违约造成合同解除的情形，采用此种方法会使承包人获得更高利益。

定额法主要有三种计价思路：一是正向定额计算，即依据定额标准对已完工工程据实结算，并按照一定比例予以下浮，通常用于发包方违约引起合同解除的情形；二是反向定额计算，即根据定额标准计算未完工工程的价款数额，再用固定总价减去未完工工程价款数额，通常用于承包方违约引起合同解除的情形；三是按比例折算的方式，即由鉴定机构在相应同一取费标准下分别计算出已完工工程部分的价款和整个合同约定工程的总价款，两者对比计算出相应系数，再用合同约定的固定价乘以该系数，确定发包人应付的工程款，通常用于混合原因导致的解除及非当事方原因导致的解除。仅就公平而言，第三种按比例折算的方式更符合当事人的约定，相对较为科学。①

三、比例下浮法

比例下浮法是指以合同约定总价与全部工程预算总价的比值作为下浮比例，再以该比例乘以已完工程预算价格进行计价。如北京市高级人民法院《关于审理建设工程施工合同纠纷案件若干疑难问题的解答》规定：建设工程施工合同约定工程价款实行固定总价结算，承包人未完成工程施工，其要求发包人支付工程款，经审查承包人已施工的工程质量合格的，可以采用“按比例折算”的方式，即由鉴定机构在相应同一取费标准下分别计算出已完工程部分的价款和整个合同约定工程的总价款，两者对比计算出相应系数，再用合同约定的固定价乘以该系数确定发包人应付的工程款。四川省高级人民法院也有类似规定。② 比例下浮法与定额比例折算法类似，能够体现竞争，预防了不平衡报价，防止道德风险。比

① 参见上海市高级人民法院《建设工程施工合同纠纷审判实务相关疑难问题解答》(2015 年 10 月 22 日经市法院第 23 次审判委员会讨论通过）规定：“18. 固定价款合同未履行完毕而解除的，工程价款如何结算？答：建设工程施工合同约定工程价款实行固定价结算，承包人未完成工程施工，其要求发包人支付工程款，经审查承包人已施工的工程质量合格的，可以确定所完工程的工程量占全部工程量的比例，按所完工程量的比例乘以合同约定的固定价款得出工程价款。约定固定价款结算的，若工程未完工，对工程价款的确定也只有通过鉴定进行，但存在两种不同的鉴定方式，一是根据实际完成的工程量，以建设行政管理部门颁发的定额取费核定工程价款；二是确定所完工程的工程量占全部工程量的比例，按所完工程量的比例乘以合同约定的固定价款得出工程价款。此种情况下，采取第二种方式符合合同当事人以固定价为结算方式的真实意思，也更为公平地保护了承包人的合法权益。因为建设行政管理部门确定的各种价格和管理费、基本利润率，有时没有考虑企业的技术专长、劳动生产力水平、材料采购渠道和管理能力，这种计价模式既不能及时反映市场价格的变化，也不能反映企业的施工、技术、管理水平。为适应市场经济发展的需要，住房和城乡建设部批准《2013 清单计价规范》为国家标准，自 2013 年 4 月 1 日起实施。工程量清单计价模式是一种与市场经济相适应的、允许施工单位自主报价的、通过市场竞争确定价格的，与国际惯例接轨的计价模式。”

② 参见四川省高级人民法院《关于审理建设工程施工合同纠纷案件若干疑难问题的解答》规定：约定工程价款实行固定总价结算的建设工程施工合同在未全部完成施工即终止履行，承包人已施工的工程质量合格，承包人要求发包人支付工程价款的，由双方协商确定已施工的工程价款，协商不成的，由鉴定机构根据工程设计图纸等资料以及现场勘验结果对已完工程量占合同工程量比例计算系数，再用合同约定的固定价款乘以该系数确定发包人应付的工程价款。

例下浮法，一方面，在实践中具有较好的可操作性；另一方面，以同一标准确定已完工程占全部工程的比例，也比较科学。这种计算方式既能反映当事人通过合同表达出的真实意思，也能反映施工的客观情况。[①]

在实际适用中，按照比例法计算工程价款，应当考虑合同解除的原因，综合保护守约方利益。《建设工程造价鉴定规范》第5.10.7条亦规定："总价合同解除后的争议，按以下规定进行鉴定，供委托人判断使用……委托人认定承包人违约导致合同解除的，鉴定人可参照工程所在地同时期适用的计价依据计算出未完工程价款，再用合同约定的总价款减去未完工程价款计算；委托人认定发包人违约导致合同解除的，承包人请求按照工程所在地同时期适用的计价依据计算已完工程价款，鉴定人可采用这一方式鉴定，供委托人判断使用。"

部分高级人民法院对此也有相应规定，如湖北省高级人民法院《民事审判工作座谈会会议纪要》规定：以合同约定总价与全部工程预算总价的比值作为下浮比例，再以该比例乘以合同约定总价进行计价。已完工程质量合格的，合同约定以单价包干方式计价的，按照包干单价和已完工程量计算工程款；合同约定以总价包干方式计价的，若工程未完工系承包人原因导致，按合同约定的取费标准鉴定未完工部分，以总包干价减未完工部分造价计算工程款；若工程未完工系发包人原因导致，按照建设行政主管部门颁发的定额及取费标准据实结算。

关联判例

青海方升建筑安装工程有限责任公司与青海隆豪置业有限公司建设工程施工合同纠纷案

（2014）民一终字第69号

【裁判要旨】

对于约定了固定价款的建设工程施工合同，双方未能如约履行，致使合同解除的，在确定争议合同的工程价款时，既不能简单地依据政府部门发布的定额计算工程价款，也不宜直接以合同约定的总价与全部工程预算总价的

① 参见最高人民法院民事审判第一庭编著：《最高人民法院新建设工程施工合同司法解释（一）理解与适用》，人民法院出版社2021年版，第288~289页。

比值作为下浮比例，再以该比例乘以已完工程预算价格的方式计算工程价款，而应当综合考虑案件实际履行情况，并特别注重双方当事人的过错和司法判决的价值取向等因素来确定。

【基本案情】

2011 年 9 月 1 日，青海隆豪置业有限公司（以下简称隆豪公司）与青海方升建筑安装工程有限责任公司（以下简称方升公司）签订《建设工程施工合同》约定：由方升公司为隆豪公司的建设工程施工。工程名称为海南藏文化产业创意园商业广场。工程内容为：建筑结构为独立基础、框架结构；层数为 1 层、局部 2 层和 3 层；建筑高度分别为 5.70 米、10.20 米、14.10 米，建筑面积为 36745 平方米，最终以双方审定的图纸设计面积为准；开工日期为 2011 年 5 月 8 日，竣工日期为 2012 年 6 月 30 日，工期 419 天。工程单价 1860 元 / 平方米，单价一次性包死，合同总价款 68345700 元。

2011 年 5 月 15 日，方升公司开始施工；2012 年 6 月 13 日，方升公司、隆豪公司与相关单位组织主体验收；2011 年 6 月，北京龙安华诚建筑设计有限公司（以下简称龙安华诚公司）完成设计图纸，同月 27 日双方当事人及有关单位进行图纸会审；2011 年 11 月 23 日，方升公司、隆豪公司、监理单位、设计单位、勘察单位、质检单位在海南州共和县隆豪公司售房部形成《基础验收会议纪要》，工程基础验收合格。

2012 年 1 月 9 日，龙安华诚公司向隆豪公司作出设计变更通知单，通知单内容为：对广场地砖、涂料、找平、找坡、结构板等进行变更；2012 年 3 月 31 日，设计单位向隆豪公司发出了海南州共和县恰卜恰镇藏文化产业创意园商业广场的变更通知单，内容为面层、结构板等变更要求；2013 年 5 月 27 日，设计单位下发了设计修改通知单，对原结施节点详图中过梁作了补充和变更；2012 年 3 月、4 月、5 月，方升公司向监理单位分别报送隆豪公司工程进度申报（审核）表，监理单位盖有印鉴。

2012 年 6 月 19 日，方升公司发出通知，要求隆豪公司于 2013 年 6 月 23 日前支付 1225.14 万元工程款，否则将停止施工。2012 年 6 月 25 日，隆豪公司发出通知，内容为：方升公司不按约履行合同，拖延工程进度，不按图施工，施工力量薄弱，严重违约，导致工程延误，给隆豪公司造成了巨大经济损失，要求解除合同，要求方升公司接到通知的1日内撤场、拆除临舍。之后，双方解除合同，方升公司撤场。

2012年6月28日，隆豪公司与四川省鸿盛实业集团有限公司（以下简称鸿盛实业公司）签订《建设工程施工合同》，以包工包料的方式，将方升公司未完成的全部工程发包给鸿盛实业公司施工。2012年7月22日，隆豪公司与青海兴业建设有限公司（以下简称兴业建设公司）签订《建设工程施工合同》，将鸿盛实业公司未完成施工内容发包给兴业建设公司施工。

【裁判摘要】

关于案涉合同工程价款应当如何确定的问题。

第一，就本案应当采取的计价方法而言。法院认为，首先，根据双方签订的《建设工程施工合同》约定，合同价款采用按约定建筑面积量价合一计取固定总价，即以一次性包死的承包单价1860元/平方米乘以建筑面积作为固定合同价，合同约定总价款约68345700元。作为承包人的方升公司，其实现合同目的、获取利益的前提是完成全部工程。因此，本案的计价方式，贯彻了工程地下部分、结构施工和安装装修三个阶段，即三个形象进度的综合平衡的报价原则。

其次，我国当前建筑市场行业普遍存在地下部分和结构施工薄利或者亏本的现实，这是由于钢筋、水泥、混凝土等主要建筑材料价格相对较高且大多包死，施工风险和难度较高，承包人需配以技术、安全措施费用才能保质保量完成等所致；而安装、装修施工是在结构工程已完工之后进行，风险和成本相对较低，因此安装、装修工程大多可以获取相对较高的利润。本案中，方升公司将包括地下部分、结构施工和安装装修在内的土建+安装工程全部承揽，其一次性包死的承包单价是针对整个工程作出的。如果方升公司单独承包土建工程，其报价一般要高于整体报价中所包含的土建报价。作为发包方的隆豪公司单方违约解除了合同，如果仍以合同约定的1860元/平方米作为已完工程价款的计价单价，则对方升公司明显不公平。

再次，合同解除时，方升公司施工面积已经达到了双方审定的图纸设计的结构工程面积，但整个工程的安装、装修工程尚未施工，方升公司无法完成与施工面积相对应的全部工程量。此时，如果仍以合同约定的总价款约68345700元确定本案工程价款，则对隆豪公司明显不公平，这也印证了双方当事人约定的工程价款计价方法已无法适用。

最后，根据本案的实际，确定案涉工程价款，只能通过工程造价鉴定部门进行鉴定的方式进行。通过鉴定方式确定工程价款，司法实践中大致有三种方法：一是以合同约定总价与全部工程预算总价的比值作为下浮比例，再以该比例乘以已完工程预算价格进行计价；二是以已完施工工期与全部应完施工工期的比值作为计价系数，再以该系数乘以合同约定总价进行计价；三是依据政府部门发布的定额进行计价。

第二，就已完工程价款如何确定而言。法院认为，首先，前述第一种方法的应用，是在当事人缔约时，依据定额预算价下浮了一定比例形成的合同约定价，只要计算出合同约定价与定额预算价的下浮比例，据此就能计算出已完工程的合同约定价。鉴定意见书即采用了该种方法，一审判决也是采纳了该鉴定意见。遵循这一思路，本案已完工程的价款应为：68246673.60元（鉴定的合同总价款）÷89098947.93元（鉴定的全部工程预算价）×40652058.17元（鉴定的已完工工程预算价）=31139476.56元。然而，无论是鉴定意见书还是一审判决，采用这一方法计价存在明显不合理之处：一是现无证据证明鉴定的全部工程预算价89098947.93元是当事人缔约时依据的预算价，何况合同总价款68246673.60元也是通过鉴定得出的，并非当事人缔约时约定的合同总价款。二是用鉴定出的两个价款进行比对得出的下浮比例，与当事人的意思表示没有任何关联，如此计算出来的价款当然不可能是合同约定的价格。三是如采用这一种方法，隆豪公司应支付的全部工程价款大致为：31139476.56元+13500000元（被隆豪公司分包出去的屋面工程价款）+14600000元（剩余工程价款）=59239476.56元。由此，隆豪公司应支付的全部工程价款将明显低于合同约定的总价68345700元，两者相差910余万元。显然，采用此种计算方法，将会导致隆豪公司虽然违反约定解除合同，却能额外获取910余万元利益的现象。这种做法无疑会助长因违约获得不当利益的社会效应，因而该方法在本案中不应被适用。四是虽然一审判决试图以这种计算方法还原合同约定价，但忽略了当事人双方的利益平衡以及司法判决的价值取向。至隆豪公司解除合同时，方升公司承包的土建工程已全部完工，隆豪公司解除合同的行为破坏了双方的交易背景，此时如再还原合同约定的土建工程价款，既脱离实际情况，违背交易习惯，又会产生对守约一方明显不公平的后果。

其次，如果采用第二种方法计算本案工程的工程价款，本案已完工程价款应为：408 天（2011 年 5 月 15 日至 2012 年 6 月 25 日）÷506 天（2011 年 5 月 15 日至 2012 年 10 月 1 日）×68246673.60 元（鉴定的合同总价款）=55028938.40 元。采用这一种方法，与建设工程中发包人与承包人多以单位时间内完成工程量考核进度的交易习惯相符。隆豪公司应支付的全部工程价款为：55028938.40 元 +13500000 元（被隆豪公司分包出去的屋面工程价款）+14600000 元（剩余工程的工程价款）=83128938.40 元。隆豪公司应支付的全部工程价款明显高于合同约定的总价 68345700 元，两者相差 14783238.40 元，此时虽然符合隆豪公司中途解除合同必然导致增加交易成本的实际情况，但该计算结果明显高于已完工工程相对应的定额预算价 40652058.17 元，对隆豪公司明显不公，因而也不应采用。

再次，如采用第三种方法即依据政府部门发布的定额计算已完工工程价款，则已完工工程价款应是 40652058.17 元。隆豪公司应支付的全部工程价款为：40652058.17 元 +13500000 元（被隆豪公司分包出去的屋面工程）+14600000 元（剩余工程的工程价款）=68752058.17 元，比合同约定的总价 68345700 元仅高出 36 万余元。此种处理方法既不明显低于合同约定总价，也不过分高于合同约定总价，与当事人预期的价款较为接近，因而比上述两种计算结果更趋合理。另外，政府部门发布的定额属于政府指导价，依据政府部门发布的定额计算已完工程价款亦符合原《合同法》第 62 条第 2 项“价款或者报酬不明确的，按照订立合同时履行地的市场价格履行；依法应当执行政府定价或者政府指导价的，按照规定履行”以及原《民法通则》第 88 条第 2 款第 4 项“价格约定不明确，按照国家规定的价格履行；没有国家规定价格的，参照市场价格或者同类物品的价格或者同类劳务的报酬标准履行”等相关规定。审理此类案件，除应当综合考虑案件实际履行情况外，还特别应当注重双方当事人的过错和司法判决的价值取向等因素，以此确定已完工程的价款。一审判决没有分清哪一方违约，仅仅依据合同与预算相比下浮的 76.6% 确定本案工程价款，然而，该比例既非定额规定的比例，也不是当事人约定的比例，一审判决以此种方法确定工程价款不当，应予纠正；方升公司提出的以政府部门发布的预算定额价结算本案已完工工程价款的上诉理由成立，应予支持。

最后，经一审法院委托的有关鉴定机构作出的鉴定意见，双方无争议的工程变更、签证项目（廊桥）价格为83361.1元，增加的加气砼墙面抹灰费用50000元，上述两笔费用均已实际发生，因此应当由发包人隆豪公司支付。双方有争议的工程变更、签证项目均由监理单位指派的监理人冯某贵签字确认，该部分鉴定价格为1451136.16元。根据方升公司提交的藏文化产业创意园项目监理部拟进场人员名单，冯某贵系监理单位指派的总监代表，双方有争议的工程鉴证单均系冯某贵签署。根据《建设工程施工合同司法解释》第19条“当事人对工程量有争议的，按照施工过程中形成的签证等书面文件确认。承包人能够证明发包人同意其施工，但未能提供签证文件证明工程量发生的，可以按照当事人提供的其他证据确认实际发生的工程量”的规定，冯某贵作为总监代表，又是现场唯一监理，其在工程签证单上的签字，是对本案建设工程现场施工情况的真实反映。因此，其签署的工程签证单能够证明变更、签证项目的实际发生，变更、签证的工作量应当予以认定。一审判决以签证单上无监理单位签章，隆豪公司不予认可，总监理工程师不知情为由，认定上述签证单是冯某贵超越权限的个人行为，不能作为结算工程款，与事实不符，于法律无据，予以纠正；方升公司提出的变更、签证的工程量应当予以认定的上诉理由成立，予以支持。

二、单价合同

| 导读 |

《2013清单计价规范》第7.1.3条规定：“实行工程量清单计价的工程，应采用单价合同。”该条规定并非对合同类型的刚性限制，而是基于风险分配效率最优化的制度指引。这一规范逻辑体现了清单计价模式与单价合同在风险动态调整、价格弹性响应方面的适配性，为构建市场化、法治化的工程交易秩序提供了技术支撑。

单价合同的制度优势集中体现在三个维度：其一，通过将工程量偏差风险分配给发包人、单价风险转移至承包人，实现风险分配与专业管控能力的精准匹配；其二，依托清单项目综合单价刚性锁定与工程量据实结算的二元机制，既保障合同价格的稳定性，又赋予履约过程必要的调价弹性；其三，契合《2013清单计价规范》“条文说明”第2.0.11条强调的“量价分离”原则，使工程变更管理回归技术本质，避免总价包干模式下“以价代管”的治理困境。这种制度设计使单价合同成为平衡交易安全与履约效率的理想载体。

值得关注的是，规范指引并未否定总价合同与清单计价的兼容可能。在施工总承包模式下，清单计价可灵活转化为总价合同的编制工具——当发承包双方通过专用条款明确风险包干范围时，清单项目综合单价将退化为总价计算的算术单元，其制度功能从风险调节器转变为价格计算器。这种制度弹性恰恰体现了清单计价体系的设计智慧：既坚守“量价分离”的底层逻辑，又为不同风险偏好主体提供多元选择空间。

当前工程实践中，合同类型的选择已超越单纯的技术决策，演化为风险分配策略的博弈过程。发包人若追求投资可控性，可通过扩大风险包干范围趋近总价合同；若需激发承包人技术创新，则可通过开放单价调整空间实现风险共担。这种动态平衡机制推动着工程管理从“对抗性博弈”向“合作性治理”转型，其制度效能已在EPC、PPP等新型模式中得到充分验证。随着2024版清单计价标准对风险分担机制的进一步细化，单价合同的制度优势将持续释放，为建筑业高质量发展注入新的制度动能。

【术语解读】

根据《2024清单计价标准》定义，单价合同是指发承包双方约定以工程量清单、项目特征及其综合单价进行合同价款计算、调整和确认的建设工程施工合同。单价合同在约定的范围内合同单价不做调整。

（一）单价合同的分类

1. 根据合同单价是否可调，分为固定单价合同和可调单价合同

（1）固定单价合同

固定单价合同，是指某项工程在合同约定风险范围内的综合单价保持不变，并以合同约定的计量方式按实际完成的工程量进行计量，合同总价以该固定单价

乘以实际完成的工程量据实结算的合同。在合同履行过程中已经确认的工程计量结果和价款，在竣工结算中直接对应计入结算。

固定单价合同并非该单价不能调整，而是合同约定风险内的风险不再调整，对于合同约定风险范围以外的风险可以调整，具体调整方法应在合同中约定。[①]

（2）可调单价合同

可调单价合同是指在合同中约定某计量单位工程量的综合单价，在约定因素出现的情况下可以对其调整的合同。根据《建设工程价款结算暂行办法》第 8 条第 3 项规定："可调价格。可调价格包括可调综合单价和措施费等，双方应在合同中约定综合单价和措施费的调整方法，调整因素包括：①法律、行政法规和国家有关政策变化影响合同价款；②工程造价管理机构的价格调整；③经批准的设计变更；④发包人更改经审定批准的施工组织设计（修正错误除外）造成费用增加；⑤双方约定的其他因素。"

采用可调单价合同时，合同双方可以约定一个预估工程量用于招标，当实际工程量与预估工程量发生较大变化时，可以按照约定对单价进行调整；也可以约定，当人工工日、材料、机械台班单价上涨超过一定比例时进行价格调整，以减少承包人价格风险，降低承包人在投标报价中的风险溢价。

2. 根据单价所包含的范围，分为综合单价合同、全费用单价合同、工料单价合同和固定计量单位单价合同

（1）综合单价合同

综合单价是指完成一个规定清单项目所需的人工费、材料和工程设备费、施工机具使用费和企业管理费、利润以及一定范围内的风险费用。

我国现行的工程量清单综合单价属于不完全综合单价，也称狭义的综合单价，是不包含规费和税金的综合单价。

（2）全费用单价合同

全费用单价，就是在传统综合单价的基础上，又综合了规费和税金，从而形成的综合单价，即单价中综合了分项工程人工费、材料费、机械费，管理费、利润、规费以及有关文件规定的调价、税金、一定范围内的风险等全部费用。

---

① 《建设工程价款结算暂行办法》第 8 条第 2 项规定："固定单价。双方在合同中约定综合单价包含的风险范围和风险费用的计算方法，在约定的风险范围内综合单价不再调整。风险范围以外的综合单价调整方法，应当在合同中约定。"

国际上所谓的综合单价，一般是指包括全部费用的综合单价。我国建筑市场存在过度竞争情形，为维护市场环境，保障建筑企业合理竞争，在一定时期内把税金和规费列为不可竞争费用具有现实必要性。《2024清单计价标准》已经取消规费的单独设置，把规费中涉及劳务人员的社保费及住房公积金列入人工费，把规费中涉及管理人员的社保费及住房公积金列入管理费，进一步减少造价构成中的不可竞争费，已经形成税前全费用单价。随着我国社会主义市场经济体制的进一步完善，社会保障机制的进一步健全，实行全费用综合单价也将只是时间问题。

（3）工料单价合同

工料单价法又称工料机单价法。根据原建设部于2001年11月5日发布的《建筑工程施工发包与承包计价管理办法》（建设部令第107号，已失效）规定，工料单价法是指以人工、材料、机械的消耗量及其相应价格确定分部分项工程量的直接费单价，间接费、利润、税金按照有关规定另行计算的计价方法。

工料单价法计价过程，首先依据相应计价定额的工程量计算规则计算工程量；其次依据定额的人工、材料、机械消耗量和预算单价，计算工料单价，用工程量乘以工料单价，汇总可得分部分项工程人工、材料、机械费合计；最后按照相应的取费程序计算其他各项费用，汇总后形成相应工程造价。①

工料单价计价法更多地依据各类定额和政府规定的取费标准，没有真正体现市场在竞争中的作用，在现行招标投标体系中已经较少使用。

（4）固定计量单位单价合同

固定计量单位单价合同并非一个专有术语，本书中的固定计量单位单价合同指的是按照合同约定的计量单位所确定的合同单价，该价格包含对应比例的全部要素的分部分项工程费、措施费、其他项目费、规费和税金。例如，建筑工程按面积平方米计价的单价合同，其每个计量单位所对应的价格中均含有地基基础费用、主体结构费用、二次结构费用、装修费用等。

（二）单价合同的风险分担

根据《2013清单计价规范》“条文说明”第3.4.1条的规定，工程施工发包

① 参见全国造价工程师职业资格考试培训教材编审委员会编：《建设工程计价》（第2版），中国计划出版社2021年版，第35页。

是一种期货交易行为，工程建设本身又具有单件性和建设周期长的特点。风险是一种客观存在的、可能会带来损失的、不确定的状态，具有客观性、损失性、不确定性的特点，并且风险始终是与损失相联系的。在工程施工过程中影响工程施工及工程造价的风险因素很多，但并非所有的风险都是承包人能预测、能控制和应承担其造成的损失。基于市场交易的公平性要求和工程施工过程中发承包双方权、责的对等性要求，发承包双方应合理分摊风险。

根据《2013 清单计价规范》的规定，如合同无特殊约定，应按照以下原则分担风险：（1）承包人投标报价风险、技术风险和管理风险等，如管理费和利润，应由投标人完全承担。（2）设计图纸、勘察报告、前期收集的资料及由此编制的招标工程量清单的风险，由发包人承担。（3）市场风险，如材料价格、施工机械使用费等风险，可由发承包双方在合同中约定风险的范围和幅度及承担主体。（4）法律、法规、规章和政策变化的风险，包括根据我国目前工程建设的实际情况，各省、自治区、直辖市建设行政主管部门均根据当地人力资源和社会保障行政主管部门的有关规定发布人工成本信息或人工费调整的风险，应由发包人承担。（5）不可抗力风险由发承包双方合理分担：①合同工程本身的损害、因工程损害导致第三方人员伤亡和财产损失以及运至施工场地用于施工的材料和待安装的设备的损害，应由发包人承担；②发包人、承包人人员伤亡应由其所在单位负责，并应承担相应费用；③承包人的施工机械设备损坏及停工损失，应由承包人承担；④停工期间，承包人应发包人要求留在施工场地的必要的管理人员及保卫人员的费用应由发包人承担；⑤工程所需清理、修复费用，应由发包人承担。

《2024 清单计价标准》对单价合同风险进行重新划分。第 3.1.8 条规定，采用单价合同的工程，分部分项工程项目清单的准确性、完整性应由发包人负责，但按项编制的措施项目清单的完整性及准确性均应由承包人负责。

（三）单价合同的价款调整

在工程量清单计价模式的单价合同，其工程结算由实际完成的工程量和对应的综合单价乘积构成，在实际完成工程量一定的情况下，由单价修复总价。单价合同的价款调整包括因量产生的调整和因价导致的调整。

1. 工程量调整

《2007 标准施工招标文件》及《2013 清单计价规范》均规定，采用工程量清单计价的单价合同应据实结算。其中,《2007标准施工招标文件》第17.1.4条规定,已标价工程量清单中的单价子目工程量为估算工程量。结算工程量是承包人实际完成的,并按合同约定的计量方法进行计量的工程量。《2013清单计价规范》第8.2条关于单价合同计量的规定工程量必须以承包人完成合同工程应予计量的工程量确定。施工中进行工程计量,当发现招标工程量清单中出现缺项、工程量偏差,或因工程变更引起工程量增减时,应按承包人在履行合同义务中完成的工程量计算。《2024清单计价标准》则把单价合同分为单价的分部分项工程项目和措施项目,对分部分项工程项目清单工程数量为暂定的工程量,在合同履行中应按发包人提供的实际施工图纸、合同约定国家及行业工程量计算标准及补充的工程量计算规则重新计量确定,即为据实结算。但措施项目清单和以项计价的分部分项工程项目清单,则以总价计价。

2. 单价调整

单价合同分为可调单价合同和固定单价合同,可调单价合同根据合同约定条件对单价进行调整,固定单价合同在合同约定风险之外的价格也可以根据合同约定进行调整。

《2013清单计价规范》第3.4.1条规定:"建设工程发承包,必须在招标文件、合同中明确计价中的风险内容及其范围,不得采用无限风险、所有风险或类似语句规定计价中的风险内容及范围。"《2024清单计价标准》第3.3.1条规定:"建设工程的施工发承包,应在招标文件、合同中明确计量与计价的风险内容及其范围,不得采用无限风险、所有风险或类似语句约定工程计量与计价中的风险内容及范围。"根据该规定,只有合同约定的风险内容且在其约定的风险范围内的风险,才不做调整;超出合同约定的风险内容或超出该内容对应约定的风险范围,均应调整。具体包括:

(1)物价的变化。《2013清单计价规范》第9.8.2条规定,承包人采购材料和工程设备的,应在合同中约定主要材料、工程设备价格变化的范围或幅度;当没有约定,且材料、工程设备单价变化超过5%时,超过部分的价格应按照该规范附录A的方法计算调整材料、工程设备费。

重庆市高级人民法院、四川省高级人民法院在2022年12月28日发布的《关于审理建设工程施工合同纠纷案件若干问题的解答》第14条关于"建设工程施工合同约定工程价款实行固定价结算,在履行过程中主要建筑材料价格发生重大变化，当事人请求对工程价款进行调整如何处理？”的回答：固定价施工合同履行过程中，钢材、水泥等对工程造价影响较大的主要建筑材料价格发生重大变化，超出了正常市场风险范围，合同对建材价格变动风险调整计算方法有约定的，依照其约定调整；没有约定或约定不明，当事人请求调整工程价款的，参照《民法典》第 533 条的规定处理。承包人原因致使工期或建筑材料供应时间延误导致的建材价格变化风险由承包人承担，承包人要求调整工程价款的，人民法院不予支持。固定价合同中约定承包人承担无限风险、所有风险或者类似未明确风险内容和风险范围的条款，对双方没有约束力。

北京市高级人民法院于 2012 年 8 月 6 日发布的《关于审理建设工程施工合同纠纷案件若干疑难问题的解答》（京高法〔2012〕245 号）第 12 条关于“固定价合同履行过程中，主要建筑材料价格发生重大变化，当事人要求对工程价款予以调整的，如何处理？”的回答：建设工程施工合同约定工程价款实行固定价结算，在实际履行过程中，钢材、木材、水泥、混凝土等对工程造价影响较大的主要建筑材料价格发生重大变化，超出了正常市场风险的范围，合同对建材价格变动风险负担有约定的，原则上依照其约定处理；没有约定或约定不明，该当事人要求调整工程价款的，可在市场风险范围和幅度之外酌情予以支持；具体数额可以委托鉴定机构参照施工地建设行政主管部门关于处理建材差价问题的意见予以确定。一方当事人原因导致工期延误或建筑材料供应时间延误的，在此期间的建材差价部分工程款，由过错方予以承担。

2025 年 9 月 1 日施行的《2024 清单计价标准》，对物价变化导致的单价调整做了新的规定：第一，合同约定因物价变化引起合同清单的分部分项项目清单的人工费、材料费、施工机具使用费中的燃料动力费需要进行价格调整的，应依据合同约定进行调整。第二，合同约定因物价变动可以对人工费、材料费、施工机具使用费中的燃料动力费进行调差，但未约定风险幅度或对风险幅度约定不明的，市场价格波动幅度超出 5% 时，可以调整。第三，合同没有约定因物价变动可以人工费、材料费、施工机具使用费中的燃料动力费进行调差，或明确约定合同清单内单价固定不变的，不应调整。第四，尽管合同约定合同清单内单价固定不变，但当市场价格异常变动，且是发承包双方在订立合同时无法预见的重大变化，继续履行合同对于受不利影响的合同一方明显不公平的，发承包双方可按风险合理分担原则，协商合同风险幅度或费用分担比例，承担相关部分的增（减）

价差或据实调整合同价格。

（2）工程量的变化引起成本的变化。《2013 清单计价规范》第 9.6.2 条规定，对于任一招标工程量清单项目，当工程量偏差超过 15%时，可进行单价调整。当工程量增加 15%以上时，增加部分的工程量的综合单价应予调低；当工程量减少 15%以上时，减少后剩余部分的工程量的综合单价应予调高。第 9.6.3 条规定，当工程量变化引起相关措施项目相应发生变化时，按系数或单一总价方式计价的，工程量增加的措施项目费调增，工程量减少的措施项目费调减。《2024 清单计价标准》对此亦有类似规定。

（3）其他因素的变化。例如，《建筑工程施工发包与承包计价管理办法》（住房和城乡建设部令第 16 号）第 14 条规定的对价款调整的影响因素："（一）法律、法规、规章或者国家有关政策变化影响合同价款的；（二）工程造价管理机构发布价格调整信息的；（三）经批准变更设计的；（四）发包方更改经审定批准的施工组织设计造成费用增加的；（五）双方约定的其他因素。"又如，《建设工程施工专业分包合同（示范文本）》（GF—2003—0213）第 19.3 条第 3 项所约定的"一周内非分包人原因停水、停电、停气造成停工累计超过 8 小时"等因素。

单价合同以"发包单位可以缩短招标准备时间""发承包双方合理分担风险"等优点被广泛推崇。《2013 清单计价规范》规定：使用国有资金投资的建设工程发承包，必须采用工程量清单计价。非国有资金投资的建设工程，宜采用工程量清单计价。实行工程量清单计价的工程，应采用单价合同方式。

实务中，基于单价合同的"量价分离"结算原则，尤其是发包人承担更多"量"的风险，而承包人承担更多"价"的风险，发承包双方在合同的缔结、履行及结算环节，均会基于"量、价"进行博弈，以寻求各自的更大利益。

【司法实务】

问题．单价合同工程变更的，如何确定工程价款？

对于单价合同结算，取决于两项指标，一是工程量，二是单价。单价合同工程变更的结算问题，需要综合考虑是否为固定单价、工程变更内容是否包含在已报价之中、工程量是增是减等因素。

一、固定单价合同的工程变更

对固定单价合同工程量变更的结算较好处理，只需确定工程变更内容是否包含在原工程量清单中。如果变更内容为原工程量清单所包含的工程内容，且该工程量清单已列明单价，则可以以工程量清单单价与实际工程量确定结算价款。若在工程量清单中未列明变更工程的单价，或工程变更为原合同范围以外的工程项目，发承包双方对应单价可以参考，应根据施工中双方签认或协商一致工程变更单价，按实际完成变更工程量确定变更工程结算价值。双方对变更工程单价无法达成一致意见的，可按照《建设工程施工合同司法解释（一）》第19条规定[①]处理，即参照签订建设工程施工合同时当地建设行政主管部门发布的计价方法或者计价标准结算工程价款。

二、可变单价的工程变更

对于可变单价合同的结算，首要问题是确定单价。对单价的确定，应适用以下原则：（1）已标价工程量清单中有适用于变更工程项目的，当工程变更导致该清单项目的工程数量发生变化，且工程量偏差超过15%时，当工程量增加15%以上时，增加部分的工程量的综合单价应予调低；当工程量减少15%以上时，减少后剩余部分的工程量的综合单价应予调高。（2）已标价工程量清单中没有适用但有类似变更工程项目的，可在合理范围内参照类似项目的单价。（3）已标价工程量清单中没有适用也没有类似变更工程项目的，可由当事人对该部分工程价款进行协商。协商不一致，可以参照签订建设工程施工合同时当地建设行政主管部门发布的计价方法或者计价标准结算工程价款；也可由承包人根据变更工程资料、计量规则和计价办法、工程造价管理机构发布的信息价格和承包人报价浮动率提出变更工程项目的单价，并应报发包人确认后调整。承包人报价浮动率可按下列公式计算。招标工程：承包人报价浮动率L=（1–中标价÷招标控制价）×100%；非招标工程：承包人报价浮动率L=（1–报价÷施工图预算）×100%。（4）已标价工程量清单中没有适用也没有类似变更工程项目，且工程造价管理机构发布的信息价格缺价的，应由承包人根据变更工程资料、计量规则、计价办法和通过市场调查等取得有合法依据的市场价格提出变更工程项目的单价，并应报发包人确认后调整。

① 《建设工程施工合同司法解释（一）》第19条第1款、第2款规定，当事人对建设工程的计价标准或者计价方法有约定的，按照约定结算工程价款。因设计变更导致建设工程的工程量或者质量标准发生变化，当事人对该部分工程价款不能协商一致的，可以参照签订建设工程施工合同时当地建设行政主管部门发布的计价方法或者计价标准结算工程价款。

三、成本加酬金合同

|导读|

在建设工程风险分配谱系中，成本加酬金合同以其独特的风险承担机制，为特殊情境下的工程交易提供了制度出口。《建筑工程施工发包与承包计价管理办法》(住建部令第16号)第13条规定："紧急抢险、救灾以及施工技术特别复杂的建筑工程，发承包双方可以采用成本加酬金方式确定合同价款。"这种合同类型专属于紧急抢险、救灾及技术复杂性超常的工程场景，其制度价值不仅在于突破常规计价模式的刚性约束，更深层次地体现了公共利益优先与技术创新激励的双重政策导向。

成本加酬金合同的核心特征在于风险分配的彻底重构：发包人全面承担工程量偏差、价格波动等市场风险，承包人仅需聚焦技术实施与施工管理。这种看似失衡的风险配置，实则蕴含着特殊场景下的制度理性——在抢险救灾等时效性极强的工程中，风险转移的谈判成本可能远超潜在风险价值；在技术突破性工程领域，过度风险负担将抑制技术创新动能。通过将承包人从价格风险中解放，该制度有效激活了特殊场景下的工程实施效率。

司法实践中衍生的三类典型合同类型：(1)成本加固定费用合同，通过预设管理报酬，激励承包人优化施工组织；(2)成本加固定比例合同，以成本透明度换取承包人技术投入；(3)成本加奖金合同，则构建起工程质量与经济效益的正向关联。这些变体形式在保持风险分配内核的同时，通过弹性化的酬金计算规则，实现了公共利益保障与市场主体激励的精细平衡。

值得警惕的是，成本加酬金合同的制度优势伴随道德风险放大的隐忧。实践中工程成本虚高、签证变更泛滥等问题，倒逼监管体系创新。通过引入第三方全过程咨询、建立成本数据库比对机制、推行区块链技术赋能的透明化监管，以加强成本加酬金合同正向管理。

【术语解读】

根据《2024清单计价标准》的定义，成本加酬金合同是指发承包双方约定以规定的计量、计价依据所确定的工程成本并加按约定方式计算的酬金进行合同价款计算、调整和确认的建设工程施工合同。

（一）成本加酬金合同的特点

采用成本加酬金合同的工程，合同总价为暂定价，应依据招标文件、合同约定的计价规定和发包人发出的施工图纸、相关工程国家及行业工程量计算标准，按实确定工程项目及其数量，乘以其项目成本单价，计算合同工程成本，并按合同的约定计算相应酬金及增值税后调整合同总价。成本加酬金合同有以下特点：

1. 优点。成本加酬金合同的优点主要体现在以下几个方面：①成本加酬金合同有别于总价合同和单价合同，其风险主要由业主承担，可以降低承包商对业主的提防心理，减少承包商的对立情绪。②有利于利用承包商的施工经验、技术专家资源，以改进和弥补设计中的不足。③成本加酬金合同的业主可以较深入地介入和管理工程施工，也可以委托管理。④成本加酬金合同有利于发包人在设计未完成的情况下边设计边施工，也可以分阶段招标，有利于工期推进。

2. 缺点。成本加酬金合同缺点主要体现在三个方面：①成本加酬金合同风险主要由业主承担，承包人不承担任何价格变化和工程量变化的风险，不利于发包人的工程造价控制。②由于设计未全部完成，难以对施工规划进行合理安排，可能造成重复建设或施工浪费。③施工方不承担工程量的风险，且能在超额施工中获利，不利于成本节约。

（二）成本加酬金合同的适用

《2013 清单计价规范》“条文说明”第 2.0.13 条第 1 款列出两种适合成本加酬金合同的情形：（1）工程特别复杂，工程技术、结构方案不能预先确定，或者尽管可以确定工程技术和结构方案，但不可能进行竞争性的招标活动并以总价合同或单价合同的形式确定承包人；（2）时间特别紧迫，来不及进行详细的计划和商谈，如抢险、救灾工程。《2024 清单计价标准》亦规定紧急抢险、救灾或特别复杂的工程宜采用成本加酬金合同。

（三）成本加酬金合同的分类

《2013 清单计价规范》“条文说明”第 2.0.13 条第 2 款将成本加酬金合同主要分为成本加固定费用合同、成本加固定比例费用合同、成本加奖金合同等三种形式。

1. 成本加固定费用合同。成本加固定费用合同指的是发包人除对承包人所支付的人工、材料、设备台班费等直接成本及规费和税金等间接成本予以全部补偿外，还另行支付一笔固定费用。该固定费用通常包含施工企业的管理费和利润之和。固定费用体现在，在工程施工范围未发生变更的情况下，固定费用不能发生变化。

2. 成本加固定比例费用合同。与成本加固定费用合同相似，成本加固定比例费用合同指的是发包人除对承包人所支付的人工、材料、设备台班费等直接成本及规费和税金等间接成本予以全部补偿外，还按照成本的一定比率来计算承包方应得的份额。该份额通常包含施工企业的管理费和利润之和。固定比例体现在，在整个工程范围内固定费率保持不变。

3. 成本加奖金合同。成本加奖金合同与成本加固定费用合同不同，奖金是完成某项任务或达成某个目标而给予的一种额外报酬，奖金具有不确定性。在实务中，常见的奖金包括质量奖金、工期奖金和经济奖金。如某项目的经济奖金约定：总成本高于总概算价时无奖金，总成本低于总概算价时有奖金，奖金数额为总成本于总概算价差额的 50%。

除以上三种形式外，实务中还有成本加固定最大酬金合同、成本加保证最大酬金合同、工时费及材料费补偿合同等类型，各种类型合同具有各自特点，需要发承包双方根据项目具体情况合理选择适用。

第三节 合同条款

合同条款是指记录合同当事人权利与义务的载体。《民法典》第 795 条规定，施工合同的内容一般包括工程范围、建设工期、中间交工工程的开工和竣工时间、工程质量、工程造价、技术资料交付时间、材料和设备供应责任、拨款和结算、竣工验收、质量保修范围和质量保证期、相互协作等条款。

《2013 清单计价规范》对施工合同条款内容作了更为细致的规定，其第 7.2.1 条规定，发承包双方应在合同条款中对下列事项进行约定：（1）预付工程款的数额、支付时间及抵扣方式；（2）安全文明施工措施的支付计划，使用要求等；（3）工程计量与支付工程进度款的方式、数额及时间；（4）工程价款的调整因素、方法、程序、支付及时间；（5）施工索赔与现场签证的程序、金额确认与支付时间；（6）承担计价风险的内容、范围以及超出约定内容、范围的调整办法；（7）工程竣工价款结算编制与核对、支付及时间；（8）工程质量保证金的数额、预留方式及时间；（9）违约责任以及发生合同价款争议的解决方法及时间；（10）与履行合同、支付价款有关的其他事项等。

《2024 清单计价标准》对施工合同条款内容作更为细致的规定，其第 3.4.8 条规定，招标文件及发承包双方的合同条款中应明确下列内容，投标人在投标总价及综合单价报价中应考虑其影响：（1）发承包双方的合同义务、责任；（2）工程保险的类型、范围、投保责任及保险费用支付；（3）办理工程保函的类型、保证金金额及相关保函的撤回时间；（4）工程质量标准，以及主要材料设备要求；（5）工期变化的适用情况，以及工期奖励与承包人原因造成的误期赔偿费；（6）人工费的金额或比例、支付方式、支付周期和建筑工人工资专用账户；（7）预付款的比例或金额、支付时间和扣回方式；（8）进度款计量、计价、支付的依据、程序、方法、比例、时限；（9）过程结算的节点和计量、计价、支付的依据、程序、比例、时限；（10）工程质量保证的方式和金额、预留方式及其时限；（11）工程量清单缺陷、暂列金额、暂估价、总承包服务费、计日工、物价变化、法律法规及政策性变化、工程变更、工程索赔等合同价款调整的内容、方法、程序、支付及时限；（12）违约责任以及发生合同价款争议的解决方式、时间；（13）竣工结算计量、计价、支付的依据、程序、方法、时限；（14）与合同履行及工程价款相关的其他事项。

建设工程的周期长、受自然条件和客观因素的影响大，外在因素（如环境、政策因素）或内在因素（如双方履约能力、变更、调价等事项）的出现，将会导致工程建设风险极大。同时，建设工程项目具有明显的买方市场特点，意味发承包双方之间具有严重的不平等关系。

为了指导建设工程施工合同当事人的签约行为，维护合同当事人的合法权益，住房和城乡建设部、原国家工商行政管理总局制定了一系列建设工程示范文本①。

① 如《建设工程勘察合同（示范文本）》（GF—2016—0203）、《建设工程设计合同示范文本（房屋建筑工程）》（GF—2015—0209）、《建设工程设计合同示范文本（专业建设工程）》（GF—2015—0210）、《2017 工程施工合同》、《建设项目工程总承包合同（示范文本）》（GF—2020—0216）、《建设工程施工专业分包合同（示范文本）》（GF—2003—0213）和《建设工程施工劳务分包合同（示范文本）》（GF—2003—0214）等。

示范文本通常由合同协议书、通用合同条款和专用合同条款三部分组成。以《2017工程施工合同》为例，合同条款包括以下内容。

（一）合同协议书

《2017工程施工合同》合同协议书部分共计13条，主要包括工程概况、合同工期、质量标准、签约合同价和合同价格形式、项目经理、合同文件构成、承诺以及合同生效条件等重要内容，集中约定了合同当事人基本的合同权利义务。

（二）通用合同条款

通用合同条款是合同当事人根据《建筑法》《民法典》等法律法规的规定，就工程建设的实施及相关事项，对合同当事人的权利义务作出的原则性约定。

《2017工程施工合同》通用合同条款部分共计20条，具体条款分别为一般约定、发包人、承包人、监理人、工程质量、安全文明施工与环境保护、工期和进度、材料与设备、试验与检验、变更、价格调整、合同价格、计量与支付、验收和工程试车、竣工结算、缺陷责任与保修、违约、不可抗力、保险、索赔和争议解决。前述条款安排既考虑了现行法律法规对工程建设的有关要求，也考虑了建设工程施工管理的特殊需要。

（三）专用合同条款

专用合同条款是对通用合同条款原则性约定的细化、完善、补充、修改或另行约定的条款。合同当事人可以根据不同建设工程的特点及具体情况，通过双方的谈判、协商对相应的专用合同条款进行修改、补充。在使用专用合同条款时，应注意以下事项：（1）专用合同条款的编号应与相应的通用合同条款的编号一致；（2）合同当事人可以通过对专用合同条款的修改，满足具体建设工程的特殊要求，避免直接修改通用合同条款；（3）在专用合同条款中有横道线的地方，合同当事人可针对相应的通用合同条款进行细化、完善、补充、修改或另行约定；如无细化、完善、补充、修改或另行约定，则填写“无”或划“/”。

一、视为认可条款

| 导读 |

结算是发承包双方最终权利义务的确认，通常由双方意思表示一致予以确认，形成结算文件。建筑市场属于买方市场，发包方处于强势地位，在合同签订、工程管理中均有较高话语权，在工程经过竣工验收并交付后，发包人的建设利益已经实现，发包人对结算没有内在的驱动力，甚至设置种种障碍以阻止结算条件的成就，造成施工人难以索要工程价款。

为了均衡发承包双方利益，原建设部和原国家工商行政管理局于1999年开始推广《建设工程施工合同（示范文本）》（以下简称《1999工程施工合同》），其中通用条款第33.3条为："发包人收到竣工结算报告及结算资料后28天内无正当理由不支付工程竣工结算价款，从第29天起按承包人同期向银行贷款利率支付拖欠工程价款的利息，并承担违约责任。"2004年最高人民法院出台《建设工程施工合同司法解释》，其中第20条规定："当事人约定，发包人收到竣工结算文件后，在约定期限内不予答复，视为认可竣工结算文件的，按照约定处理。承包人请求按照竣工结算文件结算工程价款的，应予支持。"曾一度出现过于强调保护承包方的权益，从而忽视了发包方应有权益现象。①

后虽经最高人民法院答复"建设部制定的建设工程施工合同格式文本中的通用条款第33条第3款的规定，不能简单地推论出，双方当事人具有发包人收到竣工结算文件一定期限内不予答复，则视为认可承包人提交的竣工结算文件的一致意思表示，承包人提交的竣工结算文件不能作为工程款结算的依据"予以调整，但《建设工程施工合同（示范文本）》（2013版及2017版）的通用合同条款第14.2条均约定，"发包人在收到承包人提交竣工结算申请书后28天内未完成审批且未提出异议的，视为发包人认可承包人提交的竣工结算申请单，并自发包人收到承包人提交的竣工结算申请单后第29天起视为已签发竣工付款证书"。并载于其通用条款的第14.2条。至此，视为认可条款在实务中产生更大的争议。

【术语解读】

视为认可条款又称默示结算条款或以报审价为准条款，是指当事人在合同中约定，发包人收到竣工结算文件后，在约定期限内不予答复，视为认可竣工结算文件的，按照承包人提交的报审价为结算价。

---

① 参见最高人民法院民事审判第一庭编：《民事审判指导与参考》（2006年第4集），法律出版社2007年版，第44页。

（一）视为认可条款的性质

发承包双方在合同中约定视为认可条款，是为了防止发包人以消极的不予确认、不予答复方式故意拖延工程价款的结算。《建设工程施工合同司法解释（一）》第21条规定：“当事人约定，发包人收到竣工结算文件后，在约定期限内不予答复，视为认可竣工结算文件的，按照约定处理。承包人请求按照竣工结算文件结算工程价款的，人民法院应予支持。”除了最高人民法院建设工程施工合同司法解释对视为认可条款有规定外，《建筑工程施工发包与承包计价管理办法》（建设部令第106号）[①]及《建设工程价款结算暂行办法》[②]均对视为认可条款有相应规定。通常来说，《建筑工程施工发包与承包计价管理办法》与《建设工程价款结算暂行办法》只是部门规章，不宜作为人民法院审理有关建设工程施工合同纠纷案件的依据。[③]故发包人所承担的“在约定期限内不予答复，视为认可竣工结算文件”的责任并非由法律、司法解释所规定的责任，而是由发包人与承包人在合同中约定，由合同派生出来的责任，这是发承包双方对自身权利的处分，不违反法律强制性规定，合法有效。

（二）视为认可条款的构成

1. 关于当事人约定

视为认可条款是基于合同约定派生出来的权利义务，其适用的前提条件是双方当事人的明确约定，包括：①发包人答复期限的约定，即只有发包人在约定的答复期内未就承包人所提交的结算文件予以答复才可以适用；②结算依据的约定，即必须明确约定发包人未在约定的答复期内予以答复，以承包人提交的结算

① 参见《建筑工程施工发包与承包计价管理办法》（建设部令第106号）第18条规定，工程完工后，应当按照下列规定进行竣工结算：国有资金投资建筑工程的发包方，应当委托具有相应资质的工程造价咨询企业对竣工结算文件进行审核，并在收到竣工结算文件后的约定期限内向承包方提出由工程造价咨询企业出具的竣工结算文件审核意见；逾期未答复的，按照合同约定处理，合同没有约定的，竣工结算文件视为已被认可。非国有资金投资的建筑工程发包方，应当在收到竣工结算文件后的约定期限内予以答复，逾期未答复的，按照合同约定处理，合同没有约定的，竣工结算文件视为已被认可。

② 参见《建设工程价款结算暂行办法》（财建〔2004〕369号）第16条第1款规定：发包人收到竣工结算报告及完整的结算资料后，在该办法规定或合同约定期限内，对结算报告及资料没有提出意见，则视同认可。

③ 参见最高人民法院民事审判第一庭编：《民事审判指导与参考》（2006年第4集），法律出版社2007年版，第44页。

文件为结算依据。如果合同仅约定发包人必须在约定期限内答复，发包人在约定期限内没有答复仅构成违约，不能适用视为认可规则。

视为认可条款对双方约定的方式没有特殊限制，既可以是施工合同、补充协议，也可以是会议纪要等在施工过程中形成的书面文件中的条款，否则在证明效力上将出现瑕疵。

2. 关于发包人已经收到了承包人提交的竣工结算文件及结算资料

发包人收到结算文件是承包人主张以送审价为结算价的基础。承包人应当在约定的期限内制作完成竣工结算报告，并按照合同约定的方式和程序把结算报告和完整的结算资料递交有签收资格的发包人代表，如合同中约定的甲方工程师、驻工地代表等，并当面签署签收文件。如果合同未约定接收人，承包人应向发包人的法定代表人、主要负责人或其内部具有收发责任和义务的部门，如办公室、收发室、值班室等送达，并通过盖章或签字留有证据。除当面递交外，承包人可以选择邮寄送达，需注意的是快递签收单上须写明递交的是竣工结算文件。结算文件不适合留置送达方式。

当然，视为认可条款的成就必须以承包人善意为前提，即承包人向发包人所提交的资料必须是完整的竣工结算资料。所谓完整结算资料是指能够计算出承包人送审价的全部资料，包括所有能够全面反映工程计价方式和计价依据的书面材料。

3. 关于发包人在约定的期限内不予答复

在约定期限内不予答复通常有两种情况：第一，发包人一直没有审核，也没有对承包人提供的竣工结算文件提出异议；第二，发包人对结算文件提出异议，但已过答复期。两种情形都会构成报审价为准的成立。即便是在约定的时间内予以答复，如果不是针对结算报告及资料提出的意见，如“已提交审价机构审价”“已开展审价工作”等，不构成实质性答复，也应构成报审价为准的成立。发包人在核查结算文件后，要求承包人补充竣工结算必要资料，要求承包人核对工程量，或对计价标准及计价方式提出异议，都构成实质性的答复，承包人无权再要求以报审价为准。

4. 其他条件

建设工程质量直接关系到人民生命财产安全和社会稳定，必须经过验收合格方能使用。《建筑法》第 61 条第 2 款规定：“建筑工程竣工经验收合格后，方可交付使用；未经验收或者验收不合格的，不得交付使用。”质量合格是发包人支付工程价款的条件，也是视为认可条款成就的前提。

【司法实务】

问题1.是否必须在专用条款中约定视为认可条款方可适用？

《建设工程施工合同》先后出现三版示范文本，分别是《1999工程施工合同》、《2013工程施工合同》和《2017工程施工合同》。

《1999工程施工合同》的通用条款第33.3条约定：“发包人收到竣工结算报告及结算资料后28天内无正当理由不支付工程竣工结算价款，从第29天起按承包人同期向银行贷款利率支付拖欠工程价款的利息，并承担违约责任。”该条款被视为以送审价为准的起源，但并未有“视为认可结算文件”字样，能否构成视为认可条款，一直争议不断。直到2006年，最高人民法院《关于如何理解和适用〈最高人民法院关于审理建设工程施工合同纠纷案件适用法律问题的解释〉第20条的请示的复函》(〔2005〕民一他字第23号)明确为：“适用该司法解释第二十条的前提条件是当事人之间约定了发包人收到竣工结算文件后，在约定期限内不予答复，则视为认可竣工结算文件。承包人提交的竣工结算文件可以作为工程款结算的依据。建设部制定的建设工程施工合同格式文本中的通用条款第33条第3款的规定，不能简单地推论出，双方当事人具有发包人收到竣工结算文件一定期限内不予答复，则视为认可承包人提交的竣工结算文件的一致意思表示，承包人提交的竣工结算文件不能作为工程款结算的依据。”该争议才有最终定论，即《1999工程施工合同》通用条款不能作为“视为认可条款”的约定。

随着《2013工程施工合同》《2017工程施工合同》的出台，其通用合同条款第14.2条均有“发包人在收到承包人提交竣工结算申请书后28天内未完成审批且未提出异议的，视为发包人认可承包人提交的竣工结算申请单，并自发包人收到承包人提交的竣工结算申请单后第29天起视为已签发竣工付款证书”。该条款已经完全满足《建设工程施工合同司法解释（一）》第21条“当事人约定，发包人收到竣工结算文件后，在约定期限内不予答复，视为认可竣工结算文件的，按照约定处理。承包人请求按照竣工结算文件结算工程价款的，人民法院应予支持”的规定，且意思表示非常明确，即只要发包人未在合同约定期限内对施工人送审结算予以答复的，就应当按照施工人送审的结算文件结算。

《2013 工程施工合同》《2017 工程施工合同》通用合同条款的第 14.2 条是否可以作为“视为认可条款”的约定依据呢？司法实务中有两种完全不同的观点。

第一种观点认为：通用条款亦是合同条款，是双方合意达成的，在没有违反法律、行政法规的情况下，不得随意否认其效力。《2013 工程施工合同》《2017 工程施工合同》通用合同条款的第 14.2 条已经完全满足建设工程施工合同司法解释关于视为认可条款的认定。另外，最高人民法院《关于如何理解和适用〈最高人民法院关于审理建设工程施工合同纠纷案件适用法律问题的解释〉第 20 条的请示的复函》仅针对《1999 工程施工合同》的通用合同条款第 33.3 条，对《2013 工程施工合同》《2017 工程施工合同》没有指引作用。故《2013 工程施工合同》《2017 工程施工合同》通用合同条款的第 14.2 条可以作为“视为认可条款”的约定依据。

第二种观点认为：示范文本的通用条款是为了方便发承包双方确立权利义务的格式文本，其内容均有指引性，双方的合约通过对专用合同条款的修改而完成，以达到示范文本自身“避免直接修改通用合同条款”的要求，故示范文本的通用条款不是当事人真实意思表示，不能作为“视为认可条款”的约定依据。

笔者倾向于第二种观点。

其原因有三：

第一，约定的合意性。无论是最高人民法院的司法解释，还是最高人民法院对重庆市高级人民法院的答复意见[①]，均强调“视为认可条款”条款适用的前提是当事人之间有“约定”，而《建设工程施工合同（示范文本）》的通用条款并不是真正意义上的约定，而是一种格式文本。通用条款明显体现建筑企业的利益，且示范文本自身有“避免直接修改通用合同条款”的要求，发承包双方均有通用条款不能修改的心理，实务中，直接修改通用条款的案例也并不多见。

---

① 参见最高人民法院《关于如何理解和适用〈最高人民法院关于审理建设工程施工合同纠纷案件适用法律问题的解释〉第 20 条的请示的复函》，答复如下：适用该司法解释第 20 条的前提条件是当事人之间约定了发包人收到竣工结算文件后，在约定期限内不予答复，则视为认可竣工结算文件。承包人提交的竣工结算文件可以作为工程款结算的依据。

第二，通用条款的复杂性。示范问题体量较大，涉及一般约定、发包人、承包人、监理人、工程质量、安全文明施工与环境保护、工期和进度、材料与设备、试验与检验、变更、价格调整、合同价格、计量与支付、验收和工程试车、竣工结算、缺陷责任与保修、违约、不可抗力、保险、索赔和争议解决等多项内容，以至于关于结算程序和结算依据的重要条款很容易被淹没在其他条款之中。而发包人通常对通用条款并不熟悉，基于对国家主管部门推荐的示范文本的信任从而直接签订合同。

第三，结算的重要性。结算是发承包双方最终利益的体现，对当事人利益影响巨大，应当经双方当事人协商一致确定。司法实务中，承包人报审价款往往比实际结算价款高出许多，承包人具有天然技术优势，另外，对于较大工程，发包人也难以在 28 天内完成造价审核，如果基于通用条款认定以承包人报审价为结算价，则会造成利益失衡。

另外，江苏省高级人民法院、四川省高级人民法院均持此观点。江苏省高级人民法院《关于审理建设工程施工合同纠纷案件若干问题的解答》（已失效）第 9 条规定：建设工程施工合同专用条款中明确约定发包人收到竣工结算文件后，在合同约定的期限内不予答复视为认可竣工结算文件，当事人要求按照竣工结算文件进行工程价款结算的，应予支持。建设工程施工合同专用条款中未明确约定，当事人要求按照竣工结算文件进行工程价款结算的，不予支持。建设工程施工合同专用条款有此明确约定，发包人有证据证明在合同约定的期限内提出异议的，承包人要求按照竣工结算文件进行工程价款结算的，不予支持。建设工程施工合同无效的，不影响该条款约定的效力。

四川省高级人民法院《关于审理建设工程施工合同纠纷案件若干疑难问题的解答》第 18 条第 2 款规定：当事人在建设工程施工合同专用条款中未明确约定发包人应在收到承包人提交竣工结算文件后一定期限内予以答复，也未另行签订协议约定，承包人仅以原建设部《建筑工程施工发包与承包计价管理办法》第 16 条的规定，或者《建设工程施工合同（示范文本）》通用条款约定为依据，诉请依照《建设工程施工合同司法解释》第 20 条的规定按照竣工结算文件结算工程价款的，不予支持。

最高人民法院亦持此观点，其在《最高人民法院新建设工程施工合同司法解释（一）理解与适用》[①] 中如此表述："住房和城乡建设部上述示范文本规定了发包人逾期未对承包人提交的竣工结算申请书完成审批且未提出异议时所应承担的法律后果，但格式文本不能完全替代双方当事人直接作出自主意思表示。换言之，该项责任是由发包人、承包人双方约定而产生，不是法律或者行业规范强加给发包人的，本条的作用仅在于将实践中可能存在的操作确定下来。如果双方当事人就此并未特别约定的，承包人不得依据格式文本条款主张应将其提交的结算文件作为结算依据。"

关联判例

陕西建工第十建设集团有限公司建设工程施工合同纠纷案

（2020）最高法民申 2786 号

【裁判要旨】

不能以通用条款中的格式文本替代发承包人关于"发包人收到竣工结算报告及结算资料后，未在规定期限内对结算报告及结算资料提出意见则视为认可"的约定。

【基本案情】

2012 年 2 月 18 日，雅致公司（发包方）与陕西建工第十建设集团有限公司（以下简称陕十建公司）（承包方）签订《陕西省建设工程施工合同》及《西安雅致集成房屋有限公司年产 70 万平方米集成房屋生产及配套租赁基地工程补充协议》，将案涉工程发包给原告施工，合同约定：工程名称为雅致公司年产 70 万平方米集成房屋生产及配套租赁基地工程。

合同价款为：本合同采用固定综合单价合同，合同总价（大写）伍仟玖佰捌拾万贰仟陆佰叁拾捌元柒角整（人民币）元，小写：59802638.70 元，其中工程预留金（小写）2000000.00 元，此预留金为发包人因为可能发生的工程变更而预留的金额，并非支付给承包人的实际费用，结算时，应按实际发生情况进行结算，剩余部分归发包人所有。安全防护、文明施工措施费（小

① 参见最高人民法院民事审判第一庭编著：《最高人民法院新建设工程施工合同司法解释（一）理解与适用》，人民法院出版社 2021 年版，第 217 页。

写）2091243.10 元。专用条款部分，第 26.2 条约定，本合同价款采用固定综合单价方式确定……定额测定费在工程结算时不计取；劳保统筹单列，不计入合同价，税后扣除。七项保险已计入合同总价，结算时承包人提供缴费证明，参加哪一项结算哪一项，未参加的结算时扣除。合同通用条款第 37.6 条约定“发包人收到竣工结算报告及结算资料后在本条规定期限内对结算报告及结算资料没有提出意见则视为认可”。

【裁判摘要】

本案《建设工程施工合同》通用条款第 37.6 条约定，“发包人收到竣工结算报告及结算资料后在本条规定期限内对结算报告及结算资料没有提出意见则视为认可”，合同专用条款未作相应约定。此种情形下，原判决综合全案事实，参照最高人民法院民事审判庭《关于发包人收到承包人竣工结算文件后，在约定期限内不予答复，是否视为认可竣工结算文件的复函》，认定不宜以通用条款简单推论雅致公司认可陕十建公司的决算意见，进而按照专用条款约定的结算程序和方式，准许雅致公司工程造价鉴定申请，并依据鉴定意见确定工程造价，具有事实和法律依据，并无不当。

问题 2. 能否以《建设工程价款结算暂行办法》中的条款作为认定“视为认可”的依据？

《建设工程价款结算暂行办法》（财建〔2004〕369 号）第 16 条第 1 款规定：“发包人收到竣工结算报告及完整的结算资料后，在本办法规定或合同约定期限内，对结算报告及资料没有提出意见，则视同认可。”第 14 条第 3 款规定：工程竣工结算报告金额 500 万元以下的，审查时间为从接到竣工结算报告和完整的竣工结算资料之日起 20 天；工程竣工结算报告金额 500 万—2000 万元，审查时间为从接到竣工结算报告和完整的竣工结算资料之日起 30 天；工程竣工结算报告金额 2000 万—5000 万元，审查时间为从接到竣工结算报告和完整的竣工结算资料之日起 45 天；工程竣工结算报告金额 5000 万元以上，审查时间为从接到竣工结算报告和完整的竣工结算资料之日起 60 天。

《建设工程价款结算暂行办法》已经对合同未约定“视为认可条款”情况下的适用依据及答复时间作了明确规定。那么，合同没有约定视为认可条款，能否直接以该规定作为认定的依据？笔者认为应分情况讨论。

一、合同未约定视为认可条款，也未引用规章规定作为结算依据，不能直接以规章的规定作为视为认可条款的认定依据

1.《建设工程价款结算暂行办法》仅为规章，不宜作为认定依据。民事裁判文书应当引用法律、法律解释或者司法解释。对于应当适用的行政法规、地方性法规或者自治条例和单行条例，可以直接引用。[①] 对于其他规范性文件，根据审理案件的需要，经审查认定为合法有效的，可以作为裁判说理的依据。[②] 另外，最高人民法院认为《建筑工程施工发包与承包计价管理办法》只是部门规章，不宜作为人民法院审理有关建设工程施工合同纠纷案件的依据，[③]《建设工程价款结算暂行办法》也是规章，处于同样位阶，也不宜作为认定视为认可的依据。

2.《建设工程价款结算暂行办法》的规定与《建设工程施工合同司法解释（一）》相冲突。《建设工程施工合同司法解释（一）》第21条规定："当事人约定，发包人收到竣工结算文件后，在约定期限内不予答复，视为认可竣工结算文件的，按照约定处理。"这就意味着只有当事人约定的情况下，才可以适用视为认可规则，如果没有约定则不能适用。如果以《建设工程价款结算暂行办法》作为认定依据，则意味着无论合同有无视为认可条款的约定，均可适用视为认可规则，这与《建设工程施工合同司法解释（一）》直接冲突。根据最高人民法院《关于裁判文书引用法律、法规等规范性法律文件的规定》第4条的规定，应以《建设工程施工合同司法解释（一）》作为裁判依据。

3. 以《建设工程价款结算暂行办法》作为认定视为认可规则的依据，会造成发承包双方权利失衡。尽管建筑市场属于买方市场，现实中存在发包人在工程结束后不积极履行结算义务、侵害承包人合法权益的情况，但整体来说，发包方在施工、质量、造价、变更与签证等管理上均处于技术弱势地位，尤其是对单次开发的发包人来说，其对行业规范、部门规章的熟悉程度远弱于承包方，以《建设

① 《最高人民法院关于裁判文书引用法律、法规等规范性法律文件的规定》（法释〔2009〕14号）第4条。

② 《最高人民法院关于裁判文书引用法律、法规等规范性法律文件的规定》第6条。

③ 参见《〈关于发包人收到承包人竣工结算文件后，在约定期限内不予答复，是否视为认可竣工结算文件的复函〉的解读》，载最高人民法院民事审判第一庭编：《民事审判指导与参考》（2006年第4集），法律出版社2007年版，第44页。

工程价款结算暂行办法》条款认定视为认可承包人报审价款，会超出发包人的签约及履约预期。同时，承包人提交的竣工结算文件往往都有一定的水分，会比实际工程价款要高10%—20%，如果按照《建设工程价款结算暂行办法》的规定，只要发包人收到竣工报告后在一定期限内不答复就一律视为发包人认可竣工结算文件，势必会带来不公平的后果，损害发包人一方的权益。

二、合同尽管未约定视为认可条款，但引用《建设工程价款结算暂行办法》相应条款作为结算依据，可以作为视为认可条款的认定依据

发承包双方在合同中约定以《建设工程价款结算暂行办法》条款作为结算依据，其本质就是把《建设工程价款结算暂行办法》的相应条款内置于合同之中。换言之，《建设工程价款结算暂行办法》的相应条款已经变成合同条款。如合同约定“双方结算以《建设工程价款结算暂行办法》（财建〔2004〕369号）第十四条、第十六条为准”，则意味着《建设工程价款结算暂行办法》第14条、第16条规定内容就是合同约定内容。其第16条规定：“发包人收到竣工结算报告及完整的结算资料后，在本办法规定或合同约定期限内，对结算报告及资料没有提出意见，则视同认可。”如果合同约定双方结算以该条为准，则说明合同约定真实、具体，其内容可以作为视为认可条款的认定依据。

同理，如果合同约定以《建筑工程施工发包与承包计价管理办法》第18条第2款[①]规定作为结算依据，也同样适用。

如果引用的规范性文件已经失效，是否可以适用呢？

笔者认为，只要发承包双方所引用的规范性文件相应条款没有违反法律、行政法规的强制性规定，且该规范性文件中有明确的视为认可规则，就可以适用。综上所述，在合同中引用规范性文件的相应条款，其本质就是把相应条款内置到合同中，从而把规范性文件条款变成合同条款，这是双方的合意，只要该条款没有违反法律、行政法规的规定就应当认定其有效。

① 《建筑工程施工发包与承包计价管理办法》第18条第2款规定：“国有资金投资建筑工程的发包方，应当委托具有相应资质的工程造价咨询企业对竣工结算文件进行审核，并在收到竣工结算文件后的约定期限内向承包方提出由工程造价咨询企业出具的竣工结算文件审核意见；逾期未答复的，按照合同约定处理，合同没有约定的，竣工结算文件视为已被认可。非国有资金投资的建筑工程发包方，应当在收到竣工结算文件后的约定期限内予以答复，逾期未答复的，按照合同约定处理，合同没有约定的，竣工结算文件视为已被认可……”

关联判例

北安市巨源房地产开发有限公司与绥化铁龙建筑工程有限公司建设工程施工合同纠纷案

（2012）民申字第754号

【裁判要旨】

合同专用条款明确约定执行《建设工程价款结算暂行办法》，该暂行办法规定的视为认可条件成就，应当按照规定确定价款。

【基本案情】

2008年7月15日，北安市巨源房地产开发有限公司（以下简称巨源公司）与绥化铁龙建筑工程有限公司（以下简称铁龙公司）经招投标程序签订《建设工程施工合同》，合同已备案，其中专用条款约定：价款结算执行《建设工程价款结算暂行办法》。

【裁判摘要】

2008年7月15日双方签订的《建设工程施工合同》专用条款中约定执行《建设工程价款结算暂行办法》。该文件第14条第3款“工程竣工结算审查期限”第3项规定：2000万—5000万元从接到竣工结算报告和完整的竣工结算资料之日起45天。第16条第1款规定：“发包人收到竣工结算报告及完整的结算资料后，在本办法规定或合同约定期限内，对结算报告及资料没有提出意见，则视同认可。”由此可见，双方在合同中对工程竣工结算审查期限及对结算认可条件均进行了明确约定。

《建设工程施工合同司法解释》第20条规定：“当事人约定，发包人收到竣工结算文件后，在约定期限内不予答复，视为认可竣工结算文件的，按照约定处理。承包人请求按照竣工结算文件结算工程价款的，应予支持。”因此，巨源公司在收到铁龙公司的竣工结算书、结算资料和2010年8月27日的通知、2018年11月6日的工作联系函后，没有对铁龙公司主张的工程结算事宜进行审核和答复，应视为巨源公司已认可按照铁龙公司提交的竣工结算文件结算工程价款。

问题3. 承包人提交的结算资料不完整，能否适用“以送审价为准”的结算规则？

结算是发承包双方对已完工程价款的最终确认，通常是由承包人把其根据施工内容及施工资料所形成的能够反映承包人意思表示的价格文件提交给发包人，并由发包人审核，最终形成双方意思表示一致的价款协议。

结算资料是承包人报审结算的依据，也是发包人审核结算的依据。结算资料通常包括以下内容：（1）能反映与本工程有关的双方缔结合约类文件，如招标文件、投标文件、中标通知书及各类建设工程施工合同、各专业工程分包合同、劳务分包合同、设备租赁合同、材料和设备购销合同等；（2）能够反映与本工程施工内容有关技术类文件，如施工图纸、施工组织设计、隐蔽工程验收记录、工程竣工图纸；（3）能够反映施工过程中所产生工程量增减现场签约类文件，如现场签证单、技术核定单、工作联系单、设计变更单、双方确认的钢筋翻样单、备忘录、工程洽谈记录、工程检验记录、双方往来函件及经过双方确认的会议纪要、电报、电传等；（4）能够反映发包方已经支付的各类凭证性文件，如甲供材清单、代付的水电费凭证、代付建筑材料款凭证、代付农民工工资凭证等；（5）能够反映市场价格变化而产生的调价类文件，如材料价差证明、人工费调整文件等；（6）能够反映施工单位对工程价款主张的工程结算书或工程结算申请书等；（7）其他结算性文件。

实务中，承包人提交的结算资料不完整，能否适用以送审价为准的结算规则，有两种不同观点：

第一种观点认为：无论承包人提交的结算资料是否完整，只要发包人没有在约定的期限内答复，就应当按照《建设工程施工合同司法解释（一）》第21条认定以承包人送审结算为准。

第二种观点认为：承包人提交的结算资料不完整会导致发包人无法审核，故不能适用视为认可结算原则。

笔者认为以上观点均不完整。

一、以送审价为准的结算规则需要承包人提供完整的结算资料

根据《建设工程施工合同司法解释（一）》第21条规定，适用以送审价为准必须同时满足4个条件：（1）当事人有明确约定，即当事人约定“发包人收到竣工结算文件后，在约定期限内不予答复，视为认可竣工结算文件的，按照约定处

理”或与之含义一致的内容；（2）必须明确约定答复时间；（3）承包人已向发包人提交竣工结算文件；（4）发包人在答复期内未答复。

对于“竣工结算文件”的具体要求，司法解释没有规定，但从结算文件性质和结算文件确定的程序来看，承包人所提交的竣工结算文件属于报审文件，即在承包人报送给发包人后，需要发包人对该结算文件进行审核、确认，而审核、确认的依据正是结算资料。由于很多结算资料是在施工过程中产生的，由承包方所掌握，承包人在报审结算文件时应同时提交结算资料。《建设工程价款结算暂行办法》第16条第2款规定：“承包人如未在规定时间内提供完整的工程竣工结算资料，经发包人催促后14天内仍未提供或没有明确答复，发包人有权根据已有资料进行审查，责任由承包人自负。”《2017工程施工合同》第14.1条约定，“除专用合同条款另有约定外，承包人应在工程竣工验收合格后28天内向发包人和监理人提交竣工结算申请单，并提交完整的结算资料”。

二、承包人提交的结算资料不实质性地影响发包人审核，就应视为已经提交完整结算资料

对于何为完整结算资料，法律、法规和规章均未有明确规定，《2017工程施工合同》通用合同条款也未明确列举，结算资料清单和份数由当事人在专用合同条款中约定。一般认为，只要承包人所提交的结算资料能够完整反映报审价的计算依据，不实质性地影响发包人审核，就应视为已经提交完整结算资料。

最高人民法院在审理“山西湖滨房地产投资有限公司、山西八建集团有限公司建设工程施工合同纠纷案”[（2021）最高法民申2376号]认为：“八建公司于2016年8月26日向湖滨公司报送了案涉3#楼、1#2#3#地库工程以及零星工程的工程结算书，2016年11月17日—29日又提交了施工图纸、工程结算申请表等资料。湖滨公司申请再审称八建公司提交资料不齐全，但并未提供八建公司据此构成违约的合同依据，也未举证证明本案中存在因八建公司提交资料不全导致其无法对结算书进行审核的情形……湖滨公司又称八建公司所编制的三份《工程结算申请表》中列出的工程竣工结算需要的19项资料相应栏为空白，但从三份《工程结算申请表》看，19项资料包括工程施工合同、工程开工令，施工方案及施工组织设计等，上述资料作为发包人的湖滨公司也应持有，其再审仍坚持称八建公司负有提交义务，并据此主张一、二审认定事实错误理据不足，对其该部分再审申请理由，本院不予采信。”

三、承包人未能提供完整结算资料，是否适用以送审价为准规则，视情况而定

1. 承包人未提供完整结算资料，发包人未在答复期内予以答复的，应适用以送审价为准规则

承包人提交的结算资料不完整，一般表现为两种情形，一种是提供的资料不全，不足以体现报审结算价款的依据，致使发包人无法审核，如乙方提供的结算资料中缺少竣工图纸、缺少签证、缺少甲供材清单、缺少人工费调差文件等；另一种是提供的资料不符合规定或约定，如工程结算书上没有加盖建筑商的公章及预算人员的签章，承包人提交的竣工图纸上未加盖竣工图章等。

视为认可条款是通过约定确定的责任承担方式，其目的就是防止发包人凭借自身优势地位借故拖延审核和拒付工程价款。不论什么形式的结算资料不完整，只要发包人未在答复期内予以答复，就触发了发包人认可承包人竣工结算文件的后果，在没有证据证明报审价有明显错误的情况下，应当适用以送审价为准规则。一些地方高级人民法院对此有明确规定。例如，福建省高级人民法院《关于审理建设工程施工合同纠纷案件疑难问题的解答》第 14 条规定：承包人提交的竣工结算资料不完整的，发包人应在约定的期限内告知承包人，发包人未告知的，视为在约定的期限内不予答复。又如，广东省高级人民法院《关于审理建设工程合同纠纷案件疑难问题的解答》（已失效）第 8 条第 1 款规定，建设工程施工合同约定，发包人收到竣工结算文件后，在约定期限内不予答复，视为认可竣工结算文件的，按照约定处理。即使承包人未在合同约定的期限内提交竣工结算文件，发包人收到竣工结算文件后亦应在合同约定的期限内答复，逾期未答复的，承包人请求按照竣工结算文件结算工程价款的，应予支持。

2. 承包人未提供完整结算资料，发包人在答复期内明确要求承包人补充提交资料的，不能适用以送审价为准规则

发包人在答复期内要求承包人补充提交资料，其本质就是一种答复，是发包人按照合同约定履行审核义务的体现，没有违约，故合同约定的责任承担方式不复存在。

如最高人民法院在审理"福建省永泰建筑工程公司与福建三明市林立房地产开发有限公司建设工程施工合同纠纷案"［（2014）民提字第 32 号］中认为："工程竣工验收合格后，永泰公司虽然向林立公司提交了编制工程造价为 236104795

元的工程竣工决算资料，但林立公司收到该结算资料后明确注明未收到竣工图，且在此后的28天内亦已函告永泰公司竣工结算资料存在缺陷致使不能结算，永泰公司未作函复，亦未及时补充相关资料并修正存在的问题。永泰公司关于林立公司为了阻止工程款支付条件成就而故意拖延结算的主张，与证据反映的事实不符，本院不予认定。因此，工程价款不能按期审核的责任不在于林立公司。林立公司收到永泰公司送交的竣工决算资料后作出了答复，由于资料存在缺陷没有审核同意永泰公司编制的工程竣工决算文件，本案情形不符合《最高人民法院关于审理建设工程施工合同纠纷案件适用法律问题的解释》第二十条关于'发包人收到竣工结算文件后，在约定期限内不予答复，视为认可竣工结算文件'的规定，永泰公司请求以其自行编制的工程竣工决算文件作为确定讼争工程价款的依据，不符合双方合同约定和法律规定，本院不予支持。"

3. 尽管发包人未在答复期内予以答复，但有证据证明承包人报审价有明显错误的，不应适用以送审价为准规则

以送审价为准规则直接在合同中约定了发包人不及时审核结算价款的后果，具有一定的惩罚性，但该条款的适用是以承包人善意为基础的。

承包人没有完全提供结算资料的原因很多，一种情况是该资料被甲方所掌握，承包人无法提交，如承包人把变更签证单报送发包人签字，发包人拖延返还等；另一种情况是该资料发承包双方都有，且无变化，承包人认为没有必要提供，如发承包双方签订的建设工程施工合同等。承包人没向发包人提交该资料并不能说明承包人报审的结算价款不是以此为依据的，更不能说明承包人的报审价错误。承包人所提交的资料不影响发包人审核，发包人未按合同约定予以答复，应按约定处理，不能以承包人未完全交付结算资料否定适用视为认可条款。

如果承包人为了更多地获得结算价款，恶意利用合同约定，阻碍发包人审核而故意不提供或不完整提供结算资料，承包人的不合理利益不应得到支持。此种情况下，即使发包人未在答复期内予以答复，也不应适用以送审价为准规则。至于如何认定承包人为恶意利用合同约定不完全提供结算资料，笔者认为只要结算有明显错误，如工程量计量明显偏多、计价没有依据、取费标准不符合约定等，就应当认定为承包人恶意。对承包人恶意不完整提供结算资料，发包人应承担举证责任。另外，如果合同明确约定结算资料清单，则完整的结算资料属于承包人

明知或应知范围，承包人能提供而未按约定提供结算资料的，不应适用以送审价为准规则。最高人民法院在“中国房地产开发集团哈尔滨有限公司、江苏省苏中建设集团股份有限公司建设工程施工合同纠纷案”[（2017）最高法民终437号]中认为：“本案认定苏中集团提交的《工程结算书》能否作为工程价款结算依据，应审查承包人是否按约向发包人递交了完整的工程竣工结算资料以及发包人是否在约定期限内进行了审核确认。”广东省高级人民法院《关于审理建设工程合同纠纷案件疑难问题的解答》（已失效）第8条第2款规定，承包人提交的竣工结算文件不符合合同约定或法律规定的条件，发包人逾期未予回复，承包人主张按照竣工结算文件结算工程价款的，不予支持。

需要特别注意的是，发包人回复承包人缺少资料应当明确具体的实质性回复缺少何种资料，不能仅笼统地回复缺少资料或提供完整资料，这会使视为认可条款约定沦为一纸空文。发包人并不需要提供承包人缺少资料的所有清单，只要在答复期内具体地指出缺少结算资料即可，答复内容是否完整不影响发包人在答复期内已作出答复的法律效果。

关联判例

中国房地产开发集团哈尔滨有限公司、江苏省苏中建设集团股份有限公司建设工程施工合同纠纷再审案

（2018）最高法民申3220号

【裁判要旨】

发包人没有证据证明承包人报审价错误，在合同明确约定发包人未按约定期限审核视为认可承包人报审价的情况下，原判决依据司法解释的规定，认定工程决算书为双方当事人的结算依据，并不缺乏证据证明，也不存在适用法律错误的情形。

【基本案情】

江苏省苏中建设集团股份有限公司（以下简称苏中集团）与中国房地产开发集团哈尔滨有限公司（以下简称中房集团）经招标投标，于2013年11

月 1 日签订两份《施工合同》并备案，合同约定中房集团把其“中房集团金蓝湾”工程项目第三标段及第四标段发包给苏中集团施工。2013 年 11 月 26 日，双方就上述项目签订《施工协议》，没有经过备案。2015 年 11 月 30 日，案涉工程通过竣工验收。

2015 年 12 月 8 日，苏中集团向中房集团报送了工程结算书及完整的结算资料，由中房集团工作人员郭某珍在苏中集团制作的文件发放登记表收文单位处签字。

2015 年 12 月 25 日，苏中集团与中房集团就案涉第三标段、第四标段工程进度款、赔偿经济损失以及购房业主进户等工程相关事宜，共同签订《协议书》，其中第 3 条约定：中房集团承诺中房集团已于 2015 年 12 月 8 日收到苏中集团递交的案涉金蓝湾工程第三标段、第四标段的工程结算书和完整的工程结算资料，并保证在 90 日内完成工程结算审核工作，苏中集团保证配合。如逾期，则中房集团认可以收到的苏中集团递交的工程结算书的造价 157054360.23 元为准，作为双方结算支付工程价款的依据。

【裁判摘要】

关于工程结算书能否作为结算依据的问题

《最高人民法院关于审理建设工程施工合同纠纷案件适用法律问题的解释》第 20 条规定：“当事人约定，发包人收到竣工结算文件后，在约定期限内不予答复，视为认可竣工结算文件的，按照约定处理。承包人请求按照竣工结算文件结算工程价款的，应予支持。”就案涉第三标段、第四标段工程结算方式，双方当事人在《协议书》第 3 条第 1 项约定：“甲方（中房集团）已于 2015 年 12 月 8 日收到乙方（苏中集团）递交的‘中房金蓝湾一期工程项目’第三标段和第四标段《工程结算书》和完整的工程结算资料，并保证在 90 日内完成工程结算审核工作，乙方保证配合。如逾期，则甲方认可以收到的乙方递交的《工程结算书》造价 157054360.23 元为准，作为双方结算工程价款的依据。”原判决依据司法解释的规定，认定工程决算书为双方当事人的结算依据，并不缺乏证据证明，也不存在适用法律错误的情形。（1）关于中房集团提交的新证据是否足以推翻原判决。《协议书》第 3 条第 1 项记载中房集团已于2015年12月8日收到苏中集团提交的完整的工程结算资料，中房集团据此可以自行审核作出审核意见并答复苏中集团，中房集团上诉时亦主张于2016年2月23日对工程量进行了最终结算，证明在苏中集团未予配合的情况下，中房集团可以提出具体审核意见，故苏中集团是否存有故意躲避、拖延决算的行为不是中房集团未及时履行审核义务的抗辩理由，苏中集团是否故意躲避、拖延决算不是本案的基本事实，证明该事实的相关证据也非本案的主要证据，中房集团关于原判对其二审时提交的新证据未组织双方进行质证，违反法定程序，导致认定的基本事实缺乏证明的再审理由不成立。（2）关于工程结算书中是否重复计算、多计算工程款。虽然中房集团二审时提交的证据能证明其向案外人支付了案涉工程的部分材料款，但苏中集团提交的工程结算书中未直接反映中房集团供材款的内容，中房集团二审时也未能指明工程结算书中的哪部分款项计入了中房集团供材款以及具体数额，中房集团提交的证据不能证明工程结算书存在重复计算、多计算工程款的事实。对未完工的工程量及造价，原审时双方当事人均未申请司法鉴定，原判决在中房集团不能举证证明未完工程的具体范围及价款的情况下，结合案涉工程已于2015年11月30日竣工验收合格并于2015年12月26日交付给中房集团，认定未完工程造价为苏中集团自认的1076858.05元，亦不缺乏证据证明。

二、以行政审计为准条款

|导读|

在政府投资项目的契约治理中，“以审计价为准”条款的泛化应用，已然突破行政监管与民事契约的法定边界，形成公私法秩序碰撞的独特制度景观。这类条款通过将财政审计监督权异化为合同履行要件，实质上创设了具有强制约束力的“第二结算规则”，其制度悖论在于：既试图借助行政权威强化投资管控，又因程序正当性缺失诱发新型法律风险，最终导致公益维护与私权保障的双重失序。

现行实践暴露出三重制度断裂：其一，权力结构失衡。审计机构由发包方单方委托且采用“基础服务费+审减额提成”的激励模式，致使审计行为兼具行政监督与商事逐利的复合属性，背离《审计法》确立的客观中立原则。其二，司法裁判冲突。尽管最高人民法院《关于建设工程承包合同案件中双方当事人已确认的工程决算价款与审计部门审计的工程决算价款不一致时如何适用法律问题的电话答复意见》明确否定审计结论的当然约束力，[①] 但当合同明确约定建设工程最终造价以行政审计为准，该约定并不违反法律强制性规定，致使契约自由与结算权利过于集中的价值冲突，导致类案裁判出现“同案不同判”的司法乱象。其三，契约正义扭曲。发包人利用缔约优势地位将审计风险单方转嫁，使承包人陷入“以审代结”的被动境地，严重背离《民法典》公平原则的价值导向。

当前，随着《审计法》修订强化审计独立性、最高人民法院《全国法院民商事审判工作会议纪要》完善裁判规则，“以审计价为准”条款正在经历从行政要求向合同约定的转换，进而实现公益保障与契约自由的再平衡。

【术语解读】

以行政审计为准条款，是指当事人在合同中约定以审计机关作出的审计结论作为确定工程价款的依据。在政府投资或以政府投资为主的建设项目施工合同中通常约定以行政审计为准条款。

（一）以行政审计为准条款的性质

《审计法》第23条规定：“审计机关对政府投资和以政府投资为主的建设项目的预算执行情况和决算，对其他关系国家利益和公共利益的重大公共工程项目的资金管理使用和建设运营情况，进行审计监督。”最高人民法院《关于建设工程承包合同案件中双方当事人已确认的工程决算价款与审计部门审计的工程决算价款不一致时如何适用法律问题的电话答复意见》认为：“审计是国家对建设单位的一种行政监督，不影响建设单位与承建单位的合同效力。”2008年5月16日，

---

① 最高人民法院《关于建设工程承包合同案件中双方当事人已确认的工程决算价款与审计部门审计的工程决算价款不一致时如何适用法律问题的电话答复意见》：你院“关于建设工程承包合同案件中双方当事人已确认的工程决算价款与审计部门审计的工程决算价款不一致时如何适用法律问题的请示”收悉。经研究认为，审计是国家对建设单位的一种行政监督，不影响建设单位与承建单位的合同效力。建设工程承包合同案件应以当事人的约定作为法院判决的依据。只有在合同明确约定以审计结论作为结算依据或者合同约定不明确、合同约定无效的情况下，才能将审计结论作为判决的依据。

最高人民法院《关于人民法院在审理建设工程施工合同纠纷案件中如何认定财政评审中心出具的审核结论问题的答复》[(2008)民一他字第4号]明确:"建设合同中明确约定以财政投资的审核结论作为结算依据的,审核结论应当作为结算的依据。"2015年5月,《2015年全国民事审判工作会议纪要》第49条规定:"依法有效的建设工程施工合同,双方当事人均应依约履行。除合同另有约定,当事人请求以审计机关作出的审计报告、财政评审机构作出的评审结论作为工程价款结算依据的,一般不予支持……"2017年6月5日,全国人大常委会法工委法规备案审查室作出《关于对地方性法规中以审计结果作为政府投资建设项目竣工结算依据有关规定提出的审查建议的复函》(法工备函〔2017〕22号),"地方性法规中直接以审计结果作为竣工结算依据和应当在招标文件中载明或者在合同中约定以审计结果作为竣工结算依据的规定,限制了民事权利,超越了地方立法权限,应当予以纠正"。

因此,行政审计作为行政监督措施,在没有当事人明确约定的情况下,其结论一般不能作为结算工程价款的依据。只有当合同明确约定把行政审计结论作为结算工程价款的依据时,才可以审计结论作为结算依据。故承包人所承担的"以行政审计为准"的责任并非由法律、司法解释所规定的责任,而是由发包人与承包人在合同中约定,由合同派生出来的责任,这是发承包双方对自身权利的处分。

(二)以行政审计为准的条件

1. 合同约定。政府审计与工程结算不存在必然的联系,以行政审计作为结算依据是合同约定责任,以行政审计为准必须以合同明确约定为前提。最高人民法院《关于政府审计的答复(2001)》认为:"审计是国家对建设单位的一种行政监督,不影响建设单位与承建单位的合同效力。建设工程承包合同案件应以当事人的约定作为法院判决的依据。只有在合同明确约定以审计结论作为结算依据或者合同约定不明确、合同约定无效的情况下,才能将审计结论作为判决的依据。"

2. 在合理时间内完成审计。合同约定以行政审计为结算依据,系合同双方真实意思表示,应当按照约定履行。但如果发包人拒绝接收审计资料或未在合同约定时间或合理时间内完成审计,可视为发包人不正当地阻碍该审计条件成就,承包人可以申请以司法鉴定方式确定工程价款。[①] 如江苏省高级人民法院《关于审理建设工程施工合同纠纷案件若干问题的解答》(已失效)第10条规定:"当事人约定以行政审计、财政评审作为工程款结算依据的,按照约定处理。但行政审计、财政评审部门明确表示无法进行审计或者无正当理由长期未出具审计结论,当事人申请进行司法鉴定的,可以准许。"广东省高级人民法院《关于审理建设工程合同纠纷案件疑难问题的解答》第11条规定:"当事人约定以财政、审计等部门的审核、审计结果作为工程款结算依据的,按照约定处理。如果财政、审计等部门明确表示无法进行审核、审计或者无正当理由长期未出具审核、审计结论,经当事人申请,且符合具备进行司法鉴定条件的,人民法院可以通过司法鉴定方式确定工程价款。"

3. 审计报告应当客观公正。合同约定以审计结论作为结算价款的依据,是基于发承包双方对政府审计的信赖。审计机关作出审计结论后,当事人发现审计结论确有错误,并提出合理理由和证据的,应当允许当事人申请司法鉴定。《2015年全国民事审判工作会议纪要》第49条规定,"承包人提供证据证明审计机关的审计意见具有不真实、不客观情形,人民法院可以准许当事人补充鉴定、重新质证或者补充质证等方法纠正审计意见存在的缺陷。上述方法不能解决的,应当准许当事人申请对工程造价进行鉴定"。

(三)地方高级人民法院的规定

重庆市高级人民法院、四川省高级人民法院《关于审理建设工程施工合同纠纷案件若干问题的解答》五、当事人请求以审计单位的审计意见作为确定工程造

① 最高人民法院在(2021)最高法民申1175号"陕西太白山投资集团有限公司、江西省中业景观工程安装有限公司建设工程施工合同纠纷案"中认为:陕西太白山投资集团有限公司(以下简称投资公司)、江西省中业景观工程安装有限公司(以下简称中业公司)、生态公司三方当事人于2014年1月19日签订《陕西省建设工程施工合同》后,中业公司开始施工,设计单位、监理单位及施工单位于2014年4月26日在工程竣工验收申请报告书上加盖公章。在案涉工程项目已经投入使用6年,建设方中业公司仍未能得到工程款的情形下,一审法院结合陕西正大项目管理咨询有限公司于2019年12月19日出具的陕正咨〔2019〕造价鉴定第1240号工程造价鉴定意见书确定的案涉工程总造价,确认案涉工程款为19442745.28元。投资公司并未提交证据证明系中业公司的原因导致付款条件不能成就,故原审判决由投资公司承担审计不能并承担支付工程款责任并无不当。投资公司以案涉当事人约定优于法定,请求案涉工程的结算应该按照双方的约定进行处理,不仅与其验收并且已经将案涉工程投入使用的行为相悖,且与上述鉴定结论不符。故投资公司的该项再审请求,法院不予支持。

价依据的，如何处理？

答：建设工程施工合同未约定工程造价以审计单位的审计意见或者财政评审机构作出的评审结论为准，当事人请求以审计单位作出的审计意见、财政评审机构作出的评审结论作为确定工程造价依据的，人民法院不予支持。

建设工程施工合同约定工程造价以审计意见为准，但审计单位未能出具审计意见的，人民法院应当对审计单位未能出具审计意见的原因进行审查，区分不同情形分别作出处理：（1）承包人原因导致未能及时进行审计的，如承包人未按照约定报送审计所需的竣工结算资料等，承包人请求以申请司法鉴定的方式确定工程造价，人民法院不予支持；（2）发包人原因导致未能及时进行审计的，如发包人收到承包人报送的竣工结算资料后未及时提交审计或者未提交完整的审计资料等，可视为发包人不正当地阻止条件成就，承包人请求以申请司法鉴定的方式确定工程造价，人民法院予以支持；（3）因审计单位原因未及时出具审计意见的，人民法院可以函告审计单位在合理期间内出具审计意见。审计单位未在合理期间内出具审计意见又未能作出合理说明的，承包人请求以申请司法鉴定的方式确定工程造价，人民法院予以支持。

【司法实务】

问题．约定以审计为准，但行政审计结论确有错误的，应如何处理？

最高人民法院《关于人民法院在审理建设工程施工合同纠纷案件中如何认定财政评审中心出具的审核结论问题的答复》明确：“建设合同中明确约定以财政投资的审核结论作为结算依据的，审核结论应当作为结算的依据。”实践中，行政审计结论作出后，经常出现当事人对审计结论有异议的情况。对此问题应如何处理，实务中存在两种不同的观点：

第一种观点认为，如果确有证据证明审计结论存在错误，应当允许当事人通过申请司法鉴定确定工程价款。

第二种观点认为，合同明确约定以审计结论为准，发承包双方对此后果应有预知，不能通过民事诉讼更改结算，只能向有关部门申请复议。

笔者倾向于第一种观点。

当事人双方选择采用行政审计结论作为工程价款的结算依据属于民事法律行

为，则该审计结论的内容内置于合同，这种情况下，该审计结论应属于民事诉讼管辖范围。[①]行政审计结论是审计人员基于审计对象的事实并按照审计规则进行编写，不是发承包双方相互妥协、协商一致的结果，不构成发承包双方的意思表示，不能按照民事法律行为的审查规则进行确定。《审计法》第6条规定："审计机关和审计人员办理审计事项，应当客观公正，实事求是，廉洁奉公，保守秘密。"客观公正，实事求是是审计的基本原则，故审计属于行政监督行为而非民事法律行为，如果有证据证明审计报告存在错误，审计单位应当按照事实予以改正。

《2015年全国民事审判工作会议纪要》第49条规定，"承包人提供证据证明审计机关的审计意见具有不真实、不客观情形，人民法院可以准许当事人补充鉴定、重新质证或者补充质证等方法纠正审计意见存在的缺陷。上述方法不能解决的，应当准许当事人申请对工程造价进行鉴定"。

关联判例

海南三亚湾新城开发有限公司、海南第二建设工程有限公司建设工程施工合同纠纷案

（2021）最高法民申1739号

【裁判要旨】

合同约定以审计结论为准，并不影响人民法院对审计机构出具报告的合法性、合理性负有审查义务及权利，实践中也不宜不经审查就直接予以采纳。如果确有证据证明审计结论存在错漏，则可以根据当事人一方的申请，通过司法鉴定确定工程价款。

【基本案情】

2011年2月28日，海南第二建设工程有限公司（以下简称二建公司）与海南三亚湾新城开发有限公司（以下简称新城公司）签订《施工合同》，该合同约定：工程名称为三亚湾新城水系项目河道排洪工程第伍标（B3和C

① 参见邬砚：《建设工程合同纠纷：254个裁判规则深度解析》，法律出版社2018年版，第114页。

标）段，合同价款暂定为46452649.33元，以三亚市财政局投资评审中心审核结果作为该工程的预算造价，工程浮动率为-0.29%，工程量按实结算；竣工结算以审计部门评审结果为准。

二建公司于2015年5月29日向新城公司报送竣工结算书，报请结算款为60370937.46元。新城公司以工程结算未通过审计部门审核为由未支付剩余工程款。2018年7月26日，三亚市审计局作出三审投报〔2018〕86号审计报告，审计核定项目成本金额为32060988.03元。二建公司不同意按审计报告结算工程款，遂诉至该院。

【裁判摘要】

最高人民法院认为，根据原审法院查明的事实，二建公司与新城公司通过合同约定以海南省三亚市财政局投资评审中心审核结果46452649.33元作为预算造价，该价格亦为中标合同价。三亚市审计局出具审计报告核定案涉工程造价为32060988.03元，远低于预算造价和中标合同价，仅为69%。而二建公司于原审中表示在施工过程中有增加签证工程量并提供相应签证作为证据予以证明。新城公司虽表示签证只是证明工程量有变更，同时主张工程量有减少，但未对其主张提供证据予以证明。事实上，案涉工程经竣工验收交付使用多年，三亚市审计局未能在合理期限内作出审计报告。一般而言，人民法院在审理工程价款结算纠纷案件中，如果当事人明确约定"竣工结算以审计部门评审结果为准"，则应尊重当事人的意思自由，按照约定处理；这并不影响人民法院对审计机构出具报告的合法性、合理性负有审查义务及权利，实践中不宜不经审查就直接予以采纳。如经审查，确有证据证明审计意见（或结论）存在明显不真实、不客观、不合理之处，该审计意见则不应作为认定案涉工程价款结算的依据。该观点亦可见于《2015年全国民事审判工作会议纪要》第49条关于"承包人提供证据证明审计机关的审计意见具有不真实、不客观情形，人民法院可以准许当事人补充鉴定、重新质证或者补充质证等方法纠正审计意见存在的缺陷。上述方法不能解决的，应当准许当事人申请对工程造价进行鉴定"的内容。

三、“背靠背”条款

| 导读 |

我国建筑市场呈现显著的买方市场特征，叠加行业资金密集型属性，尽管国家相关部门三令五申不得拖欠工程价款，但工程款拖欠问题长期难以根治，且已日趋普遍。处于行业中间环节的总包企业为了转嫁风险或减轻资金压力，通常会在合同中设置“以收到第三方的相关合同款项作为其支付本合同相关款项的前提条件”的条款，这就形成“背靠背”条款。

在建筑产业链风险传导机制中，“背靠背”条款以其独特的风险递延逻辑，已成为平衡市场主体资金压力与交易安全的制度性工具。这种以第三方支付作为本约履行前提的条款设计，本质上是买方市场格局下总包商风险防御策略的契约化表达，其制度效能与法律风险的双重性，深刻映射出建筑市场信用体系与法治保障之间的结构性矛盾。

“背靠背”条款的演化呈现三个维度创新：其一，功能维度从单纯的付款条件扩展至质量验收、结算比例等复合型义务关联，形成覆盖全周期的风险隔离网络；其二，结构维度突破传统线性债务关系，通过多层嵌套构建起跨合同的网状责任体系；其三，效力维度衍生出附期限生效型、附条件解除型等变体，极大增强条款适用的场景适配性。这种条款异化现象，使“背靠背”机制从风险缓释工具异化为债务转移通道，诱发中小企业现金流断裂的系统性风险。

“背靠背”条款的治理难题实质是建筑市场信用缺失的法治体现。2024 年 8 月 27 日，最高人民法院《关于大型企业与中小企业约定以第三方支付款项为付款前提条款效力问题的批复》，规定大型企业在建设工程施工、采购货物或者服务过程中，与中小企业约定背靠背支付条款无效，体现了“背靠背”条款正经历从“放任自治”向“适度干预”的模式转型。

【术语解读】

所谓的“背靠背”条款，是指在建设工程分包合同中约定“发包人与承包人结算或向承包人支付价款后，承包人才与分包人结算或向分包人支付价款”的条款。

“背靠背”条款源于西方的“pay if pay”“pay when pay”条款。“背靠背”条款的核心是风险转移，即将下游合同的结算或价款支付与上游合同的实际履行进行挂钩，以达到规避风险的目的。我国法律、行政法规及最高人民法院司法解释均未对“背靠背”条款进行相关规定，理论界和实务界对“背靠背”条款的争议主要在性质争议和效力争议两个方面。

（一）性质争议

理论界和实务界对“背靠背”条款的性质争议主要包括附条件条款、附期限条款和既非附条件也非附期限条款三种不同观点。

观点一：附条件条款。

该观点认为，分包合同约定，发包人与承包人结算或向承包人支付价款后，承包人才与分包人结算或向分包人支付价款，而发包人是否与承包人结算或向承包人付款具有不确定性，符合《民法典》第 158 条附条件法律行为的规定，[①] 属于典型的附条件条款。

如最高人民法院在（2020）最高法民终 106 号“中国建筑一局（集团）有限公司、沈阳祺越市政工程有限公司建设工程施工合同纠纷案”中，对“背靠背付款条件是否已经成就”问题认为，中国建筑一局（集团）有限公司（以下简称中建一局）提出双方约定了在大东建设未支付工程款情况下，中建一局不负有付款义务。但是，中建一局的该项免责事由应以其正常履行协助验收、协助结算、协助催款等义务为前提，作为大东建设工程款的催收义务人，中建一局并未提供有效证据证明其在盖章确认案涉工程竣工后至本案诉讼前，已积极履行以上义务，对大东建设予以催告验收、审计、结算、收款等。相反，中建一局工作人员房某的证言证实，中建一局主观怠于履行职责，拒绝沈阳祺越市政工程有限公司（以下简称祺越公司）的要求，始终未积极向大东建设主张权利，该情形属于原《合同法》第 45 条第 2 款规定附条件的合同中当事人为自己的利益不正当地阻止条件成就的，视为条件已成就的情形，故中建一局关于“背靠背”条件未成就、中建一局不负有支付义务的主张，理据不足。

观点二：附期限条款。

该观点认为，尽管合同约定承包方与分包人结算或支付工程款是以发包方与

① 《民法典》第 158 条规定：“民事法律行为可以附条件，但是根据其性质不得附条件的除外。附生效条件的民事法律行为，自条件成就时生效。附解除条件的民事法律行为，自条件成就时失效。”

承包方结算或支付为前提的，但承包人在发包人履行结算或付款义务后，必须按照分包合同约定向分包人支付工程款。当工程完工并经质量验收合格后，发包方即应按承包合同的约定向承包方支付工程款，虽然看似发包方支付工程款的期限不确定，但发包方支付工程款的事件一定会发生，仅存在时间早晚问题。因此，“背靠背”条款只是影响了承包方向分包方支付工程款的期限，应理解为附期限条款。

观点三：既非附条件也非附期限条款。

该观点认为，从法律规定来看，民事法律行为的附条件和附期限在民事法律体系中具有特定含义，即附条件是指附生效条件或者失效条件，附期限是指附生效期限或者失效期限，如果将“背靠背”条款理解为附条件或附期限，那么“总承包人收到发包人支付的工程款”就成为该“背靠背”条款所附的生效条件或生效期限。而从“背靠背”条款来看，显然该条款不是关于民事法律行为效力的约定。

（二）效力争议

在司法实践中，对“背靠背”条款的效力及法律后果存在多种不同的认识，主要包括有效、无效和约定不明三种。

观点一：“背靠背”条款有效。

该观点认为，《民法典》第 143 条规定：“具备下列条件的民事法律行为有效：（一）行为人具有相应的民事行为能力；（二）意思表示真实；（三）不违反法律、行政法规的强制性规定，不违背公序良俗。”“背靠背”条款是承包人与分包人真实意思表示，作为商事主体，知其后果并自愿承担，是其自身权利处分，内容不违反法律、行政法规的强制性规定，不违背公序良俗，应当认定为有效。北京市高级人民法院《关于审理建设工程施工合同纠纷案件若干疑难问题的解答》第 22 条规定：“分包合同中约定待总包人与发包人进行结算且发包人支付工程款后，总包人再向分包人支付工程款的，该约定有效……”

观点二：“背靠背”条款无效。

在司法实务中，认为“背靠背”条款无效，主要有以下理由：（1）违反公平原则。《民法典》第 6 条规定：“民事主体从事民事活动，应当遵循公平原则，合理确定各方的权利和义务。”而建设工程分包合同中的“背靠背”条款，属于排除对方主要权利的条款，不合理转嫁风险，违反公平原则，应无效。（2）其为无效格式条款。《民法典》第 497 条第 2 项规定，提供格式条款一方不合理地免除或者减轻其责任、加重对方责任、限制对方主要权利，该格式条款无效。而建设工程分包合同中的“背靠背”条款，属于“提供格式条款一方不合理地免除或者减轻其责任、加重对方责任、限制对方主要权利”的条款，应无效。

观点三：“背靠背”条款属于约定不明。

该观点认为，发包人与承包人结算或向承包人支付价款后，承包人才与分包人结算或向分包人支付价款，但未约定具体的结算和付款时间，应视为付款时间约定不明。合同生效后，当事人就质量、价款或者报酬、履行地点等内容没有约定或者约定不明确的，可以协议补充；不能达成补充协议的，按照合同相关条款或者交易习惯确定。

（三）最高人民法院对“背靠背”条款的解读

《最高人民法院民二庭第 7 次法官会议纪要》（2017 年 12 月 2 日）就“不确定履行期限的确定规则”指出采取履行期限说，明确：“当事人对已经存在的确须履行的债务，约定当未来的某一不确定事实发生时履行，此类约定形式上看是有关履行条件的约定，但就其本质而言则是有关履行期限的约定，只不过约定是不确定的履行期限。如何在诉讼中将不确定的履行期限确定下来，是司法的纠纷解决功能的必然要求。根据诚实信用原则，可以商业人士的合理预期为标准确定合理的期限，该合理的期限就是履行期限。合理期限经过后，债务人仍未履行债务的，债权人即可请求履行。另一方面，鉴于不确定履行期限在期限的不确定性上近于条件，故可类推适用《合同法》（现为《民法典》合同编）第 45 条有关条件拟制成就的规定，在当事人为自己的利益不正当地阻止该不确定事实发生或该不确定事实确定不发生时，视为履行期限已经届满，债权人可直接请求债务人履行义务。”

《最高人民法院第二巡回法庭 2021 年第 17 次法官会议纪要》在“以第三人的履行作为履行条件的约定的效力”中法官会议意见采取“履行附期限说”，再次明确“当事人约定以第三人的履行作为一方履行债务的条件，该约定是对债务人何时履行债务所作的约定，不影响合同的效力，不属于附条件或附期限的法律行为。在合同有效的情况下，债务人负有确定的履行义务。就此而言，该约定形式上属于对履行所附的条件，但实质上则是附期限履行的约定。如果所附期限是明确的，则应当按照约定的期限履行；反之，难以确定第三人何时履行，即所附期限不明确的，依据《民法典》第 511 条第 4 项之规定，债务人可以随时履行，债权人也可以随时请求履行，但是应当给对方必要的准备时间。所附期限是否明确，依据'谁主张，谁举证'的规则，应当由抗辩不应履行的债务人承担举证责任"。

2024 年 8 月 27 日，最高人民法院发布《关于大型企业与中小企业约定以第三方支付款项为付款前提条款效力问题的批复》（法释〔2024〕11 号），批复如下："一、大型企业在建设工程施工、采购货物或者服务过程中，与中小企业约定以收到第三方向其支付的款项为付款前提的，因其内容违反《保障中小企业款项支付条例》第六条、第八条的规定，人民法院应当根据民法典第一百五十三条第一款的规定，认定该约定条款无效。二、在认定合同约定条款无效后，人民法院应当根据案件具体情况，结合行业规范、双方交易习惯等，合理确定大型企业的付款期限及相应的违约责任。双方对欠付款项利息计付标准有约定的，按约定处理；约定违法或者没有约定的，按照全国银行间同业拆借中心公布的一年期贷款市场报价利率计息。大型企业以合同价款已包含对逾期付款补偿为由要求减轻违约责任，经审查抗辩理由成立的，人民法院可予支持。"

【司法实务】

问题 1. 如何理解"背靠背"支付条款的性质？

"背靠背"条款通常是总承包人为了避免自己在没有收到业主工程款时向分包人支付工程价款，利用买方优势地位在分包合同中设置以总包收到价款作为支付分包价款条件的条款，从而达到风险转嫁及减少资金占有双重目的。在该种约定中，分包方承受所有支付风险和资金压力，尤其是在总包方怠于向建设方主张价款时，分包方无法获取工程价款，这与等价有偿相违背，造成双方利益失衡，违背公平原则与诚实信用原则。

关于"背靠背"条款的性质，历来都是争议热点，目前理论界和实务界对此有三种不同观点：[1]

① 参见常设中国建设工程法律论坛第八工作组：《中国建设工程施工合同法律全书——词条释义与实务指引》，法律出版社 2019 年版，第 336 页。

第一种观点认为，“背靠背”条款属于附条件条款。该种观点认为把发包人付款设置为总包方付款条件，而发包人是否付款及何时付款均具有不确定性，“背靠背”条款具有附条件条款的典型特征。

第二种观点认为，“背靠背”条款属于附期限条款。该种观点认为分包人已经按照合同约定履行义务，总包人应当支付价款，尽管“背靠背”条款改变了价款支付时间，但支付价款是确定的事。

第三种观点认为，“背靠背”条款既非附条件也非附期限条款。该种观点认为，附条件和附期限条款均是民事法律行为生效或失效的条件或期限，而“背靠背”条款自合同生效时已经生效，不存在附条件及附期限生效问题。

笔者认为，“背靠背”条款的性质不能一概而论，要基于签约时的签约状态、当事人的真实意思及“背靠背”条款的具体约定综合分析。

一、在通常情况下，“背靠背”条款不属于民事法律行为的“附条件”条款[①]

一般来说，“背靠背”条款不属于民事法律行为的“附条件”条款。“背靠背”条款的本质是一种付款条件，在形式上与民事法律行为的“附条件”条款有很多类似之处，如条件均是由当事人自行约定的，作为民事法律行为内容的一部分；条件的内容均有一定的或然性；均约定的是只有条件成就对应的民事法律行为方可履行。

但是，“背靠背”条款的“付款条件”与民事法律行为的“附条件”有本质区别。（1）民事法律行为中的“附条件”，是指当事人以未来客观上不确定发生的事实作为民事法律行为效力的附款，该附款不属于民事法律行为本身内容，而“付款条件”则是民事法律行为自身内容的一部分。（2）民事法律行为中的“附条件”，是当事人用以限定民事法律行为生效或失效的附属意思表示，条件具备时民事法律行为生效，条件不具备时民事法律行为不生效。尽管“背靠背”条款中的“付款条件”的内容也指向另一个不确定事实，但该不确定事实不能决定付款条款本身的生效与失效。（3）法律上的“附条件”对应的是民事法律行为即整个合同，而不是合同的一个条款。有观点认为，合同可以附条件或附期限，同样，合同条款亦可以附条件或附期限，“背靠背”条款属于设置在合同条款上的

① 《民法典》第 158 条规定：“民事法律行为可以附条件，但是根据其性质不得附条件的除外。附生效条件的民事法律行为，自条件成就时生效，附解除条件的民事法律行为，自条件成就时失效。”

附款，属于附条件条款。笔者认为，法律没有规定合同的条款可以附条件，该种解释属于类推。且不说该类推是否合理，按此类推认定“背靠背”条款是附条件条款，根据条件是否成就会得出两种可能：一是条件成就，甲方应当根据合同约定付款；二是条件不成就，根据《民法典》第158条规定，“附生效条件的民事法律行为，自条件成就时生效”，该条款不生效，而部分条款无效或未生效不影响其他合同条款效力，故在乙方向甲方主张工程价款时，甲方仍然不能以无效或未生效的条款抗辩，甲方也要支付价款。这显然进入一个悖论，即无论“背靠背”条件是否成就，甲方都要即时支付价款，这与甲方设置“背靠背”条款的初衷亦不相符。①

二、“背靠背”条款不属于民事法律行为的“附期限”条款②

“背靠背”条款与民事法律行为的“附期限”条款有明显区别。首先，两者在效力确定上有明显区别。所谓“附期限的民事法律行为”是指当事人在民事法律行为中设定一定的期限，并将该期限的到来作为民事法律行为效力发生或者消灭根据的民事法律行为。其中所谓的“期限”是限制民事法律行为效力的附款，在期限到来之前，民事法律行为并未生效，民事权利义务尚未发生，而“背靠背”条款的效力并不因付款条件是否成就而改变。其次，双方在附款条件的确定性上有明显区别。附期限的民事法律行为中的“期限”是指当事人以将来客观确定到来的事实作为决定法律行为效力的附款，民事法律行为一定是未来必然发生的，不具有或然性，而“背靠背”条款中的付款条件是基于发包方的附款，尽管发包方负有附款义务，但并不意味着客观上该附款义务确定能够履行，发包方能否实际支付工程款，带有不确定性，如建设方破产而不能清偿等。

三、“背靠背”条款应属于“履行期限”条款

首先，“履行期限”与民事法律行为的“附期限”不是同一概念。履行期限是当事人对已经生效的民事法律行为的履行义务所施加的期限限制，此时民事法律行为已经生效，只是由于履行期限尚未届至，当事人所负义务没有强制履行的

① 参见常设中国建设工程法律论坛第八工作组：《中国建设工程施工合同法律全书——词条释义与实务指引》，法律出版社2019年版，第336页。

② 参见《民法典》第160条规定，民事法律行为可以附期限，但是根据其性质不得附期限的除外。附生效期限的民事法律行为，自期限届至时生效。附终止期限的民事法律行为，自期限届满时失效。

效力，这就意味着履行期限届至前义务人可以不履行义务，权利人也不得要求义务人履行义务，而对于附生效期限的民事法律行为而言，在期限到来前，民事法律行为并未生效，民事权利义务尚未发生。[①]其次，履行期限分为确定期限和不确定期限。"背靠背"条款所约定的"甲方在收到建设方支付价款后的一定期限内向乙方支付"，属于不确定期限。最后，尽管双方约定的属于不确定期限，但该期限受到合理期限的限制，即发包方按照约定应当向总包方付款的期限，这是双方在签约时可以预见的期限，也是分包方的容忍期限。因为"背靠背"条款约定的付款条件只能延迟付款，并不能阻止付款，其有权抗辩暂时拒绝支付价款，但其付款义务并不因此消灭；同时，分包人享有的价款请求权也不因此消灭。[②]如果超出该期限，总包方享有的只是期限利益消灭，应当依据公平原则认定履行期限已至。如果超出该期限，依然认为付款条件不成就，则形成总包方在没有对应资金投入的情况下，可以获取发包方迟延付款利息；而分包方在已经完全履行合同义务后，无法获取工程价款且无法获取利息补偿，这不符合公平原则，且会促使总包方恶意阻碍支付条件的成就。有观点认为，若将"背靠背"条款认定为是对价款支付期限的约定，则意味着该条款在分包合同生效时便已生效，在此种情况下，若总承包人恶意阻止条件成就，将会加大分包人救济难度甚至面临无法救济的境况。笔者认为，付款是总包方的义务，总包方应当遵循诚信原则，秉持诚实，恪守承诺原则履行合同，若总承包人恶意阻止条件成就，或该条件超出合理期限仍未成就，应视为总包方付款条件成就。

四、在特殊的交易模式下，"背靠背"条款可以认定为"附条件"条款

法律规定是有限的，但商业模式是多样的，在不同权利义务模式下，法律关系亦会有所变化。例如，建设方A公司发布招标公告对某装修工程进行招标，总包单位B公司符合所有条件并购买标书准备投标，B公司在投标前向分包单位C公司询价并签订意向书，B公司在标前常规调查中了解到发包人A公司的履约能力较差，且已经有了部分债务违约的在诉案件，遂决定放弃投标，并及时告知C公司，而C公司经评审认为此项目业绩是其打开该地区市场的关键，业绩价值远

---

① 参见最高人民法院民法典贯彻实施工作领导小组主编：《中华人民共和国民法典总则编理解与适用》（下），人民法院出版社2020年版，第801页。

② 参见何根平：《建设工程分包合同"背靠背"条款的理论和司法实务解析》，载民商法律网2022年5月31日，https：//www.civillaw.com.cn/t/?id=38586。

远大于投入成本，遂向B公司表示愿意承担包括无法回收工程价款在内的所有风险。在C方坚持和承诺的情况下，B公司中标并与C公司签订含有“背靠背”条款的分包合同。

笔者认为，C公司完全知道该项目的风险，甚至无法收回工程价款，但基于商业机会价值的考量，愿意承担该风险并促成该笔交易，在此种情形下，C公司已经通过承诺与合同条款改变了原有合同的主要权利义务对价方式，其本质上是约定B公司以业绩作为其履行合同的对价，该约定没有违反法律强制性规定，应当有效。对总包方B公司能否向C公司支付工程价款，设置了“建设方向总包方支付价款后”这一不确定的前置条件。双方的意思表示本质上含有两个相互牵连但又独立的民事合同，第一份合同是以分包方获取业绩为主要目的的施工合同，第二份合同是以“B公司收到A公司工程价款”为前提的付款合同。附条件的价款支付合同在条件未成就之前不生效，分包人不得向总包人主张权益，否则对总包人不公平，违反了意思自治和诚实信用原则。总包人未按照与建设方签订的合同约定向建设方主张工程价款的，视为不正当地阻止条件成就，则应视为支付条件成就，支付合同生效。

关联判例

广州市先进油库有限公司与中国石化燃料油销售有限公司福建分公司、中国石化燃料油销售有限公司合同纠纷案

（2021）最高法民申5750号

【裁判要旨】

1. 如果连环交易中的某一合同约定，一方合同义务（包括支付价款在内）的履行须在其他连环交易主体的履行行为完成后进行，当对这一条款的理解存在分歧时，法律适用的一般原则是，应将该条款理解为关于履行期间的具体约定，而非关于履行条件的约定。

2. 如果某一连环交易合同的双方当事人经过充分磋商，明确约定一方合同义务的履行以合同以外的其他连环交易主体向其履行的行为成就作为前置条件，在合同中采取了类似“只有在第三人向被告作出相应履行后，被告才

向原告履行”表述的条款，那么应将此类合同条款理解为附条件条款。因为在这里，合同双方已经明白无误地表明了一方履行行为须待他人向其履行完毕作为前置条件的一致意思表示。该类条款不应再被理解为关于履行期间的条款。

【裁判摘要】

本案的争议焦点在于对双方采购合同关于支付结算约定的理解和适用。该采购合同第 9 条第 2 款约定，乙方中国石化燃料油销售有限公司福建分公司（以下简称中石化福建分公司）按照结算数量在收到最终用户货款和甲方广州市先进油库有限公司（以下简称先进油库公司）开具的增值税发票后的 2 个工作日内支付全部货款。先进油库公司认为，该条款属于附期限民事法律行为；即使将该条约定定性为附条件的民事法律行为，仍存在最终用户的对象约定不明确以及履行期限约定不明确两个问题；先进油库公司已经在 2014 年 2 月向中石化福建分公司交付了货物，如果不能获得对价，则显失公平；从诚实信用原则出发，案涉支付结算条款应当理解为经过一定宽限期后，不管中石化福建分公司是否从最终用户收回货款，其都应当向先进油库公司支付货款。中石化福建分公司、中石化公司认为，该条款应为附条件条款，因付款条件尚未成就，其不应向先进油库公司支付货款。

法院认为，从原审已经查明的基本事实看，本案双方所签订的《燃料油采购合同》系有关各方就同一合同标的物进行连环购销的一环。通常而言，即使在连环购销的安排下，各个买卖合同仍不失其独立性和相对性，任何一个合同的当事人均应依约向其相对方履行合同义务，若未能完全履行合同义务亦应向其相对方承担相应违约责任。就同一标的物在不同民事主体之间所签订的连环交易，最终能否实现各个合同目的，取决于每一个交易主体的履行行为。如果连环交易中的某一合同约定，一方合同义务（包括支付价款在内）的履行须在其他连环交易主体的履行行为完成后进行，当对这一条款的理解存在分歧时，法律适用的一般原则是，应将该条款理解为关于履行期间的具体约定，而非关于履行条件的约定。因为在一般情况下，合同签订以后，合同一方期待合同对方在合理期间内向其履行是合同应有之义，而不会去考虑对方是否能够向自己履行还要取决于一定的前置条件是否成就。换言之，合同任何一方的履行，都不应该总是建立于一定条件是否成就的基础上，否则，连合同应当履行这样理所当然的事情，都将处于一种变动不居的状态，显然不符合社会生活常识。如果对这类条款作相反的理解和适用，将会诱使居于合同有利地位的一方怠于行使相关合同权利和怠于做好必要的履行准备，势将在多个连环交易合同中产生大面积的违约，显然不符合合同严守的法律适用原则。对于该类条款所约定的履行期间的确定，应当考虑其他连环交易主体的合理的履行期间，如果其他连环交易主体在约定的或法定的履行期间内没有向本合同的义务人履行，经过一定合理宽限期后，合同权利人有权要求合同义务人向其履行。

但是，如果某一连环交易合同的双方当事人经过充分磋商，明确约定一方合同义务的履行以合同以外的其他连环交易主体向其履行的行为成就作为前置条件，在合同中采取了类似“只有在第三人向被告作出相应履行后，被告才向原告履行”表述的条款，那么应将此类合同条款理解为附条件条款。因为在这里，合同双方已经明白无误地表明了一方履行行为须待他人向其履行完毕作为前置条件的一致意思表示。该类条款不应再被理解为关于履行期间的条款。具体到本案，先进油库公司与中石化福建分公司以及第三人盈昌公司之间，存在就案涉3000吨重交通道路石油沥青的连环购销关系。该连环采购合同的签订，系在盈昌公司与先进油库公司之间已达成购销案涉合同标的物的基本意向前提下，因第三人盈昌公司自有资金不足，需由先进油库公司先行向案外人支付货款，先进油库公司出于保证货款安全的考量与中石化福建分公司而非盈昌公司签订案涉采购合同。判断先进油库公司与中石化福建分公司之间采购合同第9条第2款乙方（中石化福建分公司）按照结算数量在收到最终用户货款和甲方（先进油库公司）开具的增值税发票后的2个工作日内支付全部货款的约定，属于履行期间条款还是履行条件条款，需结合合同的签订目的和动机来分析和认定。就先进油库公司一方而言，其签订合同的动机和目的在于确保其已支付给他人的采购资金能安全回款；就中石化福建分公司而言，其已充分认识到先进油库公司的交易动机，为避免自己处于不利的合同地位而在合同中作出上述约定。有关合同签订的动机，除非在合同中有明确约定，否则不能视为合同内容，对合同当事人不产生约束力。因此，将该合同条款理解为关于货款支付条件的约定，更符合本案合同签订的实际背景。

至于该款约定是否存在不合理地加重出卖人的合同责任与交易风险，并将第三人的违约风险转嫁给出卖人，造成双方利益严重失衡的问题，不应仅从合同约定的内容来进行分析和判断，而应考察该合同约定的内容在合同双方磋商、订立以及履行过程中，是否存在一方利用优势地位或者合同对方的不利形势和地位，进而违背合同对方的真实意思，构成了合同权利的滥用。如果该有关付款条件的约定是基于合同各方对交易现状的客观认识，充分考虑到了各方的权利义务情况下所签，则难以造成双方利益失衡，违背公平原则与诚实信用原则。考察中石化福建分公司通过分别与先进油库公司以及盈昌公司之间所签的购销合同，即使在合同正常履行的情况下，中石化福建分公司也仅获利 9 万元，即（4601 元 / 吨 −4571 元 / 吨）×3000 吨，如果因此由中石化福建分公司承担类似于对合同总价款保证责任的货款赔偿责任，显然并非中石化福建分公司的真实意思表示。与此相反，基于仅仅获利 9 万元的客观情形，中石化福建分公司与先进油库公司在合同中约定交付货款的前置要件，以保证合同双方权利与义务的均衡和对等，并未造成双方利益严重失衡。

问题 2.“背靠背”支付条款的效力？

法律、法规及相关司法解释没有对“背靠背”条款进行规定，理论界和实务界对“背靠背”条款的效力有不同观点：

第一种观点认为，“背靠背”条款是合同条款，合同是平等民事主体间真实意思表示，属于对自己民事权利的处置，在合同没有违反法律强制性规定而无效的情况下，不宜认定“背靠背”条款无效。

第二种观点认为，分包人履行自身义务，收取工程价款是其法定权利，而“背靠背”条款则是以“发包人是否支付、支付多少”等不确定因素为支付条件确定分包人能否获取价款，明显限制了分包人收取工程价款的法定权利，有违等价有偿、公平原则，“背靠背”条款应属无效。

第三种观点认为，“背靠背”条款属于格式条款，根据法律规定应属无效。

第四种观点认为，“背靠背”条款应为有效，但其适用必须满足一定的前提条件。

笔者认为应根据具体情况进行分析。

一、主合同无效，“背靠背”条款无效

一般来说，合同无效，除有关解决争议方法的条款外，[①]其他合同条款均无效，故含有“背靠背”条款的分包合同无效，分包合同约定的支付分包工程款以建设单位对承包人付款为前提的条款无效，该约定对分包人不具有法律约束力，分包人可以基于法律规定及合同约定向承包人主张价款。例如，广东省广州市中级人民法院在（2022）粤01民终3175号民事判决书中认为：“至于景晖公司上诉主张双方在合同中约定背靠背条款，因业主单位还没有与其进行最终结算，故其无须支付粤林公司工程款问题。本院对此认为，由于双方签订的《园林绿化工程专业分包合同》无效，故该约定亦无效，在涉案绿化工程已经验收合格情况下，粤林公司要求景晖公司支付工程款依据充分，本院予以支持，景晖公司该项上诉主张不成立，本院不予支持。”

二、主合同有效，“背靠背”条款通常有效

根据《民法典》的规定，依法成立的合同，对当事人具有法律约束力，当事人应当按照约定全面履行自己的义务。“背靠背”条款本质上是对付款条件的一种约定，即在付款条件成就时分包方可以向总包方主张价款，付款条件未成就时，分包方无权向总包方主张价款。该约定是当事人真实意思表示，没有违反法律强制性规定，应当属于有效。如最高院人民法院在“银川鹏曦劳务有限公司与被申请人中建安装集团有限公司建设工程施工合同纠纷案”[（2021）最高法民申1286号]中认为，根据《劳务分包合同》约定，富地公司付款迟延导致中建安装集团有限公司（以下简称中建安装公司）付款相应迟延，银川鹏曦劳务有限公司（以下简称鹏曦公司）不得要求任何索赔。分包方与发包方签订本条款的初衷在于和总包方共同承担业主迟延支付工程款的风险，系当事人对自身权利义务的安排，系双方当事人的真实意思表示，内容不违反法律强制性规定，应

① 《民法典》第507条规定：“合同不生效、无效、被撤销或者终止的，不影响合同中有关解决争议方法的条款的效力。”

认定为合法有效。北京市高级人民法院《关于审理建设工程施工合同纠纷案件若干疑难问题的解答》第 22 条针对“分包合同中约定总包人收到发包人支付工程款后再向分包人支付的条款的效力如何认定”的答复为：分包合同中约定待总包人与发包人进行结算且发包人支付工程款后，总包人再向分包人支付工程款的，该约定有效。

三、“背靠背”条款与格式条款

（一）“背靠背”条款是否属于格式条款

《民法典》第 496 条第 1 款规定，格式条款是当事人为了重复使用而预先拟定，并在订立合同时未与对方协商的条款。格式合同一般由经济上处于优势地位的一方当事人提供。[①] 建筑行业是典型的买方市场，对于分包单位而言，总承包企业具有绝对的优势地位。其与分包单位所签署的分包合同，通常为预先拟定、反复使用、不容更改的范本合同。对分包人而言，很难对合同的实质性内容进行协商修改。因此，大部分情况下，建设工程分包合同中的“背靠背”条款属于格式条款。

（二）“背靠背”条款是否因格式条款而无效

依法成立的合同，受法律保护。格式条款并非天然的无效条款，除非符合法律规定的无效情形。[②]《民法典》第 497 条规定：“有下列情形之一的，该格式条款无效：（一）具有本法第一编第六章第三节和本法第五百零六条规定的无效情形；（二）提供格式条款一方不合理地免除或者减轻其责任、加重对方责任、限制对方主要权利；（三）提供格式条款一方排除对方主要权利。”

1. 关于法律行为无效的一般性情况

《民法典》第一编第六章第三节和第 506 条规定了四类合同无效的情形：①行为人与相对人以虚假的意思表示实施的民事法律行为；②违反法律、行政法规的强制性规定的民事法律行为，及违背公序良俗的民事法律行为；③行为人与相对人恶意串通，损害他人合法权益的民事法律行为；④造成对方人身损害和因故

---

① 参见最高人民法院民法典贯彻实施工作领导小组主编：《中华人民共和国民法典合同编理解与适用》（第 1 册），人民法院出版社 2020 年版，第 242 页。

② 参见最高人民法院民法典贯彻实施工作领导小组主编：《中华人民共和国民法典合同编理解与适用》（第 1 册），人民法院出版社 2020 年版，第 250 页。

意或重大过失造成对方财产损失的两种免责条款。发承包双方在合同中签有“背靠背”条款，并不违反上述法律规定，故不能基于此认定“背靠背”条款无效。

2. 关于“背靠背”条款是否不合理免除或减轻己方责任、加重对方责任限制对方主要权利

合同是民事主体之间设立、变更、终止民事法律关系的协议，是双方权利义务的体现。公平合理、等价有偿是签订和履行合同的基本原则。民事主体签订合同是为了交易，其本质目的各取所需，目的不同，交易价值自然不同，在一定范围内的浮动自然属于合理。提供格式条款的一方通过格式条款免除或减轻己方责任、加重对方责任、限制对方主要权利并不必然导致该条款无效，只有达到“不合理”的程度才能构成无效条款。

尽管分包合同有“总包方在收到建设方工程价款后向分包方支付价款”或“总包方在收到建设方工程价款时向分包方支付价款的条件”之类的约定，该约定确实在一定程度上降低了总包方的风险、限制了分包方的权利，但其具有一定合理性，并没有达到“不合理”的程度。首先，对于发包方来说，总包方和分包方均是建设工程的施工方，属于通过施工把人工、材料、机械等物化至建设工程产品并以此换取货币的一方，总包方需要对分包方的质量承担连带责任。[①] 连带责任的内容应包含权利和义务两方面，完成分包工程并确保分包工程质量是总分包双方的共同义务，而收取建设单位的工程款是双方共同的权利。[②] 因此，总分包双方关于“待收到建设单位工程款后再支付分包方工程款”的约定是风险共担、利益共享的体现。其次，“背靠背”条款是建筑行业的普遍性条款，不管是 BT 模式、EPC 模式还是平行发包模式，不管是总包合同、分包合同还是劳务合同，甚至买卖合同及租赁合同，均有“背靠背”条款。对于有经验的承包商或分包商应当足够了解“背靠背”条款，对其欲参与的项目做充分调研，包括发包方的开发周期、履约状况，对风险较大的项目可以提高价格或选择性放弃等方式处理。再次，“背靠背”条款是总包方减轻资金压力和合理分化风险的手段，仅能起到延迟付款，不能拒绝付款，不免除总包方的支付义务，也不消灭分包人获取价款的

① 参见《建筑法》第 29 条第 2 款规定，建筑工程总承包单位按照总承包合同的约定对建设单位负责；分包单位按照分包合同的约定对总承包单位负责。总承包单位和分包单位就分包工程对建设单位承担连带责任。

② 参见朱树英：《工程合同实务问答》（第 2 版），法律出版社 2011 年版，第 100 页。

权利。最后，合同是双方真实意思表示，是经过各自对利益权衡后的选择，风险与利润的均衡，没有不合理。

3. 关于“背靠背”条款是否排除对方主要权利

《民法典》第497条第3项规定，提供格式条款一方排除对方主要权利的格式条款无效。根据该条规定，格式条款必须具有“排除”、“主要权利”两个条件方可构成条款无效。排除意为除掉、消除，限制以为约束，二者程度不同[①]，仅为限制权利并不当然构成无效。“主要权利”需要根据合同性质本身来确定，对于分包合同来说，获取工程价款是分包人的主要权利。“背靠背”条款仅延缓了分包方获取价款的进程，但其获取价款的权利并不因此被消灭，不存在排除对方主要权利情形。

（三）关于“背靠背”条款提供方的提示或者说明义务

《民法典》第496条第2款规定，提供格式条款的一方未履行提示或者说明义务，致使对方没有注意或者理解与其有重大利害关系的条款的，对方可以主张该条款不成为合同的内容。根据该条规定，格式条款不为合同内容的构成要件有两个：一是提供格式条款的一方未履行提示或者说明义务；二是致使对方没有注意或者理解与其有重大利害关系的。根据提示及说明义务，以下逐一进行分析。

1. 关于“背靠背”条款存在的提示或者说明义务

格式合同通常是由具有优势地位的一方提供，格式条款也当然地会偏向合同提供方。提供格式条款的当事人有充足的时间和精力研究对自己有利的合同，但对方往往很难有时间在短时间内正确地理解合同条款。[②] 对于总包方在分包合同设置“背靠背”条款，应当给予分包人提示或者按照分包方要求进行说明，这是法律对提供格式条款当事人的一种要求。笔者认为，即便总包人没有对“背靠背”条款的存在进行提示和说明，也不影响该条款的存在。理由有三：①“背靠背”条款在分包合同中已经普遍存在，近乎成为惯例；②作为合法的分包单位必然是有经验的承包商或分包商，其理应对“背靠背”条款熟悉，不

① 参见最高人民法院民法典贯彻实施工作领导小组主编：《中华人民共和国民法典合同编理解与适用》（第1册），人民法院出版社2020年版，第252页。

② 参见江必新、何东宁等：《最高人民法院指导性案例裁判规则理解与适用（合同卷一）》，中国法制出版社2012年版，第113页。

存在利用专业优势的不对等性造成理解性偏差；③分包合同不是即时性合同，不论是经过招投标还是直接发包，均要经过按图计量或按清单计价的过程，这个过程需要一段合理的时间，分包方完全有时间研究合同条款，不存在利用时间优势限制分包人。

2. 关于“背靠背”条款指向性内容的提示或者说明义务

“背靠背”条款约定总包人在收到发包方工程价款后再向分包方支付价款，发包人在何时向总包方支付价款由发包方与总包方之间的建设工程施工合同约定。作为“背靠背”条款指向性内容的《建设工程施工合同》，其支付条款足以影响总包方向分包方价款支付，总包人有义务在签订含有“背靠背”条款的分包合同时向分包人作披露。根据披露的时间不同，可分为合同签订前披露、合同签订后披露和一直未披露三种情况，[①] 其后果并不相同。

第一，总包合同在分包合同签约前或签订时向分包人披露建设工程施工合同内容，总包人完成了格式条款的提示或者说明义务，该条款随合同生效而生效，对双方具有法律约束力。

第二，总包合同在分包合同签约之后向分包人披露建设工程施工合同内容，“背靠背”条款为有效，但是否可撤销，要依据总包人是否有欺诈，[②] 或总包合同条款是否与行业惯例及交易习惯形成巨大反差，使分包人构成重大误解进行判断。[③]

第三，总承包人一直未向分包人披露建设工程施工合同内容，该“背靠背”条款应处于未成立状态，对双方不产生法律约束力，其法律后果等同于合同未约定“背靠背”条款。

3. 关于“背靠背”条款指向性内容变动的提示或者说明义务

对于“背靠背”条款指向性内容变动可分为对分包人友好与不友好两种情形。对分包人友好指的是建设工程施工合同内容变动对分包人有利，则应视为总包人让利，“背靠背”条款继续有效，且应按照变更后的合同履行；对分包人不友好

① 参见曹文衔、宿辉、曲笑飞：《民法典建设工程合同章条文释解与司法适用》，法律出版社 2021 年版，第 183 页。

② 参见《民法典》第 148 条规定，一方以欺诈手段，使对方在违背真实意思的情况下实施的民事法律行为，受欺诈方有权请求人民法院或者仲裁机构予以撤销。

③ 参见《民法典》第 147 条规定，基于重大误解实施的民事法律行为，行为人有权请求人民法院或者仲裁机构予以撤销。

指的是建设工程施工合同内容变动对分包人不利，除非经分包人重新确认，对分包人不具有约束力，"背靠背"条款仍应按变更前合同的相关条款履行。

四、"背靠背"条款的最新批复

2024年8月27日，最高人民法院发布《关于大型企业与中小企业约定以第三方支付款项为付款前提条款效力问题的批复》[①]（法释〔2024〕11号），该批复规定：大型企业与中小企业签订"背靠背"条款，因违反《保障中小企业款项支付条例》第6条、第8条[②]的规定而无效。

笔者认为，该批复有适用范围。（1）主体方面。该批复仅适用于大型企业与中小企业之间签订的合同。大型企业与中小企业是依据国务院批准的中小企业划分标准确定的。[③]（2）合同类别方面，仅适用于在建设工程施工、采购货物或者服务过程中签订的合同。该批复采取有限列举的方式确定了其适用的合同类别。（3）适用条件方面。《保障中小企业款项支付条例》第2条第2款规定："中小企业、大型企业依合同订立时的企业规模类型确定。中小企业与机关、事业单位、大型企业订立合同时，应当主动告知其属于中小企业。"如果中小企业在与机关、事业单位、大型企业订立合同时未主动告知其属于中小企业，其自身行为违反了《保障中小企业款项支付条例》，也变相剥夺了合同相对人的重新选择权，不应适用该支付条例，更不能因此认定"背靠背"条款无效。

---

① 2024年8月27日，最高人民法院发布《关于大型企业与中小企业约定以第三方支付款项为付款前提条款效力问题的批复》，批复如下："一、大型企业在建设工程施工、采购货物或者服务过程中，与中小企业约定以收到第三方向其支付的款项为付款前提的，因其内容违反《保障中小企业款项支付条例》第六条、第八条的规定，人民法院应当根据民法典第一百五十三条第一款的规定，认定该约定条款无效。二、在认定合同约定条款无效后，人民法院应当根据案件具体情况，结合行业规范、双方交易习惯等，合理确定大型企业的付款期限及相应的违约责任。双方对欠付款项利息计付标准有约定的，按约定处理；约定违法或者没有约定的，按照全国银行间同业拆借中心公布的一年期贷款市场报价利率计息。大型企业以合同价款已包含对逾期付款补偿为由要求减轻违约责任，经审查抗辩理由成立的，人民法院可予支持。"

② 《保障中小企业款项支付条例》第6条规定，大型企业不得要求中小企业接受不合理的付款期限、方式、条件和违约责任等交易条件，不得违约拖欠中小企业的款项。第8条规定，大型企业应当合理约定付款期限并及时支付款项。

③ 《保障中小企业款项支付条例》第3条第1款规定，该条例所称中小企业，是指在中华人民共和国境内依法设立，依据国务院批准的中小企业划分标准确定的中型企业、小型企业和微型企业；所称大型企业，是指中小企业以外的企业。

关联判例

中建一局、祺越公司建设工程施工合同纠纷案

（2020）最高法民终 106 号

【裁判要旨】

“背靠背”条款的免责事由，应以其正常履行协助验收、协助结算、协助催款等义务为前提。

【基本案情】

2013 年 9 月 14 日，大东建设与中建一局签订《宝马新工厂建设工程（施工总承包）建设工程施工合同》（以下简称《施工总承包合同》），主要内容包括：工程名称为宝马新工厂建设工程（施工总承包）；工程内容是基础及回填部分、静压桩部分、临时通道、边坡翻建等工程；承包范围是按照发包人提供的经审核的施工图纸范围。合同采用单价合同形式，金额暂定为 3.61 亿元。

中建一局将部分工程分包给祺越公司，双方签订了《宝马新工厂建设工程土方工程施工专业分包合同》（以下简称《分包合同》）主要内容：工程规模是回填白灰土总量约 82.28 万立方米；建设单位为大东建设；承包范围包括但不限于开挖、运输、回填灰土、拌合；固定综合单价合同，单价为：以最终发包人委托的审计单位审计核定的条目及价格下浮 7%；合同总价暂定为 1500 万元；本工程无预付款。同时约定，当建设单位（发包人）不能按时支付给承包人工程款而导致承包人未按照合同约定时间向分包人支付工程款时，不视为承包人违约，分包人必须保证工程施工的正常进行，不得以任何理由擅自停工或采取其他任何未经承包人同意的做法。

【最高院观点】

关于“背靠背”付款条件是否已经成就，中建一局提出双方约定了在大东建设未支付工程款情况下，中建一局不负有付款义务。但是，中建一局的该项免责事由应以其正常履行协助验收、协助结算、协助催款等义务为前提，作为大东建设工程款的催收义务人，中建一局并未提供有效证据证明其

在盖章确认案涉工程竣工后至本案诉讼前，已积极履行以上义务，对大东建设予以催告验收、审计、结算、收款等。相反，中建一局工作人员房某的证言证实中建一局主观怠于履行职责，拒绝祺越公司要求，始终未积极向大东建设主张权利，该情形属于原《合同法》第 45 条第 2 款规定附条件的合同中当事人为自己的利益不正当地阻止条件成就的，视为条件已成就的情形，故中建一局关于“背靠背”条件未成就、中建一局不负有支付义务的主张，理据不足。另外，中建一局主张祺越公司未足额发放工人工资，但其未能提供证据证明；其主张祺越公司未能实现不与案外人发生债务纠纷的承诺，但纠纷均已解决。因此，中建一局的以上主张均不能成立，一审法院认定案涉工程款已经具备支付条件，并无不当，法院予以维持。

第四章 价款调整

在市场经济条件下，产品价格通常会受市场供求关系、国家政策等因素影响而上下波动。物价的变化，尤其是构成建设工程实体要素的人工、材料和机械价格的变化，会对发承包双方利益产生直接影响。建设工程通常具有标的额大、履行期长、利润率低等特点，一旦原材料价格波动超出一定范围，就会造成发承包利益失衡，从而影响合同履行。因此，价款调整是合理分担风险、保障工程合理顺利履行的重要措施之一。

一、价款调整的分类

工程价款调整按照不同的标准可以分成不同的类别，而不同类别价款调整的条件也有所不同。

（一）根据价款的性质，可分为成本性调整和利润性调整

1. 成本性调整是指发承包双方按照合同约定把因工程变更或物价变动造成承包人工程成本增加的部分计入工程价款的调整。成本性调整通常是非发承包双方过错造成成本增加的调整。例如，施工中遇到不利物质条件而增加的成本支出；发包人提前交付甲供设备需要向承包人支付保管费；施工中发现文物、古迹，需要向承包人支付停工、窝工费用等。

2. 利润性调整是指发承包双方除了按照合同约定对承包人工程成本增加的部分进行调整外，还把相应利润计入工程价款的调整。利润性调整通常是发包人存在过错调整。例如，因发包人提供的材料、工程设备造成工程质量不合格，承包人拆除并重新施工，工期、费用和利润均应调整；监理人对已经覆盖的隐蔽工程要求重新检查且检查结果合格，承包人重新施工，工期、费用和利润均应

调整等。

（二）根据价款构成，可分为分部分项工程费的调整、措施项目费的调整、其他项目费的调整和税金调整等

1. 分部分项工程费的调整

根据《2024 清单计价标准》第 3.1.8 条的规定，采用单价合同的工程，分部分项工程项目清单的准确性、完整性应由发包人负责。单价合同的合同总价应包括按招标文件规定完成合同工程工程量清单所需的全部费用。工程量清单中的分部分项工程项目清单存在缺陷的，应调整合同价格。

2. 措施项目费

根据《2024 清单计价标准》的规定，投标人应在接收招标文件后，在规定时间内根据工程特点、合同要求及现场踏勘情况，复查措施项目清单列项的完整性和适用性。如投标人对措施项目清单有疑问或异议的，可按招标文件的规定以书面形式提请招标人澄清或修正，若投标人认为需要增加措施项目的，可在措施项目中补充列项及报价，承包人投标时所报措施项目施工方案应被认为是合理可行，并符合实际施工要求的。建设工程无论是采用单价合同或总价合同，按项编制的措施项目清单的完整性及准确性均应由承包人负责，措施项目清单计量与计价风险应由承包人承担。

但对于工程变更、新增工程，承包人在投标时无法预计，由此产生的措施费风险由承包人承担不符合公平原则，故因工程变更、新增工程而产生的措施费变动，应由发承包双方合理调整。

3. 其他项目费

其他项目费包括暂列金、暂估价、计日工和总承包服务费。（1）暂列金是指招标人在工程量清单中暂定并包括在合同价款中的一笔款项。用于工程合同签订时尚未确定或者不可预见的所需材料、工程设备、服务的采购，施工中可能发生的工程变更、合同约定调整因素出现时的合同价款调整以及发生的索赔、现场签证确认等的费用。合同总价内的暂列金额应由发包人掌握，依据发包人发出的指令使用。《2024 清单计价标准》第 8.3.5 条规定，在合同履行过程中没有发生暂列金额调整事件的，合同总价包括的暂列金额应在结算时全部扣除；如发生暂列金额调整事件的，发承包双方应按程序完成暂列金额调整价格的申报、核实及确定，并支付相应的价款。（2）暂估价是招标人在工程量清单中提供的用于支付必

然发生但暂时不能确定价格的材料、工程设备的单价以及专业工程的金额。发承包双方用招标中标价或发包人确认价替换暂估价。(3)计日工是指在施工过程中，承包人完成发包人提出的工程合同范围以外的零星项目或工作，按合同中约定的单价计价的一种方式。《2024 清单计价标准》第 8.6.5 条规定，工程结算时，按合同约定应予计算的计日工项目应全部计算在结算总价内，但合同总价包含的合同清单中计日工清单项目应从结算总价中扣除。(4)总承包服务费是指总承包人为配合协调发包人进行的专业工程发包，对发包人自行采购的材料、工程设备等进行保管以及施工现场管理、竣工资料汇总整理等服务所需的费用。根据《2024 清单计价标准》第 8.5 条的规定，若施工合同履行过程中，发生甲供材变更为乙供材，乙供材变更为甲供材，暂估价专业分包工程、发包人直接发包的专业工程取消，或确定由承包人负责完成等情况，应当调整总承包服务费。

4. 税金调整

税金作为不可竞争费，通常按照国家或地方省级政府相关规定收取。随着国家实施的税收减免政策和降低企业或个人费用负担政策的出台，除合同另有约定外，税金应根据规定调整。例如，在工程实施过程中由政府环境保护部门统一按规定收取的排污费用，在《2013 工程量清单计价规范》被列入规费范畴，属于必须缴纳的不可竞争费，但 2018 年生态环境部《关于废止有关排污收费规章和规范性文件的决定》取消收取排污费，除合同另有约定外，在此期间实施的工程应根据该规定调整规费。又如，自 2016 年全国实施“营改增”开始，建筑业从原营业税改为增值税，无论是计税性质、计税基数还是计税税率均不相同。再如，针对建筑业增值税，国家税务总局先后把税率从 11% 降至 10%，再降至 9%，除合同另有约定外，在此期间实施的工程应根据相关法律调整税金。

(三)根据价款调整原因，可分工程量变动的调整和物价变动的调整

1. 工程量变动的调整

工程量是承包人获取利润的载体，也是发包人投资价值的物质体现，工程量的变动必然影响发承包双方利益。《2024 清单计价标准》第 3.1.8 条规定，采用单价合同的工程，分部分项工程项目清单的准确性、完整性应由发包人负责。采用单价合同的工程，因工程变更或工程量清单缺陷引起分部分项工程的清单工程量发生变化，且工程量变化超出 15%(不含 15%)时，发承包双方应确认工程变更或工程量清单缺陷引起变化的工程量，调整合同价格。

2. 物价变动的调整

建设工程的施工发承包，应在招标文件、合同中明确计量与计价的风险内容及其范围，不得采用无限风险、所有风险或类似语句约定工程计量与计价中的风险内容及范围。根据《2024 清单计价标准》相关规定，超出招标文件规定承包人应承担风险范围和幅度，或市场物价异常变动，且是发承包双方在订立合同时无法预见的重大变化，继续履行合同对于受不利影响的合同一方明显不公平的，双方应当对工程价款予以调整。

（四）根据价款调整的结果，可分为正向调整和负向调整

工程价款调整，既可能是调高，也可能是调低，通常以提高实际工程价款的调整为正向调整，以降低实际工程价款的调整为负向调整。如工程变更造成工程量增加或物价上涨致使实际工程价款增加，此为正向调整；如工程规费取消或税率降低致使实际工程价款减少，此为负向调整。

（五）根据价款调整责任承担角度，可分为当事人原因的价款调整和非当事人原因的价款调整

尽管引起工程价款调整的原因众多，但从责任承担角度来看，工程价款调整可分为当事人原因引起的调整和非当事人原因引起的调整两种类型。当事人原因引起的价款调整指的是因一方违约或双方协商一致引起的工程价款调整，如工程变更、发包人迟延提供图纸、发包人迟延提供场地、发包人要求提前竣工等。非当事人原因引起的价款调整指的是因发承包双方无法预见或无法控制事件而引发的，基于合理分担风险原则而需要调整的工程价款，如物价变化、法律变化、不可抗力变化等因素造成的价款调整。一般来说，当事人原因造成的工程价款调整包括利润调整，非当事人原因造成的工程价款调整不包括利润调整。

（六）根据价款调整成因，可分为法规变化类调整，工程变更类调整，物价变化类调整，工程索赔类调整，其他类调整五类

（1）法规变化类调整，主要包括法律法规变化事件；（2）工程变更类，主要包括工程变更、项目特征不符、工程量清单缺项、工程量偏差、计日工等事件；（3）物价变化类，主要包括物价波动、暂估价事件；（4）工程索赔类，主要包括不可抗力、提前竣工（赶工补偿）、误期赔偿、索赔等事件；（5）其他类，主要包括现场签证以及发承包双方约定的其他调整事项，现场签证根据签证内容，有

的可归于工程变更类，有的可归于索赔类，有的可能不涉及合同价款调整。

二、价款调整原则

在合同价款调整因素出现后，发承包双方应根据合同约定，对合同价款变动的按照合同约定程序提出、计算和确认。价款调整应符合以下原则。

（一）合同依据原则

合同约定是发承包执行价款调整的首要标准。承包人在招投标及合同签订时对合同条款中的风险范围和风险系数均明知，风险范围越大、风险系数越高，则投标报价也就越高，如固定总价合同，量价均不允许调整，承包人风险较大，通常报价较高；相反，风险范围越小、风险系数越低，则投标报价也就越低，如成本加酬金合同，量价均按实际计算，承包人风险较小，通常报价较低。

发承包人在合同中约定的风险范围和风险系数，是发承包双方协商一致的结果，该风险范围和风险系数在投标报价中已经得以体现，当出现某项价格倒挂时，不应再要求调整价款。

（二）过错责任原则

工程价款调整应当遵循违约者不受益原则。根据《2013 清单计价规范》的规定，因工期延误造成价格变化的，应根据工期延误原因承担价格变化责任。非承包人原因导致工期延误的，计划进度日期后续工程的价格，应采用计划进度日期与实际进度日期两者的较高者。承包人原因导致工期延误的，计划进度日期后续工程的价格，应采用计划进度日期与实际进度日期两者的较低者。承包人使用机械设备、施工技术以及组织管理水平等自身原因造成施工费用增加的，应由承包人全部承担。承包人原因导致工期延误，且工程价款调整时间在合同工程原定竣工时间之后，不予调整合同价款。《2013 清单计价规范》亦有相同规定。

（三）风险合理分担原则

1. 市场因素引起的价格变化

《2013 清单计价规范》第 3.4.3 条规定：“由于市场物价波动影响合同价款的，应由发承包双方合理分摊。”风险合理分担应建立在合同没有约定、约定不明，或合同虽有约定，但市场物价异常变动，继续履行合同对于受不利影响的善意合同一方明显不公平的基础之上。

《2024 清单计价标准》第 3.3.6 条规定，合同未约定因物价变化应予调整价款的清单项目，当市场物价异常波动超出合同约定幅度，或合同未约定物价波动幅度，但市场物价异常波动且有经验的承包人不能预见的，发承包双方可按规定调整受异常波动物价变化影响的相关清单项目价款，费用可由发承包双方合理分摊。

2. 不可抗力引起的价格变化

不可抗力是指发承包双方在工程合同签订时不能预见的，对其发生的后果不能避免，并且不能克服的自然灾害和社会性突发事件。不可抗力不属于发承包双方的过错，双方均不承担过错责任，因不可抗力造成的损失，由发承包双方合理分担。《2024 清单计价标准》第 8.11.12 条规定，除合同约定发包人购买工程一切险及第三者责任险和（或）合同另有约定外，因不可抗力事件引起的人员伤亡、财产损失、费用增加和（或）工期延误等工程索赔，发承包双方应遵循下列原则承担相应损失及费用：（1）永久工程、已运至施工现场的材料的损坏及修复费用，以及因不可抗力事件引起施工场地内及工程损坏造成的第三方人员伤亡和财产损失应由发包人承担；（2）承包人施工机具的损坏及停工损失和措施项目的损坏、清理、修复费用，以及因承包人原因发生的第三方人员伤亡和财产损失应由承包人承担；（3）发承包双方应承担各自人员伤亡和本条第 1 款、第 2 款规定外的其他财产的损失；（4）因不可抗力引起暂停施工的，停工期间按照发包人要求照管、清理、修复工程的费用和发包人要求留驻施工现场必要的管理与保卫人员工资，以及按发包人要求留驻现场待工人员的工资应由发包人承担；（5）因不可抗力影响承包人履行合同约定的义务，引起工期延误的，应当顺延工期，发包人要求赶工的，由此增加的赶工费用应由发包人承担；（6）其他情形按法律法规规定执行。

（四）增值获利原则

增值获利原则也称为非承包人责任原则。从表面上看，物价的上涨致使工程成本的增加，发承包双方均在自身风险范围内承担责任，对发承包双方均属不利。但物价上涨的本质是，短期上涨受供求关系影响，长期持续的上涨受通胀水平的影响。通胀不仅让原材料物价上涨，也会推动建筑产品价格的上涨。以价格为视角，物价上涨会使发包人工程增值，故应由发包人承担物价上涨的风险。对承包人而言，建筑工程原材料上涨仅是增加投入成本，不能通过建筑物价格上涨冲抵建筑工程原材料价格上涨，不应承担物价过度上涨的风险。

三、价款调整程序

1. 确定风险幅度

发承包双方应当在合同中约定物价上涨或下跌风险内容及其风险范围或风险幅度。物价变化引起的合同价款调整要以合同中约定的风险范围及幅度为界限，在合同约定可调风险范围内并且物价变化超出风险幅度的价款才可以调整，否则不予调整。合同约定价款可调，但对风险范围及幅度没有约定或约定不明时，发承包双方可参考清单计价标准（规范）或各地方政府主管部分出台的造价文件所规定价格调整幅度，并以此作为合同价款调整幅度范围。《2024 清单计价标准》规定，当合同对承包人应承担价款风险幅度没有约定或约定不明的，市场价格波动超过 5% 可以调整价款。各省市区造价文件中也对物价变化引起合同价款调整的风险幅度进行了规定，但各省对风险幅度规定并不完全一致。

浙江省住房和城乡建设厅《关于加强建设工程人工、材料要素价格风险控制的指导意见》（建建发〔2008〕163 号）规定：凡施工合同对建设工程要素价格的风险范围、幅度有明确约定的从其约定。未约定的，发承包双方可本着实事求是、风险合理分担的原则，按以下办法签订补充协议，协商解决。其中：（1）人工费调整范围，当结算期人工市场价或合同前 80% 工期月份的人工信息价平均值与投标报价文件编制期对应的市场价或信息价之比上涨或者下降幅度在 15% 以上时。投标报价文件编制期采用的人工单价与对应的市场价或对应的信息价相比较，取大值参与调整条件的判别计算。（2）材料费调整范围，①单种规格材料的合价占工程合同造价的比例在 1% 及以上，且该材料合同前 80% 工期月份的信息价平均值与投标报价文件编制期对应的信息价之比上涨或者下降幅度在 10% 以上时；②单种规格材料的合价占工程合同造价的比例在 1% 以下，但合同前 80% 工期月份的信息价平均值与投标报价文件编制期对应的信息价之比上涨或者下降幅度在 20% 以上时。

原山东省建设厅《关于加强工程建设材料价格风险控制的意见》（鲁建标字〔2008〕27 号，已失效）规定：主要材料价格发生波动时，波动幅度在 ±5% 以内（含 5%）的，其价差由承包人承担或受益；波动幅度超出 ±5% 的，其超出部分的价差由发包人承担或受益。

原广东省建设厅《关于建设工程工料机价格涨落调整与确定工程造价的意见》（粤建价函〔2007〕402 号）规定：在施工合同履行期间，当工程造价管理机构发布的人工、材料（设备）、施工机械台班价格涨落超过合同工程基准期（招标工程为递交投标文件截止日期前28天；非招标工程为订立合同前28天）价格10%时，发包人、承包人应秉着实事求是的原则调整工程价款，并签订补充协议，作为追加（减）合同价款和支付工程进度款的依据。

2. 受益方提起价格调整邀约

《2024清单计价标准》第8.1.2条规定，合同履行过程中发生合同价格调整事项的，承包人应按规定计算价格调整事项的工程量及调整价格，并在约定时间内与相关资料一并提交给发包人核对。笔者认为，市场价格的波动起起伏伏，有高有低，对价格的调整亦有增加或减少。因此，工程价款调整的受益方既可能是承包人，也可能是发包人。受益人应随时关注物价变化，并分析物价变化可能产生的价格调整，一旦物价变化超出约定风险幅度范围，即可向对方申请对相关产品价格进行调整。如果仅由承包人提起价款调整邀约，在工程价款应当调低的情况下，承包人没有调价内在驱动力，不利于调价程序的完成。

《2013清单计价规范》第9.1.2条规定，出现合同价款调增事项（不含工程量偏差、计日工、现场签证、索赔）后的14天内，承包人应向发包人提交合同价款调增报告并附上相关资料；承包人在14天内未提交合同价款调增报告的，应视为承包人对该事项不存在调整价款请求。第9.1.3条规定，出现合同价款调减事项（不含工程量偏差、索赔）后的14天内，发包人应向承包人提交合同价款调减报告并附相关资料；发包人在14天内未提交合同价款调减报告的，应视为发包人对该事项不存在调整价款请求。

3. 受益相对方及时确认

在受益人按照合同约定程序递交价款调整申请时，受益相对方应本着诚实信用原则及时审核，并在合同约定期限内按照合同约定方式确认或驳回受益人申请。①

① 《2013清单计价规范》第9.1.4条规定，发（承）包人应在收到承（发）包人合同价款调增（减）报告及相关资料之日起14天内对其核实，予以确认的应书面通知承（发）包人。当有疑问时，应向承（发）包人提出协商意见。发（承）包人在收到合同价款调增（减）报告之日起14天内未确认也未提出协商意见的，应视为承（发）包人提交的合同价款调增（减）报告已被发（承）包人认可。发（承）包人提出协商意见的，承（发）包人应在收到协商意见后的14天内对其核实，予以确认的应书面通知发（承）包人。承（发）包人在收到发（承）包人的协商意见后14天内既不确认也未提出不同意见的，应视为发（承）包人提出的意见已被承（发）包人认可。

《2024清单计价标准》第8.1.3条规定，发包人在收到承包人合同价格调整报告及相关资料后应在约定时间内对其进行核实，予以确认的，应书面通知承包人；不予确认的，应将价格调整核对意见书面回复承包人；未确认也未提出核对意见的，应视为承包人提交的合同价格调整报告已被发包人认可。第8.1.4条规定，发包人提出价格调整核对意见的，承包人在收到核对意见后应在约定时间内对其进行复核，予以认可的，应书面通知发包人，不予认可的，应将相关复核意见书面回复发包人，未确认也未提出复核意见的，应视为发包人提出的意见已被承包人认可。

4. 结果

发包人与承包人对合同价款调整的不同意见不能达成一致的，只要对发承包双方履约不产生实质影响，双方应继续履行合同义务，直到其按照合同约定的争议解决方式得到处理。

经发承包双方确认调整的合同价款，作为追加（减）合同价款，应与工程进度款或结算款同期支付。

第一节 价款调整因素

在工程施工过程，工程项目各生产要素不断发生变化，发承包双方在合同履行中的权利义务可能会出现变动。为合理分配双方的合同价款变动风险，有效地控制工程造价，促进合同公平合理的履行，发承包双方应当在施工合同中明确约定合同价款的调整事件、调整方法及调整程序。[①]

物价变化引起合同价款调整的实质是应对物价变化的一种风险分担方式。工程价款调整因素不下百种，因工程类别、工程规模、履行期限、设计深度、管理水平、繁多，《2013清单计价规范》第9条列举了法律法规变化、工程变更、项目特征不符、工程量清单缺项、工程量偏差、计日工、物价变化、暂估价、不可

① 参见全国造价工程师职业资格考试培训教材编审委员会：《建设工程计价》（第2版），中国计划出版社2021年版，第238页。

抗力、提前竣工（赶工补偿）、误期赔偿、索赔、现场签证、暂列金额、发承包双方约定的其他调整事项等 15 种调价事项。《2024 清单计价标准》第 8.1.1 条列举了工程量清单缺陷、暂列金额、暂估价、总承包服务费、计日工、物价变化、法律法规及政策性变化、工程变更、新增工程、工程索赔、发承包双方约定的其他调整事项等 11 种调价事项。

1. 法律法规变化

因国家法律、法规、规章和政策文件发生变化而影响合同价款的风险，通常认为属于不能预测、不能控制且不属于发承包双方原因造成的风险，除合同另有约定外，应由发包人承担。一般来说，对于已经颁布的法律、法规、规章和政策文件可能造成影响合同价款的风险，承包人应当了解并在投标报价中予以考虑。鉴于建设工程的复杂性，承包人在投标中需要查阅各种规范，制作各种商务方案、技术方案、报价方案。如果在临近投标截止日出现可能影响合同价款的法律、法规、规章和政策文件发生变化，承包人极难发现，且极难在短期内重新调整报价，因此产生的风险由承包人承担，对承包人极为不公平。

为了合理分摊发承包双方的合同风险，建设工程施工合同中应当约定一个基准日，对于基准日之后发生的法律法规变化，应认为作为一个有经验的承包人在招标投标阶段不可能合理预见的风险，应当由发包人承担；对于基准日之前发生的法律法规变化，应认为作为一个有经验的承包人在招标投标阶段可以合理预见的风险，应当由承包人承担。《2024 清单计价标准》第 8.8.1 条规定，合同工程实施期间，在合同基准日后发生法律法规及政策性变化引起合同价款增减变化和（或）工期延误的，发承包双方应按合同约定和国家、省级或行业建设主管部门及其授权的工程造价管理机构据此发布的规定调整合同价格及（或）工期。合同基准日承包人在投标期内确定投标总价、工程量清单综合单价及其合价等价格的日期，该日期应作为执行物价变化价款调整、法律法规及政策性变化价款调整的价格基准日。根据《2024 清单计价标准》规定，如招标文件（非招标工程为询价文件）及合同未约定，招标工程的合同基准日为投标截止日前 28 天，非招标工程的合同基准日为合同签订日前 28 天。

2. 工程量清单缺陷

工程量清单缺陷是指工程量清单的分部分项工程项目清单中所列的清单项目与对应的合同图纸及合同规范所要求的清单项目在列项、项目特征、工程数量上存在的差异。包括工程量清单多列项、错漏项、项目特征不符、工程数量偏差及其他同类。根据《2024 清单计价标准》第 8.2 条规定，采用单价合同的工程，工程量清单存在缺陷影响计量和计价的，应该重新计量合同图纸的分部分项工程项目清单的所有清单项目及工程量，并调整其与已标价工程量清单存在差异的工程量清单缺陷引起的合同价格。

（1）项目特征不符

发包人对单价合同的项目特征描述是承包人投标报价的重要依据之一。发包人在招标工程量清单中对项目特征的描述，应被认为是准确的和全面的，并且与实际施工要求相符合。承包人应按照发包人提供的设计图纸实施合同工程，若在合同履行期间出现设计图纸（含设计变更）与招标工程量清单任一项目的特征描述不符，且该变化引起该项目工程造价增减变化的，应按照实际施工的项目特征，按工程实际内容重新确定相应工程量清单项目的综合单价，并调整合同价款。

（2）工程量清单缺项

单价合同的招标工程量清单是招标文件的重要组成部分，是承包人投标报价的基础，其准确性和完整性由招标人负责。在合同履行期间，由于招标工程量清单中缺项，新增分部分项工程清单项目的，应当调整合同价款。新增分部分项工程清单项目后，引起措施项目发生变化的，应在承包人提交的实施方案被发包人批准后调整合同价款。由于招标工程量清单中措施项目缺项，承包人应将新增措施项目实施方案提交发包人批准后，调整合同价款。

（3）工程量偏差

工程量偏差是指在合同履行期间，当应予计算的实际工程量与招标工程量清单出现偏差。其中，应予计算的实际工程量指的是承包人根据发包人提供的图纸进行施工，按照现行国家工程量计算规范计算而得的实际工程量。

根据《2013 清单计价规范》的规定，对于任一招标工程量清单项目，在合同履行期间，当应予计算的实际工程量与招标清单工程量因工程变更等原因，工程量偏差超过 15%时，可进行调整。当工程量增加 15%以上时，增加部分的工程量的综合单价应予调低；当工程量减少 15%以上时，减少后剩余部分的工程量的综合单价应予调高。当工程量出现上述变化，且该变化引起相关措施项目相应发生变化时，按系数或单一总价方式计价的，工程量增加的措施项目费调增，工程量减少的措施项日费调减。

3. 物价变化

在合同履行期间，因人工、材料、工程设备、机械台班价格波动影响合同价款时，应根据合同约定，调整合同价款。

承包人采购材料和工程设备的，应在合同中约定主要材料、工程设备价格变化的范围或幅度；当没有约定，且材料、工程设备单价变化超过5%时，超过部分的价格应调整材料、工程设备费。

因工期延误后的物价变化，应按照下列规定确定合同履行期的价格调整：（1）非承包人原因导致工期延误的，计划进度日期后续工程的价格，应采用计划进度日期与实际进度日期两者的较高者。（2）承包人原因导致工期延误的，计划进度日期后续工程的价格，应采用计划进度日期与实际进度日期两者的较低者。

发包人供应材料和工程设备的，对材料和工程设备的物价变化不再适用发承包结算价款调整，但应由发包人按照实际变化调整，列入合同工程的工程造价内。

根据《2024清单计价标准》的规定，发承包双方对工程价款的调整应严格遵循合同约定，做到法定优先、有约从约的原则。故对分部分项工程费的调整主要从合同约定及情势变更两个方面进行规定。（1）合同约定因物价变化，分部分项项目清单中的人工费、材料费及施工机械中的燃料动力费要调整的，应理解为据实调整，即以合同约定的市场价格信息来源所发布的合同基准日与调价时间区段相关人工费、材料费、施工机具使用费中的燃料动力费市场价格信息所反映的价格波动幅度，计算调价区段超出合同约定幅度的人工费、材料费、施工机具使用费中的燃料动力费价差，调整合同价。（2）合同约定分部分项项目清单中的人工费、材料费及施工机械中的燃料动力费物价变化超过一定界限才要调整的，应理解为幅度调整。当人工、材料和施工机具使用费中的燃料动力费单价涨跌幅度超出合同约定幅度的，应当按照合同约定调整。如果合同没有约定调价幅度或调价幅度约定不明的，应以5%为调价幅度。（3）通常情况下，合同约定了调价范围，对约定调价范围之外的物价不做调整，但当调价范围之外的材料费价格出现异常变化，且是发承包双方在订立合同时无法预见的重大变化，继续履行合同对于受不利影响的合同一方明显不公平的，发承包双方可按风险合理分担原则，协商调整。（4）如果合同没有约定清单项目因物价变化予以调整，通常不应调整，但市场物价异常波动且有经验的承包人不能预见的，发承包双方可按风险合理分担原则，协商调整。

一、工程变更

| 导读 |

在建设工程契约履行过程中，工程变更作为突破合同静态预设的核心变量，既是项目动态管理的必然产物，也是造价失控的关键诱因。这种源于设计深化、施工条件异动及管理迭代的契约调整行为，实质上是工程交易从“纸面缔约”向“实践履约”转化的制度性接口。

工程变更作为合同价款调整的核心要素，已成为建设项目超概算的首要诱因。据行业实证研究显示，变更因素对工程造价的影响度普遍达到建安工程总造价的5%—10%，在部分管理失范项目中，该比例甚至突破30%的警戒水平。[①]该比例更呈显著上升趋势，折射出传统变更管理机制与复杂工程实践的深刻矛盾，不仅影响项目经济指标，更可能引发合同纠纷、延误工程进度等系统性风险。

工程变更的法律形态呈现三维特征：其一，设计变更具有单方主导性，发包人依据《建设工程勘察设计管理条例》行使单方变更权；其二，工程量偏差需遵循《工程量清单计价规范》的据实结算原则；其三，施工方案调整受制于《建筑法》的强制性规范。这种多元法律属性的交织，使工程变更成为公私法协同治理的典型场域。

当前，随着《2024清单计价标准》强化变更计价规则、最高人民法院建设工程司法解释完善变更证据审查标准，工程变更管理已步入法治化、精细化新阶段。

【术语解读】

根据《2024清单计价标准》的定义，工程变更指的是经发包人批准的对合同工程工作内容、合同图纸、合同规范、位置与尺寸、施工顺序与时间、施工条件、合同条款或其他特征等的改变。包括对合同工程的增加、减少、取消、替代和使用材料等的改变。

① 参见袁红：《施工阶段监理工程师对工程变更的控制》，载《建筑经济》2009年S1期。

（一）变更权

变更权是指具有决定工程变更的权利。承包人具有对工程建设提出合理化建议的权利和义务，但没有决定工程变更的权利。发包人和监理人均可以提出变更，但变更权在发包人。根据《2017工程施工合同》通用合同条款第10.2条的约定，变更指示均通过监理人发出，监理人发出变更指示前应征得发包人同意。承包人收到经发包人签认的变更指示后，方可实施变更。未经许可，承包人不得擅自对工程的任何部分进行变更。

《2007标准施工招标文件》通用合同条款第15.2条约定条款指引，在履行合同过程中，经发包人同意，监理人可按第15.3条约定的变更程序向承包人作出变更指示，承包人应遵照执行。没有监理人的变更指示，承包人不得擅自变更。

（二）工程变更的内容

因工程的复杂性，凡是涉及工程中任何一项工作的增、减、取消或施工工艺、顺序、时间的改变，均会成为工程变更的内容。各类合同示范文本或规范性文件对工程变更内容的总结仅具有指引性和有限列举性，并不完全一致。

如《2017工程施工合同》通用合同条款第10.1条约定，工程变更的范围和内容包括：①增加或减少合同中任何工作，或追加额外的工作；②取消合同中任何工作，但转由他人实施的工作除外；③改变合同中任何工作的质量标准或其他特性；④改变工程的基线、标高、位置和尺寸；⑤改变工程的时间安排或实施顺序。

《2007标准施工招标文件》通用合同条款第15.1条约定条款指引，除专用合同条款另有约定外，在履行合同中发生以下情形之一，应按照该条规定进行变更。①取消合同中任何一项工作，但被取消的工作不能转由发包人或其他人实施；②改变合同中任何一项工作的质量或其他特性；③改变合同工程的基线、标高、位置或尺寸；④改变合同中任何一项工作的施工时间或改变已批准的施工工艺或顺序；⑤为完成工程需要追加的额外工作。

发承包双方可以根据自身需要对工程变更的范围和内容作出个性化约定。

（三）工程变更的程序

根据《2007标准施工招标文件》及《2017工程施工合同》的规定，工程变更程序分为提出变更、变更估价和变更实施与支付三部分。

1. 提出变更

（1）提出变更主体。根据《2017工程施工合同》通用合同条款第10条的约定，发包人和监理人可以提出变更。其中，发包人提出变更的，应通过监理人向承包人发出变更指示，变更指示应说明计划变更的工程范围和变更的内容。监理人提出变更建议的，需要向发包人以书面形式提出变更计划，说明计划变更工程范围和变更的内容、理由，以及实施该变更对合同价格和工期的影响。发包人同意变更的，由监理人向承包人发出变更指示。发包人不同意变更的，监理人无权擅自发出变更指示。

（2）变更条件。在合同履行过程中，可能或已经发生合同约定需要变更的内容时，发包人可以通过监理人指示变更，监理人也可以在征求发包人同意后向承包人发出变更指示或变更意向通知书。

（3）变更指示。根据《2007 标准施工招标文件》通用合同条款约定，监理人发出变更指示需区分两种情形，一是可能发生合同约定需要变更的情形，二是已经发生合同约定需要变更的情形。以上两种情形所对应的变更指示内容并不相同。

针对可能发生合同约定需要变更的情形，监理人可向承包人发出变更意向书。变更意向书应说明变更的具体内容和发包人对变更的时间要求，并附必要的图纸和相关资料。变更意向书应要求承包人提交包括拟实施变更工作的计划、措施和竣工时间等内容的实施方案。发包人同意承包人根据变更意向书要求提交变更实施方案的，由监理人发出变更指示。

针对已经发生合同约定需要变更的情形，监理人应征得发包人同意向承包人发出变更指示。

（4）承包人建议。承包人收到监理人按合同约定发出的图纸和文件，经检查认为其中存在合同约定需要工程变更情形的，可向监理人提出书面变更建议。变更建议应阐明要求变更的依据，并附必要的图纸和说明。监理人收到承包人书面建议后，应与发包人共同研究，确认存在变更的，应在收到承包人书面建议后的14 天内作出变更指示。经研究后不同意作出变更的，应由监理人书面答复承包人。若承包人收到监理人的变更意向书后认为难以实施此项变更，应立即通知监理人，说明原因并附详细依据。监理人与承包人和发包人协商后确定撤销、改变或不改变原变更意向书。

2. 变更估价

根据《2007 标准施工招标文件》通用合同条款第 15.3.2 条约定，除专用合同条款对期限另有约定外，承包人应在收到变更指示或变更意向书后的 14 天内，向监理人提交变更报价书，报价内容应根据合同约定的估价原则，详细开列变更工作的价格组成及其依据，并附必要的施工方法说明和有关图纸。除专用合同条款对期限另有约定外，监理人收到承包人变更报价书后的 14 天内，根据合同约定的估价原则，并按照合同约定的程序进行商定或确定变更价格。变更工作影响工期的，承包人应提出调整工期的具体细节。监理人认为有必要时，可要求承包人提交要求提前或延长工期的施工进度计划及相应施工措施等详细资料。

3. 变更实施与支付

变更指示只能由监理人发出。变更指示应说明变更的目的、范围、变更内容以及变更的工程量及其进度和技术要求，并附有关图纸和文件。承包人收到变更指示后，应按变更指示进行变更工作。因变更引起的价格调整应计入最近一期的进度款中支付。

（四）工程变更与价款调整

根据《2007 标准施工招标文件》、《2017 工程施工合同》、《2013 清单计价规范》及《2024 清单计价标准》的规定，除专用合同条款另有约定外，因变更引起的价格调整按照约定处理。

1. 实体工程

实体工程又称为分部分项清单项目工程，基于单价合同和总价合同的分类，实体工程变更按照以下规定调整工程价款。

（1）采用单价合同的工程，因工程变更或工程量清单缺陷引起分部分项工程的清单项目变化（项目增减），或清单工程量发生变化且工程量变化不超出 15%（含 15%）时，发承包双方应据实计量应予计量的工程量，并按照以下原则计价。①相同施工条件下实施相同项目特征的清单项目，应采用相应的合同单价；②相同施工条件下实施类似项目特征的清单项目或类似施工条件下实施相同项目特征的清单项目，应采用类似清单项目的合同单价换算调整后的综合单价；③相同施工条件下实施不同项目特征的清单项目或不同施工条件下实施相同项目特征的清单项目，可依据工程实施情况，结合类似项目的合同单价计价规则及报价水平，协商确定市场合理的综合单价；④不同施工条件下实施不同项目特征的清单项目，可依据工程实施情况，结合同类工程类似清单项目的综合单价，协商确定市场合理的综合单价；⑤因减少或取消清单项目的工程变更显著改变了实施中的工程施工条件，可根据实施工程的具体情况、市场价格、合同单价计价规则及报价水平协商确定工程变更的综合单价。

（2）采用单价合同的工程，因工程变更或工程量清单缺陷引起分部分项工程的清单项目变化（项目增减），或清单工程量发生变化且工程量变化超出 15%（不含 15%）时，发承包双方应据实计量应予计量的工程量，并按照以下原则计价。①如工程变更或工程量清单缺陷引起增加清单项目及相应清单项目工程量的，可依据上述工程量变化不超出 15%（含 15%）的计价规定，并结合因增加工程数量引起的人工及材料采购价格优惠的影响，在合理下调其合同单价及新增综合单价后，计算相应清单项目价格，调整合同价格；②如工程变更或工程量清单缺陷引起减少清单项目及相应清单项目工程量的，可依据上述工程量变化不超出 15%（含 15%）的计价规定，并结合因减少工程数量引起的人工及材料采购价格失去优惠的影响，在合理上调其合同单价及新增综合单价后，计算相应清单项目价格，调整合同价格。

（3）采用总价合同的工程，若工程变更内容与合同约定内容一致，合同约定单价适用于工程变更计价的，因工程变更引起工程量清单项目及其工程数量发生变化时，可据实计算应予计算的工程量，并按照单价合同价款调整条款进行计价；若工程变更内容与合同约定内容不一致，合同约定合同单价不适用于工程变更计价的，工程变更发生的清单项目可由发承包双方根据工程实施情况、市场价格，结合已标价工程量清单计价规则及报价水平协商确定综合单价并计价。

2. 措施项目

措施项目又称非实体项目，是为完成工程项目施工，发生于该工程施工准备和施工过程中的技术、生活、安全、环境保护等方面的项目。《2024 清单计价标准》第 3.1.8 条规定，建设工程无论是采用单价合同或总价合同，按项编制的措施项目清单的完整性及准确性均应由承包人负责。但该规定并不限制工程变更的错项项目，因工程变更引起施工方案改变并使措施项目发生变化，是承包人在招标投标阶段无法预计的。（1）工程变更事件引起合同工期实质性延长或缩短的，发承包双方应计算合同工期影响的措施项目调增（减）价格。（2）为完成工程变更而需增加的额外措施项目，且该费用未包括在工程变更已调整措施费计价范围的，增加的措施项目费用应予计算。

工程变更引起措施项目费用调整，应按以下程序进行：（1）工程变更引起措施项目发生改变时，发承包双方的不利一方提出调整措施项目费的，应在实施前将拟实施的方案提交另一方审核，并详细说明与原方案措施项目对比的变化情况。（2）如果发承包双方的不利一方在约定时间内未提出调整措施项目费用的，应视为工程变更不引起措施项目费用的变化或不利一方放弃调整措施项目费用的权利。如果另一方未在约定时间内对不利一方提出的调整措施项目费用进行确认或提出审核意见的，应视为认可不利一方提出的调整措施项目费用。

【司法实务】

问题．固定单价合同，工程变更较大，能否对合同单价进行调整？

工程变更是指合同工程实施过程中由发包人提出或由承包人提出经发包人批准的合同工程任何一项工作的增、减、取消或施工工艺、顺序、时间的改变；设计图纸的修改；施工条件的改变；招标工程量清单的错、漏从而引起合同条件的改变或工程量的增减变化。工程变更通常会影响工程价款。对固定单价合同，工程变更较大，能否对合同单价进行调整问题，实务界存在两种不同观点：

第一种观点认为，合同明确约定为固定单价合同，即便工程变更较大，也不宜对已约定合同单价进行调整。

第二种观点认为，工程变更较大影响合同单价的，应当对单价进行调整。

笔者倾向于第二种观点。

一、单价合同与固定单价合同

根据《2013清单计价规范》第2.0.11条的定义，单价合同是指发承包双方约定以工程量清单及其综合单价进行合同价款计算、调整和确认的建设工程施工合同。一般理解，单价合同与固定单价合同的区别是单价合同是单价可以调整的合同，而固定单价合同是单价不能或不应调整的合同，但事实并非如此。

无论是约定单价合同、可调单价合同还是固定单价合同，其合同单价均为有条件的可调整单价。一方面，为了保持合同单价的稳定性，在综合单价中包含一定范围的风险，在该风险范围内不应调整单价。如《2017工程施工合同》通用合同条款第12.1条约定，单价合同是指合同当事人约定以工程量清单及其综合单价进行合同价格计算、调整和确认的建设工程施工合同，在约定的范围内合同单价不作调整。另一方面，为了均衡发承包双方利益，对超出合同约定风险外合同价格，应当调整。《建设工程价款结算暂行办法》第 8 条第 2 项规定："固定单价。双方在合同中约定综合单价包含的风险范围和风险费用的计算方法，在约定的风险范围内综合单价不再调整。风险范围以外的综合单价调整方法，应当在合同中约定。"合同当事人应在专用合同条款中约定综合单价包含的风险范围和风险费用的计算方法，并约定风险范围以外的合同价格的调整方法。

二、工程变更对合同单价的影响

合同对工程价款的约定，包括人工费、材料费、施工机具使用费、管理费、利润、规费、税金和一定范围的风险。其中，承包人所能考虑的风险是可预见范围内的风险，包括物价波动的风险和一定范围内的工程量变动的风险；不包括承包人无法预测的风险及因发包人违约而产生的风险。工程变更对合同单价的影响主要体现在工程变更对合同单价风险范围的影响。

1. 合同内的变更

本节所述的合同内变更，是指的是合同内所施工的工程内容、施工工艺、项目特征及计量方法都不发生变化，仅是工程量增减的变更。由于工程量变化会影响承包人前期投入价值分摊比例和预期利润比例，故对超出合同约定比例的合同内变更，应允许调整合同单价。《2013 清单计价规范》第 9.6.2 条规定，对于任一招标工程量清单项目，当工程量偏差和工程变更等原因导致工程量偏差超过 15%时，可进行调整。当工程量增加 15%以上时，增加部分的工程量的综合单价应予以调低；当工程量减少 15%以上时，减少后剩余部分的工程量的综合单价应予调高。第 9.6.3 条规定，当工程量偏差超过 15%时，且该变化引起相关措施项目相应发生变化时，按系数或单一总价方式计价的，工程量增加的措施项目费调增，工程量减少的措施项目费调减。《2024 清单计价标准》亦有类似规定。①

① 《2024 清单计价标准》第 8.9.2 条规定，采用单价合同的工程，因工程变更或工程量清单缺陷引起分部分项工程的清单工程量发生变化，且工程量变化超出 15%（不含 15%）时，发承包双方应按本标准第 7.1 节、第 7.2 节、第 7.4 节规定确认的工程变更或工程量清单缺陷引起变化的工程量，按下列规定调整合同价格：1. 如工程变更或工程量清单缺陷引起增加清单项目及相应清单项目工程量的，可依据本标准第 8.9.1 条的规定，并结合因增加工程数量引起的人工及材料采购价格优惠的影响，在合理下调其合同单价及新增综合单价后，计算相应清单项目价格，调整合同价格；2. 如工程变更或工程量清单缺陷引起减少清单项目及相应清单项目工程量的，可依据本标准第 8.9.1 条的规定，并结合因减少工程数量引起的人工及材料采购价格失去优惠的影响，在合理上调其合同单价及新增综合单价后，计算相应清单项目价格，调整合同价格。

2. 合同外的变更

本节所述的合同外变更，是指的是合同内没有包含的、新增施工内容的变更。根据《2024 清单计价标准》第 8.9.1 条第 4 项规定，采用单价合同的工程，因工程变更或工程量清单缺陷引起分部分项工程的清单项目变化（项目增减），属于不同施工条件下实施不同项目特征的清单项目，可依据工程实施情况，结合同类工程类似清单项目的综合单价，协商确定市场合理的综合单价。如原设计 SBS 弹性体改进沥青防水卷材防水，后设计变更为 App 塑性体改性沥青防水卷材防水。由于两种防水卷材材质、价格不同，自然需要重新确定价格。

3. 改变项目特征的变更

发包人在招标工程量清单中对项目特征的描述，应被认为是准确的和全面的，并且与实际施工要求相符合。承包人应按照发包人提供的招标工程量清单，根据项目特征描述的内容及有关要求报价、签约并实施合同工程。参照《2013 清单计价规范》第 9.4.2 条的规定，① 在合同履行期间出现工程变更与合同约定的工程量清单任一项目的特征描述不符，且该变化引起该项目工程造价增减变化的，应按照实际施工的项目特征，重新确定相应工程量清单项目的综合单价，并调整合同价款。

需要注意的是，由于单价合同通常分为按工程量清单单价计价合同和按单位建筑面积单价计价合同两种，两种计价方式的单价调整方法有所不同。按工程量清单单价计价合同需区分产生价格变化部分的工程量和未产生价格变化部分的工程量。对产生价格变化部分的工程量，由双方协商确定新的综合单价并计入合同单价，不能达成一致意见的，可以参照签订建设工程施工合同时当地建设行政主管部门发布的计价方法或者计价标准结算工程价款。② 对未产生价格变化部分的工程量仍按照原合同约定单价计价。按单位建筑面积单价计价合同，因任何可改变原价格的工程变更均会影响合同单价，不再区分产生价格变化部分的工程量和

① 《2013 清单计价规范》第 9.4.2 条规定："承包人应按照发包人提供的设计图纸实施合同工程，若在合同履行期间出现设计图纸（含设计变更）与招标工程量清单任一项目的特征描述不符，且该变化引起该项目工程造价增减变化的，应按照实际施工的项目特征，按本规范第 9.3 节相关条款的规定重新确定相应工程量清单项目的综合单价，并调整合同价款。"

② 《建设工程施工合同司法解释（一）》第 19 条第 2 款规定："因设计变更导致建设工程的工程量或者质量标准发生变化，当事人对该部分工程价款不能协商一致的，可以参照签订建设工程施工合同时当地建设行政主管部门发布的计价方法或者计价标准结算工程价款。"

未产生价格变化部分的工程量，由发承包双方综合确定合同单价变化。

关联判例

武汉市后湖发展区物业有限公司、武汉第四建设集团有限公司建设工程施工合同纠纷案

（2018）最高法民再166号

【裁判要旨】

工程重大设计变更导致工程量发生变化，当事人对该部分工程价款不能协商一致的，可以参照签订施工合同时当地建设行政主管部门发布的计价方法或者计价标准结算工程款。

【基本案情】

2009年12月1日，武汉市后湖发展区物业有限公司（以下简称后湖公司）（甲方）与武汉第四建设集团有限公司（以下简称四建公司）（乙方）签订《嘉锦苑小区工程建筑施工补充合同（执行合同）》。2010年2月4日，招标代理机构和招标人后湖公司针对嘉锦苑工程向四建公司发出中标通知书，中标价为5860万元，建筑面积为41944平方米。2010年2月6日，双方又签订一份《湖北省建设工程施工合同（备案合同）》（以下简称备案合同）。2009年12月8日，后湖公司与四建公司签订《“嘉锦苑”住宅楼深基坑支护工程施工合同》，合同约定工程名称为“嘉锦苑”住宅楼深基坑支护工程，工作内容按图审批准的深基坑支护图纸以及设计院2009年11月调整的修改设计图纸完成深基坑支护的施工，合同暂定价为60万元。2010年4月27日，办理了嘉锦苑1#、2#、3#楼住宅楼及商业用房的建筑工程施工许可证（编号4201022009081800514014001），备注：“框剪2栋1至32层，框架1栋1层，其中地下室建筑面积11139.7平方米。含桩基、深基坑（补办手续）。”2012年12月14日，补办施工许可证手续，即在同一编号的建筑工程施工许可证上备注“经武规（岸）验2012005号3#楼变更，增加面积19352.46平方米”补办新证。

2011年4月8日，四建公司向后湖公司发出工作联系函，载明：根据《嘉

锦苑小区工程建筑施工补充合同（执行合同）》的精神，以及3#商业楼主体结构修改的状况。结合实际情况，特致函协商确定以下问题，以利工程顺利进行：3#楼商业楼价款的结算。除钢材、水泥、商品砼、加气混凝土砖等主材按施工当期武汉建设工程价格信息计取材料预算价以外，其他均按原施工合同执行（人工费增长幅度较高，加之需要日夜抢工，请予以考虑）。

【裁判摘要】

法院认为，《建设工程施工合同司法解释》第2条是原《合同法》关于合同无效后“折价补偿”原则的体现，因建设工程施工合同的特殊性，已竣工验收合格的工程无法“各自返还”，考虑到合同无效后工程价款结算缺乏折价补偿的相关标准，故司法解释规定在工程验收合格的客观基础上，以尊重各方当事人的意思自治及缔约时的市场调节结果即合同约定价格为参考，对工程进行结算。然而，如设计变更、工程建设规模变更等情况导致工程量大幅增加，受市场、人工等波动因素的影响，工程成本处于变动状态，在此情况下，如承包人未明确同意按照合同价格进行结算，不宜仅以施工方继续施工为由推定当事人具有继续按照合同价格结算的意思表示。具体到本案，案涉嘉锦苑3#楼工程合同约定的原建筑结构为地下2层、地上1层，在实际施工过程中，后湖公司变更设计方案，地上结构变更为地上5层，并办理了工程规划许可手续的变更。3#楼施工面积大幅增加，相应四建公司的工程量亦大幅增加，由于后湖公司设计变更的相关手续未能及时办理，3#楼实际竣工验收时间大大超出了合同约定工期。3#楼工程在设计规划、施工面积、工程量、工期上均超出了原合同约定的范围，应当认定为重大设计变更。因此，除非合同明确约定由施工方承担合同外风险，否则从公平的角度来看，对于3#楼的工程价款，应予以适当调整。

二、停工、窝工损失

导读

在工程管理实务中，能够严格遵循既定工期计划实现均衡施工的项目实属罕见，施工现场普遍存在进度阻滞现象。其中，停工与窝工作为典型的非正常施工状态，对项目成本控制和进度管理构成双重威胁：停工将直接造成人工闲置、机械停滞等资源浪费，窝工则表现为施工强度不足导致的效率折损，二者均会引发施工成本非预期性增长及工期链式延误。

停工与窝工作为突破均衡施工预期的典型异动状态，既是工程成本失控的显性表征，更是发承包双方风险分配失衡的制度性症结。虽然《民法典》第 803 条规定："发包人未按照约定的时间和要求提供原材料、设备、场地、资金、技术资料的，承包人可以顺延工程日期，并有权请求赔偿停工、窝工等损失。"但司法实践中停工窝工损失的认定率严重不足。

停工窝工现象可从三维度进行解读：（1）风险源层面，发包人义务违反合同约定义务，如甲供材延迟、付款违约等；承包人管理失能，如资源错配、工序失控、施工组织衔接不当等；不可抗力事件，如疫情封控、政策调整等。（2）损失计量层面，机械停滞折旧、人工待岗成本、周转材超期损耗等直接损失与工期延误导致的间接损失。（3）证明责任层面，承包人需要对停工窝工事件的因果关系举证、对损失范围及数量举证、对履行减损义务举证。

当前，随着《2024 清单计价标准》新增停工窝工计价规则、最高人民法院民事审判会议纪要强化减损义务合理性审查，停工窝工损失的认定正从"事实推定"向"技术鉴证"转型。

【术语解读】

停工、窝工损失是停工损失和窝工损失的简称。停工损失是指因停工需要支付超出工程正常施工成本而增加的费用，包括停工期间施工人员工资、工程机械及周转材料的租赁费等。窝工损失指的是因工作不饱满造成的需要支付超出工程正常施工成本而增加的费用，如因没有足够工作面致使施工相互干扰、等待造成效率下降，因施工流水未匹配造成流水作业有空歇等。

根据《2024 清单计价标准》第 3.3.2 第 4 项的规定，因停工而引起的计量与计价风险应由发包人承担，承包人的投标报价可不考虑。

（一）停、窝工损失的构成

1. 停工损失构成

（1）施工人员费用

当工程项目处于停工状态，无论是发包人原因还是承包人原因造成的停工，承包人均有义务防止停工损失的进一步扩大。承包人需要对已完工程进行收尾保护、对暂时不需要的施工人员进行遣散。故需要计算的费用包括现场施工人员及管理人员工资，提前解除劳务合同的赔偿金、违约金，遣散人员的车旅费用补贴等。

发承包双方对停工期间施工人员费用有约定按约定处理。没有约定，也没有签订退场签证的，双方可以根据施工组织设计、工程量进度报表及现场施工人员考勤表等资料确定施工人员及管理人员数量，按照合同约定或根据实际情况计算人工费、人工遣散费及违约金。

（2）材料、设备费用

在建设工程施工过程中，承包人为了保证施工的顺利进行，通常需要提前至少一个采购周期购入施工材料。当项目出现停工时，提前购入的建筑材料没能通过建设施工转化成建筑产品，有的需要长久存放，如钢材，会产生保管费；有的极易自然损坏，如水泥，这些均构成材料费损失。

对于承包人来说，无论最终责任方是谁，均有义务防止停工损失的扩大。例如，当发生停工且无法预计复工日期时，应及时通知材料生产厂家；对可以解除且承担违约成本不大的采购合同，应协商解除；对易损材料，应及时与甲方协商确定处理方案；对按照项目要求定制的非通用型材料，应妥善保管。

（3）机械设备费用

在停工期间，机械设备没有被使用，但并非不产生费用。对于不拆除、不归还的机械设备，需要支付租赁费和定期保养费；对于拆除并归还的机械设备，会产生机械设备安装拆除费和运输费。根据机械设备费的归属可分为承包人自有机械设备和承包人租赁机械设备，对于承包人自有设备，通常按照平均使用年限分摊费用计算使用费；对于承包人租赁的机械设备，按照租金计算使用费。一般来说，在工程停工期间，机械设备租金会不同程度调低，但不会免除。

发承包双方可以就停工期间的机械设备费用进行单独约定。可由承包人继续租赁，并在组价上给予优惠；也可与设备租赁方形成三方协议，在停工期间由发包人与租赁方形成租赁关系，由发包人履行租赁付款义务。

（4）管理费

此处的“管理费”指建筑安装企业组织施工生产和经营管理所需的企业管理费，包括“企业总部管理费”和“工程项目管理费”。停工损失的管理费主要包括项目管理人员工资、现场办公临建费、项目垫资利息等。

2. 窝工损失构成

参照《江苏省高级人民法院民事审判第一庭建设工程施工合同纠纷案件司法鉴定操作规程》(已失效)第46条的规定，[①] 窝工损失的范围主要包括：(1) 保护、保管暂停施工部分的工程或全部工程的费用；(2) 由于暂停施工而引起的、必需的安全费用；(3) 项目经理部人员的工资及进入施工现场生产工人的工资；(4) 由于暂停施工而引起的需要延期租赁的施工机械和施工机具租赁费用；(5) 为暂停施工部分的工程复工所必需的准备费用。

(二) 停工时长与损失的关系

按照停工时间长短，可分为短期停工、中长期停工和长期停工三种情形。三种停工方式并没有严格的时间标准，短期停工和中长期停工通常是以是否需要临时解散施工人员为界限，中长期停工和长期停工通常是以是否需要拆除并退租施工机械为界限。

1. 短期停工

短期停工损失主要包括人工费损失、机械费损失及周转材料费损失。短期停工，施工人员并不离开施工场地，需要支付施工人员工资；非自有施工机械和周转材料在停工期间需要支付租赁费，自有机械和自有周转材料在停工期间会有折旧费用。

2. 中长期停工

中长期停工是指一次性停工时间较长，人员、机械将处于较长时间的闲置。一般来说，工程项目处于较长时间停工，应当将施工人员及时安置到别的工程项目或即时解散，以减少因停工而增加的损失。对于工程机械，承包人应根据工艺要求和发包人指示确定是否拆除。工艺不允许或发包人没有明确指示的，可以不拆除。中长期停工涉及的费用包括施工人员遣散费、补偿费，施工现场看护费，

---

① 《江苏省高级人民法院民一庭建设工程施工合同纠纷案件司法鉴定操作规程》第46条规定，人民法院委托鉴定机构对窝工损失进行鉴定，可以根据案件审理的需要，对下列费用委托鉴定：(1) 保护、保管暂停施工部分的工程或全部工程的费用；(2) 由于暂停施工而引起的、必需的安全费用；(3) 项目经理部人员的工资及进入施工现场生产工人的工资；(4) 由于暂停施工而引起的需延期租赁的施工机械和施工机具租赁费用；(5) 为暂停施工部分的工程复工所必需的准备费用。

工程停工收尾费用，机械闲置期间租赁费、保养费，材料的保管费等。

3. 长期停工

长期停工通常是发包方原因造成的，包括无力支付工程款致使合同无法继续履行，因项目违建被政府叫停等。对于长期停工项目，承包人有权请求解除合同，并要求发包方支付在合同终止前已完工程的人工、材料、机械设备的全部支出，并可要求发包方对各项管理费用、利息、保险费用等进行赔偿。承包人应当将施工人员及时安置到别的工程项目或即时解散，以减少因停工而增加的损失。对于工程机械，除根据工艺要求不能拆除或发包人明确指示不拆除并承担后续所有费用外，均应拆除。工程材料应按约定折价转移给发包人，施工现场应按约定交付给发包人。

（三）停工、窝工损失的承担

停工、窝工损失的责任承担，首先遵循合同约定；合同没有约定或约定不明的，遵循过错责任原则；双方均无过错，遵循合理承担原则。

1. 发包人承担情形

因发包人原因引起的暂停施工，发包人应承担由此增加的费用和（或）延误的工期，并支付承包人合理的利润。如发包人提供的甲供材料规格、数量或质量不符合合同要求，或由于发包人原因发生交货日期延误等情况，发包人应承担由此增加的费用和（或）工期延误，并向承包人支付合理利润。根据《2024 清单计价标准》第 3.3.2 第 4 项的规定，因发包人原因停工而引起的计量与计价风险应由发包人承担，承包人的投标报价可不考虑。

2. 承包人应承担的情形

《民法典》第 577 条规定，当事人一方不履行合同义务或者履行合同义务不符合约定的，应当承担继续履行、采取补救措施或者赔偿损失等违约责任。因一方违约行为导致停工造成停工损失的，应当承担过错责任。根据《2024 清单计价标准》第 3.3.3 条第 4 项规定，因承包人原因停工而引起的计量与计价风险应由承包人承担。《2017 建设工程施工合同示范文本》通用条款第 7.8.2 条约定指引，因承包人原因引起的暂停施工，承包人应承担由此增加的费用和（或）延误的工期。如因施工方的安全措施项目未经过验收而造成的停工损失，应由承包人承担。

3. 合理分摊情形

不可抗力是不能预见、不能避免且不能克服的客观情况。不可抗力引起的后果及造成的损失由合同当事人按照法律规定及合同约定各自承担。因不可抗力引起暂停施工的，停工期间按照发包人要求照管、清理、修复工程的费用和发包人要求留驻施工现场必要的管理与保卫人员工资，以及按发包人要求留驻现场待工人员的工资应由发包人承担。因国家及地方政府主管部门就安全、环保健康卫生防疫管控要求而必需的停工、暂停（暂缓）施工、间断施工或区域性施工管控造成的损失，发承包双方应各自承担相应的损失。

不可抗力发生后，合同当事人均应采取措施尽量避免和减少损失的扩大，任何一方当事人没有采取有效措施导致损失扩大的，应对扩大的损失承担责任。因合同一方迟延履行合同义务，在迟延履行期间遭遇不可抗力的，不免除其违约责任。不可抗力发生前已完成的工程应当按照合同约定进行计量支付。

【司法实务】

问题 1. 未办施工许可证被政府要求停工，停工损失由谁承担？

《建筑法》第 7 条第 1 款规定："建筑工程开工前，建设单位应当按照国家有关规定向工程所在地县级以上人民政府建设行政主管部门申请领取施工许可证；但是，国务院建设行政主管部门确定的限额以下的小型工程除外。"第 64 条规定："违反本法规定，未取得施工许可证或者开工报告未经批准擅自施工的，责令改正，对不符合开工条件的责令停止施工，可以处以罚款。"

对未办施工许可证被政府要求停工，停工损失由谁承担问题，实务界存在两种不同观点：

第一种观点认为，根据《建筑法》第 7 条的规定，办理施工许可证的责任在建设单位，未办理施工许可证被政府要求停工的，停工损失应由建设单位承担。

第二种观点认为，停工损失的本质是损失，对损失的承担应按造成损失的过错责任原则确定。

笔者倾向于第二种观点。

根据工程停工是否属于发承包原因，分为发包人原因停工、承包人原因停工和非发承包原因停工三类。其中，发包人原因停工和承包人原因停工，均属于一方过错原因的停工；非发承包原因的停工，属于非一方过错原因的停工。对一方过错原因停工导致的停工损失，应由过错方承担；非一方过错停工导致的停工损失，按合理分摊原则承担损失。

我国建设工程实行建设工程施工许可管理制度。所谓建设工程施工许可制度是指建设行政主管部门根据建设单位的申请，依法对建设工程是否具备施工条件进行审查，对符合条件者准许其开始施工并颁发施工许可证的一种制度。

根据《建筑法》的规定，建设工程施工许可证应由发包人向工程所在地县级以上人民政府建设行政主管部门申请领取，未取得施工许可证或者开工报告未经批准，不得施工。对此发承包双方均属明知或应知，在未取得施工许可证或者开工报告未经批准之前，发包人不应要求或允许承包人入场施工，承包人也不应入场施工，双方均有过错，故该损失应由双方根据过错责任合理承担。

关联判例

秦皇岛市北戴河圣海房地产开发有限公司、秦皇岛海一建筑工程股份有限公司建设工程施工合同纠纷案

（2016）最高法民申2632号

【裁判要旨】

因未取得开工许可证而产生施工等待费用，发承包双方均有过错，该部分损失应由双方合理分担。

【裁判摘要】

关于施工等待费用。秦皇岛市北戴河圣海房地产开发有限公司（以下简称圣海公司）主张本案即使存在施工等待费用，也应由秦皇岛海一建筑工程股份有限公司（以下简称海一公司）自行承担，且二审以海一公司自己写的报告确认该部分费用金额，依据不足。从一审、二审查明的事实看，海一公司中标后即将塔吊进场，因圣海公司未取得开工许可证而产生施工等待费用。圣海公司再审主张该部分费用应由海一公司自行承担的理由不能成立。而对海一公司产生的该部分损失数额的确定，二审依据正源公司的鉴定结论，结合2008年奥运期间停工原因不可归责于双方的情形，认定该部分损失由双方合理分担，并无不妥。

问题 2. 发包人原因造成承包人停工、窝工的，应如何确定损失赔偿范围？

《民法典》第 131 条规定："民事主体行使权利时，应当履行法律规定的和当事人约定的义务。"在工程建设过程中，发包人应当按照合同约定及法律规定履行自己的义务，为工程建设提供必要条件。

一、发包人义务

1. 发包人的法定义务

《民法典》规定，发包人有按照约定的时间和要求提供原材料、设备、场地、资金、技术资料的义务，如未履行上述法定义务的，承包人可以顺延工程日期，并有权请求赔偿停工、窝工等损失。因发包人的原因致使工程中途停建、缓建的，发包人应当采取措施弥补或者减少损失，赔偿承包人因此造成的停工、窝工、倒运、机械设备调迁、材料和构件积压等损失和实际费用。因发包人变更计划，提供的资料不准确，或者未按照期限提供必需的勘察、设计工作条件而造成勘察、设计的返工、停工或者修改设计，发包人应当按照勘察人、设计人实际消耗的工作量增付费用。在隐蔽工程隐蔽以前，经承包人通知检查，发包人没有及时检查的，承包人可以顺延工程日期，并有权请求赔偿停工、窝工等损失。

《建筑法》第 40 条规定："建设单位应当向建筑施工企业提供与施工现场相关的地下管线资料，建筑施工企业应当采取措施加以保护。"《建设工程安全生产管理条例》第 6 条规定："建设单位应当向施工单位提供施工现场及毗邻区域内供水、排水、供电、供气、供热、通信、广播电视等地下管线资料，气象和水文观测资料，相邻建筑物和构筑物、地下工程的有关资料，并保证资料的真实、准确、完整。建设单位因建设工程需要，向有关部门或者单位查询前款规定的资料时，有关部门或者单位应当及时提供。"

2. 发包人的约定义务

（1）发包人提供行政许可或批准的义务。根据《2017 建设工程施工合同示范文本》第 2.1 条约定，发包人应遵守法律，并办理法律规定由其办理的许可、批准或备案，包括但不限于建设用地规划许可证、建设工程规划许可证、建设工程施工许可证、施工所需临时用水、临时用电、中断道路交通、临时占用土地等许可和批准。发包人应协助承包人办理法律规定的有关施工证件和批件。因发包人原因未能及时办理完毕前述许可、批准或备案，由发包人承担由此增加的费用和（或）延误的工期，并支付承包人合理的利润。

（2）发包人提供施工现场、施工条件和基础资料的义务。根据《2017 建设工程施工合同示范文本》第 2.4.1 条的约定，除专用合同条款另有约定外，发包人应最迟于开工日期 7 天前向承包人移交施工现场。第 2.4.2 条约定，除专用合同条款另有约定外，发包人应负责提供施工所需要的条件，包括：①将施工用水、电力、通讯线路等施工所必需的条件接至施工现场内；②保证向承包人提供正常施工所需要的进入施工现场的交通条件；③协调处理施工现场周围地下管线和邻近建筑物、构筑物、古树名木的保护工作，并承担相关费用；④按照专用合同条款约定应提供的其他设施和条件。第 2.4.3 条约定，发包人应当在移交施工现场前向承包人提供施工现场及工程施工所必需的毗邻区域内供水、排水、供电、供气、供热、通信、广播电视等地下管线资料，气象和水文观测资料，地质勘察资料，相邻建筑物、构筑物和地下工程等有关基础资料，并对所提供资料的真实性、准确性和完整性负责。

因发包人原因未能按合同约定及时向承包人提供施工现场、施工条件、基础资料的，由发包人承担由此增加的费用和（或）延误的工期。

（3）其他约定义务。如按合同约定向承包人及时支付合同价款的义务，应按合同约定及时组织竣工验收的义务等。

二、承包人可以主张的损失范围

发包人原因造成承包人停工、窝工的，承包人可以主张直接费损失，包括人工费损失、材料损失和机械租赁费损失等。具体可参照《第八次全国法院民事商事审判工作会议（民事部分）纪要》第 32 条规定，其内容为："因发包人未按照约定提供原材料、设备、场地、资金、技术资料的，隐蔽工程在隐蔽之前，承包人已通知发包人检查，发包人未及时检查等原因致使工程中途停、缓建，发包人应当赔偿因此给承包人造成的停（窝）工损失，包括停（窝）工人员人工费、机械设备窝工费和因窝工造成设备租赁费用等停（窝）工损失。"如果是发包人过错导致索赔事件发生，如延迟提供图纸、延迟提供施工场地、发包人要求暂停施工等，根据《2007 标准施工招标文件》的规定，承包人除可索赔费用，还可以索赔利润。

三、工程签证

| 导读 |

在建设工程契约治理体系中，工程签证作为突破合同刚性约束的柔性调适机制，既是动态履约的必然产物，也是平衡契约稳定与工程弹性的制度枢纽。

工程签证的制度价值根植于建设工程的三大本体特征：（1）巨型性，建设工程作为典型的重资产型生产活动，其价值创造过程呈现出独特的系统，项目动辄数亿的资金投入，催生严苛的资金链管控需求。（2）复杂性，在时间跨度层面，3—5 年的建设周期面临政策调整、市场波动等多重风险；就技术实施而言，异形结构设计、交叉专业施工、特殊工艺应用等要素交织形成技术管理矩阵。（3）不可逆性，建设工程施工过程就是人工、材料和施工机械物化至建筑产品的过程，一旦实施，将无法再恢复至原始状态。

基于以上巨型性、复杂性与不可逆性的特点，形成了独特的契约履行环境。巨型性，在遭遇政策、市场的影响，会叠加巨量风险，需通过签证合理分配风险；复杂性引发技术标准的动态迭代，依赖签证完成技术合意更新；不可逆性催生不可逆风险，需通过签证实现风险责任主体确认。

这种以现场条件异动为触发点、以补充协议为载体的签证制度，实质上是工程价值创造从“图纸预设”向“现场生成”转化的法律通道。未来工程签证制度，也将从“契约严守”向“合作治理”方向转变。

【术语解读】

工程签证是指在工程建设的施工过程中，发承包双方的现场代表（或其委托人）对施工过程中由于发包人的责任致使承包人在工程施工中于合同内容外发生了额外的费用或其他与合同约定事项不符的情况，由承包人通过书面形式向发包人提出并予以签字确认的证明。

（一）签证的性质

1. 合同属性

《民法典》第 510 条规定：“合同生效后，当事人就质量、价款或者报酬、履行地点等内容没有约定或者约定不明确的，可以协议补充；不能达成补充协议的，按照合同相关条款或者交易习惯确定。”建设工程签证是建设工程发承包双方在建设工程合同履行过程中，对原合同所约定的工期、工程价款、施工范围、工程量、违约责任、损失赔偿等内容进行调整和补充的协议，具有合同属性。

2. 证据属性

最高人民法院《关于审理建设工程施工合同司法解释（一）》第20条规定："当事人对工程量有争议的，按照施工过程中形成的签证等书面文件确认。承包人能够证明发包人同意其施工，但未能提供签证文件证明工程量发生的，可以按照当事人提供的其他证据确认实际发生的工程量。"现场签证和其他书面文件可以用来证明实际发生的工程量，具有法律证据属性。

3. 造价属性

《2013清单计价规范》第1.0.4条规定："招标工程量清单、招标控制价、投标报价、工程计量、合同价款调整、合同价款结算与支付以及工程造价鉴定等工程造价文件的编制与核对，应由具有专业资格的工程造价人员承担。"由此可得工程造价鉴定与招标工程量清单、招标控制价、投标报价等文件共同构成工程造价文件，具有造价属性。

承发包双方相互书面确认的签证，可以作为合同结算时增减合同价款的依据。实践中，双方当事人签字或者盖章确认的工程签证比较全面地反映了建设工程的形象进度、实际工程量的完成情况和工程费用的支付情况以及设计变更引起的工程量变化、合同价款调整、工期顺延等情况，是建设工程施工合同当事人履行义务的重要凭据，也是人民法院审理建设工程施工合同纠纷案件中用以确认工程量，并进而结算工程价款的重要证据。

对于当事人双方签字或者盖章确认的工程签证等书面文件，人民法院一般予以采信，并作为确认工程量或者工程造价鉴定的重要依据。

（二）签证的特征

对工程签证的特征，主要从主体特征、内容特征、意思表示和形式特征四个方面进行解析。

（1）主体特征。工程签证的主体特征包括以下四个方面：①工程签证是发包人和承包人，其他主体签发的有关文件不属于工程签证，如设计单位对设计图纸所作的设计变更就不属于工程签证，其应当属于设计图纸或设计文件的组成部分。②必须是双方协商一致的结果，是双方法律行为，仅有一方当事人的签字，不构成工程签证。③对于工程签证的签约人，只有有权代表发包人和承包人签署工程签证的人员签字或者盖章，工程签证才对双方当事人具有法律约束力。目前法律、行政法规或部门规章没有规定，一般由发包人和承包人在建设工程施工合同中约定的人员，或者通过其他方式授权的人员负责在工程签证上签字或者盖章。发包人一般授权派驻施工现场的工程师，或者监理单位派驻的工程师与承包人委派的项目经理负责签署工程签证。④工程签证不能是主体的变更。

（2）内容特征。工程签证的内容主要是涉及建设工程合同权利义务变更的内容，包括确认工程量变化、确认增减合同价款、确认支付各种费用、确认顺延工期、确认承担违约责任、确认赔偿损失等。工程签证既可以对合同约定允许调整的内容进行确认，如确认工程量、设计变更等事项，也可以对合同内容外的事项进行确认，通过工程签证变更合同内容。如果工程签证仅对事实确认，不涉及合同权利义务变更，例如发包人在承包人提交的签证文件中仅签署“情况属实”的意见，视为发包人对处分签证中权利义务的态度不明确，不能构成处分性签证，但可以作为费用和工期索赔的证据材料，属于证明性签证。

（3）意思表示。工程签证的性质为发承包人双方就合同履行达成的补充协议，其成立及生效应满足一般合同成立和生效的要件，即发承包双方真实的意思表示，不能存在合同无效、可变更、可撤销等情形。

（4）形式特征。工程签证应当采用书面形式，由当事人及其授权的现场代表签字。对于工程签证采用什么样的格式，目前没有统一的规定和要求，发承包双方可以合理选择适当格式，也可参照《2013 清单计价规范》附件的工程签证格式。

（三）签证的类型

1. 按签证的内容及其目的来分，签证可分为费用签证、工期签证、工程量签证和综合签证

费用签证，是指发承包双方对施工过程中所产生的各种费用增减所作的签证，包括工程变更引起的费用签证、工程量变化引起签证的增减及施工环境引起的费用签证等。费用签证不仅包含承包人实际投入费用的增减，在特殊情况下也包含承包人可得利润。工期签证是指确认和调整工程竣工日期的签证，如顺延

工期签证、确认竣工日期签证等。工程量签证是指仅对施工过程中发生的各种工程量变化进行确认的签证，此类签证不计算相应工程价款，未对相应费用进行调整和确认。

2. 按照签证功能来分，可分为证明性签证和处分性签证

证明性签证，是指对施工过程中所发生的事实进行表态，如就施工安排、人员确定、材料使用等涉及客观事实的记录、报道等事由出具的签证。其签证内容一般表现为“情况属实”“已核”“已收到”等。证明性签证只能证明工程相关情况，而不引起承发包双方权利义务的变动。

处分性签证，是指能够导致发承包双方权利义务变动的签证，表现形式主要为“同意上述费用”“同意上述金额”“同意按此付款”等。处分性签证主要涉及价格、工期、质量等方面的权利义务变动。

3. 按照工程签证产生的原因，可分为合同外新增工程签证、合同内改变施工内容签证和非承包人责任事件签证

（1）合同外新增工程签证

合同外新增工程签证主要是指完成合同以外零星项目类的签证。《2013 清单计价规范》第 9.14.1 条规定：“承包人应发包人要求完成合同以外的零星项目、非承包人责任事件等工作的，发包人应及时以书面形式向承包人发出指令，并应提供所需的相关资料；承包人在收到指令后，应及时向发包人提出现场签证要求。”零星工作包括：非承包人义务范围内的材料整理、设备装卸；对上一道工序不符合规范要求的施工进行修复；非合同范围内的施工接茬等。

（2）合同内改变施工内容签证

《2013 清单计价规范》第 9.14.6 条规定：“在施工过程中，当发现合同工程内容因场地条件、地质水文、发包人要求等不一致时，承包人应提供所需的相关资料，并提交发包人签证认可，作为合同价款调整的依据。”

在工程施工过程中，由于工程自身的特点决定了施工合同内容具有不确定性。其内容包括因甲方要求而改变的设计变更；因自然条件限制而改变的施工方案变更；因社会因素而改变的竣工日期；因规划、审批手续而改变的工程范围及工程结构形式等。如合同清单已有，但施工中发现与其不符的土方类别、流沙等，需承包人及时向发包人提出签证确认，以便调整合同价款；发包人原因未按合同约定提供场地、材料、设备或停水、停电等造成承包人停工，需承包人及时

向发包人提出签证确认，以便计算索赔费用等。

（3）非承包人责任事件签证

非承包人责任事件一般可分为发包人责任事件和非发包人责任事件两类。

发包人责任事件主要包括：①迟延提供图纸；②迟延提供施工场地；③发包人提供材料、工程设备不合格或迟延提供或变更交货地点；④监理人对已经覆盖的隐蔽工程要求重新检查且检查结果合格；⑤因发包人提供的材料、工程设备造成工程不合格；⑥承包人应监理人要求对材料、工程设备和工程重新检验且检验结果合格；⑦停水、停电、停工超过规定时间范围；⑧业主未按合同约定支付工程价款致使工程停工等。

非发包人责任事件主要包括施工中发现文物、古迹，施工中遇到不利物质条件，异常恶劣的气候条件导致工期延误，不可抗力等。

（四）工程签证对结算的影响

一般来说，工程签证是建设工程合同双方对合同履行中具体工程量变更、工程施工事务协商确认的文件，可以直接作为工程结算、审计的重要依据。[①]《建设工程施工合同司法解释（一）》第20条规定：“当事人对工程量有争议的，按照施工过程中形成的签证等书面文件确认……”

基于对工程签证的再细分，工程签证分为处分性签证和证明性签证。对于处分性签证，是发承包双方当事人权利义务的重新确定，无论涉及费用、工期还是工程量，一经合法有效的确定即发生作用，可以直接作为结算工程价款的依据。对于证明性签证，仅对变更的事实予以确认，未对变更的费用予以确认，在结算工程款时需按合同约定的变更估价和价格调整方法确定变更所涉及的费用。

（五）工程签证的例外

因建设工程合同履行的复杂性，建设工程施工合同履行过程中，并非所有变动事项均需办理或认定为工程签证。以下为工程签证的例外情形：（1）在承包人应承担风险范围内的变动。例如，对于固定总价工程项目，在合同约定风险范围内的变化，其风险应由承包人承担，不应再办理相关工程签证。（2）作为一个有经验的承包商应能预测的风险。例如，施工周期内遇到的常规雨雪天气，不应再

① 参见上海市高级人民法院《建设工程合同纠纷庭审要领》规定。

办理工期顺延签证。(3)承包自身原因造成的变动。例如，因承包人施工质量不合格拆除重建而增加的工程量，不应办理工程量确认签证。(4)不可归责于发包人原因造成的其他损失。例如，因地震造成承包人施工机械损坏的，不应办理赔偿签证。(5)其他情况。

另外，属于正常工程管理或工程验收过程中签署的验收文件，一般情况下不作为现场签证处理。

【司法实务】

问题.仅有监理人签字的现场签证单价款能否被计入工程总价款?

现场签证是指在工程建设的施工过程中，发承包双方的现场代表(或其委托人)对施工过程中由于发包人的责任致使承包人在工程施工中于合同内容外发生了额外的费用或其他与合同约定事项不符的情况，由承包人通过书面形式向发包人提出并予以签字确认的证明。一般来说，承包人现场签证和得到发包人确认的索赔金额应列入本周期应增加的金额中。但对仅有监理人签字的现场签证单价款能否被计入工程总价款问题，实务界存在较大争议，主要有两种不同观点:

第一种观点认为，仅有监理人签字的现场签证单价款能否被计入工程总价款，主要取决于该签字鉴定人是否经过发包人授权，如果授权构成有权代理，应当被计入工程总价款；如果没有被授权，属于无权代理，除构成表见代理外，不能被计入工程总价款。

第二种观点认为，仅有监理人签字的现场签证单价款能否被计入工程总价款，一方面取决于发包人是否授权，另一方面取决于该签证内容是否真实。如果该签证内容真实，即便没有发包人授权，也可以作为证据供法院裁决计入；如果签证内容不真实，即便有发包人授权，也为无效签证，不能被计入工程总造价。

笔者倾向于第二种观点。

根据《2013 清单计价规范》第 2.0.24 条的定义，现场签证是指发包人现场代表(或其授权的监理人、工程造价咨询人)与承包人现场代表就施工过程中涉及的责任事件所作的签认证明。

工程签证具有以下特征:(1)主体特征。工程签证是发包人和承包人就施工过程中所涉及的责任事件进行协商一致的结果，是双方法律行为，故建设工程签证主体必须是建设工程合同的当事人，明确且具体。发包人可以授权其员工，也可以委托监理人签订签证文件。（2）内容特征。工程签证的内容涉及建设工程合同权利义务的变更，包括确认工程量、增加或减少合同价款、顺延工期、承担违约责任、赔偿损失等。工程签证既可以是对合同约定内容调整事实的确认，也可以是发承包双方新的债权债务的确认。（3）结果特征。工程签证合法签订，对合同双方均有约束力。

但实践中，经常出现瑕疵签证单问题，如发包人只签收到但是未表示同意；或者监理人只签情况属实，但发包人未完成最后的审批等。瑕疵签证通常表现在以下几个方面：（1）授权瑕疵。授权瑕疵是指工程签证签署人员没有经过发包人授权，或授权不明确，甚至有的发包人代表以其乳名或社会称呼签署。（2）内容瑕疵。内容瑕疵是指承包人为了获取高额利益，与发包人代表相互串通，以少签多、无中生有、高估冒算签署签证，通常体现在记载事项与事实不相符、工程计量与事实不相符和工程计价与合同约定不符等几个方面。（3）时间瑕疵。根据《2013 清单计价规范》第 9.14.2 条、第 9.14.5 条的规定，承包人应在收到发包人指令后的 7 天内向发包人提交现场签证报告，发包人应在收到现场签证报告后的 48 小时内对报告内容进行核实，予以确认或提出修改意见。发包人在收到承包人现场签证报告后的 48 小时内未确认也未提出修改意见的，应视为承包人提交的现场签证报告已被发包人认可。现场签证工作完成后的 7 天内，承包人应按照现场签证内容计算价款，报送发包人确认后，作为增加合同价款，与进度款同期支付。但在实务中，常出现事后补签签证情况。

针对瑕疵签证，并非一概不能使用。在没有法律规定或合同约定该签订无效的情况下，可以按照以下原则予以适用。（1）处分性签证。处分性签证是指可以导致发承包双方债权债务发生变动的签证，通常表现为对签证中的价款、工期顺延、违约责任赔偿表示同意。对于有合法授权人签署的处分性签证，无虚假内容、不存在合谋损害发包人利益，应直接作为结算依据。（2）证明性签证，主要是指对施工过程中事实、工程量等客观内容予以确认，如签署“情况属实”“内容已核实”等。证明性签证只能证明工程相关情况，而不引起承发包双方权利义务的变动。对于有合法授权人签署的证明性签证，无虚假内容、不存在合谋损害发包人利益，经发承包双方对债权债务重新确认的，应直接作为结算依据。双方不能重新确认债权债务的，人民法院或仲裁委可以根据签证事实委托鉴定。

（3）无授权人签署的签证。根据《民法典》的规定，行为人没有代理权、超越代理权或者代理权终止后，仍然实施代理行为，未经被代理人追认的，对被代理人不发生效力，除非被代理人追认或代理人行为构成表见代理。无授权人签署的签证未经当事人追认，其签署的处分性签证对当事人不发生改变双方权利义务的效力，但其签署的内容可以一般证据使用。

《江苏省高级人民法院建设工程施工合同案件审理指南》（2010年）第7条第4项规定：施工合同中，当事人之间会有很多的签证，其中与工程价款结算有关的签证如何认定比较有争议。我们认为，建筑工程类案件，在工程设计、施工、质量验收、决算等方面涉及许多专业性问题，法官不可能都精通，但当事人对工程质量、工程结算的争议，一方面，法官可以借助鉴定等诉讼手段认定双方是否按约履行义务；另一方面，法官的专长在于从证据上把关、审核。合同虽然是当事人结算的重要依据，但合同履行中的签证也是认定当事人之间结算的依据。法官首先应当从证据的真实性、关联性、合法性上来认定证据的效力；其次，从签证的内容来判断当事人是否通过签证改变了合同中的约定，如果签证中涉及工程量或对某些项目计价方式的确定与合同约定不符，可以认为是对合同的变更，法官应根据变更的签证对当事人之间的争议进行认定。

关联判例

青海方升建筑安装工程有限责任公司与青海隆豪置业有限公司建设工程施工合同纠纷案

（2014）民一终字第69号

【裁判要旨】

尽管总监代表没有被授权签署签证，但总监代表所签署的签证能够证明实际发生，工程量应予确认。

【裁判摘要】

最高人民法院认为，双方有争议的工程变更、签证项目均由监理单位指派的监理人员冯某贵签字确认，该部分鉴定价格为1451136.16元。根据方升公司提交的藏文化产业创意园项目监理部拟进场人员名单，冯某贵系监理单位指派的总监代表，双方有争议的工程鉴证单均系冯某贵签署。根据最高人民法院《建设工程施工合同司法解释》第 19 条“当事人对工程量有争议的，按照施工过程中形成的签证等书面文件确认。承包人能够证明发包人同意其施工，但未能提供签证文件证明工程量发生的，可以按照当事人提供的其他证据确认实际发生的工程量”的规定，冯某贵作为总监代表，又是现场唯一监理，其在工程签证单上的签字，是对本案建设工程现场施工情况的真实反映。因此，其签署的工程签证单能够证明变更、签证项目的实际发生，变更、签证的工作量应当予以认定。一审判决以签证单上无监理单位签章，隆豪公司不予认可，总监理工程师不知情为由，认定上述签证单是冯某贵超越权限的个人行为，不能作为结算工程款，与事实不符，于法律无据，予以纠正；方升公司提出的变更、签证的工程量应当予以认定的上诉理由成立，予以支持。

四、索赔与反索赔

| 导读 |

在建设工程契约治理体系中，契约缔结本质上是发承包双方在复杂市场环境下的战略博弈过程。建设工程索赔与反索赔的本质，是风险再分配的动态博弈工具，既是发承包双方在契约弹性空间内进行的权益再分配的诉求表达，也是工程法治的核心实践场域。

《2024 清单计价标准》第 8.11.1 条规定，合同履行过程中，因非己方的原因而发生的，不属于工程量清单缺陷、暂列金额、暂估价、总承包服务费、计日工、物价变化，法律法规及政策性变化，工程变更、新增工程等调整范围的，且造成自身经济损失及费用增加和（或）工期延误（或延长）等事件，并应由合同另一方承担义务的，发承包双方均可依据合同约定和法律法规规定，以及自身蒙受的损失按相关规定向另一方提出经济损失赔偿或补偿和（或）工期调整等工程索赔，并相应调整合同价款。该规定把将索赔机制升华为工程风险分配的衡平法理，其制度价值不仅在于填平守约方损失，更有利于推动着建筑市场从“零和博弈”向“合作治理”的模式转型。

索赔权利的发生逻辑根植于建设工程的三大本体矛盾：技术复杂性导致设计预见性不足，市场波动性引发价格均衡失序，履约长周期性放大外部风险冲击。这三重矛盾共同塑造了索赔制度的双重功能定位——违约救济规则及风险分担原则。

现实中从索赔面临多层挑战，如利益相关方的态度倾向，许多情况下，索赔行为被视为机会主义行为或不诚实的表现，这种偏见会使相关方在处理索赔时缺乏开放的沟通和合作态度。资源不足，索赔管理是一项资源密集型活动，需要专业的人才、充足的时间、有效的工具和系统以及必要的资金支持。然而，许多组织在资源分配上并未给予足够的重视。程序规则限制，28 天索赔时效与工程实践周期存在严重错配。证明责任，索赔需要明确的索赔事项和相关索赔资料，在实际中，许多建筑项目缺乏系统化的文件记录和资料收集。

索赔具有双向性，通过双向索赔制度的建立，构建起风险分配的动态平衡框架。当前，随着工程总承包模式的普及，索赔管理正经历从“单项索赔”向“综合索赔”、从“费用补偿”向“价值再造”的深刻转变。

【术语解读】

根据《2024 清单计价标准》的定义，索赔是指当事人一方因非己方的原因造成经济损失、费用增加或工期延误（或延长），按合同约定或法律法规规定，应由对方承担赔偿或补偿义务，而向对方提出经济损失赔偿或补偿和（或）工期调整及其他的要求。索赔是双向的，不仅承包方可以向业主索赔，业主同样也可以向承包商索赔。一般来说，把承包人向发包人主张的索赔称为索赔，把发包人向承包人主张的索赔称为反索赔。

（一）索赔的基本理论

根据《民法典》第 803 条、第 804 条、第 805 条的规定，发包人未按照约定的时间和要求提供原材料、设备、场地、资金、技术资料的，承包人可以顺延工程日期，并有权请求赔偿停工、窝工等损失。因发包人的原因致使工程中途停建、缓建的，发包人应当采取措施弥补或者减少损失，赔偿承包人因此造成的停工、窝工、倒运、机械设备调迁、材料和构件积压等损失和实际费用。因发包人变更计划，提供的资料不准确，或者未按照期限提供必需的勘察、设计工作条件而造成勘察、设计的返工、停工或者修改设计，发包人应当按照勘察人、设计人实际消耗的工作量增付费用。

索赔的目的是保护自己应得的利益，是工程实践中的一种正当权利要求，是发生在业主、监理工程师和承包商之间的一项普遍存在的合同管理业务。

1. 索赔具有补偿性，而非惩罚性

由于建设工程项目具有周期长、难度大、技术性强的特点，工程建设不能在极短时间内完成，施工现场条件、气候条件、施工进度、物价、法律、规范、标准文件和施工图纸等均可能出现变化、变更或差异现象。本质上说，在合同履行过程中出现任何变化，都等同于与原合同约定不一致，故只要引起该合同变化为单方行为的，就应视为广义的违约行为，包括指令行为、失误行为及未按合同约定履约行为。《民法典》第577条规定："当事人一方不履行合同义务或者履行合同义务不符合约定的，应当承担继续履行、采取补救措施或者赔偿损失等违约责任。"建设工程合同是承包人进行工程建设，发包人支付价款的合同。合同内容是当事双方自由合约的体现，基于合同的索赔具有补偿性。

《2024清单计价标准》第8.11.1条规定，索赔是基于自己的损失，并以自己所蒙受损失向另一方提出赔偿或补偿的请求。《2024清单计价标准》对索赔的定义为，是合同当事人一方因非己方的原因而遭受损失，向对方提出补偿的要求。非过错方仅能获得损失的补偿，包括费用损失或费用与利润损失的补偿，不能超出自身损失而获得更多补偿。这符合《民法典》第584条的规定，即当事人一方不履行合同义务或者履行合同义务不符合约定，造成对方损失的，损失赔偿额应当相当于因违约所造成的损失，包括合同履行后可以获得的利益；但是，不得超过违约一方订立合同时预见到或者应当预见到的因违约可能造成的损失。

2. 索赔合同风险分担的再分配

《民法典》第6条规定："民事主体从事民事活动，应当遵循公平原则，合理确定各方的权利和义务。"但由于建设工程的复杂性，发承包双方无法预测合同履行中可能发生的所有事件，合同约定仅能对可预测的风险作合理分配。随着合同履行范围的扩大，不可预见的风险、发承包双方自身履约的风险均会影响双方权利义务。如果施工过程中的所有风险或大部分风险都分配给了承包商，则将带来极大的不合理性。

（1）违反公平原则

《2013清单计价规范》第3.4.1条规定："建设工程发承包，必须在招标文件、合同中明确计价中的风险内容及其范围，不得采用无限风险、所有风险或类似语句规定计价中的风险内容及范围。”《2024清单计价标准》亦有类似规定。[①]其目的就是维护发承包双方利益的平等，防止发包人利用买方优势地位过分限制承包人权利，无限扩大承包人义务。

（2）违反过错责任原则

索赔大多因一方违约引起，包括发包人违约和承包人违约。以发包人违约为例，可分为三种情形：①业主指令。例如，在施工过程中，发包人为了早日实现工程建设利益，指令承包人加快施工进度。又如，某工程合同约定钢材为暂估价，以承包人采购价为基价经组价后计入结算，发包人预测钢材价格将会大幅降价，要求承包人推迟采购钢材。发包人以上行为导致承包人增加施工成本，过错方在发包人，根据《民法典》[②]的规定，理应当允许承包人索赔。②业主失误。招标工程量清单是工程量清单计价的基础，应作为编制招标控制价、投标报价、计算或调整工程量、索赔等的依据之一。《2013清单计价规范》第4.1.2条规定：“招标工程量清单必须作为招标文件的组成部分，其准确性和完整性应由招标人负责。”《2024清单计价标准》第3.1.8条规定，采用单价合同的工程，分部分项工程项目清单的准确性、完整性应由发包人负责。例如，发包人招标工程量清单发生错误影响投标人投标报价致使承包人损失的，应当由发包人承担责任。又如，业主批准承包商工程资料发生延误、提供的关键性基础资料存在严重失误造成承包人损失的，应当允许承包人索赔。③业主未按合同履约。发包人未按照约定的时间和要求提供原材料、设备、场地、资金、技术资料的，或业主未在合同规定的期限内根据合同要求办理土地征用、青苗树木补偿、房屋拆迁、清除地面等工作，导致施工现场不具备或不完全具备施工条件的，根据过错责任原则，应当允许承包人索赔。

（3）不利于项目实施

一方面，如果不允许工程索赔，一旦工程项目发生风险，项目成本就将大幅

---

① 《2024清单计价标准》第3.3.1条规定，建设工程的施工发承包，应在招标文件、合同中明确计量与计价的风险内容及其范围，不得采用无限风险、所有风险或类似语句约定工程计量与计价中的风险内容及范围。

② 《民法典》第803条规定，发包人未按照约定的时间和要求提供原材料、设备、场地、资金、技术资料的，承包人可以顺延工程日期，并有权请求赔偿停工、窝工等损失。

提高，不但影响企业获得合理利润，还将面临严重亏损，甚至导致整个项目的失败，这不符合发包人利益。另一方面，如果不允许工程索赔，承包人为了规避所有可能发生的风险，会抬高报价，不利于发包人投资控制。

承包商依据法律规定及合同约定对风险造成的损失向业主进行索赔，实质上是承包商与业主之间风险分担的再分配过程。索赔使风险分担进一步趋于合理，有利于承包商减少成本、确保合理盈利目标的实现，有利于承包商按照预定工期，确保工程质量，顺利完成合同最终目标，促使项目早日投产，实现经济效益。[①]

3. 索赔是一种未经对方确认的单方行为

索赔与工程签证不同。签证是发承包双方就额外或合同内项目费用补偿或工期延长等内容达成一致的补充协议，可以直接作为工程款结算的依据。索赔是索赔方向被索赔方的权利主张，对对方尚未形成约束力，属于单方面行为。索赔要求只有通过确认（如双方协商、调解、诉讼或仲裁等方式）才能确定。

（二）索赔的分类

工程索赔按照不同的标准会有不同的分类。（1）按照索赔原因来分，可分为发包人原因引起的索赔、承包人原因引起的索赔和不可单独归于发包人或承包人原因的索赔三种情形。（2）按照索赔主体来分，可分为发包人索赔、承包人索赔和其他当事主体索赔。（3）按照索赔目的来分，可分为工期索赔、费用索赔和质量索赔。（4）按照索赔依据来分，可分为合同内索赔、合同外索赔和道义索赔。（5）按照索赔处理方式来分，可分为单项索赔和综合索赔。（6）按照索赔对象来分，可分为索赔与反索赔。（7）其他分类标准。

实务中，最常见的分类方式，主要有以下三种。

1. 按照索赔原因

（1）发包人原因引起的索赔

发包人原因引起的索赔可包括发包人违约、发包人指令及工程变更引起的索赔。

①发包人违约

《民法典》第 577 条规定：“当事人一方不履行合同义务或者履行合同义务不

---

① 参见陈津生编著：《EPC 工程总承包合同管理与索赔实务》，中国电力出版社 2018 年版，第 156 页。

符合约定的，应当承担继续履行、采取补救措施或者赔偿损失等违约责任。”

常见的发包人违约行为有：发包人未在合同约定的期限内交付施工场地，未及时办理相关审批手续，未按合同约定提供图纸、地勘资料，未按合同约定将施工所需水、电、气等引入施工现场，未按合同约定及时向承包商支付工程款，拖延过程验收及竣工验收等。

②发包人指令

发包人指令通常分为两种，一种是不引起发承包双方权利义务变化的指令，如发包人按照合同约定向承包人发出开工指令；发现承包人违反安全规范施工，发包人向其发出停工整改的指令等。另一种可引起发承包双方权利义务变化的指令，如在施工过程中发现化石、文物而向承包人所发出的停工指令；为了早日实现工程建设利益而发出的赶工指令等。

③工程变更

按照意思表示主体来分，工程变更分为两种，一种是经发承包双方协商一致的变更。根据《民法典》第543条的规定：“当事人协商一致，可以变更合同。”双方协商一致的工程变更是经双方经合意，构成合同变更。另一种是发包人单方指令的变更。根据《民法典》第136条第2款的规定：“行为人非依法律规定或者未经对方同意，不得擅自变更或者解除民事法律行为。”任何一方未经协商一般不可单方改变合同的内容，但鉴于建设工程合同的特殊性，就其本质而言，建设工程施工合同是一种特殊的承揽合同，承包人应按照发包人的要求进行工程建设，发包人具有单方变更权。

根据《2017工程施工合同》的通用合同条款第10条约定指引，发包人和监理人可以对增减合同内工作、追加或取消合同外工作，提高质量标准，改变工程的基线、标高、位置和尺寸等项目特征，改变工程施工进度计划等内容作出变更指示。

（2）承包人原因引起的索赔

《建筑法》第15条第2款规定：“发包单位和承包单位应当全面履行合同约定的义务。不按照合同约定履行义务的，依法承担违约责任。”建筑施工企业必须按照工程设计图纸和施工技术标准施工，不得偷工减料。常见的承包人违约行为有：借用资质承包，转包，违法分包，擅自变更施工范围、内容，擅自覆盖隐蔽工程，对施工材料不做见证取样，私自停工，拒绝复工，怠于执行或拒不执行监理工程师或发包人指令等。

因承包人未按合同约定合理履行义务造成发包人损失的，发包人可以向承包人进行索赔，如质量索赔、工期索赔、合理费用索赔等。

例如，《2017 工程施工合同》的通用合同条款第 6.1.9.2 条约定，承包人有施工安全保证责任，由于承包人原因在施工场地内及其毗邻地带造成的发包人、监理人以及第三者人员伤亡和财产损失，由承包人负责赔偿。第 6.3 条第 2 款约定，承包人有环境保护责任，承包人应当承担因其原因引起的环境污染侵权损害赔偿责任，因上述环境污染引起纠纷而导致暂停施工的，由此增加的费用和（或）延误的工期由承包人承担。第 8.4.1 条约定，对甲供材保管责任，因承包人原因发生丢失毁损的，由承包人负责赔偿。第 15.2.2 条约定，质量缺陷责任，缺陷责任期内，由承包人原因造成的缺陷，承包人应负责维修，并承担鉴定及维修费用。如承包人不维修也不承担费用，发包人可按合同约定从保证金或银行保函中扣除，费用超出保证金额的，发包人可按合同约定向承包人进行索赔。承包人维修并承担相应费用后，不免除对工程的损失赔偿责任。

又如，《2007 标准施工招标文件》的通用合同条款第 12.4.2 条约定指引，承包人无故拖延和拒绝复工的，由此增加的费用和工期延误由承包人承担。

（3）不可单独归于发包人或承包人原因的索赔

①第三人原因导致的索赔

由于建设工程参与主体众多，联系紧密，第三人的过错也经常是发包人或承包人相互提出索赔及反索赔的原因。常见的第三人过错包括：a. 监理人的过错，如监理人延期检查隐蔽工程。b. 分包商过错，如分包商施工质量不合格。c. 材料商过错，如材料供应不及时。d. 其他主体过错，如勘察资料不翔实等。

②非人为因素导致的索赔

非人为因素导致的索赔通常是指由客观事实造成的索赔。常见的非人为因素导致的索赔包括自然条件变化、气候因素、资源环境变化、政府行为、法律变化、情势变更、通货膨胀、不可抗力等。尽管该类损失并非由当事人过错所产生，但基于公平原则，发承包双方仍需要合理分摊风险。

如《2017 工程施工合同》的通用合同条款第 17.3 条约定指引，不可抗力引起的后果及造成的损失由合同当事人按照法律规定及合同约定各自承担。不可抗力发生前已完成的工程应当按照合同约定进行计量支付。不可抗力导致的人员伤亡、财产损失、费用增加和（或）工期延误等后果，由合同当事人按以下原则承担：a. 永久工程、已运至施工现场的材料和工程设备的损坏，以及因工程损坏造成的第三人人员伤亡和财产损失由发包人承担；b. 承包人施工设备的损坏由承包人承担；c. 发包人和承包人承担各自人员伤亡和财产的损失；d. 因不可抗力影响承包人履行合同约定的义务，已经引起或将引起工期延误的，应当顺延工期，由此导致承包人停工的费用损失由发包人和承包人合理分担，停工期间必须支付的工人工资由发包人承担；e. 因不可抗力引起或将引起工期延误，发包人要求赶工的，由此增加的赶工费用由发包人承担；f. 承包人在停工期间按照发包人要求照管、清理和修复工程的费用由发包人承担。不可抗力发生后，合同当事人均应采取措施尽量避免和减少损失的扩大，任何一方当事人没有采取有效措施导致损失扩大的，应对扩大的损失承担责任。

2. 按照索赔目的，可分为工期索赔、费用索赔和利润索赔三种情形

（1）工期索赔

所谓“工期索赔”是指非承包方原因导致施工进程延误，承包人要求发包人延长工期、推迟竣工日期的索赔。工期索赔的目的通常包含两个方面：一方面是避免承担逾期竣工带来的违约赔偿，另一方面是因获取工期顺延而可能获得的提前竣工奖励，或因工期索赔而带来的费用索赔。

一般来说，只要非承包方原因导致施工进程延误，且达到总工期推迟的，承包人就可向发包人主张工期索赔。根据《2007 标准施工招标文件》及《2017 工程施工合同》通用合同条款约定指引，在合同履行过程中，下列情况导致工期延误的，承包人可以向发包人主张工期索赔：1）发包人未能按合同约定提供图纸或所提供图纸不符合合同约定的；2）发包人未能按合同约定提供施工现场、施工条件、基础资料、许可、批准等开工条件的；3）发包人提供的测量基准点、基准线和水准点及其书面资料存在错误或疏漏的；4）发包人未能在计划开工日期之日起 7 天内同意下达开工通知的；5）发包人未能按合同约定日期支付工程预付款、进度款或竣工结算款的；6）发包人迟延提供材料、工程设备或变更交货地点的；7）发包人原因造成工期延误、暂停施工、工程返工的；8）工程暂停后发包人原因无法按时复工的；9）因发包人提供的材料、工程设备造成工程不合格的；10）发包人在工程竣工前提前占用工程的；11）发包人违约导致承包人暂停施工的；12）监理人未按合同约定发出指示、批准等文件的；13）监

理人对已经覆盖的隐蔽工程要求重新检查且检查结果合格的；14）承包人应监理人要求对材料、工程设备和工程重新检验且检验结果合格的；15）监理人指令迟延或错误的；16）改变合同中任何一项工作的质量要求或其他特性的；17）异常恶劣的气候条件导致工期延误的；18）因不可抗力造成工期延误的；19）施工中发现文物、古迹的；20）增加合同工作内容的；21）专用合同条款中约定的其他情形。

（2）费用索赔

所谓“费用索赔”是指业主的原因或双方不可控制的因素导致承包人增加开支，在一定情况下承包人向业主提出损失补偿的要求。费用索赔的目的是经济补偿，既包括承包人要求发包人调整合同价款、赔偿损失、追加付款的索赔，也包括发包人要求承包人支付赔偿金额、延长缺陷责任期的索赔。①

一般来说，只要非承包方原因导致的施工费用增加，且不属于极端天气、不可抗力等需要各自承担责任的，承包人均可向发包人主张费用索赔。根据《2007标准施工招标文件》及《2017 工程施工合同》通用合同条款约定指引，参照“工期索赔”列项，除“异常恶劣的气候条件”和“不可抗力”不可费用索赔外，其余均可费用索赔。另外，一些不构成工期延误而不能列入工期索赔的项目，因增加施工费用而可以费用索赔。例如，工程移交后因发包人原因出现新的缺陷或损坏的修复；发包人要求承包人提前竣工；发包人要求向承包人提前交付材料和工程设备；提前向承包人提供材料、工程设备；因发包人原因造成承包人人员工伤事故；工程移交后因发包人原因出现的缺陷修复后的试验和试运行；因不可抗力停工期间应监理人要求照管、清理、修复工程等。

（3）利润索赔

所谓的“利润索赔”，指的是因发包人过错造成承包人不能按照合同约定履行施工任务，承包人除可向发包人主张费用索赔外，还可以向发包人主张一定比例的利润。

《民法典》第 584 条规定：“当事人一方不履行合同义务或者履行合同义务不符合约定，造成对方损失的，损失赔偿额应当相当于因违约所造成的损失，包括合同履行后可以获得的利益；但是，不得超过违约一方订立合同时预见到或者应

① 参见袁华之：《建设工程索赔与反索赔》，法律出版社 2016 年版，第 27 页。

当预见到的因违约可能造成的损失。”该规定中的“利益”应当包括承包人合理利润。

费用索赔和利润索赔既有区别也有联系。一方面，费用索赔仅是对损失的索赔，只能保证承包商不致亏损；而利润索赔才能使承包商在保本的基础上获取盈利，也是承包商承揽工程的根本目的。另一方面，利润索赔必须在费用索赔的基础上产生，如果没有人工、材料、机械的费用成本，就不能生成利润；但有些只能索赔费用而不产生利润，如提前向承包人提供材料、工程设备，仅会增减承包人的保管及仓储费用，不会形成新的施工任务，没有利润产生，可以索赔费用但不能索赔利润；再如，发包人原因造成承包人人员工伤事故，承包人可以向发包人索赔费用，不能索赔利润。

《2007标准施工招标文件》通用合同条款第11.3条约定：“在履行合同过程中，由于发包人的下列原因造成工期延误的，承包人有权要求发包人延长工期和（或）增加费用，并支付合理利润……”《2017工程施工合同》通用合同条款第7.5.1条约定：“在合同履行过程中，因下列情况导致工期延误和（或）费用增加的，由发包人承担由此延误的工期和（或）增加的费用，且发包人应支付承包人合理的利润……”

基于此，发承包双方可以在合同中约定出现以下情形时，承包人有权向发包人进行费用及利润索赔，造成工期延误的，应顺延工期。①迟延提供图纸；②迟延提供施工场地；③发包人提供材料、工程设备不合格或迟延提供或变更交货地点；④承包人依据发包人提供的错误资料导致测量放线错误；⑤发包人的原因导致试运行失败的；⑥工程移交后因发包人原因出现新的缺陷或损坏的修复；⑦工程暂停后因发包人原因无法按时复工；⑧发包人原因导致承包人工程返工；⑨监理人对已经覆盖的隐蔽工程要求重新检查且检查结果合格；⑩因发包人提供的材料、工程设备造成工程不合格；⑪承包人应监理人要求对材料、工程设备和工程重新检验且检验结果合格；⑫发包人在工程竣工前提前占用工程；⑬发包人违约导致承包人暂停施工；⑭其他约定。

3. 按照索赔对象，可分为索赔和反索赔两种情形

索赔作为对初始“合同状态”补偿方式之一，具有再调节承发包双方之间权利与义务的分配关系以及调整合同价款的功能，使合同状态重新达到一种新的平

衡。[①] 基于索赔是双向的，实务界通常把承包人向发包人主张的索赔称为索赔，把发包人向承包人主张的索赔称为反索赔。

（三）索赔原则

索赔是发承包双方的风险再分担行为，是通过谈判和博弈实现对合同状态变化的合理补偿。在索赔过程中，应当遵循索赔的一般性准则，这不仅是索赔成立的前提，也是索赔取得成功的关键。根据有关法律、法规、规范的规定，以及《建设工程合同（示范文本）》的约定指引，总结索赔应当遵循以下基本原则。

1. 以合同为依据原则。《民法典》第 509 条第 1 款规定："当事人应当按照约定全面履行自己的义务。"建设工程施工合同详细约定着发承包双方权利义务、违约责任及争议解决方式，该约定系双方真实意思表示。承包人行使索赔权应当依照合同约定的内容、程序在约定的时限内主张。

2. 实际损失原则。索赔具有补偿性，索赔是以实际损失的存在为前提，包括经济损失和权利损害。实际损失分为两种：第一种是已经产生或者必然产生的损失，如发包人的过错导致工程返工，对应的人工、材料、机械成本均为直接损失；第二种是反映在支出成本费用之中，如发包人原因导致工期延误，尽管没有施工所产生的直接人工、材料、机械成本支出，但工期延误会导致停窝工损失。

3. 合理分担风险原则。《民法典》第 6 条规定："民事主体从事民事活动，应当遵循公平原则，合理确定各方的权利和义务。"因建设工程工期长、合同关系复杂、不可控因素较多，合同风险无法全部消灭，需要通过合同约定进行合理分担。在合同缔结时，索赔事件还未发生，双方也均无法确定索赔事件是否会发生、何时发生，以及带来的损失有多大等问题。索赔是发承包双方对合同风险进行再分担的行为，也应按照法律规定合理确定各方的权利和义务。

4. 逾期责任原则。索赔逾期责任指的是索赔权利人应按照合同约定的时间和程序向被索赔者递交索赔意向通知书，超出时限未索赔的，承担法定或合同约定的逾期索赔后果。

《2024 清单计价标准》第 8.11.2 条规定，合同的一方向另一方提出工程索赔时，应在合同约定的期限内提出，并有合理的工程索赔理由和有效的依据、证明

① 参见尹贻林：《工程价款管理——基于 DBB 模式的建设工程投资管控百科全书》，机械工业出版社 2018 年版，第 331 页。

材料，且应符合合同约定和法律法规规定。《2017 建设工程施工合同》第 19.1 条约定，承包人应在知道或应当知道索赔事件发生后 28 天内，向监理人递交索赔意向通知书，并说明发生索赔事件的事由；承包人未在前述 28 天内发出索赔意向通知书的，丧失要求追加付款和（或）延长工期的权利。《2007 标准施工招标文件》（2013 年修订）第 23.1 条规定，承包人应在知道或应当知道索赔事件发生后 28 天内，向监理人递交索赔意向通知书，并说明发生索赔事件的事由。承包人未在前述 28 天内发出索赔意向通知书的，丧失要求追加付款和（或）延长工期的权利。《2013 清单计价规范》第 9.13.2 条规定，承包人应在知道或应当知道索赔事件发生后 28 天内，向发包人提交索赔意向通知书，说明发生索赔事件的事由。承包人逾期未发出索赔意向通知书的，丧失索赔的权利。

实务中，发承包双方通常约定的索赔期限为 28 天，如果合同未约定的，在《2024 清单计价标准》实施后，应根据第 8.11.2 条认定索赔期限为 28 天。逾期未索赔通常理解为默示行为。根据《民法典》第 140 条规定，行为人可以明示或者默示作出意思表示。沉默只有在有法律规定、当事人约定或者符合当事人之间的交易习惯时，才可以视为意思表示。因此，在法律没有明确规定逾期索赔丧失索赔权利的情况下，逾期索赔是否丧失索赔权利要看合同约定。《2024 清单计价标准》第 8.11.4 条第 1 项规定，发包人逾期未发出工程索赔意向通知书的，可按合同约定处理。

最高人民法院在（2014）民一终字第 56 号“中铁二十二局集团第四工程有限公司与安徽瑞讯交通开发有限公司、安徽省高速公路控股集团有限公司建设工程施工合同纠纷案”中认为，中铁公司未依据合同通用条款第 53 条约定履行索赔程序，根据该条的进一步约定，中铁公司无权获得该部分诉请款项的赔偿，其主张由法院酌定瑞讯公司赔偿 2006 年 11 月至 2009 年 4 月期间的停窝工损失 400 万元，无事实及法律依据，应予驳回。

（四）索赔程序

1. 索赔工具

（1）索赔意向通知书

索赔意向通知，是承包商应在已经察觉或理应察觉索赔事由发生后，在合同约定的期限内，按照施工合同约定的方式向监理方或合同相对方提出的给予费用或工期补偿的通知。

索赔意向通知书的核心在于针对特定索赔事件作出明确的索赔意思表示，故至少应当包括以下实质性要件：索赔事件的发生时间、简要描述；对己方造成的不利影响；提出索赔要求、事实与理由。[①]

（2）延续索赔通知

延续索赔通知是指因索赔事件的持续存在，费用及工期损失持续产生，索赔方在发出索赔意向通知书并提交首份索赔报告后，按合同约定期限定期向监理人或合同相对方持续提出的索赔要求。

《2017 工程施工合同》通用合同条款第 19.1 条第 3 项约定，索赔事件具有持续影响的，承包人应按合理时间间隔继续递交延续索赔通知，说明持续影响的实际情况和记录，列出累计的追加付款金额和（或）工期延长天数。

延续索赔通知应当包括以下四个方面的内容：一是延续索赔的事实与理由；二是延续索赔的依据，包括合同依据、法律依据；三是延续索赔的金额及工期顺延的数额；四是相关证据。

（3）索赔报告

索赔报告是指施工方向承包方索赔工期和（或）费用的数量及相关证据的详细报告。

《2017 工程施工合同》通用合同条款第 19.1 条第 4 项约定，在索赔事件影响结束后 28 天内，承包人应向监理人递交最终索赔报告，说明最终要求索赔的追加付款金额和（或）延长的工期，并附必要的记录和证明材料。

一个完整的索赔报告应包括以下四个部分。①总论。一般包括以下内容；序言；索赔事件发生时间与过程概述。②索赔的依据，包括合同依据、法律依据。本部分主要是说明自己具有的索赔权利，这是索赔能否成立的关键。③计算部分。以具体的计算方法和计算过程，说明费用索赔数额或工期顺延时间。④证据部分，包括该索赔事件证据资料及证据说明。

2. 索赔程序

《2007 标准施工招标文件》、《2013 清单计价规范》、《2017 工程施工合同》及《2024 清单计价标准》对于承包人索赔程序及承包人索赔处理程序规定并不

---

① 参见常设中国建设工程法律论坛第八工作组：《中国建设工程施工合同法律全书——词条释义与实务指引》，法律出版社 2019 年版，第 613 页。

完全一致，发承包双方可以在合同中参照约定。

（1）发《工程索赔意向通知书》

有索赔事件发生，索赔人应在工程索赔事件发生后合同约定的期限（合同未约定的为 28 天）内，向对方提交相关事件的书面工程索赔意向通知书，说明索赔事件发生的原因及索赔意向。逾期未发出工程索赔意向通知书的，可按合同约定处理。

（2）提交《工程索赔报告》

索赔人应在工程索赔意向通知书发出后合同约定的期限（合同未约定的为 28 天）内，向被索赔人提交相关的书面工程索赔报告，详细说明索赔事件发生的原因、索赔依据的合同条款及要求索赔的费用或（和）工期延长天数，并提供必要的记录和证明材料及索赔费用的计算明细表。承包人提出的索赔事件同时涉及费用增加及工期延长的，应一并提出。工程索赔事件具有连续影响的，索赔人应按合同约定的期限（合同未约定的不超过 28 天）或合理时间间隔持续提交延续相关工程索赔意向通知书，说明持续影响索赔事件的实际情况和提供相关记录，列出累计的索赔费用和（或）工期延长天数。

（3）提交《最终工程索赔报告》

索赔人应在连续影响工程索赔事件结束后按合同约定的期限（合同未约定的为 28 天）内，向被索赔人提交相关的最终工程索赔报告，详细说明整个索赔事件发生的原因、索赔依据的合同条款及要求索赔的合计费用或（和）工期延长天数，并提供必要的记录和证明材料及索赔费用的计算明细表。

（五）索赔处理

1. 对《工程索赔意向通知书》的处理

被索赔人应在收到索赔人的工程索赔意向通知书后在规定时间内审核索赔人提交的记录和证明材料，如认为需要补充的，应在收到意向通知书后按合同约定的期限（合同未约定的为 14 天）内，书面向索赔人提出进一步提交证明材料的要求。

2. 对《工程索赔报告》的处理

被索赔人应在收到索赔人的工程索赔报告或补充证明材料后按合同约定的期限（合同未约定的为 28 天）内，将相关的工程索赔处理意见书面回复索赔人。

若被索赔人逾期回复或未作出回复的，可按合同约定处理，合同未约定的可视为已认可承包人要求的工程索赔。当索赔人提出的索赔事件同时涉及费用增加和工期延长的，被索赔人应根据相应索赔事件一并作出相关费用索赔及工期延长的审批。

3. 价款支付与扣除

发承包双方协商确定工程索赔费用后，发包人应根据索赔性质（索赔或反索赔）将索赔费用在当期的进度款、施工过程结算款中按合同约定支付或扣除。

（六）反索赔

索赔具有双向性，建设单位和施工单位都可能向对方提出索赔要求。实务中，把承包人向发包人主张的索赔称为索赔，把发包人向承包人主张的索赔称为反索赔。反索赔通常包含两个内容，一是质量索赔，二是工期索赔。

1. 质量索赔。《建筑法》第 62 条规定："建筑工程实行质量保修制度。建筑工程的保修范围应当包括地基基础工程、主体结构工程、屋面防水工程和其他工程，以及电气管线、上下水管线的安装工程，供热、供冷系统工程等项目；保修的期限应当按照保证建筑物合理寿命年限内正常使用，维护使用者合法权益的原则确定。具体的保修范围和最低保修期限由国务院规定。"当承包人因自身过错造成施工质量存在问题时，如承包人未按技术文件进行施工；承包人未按法定或约定的要求检验建材；承包人未履行总包职责；承包人存在借用资质、转包或违法分包等，发包人可以向承包人提出反索赔，要求承包人承担修理费用并承担违约责任。

2. 工期索赔。《2017 工程施工合同》通用合同条款第 7.5.2 条约定，承包人原因造成工期延误的，可以在专用合同条款中约定逾期竣工违约金的计算方法和逾期竣工违约金的上限。承包人支付逾期竣工违约金后，不免除承包人继续完成工程及修补缺陷的义务。承包人原因造成实际竣工日期晚于合同约定竣工日期的，发包人可以向承包人主张工期延误损害赔偿金。

在不完全契约理论的风险分担视角下，索赔是建筑市场发承包双方的风险再分担行为，目的是通过二者间的再谈判和博弈实现对合同状态变化的合理补偿。该博弈过程体现为风险费在发承包双方间的转移或再分配，用来弥补提出索赔一方不应当承受的损失，从而使风险分担程度趋于合理化。[①]

【司法实务】

问题.发承包双方签署竣工结算协议后，还能否进行索赔?

索赔是指在工程合同履行过程中，合同当事人一方因非己方的原因而遭受损失，按合同约定或法律法规规定应由对方承担责任，从而向对方提出补偿的要求。索赔通常在合同履行过程中进行，索赔款项在当期进度款中进行支付，也有合同明确约定所有索赔在结算时予以确定，索赔款随结算款一并支付。由于索赔事项较多，遗漏索赔事项时有发生。如果双方已经签署结算协议，承包人发现未纳入结算的索赔事项，还能否进行索赔？对此问题，实务界存在三种不同观点：

第一种观点认为，尽管双方签订了结算协议，但是承包人并未明示放弃未纳入结算部分的索赔项目，可以索赔。

第二种观点认为，结算是发承包双方权利义务的总确认，双方签订了结算协议，未纳入结算部分的索赔项目应视为承包人放弃索赔权利，不能再提任何索赔。

第三种观点认为，尽管双方签署结算协议，但签署的内容、范围可能有所不同，对未索赔内容能否进行索赔需要根据个案具体分析。

笔者认可第三种观点。

索赔和竣工结算均是涉及发承包双方权利义务的计价程序，但两者功能、发生时间、启动条件、适用程序和导致结果各不相同。索赔是指在工程合同履行过程中，合同当事人一方因非己方的原因而遭受损失，按合同约定或法律法规规定应由对方承担责任，从而向对方提出补偿的要求。竣工结算价是发承包双方依据国家有关法律、法规和标准规定，按照合同约定确定的，包括在履行合同过程中按合同约定进行的合同价款调整，是承包人按合同约定完成了全部承包工作后，发包人应付给承包人的合同总金额。发承包双方签署竣工结算协议后，还能否进行索赔，需要对二者特点进行分析。

一、一般情况，索赔在竣工结算之前完成

1.索赔发生在合同履行期间。根据《2013清单计价规范》第9.13.2条的规

① 参见尹贻林：《工程价款管理——基于DBB模式的建设工程投资管控百科全书》，机械工业出版社2018年版，第331页。

定，承包人应在知道或应当知道索赔事件发生后28天内，向发包人提交索赔意向通知书，说明发生索赔事件的事由；承包人应在发出索赔意向通知书后28天内，向发包人正式提交索赔通知书，索赔通知书应详细说明索赔理由和要求，并应附必要的记录和证明材料；索赔事件具有连续影响的，承包人应继续提交延续索赔通知，说明连续影响的实际情况和记录；在索赔事件影响结束后的28天内，承包人应向发包人提交最终索赔通知书，说明最终索赔要求，并应附必要的记录和证明材料。《2017工程施工合同》通用合同条款关于索赔的约定与上述内容基本类似。

2. 竣工结算发生在竣工验收之后。《2017工程施工合同》通用合同条款第14.1条约定，竣工结算申请，除专用合同条款另有约定外，承包人应在工程竣工验收合格后28天内向发包人和监理人提交竣工结算申请单，并提交完整的结算资料，有关竣工结算申请单的资料清单和份数等要求由合同当事人在专用合同条款中约定。《2013清单计价规范》第11.3.2条规定，发包人应在收到承包人提交的竣工结算文件后的28天内核对。发包人经核实，认为承包人还应进一步补充资料和修改结算文件，应在上述时限内向承包人提出核实意见，承包人在收到核实意见后的28天内应按照发包人提出的合理要求补充资料，修改竣工结算文件，并应再次提交给发包人复核后批准。

由于工程施工完成后方可进行竣工验收，根据时间位阶，到竣工结算程序时，索赔程序应当已经完成。

二、未在合同约定时间内索赔，可能失去索赔权利

《2013清单计价规范》第9.13.2条规定，承包人逾期未发出索赔意向通知书的，丧失索赔的权利。《2017工程施工合同》通用合同条款第19.1条约定承包人的索赔，其中第1项约定，承包人应在知道或应当知道索赔事件发生后28天内，向监理人递交索赔意向通知书，并说明发生索赔事件的事由；承包人未在前述28天内发出索赔意向通知书的，丧失要求追加付款和（或）延长工期的权利。

《民法典》第143条规定，具备下列条件的民事法律行为有效：（1）行为人具有相应的民事行为能力；（2）意思表示真实；（3）不违反法律、行政法规的强制性规定，不违背公序良俗。行为人可以明示或者默示作出意思表示。尽管民法典明确规定沉默只有在有法律规定、当事人约定或者符合当事人之间的交易习惯

时，才可以视为意思表示。但《2013 清单计价规范》第 9.13.2 条一旦被认定为当事人之间的交易习惯，或《2017 建设工程施工合同示范文本》通用条款第 19.1 条被认定为双方约定时，承包人逾期未发出索赔意向通知书，有丧失索赔权利的风险。

三、一般情况，竣工结算包含了索赔内容

竣工结算过程是双方共同参与、充分协商、作出让步和妥协的过程，如果存在未确认的款项一般应当一次性协商清楚，未经确认也未在结算协议中另行约定的，应视为在协商过程中予以放弃。[①] 结算协议通常是发包人与承包人就了结双方之间因施工合同产生的权利义务关系而达成的具有确认工程价款意图的合意，是发承包双方当事人为解决工程价款问题而达成的最终合意。《建设项目工程结算编审规程》（CECA/GC3—2010）第 2.0.2 条规定，竣工结算是指承包人按照合同约定的内容完成全部工作，经发包人或有关机构验收合格后，发承包双方依据约定的合同价款的确定和调整以及索赔等事项，最终计算和确定竣工项目工程价款的文件。《2013 清单计价规范》第 9.13.6 条规定，发承包双方在按合同约定办理了竣工结算后，应被认为承包人已无权再提出竣工结算前所发生的任何索赔。承包人在提交的最终结清申请中，只限于提出竣工结算后的索赔，提出索赔的期限应自发承包双方最终结清时终止。《建设工程施工合同司法解释（一）》第 29 条也规定："当事人在诉讼前已经对建设工程价款结算达成协议，诉讼中一方当事人申请对工程造价进行鉴定的，人民法院不予准许。"

四、结算协议明确约定未包含的内容，可另行约定或主张

结算协议的本质是协议，结算协议明确约定未包含的内容不受该协议约束。根据《民法典》第 510 条规定："合同生效后，当事人就质量、价款或者报酬、履行地点等内容没有约定或者约定不明确的，可以协议补充；不能达成补充协议的，按照合同相关条款或者交易习惯确定。"尽管结算协议是双方就施工合同履行过程中产生的包括工程款在内的所有争议"一揽子"最终解决的协议，但对结算协议明确约定未包含的内容，发承包双方可另行协商约定，也可以基于原合同及相关法律主张权益。北京市高级人民法院《关于审理建设工程施工合同纠纷案

① 参见常设中国建设工程法律论坛第八工作组：《中国建设工程施工合同法律全书——词条释义与实务指引》，法律出版社 2019 年版，第 190 页。

件若干疑难问题的解答》（京高法〔2012〕245号）第24条规定："结算协议生效后，承包人依据协议要求支付工程款，发包人以因承包人原因导致工程存在质量问题或逾期竣工为由，要求拒付、减付工程款或赔偿损失的，不予支持，但结算协议另有约定的除外……结算协议生效后，承包人以因发包人原因导致工程延期为由，要求赔偿停工、窝工等损失的，不予支持，但结算协议另有约定的除外。"

关联判例

重庆伟太建筑工程有限公司与重庆市泽江实业发展有限公司建设工程施工合同纠纷案

（2013）民申字第2030号

【裁判要旨】

结算是权利义务的最终确认，在没有特殊约定的情况下，不能再对损失进行主张。

【基本案情】

2010年6月，重庆市泽江实业发展有限公司（以下简称泽江公司）与重庆市伟太建筑工程有限公司（以下简称伟太公司）签订的《建设工程施工合同》。2012年5月30日，双方对2011年10月10日签订的《重庆市建设工程施工合同》的解除及清算、撤场等相关事宜达成一致意见，并签订了《〈屿江宾馆〉项目工程撤场清算协议书》。2012年7月3日，重庆铂码工程咨询有限公司（以下简称铂码公司）出具了基本建设工程结算编制报告，载明：临时设施及剩余材料和塔吊闲置费为1485004.68元，2012年3月10日前已完工程结算价4385708.24元，临时设施工程造价364015.21元，共计6237728.13元。同时说明，编制结论不包括《〈屿江宾馆〉项目工程撤场清算协议书》中约定的180万元补偿费等其他费用。2012年7月9日，双方根据铂码公司的编制报告及撤场清算协议对屿江宾馆工程进行了财务结算。同月10日，泽江公司根据双方认可的财务结算结果支付了全部的应付款项。同月13日，泽江公司与伟太公司认可双方已完成物资清点和财务核算工作，伟太公司将施工现场移交给泽江公司。

【裁判摘要】

最高人民法院认为，关于泽江公司应否赔偿伟太公司400万元损失的问题。根据泽江公司给伟太公司出具的承诺书约定，若泽江公司不能将案涉工程总承包给伟太公司，自愿补偿伟太公司按工程暂定造价4亿元的1%计算损失。因泽江公司与伟太公司于2010年6月签订的《建设工程施工合同》生效后，泽江公司已将案涉工程总包给伟太公司进行施工，表明泽江公司已履行了承诺书约定的将案涉工程总包给伟太公司的义务。上述承诺书约定的补偿损失的前提条件已不复存在，因此伟太公司要求泽江公司赔偿400万元损失，缺乏事实依据。关于泽江公司是否应当赔偿伟太公司塔吊闲置损失、建设工程综合服务费等有关费用的问题。在案涉建设施工合同终止履行后，2012年5月30日，双方对2011年10月10日签订的《重庆市建设工程施工合同》的解除及清算、撤场等相关事宜达成一致意见，并签订了《〈屿江宾馆〉项目工程撤场清算协议书》，主要内容为：（1）对重庆屿江宾馆已完工程量，双方已共同委托铂码公司进行决算，双方承诺对铂码公司的决算结果无条件接受；并且依据该决算结果双方进行工程款财务结算。（2）对于重庆屿江宾馆项目工程施工现场临设、临建、现场建筑材料等施工物资及塔吊闲置费用等，伟太公司制作相应的物质清单，经泽江公司确认后提交铂码公司进行评估清算，铂码公司的评价结果为作双方清算的依据。（3）除上述第1条、第2条约定的泽江公司结付伟太公司的款项外，伟太公司按该协议撤场，泽江公司承诺补偿伟太公司180万元。（4）双方在收到铂码公司清算资料后，在3个工作日内完成财务结算；完成财务结算确认后，伟太公司在收到泽江公司支付的全额支付款项后即日撤场。（5）违约责任：双方无条件接受铂码公司对委托事项的审核结果。伟太公司不接受，泽江公司有权按审核结果支付应付款，泽江公司不接受，伟太公司有权按应付款的15%追究违约责任。2012年6月，在铂码公司对双方委托事项审核期间，伟太公司和泽江公司均就工程款计算、塔吊损失费、前期工程费用及损失部分提出自己相应的意见。2012年7月3日，铂码公司出具了基本建设工程结算编制报告，载明：临时设施及剩余材料和塔吊闲置费为1485004.68元，2012年3月10日前已完工程结算价4385708.24元，临时设施工程造价364015.21元，共计6237728.13元。同时说明，编制结论不包括《〈屿江宾馆〉项目工程撤场清算协议书》中约定的180万元补偿费等其他费用。2012年7月9日，双方根据铂码公司的编制报告及撤场清算协议对屿江宾馆工程进行了财务结算。同月10日，泽江公司根据双方认可的财务结算结果支付了全部的应付款项。同月13日，泽江公司与伟太公司认可双方已完成物资清点和财务核算工作，伟太公司将施工现场移交给泽江公司。

上述事实证明，双方为解决案涉工程项目终止后，就争议事项而达成的清算协议，对上述损失已由铂码公司进行了决算。该清算协议应当作为确定双方权利义务的依据。泽江公司已按照该协议约定的内容履行完毕，伟太公司也已实际接受。伟太公司对上述损失再次提出请求，缺乏事实和法律依据。

五、奖励金

| 导读 |

工程奖励金制度作为现代工程管理的重要契约激励机制，其本质是发包人通过构建差异化经济激励体系，引导承包人实现项目管理目标的创新实践。该制度突破传统工程合同单纯约束性条款的局限，通过正向强化手段将承包人的履约行为与经济效益直接关联，形成具有导向性的价值传导机制。

从制度设计维度分析，奖励金体系呈现出多维激励特征：工期奖励着重体现工程管理的时间价值，通过设置阶梯式奖励标准，促使承包人优化施工组织设计，运用先进工艺缩短工期，实现项目提前投产的增值效应；质量奖励则立足全生命周期成本理念，以高于国家标准的奖励条件引导承包人建立全过程质量控制体系，降低后期运维成本；安全文明奖励聚焦现代工程伦理要求，将工程管理体系实施成效与经济回报挂钩，推动安全生产从被动合规向主动预防转变；节约奖励引入价值工程理论，鼓励承包人运用技术创新实现资源优化配置，形成经济效益与社会效益的共赢格局。

这种复合型激励模式不仅有效破解了传统工程管理中“重惩罚轻引导”的治

理困境，更通过构建契约双方的利益共同体关系，为工程项目的优质高效实施提供了创新性的解决方案。

【术语解读】

奖励金又称工程奖励费，是指施工单位满足业主设置的某项特定目标或要求时，有权按约获得超出工程款数额外的奖励费用。[①] 奖励金种类繁多，实务中常见的主要有工期奖励、质量奖励、安全文明施工奖励金和优化节约奖励等。

（一）工期奖励

工期奖励又称提前竣工奖励，是指发包人和承包人在施工合同中约定，若承包人提前完工，发包人按照合同约定向承包人支付一定比例或数额的奖励金。

《2017 工程施工合同》通用合同条款第 7.9.2 条约定：发包人要求承包人提前竣工，或承包人提出提前竣工的建议能够给发包人带来效益的，合同当事人可以在专用合同条款中约定提前竣工的奖励。FIDIC 在 2017 版《施工合同条件专用条款编写指南》中指出，虽然在“通用条件”第 13.2 条中提到了加快竣工，但雇主在招标文件中可包括对提前竣工的奖励。承包商与雇主通过约定确定提前竣工的奖励及奖金数额。

（二）质量奖励

质量奖励是指发包人和承包人在施工合同中约定，当承包人所承包的工程获得合同约定的某种奖项时，如鲁班奖、詹天佑奖等，发包人按照合同约定向承包人支付一定比例或数额的奖励金。

1. 质量奖励种类

建筑业奖项通常分为国家级奖、地方级奖和行业奖三类。

国家级奖项是经国务院批准设立，旨在倡导工程建设质量管理的系统性、科学性和经济性，奖励对工程建设作出突出贡献的企业（单位），宣传质量优、效益好的工程项目，如国家优质工程金质奖、国家优质工程奖。

地方级奖是由地方政府或相关单位批准设立的奖项，如①长城杯，是北京市建设工程质量奖项，分为长城杯金奖和长城杯银奖。其中，长城杯金奖是北京市

① 参见常设中国建设工程法律论坛第八工作组：《中国建设工程施工合同法律全书——词条释义与实务指引》，法律出版社 2019 年版，第 402 页。

建设工程质量最高荣誉奖。②白玉兰杯，上海市建筑行业工程质量的最高荣誉奖。③海河杯，天津市建筑行业评选的市级建设工程质量最高荣誉奖。④长安杯，陕西省建设工程质量最高荣誉奖。⑤黄山杯，安徽省建设工程质量的最高荣誉奖。

行业奖是各行业协会评审的奖项。如①鲁班奖，由中国建筑业协会组织评选，全称为“建筑工程鲁班奖”，是建筑企业获奖级别最高的一种奖项。②詹天佑奖，由中国土木工程学会、詹天佑土木工程科技发展基金会联合设立，又被称为建筑业的“科技创新工程奖”。③全国建筑工程装饰奖，是中国建筑装饰行业的最高荣誉奖。

2. 质量奖励与竣工验收的关系

建筑业的各种奖项的评奖标准、评奖程序各不相同，但均要求工程必须通过竣工验收，且质量合格。如《中国建设工程鲁班奖（国家优质工程）评选办法》第 11 条“申报工程应具备以下条件”第 2 项规定：“工程项目已完成竣工验收备案，经过一年以上使用，且没有发现质量缺陷或质量隐患。”《甘肃省建设工程飞天奖评选办法》第 9 条“申报飞天奖工程应具备以下条件”第 2 项规定：“工程项目已竣（交）工验收合格，完成竣工验收备案，经过 1 年以上使用，且没有发现质量缺陷或质量隐患。”

（三）优化节约奖励

优化节约奖励，是指承包人对发包人提供的图纸、技术要求以及其他方面提出的合理化建议，降低了合同价格、缩短了工期或者提高了工程经济效益，发包人按照合同约定向承包人支付一定比例或数额的奖励金。

1. 优化节约奖励从约定

《2007 标准施工招标文件》通用合同条款第 15.5.2 条规定，承包人提出的合理化建议降低了合同价格、缩短了工期或者提高了工程经济效益的，发包人可按国家有关规定在专用合同条款中约定给予奖励。

《2017 工程施工合同》通用合同条款第 10.5 条第 3 款约定指引，合理化建议降低了合同价格或者提高了工程经济效益的，发包人可对承包人给予奖励，奖励的方法和金额在专用合同条款中约定。

2. 优化节约奖励实现程序

《2007 标准施工招标文件》通用合同条款第 15.5.1 条规定，在履行合同过程中，承包人对发包人提供的图纸、技术要求以及其他方面提出的合理化建议，均应以书面形式提交监理人。合理化建议书的内容应包括建议工作的详细说明、进度计划和效益以及与其他工作的协调等，并附必要的设计文件。监理人应与发包人协商是否采纳建议。建议被采纳并构成变更的，应按第15.3.3条约定向承包人发出变更指示。

《2017工程施工合同》通用合同条款第10.5条约定指引，承包人提出合理化建议的，应向监理人提交合理化建议说明，说明建议的内容和理由，以及实施该建议对合同价格和工期的影响。除专用合同条款另有约定外，监理人应在收到承包人提交的合理化建议后7天内审查完毕并报送发包人，发现其中存在技术上的缺陷，应通知承包人修改。发包人应在收到监理人报送的合理化建议后7天内审批完毕。合理化建议经发包人批准的，监理人应及时发出变更指示，由此引起的合同价格调整按照第10.4条“变更估价”约定执行。发包人不同意变更的，监理人应书面通知承包人。

【司法实务】

问题.建设工程施工合同所约定的“奖励金”是否属于工程款?

在建设工程领域，发包人与承包人经常约定，若承包人提前完工、按期完工或者质量达到某一等级，发包人向承包人支付一定比例或者数额的建设工程奖励金。

对建设工程施工合同所约定的“奖励金”是否属于结算条款问题，实务界存在两种不同观点：

第一种观点认为，工程奖励金为违约金，不属于工程款。

第二种观点认为，工程奖励金是发包人为提高履约标准所支付的对价，本质上属于工程款。

笔者倾向于第二种观点。

工程奖励金是否属于工程款，我国法律、法规及司法解释均未对此规定。根据《民法典》的规定，已经完成的建设工程质量合格，发包人应当按照合同约定支付工程价款。如果工程奖励金属于工程款，支付工程价款自然也应当包含工程奖励金。尤其是《民法典》及《建设工程施工合同司法解释（一）》均规定，建设工程施工合同无效，但是建设工程经验收合格的，可以参照合同关于工程价款的约定折价补偿承包人。而在司法实务中，当施工合同无效时，多数法院并未支持实际施工人“参照合同约定”请求支付工程建设进度奖励金。笔者认为，对工程奖励金的性质，应从价款支付的本质分析。

让与财产有三种途径：一是买卖，即一方转移财产权另一方支付价金的活动；二是互易，即双方转移金钱以外的财产权；三是赠与，即一方以自己的财产无偿给予对方。让与财产只有两种性质，为需要支付对价的买卖和不需要支付对价的赠与，互易性质同于买卖。[①] 建设工程施工合同是典型的具有买卖性质的合同。合同成立要件，需要双方意思表示，经过要约与承诺过程；生效要件，合同主体具有行为能力，意思表示真实，不违反法律强制性规定；双务契约，出卖人具有给付义务并承担瑕疵担保责任，买受人具有支付价金及受领标的物义务。即便合同明确约定以房产、土地使用权等资产冲抵工程款，属于互易行为，互易的本质依然属于买卖。

一、工程奖励金不属于赠与行为的财产转移

《民法典》第657条规定：“赠与合同是赠与人将自己的财产无偿给予受赠人，受赠人表示接受赠与的合同。”赠与合同除了具有一般合同法律特征外，如是双方民事法律行为、诺成合同外，还具有自有特征。（1）赠与合同是无偿合同。在赠与合同中，赠与人向受赠人无偿转移其赠与物的所有权，受赠人取得赠与物的所有权而不必向赠与人支付对价。（2）赠与合同是单务合同。赠与合同虽是双方法律行为，但属于单务合同。赠与人承担无偿将其赠与的财产交付受赠人的义务，而受赠人享受接受赠与财产的权利。受赠人没有相应的对等给付的义务。即使在附义务的赠与中，受赠人依约定负有一定义务，该义务与给予赠与物之间不存在对等给付关系，所附义务也不是赠与的对价，不影响赠与合同的单务属性。[②]（3）在赠与财产权利转移之前，赠与人可以撤销赠与。依法成立的合同对双方具有拘束力，而赠与合同具有无偿性和非交易性的特征，赠与人将财产无偿给予受赠人本质上属于一种施惠行为，而且赠与合同是单务合同，受赠人是纯获利益者，赠与人撤销赠与的一般不会损害受赠人的权益，根据权利义务相称的原则，应准许赠与人在一定条件下反悔，因此，法律赋予赠与人任意撤销权，以平衡双

① 参见王泽鉴：《民法概要》，北京大学出版社2011年版，第256页。

② 参见最高人民法院民法典贯彻实施工作领导小组主编：《中华人民共和国民法典合同编理解与适用》（第2册），人民法院出版社2020年版，第1171页。

方的权利义务关系。[①]

工程奖励金是当承包人所承揽的工程满足业主设置的某项特定目标或要求时，承包人有权按约获得的奖励费用，属于具有双务性、有偿性，发包人没有任意撤销权，故工程奖励金不属于赠与性质，而属于买卖性质。

二、工程奖励金不属于买卖行为中的违约赔偿金

支持工程奖励金为违约金观点的主要依据是浙江省高级人民法院民事审判第一庭2012年发布的《关于审理建设工程施工合同纠纷案件若干疑难问题的解答》，该解答第19条规定："建设工程施工合同关于工期和质量等奖惩办法的约定，应当视为违约金条款。当事人请求按照《中华人民共和国合同法》（已失效）第一百一十四条第二款，以及最高人民法院《关于适用〈中华人民共和国合同法〉若干问题的解释（二）》（已失效）第二十七条、第二十八条、第二十九条的规定调整的，可予支持。"

但笔者认为，奖励金条款并非违约金条款，奖励金条款与违约金条款具有本质区别。（1）违约金条款是惩罚性条款，是合同双方都不希望相对方发生的，通过约定消极后果阻碍其发生的条款，具有负面性；而奖励金条款是奖励性条款，是发承包双方积极追求的，通过约定积极后果鼓励其发生的条款，具有正面性。（2）违约金条款所规定的内容是合同双方不得为或不为的条款，违反了即为违约；奖励金条款是竞争性条款，其本质是在合同约定正常履约标准之上又约定了更高履约标准，无论施工方按照正常标准履约还是按照更高标准履约，均不违反合同约定，不构成违约。（3）违约金是当事人通过约定而预先确定的、在违约后生效的独立于履行行为之外的给付。[②] 而奖励金是工程满足业主设置的某项特定目标或要求时给予一定金额或者比例的奖励。该奖励条款的适用并不以承包人违约为前提，也不是发包人权利的救济。

三、工程奖励金属于买卖行为中的对价

1. 工程奖励金是提高履约标准的对价

《民法典》第788条第1款规定："建设工程合同是承包人进行工程建设，发包人支付价款的合同。"施工合同的内容一般包括工程范围、建设工期、中间交

---

① 参见最高人民法院民法典贯彻实施工作领导小组主编：《中华人民共和国民法典合同编理解与适用》（第2册），人民法院出版社2020年版，第1179页。

② 参见王利明：《违约责任论》（修订版），中国政法大学出版社2003年版，第613页。

工工程的开工和竣工时间、工程质量、工程造价、技术资料交付时间、材料和设备供应责任、拨款和结算、竣工验收、质量保修范围和质量保证期、相互协作等条款。合同约定的权利义务是发承包双方应当对应履行的义务，合同约定的履约标准不得低于法律规定标准，如承包人不得偷工减料、施工质量应当达到合格标准等。合同可以约定高于法律规定标准，并按照高标准计价；也可以在同一合同中既约定法定标准作为履约的最低标准，又在法定标准之上约定鼓励性标准，并按照两种标准分别计价，即达到哪种标准，就按照哪种标准计价。如建设工程质量的最低标准为合格，发承包双方可以约定该建设工程被评为省优后，工程价款按正常价格的102%结算，被评为鲁班奖的，工程价款按正常价格的105%结算等。所谓合同约定超过正常结算的2%或5%即为质量奖励金，也可直接以固定价款方式进行约定，如被评为省优奖励100万元，被评为鲁班奖奖励500万元等，其本质均是提高履约标准的对价。

也有观点认为，建设工程奖励金是否属于工程款，取决于承包人是否为达到奖励金所设定的特定条件而增加施工成本。笔者认为，设置工程奖励金，必然增加施工难度，承包人必然为此支付必要成本。不同工程为奖励金项目支付的必要成本占奖励金数额的比例并不相同，有的少于10%，有的甚至超过奖励金本身。如果以承包人是否为达到奖励金所设定的特定条件而增加施工成本定性奖励金性质，对于仅增加10%或更少的施工成本的奖励金项目，并由此确定奖励金属于工程款显然不尽合理。（1）对于施工管理水平较高的施工企业而言，可以投入较少资源达到合同约定较高履行标准；相反，对于施工管理水平较低的施工企业而言，需要投入较多资源以达到合同约定的较高履行标准，以投入金额确定奖励金中所含工程价款数额不利于选择优秀企业，更会促使企业恶意增加成本，不符合节约原则。（2）工程价款不等于施工投入。尽管工程直接费是计算工程价款的基础，但施工投入与工程价款并非同一概念，发承包人作为市场主体，有权基于竞争自行约定合理利润和费用。

2. 工程奖励金的计价方式可能与合同的基础计价方式不同

建设工程施工合同的计价方式具有多样化，可以是总价模式、单价模式、成本加酬金等多种模式。在一般工程量清单计价模式下，工程量与单价对应，共同组成合同总价。工程奖励金是提高履约标准的对价，可以采用多种方式，如工期奖励金，可以约定每节约1天工期奖励1万元；质量奖励金，可以约定获得鲁班奖奖励100万元或总价上涨2%等，也可以约定多种奖励、多种计价方式。

3. 工程奖励金通常以结果确定结算和支付条件

有观点认为，如果把工程奖励金作为工程价款，则只要满足结算条款就会被计入结算，与合同约定必须达到合同约定标准才可获取奖励金不符。而在工程实务中，无论是工期奖励金还是质量奖励金，其根本目的都是鼓励承包人提高履约标准，故通常约定承包人所施工工程必须达到某种标准后方能取得该奖励金，这是附条件民事法律行为。当然，如果发包人原因导致该条件不能成就，应视为结算和支付条件成就。如宣城市中级人民法院《关于审理建设工程施工合同纠纷案件若干问题的指导意见（试行）》第12条规定："当事人在合同中约定工程质量评优标准，并约定了奖励措施条款，工程竣工后未参加评优，承包人举证证明未参加评优系发包人不提供必要材料或不尽其他配合义务所致，对承包人主张该奖励措施条款约定的权益，人民法院应予支持，但承包人未申请参加评优的除外。"

关联判例

湖南省第三工程有限公司、岳阳福隆置业有限公司建设工程施工合同纠纷案

（2019）湘民终199号

【裁判要旨】

优质工程奖励金应当属于工程款的组成部分。

【基本案情】

2008年11月16日，湖南省第三工程有限公司（以下简称省三公司）与岳阳市福隆置业有限公司（以下简称福隆公司）签订《建设工程施工合同》，约定由省三公司承包岳阳市福隆·巴陵尚都1–3#栋、5–8#栋共11.6万平方米项目工程的施工，合同价款为12360.35741万元，合同工期900天，质量标准为市优工程；按月结算工程进度款，支付方式为银行转账，工程量确认后7天内支付上月进度款70%。2008年12月26日，岳阳市发展和改革委员会核准巴陵尚都建设工程施工实行邀请招标。2009年1月22日，福隆

公司发出中标通知，即省三公司中标福隆·巴陵尚都项目施工工程（建设规模为 1–3# 栋、5–8# 栋共约 11.6 万平方米），中标价为 12360.35741 万元。2009 年 10 月 18 日，福隆公司与省三公司签订《湖南省建设工程施工合同》。

2009 年 11 月 2 日，福隆公司与省三公司签订《巴陵尚都工程补充协议》，约定：项目工程如能获省优以上奖项（含省优），发包方按结算总价的 1.5% 给予承包方优质工程奖励，及其他内容。

【裁判摘要】

关于 2 # 栋优质工程奖。经查，涉案 1–2 # 栋、7–8 # 栋共 4 栋获得省优质工程奖，补充协议约定，工程如能获省优以上奖项（含省优），发包方按结算总价的 1.5% 给予承包方优质工程奖。法院认为，涉案工程能够获得优秀工程奖，施工环节中将付出比工程合格更为复杂的劳动及建筑工艺，施工方将劳动成果及材料物化于建设工程上，发包方也享受由此所带来的附加经济利益，故优质工程奖励金应当属于工程款的组成部分，该项约定属于双方对工程款结算的意思。而优秀工程奖励计算方式为结算总价的 1.5%，其范围应当包含整个工程项目，一审判决按整个工程价款金额计算每栋奖金为 50 万元，并计算 1 # 、7 # 、8 # 栋共 150 万元，却未包括 2 # 栋优质工程奖错误，应增加该栋优质工程奖金 50 万元。

六、罚款

| 导读 |

在当前建筑市场契约关系中，“罚款”一词并不罕见。发包人处于强势的买方市场地位，在签订建设工程合同过程中拥有更多的话语权，通常会在合同中设置对己方有利、对施工方不利的条款。如在合同中约定的各类罚款。

工程罚款条款本质上属于合同违约责任的具体化约定，其法律基础源于《民法典》第 577 条关于违约责任的制度安排。发承包双方基于意思自治原则，通过预先设定的违约处置机制，旨在建立具有约束力的履约担保体系。但实践中由于市场地位的差异，该类条款的设计往往呈现出风险分配的结构性失衡：发包人常利用其缔约优势地位，将施工过程中可能出现的多重风险（如信访事件、工期延误、质量瑕疵等）单方面转化为承包人的绝对义务，甚至突破合理履约监管范畴，对施工组织管理细节施加过度约束。

从契约理论视角分析，合法有效的工程罚款条款应具备双重属性：一方面作为履约担保工具，其设置需符合比例原则，违约金标准应与可能损失保持合理关联；另一方面作为风险分配机制，须兼顾不可抗力、混合过错等责任减免情形。

【术语解读】

本节所述的罚款，是指发包人与承包人在建设工程施工合同中约定，当承包人在合同履行中有某种行为或结果出现时，承包人应向发包人缴纳一定比例或数量的款项。例如，合同约定项目经理擅自离开项目罚款2000元/天；出现农民工因讨要工资而堵门，罚款10000元/次；出现安全事故罚款50000元/次等。

（一）罚款的性质

“罚款”一词，在法律概念上是指行政机关强制违法者缴纳一定数量的金钱，是行政机关作出的一种行政处罚行为。根据我国《行政处罚法》第9条的规定，罚款属于十三个列名行政处罚中的一种，由国家法律、法规设定。罚款应当由有权的行政执法部门依照法定程序作出，并赋予行政相对人救济的权利。

建设工程发承包的法律关系是平等民事主体之间的民商事法律关系，在该法律关系项下，发包人不是行政机关，不具有行政处罚权，不能依据行政法的授权对承包人进行罚款。对于建设工程施工合同而言，其内容是发承包双方协商一致的结果，约定“罚款”并不违反法律、行政法规强制性规定，合法有效。基于合同约定的有效性，当承包人违反了合同的某条约定，触发“罚款”条件成就时，承包人应当按照合同约定承担相应责任。该责任因承包人违约而引起，属于违约责任。

关于建设工程施工合同所约定“罚款”的性质问题，许多省级高级人民法院对此作出专门解答。

2008年12月17日，江苏省高级人民法院《关于审理建设工程施工合同纠纷案件若干问题的意见》（已失效）第27条规定，建设工程施工合同约定发包人可以因工期、质量、转包或违法分包等情形对承包人处以罚款的，该约定应当视为当事人在合同中约定的违约金条款，当事人要求按照原《合同法》第114条的规定予以调整的，人民法院应予以支持。

2012年8月6日，北京市高级人民法院《关于审理建设工程施工合同纠纷案件若干疑难问题的解答》第37条规定，施工合同约定对承包人违约行为处以“罚款”的条款的性质如何认定？建设工程施工合同约定承包人存在工期迟延、质量缺陷、转包或违法分包等违约行为，发包人可对承包人处以罚款的，该约定可以视为当事人在合同中约定的违约金条款，应依据原《合同法》第114条的规定予以处理。

2018年6月13日，河北省高级人民法院《建设工程施工合同案件审理指南》第45条规定，建设工程施工合同中约定发包人可因工期、工程质量转包或违法分包等情形对承包人处以“罚款”的，该约定应视为双方对违约责任的约定，罚款具有违约金的性质。经承包人确认的罚款数额，发包人主张从工程款中扣减的，人民法院应予支持。当事人要求对罚款的数额进行调整的，人民法院可按照原《合同法》第114条的规定予以处理。

2020年11月16日，山东省高级人民法院《关于审理建设工程施工合同纠纷案件若干问题的解答》第13条规定，建设工程施工合同约定对承包人的违约行为罚款的，如何处理？建设工程施工合同约定对承包人的违约行为罚款的，应按照具体约定内容，对罚款的性质作出区分：（1）建设工程施工合同约定承包人存在工期迟延、工程质量缺陷或未达到合同约定的工程质量标准、转包或违法分包等违约行为，发包人可对承包人罚款的，该约定可以视为当事人在合同中约定的违约金条款。（2）建设工程施工合同约定对承包人实施除履行合同义务之外的行为进行罚款的，不予支持。

2020年12月10日，陕西省高级人民法院《关于审理建设工程施工合同纠纷案件若干问题的解答》第6条规定，建设工程施工合同约定对承包人违约行为处以“罚款”的条款的性质如何认定。建设工程施工合同约定承包人存在工期迟延、质量缺陷或者未达到合同约定的工程质量标准、转包或违法分包等违约行为，发包人可对承包人处以罚款的，该约定可以视为当事人在合同中约定的违约金条款。

（二）罚款的种类

建设工程施工合同所约定的罚款，通常分为质量性罚款、工期类罚款、安全性罚款和管理性罚款四类。

1. 质量性罚款

质量性罚款，指的是发承包双方在建设工程施工合同中约定，发包人对承包人在履行建设工程施工任务时发生的可能影响工程质量的违法、违规或违约行为进行一定数量或比例的经济惩罚。

例如，《建设工程质量检测管理办法》（住房和城乡建设部令第57号）规定，进场材料需要“见证取样”，即在建设监理单位或建设单位见证下，对进入施工现场的有关建筑材料，由施工单位专职材料试验人员在现场随机取样或制作试件，送至符合资质资格管理要求的试验室进行试验。建设工程施工合同常对此作罚款约定，如约定：“所有材料设备进场前须向监理提交计划，并报相关质保资料证明，材料进场提前一天通知监理，进场不及时通知监理检验、不及时送检（进场三天内）或由此影响正常使用的，除按合同承担相应责任外罚款1000—3000元。”

2. 工期类罚款

工期类罚款，指的是发承包双方在建设工程施工合同中约定，承包人未在合同约定的期限内完成施工任务，或未在合同约定节点完成合同约定事项，发包人可以对承包人进行一定数量或比例的经济惩罚。

如合同约定：不能按期完成施工任务，影响工程的正常交付使用，承包人除了要承担有关损失以外，还要根据具体情况罚款2000—5000元，并按限定的期限整改，每拖延一天整改，罚款10000元，罚款总额累加。

3. 安全性罚款

安全性罚款，指的是发承包双方在建设工程施工合同中约定，发包人对承包人在履行建设工程施工任务时发生的可能影响工程安全或施工安全的违法、违规或违约的行为进行一定数量或比例的经济惩罚。

《施工现场临时用电安全技术规范》（JGJ 46—2005）对施工现场安全用电有明确规定，即施工现场配电系统应采用TN-S接零保护、三级配电、二级漏电保护系统。为此，合同约定：“按照《施工现场临时用电安全技术规范》（JGJ 46-2005）的有关规定，现场临时用电不符合要求的，如无工作零线端子、无保护接地端子、非三相五线制、非一机一闸一漏电、开关无盖、配电箱无箱门，无防雨措施等，以每一项或每一条为单位，罚款200—500元，按通知限定的期限每拖延一天整改，每一项或每一条，罚款200元，罚款总额累加。”

4. 管理性罚款

管理性罚款，通常指的是发包人对现场的安全、文明施工、环境保护达不到合同约定而对承包人进行的经济惩罚，包括现场内的污水排放不符合标准、施工现场未做到“人走场清”、进入现场未佩戴安全帽、穿拖鞋进入施工现场等。

（三）罚款与索赔的区别

在建设工程合同法律关系中，罚款与索赔均是经济责任承担方式，两者之间存在部分相同外观特征，却存在制度设计的本质差异。从法律属性层面看，罚款本质上属于当事人约定的违约金条款，其依据是《民法典》第 585 条关于违约责任的预先约定，具有惩罚性与预防违约的双重功能；索赔则源于法定及约定的损害赔偿请求权，依据《民法典》第 577 条违约救济制度，体现对守约方实际损失的补偿性原则。罚款条款事先约定，只要发生合同约定行为即可触发罚款条款；索赔条款可以约定也可不约定，只要对方原因给己方造成损失，受损方即可向损害方提出索赔。罚款金额或比例由合同约定，如罚款数额大于实际损失，违约方可以主张减少该罚款；索赔方通常要根据实际损失并提供相关证据方可向对方索赔。

在工程争议中，罚款与索赔常出现竞合现象。如司法实践中，若合同约定的罚款已涵盖可预见损失，则不再支持重复索赔；若实际损失远超罚款限额，则允许就超额部分另行索赔。

【司法实务】

问题．工期延误罚款条款是否属于结算条款？

在工程实务中，发包人为了加强进度管理，通常会在合同中约定工期延误罚款条款，如每迟延 1 天竣工罚款 1 万元等。《民法典》第 157 条规定：“民事法律行为无效、被撤销或者确定不发生效力后，行为人因该行为取得的财产，应当予以返还；不能返还或者没有必要返还的，应当折价补偿。有过错的一方应当赔偿对方由此所受到的损失；各方都有过错的，应当各自承担相应的责任。法律另有规定的，依照其规定。”第 567 条规定：“合同的权利义务关系终止，不影响合同中结算和清理条款的效力。”建设工程施工合同中关于罚款条款的性质，直接影响发承包双方利益。在司法实务中，对此有两种不同观点：

第一种观点认为，在民事活动中，建设单位属于民事主体，没有行政执法权，无权对施工企业进行罚款。合同所约定的工期延误罚款条款，其本质是误期赔偿条款，属于《2013 清单计价规范》第 9.1.1 条规定的合同价款调整因素，① 故属于结算条款。

第二种观点认为，工期延误是承包人未在合同约定工期内完成施工任务，属于违约行为，工期延误罚款条款的应属于违约金条款。

笔者倾向于第二种观点。

工期延误罚款条款究竟属于结算条款还是违约条款，要从结算、违约金、误期赔偿费的性质来分析。

一、结算

根据《工程造价术语标准》（GBT 50875—2013）第 3.4.9 条规定，工程结算是指发承包双方根据国家有关法律、法规规定和合同约定，对合同工程实施中、终止时、完工后的工程项目进行的合同价款计算、调整和确认。工程结算包括期中结算、终止结算、竣工结算。实务中通常所说的结算，一般是指竣工结算，即发承包双方根据国家有关法律、法规规定和合同约定，在承包人完成合同约定的全部工作后，对最终工程价款的调整和确定，包括在履行合同过程中按合同约定进行合同价款调整的、发包人应付给承包人的合同总金额。

结算的本质是确定对价，即发承包双方基于等价有偿原则计算承包人在履行建设工程施工合同中应获得的债权。与结算价款对应的是承包人所承建工程的建筑安装工程费，包括分部分项工程费、措施项目费、其他项目费、规费和税金等。

二、违约金

违约指合同当事人一方不履行合同义务或履行合同义务不符合合同约定。合同一方违约损害对方人身权益、财产权益的，受损害方有权选择请求其承担违约责任。支付违约金是承担违约责任的一种方式，是指当事人一方违反合同时应当向对方支付的一定数量的金钱或财物。

---

① 《2013 清单计价规范》第 9.1.1 条规定："下列事项（但不限于）发生，发承包双方应当按照合同约定调整合同价款：1 法律法规变化；2 工程变更；3 项目特征不符；4 工程量清单缺项；5 工程量偏差；6 计日工；7 物价变化；8 暂估价；9 不可抗力；10 提前竣工（赶工补偿）；11 误期赔偿；12 索赔；13 现场签证；14 暂列金额；15 发承包双方约定的其他调整事项。"

根据确定违约金标准不同，可分为惩罚性违约金和补偿性（赔偿性）违约金，除非合同特别约定，一般以补偿性或称赔偿性为原则，以惩罚性为例外。由于违约金是对损害赔偿额的预先约定，可能高于实际损失，也可能低于实际损失，基于补偿原则，通常不允许违约金过分高于实际损失或低于实际损失。《民法典》第 585 条第 2 款规定："约定的违约金低于造成的损失的，人民法院或者仲裁机构可以根据当事人的请求予以增加；约定的违约金过分高于造成的损失的，人民法院或者仲裁机构可以根据当事人的请求予以适当减少。"

违约金的本质是违约方给予守约方的损害赔偿金，违约金的大小通常跟守约方的实际损失多少有关。

三、误期赔偿费

工期延误罚款是基于误期赔偿费而产生的约定性概念，其实质意义就是误期赔偿费。根据《2013 清单计价规范》第 2.0.26 条对误期赔偿费的定义，是指承包人未按照合同工程的计划进度施工，导致实际工期超过合同工期（包括经发包人批准的延长工期），承包人应向发包人赔偿损失的费用。尽管《2013 清单计价规范》第 9.12.2 条规定"发承包双方应在合同中约定误期赔偿费，并应明确每日历天应赔额度。误期赔偿费应列入竣工结算文件中，并应在结算款中扣除"，但工期延误损失是由承包人违约造成的，属于违约金性质。

支付违约金并不免除违约方的原合同义务。《民法典》第 585 条第 3 款规定："当事人就迟延履行约定违约金的，违约方支付违约金后，还应当履行债务。"与之对应的，《2013 清单计价规范》第 9.12.1 条也规定："承包人未按照合同约定施工，导致实际进度迟于计划进度的，承包人应加快进度，实现合同工期。合同工程发生误期，承包人应赔偿发包人由此造成的损失，并应按照合同约定向发包人支付误期赔偿费。即使承包人支付误期赔偿费，也不能免除承包人按照合同约定应承担的任何责任和应履行的任何义务。"

高级人民法院对工期延误罚款通常认定为违约金。例如，山东省高级人民法院《关于审理建设工程施工合同纠纷案件若干问题的解答》第 13 条规定，建设工程施工合同约定对承包人的违约行为罚款的，如何处理？建设工程施工合同约定对承包人的违约行为罚款的，应按照具体约定内容，对罚款的性质作出区分：（1）建设工程施工合同约定承包人存在工期迟延、工程质量缺陷或未达到合同约定的工程质量标准、转包或违法分包等违约行为，发包人可对承包人罚款的，该约定可以视为当事人在合同中约定的违约金条款。（2）建设工程施工合同约定对承包人实施除履行合同义务之外的行为进行罚款的，不予支持。河北省高级人民法院《建设工程施工合同案件审理指南（试行）》（冀高法〔2023〕30号）第34条规定，建设工程施工合同中约定发包人可因工期、工程质量、转包或违法分包等情形对承包人处以“罚款”的，该约定应视为双方对违约责任的约定，罚款具有违约金的性质，经承包人确认的罚款数额，发包人主张从工程款中扣减的，人民法院应予支持。当事人要求对罚款的数额进行调整的，人民法院可按照《民法典》第585条的规定予以处理。

关联判例

马某忠、宁夏农垦建设有限公司建设工程施工合同纠纷案

（2020）最高法民申723号

【裁判要旨】

关于工期逾期的罚款约定具有违约金条款性质。

【基本案情】

2013年3月1日，农垦公司发布招标公告，马某忠以第五施工项目部负责人参与了该项目的招投标。2013年3月27日，农垦公司向马某忠发出建设项目施工进场通知书，项目名称：宁夏职业教育基地折迁安置区B区十标段16#、17#、23#、28#楼，中标价30592861.22元。2013年4月20日，农垦公司（发包方、甲方）与马某忠（第五施工项目部、承包方、乙方）签订《宁夏职业教育基地折迁安置区（B区）工程项目施工合同》，公开投标报价为一次性包干价（最终结算价）30592861.22元。

2013年11月2日，马某忠为承建农垦创业城工程D区八标段8#工程向农垦公司发出投标函及投标承诺书。2013年11月4日，马某忠又向农垦公司发出二次投标报价确认单。2013年11月10日，马某忠又向农垦公司发出承诺书，同日，农垦公司向马某忠发出建设工程确认进场通知书，确认马某忠第五施工项目部中标，项目名称宁夏农垦创业城D区第八标段8#楼基础及所属车库工程。

2014 年 4 月 25 日，马某忠（乙方）以第五项目部的名义与农垦公司（甲方）签订《农垦创业城（金地花园）工程项目施工合同》，合同约定：工程内容范围；农垦创业城（金地花园）第八标段8#楼主体结构工程、地下负一、负二层储藏间砌体及二次结构工程等。

在施工中，马某忠向农垦公司分别出具因未能在规定时间完成工作，自愿接受公司处罚各 3 万元、2 万元。

【裁判摘要】

关于工程款数额问题。首先，马某忠与农垦公司签订的施工合同约定钢材、商品砼实行“平进平出”计价方式，是双方真实意思表示，应当参照执行。故马某忠认为二审判决不应以“平进平出”方式计算钢材和商品砼价格的主张不能成立。其次，马某忠于 2013 年 10 月 25 日、2013 年 11 月 1 日向农垦公司出具两份认罚单，明确载明其没有在规定时间内完成工作，自愿接受处罚 3 万元、2 万元。该罚款具有违约金性质，故二审判决将该 5 万元从农垦公司应付工程款中扣减，并无不当。

第二节 价款调整方法

价款调整方法的科学性直接决定着价款调整的准确性，对确定发承包双方权益至关重要。合同可以单独约定价款调整的计算方法。对于合同没有约定或约定不明的，应参照各规范或示范文本所规定的价款调整方法。不同的计价基础及不同的价款调整因素对应的调价方法也不相同。

（一）工程变更的价款调整

工程变更涉及的内容很多，包括设计变更、材料变更、施工工艺变更、施工内容变更等。就工程造价而言，任何工程变更均可简化为两种情形，一是已标价工程量清单中已有项目数量增减的变更，称为工程量偏差的变更。如 C30 混凝土浇筑，合同约定为 10000 立方米，实际施工需要 12000 立方米，仅是数量增加了。

二是已标价工程量清单中没有对应项目的变更，称为项目变动的变更。如原图纸设计的是仅有光圆钢筋，后设计变更为带肋钢筋，计价项目的品类发生了变化。两种变更的性质不同，价款调整方法也不相同。

1. 工程量偏差的变更

对于已标价工程量清单中已有项目数量增减的变更，其调价方法比较简单，按照“已标价工程量清单中有适用于变更工程项目的，应采用该项目的单价”的原则，以已标单价为基础，随着工程量的增减呈线性递进关系。如某 D2020×28 自来水管道铺设工程，合同约定工程量为 1000 米，工程量清单已标单价 15000 元 / 米，实际埋设 1050 米，实际价格即为 1050×15000=15750000 元。

对于已有项目的变更，如果超出一定范围，再适用原单价可能造成双方权益不均衡，需要调整原清单已标单价。对此变化的界限双方可以在合同中约定，如果双方在合同中对此没有约定，应根据《2013 清单计价规范》的规定，当实际工程量与招标工程量清单工程量发生变化超过 15% 时，除需要按照工程量变动调整工程价款外，对工程量超出 15% 部分的单价也需要调整。当工程量增加 15%以上时，增加部分的工程量的综合单价应予调低；当工程量减少 15%以上时，减少后剩余部分的工程量的综合单价应予调高。

具体调价方法为：

（1）当已标价工程量增加超过 15% 时，超出 15% 部分按照重新调整后的综合单价（调低）计算，原工程量及超出 15% 及以内部分按照原价计算。公式为：

当 $Q_1>1.15Q_0$ 时；$S=1.15Q_0\times P_0+(Q_1-1.15Q_0)\times P_1$

（2）当已标价工程量减少超过 15% 时，即实际完成工程量低于合同约定工程量的 85% 时，所有工程量均按照重新调整后的综合单价（调高）计算。公式为：

当 $Q_1<0.85Q_0$ 时；$S=Q_1\times P_1$

式中：S——调整后的某一分部分项工程费结算价；

Q_1——实际完成的工程量；Q_0——招标工程量；

P_1——重新调整后的综合单价；P_0——承包人投标综合单价。

2. 项目变动的变更

从理论上来说，凡是已标价工程量清单中没有的项目，其变更就没有可适用单价，均应当重新确定价格。为了计价的便捷性，《2013 清单计价规范》把已标价工程量清单中没有的项目的变更分为两类。

一类是尽管已标价清单中没有相同项目，但有类似项目，可在合理范围内参照类似项目的单价。如有一块6米宽的现浇混凝土楼板，原设计的底部纵向受力钢筋采用HPB235级Φ12钢筋@120毫米，共计50根，现拟用HRB335级Φ12钢筋替代。因钢材是按重量计价，且各种型号钢材价格差异不大，可以在合理范围内参照类似项目的单价。

另一类是已标价清单中没有相同项目，也没有类似项目，不能直接参照。对于该种项目，根据《2013清单计价规范》的规定，应按照承包人所报调整基价并按报价浮动率下浮后报发包人确认后调整。

承包人报价浮动率是指承包人报价与发包人最高限价差额率。承包人报价浮动率与建设工程施工合同的缔结方式直接相关。建设工程施工合同的缔结方式一般分两种，一种为招投标方式，另一种为直接发包方式。实行招投标方式缔结合同的合同价款，由发承包双方按照中标通知书的中标价款确定，并在合同协议书中约定，承包人报价浮动率 =（1– 中标价 ÷ 最高投标限价）×100%。直接发包方式缔结合同的合同价款，由合同双方按照施工方报价所确定，并在合同协议书中约定，承包人报价浮动率 =（1– 报价 ÷ 施工图预算）×100%。

与之相对应的两种合同价款的调整方式也不相同，对于通过招投标方式缔结合同，合同调整价按照“（1– 中标价 ÷ 招标控制价）× 调整基价”进行调整；对于通过直接发包方式缔结合同，合同调整价按照“（1– 报价 ÷ 施工图预算）× 调整基价”进行调整。其中，基价是承包人根据变更工程资料、计量规则和计价办法并按照工程造价管理机构发布的信息价格计算的单价。

（二）物价变动的价款调整

物价变化引起合同价款调整的本质是对物价变化所产生风险的分担方式。《2013清单计价规范》中规定发承包双方应在合同中明确约定物价变化的风险分担范围和幅度，当没有约定时，材料与工程设备单价变化超过5%时进行调整。①

物价变动的调价方法，发承包双方可以在专用合同条款中约定，没有约定或

① 《2013清单计价规范》第9.8.2条规定：承包人采购材料和工程设备的，应在合同中约定主要材料、工程设备价格变化的范围或幅度；当没有约定，且材料、工程设备单价变化超过5%时，超过部分的价格应按照该规范附录A的方法计算调整材料、工程设备费。

约定不明的，可以按照以下三种方式[①]调整：（1）价格指数法；（2）造价信息法；（3）实价调整法。

需要说明的是，作为对发承包利益有实质性影响的行为，工程价款调整要受工程价款调整原则的规制，如合同依据原则、过错责任原则、风险合理分担原则、增值获利原则等。

一、价格指数法

|导读|

在工程价款动态调整机制中，价格指数法作为平衡契约刚性与市场弹性的关键工具，既是风险分配均衡器，也是检验合同治理智慧的试金石。从2007版《标准施工招标文件》到2017版《施工合同示范文本》，价格指数法的制度演进轨迹，深刻映射出建筑业应对市场波动风险的治理逻辑转型。

价格指数法的制度效能核心系于权重系数体系：固定权重机制通过《标准施工招标文件》通用条款预设风险分配比例，赋予合同价格稳定预期；浮动权重机制则依托专用条款设置调整触发条件，为重大设计变更等异常情形预留制度接口。价格指数法的关键在于权重系数的确定，包括不参与调整的权重系数，参与调整各因子权重系数等。当合同约定各项权重值在合同实施期间不作调整，与发生重大设计变更或合同调整造成权重系数明显变化之间出现矛盾时，权重系数的调整较难掌握。一方面，如果按照合同约定不调整各项调价因子权重，会出现不公平现象，在调价因子的单价正负双向波动时，甚至出现反向调值的极端情况；另一方面，如果调整权重系数，则会与合同约定违背。

价格指数法的制度的本质是工程契约从“静态风险管理”向“动态风险治理”的变化。随着2024清单计价标准新增“重大变更调价权重调整规则”，以及数字技术在工程量核验中的普及，价格调整机制正加速向“数据驱动型”进化。

---

① 《2013清单计价规范》第9.8.1条规定：合同履行期间，因人工、材料、工程设备、机械台班价格波动影响合同价款时，应根据合同约定，按该规范附录A的方法之一调整合同价款。第9.8.4条规定：发包人供应材料和工程设备的，不适用该规范第9.8.1条、第9.8.2条规定，应由发包人按照实际变化调整，列入合同工程的工程造价内。

【术语解读】

价格指数调差法是指利用物价指数调整工程价款的一种方法。建设工程价款的结算价格指数，一般通过调值公式的方式求得，因此有时也称为调值公式法。

（一）价格指数法调值公式

当人工、材料和设备等价格波动影响合同价格时，根据专用合同条款中约定的数据，按以下公式计算差额并调整合同价格：

$$\Delta P = P_0\left[A + \left(B_1 \times \frac{F_{t1}}{F_{01}} + B_2 \times \frac{F_{t2}}{F_{02}} + B_3 \times \frac{F_{t3}}{F_{03}} + \cdots + B_n \times \frac{F_{tn}}{F_{0n}}\right) - 1\right]$$

公式中：ΔP——需调整的价格差额。

P_0——约定的付款证书中承包人应得到的已完成工程量的金额。此项金额应不包括价格调整、不计质量保证金的扣留和支付、预付款的支付和扣回。约定的变更及其他金额已按现行价格计价的，也不计在内。

A——定值权重（不调部分的权重）。

B_1，B_2，$B_3 \cdots B_n$——各可调因子的变值权重（可调部分的权重），为各可调因子在签约合同价中所占的比例。

F_{t1}，F_{t2}，$F_{t3} \cdots F_{tn}$——各可调因子的现行价格指数，指约定的付款证书相关周期最后一天的前 42 天的各可调因子的价格指数。

F_{01}，F_{02}，$F_{03} \cdots F_{0n}$——各可调因子的基本价格指数，指基准日期的各可调因子的价格指数。

（二）价格指数法的适用

1. 价格指数法的适用前提

价格指数法作为价款调整的方法，其适用的首要前提是合同约定当物价变动时可以对工程价款进行调整，这是工程价款调整的合同依据原则的要求。

2. 价格指数法的适用对象

价格指数法主要适用于材料单价的调整，比如使用的材料品种较少，但每种材料使用量较大的土木工程，如水利水电工程和公路工程。对结构复杂，涉及材料众多的建设工程，通常选择价值高、价格波动比例大的要素作为指数因子。如果对每一种要素都计算其价格指数，如对构成某建筑物的每一种材料权重及其价格指数都进行调整，则构成实际价格调差法。

3. 价格指数法的适用要点

因价格指数法调值公式中存在可调因子、价格指数、定值和变值权重等因素，价格指数法适用于对价格指数和权重有约定的合同。对于招投标项目，基本价格指数及其来源在投标函附录价格指数和权重表中约定；非招标订立的合同，由合同当事人在专用合同条款中约定。价格指数应首先采用工程造价管理机构发布的价格指数，无前述价格指数时，可采用工程造价管理机构发布的价格代替；在计算调整差额时无现行价格指数的，合同当事人可以约定暂用前次价格指数计算，实际价格指数有调整的，合同当事人再进行相应调整。对于定值和变值权重没有约定的，发承包双方可以重新协商约定；当工程变更导致合同约定的权重不合理时，除招标人在招标文件中明确规定各项权重值在合同实施期间内不作调整外，承包人均可与发包人协商调整。

4. 承包人原因造成工期延误的价格调整

承包人原因未按期竣工的，对合同约定的竣工日期后继续施工的工程，在使用价格调整公式时，应采用计划竣工日期与实际竣工日期两个价格指数中较低的一个作为现行价格指数。

（三）价格指数法的特点

价格指数法具有以下特点：（1）价格指数法是基于对报告期工程价款进行的整体调整，并不具体计算某种要素的总用量；（2）价格指数法依赖已完成类似工程的造价数据，并由此确定调价因子的权重；（3）价格指数法不需要对所有材料价格进行采集，可以用典型材料的价格指数代替与其具有正相关性的特殊材料价格指数，可以更好地适应实际价格不容易取得或确认的情况。①

二、造价信息法

| 导读 |

在工程价款动态调整机制中，造价信息法以其普适性与灵活性，成为平衡市场波动风险的基础性工具。作为《2024 清单计价标准》确立的调价方法之一，

① 参见周明科、杨海欧：《实际价格调差法与价格指数调差法在工程造价中的比较应用》，载《工程造价管理》2015 年第 6 期。

其制度价值根植于《民法典》第511条"价格约定不明时按市场价履行"原则，通过将地方造价信息转化为契约履行基准，构建起"风险共担＋动态均衡"的调价模式。

造价信息法的制度效能核心在于"双阶风险分配"：第一阶通过合同约定5%—10%的价格波动阈值，将日常市场风险内化为承包人的成本管控激励；第二阶依托造价管理部门发布的权威信息，对超阈值波动实施风险外化补偿。这种分层设计既维护了契约稳定性，又避免了"全风险转嫁"导致的逆向选择问题。

实践中，造价信息法也存在痛点：如品牌型号匹配度不足，同一材料因技术参数差异出现"有信息价无对应型号"的适用困境；区域价格协同不足，跨省工程面临"多地信息价并行"的计价混乱。需要发承包双方在合同中约定价格采集区域，并通过设立"基准品牌＋替代品牌差价系数"的弹性条款设计，预设信息价缺位时的市场询价程序。

造价信息法的本质是工程价格的市场化形成机制，是最基本、最常用的工程价款调整方法之一，主要适用于工程材料品种较多、用量较小、没有显著材料特征的项目。其自有的结构特征，决定着价款的调整精度。

【术语解读】

造价信息法指的是对建设工程施工合同造价构成要素的人工材料、工程设备和机械台班价格进行调整的一种方法，即以国家或省、自治区、直辖市建设行政管理部门、行业建设管理部门或其授权的工程造价管理机构发布的人工、机械使用费系数进行调整。

《2017工程施工合同》通用合同条款第11.1条约定指引，合同履行期间，因人工、材料、工程设备和机械台班价格波动影响合同价格时，人工、机械使用费按照国家或省、自治区、直辖市建设行政管理部门、行业建设管理部门或其授权的工程造价管理机构发布的人工、机械使用费系数进行调整；需要进行价格调整的材料，其单价和采购数量应由发包人审批，发包人确认需调整的材料单价及数量，作为调整合同价格的依据。

（一）人工费调差

《2017工程施工合同》通用合同条款第11.1条约定指引，人工单价发生变化且符合省级或行业建设主管部门发布的人工费调整规定，合同当事人应按省级或行业建设主管部门或其授权的工程造价管理机构发布的人工费等文件调整合同价格，但承包人对人工费或人工单价的报价高于发布价格的除外。

采用造价信息调整人工单价，通常可采用调价系数法和差值法两种方法。

1. 调价系数法。调价系数法是指按照造价机构发布的调价系数对人工费进行调价的一种方法。调价系数法包括两个要素：一是投标人在投标报价中的人工单价，二是造价机构发布的人工费单价涨价系数。调整后的人工单价 = 原投标报价的人工单价 ×（1+ 涨价系数）。

2. 差值法。差值法是以造价机构发布的基期和现期人工费差额进行调整人工费的一种方法。其中，人工费单价价差 = 造价机构发布的现期人工单价 – 投标报价时造价机构发布的人工费单价。当合同约定人工费按照差值法调整，且在承包人中标后出现造价机构发布新的人工费单价时，可以通过差值法计算新的人工单价，即新的人工单价 = 原投标报价的人工单价 + 人工单价价差。

（二）材料费调差

《2017 工程施工合同》通用合同条款第 11.1 条约定指引，材料、工程设备价格变化的价款调整按照发包人提供的基准价格，按以下风险范围规定执行：①承包人在已标价工程量清单或预算书中载明材料单价低于基准价格的：除专用合同条款另有约定外，合同履行期间材料单价涨幅以基准价格为基础超过 5% 时，或材料单价跌幅以在已标价工程量清单或预算书中载明材料单价为基础超过 5% 时，其超过部分据实调整。②承包人在已标价工程量清单或预算书中载明材料单价高于基准价格的：除专用合同条款另有约定外，合同履行期间材料单价跌幅以基准价格为基础超过 5% 时，材料单价涨幅以在已标价工程量清单或预算书中载明材料单价为基础超过 5% 时，其超过部分据实调整。③承包人在已标价工程量清单或预算书中载明材料单价等于基准价格的：除专用合同条款另有约定外，合同履行期间材料单价涨跌幅以基准价格为基础超过 ±5% 时，其超过部分据实调整。④承包人应在采购材料前将采购数量和新的材料单价报发包人核对，发包人确认用于工程时，发包人应确认采购材料的数量和单价。发包人在收到承包人报送的确认资料后 5 天内不予答复的视为认可，作为调整合同价格的依据。未经发包人事先核对，承包人自行采购材料的，发包人有权不予调整合同价格。发包人同意的，可以调整合同价格。

前述基准价格是指由发包人在招标文件或专用合同条款中给定的材料、工程设备的价格，该价格原则上应当按照省级或行业建设主管部门或其授权的工程造价管理机构发布的信息价编制。

（三）施工机械费调差

根据《2013清单计价规范》中附录A.2第A.2.4条的规定，施工机械台班单价或施工机械使用费发生变化超过省级或行业建设主管部门或其授权的工程造价管理机构规定的范围时，按其规定调整合同价款。

需要注意的是，人工、材料、机械费用调差需要考虑合同对人工、材料、机械费用风险承担范围的特殊约定及组价要素的特殊约定。如无特殊约定，人工、材料、机械调差费用部分应按各地方计价规范计取规费和税金，不计企业管理费和利润。

第五章 价款结算

根据《2024 清单计价标准》定义，工程结算是指发承包双方根据有关法律法规规定和合同约定，对合同工程实施中、解除时、竣工后的工程项目进行合同价款计算、调整、确认和支付的活动，包括施工过程结算、合同解除结算、竣工结算及工程保修结清。

一、价款结算的特点

1. 结算是一个过程。根据《建设工程价款结算暂行办法》（财建〔2004〕369 号）规定，价款结算是对建设工程的发承包合同价款进行约定和依据合同约定进行工程预付款、工程进度款、工程竣工价款结算的活动，内容包括价款的计算、价款的调整、价款的确认等。根据《2024 清单计价标准》的规定，工程结算包括承包人对结算资料的整理，结算文件的编制与送审，发包人对送审造价文件的审核与反馈，发承包双方对最终造价文件的确认等一系列内容，是一个既有顺序又有交互的过程。

2. 结算价是一个结果。根据《2024 清单计价标准》的规定，工程结算包括施工过程结算、合同解除结算、竣工结算，与之对应的即有施工过程结算价、合同解除结算价、竣工结算价。结算价是在承包人完成施工合同约定节点对应全部工程内容后，由发承包双方按照合同约定的计价条款及计价程序，对该节点已完工程的造价确认，是一个结果。如“竣工结算价”是指在承包人完成施工合同约定的全部工程内容，发包人依法组织竣工验收合格后，由发承包双方按照合同约定的工程造价条款，即已签约合同价、合同价款调整（包括工程变更、索赔和现场签证）等事项确定的最终工程造价。

3. 竣工结算具有默示终局性。竣工结算是发承包双方就工程价款达成意思一致的合意，是对合同、工程变更、现场签证和索赔等载定施工事项的价款化处理，是对工程价款权利的概括处分，具有默示终局性。《2013 清单计价规范》第 9.13.6 条规定，发承包双方在按合同约定办理了竣工结算后，应被认为承包人已无权再提出竣工结算前所发生的任何索赔。承包人在提交的最终结清申请中，只限于提出竣工结算后的索赔，提出索赔的期限应自发承包双方最终结清时终止。

《2024 清单计价标准》第 10.3.12 条规定，工程竣工结算核对完成，发承包双方签字并盖章确认后，发包人不应要求承包人再与其他工程造价咨询人重复核对竣工结算。北京市高级人民法院《关于审理建设工程施工合同纠纷案件若干疑难问题的解答》（京高法〔2012〕245 号）第 24 条规定，结算协议生效后，承包人依据协议要求支付工程款，发包人以因承包人原因导致工程存在质量问题或逾期竣工为由，要求拒付、减付工程款或赔偿损失的，不予支持，但结算协议另有约定的除外，结算协议生效后，承包人以因发包人原因导致工程延期为由，要求赔偿停工、窝工等损失的，不予支持，但结算协议另有约定的除外。四川省高级人民法院《关于审理建设工程施工合同纠纷案件若干疑难问题的解答》（川高法民一〔2015〕3 号）第 22 条规定，当事人在诉讼前已就工程价款的结算达成协议，一方在诉讼中要求重新结算的，不予支持，但结算协议被人民法院或仲裁机构认定为无效或撤销的除外。

4. 结算协议具有独立性。结算协议是发承包双方相互协商而做出的具有妥协性质的独立于原合同的新的协议。最高人民法院民事审判第一庭编的《民事审判实务问答》关于“合同无效，结算性质的补充协议是否无效”的问题[①]，答复为：“如果协议内容属于承发包双方对既存债权债务关系的清理，则具有独立性，根据《民法典》第五百六十七条的规定‘合同的权利义务终止，不影响合同中结算和清理条款的效力’。且从诚实信用原则出发，不当扩大合同无效后果边界亦易导致当事人利益失衡。”最高人民法院民一庭 2022 年第 3 次法官会议意见：“建设工程施工合同无效不影响结算协议的效力。当事人有权通过协议方式确定合同无效后的权利义务。”北京市高级人民法院《关于审理建设工程施工合同纠纷案件若干疑难问题的解答》（京高法〔2012〕245 号）第 7 条规定：“建设工程施工

---

① 最高人民法院民事审判第一庭编：《民事审判实务问答》，法律出版社 2021 年版，第 77 页。

合同无效，但工程经竣工验收合格，当事人一方以施工合同无效为由要求确认结算协议无效的，不予支持。”

结算协议一旦达成，除结算协议本身违反法律强制性规定无效外，不因原合同无效而无效，结算协议所确认的结算价款对双方结算主体具有约束力。《建设工程施工合同纠纷案件适用法律问题的解释（一）》第29条规定：“当事人在诉讼前已经对建设工程价款结算达成协议，诉讼中一方当事人申请对工程造价进行鉴定的，人民法院不予准许。”

二、价款结算的种类

1. 施工过程结算

施工过程结算指的是发承包双方根据有关法律法规规定和合同约定，在施工过程结算节点上对已完工程进行合同价款的计算、调整、确认和支付的活动。《工程造价改革工作方案》（建办标〔2020〕38号）中指出，应“加强工程施工合同履约和价款支付监管，引导发承包双方严格按照合同约定开展工程款支付和结算，全面推行施工过程价款结算和支付”。施工过程结算具有以下特点：

（1）施工过程结算是结算的一种，具有结算性质。结算是发承包双方相互妥协的结果，具有合意性，故除合同约定或法律规定外，经发承包双方签署确认的除措施项目费和总承包服务费之外的施工过程结算文件，应作为工程竣工结算文件的组成部分，竣工结算不应对其重新计量、计价。

（2）施工过程结算不是完整性结算。因施工过程结算发生在施工过程中，施工尚未结束，一次性投入或按阶段投入的措施项目费、总承包服务费无法按照节点准确计算，故施工过程结算仅对措施项目费、总承包服务费进行初步性计算，待竣工结算时统一调整。根据《2024清单计价标准》第10.2.7条规定，施工过程结算中所计算的措施项目费用、总承包服务费仅用于计算和支付施工过程结算价款，不作为工程竣工结算价款确定的依据。在合同工程整体竣工后进行工程竣工结算时，措施项目费用和总承包服务费应依据合同约定重新计算确定，并按计算确认的结果相应调增或调减。

（3）施工过程结算系约定性结算。发承包双方在合同中约定进行施工过程结算的，发承包双方应该进行过程结算。施工过程结算节点工程完工后，承包人应在规定时间内向发包人提交施工过程结算文件。承包人未提交施工过程结算文件，经发包人催告后仍未按要求提交或没有明确答复的，发包人可根据已有资料编制施工过程结算文件，并提请承包人确认。承包人确认无异议或在约定时间内没有明确答复的，应视为发包人编制的施工过程结算文件已被承包人认可，可作为办理施工过程结算和支付施工过程结算价款的依据。

2. 合同解除结算

合同解除结算是指在建设工程合同履行过程中，因法定或约定事由导致合同权利义务关系提前终止时，发承包双方依据法律规定、合同约定及实际履约情况，对合同解除前承包人已完成工程的价值、已支付款项、违约责任、损害赔偿、未履行部分权益等内容进行清算与确认的法律行为。其核心在于通过量化各方权益，实现合同解除后经济关系的公平清理。

3. 竣工结算

竣工结算是指发承包双方依据国家有关法律、法规和标准规定，按照合同约定确定的，包括在履行合同过程中按合同约定进行的合同价款调整，是承包人按合同约定完成了全部承包工作后，发包人应付给承包人的合同总金额。

竣工结算具有以下特点：（1）竣工结算的时间节点在工程竣工后，未在工程竣工后的结算均不能称为竣工结算。（2）竣工结算的结算价款项目最全，包括合同清单总价、工程量清单缺陷调整价款、暂列金额调整价款、暂估价调整价款、总承包服务费调整价款、计日工调整价款、物价变化调整价款、法律法规及政策性变化调整价款、工程变更增减价款、新增工程价款、工程索赔价款、不按合同约定履行的违约金、其他价款（如有）等。工程竣工结算时，发承包双方应对施工过程结算文件的措施项目费用和总承包服务费重新计算确定。工程竣工结算核对完成，发承包双方签字并盖章确认后，双方均不得单方再要求重新结算。（3）竣工结算价款计算最彻底。工程竣工结算时，除了对分部分项工程进行计价并按照法定及约定进行调价外，发承包双方应对施工过程结算文件的措施项目费用和总承包服务费重新计算确定。工程竣工结算核对完成，发承包双方签字并盖章确认后，双方均不得单方再要求重新结算。

三、工程结算与工程决算

工程结算是发承包双方之间的民事法律行为，是发承包双方按照施工合同约定对已完工程项目进行的合同价款的计算、调整和确认过程。工程结算是承包人主张工程款的依据，对于发承包双方均有约束力。

竣工决算又称竣工财务决算，是指以实物数量和货币形式，对工程建设项目建设期的总投资、投资效果、新增资产价值及财务状况进行的综合测算和分析。工程决算在建设工程竣工验收和竣工结算之后，由建设单位按照财政部颁发的《基本建设财务规则》等相关规定进行编制。项目竣工财务决算的主要内容包括：项目竣工财务决算报表、竣工财务决算说明书、工程结算和竣工财务决算审核情况及相关资料。项目竣工财务决算编制的依据主要包括：国家有关法律法规；立项批复、开工批复、概算调整文件；招标文件及招标投标书，施工、代建、勘察设计、监理及设备采购等合同，政府采购审批文件、采购合同；历年下达的项目年度财政资金投资计划、预算；工程结算资料；有关的会计及财务管理资料；其他有关资料。

竣工决算具有核算汇总新增固定资产、反映项目建设成果、考核分析投资效果的功能，其核算范围包括整个建设项目从工程立项到竣工验收再到交付使用的全部实际支出费用总和。与竣工结算的双方民事法律行为性质不同，工程决算的主体仅为建设单位本身，是建设单位内部审核行为。

第一节 结算程序

结算程序是指在建设工程合同履行过程中或终止后，发承包双方依据法律规定、合同约定及行业规范，通过系统化的步骤与方法，对工程价款、履约成本、变更签证、质量奖惩等经济权益进行核算、确认及最终清结的规范化流程体系。

（一）编制结算

结算编制是结算的基础。工程结算应按准备、编制和定稿三个工作阶段进行，并实行编制人、校对人和审核人分别署名盖章确认的编审签署制度。

1. 结算编制准备阶段

结算编制准备阶段主要工作包括：（1）收集与工程结算编制相关的原始资料；（2）熟悉工程结算资料内容，进行分类、归纳、整理；（3）召集相关单位或部门的有关人员参加工程结算预备会议，对结算内容和结算资料进行核对与充实完善；（4）收集建设期内影响合同价格的法律和政策性文件；（5）掌握工程项目发承包方式、现场施工条件、应采用的工程计价标准定额、费用标准、材料价格变化等情况。

2. 结算编制阶段

结算编制阶段主要工作包括：（1）根据合同图纸、实际施工图纸以及施工组织设计进行现场踏勘，对需要调整的工程项目进行观察、对照、必要的现场实测和计算，做好书面或影像记录；（2）按既定的工程量计算规则计算需调整的分部分项、施工措施或其他项目工程量；（3）按招标文件、施工发承包合同规定的计价原则和计价办法对分部分项、施工措施或其他项目进行计价；（4）对于工程量清单或定额缺项以及采用新材料、新设备、新工艺的，应根据施工过程中的合理消耗和市场价格，编制综合单价或单位估价分析表；（5）工程索赔应按合同约定的索赔处理原则、程序和计算方法，提出索赔费用，经发包人确认后作为结算依据；（6）汇总计算工程费用，包括编制分部分项费、施工措施项目费、其他项目费、零星工作项目费或直接费、间接费、利润和税金等表格，初步确定工程结算价格；（7）编写编制说明；（8）计算主要技术经济指标；（9）提交结算编制的初步成果文件待校对、审核。

3. 结算编制定稿阶段

结算编制定稿阶段主要工作包括：（1）由结算编制受托人单位的部门负责人对初步成果文件进行检查、校对；（2）工程结算审定人对审核后的初步成果文件进行审定；（3）工程结算编制人、审核人、审定人分别在工程结算成果文件上署名，并应签署造价工程师或造价员执业或从业印章；（4）工程结算文件经编制、审核、审定后、工程造价咨询企业的法定代表人或其授权人在成果文件上签字或盖章；（5）工程造价咨询企业在正式的工程上签署工程造价咨询企业执业印章。

（二）结算申请

结算申请是正式结算的启动程序。

1. 过程结算申请

施工过程结算节点工程完工后，承包人应在规定时间内向发包人提交施工过程结算文件。承包人提交施工过程结算文件时，应同时提交施工过程结算项目的相关质量合格证明等验收资料。但施工过程验收不代替竣工验收，不能免除或减轻在工程竣工验收时质量不合格承包人应承担的整改义务，施工过程结算也不应影响缺陷责任期及质量保修期。

承包人未提交施工过程结算文件，经发包人催告后仍未按要求提交或没有明确答复的，发包人可根据已有资料编制施工过程结算文件，并提请承包人确认。承包人确认无异议或在约定时间内没有明确答复的，应视为发包人编制的施工过程结算文件已被承包人认可，可作为办理施工过程结算和支付施工过程结算价款的依据。

2. 竣工结算申请

工程竣工后，承包人应在经发承包双方确认的施工过程结算的基础上，补充完善相关质量合格验收证明等资料，按合同约定及相关规定编制并向发包人提交完整的工程竣工结算文件。未进行过程结算的，承包人应在提交竣工验收报告的同时，向发包人递交竣工结算报告及完整的结算资料。[①]《2017 建设工程施工合同示范文本》通用条款第 14.1 条约定，除专用合同条款另有约定外，承包人应在工程竣工验收合格后 28 天内向发包人和监理人提交竣工结算申请单，并提交完整的结算资料，有关竣工结算申请单的资料清单和份数等要求由合同当事人在专用合同条款中约定。除专用合同条款另有约定外，竣工结算申请单应包括以下内容:（1）竣工结算合同价格;（2）发包人已支付承包人的款项;（3）应扣留的质量保证金。已缴纳履约保证金的或提供其他工程质量担保方式的除外;（4）发包人应支付承包人的合同价款。

承包人未在约定的时间内提交工程竣工结算文件，经发包人催告后仍未按要求提交或没有明确答复的，发包人可根据已有资料编制竣工结算文件，并提请承包人确认；承包人确认无异议或在约定时间内没有明确答复的，应视为发包人编制的结算文件已被承包人认可，可作为办理竣工结算和支付结算款的依据。合同对承包人提交竣工结算时间和承包人对结算异议时间没有约定的，可以参照《2013 工程量清单计价规范》第 11.3 条规定确定。[②]

① 详见财政部、建设部印发的《建设工程价款结算暂行办法》（财建〔2004〕369 号）第 14 条规定。

② 《2013 清单计价规范》第 11.3.1 条规定，合同工程完工后，承包人应在经发承包双方确认的合同工程期中价款结算的基础上汇总编制完成竣工结算文件，应在提交竣工验收申请的同时向发包人提交竣工结算文件。承包人未在合同约定的时间内提交竣工结算文件，经发包人催告后 14 天内仍未提交或没有明确答复的，发包人有权根据已有资料编制竣工结算文件，作为办理竣工结算和支付结算款的依据，承包人应予以认可。

（三）结算审核

结算审核是工程结算的重要程序。《2024 清单计价标准》第 10.3.6 条规定，发包人在收到承包人提交的竣工结算文件后，应在约定时间内予以核对。发包人经核对，认为承包人应进一步补充资料和修改结算文件的，应在约定时间内向承包人提出核对意见，承包人应在收到核对意见后，在约定时间内按发包人提出的合理要求补充资料，修改竣工结算文件，再次提交给发包人复核确认。

《2017 工程施工合同》通用合同条款第 14.2 条约定，发包人在收到承包人提交竣工结算申请书后 28 天内未完成审批且未提出异议的，视为发包人认可承包人提交的竣工结算申请单，并自发包人收到承包人提交的竣工结算申请单后第 29 天起视为已签发竣工付款证书。

一、竣工结算申请

| 导读 |

建设工程竣工结算，作为契约履行闭环中的关键核心环节，其制度设计蕴含着极为显著的法理价值与实务功能。竣工结算申请，作为工程价款清算的法定程序起始点，不仅构成承包人主张工程债权的程序性必备要件，更是用以检验契约严守原则贯彻落实程度的制度性标尺。从规范体系视角审视，《建筑工程施工发包与承包计价管理办法》第 18 条与《建设工程施工合同（示范文本）》（GF-2017-0201）第 14.1 条共同确立的 28 日申请期规则，本质上是《民法典》第 621 条检验期间制度在工程法领域的特别规范呈现形式。该制度凭借程序时效约束与实体权利关联的双重运行机制，不仅对工程结算的程序秩序予以规范，更深层次地对每年规模逾万亿元的工程尾款清算的公平性与效率性产生重要影响。

竣工结算申请的制度架构展现出三重法律特性：其一为时效性。此特性要求承包人必须严格依照合同约定的期限行事，若逾期未提交结算申请以及对发包人结算答复有所延误，极有可能触发《2024 清单计价标准》第 10.3.5 条所规定的逾期失权法律后果。其二为要式性。该特性着重强调结算资料的完整程度，需满足“工程量确认单 + 签证文件 + 索赔报告”等构成的完整证据链条要求。其三为交互性。交互性具体体现在发包人在审核期所承担的对等义务方面，进而形成“申请—响应”的双向制衡机制。

在实务操作中，竣工结算常常遭遇如下困境：首先，竣工结算申请期限的起算点界定模糊不清，“竣工验收合格”与“竣工资料移交”在时间顺序上的差异，致使相关争议频繁发生。其次，资料清单标准存在缺失状况，部分地区所要求的“农民工工资结清证明”等附加条件，极大地加重了承包人的负担。最后，对于逾期后果的认定存在分歧，部分法院针对“逾期失权”条款的理解并不一致，进而导致同案不同判的现象时有出现。

针对上述困境，发承包双方应当在合同中清晰明确地约定竣工结算申请期限的起算点，例如可约定以竣工验收合格作为竣工结算申请期限的起算点。与此同时，还需明确约定“竣工验收合格”的认定标准，清晰区分行政备案与合同验收在效力层面的边界范围。积极推行“结算资料清单附件化”模式，将图纸、图纸会审记录、材料报验单等文件纳入结算申请的必备清单范畴等。

【术语解读】

竣工结算申请又称竣工结算报审或竣工结算送审，是指建设工程完成后，由承包人根据国家有关法律、法规、标准的规定及合同的约定，编制并向发包人报审造价结算文件的行为。

（一）竣工结算文件编制

1. 竣工结算的编制依据

工程结算编制依据是指编制工程结算时需要工程计量、价格确定、工程计价有关参数、率值确定的基础资料。根据《建设项目工程结算编审规程》第 4.2 条的规定，工程竣工结算文件编制的主要依据包括：（1）建设期内影响合同的法律、法规和规范性文件。（2）国务院建设行政主管部门以及各省、自治区、直辖市和有关部门发布的工程造价计价标准、计价办法、有关规定及相关解释。（3）施工发承包合同、专业分包合同及补充合同，有关材料、设备采购合同。（4）招投标文件，包括招标答疑文件、投标承诺、中标报价书及其组成内容。（5）工程竣工图或施工图、施工图会审记录，经批准的施工组织设计，以及设计变更、工程洽商和相关会议纪要。（6）经批准的开、竣工报告或停工、复工报告。（7）工程材料及设备中标价、认价单。（8）双方确认追加（减）的工程价款。（9）影响工程造价的相关资料。

2. 编制方法

根据《建设项目工程结算编审规程》第 4.4.1 条的规定，采用工程量清单计价方式计价的工程，一般采用单价合同，应按工程量清单单价法编制工程依据结算。

（1）分部分项工程费的编制。分部分项工程费应依据施工合同相关约定以及实际完成的工程量和投标时的综合单价等进行计算。①计量确定。施工中进行工程计量，当发现招标工程量清单中出现缺项、工程量偏差，且该缺项、工程量偏差责任不属于承包人应承担责任，或因工程变更引起工程量增减时，应按承包人在履行合同义务中完成的工程量计算。承包人完成已标价工程量清单中每个应予计量项目的工程量计量并经发包人核实无误后，发承包双方应对每个项目的历次计量报表进行汇总，以核实最终结算工程量，并应在汇总表上签字确认。②综合单价确定。分部分项工程费应依据合同约定综合单价计算，合同约定与投标时价格不一致且造成实质性变更的，以投标时的综合单价等进行计算。工程结算编制时原招标工程量清单描述不清或项目特征发生变化，以及变更工程、新增工程的综合单价应按下列方法确定：a. 合同中已有适用的综合单价，应按已有的综合单价确定；b. 合同中有类似的综合单价，可参照类似的综合单价确定；c. 合同中没有适度或类似的综合单价，由承包人提出综合单价等，经发包人确认后执行。

在合同中约定，并根据《2024 清单计价标准》的规定进行施工过程结算的项目，经发承包双方签署确认的施工过程结算文件，应作为工程竣工结算文件的组成部分，竣工结算不应对其重新计量、计价。

（2）措施项目费的编制。工程结算编制时措施项目费应依据合同约定的项目和金额计算，发生变更、新增的措施项目，以发承包双方合同约定的计价方式计算，其中措施项目清单中的安全措施费应按照国家或省级、行业建设主管部门的规定计算。施工合同中未约定措施项目费结算方法或约定不明的，在《2024 清单计价标准》实施前措施项目费可按以下方法结算：①与分部分项实体消耗相关的措施项目，应随该分部分项工程的实体工程量的变化，依据双方确定的工程量、合同约定的综合单价进行结算；②独立性的措施项目，应充分体现其竞争性，一般应固定不变，按合同中相应的措施项目费用进行结算；③与整个建设项目相关的综合取定的措施项目费用，可参照投标时的取费基数及费率进行结算。在《2024 清单计价标准》实施前后，措施项目费可按以下方法结算：①措施项目按单价计价方式计价的，应按其工程数量乘以相应的综合单价计算该工程量清单项目的价格；②按项编制的措施项目清单的，无论是采用单价合同或总价合同，完整性及准确性均应由承包人负责，直接按照合同约定金额计入结算；③根据合同实施施工过程结算的，应对过程结算中的措施费进行统一调整后计入结算。

（3）其他项目费的编制。其他项目费应按以下方法进行结算：①计日工按发包人实际签证的数量和确认的事项进行结算；②暂估价中的材料单价按发承包双方最终确认价在分部分项工程费中对相应综合单价进行调整，计入相应的分部分项工程费用；③专业工程结算价应按中标价或发包人、承包人与分包人最终确认的分包工程价进行结算；④总承包服务费应依据合同约定的结算方式进行结算；⑤暂列金额应按合同约定计算实际发生的费用，并分别列入相应的分部分项工程费、措施项目费中。

（4）招标工程量清单漏项、设计变更、工程洽商等费用应依据施工图，以及发承包双方签证资料确认的数量和合同约定的计价方式进行结算，其费用列入相应的分部分项工程费或措施项目费中。工程索赔费用应依据发承包双方确认的索赔事项和合同约定的计价方式进行结算，其费用列入相应的分部分项工程费或措施项目费中。

（5）规费和税金应按国家、省级或行业建设主管部门的规定计算。《2024 清单计价标准》实施前后，规费不再单独列项，其对应社保费用及住房公积金列入人工费及管理费进行调整。

（二）竣工结算文件送审

送审文件一般是指承包人根据结算资料所编制的、希望发包人予以确认的造价结算性文件。

1. 竣工结算申请单

根据《2017 工程施工合同》通用合同条款第 14.1 条第 2 款约定，除专用合同条款另有约定外，竣工结算申请单应包括以下内容：（1）竣工结算合同价格。（2）发包人已支付承包人的款项。（3）应扣留的质量保证金。已缴纳履约保证金的或提供其他工程质量担保方式的除外。（4）发包人应支付承包人的合同价款。

2. 竣工结算资料

竣工结算资料是指承包人用以编制竣工结算所依据的基础性资料。根据《建设工程价款结算暂行办法》的规定，承包人在向发包人提交竣工验收报告的同时，应向发包人递交竣工结算报告及完整的结算资料。具体内容包括：（1）合约性文件，包括招标文件及所附合同条款和技术规范、投标须知，招标工程量清单，投标文件，工程报价单或预算书，中标通知书、招标答疑会议纪要，合同履行中发承包双方的工程洽商、变更文件，补充协议等。（2）技术类文件，包括工程地质勘察报告及水文资料，施工图纸，图纸会审资料，图纸及施工技术交底资料，施工组织设计，合同约定的标准、规范及有关技术文件，入场材料见证取样、检验、实验资料等。（3）过程管控资料，包括工程开工，竣工验收报告，监理工程师通知，工程联系单，停工、复工通知，建设单位施工指令，会议纪要等。（4）变更性资料，包括工程设计变更资料、工程签证资料及记录变更内容的其他资料。（5）结算性资料，包括工程量计算书、工程结算书、已完工程产值确认表等。（6）其他结算资料，包括甲供设备及材料表、进场材料报验单、材料检验报告、产品质量合格证、施工日志、隐蔽工程验收资料、工程质量验收资料、其他费用证明等资料。

3. 承包人未按时送审的后果

工程竣工后，承包人应及时送审工程竣工结算，工程竣工结算价审核时，需要发包人、承包人、造价咨询公司相互配合，互相沟通，做到及时送审、及时审结。①

对于承包人未按照合同约定及时送审应承担何种责任，在实务界亦有争论，一种观点认为应承担违约责任，因为承包人未按合同约定及时送审，其本身就属于违约。笔者认为，承包人未按合同约定及时送审并不必然承担违约责任，其原因有二：（1）承包人未按合同约定及时送审的，发包人属于获益方，不能向承包人主张违约责任。承包人不及时报审，必然延缓发包人审核时间、确认结算时间及最终支付时间，发包人在获取工程竣工价值的同时延缓价款支付时间，对发包人来说是资金时间价值的增益。（2）《2013 清单计价规范》第 11.3.1 条规定："合同工程完工后，承包人应在经发承包双方确认的合同工程期中价款结算的基础上汇总编制完成竣工结算文件，应在提交竣工验收申请的同时向发包人提交竣工结算文件。承包人未在合同约定的时间内提交竣工结算文件，经发包人催告后 14 天内仍未提交或没有明确答复的，发包人有权根据已有资料编制竣工结算文件，

① 参见尹贻林：《工程价款管理——基于 DBB 模式的建设工程投资管控百科全书》，机械工业出版社 2018 年版，第 275 页。

作为办理竣工结算和支付结算款的依据，承包人应予以认可。"《2024清单计价标准》第10.3.5条也规定："承包人未在约定的时间内提交工程竣工结算文件，经发包人催告后仍未按要求提交或没有明确答复的，发包人可根据已有资料编制竣工结算文件，并提请承包人确认；承包人确认无异议或在约定时间内没有明确答复的，应视为发包人编制的结算文件已被承包人认可，可作为办理竣工结算和支付结算款的依据。"由此可知，承包人未按合同约定及时送审，发包人有权催告，经催告后承包人在合理期限内仍不提交结算资料或没有明确答复的，发包人可自行编制结算文件，不影响发包人的结算权利。

【司法实务】

问题1.承包人为向发包人报审结算而在实际施工人结算文件上盖章，能否以此认定是对实际施工人价款的认可?

实际施工人是指与发包人没有合同关系却实际进行施工建设的施工主体，包括转承包人、违法分包承包人及挂靠人。实际施工人实际投入资金、组织施工，负责结算的编制，但由于实际施工人与发包人没有合同关系，需要通过与发包人有合同关系的承包人报审，即承包人在结算报审文件上签字、盖章后向发包人报审。

对承包人为向发包人报审结算而在实际施工人结算文件上盖章，能否以此认定是对实际施工人价款的认可问题，实务界存在两种不同观点：

第一种观点认为，承包人在实际施工人结算文件上盖章，表明其对实际施工人报审文件的认可。

第二种观点认为，结算是双方权利义务的确认，是真实的意思表示，承包人为向发包人报审结算而在实际施工人结算文件上盖章，是履行报审程序，并没有确认结算的意思表示，不能认为是对实际施工人价款的认可。

笔者倾向于第二种观点。

结算协议是指发承包双方当事人为解决施工合同中工程价款结算、清算或支付等事宜而达成的合意。[①]结算协议的本质是发承包双方按照合同约定及法律

① 参见常设中国建设工程法律论坛第八工作组：《中国建设工程施工合同法律全书——词条释义与实务指引》，法律出版社2019年版，第189页。

规定确定最终工程价款的合同。合同本质特征包括合同相对性及意思表示真实。

从结算程序上看，因实际施工人与发包人没有合同关系，不能直接与发包人结算，只能以承包人名义进行报审，必然需要加盖承包人印章。该报审文件从形式上看是发包人与承包人之间的报审文件，但本质是承包人代实际施工人向发包人报审，其法律性质属于隐名代理，法律后果由被代理人承担。

从结算实体上看，结算是发承包双方对自身权利义务的最终确认，发承包双方均会从自身利益出发，通过各种手段追求自身利益相对最大化。在承包人报审后，发包人会核减甚至大幅度核减工程价款，在法律及合同约定框架内达成利益平衡，最终签订结算。因此，报审价高于最终结算价是建设工程行业的常识，承包人不可能在上游仅能获得低价结算的情况下，与下游的实际施工人高价结算，这不符合常理。实际施工人与承包人均明知承包人的盖章仅为履行报审程序，并非对实际施工人报审价款的认可。根据《民法典》第146条第1款的规定："行为人与相对人以虚假的意思表示实施的民事法律行为无效。"不能以此认定承包人是对实际施工人价款的认可。

关联判例

四川磐江建筑工程有限公司、陈某捷建设工程施工合同纠纷案

（2019）最高法民再162号

【裁判要旨】

承包人为向发包人报审结算而在实际施工人结算文件上盖章，并不等于同意实际施工人数额。

【基本案情】

2011年9月3日，新光公司与四川磐江建筑工程有限公司（以下简称磐江公司）签订《工程施工合同》，约定由磐江公司承建新光公司位于乐山市高新区的多晶硅加压节能技改项目2号标土建项目。2011年9月10日，磐江公司将上述工程整体转包给陈某捷并签订《项目承包协议》。合同签订后，原告组织人员进场施工10个月左右后退场，工程一直未竣工。2012年7月

11 日，新光公司给磐江公司去函，告知因磐江公司未按合同约定履行义务，新光公司决定解除施工合同。2012 年 7 月 28 日，磐江公司回函，答复工程未按期完成系多方原因，同意解除合同，办理工程决算。2012 年 12 月 23 日，陈某捷自行委托造价公司对工程项目进行竣工结算，结算价为 18504781 元。磐江公司收集涉案工程完成情况并按照与新光公司达成的《工程施工合同》计价规范，自行编制了竣工结算总价（具体日期不详），结算价为 16280339 元。磐江公司将该竣工结算总价提交新光公司，新光公司不予认可，并与磐江公司协商决定委托四川大公建设工程管理咨询有限责任公司进行结算审核，审定金额为 11712890 元。

后以陈某捷以磐江公司与新光公司为被告进行起诉，并先后在两审中申请鉴定，一审鉴定因未缴费被退回，二审申请鉴定后自行撤销鉴定，并请求采信磐江公司作出的竣工结算总价载明的 16280339 元认定部分工程造价，在此基础上认定其增加工程造价。

【裁判摘要】

最高人民法院认为，本案中，磐江公司与新光公司签订了《工程施工合同》，与陈某捷、许某兰签订了《项目承包协议》。磐江公司根据其与新光公司签订的《工程施工合同》编制竣工结算文件，报送新光公司审核，是其对新光公司主张权利的行为。根据合同相对性原则，磐江公司对新光公司主张的工程价款数额，不等同于其对应付陈某捷、许某兰工程价款数额的自认。故二审判决以磐江公司报送的竣工结算文件载明的结算价作为案涉工程款总造价错误，法院予以纠正。

问题 2. 合同约定以地方政府文件作为结算依据，该文件失效或被撤销，能否请求据实结算？

为了规范和管理建设工程市场，防止在特定时期或特定领域发生系统风险，地方政府通常会有针对性地制定具有指导意义的政府文件，如在疫情期间把消杀费用列为措施费等。有些合同当事人为了签约方便，援引地方政府文件并作为合同计价依据，如合同约定“本工程最终以北京市预算定额进行结算”等。

对合同约定以地方政府文件作为结算依据，该文件失效或被撤销，能否请求据实结算问题，实务界存在两种不同观点：

第一种观点认为，合同约定以地方政府文件作为结算依据，该文件被撤销，结算没有依据，可以请求据实结算。

第二种观点认为，合同约定以地方政府文件作为结算依据，其本质是把地方政府文件的内容内置于合同之中，只要该文件不违反法律行政法规的强制性规定，即使该文件被撤销，也要据此结算，不能请求据实结算。

笔者认可第二种观点。

发承包双方把政府文件援引为计价依据，其本质是把含有计价标准的地方政府文件内容内置于合同之中，从而构成合同内容的一部分。合同约定结算适用某政府文件计价规定，其适用的是该政府文件所规定的计价标准或计价方法，是该文件的内容，而非该文件的自身效力。

发承包双方可以自行决定是否以该政府文件所规定的计价标准或计价方法作为结算依据。一旦选择，则这些文件所规定的计价方法和计价标准将转化为合同约定的计价方法和标准，只要该政府文件本身不违反法律、行政法规的效力性规定，该约定就合法有效。因此，无论该文件是否被撤销，都对双方当事人具有约束力。一方当事人不能因此主张按实结算。

最高人民法院民事审判第一庭观点：合同当事人自愿将含有结算标准和依据的地方政府文件内容转化为合同内容，如文件内容不违反法律、行政法规的强制性规定，不能因文件被撤销、失效而否定合同相关条款的效力。当事人请求据实结算的，不应予以支持。①

部分高级人民法院对此亦作出明确规定，如山东省高级人民法院《全省民事审判工作会议纪要》（鲁高法〔2011〕297号）第三部分“关于建设工程施工合同纠纷案件”第10条规定：“当事人双方在建设工程施工合同中约定以地方人民政府的文件作为工程价款的结算标准和依据的，该政府文件已经构成合同的内容，该约定并不违反法律、行政法规的强制性规定，应当依法认定约定有效。在建设工程施工合同履行中，如果合同所依据的政府文件被撤销或者失效，但该政府文件已经转化为合同约定，仍应按照政府文件的规定作为结算工程价款的依据。当地人民政府出台新的文件对原文件的规定进行调整和修改的，除当事人另有约定

① 参见最高人民法院民事审判第一庭编：《民事审判指导与参考》2008年第4辑，法律出版社2009年版，第89页。

外，仍应以原政府文件的规定作为结算工程价款的依据。”广东省高级人民法院《关于审理建设工程施工合同纠纷案件若干问题的指导意见》（粤高法发〔2011〕37号）第4条前段也规定：“建设工程施工合同约定以政府相关文件的规定作为结算标准和依据，不能因该文件被修改、撤销或失效而否定合同相关条款的效力。当事人主张按合同约定结算工程价款的，应予支持。”

关联判例

湖南弘高建设工程有限公司与常德市伟星置业有限公司建设工程施工合同纠纷案

（2014）常民再字第15号

【裁判要旨】

合同约定将政府规范性文件作为结算依据，其性质为双方当事人自愿将含有结算标准和依据的地方政府文件内容转化为合同内容，该内容亦不违反法律、行政法规的强制性规定，不能因该文件失效就否定本案合同的效力。

【基本案情】

2007年6月25日，兴宇公司与常德市伟星置业有限公司（以下简称伟星公司）签订了一份《施工合同补充协议》，协议约定：“发包方（甲方）临澧伟星置业有限公司将伟星‘星情湾’三期工程承包给乙方临澧县兴宇建筑安装有限责任公司修建，承包范围为26#楼A栋、B栋的土建、水、电、卫等安装工程，建筑面积约为8000平方米，承包方式为包工包料，工程造价约为2600000元，具体造价以施工图纸编制预算，以竣工结算为准，工程结算按浙江省94定额计取直接费等。”之后，双方还签订其他合同。2008年9月12日，兴宇公司完成了26#楼A栋、B栋的施工并经验收合格。2008年9月底，兴宇公司向伟星公司提交了建筑工程决算书，决算工程总造价为7925095.41元。伟星公司以兴宇公司提交的决算书所采用的决算依据与约定不符而拒收。

【裁判摘要】

湖南省常德市中级人民法院认为，关于双方争议的工程款结算标准问题。本案中，对涉案工程的工程款总造价有两份鉴定结论，一份是湖南弘高建设工程有限公司（以下简称弘高公司）申请由一审法院委托鉴定，德欣公司作出的司法鉴定报告，鉴定结论为工程总造价为6724689.11元；另一份是伟星公司申请，由湖南省常德市中级人民法院二审委托鉴定，中立信公司作出的鉴定报告，鉴定结论为工程造价结算按浙江省94定额套价位5159377.22元（含人工调差），按湖南省2006年消耗量标准套价为6489079.88元。工程总造价的差别是因为所依据的计算标准不同。虽然双方当事人签订的施工合同无效，但涉案工程已竣工验收合格并交付使用，《建设工程施工合同司法解释》第2条规定："建设工程施工合同无效，但建设工程经竣工验收合格，承包人请求参照合同约定支付工程价款的，应予支持。"从本案查明的事实来看，双方曾在《施工合同补充协议》中对工程造价计价标准有明确约定，实际施工中兴宇公司亦是按照该约定制作进度表，能反映该约定是双方当事人真实意思表示，本案工程款的结算应参照《施工合同补充协议》的约定，以浙江省94定额为标准、材料款按常德市信息价计算工程造价，即伟星公司应支付的工程总价款为5193914.82元。故中立信公司根据浙江省94定额作出的鉴定结论能作为认定本案工程造价的依据。另根据浙建建（2004）45号通知，双方约定的浙江省94定额标准已于2004年10月1日停止使用，但该通知属于政府规范性文件，双方当事人自愿将含有结算标准和依据的地方政府文件内容转化为合同内容，该内容亦不违反法律、行政法规的强制性规定，不能因该文件失效就否定本案合同的效力。法院二审依据一方当事人申请，在确定一审判决所采信的鉴定结论计算依据有误情况下，准许重新鉴定并无不当。

二、结算审核

|导读|

在建设工程价款清算体系里，结算审核作为契约履行的最终校验环节，是发承包双方权益博弈的关键领域。《建筑工程施工发包与承包计价管理办法》（住房和城乡建设部令第16号）第18条明确了竣工结算的基本流程：其一，承包方需在工程完工后的约定期限内提交竣工结算文件；其二，发包人要在约定期限内对承包人提交的竣工结算文件展开审核；其三，发承包双方需共同签字确认结算文件。

结算审核具备三重法律属性。一是程序单向性。虽说《2024 清单计价标准》第 10.3.5 条规定，承包人未在约定的时间内提交工程竣工结算文件，经发包人催告后仍未按要求提交或没有明确答复的，发包人可根据已有资料编制竣工结算文件，并提请承包人确认。然而，此条款赋予发包人的是依照已有资料编制竣工结算文件的权利，并非义务。实际上，发包人在获取开发利益后，通常无意进行结算，除非工程价款出现超付情况。所以，结算审核呈现出程序单向性，具体表现为发包人拥有单方审查权。二是效力待定性，即审核意见需经双方达成合意并确认后才具备约束力，否则仅属于单方意思表示。三是证据复合性，这要求在审核过程中同步生成工程量确认单、计价依据说明等辅助证明材料。

当然，发包人拥有结算的单方审查权，并不意味着发包人有权单方确定结算结果。最高人民法院《关于审理建设工程施工合同纠纷案件适用法律问题的解释（一）》第 30 条规定，当事人在诉讼前共同委托有关机构、人员对建设工程造价出具咨询意见，诉讼中一方当事人不认可该咨询意见申请鉴定的，人民法院应予准许，但双方当事人明确表示受该咨询意见约束的除外。该条款确立的“咨询意见可推翻”规则，实际上否定了单方审核的终局效力，促使审核程序朝着共同委托并借助专业背书的方向转变。

【术语解读】

结算审核又称结算审查、结算复核，是指发包人按照法定或合同约定程序，自行或者委托有资质的工程造价咨询机构对承包人送审结算资料进行核实比对，并依据合同约定的计价方式和计价标准以及双方确认的工程结算资料，对结算价款进行审查核验及最终确认工作。

（一）审核内容

工程价款结算审核，是评审机构对工程价款的计量计价是否符合有关规定和合同约定的全面审查。包括结算依据的审核，计量方法及工程量的审核，计价方法、计价依据及计价准确性的审核等。

1. 基础资料的审核

发包人对结算依据的审核，主要是对施工方送审的基础性资料进行审核。例如：（1）对竣工图进行审查，包括对竣工图所显示施工内容是否与实际施工相符进行审查，对竣工图统计材料清单是否准确进行审查，对竣工图是否经过相关人员签字确认进行审查等；（2）对签证进行审查，包括对签证的真实性进行审查，对签证是否有相关人员签字及签字效力进行审查，对签证所记载事项是否与客观事实相符进行审查等；（3）对其他资料进行审查，包括对原始资料的真实性，资料所体现内容的客观性，以及签署相关文件效力性进行审查。

2. 工程量审核

工程计量是工程结算的基础，是结算审核的重点。工程量审查要核对竣工图、设计变更、现场签证、隐蔽工程验收记录等资料，确认工程量是否与合同清单、实际施工内容一致。重点审查隐蔽工程、变更部位的工程量，避免重复计算或虚报（如土方开挖与回填、管线长度等）。防止承包人把不能计量及不应计量的工程量计入总工程量，或采用错误的计量方法多算、重复计算工程量。要结合计价方式确定计量方法，如清单计价按工程净量计算，定额计价考虑施工措施量。

工程量审核主要有以下几个方面：（1）工程计量合约性审查。工程结算要严格按照合同约定的计算规则进行计量，包括工程量清单计量规范（标准）或地方定额规则。对合同明确约定不应计入结算的工程量，如因承包人原因超出合同范围的施工，因承包人原因返工的工程量，因承包人工艺水平而造成重复劳动的工程量均不能计入结算工程量。（2）工程计量合规性审查。工程计量合规性审查主要审查工程结算计量是否符合合同约定计量方式的计量规则，清单计价以项目特征描述按工程净量计算，定额计价按定额计算规则考虑施工措施量。如土方工程，清单计价模式下，只能按照设计图示尺寸以体积计算净土方量；在定额模式下，可根据土壤类别、干湿程度、现场环境等条件，按照定额规定综合考虑放坡系数、工作面影响的工程量。（3）工程计量准确性审查。工程计量准确性审查包括结算计算尺寸与图示尺寸的一致性审查，防止工程量计算错误；工程变更计量的准确性审查，如对比变更前后图纸，确认增与减的工程量是否准确；隐蔽工程计量的准确性审查，如查看验收记录、查看施工过程的影像资料，了解隐蔽工程真实做法等；措施项目计量审查，主要审查应了计量的措施项目，如脚手架工程、模板工程等，主要审查结算计量是否与施工方案一致，是否与实际施工措施一致等。

3. 计价审核

计价审核是工程结算审查的核心，直接决定着结算审查的方向。计价审核主要包括合同模式审查、计价方式审查和费率审查三种。

（1）合同模式审查

建设工程发承包合同通常有总价合同、单价合同和成本加酬金合同三种形式。每一种合同的结算审查内容不尽相同。①对总价合同工程结算的审查，应审查结算方法与合同约定结算方法是否一致，工程价款调整是否符合合同约定，工程变更是否属于发包人原因所引起，工程价款调整是否经过双方合意等。②对单价合同工程结算的审查，应审查各个分部分项工程量计算的准确性，审查各分部分项工程项目综合单价与合同约定价格是否一致，审查设计变更、工程洽商、施工措施以及工程索赔等内容的程序和实体的完整性，审查是否存在承包人风险范围内的价款调整等。③对成本加酬金合同工程结算的审查，应工程量计算准确性，施工成本的合理性，及酬金计算是否符合合同约定等。

（2）计价方式审查

工程计价方式包括定额计价方式和工程量清单计价方式，两种计价模式下的结算审查也有所侧重。

采用工程量清单计价的工程，主要从以下几个方面进行结算审查：①综合单价审查。检查单价是否与投标报价或合同约定的综合单价一致，未经批准的单价调整视为无效；变更项目的单价应优先参照合同类似单价，新增项目需审核组价依据（人工、材料、机械消耗量是否合理）；材料价差调整，核查材料价格是否按合同约定的调差方式执行（如信息价、市场价、认价单）。主材（如钢筋、混凝土）的价格波动是否在风险承担范围内，超风险部分需提供有效依据。②变更与签证审查。审查变更程序是否符合合同约定，是否经建设、设计、监理等单位签字确认，程序是否符合合同约定。对无效签证，如事后补签、未经审批的“口头指令”、超权限签证等应谨慎处理；审查变更费用合理性，核对变更工程量与单价的计算逻辑，避免虚增费用（如设计变更项目的计量是否扣除原清单工程量等）。③措施项目费审查。总价措施项目费、包干措施项目费是否被调整；单价措施项目计量、计价是否合理等。《2024 清单计价标准》实施后，总价合同措施费或按项编制的措施项目清单的完整性及准确性均应由承包人负责，在该范围内的措施项目费不应被调整。④其他内容审查。

采用定额计价的工程，主要从以下几个方面进行结算审查：①定额子目套用审查。定额适用范围匹配性审查，检查施工内容与定额子目工作内容是否一致，避免“高套定额”（如将普通抹灰套用高级抹灰定额）或“错套定额”（如将混凝土墙套用砖墙定额）。特殊工艺（如深基坑支护、异形结构）需核实是否补充专项定额或经审批的换算方案。定额换算合理性审查，人工、材料、机械消耗量调整是否符合定额说明（如混凝土强度等级换算、砂浆配合比调整）。定额缺项时，需核查补充定额的编制依据（是否经造价站备案或甲方确认）。②人工、材料、机械价格审查。审查人工费价格调整是否符合合同约定；审查材料价格计取是否符合合同约定，如主材价格通常采用信息价、市场询价或甲方认价单，材料费调差通常仅包含主材等；审查机械台班单价，如大型机械型号、台班数量是否与施工方案一致（如塔吊使用周期与工期匹配），租赁机械费用需提供租赁合同及结算单据，避免虚报台班。③费用计取合规性审查。直接费与间接费审查，直接费（人工、材料、机械）是否按定额标准计取，间接费（管理费、利润）费率是否符合合同约定，合同约定“总价下浮”时，需核查下浮基数范围；措施项目费审查，如脚手架、垂直运输费等措施费是否按定额规定以“建筑面积”或“工程量”为基数计算，夜间施工增加费、冬雨季施工费等需提供施工组织设计或签证证明；规费与税金审查，规费是否按地方政府文件费率执行，税金税率是否与施工期间税务政策一致。④其他审查。

（二）审核主体

单项工程竣工结算或建设项目竣工总结算由总（承）包人编制，发包人可直接进行审查，也可以委托具有相应资质的工程造价咨询机构进行审查。

1. 发包人自行审核

对于具有编制和审查投资估算、设计概算、施工图预算、工程量清单、招标控制价、竣工结算等相应能力的非国有资金投资的建筑工程发包人，可以自行审核结算。自行审核结算的发包人，应当在收到竣工结算文件后的约定期限内予以答复，逾期未答复的，按照合同约定处理。发包人对竣工结算文件有异议的，应当在答复期内向承包人提出，并可以在提出异议之日起的约定期限内与承包人协商；发包人在协商期内未与承包人协商或者经协商未能与承包人达成协议的，应当委托工程造价咨询机构进行竣工结算审核，并在协商期满后的约定期限内向承包人提出由工程造价咨询机构出具的竣工结算文件审核意见。

2. 委托第三方审核

《建筑工程施工发包与承包计价管理办法》第 18 条规定，国有资金投资建筑工程的发包方，应当委托具有相应资质的工程造价咨询企业对竣工结算文件进行审核，并在收到竣工结算文件后的约定期限内向承包方提出由工程造价咨询企业出具的竣工结算文件审核意见。

（三）审核依据

竣工结算审核是发包人对承包人所提交的竣工结算的审核，包括对结算报告和结算计量、计价依据的审核。除承包人所提交的完整、有效的工程结算书及结算资料外，竣工结算审核的依据还包括以下几类：

1. 法律、法规及规范性依据，包括建设期内影响合同价格的法律、法规和规范性文件。例如，民法典、招标投标法、建设工程价款结算暂行办法、建筑工程施工发包与承包计价管理办法、建设工程工程量清单计价规范、建设工程工程量计算规范等。

2. 合约类依据。合约类依据是指在工程建设期间所达成的载明发承包双方或相关方权利义务的文件。例如，招标文件、投标文件、建设工程施工合同、专业分包合同及补充合同，有关材料及设备采购合同。

3. 计量依据。例如，建设工程设计文件及相关资料、工程竣工图或施工图、经批准的施工组织设计、设计变更、工程洽商、索赔与现场签证，以及相关的会议纪要等。

4. 计价依据。例如，工程量清单，发承包双方实施过程中已确认的工程量及其结算的合同价款，发承包双方实施过程中已确认调整后追加（减）的合同价款，工程材料及设备中标价、认价单，各地发布的计价标准、计价方法、计价定额，建设期间当地信息价，当地政府所发布的价格调整文件等。

5. 事实类依据。例如，入场材料的见证取样资料，现场踏勘资料，经批准的开、竣工报告或停、复工报告，竣工验收资料等。

（四）审核程序

结算审核的程序分为外程序和内程序。

1. 结算审核的外程序

结算审核的外程序又称为结算审核的权利义务程序，是指发包人与承包人之间关于结算审核的程序。

（1）施工合同有约定的，按照施工合同约定的程序进行

如《2017 工程施工合同》通用合同条款第 14.2 条约定：①除专用合同条款另有约定外，监理人应在收到竣工结算申请单后 14 天内完成核查并报送发包人。发包人应在收到监理人提交的经审核的竣工结算申请单后 14 天内完成审批，并由监理人向承包人签发经发包人签认的竣工付款证书。监理人或发包人对竣工结算申请单有异议的，有权要求承包人进行修正和提供补充资料，承包人应提交修正后的竣工结算申请单。发包人在收到承包人提交竣工结算申请书后 28 天内未完成审批且未提出异议的，视为发包人认可承包人提交的竣工结算申请单，并自发包人收到承包人提交的竣工结算申请单后第 29 天起视为已签发竣工付款证书。②除专用合同条款另有约定外，发包人应在签发竣工付款证书后的 14 天内，完成对承包人的竣工付款。发包人逾期支付的，按照中国人民银行发布的同期同类贷款基准利率支付违约金；逾期支付超过 56 天的，按照中国人民银行发布的同期同类贷款基准利率的两倍支付违约金。③承包人对发包人签认的竣工付款证书有异议的，对于有异议部分应在收到发包人签认的竣工付款证书后 7 天内提出异议，并由合同当事人按照专用合同条款约定的方式和程序进行复核，或按照第 20 条“争议解决”约定处理。对于无异议部分，发包人应签发临时竣工付款证书，并按该条第 2 项完成付款。承包人逾期未提出异议的，视为认可发包人的审批结果。

（2）施工合同对结算审核程序没有约定的，可根据行业惯例或者参照法规、规章等的规定进行结算审核

如《2024 清单计价标准》规定，发包人在收到承包人提交的竣工结算文件后，应在约定的时间内予以核对。财政部、原建设部印发的《建设工程价款结算暂行办法》（财建〔2004〕369 号）第 14 条规定，发包人应按以下规定时限对承包人竣工结算报审资料进行核对（审查）并提出审查意见：①工程竣工结算报告金额在 500 万元以下，审查时间从接到竣工结算报告和完整的竣工结算资料之日起计算 20 天；②工程竣工结算报告金额为 500 万—2000 万元，审查时间从接到竣工结算报告和完整的竣工结算资料之日起计算 30 天；③工程竣工结算报告金额为

2000万—5000万元，审查时间从接到竣工结算报告和完整的竣工结算资料之日起计算45天；④工程竣工结算报告金额在5000万元以上，审查时间从接到竣工结算报告和完整的竣工结算资料之日起计算60天；⑤建设项目竣工总结算在最后一个单项工程竣工结算审查确认后15天内汇总，送发包人后30天内审查完成。

2. 结算审核的内程序

结算审核的内程序又称为结算审核的技术性程序，是指结算审核人员或机构所采用的结算审核流程。根据《建设项目工程结算编审规程》（CECA/GG3–2010）的规定，竣工结算审查分为结算审查准备阶段、结算审查阶段和结算审定阶段三个阶段。

（1）结算审查准备阶段

结算审查准备阶段的主要工作为：收集、整理竣工结算审核项目的审核依据资料，做好送审资料的交验、核实、签收工作，并应对资料等缺陷向委托方提出书面意见等。

根据《建设项目工程结算编审规程》第5.1.2条的规定，工程结算审查准备阶段主要包括以下工作内容：①审查工程结算书序的完备性、资料内容的完整性，对不符合要求的应退回，限时补正；②审查计价依据及资料与工程结算的相关性、有效性；③熟悉施工合同、招标文件、投标文件、主要材料设备采购合同及相关文件；④熟悉竣工图纸或施工图纸、施工组织设计、工程概况，以及设计变更、工程洽商和工程索赔情况等；⑤掌握工程量清单计价规范、工程预算定额等与工程相关的国家和当地建设行政主管部门发布的工程计价依据及相关规定。

（2）结算审查阶段

结算审查阶段的主要工作内容有审核阶段应包括现场踏勘核实，召开审核会议，澄清问题，提出补充要求。依据性资料和必要的弥补性措施，形成会商纪要，进行计量、计价审核与确定工作，完成工程结算审查。

根据《建设项目工程结算编审规程》第5.1.3条的规定，工程结算审查阶段主要包括以下工作内容：①审查工程结算的项目范围、内容与合同约定的项目范围、内容一致性；②审查分部分项工程项目、措施项目或其他项目工程量计算准确性、工程量计算规则与计价规范保持一致性；③审查分部分项综合单价、措施项目或其他项目时应严格执行合同约定或现行的计价原则、方法；④对于工程量清单或定额缺项以及新材料、新工艺，应根据施工过程中的合理消耗和市场价格，审核结算综合单价或单位估价分析表；⑤审查变更签证凭证的真实性、合法性、有效性，核准变更工程费用；⑥审查索赔是否依据合同约定的索赔处理原则、程序和计算方法以及索赔费用的真实性、合法性、准确性；⑦审查分部分项工程费、措施项目费、其他项目费或定额直接费、措施费、规费、企业管理费、利润和税金等结算价格时，应严格执行合同约定或相关费用计取标准及有关规定，并审查费用计取依据的时效性、相符性；⑧提交工程结算审查初步成果文件，包括编制与工程结算相对应的工程结算审查对比表，待校对、复核。

（3）结算审定阶段

结算审定阶段的主要工作有审定阶段应包括就竣工结算审核意见与承包人与发包人进行沟通，召开协调会议，处理分歧事项，形成竣工结算审核成果文件，签认竣工结算审定签署表，提交竣工结算审核报告等工作。

根据《建设项目工程结算编审规程》第 5.1.4 条的规定，工程结算审定阶段主要包括以下工作内容：①工程结算审查初稿编制完成后，应召开由工程结算编制人、工程结算审查委托人及工程结算审查人共同参加的会议，听取意见，并进行合理的调整；②由工程结算审查受托人单位的部门负责人对工程结算审查的初步成果文件进行检查、校对；③由工程结算审查受托人单位的主管负责人审核批准；④发承包双方代表人或其授权委托人和工程结算审查单位的法定代表人应分别在“工程结算审定签署表”上签认并加盖公章；⑤对工程结算审查结论有分歧的，应在出具工程结算审查报告前至少组织两次协调会；凡不能共同签认的，审查人可适时结束审查工作，并作出必要说明；⑥在合同约定的期限内，向委托人提交经工程结算审查编制人、校对人、审核人签署执业或从业印章，以及工程结算审查人单位盖章确认的正式工程结算审查报告。

（五）审核方法

一般来说，建设工程的生产过程是一个复杂的生产消费过程，具有周期长、价值高、多次计价、多次审核的特点。在实务中，基于计价审查的质量和效率，常见的计价审核方法主要包括：①全面审核法。全面审核法就是按照合同约定、相关规范的规定和施工图的要求，结合现行定额、工程量清单及政府出台的计价文件等，全面地审核计量、计价依据和计算结果。该种方法的优点是审查全面、质量高、效果好；缺点是工作量大、时间较长、存在重复劳动。②重点审核法。

重点审核法就是选择工程量大或费用比例较高的工程进行审核的一种方法。重点审查法与全面审核法的区别就在于审核范围不同。③对比审核法。对比审核法是指在同一地区，选择用途、结构和建筑标准相同或相似的建筑进行价格对比审核的一种方法。

由于结算审核是发包人确定工程结算造价是否准确合理的重要手段，是造价控制最重要的措施之一，直接影响着发承包双方最终权利义务，需要全面且细致审核，故竣工结算审核应采用全面审核法，除委托咨询合同另有约定外，不得采用重点审核法，抽样审核法或类比审核法等其他方法。

（六）审核意见

发承包双方均应及时对结算文件进行审核与确认。根据《2024清单计价标准》规定，发承包双方对复核结果无异议的，应在约定时间内在工程竣工结算文件上签字并盖章确认，竣工结算确认完毕。发包人或承包人对复核结果存有异议的，应先对无异议部分办理不完全竣工结算；对有异议部分应由发承包双方协商解决，协商达不成一致意见的，可按争议解决途径解决。发包人在收到承包人竣工结算文件后约定时间内，未按合同约定核对竣工结算或未提出核对意见的，应视为承包人提交的竣工结算文件已被发包人认可，竣工结算确认完毕。承包人在收到发包人提出的核对（或复核）意见后，在约定的时间内未按合同约定确认也未提出异议的，应视为发包人提出的核对意见已被承包人认可，竣工结算确认完毕。

对发包人或发包人委托的工程造价咨询人指派的专业人员与承包人指派的专业人员经核对后无异议并签名确认的竣工结算文件，除非发承包人能提出具体、详细的不同意见，发承包人都应在竣工结算文件上签名确认，如其中一方拒不签认的，应承担违约责任，并承担由此造成的损失。

【司法实务】

问题1.发包人未按合同约定期限审核结算文件，能否以报审结算文件为准？

一般来说，建设工程施工合同会对承包人报审期限和发包人审核期限进行约定，发承包双方均应在合同约定的时限内履行各自义务。但在实践中，因工程竣工验收后发包人利益得以满足，其利用自身优势地位拖延造价审核并以此拒付工程款的情况十分常见。《建设工程价款结算暂行办法》第16条第1款规定："发包人收到竣工结算报告及完整的结算资料后，在本办法规定或合同约定期限内，对结算报告及资料没有提出意见，则视同认可。"

在司法实务中，对发包人未按合同约定期限审核结算文件，能否以报审结算文件为准问题，通常有两种不同观点：

第一种观点认为，业主未按合同约定期限审核报审结算文件，应根据《建设工程价款结算暂行办法》第16条第1款[①]的规定视为其认可该报审文件，以此为结算依据并无不当。

第二种观点认为，以报审价为准必须有合同的明确约定，如无约定，业主未按合同约定期限审核结算文件，应承担违约责任，但不能以报审结算文件为准。

笔者倾向于第二种观点。

工程价款结算是指发承包双方根据合同约定，对合同工程在实施中、终止时、已完工后进行的合同价款计算、调整和确认。工程价款结算是双方法律行为，须经双方当事人意思表示一致才能成立。一般来说，不能以单方报审价作为工程款结算的依据。

一、不宜直接以《建设工程价款结算暂行办法》第16条规定认定报审价为最终结算价

首先，根据最高人民法院《关于裁判文书引用法律、法规等规范性法律文件的规定》（法释〔2009〕14号）第4条规定："民事裁判文书应当引用法律、法律解释或者司法解释。对于应当适用的行政法规、地方性法规或者自治条例和单行条例，可以直接引用。"而《建设工程价款结算暂行办法》属于部门规章，不属于民事裁判文书必须引用范畴。

其次，《建设工程施工合同司法解释（一）》第21条所规定的"当事人约定，发包人收到竣工结算文件后，在约定期限内不予答复，视为认可竣工结算文件的，按照约定处理。承包人请求按照竣工结算文件结算工程价款的，人民法院应予支持"与《建设工程价款结算暂行办法》第16条所规定的"发包人收到竣工结算报告及完整的结算资料后，在本办法规定或合同约定期限内，对结算报告及

① 《建设工程价款结算暂行办法》第16条第1款规定："发包人收到竣工结算报告及完整的结算资料后，在本办法规定或合同约定期限内，对结算报告及资料没有提出意见，则视同认可。"

资料没有提出意见，则视同认可”冲突，根据法律适用位阶，应适用《建设工程施工合同司法解释（一）》。

再次，因建设工程价款的计算、审核与确认系技术性特别强的专业问题，发包人未在合同约定的时限内答复，未必是其故意为之。主要体现在以下三个方面：①发包人在施工过程管理中主要依靠监理，对工程技术、工程造价专业人员储备较为匮乏，而工程造价审核技术性较强，计价过程复杂，发包人难以在短时间审核完毕。②在工程通过竣工验收后，承包人把建设工程移交发包人，发包人组织生产或向下游交付、组织其他专业验收、应对各政府主管部门检查、按照法律规定向建设部门报审资料等事项较多，影响对工程价款的审核。③承包人向发包人所提交的结算报审资料较多，除承包人编制的报审结算书外，还包括施工合同及附件、协议书、补充协议；中标通知书；图纸会审纪要；开、竣工报告及工期延期联系单；招标文件及招标工程量清单；投标报价；发承包方及监理方按规定签字认可的施工、竣工图纸；材料、设备认质核价单；设计变更单；技术核定单；现场签证单；甲供材料及价格；其他造价资料等。这些资料是在施工过程中形成的，长期由承包人所持有，在竣工结算时随承包人报审结算书一起交付发包人，发包人需要一定时间对其整理、消化。

最后，在工程实务中，承包人制作结算报审文件所依据的内容是其单方认可的工程价款凭证，未经发包人核实确认，且承包人提交的结算报审价通常较高，并不符合实际情况。

二、以报审价为准有严格的适用条件

尽管《建设工程施工合同司法解释（一）》第21条所规定的“当事人约定，发包人收到竣工结算文件后，在约定期限内不予答复，视为认可竣工结算文件的，按照约定处理。承包人请求按照竣工结算文件结算工程价款的，人民法院应予支持”，为在特定条件下“以报审价为准”提供了法律依据，但该种情况下依然没有脱离结算是双方法律关系的本质特征，且以报审价为准对发承包双方利益影响巨大，故对“以报审价为准”条款应有严格的适用条件。

1.“以报审价为准”条款，必须是发承包双方明确意思表示

发承包双方在合同中明确约定“以报审价为准”条款，则属于本应在工程结算时的意思表示通过合同约定的方式有条件地前置到合同签订时。其中，意思表示的内容是“发包人同意并确认以承包人报审的工程价款作为最终结算价款”；

适用该意思表示的条件是“发包人收到竣工结算文件后，在约定期限内不予答复”，即如果发包人在约定期限内不予答复，则该条件成就，以承包人报审价为最终结算价；如果发包人在约定期限内予答复，则该条件不成就，由发承包双方协商确认最终结算价。

就合同约定而言，为了体现“以报审价为准”条款系发承包双方真实意思表示，要求发承包双方在合同签订时必须有明确的表意行为，即“以报审价为准”条款只能在合同专用条款中明确约定，而不能以通用条款中的“默示条款”确定以报审价为准。

最高人民法院《关于如何理解和适用〈最高人民法院关于审理建设工程施工合同纠纷案件适用法律问题的解释〉第 20 条的请示的复函》规定：“适用该司法解释第二十条的前提条件是当事人之间约定了发包人收到竣工结算文件后，在约定期限内不予答复，则视为认可竣工结算文件。承包人提交的竣工结算文件可以作为工程款结算的依据。建设部制定的建设工程施工合同格式文本中的通用条款第 33 条第 3 款的规定，不能简单地推论出，双方当事人具有发包人收到竣工结算文件一定期限内不予答复，则视为认可承包人提交的竣工结算文件的一致意思表示，承包人提交的竣工结算文件不能作为工程款结算的依据。”

2. 必须是发包人实质意义上收到竣工结算文件

发包人收到承包人递交的结算文件，是以报审价作为结算依据的基本条件。发包人收到竣工结算文件必须是实质意义上收到，具体体现在以下四个方面：①接收主体。承包人向发包人递交结算文件时，接收人必须能够代表发包人。发包人如果是法人或者其他组织，接收人应当是该法人的法定代表人、主要负责人，或是发包人内部具有收发责任和义务的部门，如办公室、收发室、值班室等。②有书面接收证明。承包人必须有书面证据证明发包人已经收到其递交的结算文件。③不能留置送达。留置送达是民事诉讼规定的一种送达方式，是一种在特定情况下使用的强制送达方式，后被一些行政处罚规定所引用，但不适合平等主体之间的送达。发包人不接受承包人递交的结算文件，承包人可以通过邮寄的方式递交，并保留邮寄单据及拒收回执单据等。④承包人必须递交完整的结算资料。承包人向发包人递交的结算资料必须是足以让发包人可以计算、调整和确认的结算资料，除承包人编制的报审结算书外，还包括施工合同、中标通知书、施工或竣工图纸、各类签证单、变更单、认质认价单等资料。

3. 必须明确约定审核期限，且在约定的期限内不予答复

如果施工合同中没有明确约定发包人对承包人报审价的审核期限，就没有“在约定期限内不予答复”的基础，以报审价为准自然不能适用。

三、发包人不按合同约定审核结算文件的救济

发包人不按合同约定审核造价结算文件，除了符合法定“以报审价为准”条件外，工程价款可由造价鉴定确定。承包人可以通过法院或仲裁庭在向发包人主张工程价款的同时一并主张违约责任。

问题 2. 共同委托第三方审价，审核单位及审核人员资质是否影响审价效力？

《工程造价咨询企业管理办法》第 36 条规定：“未取得工程造价咨询企业资质从事工程造价咨询活动或者超越资质等级承接工程造价咨询业务的，出具的工程造价成果文件无效……”《注册造价工程师管理办法》第 34 条规定：“违反本办法规定，未经注册而以注册造价工程师的名义从事工程造价活动的，所签署的工程造价成果文件无效……”

实务中，对共同委托第三方审价，审核单位及审核人员资质是否影响审价效力问题，存在两种不同观点：

第一种观点认为，对造价进行审核必须有相应资质，这是造价审核准确性的保障，且是造价咨询规范的要求，不论是共同委托还是单方委托，均需资质，否则审核报告无效。

第二种观点认为，共同委托造价审核是发承包双方的权利，审核报告是否有效取决于发承包对该报告是否认可，双方均对该审核报告进行确认，是双方权利处分行为，可认为是双方达成结算协议，与审核单位及审核人员是否有资质无关。

笔者倾向于第二种观点。

所谓审价，是指在工程项目通过竣工质量验收后，造价审核人员根据合同、国家定额及有关工程资料，对工程结算造价所做的审查核对工作。其中，造价审核人员既可以是发包人或发包人委托的第三方造价咨询公司，也可以是发承包双方共同委托的工程造价咨询人。

工程造价审核的本质是按照一定计量及计价标准对承包人报审价格重新计

算。审核报告是否有效取决于发承包双方对该审核报告所记载的计价数额及计价方式能否相互妥协地达成意思表示一致。如果双方当事人共同确认该造价审核报告，则该结算审核报告已从本质上转换为一份反映双方真实意思表示的结算协议，合法有效。如果双方不能达成一致意见，则审核报告对双方均无约束力。是否签字并确认审核报告系双方当事人的自身权利，与审核人员是否有资质无关。

另外，《工程造价咨询企业管理办法》是对工程造价咨询企业的管理规定，其第 36 条关于造价咨询企业资质的规定，已经被后法所改变。① 自 2021 年 7 月 1 日起，住房和城乡建设主管部门停止工程造价咨询企业资质审批，工程造价咨询企业按照其营业执照经营范围开展业务。

三、结算文件

| 导读 |

工程结算文件通常又称工程竣工结算书，指在工程项目完成后，发承包双方对工程项目所涉及的合同价款进行计算、调整和确认的文件。在建设工程契约闭环中，工程结算文件作为价款清算的终极载体，是履约成果的货币化表达。

工程结算文件呈现三重法律维度：（1）结算资料的复合性。工程结算文件通常包括工程结算书、施工合同、工程量清单、施工图纸或竣工图、工程变更单、现场签证单、会议纪要、材料价格清单等相关资料，工程结算资料是确定结算价款的支撑性文件。（2）效力层级性。工程结算书是整个工程结算文件的核心，详细列明了工程项目的各项费用及其计算依据和过程。工程结算书需严格遵循《2024 清单计价标准》第 10.3.7 条第 1 项的“签字确认即约束”规则。（3）程序法定性。结算文件由发承包双签字确定生效，或依据最高人民法院《关于审理建

---

① 2021 年 5 月 19 日，国务院《关于深化“证照分离”改革　进一步激发市场主体发展活力的通知》（国发〔2021〕7 号），持续深入推进“放管服”改革，取消工程造价咨询企业资质审批，创新和完善工程造价咨询监管方式，加强事中事后监管。2021 年 6 月 28 日，住房和城乡建设部办公厅《关于取消工程造价咨询企业资质审批加强事中事后监管的通知》（建办标〔2021〕26 号）规定，自 2021 年 7 月 1 日起，住房和城乡建设主管部门停止工程造价咨询企业资质审批，工程造价咨询企业按照其营业执照经营范围开展业务，行政机关、企事业单位、行业组织不得要求企业提供工程造价咨询企业资质证明。自 2021 年 6 月 3 日起，住房和城乡建设主管部门不再办理工程造价咨询企业资质延续手续，到期需延续的企业，有效期自动延续至 2021 年 6 月 30 日。

设工程施工合同纠纷案件适用法律问题的解释（一）》第21条规定，发包人收到竣工结算文件后，在约定期限内不予答复，视为认可竣工结算文件；及第30条规定，当事人在诉讼前共同委托有关机构、人员对建设工程造价出具咨询意见，且明确表示受该咨询意见约束。

工程结算的终局性，体现在工程结算价款的确定性。工程结算文件所承载的结算结果是发包人支付工程价款的依据，也是施工单位向建设单位索取工程报酬的依据。

【术语解读】

结算文件又称竣工结算文件，是指发承包双方根据国家有关法律、法规、标准规定和合同约定，在承包人完成建筑工程施工合同约定的全部工作后，对最终工程价款进行调整和确定的文件。[①]

（一）结算文件的内容

结算文件是对最终工程价款进行调整和确定的文件，是基于结算资料汇总后的文件，通常不包含图纸、签证、合同、招投标等内容，该部分内容属于结算资料。

《2024清单计价标准》第10.3.1条规定，工程竣工后，发承包双方应按合同约定、本标准第10.2.1条规定，以及双方签署确认的全部施工过程结算文件在约定的时间内编制、核对，按相关规定办理工程竣工结算。《上海市建设工程竣工结算文件备案管理办法（试行）》（沪建管〔2015〕451号）第2条第2款规定，本办法所称建设工程竣工结算文件，指的是建设工程完成后，由承包人编制、经发包人审核后并经双方确认作为建设工程最终价款支付依据的工程造价文件，包括竣工结算价确认单、竣工结算清单等。《淄博市建筑工程竣工结算文件备案管理办法》（淄建发〔2015〕96号，已失效）第2条第2款规定，本办法所称建筑工程竣工结算文件是指按照合同约定的内容全部完成所承包的工程，经验收质量合格，由发承包双方按照合同约定的工程造价条款，即合同价、合同价款调整以及索赔和现场签证等事项确定的最终工程造价结算文件。

① 参见《贵州省建筑工程竣工结算文件备案管理暂行办法》（黔建建通〔2015〕234号）第2条第3款规定。

（二）结算文件的形式

结算文件是对最终工程价款进行调整和确定的文件，其形式并不唯一，通常有以下形式。

1. 标准结算文件

《建设项目工程结算编审规程》（CECA/GC3—2010）第 3.2.1 规定：“工程结算文件一般应由封面、签署页、工程结算汇总表、单项工程结算汇总表、单位工程结算表和工程结算编制说明等组成。”《2024 清单计价标准》亦有类似规定，并提供封面、签署页及各汇总表样表。

2. 结算协议

根据建筑行业惯例，发包人、承包人一般都会在合同条款中对涉及工程价款结算的事项进行全面约定。但建设工程施工合同因履行期限长，受国家政策、市场变化以及规划调整等诸多条件影响，很难完全按照施工合同既定条款执行。故应允许并尊重当事人在履行合同出现重大变化时，对工程价款结算约定进行相应调整。①

发承包双方为解决施工合同中工程价款结算、清算或支付等事宜而达成的独立于原合同的新的合意，称为结算协议。《建设工程施工合同司法解释（一）》第 29 条规定：“当事人在诉讼前已经对建设工程价款结算达成协议，诉讼中一方当事人申请对工程造价进行鉴定的，人民法院不予准许。”

结算协议通常以《结算协议》《协议》《补充协议》《退场结清协议》《合同终止协议》等形式出现。结算协议既具有终止原合同性质，也具有“一揽子”解决违约责任、损失赔偿责任的终结性质，通常会对工程造价、已付价款、剩余工程价款、支付期限、付款条件、支付方式及违约方式等内容进行约定。

3. 其他具有结算性质的文件

工程结算文件在实务中的表现形式多样，除以上形式外，只要内容包含了发承包双方就最终工程价款达成的一致意见，即可认为是结算文件或具有结算性质的文件。笔者曾代理过一个先施工后签订合同的案件，因在签订合同时工程已经完工，工程量及对应单价无争议地体现在合同中，尽管该合同单独约定了“结算

① 参见最高人民法院民事审判第一庭编著：《最高人民法院新建设工程施工合同司法解释（一）理解与适用》，人民法院出版社 2021 年版，第 292 页。

条款”，但该合同价款最终被认定为结算价款。

（三）结算协议的性质

结算协议的本质是合意，是发承包双方当事人为解决工程价款问题而达成的最终合意。其具有以下属性。

1. 结算协议的独立性

结算协议通常是发包人与承包人就了结双方之间因施工合同产生的权利义务关系而达成的具有确认工程价款意图的合意。该协议的权利义务来源于原合同，协议的内容大多也依赖于原施工合同中的已约定，但该协议已经概括地确认了原合同约定的权利义务，形成了新的独立的权利义务关系。

结算协议的独立性主要体现在不因原合同的无效而无效。《民法典》第 567 条规定：“合同的权利义务关系终止，不影响合同中结算和清理条款的效力。”《建设工程施工合同司法解释（一）》第 29 条规定：“当事人在诉讼前已经对建设工程价款结算达成协议，诉讼中一方当事人申请对工程造价进行鉴定的，人民法院不予准许。”在部分地方高级人民法院指导意见中，也有类似的规定。如北京市高级人民法院《关于审理建设工程施工合同纠纷案件若干疑难问题的解答》（京高法〔2012〕245 号）第 7 条第 2 款规定：“建设工程施工合同无效，但工程经竣工验收合格，当事人一方以施工合同无效为由要求确认结算协议无效的，不予支持。”安徽省高级人民法院《关于审理建设工程施工合同纠纷案件适用法律问题的指导意见》第 11 条规定：“建设工程施工合同无效，但工程经竣工验收合格的，应当参照合同约定确定工程价款。”

结算协议独立性的根本原因是人材机物化成果的不可逆性。不论建设工程施工合同是否无效，建设工程一旦得以实施，人材机便物化至建设工程实体中，《民法典》所规定的“恢复原状、互相返还财产”在建设工程中无法实现，只能折价补偿。[①] 至于按什么标准进行折价，法律、行政法规并无规定。双方当事人在合同履行过程中或合同履行完毕后就折价补偿标准达成一致并签署的结算协议，属于各方当事人就既存债权、债务关系的结算和清理，不违反法律、行政法规的强制性规定，应属有效。

① 《民法典》第 793 条第 1 款规定，建设工程施工合同无效，但是建设工程经验收合格的，可以参照合同关于工程价款的约定折价补偿承包人。

2. 结算协议的终局性

结算协议的终局性是指结算协议对其所包含的内容具有最终确认的终局性，非经双方合意，任何一方不得单方改变。对结算协议的终局性应从三方面理解。

（1）终局性仅体现在结算协议所约定的范围内

根据《2024 清单计价标准》第 2.0.35 条的规定，工程结算包括施工过程结算、合同解除结算、竣工结算及工程保修结清。显然，工程价款的期中结算并不具有整个工程价款的终局性，但鉴于工程价款结算是指发承包双方根据合同约定，对合同工程在实施中、终止时、已完工后进行的合同价款计算、调整和确认，故结算协议是对该结算协议所约定范围内价款进行确认，该确认未经对方同意不得单方修改，具有终局性。

北京市高级人民法院《关于审理建设工程施工合同纠纷案件若干疑难问题的解答》（京高法〔2012〕245 号）第 24 条规定："结算协议生效后，承包人依据协议要求支付工程款，发包人以因承包人原因导致工程存在质量问题或逾期竣工为由，要求拒付、减付工程款或赔偿损失的，不予支持，但结算协议另有约定的除外……结算协议生效后，承包人以因发包人原因导致工程延期为由，要求赔偿停工、窝工等损失的，不予支持，但结算协议另有约定的除外。"

（2）结算协议明确约定未包含的内容，可另行约定或主张

结算协议的本质是协议，结算协议明确约定未包含的内容不受该协议约束。根据《民法典》第 510 条的规定："合同生效后，当事人就质量、价款或者报酬、履行地点等内容没有约定或者约定不明确的，可以协议补充；不能达成补充协议的，按照合同相关条款或者交易习惯确定。"对结算协议明确约定未包含的内容，发承包双方可以另行协商约定，也可以基于原合同及相关法律主张权益。

（3）竣工结算协议没有明示未包含的内容，默认包含合同价款的所有权利义务

根据《建设项目工程结算编审规程》（CECA/GC3—2010）第 2.0.2 条规定，竣工结算是指承包人按照合同约定的内容完成全部工作，经发包人或有关机构验收合格后，发承包双方依据约定的合同价款确定和调整以及索赔等事项，最终计算和确定竣工项目工程价款的文件。

竣工结算过程是双方共同参与、充分协商、作出让步和妥协的过程，如果存

在未确认的款项一般应当一次性协商清楚，未经确认也未在结算协议中另行约定的，应视为在协商过程中予以放弃。[①]

《2013清单计价规范》第9.13.6条规定，发承包双方在按合同约定办理了竣工结算后，应被认为承包人已无权再提出竣工结算前所发生的任何索赔。承包人在提交的最终结清申请中，只限于提出竣工结算后的索赔，提出索赔的期限应自发承包双方最终结清时终止。《2024清单计价标准》第10.3.12条规定，工程竣工结算核对完成，发承包双方签字并盖章确认后，发包人不应要求承包人再与其他工程造价咨询人重复核对竣工结算。

【司法实务】

问题1.非授权人员签署结算协议是否有效?

结算协议是指双方当事人为解决施工合同中工程价款结算、清算或支付等事宜而达成的合意。[②]工程结算涉及合同当事人的核心权利和核心义务，实务中，现场管理人员的复杂多变及权利界限不明，未被授权的项目经理、施工技术负责人、造价员直接签署结算协议的比比皆是，对非授权人员签署结算协议是否有效问题，实务界存在两种不同观点：

第一种观点认为，结算是对已完工程量和价款的总确认，只要是合同相对人相关人员签署，即对量价事实的确认，合法有效。

第二种观点认为，工程价款结算是建设工程施工合同缔约双方的主要权利义务，在没有法人盖章确认的情况下，必须由特殊授权人签字方为有效。

笔者认为以上观点均不完整。

结算协议的本质是一种合意，体现当事人的意思自治，但作为当事主体的法人，其本身并不能直接作出意思表示，法人的意思必须由自然人作出。通常，以下人员有权以法人名义作出意思表示。

1.法定代表人

法人是相对于个人的自然有机体而言在社会生活中有机存在的组织实体，亦

① 参见常设中国建设工程法律论坛第八工作组：《中国建设工程施工合同法律全书——词条释义与实务指引》，法律出版社2019年版，第190页。

② 参见常设中国建设工程法律论坛第八工作组：《中国建设工程施工合同法律全书——词条释义与实务指引》，法律出版社2019年版，第189页。

应是权利义务的主体。[①] 法人本身并不具备行为能力，是法律赋予其参与社会或经济实务能力的一种拟制人格。法人的行为是通过自然人的意思表示所实现的，代表法人实施法律行为的自然人为法定代表人。《民法典》第 61 条第 2 款规定："法定代表人以法人名义从事的民事活动，其法律后果由法人承受。"

2. 职务代理人

在法人内部机构中，除了有法定代表人，还有各职能部门。执行法人工作任务的成员在职权范围内的行为构成职务行为。职务行为的本质属于职务代理，即代理人根据其在法人或者非法人组织中所担任职务，依据其职权对外实施民事法律行为的代理。实践中，法人对业务人员不另授权，法人或其他组织的成员以及主要工作人员就其职权范围内的事项进行的法律行为，无须法人或其他组织的特别授权，其法律效果应当由法人或其他组织承担。[②]《民法典》第 170 条规定："执行法人或者非法人组织工作任务的人员，就其职权范围内的事项，以法人或者非法人组织的名义实施的民事法律行为，对法人或者非法人组织发生效力。法人或者非法人组织对执行其工作任务的人员职权范围的限制，不得对抗善意相对人。"

3. 委托代理人

在现代分工的社会，从事交易活动，事必躬亲，殆不可能，假手他人，实有必要。[③] 法定代表人的价值就在于全面表达公司意志，然而法定代表人并非公司意志的唯一表达人。公司意志不但可以通过代表制度表达，也可以通过代理制度表达，委托代理是代理制度最重要的表现。所谓委托代理，是基于被代理人的委托授权所发生的代理。委托合同和授权委托行为都是产生委托代理的根据。准确地讲，委托合同是产生委托代理权的基础关系，而委托授权行为是被代理人将代理权授予代理人的行为，是委托代理产生的直接根据。[④] 无论公司还是个人，均可借助代理人为其作各自法律行为，尤其是订立契约，扩张私法自治的范围，以满足社会生活的需要。[⑤]《民法典》第 161 条第 1 款规定："民事主体可以通过代

---

① 参见最高人民法院民法典贯彻实施工作领导小组主编：《中华人民共和国民法典总则编理解与适用［上］》，人民法院出版社 2020 年版，第 299 页。

② 参见最高人民法院民法典贯彻实施工作领导小组主编：《中华人民共和国民法典总则编理解与适用［下］》，人民法院出版社 2020 年版，第 848 页。

③ 参见王泽鉴：《民法总则》，北京大学出版社 2009 年版，第 449 页。

④ 参见最高人民法院民法典贯彻实施工作领导小组主编：《中华人民共和国民法典总则编理解与适用［下］》，人民法院出版社 2020 年版，第 815 页。

⑤ 参见王泽鉴：《民法总则》，北京大学出版社 2009 年版，第 449 页。

理人实施民事法律行为。"代理分为法定代理和委托代理，对于法人而言，没有法定代理，只有委托代理。第162条规定："代理人在代理权限内，以被代理人名义实施的民事法律行为，对被代理人发生效力。"

以上三种行为人或因法律规定，或因法人的委托授权，均可以对外以法人名义作出意思表示，统称为有权代理。但有时会因特殊利益保护，把没有代理权限或超越代理权限的代理行为的后果也归责于被代理人，这种代理被称为表见代理。表见代理本属于无权代理，但因本人与无权代理人之间的关系，具有授予代理权的外观，致相对人相信无权代理人有权而与其为法律行为，法律使发生与有权代理同样的法律效果。[①]《民法典》第172条规定："行为人没有代理权、超越代理权或者代理权终止后，仍然实施代理行为，相对人有理由相信行为人有代理权的，代理行为有效。"

在建设工程施工合同结算纠纷中，最易引起代理权纠纷的就是项目经理。根据《建筑施工企业项目经理资质管理办法》（建建字〔1995〕1号，已废止）第8条规定，"项目经理在承担工程项目施工的管理过程中，应当按照建筑施工企业与建设单位签订的工程承包合同，与本企业法定代表人签订项目承包合同，并在企业法定代表人授权范围内，行使以下管理权力：（一）组织项目管理班子；（二）以企业法定代表人的代表身份处理与所承担的工程项目有关的外部关系，受委托签署有关合同；（三）指挥工程项目建设的生产经营活动，调配并管理进入工程项目的人力、资金、物资、机械设备等生产要素；（四）选择施工作业队伍；（五）进行合理的经济分配；（六）企业法定代表人授予的其它管理权力。"该职权范围并无签署结算协议权限，但由于项目经理的外在形象是项目的总负责人，拥有项目管理的一切权力，尤其是公司法人在项目经理职务委任书中往往以"全权负责"等授权字样，使得一般合同相对人按照通常理解会认为：只要公司没有对项目经理特殊限权，项目经理就有结算签署权限。

有些地方高级人民法院对没有特别授权的项目经理所签署的结算文件效力持肯定态度，如北京市高级人民法院《关于审理建设工程施工合同纠纷案件若干疑难问题的解答》第8条规定，施工合同履行过程中，承包人的项目经理以承包人名义在结算报告、签证文件上签字确认、加盖项目部章或者收取工程款、接受发

① 参见梁慧星：《民法总论》（第4版），法律出版社2011年版，第237页。

包人供材等行为，原则上应当认定为职务行为或表见代理行为，对承包人具有约束力，但施工合同另有约定或承包人有证据证明相对方知道或应当知道项目经理没有代理权的除外。

最高人民法院亦有类似判例。最高人民法院在（2018）最高法民申 5115 号“贵州省大地建筑工程有限责任公司、贵州大地建材有限公司买卖合同纠纷案”中认为：“关于林某某与大地建材公司签署结算单的效力的问题。大地建筑公司在原审庭审中认可林某某受大地建筑公司指派到项目部任项目经理，尽管大地建筑公司与大地建材公司签署的结算书没有大地建筑公司公章，但大地建材公司有理由相信林某某签字的行为是履行职务行为，因此大地建筑公司应当按照结算书的约定支付货款，原审以双方签署的结算书为依据判令大地建筑公司支付货款以及违约金并无不妥。”

因工程结算涉及合同当事人的核心权利，对当事人影响巨大，签署结算权限应严格按照当事人约定或授权，对表见代理和职务行为的认定应更加严格。最高人民法院《关于当前形势下审理民商事合同纠纷案件若干问题的指导意见》则要求按照合同法第 49 条的规定，正确地适用表见代理的规定，严格认定表见代理行为。[①] 不仅要求代理人的无权代理行为在客观上形成具有代理权的表象，而且要求相对人在主观上善意且无过失地相信行为人有代理权。合同相对人主张构成表见代理的，应当承担举证责任，不仅应当举证证明代理行为客观表象形式

① 最高人民法院在《关于当前形势下审理民商事合同纠纷案件若干问题的指导意见》中指出：“四、正确把握法律构成要件，稳妥认定表见代理行为。12. 当前在国家重大项目和承包租赁行业等受到全球性金融危机冲击和国内宏观经济形势变化影响比较明显的行业领域，由于合同当事人采用转包、分包、转租方式，出现了大量以单位部门、项目经理乃至个人名义签订或实际履行合同的情形，并因合同主体和效力认定问题引发表见代理纠纷案件。对此，人民法院应当正确适用合同法第四十九条关于表见代理制度的规定，严格认定表见代理行为。13. 合同法第四十九条规定的表见代理制度不仅要求代理人的无权代理行为在客观上形成具有代理权的表象，而且要求相对人在主观上善意且无过失地相信行为人有代理权。合同相对人主张构成表见代理的，应当承担举证责任，不仅应当举证证明代理行为存在诸如合同书、公章、印鉴等有权代理的客观表象形式要素，而且应当证明其善意且无过失地相信行为人具有代理权。14. 人民法院在判断合同相对人主观上是否属于善意且无过失时，应当结合合同缔结与履行过程中的各种因素综合判断合同相对人是否尽到合理注意义务，此外还要考虑合同的缔结时间、以谁的名义签字、是否盖有相关印章及印章真伪、标的物的交付方式与地点、购买的材料、租赁的器材、所借款项的用途、建筑单位是否知道项目经理的行为、是否参与合同履行等各种因素，作出综合分析判断。”

要素，而且应当证明其善意且无过失地相信行为人具有代理权。对于签约结算是否属于职务行为，首先要确定签约人是否具有相应职务，该职务是否具有签署结算的权限，如果是公司总经理或董事长，负责公司全面运营，则应认定有签署结算权限，如果是技术人员、施工人员，则没有签约结算权限。其次要确定签约行为是否属于执行职务行为，认定标准可以参照其所在单位对签约结算行为是否知情，是否参与并提供方便。最后要确定合同或授权书中有无对结算程序及签约权限的特殊约定，如果有特殊约定，应严格按照合同约定确定，否则应视为无权签署结算协议。如最高人民法院在（2013）民申字第 1892 号“周某生与淮北矿业（集团）工程建设有限责任公司建设工程施工合同纠纷案”中认为：“预算员所做的预算金额并非工程的最后结算依据，必须报送公司审核，经审核批准后才能作为结算依据。”

浙江省高级人民法院民事审判第一庭《关于审理建设工程施工合同纠纷案件若干疑难问题的解答》第 11 条规定，要严格把握工程施工过程中相关材料的签证和确认。除法定代表人和约定明确授权的人员外，其他人员对工程量和价款等所作的签证、确认，不具有法律效力。没有约定明确授权的，法定代表人、项目经理、现场负责人的签证、确认具有法律效力；其他人员的签证、确认，对发包人不具有法律效力，除非承包人举证证明该人员确有相应权限。

江苏省高级人民法院《关于审理建设工程施工合同纠纷案件若干问题的意见》（已失效）第 22 条规定，承包人的项目部或项目经理以承包人名义订立合同，债权人要求承包人承担民事责任的，人民法院应予支持，但承包人有证据证明债权人知道或应当知道项目部或者项目经理没有代理权限的除外。

关联判例

江苏省苏中建设集团股份有限公司、扬州京华城中城生活置业有限公司建设工程施工合同纠纷案

（2020）最高法民申 1508 号

【裁判要旨】

明知结算授权方式，但未按授权方式签署结算的，结算无效。

【基本案情】

2007年1月10日，江苏省苏中建设集团股份有限公司（以下简称苏中公司）、扬州京华城中城生活置业有限公司（以下简称京华城公司）按中标通知书的中标价分别签订《建设工程施工合同》5份，约定京华城公司将其开发的“扬州京华城”二期三标、五标的建筑、安装工程发包给苏中公司承建，5份合同约定的总价合计8017.84万元，合同还约定了施工范围、工期、质量标准、计价标准、价款支付等内容。

合同履行过程中，京华城公司于2009年3月26日向苏中公司等施工单位发出业主联系单，内容为：有关我司发给贵司之业主联系单、业主指令单，现作以下明确规定：（1）以营建一处处长（目前为周某文）签字并加盖营建一处印章方为有效；（2）若文中涉及变更部分，贵司日后可以此文作为向我司结账之依据；（3）此项规定涵盖我司所有在建工程和新增项目。以上规定自2009年3月23日起生效。苏中公司员工高某娟在该业主联系单上签名。

【裁判摘要】

最高人民法院认为，关于案涉工程价款金额认定问题。根据原审查明的事实，京华城公司于2009年3月26日向苏中公司发出的业主联系单称，以营建一处处长周某文签字并加盖营建一处印章的文件才能作为有效的结账依据。苏中公司员工在该联系单上签字，表明已经知晓京华城公司对于营建一处授权的方式。而2009年4月24日的竣工结算确认书仅有营建一处的印章而无处长周某文的签字，并不符合京华城公司的授权方式。且苏中公司曾称营建一处没有权利对550万元赶工费作出处分、竣工结算确认书中的变更调差1650万元与京华城公司此前发函确认的变更调差8138770元明显差距甚大，该竣工结算确认书的真实性、合理性确有存疑。原审法院据此认定该竣工结算确认书不能作为京华城公司对价款结算的确认，通过司法鉴定的方式确定工程价款，并无不当。

问题2. 结算是事实行为还是法律行为？

工程结算是指发承包双方根据合同约定，对合同工程在实施中、终止时、已完工后进行的合同价款计算、调整和确认。包括期中结算、终止结算、竣工结算。对竣工结算的性质问题，实务界存在两种不同观点：

第一种观点认为，结算行为是事实行为，结算是经过发承包双方反复核量核价的过程，是对已经完成的施工内容的事实确认和计算。

第二种观点认为，结算行为是法律行为，结算文件是当事人之间达成的新合同，本质上是当事人之间形成的新的债权债务关系。

笔者倾向第二种观点。

法律行为系属一种表示行为，是指行为人企图发生一定私法上效果而表示其意思[①]，是以意思表示为基础，以追求结果为核心的行为。结算行为是合同当事人对已完工程价款的计算和确认行为，发承包双方基于各自利益需求，必然对计量、计价及价款约定朝着有利于自身的方向解释，从而形成预期差异。结算过程就是当事主体不断地调整预期、有策略地妥协与退让、有目的地进行价值交换的过程，这个过程一直含有法律上的意思表示行为，故结算的性质属于法律行为。

从另一个角度来说，结算的目的就是对各方当事主体权利义务的确认，建设工程涉及面广、持续周期长，计量计价适用规范多，如果认定结算是事实行为，则结算仅属于对事实的确认，一旦有证据证明结算内容与事实不符，则需要重新结算，将会导致永远无法最终结算。

《建设工程施工合同司法解释（一）》第 29 条规定，“当事人在诉讼前已经对建设工程价款结算达成协议，诉讼中一方当事人申请对工程造价进行鉴定的，人民法院不予准许”。该条司法解释没有给结算与事实不符留有鉴定的退路，即便有证据证明结算错误，也属于当事主体对自身权利的处分，不得再申请造价鉴定，体现的是意思表示。

各地方法院出台的审判指导意见大多也倾向于结算行为是法律行为。如北京市高级人民法院《关于审理建设工程施工合同纠纷案件若干疑难问题的解答》（京高法发〔2012〕245 号）第 7 条第 1 款规定：“当事人在诉讼前已就工程价款的结算达成协议，一方在诉讼中要求重新结算的，不予支持，但结算协议被法院或仲裁机构认定为无效或撤销的除外。”湖北省高级人民法院《民事审判若干问题研讨会纪要》（2004 年）在“（四）关于建设工程施工合同中结算依据问题”

① 参见王泽鉴：《民法总则》（2022 年重排版），北京大学出版社 2009 年版，第 252 页。

部分指出："建设工程施工合同有效情况下工程款的结算问题。建设工程竣工验收后，双方对工程已经结算的，应按双方确定的结算结论认定最终的工程价款。"重庆市高级人民法院认为："除结算文件中明显的笔误外，当事人对结算文件的结算方法、标准等提出异议的，如无证据证明当事人对该结算文件已经按照合同法的相关规定通过反诉或另诉撤销或变更的，则人民法院应当直接采信结算文件作出判决，不得重新启动工程造价鉴定程序。"①

在司法裁判中，各级法院也都倾向于结算行为属于法律行为。如最高人民法院在（2018）最高法民终416号"果洛煜胜驾考服务有限公司、刘某强建设工程施工合同纠纷案"中认为，"工程结算系双方当事人在涉案工程完工后，对实际施工人所施工的总工程量进行结算汇总，其应体现双方当事人的合意，是双方当事人在对账汇总的基础上形成的结果"。再如，在公报案例"呼和浩特绕城公路建设开发有限责任公司与河北路桥集团有限公司建设工程施工合同纠纷案"中，最高人民法院认为，"双方已就应支付的工程款总价形成合意，这是双方真实意思的表示，且没有违反法律的禁止性规定，对双方均具有约束力"。

关联判例

薛某杰、陈某与重庆交通建设（集团）有限责任公司、绵阳市交通运输局等建设工程施工合同纠纷案

（2014）民一终字第88号

【裁判要旨】

双方当事人已经就工程款的结算数额达成协议，系双方真实意思，合法有效。一方当事人主张对工程价款数额申请鉴定的，人民法院不予支持。

【基本案情】

2008年12月11日，绵阳市发展和改革委员会向绵阳市重点公路建设指控部（以下简称指挥部）作出绵市发改交能（2008）523号《关于S302线北川境内公路灾后重建立项和招标事项的批复》，载明项目名称为省道S302线

① 参见《关于当前民事审判工作中的若干具体问题》——彭贵（重庆市高级人民法院民事审判第一庭庭长）在重庆市"全市法院民事商事审判工作电视电话会"上的讲话（2016年2月25日）。

北川境内公路灾后重建项目。项目业主为指挥部。2009年8月7日，指挥部向重庆交通建设（集团）有限责任公司（以下简称重庆交建）发出中标通知书，载明重庆交建所递交的省道105线、302线绵阳境内公路灾后重建工程施工三标段（省道302线任家坪至禹里段K4+375-K7+145）投标文件已被接受，重庆交建被确定为中标人。2009年12月28日，指挥部作为发包人，重庆交建作为承包人签订了合同协议书，合同约定了施工范围、工期、质量标准、计价标准、价款支付等内容。

2011年5月3日，重庆交建第三项目部作为甲方，与乙方四川辰升建筑劳务有限公司（以下简称辰升公司）签订《劳务协作合同》。2012年7月20日，辰升公司作为甲方与乙方省道302线任禹路第三合同段劳务班组签订《退场清算协议》，其中部分内容有："就双方存在的退场结算矛盾，双方应本着合理、和谐的原则予以处理，避免可能发生的非理性冲突。双方均同意按如下方法最终处理清算问题。甲方向乙方包干锁定支付人民币10044万元，该金额包括但不限于乙方在任禹路三标段实施的所有工程及洪灾、工期延误等一切补偿，后期乙方不得再提出任何支付要求。"薛某杰作为乙方代表在协议上签字。（涉及本案其他内容略）

【裁判摘要】

法院认为，该案双方当事人争议的焦点为：（1）辰升公司与薛某杰、陈某之间是否存在转包关系；（2）《退场清算协议》是否可以撤销。

一、关于辰升公司与薛某杰、陈某之间是否存在转包关系的问题

辰升公司与薛某杰、陈某之间存在转包关系。依据一审法院查明的事实，涉案工程由指挥部发包给重庆交建，重庆交建与辰升公司签订了《劳务协作合同》，后辰升公司将涉案工程又转包给薛某杰、陈某，薛某杰、陈某为涉案建设工程合同的实际施工人。从该案的实际情况看，辰升公司对于薛某杰、陈某履行了部分管理职责，双方还就工程款结算以及工程质量等问题签订了《退场清算协议》，且薛某杰、陈某退场后，辰升公司仍然继续履行其与重庆交建签订的《劳务协作合同》。综合上述情况，辰升公司与薛某杰、陈某之间存在转包合同关系。薛某杰、陈某主张与辰升公司不存在实质的转

包关系，与重庆交建存在事实上的转包关系，但《劳务协作合同》系重庆交建与辰升公司所签，薛某杰、陈某并未举证证明其与重庆交建之间存在合同关系。因此，其主张缺乏依据，法院不予支持。

二、关于《退场清算协议》是否可以撤销的问题

薛某杰、陈某主张该协议应予撤销的理由在于其受到胁迫以及协议中规定的内容显失公平。从该案的实际情况来看，《退场清算协议》不仅有双方当事人参与，还有当地政府相关职能部门作为见证人。该协议系在政府相关部门主持下为彻底解决工程款问题与退场清算问题双方当事人协商的结果，薛某杰、陈某仅举证证明在该协议签订前双方发生过分歧和冲突，但并未举证证明在该协议签订时其受到胁迫。薛某杰、陈某主张涉案协议中约定的工程价款过低，显失公平，其认为涉案工程款高达2亿元，但未提供相应证据，其主张法院不予支持。另涉案协议除质保金部分，其余均已履行完毕。《退场清算协议》是双方自愿协商的结果，体现了双方真实的意思表示，且不违反法律的禁止性规定，应为有效。因此，应以此为依据确定涉案工程款，该案已无须对涉案工程款再进行鉴定，一审法院未组织鉴定并无不当。薛某杰、陈某认为一审存在程序违法，缺乏依据，其主张法院不予支持。

问题3.合同当事主体以欠条形式确认结算价款的，法律关系如何定性？

结算是各方当事主体对已完工程价款的计算与确认，结算通常是以“结算单”“结算协议”的形式体现，但现实却经常出现名为决算实为结算的情形，亦有以欠条的形式确认结算款的情形，对于以欠条形式确认工程价款的问题，实务界存在两种不同观点：

第一种观点认为，以欠条形式确认工程价款是把欠付的工程价款直接转化成明晰的新债务，双方已由最初的建设工程施工合同法律关系转变为债权债务法律关系，承包人可基于欠条所记录的债权直接向发包人主张欠款。

第二种观点认为，以欠条形式确认结算价款，结算的本质都没有发生变化，双方之间的基础法律关系仍然是建设工程施工合同纠纷，仍受建设工程施工合同纠纷的裁判规则约束。

笔者倾向于第二种观点。

建设工程发承包模式本质是商业模式，在不违反法律、行政法规的前提下，可由商事主体自行选择和创新。因发包承包模式的不同，结算的方式也各不相同，又因建筑行业是一个劳动密集型的产业，从业人员多且相对文化素质偏低，对结算的形式要件无法准确把握，以借条形式确定工程价款支付、以欠条及还款协议形式确定结算款的比比皆是。

无论第一种观点还是第二种观点均不能改变发包人欠付承包方工程价款的事实，但不同的法律关系对应的请求权基础有所不同，各方对权益的保护方式亦不同。如果以欠条形式确认工程价款被认定为是单纯的债权债务纠纷，则债务人只能以与债务履行相关的理由进行抗辩，如付款期限是否届至、付款条件是否成就、诉讼时效是否届满之类，但不能以质量及质保进行抗辩；如果以欠条形式确认工程价款被认定为是建设工程施工合同纠纷，则发包人既可以以付款期限是否届至、付款条件是否成就、诉讼时效是否届满进行抗辩，也可以以质量是否合格、质保是否到期为由进行抗辩。此外，建设工程施工合同纠纷适用专属管辖，而债务纠纷不是专属管辖。

最高人民法院《关于审理民间借贷案件适用法律若干问题的规定》第 14 条第 1 款规定："原告以借据、收据、欠条等债权凭证为依据提起民间借贷诉讼，被告依据基础法律关系提出抗辩或者反诉，并提供证据证明债权纠纷非民间借贷行为引起的，人民法院应当依据查明的案件事实，按照基础法律关系审理。"据此，承发包双方对建设工程进行结算，并在结算基础上出具欠条，或签订还款协议、债务确认书等，承发包双方之间的法律关系并不因此转化为债务纠纷，而仍然是建设工程施工合同关系。[①] 当承包人依据欠条、还款协议、债务确认书等主张工程款债权时，发包人可以提出与建设工程施工合同相关的抗辩。

现行法律并未对工程结算书或者竣工结算报告的形式要件作出强制性规范，只要内容具有结算性质即可认定为结算。如最高人民法院在（2020）最高法民申 1361 号"曲靖安厦房地产集团有限公司与中建四局第五建筑工程有限公司建设工程施工合同纠纷案"中，认定"备忘录对决算总金额、累计付款金额及未付工程款金额进行了明确约定，具有结算协议的性质"，并以备忘录确认的金额作为

① 参见邬砚：《建设工程合同纠纷 254 个裁判规则深度解析》（增订第 2 版），法律出版社 2019 年版，第 104 页。

计算工程款的依据。再如，最高人民法院在（2020）最高法民申7049号“鹤岗市惠生供水供热有限公司、鸡西市热力安装工程公司建设工程施工合同纠纷案”中认为：“上述两份合同所涉价格均系在热力安装公司施工结束后作出，应视为双方根据热力安装公司已经施工完成工程量确定的工程结算价格，可以作为双方结算工程款的依据。”

关联判例

甘肃宏图建筑设计有限公司、陇西宏图房地产开发有限责任公司等建设工程施工合同纠纷案

（2021）甘民申3385号

【裁判要旨】

原告以借据、收据、欠条等债权凭证为依据提起民间借贷诉讼，被告依据基础法律关系提出抗辩或者反诉，并提供证据证明债权纠纷非民间借贷行为引起的，人民法院应当依据查明的案件事实，按照基础法律关系审理。

【基本案情】

2017年8月25日岳某兄向甘肃宏图建筑设计有限公司（以下简称甘肃宏图公司）出具借款本金为3000000的借条，实际支付借款本金2940500元，双方在借条中约定：借期3个月，年利率为8.48%，到期不还按月息2%计算。并且约定借款本金在2017年底支付工程款时一次性扣除。2018年2月5日岳某兄向陕西宏图房地产开发有限责任公司（以下简称陇西宏图公司）出具借款本金为3000000的借条，实际支付借款3000000元，未约定借款期限。双方在借条中约定：借款月利率为1%，从付款之日起计息。此款为预借保温材料、外墙真石漆。材料含人工、发票及工程量达到借款数额后停止计息。2018年8月2日双方对上述借条进行了续写，内容变更为借款全部用于个人的其他经营，计息时间自2018年2月5日至还清之日止。

【裁判摘要】

法院经审查认为，关于案涉两笔款项的性质问题。最高人民法院《关于审理民间借贷案件适用法律若干问题的规定》第14条规定：“原告以借据、

收据、欠条等债权凭证为依据提起民间借贷诉讼，被告依据基础法律关系提出抗辩或者反诉，并提供证据证明债权纠纷非民间借贷行为引起的，人民法院应当依据查明的案件事实，按照基础法律关系审理。当事人通过调解、和解或者清算达成的债权债务协议，不适用前款规定。”岳某兄出具借条发生在案涉工程施工过程中，虽然甘肃宏图公司、陇西宏图公司提供了借条，但不能证明双方存在借贷的合意。案涉款项除了借款内容，还对工程量、工程款支付及预借材料款等内容进行了约定，与甘肃宏图公司、陇西宏图公司的工程存在密切联系，有别于普通的民间借贷。对于第二笔借款双方虽然重新约定了借款目的，且该笔款项确实未用于购买保温材料款或保温施工，但由于双方当时未进行结算，该笔款项仍和工程量、工程款密切相关，因此不能认定属于双方结算后形成的借贷关系。原审法院认定借贷关系不成立，按照工程款纠纷处理并无不当。

第二节 专项结算

在工程实务中，完全合法、合规地签订建设工程施工合同并最终能够履行完毕的并不多见，取而代之的是大量的挂靠、转包、违法分包等无效合同。有些工程在签订中标合同后又签订实际履行合同；有些工程在合同履行完或履行中，为了形式上的合法又履行了招投标程序；有些工程仅签订了框架协议，甚至未签订任何书面协议就开始施工；有些工程因发包人原因没有施工完毕形成“烂尾”工程；还有些承包人提前退场而形成“半截子”工程。这些特别状态下的工程结算，大多涉及以下问题。

（一）结算主体的确定

《民法典》第465条规定：“依法成立的合同，受法律保护。依法成立的合同，仅对当事人具有法律约束力，但是法律另有规定的除外。”《2024清单计价标准》规定：结算是发承包双方根据合同约定，对合同工程在实施中、终止时、已完工后进行的合同价款计算、调整和确认。结算的主体理应是建设工程施工合同签约主体，但在工程实务中，并非所有建设工程施工合同签约主体都是该合同的真实义务主体，如“挂靠经营”。

建筑行业中的挂靠经营行为，主要是指没有相应资质或建筑资质较低的企业、其他组织、个体工商户、个人合伙、自然人以营利为目的，借用其他有相应建筑资质或者资质较高的建筑施工企业的名义承揽建设工程的行为。工程挂靠的准确法律术语叫作“借用资质”，而通过其基本表现形式可以概括其法律含义的内核为“借用行为”。[①] 被借用资质的企业为被挂靠人，被挂靠人与发包人并无真正意思表示，根据《民法典》第146条的规定：“行为人与相对人以虚假的意思表示实施的民事法律行为无效。以虚假的意思表示隐藏的民事法律行为的效力，依照有关法律规定处理。”被挂靠人与发包人所签订建设工程施工合同因虚假意思表示而无效，该虚假意思表示所隐藏的挂靠人与发包人之间的事实合同，因违反资质管理的强制性规定而无效。对于两个均无效的合同来说，结算应在意思表示真实的合同的主体之间进行。

（二）结算依据的确定

在建设工程领域，投资金额大、履行时间长、受各类资源影响多，各种无法预见的情形时有发生，变更合同、补充协议极为常见。《民法典》第543条也明确规定：“当事人协商一致，可以变更合同。”对多份约定不一致的合同，通常按照以下原则确定结算依据：（1）多份合同中存在有效合同和无效合同并存情形，以有效合同为结算依据；（2）多份合同均有效，以签约时间在后的合同为结算依据；（3）多份合同均无效，以实际履行合同为结算依据，无法判断实际履行合同的，以最后签约或与实际关联最多的合同为结算依据。

（三）工程状态对结算的影响

1. 未完工程的结算

未完工程指的是因发承包人原因或非发承包人原因而导致未能建设完毕的建设工程。对未完工程，发承包双方在合同中所约定的计价条款在结算时通常并不能直接适用。如合同约定为固定总价的工程，不论何种原因未施工完毕，发包人

① 参见最高人民法院民事审判第一庭编著：《最高人民法院建设工程施工合同司法解释（二）理解与适用》，人民法院出版社2019年版，第96页。

都不可能按照原固定总价向承包人进行结算。即便是单价合同，在未完工状态下，也不宜直接按照已完工程量乘以对应单价确定结算价。未完工程应按照相关法律规定，综合考虑计价约定、已完工程量、双方过错程度、损失大小及后续施工所需投入等因素，合理确定结算标准。

2. 竣工验收未合格的结算

（1）质量不符合约定的处理

建设项目是投入资源多、质控复杂的系统工程。就竣工验收而言，先后需要经历检验批质量验收、分项工程质量验收、分部工程质量验收和单位工程质量竣工验收四个阶段，需要对质量控制资料、安全和功能检验资料、主要功能抽查记录、观感质量检查记录逐一核查、确定，最终完成验收。

实务中，并非所有工程均能一次性通过竣工质量验收，对于没有通过竣工验收的工程，通常需要根据现实情况进行修复处理。《建筑工程施工质量验收统一标准》（GB 50300—2013）第 5.0.6 条规定，当建筑工程质量不符合要求时，应按下列规定进行处理：①经返工或返修的检验批，应重新进行验收；②经有资质的检测机构检测鉴定能够达到设计要求的检验批，应予以验收；③经有资质的检测机构检测鉴定达不到设计要求，但经原设计单位核算认可能够满足安全和使用功能的检验批，可予以验收；④经返修或加固处理的分项、分部工程，满足安全及使用功能要求时，可按技术处理方案和协商文件的要求予以验收。第 5.0.8 条规定，经返修或加固处理仍不能满足安全或重要使用要求的分部工程及单位工程，严禁验收。

（2）质量不合格工程的结算

在正常履约情况下，发承包双方应当依据国家有关法律法规的规定和合同约定进行结算。对质量不合格的工程，应按《民法典》第 793 条规定进行结算：①修复后的建设工程经验收合格的，发包人可以请求承包人承担修复费用；②修复后的建设工程经验收不合格的，承包人无权请求参照合同关于工程价款的约定折价补偿。发包人对因建设工程不合格造成的损失有过错的，应当承担相应的责任。

（3）质量有争议的结算

对质量有异议，发包人拒绝办理工程竣工结算的项目，应根据《2013 清单计价规范》第 11.3.9 条规定分类进行：①已竣工验收或已竣工未验收但实际投入使用的工程，其质量争议应按该工程保修合同执行，竣工结算应按合同约定办理；②已竣工未验收且未实际投入使用的工程以及停工、停建工程的质量争议，双方应就有争议的部分委托有资质的检测鉴定机构进行检测，并应根据检测结果确定解决方案，或按工程质量监督机构的处理决定执行后办理竣工结算，无争议部分的竣工结算应按合同约定办理。

本节把这些不符合正常工程特征的结算，根据自身特点进行归类，列为专项结算。

一、无效合同结算

| 导读 |

建设工程施工合同的效力直接关系到工程建设能否顺利进行及各方权益能否得到有效保障。然而，建设工程领域的高投入、高产出模式导致大量工程未批先建；行业的迅速发展与行业资质管理要求引发各种借用资质、挂靠经营情况屡见不鲜；因经济利益的驱使出现许多不规范经营问题，发包人应招不招、化整为零规避招标；承包人中标后非法转包、违法分包，未验先投、久托不验、久托不审、久托不结等情况层出不穷。

这些行为违反法律、行政法规的强制性规定，致使合同无效。[①] 根据《民法典》第 157 条的规定："民事法律行为无效、被撤销或者确定不发生效力后，行为人因该行为取得的财产，应当予以返还；不能返还或者没有必要返还的，应当折价补偿。有过错的一方应当赔偿对方由此所受到的损失；各方都有过错的，应当各自承担相应的责任。法律另有规定的，依照其规定。"

建设工程施工合同的履行过程就是承包人将劳务及建筑材料物化为建设工程的过程，基于这一特殊性，建设工程施工合同无效，发包人取得的财产形式上是承包人建设的工程，实际上是承包人对工程建设投入的劳务及建筑材料，无法适用无效返还原则，只能按照合同约定进行折价补偿。[②]

---

① 《民法典》第 153 条第 1 款规定："违反法律、行政法规的强制性规定的民事法律行为无效。但是，该强制性规定不导致该民事法律行为无效的除外。"

② 参见最高人民法院民法典贯彻实施工作领导小组主编：《中华人民共和国民法典合同编理解与适用〔三〕》，人民法院出版社 2020 年版，第 1937 页。

【术语解读】

本书所述的无效合同价款结算，是指当事人签订的建设工程施工合同无效，但建设工程质量合格的，发承包双方仍可参照无效合同中对于工程款计价方法和计价标准等的约定进行的价款结算。

（一）无效合同的类型

合同的效力，又称合同的法律效力，是指法律赋予依法成立的合同具有拘束当事人各方乃至第三人的强制力。[①]《民法典》规定违反法律、行政法规的强制性规定的民事法律行为，违背公序良俗的民事法律行为，行为人与相对人恶意串通、损害他人合法权益的民事法律行为无效。根据《民法典》《建筑法》《招标投标法》等相关法律的规定，常见的无效建设施工合同有以下几种情形。

1. 违反资质规定

建设工程施工企业的施工能力是保障建设工程质量和安全的前提，而施工能力通常以施工企业的资金实力、专业技术能力、技术装备和施工经验进行衡量。《建筑法》第 13 条规定：“从事建筑活动的建筑施工企业、勘察单位、设计单位和工程监理单位，按照其拥有的注册资本、专业技术人员、技术装备和已完成的建筑工程业绩等资质条件，划分为不同的资质等级，经资质审查合格，取得相应等级的资质证书后，方可在其资质等级许可的范围内从事建筑活动。”

实务中，一些施工企业或个人为了获取施工利润，在没有施工资质或没有较高等级资质情况下，通过借用资质承揽工程，违反法律强制性规定。[②]《建设工程施工合同司法解释（一）》第 1 条规定承包人未取得建筑业企业资质或者超越资质等级承揽工程，以及没有资质的实际施工人借用有资质的建筑施工企业名义承揽工程所签订的建设工程施工合同无效。

2. 违反招标投标规定

《招标投标法》是为了规范招标投标活动，保护国家利益、社会公共利益和招标投标活动当事人的合法权益，提高经济效益，保证项目质量而制定的法律，

① 参见崔建远：《合同法总论》（上卷），中国人民大学出版社 2008 年版，第 215~219 页。

② 《建筑法》第 26 条规定：“承包建筑工程的单位应当持有依法取得的资质证书，并在其资质等级许可的业务范围内承揽工程。禁止建筑施工企业超越本企业资质等级许可的业务范围或者以任何形式用其他建筑施工企业的名义承揽工程。禁止建筑施工企业以任何形式允许其他单位或者个人使用本企业的资质证书、营业执照，以本企业的名义承揽工程。”

在中华人民共和国境内进行招标投标活动，都必须适用该法。《建设工程施工合同司法解释（一）》第 1 条规定建设工程必须进行招标而未招标或者中标无效的建设工程施工合同无效。

（1）必须招标而未招标的施工合同无效

法定必须招标的项目通常需要具备两个条件：一是招标范围，对于法律规定必须招标的工程，不能化整为零或者以其他形式规避招标。二是招标规模，一般来说，在规范招标投标活动的同时，也需要提高工作效率、降低企业成本，对金额较小的项目，采用招标形式采购可能会造成工作效率降低、采购成本加大的情形。如采购价值不超过 1000 元的办公用品，即便全部使用的是国有资金投资，也不宜采用招标形式。《招标投标法》第 3 条第 2 款规定，招标范围和规模标准，由国务院发展计划部门会同国务院有关部门制定，报国务院批准。

《招标投标法》第 3 条第 1 款规定："在中华人民共和国境内进行下列工程建设项目包括项目的勘察、设计、施工、监理以及与工程建设有关的重要设备、材料等的采购，必须进行招标：（一）大型基础设施、公用事业等关系社会公共利益、公众安全的项目；（二）全部或者部分使用国有资金投资或者国家融资的项目；（三）使用国际组织或者外国政府贷款、援助资金的项目。"根据国家发展和改革委员会第 16 号令《必须招标的工程项目规定》第 2 条、第 3 条的规定，①使用预算资金 200 万元人民币以上，并且该资金占投资额 10% 以上的项目；使用国有企业事业单位资金，并且该资金占控股或者主导地位的项目，属于《招标投标法》中所规定的"全部或者部分使用国有资金投资或者国家融资的项目"。②使用世界银行、亚洲开发银行等国际组织贷款、援助资金的项目；使用外国政府及其机构贷款、援助资金的项目，属于《招标投标法》中所规定的"使用国际组织或者外国政府贷款、援助资金的项目"。

《必须招标的工程项目规定》中规定,《招标投标法》所列招标范围内的项目，其勘察、设计、施工、监理以及与工程建设有关的重要设备、材料等的采购达到下列标准之一的，必须招标：①施工单项合同估算价在 400 万元人民币以上；②重要设备、材料等货物的采购，单项合同估算价在 200 万元人民币以上；③勘察、设计、监理等服务的采购，单项合同估算价在 100 万元人民币以上。同一项目中可以合并进行的勘察、设计、施工、监理以及与工程建设有关的重要设备、材料等的采购，合同估算价合计达到前款规定标准的，必须招标。

（2）中标无效

为了维护公平竞争的市场环境，《招标投标法》规定了招标必须坚持“公开、公平、公正”的原则，确保所有符合条件的投标者都有机会参与竞争，防止不正当竞争和垄断行为。对于违反法律规定，影响中标结果的，应认定合同无效。

根据《招标投标法》的规定，存在六种中标无效[①]的情形：①招标代理机构违反法律规定，泄露应当保密的与招标投标活动有关的情况和资料的，或者与招标人、投标人串通损害国家利益、社会公共利益或者他人合法权益的；②依法必须进行招标的项目的招标人向他人透露已获取招标文件的潜在投标人的名称、数量或者可能影响公平竞争的有关招标投标的其他情况的，或者泄露标底的；③投标人相互串通投标或者与招标人串通投标的，投标人以向招标人或者评标委员会成员行贿的手段谋取中标的；④投标人以他人名义投标或者以其他方式弄虚作假，骗取中标的；⑤依法必须进行招标的项目，与投标人就投标价格、投标方案等实质性内容进行谈判的；⑥招标人在评标委员会依法推荐的中标候选人以外确定中标人的，依法必须进行招标的项目在所有投标被评标委员会否决后自行确定中标人的。

3. 违反承包管理规定

《民法典》第 791 条规定：发包人不得将应当由一个承包人完成的建设工程支解成若干部分发包给数个承包人；承包人不得将其承包的全部建设工程转包给第三人或者将其承包的全部建设工程支解以后以分包的名义分别转包给第三人；建设工程主体结构的施工必须由承包人自行完成；禁止分包单位将其承包的工程再分包。但在建筑业市场实践中，承包人为追求不正当利益，工程转包、违法分包的行为经常出现。

《建设工程施工合同司法解释（一）》第 1 条第 2 款规定：承包人因转包、违法分包建设工程与他人签订的建设工程施工合同，应当依据《民法典》第 153 条第 1 款及第 791 条第 2 款、第 3 款的规定，认定无效。

4. 违反行政许可规定

按照《城乡规划法》《土地管理法》《建筑法》等相关法律规定，在我国进行工程建设，一般应当取得建设用地规划许可证、国有土地使用权证、建设工程规

① 参见最高人民法院民事审判第一庭编著：《最高人民法院新建设工程施工合同司法解释（一）理解与适用》，人民法院出版社 2021 年版，第 36 页。

划许可证以及建筑工程施工许可证（以下简称“四证”）。“四证”全部办齐方可开工建设。

（1）建设用地规划许可证。建设用地规划许可证是有关确定拟建工程选址设计是否符合城乡用地规划要求的法律凭证。根据《城乡规划法》第37条的规定，在城市、镇规划区内以划拨方式提供国有土地使用权的建设项目，经有关部门批准、核准、备案后，建设单位应当向城市、县人民政府城乡规划主管部门提出建设用地规划许可申请，由城市、县人民政府城乡规划主管部门依据控制性详细规划核定建设用地的位置、面积、允许建设的范围，核发建设用地规划许可证。建设单位在取得建设用地规划许可证后，方可向县级以上地方人民政府土地主管部门申请用地，经县级以上人民政府审批后，由土地主管部门划拨土地。第38条第1款、第2款规定，在城市、镇规划区内以出让方式提供国有土地使用权的，在国有土地使用权出让前，城市、县人民政府城乡规划主管部门应当依据控制性详细规划，提出出让地块的位置、使用性质、开发强度等规划条件，作为国有土地使用权出让合同的组成部分。未确定规划条件的地块，不得出让国有土地使用权。以出让方式取得国有土地使用权的建设项目，建设单位在取得建设项目的批准、核准、备案文件和签订国有土地使用权出让合同后，向城市、县人民政府城乡规划主管部门领取建设用地规划许可证。

（2）国有土地不动产权证。国有土地不动产权证原名国有土地使用权证，是指经土地使用者申请，由城市各级人民政府颁发的国有土地使用权的法律凭证。建设单位使用国有土地，应当以出让等有偿使用方式取得。以出让等有偿使用方式取得国有土地使用权的建设单位，按照国务院规定的标准和办法，缴纳土地使用权出让金等土地有偿使用费和其他费用后，方可使用土地。建设单位使用国有土地的，应当按照土地使用权出让等有偿使用合同的约定或者土地使用权划拨批准文件的规定使用土地；确需改变该幅土地建设用途的，应当经有关人民政府自然资源主管部门同意，报原批准用地的人民政府批准。原国土资源部《关于启用不动产登记簿证样式（试行）的通知》（国土资发〔2015〕25号）规定，自2015年3月1日，我国停办集体土地使用证、国有土地使用权证，统一发放不动产权证书。

（3）建设工程规划许可证。建设工程规划许可证是由城市规划行政主管部门依法核发的，确认有关建设工程符合城市规划要求的法律凭证。《城乡规划法》第 40 条第 1 款规定，在城市、镇规划区内进行建筑物、构筑物、道路、管线和其他工程建设的，建设单位或者个人应当向城市、县人民政府城乡规划主管部门或者省、自治区、直辖市人民政府确定的镇人民政府申请办理建设工程规划许可证。第 41 条第 1 款规定，在乡、村庄规划区内进行乡镇企业、乡村公共设施和公益事业建设的，建设单位或者个人应当向乡、镇人民政府提出申请，由乡、镇人民政府报城市、县人民政府城乡规划主管部门核发乡村建设规划许可证。

（4）建筑工程施工许可证。建筑工程施工许可证是建筑施工单位符合各种施工条件、允许开工的建筑工程施工许可证，它是建设单位进行工程施工的法律凭证。《建筑法》第 7 条规定，建筑工程开工前，建设单位应当按照国家有关规定向工程所在地县级以上人民政府建设行政主管部门申请领取施工许可证；但是，国务院建设行政主管部门确定的限额以下的小型工程除外。按照国务院规定的权限和程序批准开工报告的建筑工程，不再领取施工许可证。

我国土地实行的是社会主义公有制，包括城市国有土地和农村集体土地。土地是国家最基本、最稀缺的物质资源，建设用地规划与建设工程规划直接关系到土地合理使用、科学利用及城乡整体布局，建设单位未取得建设用地规划许可证和建设工程规划许可证，意味着该工程建设完毕后即成为违法建筑，如果认定建设工程合同有效，合同履行完毕后该建设工程依法仍然需要予以拆除，将会造成巨大的社会成本和资源浪费。[①] 建设单位取得建设用地规划许可证和建设工程规划许可证是进行合法建设的前提，未取得二证或者未按照二证的规定进行建设是法律明确禁止的行为，该行为属于《民法典》第 153 条第 1 款规定的违反法律、行政法规强制性规定的行为。由此签订的建设工程施工合同应属无效。

建设单位取得建设用地规划许可证是申办建设工程规划许可证的前提条件，未取得建设用地规划许可证，必然就不可能取得建设工程规划许可证[②]，《建设工程施工合同司法解释（一）》第 3 条第 1 款规定："当事人以发包人未取得建设工程规划许可证等规划审批手续为由，请求确认建设工程施工合同无效的，人

① 参见最高人民法院民事审判第一庭编著：《最高人民法院新建设工程施工合同司法解释（一）理解与适用》，人民法院出版社 2021 年版，第 42~44 页。

② 参见曹文衔、宿辉、曲笑飞：《民法典建设工程合同章条文解释与司法适用》，法律出版社 2021 年版，第 84 页。

民法院应予支持，但发包人在起诉前取得建设工程规划许可证等规划审批手续的除外。”

对于国有土地不动产权证，涉及土地使用流转、行政登记，建设单位尚未取得国有土地使用权证，不影响建设工程施工合同的效力。对于施工许可证，签订建设工程施工合同是办理施工许可证的前提，依法成立的合同，自成立时生效，在未办理施工许可证之前合同已经生效，不能因为后面的无效行为而自然地改变原合同效力。故对于未取得国有土地使用权证、建设工程施工许可证而签订的建设工程施工合同，则不认定为合同无效。①

（二）无效合同结算原则

《民法典》第 155 条规定，无效的民事法律行为自始没有法律约束力。民事法律行为无效、被撤销或者确定不发生效力后，行为人因该行为取得的财产，应当予以返还；不能返还或者没有必要返还的，应当折价补偿。建设工程的特殊性，导致其属于不能返还应当折价补偿范畴。根据《民法典》第 793 条第 1 款的规定：“建设工程施工合同无效，但是建设工程经验收合格的，可以参照合同关于工程价款的约定折价补偿承包人。”无效合同结算涉及工程质量、参照约定和折价补偿三个要素。

1. 工程质量

建设工程质量直接关系到人民生命财产安全和社会稳定，必须经过验收合格方能使用。根据《建筑法》第 61 条第 2 款的规定：“建筑工程竣工经验收合格后，方可交付使用；未经验收或者验收不合格的，不得交付使用。”

（1）验收合格

就建设工程而言，其建设的目的是投入使用，当建设工程质量合格，即具有使用价值，建设目的得以实现。此时，无效合同与有效合同对发包人实现建设目的已无很大的区别，发包人参照合同约定折价补偿承包人，符合等价有偿原则，有利于保障工程质量。

（2）验收不合格

尽管《建筑法》《民法典》等法律法规均规定建设工程经验收合格后方可交

① 参见最高人民法院民事审判第一庭编著：《最高人民法院新建设工程施工合同司法解释（一）理解与适用》，人民法院出版社 2021 年版，第 44 页。

付使用，但由于建设工程投资巨大，对验收不合格的建设工程不宜直接拆除，应通过修复后验收。

根据《建筑工程施工质量验收统一标准》（GB 50300—2013）规定，当建筑工程施工质量不符合要求时，应按下列规定进行处理：（1）经返工或返修的检验批，应重新进行验收；（2）经有资质的检测机构检测鉴定能够达到设计要求的检验批，应予以验收；（3）经有资质的检测机构检测鉴定达不到设计要求，但经原设计单位核算认可能够满足安全和使用功能的检验批，可予以验收；（4）经返修或加固处理的分项、分部工程，满足安全及使用功能要求时，可按技术处理方案和协商文件的要求予以验收；（5）经返修或加固处理仍不能满足安全或重要使用要求的分部工程及单位工程，严禁验收。

因修复产生的修复费用应与工程款分别计取：（1）修复费用，如果因承包人原因导致验收不合格，且系承包人修复，该费用应由承包人自行承担；如发包人组织修复，发包人可以请求承包人承担修复费用。（2）工程价款，如果经过修复后质量合格并通过竣工验收，参照合同约定支付价款；如果经过修复后达不到设计要求，但能满足安全和使用功能，或经返修及加固后方能满足结构安全和使用功能，则属于降级使用，工程价款可以参照合同约定并协商折价处理；如果经修复后仍不能达到结构安全和使用功能的，承包人无权请求参照合同关于工程价款的约定折价补偿，发包人对因建设工程不合格造成的损失有过错的，应当承担相应的责任。

2. 参照约定

建设工程领域的计价方式、计价标准复杂多样，但通常是基于定额价和信息价演变而来。一般而言，定额价和信息价均体现社会平均消耗量水平的价格，而非市场竞争下的价格水平。我国建筑市场属于典型的买方市场，在充分竞争下的建设工程施工合同价格通常远低于工程所在地定额价格和政府公布的市场值息价格。合同效力并不能否定发承包双方对合同价格标准达成一致意见，如果因合同无效而采用上述两种计价标准折价补偿，就会诱使承包人恶意主张合同无效，以达到获取高于合同约定价款的目的。

（1）适用主体

一般而言，工程建设完成后，发包人的利益得以满足，主张工程价款的主体是承包人，故《建设工程施工合同司法解释》（法释〔2004〕14号，已失效）第

2条规定："建设工程施工合同无效，但建设工程经竣工验收合格，承包人请求参照合同约定支付工程价款的，应予支持。"但实务中却有发包人要求按照合同约定确认工程价款的案例，对此，审判中就有不同观点。如北京市高级人民法院《关于审理建设工程施工合同纠纷案件若干疑难问题的解答》（京高法〔2012〕245号）第17条规定："建设工程施工合同无效，但工程经竣工验收合格，当事人任何一方依据《解释》第二条的规定要求参照合同约定支付工程折价补偿款的，应予支持……"陕西省高级人民法院《关于审理建设工程施工合同纠纷案件若干问题的解答》第1条规定："建设工程施工合同无效，建设工程经验收合格的，承包人和发包人均可主张参照合同关于工程价款的约定折价补偿承包人。合同中关于工程价款计价方法、计价标准等与工程价款数额有关的约定可以作为折价补偿的依据。"但最高人民法院在（2018）最高法民申6046号"中建环球建设集团有限公司、古叶建设工程施工合同纠纷案"中，因二审法院未按合同约定确定工程价款，发包人申请再审到最高人民法院，请求参照合同约定确定工程价款。最高人民法院认为，建设工程施工合同无效的情况下，参照合同约定支付工程价款是承包人的权利，而非发包人的权利，发包人请求参照《工程施工合作协议》下浮比例结算工程价款，缺乏法律依据。

自2021年1月1日起施行的《民法典》第793条第1款规定："建设工程施工合同无效，但是建设工程经验收合格的，可以参照合同关于工程价款的约定折价补偿承包人。"至此，对发承包双方均可请求参照合同约定确定工程价款已无争议。

（2）参照范围

《民法典》规定，建设工程施工合同无效，参照合同关于工程价款的约定折价补偿承包人。《民法典》并未对参照范围进行规定，实务中对此亦有争议，通常争议的焦点在于参照合同约定是否包括支付条件条款。

第一种观点认为，只参照计价条款。如福建省高级人民法院《建设工程施工合同纠纷疑难问题解答》（2022）第13条规定："《中华人民共和国民法典》第七百九十三条第一款规定，建设工程施工合同无效，但建设工程经验收合格的，可以参照合同关于建设工程价款的约定折价补偿承包人……除此之外，当事人主张参照合同约定的建设工程价款支付条件、违约金等确定支付条件、计算违约金的，没有法律依据，不予支持。"

第二种观点认为，支付条款可以参照。如山东省高级人民法院民一庭《关于审理建设工程施工合同纠纷案件若干问题的解答》(2020)认为：施工合同无效，建设工程经竣工验收合格的，可以将合同中关于工程价款、付款时间、工程款支付进度、下浮率、质保金等约定条款作为折价补偿的依据。

笔者认为,《民法典》所规定的“折价补偿”包含“折价”和“补偿”两个行为。其中,“折价”即为参照合同约定的计价标准和计价方法进行结算的行为；“补偿”则为参照合同支付条款约定进行价款支付的行为。对无效施工合同损失大小，允许一方当事人参照合同约定的质量标准、建设工期、工程价款支付时间等内容确定，[①] 也应允许一方当事人参照合同约定支付条款主张工程价款。

3. 折价补偿

折价补偿是一种结算方式，基于合同履行的情况不同，可能包含以下几种形式的一种或数种组合情形。

(1) 参照合同约定结算并支付工程价款

根据合同无效的原因，建设工程施工合同无效可分为发包人原因导致的无效、承包人原因导致的无效及共同原因导致的无效。①发包人原因导致合同无效通常表现在发包人未按法规规定完成前期审批，如未取得建设用地规划许可证或建设工程规划许可证而导致的无效。发包人原因导致的合同无效责任不应由承包人承担，当工程质量合格，承包人义务完成，发包人利益得以满足，发包人应当参照合同约定支付价款。②承包人原因导致合同无效通常表现在没有资质、借用资质，以及违反施工管理规定的转包和违法分包等。《建筑法》《民法典》等法律法规禁止挂靠、转包和违法分包的根本原因是为了保障工程质量和施工安全，当工程经验收合格,《建筑法》《民法典》相关规定的目的已经得以解决，合同效力已经不影响发承包双方实体权利，发包人应当参照合同约定支付价款。至于承包人的行政责任，不影响民事权利。③发承包双方共同原因导致合同无效，通常表现为违反《招标投标法》的规定，如必须招标的项目没有招标、围标串标等。该种情形下，发承包双方均有过错，但过错责任通常体现在损害赔偿中，并不影响工程价款结算。除双方恶意串通损害国家利益外，当工程质量合格，发承包双方合同约定的计价标准体现双方真实意思，应参照结算。

---

① 《建设工程施工合同司法解释(一)》第6条第1款规定，建设工程施工合同无效，一方当事人请求对方赔偿损失的，应当就对方过错、损失大小、过错与损失之间的因果关系承担举证责任。

（2）赔偿修复费用

交付质量合格的建设工程是承包人义务。当建设工程未通过质量验收，应本着节约资源的原则对工程可修复性进行评价，经评定该工程可以被修复且符合经济性，应当进行修复，包括降级使用的修复。

对不合格建设工程修复是承包人义务，当承发包双方均同意不再由承包人继续修复，或承包人没有能力修复，可由发包人另行选择修复机构，所产生费用由承包人承担。《民法典》第 793 条第 2 款规定，建设工程施工合同无效，且建设工程经验收不合格，但经修复后的建设工程经验收合格的，发包人请求承包人承担修复费用的，法院应予支持。

（3）赔偿损失

《民法典》第 155 条规定："无效的或者被撤销的民事法律行为自始没有法律约束力。"第 157 条规定："民事法律行为无效、被撤销或者确定不发生效力后，行为人因该行为取得的财产，应当予以返还；不能返还或者没有必要返还的，应当折价补偿。有过错的一方应当赔偿对方由此所受到的损失；各方都有过错的，应当各自承担相应的责任。法律另有规定的，依照其规定。"

对无效合同，因不能履行，或已经履行部分存在质量问题、工期延误、停工窝工等原因导致的损失，发承包双方均有权基于对方过错而主张赔偿。《建设工程施工合同司法解释（一）》第 6 条规定："建设工程施工合同无效，一方当事人请求对方赔偿损失的，应当就对方过错、损失大小、过错与损失之间的因果关系承担举证责任。损失大小无法确定，一方当事人请求参照合同约定的质量标准、建设工期、工程价款支付时间等内容确定损失大小的，人民法院可以结合双方过错程度、过错与损失之间的因果关系等因素作出裁判。"

一般来说，发包人通常基于承包人违反资质规定如挂靠，或施工管理规定如转包、违法分包而向承包人主张赔偿责任，包括因承包人原因导致再次招标费用、停工损失费用及重新选定施工单位的施工增加费等。承包人通常基于发包人未完成法定或约定义务，如未办理"四证"影响施工，必须招标而未招标影响施工，未按约定支付工程价款，未按约定提供施工材料，压缩合理工期等原因，而产生的停工、窝工损失及其他费用。

（4）不予结算

工程建设的目的是投入使用，当工程质量验收不合格，且不能通过修复使用，该工程只能拆除，承包人无权要求发包人支付工程价款，已经支付的部分应当返还。发包人对因建设工程不合格造成的损失有过错的，应当承担相应的责任。

【司法实务】

问题 1. 无效合同已经结算，一方反悔，能否以合同无效主张结算协议无效？

因建设施工合同履行周期长，受国家政策、市场变化等因素影响大，难以完全按照约定无差别地履行合同，故而除固定总价合同外，通常需要发承包双方根据实际履行进行结算。《民法典》第 155 条规定："无效的或者被撤销的民事法律行为自始没有法律约束力。"第 793 条第 1 款规定："建设工程施工合同无效，但是建设工程经验收合格的，可以参照合同关于工程价款的约定折价补偿承包人。"

在工程实务中，有些工程项目已经结算，但一方反悔，并以合同无效主张该结算协议也无效，请求法院据实结算。对建设工程施工合同无效，是否影响结算协议的效力问题，实务界存在两种不同观点：

第一种观点认为，结算协议是双方依据合同约定所达成的协议，是履行施工合同的结果，不能脱离施工合同独立存在，因此施工无效结算协议也无效。

第二种观点认为，建设工程施工合同无效不影响结算协议的效力。

笔者认可第二种观点。

一、工程结算是对既存债权、债务的清理和确认

《2013 清单计价规范》规定，工程结算是指发承包双方根据合同约定，对合同工程在实施中、终止时、已完工后进行的合同价款计算、调整和确认。在工程结算以前，因施工合同履行所产生的债权债务已经形成，已完工程造价、工期延误损失、停窝工损失、奖惩事项、垫资利息等内容客观存在，发承包双方对此知晓并经协商一致达成结算协议，是对既存债权债务的结算与清理，[①]是脱离原施工合同的新的协议，具有独立性和终局性。

---

① 最高人民法院在（2014）民一终字第 61 号案件中认为，《补充协议二》在性质上属于对双方之间既存债权债务关系的结算和清理，确认《补充协议二》在法律效力上的独立性和约束力，不违反法律、行政法规的效力性强制性规定，应认定为合法有效。

工程价款的结算具有全面性。根据《建设工程价款结算暂行办法》第 14 条的规定："工程完工后，双方应按照约定的合同价款及合同价款调整内容以及索赔事项，进行工程竣工结算……"工程结算除了包括工程实体造价结算，还包括索赔结算部分。根据《2013 清单计价规范》的规定，索赔包括工期索赔、费用索赔和利润索赔三种，故而结算中应包含工程价款、索赔与反索赔、奖励与罚款、垫资利息、奖罚款等内容。

二、结算协议具有独立性

结算的独立性体现于结算过程的妥协性和处分性。虽然结算协议是当事双方依据施工合同约定达成的，但其本质是对客观已经形成的施工内容及对应价款进行协商处理，即基于原始合同及施工内容而达成的具有确定性的债权债务关系的新协议。根据《2024 清单计价标准》的定义，工程结算是发承包双方根据有关法律法规规定和合同约定，对合同工程实施中、解除时、竣工后的工程项目进行合同价款计算、调整、确认和支付的活动。工程价款的计算、调整和确认的过程，必然涉及哪部分价款应当计入结算，哪部分价款不能计入结算，如何计算和调整，有无合同及法律依据，如何适用冲突条款等问题，这些属于双方协商范畴。结算的最后达成，是经双方相互妥协、协商一致的结果。

最高人民法院在（2016）最高法民终 107 号案件中认为："《纠纷处理协议》是双方就纠纷处理方案签订的协议，该协议在性质上属于对双方之间既存债权债务关系的结算和清理，因而具有独立性。《纠纷处理协议》作为清算协议，具有单独的法律效力，应当作为处理双方争议的依据，涉案工程交付、工程款结算及违约责任的确定等，应当根据《纠纷处理协议》的内容确定。"

三、工程结算具有终局性

结算协议是把涉及与施工合同有关的全部债权债务均纳入并达成的一次性处理的终局协议，包括工程价款、索赔与反索赔、奖励与罚款、奖罚款等。《2013 清单计价规范》第 9.13.6 条规定："发承包双方在按合同约定办理了竣工结算后，应被认为承包人已无权再提出竣工结算前所发生的任何索赔。承包人在提交的最终结清申请中，只限于提出竣工结算后的索赔，提出索赔的期限应自发承包双方最终结清时终止。"

结算的终局性体现在结算一旦达成，即视为全部债权债务终结，任何一方不得再以多算或漏算要求增加或减少结算。[①]结算行为是法律行为，所有的妥协均属于自身权利处分，一旦达成即为有效。除双方当事人另行协商一致改变原结算，或一方当事人有证据证明签订结算协议时受到欺诈、胁迫，存在重大误解或显失公平等情形被法院或仲裁机构依法撤销的，否则结算协议一旦签订，对双方均有约束力，任何一方当事人不能再基于原合同及合同履行要求增加或减少结算。

《建设工程施工合同司法解释（一）》第 29 条规定，“当事人在诉讼前已经对建设工程价款结算达成协议，诉讼中一方当事人申请对工程造价进行鉴定的，人民法院不予准许”。《2017 工程施工合同》通用合同条款第 19.5 条约定：承包人按通用合同条款第 14.2 条【竣工结算审核】约定接收竣工付款证书后，应被视为已无权再提出在工程接收证书颁发前所发生的任何索赔。承包人按通用合同条款第 14.4 条【最终结清】提交最终结算申请单，只限于提出工程接收证书颁发后所发生的任何索赔。北京市高级人民法院《关于审理建设工程施工合同纠纷案件若干疑难问题的解答》第 24 条规定，结算协议生效后，承包人依据协议要求支付工程款，发包人以因承包人原因导致工程存在质量问题或逾期竣工为由，要求拒付、减负工程款或赔偿损失的，不予支持，但结算协议另有约定的除外……结算协议生效后，承包人以因发包人原因导致工程延期为由，要求赔偿停工、窝工等损失的，不予支持，但结算协议另有约定的除外。

四、结算协议的有效性

结算协议的有效性指的是结算协议不因施工合同的无效而无效。结算协议的有效性体现在以下三个方面：（1）结算协议具有独立性，应根据《民法典》关于合同效力的规定单独评价其效力。（2）结算协议是对既存权利义务的确认。建设工程施工合同无效，但履行该合同的人工、材料、机械价值已经物化至建筑物中，恢复原状、互相返还财产无法实现，应当根据法律予以折价补偿。根据

① 最高人民法院在（2017）最高法民再 97 号“五指山兆通房地产开发有限公司与海南金盛建筑工程有限公司建设工程施工合同纠纷案”中认为：“建设工程施工合同当事人在进行工程竣工结算时，应当依照合同约定就对方当事人履行合同是否符合约定进行审核并提出相应索赔。索赔事项及金额，应在结算时一并核定处理。因此，除在结算时因存有争议而声明保留的项目外，竣工结算报告经各方审核确认后的结算意见，属于合同各方进行工程价款清结的最终依据。一方当事人在进行结算时没有提出相关索赔主张或声明保留，完成工程价款结算后又以对方之前存在违约行为提出索赔主张，依法不予支持。”

《民法典》第793条第1款规定："建设工程施工合同无效，但是建设工程经验收合格的，可以参照合同关于工程价款的约定折价补偿承包人。"发承包双方基于法律规定对发包人补偿承包人的工程价款达成新的协议，合法有效。（3）结算协议是当事人对折价补偿达成的新的协议。在工程竣工验收合格的情况下，双方就已完工程折价补偿数额经协商一致并签署结算协议，应视为各方当事人就工程价款折价补偿所达成的新合意，意思表示真实，内容不违反法律规定，合法有效。[①]

最高人民法院民事审判第一庭在《民事审判指导与参考》"民事审判信箱"栏目关于"民事审判指导与参考"问题中指出："应该综合分析协议内容所反映出来的当事人之间权利义务关系性质及与施工合同之间法律关系，并不应以是否冠以'补充协议'称谓而简单认定二者主从关系，如果协议内容属于承发包双方对于既存债权债务关系清理，具有独立性，根据合同法第九十八条规定，合同的权利义务终止，不影响合同中结算和清理条款的效力，本案不因《建设工程施工合同》无效而《补充协议》必然无效，且从诚实信用原则出发，不当扩大合同无效后果边界亦易导致当事人利益失衡。"[②]

针对"建设工程施工合同无效，建设工程经验收合格，当事人签订的结算协议是否有效"问题，最高人民法院民事审判第一庭《2022年第3次法官会议纪要》法官会议意见：当事人有权通过协议方式确定合同无效后的权利义务。建设工程施工合同无效并不必然导致建设工程施工合同关系终止后当事人就工程价款（折价补偿款）支付方式、支付时间、未按约定支付的违约责任所签订的合同无效。《民法典》第793条第1款规定："建设工程施工合同无效，但是建设工程经验收合格的，可以参照合同关于工程价款的约定折价补偿承包人。"根据该款规定，建设工程施工合同无效，但是建设工程经验收合格的，发包人与承包人就工程价款（折价补偿款）的数额、支付方式和时间作出约定，是当事人的权利，是

---

① 最高人民法院在（2016）最高法民终546号"重庆市合川区教育建筑工程有限公司与遵义市乾豪房地产开发有限公司建设工程施工合同纠纷案"中认为："《结算清单》已约定该结算为最终结算不受合同是否无效的影响。《结算清单》第7项约定该结算为案涉工程重新开工前的最终结算，任何一方不得因双方合同另行协商、变更、终止、解除或无效而要求重新结算或纳入其他结算。"

② 杜万华主编：《民事审判指导与参考》2017年第2辑（总第70辑），人民法院出版社2017年版，第257页。

自愿原则的体现，并不违反法律的强制性规定。故建设工程施工合同无效不影响结算协议的效力。

在部分省级高级人民法院的相关指导意见或会议纪要中，对于认可结算协议的独立性和有效性也作出了相应规定。①

故尽管合同无效，当事人已经结算，仍不能以合同无效主张结算协议无效。

关联判例

重庆市合川区教育建筑工程有限公司与遵义市乾豪房地产开发有限公司建设工程施工合同纠纷案

（2016）最高法民终 546 号

【裁判要旨】

《施工合同》是否无效并不影响法院对结算款的认定。

【基本案情】

2012年9月13日，遵义市乾豪房地产开发有限公司（以下简称乾豪公司）（发包人、甲方）与重庆市合川区教育建筑工程有限公司（以下简称合川公司）（承包人、乙方）签订《施工合同》，合同约定了施工范围、工期、质量标准、计价标准、价款支付等内容。在合同履行过程中双方又签订了部分补

---

① 湖南省高级人民法院《关于审理建设工程施工合同纠纷案件若干问题的解答》（湘高法〔2022〕102号）第8条规定："当事人就建设工程价款自行达成结算协议后，又以建设工程施工合同无效为由，否定结算协议确定的工程价款的，不予支持。"

陕西省高级人民法院《关于审理建设工程施工合同纠纷案件若干问题的解答》（陕高法〔2020〕113号）第3条规定："当事人在建设工程施工合同之外签订的结算协议具有独立性，建设工程施工合同是否有效不影响结算协议的效力，结算协议可以作为确定工程价款的依据。"

北京市高级人民法院《关于审理建设工程施工合同纠纷案件若干疑难问题的解答》第7条规定："……建设工程施工合同无效，但工程经竣工验收合格，当事人一方以施工合同无效为由要求确认结算协议无效的，不予支持。"

广东省高级人民法院《全省民事审判工作会议纪要》（粤高法〔2017〕240号）第24条规定："当事人依照无效的建设工程施工合同就工程价款签订了结算协议，且工程经竣工验收合格的，可参照结算协议认定工程价款。"

四川省高级人民法院《关于审理建设工程施工合同纠纷案件若干疑难问题的解答》第22条规定："当事人在诉讼前已就工程价款的结算达成协议，一方在诉讼中要求重新结算的，不予支持……"

充协议略。2015 年 8 月 20 日，乾豪公司（甲方）与合川公司（乙方）签订结算清单。

【裁判摘要】

最高人民法院认为，案涉《施工合同》是否有效，不影响一审法院对结算款的认定。乾豪公司在上诉状及二审庭审中，均主张案涉《施工合同》无效的理由为个人挂靠施工。二审庭审结束后，其又主张《施工合同》未经招投标应为无效并为此新提交了桐梓县住房和城乡建设局出具的证明和桐梓县建筑施工管理站提供的备案《建设工程施工合同》两份证据。虽然乾豪公司上诉提出了《施工合同》无效的多个理由，但就该案而言，案涉《施工合同》是否无效并不影响原审法院对结算款的认定。

第一，结算清单已约定该结算为最终结算不受合同是否无效的影响。结算清单第 7 项约定该结算为案涉工程重新开工前的最终结算，任何一方不得因双方合同另行协商、变更、终止、解除或无效而要求重新结算或纳入其他结算。可见，双方当事人都已确认不管《施工合同》是否无效，该结算均为已完工程量的最终结算。

第二，结算清单已替代了《施工合同》中的结算方式条款。结算清单签订时间晚于《施工合同》签订时间，故其是双方当事人关于案涉工程结算相关事项的最新意思表示。相应地，结算清单第 2 项关于工程款造价金额的约定已表明双方当事人用协商确认工程款结算方式替代了《施工合同》约定的结算方式。

第三，结算清单约定的事项超出了《施工合同》约定范围。结算清单是在《施工合同》签订后，乾豪公司迟延支付工程进度款导致案涉工程停工情况下签订的，不仅包括对案涉工程已完工程量的结算也包括乾豪公司向合川公司承担赔偿责任大小的确认。根据结算清单标题可知，该结算清单的缔约目的不仅是结算案涉工程已完工程量的工程款，还包括确认乾豪公司给合川公司造成的实际损失等。这一点也可从双方在结算清单中约定停工损失金额、补偿费用、迟延支付进度款的资金占用损失费等事项得到印证。从乾豪公司在结算清单中确认向合川公司支付停工损失、迟延支付进度款导致的资金占用损失费可知，乾豪公司已自认案涉工程停工是因自身迟延支付工程进度款的行为所致并自愿赔偿结算清单约定的停工损失和资金占用损失费。该赔偿金额是基于乾豪公司对合川公司造成损失大小的评估，并非根据《施工合同》的约定，故与《施工合同》是否有效无关。

问题 2. 合同无效，发包人能否向施工人主张逾期竣工损失？

民法领域对无效合同的处理，通常以双返为原则。《民法典》第 157 条规定："民事法律行为无效、被撤销或者确定不发生效力后，行为人因该行为取得的财产，应当予以返还；不能返还或者没有必要返还的，应当折价补偿……"鉴于建设工程施工合同的特殊性，建设工程完工后，劳动力和建筑材料已经物化至建设工程中，不适合双返，只能折价补偿。《民法典》第 793 条第 1 款规定："建设工程施工合同无效，但是建设工程经验收合格的，可以参照合同关于工程价款的约定折价补偿承包人。"

一般来说，建设工程耗资巨大，内容繁杂、建设周期长，影响工程进度因素多，不能按照合同约定工期竣工的项目占多数。对合同无效且施工方又未能按照合同约定期限竣工的项目，发包方能否向施工方主张逾期竣工损失问题，实务界存在两种不同观点：

第一种观点认为，施工合同无效，合同中工期与工期违约责任条款亦无效，发包人向施工人主张逾期竣工损失没有依据。

第二种观点认为，合同无效，承包人逾期竣工造成发包人损失的，虽然发包人不能依据合同约定主张违约金，但可以主张损失赔偿。

笔者倾向于第二种观点。

承包人违反合同约定逾期竣工，应承担违约责任。合同无效的，应当基于公平原则和诚实信用原则，对发包人所主张的工期延误损失予以补偿。补偿的范围仅包括实际发生的损失，对于尚未确定或尚未发生的损失，发包人可在损失确定或发生后再另行主张。对损失数额无法确定的，可以参照合同约定。

一、合同无效，不能直接适用违约金条款

《民法典》第 155 条规定："无效的或者被撤销的民事法律行为自始没有法律约束力。"建设工程施工合同无效，合同中的工期条款与工期违约责任条款均无效，不能直接依据无效合同的约定判断工期是否延误，也不能直接依据无效合同约定的工期违约金计算工期延误实际损失。

最高人民法院在（2020）最高法民申690号“甘肃伊发房地产开发有限公司与陇西县威远建筑安装有限责任公司建设工程施工合同纠纷案”中认为：案涉合同因违反《建筑法》的强制性规定而无效。根据《合同法》（已失效）第56条的规定，无效的合同或者被撤销的合同自始没有法律约束力，上述合同中关于竣工日期及逾期竣工违约条款对双方均无拘束力。甘肃伊发房地产公司申请再审称逾期竣工导致其损失巨大，但其并未举证证明所造成的实际损失，也未能证明系因威远建筑公司的原因造成损失，因此甘肃伊发房地产公司关于逾期竣工损失的申请再审理由不能成立。

二、合同无效，并不影响损失赔偿的权利主张

建设工程施工合同无效，承包人过错导致工期延误，虽然不能依据无效条款主张违约责任，但并非不承担工期延误责任。如因合同无效即免除承包人的工期延误赔偿责任，将导致发包人和承包人之间的利益失衡，也不利于诚实信用的价值追求。

《民法典》第157条规定：“民事法律行为无效、被撤销或者确定不发生效力后，行为人因该行为取得的财产，应当予以返还；不能返还或者没有必要返还的，应当折价补偿。有过错的一方应当赔偿对方由此所受到的损失；各方都有过错的，应当各自承担相应的责任。法律另有规定的，依照其规定。”《建设工程施工合同司法解释（一）》第6条也规定：“建设工程施工合同无效，一方当事人请求对方赔偿损失的，应当就对方过错、损失大小、过错与损失之间的因果关系承担举证责任。损失大小无法确定，一方当事人请求参照合同约定的质量标准、建设工期、工程价款支付时间等内容确定损失大小的，人民法院可以结合双方过错程度、过错与损失之间的因果关系等因素作出裁判。”

三、合同无效，损失无法确定，可以参照适用违约金条款

建设工程施工合同无效，承包人过错导致工期延误，发包人有权就其实际损失要求承包人进行赔偿。根据《民事诉讼法》的相关规定，发包人要求承包人工期延误赔偿，需要对工期延误所造成的损害事实及损失大小、承包人的过错、过错与损失之间具有因果关系等内容进行举证。但一般情况下，发包人很难就此举证，有些损失确已发生但非常零散，如因工期延误而出现的甲供材价格上涨，监

理费的增加，建设工程未能按时投入使用的运营损失等；有些损失暂未发生，但后期可能会发生，如小业主对房屋迟延交付索赔等。如果严格按照举证责任处理，发包人需要把所有损失予以统计并加以证明，不仅增加了发包人的举证工作量，还可能要多次起诉、反复起诉。尤其是对于实际损失难以举证的情况下，可能会导致发包人因举证不能而无法获得支持，这对遭受损失一方当事人不公平，容易导致利益失衡，也会利导过错方追求合同无效，违背了合同法的价值取向。

在发包方损失确实存在且又难以举证的情形下，可以参照无效合同中约定的逾期竣工违约责任条款来确定发包方损失，并结合双方过错情况，确定损失责任分担。[①] 理由包括：（1）符合当事人的预期。尽管合同无效，但合同约定是当事人真实意思表示，双方当事人对工期延误可能导致的结果均明知。在工期延误损失无法确定且合同对工期损失赔偿标准有明确约定的情况下，一方过错导致工期延误并参照合同约定处理，符合当事人预期。合同无效，参照合同约定确定违约金数额，并非将无效合同当作有效处理，而是寻找一种符合建设工程施工合同特点的损失赔偿的计算方式。[②]（2）有利于促进当事人诚实守信。当事双方在合同中明确约定违约事由及违约金赔偿标准，会促使当事人按约履行合同；即便违约不能规避，违约方也会理性地选择合理替代方案。例如，在每天工期违约金一定的情况下，承包人会考虑赶工费与工期违约责任的价值差，选择较小代价代替较大责任。（3）避免因无效而获利。不能从违法中获利是法律的基本价值取向。在无法确定实际损失的情况下，参照合同约定来确定实际损失大小，可以避免当事人因合同无效而获得比合同有效更多的利益。

广东省高级人民法院在《关于审理建设工程施工合同纠纷案件若干问题的意见》（已废止）第 3 条提出，“建设工程施工合同无效，但按照《解释》第二条的规定可参照合同约定计算工程价款的，如承包人存在延期完工或者发包人存在延期支付工程款的情形，当事人应参照合同约定赔偿对方因此造成的损失”。

---

① 参见汪军：《关于民法典第七百九十三条的理解与适用》，载最高人民法院民事审判第一庭编：《民事审判指导与参考》2020 年第 1 辑，人民法院出版社 2021 年版，第 57 页。

② 参见汪军：《关于民法典第七百九十三条的理解与适用》，载最高人民法院民事审判第一庭编：《民事审判指导与参考》2020 年第 1 辑，人民法院出版社 2021 年版，第 56 页。

关联判例

江苏苏南建设集团有限公司与安庆新城悦盛房地产发展有限公司、朱某彪建设工程施工合同纠纷案

（2019）最高法民终 589 号

【裁判要旨】

建设工程施工合同无效，损失无法确定，可以参照适用违约金条款。

【基本案情】

2015 年 1 月 5 日，江苏苏南建设集团有限公司（以下简称苏南公司）通过转账向安庆新城悦盛房地产发展有限公司（以下简称新城公司）支付案涉工程投标保证金 10 万元。2015 年 2 月 7 日，苏南公司向新城公司递交商务标等投标资料，并同时向新城公司出具 1 份授权委托书，授权朱某彪为苏南公司的代理人参与案涉工程项目的投标。2015 年 2 月 12 日经过评标，苏南公司中标，中标价为 31317519 元。2015 年 3 月 3 日，新城公司（甲方）与苏南公司（乙方）就安庆吾悦广场项目——商业区桩基签订 1 份《桩基工程施工合同》，合同约定了施工范围、工期、质量标准、计价标准、价款支付等内容。

当日，苏南公司亦与朱某彪签订 1 份工程项目承包责任书，将上述《桩基工程施工合同》项下的桩基工程承包给朱某彪施工，双方约定朱某彪采取“双包”的承包形式，上缴公司的管理费“按上海分公司标准收取”，付款方式为“甲方（苏南公司）在收到业主工程款后，扣除乙方（朱某彪）应缴纳给甲方的管理费和规费后，余款支付给乙方。”该承包责任书还就其他事项进行了约定。

【裁判摘要】

最高人民法院认为：案涉《桩基工程施工合同》约定竣工退场日期为 2015 年 5 月 30 日，由于施工质量问题，案涉桩基工程至 2016 年 6 月 15 日才补桩完成，逾期 380 天。但新城公司主张工程逾期 210 天，最高人民法院予以确认。按照合同约定，工期延误违约金应计算为 3288339.5 元（31317519

元 ×0.5‰ / 天 ×210 天）。因《桩基工程施工合同》无效，该违约金不能当然被采纳。但苏南公司施工质量存在问题，导致案涉工程工期延误并造成损失，苏南公司应向新城公司支付适当的工期延误损失。新城公司在苏南公司开始施工时未取得施工许可证，对案涉工程肢解发包，存在过错，最高人民法院参照工期延误违约金的数额，酌定苏南公司、新城公司各承担50%的工期延误损失责任。

二、挂靠合同结算

| 导读 |

我国对从事建筑活动的建筑施工企业实行资格准入管理制度。《建筑法》第13条规定，从事建筑活动的建筑施工企业、勘察单位、设计单位和工程监理单位，按照其拥有的注册资本、专业技术人员、技术装备和已完成的建筑工程业绩等资质条件，划分为不同的资质等级，经资质审查合格，取得相应等级的资质证书后，方可在其资质等级许可的范围内从事建筑活动。为了建筑质量和安全而通过技术能力、资金实力与工程经验三重维度构筑行业准入门槛，却在实践中异化为“借壳经营”的通道。

挂靠是在建筑业资质管制与市场竞争的张力下而形成的规避制度的典型产物。挂靠合同具有三重法律特点：（1）效力否定性。依据《民法典》第153条的规定，其因违反《建筑法》第26条效力性强制规范而自始无效。（2）履行现实性。挂靠行为具有较强的隐蔽性，除挂靠人与被挂靠人自认之外，第三人很难从其外在行为中发现，直到双方产生争议并诉诸法律，此时该合同往往已经履行完毕。（3）责任复合性，最高人民法院《关于审理建设工程施工合同纠纷案件适用法律问题的解释（一）》第7条确立挂靠人与被挂靠人的连带责任，却未解决工程款结算的权利主体争议。

与之对应的挂靠结算也面临多重困局：（1）结算主体困境。挂靠不像转包或违法分包具有明确的合同相对性，究竟是挂靠人还是被挂靠人与建设单位建立建设工程施工合同关系在司法实践中裁判不一。（2）结算二元性。在建设单位不知情的情况下，挂靠人与被挂靠人之间的挂靠协议通常被认定为内部协议，不影响被挂靠人与建设单位之间结算效力。而事实上被挂靠人与建设单位之间结算又直接影响挂靠人的权利。（3）支付线路混乱。被挂靠人企业通常要求挂靠人自行垫资、自我管理、自负盈亏、自担风险。在合同履约过程中，挂靠人和被挂靠人常有无经营款项支付情形，叠加挂靠费、管理费、工程款等多重资金交织，诱发虚开发票、洗钱等违法行为。

破解挂靠困局需构建分层治理体系，从“资质管制”向“能力认证”转变，逐步压缩传统挂靠生存空间，而当下最需要解决的是存量挂靠合同结算。

【术语解读】

根据《建筑工程施工发包与承包违法行为认定查处管理办法》（建市规〔2019〕1号）的定义，所谓挂靠是指单位或个人以其他有资质的施工单位的名义承揽工程的行为。建筑业中的挂靠实质是借用建筑业企业资质。被挂靠人（出借资质人）在与发包人的关系中表现为承包主体，挂靠人（借用资质人）以被挂靠人名义从事实际施工行为。

（一）挂靠的表现形式

挂靠的表现形式通常有三种：（1）直接挂靠。不具备施工资质的建筑施工企业及个人挂靠有资质的施工企业，或资质等级较低的施工企业挂靠施工资质较高的施工企业，或资质相同的企业互相挂靠，并直接与被挂靠人企业签订建设工程施工合同，由挂靠人实际履行施工合同。（2）以联营名义挂靠。没有建筑施工资质的建筑施工企业或个人与具有建筑施工资质的建筑施工企业签订联营合同，由有资质的施工企业负责签订施工合同，由没有建筑施工资质的建筑施工企业或个人负责施工。（3）以内部承包名义挂靠。没有建筑施工资质的建筑施工企业变相成为具有建筑施工资质的建筑施工企业的内部承包单位，如设立分公司、成立项目部，以内部承包的方式实施建设工程施工任务。

（二）挂靠的特点

1. 资质特点。一般来说，挂靠是无资质或者资质等级较低的民事主体通过协议依附于有资质或者资质等级较高的民事主体，并以后者名义参与特定行业经营活动的行为。但实务中也存在资质等级高的施工单位出于某些因素的考虑，借用资质等级低的施工单位资质承揽工程，或资质等级相同的施工单位相互借用资质承揽工程，这些行为均构成挂靠行为。常见于对施工单位重复出现次数有要求的分散投资型建设项目。

2. 分包特点。正常承包情况下，施工单位会直接与分包单位签订分包合同或劳务合同。但在挂靠模式下，所有投入均由挂靠人承担，被挂靠人并不参与实际经营，为了简便，挂靠人通常以自己公司对外签订采购、分包合同。

3. 管理人员特点。在正常、合法的施工承包关系中，施工单位在施工现场派驻的管理人员应当是施工单位的正式员工，如项目负责人、技术负责人、质量管理负责人、安全管理负责人应当与施工单位签订劳动合同、缴纳社保和由施工单位支付工资。在挂靠模式下，项目管理人员的工资由挂靠人承担，通常没有与施工单位签订劳动合同、在施工单位缴纳社保。近年来，建设主管部门加大对转包、违法分包和挂靠的查处力度，尤其是《建筑工程施工转包违法分包等违法行为认定查处管理办法（试行）》（建市〔2014〕118 号）、《建筑工程施工发包与承包违法行为认定查处管理办法》（建市规〔2019〕1 号）的实施，挂靠人与被挂靠人也对挂靠行为进行合规性处理，让项目管理人员挂职于被挂靠人企业，与被挂靠人签订劳动合同，从被挂靠人企业缴纳社保，由被挂靠人企业直接支付工资。该项目部管理人员通常在项目启动后整体被招录，在工程结束后整体被解聘，工资由挂靠人确定、承担并单独发放，不参与公司内部奖惩及晋升等。

4. 资金特点。在正常、合法的施工承包关系中，因施工合同通常约定进度款按照施工产值的 60%—80% 支付，不论发包人能否按约定及时付款，施工单位都会或多或少的垫资施工。在挂靠模式下，施工单位不实际经营，仅收取一定比例的管理费，不会投入资金，所有垫资款由挂靠人承担。挂靠人承担垫资款的形式分两种：一种是以借款的形式把垫资款汇入被挂靠公司，由被挂靠公司按照挂靠人指示对外支付；另一种是由挂靠人直接对外支付。

（三）挂靠的认定

根据《建筑工程施工发包与承包违法行为认定查处管理办法》（建市规〔2019〕1 号）第 10 条规定，存在下列情形之一的，属于挂靠：（1）没有资质的单位或个人借用其他施工单位的资质承揽工程的；（2）有资质的施工单位相互借用资质承揽工程的，包括资质等级低的借用资质等级高的，资质等级高的借用资质等级低的，相同资质等级相互借用的；（3）本办法第 8 条第 1 款第 3 至 9 项规定[①]的情形，有证据证明属于挂靠的。

（四）挂靠行为的后果

作为具备相应建筑资质的被挂靠企业，理应按照行业规定，在法律规定的范围内从事建筑施工活动，也有义务维护建筑行业的有序发展。被挂靠人为了收取挂靠费用，滥用国家赋予的建筑资质，罔顾人民群众生命财产安全，应承担较重的行政责任和民事责任。

1. 行政责任

挂靠通常是无资质或者资质等级较低的施工企业通过借用较高资质等级施工企业资质承揽工程，在经济实力、管理能力、施工经验、技术力量方面都远比不上有资质的施工企业，给建设工程埋有严重的质量和安全隐患。挂靠属于法律、行政法规明令禁止的行为，如果存在挂靠行为，可能会导致被罚款，没收违法所得，停业整顿，降低资质等级，吊销资质证书，构成犯罪的依法追究刑事责任。

《建筑法》第 26 条[②]明令禁止挂靠，第 66 条规定："建筑施工企业转让、出借资质证书或者以其他方式允许他人以本企业的名义承揽工程的，责令改正，没收违法所得，并处罚款，可以责令停业整顿，降低资质等级；情节严重的，吊销资质证书。对因该项承揽工程不符合规定的质量标准造成的损失，建筑施工企业

① 《建筑工程施工发包与承包违法行为认定查处管理办法》（建市规〔2019〕1 号）第 8 条第 1 款规定："……（三）施工总承包单位或专业承包单位未派驻项目负责人、技术负责人、质量管理负责人、安全管理负责人等主要管理人员，或派驻的项目负责人、技术负责人、质量管理负责人、安全管理负责人中一人及以上与施工单位没有订立劳动合同且没有建立劳动工资和社会养老保险关系，或派驻的项目负责人未对该工程的施工活动进行组织管理，又不能进行合理解释并提供相应证明的；（四）合同约定由承包单位负责采购的主要建筑材料、构配件及工程设备或租赁的施工机械设备，由其他单位或个人采购、租赁，或施工单位不能提供有关采购、租赁合同及发票等证明，又不能进行合理解释并提供相应证明的；（五）专业作业承包人承包的范围是承包单位承包的全部工程，专业作业承包人计取的是除上缴给承包单位"管理费"之外的全部工程价款的；（六）承包单位通过采取合作、联营、个人承包等形式或名义，直接或变相将其承包的全部工程转给其他单位或个人施工的；（七）专业工程的发包单位不是该工程的施工总承包或专业承包单位的，但建设单位依约作为发包单位的除外；（八）专业作业的发包单位不是该工程承包单位的；（九）施工合同主体之间没有工程款收付关系，或者承包单位收到款项后又将款项转拨给其他单位和个人，又不能进行合理解释并提供材料证明的。"

② 《建筑法》第 26 条规定："承包建筑工程的单位应当持有依法取得的资质证书，并在其资质等级许可的业务范围内承揽工程。禁止建筑施工企业超越本企业资质等级许可的业务范围或者以任何形式用其他建筑施工企业的名义承揽工程。禁止建筑施工企业以任何形式允许其他单位或者个人使用本企业的资质证书、营业执照，以本企业的名义承揽工程。"

与使用本企业名义的单位或者个人承担连带赔偿责任。"《建设工程质量管理条例》第61条规定："违反本条例规定，勘察、设计、施工、工程监理单位允许其他单位或者个人以本单位名义承揽工程的，责令改正，没收违法所得，对勘察、设计单位和工程监理单位处合同约定的勘察费、设计费和监理酬金1倍以上2倍以下的罚款；对施工单位处工程合同价款2%以上4%以下的罚款；可以责令停业整顿，降低资质等级；情节严重的，吊销资质证书。"

2. 民事责任

被挂靠人在挂靠行为中应承担如下民事法律责任：（1）对发包人质量损失承担连带责任。《建筑法》第66条规定：被挂靠人转让、出借资质证书或者以其他方式允许他人以本企业的名义承揽工程的，对因该项承揽工程不符合规定的质量标准造成的损失，被挂靠人与挂靠人承担连带赔偿责任。《建设工程施工合同司法解释（一）》第7条规定："缺乏资质的单位或者个人借用有资质的建筑施工企业名义签订建设工程施工合同，发包人请求出借方与借用方对建设工程质量不合格等因出借资质造成的损失承担连带赔偿责任的，人民法院应予支持。"（2）对分包人或材料商承担价款支付责任。尽管各省对被挂靠人是否承担分包人价款支付责任的规定并不完全一致，[①] 但只要分包单位或材料商与被挂靠人直接签订合同，根据合同相对性，分包单位及材料商均有权向被挂靠单位主张价款。司法实务中，为了合规管理，多数情况下挂靠人是以被挂靠人名义对外签订买卖、租赁及分包合同。

---

① 《北京市高级人民法院审理民商事案件若干问题的解答之五（试行）》（京高法发〔2007〕168号）第47条规定："合同相对人同时起诉挂靠者和被挂靠者的，如果合同相对人对于挂靠事实不明知，由挂靠者与被挂靠者承担连带民事责任；如果合同相对人对于挂靠事实明知，首先由挂靠者承担责任，被挂靠者承担补充的民事责任。合同相对人只起诉被挂靠者的，被挂靠者对外应先行承担民事责任。在被挂靠者对外承担责任的范围内，被挂靠者对挂靠者享有追偿权。"

福建省高级人民法院《关于审理建设工程施工合同纠纷案件疑难问题的解答》第3条规定："……挂靠人以被挂靠单位的名义将工程转包或者与材料设备供应商签订购销合同的，一般应由被挂靠单位承担合同责任，但实际施工人或者材料设备供应商签订合同时明知挂靠的事实，并起诉要求挂靠人承担合同责任的，由挂靠人承担责任。"

广东省高级人民法院《关于审理建设工程合同纠纷案件疑难问题的解答》（已失效）第22条规定："挂靠人以被挂靠人的名义承接工程后，又将工程进行分包或转包，实际施工人主张挂靠人和被挂靠人承担欠付工程款连带责任的，应区分情形处理：挂靠人以被挂靠人名义对外签订分包或转包合同的，挂靠人和被挂靠人承担连带付款责任；挂靠人以自己名义对外签订分包或转包合同的，挂靠人承担付款责任。"

【司法实务】

问题 1. 有资质企业借用其他企业资质承揽工程，合同是否有效?

《建筑法》第 66 条[①]规定建筑施工企业不得转让、出借资质证书或者以其他方式允许他人以本企业的名义承揽工程，但对借用资质所签订的施工合同是否有效并未规定。《建设工程施工合同司法解释（一）》第 1 条[②]规定了没有资质的实际施工人借用有资质的建筑施工企业名义签订的施工合同，应当依据《民法典》第 153 条第 1 款的规定认定无效，对有资质企业借用其他企业资质合同是否有效问题并未规定，实务界存在两种不同观点：

第一种观点认为，资质管理的目的是保证工作质量和安全，法律限制的是无资质或超越资质通过借用资质的方式进入工程建设行业，对于有资质企业以其他有资质企业名义或高资质企业以低资质企业名义承揽工程的，属于商业的意思自治行为，法律不应予以干涉，其合同当属有效。

第二种观点认为，企业资质不仅有保障建设工程质量和施工安全的功能，还有维护和规范建筑市场、促进公平交易的功能。《建筑法》禁止出借资质，是禁止借用资质的行为，而非主体的资格，不仅禁止没有资质的自然人或企业借用资质及禁止低资质企业借用高资质企业资质，也禁止有资质企业互借资质及高资质企业借用低资质企业资质，只要借用资质承揽工程，就应当依法认定合同无效。

笔者认为以上观点均值得商榷。

对于有资质企业借用其他企业资质，合同是否有效问题，需要从合同效力的认定及资质管理目的两个维度来考量。

---

① 《建筑法》第 66 条规定："建筑施工企业转让、出借资质证书或者以其他方式允许他人以本企业的名义承揽工程的，责令改正，没收违法所得，并处罚款，可以责令停业整顿，降低资质等级；情节严重的，吊销资质证书。对因该项承揽工程不符合规定的质量标准造成的损失，建筑施工企业与使用本企业名义的单位或者个人承担连带赔偿责任。"

② 《建设工程施工合同司法解释（一）》第 1 条规定："建设工程施工合同具有下列情形之一的，应当依据民法典第一百五十三条第一款的规定，认定无效：（一）承包人未取得建筑业企业资质或者超越资质等级的；（二）没有资质的实际施工人借用有资质的建筑施工企业名义的；（三）建设工程必须进行招标而未招标或者中标无效的。承包人因转包、违法分包建设工程与他人签订的建设工程施工合同，应当依据民法典第一百五十三条第一款及第七百九十一条第二款、第三款的规定，认定无效。"

一、关于合同效力

《民法典》第153条第1款规定："违反法律、行政法规的强制性规定的民事法律行为无效。但是，该强制性规定不导致该民事法律行为无效的除外。"该法条的前半部分规定"违反法律、行政法规的强制性规定的民事法律行为无效"，这是国家对契约自由的干预，干预的界限为"法律、行政法规的强制性规定"。作为体现国家意志的法律、行政法规，应当把保障交易安全、促进交易作为立法宗旨，[①] 如果当事人根据意思自治成立的合同，仅因违反了法律法规的强制性规定就均被认定为无效，那么这类强制性法律法规便有可能成为当事人背信弃义的借口，在客观上助长了以故意违法逃避合同义务的恶意行为，不仅是对违法行为的纵容，更是从根本上违反了契约自由的精神。[②] 该法条的后半部分规定"但是，该强制性规定不导致该民事法律行为无效的除外"。这相当于把法律、行政法规的强制性规定分成两类：第一类是会导致民事法律行为无效的强制性，通常被称为效力性强制性规定；第二类是不会导致民事法律行为无效的强制性，通常被称为管理性强制性规定。

对于何种强制性规定为效力性强制性规定，何种强制性规定为管理性强制性规定，很难凭借单一指标进行判断。通常需要从签约主体、签约内容、履行方式、法益保护、违反后果等几方面来确定。一般来说，合同内容违法，表明该行为是法律、行政法规所禁止的，原则上应当认定合同无效；主体违法、要素违法，表明法律、行政法规并不禁止该法律行为本身，但在认定合同效力时，不能一概认定合同有效或者无效，仍然应根据案件类型，具体问题具体分析；履行行为违法，不影响合同效力；[③] 如果强制性规定涉及金融安全、市场秩序、国家宏观政策等公序良俗的，一般也应当认定合同无效；对于违法行为的法律后果，如果法律直接规定违反会导致民事行为无效，或涉及国家利益、公共安全等，则为效力性强制性规定。

---

① 《民法典》第1条规定："为了保护民事主体的合法权益，调整民事关系，维护社会和经济秩序，适应中国特色社会主义发展要求，弘扬社会主义核心价值观，根据宪法，制定本法。"

② 参见最高人民法院民事审判第一庭编著：《最高人民法院新建设工程施工合同司法解释（一）理解与适用》，人民法院出版社2021年版，第14页。

③ 参见最高人民法院民法典贯彻实施工作领导小组主编：《中华人民共和国民法典总则编理解与适用［下］》，人民法院出版社2020年版，第758页。

二、关于资质

所谓建筑业企业资质，是指基于建筑施工企业人员素质、管理水平、资金数量、技术装备和建筑工程业绩等因素，被建设行政主管部门授予体现施工能力的行政许可。建设工程质量是工程建设的生命，而建筑施工企业的建筑施工能力是保证建设工程质量的前提条件，国家对建设施工领域实行准入制度。《民法典》第791条第3款规定："禁止承包人将工程分包给不具备相应资质条件的单位……"《建筑法》第13条规定："从事建筑活动的建筑施工企业、勘察单位、设计单位和工程监理单位，按照其拥有的注册资本、专业技术人员、技术装备和已完成的建筑工程业绩等资质条件，划分为不同的资质等级，经资质审查合格，取得相应等级的资质证书后，方可在其资质等级许可的范围内从事建筑活动。"

为了防止没有资质企业或个人借用有资质企业的资质，以及资质等级较低的企业借用资质较高的企业资质，《建筑法》第26条规定："承包建筑工程的单位应当持有依法取得的资质证书，并在其资质等级许可的业务范围内承揽工程。禁止建筑施工企业超越本企业资质等级许可的业务范围或者以任何形式用其他建筑施工企业的名义承揽工程。禁止建筑施工企业以任何形式允许其他单位或者个人使用本企业的资质证书、营业执照，以本企业的名义承揽工程。"对于该条法律，到底属于效力性强制性规定还是管理性强制性规定，有观点认为：根据《建筑法》第66条的规定，说明违反《建筑法》第26条的法律后果并不是导致建设工程施工合同无效，而是"责令改正、没收违法所得、罚款、责令停业整顿、降低资质等级、吊销资质证书的行政处罚，以及与借用方一起承担因工程质量不符合标准所造成损失的连带赔偿责任。"进而说明《建筑法》第26条并非效力性强制性规定，而是管理性强制性规定。笔者不认可该观点，对于法律的强制性规定到底属于效力性强制性规定还是管理性强制性规定，可以从法律直接规定违反的后果为合同无效推出该规定为效力性强制性规定，但不能反向认为该法律没有规定违法的后果是合同无效进而推导出为管理性规定。综观整个《建筑法》，关于资质、转包、违法分包的强制性规定诸多，均未直接规定违反的后果为合同无效，并不能因此认为这些规定为管理性效力性规定。

笔者认为，针对《建筑法》第26条规定，需要从立法目的、法益保护及违反后果等几方面来确定。我国《建筑法》对建筑施工企业实行强制性资质管理制度，其根本目的是保障建设工程质量和施工安全。对建筑施工企业作出资质等级的划分，并将法定资质等级作为建筑施工企业承揽建筑工程的前提条件，是维护公共利益和公共安全的需要，同时也是维护建筑市场公平竞争良好秩序的需要。资质体现一个施工企业的人员素质、管理水平、资金数量、技术装备和建筑工程业绩等综合水平，如果通过借用资质规避法律，则可能造成重大的生命财产损失，故而应认定为效力性强制性规定。尽管该法条为效力性强制性规定，违反该规定可以导致合同无效，但是否必然导致合同无效，需要根据具体情况分析：

1. 无资质的自然人或施工企业借用有资质施工企业资质施工。在该种情况下，借用资质的本质是违反了《民法典》第 791 条第 3 款“禁止承包人将工程分包给不具备相应资质条件的单位”及《建筑法》第 13 条“从事建筑活动的建筑施工企业、勘察单位、设计单位和工程监理单位，按照其拥有的注册资本、专业技术人员、技术装备和已完成的建筑工程业绩等资质条件，划分为不同的资质等级，经资质审查合格，取得相应等级的资质证书后，方可在其资质等级许可的范围内从事建筑活动”的规定，合同应当无效。另外，《建设工程施工合同司法解释（一）》也规定没有资质的实际施工人借用有资质的建筑施工企业名义签订的施工合同，应当依据民法典第 153 条第 1 款的规定认定无效。

2. 本身有资质的施工企业借用其他有资质施工企业资质或具有高资质企业借用低资质企业资质承揽工程。该种情况下并不是无资质或低资质承揽工程，不违反《民法典》第 791 条第 3 款及《建筑法》第 13 条的规定，施工企业具备施工能力，不会因资质影响工程质量和施工安全。根据法律应保障和促进交易原则，对能够胜任施工任务，不危害社会公共利益和公共安全的情况下，应当充分尊重当事人意思自治，少判、慎判合同无效。

最高人民法院民事审判第一庭对此认为：鉴于市场在建筑业企业资质等级制度实践中的诸多问题以及我国资质等级管理制度的改革趋势，越来越多的观点认为，对于实际施工人借用资质订立建设工程施工合同的效力不能一概而论。例如，有观点认为，借用资质行为在实践中的表现非常丰富，基于地方保护等理由，高资质等级企业借用低资质等级企业资质，或者同资质企业互相借用资质承揽工程的现象并不鲜见，在借用资质的实际施工人本身具有相应资质，足以确保工程质量和施工安全的情形下，不应仅以当事人实施了借用资质的行为来否定施工合同的效力。[①]

北京市高级人民法院《关于印发〈北京市高级人民法院审理民商事案件若干问题的解答之五（试行）〉的通知》第46条规定："建筑行业中的挂靠经营行为是否无效？建筑行业中的挂靠经营行为并不都是当然无效，在下列情形下挂靠行为有效：（1）挂靠者虽然以被挂靠者的名义签订建设工程施工合同，但其本身具备建筑等级资质，且实际承揽的工程与其自身资质证书等级相符；（2）被挂靠者提供工程技术图纸、进行现场施工管理，并由开发单位直接向被挂靠者结算。"

最后需要说明的是，尽管高资质借用低资质施工企业资质承揽工程不宜按照《建设工程施工合同司法解释（一）》第1条认定合同无效，但如果发包人在签订《建设工程施工合同》时明知承包人系借用其他施工企业资质承揽工程，则应根据《民法典》第146条第1款"行为人与相对人以虚假的意思表示实施的民事法律行为无效"的规定认定合同无效。

关联判例

华邦建投集团股份有限公司与中国中铁股份有限公司建设工程分包合同纠纷案

（2021）最高法民终1287号

【裁判要旨】

高资质企业借用低资质企业资质承揽工程，施工合同并不必然无效。

【基本案情】

华邦建投集团股份有限公司（以下简称华邦建投公司）与广西壮族自治区交通规划勘察设计研究院组成的联合体，共同竞标广西壮族自治区桂平至来宾高速公路工程。2010年12月31日，桂和公司将该公路工程发包给该联合体进行施工，双方签订《总承包合同》，约定施工管理模式采取工程总承包模式。

2011年3月，华邦建投公司（甲方）与中国中铁股份有限公司（以下简

① 参见最高人民法院民事审判第一庭编著：《最高人民法院新建设工程施工合同司法解释（一）理解与适用》，人民法院出版社2021年版，第22页。

称中铁股份公司）（乙方）签订《工程施工承包合同》，约定以下内容："甲方因桂来高速公路工程施工需要，经业主批准，通过招投标甲方接受乙方为桂平至来宾高速公路第四合同段的承包商……"

2011年3月31日，中铁股份公司作出关于成立中国中铁股份有限公司桂来高速公路第四合同段工程项目经理部的通知，载明："经股份公司授权，中铁上海局使用股份公司资质经营承揽的桂平至来宾高速公路工程第四合同段已中标。经研究，决定成立'中国铁路股份有限公司桂来高速公路第四合同段工程项目经理部（以下简称第四项目部）'，代表股份公司实施该工程项目"。其后中铁股份公司将第四标段工程交由其子公司中铁上海工程局第二工程有限公司（以下简称中铁上海局二公司）负责具体承建施工。2011年3月24日，中铁上海局二公司（甲方）与中原轨道公司（乙方）签订《内部施工合同》，载明："根据中铁股份公司与华邦建投公司所签施工承包合同、中铁股份公司给中铁上海局二公司的授权、在甲乙双方标前合作协议的基础上，按照国家、上海工程局的有关规定，结合工程的实际情况，经双方协商就本工程施工事宜达成如下合同条款"，《内部施工合同》约定由中原轨道公司负责组织施工第四标段工程，履行华邦建投公司与中铁股份公司签订的《工程施工承包合同》。（合同履行中的其他事项略）

【裁判摘要】

最高人民法院认为，关于华邦建投公司与中铁股份公司所签订的《工程施工承包合同》是否有效的问题。

《建设工程施工合同司法解释》（2005年施行，已失效）第1条规定："建设工程施工合同具有下列情形之一的，应当根据合同法第五十二条第（五）项的规定，认定无效：（一）承包人未取得建筑施工企业资质或者超越资质等级的；（二）没有资质的实际施工人借用有资质的建筑施工企业名义的；（三）建设工程必须进行招标而未招标或者中标无效的。"第4条规定："承包人非法转包、违法分包建设工程或者没有资质的实际施工人借用有资质的建筑施工企业名义与他人签订建设工程施工合同的行为无效。人民法院可以根据民法通则第一百三十四条规定，收缴当事人已经取得的非法所得。"由此，借用资质所签合同无效系针对"没有资质的实际施工人"借用资质行为的一种法律评价，并未涉及合同相对人的签约行为是否有效的问题。依据《民法总则》(2017 年施行，已失效)第 146 条关于“行为人与相对人以虚假的意思表示实施的民事法律行为无效。以虚假的意思表示隐藏的民事法律行为的效力，依照有关法律规定处理”的规定，“没有资质的实际施工人”作为行为人借用他人资质与相对人的签约行为，只有双方具有共同的虚假意思表示，所签协议才属无效，即相对人须明知或者应当知道实际施工人没有资质而借用他人资质与己签约。就此而言，实际施工人与被借用资质的建筑施工企业之间就借用资质施工事宜签订的挂靠或类似性质的协议，即所谓的对内法律关系，依法应属无效；而实际施工人借用被挂靠人资质与发包人就建设工程施工事宜签订的协议，即对外法律关系是否无效，则需要根据发包人对于实际施工人借用资质承包工程事宜是否知道或者应当知道进行审查判断。若发包人知道或者应当知道，则所签协议无效；反之则协议有效。

就该案而言，2011 年 3 月 1 日，中铁上海局二公司与中原轨道公司签订《标前协议》；2011 年 3 月 18 日，华邦建投公司向中铁股份公司发出中标通知书，随后双方签订《工程施工承包合同》，华邦建投公司将案涉项目中的第四合同段工程分包给中铁股份公司施工，后获得桂和公司批复同意；2011 年 3 月 24 日，中铁上海局二公司与中原轨道公司签订《内部施工合同》；2011 年 3 月 31 日，中铁股份公司作出关于成立中国中铁股份有限公司桂来高速公路第四合同段工程项目经理部的通知。基于上述证据材料所载事实及其他相关事实，中原轨道公司通过中铁上海局二公司借用中铁股份公司的资质投标，并在中标后以中铁股份公司名义与华邦建投公司签订《工程施工承包合同》，具体负责案涉工程第四合同段工程的施工，系中原轨道公司借用中铁股份公司资质进行建设工程施工的行为，不属于再行转包或者违法分包的情形，基本事实清楚。现没有证据证明华邦建投公司知道或应当知道中原轨道公司作为实际施工人挂靠中铁股份公司进行投标、签约的事实。由此，一审判决认定中原轨道公司与中铁股份公司签订的挂靠协议(案涉《标前协议》《内部施工合同》)无效，而以中铁股份公司名义与华邦建投公司所签《工程施工承包合同》合法有效，有相应的事实和法律依据，应予维持。

问题2. 被挂靠人未经挂靠人同意直接与发包人结算，挂靠人是否受该结算约束？

《建筑法》第26条规定，禁止以任何形式用其他建筑施工企业的名义承揽工程，禁止建筑施工企业以任何形式允许其他单位或者个人使用本企业的资质证书、营业执照，以本企业的名义承揽工程。但部分建筑施工企业由于自身规模较小、资金不足，技术能力较弱，无法取得规定的建设工程资质等级，欲承接较大项目只能借用资质或借用较高资质，与其公司形成挂靠与被挂靠关系。挂靠项目中，所有施工投入、人员组织、材料购买、机械设备租赁均来自挂靠人，被挂靠人仅出借资质并不实际投入。一般情况，与发包人的结算也是由挂靠施工人主导、被挂靠人配合完成，但有些被挂靠人基于发包人的压力或存在利益交换等原因，在挂靠施工人明确反对或未经挂靠施工人同意的情况下，依然独自与发包人直接签署结算协议。

对被挂靠人未经挂靠施工人同意直接与发包人结算，挂靠施工人是否受该结算约束问题，实务界存在两种不同观点：

第一种观点认为，实际施工人以被挂靠人名义与发包人签订合同，也应以被挂靠人名义与发包人结算，被挂靠人与发包人之间的结算不论是否经过挂靠施工人同意，均对挂靠施工人产生约束。

第二种观点认为，被挂靠人仅出借资质，并不实际施工，而工程施工的所有投入均来自实际施工人，工程结算权益理应属于实际施工人，被挂靠人未经实际施工人同意直接与发包人的结算，不应约束挂靠人。

笔者倾向于第二种观点。

建筑行业中的挂靠经营行为，主要是指没有相应资质或建筑资质较低的企业、其他组织、个体工商户、个人合伙、自然人以营利为目的，借用其他有相应建筑资质或者资质较高的建筑施工企业的名义承揽建设工程的行为。[①] 没有资质的实际施工人借用有资质的建筑施工企业名义承揽工程的施工合同无效，但合同无效不影响合同中结算和清理条款的效力，应根据《民法典》第793条第1款规定参照合同关于工程价款的约定折价补偿承包人。这是建设工程施工合同无效而

① 参见最高人民法院民事审判第一庭编著：《最高人民法院建设工程施工合同司法解释（二）理解与适用》，人民法院出版社2019年版，第99页。

对应结算有效的法律基础。对挂靠合同的结算，一般是由挂靠人主导，以被挂靠人名义与发包人结算，但在司法实务中依然有特殊情况，即被挂靠人未经挂靠人同意，直接与发包人结算，该结算能否直接约束挂靠人，需要根据不同情况作出具体判断。

一、发包人明知是挂靠经营，且明知实际施工人不同意该结算方案

对于挂靠经营项目，挂靠施工人自主经营、独立核算、自负盈亏。挂靠施工人对工程施工资金投入、独自组织工程施工，是实体义务的履行者和权利的最终享有者，也是盈亏的最终承受者，与发包人的结算直接影响其实际利益，应当经其同意。而被挂靠人只是形式上的承包人，并不直接履行合同约定的相关义务，在未经挂靠施工人同意情况下，无权直接与甲方进行结算。发包人明知是挂靠经营，且明知实际施工人不同意该结算方案，两者之间的结算就属于恶意串通伤害挂靠人利益。

所谓恶意串通，是指行为人与相对人互相勾结，为谋取私利而实施的损害他人合法权益的民事法律行为。[①] 发包人与被挂靠人均明知为挂靠经营，且明知实际施工人不同意该结算方案，相互勾结损害挂靠施工人的合法权益，具有明显的不法性，应当给予否定性评价。《民法典》第 154 条规定，行为人与相对人恶意串通，损害他人合法权益的民事法律行为无效。该种情形往往体现为挂靠人向发包人及被挂靠人明确表示不接受该结算，被挂靠人与发包人的结算不应约束挂靠实际施工人。

二、发包人明知是挂靠经营，但不知实际施工人不同意该结算方案

挂靠存在两个法律关系：一是发生在发包人与被挂靠人之间的建设工程施工合同关系；二是发生在挂靠人与被挂靠人之间的资质借用关系。对于后一个法律关系，属于《民法典》合同编中的委托合同关系，即挂靠人委托被挂靠人，以被挂靠人的名义与发包人签订建设工程施工合同，其目的是规避国家在建设工程领域对资质管理的限制，从而达到与发包人获取真实交易的目的。发包人明知是挂靠经营，说明发包人对被挂靠人仅是名义施工人，是挂靠人的隐名代理人系明知。结算权利是合同履行的重大权利，直接影响合同相对方的核心利益，是合同目的能否实现的决定因素，必须有当事人的授权。被挂靠人未经挂靠人同意

① 参见最高人民法院民法典贯彻实施工作领导小组主编：《中华人民共和国民法典总则编理解与适用［下］》，人民法院出版社 2020 年版，第 775 页。

与发包人签订结算协议，属于没有代理权、超越代理权实施代理行为，根据《民法典》第171条第1款的规定："行为人没有代理权、超越代理权或者代理权终止后，仍然实施代理行为，未经被代理人追认的，对被代理人不发生效力。"该种情形通常体现为挂靠人没有在结算协议上签字。对此，发包人可以根据《民法典》第171条第2款[①]的规定催告挂靠人自收到通知之日起30日内予以追认。挂靠人拒绝追认的，该结算对挂靠人不应产生效力。

三、发包人不知挂靠

挂靠通常是挂靠人利用资源优势先行获得工程项目承包权，然后找对应有资质的被挂靠人企业与发包人签订合同，并与被挂靠人签订挂靠协议，约定所有权利义务为挂靠人，被挂靠人获取一定比例的管理费。凡事皆有例外，也有一些挂靠人借用被挂靠人资质直接参与投标并中标，该种方式挂靠的隐蔽性极强，除非挂靠人与被挂靠人对外披露，发包人很难对挂靠人是借用资质以建筑施工企业名义签订合同知情。

如果发包人在订立合同时并不明知是挂靠，则结算应以坚持合同相对性原则来处理，因为此时发包人对应的施工合同相对人仍是具有资质的建筑施工企业，而非实际施工人。根据《民法典》第926条第1款的规定："受托人以自己的名义与第三人订立合同时，第三人不知道受托人与委托人之间的代理关系的，受托人因第三人的原因对委托人不履行义务，受托人应当向委托人披露第三人，委托人因此可以行使受托人对第三人的权利。但是，第三人与受托人订立合同时如果知道该委托人就不会订立合同的除外。"挂靠人无论是没有资质个人还是低资质的其他施工企业，均不能与发包人直接订立合同。故此，发包人与承包人之间的结算合法有效。该结算损害挂靠人利益的，挂靠人可以向被挂靠人主张赔偿。

四、挂靠人与被挂靠人有独立结算条款

如果挂靠人与被挂靠人有独立结算条款，且不受发包人与被挂靠人直接结算所限，则不论被挂靠人与发包人之间的结算是否经过挂靠人均不影响挂靠人利益，该结算合法有效。

---

① 《民法典》第171条第2款规定："相对人可以催告被代理人自收到通知之日起三十日内予以追认。被代理人未作表示的，视为拒绝追认。行为人实施的行为被追认前，善意相对人有撤销的权利。撤销应当以通知的方式作出。"

关联判例

大连中远房地产开发有限公司与孔某生以及大连瑞恒建设有限公司建设工程施工合同纠纷案

（2012）民申字第186号

【裁判要旨】

被挂靠人只是出借资质，并没有进行施工，其与发包人之间的结算损害了实际施工人的利益，认定该工程造价确认书对实际施工人没有约束力，并无不当。

【裁判摘要】

最高人民法院认为，（1）虽然该案涉诉工程的《建设工程施工合同》是由大连中远房地产开发有限公司（以下简称中远公司）与大连瑞恒建设有限公司（以下简称瑞恒公司）签订的，但是，瑞恒公司在与中远公司签订正式的《建设工程施工合同》之前已经与孔某生签订了《承包合同》，并约定将涉案工程承包给孔某生施工，由其自行组建项目部，实行独立核算自负盈亏，债权债务等经济法律责任由孔某生自行承担。而孔某生在与瑞恒公司签订该《承包合同》之前就已经实际进入工地开始施工，原审中孔某生提供了工程联系单、设计变更通知单等多份证据，证明在施工过程中均由孔某生与中远公司交涉，故二审判决认定孔某生以个人名义与瑞恒公司签订的《承包合同》实为资质借用合同，并无不当。瑞恒公司与中远公司均主张双方已经结算完毕，作为实际施工人的孔某生已无法通过瑞恒公司向发包方中远公司主张权利。因此，二审判决根据《解释》第26条第2款的规定，认定孔某生有权提起诉讼向中远公司主张权利，并无不当。（2）虽然瑞恒公司与中远公司签订了《建设工程施工合同》和《建设工程施工合同的补充合同》，约定按2004年辽宁省定额计算工程款，但《建设工程施工合同的补充合同》签订于《建设工程施工合同》之前，有违合同订立的一般顺序，其真实性足以引起合理怀疑，且《建设工程施工合同》签订于孔某生已给中远公司开始施工、与瑞恒公司订立《承包合同》之后。中远公司与瑞恒公司先后订立了两份合同对孔某生实体权利进行处分，其中关于工程价款的约定对实际施工人孔某生明显不公。在原审庭审中，孔某生始终否认知晓中远公司与瑞恒公司关于结算的约定，孔某生在对中远公司提交的建筑工程预算书进行质证的过程中提出，两份预算书封皮与里面内容不一致，且存在大量改动的痕迹，中远公司对此未能给出合理解释。因此从现有证据看，不能证明孔某生知晓中远公司与瑞恒公司之间的《建设工程施工合同》，二审判决认定该合同对孔某生不具有约束力，并无不当。之后，中远公司以瑞恒公司为实际施工人，于2010年1月28日委托大连瑞峰建设工程咨询有限公司将2008年施工的位于吉林省镇赉县的涉诉工程以辽宁省2004年度预算定额进行鉴定，出具“书香蓝郡”工程结算造价确认书，并与瑞恒公司进行了结算。但实际上瑞恒公司只是出借资质，并没有进行施工，双方之间的结算损害了孔某生的利益，因此，二审判决认定中远公司与瑞恒公司所作的工程造价确认书对孔某生没有约束力，也无不当。（3）该案涉诉工程为2008年开始施工，且施工地点在吉林省，孔某生与恒瑞公司之间的《承包合同》没有关于结算方式的约定，故按吉林省2006年度取费标准进行鉴定，符合该案实际情况。而在中远公司与瑞恒公司之间《建设工程施工合同》对孔某生没有约束力的情况下，中远公司提出的按辽宁省2004年度预算定额进行结算的主张，依据不足，二审判决不予支持，并无不当。（4）在一审法院2011年4月7日庭审时，合议庭的审判长就是翟某海，各方当事人均明确表示不申请回避。因孔某生增加诉讼请求未在法定期限内提出，一审法院已明确不予审理。2010年1月28日，孔某生向一审法院提出申请要求对工程造价进行鉴定，2010年5月15日，一审法院委托吉林通汇工程造价咨询有限公司进行鉴定。2010年12月，该公司向一审法院出具鉴定报告征求意见稿。送达后，一审法院通知双方当事人在7日内如有异议，提供书面材料，而双方当事人在法定的期限内对鉴定机构出具的征求意见稿均未提出书面异议。2010年12月27日，鉴定机构向一审法院出具通汇工鉴字〔2010〕021号鉴定报告，在庭审中孔某生没有异议，中远公司与瑞恒公司对鉴定报告提出异议，鉴定部门派员就中远公司提出的异议进行了解答，对该鉴定报告一审法院予以确认。中远公司并不能提供证据证明本案鉴定程序存在违法情形。该案二审判决正确，中远公司关于该案违反法定程序可能影响正确判决的申请再审理由不能成立。

问题3.挂靠人能否基于《建设工程施工合同司法解释（一）》第43条规定向发包人主张工程价款？

《建设工程施工合同司法解释（一）》第43条规定，“实际施工人以转包人、违法分包人为被告起诉的，人民法院应当依法受理。实际施工人以发包人为被告主张权利的，人民法院应当追加转包人或者违法分包人为本案第三人，在查明发包人欠付转包人或者违法分包人建设工程价款的数额后，判决发包人在欠付建设工程价款范围内对实际施工人承担责任”。该司法解释仅规定了转包合同的实际施工人和违法分包合同的实际施工人可以向发包人主张权益，并未涉及挂靠合同的实际施工人。

对挂靠人能否基于《建设工程施工合同司法解释（一）》第43条规定向发包人主张工程价款问题，实务界存在两种不同观点：

第一种观点认为，《建设工程施工合同司法解释（一）》第43条规定并未排除挂靠人。另外，转包与违法分包实际施工人之所以能够突破合同相对性直接向发包人主张权益，是因为转包与违法分包的合同无效从而弱化了合同相对性，但转包与违法分包的上游合同通常是有效的，对挂靠合同而言，一般来说挂靠合同和对应的建设工程施工合同都无效，举轻以明重，挂靠施工更应当弱化合同相对性，《建设工程施工合同司法解释（一）》第43条规定应当可以适用挂靠合同。

第二种观点认为，《建设工程施工合同司法解释（一）》第43条只规定了两类实际施工人的权益保护，即转包合同的承包人和违法分包合同的承包人的权益保护问题，挂靠与转包、违法分包的法律关系不同，不能适用。

笔者倾向第二种观点。

挂靠人不能基于《建设工程施工合同司法解释（一）》第43条规定向发包人主张工程价款，主要有以下两点原因。

一、突破合同相对性必须有依据

债权属于对人权，具有相对性。合同相对性的内涵在于合同只在特定的当事主体之间发生法律约束力，只有合同当事人能基于合同向相对方提出请求或提起诉讼，而不能向与其无合同关系的第三人提出合同上的请求，也不能擅自为第三人设定合同上的义务。[①] 允许实际施工人突破合同相对性直接向没有合同关系的

① 参见王利明：《合同法研究》（第1卷），中国人民大学出版社2015年版，第132页。

发包人主张工程价款是基于对特殊利益群体农民工的利益保护而做出的司法让步。《民法典》第465条第2款规定："依法成立的合同，仅对当事人具有法律约束力，但是法律另有规定的除外。"《建设工程施工合同司法解释（一）》第43条只规定了转包合同的实际施工人和违法分包合同的实际施工人可以向发包人主张权益，没有规定挂靠人向发包人主张权益，挂靠人不能依据该条司法解释向发包人主张价款。

二、《建设工程施工合同司法解释（一）》第43条是为转包和违法分包设置的条款，挂靠与转包和违法分包有本质不同

关于转包，住房和城乡建设部出台的《建筑工程施工发包与承包违法行为认定查处管理办法》第7条规定："本办法所称转包，是指承包单位承包工程后，不履行合同约定的责任和义务，将其承包的全部工程或者将其承包的全部工程肢解后以分包的名义分别转给其他单位或个人施工的行为。"由此可见，在转包关系中，转包人自身承接工程后，将全部工程转给其他主体施工，但自己并未脱离这一合同链条关系，仍是建设工程连环合同的一部分。转包存在两份合同，一份是转包人与发包人之间的合同，另一份是转包人与转承包人即实际施工人之间的转包合同，两份合同均是施工合同，两份合同相互独立，在发生争议时各自具有独立的请求权。

关于违法分包，其性质与转包类似，其根据住房和城乡建设部出台的《建筑工程施工发包与承包违法行为认定查处管理办法》第11条规定："本办法所称违法分包，是指承包单位承包工程后违反法律法规规定，把单位工程或分部分项工程分包给其他单位或个人施工的行为。"由此可见，在违法分包关系中，违法分包后，违法分包人也并未脱离这一合同链条关系，仍是建设工程连环合同的一部分。违法分包也存在两份合同，一份是违法分包人与发包人之间的合同，另一份是违法分包人与违法分包的承包人即实际施工人之间的违法分包合同，两份合同也均属施工合同，两份合同相互独立，在发生争议时各自具有独立的请求权。违法分包与转包的主要区别在于，是否非将全部工程转给其他主体施工。

在转包或违法分包模式下，均存在两份合同，一份是转包人或违法分包人与发包人之间的建设工程施工合同，另一份是转包人或违法分包人与实际施工人之间签订的转包合同或违法分包合同，两份合同相互关联，各自独立履行。在转包人或违法分包人欠付工程款的情况下，不论发包人是否向转包人或违法分包人支

付价款，实际施工人均有权基于双方之间的转包合同或违法分包合同直接向其前手主张工程价款。《建设工程施工合同司法解释（一）》第43条第1款规定：“实际施工人以转包人、违法分包人为被告起诉的，人民法院应当依法受理。”该条是实际施工人向转包人或违法分包人主张工程价款的核心条款，符合合同相对性和当事人心理预期。当转包人或违法分包人出现下落不明、破产、资信状况恶化等缺乏支付能力，欠付劳务分包工程款导致无法支付劳务分包关系中农民工工资时，可以适用《建设工程施工合同司法解释（一）》第43条第2款规定要求发包人在欠付工程价款范围内对实际施工人承担责任。[①]

对于挂靠，其性质与转包和违法分包完全不同。挂靠也存在两份合同，一份是发生在发包人与被挂靠人之间的建设工程施工合同，另一份是发生在挂靠人与被挂靠人之间的资质借用合同，实务中常以“内部承包合同”“联营协议”等形式出现。根据住房和城乡建设部出台的《建筑工程施工发包与承包违法行为认定查处管理办法》第9条规定：“本办法所称挂靠，是指单位或个人以其他有资质的施工单位的名义承揽工程的行为。前款所称承揽工程，包括参与投标、订立合同、办理有关施工手续、从事施工等活动。”由此可知，在挂靠模式下，包括参与投标、订立合同、办理有关施工手续、从事施工等活动都是借用资质的挂靠人，而被挂靠人仅收取管理费，并不实际参与工程的施工与管理，其仅是名义施工人，并非发包人的真实合同相对人。挂靠人与被挂靠人之间的资质借用合同，其本质上属于租赁合同，[②]即挂靠人租赁被挂靠人资质用于承揽工程并向被挂靠人支付租金（管理费），并不属于施工合同。

根据发包人是否对挂靠知情，可以把挂靠分为发包人明知挂靠和发包人不明知挂靠两种情形。

第一种情形，发包人明知挂靠或应知挂靠。尽管建设工程施工合同名义上还是被挂靠人，但实质上挂靠人和发包人之间建立事实上的合同关系，工程价款发

---

① 参见杜万华主编：《〈第八次全国法院民事商事审判工作会议（民事部分）纪要〉理解与适用》，人民法院出版社2017年版，第60页。

② 如最高人民法院公报案例（2016）最高法民再149号“李某国与孟某生、长春圣祥建筑工程有限公司等案外人执行异议之诉案”持有该观点，“该内部承包合同约定的承包范围为《资质证书》中规定的工业与民用建筑承包范围，也就是说，究其合同约定之实质，该合同名为内部承包，实为建设工程施工企业资质租赁或者有偿使用”。详见《最高人民法院公报》2017年第2期（总第244期）。

生在发包人与挂靠人之间。最高人民法院民一庭观点：“没有资质的实际施工人借用有资质的建筑施工企业名义与发包人签订建设工程施工合同，在发包人知道或者应当知道系借用资质的实际施工人进行施工的情况下，发包人与借用资质的实际施工人之间形成事实上的建设工程施工合同关系。该建设工程施工合同因违反法律的强制性规定而无效。根据《民法典》第 493 条第 1 款规定，借用资质的实际施工人有权直接请求发包人参照合同关于工程价款的约定折价补偿。”挂靠人与被挂靠人之间仅存在借用资质关系，并不存在施工合同关系，被挂靠人没有实际资金投入、不参与实际施工，除基于挂靠合同收取相应管理费外，不再拥有其他利益。故而被挂靠人在未收到发包人支付工程价款之前，被挂靠人没有向发包人主张工程价款的事实依据，对挂靠人也无承担支付工程价款的义务[①]，发包人不存在欠付被挂靠人工程价款的可能，故而不存在《建设工程施工合同司法解释（一）》第 43 条第 2 款所规定的“在欠付建设工程价款范围内对实际施工人承担责任”的适用条件。

第二种情形，发包人对挂靠并不知情。在该种情形下存在两个法律行为：一是以虚假的意思表示实施的民事法律行为，即出借资质的建筑施工企业与发包人签订的建设工程施工合同的法律行为。二是以虚假的意思表示隐藏的民事法律行为，即借用资质的实际施工人与发包人之间就建设工程施工合同之标的产生了实质性的建设工程施工合同关系。[②]在该种情况下，为了保护善意的发包人，需坚守合同相对性原则，只能以被挂靠人的名义向发包人主张工程款，再由被挂靠人将从发包人处收到的工程款转付给挂靠人。

以上两种情形的请求权基础都是《民法典》第 493 条“合同无效情况下，请求发包人参照合同关于工程价款的约定折价补偿相关规定”，而非《建设工程施工合同司法解释（一）》第 43 条。

① 最高人民法院（2019）最高法民再 329 号认为：依据《建设工程施工合同司法解释》（已失效）第 26 条“实际施工人以转包人、违法分包人为被告起诉的，人民法院应当依法受理。实际施工人以发包人为被告主张权利的，人民法院可以追加转包人或者违法分包人为本案当事人。发包人只在欠付工程价款范围内对实际施工人承担责任”的规定，实际施工人可向发包人、转包人、违法分包人主张权利。但中某公司系被挂靠方，不属于转包人、违法分包人或发包人，原判决以上述规定为法律依据判决中某公司承担给付工程款的责任，适用法律错误，本院予以纠正。

② 最高人民法院民事审判第一庭编著：《最高人民法院新建设工程施工合同司法解释（一）理解与适用》，人民法院出版社 2021 年版，第 451 页。

关联判例

甘肃第一建设集团有限责任公司、庆阳市华兴房地产开发有限公司建设工程施工合同纠纷案

（2020）最高法民申1814号

【裁判要旨】

借用他人资质的实际施工人在与发包方发生法律关系时，均是以被挂靠人的名义出现，挂靠人缺乏独立性，故不存在突破合同相对性问题，也与另外两种情形的实际施工人以自己名义进行施工不同，上述两条司法解释并不适用于借用他人资质的实际施工人。

【基本案情】

2011年3月4日，甘肃第一建设集团有限责任公司（以下简称甘肃一建）与李某昌就案涉庆阳华兴商贸城工程联营管理费的收取事宜及委派项目管理人员进行了洽谈，约定由甘肃一建向李某昌收取1%管理费，项目管理人员由甘肃一建委派，组建项目部，人员薪酬由李某昌另行承担。之后，甘肃一建参与案涉工程竞标。2011年4月29日，庆阳市建设工程承包发包交易中心作出建设工程中标通知书，确定甘肃一建为该工程中标单位。

2011年5月1日，庆阳市华兴房地产开发有限公司（以下简称华兴公司）与甘肃一建签订《建设工程施工合同》，约定华兴公司将其开发的庆阳华兴商贸城工程发包给甘肃一建施工。开工日期2011年5月18日，竣工日期为2012年11月8日；工程面积为68861.64平方米，合同价款为170783207.56元。

2011年6月7日，甘肃一建工程承包公司作为发包方与承包方金程公司签订协议书，将案涉工程发包给金程公司施工，该公司法定代表人李某平系李某昌之子，李某昌作为金程公司代表人在协议上签字。

【裁判摘要】

最高人民法院认为，（1）华兴公司与李某昌之间的结算协议有效。甘肃一建主张根据《建设工程施工合同司法解释》第26条以及《建设工程施工合同司法解释（二）》第24条之规定，建设工程施工合同关系具有相对性，

非法转包和违法分包的实际施工人不得突破合同相对性径直对发包人主张权利。然而，实际施工人包括非法转包、违法分包、借用资质情形等情形下的实际承包人。借用他人资质的实际施工人在与发包方发生法律关系时，均是以被挂靠人的名义出现，挂靠人缺乏独立性，故不存在突破合同相对性问题，也与另外两种情形的实际施工人以自己名义进行施工不同，上述两条司法解释并不适用于借用他人资质的实际施工人。该案中，李某昌借用甘肃一建资质，李某昌系以甘肃一建（乙方）委托代理人的名义与华兴公司（甲方）签订结算协议，原审据此作出裁判并未突破合同相对性。甘肃一建对上述情况完全知晓，其亦未能够举证证明李某昌与华兴公司之间存在恶意串通损害其合法权益之事实。案涉结算协议亦不存在违反法律、行政法规强制性规定之效力瑕疵，原审对其做有效认定并无不当。（2）华兴公司与李某昌之间以房抵债的约定有效。以房抵债约定亦是李某昌以甘肃一建名义与华兴公司缔结，甘肃一建对此知情。华兴公司与李某昌之间关于以房抵债的约定，系结算协议的内容之一，结算协议有效，以房抵债约定亦无效力瑕疵。李某昌系案涉项目工程的实际施工人，案涉项目工程整个建设过程均由其负责完成，华兴公司完全有理由相信其能够代表甘肃一建。甘肃一建作为资质出借方，本已于法不当，对此可能产生的法律风险应有充分预期，现在未明确终止李某昌与其挂靠关系的情形下，否认李某昌就挂靠事项内所作的行为效力，于理于法无据。另外，甘肃一建主张案涉房产已被查封，所以以房抵债约定无效。对此，法院认为，债务人并不因查封而丧失其原有的不动产物权；不动产在查封后，债务人对该不动产的处分受到限制，此为保护债权人之必要效力。但这并不意味着债务人对其该不动产进行的任何处分行为都一律无效，而只是相对债权人无效。如果该处分行为并不对债权的实现构成妨碍，不损害债权人的权益，可以有效。该案如前所述，李某昌一直以甘肃一建的名义与华兴公司进行结算，抵债房产所抵顶的也是甘肃一建名义上的债权，故为有效。

问题 4. 挂靠施工人能否基于挂靠合同向被挂靠人主张工程价款？

挂靠是建设工程实务中最常见的违法经营方式之一，挂靠人通过被挂靠企业承揽工程并自行投入、独立组织施工、自主经营、独立核算、自负盈亏。在挂靠模式下，挂靠人与发包人之间没有合同，仅与被挂靠人之间有挂靠合同。挂靠施工人能否基于挂靠合同向被挂靠人主张工程价款？对此，实务界存在两种不同观点：

第一种观点认为，挂靠人借用被挂靠人资质与发包人签订施工合同，挂靠人与发包人没有合同关系，只能由被挂靠人向发包人主张权益，如果被挂靠人怠于向发包人主张价款，挂靠人有权向被挂靠人主张工程价款。

第二种观点认为，挂靠人与被挂靠人之间系借用资质关系，不是工程施工合同关系，被挂靠人不对挂靠人承担价款支付责任，挂靠人不能直接向被挂靠人主张工程价款。

笔者认为以上两种观点均不完整。

建筑行业中的挂靠经营行为，主要是指没有相应资质或建筑资质较低的企业、其他组织、个体工商户、个人合伙、自然人以营利为目的，借用其他有相应建筑资质或者资质较高的建筑施工企业的名义承揽建设工程的行为。就挂靠人与被挂靠人而言，双方之间成立的是挂靠合同关系，也就是资质借用合同关系，被挂靠人通过出借资质获取管理费，被挂靠人不实际投入、不参与实际施工，除基于挂靠合同收取相应管理费外，不再拥有其他权益，也不应承担其他义务，故基于双方合同关系被挂靠人并没有向挂靠人支付工程价款的义务。

如最高人民法院在（2019）最高法民再329号“中国大地财产保险股份有限公司郴州中心支公司、侯某冬因申请诉中财产保全损害责任纠纷案”中认为：依据《建设工程施工合同司法解释》第26条实际施工人以转包人、违法分包人为被告起诉的，人民法院应当依法受理。实际施工人以发包人为被告主张权利的，人民法院可以追加转包人或者违法分包人为本案当事人。发包人只在欠付工程价款范围内对实际施工人承担责任的规定，实际施工人可向发包人、转包人、违法分包人主张权利。但中顶公司系被挂靠方，不属于转包人、违法分包人或发包人，原判决以上述规定为法律依据判决中顶公司承担给付工程款的责任，适用法律错误，法院予以纠正。因此，中顶公司再审主张其不承担案涉工程款及利息的给付责任成立，对中顶公司请求驳回朱某军对其的诉讼请求，予以支持。

地方高级人民法院亦有类似的指导意见，如河南省高级人民法院《关于实际施工人相关问题的会议纪要》第4条，河南省高级人民法院对于借用资质的实际施工人向出借资质的建筑施工企业主张工程款能否得到支持的答复为“借用资质的实际施工人明知其与出借资质的施工企业是借用资质（挂靠）关系且常签有挂靠或内部承包协议，双方之间不存在发、承包关系，实际施工人向出借资质的施工企业主张工程款应不予支持……”但在以下几种情况下，挂靠人有权向被挂靠人主张权益：

1. 发包人向被挂靠人支付工程价款，但被挂靠人未向挂靠人支付。挂靠模式下，被挂靠人不实际投入、不参与经营管理，只是形式上拥有相关权利。挂靠人自主经营、独立核算、自负盈亏。挂靠人是实体义务的履行者和权利的最终享有者，它对工程进行独立核算，独自组织工程施工，也是盈亏的最终承受者。[①] 被挂靠人收到发包人所支付的工程价款本质上属于挂靠人所有，如果被挂靠人收到工程价款却未支付给挂靠人时，挂靠人有权向被挂靠人索要。

2. 被挂靠人未经挂靠人同意签署结算协议造成挂靠人实际损失的。在挂靠模式下，尽管被挂靠人与发包人具有名义上的合同关系，但该工程的实际承包人是挂靠人，挂靠人享有实际施工经营利益，拥有实际结算权利。被挂靠人未经挂靠人同意签署结算协议造成挂靠人实际损失的，挂靠人有权向被挂靠人主张权益。

3. 被挂靠人不履行协助义务造成挂靠人实际损失的。尽管挂靠经营不被国家法律所允许，挂靠人与被挂靠人所签订的挂靠合同常被认定无效，但已经履行的挂靠合同，双方均应信守诚实信用原则，合理履行各自法定及约定义务。如合同约定被挂靠人承担协助办理各类手续、协助缴纳各类保险及税费、协助向发包人索要工程款等。在此情况下，如果被挂靠人故意不履行合同约定义务造成挂靠人无法获取工程价款，应当承担相应损害赔偿责任。

关联判例

四川中顶建设工程有限公司、朱某军建设工程施工合同纠纷案

（2019）最高法民再 329 号

【裁判要旨】

挂靠关系下的实际施工人无权向被挂靠人主张工程款。

① 参见最高人民法院民事审判第一庭编著：《最高人民法院建设工程施工合同司法解释（二）理解与适用》，人民法院出版社 2019 年版，第 102 页。

【基本案情】

2015年8月26日四川中顶建设工程有限公司（以下简称中顶公司）与朱某军签订《挂靠协议》，挂靠期间为2年，即2015年8月26日起至2017年8月25日止。2016年11月2日，乌兰县国土资源局与中顶公司签订《合同协议书》，有乌兰县国土资源局委托代理人刁某林签字，并有中顶公司孙某刚及双方盖章。2017年1月20日，乌兰县国土资源局与中顶公司签订《施工合同补充协议》，约定：（1）原合同价：3452906.10元；（2）变更增加：605393.90元；（3）其他费用：658100元；（4）总投资：4716400元。原合同其他条款不变。有乌兰县国土资源局委托代理人刁某林签字，并有中顶公司孙某刚及双方盖章。该案涉项目计划于2016年10月23日开工，实际开工日期为2016年11月2日，完工日期为2016年12月10日，竣工验收日期为2017年2月23日。

2018年3月12日，中顶公司向乌兰县国土资源局出具的工作联系函载明："我公司中标的由贵单位2016年发包的'乌兰县柯柯镇托海村土地开发（占补平衡）项目'工程，一直由挂靠在我单位的朱某军先生与贵局实际联系并承包本项目……"并盖有中顶公司公章。

【裁判摘要】

最高人民法院认为，中顶公司认为2015年8月26日与朱某军签订的《挂靠协议》上没有中顶公司印章，但在《挂靠协议》中顶公司法定代表人签字处有孙某刚的签名，孙某刚作为中顶公司的法定代表人能够代表中顶公司签订协议，朱某军与中顶公司签订的《挂靠协议》成立。该协议第4条约定"中顶公司同时协助朱某军办理收付工程款……"，并未有中顶公司向朱某军支付工程款的约定，乌兰县国土资源局未向中顶公司支付案涉工程款，朱某军也未提供其他证据证明中顶公司应向其支付工程款。朱某军主张中顶公司支付欠付工程款及利息没有事实依据。

2018年3月12日中顶公司向乌兰县国土资源局出具的工作联系函记载，"案涉工程一直由挂靠在我单位的朱某军先生与贵局联系并承包本项目"。乌兰县国土资源局对工作联系函的内容认可，称朱某军是案涉工程的实际施工人。中顶公司对此函的真实性认可，但认为案涉工程实际施工人并非朱某军，并提供了相关证据。工作联系函中明确记载案涉工程由朱某军承包，施工过程中实际由朱某军与乌兰县国土资源局联系。中顶公司提供的证据不能否定其所出具的工作联系函的内容，亦不能否定朱某军是案涉工程实际施工人的事实。并且，乌兰县国土资源局作为发包人认可朱某军为案涉工程的实际施工人。故原审认定朱某军为案涉工程的实际施工人正确。

依据《建设工程施工合同司法解释》第26条“实际施工人以转包人、违法分包人为被告起诉的，人民法院应当依法受理。实际施工人以发包人为被告主张权利的，人民法院可以追加转包人或者违法分包人为本案当事人。发包人只在欠付工程价款范围内对实际施工人承担责任”的规定，实际施工人可向发包人、转包人、违法分包人主张权利。但中顶公司系被挂靠方，不属于转包人、违法分包人或发包人，原判决以上述规定为法律依据判决中顶公司承担给付工程款的责任，适用法律错误，法院予以纠正。因此，中顶公司再审主张其不承担案涉工程款及利息的给付责任成立，对中顶公司请求驳回朱某军对其的诉讼请求，予以支持。

朱某军借用中顶公司的资质与乌兰县国土资源局签订案涉施工合同，中顶公司作为被借用资质方，欠缺与发包人乌兰县国土资源局订立施工合同的真实意思表示，中顶公司与乌兰县国土资源局不存在实质性的法律关系。该案中，朱某军作为案涉工程的实际施工人与发包人乌兰县国土资源局在订立和履行施工合同的过程中，形成事实上的法律关系，朱某军有权向乌兰县国土资源局主张工程款。

问题5.被挂靠人怠于向发包人主张价款，挂靠实际施工人能否代位向发包人主张工程价款？

《建设工程施工合同司法解释（一）》第44条规定：“实际施工人依据民法典第五百三十五条规定，以转包人或者违法分包人怠于向发包人行使到期债权或者与该债权有关的从权利，影响其到期债权实现，提起代位权诉讼的，人民法院应予支持。”该条仅规定了转包及违法分包模式下的代位权诉讼，对挂靠能否适用代位权诉讼并未规定。实务界对被挂靠人怠于向发包人主张价款，挂靠实际施工人能否代位向发包人主张工程价款问题，存在两种不同观点：

第一种观点认为，《建设工程施工合同司法解释（一）》第44条并没有明确排除挂靠实际施工人代位求偿权，可以参照适用。

第二种观点认为，挂靠的性质不适用代位权。

笔者倾向于第二种观点。

债权人代位权，是指当债务人怠于行使其对相对人享有的权利而影响债权人到期债权的实现时，债权人为保全和实现自身的债权，以自己名义向人民法院请求相对人将其对债务人的义务向债权人履行的权利。[①]

根据《民法典》第535条规定，[②]总结代位权成立要件为：（1）债权人对债务人存在合法有效的到期债权；（2）债务人对次债务人存在合法有效的到期债权；（3）债务人的怠于行使权利影响债权人债权的实现；（4）债务人怠于行使与其债权有关的从权利；（5）代位标的为非专属于债务人自身的权利。[③]

对于转包和违法分包而言，均存在两份合同，一份是转包人或违法分包人与发包人之间的建设工程施工合同，另一份是转包人或违法分包人与实际施工人之间签订的转包合同或违法分包合同，两份合同相互关联，各自独立履行。当符合下列条件时，实际施工人可以行使代位权：（1）实际施工人对转包人或者违法分包人享有的合法债权已经到期。尽管转包或者违法分包属于法律所禁止，转包合同及违法分包合同也因此无效，但根据《民法典》第493条第1款的规定，"建设工程施工合同无效，但是建设工程经验收合格的，可以参照合同关于工程价款的约定折价补偿承包人"。只要建设工程质量合格，转包人或者违法分包人就应当支付相应的工程价款。（2）转包人或者违法分包人对发包人的债权已到期。（3）转包人或者违法分包人怠于向发包人行使其到期债权或者与该债权有关的从权利，影响实际施工人的到期债权实现。司法实践中，所谓债务人怠于行使其到期债权，影响债权人的到期债权实现，是指债务人不履行其对债权人的到期债

---

① 参见最高人民法院民法典贯彻实施工作领导小组主编：《中华人民共和国民法典合同编理解与适用［一］》，人民法院出版社2020年版，第498页。

② 《民法典》第535条规定："因债务人怠于行使其债权或者与该债权有关的从权利，影响债权人的到期债权实现的，债权人可以向人民法院请求以自己的名义代位行使债务人对相对人的权利，但是该权利专属于债务人自身的除外。代位权的行使范围以债权人的到期债权为限。债权人行使代位权的必要费用，由债务人负担。相对人对债务人的抗辩，可以向债权人主张。"

③ 参见最高人民法院民法典贯彻实施工作领导小组主编：《中华人民共和国民法典合同编理解与适用［一］》，人民法院出版社2020年版，第499-502页。

务，又不以诉讼方式或者仲裁方式向债务人主张其享有的具有金钱给付内容的到期债权，致使债权人的到期债权未能实现。如果客观原因导致转包人或者违法分包人无法向发包人行使到期债权，也不能认定转包人或者违法分包人怠于行使其对发包人的到期债权。

对于挂靠，也存在两份合同，一份是发生在发包人与被挂靠人之间的建设工程施工合同，另一份是发生在挂靠人与被挂靠人之间的资质借用合同。

在司法实务中，挂靠又分为发包人明知的挂靠和发包人不明知的挂靠。（1）对于发包人明知的挂靠，则意味着发包人与挂靠人之间结成事实合同，包括参与投标、订立合同、办理有关施工手续、从事施工等活动都是借用资质的挂靠人。而被挂靠人与发包人所签订的是名义合同，发包人、挂靠人及被挂靠人对此均明知，根据《民法典》第146条第1款的规定："行为人与相对人以虚假的意思表示实施的民事法律行为无效。"故而该合同在发包人与被挂靠人之间不产生作用，且被挂靠人仅收取管理费，并不实际参与工程的施工与管理，并非发包人的真实合同相对人，发包人并不欠付被挂靠人工程价款。代位权构成要件之一的"债务人对次债务人存在合法有效的到期债权"不能实现，故而代位权不能成立。（2）对于发包人不明知的挂靠，且不讨论发包人与被挂靠人之间的建设工程施工合同是否有效，发生在挂靠人与被挂靠人之间的资质借用合同必然无效。挂靠人借用被挂靠人资质承揽工程，所签订的合同并不是施工合同，而是资质借用合同，通俗地讲是资质租借合同，租借资质用于承揽工程、租借账户用于收取工程款，但在被挂靠人未收到发包人支付工程价款之前，挂靠人无权向被挂靠人主张价款。代位权构成要件之一的"债权人对债务人存在合法有效的到期债权"不能实现，故而代位权不能成立。

关联判例

樊某斌、四川省武都水利水电集团有限责任公司、山东水总有限公司建设工程施工合同纠纷案

（2020）川0723民初1398号

【裁判要旨】

借用挂靠资质方的实际施工人可依据其与借用、挂靠资质的建筑施工企

业的基础关系，督促其向发包方追讨工程款而不能行使代位权直接向发包方主张建设工程价款债权。

【基本案情】

2015 年 3 月 23 日，被告山东水总有限公司（以下简称山东水总公司）以 117545949 元投标中标承建被告四川省武都水利水电集团有限责任公司（以下简称四川武都水利公司）发包世界银行贷款中国武都农业灌溉项目（WIADP）武引灌区一标段工程。2015 年 4 月 17 日，二被告签订合同协议书及补充协议书，上述协议中，双方对工程价款、建设施工范围、工程价款的支付、工程量、工程量清单、分组工程量清单价格、质量、工期、安全、质量管理、保证金、验收、结算、违约责任等事项进行约定。

（2018）川 0723 民初 958 号民事判决书认定事实，2015 年 4 月 27 日，被告山东水总公司作为发包方，原告樊某斌作为承包方签订了《工程项目承包合同》，约定由樊某斌承建武都引水第二期罐区工程金龙分干渠第一标段。承包范围为甲方与业主签订的总承包合同及补充协议的全部内容；承包方式为本工程实行企业内部项目全额承包制，代扣代缴规费及管理费，项目独立核算、自负盈亏。

【裁判摘要】

四川省盐亭县人民法院认为，首先，原被告相互间构成的法律关系。被告山东水总公司中标承建被告四川武都水利公司发包武引灌区一标段工程后与原告樊某斌签订了《工程项目承包合同》。法院生效裁判文书认定“原告樊某斌并非其公司职工……不具备相关水利工程施工资质”，原被告签订的《工程项目承包合同》违反法律法规的强制性规定无效。被告山东水总公司中标承建上述工程后，并未到场实际施工。原告樊某斌挂靠被告山东水总公司自行组织人力物力实际施工从事上述工程建设，原告樊某斌属实际施工人。被告山东水总公司属该工程的被挂靠人，二者之间属挂靠关系。其次，该案实际施工人是否具备提起代位权诉讼的条件。（1）挂靠形式下的实际施工人不能直接代位向发包人主张建设工程价款债权。最高人民法院《建设工程施工合同司法解释（二）》第24条、第25条的规定对实际施工人的权利保护是基于保护处于弱势地位的建筑工人权益的目的突破了债的相对性原则，但上述规定不适用于借用、挂靠资质的实际施工人。借用挂靠资质方的实际施工人可依据其与借用、挂靠资质的建筑施工企业的基础关系，督促其向发包方追讨工程款而不能行使代位权直接向发包方主张建设工程价款债权。（2）该案实际施工人不具备代位权诉讼的条件。实际施工人提起代位权诉讼应具备以下条件：①实际施工人对转包人或违法分包人享有合法的债权。②转包人或违法分包人怠于向发包人行使到期债权，对实际施工人造成损害。③转包人或违法分包人对发包人的债权已到期。④转包人或违法分包人的债权不属于其自身的债权。前述原告樊某斌与被告山东水总公司之间属于挂靠关系，二者之间不属于转包和违法分包关系。发包方与被挂靠人以及被挂靠人与实际施工人相互之间的工程价款尚未结算，实际施工人应获得的工程价款发包方审核扣减导致相互间尚未形成工程价款债权。且实际施工人请求参照合同约定支付价款以建设工程均竣工验收合格为前提，该案中，双方均未举证证明实际施工人已实际施工完成工程量的工程部分已验收合格，故该案实际施工人不具备代位权诉讼条件。（3）该案实际施工人可依据挂靠协议主张赔偿权。前述被告山东水总公司中标承建被告四川武都水利公司发包武引灌区一标段工程后，被告山东水总公司与原告签订了《工程项目承包合同》，原告樊某斌挂靠山东水总公司从事上述工程建设，工程施工回收工程款、办理结算资料、报送施工资料等工作均是以被告山东水总公司名义进行，工程款的拨付也是发包人审核意见后，支付给山东水总公司，再由山东水总公司支付给实际施工人，由此形成了两个不同性质、不同内容的法律关系，一是建设工程法律关系；二是挂靠法律关系。根据合同的相对性原则，各方的权利义务关系，应当根据相关合同分别处理。原告樊某斌作为涉案工程的实际施工人，在挂靠形式下，不应突破合同相对性，直接向非合同相对方被告四川武都水利公司主张建设工程合同权利。该案中，原告樊某斌认为被告四川武都水利公司未以监理部门对工程量核算的价款作为支付工程款的依据，擅自核减工程量扣减工程价款的行为，损害了其应按实际完成工程量应获得相应价款的权利，其主张的应是以工程竣工质量验收合格为前提，依据“挂靠协议”主张赔偿，主张权利的对象应是被挂靠人，二者之间内部的权利义务关系双方可另寻法律途径解决，在该案中不予审理。

三、转包合同结算

| 导读 |

建设工程通常结构复杂、施工要素多，一个施工企业很难独立完成。合法的工程分包有利于施工方集中优势资源，提高施工效率。但利益的原因，使转包、违法分包长期存在。一方面，承包人可以通过转包、违法分包获取高额且稳定的管理费及配合费，同时降低施工中可能的风险；另一方面，实际施工人可以由此获得施工机会，并且通过压缩成本获得利润。

转包后的合同利润被承包人分割，势必影响转承包人对资源的投入。尤其是层层转包，原合同利润被多层盘剥，甚至出现没有利润或利润为负，从而导致实际投入不足，极易引起工程质量安全隐患。

《建筑法》第 28 条规定：“禁止承包单位将其承包的全部建筑工程转包给他人，禁止承包单位将其承包的全部建筑工程肢解以后以分包的名义分别转包给他人。”《民法典》《建设工程质量管理条例》均有类似规定。为此，住房和城乡建设部还专门出台《建筑工程施工转包违法分包等违法行为认定查处管理办法（试行）》（建市〔2014〕118 号，已失效）、《建筑工程施工发包与承包违法行为认定查处管理办法》（建市规〔2019〕1 号）用以查处转包、违法分包及挂靠等违法行为。

【术语解读】

根据《建设工程质量管理条例》第 78 条第 3 款的定义，转包是指承包单位承包建设工程后，不履行合同约定的责任和义务，将其承包的全部建设工程转给他人或者将其承包的全部建设工程肢解后以分包的名义分别转给其他单位承包的行为。

（一）转包的构成

根据《建筑工程施工发包与承包违法行为认定查处管理办法》（建市规

〔2019〕1号）第8条关于工程转包认定的规定，[①] 工程转包应符合以下构成要件：

（1）转包的内容必须是依法本应由自己施工的工程。如两个以上的单位组成联合体承包工程，每个联合体在各自承包范围内履行施工任务，不构成转包。但在联合体分工协议中约定或者在项目实际实施过程中，联合体一方不进行施工也未对施工活动进行组织管理的，并且向联合体其他方收取管理费或者其他类似费用的，视为联合体一方将承包的工程转包给联合体其他方。

（2）转包的范围必须是全部工程。构成转包，必须是承包人将其所承包的建设工程全部转让给其他单位或个人施工；或把肢解后的全部工程以分包的名义分别转让给其他不同施工单位或个人施工。若承包人只是把工程的某一项转让给其他单位或个人施工，根据转让的施工的内容和被转让施工单位的资质区分，可能构成的是分包或违法分包。

（3）转承包人必须是其他单位或自然人。承包人将承包的建设工程全部转给或者变相全部转给其他承包单位或个人施工，其目的是不履行建设工程施工合同约定的义务和责任，故转承包人必须是与承包人完全独立的其他单位或自然人。若承包人承包工程后，以内部承包方式授权自己的分公司或内部机构施工，则属于内部承包，不构成转包。

---

① 《建筑工程施工发包与承包违法行为认定查处管理办法》（建市规〔2019〕1号）第8条第1款规定，"存在下列情形之一的，应当认定为转包，但有证据证明属于挂靠或者其他违法行为的除外：（一）承包单位将其承包的全部工程转给其他单位（包括母公司承接建筑工程后将所承接工程交由具有独立法人资格的子公司施工的情形）或个人施工的；（二）承包单位将其承包的全部工程肢解以后，以分包的名义分别转给其他单位或个人施工的；（三）施工总承包单位或专业承包单位未派驻项目负责人、技术负责人、质量管理负责人、安全管理负责人等主要管理人员，或派驻的项目负责人、技术负责人、质量管理负责人、安全管理负责人中一人及以上与施工单位没有订立劳动合同且没有建立劳动工资和社会养老保险关系，或派驻的项目负责人未对该工程的施工活动进行组织管理，又不能进行合理解释并提供相应证明的；（四）合同约定由承包单位负责采购的主要建筑材料、构配件及工程设备或租赁的施工机械设备，由其他单位或个人采购、租赁，或施工单位不能提供有关采购、租赁合同及发票等证明，又不能进行合理解释并提供相应证明的；（五）专业作业承包人承包的范围是承包单位承包的全部工程，专业作业承包人计取的是除上缴给承包单位"管理费"之外的全部工程价款的；（六）承包单位通过采取合作、联营、个人承包等形式或名义，直接或变相将其承包的全部工程转给其他单位或个人施工的；（七）专业工程的发包单位不是该工程的施工总承包或专业承包单位的，但建设单位依约作为发包单位的除外；（八）专业作业的发包单位不是该工程承包单位的；（九）施工合同主体之间没有工程款收付关系，或者承包单位收到款项后又将款项转拨给其他单位和个人，又不能进行合理解释并提供材料证明的"。

根据住房和城乡建设部《关于印发〈建筑工程施工转包违法分包等违法行为认定查处管理办法（试行）〉释义的通知》（建市施函〔2014〕163号）的规定，以下情形不构成转包：

（1）委托采购。合法的施工承包关系中，主要建筑材料、构配件及工程设备的采购应由施工单位负责采购。但法律法规并不禁止施工单位委托其他单位或个人采购材料设备，尤其是进口材料设备的委托采购，如果施工单位能够提供材料证明其他单位或个人采购材料设备系受其委托，有委托代理的证据且其他单位或个人除受委托采购材料设备之外，并不负责具体施工事宜；同时施工单位能够证明自己履行了合同约定的责任和施工管理义务，则不认定为转包。

（2）劳务分包公司仅采购辅材。劳务分包单位收取的费用应仅限定在劳务报酬及必要的辅材费用。如果建筑主材、构配件、设备等都是由劳务单位购买，施工设备、周转材料租赁也由劳务分包单位租赁，劳务分包单位的承包范围与施工总承包或专业承包单位的范围相同，对施工总承包或专业承包单位可认定存在转包行为。

（3）合法的联营、合作、内部承包。合法的合作、联营、内部个人承包等形式本身并不被法律所禁止，均是施工单位生产经营过程中提升竞争力和企业效益的有效措施。

（二）转包的形式

转包有三种形式：（1）直接转包。承包单位承包建设工程后，不履行合同约定的责任和义务，将其承包的全部建设工程转给他人完成的情形；或地基基础工程和主体工程全部或部分交由他人来完成。（2）支解转包。承包单位将其承包的全部建设工程支解以后以分包的名义分别转给其他单位承包的情形。（3）视同转包。总包单位将工程依法分包后，未在施工现场设立项目管理机构和派驻相应人员，未对该工程的施工活动进行组织管理的情形；或设立施工管理机构，不派驻施工管理人员，不加强对施工过程的管理和监督。

（三）转包行为的后果

1.行政责任

工程转包，经过层层盘剥，实际施工人仅有微薄利润甚至无利润，只能降低施工成本，直接导致建设工程实际施工投入不足、施工管理水平低下，给建设工程质量和安全埋有隐患。《建筑法》[①]、《民法典》[②]、《建设工程质量管理条例》[③] 均禁止转包。《建筑工程施工发包与承包违法行为认定查处管理办法》（建市规〔2019〕1号）第15条规定："县级以上人民政府住房和城乡建设主管部门对本行政区域内发现的违法发包、转包、违法分包及挂靠等违法行为，应当依法进行调查，按照本办法进行认定，并依法予以行政处罚……（二）对认定有转包、违法分包违法行为的施工单位，依据《中华人民共和国建筑法》第六十七条[④]、《建设工程质量管理条例》第六十二条规定进行处罚。"行政处罚的内容主要包括：（1）罚款、没收违法所得；（2）暂扣许可证件、降低资质等级、吊销许可证件；（3）限制开展生产经营活动、责令停产停业、责令关闭、限制从业。

如《建筑法》第67条第1款规定："承包单位将承包的工程转包的，或者违反本法规定进行分包的，责令改正，没收违法所得，并处罚款，可以责令停业整顿，降低资质等级；情节严重的，吊销资质证书。"《建设工程质量管理条例》第62条第1款规定："违反本条例规定，承包单位将承包的工程转包或者违法分包的，责令改正，没收违法所得，对勘察、设计单位处合同约定的勘察费、设计费25%以上50%以下的罚款；对施工单位处工程合同价款0.5%以上1%以下的罚款；可以责令停业整顿，降低资质等级；情节严重的，吊销资质证书。"

2. 民事责任

根据《建筑法》第67条的规定，承包单位将其所承包的工程进行转包，需要对该转包工程不符合规定的质量标准所造成的损失，与转承包单位承担连带赔偿责任。同时，根据《民法典》第806条的规定，承包人将建设工程转包，发包

---

① 《建筑法》第28条规定："禁止承包单位将其承包的全部建筑工程转包给他人，禁止承包单位将其承包的全部建筑工程肢解以后以分包的名义分别转包给他人。"

② 《民法典》第791条第1、2款规定："发包人可以与总承包人订立建设工程合同，也可以分别与勘察人、设计人、施工人订立勘察、设计、施工承包合同。发包人不得将应当由一个承包人完成的建设工程支解成若干部分发包给数个承包人。总承包人或者勘察、设计、施工承包人经发包人同意，可以将自己承包的部分工作交由第三人完成。第三人就其完成的工作成果与总承包人或者勘察、设计、施工承包人向发包人承担连带责任。承包人不得将其承包的全部建设工程转包给第三人或者将其承包的全部建设工程支解以后以分包的名义分别转包给第三人。"

③ 《建设工程质量管理条例》第18条第3款规定："勘察、设计单位不得转包或者违法分包所承揽的工程。"第25条第3款规定："施工单位不得转包或者违法分包工程。"

④ 《建筑法》第67条第1款规定："承包单位将承包的工程转包的，或者违反本法规定进行分包的，责令改正，没收违法所得，并处罚款，可以责令停业整顿，降低资质等级；情节严重的，吊销资质证书。"

人有权解除合同，并根据其他法律规定要求承包人承担违约责任。

（四）转包合同效力

承包人与发包人订立合同后，并不实际履行合同约定义务，而是将其转让给转承包人实际履行。在转包的情形下，承包人必定存在双层合同关系，即承包人与发包人之间的建设工程施工合同关系，及承包人与转承包人之间的转包合同关系。两种合同关系成立条件、适用法律不同，合同效力也不相同。

1. 转包合同无效

《民法典》第 153 条第 1 款规定："违反法律、行政法规的强制性规定的民事法律行为无效。但是，该强制性规定不导致该民事法律行为无效的除外。"转包行为违反了《建筑法》第 28 条、《民法典》第 791 条、《建设工程质量管理条例》第 18 条、第 25 条的禁止性规定。《建设工程施工合同司法解释（一）》第 1 条第 2 款规定："承包人因转包、违法分包建设工程与他人签订的建设工程施工合同，应当依据民法典第一百五十三条第一款及第七百九十一条第二款、第三款的规定，认定无效。"

2. 转包合同不影响建设工程施工合同效力

《民法典》第 502 条第 1 款规定："依法成立的合同，自成立时生效，但是法律另有规定或者当事人另有约定的除外。"

在转包情形下，发包人与承包人之间建立建设工程合同关系在先，只要没有违反法律、行政法规的强制性规定，应属有效。承包人与转承包人之间成立的转包合同关系在后，且该转包行为对于原建设工程合同关系而言属于承包人单方行为，单方的后行为不能影响前合同效力。另外，承包人在与发包人订立建设工程施工合同之后对该工程进行转包，超出发包人的正常预知范围，侵害了发包人的合法权利。该行为既是违法行为，应接受相应行政处罚，也是违约行为，应当承担违约责任。如果认定合同无效，致使发包人无法基于有效合同而向承包人主张违约责任，对发包人而言，明显不公。因此，在发包人与承包人双方意思表示真实且不违反法律强制性规定的情况下，应认定发包人、承包人之间建设工程施工合同有效。

当然，如果发包人与承包人之间建立建设工程合同关系时已经违反法律、行政法规的强制性规定，如该工程没有取得建设工程规划许可证，存在围标、串标或未招先干等违反招标投标法的强制性规定时，该建设工程施工合同原本就无效，即便存在转包行为，也不改变原合同效力。

【司法实务】

问题 1. 转包模式下，实际施工人向发包人主张权益，应以哪个合同为结算依据？

《建设工程合同司法解释（一）》第 43 条第 2 款规定："实际施工人以发包人为被告主张权利的，人民法院应当追加转包人或者违法分包人为本案第三人，在查明发包人欠付转包人或者违法分包人建设工程价款的数额后，判决发包人在欠付建设工程价款范围内对实际施工人承担责任。"此条规定是实际施工人可以突破合同相对性向发包人主张工程价款的法律依据，但是转包模式下，实际施工人与发包人并无合同关系，与之相关的是实际施工人与转包人及转包人与发包人之间的合同关系。那么实际施工人向发包人主张权益，应以哪个合同为结算依据，对此问题，实务界存在两种不同观点：

第一种观点认为，实际施工人向发包人主张权益，其本质是实际施工人以转包人的身份向发包人主张权益，应按照转包人与发包人之间的合同进行结算。

第二种观点认为，实际施工人向发包人主张权益有两个前提，一是转包人欠付实际施工人工程价款确定，二是发包人欠付转包人工程价款，故实际施工人只能按照与其有合同关系转包人所签合同确定价款。

笔者认可第二个观点。

《建设工程合同司法解释（一）》第 43 条规定实际施工人可以突破合同相对性向发包人主张权利，是基于对弱势当事人尤其是对农民工提供司法保护，以实现实质公平的政策考量下的产物。

一、转包模式下的法律关系

转包模式下，主要涉及发包人、总承包人（转包人）和转承包人三方主体及三层法律关系。第一层法律关系是发包人与总承包人之间的建设工程施工合同关系。尽管总承包人与转承包方之间的转包合同无效，但发包人与总承包人之间的建设工程施工合同并不因此而无效，发包人、总承包人仍然需要依据合同约定行使权利、履行义务。不论转包人与转承包人的转包合同如何约定，只要转承包人实际履行合同内容不符合建设工程施工合同约定，转包人均要承担责任。《民法典》第 806 条第 1 款规定："承包人将建设工程转包、违法分包的，发包人可以解除合同。”发包人对转包人的转包行为，享有合同单方解除权。第二层法律关系是总承包人作为转包人与转承包方之间的转包合同关系。《建筑法》第 28 条[①]、《民法典》第 791 条[②]均规定承包人不得将其承包的全部建设工程转包给第三人或者将其承包的全部建设工程肢解以后以分包的名义分别转包给第三人。转包合同因违反法律强制性规定而无效。合同无效不影响合同相对性原则的适用。合同相对性的内涵在于合同只在特定的当事人之间发生法律约束力，只有合同当事人能基于合同向相对方提出请求或提起诉讼，而不能向与其无合同关系的第三人提出合同上的请求，也不能擅自为第三人设定合同上的义务。[③]《民法典》第 465 条第 2 款规定：除法律另有规定外，依法成立的合同，仅对当事人有约束力。在转包模式下，发包人与总承包人之间，总包人与转承包人之间相互具有合同关系，可以基于合同向相对方提出请求或提起诉讼。第三层法律关系是发包人与转承包人之间的法律关系。发包人与转承包人之间并无合同关系，原本并不产生直接的合同请求权。但《建设工程合同纠纷司法解释（一）》第 43 条第 2 款规定赋予了转承包人向发包人的合同请求权。该请求权并非基于合意，而是基于政策考量作的规定。

二、实际施工人向发包人主张权利的条件

《建设工程合同司法解释（一）》第 43 条规定实际施工人可以突破合同相对性向发包人主张权利，隐含三个条件：（1）实际施工人对总承包人享有债权。实际施工人必须实际投入工程资金、设备材料、人工等施工要素，并实际完成工程或部分工程内容，且质量符合合同约定及规范规定，总包人未完全按照转包合同约定支付工程价款。如果总承包人按照转包合同足额向实际施工人支付价款，实际施工人对总承包人不享有债权，则无权向发包人主张工程价款。（2）发包人欠付总承包人工程款。《建设工程合同司法解释（一）》第 43 条所规定的“欠付工程款”，指的是发包人欠付总承包人的工程款。发包人欠付总承包人工程款是发包人对实际施工人承担责任的基础。实际施工人向发包人主张的工程款数额不得

① 《建筑法》第 28 条规定：“禁止承包单位将其承包的全部建筑工程转包给他人，禁止承包单位将其承包的全部建筑工程肢解以后以分包的名义分别转包给他人。”

② 《民法典》第 791 条规定：“……承包人不得将其承包的全部建设工程转包给第三人或者将其承包的全部建设工程支解以后以分包的名义分别转包给第三人。禁止承包人将工程分包给不具备相应资质条件的单位……”

③ 参见王利明：《合同法研究》（第 1 卷），中国人民大学出版社 2015 年版，第 132 页。

超出发包人欠付总承包人的工程价款数额，如果超出，发包人只在欠付工程款范围内承担责任。(3)各自债权履行期限均已届满。在承包人与转承包人基于转包关系而产生争议的法律关系中，转承包人依据司法解释规定突破转包合同关系请求发包人在欠付工程款范围内承担责任，原则上属于转承包人代位行使承包人的权利。[①]《建设工程合同司法解释(一)》第44条规定："实际施工人依据民法典第五百三十五条规定，以转包人或者违法分包人怠于向发包人行使到期债权或者与该债权有关的从权利，影响其到期债权实现，提起代位权诉讼的，人民法院应予支持。"转承包人基于代位权向发包人主张权利，其行使代位权的有效性、时限及代位范围均受到发包人与转包人之间及转包人与转承包人之间的两个债权的限制。故转承包人所能行使的工程价款请求权不能超过承包人所能享有的权利范围。发包人对承包人基于合同关系所能够行使的抗辩，自然能够对转承包人行使。

湖南省高级人民法院在(2017)湘民终718号案件中认为："合同相对性是合同之债的基础，实际施工人对发包人工程价款请求权成立的条件有二：一是承包人欠付实际施工人工程款，二是发包人欠付承包人工程款。实际施工人与承包人没有结算之前，实际施工人对承包人是否还享有债权，债权数额为多少均无法确定。在实际施工人的债权确定之前，实际施工人的债权人要求直接执行发包人对承包人欠付的工程款的，不予支持。"

关联判例

林州市采桑建筑劳务输出有限公司与天津市西青区大寺镇倪黄庄村民委员会、天津市华北建设有限公司的建设工程施工合同纠纷案

(2014)民申字第952号

【裁判要旨】

实际施工人向发包人主张权益，应以其与转包人之间合同为依据进行结算，无权以总包合同作为结算依据。

① 参见贺小荣主编：《最高人民法院第二巡回法庭法官会议纪要》(第2辑)，人民法院出版社2021年版，第121页。

【基本案情】

2007年5月11日，天津市西青区大寺镇倪黄庄村民委员会（以下简称倪黄庄村委会）作为建设单位对诉争工程进行招投标，确定了天津市华北建设有限公司（以下简称华北建设公司）作为中标单位。2007年8月8日，天津市诚益投资有限公司（以下简称诚益公司）与华北建设公司签订了《倪黄庄村民公寓20#21#24#25#28#29#楼工程施工合同》（以下简称2007年8月8日合同），就工程概况、质量标准、承包范围、甲分包工程、甲控材料及设备、合同价款、工程支付款方式、施工工期、质量保修期、工程的验收和移交、工程变更与增减以及违约、争议的解决等事项进行了约定。2007年9月11日，诚益公司、华北建设公司、林州市采桑建筑劳务输出有限公司（以下简称林州采桑公司）签订《协议书》（以下简称三方协议），约定：诚益公司的责任和义务是负责工程总协调工作，履行施工合同中应承担的责任和义务，按合同约定时间支付工程款，因违约造成的损失由诚益公司承担。华北建设公司的责任和义务是需派常驻代表负责施工过程中的技术资料签字盖章，及需要华北建设公司签字盖章的工作。工程进度达到诚益公司与华北建设公司合同付款条件后，工程款申请时必须有华北建设公司现场代表签字同意。收到工程款时须及时足额支付林州采桑公司，否则由此造成的工期延误由华北建设公司负责。林州采桑公司的责任和义务是林州采桑公司同意以920元/平方米价格承包，负责诚益公司与华北建设公司双方施工合同内容的实施，对工程工期、质量、安全、文明施工、质量保修等负全部责任……林州采桑公司执行诚益公司与华北建设公司于2007年8月8日签订的施工合同。2007年10月30日，华北建设公司与林州采桑公司签订《协议书》（以下简称华北与林州协议），约定林州采桑公司负责实施华北建设公司与建设方就诉争工程签订的施工合同中全部内容（含变更、补充合同、协议等），华北建设公司不从建设方拨付工程款中扣除税金和管理费，工程款及时付给林州采桑公司。

【裁判摘要】

关于诉争工程结算依据《招标投标法》第45条第2款规定：中标通知书

对招标人和中标人具有法律效力……2007年5月11日，倪黄庄村委会作为招标人就诉争工程招标，华北建设公司中标，倪黄庄村委会与华北建设公司成立建设工程施工预约合同关系并已发生法律效力。同年8月8日，华北建设公司就诉争工程与诚益投资公司签订2007年8月8日合同。该合同为转包合同，即华北建设公司作为诉争工程总承包人取得承包建设合同权利后，不履行约定的责任和义务，将其承包的建设工程转给诚益投资公司承包。同年9月11日，诚益投资公司、华北建设公司、林州采桑公司签订三方协议，将完成少量施工任务的诉争工程再次转包给林州采桑公司。三手法律关系各自独立又相互关联，2007年8月8日合同和三方协议因违反《合同法》《招标投标法》《建筑法》《建设工程质量管理条例》《建设工程施工合同司法解释》等法律、法规、司法解释规定而无效。二审判决未就合同效力作出认定，存在瑕疵。现实际施工人林州采桑公司主张按照一手即业主与诉争工程总承包人订立的施工合同约定结算工程款，因诉争工程总承包合同、转包合同、再次转包合同各手法律关系相对独立存在，林州采桑公司不是诉争工程总承包合同当事人，无权依此合同主张权利。据此，林州采桑公司主张按照招投标文件、中标通知书等结算工程款，法律依据不足，不予支持。

问题2. 转包人在收到实际施工人的结算资料后盖章并向发包人送审，是否构成对工程价款的认可？

《建筑工程施工转包违法分包等违法行为认定查处管理办法（试行）》（已失效）第6条规定："本办法所称转包，是指施工单位承包工程后，不履行合同约定的责任和义务，将其承包的全部工程或者将其承包的全部工程肢解后以分包的名义分别转给其他单位或个人施工的行为。"工程实务中，存在诸多转包人把工程施工的所有义务全部转交给实际施工人，包括施工任务、编制资料义务、提供发票义务、与业主方结算义务等，转包人通常配合实际施工人代为收款、转账付款、办理行政手续并收取一定比例的管理费。

转包人在收到实际施工人的结算资料后盖章并向发包人送审，对于该盖章行为是否构成对工程价款的认可，实务中常出现争议。

第一种观点认为，总承包人对分包人、实际施工人提交的结算资料未经审核即盖章确认，总承包人应当预见到此种行为的风险，如此后发包人的审核、审计结果与总承包人已确认的结果有差额，则总承包人应当承担相应责任。

第二种观点认为，转包人在收到实际施工人的结算资料后盖章的真实意思是作为报审资料向发包人送审，并非确定实际施工人工程价款的意思表示，不能构成对工程价款的认可。

笔者认可第二种观点。

结算是发承包双方根据合同约定，对合同工程在实施中、终止时、已完工后进行的合同价款计算、调整和确认。结算通常需要经过承包人报审、发包人自己或委托第三方工程造价咨询机构审核，最后由发承包双方共同确认。《建设工程价款结算暂行办法》第 18 条规定："工程造价咨询机构接受发包人或承包人委托，编审工程竣工结算，应按合同约定和实际履行事项认真办理，出具的竣工结算报告经发、承包双方签字后生效……"任意一方当事人对结算审核报告有异议，均有权不予确认，该结算审核意见对双方均没有约束力。

工程实务中，一方面，实际施工人报审工程价款是以自己掌握的工程资料为依据，所有计量、计价依据均是按照对己方有利原则解释适用，所有可能存在争议的工程量及签证价款，均以先计入、后争取原则进行报审，实际施工人报审价通常高于实际工程价款。另一方面，发包人为了防止承包人高估冒算，通常会选择第三方造价咨询机构对承包人报审造价进行审核。造价咨询机构接受发包人的委托，代表发包人利益，且发包人通常与之约定以审减额作为计取审核费基数，故造价咨询机构往往按照照着最有利发包人方向审核，能减则减。而对于转包人而言，实际施工人高估冒算并不影响其利益；与之相反，如果发包人未严格审核，其就有获取该额外利益的可能。故大多情况下，转包人并不会对实际施工人所送审结算资料进行认真审核，而是直接盖章并向发包人送审。

转包人收到实际施工人的结算资料后盖章，只是整个结算流程中的一个环节，其本质是履行造价结算的报审行为，仅具有程序上的意义，并非对实际施工人价款的确认，转包人与实际施工人对此均明知。《民法典》第 146 条第 1 款规定："行为人与相对人以虚假的意思表示实施的民事法律行为无效。"故而转包人为了向发包人送审而在实际施工人的结算资料后盖章的，不构成对该工程价款的认可。

《最高人民法院第五巡回法庭法官会议纪要》中指出，在实际施工人主张工程价款时，转包人认可该结算资料的，应为明确意思表示。转包人将该结算资料转交发包人的行为，不能当然理解为对结算工程价款的认可。[①]

关联判例

广东省六建集团有限公司、广东劲达建设工程有限公司等建设工程合同纠纷案

（2022）粤06民终2914号

【裁判要旨】

转包人与转承包人约定最终造价以发包人审计为准，转包人的盖章行为仅是报送程序之用，并非对实际施工人损失的确认。

【基本案情】

2009年5月8日，佛山市卫生健康局（以下简称市卫生局）（发包人）与广东省六建集团有限公司（以下简称省六建公司）（承包人）签订《建设工程施工合同》，约定由省六建公司承建佛山市公共卫生大楼土建、室内排水工程施工和总承包管理服务。2009年6月1日，省六建公司（甲方）与开平市劲达建筑市政工程有限公司（乙方）签订项目部施工承包协议书，约定由乙方按照甲方与建设单位签订的主合同中的约定，承担应由甲方承担的全部承包范围和合同责任、义务。

2010年2月9日，市卫生局（发包人）与省六建公司（承包人）签订《佛山市公共卫生大楼土建及排水（室内排水）工程施工合同补充协议》，对原合同进行调整和补充。2010年2月9日，省六建公司（中标方、甲方）与开平市劲达建筑市政工程有限公司（以下简称劲达公司）（协作方、乙方）签订施工项目承包合同书，约定按甲方与建设单位签订的主合同、补充合同以及补充协议相关约定执行。

【裁判摘要】

广东省佛山市中级人民法院认为，该案系建设工程施工合同纠纷。依据

① 参见李少平主编：《最高人民法院第五巡回法庭法官会议纪要》，人民法院出版社2021年版，第19页。

最高人民法院《关于适用〈中华人民共和国民事诉讼法〉的解释》第323条“第二审人民法院应当围绕当事人的上诉请求进行审理。当事人没有提出请求的，不予审理，但一审判决违反法律禁止性规定，或者损害国家利益、社会公共利益、他人合法权益的除外”的规定，综合双方当事人的诉辩意见，二审审查的焦点为：省六建公司与劲达公司之间是否存在工程款结算，省六建公司应否向劲达公司支付案涉工程项目结算汇总表项下争议项目工程款2560184.8元及总承包服务费296957.15元。

关于涉案争议项目工程款认定问题。省六建公司上诉主张，双方在合同约定涉案工程最终结算以财政局审核为准，案涉工程项目结算汇总表仅系用于报送财政局审核，并非省六建公司、劲达公司之间就涉案工程的结算，劲达公司无权向其主张工程结算定案书中未确认的其他工程量和费用。劲达公司不予认可，认为省六建公司与劲达公司签署的施工项目承包合同书无效，该合同中关于劲达公司不得向其主张建设方不确认的其他结算费用亦无效，其施工的相关项目是完全按照建设方要求施工，所涉签证也经市卫生局及省六建公司盖章确认，省六建公司应向其支付工程项目结算汇总表项下有争议部分工程款2560184.8元。经审查，法院认为，省六建公司从市卫生局处承包涉案工程后全部转包给劲达公司施工，其行为违反《合同法》第272条第2款的规定，省六建公司、劲达公司之间签订的项目部施工承包协议书、施工项目承包合同书均属无效，但上述合同无效，不影响合同有关结算条款之效力认定。省六建公司与劲达公司于2010年2月9日签订的施工项目承包合同书中，在第1.6.4条明确工程的结算标准为“按省六建公司与建设单位签订的主合同、补充合同以及补充协议相关约定执行。以省六建公司与建设方签订的工程结算定案书或确认书为准，劲达公司不得向省六建公司提出任何建设方不确认的其他结算费用。”劲达公司向省六建公司主张涉案工程款，理应受该条款之约束，劲达公司提出该结算条款无效理据不足，法院不予采纳。关于省六建公司、市卫生局之间结算问题，省六建公司与建设方市卫生局签订《佛山市公共卫生大楼土建及排水（室内排水）工程施工合同补充协议》第7条约定“本工程的结算以财政局审核意见为准”。故劲达公司向省六建公司主张涉案工程款应以市卫生局经财政局审核为准，省六建公司、劲达公司无须另行进行工程款结算。省六建公司、市卫生局之间在工程项目结算汇总表盖章仅系用于报审财政局审核所需，不构成省六建公司、劲达公司就涉案工程款的结算，劲达公司在（2020）粤06民终3756号案中也确认其与省六建公司之间并不需要另外办理结算，劲达公司亦无证据证明其与省六建公司之间另签订协议就涉案工程款结算达成一致。故此，劲达公司基于该工程项目结算汇总表向劲达公司主张本案诉争项目工程款2560184.8元理据不足，法院不予采纳。一审法院认定省六建公司、市卫生局在劲达公司提交的工程项目结算汇总表上盖章，构成省六建公司、劲达公司之间有效的结算，省六建公司应按照该汇总表向劲达公司支付讼争部分项目工程款2560184.8元不当，法院予以纠正。经查明，佛山市财政局于2018年10月9日作出佛财基审〔2018〕45号结算审核结论书，确认涉案佛山市卫生大楼土建、排水（室内排水）工程的审定造价为47199676.47元，核减金额为6068257.39元。劲达公司认为省六建公司怠于行使权利，未就讼争部分价款向财政局进行申明和争取，不顾其反对与市卫生局签署定案书，损害其合法权益问题，法院认为，省六建公司在另案提起已生效的（2020）粤06民终3756号债权人代位权纠纷案中，法院认定在佛山市财政局作出审核结论书之前，省六建公司、市卫生局已根据施工合同结算条款的约定，向佛山市财政局报送结算资料以及在此后亦按佛山市财政局要求补充结算资料以及将实际施工人漏报、少报的工程量提交补送审核，省六建公司与市卫生局之间不存在恶意串通的行为，亦无证据证明上述经佛山市财政局审核确定的工程结算价属于明显不合理的低价。佛山市财政局经法院发函协助调查，函复的内容也反映省六建公司向劲达公司报送的资料中，涵盖了该案讼争的施工现场签证单项下有关项目。劲达公司基于上述事由否定佛山市财政局出具的结算审核结论书效力缺乏理据，法院不予采纳。综上论析，劲达公司提起诉讼，主张省六建公司、市卫生局在劲达公司提交的工程项目结算汇总表上盖章，构成省六建公司、劲达公司之间有效的结算，要求省六建公司向其支付佛山市财政局出具结算审核结论书中未确定项目工程款2560184.8元理据不足，法院不予支持。至于省六建公司、市卫生局之间在工程项目结算汇总表外是否存在漏项应计付工程款问题，不属于该案审理范围，法院不予审查。

问题3. 层层分包或转包情况下，实际施工人能否向与其没有合同关系的中间分包或转包人主张权益？

《建设工程施工合同司法解释（一）》第43条规定："实际施工人以转包人、违法分包人为被告起诉的，人民法院应当依法受理。实际施工人以发包人为被告主张权利的，人民法院应当追加转包人或者违法分包人为本案第三人，在查明发包人欠付转包人或者违法分包人建设工程价款的数额后，判决发包人在欠付建设工程价款范围内对实际施工人承担责任。"

对层层分包或转包情况下，与实际施工人没有合同关系的中间分包或转包人是否属于发包人，实际施工人能否向其主张权益问题，实务界存在两种不同观点：

第一种观点认为，在层层分包或转包模式下，凡与下游签订合同的主体，均为实际施工人的发包人，实际施工人有权向其主张权益。

第二种观点认为，对发包人限缩解释，只有处于第一位阶向下发包的主体才属于《建设工程施工合同司法解释（一）》所指的发包人，实际施工人不能基于该解释向与其没有合同关系的中间分包或转包人主张权益。

笔者倾向于第二种观点。

最高人民法院先后出台的三部"关于审理建设工程施工合同纠纷案件适用法律问题的解释"均规定了实际施工人可以突破合同相对性直接向发包人主张工程价款。[①]

实际施工人可以突破合同相对性直接向发包人主张工程价款是一种政策性安

---

① 2004年出台的《最高人民法院关于审理建设工程施工合同司法解释》第26条第2款规定："实际施工人以发包人为被告主张权利的，人民法院可以追加转包人或者违法分包人为本案当事人。发包人只在欠付工程价款范围内对实际施工人承担责任。"

2018年出台的《建设工程施工合同司法解释（二）》第24条把该内容修改为："实际施工人以发包人为被告主张权利的，人民法院应当追加转包人或者违法分包人为本案第三人，在查明发包人欠付转包人或者违法分包人建设工程价款的数额后，判决发包人在欠付建设工程价款范围内对实际施工人承担责任。"

2020年出台的《建设工程施工合同司法解释（一）》第43条把之前内容整合为："实际施工人以转包人、违法分包人为被告起诉的，人民法院应当依法受理。实际施工人以发包人为被告主张权利的，人民法院应当追加转包人或者违法分包人为本案第三人，在查明发包人欠付转包人或者违法分包人建设工程价款的数额后，判决发包人在欠付建设工程价款范围内对实际施工人承担责任。"

排，属于法律向公共政策的一种妥协，目的是保护农民工利益。但这种妥协虽然解决了部分实务问题，但同时又会衍生出一系列新的法律问题，如在什么情况下可以突破合同相对性，有无统一标准？层层转包模式下，向谁主张权益？在多个实际施工人情况下，单一实际施工人主张权益是否应当获得支持？最高人民法院观点也时常发生变化，如本题，“层层分包或转包情况下，实际施工人能否向与其没有合同关系的中间分包或转包人主张权益”的问题，最高人民法院的观点在不同时间有不同的变化。

2011 年 10 月 9 日，最高人民法院办公厅《关于印发〈全国民事审判工作会议纪要〉的通知》（法办〔2011〕442 号）第 28 条规定，对实际施工人向与其没有合同关系的转包人、分包人、总承包人、发包人提起的诉讼，要严格依照法律、司法解释的规定进行审查，不能随意扩大《建设工程施工合同司法解释》第 26 条第 2 款的适用范围，并且要严格根据相关司法解释规定明确发包人只在欠付工程价款范围内对实际施工人承担责任。

2019 年 1 月出版的最高人民法院民事审判第一庭编著的《最高人民法院建设工程施工合同司法解释（二）理解与适用》认为[①]，实际施工人有权向没有合同关系的中间转包人主张价款。并举例为：发包人甲把工程发包给乙，乙转包给丙，丁为实际施工人，从建设工程是劳务的物化角度来看，发包人甲是该劳务物化成果的享有者，实际施工人丁有权向甲主张权利；乙并非该劳务物化成果的享有者，故原则上实际施工人不能向既不是发包人又与其无合同关系的转包人乙主张权利。但是，如果甲已经向乙支付了全部工程款，丁无权再向甲主张权利，如果不允许丁向乙主张权利，则其权利就可能落空，保护农民工合法权益的目的也可能落空。因此，在发包人甲已经向转包人乙支付全部工程价款的情况下，实际施工人丁有权向乙主张权利。

2021 年 4 月出版的最高人民法院民事审判第一庭编著的《最高人民法院新建设工程施工合同司法解释（一）理解与适用》则删除了关于实际施工人是否有权向没有合同关系的中间转包人主张价款的内容，而是援引了冯小光的《建设工程施工合同纠纷案件法律适用的有关问题》中的内容，“从长远看，司法机关对建筑业各方主体应坚持平等保护原则。随着建筑业改革进一步深化，建筑市场进

① 参见最高人民法院民事审判第一庭编著：《最高人民法院建设工程施工合同司法解释（二）理解与适用》，人民法院出版社 2019 年版，第 503~504 页。

一步规范，司法也应尽快回归法律、法理本意，不宜因强调对包工头及农民工的特别保护，而损害有资质的建筑施工企业、发包人、债权银行、其他债权人的合法权益”。[①]

笔者认为，遵循债的相对性是解决合同纠纷的基本准则，《民法典》第119条规定，依法成立的合同，对当事人具有法律约束力。合同的相对性原则是合同规则和合同制度赖以建立的基础和前提，也是合同法立法和审判实践所遵循的一项重要原则。依据该原则，只有合同当事人可以依据合同起诉和主张权利，除非法律另有规定，如代位权。建设工程施工合同中的承包人应当是当然的权利主体和义务主体，承包人依法享有合同项下的权利，履行合同约定的义务，并对建设工程的质量负责，一般来说，应有承包人向发包人主张权益，实际施工人应基于合同相对性向承包人主张权益。突破合同相对性主张债权，要严格遵循法律规定，不能做扩张解释，不能扩大适用范围。[②]最高人民法院所制定的《建设工程施工合同司法解释（一）》规定了实际施工人可以突破合同相对性向发包人主张权益，该发包人仅指向工程总承包公司发包工程的建设单位，[③]不包含承接工程后又向下分包或转包的主体。

从实践角度来看，依据该司法解释向发包人提起诉讼的绝大多数是一些无资质、低资质、资信状况差、市场竞争力差的小型建筑企业，保护的并非完全是农民工利益。近年来，各地区、各有关部门先后出台了一系列政策措施，如健全工资支付监控和保障制度，建立了农民工工资保证金制度，要求施工总承包单位在工程项目开工之日起30日建立农民工工资专用账户，施工总承包企业对所承包工程项目的农民工工资支付负总责；加强劳动监察，严厉查处拖欠工资行为；健全企业失信联合惩戒机制等，农民工的利益保障更加多元化、制度化。尤其是《农民工支付条例》的出台，建筑业市场环境有了根本性的转变，拖欠农民工工资已经成为施工企业不可承受之重，保护农民工利益的使命基本得以完成，法的

---

① 冯小光：《建设工程施工合同纠纷案件法律适用的有关问题》，载最高人民法院民事审判第一庭编：《民事审判指导与参考》2018年第3辑，人民法院出版社2018年版。

② 参见杜万华：《在全国民事审判工作会议上的总结讲话》（2011年6月24日），载最高人民法院民事审判第一庭编：《民事审判指导与参考》2011年第2辑，人民法院出版社2011年版，第22~23页。

③ 参见最高人民法院民事审判第一庭编著：《最高人民法院新建设工程施工合同司法解释（一）理解与适用》，人民法院出版社2021年版，第116页。

本质应当回归。

特别是2021年5月10日最高人民法院民事审判第一庭《关于实际施工的人能否向与其无合同关系的转包人、违法分包人主张工程款问题的电话答复》明确答复,《民法典》和《建筑法》均规定，承包人不得将其承包的全部建设工程转包给第三人或者将其承包的全部建设工程支解以后以分包的名义分别转包给第三人。禁止承包人将工程分包给不具备相应资质条件的单位。禁止分包单位将其承包的工程再分包。因此，基于多次分包或者转包而实际施工的人，向与其无合同关系的人主张因施工而产生折价补偿款没有法律依据。

关联判例

刘某湘与云南建工水利水电建设有限公司、胡某等建设工程施工合同纠纷案

（2016）最高法民申936号

【裁判要旨】

实际施工人有权向与其有合同关系的转包人及发包人主张工程款，无权向其没有合同关系的其他转包人主张价款，发包人在欠付工程款的范围内承担责任。

【基本案情】

2013年4月9日，云南建工水利水电建设有限公司（以下简称云南建工公司）与胡某签订《劳务合同》，将云南建工公司中标的“金沙江溪洛渡水电站云南库区淹没车渡码头复建工程（永善县)”中的一部分，即“金沙江溪洛渡水电站黄坪码头进港道路、下河坡道工程”分包给胡某施工。胡某又将该工程转包给陈某华施工，双方签订了《黄坪码头施工协议》。陈某华联系了刘某湘参与一起施工，双方合作施工了一部分工程，经双方结算确认工程价款为3894156.56元，刘某湘收到工程款1100000元。2013年7月2日陈某华与刘某湘进行协商，并签订协议，约定黄坪码头进港道路停工后由刘某湘一人投入结算，待工程完工后，由刘某湘付陈某华10万元。后刘某湘单独进行施工。2014年10月23日，陈某华与刘某湘就刘某湘单独施工完成的

工程量部分进行结算，确认工程价款为1076058元。刘某湘向陈某华要求支付工程款，双方就工程款的支付发生纠纷。

【裁判摘要】

最高人民法院认为，云南建工公司系案涉工程的总承包人，其将工程分包给胡某后，胡某又转包给陈某华。从《双方商定协议》的内容来看，案涉工程后一阶段即进港道路施工阶段，陈某华将进港道路工程转包给了刘某湘，刘某湘是该工程的实际施工人。根据《建设工程施工合同纠纷司法解释》第26条的规定，刘某湘可以向陈某华及发包人主张工程款，发包人在欠付工程款的范围内承担责任。刘某湘申请再审提交的结算书、结算清单系复印件，云南建工公司对其真实性不予认可，结算书、结算清单的内容也不能直接反映刘某湘与云南建工公司之间存在建设工程施工合同关系，又由于云南建工公司非案涉工程发包人，故刘某湘关于其与云南建工公司之间存在直接合同关系，云南建工公司应直接向其支付工程款的再审申请理由不能成立。

问题4.实际施工人能否以发包人和转包人为共同被告主张承担连带责任?

实际施工人可以基于合同关系向其转包人或违法分包人主张工程价款，也可以基于《建设工程施工合同司法解释（一）》的规定向发包人主张权益，发包人在欠付工程款范围内承担责任。实务中，实际施工人为了安全起见，通常把与其有合同关系的转包人或违法分包人与发包人共同列为被告，请求两被告承担连带责任。

对发包人是否应当在欠付工程款范围内与转包人或违法分包人承担连带责任问题，实务界存在两种不同观点：

第一种观点认为，连带责任必须有法律规定或合同约定，否则请求连带责任没有合法依据。

第二种观点认为，司法解释明确规定发包人在欠付工程款范围内承担责任，判决发包人在欠付工程款范围内与转包人或违法分包人承担连带责任并未加重发包人责任，并无不妥。

笔者倾向于第一种观点。

一、观点之争

关于发包人在欠付工程款范围内该承担何种责任问题，理论界和实务界存在诸多观点：如浙江省高级人民法院认为发包人应当承担的是补充责任；北京市高级人民法院、广东省高级人民法院、江苏省高级人民法院和河北省高级人民法院认为发包人应当在欠付价款内承担连带责任；山东省高级人民法院认为发包人承担直接付款责任。最为核心的争议就是发包人与转包人、违法分包人在欠付工程价款范围内是否承担连带责任。

为何各地高级人民法院对发包人与转包人、违法分包人该如何承担责任分歧如此之大？笔者认为既有司法解释条文本身的原因，也有审判结果所产生社会效果的原因。

从司法解释条文来看，2005 年 1 月 1 日起施行的《建设工程施工合同司法解释》（已失效）第 26 条第 2 款规定："实际施工人以发包人为被告主张权利的，人民法院可以追加转包人或者违法分包人为本案当事人。发包人只在欠付工程价款范围内对实际施工人承担责任。"这是为了保护农民工利益而允许实际施工人突破合同相对性向发包人主张权益的条款，实际施工人为了自身债权能够最大可能的得以实现，通常会把发包人与转包人或者违法分包人作为共同被告予以起诉，请求其共同承担连带责任。即便是实际施工人仅起诉发包人，根据该条文内容可知，法院可以追加转包人或者违法分包人为该案当事人。同时，法院需要查清发包人是否欠付工程价款以及欠付的数额，也需要把转包人或者违法分包人追加进来。

当发包人与转包人或者违法分包人成为同一案件的共同被告时，在责任分配上确实出现难题。（1）如果判决发包人在欠付工程价款范围内承担直接付款责任，那么转包人、违法分包人是否对该部分承担责任？如果转包人、违法分包人也承担责任，是否构成责任重复？如果转包人、违法分包人不承担责任，是否构成对其免责？（2）如果判决发包人在欠付范围内承担补充责任，则需要转包人和违法分包人先行履行，只有转包人和违法分包人不能履行时才可以要求发包人履行，因为补充责任的本质属性是顺序性，也就是说补充责任的核心在于责任承担的补充性，该补充性需要通过直接责任人和补充责任人现实担责的顺序性予以控制，只有当直接责任人的财产不足以清偿债务时补充责任人才有担责义务，这也是补充责任区别于其他共同责任的根本。实际施工人利益很难保证，且司法解释显然没有规定履行的顺序性。（3）如果判决发包人与转包人或违法分包人在欠付工程款内承担连带责任，则非常有利于实际施工人利益保护。实际施工人可以基于连带判决要求任意一方履行义务，如果向转包人或违法分包人要求履行，这是转包人或违法分包人应当履行的合同义务；如果要求发包人履行支付义务，发包人可以在向转包人或违法分包人支付价款时予以扣除，不影响发包人利益。这是在一个案件中解决多方矛盾，更好地达到案结事了的社会效果，且责任承担方式简单明了，易于操作，节约了司法资源和当事人的诉讼成本，这也是诸多地方高级人民法院偏向连带责任的原因。但是，发包人与转包人或违法分包人承担连带责任最致命的问题在于不符合《民法典》第178条第3款“连带责任，由法律规定或者当事人约定”规定。在《民法典》生效之前，《民法总则》和《民法通则》也都有类似的规定。

二、立法变化对认定发包人责任的影响

2018年10月29日通过的《建设工程施工合同司法解释（二）》（法释〔2018〕20号，已失效）第24条规定：“实际施工人以发包人为被告主张权利的，人民法院应当追加转包人或者违法分包人为本案第三人，在查明发包人欠付转包人或者违法分包人建设工程价款的数额后，判决发包人在欠付建设工程价款范围内对实际施工人承担责任。”这是对2005年1月1日起施行的《建设工程施工合同司法解释》（已失效）第26条第2款规定的修改。2021年1月1日开始实施的现行有效的《建设工程施工合同司法解释（一）》把以上两部司法解释进行融合，第43条规定：“实际施工人以转包人、违法分包人为被告起诉的，人民法院应当依法受理。实际施工人以发包人为被告主张权利的，人民法院应当追加转包人或者违法分包人为本案第三人，在查明发包人欠付转包人或者违法分包人建设工程价款的数额后，判决发包人在欠付建设工程价款范围内对实际施工人承担责任。”

笔者认为，现行有效的2021年1月1日开始实施的《建设工程施工合同司法解释（一）》可以有效地解决发包人责任承担的问题，即该司法解释把转包人或违法分包人列为第三人而不是当事人，且明确追加转包人或违法分包人为第三人的目的是查明发包人欠付转包人或者违法分包人建设工程价款的数额，并明确了判项为“判决发包人在欠付建设工程价款范围内对实际施工人承担责任”。发包人承担的是直接支付责任而不是连带责任。最高人民法院民事审判第一庭亦认为：司法实践中，通常判决与实际施工人有合同关系的转包人承担直接支付工程款的责任，同时判决发包人在欠付工程款范围内承担连带责任或者补充责任，判决承担连带责任的居多。但根据《民法典》第 178 条第 3 款的规定，连带责任由法律规定或者当事人约定。因此，连带责任似法律依据不足。

对于实际施工人直接以发包人和转包人或违法分包人为共同被告请求连带责任，而非只起诉发包人，该如何处理？笔者认为，应该适用《建设工程施工合同司法解释（一）》第 43 条第 1 款“实际施工人以转包人、违法分包人为被告起诉的，人民法院应当依法受理”的规定，直接判决转包人或违法分包人承担责任，对请求发包人承担连带责任没有法律依据予以驳回。其原因如下：

（1）实际施工人可以突破合同相对性向发包人主张工程价款是有条件限制的。正如 2004 年 10 月 27 日最高人民法院负责人就《建设工程施工合同司法解释》答记者问中谈所到：《建设工程施工合同司法解释》第 26 条第 2 款的立法目的主要在于解决由农民工组成的实际施工人在与其有合同关系的相对人，因下落不明、破产、资信状况恶化等原因导致其缺乏支付能力，实际施工人又投诉无门的情况下，为实际施工人主张工程价款提供的特殊救济途径，即准许实际施工人突破合同相对性。另外，2011 年 6 月 24 日，最高人民法院审判委员会原委员、民事审判第一庭原庭长杜万华在全国民事审判工作会议上的总结讲话指出：关于施工人权利的保护问题，《建设工程施工合同司法解释》已经有明确规定，实际施工人可以向发包方主张权利，但这是有限度的，在理解执行司法解释规定的时候，一定要准确，不能任意扩大它的适用范围。除非是转包人和分包人没有向实际施工人支付工程款也没有能力支付，而发包方还有其他的工程款没有支付完，在未支付工程款的范围内，可以向实际施工人支付工程款。当前，有的地方没有准确理解执行司法解释的规定，允许实际施工人要求发包方无条件地承担工程款给付义务，有些甚至要求发包方解决劳动关系问题，这些我认为都是不正确的。

（2）《建设工程施工合同司法解释（一）》第 43 条第 2 款的适用前提是“实际施工人以发包人为被告主张权利”。实际施工人可以突破合同相对性向发包人主张权利是基于司法解释的明确规定，该条司法解释适用的前提有三个：①实际施工人仅以发包人为被告主张权益，而不是以发包人和转包人、违法分包人为共同被告；②法院追加转包人或违法分包人为第三人，而不是追加转包人或违法分包人为当事人；③需要查明发包人欠付转包人或者违法分包人建设工程价款的具体数额，如果发包人不欠转包人或者违法分包人工程价款，或无法查明欠付具体数额，均不能适用。如最高人民法院在（2016）最高法民申1922号“王某锁、冀某明建设工程分包合同纠纷案”中认为：《建设工程施工合同司法解释》第26条第2款规定：“实际施工人以发包人为被告主张权利的，人民法院可以追加转包人或者违法分包人为本案当事人。发包人只在欠付工程价款范围内对实际施工人承担责任。”因发包人菏泽万基公司与承包人山东京庄公司之间未进行结算，且王某锁作为实际施工人起诉山东京庄公司、菏泽万基公司的案件正在审理过程中，在无法确定菏泽万基公司是否欠付工程款的情形下，一审判决认定菏泽万基公司不应对山东京庄公司欠付冀某明的债务承担责任并无不当。

（3）直接判决转包人或违法分包人承担责任符合法律规定。根据合同相对性原则，合同的权利义务只在合同当事人之间产生，只对合同当事人具有法律约束力，而不及其他人。发包人与承包人之间的合同与承包人（转包人或违法分包人）与实际施工人之间的合同是相互独立的，各方应当依照不同的合同分别承担不同的义务和责任。《建设工程施工合同司法解释（一）》赋予实际施工可以向发包人主张工程价款的权利，但并未排除转包人或违法分包人应当付款的义务，应以向转包人或违法分包人主张价款为原则，以向发包人主张价款为补充。

关联判例

大连恒达机械厂与普兰店市宏祥房地产开发有限公司、大连成大建筑劳务有限公司等建设工程施工合同纠纷案

（2015）民申字第919号

【裁判要旨】

实际施工人提起索要工程款的诉讼，……以不突破合同相对性为法律适用的基本原则；第2款是突破合同相对性的特别规定，旨在保护农民工的合法权益。钢梁制作安装仅是部分施工内容，并非全面履行发包人与承包人之间的合同，不符合实际施工人向发包人主张工程价款的条件。

【裁判摘要】

最高人民法院认为，该案争议焦点是普兰店市宏祥房地产开发有限公司（以下简称宏祥公司）应否在欠付工程价款范围内承担连带责任问题。该案大连恒达机械厂（以下简称恒达机械厂）与大连成大建筑劳务有限公司（以下简称成大公司）之间签订有钢梁制作安装协议书，双方存在钢梁制作安装工程的工程承包合同关系。成大公司系从大连博源建设集团有限公司（以下简称博源公司）处转包取得涉案工程，双方签订有工程承包合同。而博源公司与宏祥公司之间存在建设工程施工总承包合同关系，可见，恒达机械厂与宏祥公司之间并不存在任何合同关系。根据合同相对性原则，恒达机械厂应向合同相对方成大公司主张权利。原审法院根据《建设工程施工合同司法解释》第2条关于“建设工程施工合同无效，但建设工程经竣工验收合格的，承包人请求参照合同约定支付工程价款的，应予支持”之规定，判令成大公司承担偿还工程价款的责任，适用法律正确。

现恒达机械厂突破合同相对性向宏祥公司主张权利，其依据的是《建设工程施工合同司法解释》第26条第2款的规定。该款规定：“实际施工人以发包人为被告主张权利的，人民法院可以追加转包人或者违法分包人为本案当事人。发包人只在欠付工程价款范围内对实际施工人承担责任。”第1款规定“实际施工人以转包人、违法分包人为被告起诉的，人民法院应当依法受理”，比较第2款规定的文意内容，可以看出，实际施工人提起索要工程款的诉讼，原则上应当适用第1款规定，以不突破合同相对性为法律适用的基本原则；第2款是突破合同相对性的特别规定，旨在保护农民工的合法权益。实际施工人是指因转包、违法分包、肢解合同等违法行为施工合同被认定为无效，实际从事工程建设的主体为实际施工人，为有别于施工人、承包人、建筑施工企业等法定施工主体的表述方式，《建设工程施工合同司法解释》使用了实际施工人概念。实际施工人可能是自然人、超资质等级施工的建筑施工企业、超资质许可施工范围从事工程基础或结构建设的劳务分包企业等。从实际施工人的人员构成来看，在施工现场实际从事施工作业的人员多为农民工。实际施工人与其发包人形成了施工合同关系，实际施工人内部法律关系为劳动合同关系或劳务合同关系，农民工工资或劳务报酬在工程款中的占比很高，多为农民工的基本生活保障费用。为此，《建设工程施工合同司法解释》第 26 条第 2 款作出了特殊情况下准许实际施工人突破合同相对性向发包人主张工程欠款的规定。

该案恒达机械厂系经与成大公司之间签订的钢梁制作安装协议书而取得案涉钢梁制作安装工程，并按合同约定需提供钢梁的制作、运输、安装等作业，且包工包料，可见其提供的是专业技术安装工程并非普通劳务作业，被拖欠的工程款并非劳务分包费用，并不具备《建设工程施工合同司法解释》第 26 条第 2 款规定的适用条件。恒达机械厂已按合同约定完成的钢梁工程承包作业，也仅是宏祥公司与博源公司之间建设工程施工合同内容中的部分施工内容，属违法分包工程，并非全面履行发包人与承包人之间的合同。因此，并不符合《建设工程施工合同司法解释》第 26 条规定的情形，一审、二审判决未判定宏祥公司承担连带责任并无不当。至于宏祥公司是否对转包知情，并不影响该案判决结果。

四、黑白合同结算

| 导读 |

在建设工程契约治理体系中，黑白合同结算作为“阳合同阴履行”的典型样态，是市场地位失衡的竞争性产物。目前，我国建设工程市场属于绝对的“买方市场”，发包人处于强势地位，通常会在招标投标阶段对承包人提出种种苛刻的要求，以达到由承包人承担大部分风险和责任的目的。而承包方为了获取交易机会，往往会一再退让，尽量满足发包人要求。

尽管《招标投标法》第 46 条明确规定，招标人和中标人应当自中标通知书发出之日起三十日内，按照招标文件和中标人的投标文件订立书面合同。招标人和中标人不得再行订立背离合同实质性内容的其他协议。但实践中发承包双方在中标后又另行签订黑合同的不在少数。有些发包人为了规避《招标投标法》及《招标投标法实施条例》的规定，并不直接另行签订背离合同实质性内容的施工合同，而是通过签订捐赠合同、让利承诺或高价的房屋买卖合同等变相形式实现中标价格下浮，折射出制度规范与规避策略的持续博弈。

黑白合同呈现三重法律状态：（1）形式合法性。阴合同常以补充协议等合法外衣掩盖实质违法。（2）效力分层性。根据《招标投标法》的规定，发承包双方结算应以中标的阳合同为准，而发承包双方真实意思是按照阴合同进行履行。（3）司法实践困境。黑白合同效力认定呈现双重规范冲突：实质层面，黑合同体现缔约双方真实意思自治，契合《民法典》契约自由原则；形式层面，白合同承载《招标投标法》第 46 条维护市场秩序之法定功能，形成“私法自治”与“公法管制”的价值对抗。

解决黑白合同结算难题，要从工程契约本质出发，从形式合规向实质正义转变。

【术语解读】

黑白合同又称阴阳合同，是指发包人和承包人在中标合同之外又另行签订与中标合同具有实质性变更的建设工程施工合同。其中，中标合同为白合同或阳合同，另行签订的建设工程施工合同为黑合同或阴合同。实质性变更主要体现在建设工程施工合同的工程范围、建设工期、工程质量和工程价款等内容与中标合同约定的不一致。

（一）黑白合同的认定

从立法原意来看，制定《招标投标法》是为了规范招标投标活动，保护国家利益、社会公共利益和招标投标活动当事人的合法权益，提高经济效益和保证项目质量。故《招标投标法》具有公法和私法双重法律特性，其具有公法性质的法条具有法律强制性，具体体现在强制与监管。

《招标投标法》第 46 条第 1 款规定：“招标人和中标人应当自中标通知书发出之日起三十日内，按照招标文件和中标人的投标文件订立书面合同。招标人和中标人不得再行订立背离合同实质性内容的其他协议。”其中“背离合同实质性内容的其他协议”即为黑白合同的法律渊源。因不同时期的监管方式不同，对黑白合同的认定也不一样。

1. 以与备案合同不一致认定黑白合同

很长一段时间，国家以行政备案进行招投标管理。2001 年 6 月 1 日公布的《房屋建筑和市政基础设施工程施工招标投标管理办法》（中华人民共和国建设部令第 89 号，已被修改）第 47 条第 1 款规定：“招标人和中标人应当自中标通知书发出之日起 30 日内，按照招标文件和中标人的投标文件订立书面合同；招标人和中标人不得再行订立背离合同实质性内容的其他协议。订立书面合同后 7 日内，中标人应当将合同送县级以上工程所在地的建设行政主管部门备案。”2004 年 2 月 3 日公布的《房屋建筑和市政基础设施工程施工分包管理办法》（已被修改）第 10 条第 2 款规定：“分包工程发包人应当在订立分包合同后 7 个工作日内，将合同送工程所在地县级以上地方人民政府建设行政主管部门备案。分包合同发生重大变更的，分包工程发包人应当自变更后 7 个工作日内，将变更协议送原备案机关备案。”2011 年 6 月 24 日公布的住房和城乡建设部《关于进一步加强建筑市场监管工作的意见》（建市〔2011〕86 号，已被修改）第 8 条规定：“推行合同备案制度。合同双方要按照有关规定，将合同报项目所在地建设主管部门备案。工程项目的规模标准、使用功能、结构形式、基础处理等方面发生重大变更的，合同双方要及时签订变更协议并报送原备案机关备案。在解决合同争议时，应当以备案合同为依据。”

2005 年实施的《建设工程施工合同司法解释》（已失效）第 21 条规定：“当事人就同一建设工程另行订立的建设工程施工合同与经过备案的中标合同实质性内容不一致的，应当以备案的中标合同作为结算工程价款的根据。”此时，以与备案合同约定不一致认定黑白合同。

2. 以与中标合同不一致认定黑白合同

作为深化“放管服”改革的一项举措，2018 年 5 月 14 日国务院办公厅发布的《关于开展工程建设项目审批制度改革试点的通知》（国办发〔2018〕33 号）和 2018 年 9 月 28 日发布的住房和城乡建设部《关于修改〈房屋建筑和市政基础设施工程招投标管理办法〉的决定》第 5 条规定，取消了施工合同备案、建筑节能设计审查备案等事项。2019 年 3 月 13 日，住房和城乡建设部《关于修改部分部门规章的决定》删去了《房屋建筑和市政基础设施工程施工分包管理办法》（建设部令第 124 号，已被修改）订立分包合同后 7 个工作日内备案的规定。2019 年 3 月 18 日，住房和城乡建设部《关于修改有关文件的通知》（建法规〔2019〕3 号）删除了住房和城乡建设部《关于进一步加强建筑市场监管工作的意见》（建市〔2011〕86 号，已被修改）中的“合同备案制度”。

基于上述规定，自 2019 年 3 月 18 日起，建设工程施工合同备案制度在全国范围内取消。与此相适应，2019 年 2 月 1 日施行的《建设工程施工合同司法解释（二）》变更了2005年实施的《建设工程施工合同司法解释》的规定，不再将施工合同的备案作为认定和适用黑白合同的前提条件。2021年1月1日施行的《建设工程施工合同司法解释（一）》也不再将施工合同的备案作为认定和适用黑白合同的前提条件，而是规定：招标人和中标人另行签订的建设工程施工合同约定的工程范围、建设工期、工程质量、工程价款等实质性内容，与中标合同不一致，一方当事人请求按照中标合同确定权利义务的，人民法院应予支持。

（二）黑白合同的效力

“黑白合同”是“黑合同”和“白合同”的统称，黑白合同的效力应对白合同和黑合同分别分析确定。

1. 白合同的效力

《招标投标法》第46条第1款规定：“招标人和中标人应当自中标通知书发出之日起三十日内，按照招标文件和中标人的投标文件订立书面合同。招标人和中标人不得再行订立背离合同实质性内容的其他协议。”该条款尽管规定了“招标人和中标人不得再行订立背离合同实质性内容的其他协议”，但并没有明确黑白合同的效力问题。

合同效力问题是法律问题而非事实问题，白合同的效力需要基于法律价值进行判断而非因其系白合同而当然有效。《民法典》第153条第1款规定：“违反法律、行政法规的强制性规定的民事法律行为无效。但是，该强制性规定不导致该民事法律行为无效的除外。”根据《招标投标法》的规定，存在6种中标无效的情形：（1）招标代理机构违反法律规定，泄露应当保密的与招标投标活动有关的情况和资料的，或者与招标人、投标人串通损害国家利益、社会公共利益或者他人合法权益的；（2）依法必须进行招标的项目的招标人向他人透露已获取招标文件的潜在投标人的名称、数量或者可能影响公平竞争的有关招标投标的其他情况的，或者泄露标底的；（3）投标人相互串通投标或者与招标人串通投标的，投标人以向招标人或者评标委员会成员行贿的手段谋取中标的；（4）投标人以他人名义投标或者以其他方式弄虚作假，骗取中标的；（5）依法必须进行招标的项目，与投标人就投标价格、投标方案等实质性内容进行谈判的；（6）招标人在评标委员会依法推荐的中标候选人以外确定中标人的，依法必须进行招标的项目在所有投标被评标委员会否决后自行确定中标人的。[①] 当招标行为违反法律、行政法规的强制性规定，中标无效，白合同即中标合同亦无效。

2. 黑合同的效力

黑合同是以有白合同为前提，即发包人以招标的形式选择承包人，承包人以投标的形式获取承包机会，发承包双方按照招标文件、投标文件及中标价签订合同。如果非必须招标项目，发包人自行发包后又基于备案考虑而进行的招标，该招标并非为了选择承包人，中标合同不具有白合同性质。该种情况下的标前合同不违反法律、行政法规的强制性规定，为当事人真实意思表示，系合法有效的施工合同，不是黑合同。

一般来说，不论白合同是否有效，黑合同均无效。（1）白合同有效，根据《招标投标法》的规定，招标人和中标人不得再行订立背离合同实质性内容的其他协议，招标人和中标人另行签订的黑合同，即属于违反法律、行政法规的强制性规定的无效合同。（2）白合同无效，举轻以明重，黑合同当然无效。

当然，白合同有效是适用黑白合同规则的前提。《建设工程施工合同司法解释（一）》第 2 条所规定的“招标人和中标人另行签订的建设工程施工合同约定的工程范围、建设工期、工程质量、工程价款等实质性内容，与中标合同不一致，一方当事人请求按照中标合同确定权利义务的，人民法院应予支持。招标人和中标人在中标合同之外就明显高于市场价格购买承建房产、无偿建设住房配套设施、让利、向建设单位捐赠财物等另行签订合同，变相降低工程价款，一方当事人以该合同背离中标合同实质性内容为由请求确认无效的，人民法院应予支持”。以白合同为结算依据，必须以白合同有效为适用前提，如果白合同无效，就不能简单地以白合同作为计算工程价款的依据，而必须根据当事人的真实意思、实际履行情况等因素判断适用哪一份合同，或者通过鉴定据实结算工程价款。[②]

（三）黑白合同与合同变更

《招标投标法》限制发承包人在中标合同之外另行签订背离中标合同实质性内容的其他协议，但并不是说通过招投标签订的合同，在签约后不能补充、修

① 参见最高人民法院民事审判第一庭编著:《最高人民法院新建设工程施工合同司法解释（一）理解与适用》，人民法院出版社 2021 年版，第 36 页。

② 参见最高人民法院民事审判第一庭编著:《最高人民法院新建设工程施工合同司法解释（一）理解与适用》，人民法院出版社 2021 年版，第 36 页。

订、细化，只能一份合同履行到底。通过招投标签订的施工合同与通过其他形式签订的施工合同一样，都需要通过经济洽商记录等形式不间断地对主合同补充、细化后，才能够全面实际履行。[①]

对黑合同的认定必须把握两点：（1）必须是对中标合同的实质性背离；（2）该实质性的变更必须发生在中标合同签订时间节点，且不属于发包人与承包人因客观情况发生了在招标投标时难以预见的变化。

建设工程具有投资金额大、履行时间长、受各类资源影响多的特点，合同在履行过程中常常发生无法预见的情形，如社会环境的变化、物价的巨额上涨、设计变更、规划调整等。这些因素是发承包双方在招投标时难以预见的，而在此情形下，发承包双方经协商一致可以对施工合同进行适当的变更与调整，包括对施工范围、工期、价款的调整，也可对施工质量标准进行调整，但不得低于国家强制性标准。

【司法实务】

问题1. 中标无效，补充协议与中标合同存在工程价款的变动，是否构成实质性变更?

《招标投标法》第46条第1款规定，“招标人和中标人应当自中标通知书发出之日起三十日内，按照招标文件和中标人的投标文件订立书面合同。招标人和中标人不得再行订立背离合同实质性内容的其他协议”。《招标投标法实施条例》第57条第1款规定：“招标人和中标人应当依照招标投标法和本条例的规定签订书面合同，合同的标的、价款、质量、履行期限等主要条款应当与招标文件和中标人的投标文件的内容一致。招标人和中标人不得再行订立背离合同实质性内容的其他协议。”合同的标的、价款、质量、履行期限等被法律确定为建设工程施工合同主要条款，在中标合同签订后又对主要条款进行变更为实质性变更。实务中一般把中标合同称为“白合同”，把与中标合同有实质性变更的其他协议称为“黑合同”。

对中标无效，补充协议与中标合同存在工程价款的变动，是否构成实质性变

① 参见冯小光：《回顾与展望——写在〈最高人民法院关于审理建设工程施工合同纠纷案件适用法律问题的解释〉颁布实施三周年之际》，载中华人民共和国最高人民法院民事审判第一庭编：《民事审判指导与参考》2008年第1集（总第33集），法律出版社2008年版。

更问题，实务界存在两种不同观点：

第一种观点认为，合同的标的、价款、质量、履行期限是建设工程施工合同的主要条款，只要补充协议在工程范围、价款、质量和工期与中标合同不一致，就构成与中标合同实质性变更。

第二种观点认为，实质性变更的前提是中标合同有效，如果中标无效，则自始无合同效力，不存在实质性变更问题。

笔者倾向于第二种观点。

建设工程施工合同效力是关系到工程价款结算原则、违约责任、质量保证等与承包、发包双方当事人利益密切相关的重大问题，是法院在审理建设工程施工合同纠纷中首要审查的问题，[①]《民法典》第153条第1款规定：违反法律、行政法规的强制性规定的民事法律行为无效……

《招标投标法》规定了6种中标无效的情形：（1）招标代理机构违反法律规定，泄露应当保密的与招标投标活动有关的情况和资料的，或者与招标人、投标人串通损害国家利益、社会公共利益或者他人合法权益的；（2）依法必须进行招标的项目的招标人向他人透露已获取招标文件的潜在投标人的名称、数量或者可能影响公平竞争的有关招标投标的其他情况的，或者泄露标底的；（3）投标人相互串通投标或者与招标人串通投标的，投标人以向招标人或者评标委员会成员行贿的手段谋取中标的；（4）投标人以他人名义投标或者以其他方式弄虚作假，骗取中标的；（5）依法必须进行招标的项目，与投标人就投标价格、投标方案等实质性内容进行谈判的；（6）招标人在评标委员会依法推荐的中标候选人以外确定中标人的，依法必须进行招标的项目在所有投标被评标委员会否决后自行确定中标人的。《建设工程施工合同司法解释（一）》规定了4种合同无效的情形：（1）承包人未取得建筑业企业资质或者超越资质等级的；（2）没有资质的实际施工人借用有资质的建筑施工企业名义的；（3）建设工程必须进行招标而未招标或者中标无效的；（4）承包人因转包、违法分包建设工程与他人签订的建设工程施工合同的。另外，土地法、城乡规划法均有效力性强制性规范，如未获得土地使用权的建设工程及未获得规划审批的建设工程的合同无效。

① 参见最高人民法院民事审判第一庭编著：《最高人民法院建设工程施工合同司法解释（二）理解与适用》，人民法院出版社2019年版，第78页。

无效民事法律行为具有不得履行性。[①]无效民事法律行为具有违法性，不得依据该违法行为要求实际履行，也不承担不履行的法律责任。《民法典》第155条规定：无效的或者被撤销的民事法律行为自始没有法律约束力。民事法律行为一旦被确认无效，就将产生溯及力，使该行为自实施之时起就不具有法律效力，这是国家对此行为的主动干预。

合同的变更，一般认为是合同内容的变更，包括合同标的物在质量、数量、履行条件、合同价款、合同所附条件或期限、合同担保、违约责任、解除条件以及争议解决的防范等内容的变更，也可以包括合同的从给付义务、附随义务的变更。[②]合同变更的本质是改变原合同关系，合同的变更离不开原已存在的合同关系这一条件，无原合同关系便无变更的对象。合同无效，自始即无合同关系，更无可变更合同的余地。[③]

最高人民法院民事审判第一庭在《最高人民法院新建设工程施工合同司法解释（一）理解与适用》所阐述观点，“白合同有效是认定黑合同无效的前提”[④]，如果中标合同无效，则不能认定与中标合同不一致的条款变动为实质性变更，不能简单地以中标合同作为计算工程价款的依据，而必须根据当事人的真实意思、实际履行情况等因素判断适用哪一份合同，或者通过鉴定据实结算工程价款。

关联判例

龙元建设集团股份有限公司、成都奥克斯财富广场投资有限公司建设工程施工合同纠纷案

（2020）最高法民终744号

【裁判要旨】

中标合同无效，自始无约束力，不存在实质性变更问题。

---

① 参见最高人民法院民法典贯彻实施工作领导小组主编：《中华人民共和国民法典总则编理解与适用》，人民法院出版社2020年版，第779页。

② 参见最高人民法院民法典贯彻实施工作领导小组主编：《中华人民共和国民法典总则编理解与适用》，人民法院出版社2020年版，第779页。

③ 参见崔建远：《合同法总论》（中卷），中国人民大学出版社2012年版，第561页。

④ 最高人民法院民事审判第一庭编著：《最高人民法院新建设工程施工合同司法解释（一）理解与适用》，人民法院出版社2021年版，第36页。

【裁判摘要】

最高人民法院认为，龙元建设集团股份有限公司（以下简称龙元公司）上诉提出，《施工合同》系对中标合同的实质性背离，违反了《建设工程施工合同司法解释》第21条关于“当事人就同一建设工程另行订立的建设工程施工合同与经过备案的中标合同实质性内容不一致的，应当以备案的中标合同作为结算工程价款的根据”的规定，故不应认定为工程结算的依据。对此法院认为，四份《备案合同》和《施工合同》均为无效合同，故不存在所谓中标合同和对中标合同实质性条款背离的问题。而2011年10月21日会议纪要关于“不让龙元公司亏损的原则”应认定为约定不明，龙元公司以此作为按四份《备案合同》结算的理由缺乏事实依据，亦不能成立。

问题2. 对预付款及进度款的支付进行变更，是否属于实质性变更?

《建设工程施工合同司法解释（一）》第2条第1款规定，招标人和中标人另行签订的建设工程施工合同约定的工程范围、建设工期、工程质量、工程价款等实质性内容，与中标合同不一致，一方当事人请求按照中标合同确定权利义务的，人民法院应予支持。

对预付款及进度款的支付进行变更，是否属于实质性变更问题，实务界存在两种不同观点：

第一种观点认为，实质性内容包括工期、质量、价款，而预付款及进度款并非法律所规定的实质性条款。

第二种观点认为，改变了备案合同关于发包人支付预付款和进度款的约定，明显加重了承包人的义务，对承包人的利益影响较大，属于实质性变更。

笔者以上两种观点均过于绝对化，实质性变更要对变更的内容和变化量综合考虑。

黑白合同产生在招标项目中，包括国家强制招标项目和发包人自主选择招标项目。招标的目的是让招标人能够通过招标投标程序确定理想的中标人，也是为了保证竞标人之间存在一个公开、公正、公平的竞争环境。实行招标投标，可以有效地提高经济效益，保证项目质量，保护国家利益、社会公共利益和招标投标活动当事人的合法权益。招标的最大特点是：让众多的投标人参与竞争，通过优择劣汰的筛选，以最低或者较低的价格获得最优的货物、工程或者服务。[①]《招标投标法》第3条第1款规定："在中华人民共和国境内进行下列工程建设项目包括项目的勘察、设计、施工、监理以及与工程建设有关的重要设备、材料等的采购，必须进行招标：（一）大型基础设施、公用事业等关系社会公共利益、公众安全的项目；（二）全部或者部分使用国有资金投资或者国家融资的项目；（三）使用国际组织或者外国政府贷款、援助资金的项目。"这体现了国家对国家投资、融资项目等关系到社会公共利益和公共安全的项目以及使用国家统借外债的项目等民事活动的干预和监督。《招标投标法》第2条规定："在中华人民共和国境内进行招标投标活动，适用本法。"这体现国家对招投标制度的维护。

《招标投标法》第46条第1款规定，招标人和中标人应当自中标通知书发出之日起30日内，按照招标文件和中标人的投标文件订立书面合同。招标人和中标人不得再行订立背离合同实质性内容的其他协议。制定这些条款的目的是强调并监督招标人和中标人必须遵循公平、公正，公开的原则、严禁任何侵犯其他未中标投标人利益的行为，从而保证招投标各方的合法权益。因此，从《招标投标法》制定的原则和调整的法律关系来看，无论承包人是否受发包人的强迫，签订与中标时公开签订的建设工程施工合同主要内容不一致的合同，都是对其他未中标的投标人合法权益的侵犯，也是有悖于《招标投标法》主旨的。[②]

当然，合同变更是法律赋予合同双方当事人的一项基本权利，不管是之前的《合同法》还是现在的《民法典》均规定：当事人协商一致，可以变更合同。但招标人与中标人另行签订与备案中标合同实质性内容不一致的合同，并非简单的主体意思自治，而是既涉及招投标市场秩序维护，也涉及其他投标人合法权益。正常的合同变更受到法律的保护，而黑白合同受到法律的禁止，因此合同变更与黑白合同之间的界限，对建设工程施工合同尤为重要。

发承包双方之所以在背离中标的"白合同"另行签订"黑合同"，可能会有以下几个原因：（1）发包人利用自身买方优势地位逼迫承包人让利；（2）发承包双方事先协商一致规避招投标；（3）通过签订黑白合同达到其他目的，如偷逃税

① 参见最高人民法院民事审判第一庭编著：《最高人民法院建设工程施工合同司法解释的理解与适用》（第2版），人民法院出版社2015年版，第156页。

② 参见最高人民法院民事审判第一庭编著：《最高人民法院建设工程施工合同司法解释的理解与适用》（第2版），人民法院出版社2015年版，第153页。

款。不论基于什么目的，黑合同的存在，都是对招标制度的一种伤害，背离了招投标制度的初衷，损害了其他投标人的利益、破坏正常的市场竞争秩序，进而加剧建筑市场的不规范行为。[①] 招标人和中标人另行签订的协议中改变双方根据招标文件和投标文件所订立的书面合同的内容是否属于背离合同实质性内容，取决于这些改变是否足以影响其他竞标人能够中标或者以何种条件中标。凡是排除其他投标人中标的可能或者提高其他投标人中标条件的内容，都构成《招标投标法》第 46 条第 1 款中的“实质性内容”。[②] 主要考虑两点：（1）是否影响其他中标人中标；（2）是否较大影响招标人与中标人的权利义务。

《建设工程施工合同司法解释（一）》第 2 条规定：“招标人和中标人另行签订的建设工程施工合同约定的工程范围、建设工期、工程质量、工程价款等实质性内容，与中标合同不一致，一方当事人请求按照中标合同确定权利义务的，人民法院应予支持。招标人和中标人在中标合同之外就明显高于市场价格购买承建房产、无偿建设住房配套设施、让利、向建设单位捐赠财物等另行签订合同，变相降低工程价款，一方当事人以该合同背离中标合同实质性内容为由请求确认无效的，人民法院应予支持。”该解释第 2 款说明除了建设工程范围、建设工期、工程质量与工程价款，特定情形下，也可能存在背离按照招标文件和中标文件签订的合同的实质性内容的协议。这只能根据建设工程及当事人的具体情况确定。凡是可能限制或者排除其他竞标人的条件都可能构成《招标投标法》第 46 条第 1 款中的“合同实质性内容”。所以本条只是列举工程范围、建设工期、工程质量与工程价款，未排除其他可能的因素。[③]

就预付款及进度款而言，都不属于《建设工程施工合同司法解释（一）》第 2 条第 1 款所规定建设工程范围、建设工期、工程质量与工程价款条款，也不属于第 2 款明显高于市场价格购买承建房产、无偿建设住房配套设施、让利、向建设单位捐赠财物等，但其对发承包权利义务能够产生影响。如果仅是局部调整，不足以造成权利义务失衡，也不影响其他中标人中标的，则不应认定为实质性变

① 参见李琪：《建设工程施工合同纠纷案件审理中的疑难问题》，载最高人民法院民事审判第一庭编：《民事审判指导与参考》2016 年第 4 辑（总第 68 辑），人民法院出版社 2017 年版。

② 参见最高人民法院民事审判第一庭编著：《最高人民法院新建设工程施工合同司法解释（一）理解与适用》，人民法院出版社 2021 年版，第 29 页。

③ 参见最高人民法院民事审判第一庭编著：《最高人民法院新建设工程施工合同司法解释（一）理解与适用》，人民法院出版社 2021 年版，第 35 页。

更，如关联判例一；如果对预付款及进度款的调整足以致使其他投标人重新报价、影响中标的，或会致使该中标人权利失衡的，如预付款从 20% 调整到 10%，进度款从按月进度 80% 支付调整到按形象进度（如 6 个月）支付，这就属于造成权利义务失衡，应当认为是实质性变更，如关联判例二。

关联判例一

华丰建设股份有限公司与上海百协中闻置地发展有限公司一般建设工程合同纠纷案

（2014）民申字第 504 号

【裁判要旨】

根据《建设工程施工合同司法解释》第 21 条之规定，“当事人就同一建设工程另行订立的建设工程施工合同与经过备案的中标合同实质性内容不一致的，应当以备案的中标合同作为结算工程价款的根据”。原审认定备案合同有效并不意味着不能在未实质性改变备案合同的情况下对合同履行予以变更；该案有关工程预付款及工程进度款之约定，不属于对备案合同的实质性变更。

【裁判摘要】

最高人民法院认为，关于备案合同的适用问题。经查，该工程上海百协中闻置地发展有限公司（以下简称百协中闻公司）原确定由中达建设集团股份有限公司（以下简称中达公司）施工，双方签订了建设工程施工合同、补充合同，同时还形成了会议纪要。后中达公司、百协中闻公司与华丰建设股份有限公司（以下简称华丰公司）签订权利义务转让协议，约定由华丰公司承继中达公司的权利义务进行施工；同时，百协中闻公司还通过邀标形式将华丰公司转为正式的中标方，双方于 2008 年 10 月 6 日另行订立建设工程施工合同并将该合同向有关部门予以了备案，但约定中达公司原与百协中闻公司签订的建设施工合同及补充协议继续有效，备案合同不作为双方结算之用。实际履行中，双方实际上在工程预付款、工程进度款拨付等方面并未按备案合同予以履行，华丰公司亦未提出异议或进行正常的请款程序，可以视为双方实际履行中对备案合同的变更，该种变更并不违背双方当事人的合意。需要注意的是，根据《建设工程施工合同司法解释》第21条之规定，"当事人就同一建设工程另行订立的建设工程施工合同与经过备案的中标合同实质性内容不一致的，应当以备案的中标合同作为结算工程价款的根据"。原审认定备案合同有效并不意味着不能在未实质性改变备案合同的情况下对合同履行予以变更；该案有关工程预付款及工程进度款之约定，不属于对备案合同的实质性变更，原审依法适用双方达成的有关约定认定相关事实，于法有据。

关联判例二

中国房地产开发集团哈尔滨有限公司、江苏省苏中建设集团股份有限公司建设工程施工合同纠纷案

（2017）最高法民终437号

【裁判要旨】

改变了备案合同关于发包人支付预付款和进度款的约定，明显加重了承包人的义务，对施工方的利益影响较大，属于与备案合同实质性内容矛盾的黑合同。

【裁判摘要】

最高人民法院认为，《招标投标法》第46条第1款规定："招标人和中标人应当自中标通知书发出之日起三十日内，按照招标文件和中标人的投标文件订立书面合同。招标人和中标人不得再行订立背离合同实质性内容的其他协议。"《建设工程施工合同司法解释》第21条规定："当事人就同一建设工程另行订立的建设工程施工合同与经过备案的中标合同实质性内容不一致的，应当以备案的中标合同作为结算工程价款的根据。"以上规定中所谓合同实质性内容不一致，是指合同在工程价款、工程质量和工程期限等方面与备案合同不一致，因为这三个方面涉及招标人和中标人的基本权利义务。该案中，备案的三标段、四标段《施工合同》签订于2013年11月1日，其中三标段《施工合同》约定工程竣工时间为2013年11月15日；工程价款为暂

定价 148874850.00 元，采用可调价格方式确定合同价款，执行现行黑龙江省计价依据及有关计价规定，付款方式为中国房地产开发集团哈尔滨有限公司（以下简称中房集团）在开工前 5 日内以支票形式支付合同价款 25% 的工程预付款 37659862.57 元，按形象进度拨付进度款，竣工结算完成后 15 天内支付完质量保证金以外的所有款项。四标段《施工合同》约定的工程竣工时间为 2013 年 9 月 15 日，工程价款为 1764600.28 元，付款方式与三标段《施工合同》一致。诉争 2013 年 11 月 26 日签订的《施工协议》系针对案涉同一工程项目另行签订的协议，没有经过备案，该协议约定的竣工时间早于协议签订时间，并不真实，且付款方式改为“主体结构十五层以下暂不付款”，亦即主体结构十五层以下由承包人垫资施工，改变了备案合同关于发包人支付预付款和进度款的约定，明显加重了承包人的义务，对江苏省苏中建设集团股份有限公司集团的利益影响较大。因此，一审判决认定该《施工协议》属于与备案合同实质性内容矛盾的黑合同，违反《招标投标法》第 46 条第 1 款的强制性规定而应认定为无效，并无不当。中房集团上诉主张《施工协议》有效，理据不足，法院不予支持。

问题 3. 工程量与工程价款对应变更，是否属于实质性变更？

《招标投标法》规定招标人和中标人不得另行签订与中标合同有实质性变更的其他协议，其目的是防止招标人和中标人规避招标、相互串通损害其他投标人利益。在实践中，黑白合同的当事人为了规避法律，对黑白合同的形式也作出不同的调整，从最初“对工程价款进行重新约定”的直接方式，到后来“由中标人作出的以明显高于市场价格购买承建房产、无偿建设住房配套设施、让利、向建设方捐款等承诺”等更隐蔽的方式，从而加重了审判人员的认定难度。2021 年《建设工程施工合同司法解释（一）》第 2 条规定，招标人和中标人另行签订的建设工程施工合同约定的工程范围、建设工期、工程质量、工程价款等实质性内容，与中标合同不一致，一方当事人请求按照中标合同确定权利义务的，人民法院应予支持。对招标人和中标人在中标合同之外就明显高于市场价格购买承建房产、无偿建设住房配套设施、让利、向建设单位捐赠财物等另行签订合同，变相降低工程价款，一方当事人以该合同背离中标合同实质性内容为由请求确认无效的，人民法院应予支持。这是迄今对“实质性变更”认定最全的条款，但法律不能事无巨细规定所有事务，对未规定的事务依然存在争议。比如，招标人和中标人在签订中标合同后，又签订了工程量与工程价款对应变更的合同，对于该合同的工程量与工程价款对应变更是否属于实质性变更，实务界存在两种不同观点：

第一种观点认为，尽管工程量和工程价款的对应变动不是单一性变动，但仍然应当认定为实质性变更，否则有关实质性变更条款会被任意规避。

第二种观点认为，合同变更是法律赋予合同当事主体的权利，只要合同双方不是为了规避招标，不影响其他投标人中标、没有较大影响招标人与中标人的权利义务，就不应认定为实质性变更。

笔者倾向第二种观点。

《民法典》第 543 条当事人协商一致，可以变更合同。合同变更，是法律赋予合同当事人的一项基本权利，是对合同相关内容进行修改的行为。工程项目涉及主体多，除了建设单位、勘察单位、设计单位、监理单位和施工单位外，还有分包单位、材料供应商等；历时周期长、涉及面广，从立项、可研、勘察、设计、施工，通常需要几年到十几年时间，随着时间的推移，各类环境都会发生不同变化，各类方案都需要不停地调整与优化，新技术、新工艺、新设备的产生和出现，会改变原有施工环境，物价的变化、劳动市场的变化都对原合同履行产生影响。为了更好地履行合同，经双方协商一致可以变更合同，且合同变更是施工合同履行过程中常见现象。《2013 清单计价规范》定义，工程变更是指合同工程实施过程中由发包人提出或由承包人提出经发包人批准的合同工程任何一项工作的增、减、取消或施工工艺、顺序、时间的改变；施工条件的改变；招标工程量清单的错、漏从而引起合同条件的改变或工程量的增减变化。《建设工程施工合同示范文本》（GF-2017-0201）的通用条款中对常见合同变更情形进行列举，包括合同内工作的增减、合同外追加额外工作、取消合同中工作、改变合同工作的履行和检验标准，改变合同标的的基线、标高、位置和尺寸等工程基础特征，改变工程的实施时间或其他进度安排等。①

招标人与中标人另行签订与备案中标合同实质性内容不一致的合同，并非简单的主体意思自治，而是既涉及招投标市场秩序维护，也涉及其他投标人合法权

① 李琪：《建设工程施工合同纠纷案件审理中的疑难问题》，载最高人民法院民事审判第一庭编：《民事审判指导与参考》2016 年第 4 集（总第 68 集），人民法院出版社 2017 年版，第 67~71 页。

益。[①]在司法实务中，尽管“黑白合同”被法律所禁止，但并未得到有效遏制，招标人与中标人总是变化各种形式规避法律。笔者认为，认定是否构成实质性变更，不能仅从表面看是哪些要素出现变更，而是要看该变更是否是为了规避招标投标制度，是否对其他投标人的利益造成侵害，是否对合同当事人利益造成较大的影响，是否属于正常的合同变更等因素综合来看。

一、正常的合同变更与背离中标合同实质内容的变更之间的区别

1. 正常合同变更通常有以下特点：

（1）变更的目的具有正当性。发包人与承包人在中标合同签订后及施工期间，会不可避免地发生合同变更，常见的原因有：①不可抗因素，如发生地震、火灾、罕见暴雨、极端天气、疫情或政府行为、社会事件、立法变化等因素；②业主方变更要求因素，如发包人基于对工程的功能使用、规模、质量标准等方面提出新的调整要求；③设计变更类因素，如设计人基于业主要求提出变更设计，或基于施工工艺要求的设计变更等；④物价波动类因素，如在合同履行过程中，建筑材料价格和人工费用的异常变动；⑤优化奖励类，如监理人对有关技术经济事项的优化建议、承包人提出合理化建议。

（2）变更的程序具有合法性。变更通常发生在中标合同签订后的实施阶段，经当事人协商一致，且不违反法律规定，没有影响其他人的合法权益。如果变更条件发生在招标投标阶段，应该变更招标内容或重新组织招标。

（3）变更内容明确，且不违反公平原则。招标人和中标人变更合同，不能是变相降低或抬高工程价款，如无偿建设住房配套设施、让利、向建设单位捐赠财物等。

2. 实质性变更通常有以下特点：

（1）变更目的非正当性。在签订中标合同后又签订背离中标合同实质性内容的其他协议，通常有两个目的：一是发包人与承包方相互串通规避招投标制度，从而损坏其他投标人利益；二是发包人利用自身优势地位强迫施工方让利。

（2）变更时间点的不确定性。第一种情况是有实质性变更的“黑合同”订立在中标合同之后。发包人与承包人经过招标投标程序订立中标合同之后，又私下订立与备案的中标合同实质性内容不一致的合同，主要表现为双方当事人协商对

① 李琪：《建设工程施工合同纠纷案件审理中的疑难问题》，载最高人民法院民事审判第一庭编：《民事审判指导与参考》2016年第4集（总第68集），人民法院出版社2017年版，第67~71页。

中标合同的实质性内容进行变更，以补充协议书、承诺让利协议等形式订立实际履行的合同。第二种情况是“黑白合同”同时订立。发包人和承包人在订立中标合同的同时，又订立与中标合同实质性内容不一致的合同，中标合同用于备案，另一份合同是实际履行的合同。第三种情况是“黑合同”订立于中标合同之前，即招标人与中标人先行订立建设工程施工合同后，又经过招标投标程序订立了中标合同。这种情况从本质上说属于串标行为，两个合同均无效，不属于合同变更。

（3）变更形式的多样性。实质性变更除了正常签订补充协议外，也可以以会议纪要、备忘录或者是中标人单方出具的让利承诺书、价款优惠承诺书、高价购房、高价以房抵债等形式。

二、认定实质变更需要考量的因素

中标合同后的补充协议究竟是背离中标实质性内容的变更还是正常合法变更，主要看变更的目的究竟是不是为了规避招投标制度、是不是为了侵犯其他投标人利益、是不是发包人利用自身优势地位获取不正当利益三个指标。因上述三个指标属于动机性指标，可隐蔽性较强，只要当事主体不披露，外界无法知晓，故需要从具体因素中进行判断。

1. 权利义务的一致性

根据《民法典》第473条的规定，招标公告是要约邀请，是希望他人向自己发出要约的意思表示，投标方的投标行为为要约。招标方确定中标方，向中标方发出中标通知为承诺。中标合同的价格条款为核心条款，施工合同的变更通常会直接导致工程量与工程价款的相应变动，量价变动是否合理是认定是否构成实质性变更的核心。《建设工程施工合同示范文本》（GF-2017-0201）通用条款第10.4.1条规定：（1）已标价工程量清单或预算书有相同项目的，按照相同项目单价认定；（2）已标价工程量清单或预算书中无相同项目，但有类似项目的，参照类似项目的单价认定；（3）变更导致实际完成的变更工程量与已标价工程量清单或预算书中列明的该项目工程量的变化幅度超过15%的，或已标价工程量清单或预算书中无相同项目及类似项目单价的，按照合理的成本与利润构成的原则，由合同当事人按照第4.4款【商定或确定】确定变更工作的单价。一般来说，《建设工程施工合同示范文本》具有示范效应，其通用条款规定内容具有普遍的公平合理性，如果量价符合该规定，应当认为发包人没有利用自身优势地位侵犯承包人利益，发承包人没有串通规避招标投标制度，没有侵犯其他投标人利益，属于正常变更。反之，如果价格变化不符合上述规定，造成当事人权利义务明显与原合同约定不一致，则应当认为属于背离中标合同的实质性变更。

2. 时间节点的合理性

通常来说，建设工程施工合同的变更应该发生在履约阶段，特殊因素出现阻碍原合同的正常履行，通过合同变更重新确定工作内容、均衡双方权利义务，让合同得以继续履行。而背离中标合同实质内容的“黑合同”通常是与中标合同同步进行，或直接用黑合同代替中标合同，或用黑合同限制中标合同，或用单方承诺对冲中标合同，但根本目的就是用黑合同代替中标合同。

3. 是否属于特殊事项的权利处分

《民法典》第 130 条规定，民事主体按照自己的意愿依法行使民事权利，不受干涉。在合同签约及履行期间，只要不违反法律强制性规定，合同当事人均可以对自身权利进行处分。建设施工合同历时周期长、投入成本大、经营环节多、法律关系复杂，签订一个不需要变更及细化就能完成所有施工任务的合同不够现实。当出现合同中没有约定的新情况，需要一个新的方案解决，双方就会涉及补充协议或变更合同。只要该协议不是双方当事人在招标期间为了规避招投标而预设的，就不应认为是背离中标合同实质性内容的变更。如最高人民法院在（2019）最高法民终 557 号“四川省第一建筑工程有限公司、昭通市泰斗房地产开发经营有限公司建设工程施工合同纠纷案”认为：虽然补充协议中约定的“07#地块一、二标段的合同价款按《建设工程施工合同》约定的计价依据总额不再下浮；工程进度款支付变更为按照月进度报表 80% 支付，如泰斗公司不能按约支付，应按年 18% 利率计取所有未支付的工程进度款的利息”等内容对中标备案合同的约定确有变更，但究其背景与缘由，是因泰斗公司工程进度款支付不到位、所提供的混凝土不能满足现场施工进度需要等原因导致工程全面停工，当事人为了尽快复工、减少损失，保障各方权利而根据实际情况协商一致的结果，而不是背离中标合同实质性内容，通过签订“阴阳合同”或者“黑白合同”，作为不正当竞争的手段损害其他竞争者的利益、破坏竞争秩序，或者串通投标，达到损害国家、社会公共利益和他人利益的目的，与《招标投标法》及司法解释相关规定并不相冲突。《7 月 29 日补充协议》由一建公司与泰斗公司的法定代表人签名并加盖各自单位公章，系当事人真实意思表示，不违反法律、行政法规的强制性规定，应为有效合同。泰斗公司在一建公司按该补充协议继续履行施工义务、案涉工程现已交付使用的情况下，主张协议无效，有违诚实信用原则，本院不予支持。

就本题而言，对于工程量与工程价款对应变更是否属于实质性变更，并不能隔离其他因素单一确定，需要综合考量以下因素：①工程量变化的正当性，包括设计变更原因、清单漏项原因、工艺变化原因、工程范围调整原因及其他原因；②对应价款的合理性，包括价格对应变化是否参照中标单价、有没有严重的不平衡报价、变更后所用材料是否属于通用材料、是否存在询价单一或无法询价等；③变更时间的合理性，是在合同履行期间的变更还是招标期间的变更。如果工程量的变化符合实际，对应价格符合中标价及市场价，且在合同履行期间变更，双方权利义务在公平、合理区间，则应认为是正常的合同变更，不应认定为法律意义上的实质性变更。如果发包人利用自身优势签订量价极不对等的补充协议，并以此达到获利目的，应当认定为该变更是背离中标合同的实质性变更。如果发包人在招标期间与中标人签订具有结构性调整的变更合同，应当认定为发承包人串通规避招投标。

关联判例

马龙宝与河南宏景房地产开发有限公司
建设工程施工合同纠纷案

（2015）民申字第1578号

【裁判要旨】

补充协议对原合同的工程量与工程价款对应调整，不构成《招标投标法》所规定的实质性变更。

【基本案情】

2008年3月20日宏景公司与金湖公司签订建设施工合同，此合同的工程名称为金海花苑09#、10#、13#、14#商住楼，工程内容为土建，合同价款为1383.6万元；2008年3月21日宏景公司与金湖公司签订工程补充协议，此协议的工程名称为金海花苑09#、10#、13#、14#楼，工程承包内容为金海花苑09#、10#、13#、14#楼的土建工程（不包括塑钢门、窗、水电；基础挖土方及基础土方回填由金湖公司承包施工，价格另定），合同价款为989.32万元。

【裁判摘要】

最高人民法院认为，原判决适用法律是否错误，取决于案涉工程结算是依据中标登记备案的《建设工程施工合同》，还是依据《工程补充协议》。经审查，本案所涉建设工程经招投标程序，由金湖公司中标成为承包人，中标后，金湖公司与发包人宏景公司签订补充协议对以上工程的施工范围和工程价款进行了重新约定。宏景公司和金湖公司所签订中标合同的价款与双方所签补充协议的价款虽然不同，但补充协议的工程内容与其中标合同的工程内容相比减去了塑钢门、窗、水电安装以及相应价款，补充协议价款并没有对中标备案合同的其他工程及其价款进行减少，故补充协议不构成对中标备案合同的实质改变，是金湖公司实际承包的工程范围和价款的结算依据。

问题4. 工程价款的少许变动是否属于实质性变更？

《招标投标法》第46条规定："招标人和中标人应当自中标通知书发出之日起三十日内，按照招标文件和中标人的投标文件订立书面合同。招标人和中标人不得再行订立背离合同实质性内容的其他协议。"《招标投标法实施条例》第57条及《建设工程施工合同纠纷司法解释一》第2条第1款均把工程价款定义为建设工程施工合同的核心条款，经过招标后，招标人和中标人不得再行订立背离合同实质性内容的其他协议。对工程价款的少许变动是否属于实质性变更问题存在争议，实务界存在两种不同观点：

第一种观点认为，工期、质量、价款是建设施工合同的核心条款，只要发生单一性变动就应当认定为实质性变更。

第二种观点认为，法律禁止实质性变更的目的是为了防止利益失衡及保护招投标制度，实质性变更应从变更内容及变更量化程度等方面考量。对工程价款的少许变动不属于法律意义上的实质性变更。

笔者认可第二种观点。

招标人和中标人在中标后应按照招标文件和中标文件签订合同，不得再行订立背离合同实质性内容的其他协议，其目的是维护公开、公正、公平的市场环境，促进企业间合理、有序的竞争，也体现了国家对重点民事领域的监督和干预。

合同法律并不排除合同变更，招标投标法也仅是限制实质性变更。何为实质性变更，从字面上看，不是一般的合同内容变更或者其他条款的变更，而是特指对合同双方当事人的权利、义务有实质影响的变更。《招标投标法实施条例》第57条规定："招标人和中标人应当依照招标投标法和本条例的规定签订书面合同，合同的标的、价款、质量、履行期限等主要条款应当与招标文件和中标人的投标文件的内容一致。招标人和中标人不得再行订立背离合同实质性内容的其他协议。"《建设工程施工合同纠纷司法解释一》第2条第1款规定："招标人和中标人另行签订的建设工程施工合同约定的工程范围、建设工期、工程质量、工程价款等实质性内容，与中标合同不一致，一方当事人请求按照中标合同确定权利义务的，人民法院应予支持。"已经明确工程范围、建设工期、工程质量、工程价款为工程合同的实质性内容。

对于工程范围、建设工期、工程质量、工程价款等实质性内容，是否只要有变动就属于实质性变更呢？

首先，实质性影响必然有变化量的要求。所谓的实质变更是指对当事人权利、义务有实质影响的变更，必然是对权利义务产生较大的影响，否则不能认定构成实质性的影响。如何认定实质性变更"量"的标准，属于法官自由裁量权部分，通常应与招标投标法的立法目的相适应，即：①是否影响其他中标人中标；②是否较大影响招标人与中标人的权利义务。①

其次，建设工程特点决定着合同必然要经过细化才能履行。建设工程通常的履行周期长、内容复杂，所签订的施工合同都需要经过细化和变更后才能完全履行，通过招投标形式签订的施工合同也不例外。不能理解为通过招投标签订的合同，在签约后不能补充、修订、细化，只能一份合同履行到底。②

再次，法律应促进交易。民商事法律的基本职能是保护合同当事人的合法权益，维护社会经济秩序，促进社会主义现代化建设，故而法律应尽量维护合同的稳定性及交易的安全性，如果把只要有实质性内容的变动都认定为实质性变更，

① 最高人民法院民事审判第一庭编著：《最高人民法院新建设工程施工合同司法解释（一）理解与适用》，人民法院出版社2021年版，第29页。

② 王林清：《房地产纠纷裁判思路与规范解释》，法律出版社2019年版，第792页。

就意味着大量的施工合同会被认定“黑合同”、无效合同，这不符合建筑市场现实，不利于经济活动的顺向流转和建筑市场的健康发展。

最后，《建设工程施工合同纠纷司法解释一》第2条第2款规定：“招标人和中标人在中标合同之外就明显高于市场价格购买承建房产、无偿建设住房配套设施、让利、向建设单位捐赠财物等另行签订合同，变相降低工程价款，一方当事人以该合同背离中标合同实质性内容为由请求确认无效的，人民法院应予支持。”这说明，除了建设工程范围、建设工期、工程质量与工程价款外，特定情形下，也可能存在其他内容和形式的背离招标文件和中标文件实质性内容的协议。

综上，是否属于实质性变更，不仅仅看是否属于工程范围、建设工期、工程质量与工程价款，更为关键的是变更是否影响其他中标人中标，是否较大影响招标人与中标人的权利义务。正如最高人民法院民事审判第一庭在《最高人民法院建设工程施工合同司法解释的理解与适用》中所述：只是在工程价款稍有调整、工程期限略有变化、工程质量有点不同的，就不宜一概认定为属于签订“阴阳合同”或者“黑白合同”的情况，必须是会导致双方当事人利益失衡的情况。[①]

关联判例

四川尚高建设有限公司与北川羌族自治县城乡规划建设和住房保障局建设工程施工合同纠纷案

（2014）民申字第842号

【裁判要旨】

对实质性变更的判断，一方面需要把握变更的内容，另一方面也需要把握变更的量化程度。工程价款的少许变动，不会导致合同当事人之间权利义务关系的显失平衡，不应认定为实质性变更。

【裁判摘要】

最高人民法院认为，对实质性变更的判断，一方面需要把握变更的内容，另一方面也需要把握变更的量化程度。《建设工程施工合同》约定合同

① 最高人民法院民事审判第一庭编著：《最高人民法院建设工程施工合同司法解释的理解与适用》，人民法院出版社2015年版，第159页。

价款采用固定综合单价方式确定，确实属于变更《比选文件》确定的固定总价方式的情形，但本案事实表明，按照两种方式得出的案涉工程款差额仅为11万余元，没有达到法律所禁止的“实质性变更”的严重程度，也不会导致合同当事人之间权利义务关系的显失平衡，故不应认定《建设工程施工合同》构成对《比选文件》的实质性变更。而结合尚高公司与北川建设局的实际履约行为及北川县人民政府的相关文件规定，应当确定以北川县审计局出具的审计报告作为工程价款结算依据。首先，四川瑞峰工程造价咨询有限公司系接受北川县审计局委托而对工程进行造价审核，其工作成果亦是为了北川县审计局审计之用。尚高公司与北川建设局共同确认《建设工程造价编审确认表》，即是以实际行为对工程造价以北川县审计局的审计报告为准的认可。其次，根据《北川羌族自治县地震灾后恢复重建项目审计监督办法》的规定，《建设工程造价编审确认表》是北川县审计局对工程进行审计过程中必备的资料，并不具有终局性。最后，尚高公司在再审申请书中认可其向一审法院提交的2010年12月28日由审计单位出具的“审计证据汇总记录”原件及“情况说明”，确系审计使用的中间文件，该自认亦可佐证双方当事人对按照审计结论结算工程价款已经达成一致。据此，二审判决采用审计结论作为工程价款结算的依据，并无不当。基于上述，尚高公司再审主张按照四川瑞峰工程造价咨询有限公司造价审核结论或对涉案工程结算造价进行司法鉴定确定工程欠款数额，没有事实及法律依据。

问题5. 如何认定“黑白合同”的效力?

《民法典》第543条规定：“当事人协商一致，可以变更合同。”对合同进行变更是法律赋予合同当事人的一项基本权利，建设工程的施工周期较长、专业性较强，施工合同在履行过程中，需要细化执行，对合同进行变更是客观的，也是必要的。但也有当事人为了获取不正当利益，在中标合同签订后，又另行签订一份或者多份与中标合同在工期、质量、价款及工程范围等实质内容不一致的合同，其中，中标合同被称为白合同，另行订立的与中标合同实质性内容不一致的合同被称为黑合同。[①]《建设工程施工合同司法解释（一）》第2条第1款规定：“招

① 参见最高人民法院民事审判第一庭编著：《最高人民法院新建设工程施工合同司法解释（一）理解与适用》，人民法院出版社2021年版，第36页。

标人和中标人另行签订的建设工程施工合同约定的工程范围、建设工期、工程质量、工程价款等实质性内容，与中标合同不一致，一方当事人请求按照中标合同确定权利义务的，人民法院应予支持。”该条司法解释并未确定“黑白合同”的效力问题，关于黑白合同的效力，实务界存在争议：

第一种观点认为，白合同有效，黑合同因违反《招标投标法》而无效。

第二种观点认为，可能存在白合同有效、黑合同无效，也可能存在黑白合同均无效，甚至可能存在黑合同有效而白合同无效的情形。

笔者认可第二种观点。

“黑白合同”并非法律术语，实务界也未有统一概念。“黑白合同”是“黑合同”和“白合同”的统称，又称“阴阳合同”。讨论“黑白合同”的效力，必须先确定“黑白合同”的属性。

“黑白合同”源于《招标投标法》第46条第1款规定，[①] 在不同的时期，关于“黑白合同”的含义有所不同。2001年6月1日原建设部发布的《房屋建筑和市政基础设施工程招标投标管理办法》第47条第1款规定：“……订立书面合同后7日内，中标人应当将合同送县级以上工程所在地的建设行政主管部门备案。”这一部门规章是建设工程施工合同备案制度的依据，此时的“白合同”指的是经过招标投标程序后的备案合同，“黑合同”指的是与备案合同有实质性背离的合同。2018年5月14日实施的国务院办公厅《关于开展工程建设项目审批制度改革试点的通知》（国办发〔2018〕33号）第8条规定：“取消不符合上位法和不合规的审批事项。取消不合理、不必要的审批事项。对于保留的审批事项，要减少审批前置条件，公布审批事项清单。取消施工合同备案、建筑节能设计审查备案等事项。社会投资的房屋建筑工程，建设单位可以自主决定发包方式。”2018年9月28日实施的住房和城乡建设部《关于修改〈房屋建筑和市政基础设施工程招标投标管理办法〉的决定》（中华人民共和国住房和城乡建设部令第43号）第5条规定：删去第四十七条第一款中的“订立书面合同后7日内，中标人应当将合同送工程所在地的县级以上地方人民政府建设行政主管部门备案”。至此，《建筑法》《招标投标法》等法律规定的建设工程施工合同备案制度正式取消。此

① 《招标投标法》第46条第1款规定，招标人和中标人应当自中标通知书发出之日起30日内，按照招标文件和中标人的投标文件订立书面合同。招标人和中标人不得再行订立背离合同实质性内容的其他协议。

后的“白合同”为中标合同，与备案与否再无关联，“黑合同”则是与中标合同有实质背离的其他协议。

“白合同”是否有效，需要看中标合同是否有效。根据《招标投标法》的规定，工程建设项目分为必须招标项目和非必须招标项目，如大型基础设施、公用事业等关系社会公共利益、公众安全的项目，全部或者部分使用国有资金投资或者国家融资的项目，使用国际组织或者外国政府贷款、援助资金的项目为必须招标项目，其他为非必须招标项目。另外，“黑合同”与“白合同”是两份合同，从签订时间来看，可能存在三种状态，即与中标合同内容不一致的合同在中标合同之前签订；与中标合同内容不一致的合同在中标合同之后签订；与中标合同内容不一致的合同与中标合同在同一天签订且难以确定先后顺序的。[①] 对黑白合同的效力，需要根据所签合同项目是否属于必须招标项目、项目本身或招标本身是否有违反法律强制性规定及黑白合同签订顺序综合判断。

第一种情形，所有事项均合法地招标。项目立项、招标均未违反法律规定，投标人符合法律规定的资质要求，该种情况下，中标合同有效。白合同为中标合同，但中标合同并不一定是白合同，发包人与承包人未有背离中标合同实质内容的其他协议，故而不存在“黑合同”，因为“白合同”与“黑合同”相对应，无“黑合同”的存在，则中标合同不能称为白合同。中标合同有效，没有违反法律强制性规定的补充合同为有效。

第二种情形，必须招标的项目，招标程序违反了法律规定。《招标投标法》规定了6种中标无效的情形：（1）招标代理机构违反法律规定，泄露应当保密的与招标投标活动有关的情况和资料的，或者与招标人、投标人串通损害国家利益、社会公共利益或者他人合法权益的；（2）依法必须进行招标的项目的招标人向他人透露已获取招标文件的潜在投标人的名称、数量或者可能影响公平竞争的有关招标投标的其他情况的，或者泄露标底的；（3）投标人相互串通投标或者与招标人串通投标的，投标人以向招标人或者评标委员会成员行贿的手段谋取中标的；（4）投标人以他人名义投标或者以其他方式弄虚作假，骗取中标的；（5）依法必须进行招标的项目，与投标人就投标价格、投标方案等实质性内容进行谈判的；（6）招标人在评标委员会依法推荐的中标候选人以外确定中标人的，依法必

① 参见最高人民法院民事审判第一庭编著：《最高人民法院建设工程施工合同司法解释的理解与适用》（第2版），人民法院出版社2015年版，第149~150页。

须进行招标的项目在所有投标被评标委员会否决后自行确定中标人的。如果招标项目违反了上述法律规定，即便是按照《招标投标法》的规定，在30天按照招标文件和中标人的投标文件订立的书面中标合同，也因违反法律强制性规定而无效，中标合同无效、之后签订的背离中标合同实质性内容的合同亦无效。如最高人民法院公报案例（2017）最高法民终175号[①]"江苏省第一建筑安装集团股份有限公司、唐山市昌隆房地产开发有限公司建设工程施工合同纠纷案"观点："《招标投标法》《建设工程项目招标范围和规模标准规定》明确规定应当进行招标的范围，案涉工程建设属于必须进行招标的项目，当事人双方2009年12月8日签订的《备案合同》虽系经过招投标程序签订，并在建设行政主管部门进行备案，但在履行招投标程序确定江苏一建为施工单位之前，一方面昌隆公司将属于建筑工程单位工程的分项工程基坑支护委托江苏一建施工，另一方面江苏一建、昌隆公司、设计单位及监理单位对案涉工程结构和电气施工图纸进行了四方会审，且江苏一建已完成部分楼栋的定位测量、基础放线、基础垫层等施工内容，一审法院认定案涉工程招标存在未招先定等违反《招标投标法》禁止性规定的行为，《备案合同》无效并无不当。"该种情形属于黑白合同均无效。

第三种情形，项目本身违反法律规定，或投标人资质不符合法律规定。《建设工程施工合同司法解释（一）》规定了4种合同无效的情形：（1）承包人未取得建筑业企业资质或者超越资质等级的；（2）没有资质的实际施工人借用有资质的建筑施工企业名义的；（3）建设工程必须进行招标而未招标或者中标无效的；（4）承包人因转包、违法分包建设工程与他人签订的建设工程施工合同的。另外，土地法、城乡规划法均有效力性强制性规范，如未获得土地使用权的建设工程及未获得规划审批的建设工程的合同无效。如果招标项目违反了上述法律规定，则中标合同无效、之后签订的背离中标合同实质性内容的合同亦无效。

第四种情形，非必须招标的项目，当事人选择以招标方式确定施工人。《招标投标法》所保护的不仅是当事人自身的利益，更是对社会招投标市场的规范，事关不特定投标人利益的保护，涉及市场竞争秩序的维护。对于发包人自行选择以招标形式与承包人建立合同关系，应受《招标投标法》的限制，[②]《建设工程施

① 参见江苏省第一建筑安装集团股份有限公司与唐山市昌隆房地产开发有限公司建设工程施工合同纠纷案，载《最高人民法院公报》2018年第6期。

② 《招标投标法》第2条规定：在中华人民共和国境内进行招标投标活动，适用本法。

工合同司法解释（一）》第23条规定："发包人将依法不属于必须招标的建设工程进行招标后，与承包人另行订立的建设工程施工合同背离中标合同的实质性内容，当事人请求以中标合同作为结算建设工程价款依据的，人民法院应予支持，但发包人与承包人因客观情况发生了在招标投标时难以预见的变化而另行订立建设工程施工合同的除外。"如果存在与中标合同有实质性变更的其他合同，则该合同无效。如最高人民法院在（2021）最高法民申150号"天津五建建筑工程有限公司、天津城投滨海房地产经营有限公司建设工程施工合同纠纷案"中认为："虽然按照现行政策要求，案涉工程不是必须进行招投标的项目，并非必须适用《招标投标法》的规定。但是案涉招投标发生时的政策、法规并未明确案涉工程不再属于必须招投标项目。而且，对于法律没有设定强制性义务的事项，不排除当事人可以自行选择适用并受其约束。《招标投标法》的立法目的是规范招标投标活动，保护国家利益、社会公共利益和招标投标活动当事人的合法权益，促进公平公开市场竞争，提高经济效益，保证项目质量。对于并非必须进行招投标的项目，当事人自行选择采用招投标方式的，为了保护其他参与招投标活动的投标主体的利益，维护公平的市场竞争秩序，无论招投标是否系自行组织，招投标行为均应当受《招标投标法》的规范和约束。二审判决以城投滨海公司选择招标方式，就必须受到招标过程中相关法律法规制约为由，认定城投滨海公司和五建公司在招投标前就案涉工程投标价格等实际性内容进行沟通协商违反《招标投标法》规定，导致《备案合同》无效，并无不当。"该种情形，中标合同无效，标签协议也无效，即属于黑白合同均无效。

第五种情形，非必须招标的项目，发包人直接与施工人签订合同，把招标作为备案手段的。对于非必须招标的项目而言，发包人有权选择以招标方式或不以招标方式与承包方建立合同关系。对于发包人不以招标的方式选择承包人，在不存在其他违反法律强制性规定情况下，自双方合同成立时生效，其后即便因需要备案等原因进行招标投标，也不影响原合同效力。如最高人民法院在（2019）最高法民申3724号"西铜川第四建筑工程有限责任公司、铜川恒源房地产开发有限公司建设工程施工合同纠纷案"中认为：根据原审法院已查明的事实，四建公司与益民公司于2012年12月19日签订案涉《道上太阳城工程施工合同》，且四建公司已经在该合同签订之前，进入施工现场进行施工。根据《招标投标法》的规定，该案所涉项目并不属于依法必须进行招投标的项目。后因铜川新区管委会规范建设市场，要求建设施工合同进行招标。2014 年 6 月 4 日案涉工程经招标后，四建公司与益民公司签订了《陕西省建设工程施工合同》，且四建公司出具承诺书确认，该招标合同仅为办理建设手续之需，不是双方真实意思表示，双方在招标前签订的《道上太阳城工程施工合同》，才是双方之间的真实意思表示。且《道上太阳城工程施工合同》亦不存在《合同法》或《建设工程施工合同司法解释》等关于合同无效的情形，四建公司与益民公司依法应受其约束。故原审法院认定《道上太阳城工程施工合同》有效，并无不当。该中标合同，因发承包双方没有作为履行的意思表示，应根据《民法典》第 146 条第 1 款[①]规定认定无效。该种情形属于“黑合同”有效、“白合同”无效。

第六种情形，非必须招标的项目，发包人选择直接与施工人签订合同，之后又选择招标的。该种情况下并不能当然地以串标认定合同无效，要根据具体情况确定。因为对于非必须招标的项目，发包人有权选择直接与承包人签订合同，其与承包人所签订的合同合法有效。在合同签订后，发承包双方有权选择终止该合同，《民法典》第 562 条第 1 款规定：当事人协商一致，可以解除合同。合同解除后发包人有权另行选择以招标的形式确定承包人。如果发包人另行选择以招标方式确定承包人，且该承包人符合招标条件并愿意参与竞标，不能以之前有过实质性的谈判而认定合同无效。正如《杜万华大法官民事商事审判实务演讲录》所述：“如果工程项目不是《招标投标法》所规定的必须进行招投标的项目，建设方与施工方在招投标之前自行协商订立的合同是有效合同，因为只有必须进行招投标的合同才禁止建设方与施工方在招投标之前进行实质磋商。如果双方当事人在订立建设工程施工合同之后，又决定另行进行招投标，且经过招投标订立了招投标合同的，应当视为对之前签订的合同的变更。”[②]如果发包人另行选择招标，却事先确定中标人或中标价款，则构成串标，该合同无效。

需要注意的是，合同无效并非不能参照适用，根据《民法典》第 793 条第 1 款的规定，建设工程施工合同无效，但是建设工程经验收合格的，可以参照合同关于工程价款的约定折价补偿承包人。对于黑白合同都无效或部分有效、部分无效如何适用的问题，将在其他章节中讲到，在此不再过多阐述。

---

① 《民法典》第 146 条第 1 款规定：行为人与相对人以虚假的意思表示实施的民事法律行为无效。

② 杜万华：《杜万华大法官民事商事审判实务演讲录》，人民法院出版社 2016 年版，第 15~17 页。

关联判例

浙江国泰建设集团有限公司、泰州开泰汽车城发展有限公司建设工程施工合同纠纷案

（2019）最高法民终 314 号

【裁判要旨】

发承包双方对非“依法必须进行招标的项目”，签订《框架协议》或《施工合同》系双方当事人的真实意思表示，内容不违反法律强制性规定，应认定有效。为了备案而招标并签订的《施工合同》，尽管完成备案，但因非当事人真实意思表示而无效。

【基本案情】

2012 年 5 月 9 日，泰州开泰汽车城发展有限公司（以下简称开泰公司）、浙江国泰建设集团有限公司（以下简称国泰公司）、上海欣成投资（集团）有限公司（以下简称欣成公司）三方签订《泰州“皇家花园”工程承发包框架协议》（以下简称《框架协议》），对施工范围、工期、质量标准、计价标准、价款支付等内容进行约定。2012 年 7 月 5 日，开泰公司通知国泰公司进行泰州皇家花园一期工程的现场交接。2012 年 9 月 7 日，建业恒安公司出具案涉项目招标文件，载明合同估算价 3.14 亿元。2012 年 9 月 27 日，开泰公司向国泰公司发出中标通知书，中标价格 31368.093929 万元。同日，国泰公司、开泰公司签订《建设工程施工合同》（以下简称 927 合同）。2012 年 9 月 28 日，国泰公司、开泰公司另签订一份《建设工程施工合同》（以下简称 928 合同）并进行了备案。

【裁判摘要】

最高人民法院认为：关于合同效力问题。开泰公司、欣成公司上诉主张，案涉所有合同和协议均应认定无效，一审判决认定《框架协议》《施工补充协议》《施工补充协议（二）》有效，适用法律错误。

首先，《招标投标法》第 3 条第 1 款规定：“在中华人民共和国境内进行下列工程建设项目包括项目的勘察、设计、施工、监理以及与工程建设有关

的重要设备、材料等的采购，必须进行招标：（一）大型基础设施、公用事业等关系社会公共利益、公众安全的项目；（二）全部或者部分使用国有资金投资或者国家融资的项目；（三）使用国际组织或者外国政府贷款、援助资金的项目。”案涉工程系非国有资金投资建设的住宅项目，不属于上述法律规定必须进行招投标的工程项目。其次，《招标投标法》第 43 条规定：“在确定中标人前，招标人不得与投标人就投标价格、投标方案等实质性内容进行谈判”；第 55 条第 1 款规定：“依法必须进行招标的项目，招标人违反本法规定，与投标人就投标价格、投标方案等实质性内容进行谈判的，给予警告，对单位直接负责的主管人员和其他直接责任人员依法给予处分。”第 55 条第 2 款规定：“前款所列行为影响中标结果的，中标无效。”《建设工程施工合同司法解释》第 1 条规定：“建设工程施工合同具有下列情形之一的，应当根据合同法第五十二条第（五）项的规定，认定无效……（三）建设工程必须进行招标而未招标或者中标无效的。”该案双方在签订 927 合同之前，签订《框架协议》对工程范围、取费标准以及履约保证金、垫资施工等进行了约定，并约定该项目采用邀标方式招标，开泰公司承诺采取适当措施保证国泰公司中标，存在《招标投标法》第 43 条规定的情形。《招标投标法》是规范建筑市场招投标活动的具有公法性质的一部法律，目的是通过规范建筑项目的招投标活动，进而保护国家利益和社会公共利益及公共安全。该案无证据证明双方当事人的招投标行为损害了国家利益、社会公共利益及公共安全。如上所述，案涉工程并非必须进行招投标的项目，而《招标投标法》第 55 条关于招标人和投标人就实质性内容进行谈判导致中标无效的规定是针对“依法必须进行招标的项目”。该案不属于因违反上述《建设工程施工合同司法解释》第 1 条第 3 项规定而应认定无效的情形。《框架协议》、927 合同系双方当事人的真实意思表示，927 合同关于工程范围、建设工期、工程质量、工程价款等内容与招标文件基本一致，国泰公司具有案涉项目的建设工程施工资质，也不存在法律规定的其他无效情形，应认定有效。《施工补充协议》《施工补充协议（二）》系双方在施工过程中所形成，主要内容为对已发生的工程进度款数额以及 8000 万元垫资工程量的审核确认，并对欠付进度款及垫资款的支付时间、担保事项等进行的约定，属于具有结算性质文件，具有相对独立性，不违反法律、行政法规强制性规定，亦应认定有效。一审判决认定《框架协议》《施工补充协议》《施工补充协议（二）》有效正确，但认定927合同无效不当，法院予以纠正。928合同是双方用于备案并非实际履行的合同，一审法院未将其作为确定合同双方权利义务的依据，并无不当。

问题6. 如何认定实际履行合同？

《建设工程施工合同司法解释（一）》第24条第1款规定，当事人就同一建设工程订立的数份建设工程施工合同均无效，但建设工程质量合格，一方当事人请求参照实际履行的合同关于工程价款的约定折价补偿承包人的，人民法院应予支持。

从理论上讲，但凡有数份建设工程施工合同，就意味着对双方的权利义务会产生不同的影响。如何确定实际履行合同一直是司法实务的一个难点问题，笔者认为可从以下几个方面判断。

一、看真实意思表示

在不同合同中或往来文件中有明确约定某份合同为实际履行合同，该内容系双方真实意思表示，应该认为该合同为实际履行合同。如最高人民法院在（2011）民一终字第62号“汕头公司与秦浪屿公司建设工程施工合同纠纷案”中认为:《建设工程施工合同司法解释》第2条规定：“建设工程施工合同无效，但建设工程经竣工验收合格，承包人请求参照合同约定支付工程价款的，应予支持。”该案所涉建设工程已经竣工验收并交付使用，汕头公司主张依照合同约定支付工程价款，于法有据，应予支持。从该案所涉合同约定看，《建设工程施工合同》约定的工程价款并非双方当事人的真实意思，亦与工程实际造价差距巨大，无法作为结算双方工程价款的参照标准。秦浪屿公司主张依据上述合同结算工程价款，法院不予支持。双方实际履行的《工程总承包补充协议》约定的工程价款数额，体现了双方当事人对工程价款一致的意思表示，作为结算工程价款的参照标准，更符合该案的实际情况及诚实信用原则。对于该案所涉工程的造价，恒信造价公司出具的1013号《造价报告结论书》确定工程实际造价为156640949.11元。上述鉴定报告载明的鉴定人员无正当理由未出庭接受质询，且上述鉴定报告确定的工程造价并未涵盖汕头公司承建的全部工程范围，不能准确反映该案工程的实际造价数额。一审判决以合同约定的1.85亿元工程价款为基础，参照上述鉴定报告据实结算的造价，酌情确定工程结算数额为170820474.56元，缺乏依据，法院依法予以纠正。汕头公司主张按照1.85亿元结算工程价款，理据充分，法院予以支持。

二、看合同条款

如果存在多份施工合同，其内容条款必然不能完全一致，而争议点就在合同差异点上。此时，主要考察的是合同内容与施工内容的一致性，比如合同约定的施工内容、工期节点、分包情况、设备及材料的使用等是否与项目实际一致。

三、看实际履行行为

如果存在多份施工合同，尤其是对合同履行过程中出现特殊事件的约定，往往是真实的，该补充合同或协议必然会牵扯到原合同，则可以以此判断实际履行合同。另外，应当从施工进度、工程量的报送、可能发生的工程设计变更、工程量增减等形成的备忘录、确认单、工程业务联系单等方面认定实际履行合同及约定的价格清单与实际的报送价清单的一致性，约定的进度款支付与实际进度款支付申请的一致性等也是认定实际履行合同的重要依据。

四、看相关方行为

工程建设的周期性长，工序繁多，涉及交易面广，除了发包人和承包人，还有监理、分包商、建材供应商甚至实际施工人等直接或间接参与其中，而这些相关方具体行为的内容与时间，必然或多或少与施工合同约定的内容相关。①

关联判例

江苏润麟建筑安装有限公司、徐某杰建设工程施工合同纠纷案

（2019）最高法民申6923号

【裁判要旨】

关于实际履行的合同，应结合合同签订时间、合同内容、是否系双方真

① 参见秦旺：《建设工程造价结算前沿问题研究》，载《法律适用》2017年第5期。

实意思表示等因素综合判断。

【基本案情】

2010年8月16日，润麟公司（当时名称为沭阳县第三建筑安装有限公司，以下简称沭阳三建）与万顺公司签订《建设工程施工合同》一份，约定万顺公司将其开发的沭阳帝景天成住宅小区7号楼扩建及5号楼、6号楼、7号楼B区未完成工程的土建、安装工程发包给沭阳三建。2010年8月18日，双方签订《建设工程施工合同补充协议》二份，该两份补充协议均注明"2010年6月19日所签补充协议作废"。2013年5月8日，双方再次签订《建设工程施工合同》一份。2014年2月27日，万顺公司（甲方）与沭阳三建（乙方）签订协议书一份。以上合同或协议约定了施工范围、工期、质量标准、计价标准、价款支付等内容，其他信息略。

【裁判摘要】

最高人民法院认为，《建设工程施工合同司法解释（二）》第11条规定："当事人就同一建设工程订立的数份建设工程施工合同均无效，但建设工程质量合格，一方当事人请求参照实际履行的合同结算建设工程价款的，人民法院应予支持。实际履行的合同难以确定，当事人请求参照最后签订的合同结算建设工程价款的，人民法院应予支持。"就该案而言，所涉合同合计五份，包括2010年8月16日合同、2010年8月18日补充协议1、2010年8月18日补充协议2、2013年5月8日合同、2014年2月27日协议。虽然上述合同均因违法无效，但案涉工程已交付使用，应视为建设工程质量合格，据此可参照实际履行的合同结算建设工程价款。

关于实际履行的合同，应结合合同签订时间、合同内容、是否系双方真实意思表示等因素综合判断。当事人就同一或者相关事项签订多份合同且没有特别说明的情况下，各方权利义务的确定原则上应遵循以后签合同为准的原则，后签合同未涉及或者未约定的仍遵守在先合同的约定，但有证据证明后签订合同并非实际履行的合同除外……二审判决基于前述事实，结合在后签订的2014年2月27日协议约定以及案涉工程施工进度、工程量变动、工程手续补办等相关案情，认定万顺公司的陈述更具可信性，双方实际履行的是2010年8月16日合同和18日补充协议1，而非2010年8月18日补充协议2及2013年5月8日合同，有相应的事实依据，并无明显不当。

问题7. 中标无效，能否以中标合同为准？

《建设工程施工合同纠纷司法解释（一）》第2条第1款规定，招标人和中标人另行签订的建设工程施工合同约定的工程范围、建设工期、工程质量、工程价款等实质性内容，与中标合同不一致，一方当事人请求按照中标合同确定权利义务的，人民法院应予支持。对于中标无效能否以中标合同为准的问题，司法解释并未予以明确，实务界存在两种不同观点：

第一种观点认为，招标投标法及建工司法解释规定招标人和中标人另行签订的建设工程施工合同背离中标合同的，以中标合同确定双方权利义务，其目的是防止发承包人串通规避招投标损害其他投标人利益，或防止发包人利用自身优势强迫施工方让利。如果允许中标无效不再适用以中标价为准的规定，等于允许当事人通过其他违法行为规避招投标制度，这是纵容和鼓励违法，也使当事人在违法中获得更多利益，不符合法律适用宗旨。

第二种观点认为，以中标价为准的规定仅适用于中标合同有效，对于中标无效合同，应以实际履行合同为结算依据。

笔者倾向于第二种观点。

无效合同，是指虽然已经成立，但因其在内容上违反了法律、行政法规的强制性规定而应当被宣告无效的民事法律行为。其特点如下：

1. 无效合同具有违法性。所谓违法性，不是违反法律、行政法规一般规定，而是违反了法律、行政法规的效力性强制性规定。《招标投标法》对影响中标效力的行为做了明确规定，例如，《招标投标法》第50条所规定的，招标代理机构违反本法规定，泄露应当保密的与招标投标活动有关的情况和资料的，或者与招标人、投标人串通损害国家利益、社会公共利益或者他人合法权益的，中标无效；第52条规定，依法必须进行招标的项目的招标人向他人透露已获取招标文件的潜在投标人的名称、数量或者可能影响公平竞争的有关招标投标的其他情况的，或者泄露标底的；第53条规定，投标人相互串通投标或者与招标人串通投标的，投标人以向招标人或者评标委员会成员行贿的手段谋取中标的，中标无效；第 54 条规定，投标人以他人名义投标或者以其他方式弄虚作假，骗取中标的，中标无效；第 55 条规定，依法必须进行招标的项目，招标人违反本法规定，与投标人就投标价格、投标方案等实质性内容进行谈判的，中标无效；第 57 条规定，招标人在评标委员会依法推荐的中标候选人以外确定中标人的，依法必须进行招标的项目在所有投标被评标委员会否决后自行确定中标人的，中标无效。

2. 无效合同自始无效。《民法典》第 155 条规定，无效的或者被撤销的民事法律行为自始没有法律约束力。由于无效民事法律行为本质上具有违法性，因而国家不承认此类民事法律行为的效力，自合同成立时即不发生当事人所意欲发生的效力，任何人皆得主张其为无效，亦得对任何人主张之。

3. 无效合同不具有履行性。《民法典》第 157 条规定，民事法律行为无效、被撤销或者确定不发生效力后，行为人因该行为取得的财产，应当予以返还；不能返还或者没有必要返还的，应当折价补偿。有过错的一方应当赔偿对方由此所受到的损失；各方都有过错的，应当各自承担相应的责任。法律另有规定的，依照其规定。合同无效，不得依据合同要求实际履行，也不承担不履行的法律责任。

对于建设工程来说，有其自身的特殊性，工程的施工过程就是承包人将劳务及建筑材料物化为建设工程的过程，发包人取得的财产是承包人所建设的工程。基于此，建设工程施工合同无效，承包人对工程建设所投入的劳务及建筑材料，无法返还，只能根据《民法典》第 793 条[①]规定参照合同关对承包人进行补偿。

对于中标无效，能否依据《建设工程施工合同纠纷司法解释（一）》第 2 条第 1 款规定以中标合同为准问题，笔者认为应分情况而定。（1）尽管中标无效，但依然有其他有效合同，如非必须招标项目，发包人与承包人直接签订履约合同，后通过招标仅作为备案适用，则该种情况下应以有效合同作为结算依据。（2）如果该项目仅有中标合同，没有另行签订其他协议，则应当参照参照该中标合同折价补偿承包人，此时的中标合同为《民法典》第 793 条所规定的“可以参照”的合同，不属于实际履行合同。（3）如果该项目除了中标合同外，还另行签订其他协议，因中标合同无效，补充合同也无效，应按照《建设工程施工合同

① 《民法典》第 793 条规定，建设工程施工合同无效，但是建设工程经验收合格的，可以参照合同关于工程价款的约定折价补偿承包人。

纠纷司法解释（一）》第 24 条[①] 规定参照实际履行的合同折价补偿承包人。如最高人民法院在（2017）最高法民申 2541 号“湖南省第三工程有限公司建设工程施工合同纠纷案”认为：“建设工程施工合同无效，但建设工程经竣工验收合格，承包人请求参照合同约定支付工程价款的，应予支持。备案的中标合同与当事人实际履行的施工合同均因违反法律、行政法规的强制性规定被认定为无效的，可以参照当事人实际履行的合同结算工程价款。本案中，诉争《施工总承包合同书》与《建设工程施工合同》均无效，现湖南三建已完成案涉部分工程项目，故万城公司应参照实际履行的合同约定支付相应工程价款。”

需要说明的是，究竟是中标合同为实际履行合同还是补充协议为实际履行合同，需要从以下指标进行判断：

第一，看合同条款。如果存在多份施工合同，其内容条款必然不能完全一致，而争议点就在合同差异点上。此时，主要考察是合同的内容与施工内容的一致性，比如，合同约定的施工内容、工期节点、分包情况、设备及材料的使用等是否与项目实际一致。

第二，看实际履行行为。如果存在多份施工合同，尤其是对合同履行过程中出现特殊事件的约定，往往是真实的，而该补充合同或协议必然会牵扯到原合同，则可以以此判断实际履行合同。另外，应当从施工进度、工程量的报送、可能发生的工程设计变更、工程量增减等形成的备忘录、确认单、工程业务联系单等方面认定实际履行合同。约定的价格清单与实际的报送价清单的一致性，约定的进度款支付与实际进度款支付申请的一致性等也是认定实际履行合同的重要依据。

第三，看相关方行为。工程建设的周期性长，工序繁多，涉及交易面广，除了发包人和承包人外，还有监理、分包商、建材供应商甚至实际施工人等直接或间接参与其中，而这些相关方具体行为的内容与时间，必然或多或少与施工合同约定的内容相关。[②]

---

① 《建设工程施工合同纠纷司法解释（一）》第 24 条规定，当事人就同一建设工程订立的数份建设工程施工合同均无效，但建设工程质量合格，一方当事人请求参照实际履行的合同关于工程价款的约定折价补偿承包人的，人民法院应予支持。

② 泰旺：《建设工程造价结算前沿问题研究》，载《法律适用》2017 年第 5 期。

关联判例

威海高技术产业开发区西御康实业总公司、江苏亘顺建设工程有限公司建设工程施工合同纠纷案

（2018）最高法民申6253号

【裁判要旨】

以中标价为准条款不适用于中标无效合同，中标无效，应以实际履行合同确定工程价款。

【裁判摘要】

最高人民法院认为，根据原一审判决可知，亘顺公司中标时间为2011年3月29日，而在之前一个月的2月28日，亘顺公司已与西御康公司、监理单位、设计单位共同就涉案工程进行图纸会审。让亘顺公司参与图纸会审行为本身就说明双方已就案涉工程施工进行磋商。在此前提下，亘顺公司还在中标前进场施工。可见，在尚未招标且中标前，亘顺公司已在履行中标人应承担的施工义务。由此，西御康公司在确定中标人前，应该已与亘顺公司就施工合同实质性内容进行过协商谈判。事实上，西御康公司在一审中曾主张案涉建设工程施工合同应为无效。这也可间接证明西御康公司当时已自认案涉工程存在“先定后招”的情形。故原判决适用《招标投标法》第43条、第55条的规定，认定涉案建设工程施工合同无效，并无不当。

西御康公司申请再审主张案涉工程按照固定价作为结算依据错误，应适用《施工解释》第21条规定，采用备案合同中约定的造价审计方式确定工程价款。首先，根据《施工解释》第21条文义解释可知，该条适用的前提是案涉备案中标合同有效。而案涉备案中标合同因双方存在“先定后招”情形而无效，故不存在适用第21条的基础。其次，案涉工程已被交付给西御康公司投入使用，应被视为竣工。根据原审已查明事实，亘顺公司于2015年10月25日将涉案工程入户防盗门及防火门钥匙交付给威海市港润物业服务有限公司。2015年10月左右，西御康公司将房屋钥匙交付给部分业主，部分业主进行装修并已入住。可见，亘顺公司已将涉案工程交付给西御康公

司，西御康公司已将涉案工程投入使用。这可以证明西御康公司已经认可了案涉工程已经实际竣工。现西御康公司申请再审提交2018年1月鹏宇公司出具的《建筑面积测绘成果》来主张亘顺公司尚未完成案涉工程全部施工。两者相比较，未经亘顺公司确认的《建筑面积测绘成果》不足以推翻原判决根据西御康公司上述行为所作出的认定。再次，泓源公司出具的《预算定案书》是否有效，不影响合同约定的工程固定价款。泓源公司是否有甲级资质可能会对案涉《预算定案书》产生影响，但双方并未明确将约定的工程固定价款与《预算定案书》直接挂钩，前者由后者决定。事实上，案涉《预算定案书》是在签订案涉施工合同之后才出具，故从时间先后顺序角度看，案涉《预算定案书》也不会对之前的案涉施工合同产生影响。最后，西御康公司申请再审主张的其需要重复支付分包费用，与原判决的处理不一致。根据一审判决可知，该判决已经将分包费用从应支付工程款中扣除，故不存在西御康公司需要重复给付分包费用的问题。

问题8. 投标书价格与合同价格不一致，以何价格为准？

尽管《招标投标法实施条例》第57条明确规定，招标人和中标人应当依照招标投标法和本条例的规定签订书面合同，合同的标的、价款、质量、履行期限等主要条款应当与招标文件和中标人的投标文件的内容一致。招标人和中标人不得再行订立背离合同实质性内容的其他协议。但在司法实务中依然出现诸多投标书的价格与合同价格约定不一致情形，对此，究竟以哪个价款为准问题，实务界存在两种不同观点：

第一种观点认为，投标书为要约，中标书为承诺，双方签订合同时投标书的价格已经合同所取代，投标书的价格与合同价格约定不一致，应以合同为准。

第二种观点认为，投标为一次性报价，不得修改，既然被选为中标，则中标价就是中标单位的投标价，合同未按中标价签约，违反了法律的强制性规定，故应以投标价为准。

笔者认为以上观点均不完整。

就建设工程而言，由于施工合同的标的金额往往巨大，涉及多方利益互相交织，因违反法律和行政法规的强制性规定而无效或被撤销的合同比比皆是；

且建设工程具有履行期长、内容复杂等特点，涉及合同变更或变更性签证、签订补充合同等情形更是占工程项目的大多数。故而投标书的价格与合同价格约定不一致，如何确定结算价格，不仅要考虑招投标的有效性，还要考虑合同变更情况。

一、中标有效，签约合同与中标合同不一致的，以中标合同为准

《建设工程施工合同纠纷司法解释（一）》第2条规定，招标人和中标人另行签订的建设工程施工合同约定的工程范围、建设工期、工程质量、工程价款等实质性内容，与中标合同不一致，一方当事人请求按照中标合同确定权利义务的，人民法院应予支持。招标人和中标人在中标合同之外就明显高于市场价格购买承建房产、无偿建设住房配套设施、让利、向建设单位捐赠财物等另行签订合同，变相降低工程价款，一方当事人以该合同背离中标合同实质性内容为由请求确认无效的，人民法院应予支持。该条司法解释所述“中标合同”指的是根据中标通知书所签订的“合同的标的、价款、质量、履行期限”与“招标文件和中标人的投标文件的内容一致”的合同。如果中标通知书自身已经改变了招标文件和中标人的投标文件的内容，则该条司法解释所述“中标合同”仅指“合同的标的、价款、质量、履行期限”与“招标文件和中标人的投标文件的内容一致”的合同，中标通知书与“招标文件和中标人的投标文件的内容”不一致部分无效。

如最高人民法院在（2018）最高法民终244号“中建二局第四建筑工程有限公司、通辽京汉置业有限公司建设工程施工合同纠纷案”中所述：“《中华人民共和国招标投标法》第四十三条规定，在确定中标人前，招标人不得与投标人就投标价格、投标方案等实质性内容进行谈判。第五十九条规定，招标人与中标人不按照招标文件和中标人的投标文件订立合同的，或者招标人、中标人订立背离合同实质性内容的协议的，责令改正；可以处中标项目金额千分之五以上千分之十以下的罚款。本案中，中建二局四公司于2007年6月25日向建设单位发出投标书，总工期299日历天，计划开工日期2007年7月6日，计划竣工日期2008年6月30日，报价总金额33967665.5元。2007年7月3日，中建二局四公司向京汉置业公司出具承诺书，承诺同意全部工程总工期为299日历天，合同价款为2906万元。2007年7月4日，京汉置业公司向中建二局四公司发出中标通知书称：根据京汉·新城一期住宅一标段施工总承包工程招标文件和中建二局四公司

于2007年6月25日提交的投标文件和末次谈判情况，经评标委员会评审，确定中建二局四公司为该工程的中标人。总工期299日历天，计划开工日期2007年7月6日，计划竣工日期2008年4月28日，中标价格2906万元。中标通知书对中建二局四公司投标文件的价格和工期均作出了实质性变更，违反了相关法律规定。原审判决认定案涉《建设工程施工合同》无效，并无不当。”

二、中标无效，合同无效，则以实际履行合同为准

根据《招标投标法》的规定，招标主人、招标代理人或者评标委员会有下列违法情形的应当认定为中标无效：（1）招标代理机构违反法律规定，泄露应当保密的与招标投标活动有关的情况和资料的，或者与招标人、投标人串通损害国家利益、社会公共利益或者他人合法权益的；（2）依法必须进行招标的项目的招标人向他人透露已获取招标文件的潜在投标人的名称、数量或者可能影响公平竞争的有关招标投标的其他情况的，或者泄露标底的；（3）投标人相互串通投标或者与招标人串通投标的，投标人以向招标人或者评标委员会成员行贿的手段谋取中标的；（4）投标人以他人名义投标或者以其他方式弄虚作假，骗取中标的；（5）依法必须进行招标的项目，与投标人就投标价格、投标方案等实质性内容进行谈判的；（6）招标人在评标委员会依法推荐的中标候选人以外确定中标人的，依法必须进行招标的项目在所有投标被评标委员会否决后自行确定中标人的等。

中标无效，合同无效，应以实际履行合同为准。如最高人民法院在（2017）最高法民终534号“中国华西企业有限公司、赣州铭欣实业有限公司建设工程施工合同纠纷案”中所述：“在案涉建设项目确定中标人前，作为招标人的铭欣公司与投标人华西公司就投标价格、投标方案等实质性内容进行谈判，违反了《中华人民共和国招标投标法》关于投标人不得与招标人串通投标的禁止性规定，故案涉三份协议均应认定无效。案涉建设工程已经竣工验收合格，根据最高人民法院《关于审理建设工程施工合同纠纷案件适用法律问题的解释》第二条之规定，建设工程施工合同无效，但建设工程经竣工验收合格，承包人请求参照合同约定支付工程价款的，应予支持。在双方当事人就同一建设工程订立的数份施工合同均被认定无效的情况下，应当参照当事人真实合意并实际履行的合同约定结算工程价款。”

三、中标无效，合同有效，则以有效合同为准

通常来说，通过招标确定施工人的，不论是必须招标的项目还是不是必须招标的项目，均受《招标投标法》的约束，中标无效合同无效，应按照实际履行合同确定权利义务。但对于非必须招标的项目，发包人有权不通过招投标确定施工人，可以通过直接签约自行确定施工人，该合同合法有效，当后续通过招标备案的，该招标因串标而无效，从而构成中标无效，合同有效的情形。

中标无效，合同有效，则以有效合同为准。如最高人民法院在（2021）最高法民申 3933 号“湖北泰地置业发展有限公司、武汉鲁园建设集团有限公司建设工程施工合同纠纷案”中所述：“《中华人民共和国民法总则》第一百四十六条规定：‘行为人与相对人以虚假的意思表示实施的民事法律行为无效。以虚假的意思表示隐藏的民事法律行为的效力，依照有关法律规定处理。’具体到本案中，根据一审、二审查明的事实，在泰地公司对涉案建设工程项目招标之前，泰地公司已于鲁园公司签订标前合同，鲁园公司也已进场施工并完成了过半工程量，双方之间实际履行的系标前合同，且泰地公司、鲁园公司所签订的标前合同与中标合同在工程价款、建设工期、工程质量等方面均存在实质差异。二审据此认定中标合同虽在相关部门进行了备案，但并非双方当事人真实意思表示并不缺乏依据。而对于标前合同以及补充协议，作为被虚假意思表示所隐藏的民事法律行为，其效力需要根据相关法律规定进行判断。因涉案项目并非必须招投标的工程项目，泰地公司在一审、二审中也未提供充分证据证明鲁园公司在签订标前合同时知晓涉案工程将履行招投标程序，结合泰地公司在一审法院组织质证时明确表示同意以标前合同以及补充协议作为确定双方当事人之间权利义务关系的依据，二审据此认定标前合同以及补充协议系双方当事人真实意思表示应为有效并不缺乏依据。二审法院在本院认为部分引用当时尚未施行的《中华人民共和国民法典》确有瑕疵，但处理结果并无明显不当。”

四、合同变更

《招标投标法》第 46 条、《招标投标法实施条例》第 57 条及《建设工程施工合同纠纷司法解释（一）》第 2 条均规定施工合同不能与中标合同实质性变更，但仅限于中标合同的签约合同，并不限制合同变更。

关联判例

新煤化工设计院（上海）有限公司、中铝矿业有限公司等建设工程施工合同纠纷案

（2021）最高法民终 450 号

【裁判要旨】

合同约定价款比中标通知书减少的价款，本质是让利，变相降低工程价款，背离了中标通知书的实质性内容，请求按照中标合同确定工程价款，应予支持。

【基本案情】

2014 年 12 月，新煤化工在中铝公司河南分公司招标的“中国铝业股份有限公司河南分公司氧化铝节能减排升级改造项目自备煤气站工程”（以下简称自备煤气站）项目中中标。《中标通知书》载明的中标金额为 34401.73 万元。2015 年 3 月 18 日，新煤化工与中铝公司河南分公司签订 EPC《商务合同》和《技术协议》，双方对合同价款约定为 33500 万元。

【裁判摘要】

关于合同约定价与中标通知价差额 9017300 元应否支持的问题。最高人民法院《关于审理建设工程施工合同纠纷案件适用法律问题的解释（二）》第 1 条规定，招标人和中标人另行签订的建设工程施工合同约定的工程范围、建设工期、工程质量、工程价款等实质性内容，与中标合同不一致，一方当事人请求按照中标合同确定权利义务的，人民法院应予支持。第 10 条规定，当事人签订的建设工程施工合同与招标文件、投标文件、中标通知书载明的工程范围、建设工期、工程质量、工程价款不一致，一方当事人请求将招标文件、投标文件、中标通知书作为结算工程价款的依据的，人民法院应予支持。案涉工程新煤化工中标后，中铝公司河南分公司向新煤化工发出的《中标通知书》载明的工程价款为 34401.7300 万元。之后，中铝公司河南分公司与新煤化工签订的《商务合同》及《技术协议》对案涉工程价款约定为 33500 万元。根据司法解释该条款的规定，工程价款属于合同的实质性内容，商务

合同约定价款比中标通知书减少的价款，实际是新煤化工作出的让利，变相降低工程价款，背离了中标通知书的实质性内容，新煤化工请求按照中标合同确定工程价款，应予支持。故新煤化工请求中铝矿业公司支付差额工程款9017300元应予支持。

问题9. 无法确定实际履行合同，该如何处理？

《建设工程施工合同司法解释（一）》第24条第1款规定："当事人就同一建设工程订立的数份建设工程施工合同均无效，但建设工程质量合格，一方当事人请求参照实际履行的合同关于工程价款的约定折价补偿承包人的，人民法院应予支持。"

关于实际履行合同，可以从合同内容、合同条款、合同履行及相关第三方履行综合确定。但发承包签订的合同涉及的是同一项目，诸多内容具有一致性和相似性，有的属于补充意义上的协议，有的属于变更意义上的协议，相互交织，致使有些项目无法确定实际履行合同。针对无法确定实际履行合同，笔者认为应采用以下方法确定：

1. 能够确定签约顺序的合同。对于能够确定签约顺序的合同，可以按照《建设工程施工合同司法解释（一）》第24条第2款[①]规定实际履行合同难以确定，参照最后签订的合同关于工程价款的约定折价补偿承包人。

2. 不能确定签约顺序的合同。对于不能确定签约顺序的合同，无法适用《建设工程施工合同司法解释（一）》第24条第2款的规定，笔者认为可以参照最高人民法院公报案例（2017）最高法民终175号"江苏省第一建筑安装集团股份有限公司、唐山市昌隆房地产开发有限公司建设工程施工合同纠纷案"，"在无法确定双方当事人真实合意并实际履行的合同时，应当结合缔约过错、已完工程质量、利益平衡等因素，根据《合同法》第58条的规定由各方当事人按过错程度分担因合同无效造成的损失。一审法院认定本案中无法确定真实合意履行的两份合同之间的差价作为损失，基于昌隆公司作为依法组织进行招投标的发包方，江苏一建作为对于招投标法等法律相关规定也应熟知的具有特级资质的专业施工单

① 《建设工程施工合同司法解释（一）》第24条第2款规定："实际履行的合同难以确定，当事人请求参照最后签订的合同关于工程价款的约定折价补偿承包人的，人民法院应予支持。"

位的过错，结合本案工程竣工验收合格的事实，由昌隆公司与江苏一建按6∶4比例分担损失并无不当。江苏一建上诉主张应依《补充协议》结算工程价款，事实依据和法律依据不足，本院不予支持。”

以上两种方法仅限于存在多份无效合同，且无法确定实际履行的情况，如果能够确定实际履行合同，要以实际履行合同为准。如山西省晋城市中级人民法院在（2019）晋05民终389号“陵川县乾泰房地产开发有限公司、河南中州建筑有限公司建设工程施工合同纠纷案”中认为：《建设工程施工合同司法解释（一）》第24条规定，“当事人就同一建设工程订立的数份建设工程施工合同均无效，但建设工程质量合格，一方当事人请求参照实际履行的合同关于工程价款的约定折价补偿承包人的，人民法院应予支持。实际履行的合同难以确定，当事人请求参照最后签订的合同关于工程价款的约定折价补偿承包人的，人民法院应予支持”。该法律规定表明，当事人在同一建设工程订立的数份建设工程施工合同均无效的情况下，首先应确定当事人实际履行的合同，只有在实际履行的合同难以确定的情况下，才能参照最后签订的合同结算工程价款。该案中，双方签订的《工程施工合同》和《山西省建设工程施工合同》均无效，但工程验收合格，故河南中州建筑有限公司要求陵川县乾泰房地产开发有限公司支付工程款的请求，应当予以支持。对于哪一份合同系双方实际履行的合同，应当根据实际履行情况确定。

关联判例

武汉东方云建设工程有限公司建设工程施工合同纠纷案

（2019）最高法民申2760号

【裁判要旨】

只有在实际履行的合同难以确定的情况下，才能参照最后签订的合同结算工程价款。

【基本案情】

2013年12月28日，武汉东方云建设工程有限公司（以下简称东方云公司）（承包人）与聊城瀚博置业有限公司（以下简称瀚博公司）（发包人）签订《建设工程施工合同》（以下简称《2013年合同》）。2014年5月4日发包人瀚博公司与承包人东方云公司签订《建设工程施工合同》(以下简称《2014年合同》)。以上合同或协议约定了施工范围、工期、质量标准、计价标准、价款支付等内容，其他信息略。

【裁判摘要】

最高人民法院认为，因案涉《2013年合同》和《2014年合同》均无效，根据《建设工程合同司法解释(二)》第11条的规定，当事人就同一建设工程订立的数份建设工程施工合同均无效，但建设工程质量合格，一方当事人请求参照实际履行的合同结算建设工程价款的，人民法院应予支持。实际履行的合同难以确定，当事人请求参照最后签订的合同结算建设工程价款的，人民法院应予支持。瀚博公司二审举示的工程拨款审批表并非认定该案基本事实的主要证据，且瀚博公司提交的证据有监理人员签名及意见，与东方云公司向瀚博公司出具的工程款发票能够互相印证。同时，根据东方云公司提供的证据，存在付款时间早于付款节点的情况，东方云公司再审申请中亦提出,《2013年合同》和《2014年合同》就付款节点的约定除首次付款显著不同，其余付款节点差别不大或者基本相同。因此，不能简单地摘取部分付款时间认定双方实际履行的为哪一份合同。二审判决综合全部案件事实认定双方实际履行的为《2013年合同》，并以该合同作为结算案涉工程价款的依据，并无不当。

五、内部承包合同结算

| 导读 |

在建筑业治理现代化进程中，内部承包作为“合法经营”与“违法边界”的临界点，既是国企改革的历史产物，也是检验企业治理法治化水平的棱镜。内部承包制度始于1987年《关于改革国营施工企业经营机制的若干规定》的管理创新，经1995年《建筑施工企业项目经理资质管理办法》第8条的规范塑造，逐步演化为兼具劳动管理与企业经营双重属性的特殊法律关系。

内部承包合同呈现三重法律特征：(1)契约复合性。内部承包合同既包含《劳动合同法》项下的职务管理关系，又具备《民法典》承揽合同的风险分配特征。（2）权责限定性。项目经理须在资质证书载明范围内行使有限承包权，不得突破《建筑法》第26条的资质管制红线。（3）结算二元性。内部承包对外遵循《民法典》及最高人民法院《关于审理建设工程施工合同纠纷案件适用法律问题的解释（一）》所规定的工程款结算规则，对内适用“成本核算 + 绩效分成”的分配机制。

内部承包制度作为建筑企业集约化管理的创新实践，在激发项目活力上起到积极作用，但也呈现三重法律困境：（1）法律定性模糊。内部承包与挂靠、转包的制度边界因《建筑法》第26条资质管制而日趋混沌。实务中频现“法律规避型内部承包”，即挂靠人通过短期入职、虚设劳动关系将外部挂靠项目包装为内部承包。（2）权责配置失衡。承包人的双重身份引发治理悖论：作为《劳动合同法》约束的企业员工，需服从考勤、考核等内部管理；作为《民法典》意义上的承包主体，又需独立承担项目盈亏。（3）救济路径冲突。内部承包人与其所在的施工企业既是劳动关系，又是独立经营关系，法律关系竞合引发司法裁量分歧。

内部承包合同制度体现了建筑业从粗放管理向合规治理的转型。在司法实务中，既要对内部承包进行实质审查，包括内部承包人的劳动关系、内部承包项目管理力量来源、项目投入资金来源、责任承担主体等，以应对现实中的“空壳项目经理 + 实际控制人”模式规避资质监管，又要把“劳动从属性”与“经营独立性”实质性的分开，正向激励内部承包人投身建设之中。

【术语解读】

（一）内部承包制度

内部承包是指企业在获得施工项目后，以发包方的名义与其内部的生产小组、分公司、内部员工之间为实现一定的经济目的、生产任务，就该项目进行的一种经营方式，该方式对生产资料、相关的经营权、管理权以及企业和项目经理双方各自拥有的权利、各自应该承担的义务，都作了明确具体的约定。内部承包制度，作为一种经营管理方式，其实质就是对施工企业和施工企业内部员工对某一项目的责权利进行划分，从而形成了各行其职的有效分工，而这种分工并不违反法律和行政法规的强制性规定，因而是合法有效的。

在施工企业实行内部承包制度，是我国企业经营思路的一种转变，是对经营权和所有权分离的一种尝试。内部承包解决了传统的收益归大家、责任归自己的难题，使责权利相一致，有利于提高施工企业职工的主人翁地位，使员工变得积极、主动地为项目努力，从而提高了所在项目经营效率，甚至提高了整个建设施工企业的生产效率和经济效益，这种将企业利益与员工利益捆绑到一块的模式，受到许多企业的青睐，尤其在建筑行业更是盛行。

（二）内部承包的特点

建设工程施工企业的内部承包制度，是指为了完成由该施工企业所承建的建设施工项目，由该企业的企业法人代表与组建本项目管理班子的项目经理通过签订项目责任书或项目内部承包合同，从而使该项目的经营权、管理权实质上转移至项目经理部的一种企业内部经营方式。这是基于我们国家特定时期下的一种经营管理方式，是在施工企业通过招投标并取得该项目施工权后的内部管理方式。不同施工企业在具体的工程建设中的承包方式和承包内容也并不完全相同，经仔细研究，大致有以下几个特性。

1. 项目经理对整个项目负总责，各职能管理人员分管一摊。在这种模式下，由项目经理依据与其所在公司签订的内部承包协议为基础，组建以技术员、施工员、采购员、质量员、安全员、造价员、资料员为核心的施工项目部，并以项目部名义对该项目进行管理。

2. 建设施工企业代表法人与项目部的项目经理通过签订内部承包协议或项目生产责任说明书等文件来明确双方在工程项目中的权利和义务。在该协议中，双方要把质量、安全、进度、造价、现场管理等指标进行约定，这些将是对项目进行验收、评估、结算、奖惩的依据。该协议要求既能保证企业利润，又能调动项目管理人员工作积极性和创造性。

3. 项目经理与管理人员及其施工劳务人员之间，应订立生产责任制合同书，这些都只是施工企业项目管理的具体措施，是一种项目生产管理方式，各行为主体之间仍然是一种企业内部的管理和被管理的关系，双方在企业管理中的地位不平等，一般来说应属于劳动法等社会法律关系所调整，不应当受调节平等主体之间法律关系的合同法所调整。

（三）内部承包制度的法律依据

1987 年，原国家计划委员会、原财政部、中国人民建设银行三个部门联合发布的《关于改革国营施工企业经营机制的若干规定》第 2 条规定："施工企业内部可以根据承包工程的不同情况，按照所有权与经营权适当分离的原则，实行多层次、多形式的内部承包经营责任制，以调动基层施工单位的积极性。可组织混合工种的小分队或专业承包队，按单位工程进行承包，实行内部独立核算；也可以由现行的施工队进行集体承包，队负盈亏。不论采取哪种承包方式，都必须签订承包合同，明确规定双方的责权利关系。”

（四）内部承包合同的效力

内部承包制度是基于正确处理国家和企业的关系，提高企业自我改造、自我积累和自我发展的能力，使企业建立起责权利紧密结合的经营机制。内部承包合同内容不违反法律、行政法规的强制性规定，合法有效。

浙江省高级人民法院发布并实施的《关于审理建设工程施工合同纠纷案件若干疑难问题的解答》第 1 条关于“如何认定内部承包合同？如何认定其效力？”规定：建设工程施工合同的承包人与其下属分支机构或在册职工签订合同，将其承包的全部或部分工程承包给其下属分支机构或职工施工，并在资金、技术、设备、人力等方面给予支持的，可认定为企业内部承包合同；当事人以内部承包合同的承包方无施工资质为由，主张该内部承包合同无效的，不予支持。

重庆市高级人民法院、四川省高级人民法院于 2022 年 12 月 28 日发布并实施的《关于审理建设工程施工合同纠纷案件若干问题的解答》第 8 条关于“如何认定内部承包合同关系及其效力？”规定，建筑施工企业将其自身承包的工程交由与其建立了劳动关系的企业职工或者下属分支机构经营管理，利用建筑施工企业特定的生产资料完成工程施工，对相关经营管理权以及利润分配、风险承担等事项达成合意的，属于内部承包。当事人以《建设工程施工合同司法解释（一）》第 1 条第 1 项、第 2 项规定主张合同无效的，人民法院不予支持。

审判实践中，可以结合下列情形综合判断是否属于内部承包：（1）内部承包人为建筑施工企业下属分支机构，其与建筑施工企业之间是否存在管理与被管理的隶属关系；（2）内部承包人为个人的，如本企业职工或在册项目经理等，其与建筑施工企业之间是否存在劳动关系；（3）内部承包人是否在建筑施工企业的管理和监督下进行项目施工，使用建筑施工企业的建筑资质、商标及企业名称等是否属于职务行为；（4）施工现场的项目经理或其他现场管理人员是否接受建筑施工企业的任免、调动和聘用；（5）承包人组织项目施工所需的资金、技术、设备和人力等方面是否由建筑施工企业予以支持；（6）承包人与建筑施工企业是否共享利润、共担风险。

【司法实务】

问题．内部承包人能否直接向发包人主张工程价款？

内部承包是指企业在获得施工项目后，发包给其企业内部的生产小组、分公司或内部员工进行施工的经营模式。尽管内部承包人与该施工企业之间属于地位不平等的劳动关系，但就内部承包而言，属于平等主体间的合同关系。

作为具体履行施工合同的企业内部的生产小组、分公司或内部员工，在发包人未按约定支付工程价款时，能否依据《建设工程施工合同司法解释（一）》第43条①规定以实际施工人名义向发包人主张工程价款？对此问题，实务界存在两种不同观点：

第一种观点认为，内部承包的本质就是转包，即企业承接工程后，自己不施工而全部转包给没有资质的内部员工，内部承包人可以基于《建设工程施工合同司法解释（一）》第43条的规定向发包人主张工程价款。

第二种观点认为，内部承包是合法的经营模式，与转包有本质区别，不能基于《建设工程施工合同司法解释（一）》第43条的规定向发包人主张工程价款。

笔者认可第二种观点。

内部承包是施工企业的经营方式，是一种生产经营的激励机制，合理使用好内部承包经营有利于增进企业员工的生产经营积极性、责任性，促进企业生产经营水平的提升。内部承包的本质是对施工企业和施工企业内部员工对某一项目的责权利进行划分，从而形成了各行其职的有效分工，而这种分工并不违反法律和行政法规的强制性规定。内部承包人不是实际施工人，不能依据《建设工程施工合同司法解释（一）》第43条规定以实际施工人名义向发包人主张工程价款。

一、内部承包人不是法律意义上的实际施工人

尽管实际施工人和企业内部承包人之间存在诸多相似性，但是二者之间存在

---

① 《建设工程施工合同司法解释（一）》第43条规定："实际施工人以转包人、违法分包人为被告起诉的，人民法院应当依法受理。实际施工人以发包人为被告主张权利的，人民法院应当追加转包人或者违法分包人为本案第三人，在查明发包人欠付转包人或者违法分包人建设工程价款的数额后，判决发包人在欠付建设工程价款范围内对实际施工人承担责任。"

本质的差别，具体体现在以下几个方面。

1. 履行主体不同

实际施工人一般是指无效合同的承包人，包括转包合同的转承包人，违法分包合同的承包人，以及借用资质施工的挂靠人等。[①] 无论是转包、违法分包还是挂靠，实际施工人都是独立存在于发包人和承包人之外的第三者，建设施工合同的实际履行属于非合同相对人履行。建设工程施工合同的承包人与其下属分支机构或职工就所承包的全部或部分工程施工所签订的内部承包合同，属建筑施工企业的一种内部经营方式。内部承包人是承包人的下属部门、分公司或企业员工，其与承包人具有内部的从属关系，内部承包人接受承包人的管理，并享有从承包人处获取劳动待遇的权利，与承包人构成一个有机整体。内部承包只是改变了合同的履行方式，并没有改变承包人的身份，承包人仍应对工程施工过程及质量等进行管理，对外承担施工合同的权利义务，建设施工合同的实际履行属于合同相对人履行。

2. 合同效力不同

内部承包是施工企业内部的一种合法经营模式，是在施工企业与其内部的生产职能部门、分支机构或职工之间所形成的、具有一定目的经济行为和管理行为。内部承包自开始适用便有法律支撑，[②] 充分保障了内部承包人在企业授权的范围内独立行使管理职能的合法性。内部承包人可以得到公司在资金、技术、设

---

① 参见最高人民法院民事审判第一庭编著：《最高人民法院新建设工程施工合同司法解释（一）理解与适用》，人民法院出版社 2021 年版，第 22 页。

② 1987 年，原国家计划委员会、财政部、中国人民建设银行等三个部门联合发布的《关于改革国营施工企业经营机制的若干规定》，首次明确的提出在建设工程施工企业中可以实行多任务、多层次、多方式的内部承包管理机制。1988 年 2 月 27 日，国务院发布的《全民所有制工业企业承包经营责任制暂行条例》（国发〔1988〕13 号，已失效）第 2 条规定："承包经营责任制，是在坚持企业的社会主义全民所有制的基础上，按照所有权与经营权分离的原则，以承包经营合同形式，确定国家与企业的责权利关系，使企业做到自主经营、自负盈亏的经营管理制度。"1995 年 1 月 7 日，原建设部颁布了"建建字［1995］1 号文件"，该文件明确规定了项目经理在担任工程施工管理工作职务中，应当在履职前与建设工程施工企业按照发包方与承包方双方签订的建设施工合同所要求的内容签订项目承包管理合同，并在施工企业说所授权的范围内履行管理职能，包括：组建项目部，招聘相应管理人员及劳务作业人员，对外以企业授权人名义签订法律文件，管理项目的日常生产经营活动，对项目的质量、安全、进度、造价及其他实体内容进行管理，并对安全负责。同时，应该合理的分配项目所获取的利润。

备、人力等方面的支持，充分保障建设工程的质量和安全。内部承包合同也因不违反法律规定而有效。浙江省高级人民法院民事审判第一庭《关于审理建设工程施工合同纠纷案件若干疑难问题的解答》第1条规定：建设工程施工合同的承包人与其下属分支机构或在册职工签订合同，将其承包的全部或部分工程承包给其下属分支机构或职工施工，并在资金、技术、设备、人力等方面给予支持的，可认定为企业内部承包合同；当事人以内部承包合同的承包方无施工资质为由，主张该内部承包合同无效的，不予支持。重庆市高级人民法院、河北省高级人民法院、福建省高级人民法院、江苏省高级人民法院及杭州市中级人民法院都有类似规定。[①]对于实际施工人所存在的转包、违法分包和挂靠所签订的合同，属于《建

① 重庆市高级人民法院民事审判第一庭《关于建设工程施工合同纠纷案件若干问题的解答》(2019)
4. 如何认定内部承包合同关系及其效力？答：内部承包合同是指建筑施工企业将其自身承包的工程交由与其建立了劳动关系的企业职工经营管理，并就利用建筑施工企业特定的生产资料完成工程施工、相关经营管理权以及利润分配达成的约定。对企业职工与建筑施工企业之间是否存在劳动关系，人民法院可以根据《劳动合同法》、《劳动合同法实施条例》、《劳动和社会保障部关于确立劳动关系有关事项的通知》(劳社部发〔2005〕12号)等规定进行审查。对双方的约定是否符合内部承包合同的特征，根据前述内容进行审查。当事人以《建设工程施工合同司法解释》第1条第2项规定主张内部承包合同无效的，人民法院不予支持。
河北省高级人民法院《建设工程施工合同案件审理指南》(2018)
一、建设工程施工合同的效力认定问题。建筑施工企业与其下属分支机构或在册职工签订合同，将其承包的全部或者部分工程分包给其下属分支机构或职工施工，并在资金、技术、设备、人力等方面给予支持的，可以认定为企业内部承包合同。判断是否为企业的在册职工应以书面劳动合同、社保缴纳凭证、工资发放证明等证据综合予以认定。企业内部职工和下属分支机构不得单独主张工程款。建筑施工企业与无施工资质的承包人签订的合同名为企业内部承包实为借用资质，当事人主张合同有效的，人民法院不予支持。
福建省高级人民法院《关于审理建设工程施工合同纠纷案件疑难问题的解答》(2007)
1. 问：如何认定施工企业内部承包合同的性质与效力？答：建设工程施工合同的承包人与其下属分支机构或职工就所承包的全部或部分工程施工所签订的承包合同为企业内部承包合同，属建筑施工企业的一种内部经营方式，法律和行政法规对此并不禁止，承包人仍应对工程施工过程及质量等进行管理，对外承担施工合同的权利义务。当事人以内部承包合同的承包方无施工资质为由主张合同无效的，不予支持。
杭州市中级人民法院《关于审理建设工程及房屋相关纠纷案件若干实务问题的解答》规定：对于建设单位内部承包合同，应当认定为是工程承包人就其承包的全部或部分工程与其下属分支机构或职工签订的工程承包合同，属建筑施工企业的一种内部经营方式，法律和行政法规对此并不禁止，该承包人应对工程施工过程及质量等进行管理，对外承担施工合同的权利义务。当事人一方以内部承包合同中的承包方无施工资质为由主张该内部承包合同无效的，不予支持。

设工程施工合同司法解释（一）》第1条所规定的无效合同。①

最高人民法院在“全国人大联络沟通平台”发布的《对十三届全国人大五次会议第3784号建议的答复》明确指出，司法解释中的实际施工人范围仅指与依《建设工程质量管理条例》认定的转包人或者违法分包人对应的、建设工程发包人与承包人之外的第三人，不应当包括依照法律规定实行“企业内部项目经济责任制承包”（内部承包）的人。②

---

① 《建设工程施工合同司法解释（一）》第1条规定：“建设工程施工合同具有下列情形之一的，应当依据民法典第一百五十三条第一款的规定，认定无效：（一）承包人未取得建筑业企业资质或者超越资质等级的；（二）没有资质的实际施工人借用有资质的建筑施工企业名义的；（三）建设工程必须进行招标而未招标或者中标无效的。承包人因转包、违法分包建设工程与他人签订的建设工程施工合同，应当依据民法典第一百五十三条第一款及第七百九十一条第二款、第三款的规定，认定无效。”

② 2023年1月9日，最高人民法院在“全国人大联络沟通平台”发布“对十三届全国人大五次会议第3784号建议的答复”，您提出的关于完善建筑业实际施工人司法解释及项目内部承包责任合法化的建议收悉，现答复如下：“一、关于实际施工人的认定问题。2004年10月25日公布的《最高人民法院关于审理建设工程施工合同纠纷案件适用法律问题的解释》第二十六条规定：‘实际施工人以转包人、违法分包人为被告起诉的，人民法院应当依法受理。实际施工人以发包人为被告主张权利的，人民法院可以追加转包人或者违法分包人为本案当事人。发包人只在欠付工程价款范围内对实际施工人承担责任。’之所以突破合同相对性作如此规定，是为了保护从事建筑业的农民工的合法权益。按照司法解释，实际施工人与转包人、违法分包人相对应。依据国务院发布的《建设工程质量管理条例》第78条规定，转包与违法分包有明确的界定。因而，司法解释中的实际施工人范围应是确定的，仅指与依《建设工程质量管理条例》认定的转包人或者违法分包人对应的、建设工程发包人与承包人之外的第三人，不应当包括依照法律规定实行‘企业内部项目经济责任制承包’（内部承包）的人。虽然现行法律、行政法规对建筑业内部承包未作直接规定，但既然称内部承包，则内部承包人应属于建筑企业的工作人员。参照《最高人民法院关于适用〈中华人民共和国民事诉讼法〉的解释》（2022年修正）第86条对《中华人民共和国民事诉讼法》第61条第2款第2项中当事人的‘工作人员’的解释，建筑企业的工作人员应指与建筑企业‘有合法劳动人事关系的职工’。如何判断与认定‘内部承包人’与建筑企业是否存在合法劳动关系应当依照《中华人民共和国劳动合同法》及人力资源社会保障主管部门相关政策文件。只有如此，才能依法保护用人单位与劳动者双方合法权益，并防止一些建筑企业以‘内部承包’之名行转包、出借资质（挂靠）之实。当然，‘内部承包’人与普通员工的认定标准是否应当有所区别以及如何区别，需要总结实践经验并与行业主管部门协调。二、关于完善司法解释涉及‘实际施工人’内容以及依法保障建筑企业‘内部承包’经营模式问题。2004年最高人民法院在司法解释中就实际施工人权益保护问题所作规定，切合当时的社会需要。十多年的司法实践证明，这一司法解释在保护建筑业领域农民工权益方面具有积极意义。诚如您所言，‘建筑业及相关配套的法律规定已发生了巨大的变化’。2019年12月30日国务院公布的《保障农民工工资支付条例》作为一部专门保障农民工工资支付的行政法规，就工程建设领域农民工工

二、内部承包人工程价款请求权

目前实务界对内部承包合同是属于平等主体间的经济合同还是属于非平等主体间的劳动合同存在较大争议。如有观点认为，内部承包合同通常设定项目经理应当达到的绩效指标，按绩效指标的完成情况，施工企业给予项目经理一定比例的提成，或者规定项目经理上缴利润，给企业造成损失的给予一定的惩罚。故企业内部承包是企业实行内部劳动管理、考核的一种方式，内部承包合同争议应属劳动争议。也有观点认为，内部承包合同的主体具有隶属性，非平等主体之间的财产或人身关系，但就内部承包合同而言，是涉及个人参与企业经营方面的权利义务、责任风险承担及利益归属，属于平等主体之间的民事法律关系。

笔者认为，不论内部承包是非平等主体间的劳动关系，还是平等主体间的合同关系，只要内部承包合同经双方协议签订，对合同双方即产生拘束力。因合同产生纠纷，任何一方均可向相对方主张权益。江苏省高级人民法院《建设工程施

（接上页）资支付作了特别规定，除了要求‘建设单位应当有满足施工所需要的资金安排’‘应当按照合同约定及时拨付工程款，并将人工费用及时足额拨付至农民工工资专用账户’外，其第30条针对分包和转包情形下的农民工工资支付明确规定由分包单位负直接责任、由施工总承包单位清偿。同时，《保障农民工工资支付条例》还规定人力资源社会保障行政部门负责保障农民工工资支付工作的组织协调，要求住房城乡建设、交通运输、水利等相关行业工程建设主管部门和发展改革等负责政府投资项目的审批管理部门以及财政、司法行政、自然资源、人民银行、审计、国有资产管理、税务、市场监管、金融监管等部门，按照职责做好与保障农民工工资支付相关的工作。在新的形势下，特别是在《中华人民共和国民法典》已经实施的背景下，有必要就涉及‘实际施工人’的司法解释内容予以完善，在广泛听取意见的基础上，研究如何准确适用《中华人民共和国民法典》规定的合同法律制度，研究如何衔接好司法解释与《保障农民工工资支付条例》相关规定，从而依法保护建筑企业及建筑工人双方的合法权益。

2020年7月21日，中央在企业家座谈会表示，对保护和激发市场主体活力、弘扬企业家精神等提出明确要求，为全社会特别是各类市场主体注入强大动力。各级人民法院在审判工作中，将切实实施《中华人民共和国民法典》和相关法律法规，依法平等保护各类市场主体合法权益，对各类市场主体坚持‘法无禁止即可为’原则。我们同样赞同，‘建筑企业有自主经营的权利，在不违反法律强制性规定时，有权自主选择和决定自己的经营模式’。但是，依照《中华人民共和国立法法》的规定，司法解释不宜直接就规范和保障建筑企业‘内部项目经济责任制承包经营’问题作出规定。至于建筑企业‘项目内部承包责任制合法化’问题，似可适用2009年修正的《中华人民共和国全民所有制工业企业法》。该法第65条与第66条分别规定：‘本法的原则适用于全民所有制交通运输、邮电、地质勘探、建筑安装、商业、外贸、物资、农林、水利企业。’‘企业实行承包、租赁经营责任制的，除遵守本法规定外，发包方和承包方、出租方和承租方的权利、义务依照国务院有关规定执行。’国务院2011年修订的《全民所有制工业企业承包经营责任制暂行条例》就企业承包经营责任制作了具体规定，而且该条例参照适用于建筑企业。"

工合同案件审理指南（2010年）》观点：我们认为，内部承包经营是一种生产经营的激励机制，合理使用好内部承包经营有利于增进企业员工的生产经营积极性、责任性，促进企业生产经营水平的提升，如果将内部承包合同纠纷一概拒之诉讼之外，不利于促进内部承包经营制度的健康发展，也不利于双方的权利得到救济。但是，在处理内部承包合同纠纷时，应当贯彻权利与义务相一致以及充分保护劳动者的原则，总体而言，应由承包人享有的权益应予充分保护，对企业要求承包人承担的义务明显不失当、责任过重的应予否定或调整。

三、假借内部承包实施的挂靠行为或转包行为，按对应的挂靠及转包处理

在工程实务中，内部承包与挂靠行为及转包行为有外在的相似性，一些企业或个人为了规避挂靠或转包被查处，常常以假借内部承包实施的挂靠行为或转包行为。法律是以合同条款所反映的各方真实权利义务来确定法律关系，而非仅从合同名称上判定。

如最高人民法院在（2023）最高法民再256号民事判决书中认为：该案中，《内部经营承包合同》第1条约定，蒲某负责全面履行主合同，承担项目建设全过程的责任，承担项目盈亏风险和经济法律责任。由此可见，该项目实际施工主体、最终责任承担主体均为蒲某。而某路桥公司和蒲某签订的《劳动合同》中也载明蒲某的劳动合同期限是自2013年4月3日起至项目完全结束之日止，该份劳动合同的存续期间与案涉工程开完工期间完全重合，明显是为转包案涉工程披上的“合法外衣”，且某路桥公司未提供向蒲某发放工资及蒲某接受某路桥公司行政管理和考勤管理等方面的证据，故蒲某与某路桥公司之间无真实的人事隶属关系。综上，一审、二审法院认定某路桥公司与蒲某之间签署的合同名为《内部经营承包合同》，实为非法转包合同，并无不当。最高人民法院在（2022）最高法民再168号民事判决书中认为：张某平在其施工合同后虽与湖南新井建设工程有限公司（以下简称新井公司）签订了《内部承包协议》，但其与新井公司之间不具有合法的劳动关系，其并非新井公司项目经理或正式职工。该案二审中，张某平承认签订《内部承包协议》的目的是挂靠新井公司资质施工，成虎公司对此予以认同，可见，案涉工程实际是张某平履行承建工程的义务，新井公司并未按照合同履行相应的义务。因系无资质个人借用有资质的建筑施工企业名义承包施工，依法均应认定为无效。

关联判例

金某寿与浙江兰溪华安房地产开发有限公司建设工程施工合同纠纷案

（2013）浙民申字第465号

【裁判要旨】

内部承包人并非实际施工人，无权以实际施工人名义向发包人主张工程价款。

【裁判摘要】

浙江省高级人民法院认为：该案金某寿以其系案涉工程实际施工人为由要求发包浙江兰溪华安房地产开发有限公司（以下简称方华安公司）退还保修金并支付有关逾期利息及违约金。然该案现有证据表明，案涉工程由中天建设集团有限公司（以下简称中天公司）向华安公司承包后，再以内部承包形式交由其员工金某寿负责组织施工。中天公司前述行为属企业自主经营权之范畴，并未违反法律及行政法规强制性规定，应属有效。由于金某寿系基于有效的内部承包关系而实际负责组织施工，并非转包合同中的转承包人或违法分包合同中的分包人，亦非借用资质承揽工程的承包人，故并不属于《建设工程施工合同司法解释》规定的“实际施工人”范围，无权以前述司法解释为由直接向发包方华安公司主张权利。而金某寿与中天公司之间的内部承包关系又未经华安公司确认，对华安公司并无约束力，故金某寿又无权以内部承包关系为据向华安公司主张合同权利。

六、未完工程结算

| 导读 |

随着我国经济的蓬勃发展，房地产业已经成为国民经济的核心支柱，为经济发展、金融稳定和民生改善作出了巨大贡献。但近年来，全球经济复苏显得异常艰难，这使得许多百强规模房企面临了前所未有的压力。在这种背景下，债务违约问题接连出现，工程停工、烂尾现象也时有发生，部分龙头建筑企业甚至陷入了资不抵债的困境。

在建筑业风险传导链条中，未完工程结算作为“烂尾困局”的破局密钥，是债权债务关系的法定清算节点。但基于未完工程的特殊性，其结算面临三重挑战：（1）履行状态不完全引发的计量困境。传统清单计价以竣工图加变更签证为基准，但“烂尾”工程多处于基础、主体等中间阶段，各施工工序进度并不一致，已完工程接茬部位工程量计量标准缺失。（2）质量认定复杂触发的法律障碍。《建设工程质量管理条例》第16条规定，建设工程经验收合格的，方可交付使用。“烂尾”工程无法进行竣工验收，只能委托有工程质量检测鉴定能力的检测鉴定机构对已完工程进行检测。正常工程的质量保证责任、质量缺陷责任起始点通常自竣工验收合格之日起算，但烂尾工程质量保证责任、质量缺陷责任是从停工之日起算还是经鉴定机构检测合格之日起算，在实务界存在争议。（3）“烂尾”原因引发支付困境。工程合同进度款、结算款通常按照节点或形象进度支付，但烂尾工程的付款条件无法成就，需突破合同约定进行结算、支付。如果发包人因开发资金不足、融资渠道收紧等原因导致工程款支付能力丧失，叠加多方债务的优先权博弈，如工程款优先权、购房消费者物权期待权、抵押权形成清偿顺位冲突，引发支付困境。

《民法典》第806条第3款规定，合同解除后，已经完成的建设工程质量合格的，发包人应当按照约定支付相应的工程价款。构建了工程质量合格即应支付工程款的规则，通过穿透合同解除的效力屏障，为工程价款清算确立“半成品确权”的新型法理，标志着我国工程债权保护从完成主义向贡献主义的转变。

【术语解读】

未完工程结算，指合同解除、终止或者其他原因导致在工程未能正常完工的情况下，对已完工程部分进行的结算。未完工程结算方式不同于传统的竣工验收后的结算，涉及已完工程量的确定、已完工程价款的确定和后续所需施工费用的确定等。

（一）未完工程结算基础

按照合同履行时限划分，合同分为一时性合同和继续性合同。一时性合同，也被称为非继续性合同，是指那些通过一次给付就可以实现合同内容的合同。继续性合同是指合同内容不是一次性履行完毕，而是在合同履行期间不断地、反复地、陆续地实现和完成的合同。根据合同性质不同，合同解除后果也不相同。一时性合同被解除在条件允许的情况下可以具有溯及力，即恢复到合同前的状态。继续性合同被解除，通常无法恢复原状或不宜恢复原状，不具有溯及力，解除之前的合同状态依然存在。《民法典》第566条第1款规定："合同解除后，尚未履行的，终止履行；已经履行的，根据履行情况和合同性质，当事人可以请求恢复原状或者采取其他补救措施，并有权请求赔偿损失。"

建设工程施工合同是典型的继续性合同，在施工过程中，持续投入人工、材料和机械等资源均物化至建设工程之中，没有恢复原状的可能。故而，在已完工程质量合格的前提下，建设工程合同解除，承包人有权主张工程价款。

（二）未完工程结算考量因素

1. 合同解除或终止的原因

合同解除及终止都是民法中的重要制度，有利于保障合同双方的合法权益，促进市场经济的健康发展。《民法典》第566条第2款规定："合同因违约解除的，解除权人可以请求违约方承担违约责任，但是当事人另有约定的除外。"第155条规定："无效的或者被撤销的民事法律行为自始没有法律约束力。"根据合同解除或终止的原因，可分为发包人原因导致的合同解除或终止、承包人原因导致的合同解除或终止和非发承包原因导致的合同解除或终止。

（1）发包人原因导致合同的解除或终止

根据《民法典》第806条第2款规定："发包人提供的主要建筑材料、建筑构配件和设备不符合强制性标准或者不履行协助义务，致使承包人无法施工，经催告后在合理期限内仍未履行相应义务的，承包人可以解除合同。"根据《民法典》第563条的规定，有下列情形之一的，承包人可以请求解除合同：未按约定支付工程价款，经催告后在合理期限内仍未支付的；当发包人出现经营状况严重恶化；转移财产、抽逃资金，以逃避债务；丧失商业信誉；有丧失或者可能丧失履行债务能力的其他情形时，承包人可以中止履行的，应当及时通知发包人。发包人提供适当担保的，应当恢复履行。中止履行后，发包人在合理期限内未恢复履行能力且未提供适当担保的，视为以自己的行为表明不履行主要债务，承包人可以解除合同并可以请求对方承担违约责任。另外，发包人未取得建设工程规划许可证等规划审批手续而导致合同终止的，承包人可以向发包人主张赔偿责任。

《民法典》第584条规定："当事人一方不履行合同义务或者履行合同义务不符合约定，造成对方损失的，损失赔偿额应当相当于因违约所造成的损失，包括合同履行后可以获得的利益；但是，不得超过违约一方订立合同时预见到或者应当预见到的因违约可能造成的损失。"若发包方出现上述违约情况并造成合同解除，承包方可以依据《民法典》的规定，向发包方主张其他损失及合同未履行部分的预期利润。

（2）承包人原因导致合同的解除或终止

根据《民法典》第806条第1款的规定："承包人将建设工程转包、违法分包的，发包人可以解除合同。"另外，根据《建设工程施工合同司法解释（一）》的规定，承包人未取得建筑业企业资质、超越资质等级或借用资质承揽工程而导致合同无效致使合同不能履行的，发包人可以向承包人主张赔偿责任。

2. 审查已完工程质量是否合格

根据《民法典》第806条第3款的规定："合同解除后，已经完成的建设工程质量合格的，发包人应当按照约定支付相应的工程价款；已经完成的建设工程质量不合格的，参照本法第七百九十三条的规定处理。"因此，只有在建设工程质量合格的前提下，承包人才有权要求发包人支付相应的工程价款。

因未完工程没有经过竣工验收，对质量的审查不能以竣工验收报告为标准。通常可以采用两种方式：

（1）由发包人组织对已完工工程进行验收

根据《建筑工程施工质量验收统一标准》（GB 50300—2013）第5.0.4条规定，单位工程质量验收合格应符合下列规定：①所含分部工程的质量均应验收合格；②质量控制资料应完整；③所含分部工程中有关安全、节能、环境保护和主要使用功能的检验资料应完整；④主要使用功能的抽查结果应符合相关专业验收规范的规定；⑤观感质量应符合要求。

当建筑工程施工质量不符合要求时，应按下列规定进行处理：①经返工或返修的检验批，应重新进行验收；②经有资质的检测机构检测鉴定能够达到设计要求的检验批，应予以验收；③经有资质的检测机构检测鉴定达不到设计要求，但经原设计单位核算认可能够满足安全和使用功能的检验批，可予以验收；④经返修或加固处理的分项、分部工程，满足安全及使用功能要求时，可按技术处理方案和协商文件的要求予以验收；⑤经返修或加固处理仍不能满足安全或重要使用要求的分部工程及单位工程，严禁验收。

（2）由第三方进行质量鉴定

当发承包双方对工程质量不能达成一致意见时，双方可以选择一家具有资质和信誉的第三方机构进行鉴定，由第三方质量鉴定机构通过专业的技术和经验，对工程质量进行客观、公正、科学的评估。

（三）未完工程结算原则

一般而言，对于未完工程，承包人投入了相当大的人力、物力，人工、材料、机械价值已经物化至建设工程之中，具有不可逆性，无法恢复原状，承包人有权根据法律规定及合同约定向发包人主张工程价款。如因承包人的原因造成工程无法完工，发包人可追究承包人的违约责任，但不得以此为由拒绝支付工程款。若系发包人的原因造成工程‘烂尾’，则发包人在赔偿承包人损失的同时，亦应对已完成的工程价款进行结算。

涉及违约责任、损害赔偿责任及可得利益损失，且未完工程合同约定的计量、计价条款也存在不能适用情形，未完工程结算需要考虑法律法规的规定、合同的约定及合同履行状况、解除事由、行业规范等。因此，对未完工程价款准确结算非常困难，各省级高级人民法院出台意见也不尽相同，无法用一种方法解决所有问题。笔者认为，应把结算和违约分开，对待结算，参照合同约定合理确定；对待违约，根据过错原则合理承担损失。

1. 参照合同约定合理结算

（1）固定总价合同的未完工程结算

固定总价合同，又称闭口价合同，也叫包死价合同，是工程量和工程价款作为一个整体被固定，即使在建设工程施工合同履行过程中，工程量发生增减，也不影响建设工程的价格。固定总价合同是建立在合同承包范围和工作内容固定不变的基础上，一般适用于有详细施工图纸、合同工期较短且工程合同总价较低的中小型工程。固定总价合同中的总价是建立在工程全部完工基础上的总价，对未完工程，工程未完全施工，若继续按照合同约定固定价结算对发包人明显不利。对约定固定总价的未完工程的结算，通常有以下几种方法。

①工程量比例折算法

工程量比例折算法是以已完工部分工程量与合同约定总工程量的比值作为结

算比例，再以该比例乘以合同约定总价进行计价。

工程量比例折算法公式：工程价款 =（已完工程量 ÷ 全部工程量）× 合同约定总价款

对工程量比例折算法出台指导意见的省级高级人民法院有：①四川省高级人民法院，其在《关于审理建设工程施工合同纠纷案件若干疑难问题的解答》（川高法民一〔2015〕3 号）第 25 条第 1 款规定："约定工程价款实行固定总价结算的建设工程施工合同在未全部完成施工即终止履行，承包人已施工的工程质量合格，承包人要求发包人支付工程价款的，由双方协商确定已施工的工程价款，协商不成的，由鉴定机构根据工程设计图纸、施工图纸、施工签证、交接记录等资料以及现场勘验结果对已完成工程量占合同工程量比例计算系数，再用合同约定的固定价款乘以该系数确定发包人应付的工程价款。"②山东省高级人民法院，其在《关于审理建设工程施工合同纠纷案件若干问题的解答》第 4 条第 1 款第 3 项规定："工程尚未完工的，合同约定固定总价，承包人要求支付工程款的，对于能够确定已完工工程占合同约定施工范围比例的工程，应以合同约定的固定价为基础按比例折算；无法确定已完工比例的，双方对工程造价有争议的，可将争议部分工程造价委托鉴定。"另外，沈阳市中级人民法院也出台了类似规定。

工程量比例折算法考虑到已完工程与全部工程的差异，并以此比率作为已完工程率计算工程价款，具有一定合理性。但由于建设工程施工内容前后不同，如一个房建工程，初期施工地基与基础，中期施工主体结构，后期为装饰装修，如何量化已完工程占全部工程的比率，是该种结算方式最为困难的因素。

②工程价款比例折算法

工程价款比例折算法是在相应同一取费标准下分别计算出已完工程部分的价款和整个合同约定工程的总价款，两者对比计算出相应系数，再用合同约定的固定价乘以该系数确定发包人应付的工程款。

已完工工程造价 = 合同约定的固定总价 ×（实际施工的工程价款 ÷ 全部的工程价款）

对工程价款比例折算法出台指导意见的省级高级人民法院有：①北京市高级人民法院，其在《关于审理建设工程施工合同纠纷案件若干疑难问题的解答》第 13 条规定："建设工程施工合同约定工程价款实行固定总价结算，承包人未完成工程施工，其要求发包人支付工程款，经审查承包人已施工的工程质量合格的，可以采用'按比例折算'的方式，即由鉴定机构在相应同一取费标准下分别计算出已完工程部分的价款和整个合同约定工程的总价款，两者对比计算出相应系数，再用合同约定的固定价乘以该系数确定发包人应付的工程款。"②河北省高级人民法院，其在《关于印发〈建设工程施工合同案件审理指南〉的通知》第12条规定："建设工程施工合同约定工程款实行固定价，如建设工程尚未完工，当事人对已完工程造价产生争议的，可将争议部分的工程造价委托鉴定，但应以合同约定的固定价为基础，根据已完工工程占合同约定施工范围的比例计算工程款。即由鉴定机构在同一取费标准下分别计算出已完工程部分的价款和整个合同约定工程的总价款，两者对比计算出相应系数，再用合同约定的固定价乘以该系数，确定工程价款。当事人一方主张以定额标准作为造价鉴定依据的，法院不予支持。"

工程价款比例折算法既考虑到已完工程与全部工程的差异，也考虑到如何量化已完工程占全部工程的比率，即通过转化为产值进行计算。但采用该种方法计算时，不宜采用承包人报价标准，该标准易受不平衡报价干扰；宜采用信息价或市场价的标准进行计算。

③定额比例折算法

定额计算法，即以建设行政管理部门颁发的定额取费为计价标准，分别计算出已完工程部分的价款和整个合同约定工程的总价款，两者对比计算出相应系数，再用合同约定的固定价乘以该系数确定发包人应付的工程款。

定额比例折算法：工程价款 =（已完工部分定额价 ÷ 定额总价）× 合同约定总价款

对定额比例折算法出台指导意见的省级高级人民法院有：重庆市高级人民法院，其在《关于建设工程造价鉴定若干问题的解答》（渝高法〔2016〕260号）第11条第2款第6项规定："建设工程为未完工程的，应当根据已完工程量和合同约定的计价原则来确定已完工程造价。如果合同为固定总价合同，且无法确定已完工程占整个工程的比例的，一般可以根据工程所在地的建设工程定额及相关配套文件确定已完工程占整个工程的比例，再以固定总价乘以该比例来确定已完工程造价。"

定额比例折算法既考虑到已完工程与全部工程的差异，又考虑到如何量化已完工程占全部工程的比率，也规避了不平衡报价的干扰，是比较适宜的结算方法。需要注意的是，在依定额标准按比例折算时，应适用双方合同签订时的最新定额，而非争议发生时或者鉴定时的最新定额。

除了三种比例折算法，固定总价合同的未完工程结算方法还有：①定额法，如江苏省高级人民法院《建设工程施工合同案件审理指南（2010年）》第7条第1款规定："建设工程施工合同履行过程中，当事人双方约定解除或单方法定解除合同，承包方主张其已完工程的工程款。因工程未完工，如何结算该部分工程款，往往涉及鉴定标准的把握。在工程没有全部完工的情况下，有两种不同的方式来确认工程款，一是根据实际完成的工程量，以建设行政管理部门颁发的定额取费，核定工程价款，并参照合同约定最终确定工程价款；此时，对工程造价鉴定不涉及甩项部分，只须鉴定其完工部分即可。二是确定所完工程的工程量占全部工程量的比例，按所完工程量的比例乘以合同约定的固定价款得出工程价款。此时，对工程造价鉴定涉及甩项部分，即对涉案工程总造价进行鉴定。第一种方法较为经济，也是较为常用的一种方法，一般用于工程没有总体竣工验收；第二种方法鉴定费用较高，一般用于工程竣工验收合格。上述两种方式均具有一定的合理性，应尽量寻求双方当事人意见的一致，如无法取得一致时由人民法院酌情确定。"②综合过错责任法，如《湖北省高级人民法院民事审判工作座谈会会议纪要（2013）》第32条第3款第2项规定：已完工程质量合格的，合同约定以单价包干方式计价的，按照包干单价和已完工程量计算工程款；合同约定以总价包干方式计价的，若工程未完工系承包人原因导致，按合同约定的取费标准鉴定未完工部分，以总包干价减未完工部分造价计算工程款；若工程未完工系发包人原因导致，按照建设行政主管部门颁发的定额及取费标准据实结算。

综合以上分析，各种方法均有自己适用的条件，一般来说采用"比例折算法"较为公平，即鉴定机构采用定额标准和市场报价计算出已完工程部分的价款占整个合同工程总价款的比例，确定发包人应付的工程款。

（2）单价合同结算

根据《2013清单计价规范》的规定，单价合同是发承包双方约定以工程量清单及其综合单价进行合同价款计算、调整和确认的建设工程施工合同。对单价合同未完工程结算，应区分实体工程结算和措施项目费用结算。

①实体工程结算，计算公式为

单价合同工程价款 = Σ（已完工程量 × 对应工程单价）

对未完工程单价的确定，应恪守既有合同的约定，按照约定支付相应的工程价款，不宜采用市场价进行结算。一方面违反当事人意思自治，另一方面可能会得出过于向一方当事人利益倾斜的结果。

②措施费用结算

对于未完工程的措施项目费用，包括安全文明施工费、环境保护费、临时设施费以及模板脚手架费用等，这些费用中有些在施工初期已经全部投入，有些在之后工程中产生，如果按照已完实体工程及对应比例分摊计算，可能会对一方明显不公。故已完工程量应分摊的措施费用由承包人承担；未完工程量分摊的措施费由发包人承担，作为承包人应得的工程款。

2. 损失按过错责任承担

一方或各方违约导致合同解除的，必然会给对应守约方造成一定的损失，应当由违约方承担相应的违约责任。《民法典》第 584 条规定："当事人一方不履行合同义务或者履行合同义务不符合约定，造成对方损失的，损失赔偿额应当相当于因违约所造成的损失，包括合同履行后可以获得的利益；但是，不得超过违约一方订立合同时预见到或者应当预见到的因违约可能造成的损失。"

（1）发包人违约导致合同解除

根据《2013 清单计价规范》第 12.0.4 条的规定，发包人违约解除合同的，发包人除应按照有关不可抗力解除合同的规定向承包人支付各项价款外，还需按合同约定核算发包人应支付的违约金以及给承包人造成损失或损害的索赔金额费用。该笔费用由承包人提出，发包人核实后与承包人协商确定后的规定时间内向承包人签发支付证书。协商不能达成一致的，按照合同约定的争议解决方式处理。

根据《2017 工程施工合同》通用合同条款第 16.1.3 条和第 16.1.4 条的约定，发包人违约解除合同，发包人应承担由此增加的费用，并支付承包人合理的利润，发包人应在解除合同后 28 天内支付下列款项，并解除履约担保：a. 合同解除前所完成工作的价款；b. 承包人为工程施工订购并已付款的材料、工程设备和其他物品的价款；c. 承包人撤离施工现场以及遣散承包人人员的款项；d. 按照合同约定在合同解除前应支付的违约金；e. 按照合同约定应当支付给承包人的其他款项；f. 按照合同约定应退还的质量保证金；g. 因解除合同给承包人造成的损失。

（2）承包人违约导致合同解除

根据《2013 清单计价规范》第 12.0.3 条的规定，因承包人违约解除合同的，发包人应暂停向承包人支付任何价款。发包人应在合同解除后规定时间内核实合同解除时承包人已完成的全部合同价款以及按施工进度计划已运至现场的材料和工程设备的货款，按合同约定核算承包人应支付的违约金以及造成损失的索赔金额，并将结果通知承包人。发承包双方应在规定时间内予以确认或提出意见，并办理结算合同价款。如果发包人应扣除的金额超过了应支付的金额，则承包人应在合同解除后的规定时间内将其差额退还给发包人。发承包双方不能就解除合同后的结算达成一致的，按照合同约定的争议解决方式处理。

根据《2017 工程施工合同》通用合同条款第 16.2.4 条的约定，承包人原因导致合同解除的，合同当事人应在合同解除后 28 天内完成估价、付款和清算，并按以下约定执行：a. 合同解除后，由双方或在监理工程师的协助下商定或确定承包人实际完成工作对应的合同价款，以及承包人已提供的材料、工程设备、施工设备和临时工程等的价值；b. 合同解除后，承包人应支付的违约金；c. 合同解除后，因解除合同给发包人造成的损失；d. 合同解除后，承包人应按照发包人要求和监理人的指示完成现场的清理和撤离；e. 发包人和承包人应在合同解除后进行清算，出具最终结清付款证书，结清全部款项。因承包人违约解除合同的，发包人有权暂停对承包人的付款，查清各项付款和已扣款项。

（3）不可抗力解除合同

根据《2013 清单计价规范》第 12.0.2 条的规定，由于不可抗力解除合同的，发包人除应向承包人支付合同解除之日前已完成工程但尚未支付的合同价款，还应支付下列金额：a. 合同中约定应由发包人承担的费用；b. 已实施或部分实施的措施项目应付价款；c. 承包人为合同工程合理订购且已交付的材料和工程设备货款。发包人一经支付此项货款，该材料和工程设备即成为发包人的财产；d. 承包人撤离现场所需的合理费用，包括员工遣送费和临时工程拆除、施工设备运离现场的费用；e. 承包人为完成合同工程而预期开支的任何合理费用，且该项费用未包括在本款其他各项支付之内。发承包双方办理结算合同价款时，应扣除合同解除之日前发包人应向承包人收回的价款。当发包人应扣除的金额超过了应支付的金额，则承包人应在合同解除后的 56 天内将其差额退还给发包人。

根据《2017 工程施工合同》通用合同条款第 17.3.1 条的约定，不可抗力引起的后果及造成的损失由合同当事人按照法律规定及合同约定各自承担。不可抗力发生前已完成的工程应当按照合同约定进行计量支付。第 17.3.2 条约定，不可抗力导致的人员伤亡、财产损失、费用增加和（或）工期延误等后果，由合同当事人按以下原则承担：a. 永久工程、已运至施工现场的材料和工程设备的损坏，以及因工程损坏造成的第三人人员伤亡和财产损失由发包人承担；b. 承包人施工设备的损坏由承包人承担；c. 发包人和承包人承担各自人员伤亡和财产的损失；d. 因不可抗力影响承包人履行合同约定的义务，已经引起或将引起工期延误的，应当顺延工期，由此导致承包人停工的费用损失由发包人和承包人合理分担，停工期间必须支付的工人工资由发包人承担；e. 因不可抗力引起或将引起工期延误，发包人要求赶工的，由此增加的赶工费用由发包人承担；f. 承包人在停工期间按照发包人要求照管、清理和修复工程的费用由发包人承担。不可抗力发生后，合同当事人均应采取措施尽量避免和减少损失的扩大，任何一方当事人没有采取有效措施导致损失扩大的，应对扩大的损失承担责任。因合同一方迟延履行合同义务，在迟延履行期间遭遇不可抗力的，不免除其违约责任。

【司法实务】

问题．建设工程施工合同解除，付款条款是否已经成就？

合同解除制度是合同法中的一项重要制度。《民法典》第 563 条第 1 款和第 562 条分别规定了法定解除①和约定解除②条件。《民法典》第 566 条第 1 款规定合同解除后果，即合同解除后，尚未履行的，终止履行；已经履行的，根据履行情况和合同性质，当事人可以请求恢复原状或者采取其他补救措施，并有权请求赔偿损失。

对于建设工程而言，合同的履行过程就是劳动力和工程材料物化至建设工程产品的过程，无法返还，只能按照法律规定和合同约定进行补偿。一般来说，合

---

① 《民法典》第 563 条规定："有下列情形之一的，当事人可以解除合同：（一）因不可抗力致使不能实现合同目的；（二）在履行期限届满前，当事人一方明确表示或者以自己的行为表明不履行主要债务；（三）当事人一方迟延履行主要债务，经催告后在合理期限内仍未履行；（四）当事人一方迟延履行债务或者有其他违约行为致使不能实现合同目的；（五）法律规定的其他情形。"

② 《民法典》第 562 条规定："当事人协商一致，可以解除合同。当事人可以约定一方解除合同的事由。解除合同的事由发生时，解除权人可以解除合同。"

同当事主体会在合同中对付款条件进行约定，合同没有无效或解除情形，应当按照合同约定履行，但对于合同解除后，支付条款是应当继续适用还是加速成就，实务界存在两种不同观点：

第一种观点认为，合同解除的，该合同的权利义务关系终止，原合同约定的付款条件已经失效，付款条件成就。

第二种观点认为，合同的权利义务关系终止，不影响合同中结算和清理条款的效力，尽管合同已经解除，但价款支付条款作为结算和清理条款并不无效，还应继续适用。

笔者认为以上观点均不完整。

契约严守原则，是民法中债的履行的基本原则。依法成立的合同，自成立起对双方当事人均有拘束力，任何当事人非依法律规定或者未经对方同意，不得擅自变更或者解除合同。法律并不禁止双方协商解除合同，以及当事人行使单方解除权解除合同。当出现合同无法履行，或继续履行会给一方或者双方当事人造成重大损失情形时，应允许当事人通过合意解除或行使解除权解除合同。[①]

一、合同解除

1. 合意解除

合同自由包括结约自由和解约自由，经双方合意可以解除合同。《民法典》第 562 条第 1 款规定：“当事人协商一致，可以解除合同。”

2. 行使解除权解除

建设工程施工合同主体包括发包人及承包人，双方均有权依据合同约定或法律规定行使单方解除权解除合同。

（1）承包方法定解除权解除，通常也称因发包方原因导致解除合同。建设工程施工合同中，发包人的主要义务是支付工程价款。如果发包人未按合同约定履行价款支付义务，不仅损害承包人利益，而且会导致建设工程合同无法继续履行。除支付工程价款外，发包人还应依据合同约定或法律规定履行其他义务。如提供场地、图纸、办理建设审批手续，按照合同约定提供符合强制性标准“甲供材”等。发包人没有按照合同约定或法律规定履行义务，致使承包人无法施工，

① 参见刘凯湘：《民法典合同解除规则在起草过程中的争议与条文理解》，载王利民主编：《判解研究》总第 100 辑，人民法院出版社 2023 年版。

经催告后在合理期限内仍未履行相应义务的，承包人可以解除合同。[①]

（2）发包方法定解除权解除，通常又称因承包商原因导致合同解除。根据《民法典》第 806 条第 1 款的规定："承包人将建设工程转包、违法分包的，发包人可以解除合同。"第 563 条第 1 款规定："有下列情形之一的，当事人可以解除合同：（一）因不可抗力致使不能实现合同目的；（二）在履行期限届满前，当事人一方明确表示或者以自己的行为表明不履行主要债务；（三）当事人一方迟延履行主要债务，经催告后在合理期限内仍未履行；（四）当事人一方迟延履行债务或者有其他违约行为致使不能实现合同目的；（五）法律规定的其他情形。"

二、付款条件

建设工程施工合同解除，付款条款是否已经成就？所谓的付款条件是指对工程项目合同项下的款项予以支付时所需要具备的前提，包括合同约定条件和法定规定条件。

1. 合同约定条件

合同解除，合同的权利义务关系终止，除结算和清理条款外，原合同条款不再约束当事人。根据《民法典》第 566 条的规定，合同解除后，尚未履行的，终止履行，包括承包人不再履行施工任务，发包人不再支付工程价款。对承包人已经实际完工，发包人未予支付的工程价款，应属于合同解除后的债务清理。如经双方合意解除，并经协商确定新的支付条件，按新的支付条件确定[②]；如行使单方解除权解除，合同双方没有签订解除协议，或虽有解除协议但对价款支付条件没有约定或约定不明，在双方债权债务明确时，应视为约定的支付条件成就，原合同约定的支付条件不再适用。

2. 法定条件

我国建设工程实行严格质量标准制度。《建筑法》第 3 条明确规定："建筑活

① 《民法典》第 806 条第 2 款规定："发包人提供的主要建筑材料、建筑构配件和设备不符合强制性标准或者不履行协助义务，致使承包人无法施工，经催告后在合理期限内仍未履行相应义务的，承包人可以解除合同。"

② 如最高人民法院在（2015）民一终字第 43 号"上海金桥工程建设发展有限公司与海西家禾酒店管理有限公司建设工程施工合同纠纷案"中认为："既然《四方协议》作为案涉未完工工程的结算依据已经替代了《施工合同》的履行，那么家禾公司关于《施工合同》约定的付款条件尚未成就的上诉主张也就因《施工合同》已被替代而缺乏依据，不能得到支持。"

动应当确保建筑工程质量和安全，符合国家的建筑工程安全标准。”《建设工程质量管理条例》第22条第1款、第28条第1款和第29条规定，设计单位在设计文件中选用的建筑材料、建筑构配件和设备，应当注明规格、型号、性能等技术指标，其质量要求必须符合国家规定的标准。施工单位必须按照工程设计图纸和施工技术标准施工，不得擅自修改工程设计，不得偷工减料；施工单位必须按照工程设计要求、施工技术标准和合同约定，对建筑材料、建筑构配件、设备和商品混凝土进行检验，检验应当有书面记录和专人签字；未经检验或者检验不合格的，不得使用。根据《建筑工程施工质量验收统一标准》（GB 50300—2013）第5.0.6条规定，当建筑工程施工质量不符合要求时，应按下列规定进行处理：（1）经返工或返修的检验批，应重新进行验收；（2）经有资质的检测机构检测鉴定能够达到设计要求的检验批，应予以验收；（3）经有资质的检测机构检测鉴定达不到设计要求，但经原设计单位核算认可能够满足安全和使用功能的检验批，可予以验收；（4）经返修或加固处理的分项、分部工程，满足安全及使用功能要求时，可按技术处理方案和协商文件的要求予以验收。第5.0.8条规定，经返修或加固处理仍不能满足安全或重要使用要求的分部工程及单位工程，严禁验收。要确保交付竣工验收的工程，必须符合建设工程质量标准。

《民法典》第806条第3款规定：“合同解除后，已经完成的建设工程质量合格的，发包人应当按照约定支付相应的工程价款；已经完成的建设工程质量不合格的，参照本法第七百九十三条的规定处理。”根据《民法典》第793条的规定，建设工程经验收不合格的，按照以下情形处理：（1）修复后的建设工程经验收合格的，发包人可以请求承包人承担修复费用；（2）修复后的建设工程经验收不合格的，承包人无权请求参照合同关于工程价款的约定折价补偿。发包人对因建设工程不合格造成的损失有过错的，应当承担相应的责任。

合同解除，并非双方所有权利义务的终结。一方违约导致合同解除，违约方应承担赔偿守约方的违约责任。违约金不足以补偿守约方经济损失的，违约方还应赔偿损失与违约金之间的差额。①

---

① 参见最高人民法院民事审判第一庭编著：《最高人民法院建设工程施工合同司法解释的理解与适用》（第2版），人民法院出版社2015年版，第92~93页。

关联判例

中建四局第五建筑工程有限公司与云南今玉房地产有限公司、云南锡业房地产开发经营有限公司等建设工程施工合同纠纷案

（2016）最高法民终251号

【裁判要旨】

合同解除，解除协议代替原协议，约定的付款条件成就。

【基本案情】

2011年9月19日，云南今玉房地产有限公司（以下简称今玉房地产公司）和中建四局第五建筑工程有限公司（以下简称中建四局五公司）经过招投标，签订《建设工程施工合同》，确定由中建四局五公司承建玉水金岸C区土建及水电安装工程，合同约定了施工范围、工期、质量标准、计价标准、价款支付等内容。

2011年10月20日，今玉房地产公司向中建四局五公司发出C区工程开工令，确定C区工程开工时间为2011年10月20日。开工后，中建四局五公司按照合同约定进场施工，每月报送月度工程款确认表，今玉房地产公司进行审核确认，双方按照月进度进行工程量确认。后因今玉房地产公司拖欠中建四局五公司工程款，导致C区工程于2013年12月停工。2014年12月13日，中建四局五公司与今玉房地产公司签订《玉水金岸·水云间C区结算协议》。

【裁判摘要】

关于涉案工程是否具备支付工程款条件问题。法院认为，中建四局五公司作为涉案工程承包方，按照与今玉房地产公司签订的《建设工程施工合同》的约定，完成了C区11栋、12栋住宅楼以及其他工程一次主体结构施工和部分二次结构施工任务。今玉房地产公司资金缺乏导致涉案工程无法继续履行，经双方协商解除了《建设工程施工合同》，并对已完工程价款的结算形成《玉水金岸·水云间C区结算协议》，对工程的验收、移交等问题形成《玉水

金岸·水云间C区工程建设补充协议》。上述协议虽基于《建设工程施工合同》而来，但其实质内容是双方就合同解除前的权利义务进行清理、结算的约定，中建四局五公司以此结算协议为基础提起该案诉讼。上述协议内容均不违反法律禁止性规定，是当事人真实意思表示，合法有效。今玉房地产公司虽主张《玉水金岸·水云间C区结算协议》不是其真实意思表示，并在二审期间主张其有新的证据可以证明，但其提供的今玉房地产公司法定代表人变更情况、用章登记等证据不能证明结算协议是中建四局五公司胁迫所为。今玉房地产公司称《玉水金岸·水云间C区结算协议》无效的理由不能成立，法院不予采信。涉案工程已交付使用，一审法院依照《建设工程施工合同司法解释》第13条关于"建设工程未经竣工验收，发包人擅自使用后，又以使用部分质量不符合约定为由主张权利的，不予支持……"的规定，对今玉房地产公司以存在质量问题为由拒付11号楼、12号楼工程款的主张不予支持，并无不当。今玉房地产公司主张涉案其他工程存在质量问题的主要证据是双方在签订《玉水金岸·水云间C区结算协议》之前，工程施工过程中（2011—2014年）监理公司出具的签证单、通知单，上述证据不能证明2014年12月签订结算协议时工程的质量状况。且对于合同解除后涉案工程存在的问题，双方在《玉水金岸·水云间C区工程建设补充协议》第2条、第3条均约定，仍由中建四局五公司进行整改完善。据此，对验收过程中发现的问题，今玉房地产公司可依照合同约定要求中建四局五公司履行整改义务，但该项约定不能构成今玉房地产公司拒付涉案工程款的理由。综上，今玉房地产公司关于涉案工程不具备付款条件的上诉理由不能成立，法院不予支持。

七、价款约定不明结算

|导读|

中国建筑业自21世纪初期以来持续保持国民经济支柱产业地位，其在产业规模扩张、农村劳动力转移就业、关联产业协同发展以及推动经济社会进步、新型城镇化建设和民生改善等方面发挥着不可替代的作用。

从产业特征分析，当前建筑业仍属于劳动密集型产业，主要采用以包工头为主导的劳务分包模式，从业人员契约意识相对薄弱。市场结构呈现典型买方市场特征，发包方在合同缔约阶段具有显著优势地位，承包方为获取项目承建权往往被动接受不对等交易条件。值得注意的是，处于合同关系末端的劳务分包单位或施工班组普遍存在先施工后签约的行业惯例，其施工范围多由总包单位口头指示，工程计价标准常以口头约定或事后确认为主。这种非规范化操作导致在争议解决阶段，尤其是涉及工程价款争议时，由于缺乏书面证据佐证计价依据，司法机关通常认定为“价款约定不明”。

根据中国建筑业协会发布的《2019 年建筑业发展统计分析报告》显示，行业平均利润率维持在 3.5% 的微利水平。在此背景下，合同价款约定不明确将显著加剧合同各方主体的履约风险：对发包方可能造成工程成本失控，对承包方则易引发工程款结算争议。这种法律风险与行业盈利能力的结构性矛盾，已成为制约建筑业高质量发展的制度性障碍。

【术语解读】

价款约定不明并非造价术语，而是事实评价，本书所说的价款约定不明，指的是合同没有对标的物给付对价作出约定或约定地较为宽泛，无法形成统一的计价标准。

（一）价款约定不明的表现形式

1. 双方没有签订合同

建设工程具有投资大、工期长、技术管理节点多等特点，发承包双方为了明确双方权利和义务，应当签订约定全面的书面合同，包括工程范围、质量标准、工期、价款等。《招标投标法》第 46 条第 1 款明确规定：“招标人和中标人应当自中标通知书发出之日起三十日内，按照招标文件和中标人的投标文件订立书面合同……”《民法典》第 789 条亦明确规定：“建设工程合同应当采用书面形式。”

但工程实务中，有些地方政府为了当地政绩，对建设工程进行行政干预，未立先上、未批先干的工程不在少数，致使发承包双方无法按照法定流程签订施工合同。有些发包人前期工作不充分，未完全履行行政审批手续，面临工期压力，要求施工方提前入场，造成未招先干，没有签订施工合同。有些施工方迷恋关系，认为关系比实力重要，承诺比合约重要，对发包人不与其签订合同欣然接受。甚至有些施工方为了追求更大的利益，与发包人高管人员合谋故意不签订合同，以便在工程施工过程中通过变更、签证及索赔的方式提高工程价款。

2. 计价约定相互矛盾

实务中，经常出现计价约定相互矛盾情形。常见的形式有：同一合同既约定定额计价又约定固定单价；既约定固定总价，又在固定总价范围内约定可调；对甲供材价格约定不明，未约定甲供材按照暂定价结算，还是按照投标当月信息价结算。

如（2021）最高法民再318号“贵州凯和建设工程有限公司与天柱县交通运输局、王国兴建设工程施工合同纠纷案（再审）”中，案涉《建设工程施工合同》第一部分合同协议书约定“合同价格形式约定施工图范围内工程量采用合同总价包干方式执行，在施工过程中政府决策变动及甲方方案调整导致的工程量增减，按可调价合同执行，单价参照施工同期市场价执行”，《建设工程施工合同》第三部分专用合同条款约定“承包范围（增减工程量）合同价款调整方法：变更工程量由发包方、财政、审计、设计、承包方及监工方六方共同确定，变更工程造价按实际发生工程量计算，按《贵州省市政工程计价定额》（2004版）计价”。

3. 价款约定过于原则

计价条款是建设工程施工合同的主要条款，约定应当准确、细致、具有可操作性，以防止在合同履行过程中可能出现争议和纠纷。但实务中经常出现计价条款约定过于原则，以致结算时无法适用或发生理解性偏差。如合同约定“主材依据当地的市场信息价进行调差”，该计价条款既未约定承包人的风险范围，也未约定调价方式，是按照填平原则以市场价与承包人报价之差进行调整，还是按照比例原则按照施工时市场价与报价时市场价比值率进行调差。

（二）价款约定不明的几种常见结算方法

1. 结算方法不明的，通过补充协议重新确定。《民法典》第510条规定：“合同生效后，当事人就质量、价款或者报酬、履行地点等内容没有约定或者约定不明确的，可以协议补充；不能达成补充协议的，按照合同相关条款或者交易习惯确定。”

2. 单价约定不明的，可协商或按市场价确定。《民法典》第511条规定：“当事人就有关合同内容约定不明确，依据前条规定仍不能确定的，适用下列规定……（二）价款或者报酬不明确的，按照订立合同时履行地的市场价格履行；

依法应当执行政府定价或者政府指导价的，依照规定履行……”

3. 计量方法约定不明的，根据计量规范据实结算。按实结算又称据实结算，是指建设工程最终的结算价格依据实际发生的量或价计算。按实结算是工程领域常见的习惯用语，一般认为按实结算分为量的按实结算及价的按实结算。[①]

4. 造价鉴定。双方当事人无法对建设工程价款结算达成协议且诉至法院或申请仲裁的，可以依据《民事诉讼法》、民事证据规则或对应仲裁机构的仲裁规则的规定委托第三方机构对工程造价进行鉴定。

【司法实务】

问题 1. 施工合同中计价方式或标准约定不明时，该如何结算价款？

《民法典》第 511 条第 2 项规定：“价款或者报酬不明确的，按照订立合同时履行地的市场价格履行；依法应当执行政府定价或者政府指导价的，依照规定履行。”

《建设工程施工合同司法解释（一）》第 19 条第 1、2 款规定：“当事人对建设工程的计价标准或者计价方法有约定的，按照约定结算工程价款。因设计变更导致建设工程的工程量或者质量标准发生变化，当事人对该部分工程价款不能协商一致的，可以参照签订建设工程施工合同时当地建设行政主管部门发布的计价方法或者计价标准结算工程价款。”

对施工合同中计价方式或标准约定不明时如何结算的问题，实务界存在两种不同观点：

第一种观点认为，建设工程施工合同并非法律规定应当执行政府定价或者政府指导价的合同，当施工合同中计价方式或标准约定不明，且无法达成一致意见时，应当依据《民法典》规定按照订立合同时履行地的市场价格结算。

第二种观点认为，对建设工程的计价标准或者计价方法约定不明且无法达成一致意见时，应当根据《建设工程施工合同司法解释（一）》第 19 条第 2 款的规定，参照签订建设工程施工合同时当地建设行政主管部门发布的计价方法或者计价标准结算工程价款。

---

① 参见常设中国建设工程法律论坛第八工作组：《中国建设工程施工合同法律全书——词条释义与实务指引》，法律出版社 2019 年版，第 189 页。

笔者倾向于第一种观点。

计价方式或标准约定不明是指建设工程施工合同对计价方式或标准没有约定，或约定条款表述混乱、模糊或不完整，使得计价方式或标准界限不清，不能得出明确的结论。如已经施工但没签合同，或约定价款所指向文件不存在等。对计价方式或标准约定不明，首先应当由发承包双方自主协商，重新达成补充协议，对协商不成的，按照法律规定处理。

一、建设工程不属于应当执行政府定价或者政府指导价范畴

《价格法》第6条规定："商品价格和服务价格，除依照本法第十八条规定适用政府指导价或者政府定价外，实行市场调节价，由经营者依照本法自主制定。"第18条规定："下列商品和服务价格，政府在必要时可以实行政府指导价或者政府定价：（一）与国民经济发展和人民生活关系重大的极少数商品价格；（二）资源稀缺的少数商品价格；（三）自然垄断经营的商品价格；（四）重要的公用事业价格；（五）重要的公益性服务价格。"第19条第1款规定："政府指导价、政府定价的定价权限和具体适用范围，以中央的和地方的定价目录为依据。"

笔者查阅《中央定价目录》，内容包括输配电、油气管道运输、基础交通运输、重大水利工程供水、重要邮政服务、重要专业服务、特殊药品及血液等七个大项、十六个小项的中央定价项目。查阅了各省定价目录，尽管内容有所不同，但均不包含建设工程，故建设工程应不属于政府定价或政府指导价的范围。

另外，根据《建筑法》第18条第1款的规定："建筑工程造价应当按照国家有关规定，由发包单位与承包单位在合同中约定。公开招标发包的，其造价的约定，须遵守招标投标法律的规定。"另外，根据《建筑工程施工发包与承包计价管理办法》第3条的规定："建筑工程施工发包与承包价在政府宏观调控下，由市场竞争形成。工程发承包计价应当遵循公平、合法和诚实信用的原则。"第13条第1、2款规定："发承包双方在确定合同价款时，应当考虑市场环境和生产要素价格变化对合同价款的影响。实行工程量清单计价的建筑工程，鼓励发承包双方采用单价方式确定合同价款。"故建设工程的定价实行市场调节价，由发承包双方在合同中自行约定。建设工程的计价标准或者计价方法约定不明且无法达成一致意见时，应按照《民法典》第511条第2项的规定，按照订立合同时履行地的市场价格履行。

二、《建设工程施工合同司法解释（一）》第 19 条第 2 款规定有严格适用标准

建设工程定额标准是各地建设主管部门根据本地建筑市场建安成本的平均值所确定，可以理解为完成单位工程量所消耗的劳动、材料以及机械台班等的标准额度，属于政府指导价范畴，也是任意性规范而非强制性规范，应当允许合同当事人随行就市订立与定额标准不一致的工程结算价格。因此，对《建设工程施工合同司法解释（一）》第 19 条第 2 款所规定的“因设计变更导致建设工程的工程量或者质量标准发生变化，当事人对该部分工程价款不能协商一致的，可以参照签订建设工程施工合同时当地建设行政主管部门发布的计价方法或者计价标准结算工程价款”，应有严格适用标准。

1. 该条款适用的前提是当事人对该部分工程价款不能协商一致

《建设工程价款结算暂行办法》第 11 条规定：“工程价款结算应按照合同约定办理，合同未作约定或者约定不明的，发、承包双方应依照下列规定与文件协商处理：（一）国家有关法律、法规和规章制度；（二）国务院建设行政主管部门、省、自治区、直辖市或有关部门发布的工程造价计价标准、计价办法等有关规定；（三）建设项目的合同、补充协议、变更签证和现场签证，以及经发、承包人认可的其他有效文件；（四）其他可依据的材料。”从该条规定可以看出，对工程价款结算未作约定或约定不明的落脚点是协商处理，所列的法律、规定、文件均是指导性范畴，不具强制力。

2. 建设行政主管部门发布的计价方法或者计价标准，是可以参照而非必须参照

行政主管部门发布的计价方法或者计价标准属于社会平均生产力标准，不能反映企业在市场竞争中的能力。在双方当事人对计价标准或者计价方法约定不明且无法达成一致意见时，应按照《民法典》第 511 条第 2 项的规定，按照订立合同时履行地的市场价格确定价款。只有无法获取市场价，或市场价不能真实反映项目真实价值时，才可以适用建设工程施工合同时当地建设行政主管部门发布的计价方法或者计价标准结算工程价款。

3. 建设行政主管部门发布的计价方法或者计价标准的范围是因设计变更导致建设工程的工程量或者质量标准发生变化的部分

最高人民法院对该条司法解释有明确释义：“对于因设计变更导致部分工程

量或工程质量发生变化的，对该部分工程的价款结算方法和标准，才可以参照当地主管部门发布的方法和标准处理，对于工程量和质量未发生变化的工程，应当依照原合同约定处理。”

4. 可以参照的计价方法或者计价标准必须受“合同签订时”“工程所在地当地主管部门发布”的限制

建设工程造价包括人工费、材料费、机械费、管理费、利润、规费、税金等建设所需的全部费用。建筑造价计算的准确性是由建筑设计的进度和深度决定的。一般来说，投资估算是在项目开发前期对建设投资作粗略的估计，仅可以作为编制可行性研究的依据。设计概算是在项目初步设计阶段，根据概算定额编制的、初步确定工程造价的依据。施工图预算则是在施工图设计阶段根据施工图反映的工程量按预算定额编制确定工程预算造价的依据。

选择以合同签订时发布的计价方法和标准作为参照适用的内容，其主要价值考量在于公平。从签约角度来说，合同签订时、工程所在地的计价方法及计价标准与承包人正常投标报价的契合度最高。

关联判例

齐河环盾钢结构有限公司与济南永君物资有限责任公司建设工程施工合同纠纷案

（2011）民提字第104号

【裁判要旨】

鉴定机构分别按照定额价和市场价作出鉴定结论的，在确定工程价款时，一般应以市场价确定工程价款。这是因为，以定额为基础确定工程造价大多未能反映企业的施工、技术和管理水平，定额标准往往跟不上市场价格的变化，而建设行政主管部门发布的市场价格信息，更贴近市场价格，更接近建筑工程的实际造价成本，且符合《合同法》的有关规定，对双方当事人更公平。

【裁判摘要】

关于涉案工程价款的确定依据的问题。法院认为，第一，该案应当通过鉴定方式确定工程价款……第二，该案不应以定额价作为工程价款结算依据……首先，建设工程定额标准是各地建设主管部门根据本地建筑市场建筑成本的平均值确定的，是完成一定计量单位产品的人工、材料、机械和资金消费的规定额度，是政府指导价范畴，属于任意性规范而非强制性规范。在当事人之间没有作出以定额价作为工程价款的约定时，一般不宜以定额价确定工程价款。其次，以定额为基础确定工程造价没有考虑企业的技术专长、劳动生产力水平、材料采购渠道和管理能力，这种计价模式不能反映企业的施工、技术和管理水平。该案中，齐河环盾钢结构有限公司假冒中国第九冶金建设公司第五工程公司的企业名称和施工资质承包涉案工程，如果采用定额取价，亦不符合公平原则。再次，定额标准往往跟不上市场价格的变化，而建设行政主管部门发布的市场价格信息，更贴近市场价格，更接近建筑工程的实际造价成本。此外，该案所涉钢结构工程与传统建筑工程相比属于较新型建设工程，工程定额与传统建筑工程定额相比还不够完备，按照钢结构工程造价鉴定的惯例，以市场价鉴定的结论更接近造价成本，更有利于保护当事人的利益。最后，根据《合同法》第 62 条第 2 项的规定，当事人就合同价款或者报酬约定不明确，依照《合同法》第 61 条的规定仍不能确定的，按照订立合同时履行地的市场价格履行；依法应当执行政府定价或者政府指导价的，按照规定履行。该案所涉工程不属于政府定价，因此，以市场价作为合同履行的依据不仅更符合法律规定，而且对双方当事人更公平。第三，以市场价进行鉴定的结论应当作为定案依据……

问题 2. 建设工程施工合同约定不明确的，能否直接依据审计结论确定工程价款？

2001 年最高人民法院发布的《关于建设工程承包合同案件中双方当事人已确认的工程决算价款与审计部门审计的工程决算价款与审计部门审计的工程决算价款不一致时如何适用法律问题的电话答复意见》（〔2001〕民一他字第 2 号）指出："审计是国家对建设单位的一种行政监督，不影响建设单位与承建单位的合同效力。建设工程承包合同案件应以当事人的约定作为法院判决的依据。只有在合同明确约定以审计结论作为结算依据或者合同约定不明确、合同约定无效的情况下，才能将审计结论作为判决的依据。”该答复意见无疑给合同约定无效、价款约定不明时按审计结论确定工程价款提供了法律依据，但笔者认为该规定并不能当然地认为只要施工合同价款约定不明，就必须以审计结论确定工程价款，也不宜直接依据行政审计结论确定工程价款。理由在于：

首先，从该答复意见的内容上看，合同约定不明确或合同约定无效是将审计结论作为判决依据的必要条件，但不是充分条件，并非只要合同约定不明确或合同约定无效就必须以行政审计结论作为确定工程价款的依据。即便合同明确约定以行政审计结论作为结算依据，也需要当事人对以行政审计作为确定工程价款依据的约定明确具体，而不能通过解释的方式进行推定。对审计机关的审计意见具有不真实、不客观等情形，《2015 年全国民事审判工作会议纪要》指导意见为：人民法院可以准许当事人补充鉴定、重新质证或者补充质证等方法纠正审计意见存在的缺陷。上述方法不能解决的，应当准许当事人申请对工程造价进行鉴定。

其次，行政审计与结算性质不同。行政审计是国家对建设单位的一种行政监督，是国家对政府投资和以政府投资为主的建设项目有无违法违纪行为进行的检查、监督行为。行政审计内容包括对建设项目的总预算或者概算的执行情况、年度预算的执行情况和年度决算、单项工程结算、项目竣工决算，依法进行审计监督；对涉及设计、施工、供货等单位取得建设项目资金的真实性、合法性进行调查。结算是发承包双方根据合同约定，对合同工程在实施中、终止时、已完工后进行的合同价款计算、调整和确认。结算是双方法律行为，无法律规定或合同明确约定的情况下，不应以审计机关作出的审计报告、财政评审机构作出的评审结论作为工程价款结算依据。

最后，在建设工程施工合同工程价款约定不明的情况下，根据《建设工程施工合同司法解释（一）》第 19 条第 2 款的规定，当事人对工程价款不能协商一致的，可以参照签订建设工程施工合同时当地建设行政主管部门发布的计价方法或者计价标准结算工程价款，而不宜直接依据行政审计结论确定工程价款。

八、实际施工人结算

| 导读 |

最高人民法院《关于审理建设工程施工合同纠纷案件适用法律问题的解释》（法释〔2004〕14 号）第 26 条第 2 款首次突破合同相对性原则，赋予实际施工人直接向发包人主张工程款的权利。该条款规定，实际施工人起诉发包人时，法院可追加转包人或违法分包人作为当事人，但发包人仅在欠付工程款范围内承担清偿责任。这一制度设计的初衷是为解决工程领域普遍存在的转包、违法分包乱象，尤其是保障农民工等底层劳动者的合法权益，避免因中间环节资金断裂导致欠薪问题。

然而，司法实践中该条款被部分当事人滥用，出现实际施工人绕过合同相对方直接“越级”起诉发包人、虚构债务扩大发包人责任等现象。2021 年新修订的最高人民法院《关于审理建设工程施工合同纠纷案件适用法律问题的解释（一）》（法释〔2020〕25 号）第 43 条明确，实际施工人以转包人、违法分包人为被告起诉的，人民法院应当依法受理；实际施工人选择直接起诉发包人应严格审查转包、违法分包的合同效力，避免司法权过度干预商事交易秩序。

当前司法实践呈现“有限保护与严格限制”的双重导向：一方面，对农民工等弱势群体的权益保障仍需通过实际施工人制度实现；另一方面，通过明确“不得随意突破合同相对性”“发包人责任以欠付范围为限”等规则，遏制权利滥用。这一制度变迁反映了立法者从“侧重救济弱势”向“平衡各方权益、维护市场秩序”的价值转向，也为工程结算纠纷的解决提供了更具操作性的裁判框架。

【术语解读】

（一）实际施工人概念及渊源

实际施工人并不是我国现行法律规定的一种民事主体。[①] 在《合同法》[②]《建筑法》《招标投标法》《质量管理条例》《民法典》等法律法规中均未涉及。在法律实务中，出现大量转包、违法分包现象，针对转承包人和违法分包的承包人如

① 参见最高人民法院民事审判第一庭编著：《最高人民法院建设工程施工合同司法解释（二）理解与适用》，人民法院出版社 2019 年版，第 490 页。

② 《合同法》已于 2021 年 1 月 1 日被《民法典》所取代。

何诉讼问题，广东省高级人民法院于2000年在《关于审理建设工程合同纠纷案件的暂行规定》（已失效）提出了“实际施工人”[①]概念。最高人民法院为了解决建筑市场中出现的大量欠付农民工工资问题，在《建设工程施工合同司法解释》首次引用“实际施工人”概念，[②]并允许实际施工人突破合同相对性直接向发包人索要工程价款。

实际施工人并没有一个准确的法律定义，一般指的是与发包人没有合同关系的无效合同的承包人，转承包人、违法分包合同的承包人、没有资质借用有资质的建筑施工企业的名义与他人签订建筑工程施工合同的承包人。[③]

2004年出台的《建设工程施工合同司法解释》第26条第2款规定：“实际施工人以发包人为被告主张权利的，人民法院可以追加转包人或者违法分包人为本案当事人，发包人只在欠付工程价款的范围内对实际施工人承担责任。”该条司法解释最显著的特点就是把发包人和转包人或者违法分包人均作为案件当事人，在庭审中一并处理。该条司法解释在实践中却出现诸多问题，比如，发包人与转包人或者违法分包人该如何承担责任？如果说是连带责任，而连带责任的要求是必须有法律规定或合同约定，法律对此并没有规定连带责任，实际施工人与发包人没有合同关系，显然连带责任没有依据；如果说是补充责任，那么在发包人与转包人或者违法分包人均为当事人的情况下，谁承担主要责任？如果说发包人承担的是直接支付责任，那么转包人或者违法分包人是否还应承担责任？另外，该

① 广东省高级人民法院《关于审理建设工程合同纠纷案件的暂行规定》（粤高法发〔2000〕31号）第2条规定，因拖欠工程款引起的纠纷，承包人将承包的建设工程合同转包而由实际施工人起诉承包人的，可不将发包人列为案件的当事人；承包人提出将发包人列为第三人，并对其主张权利而发包人对承包人又负有义务的，可将发包人列为第三人，当事人根据不同的法律关系承担相应的法律责任；如转包经发包人同意，即属合同转让，应直接列发包人为被告。第3条规定，因工程质量引起的纠纷，发包人只起诉承包人，在审理中查明有转包的，应追加实际施工人作共同被告，实际施工人与承包人对工程质量承担连带责任。第20条规定，转包、挂靠签订的建设工程合同被确认无效后，应按实际施工人的建筑资质等级结算工程款，但对施工人主张的工程结算中有关计划利润部分的请求可不予支持。

② 最高人民法院《建设工程施工合同司法解释》第26条第2款规定：“实际施工人以转包人、违法分包人为被告起诉的，人民法院应当依法受理。实际施工人以发包人为被告主张权利的，人民法院可以追加转包人或者违法分包人为本案当事人。发包人只在欠付工程价款范围内对实际施工人承担责任。”

③ 参见最高人民法院民事审判第一庭编著：《最高人民法院新建设工程施工合同司法解释（一）理解与适用》，人民法院出版社2021年版，第445页。

司法解释规定的是“人民法院可以追加转包人或者违法分包人为本案当事人”，也就意味着追不追加转包人或者违法分包人为本案当事人是法院的权利而不是义务，如果法院不追加，谁来承担发包人是否欠付工程价款及欠付多少工程价款的举证责任呢？

2018年，最高人民法院在原司法解释的基础上对第26条第2款进行修改，把原司法解释规定的“可以追加转包人或者违法分包人为本案当事人”修改为“应当追加转包人或者违法分包人为本案第三人”，修改的内容更为科学。因2018年司法解释是对2004年司法解释的局部修订，没有修改部分继续适用原规定，故本条的适用依然是以实际施工人起诉与其有合同关系的转包人或者违法分包人为原则，以向发包人主张权益、发包人在欠付工程价款范围内承担责任为例外。实际施工人向发包人主张权益，追加转包人或者违法分包人为本案第三人有利于查清发包人是否欠付工程价款及欠付多少工程价款，同时把被追加转包人或者违法分包人列为第三人而不是被告，更有利于发包人责任的承担，即在欠付工程价款范围内承担直接付款责任。修改的内容在《建设工程施工合同司法解释（二）》第24条中，为“实际施工人以发包人为被告主张权利的，人民法院应当追加转包人或者违法分包人为本案第三人，在查明发包人欠付转包人或者违法分包人建设工程价款的数额后，判决发包人在欠付建设工程价款范围内对实际施工人承担责任”。

2021年1月1日起开始施行的《建设工程施工合同司法解释（一）》，其第43条把之前内容整合为：“实际施工人以转包人、违法分包人为被告起诉的，人民法院应当依法受理。实际施工人以发包人为被告主张权利的，人民法院应当追加转包人或者违法分包人为本案第三人，在查明发包人欠付转包人或者违法分包人建设工程价款的数额后，判决发包人在欠付建设工程价款范围内对实际施工人承担责任。”

（二）实际施工人的认定

实际施工人重点在实际施工上，故而对实际施工人的认定应遵循实质要件。首先，应当是实际投入资金、人工、材料、机械设备实际进行施工的施工人。在工程实务中，经常有层层转包或借用资质承揽工程后又转包现象，对没有实际投入的转包人不能认定为实际施工人，也有借用资质承揽工程后又转包出去的挂靠人也不应认定为实际施工人。其次，实际施工人应当是无效合同的最终施工人，如转承包人、违法分包的施工人和借用资质承揽工程的挂靠人，对合法分包、劳务分包和内部承包的承包人不应认定为实际施工人。再次，实际施工人与发包人没有直接的或名义上的合同关系。最后，实际施工人同与其有合同关系的承包人之间不存在劳动人事关系或劳务关系。实际施工人是实际履行承包人义务的人，既可能对整个建设工程进行施工，也可能对部分建设工程进行施工，在认定实际施工人时应与其实际施工内容为对应关系，如果某实际施工人承揽一项工程，自己实际施工一部分，另一部分分包给其他施工人，则该施工人仅能在其实际施工部分被认定为实际施工人。如最高人民法院在（2020）最高法民终628号“唐某、绵阳佳成建设有限公司建设工程施工合同纠纷案”中认为：“实际施工人应是在建设工程施工合同无效情形下实际投入资金、材料和劳力进行工程施工的主体。”并以“唐某与佳成公司签订《内部施工合同》获得工程后，又代表佳成公司将土石方挖运工程分包给叶某胜，故不能认定唐某为该土石方挖运工程的实际施工人”为依据，认定唐某为部分工程实际施工人。

（三）欠付工程款的认定

《建设工程施工合同司法解释（一）》第43条第2款规定：“实际施工人以发包人为被告主张权利的，人民法院应当追加转包人或者违法分包人为本案第三人，在查明发包人欠付转包人或者违法分包人建设工程价款的数额后，判决发包人在欠付建设工程价款范围内对实际施工人承担责任。”对于如何理解“欠付范围内”，从以下几个方面进行分析：

1.“欠付范围内”是否仅指的是发包人对总包人的欠付？笔者认为“欠付范围内”并非仅指的是发包人对总包人的欠付。通常来说，实际施工人起诉发包人主张工程价款，是以转包人或违法分包人欠付其工程款为限进行起诉，发包人在欠付总包人价款范围内承担责任，发包人最终承担的付款责任为两者的小值。对于层层转包情况而言，可能会出现与实际施工人有合同关系的转包人欠付实际施工人金额较大（假设1000万元），发包人欠付总包人的工程价款也较大（假设900万元），但总包欠付与实际施工人有合同关系的转包人的金额较小（假设200万元），如果此时认定司法解释中“欠付范围”仅指发包人对总包人的欠付，则发包人要向实际施工人支付较大数量工程款（为900万元），发包人支付后需要从应付总包工程价款中扣除（为900万元），总包人仅欠付与实际施工人有合同关系的转包人小额工程价款（200万元），显然影响了总包人（700万元）。因此，"欠付范围内"应当理解为整个合同链条内相应欠付金额的小值。

2. 如果发包人有其他项目发包给同一总包人，该"欠付范围内"是否包含发包人另一工程对总包人的欠付？笔者认为不包括。首先，实际施工人起诉发包人在欠付工程价款范围内承担责任，属于建设工程施工合同纠纷，对于非本建设项目的合同不属于同一案件审理范围，法院也无法查明是否欠付。其次，如果允许把其他项目欠付总包人的工程款纳入该案的欠付范围，那么也就应当允许把其他类型债权也同样纳入该案的欠付范围，但该条文规定是"发包人在欠付建设工程价款范围内对实际施工人承担责任"，对欠付内容已经明确为工程价款，而不包含其他债权。再次，如果发包人已经不再欠付总包人工程价款，说明影响实际施工人权益主体不是发包人，不能让发包人承担超出预期的责任。另外，实际施工人不能向发包主张权益，对转包人或者违法分包人依然享有债权。最后，以立法目的确定该条的适用条件。该条文立法目的在于解决由农民工组成的实际施工人在与其有合同关系的相对人，因下落不明、破产、资信状况严重恶化等原因导致其缺乏支付能力，实际施工人又投诉无门情况下，为实际施工人主张工程价款提供的特殊救济途径。原则上不应准许实际施工人提起以不具备合同关系的发包人为被告的诉讼，只有在实际施工人的合同相对方破产、下落不明等实际施工人不提起以发包人或者总承包人为被告的诉讼就难以保障权利实现的情况下，才准许实际施工人提起以发包人或总承包人等没有合同关系的当事人为被告的诉讼。①

3. "欠付范围"是否必须对应实际施工人所施工部分价款？在司法实践中，经常会出现发包人以提起诉讼的实际施工人所施工部分的工程款已经全额支付给了总包人、在该部分工程价款中不存在欠付为由进行抗辩，笔者认为该理由不能成立。首先，司法解释并未对"欠付工程价款"属于哪部分工程进行限定，只要甲方还欠付总包方工程款，在不影响合同链条中其他主体利益的情况下就应当认定为本条司法解释意义上的欠付。其次，工程施工内容繁多、工艺复杂、流水作业和相互交叉作业时有发生，而工程价款通常是按进度支付或按形象节点支付，

① 参见最高人民法院民事审判第一庭编著：《最高人民法院建设工程施工合同司法解释（二）理解与适用》，人民法院出版社2019年版，第485~486页。

很难区分发包人所支付的工程价款具体属于哪项工程。最后，判决发包人在欠付工程款范围内承担责任，最终会在总包人价款中扣除，并不影响发包人权益。如最高人民法院在（2014）民申字第1407号“昆明元鼎建设发展有限公司、吴某与昆明元鼎建设发展有限公司、吴某等建设工程施工合同纠纷案”中认为：元鼎公司申请再审认为，该案中，吴某作为实际施工人所施工项目仅为草海隧道管理中心、南北变电所装饰工程，其依据《建设工程施工合同司法解释》第26条能向发包人元鼎公司主张的工程款也仅限于上述工程范畴。而原判决适用《建设工程施工合同司法解释》第26条对该案作出裁判时，将该条司法解释欠付工程款的范围扩大理解为欠付昆明市三环闭合工程全部工程款的范围，属于适用法律错误。法院认为，元鼎公司的上述主张不能成立。从一审判决依据上述法律规定，元鼎公司作为涉案工程的发包人，且与隧道公司并未结算的情况下，其应当在欠付工程价款范围内承担连带责任的表述可知，一审判决在适用该条司法解释时并未明确欠付工程款是指欠付昆明市三环闭合工程全部工程款还是特指欠付草海隧道管理中心、南北变电所装饰工程款。但由于一审判决中该部分陈述位于关于吴某诉请方某支付工程款及遂达公司、隧道公司、元鼎公司承担连带责任的主张是否成立的问题这一段落，故结合上下文体系解释可知，一审法院在本部分适用该司法解释第26条中的欠付工程款应是特指吴某诉请方某支付的工程款，也即元鼎公司欠付草海隧道管理中心、南北变电所装饰工程的工程款。退一步而言，即便将一审判决中适用该司法解释第26条中的欠付工程款理解为欠付昆明市三环闭合工程全部工程款也不会加重元鼎公司责任承担。这是因为，元鼎公司是建设工程的发包方，本就应在欠付昆明市三环闭合工程全部工程款范围内，对施工方承担给付工程款责任。而一审判决只是支持了吴某就其施工部分应得工程款的主张，不管其就吴某施工部分还欠付多少工程款，都属于整个案涉工程欠付工程款的范围。因此，原判决适用上述司法解释第26条，判令元鼎公司在欠付工程款范围内对欠付吴某的工程款承担责任并无不当。

实际施工人涉及争议点非常多，诸如在层层转包模式下，发包人是否包括从上游承接工程后再向下游发包的转包人，发包人是否在欠付工程价款范围内承担连带责任，实际施工人是否受到发包人与总包人仲裁条款的约束等问题，我们在法律实务中详细探讨。

【司法实务】

问题 1. 发包人直接把工程发包给没有资质的自然人，该自然人是否属于实际施工人？

我国房地产业的高速发展，导致建筑业市场空前繁荣，建筑业市场吸引了大量市场主体进入建筑行业。建筑质量直接关系着人民群众的生命安全和社会公共利益，必须对建筑施工企业实行严格的市场准入制度，严格资质审查制度，对施工企业的人员素质、管理水平、资金数量、技术装备及业绩进行综合考察，对不符合资质条件的建筑施工企业严禁承包建设工程，严禁建筑业企业超越资质等级许可的业务范围越级承包建设工程。但由于建筑业高额利润的影响，无资质、低资质企业借用高资质企业承揽工程比比皆是，挂靠、转包、违法分包现象层出不穷。

对发包人直接把工程发包给没有资质的自然人如何定性问题，实务界存在两种不同观点：

第一种观点认为，自然人与发包人之间系平等主体间的合同关系，没有资质合同无效，自行投入资金、自己组织施工，自负盈亏，是实际合同的履行者，属于实际施工人。

第二种观点认为，自然人没有资质所签施工合同无效，实际投入资金并组织施工属于合同的履行者，但其是与发包人直接签订合同，属于施工人而不是实际施工人。

笔者倾向于第二种观点。

发包人直接把工程发包给没有资质的自然人，符合关于实际施工人认定几大特点，如合同无效、有实际资金投入、自行组织施工、自负盈亏等，但该自然人依然不属于实际施工人，主要理由如下：

首先，实际施工人与发包人没有合同关系。实际施工人是指与发包人没有合同关系的无效合同的承包人，如转承包人、违法分包合同的承包人、没有资质借用有资质的建筑施工企业的名义与他人签订建设工程施工合同的承包人。实际施工人要以施工人名义为前提。实际施工人如果直接与发包人签订建设工程施工合同，则属于承包人、施工人，无须强调“实际”二字。

其次，实际施工人向发包人主张权益突破了合同相对性，而题设中的自然人承包人向发包人主张权利是基于双方的合同关系。实际施工人之所以被允许突破合同相对性向发包人直接主张权益，是因为特殊利益的保护。转包、违法分包人并未参与或组织实际施工，只是将工程转包他人而获利，工程完工后，因自身利益已经满足对工程的追索并不积极，业主因自身利益常常也不主动支付工程尾款。按照债权的一般原理，实际投入并已经物化至建筑成果的实际施工人是能向与其有合同关系的转包人或违法分包人主张权益，当其前手主体资格灭失、找不到人时，实际施工人缺少救济途径。对于发包人而言，是最终产品的获得者，有义务支付价款，仅因实际施工人与其没有合同关系而无法向其主张。为了维护广大农民工切身利益，为了社会公平正义和社会和谐稳定，人民法院有必要在特定情况下、一定范围内，并在兼顾其他当事人权益的情况下，突破合同相对性原则，对弱势方当事人尤其是广大的农民工提供司法保护，最高人民法院在《建设工程施工合同司法解释》第 26 条第 2 款、《建设工程施工合同司法解释（二）》第 24 条、《建设工程施工合同司法解释（一）》第 43 条第 2 款，分别对实际施工人向发包人主张权益作了具体规定，从而打通农民工权益保护的通道，以实现实质意义上的公平。而自然人承包人向发包人主张权利的基础是合同。

再次，实际施工人向发包人主张权益的需要对实际施工人进行认定。一般来说，实际施工人就是在转包和违法分包中实际完成了施工义务的单位或者个人。建设工程层层多手转包的，实际施工人一般指最终投入资金、人工、材料、机械设备实际进行施工的施工人。如最高人民法院在（2014）民申字第 2058 号“程某强与南昌洪恒房地产开发有限公司、南昌市湾里区建筑工程公司建设工程施工合同纠纷案”中认为：根据《建设工程施工合同司法解释》第 26 条的规定，实际施工人与发包人或者转包人之间一般存在违法分包、违法转包或者借用资质的关系，实际施工人主要指转承包人和违法分包的承包人，系工程经过转包后实际真正完成工程建设施工任务的最终承包人。对于层层转包中的没有实际投入的中间转包人不能认定为实际施工人，否则无法真正保护最终投入资金、人工、材料、机械设备实际进行施工的施工人。而对于自然人承包人向发包人主张权利，无须审查其是否实际投入，即便是把工程转包出去，该自然人承包人依然有权利基于合同向发包人主张权益。

最后，发包人承担责任不同。尽管发包人在欠付工程款范围内对实际施工人承担责任，对自然人承包人承担的责任也一定是在欠付范围内，但两者的内容不同。发包人对实际施工人的付款责任不仅是以发包人对名义施工人的债务为限，也以施工人对实际施工人的债务为限，取二者小值。如果涉及层层转包或违法再分包，发包人对实际施工人的付款责任受整个合同链条中有合同关系的各合同主体之间的相互债务数额制约，以债务最小值为限。对于发包人对自然人承包人债务，仅以其双方债务为限。

问题 2. 实际施工人是否受发包人与承包人之间仲裁条款约束?

《建设工程施工合同司法解释（一）》第 43 条第 2 款规定："实际施工人以发包人为被告主张权利的，人民法院应当追加转包人或者违法分包人为本案第三人，在查明发包人欠付转包人或者违法分包人建设工程价款的数额后，判决发包人在欠付建设工程价款范围内对实际施工人承担责任。"在实务中，当实际施工人向发包人主张工程价款时，经常遇到发包人与施工人约定仲裁，对实际施工人是否受发包人与承包人之间仲裁条款约束问题，实务界存在两种不同观点：

第一种观点认为，实际施工人的权利源于发包人与承包人签订的建设工程施工合同，故应当受该合同仲裁管辖约束。

第二种观点认为，仲裁仅约束合同当事人，实际施工人向发包人主张权益的权利来源于司法解释的直接规定，不受发包人与承包人仲裁约定的约束。

笔者认可第二种观点。

首先，仲裁仅约束合同当事人。仲裁的本质是双方当事人达成合意，其最大的特征为意思自治，故仲裁协议通常仅约束协议的当事人。《仲裁法》第 4 条规定："当事人采用仲裁方式解决纠纷，应当双方自愿，达成仲裁协议。没有仲裁协议，一方申请仲裁的，仲裁委员会不予受理。"实际施工人与发包人没有仲裁协议，实际施工人对发包人的诉权并非来自转包人或违法分包人的债权转让，故不应受仲裁管辖约定的约束。

其次，实际施工人向发包人主张价款的权利来源于实际施工人的价值投入、与转包人或违法分包人的合同约定及司法解释的直接规定。实际施工人所投入的人工、材料、机械等已经物化至建筑产品，而该产品最终由发包人所得。虽然债权具有相对性，债权人只能向债务人行使债权，但建设工程施工合同纠纷具有其特殊性，不仅涉及双方当事人的利益，还涉及其他主体利益和社会公共利益，尤其需要注意保护处于弱势地位的建筑工人的权益。在这特定的情形下，是法律赋予实际施工人突破合同相对性直接向发包人主张工程价款的权利，发包人在"欠付建设工程价款范围内”承担相应的责任。

再次，民事权利可以放弃，但义务不能。因《建设工程施工合同司法解释（一）》关于实际施工人向发包人主张权利的规定，发包人在欠付工程价款范围内向实际施工人承担责任属于法定义务，发包人不能通过与承包人的约定来规避自己的义务。同理，民事权利只能自己处分，非经自己同意，其他主体不能限制或排除。实际施工人突破合同相对性向发包人主张工程价款是法定权利，只要该司法解释没有修改，只要实际施工人自己没有放弃，不能由发包人和承包人之间的约定限制了实际施工人的权利。如果实际施工人向发包人主张工程价款的权利受发包人与转包人或违法分包人仲裁约定的限制，且实际施工人又因与发包人没有仲裁协议而无法主张权益，则构成发包人与承包人协议约定限制了实际施工人的权利。

最后，如果实际施工人向发包人主张权利受发包人与承包人仲裁约定的约束，等于立法目的无法实现。实际施工人可以突破合同相对性向发包人主张权益，是为了解决拖欠农民工工资问题，是事关社会公平正义和社会和谐稳定的政治任务。如果实际施工人受发包人与承包人仲裁约定的约束，则意味着只要发包人与承包人约定仲裁管辖，实际施工人就不能通过法院起诉发包人；又因《仲裁法》第4条的规定：“……没有仲裁协议，一方申请仲裁的，仲裁委员会不予受理。”实际施工人与发包人没有仲裁协议，也不能通过仲裁向发包人主张工程价款。显然，该立法目的无法实现。

如最高人民法院在（2019）最高法民辖终14号“无锡中粮工程科技有限公司、叶某宗建设工程施工合同纠纷案”中认为：“关于无锡中粮公司是否有权援引《协议书》中的仲裁条款主张本案诉讼程序权利的问题。《协议书》之主体为无锡中粮公司以及江苏天腾公司，实际施工人叶某宗并非《协议书》的签约方，不受《协议书》中仲裁条款的约束。无锡中粮公司援引《协议书》中的仲裁条款对一审法院的管辖权提出异议没有事实依据。无锡中粮公司提出的“无锡中粮公司和江苏天腾公司签订的《协议书》中明确约定了仲裁管辖条款，法院无权受理此案”的上诉理由，本院不予支持。”

另外，最高人民法院民事审判第一庭观点也认为实际施工人向发包人主张权益的权利来源于司法解释的直接规定，不受发包人与承包人仲裁约定的约束。虽然发包人与承包人约定了仲裁条款，但实际施工人并非该建设工程施工合同的当事人，实际施工人无法依据该仲裁条款对发包人提起仲裁，也不应受发包人与承包人之间仲裁条款的约束。实际施工人仍可依据《建设工程施工合同司法解释（一）》第43条第2款的规定向发包人提起诉讼，人民法院根据在案证据依法查明发包人欠付承包人的工程款数额，如发包人与承包人自认工程款欠付数额或范围，或者双方将工程款纠纷提交仲裁等，而不是直接审理发包人与承包人的工程价款纠纷。

关联判例

荣盛（蚌埠）置业有限公司与王某虎、合肥市华星建筑安装工程有限公司建设工程施工合同纠纷案

（2014）民申字第1575号

【裁判要旨】

实际施工人向发包人主张权利，不能简单地理解为是对承包人权利的承继，也不应受承包人与发包人之间仲裁条款的约束。

【裁判摘要】

最高人民法院认为，需要指出的是，存在于双方当事人之间的、合法有效的仲裁协议，是当事人排除人民法院主管采取仲裁方式解决纠纷的必要条件。《建设工程施工合同司法解释》第26条第2款规定，实际施工人在一定条件下可以向与其没有合同关系的发包人主张权利。该规定是一定时期及背景下为解决拖欠农民工工资问题的一种特殊制度安排，其不等同于代位权诉讼，不具有代位请求的性质。同时，该条款规定发包人只在欠付工程价款范围内对实际施工人承担责任，目的是防止无端加重发包人的责任，明确工程价款数额方面，发包人仅在欠付承包人的工程价款数额内承担责任，这不是对实际施工人权利范围的界定，更不是对实际施工人程序性诉讼权利的限制。实际施工人向发包人主张权利，不能简单地理解为是对承包人权利的承继，也不应受承包人与发包人之间仲裁条款的约束。事实上，王某虎也无权依据荣盛（蚌埠）置业有限公司与合肥市华星建筑安装工程有限公司之间的仲裁条款向蚌埠仲裁委员会对荣盛（蚌埠）置业有限公司提起仲裁申请。

问题3. 实际施工人与承包人约定仲裁，能否对发包人提起诉讼?

建筑市场属于买方市场，各类竞争都比较激烈，尤其是在获取市场机会的招标投标中表现明显，最显著的特点就是招标人对投标人的资质审核较为严格，投标人履约能力、涉诉信息均对投标产生重要影响。为了防止诉讼对公司的影响，施工人对下游企业通常会利用买方优势排除诉讼，通过约定仲裁条款选择处理结果不公开的仲裁作为争议解决方式。

对实际施工人与承包人约定仲裁，能否对发包人提起诉讼问题，实务界存在两种不同观点：

第一种观点认为，犹如发包人与承包人约定仲裁一样，仲裁仅约束合同当事人，实际施工人向发包人主张工程价款的权利来源于司法解释的直接规定，不受实际施工人与承包人仲裁约定的影响，可以向发包人主张权益。

第二种观点认为，实际施工人与承包人约定仲裁，这是双方当事人就争议解决途径达成合意，从而排除了诉讼。

笔者认可第二种观点。

首先，实际施工人主张工程价款的基础法律关系是与转包人或违法分包人之间的合同关系。《建设工程施工合同司法解释（一）》第43条规定："实际施工人以转包人、违法分包人为被告起诉的，人民法院应当依法受理。实际施工人以发包人为被告主张权利的，人民法院应当追加转包人或者违法分包人为本案第三人，在查明发包人欠付转包人或者违法分包人建设工程价款的数额后，判决发包人在欠付建设工程价款范围内对实际施工人承担责任。"该条明确确立了实际施工人以向与其具有合同关系的转包人、违法分包人主张工程价款为原则，以突破合同相对性向发包人主张工程价款为例外。依据上述条款规定，实际施工人能否向发包人主张权利，取决于实际施工人与转包人、违法分包人之间的合同关系，而非发包人与转包人、违法分包人之间的合同关系，同时还取决于发包人是否存在欠付工程价款的事实。

其次，实际施工人与承包人约定了仲裁，从而排除了诉讼。实际施工人主张工程价款的基础法律关系是其与转包人、违法分包人之间的合同关系，若双方在合同中约定了仲裁条款，根据《仲裁法》第5条的规定："当事人达成仲裁协议，一方向人民法院起诉的，人民法院不予受理，但仲裁协议无效的除外。"尽管实际施工人与承包人（转包人或违法分包人）的施工合同无效，但《民法典》第

507 条规定："合同不生效、无效、被撤销或者终止的，不影响合同中有关解决争议方法的条款的效力。"

最后，从实体上说，实际施工人与承包人约定仲裁，即使法院受理也无法实际审理。实际施工人起诉发包人，必然需要对实际施工人是否有权获取工程价款及转包人或违法分包人欠付实际施工人工程价款的数额进行审查，由于实际施工人与承包人约定仲裁，法院无法进行实体审理。

如最高人民法院在（2014）民申字第 1591 号"中交第二公路工程局有限公司、兰渝铁路有限责任公司与甘肃杰出建筑有限公司建设工程施工合同纠纷案"中认为：关于原裁定是否存在法律适用错误的问题。《建设工程施工合同司法解释》第 26 条规定："实际施工人以转包人、违法分包人为被告起诉的，人民法院应当依法受理。实际施工人以发包人为被告主张权利的，人民法院可以追加转包人或者违法分包人为本案当事人。发包人只在欠付工程价款范围内对实际施工人承担责任。"该条司法解释第 1 款确立了实际施工人工程价款请求权的一般规则，即实际施工人可以依法起诉与其具有合同关系的转包人、违法分包人；第 2 款明确了实际施工人工程价款请求权的例外救济，即实际施工人可以要求发包人在欠付工程价款范围内对实际施工人承担责任。该案中，杰出建筑公司主张工程价款的基础法律关系是其与中交公路公司之间的合同关系，而双方在合同中约定了仲裁条款，排除了法院管辖权。杰出建筑公司将兰渝铁路公司、中交公路公司作为共同被告起诉至甘肃省陇南市中级人民法院，违背了杰出建筑公司与中交公路公司通过仲裁处理双方争议的约定。

关联判例

青岛向荣建筑劳务有限公司、青岛市市政建设发展有限公司等建设工程施工合同纠纷案

（2021）最高法民申 1073 号

【裁判要旨】

实际施工人向发包人主张工程价款的基础法律关系实际施工人与承包人的合同关系，该合同约定了仲裁从而排除了法院管辖。

【裁判摘要】

最高人民法院经审查认为，根据一审法院查明的事实，2017年12月22日，青岛市市政建设发展有限公司（以下简称市政公司）与中赢建设集团有限公司（以下简称中赢公司）签订《建设工程施工合同》，约定：市政公司将案涉工程发包给中赢公司。2018年5月5日，中赢公司和青岛向荣建筑劳务有限公司（以下简称向荣公司）签订《四方中学内部承包协议》，约定：中赢公司将案涉工程承包给向荣公司。《建设工程施工合同》《四方中学内部承包协议》均约定有仲裁条款。《建设工程施工合同司法解释》第26条规定："实际施工人以转包人、违法分包人为被告起诉的，人民法院应当依法受理。实际施工人以发包人为被告主张权利的，人民法院可以追加转包人或者违法分包人为本案当事人。发包人只在欠付工程价款范围内对实际施工人承担责任。"根据上述法律规定，通常情况下，实际施工人以发包人为被告主张发包人在欠付工程价款范围内承担责任的，人民法院应当受理。然而，该案的特殊之处在于市政公司与中赢公司及中赢公司与向荣公司均约定有仲裁条款，排除了人民法院管辖。该案的基础法律关系为市政公司与中赢公司签订了《建设工程施工合同》及中赢公司与向荣公司签订了《四方中学内部承包协议》，故向荣公司应当受到仲裁条款的约束。发包人在欠付工程价款范围内对实际施工人承担责任，需以发包人与承包人之间的工程价款结算为前提，而前述事实的认定业经仲裁条款排除人民法院管辖。

第六章 价款支付

《民法典》第788条第1款规定："建设工程合同是承包人进行工程建设，发包人支付价款的合同。"工程价款是指发包人应当按照建设工程施工合同中约定支付给承包人用于补偿工程建设成本及补偿承包人应获取利润的对价。发包单位应当按照合同的约定，及时拨付工程款项。①

建设工程施工合同是发包人与承包人权利义务的纽带。发包人的主要权利是根据合同约定获取建设工程产品，主要义务是根据合同约定向承包人支付工程价款；承包人的主要权利是获取工程价款，主要义务是根据合同约定建造并向发包人交付建设工程产品。

价款的支付依托建设工程产品的交付，工程价款是获取建设工程的对价，按照合同约定进行计量及计价并最终形成结算，是价款支付数额的依据。

工程价款的内容与合同约定密不可分，根据《建设工程价款结算暂行办法》的规定，发承包双方应当在合同条款中对预付款、进度款、变更与签证、索赔与反索赔、价款调整、结算与质量保证金等内容进行约定，价款支付的内容通常也包括这些内容。

工程价款的支付应与工程施工同步实现。工程开工之前支付预付款，用于缓解施工方的启动资金压力；工程施工过程中支付进度款，这是施工服务的对价，工程进度款依赖于实际施工情况，包括已完工程的工程量、预付款的扣回、签证与索赔等内容；工程竣工验收并交付使用后支付结算款，是发承包双方权利义务

① 参见《建筑法》第18条第2款规定："发包单位应当按照合同的约定，及时拨付工程款项。"

的最终确认，也体现着承包方在该项目上的最终价值；缺陷责任期（或保修期）期满后，发包人需根据合同约定向承包人返还质量保证金，并办理最终结清。

第一节 价款内容

《建设工程价款结算暂行办法》第 7 条规定，发承包双方应当在合同条款中对预付工程款的数额、支付时限及抵扣方式；工程进度款的支付方式、数额及时限；工程施工中发生变更时，工程价款的调整方法、索赔方式、时限要求及金额支付方式；工程竣工价款的结算与支付方式、数额及时限；工程质量保证（保修）金的数额、预扣方式及时限等内容进行约定。故建设工程施工合同价款内容通常包括预付款、进度款、结算款、质量保证金、最终结清等内容，经发承包双方确认调整的合同价款，作为追加（减）合同价款，应与工程进度款或结算款同期支付。

（一）预付款

预付款是在工程开工前，发包人按照合同约定预先支付给承包人用于采购施工所需材料和组织人员进场的款项。工程预付款的支付时点、支付比例、扣回起始点、扣回比例等内容应在合同中约定。

由于发包人在支付预付款时承包人并未施工，发包人为了保障预付款的安全，通常会要求承包人在申请预付款的同时提供预付款担保，即提交预付款保函，预付款保函的担保金额应与预付款金额相同。保函的担保金额根据预付款扣回的金额相应递减，但在发包人未足额扣回预付款之前，该保函应保持一直有效。

发包人提供的预付款并非基于承包人完成施工任务而支付的对价，而是为了减轻承包人项目启动资金压力而给予的一笔无息贷款。预付款最终需要承包人归还，通常是以在进度付款中扣回的方式返还。

（二）进度款

进度款是施工过程中，发包人按照合同约定在付款周期内对承包人完成的合同价款给予支付的款项，又称期中结算支付。进度款包括进度款的审批程序、支付比例、计算基础、所含扣项等内容。

进度款的支付是以承包人申请及发包人审核为基础，承包人应在每个支付周期，按照合同约定或相关规范所规定的格式，向发包人或监理人提交进度付款申请，并附有相应支撑性文件。

实务中，进度款的支付属于过程成果对价支付，过程成果计量界面并非完整界面，准确计量难度较大，且发承包双方的权利义务最终会有结算予以确认，故不论是承包人报审，还是发包人或监理人审核，都不会特别精准。在出现多报多审，重复计量等情况时，需要对工程进度付款进行修正。在对以往已签发的进度付款证书中发现错计、漏计或重复计价的，发包人及监理人有权予以修正，承包人也有权提出修正申请。经双方复核确认的修正，应按合同约定确定是否在本次进度付款中支付或扣除。

（三）结算款

结算款是发承包双方依据国家有关法律、法规和标准规定，按照合同约定确定的，包括在履行合同过程中按合同约定进行的合同价款调整，是承包人按合同约定完成了全部承包工作后，发包人应付给承包人的合同总金额。

根据《2024 清单计价标准》的规定，工程结算分为施工过程结算、合同解除结算、竣工结算及工程保修结清。施工过程结算又称中间结算，包括月度、季度、年度结算和形象进度结算。竣工结算是指工程竣工验收合格，发承包双方依据合同约定办理的工程结算，是期中结算的有机汇总。竣工结算包括单位工程竣工结算、单项工程竣工结算和建设项目竣工结算。单项工程竣工结算由单位工程竣工结算组成，建设项目竣工结算由单项工程竣工结算组成。①

发包人对结算款的支付，通常是在工程竣工并交付后，由承包人按照结算金额扣除已支付承包人的工程价款、应扣留的质量保证金，报请发包人或监理人审批，待审批完成后支付。

（四）质量保证金

质保金通常是指质量保证金。根据《2013 清单计价规范》第 2.0.30 条的规定，质量保证金是指发承包双方在工程合同中约定，从应付合同价款中预留，用以保

① 参见《建设工程工程量清单计价规范 GB 50500–2013 条文说明》第 2.0.44 条。

证承包人在缺陷责任期内履行缺陷修复义务的金额。

与质量保证金相类似的还有质量保修金。质量保证金与质量保修金是否属于同一概念，实务界一直有争议。因法律法规对质量保修金并无定义，单从字面意思来看，确实存在区别。通常来说，工程质量保证金是指发、承包人在施工合同中约定由发包人预留一定比例的工程款，用以保证承包人在缺陷责任期内对建设工程质量缺陷进行维修的资金，是一种资金担保方式。而工程质量保修金则是指用以维修所建工程在保修期限、保修范围内出现的质量问题的资金，可由发、承包人约定是否在质量保修期内缴纳或预留。[①]2016 年，国务院办公厅出台的《关于清理规范工程建设领域保证金的通知》第 1 条规定："除依法依规设立的投标保证金、履约保证金、工程质量保证金、农民工工资保证金外，其他保证金一律取消。"根据该规定，2016 年后的建设工程施工合同已不再允许约定收取工程质量保修金。工程质量保修金的内涵和功能在很大程度上已由工程质量保证金制度所吸收，对于实践过程中出现的以工程质量保修金名义收取或预留的资金，一般应认定为工程质量保证金。[②]《建设工程价款结算暂行办法》也是把质量保证金和质量保修金作为同一概念使用的。[③]

（五）维修费

工程维修费是指在建设工程移交发包人后，修复质量缺陷或损坏所产生的费用。与工程维修费用相类似概念还有工程修复费用。工程维修费用和工程修复费用并非同一概念。《2017 工程施工合同》通用合同条款第 15.4.2 条约定："保修期内，修复的费用按照以下约定处理：（1）保修期内，因承包人原因造成工程的缺陷、损坏，承包人应负责修复，并承担修复的费用以及因工程的缺陷、损坏造成的人身伤害和财产损失；（2）保修期内，因发包人使用不当造成工程的缺陷、损坏，可以委托承包人修复，但发包人应承担修复的费用，并支付承包人合理利润；（3）因其他原因造成工程的缺陷、损坏，可以委托承包人修复，发包人应承

---

① 参见朱兵兵、张喆：《建设工程领域内，如何区分质量保证金和质量保修金》，载微信公众号"争点聚焦"。

② 参见最高人民法院民事审判第一庭编著：《最高人民法院新建设工程施工合同司法解释（一）理解与适用》，人民法院出版社 2021 年版，第 171 页。

③ 《建设工程价款结算暂行办法》第 7 条第 7 项规定，发包人、承包人应当在合同条款中对涉及工程价款结算的下列事项进行约定：（7）工程质量保证（保修）金的数额、预扣方式及时限。

担修复的费用，并支付承包人合理的利润，因工程的缺陷、损坏造成的人身伤害和财产损失由责任方承担。”

工程修复费用指的是在工程交付前对工程质量缺陷或质量问题进行修复，以达到合同约定标准所产生的费用。其主要依据在《民法典》第793条第2款所规定的“(一)修复后的建设工程经验收合格的，发包人可以请求承包人承担修复费用；(二)修复后的建设工程经验收不合格的，承包人无权请求参照合同关于工程价款的约定折价补偿”。

（六）最终结清

所谓最终结清，是指合同约定的缺陷责任期终止后，承包人已按合同规定完成全部剩余工作且质量合格的，发包人与承包人结清全部剩余款项的活动。[①]根据《2024清单计价标准》第10.5.6条规定，最终结清款应为预留的质量保证金扣除缺陷责任期内发生的应由承包人承担的修复费用，如有尚未付清的工程结算价款也应在最终结清款中一并结清。预留的质量保证金或担保保函不足以扣减缺陷责任期内发生的应由承包人承担的修复费用的，承包人应承担不足部分的补偿责任。最终结清通常包含承包人向发包人提交最终结清申请单、发包人签发最终支付证书和发包人最终结清付款三个环节。

1. 最终结清申请单

根据《2017工程施工合同》第14.4.1条的约定，除专用合同条款另有约定外，承包人应在缺陷责任期终止证书颁发后7天内，按专用合同条款约定的份数向发包人提交最终结清申请单，并提供相关证明材料。最终结清申请单应列明质量保证金、应扣除的质量保证金、缺陷责任期内发生的增减费用。承包人在提交的最终结清申请中，只限于提出工程接收证书颁发后发生的索赔。提出索赔的期限自接受最终结清证书时终止。发包人对最终结清申请单内容有异议的，有权要求承包人进行修正和提供补充资料，承包人应向发包人提交修正后的最终结清申请单。

2. 最终结清证书

发包人应在收到承包人提交的最终结清申请单后的约定时间内完成审批并向

① 参见全国造价工程师职业资格考试培训教材编审委员会:《建设工程计价》，中国计划出版社2021年版，第264页。

承包人颁发最终结清证书。发包人逾期未完成审批，又未提出修改意见的，视为发包人同意承包人提交的最终结清申请单，且自发包人收到承包人提交的最终结清申请单后，从约定答复期满的第二天起视为已颁发最终结清证书。承包人按合同约定接受了竣工付款证书后，应被认为已无权再提出在工程接收证书颁发前所发生的任何索赔。

3. 最终结清付款

发包人应在颁发最终结清证书后的约定时间内完成支付。发包人逾期支付的，按照中国人民银行发布的同期同类贷款基准利率支付违约金；发包人未按期支付的，应按合同约定或法律法规规定承担违约责任，承包人也可催告发包人在合理的期限内支付，并有权获得延迟支付的利息。

一、预付款

| 导读 |

在大型工程建设项目投融资体系中，预付款制度作为工程资金链管理的核心枢纽，承载着平衡市场主体风险、保障项目启动效能的关键职能。基于工程建设项目普遍具有投资规模大、建设周期长、资源整合复杂等特点，承包人在中标后往往面临设备采购、材料预订、临建搭建、人员组织等前期资金压力。为此，发包人依据通常会按合同约定支付总价 10%—30% 工程预付款，用于承包人启动施工程序的必要开支。这项资金实质是发包人对承包人的信用赋能，通过“无息”“信贷”的方式缓解施工方现金流压力，确保项目资源快速到位，对缩短工期、保障质量具有关键作用。

预付款管理遵循“风险共担、有支有扣、动态平衡”原则。即发承包双方通过《建设工程施工合同（示范文本）》（GF–2017–0201）第 12.2 条构建的“双担保机制”（预付款支付 + 预付款保函），形成资金闭环管理体系。承包人提供等额预付款保函作为担保，严格按照合同约定的采购、临建等用途使用预付款。发包人则按《建设工程工程量清单计价规范》的规定，结合工程进度从工程进度款中按比例逐期阶梯式扣回预付款，形成资金供给与实体工程量的精准匹配机制。

预付款制度设计既破解了传统垫资施工模式的法律风险，又为工程质量管控提供了经济约束工具，是建设工程领域信用体系建设的一大亮点。

【术语解读】

根据《2013清单计价规范》第2.0.48条的定义，预付款是指在工程开工前，发包人按照合同约定，预先支付给承包人用于购买工程施工所需的材料、工程设备，以及组织施工机械和人员进场等的款项。

（一）预付款的性质

1. 预付款并非提前支付的工程价款

根据《民法典》第788条第1款的规定："建设工程合同是承包人进行工程建设，发包人支付价款的合同。"工程价款支付的前提是承包人完成施工任务或完成部分施工任务，而预付款的支付时间节点是在开工前，承包人并未开始施工，并无已完工程。另外，工程价款作为发包人对已完工程支付给承包人的对价，支付工程价款属于债务的正常履行，无特殊情形不能返还，但《建设工程工程量清单计价规范》《标准施工招标文件》《建设工程施工合同（示范文本）》均规定了预付款的扣回。

2. 预付款相当于无息贷款

根据《2024清单计价标准》第9.2.1条规定，发包人应按合同约定向承包人支付预付款，且不应向承包人收取预付款的利息。1999版FIDIC《施工合同条件》第14条第1款规定："当承包人按照本条款提交一份保函后，雇主应支付一笔预付款（Advance Payment），作为用于动员的无息贷款（Interest-free Loan）……"2017版《生产设备和设计-建造合同条件》（Conditions of Contract for Plant and Design-Build）（黄皮书）对预付款的定义为：合同中约定的业主借给承包商的一笔无息款项，用于承包商前期工程的启动。①

可见，预付款的法律性质为无息贷款而非工程款的支付，在承发包双方之间形成借贷法律关系。需要说明的是，预付款不是简单的借贷关系，它是工程主合同的附属品没有主合同，就没有预付款，进场预付款就不能独立成立，而普通借贷关系可以独立成立。②

---

① 参见陈勇强等编著：《FIDIC 2017版系列合同条件解析》，中国建筑工业出版社2019年版，第79页。

② 参见霍家杰：《FIDIC合同下的预付款（Advance Payment）》，载微信公众号"国工百家讲堂"，第55篇。

（二）预付款的作用

工程预付款是发包人预先支付给承包人用于动工准备的一笔无息贷款。基于无息贷款的特点，预付款具有以下三方面作用。

1. 缓解承包人经济压力

一般来说，工程项目规模庞大、投资消耗巨大，承包人在项目中标后就要开始为项目开工和施工做准备，招募施工工人、租赁机械设备、购置原材料、搭建临时设施等均需要投入大量资金，对承包人来说经济压力巨大。发包人向承包人支付预付款，相当于发包人向承包人提供了“启动资金”，解决了承包人资金周转问题，改善承包人前期的现金流，缓解了承包人的经济压力，有利于工程项目顺利开工。

2. 抵御通货膨胀

发包人向承包人支付的预付款，又称工程备料款，主要用于购买工程施工所需的原材料、工程设备，租赁施工机械，组织人员进场等。承包人通过提前购置原材料、工程设备和租赁施工机械，可以有效控制通货膨胀造成的工程施工成本增加。

3. 降低投标报价

在工程项目启动阶段，承包人需为人员组织、设备调遣、材料采购及临建设施搭建等前期工作投入大量资金。若发包人未提供工程预付款机制，承包人将面临双重压力：一方面需独立承担动辄数百万乃至数千万的“启动资金”压力，另一方面在建筑行业普遍存在“高杠杆、低周转”的运营模式下，承包商通常需要通过保理融资、供应链金融等渠道筹集资金，其融资成本普遍高达年化8%—15%。这种资金压力将不可避免地转化为工程造价的隐性成本并最终转化为投标报价。

工程预付款是一笔无息贷款，预付款的返还不用支付利息，预付款因时间价值产生的溢价可以看作是承包人的收益，[①]且承包人前期支付风险大大降低。在充分竞争的市场环境下，降低风险及增加收益的措施，最终会体现在合同价格中。

---

① 参见尹贻林：《工程价款管理——基于DBB模式的建设工程投资管控百科全书》，机械工业出版社2018年版，第508页。

（三）预付款的支付

1. 支付数额

预付款金额可依据合同约定按合同价款及预付款支付比例计算确定。预付款支付比例应符合国家及省级、行业有关部门的规定，预付款计算依据的合同价款应扣除合同总价所包含的暂列金额、计日工价款及专业工程暂估价。

工程预付款额度，各地区、各部门的规定不完全相同，如《建设工程价款结算暂行办法》（财建〔2004〕369号）第12条第1款规定：“包工包料工程的预付款按合同约定拨付，原则上预付比例不低于合同金额的10%，不高于合同金额的30%，对重大工程项目，按年度工程计划逐年预付……”《2013清单计价规范》第10.1.2条规定：“包工包料工程的预付款的支付比例不得低于签约合同价（扣除暂列金额）的10%，不宜高于签约合同价（扣除暂列金额）的30%。”《2007标准施工招标文件》对预付款的数额没有规定，其在第17.2.1条规定：“预付款的额度和预付办法在专用合同条款中约定。”

2. 支付程序

预付款的支付程序是预付款顺利实施的保障，发承包双方应在合同中对预付款的支付节点、支付条件等程序性内容做出明确约定。也可参照相关法律法规、规范及建设工程施工合同示范文本的约定。例如：

《建设工程价款结算暂行办法》（财建〔2004〕369号）第12条第2款规定：“在具备施工条件的前提下，发包人应在双方签订合同后的一个月内或不迟于约定的开工日期前的7天内预付工程款……”

《2013清单计价规范》第10.1.3条、第10.1.4条规定：“承包人应在签订合同或向发包人提供与预付款等额的预付款保函后向发包人提交预付款支付申请。发包人应在收到支付申请的7天内进行核实，向承包人发出预付款支付证书，并在签发支付证书后的7天内向承包人支付预付款。”

《2017工程施工合同》通用合同条款第12.2.1条第1款载明：“预付款的支付按照专用合同条款约定执行，但至迟应在开工通知载明的开工日期7天前支付。预付款应当用于材料、工程设备、施工设备的采购及修建临时工程、组织施工队伍进场等。”

3. 发包人未如约支付预付款的影响

尽管预付款是发包人在开工前向承包人提供的无息贷款，但该预付款一旦约定即为发包人义务，发包人应当按照合同约定的节点足额向承包人支付。如发包人未如约支付预付款，承包人可以按照合同约定向发包人主张违约责任，通常包括工期、费用和利润索赔。合同对违约责任没有约定的，可以参照相关法规、规范及建设工程施工合同示范文本的规定。例如：

《建设工程价款结算暂行办法》（财建〔2004〕369号）第12条第2款规定：“……发包人不按约定预付，承包人应在预付时间到期后10天内向发包人发出要求预付的通知，发包人收到通知后仍不按要求预付，承包人可在发出通知14天后停止施工，发包人应从约定应付之日起向承包人支付应付款的利息（利率按同期银行贷款利率计），并承担违约责任。”

《2024清单计价标准》第9.2.4条规定，发包人不按合同约定时间支付预付款的，承包人可催告发包人预付，发包人在催告后的约定时间内仍不按要求预付的，承包人有权暂停施工，并向发包人提出索赔，发包人应承担违约责任。《2017工程施工合同》通用合同条款第12.2.1条第3款载明：“发包人逾期支付预付款超过7天的，承包人有权向发包人发出要求预付的催告通知，发包人收到通知后7天内仍未支付的，承包人有权暂停施工，并按第16.1.1项【发包人违约的情形】执行。”

（四）预付款担保

1. 预付款担保的概念

预付款担保是指发包人向承包人支付预付款之前，承包人向发包人提供的担保，目的是保证发包人的资金安全，并确保承包人正确、合理使用发包人支付的预付款。

预付款担保是承包人对发包人的担保，并非指预付款具有担保作用。预付款是一种支付手段，其目的是减轻承包人的资金压力，解决合同一方周转资金的短缺。预付款不具有担保债务履行的作用，发包人违约致使合同不能履行，承包人只能主张违约责任，无权要求不予返还预付款；承包人违约致使合同不能履行，无须双倍返还预付款，这是预付款与定金的本质区别。

2. 预付款担保的作用

预付款担保的主要作用有两个，一是保障发包人所支付预付款资金的安全，二是确保承包人正确、合理使用发包人所支付的预付款。如果合同不能履行或仅部分履行，致使发包人不能按照合同约定从应付工程款中足额扣回全部预付款，那么发包人可以从预付款担保中获取补偿。如果承包人未能正确、合理使用预付款，那么发包人可以按照合同约定追究承包人的违约责任或提前扣回预付款，甚至可以按照合同约定在承包人预付款担保中提前获取补偿。

3. 预付款担保的形式

理论上说，法律对预付款担保的形式并无限制，但在工程实务中，起草工程承包合同的主导权在发包人手里，发包人为了自身利益，通常要求预付款担保具有较强的“实现性”和“安全性”。故银行保函是预付款担保的主要形式，也包含担保公司提供担保、抵押担保等形式。

预付款担保的担保金额通常与未扣除部分预付款是等值的。预付款担保所担保的是预付款，随着预付款在进度款中的扣除，剩余预付款的数额逐渐减少，预付款的担保金额也逐步减少。在预付款完全扣回之前，承包人应保证预付款担保持续有效。[①]

（五）预付款的扣回

发包人支付给承包人的预付款并非工程款，其本质是无息贷款，用于承包人采购工程材料，承包人需要在获取进度款后进行返还。预付款应按合同约定在履行过程扣回，合同没约定或约定不明的，可选择当累计完成工程总值达到合同总价的一定比例后一次扣回或分次扣回的方式。

（1）一次性扣回。一次性扣回是指由发包人和承包人约定在承包人完成产值累计达到合同总价的一定比例后，承包人以发包人扣款的形式向发包人还款，直至预付款扣完后，发包人继续按照合同约定支付进度款。

（2）分次扣回。分次扣回又称比例法扣回，即发包人支付进度款至合同约定的预付款起扣点时开始按比例扣回预付款，直至扣完。

①起扣点的确定，通常以未施工工程尚需的主要材料及构件的价值相当于工程预付款数额时起扣；起扣点的计算公式为：$T=P-M/N$

公式中：T——起扣点（工程预付款开始扣回时）的累计完成工程金额；

---

① 《2013清单计价规范》第10.1.7条规定：“承包人的预付款保函的担保金额根据预付款扣回的数额相应递减，但在预付款全部扣回之前一直保持有效，发包人应在预付款扣完后的14天内将预付款保函退还给承包人。”

P——承包工程合同总额；M——工程预付款总额；N——主要材料及构件所占比重。

②扣款比率的确定，通常以剩余主要材料及构件价值占剩余应付进度款数值的比例确定，确保在进度款支付完之前全部扣回。

【司法实务】

问题 1. 发包人未按合同约定支付预付款，承包人能否主张利息损失？

《建设工程价款结算暂行办法》第 12 条规定："工程预付款结算应符合下列规定：（一）包工包料工程的预付款按合同约定拨付，原则上预付比例不低于合同金额的 10%，不高于合同金额的 30%，对重大工程项目，按年度工程计划逐年预付。计价执行《建设工程工程量清单计价规范》（GB 50500—2003）的工程，实体性消耗和非实体性消耗部分应在合同中分别约定预付款比例。……"

建设工程项目因投资大、周期长，通常都会在合同中约定一定比例的预付款作为承包人的启动资金，也被称为工程备料款。预付款一般在施工方入场前支付，或根据合同约定支付，但在实务中，也存在大量发包人未按合同约定支付预付款。

对发包人未支付预付款，承包人能否主张利息损失问题，实务界存在两种不同观点：

第一种观点认为，预付款的本质是发包人预先支付给承包人使用的无息贷款，并不是发包人欠付承包人的工程款，承包人主张利息损失没有法律依据。

第二种观点认为，预付款是合同约定可以供承包人使用的款项，发包人未按合同约定支付预付款构成违约，应当赔偿承包人因此遭受的损失。

笔者认为以上两种观点均不完整。

预付款是指在工程开工前，发包人按照合同约定，预先支付给承包人用于购买合同工程施工所需的材料、工程设备，以及组织施工机械和人员进场等的款项。

一、预付款是发包人给予承包人的无息贷款

《民法典》第 788 条第 1 款规定："建设工程合同是承包人进行工程建设，发包人支付价款的合同。"发包人支付工程价款的前提是承包人进行工程建设。预付款支付通常在开工之前，承包人并未施工，发承包双方之间的权责并未实际发生，预付款不属于工程价款范畴。

根据《2013 清单计价规范》的规定，预付款是在开工前支付，在合同履行过程中扣回的钱款，有借有还，故工程款的本质是借款，其目的是减轻承包人的前期经济压力。另外，在合同没有特殊约定的情况下，发包人仅扣回预付款本金，不计算利息，故工程款属于无息贷款。

二、发包人未按合同约定支付预付款，承包人也未因此垫资

当事人应当按照约定全面履行自己的义务。当合同对预付款数额及支付时间有明确约定时，发包人应按照合同约定及时、足额支付预付款。根据《民法典》第 803 条的规定，发包人未按照约定的时间和要求提供原材料、设备、场地、资金、技术资料的，承包人可以顺延工程日期，并有权请求赔偿停工、窝工等损失。《2013 清单计价规范》第 10.1.5 条更是直接规定："发包人没有按合同约定按时支付预付款的，承包人可催告发包人支付；发包人在预付款期满后的 7 天内仍未支付的，承包人可在付款期满后的第 8 天起暂停施工。发包人应承担由此增加的费用和延误的工期，并应向承包人支付合理利润。"《2017 工程施工合同》通用合同条款第 7.5.1 条、第 12.2.1 条均约定，因发包人未按合同约定支付预付款的，承包人有权要求其支付，并由发包人承担由此延误的工期和（或）增加的费用，且应支付承包人合理的利润。

因此，当发包人未按合同约定支付预付款时，承包人有权要求发包人承担违约责任，包括顺延工期、赔偿停窝工损失和合理利润。承包人未实际垫资，未有资金利息损失，不能向发包人主张利息。如果工程本身不具备施工条件，发包人不得预付工程款，不得以预付款为名转移资金。

三、发包人未按合同约定支付预付款，承包人垫资施工

1. 预付款利息

发包人未按合同约定支付预付款，承包人垫资施工的，承包人所垫资金的时间价值本应属于承包人，因垫资行为而转移至发包人，发包人应当予以补偿，即支付利息。根据《建设工程施工合同司法解释一》第 25 条第 2 款和第 26 条的规定，当事人对垫资没有约定的，按照工程欠款处理；对欠付工程价款利息计付标准有约定的，按照约定处理；没有约定的，按照同期同类贷款利率或者同期贷款市场报价利率计息。当利息不足以弥补承包人垫资损失时，由于违约金与利息具

有不同的性质和属性，利息仅为占用资金所产生的损失，而违约金具有补偿性兼惩罚性，[①]在约定了违约金条款的情况下，除支付利息外，承包人还可以根据自身损失大小向发包人主张违约责任。

《建设工程价款结算暂行办法》第 12 条第 2 项规定："在具备施工条件的前提下，发包人应在双方签订合同后的一个月内或不迟于约定的开工日期前的 7 天内预付工程款，发包人不按约定预付，承包人应在预付时间到期后 10 天内向发包人发出要求预付的通知，发包人收到通知后仍不按要求预付，承包人可在发出通知 14 天后停止施工，发包人应从约定应付之日起向承包人支付应付款的利息（利率按同期银行贷款利率计），并承担违约责任。"

当然，由于承包人垫资，工程按约定施工，未出现停工窝工现象，承包人除获取利息补偿和违约金补偿外，无权再主张停工、窝工损失补偿及工期顺延补偿。

2. 预付款利息的起止时间

预付款是发包人给予承包人的无息贷款，根据《建设工程价款结算暂行办法》及《2013 清单计价规范》的规定，预付款应从每一个支付期应支付给承包人的工程进度款中扣回，直到扣回的金额达到合同约定的预付款金额为止。预付款的生命周期为合同约定预付款支付之日起至每一次从进度款中扣回时止。故承包人能否主张预付款利息损失，仅能从合同约定应付之日的第二日起计算至合同约定应从进度款扣除之日，分批计算。

关联判例

朔州市住房和城乡建设局、山西建设投资集团有限公司建设工程施工合同纠纷案

（2021）最高法民申 4425 号

【裁判要旨】

未按合同约定足额支付预付款，应承担利息损失。

① 参见东建建设集团有限公司、青海景洲房地产开发有限公司建设工程施工合同纠纷案，最高人民法院（2018）最高法民终 915 号民事判决书。

【基本案情】

2011年10月20日，朔州市住房和城乡建设局（以下简称朔州市住建局）与山西建设投资集团有限公司（以下简称山西投资公司）签订《山西省建设工程施工合同》，由山西投资公司承包朔州市住建局发包的“朔州市开发路恢河大桥工程”。承包范围：施工图纸范围内的桥梁、路基路面、交通安全设施、电器照明。合同工期：2011年10月25日—2013年10月24日。其中，《山西省建设工程施工合同》第三部分专用条款中第6条第24项关于工程预付款约定：“本工程预付款为工程总价的10%。施工单位进场后7日内支付工程预付款，该款项分批扣回。”①

【裁判摘要】

关于预付款的利息部分。最高人民法院认为，朔州市住建局申请再审称，预付款属合同的实质性内容，且依据《建设工程施工合同司法解释（二）》第1条第1款的规定其不应支付上述利息损失。原审查明，朔州市住建局提交的招标文件中载明不支付工程预付款，但是双方就涉案工程签订的《山西省建设工程施工合同》第三部分专用条款中第6条第24项关于工程预付款约定：“本工程预付款为工程总价的10%。施工单位进场后7日内支付工程预付款，该款项分批扣回。”结合2012年8月29日的报销汇总单、2015年2月13日的财政直接支付凭证（000048号），可以证明朔州市住建局曾支付过山西投资公司工程预付款。朔州市住建局申请再审称其实际未履行过支付工程预付款，与原审查明事实不符。朔州市住建局未按照《山西省建设工程施工合同》第三部分专用条款第6条的约定足额支付工程预付款构成违约，山西投资公司主张由此产生的利息损失应予以支持。故朔州市住建局该项再审申请事由不能成立。

问题2. 发包人超付工程款，能否通过预付款保函追索？

预付款是发包人按照合同约定，预先支付给承包人用于购买合同工程施工所需的材料、工程设备，以及组织施工机械和人员进场等的款项。预付款的作用是减轻承包人的资金压力。对于发包人而言，在未开工之前向承包人支付预付款，

① 参见该案一审（2016）晋06民初34号、二审（2019）晋民终509号民事判决书。

意味着要对此承担风险，作为具有主体优势地位的发包人，通常要求承包人提供预付款担保，以保证发包人的资金安全。

《2017 工程施工合同》通用合同条款第 12.2.2 条第 1 款载明，“发包人要求承包人提供预付款担保的，承包人应在发包人支付预付款 7 天前提供预付款担保，专用合同条款另有约定除外。预付款担保可采用银行保函、担保公司担保等形式，具体由合同当事人在专用合同条款中约定。在预付款完全扣回之前，承包人应保证预付款担保持续有效。”

在工程实务中，由于涉及合同主体众多、交易复杂，存在多种支付或准支付方式，如分包工程款代付、农民工工资代付、以物抵债等，节点的不同，极可能造成重复支付、超付情形。

对发包人超付工程款，能否通过预付款保函追索的问题，实务界存在两种不同的观点：

第一种观点认为，预付款的返还体现在对进度款的扣除上，预付款保函具有保障预付款的返还功能；超付工程款可以间接等同于预付款没有扣除或没有全部扣除，故在工程款超付的情况下，可以通过预付款保函追索。

第二种观点认为，预付款保函仅用来担保预付款的用途和预付款的偿还，不能用于追索超付的工程款。

笔者倾向于第二种观点。

所谓的保函，是指银行应保函申请人的要求，向保函受益人出具的、同意在保函申请人不履行某非融资类交易项下责任或义务时，承担一定人民币金额支付责任或经济赔偿责任的书面承诺。保函种类包括工程项下的投标保函、履约保函、预付款保函、质量及维修保函、一年期以内的付款保函及其他非融资类保函。

保函分为独立保函和非独立保函两种。其中，保函载明见索即付；或保函载明适用《国际商会见索即付保函统一规则》等独立保函交易示范规则；或根据保函文本内容，开立人的付款义务独立于基础交易关系及保函申请法律关系，其仅承担相符交单付款责任的保函为独立保函。保函与基础交易合同紧密相关，其效力受到基础交易合同影响，在索赔时需要向保函开立人发出书面索赔通知及承包人未履行主合同约定义务的证明材料，保函开立人可以以基础交易关系对抗发包人的保函为非独立保函，又称从属性保函或连带保证保函。

预付款独立保函，是指在建设工程合同签订以后，发包人向承包人支付一定比例预付款之前，要求承包人提供担保；承包人开户银行或非银行金融机构，应承包人要求，作为开立人向发包人书面出具同意在发包人请求付款并提交符合保函要求的单据时，向其支付特定款项或在保函最高金额内付款的承诺。预付款非独立保函还要求发包人提供书面索赔通知及承包人未履行主合同约定义务的证明材料。

预付款保函的作用是对预付款进行担保，这是定项担保。根据《2013 清单计价规范》“条文说明”第 10.1 条第 3 项的规定，在发包人要求承包人提供预付款担保的情况下，承包人只有在“向发包人提供与预付款等额的预付款保函后”才能向发包人提交预付款支付申请。该规范第 10.1 条第 7 项规定：“预付款保函的期限承包人的预付款保函（如有）的担保金额根据预付款扣回的数额相应递减，但在预付款全部扣回之前一直保持有效，发包人应在预付款扣完后的 14 天内将预付款保函退还给承包人。”

根据最高人民法院《关于审理独立保函纠纷案件若干问题的规定》第 11 条第 2 项的规定，独立保函项下的应付款项已经全部支付，当事人主张独立保函权利义务终止的，人民法院应予支持。故预付款保函的担保范围是预付款不能扣回的风险，并不包括超付工程款。另外，根据该规定第 12 条第 4 项的规定，受益人独立保函载明的付款到期事件并未发生而主张独立保函权利的，构成独立保函欺诈。

关联判例

四川公路桥梁建设集团有限公司、包商银行股份有限公司包头富源支行建设工程施工合同纠纷案

（2017）最高法民终 406 号

【裁判要旨】

预付款保函所担保的范围是预付款不能扣回的风险，并不包括超付工程款。

【基本案情】

2011 年 5 月，高路公司与四川公路桥梁建设集团有限公司（以下简称四

川路桥公司）签订《合同协议书》，该协议约定：高路公司（发包人）为实施内蒙古自治区韩家营（晋蒙界）至呼和浩特公路工程，已接受四川路桥公司（承包人）对该项目JHTJ-01标段施工的投标。2011年8月20日，四川路桥公司与亿能路桥公司签订《工程协作合同》，约定四川路桥公司将该公司中标承建京新高速集呼一标段项目的部分施工任务交由亿能路桥公司来完成。

2011年8月26日，包商银行股份有限公司包头富源支行（以下简称包商银行富源支行）给四川路桥公司出具预付款担保，内容为：四川路桥公司京新高速集呼一标项目经理部：根据四川路桥公司京新高速集呼一标项目经理部与亿能路桥公司于2011年8月20日签订的《工程协作合同》，亿能路桥公司按约定的金额向发包人提交一份预付款担保，即有权得到四川路桥公司支付相等金额的预付款。我方（包商银行富源支行）愿意就你方（四川路桥公司）提供给亿能路桥公司的预付款提供担保。（1）担保金额人民币（大写）玖仟玖佰壹拾贰万贰仟捌佰壹拾陆元整（99122816元）。（2）担保有效期自预付款支付给亿能路桥公司起生效，至四川路桥公司签发的进度付款证书说明已完全扣清止。（3）在本保函有效期内，因亿能路桥公司违反合作协议约定的义务而要求收回预付款时，我方（包商银行富源支行）在收到你方（四川路桥公司）的书面通知后，在7日内无条件支付，无须你方（四川路桥公司）出具证明或陈述理由。但本保函的担保金额，在任何时候不应该超过预付款金额减去四川路桥公司按协议合同约定在向亿能路桥公司签发的进度付款证书中扣除的金额。（4）甲方（四川路桥公司）和乙方（亿能路桥公司）按《工程协作合同》第4条合同价款变更时，我方（包商银行富源支行）承担本保函规定的义务不变。

【裁判摘要】

对于包商银行富源支行承担保证责任的范围，本院认为，工程预付款的本质是为建设工程项目所准备的启动资金，广义上包括了开工预付款、材料预付款等在合同履行、工程施工过程中发包方预先支付给承包方的款项；但就个案而言，是否均在广义上使用此概念，当事人所约定的“预付款”的具体范围，应当结合当事人的具体约定及实际付款情况加以认定。本案中，预付款担保载明："根据四川路桥公司京新高速集呼一标项目经理部与亿能路桥公司于2011年8月20日签订《工程协作合同》，亿能路桥公司按约定的金额向发包人提交一份预付款担保，即有权得到四川路桥公司支付相等金额的预付款。我方（包商银行富源支行）愿意就你方（四川路桥公司）提供给亿能路桥公司的预付款提供担保"。但预付款担保并未明确其所称的"预付款"的具体指向，其所依据的《工程协作合同》中涉及预付款担保的内容则仅有第5条第2项的约定，即"在亿能路桥公司提供担保的情况下，享受同等额度预付款"。而《工程协作合同》仅约定"十、双方的责任和义务……（二）乙方（亿能路桥公司）责任和义务。10.除非本合同另有约定，乙方应对其所有作业内容的实施、完工及与之相关的所有工作内容负责，乙方应承担并履行甲方与业主签订的总承包合同项下的所有义务并严格恪守各项工作程序，保证和保障甲方在本合同中应享有的权利不受损害"，故在《工程协作合同》没有详细具体约定的情况下，对其所涉及的担保的预付款的含义，应结合四川路桥公司与高路公司签订的有关合同的约定加以界定。作为四川路桥公司与高路公司签订的《工程协作合同》组成部分的《内蒙古自治区韩家营（晋蒙界）至呼和浩特公路工程土建施工招标文件》"第二节　专用合同条款"17.2.1约定："预付款为开工预付款和材料预付款。具体额度和预付办法如下：（1）开工预付款的金额在项目专用合同条款数据表中约定。在承包人签订了合同协议书并提交了开工预付款保函后，监理人应在当期进度付款证书中向承包人支付开工预付款的70%的价款；在承包人承诺的主要设备进场后，再支付预付款的30%。承包人不得将该预付款用于与本工程无关的支出，监理人有权监督承包人对该项费用的使用，如经查实承包人滥用开工预付款，发包人有权立即通过向银行发出通知收回开工预付款保函的方式，将该款收回。（2）材料预付款的金额在项目专用合同条款数据表中约定。"可见，当事人在合同中明确区分了开工预付款和材料预付款，同时也明确开工预付款需要出具保函进行担保，但对于材料预付款则无此担保要求。此外，预付款担保中涉及按照进度付款证书抵扣的约定，对于进度付款证书，《内蒙古自治区韩家营（晋蒙界）至呼和浩特公路工程土建施工招标文件》约定：

"17.3 工程进度付款 17.3.2 进度付款申请单本项补充：承包人应在每月25日向监理人提交进度付款申请单，并附相应的支持性证明文件。17.3.3（2）不适用。"该条紧接第17.2.1条，从上下文看，第17.3.3条中的"(2)"就是指材料预付款。故进度付款证书仅应针对开工预付款，并不包括材料预付款。而预付款担保约定"担保有效期自预付款支付给亿能路桥公司起生效，至四川路桥公司签发的进度付款证书说明已完全扣清止"，表明其所称的"预付款"对应的应当是"开工预付款"。

从实际付款情况看，四川路桥公司提交的其加盖了四川路桥公司、亿能路桥公司印章的支付工程款及相应款项的对账单及往来款项统计明细显示：2011年9月10日，收到预付款300万元；2011年9月13日，收到材料预付款1500万元；2011年9月29日，收到材料预付款700万元；2011年9月30日，收到材料预付款1100万元；2011年9月30日，收到材料预付款110万元。此后，再无款项性质为"预付款"的收款记载。该付款情况表明预付款仅为开工时所支付，此后就是根据工程进度支付工程进度款以及根据实际发生情况支付相应的工程款或材料款，与当事人的上述合同约定是吻合的。

因此，综合当事人的上述合同约定及付款事实，预付款担保中所称的"预付款"应当是指"开工预付款"，即预付款担保所担保的对象是开工预付款而不包括材料预付款。原审判决认定预付款担保是对工程预付款的一种连续担保行为，并对预付款担保第2项进一步解释为"从四川路桥公司支付亿能路桥公司第一笔工程预付款起生效，担保责任至四川路桥公司对亿能路桥公司所完工程量与工程预付款扣清时止"，并且未区分开工预付款与材料预付款，系对当事人约定的错误解释，并基于此作出的错误认定，应予纠正。

预付款担保第2项载明："担保有效期自预付款支付给亿能路桥公司起生效，至四川路桥公司签发的进度付款证书说明已完全扣清止。"《内蒙古自治区韩家营（晋蒙界）至呼和浩特公路工程土建施工招标文件》"第二节 专用合同条款"对于如何提交及签发进度付款证书作出了相应约定。实际履行中，虽然亿能路桥公司并未按约定提交进度付款申请单，四川路桥公司亦未签发相应的进度付款证书，但根据2014年1月19日高路公司、四川路桥公司、亿能路桥公司达成的会议纪要，截至2013年年底，四川路桥公司已支付亿能路桥公司1063994919元，四川路桥公司对亿能路桥公司超支付116023258元。可见，预付款担保所担保的开工预付款99122816元，已经实际扣清。因此，虽然四川路桥公司并未签发进度付款证书，但根据当事人约定的实质以及工程进度付款的事实，当事人约定的担保有效期间已经经过，四川路桥公司主张包商银行富源支行承担担保责任已无依据。原审判决对此认定错误，法院予以纠正。

二、进度款

|导读|

在建设工程合同动态履行机制中，进度款支付制度作为工程资金循环系统的核心模块，承载着平衡合同履行风险、维系市场主体信用关系的制度功能。由于建设工程施工合同是持续性合同，不能即时履行完毕，为了规避各自风险和促进合同顺利实施，发包人通常不会选择一次性支付所有工程价款，而是选择分期分批支付，即当承包人完成一定阶段的工程量后，发包人按照合同约定履行支付进度款的义务。①

从发包人视角审视，分期支付机制具有四重治理效能：其一，资金调度方面，选择分期分批按进度支付工程价款，支付工程价款时间相对分散，有利于发包人合理筹集资金，防止对日常运营和资金调度产生负面影响。其二，质量控制方面，将已完工程质量验收合格作为进度款支付要件，形成经济约束机制，有利于发包人项目管理，有效预防承包人质量违约。其三，成本控制方面，支付工程价款需要经过工程计量和价格确定，发包人基于已完工程量进行价款支付，有利于发包人成本管理，有效预防承包人挪用资金。其四，投资管控方面，发包人在支付工程价款过程中，要不断地与投资预算进行对比，有利于发包人投资管理，防止投资失控。

对承包人而言，进度款支付体现三重价值：首先，资金压力纾解方面，选择分期分批按进度支付工程价款，有效减少承包人前提投入，降低承包人资金压

① 规范编制组：《2013建设工程计价计量规范辅导》，中国计划出版社2018年版，第78页。

力，避免因资金短缺而影响工程进度，确保资金的有序投入和使用。其次，履约激励方面，通过按照工程项目的进度分阶段支付，每个阶段支付一定的比例，有利于提高承包人履约积极性。最后，信用维护方面，按时收到进度款有助于维护双方信任和合作关系，减少纠纷的发生。

【术语解读】

根据《2013 清单计价规范》第 2.0.49 条的定义，进度款是指在合同工程施工过程中，发包人按照合同约定对付款周期内承包人在每个时间段或施工节点完成的工程量及各项费用予以支付的款项，也是合同价款期中结算支付。进度款对保障项目顺利进行，确保承包人按时获得报酬，提高项目管理的效率起到重大作用。

（一）进度款内容

列入进度款支付的内容通常包括三类，第一类是按照合同约定，承包人已经实施并应当按期支付的工程款；第二类是按照合同约定应当予以调整的工程款，包括调增和调减；第三类是按照合同约定应当予以扣减的价款，如预付款的回扣，质量保证金的扣除等。

根据《2007 版标准施工招标文件》《2017 工程施工合同》《2013 清单计价规范》《2024 清单计价标准》的规定，进度款具体包括以下内容。

1. 截至本次付款周期已完成工作对应的金额。

根据《2017 工程施工合同》通用合同条款第 12.3 条的约定，承包人应于每月 25 日向监理人报送上月 20 日至当月 19 日已完成的工程量报告，并附具进度付款申请单、已完成工程量报表和有关资料。监理人应在收到承包人提交的工程量报告后 7 天内完成对承包人提交的工程量报表的审核并报送发包人，以确定当月实际完成的工程量。监理人对工程量有异议的，有权要求承包人进行共同复核或抽样复测……监理人未在收到承包人提交的工程量报表后的 7 天内完成审核的，承包人报送的工程量报告中的工程量视为承包人实际完成的工程量，据此计算工程价款。

2. 当期应增加或扣减的变更金额。

根据《2017 工程施工合同》通用合同条款第 10.1 条的约定，除专用合同条款另有约定外，合同履行过程中发生以下情形的，应按照本条约定进行变更：

（1）增加或减少合同中任何工作，或追加额外的工作；（2）取消合同中任何工作，但转由他人实施的工作除外；（3）改变合同中任何工作的质量标准或其他特性；（4）改变工程的基线、标高、位置和尺寸；（5）改变工程的时间安排或实施顺序。

根据《2013 清单计价规范》的规定，应当列入当期进度款同期支付的内容有：（1）当期计日工金额，应列入进度款支付；（2）承包人现场签证和得到发包人确认的索赔金额应列入本周期应增加的金额中；（3）分期支付的安全文明施工费，除首次支付不低于 60% 外，剩余应按照提前安排的原则进行分解，并应与进度款同期支付；（4）总价合同被分解的二次搬运费、夜间施工增加费等，应与进度款同期支付；（5）其他应当增加的费用。

根据《2013 清单计价规范》的规定，应当在当期进度款扣减的内容包括：（1）发包人提供的甲供材料金额，应按照发包人签约提供的单价和数量从进度款支付中扣除，列入本周期应扣减的金额中；（2）发包人代付的工程款，列入本周期应扣减的金额中；（3）发包人代付的水电费，列入本周期应扣减的金额中；（4）其他应扣减的费用。

根据《2024 清单计价标准》的规定，经发承包双方确认调整的追加（减）合同价款，经发承包双方协商确定工程索赔费用，应与工程进度款和施工过程结算款同期支付或扣回。

3. 应支付的预付款和扣减的返还预付款。预付款的性质是发包人对承包人的无息借款，应在进度款中扣回。《2013 清单计价规范》第 10.1.6 条规定，预付款应从每一个支付期应支付给承包人的工程进度款中扣回，直到扣回的金额达到合同约定的预付款金额为止。

4. 应扣减的质量保证金。根据《2017 工程施工合同》第 15.3.2 条第 1 款、第 2 款的约定，质量保证金的扣留方式有三种：（1）在支付工程进度款时逐次扣留，在此情形下，质量保证金的计算基数不包括预付款的支付、扣回以及价格调整的金额；（2）工程竣工结算时一次性扣留质量保证金；（3）双方约定的其他扣留方式。除专用合同条款另有约定外，质量保证金的扣留原则上采用上述第一种方式。质量保证金是从第一个进度款支付周期开始扣减，每次扣减比例由合同约定，直至扣留到质量保证金达到合同中约定的金额为止。

5. 应增加和扣减的索赔金额。合同履行过程中，既有承包人向发包人的索赔，也有发包人向承包人的索赔，只要发承包人对索赔达成一致意见，已经确定的索赔款项应作为增加（或减少）合同价款，在当期进度款中进行支付。

6. 支付证书错误修正。对已签发的进度款支付证书中出现错误的修正，应在本次进度付款中支付或扣除的金额。《2013 清单计价规范》第 10.3.13 条规定，发现已签发的任何支付证书有错、漏或重复的数额，发包人有权予以修正，承包人也有权提出修正申请。经发承包双方复核同意修正的，应在本次到期的进度款中支付或扣除。

7. 根据合同约定应增加和扣减的其他金额。如税率调整导致的工程价款总额的变动与调整。

（二）进度款支付时间

1. 计算节点

根据《2024 清单计价标准》第 9.4.1 条的规定，发承包双方应按合同约定的时间或工程形象进度节点、程序和方法，在每个计量周期进行已完工程进度款计量与支付，计量周期应与支付周期一致。合同中进度款计量周期约定不明的，可以月为单位分期计量与支付。

（1）按时间节点计算。如《建设工程价款结算暂行办法》第 13 条第 1 项所规定的，按月结算与支付。即实行按月支付进度款，竣工后清算的办法。合同工期在两个年度以上的工程，在年终进行工程盘点，办理年度结算。

（2）按形象进度计算。不同的项目类型有不同的形象进度。如房建工程形象进度通常包括基础完成，主体结构封顶，内外装完成及竣工验收等阶段。火电工程形象进度主要包括土建施工，锅炉、汽轮机、发电机等主要设备的基础施工，以及厂区道路、围墙、办公楼等配套设施的建设；设备安装和调试，主要设备如锅炉、汽轮机、发电机等的安装，以及电气、仪表、自控等系统的安装和调试；首次并网，机组首次与电网连接，进行初步的试运行；168 小时满负荷试运行，在机组完成所有安装和调试工作后，进行连续的 168 小时满负荷试运行，以检验机组的性能和稳定性；竣工验收和移交，在试运行成功后，进行竣工验收，并正式将机组移交给生产单位进行长期稳定运行等。

2. 支付时间

进度款的支付时间决定着承包人应当筹备合理的周转资金。进度款的支付时间与进度款的支付节点直接关联。按形象进度计算的进度款通常无法准确确定支付时间，其支付时间与形象进度的持续时间有关。按时间节点计算的进度款的支付时间，按照合同约定的支付周期与审核周期确定。

（1）支付周期

进度款支付周期应与合同约定的工程计量周期一致。《2017 工程施工合同》通用合同条款第 12.3.2 约定，除专用合同条款另有约定外，工程量的计量按月进行。

（2）审核周期

承包人应在合同约定的每个计量周期内对已完成的工程进行计量，并向发包人提交达到工程形象目标完成的工程量和有关计量资料的报告。

《2017 工程施工合同》通用合同条款规定，承包人应于每月 25 日向监理人报送上月 20 日至当月 19 日已完成的工程量报告，并附具进度付款申请单、已完成工程量报表和有关资料。除专用合同条款另有约定外，监理人应在收到承包人进度付款申请单以及相关资料后 7 天内完成审查并报送发包人，发包人应在收到后 7 天内完成审批并签发进度款支付证书。发包人应在进度款支付证书或临时进度款支付证书签发后 14 天内完成支付。根据《2017 工程施工合同》的约定，从承包人报审到发包人支付价款的最高期限为 28 天。

另外，《建设工程价款结算暂行办法》和《2007 标准施工招标文件》均规定工程进度款的支付期限为承包人提交进度付款申请单 28 天内。承包人为了保证工程的顺利进行，至少应准备最大计量周期加 28 天的周转资金。

3. 进度款比例

（1）安全文明施工费的付款比例

《2017 建设工程施工合同示范文本》第 6.1.6 条约定，除专用合同条款另有约定外，发包人应在开工后 28 天内预付安全文明施工费总额的 50%，其余部分与进度款同期支付。《2013 清单计价规范》第 10.2.2 条规定，发包人应在工程开工后的 28 天内预付不低于当年施工进度计划的安全文明施工费总额的 60%，其余部分应按照提前安排的原则进行分解，并应与进度款同期支付。《2024 清单计价标准》第 9.3.2 条规定，发包人应在工程开工后 28 天内预付不低于安全生产措施费总额的 50% 给承包人，其余部分应按照提前安排的原则进行分解，并与工程进度款同期支付。对跨年度实施的重大工程，预付的安全生产措施费总额可按年度工程进度计划分解计算。

（2）一般进度款的付款比例

《2013清单计价规范》第10.3.7条规定，进度款的支付比例按照合同约定，按期中结算价款总额计，不低于60%，不高于90%。《建设工程价款结算暂行办法》第13条第3项规定，根据确定的工程计量结果，承包人向发包人提出支付工程进度款申请，14天内，发包人应按不低于工程价款的60%，不高于工程价款的90%向承包人支付工程进度款。

为了降低施工企业资金压力，财政部、住房城乡建设部、工业和信息化部出台文件，对政府项目的进度款支付比例由之前的不低于60%提到不低于80%。[①]

（三）进度款计算

1. 当期已完工程价款的计算

（1）已标价工程量清单中的单价项目，承包人应按工程计量确认的工程量与综合单价计算；综合单价发生调整的，以发承包双方确认调整的综合单价计算进度款。

（2）已标价工程量清单中的总价项目和按照经审定批准的施工图纸及其预算方式发包形成的总价合同，承包人应按合同中约定的进度款支付分解。分解方法由承包人根据施工进度计划和总价构成、费用性质、计划发生时间和相应的工程量等因素按计量周期进行分解，形成进度款支付分解表，在投标时提交，非招标工程在合同洽商时提交。合同没有约定分解方法的，按照下列方法进行：

---

① 2022年10月12日施行的财政部、住房和城乡建设部、工业和信息化部《关于扩大政府采购支持绿色建材促进建筑品质提升政策实施范围的通知》（财库〔2022〕35号）第2条第4项规定，优先开展工程价款结算。纳入政策实施范围的工程，要提高工程价款结算比例，工程进度款支付比例不低于已完工程价款的80%。推行施工过程结算，发承包双方通过合同约定，将施工过程按时间或进度节点划分施工周期，对周期内已完成且无争议的工程进行价款计算、确认和支付。

2023年3月22日施行的财政部办公厅、住房和城乡建设部办公厅、工业和信息化部办公厅《关于印发〈政府采购支持绿色建材促进建筑品质提升政策项目实施指南〉的通知》（财办库〔2023〕52号）第46条规定，纳入政策实施范围的项目，工程进度款支付比例应当不低于已完工程价款的80%。

2023年8月20日施行的财政部《关于加强财税支持政策落实 促进中小企业高质量发展的通知》（财预〔2023〕76号）第4条第3项规定，保障中小企业账款及时支付。要按照项目进度和预算安排拨付项目建设资金，保障项目单位及时支付中小企业账款。落实建设工程价款结算办法，将政府机关、事业单位、国有企业建设工程进度款最低支付比例由60%提高至80%，鼓励有条件的项目推行施工过程结算。

①对已标价工程量清单中的总价项目，如安全文明施工费、二次搬运费等，可以采用以下分解方法：一是将各个总价项目的总金额按合同约定的计量周期平均支付；二是按照各个总价项目的总金额占签约合同价的百分比，以及各个计量支付周期内所完成的单价项目的总金额，以百分比方式均摊支付；三是按照各个总价项目组成的性质（如时间、与单价项目的关联性等）分解到形象进度计划或计量周期中，与单价项目一起支付。

分解后，按照总价项目进度款支付分解表分别列入进度款支付申请中的安全文明施工费、夜间施工增加费、二次搬运费、社会保险费、住房公积金等对应支付节点的应付价款中。

②按照经审定批准的施工图纸及其预算方式发包形成的总价合同，除由于工程变更形成的工程量增减予以调整外，其工程量不予调整。总价合同的进度款支付应按照计量周期进行支付分解，以便进度款有序支付。

在施工过程中，由于进度计划的调整，发承包双方应对支付分解进行调整。

2. 结算价款的调整

现场签证金额、经发包人确认的索赔金额、计日工等增项工程价款，列入本周期应付金额中。甲供材金额、经承包人确认的反索赔金额等减项工程价款，列入本周期应扣减的金额中。

3. 当期应付进度款的计算

各具体款项计算结束，本付款周期实际应支付的工程价款 =（本周期已完成单价项目的金额 + 本周期应支付的总价项目的金额 + 本周期已完成的计日工价款 + 本周期应支付的安全文明施工费 + 本周期应增加的金额 − 本周期应扣回的预付款 − 本周期应扣减的金额）× 合同中约定的支付比例。[①]

（四）进度款的支付程序

对进度款的支付程序，《2007版标准施工招标文件》《2017建设工程施工合同示范文本》《2013清单计价规范》《2024清单计价标准》所规定的并不完全一致，但大致相当。

① 参见尹贻林：《工程价款管理——基于DBB模式的建设工程投资管控百科全书》，机械工业出版社2018年版，第538页。

1. 承包人支付申请

承包人应在合同约定的每个计量周期及付款核定日或之前及时向发包人提交已完工程进度款支付申请，说明本期认为应得到的价款，包括建筑工人工资的申请金额和专业分包人已完工程的进度款，并附上计算依据。如合同没有约定或对计量周期约定不明的，可参考《2017 建设工程施工合同示范文本》的约定，由承包人于每月 25 日向监理人报送上月 20 日至当月 19 日已完成的工程量报告，并附具进度付款申请单、已完成工程量报表和有关资料。

支付申请应包括下列内容：①累计完成工程总值，包括：累计完成合同清单的价款；累计发生工程量清单缺陷调整价款（包括单价合同的重新计量调整价款、总价合同的暂定数量调整价款）；累计发生暂列金额价款（用于本标准第 2.0.13 条规定未能完全预见或详细说明的工程、服务）；累计发生暂估价调整价款（包括材料暂估价、承包人实施的专业工程暂估价）；累计发生总承包服务费调整价款；累计发生计日工价款；累计发生物价变化调整价款；累计发生法律法规及政策性变化调整价款；累计发生工程变更价款；累计发生新增工程价款；累计发生工程索赔价款。②累计已扣回预付款（包括当期扣回价款）。③累计应付进度款。④前期累计支付进度款。⑤发包人应扣除的价款。⑥本期应付进度款。

2. 发包人审核并核发支付证书

发包人在收到承包人进度款支付申请后，应在合理时间内对申请内容予以核对或委托监理人进行核对，确认后向承包人或通过监理人向承包人出具进度款支付证书并依时支付进度款。若发承包双方对部分清单项目的计量与计价结果存有争议，发包人应按无争议部分的清单项目计量与计价结果向承包人出具进度款支付证书并支付进度款。若发包人认为需要进行现场进度计量核实的，核实前应适时通知承包人，承包人应为核实提供便利条件并派人参加。当发承包双方均同意核实结果时，应签字确认。承包人收到通知后不派人参加核实的，应视为认可发包人的进度计量核实结果。发包人不按约定时间通知承包人，致使承包人未能派人参加核实的，核实结果无效。

3. 发包人支付进度款

发包人签发进度款支付证书后，应在约定时间内按照支付证书列明的金额向承包人支付进度款。发包人不按合同约定支付进度款或逾期不支付的，承包人可向发包人索赔。

（五）造价改革对进度款的影响

近年来，随着造价改革的不断深入，尤其是"施工过程结算"概念的提出，①要在施工过程结算节点上对已完工程进行合同价款的计算、调整、确认，竣工后原则上不再对已经确认的施工过程结算文件进行重复审核，除非合同约定或发承包双方商定已完工程量或工程进度款采用粗略计量，过程结算仅作为工程进度款支付使用，不作为工程结算的依据。

【司法实务】

问题 1. 发包人未按合同约定支付进度款，承包人能否据此停工？

《民法典》第 526 条规定："当事人互负债务，有先后履行顺序，应当先履行债务一方未履行的，后履行一方有权拒绝其履行请求。先履行一方履行债务不符合约定的，后履行一方有权拒绝其相应的履行请求。"

建设工程合同是承包人进行工程建设，发包人支付价款的合同。对建设工程施工合同的发承包双方主体而言，承包人的主要义务是按约定施工，发包人的主要义务是按约定支付价款。在司法实务中，经常出现发包人不按约定支付价款，包括不按约定支付预付款、不按约定支付进度款和不按约定支付结算款三类。尤其是不按约定支付进度款，是发承包双方产生激烈对抗的重要原因，通常表现在承包人停工并索要损失，更为严重的是发包人对承包人进行清场。

---

① 2022 年 10 月 12 日，财政部、住房和城乡建设部、工业和信息化部《关于扩大政府采购支持绿色建材促进建筑品质提升政策实施范围的通知》（财库〔2022〕35 号）第 2 条第 4 项规定，推行施工过程结算，发承包双方通过合同约定，将施工过程按时间或进度节点划分施工周期，对周期内已完成且无争议的工程进行价款计算、确认和支付。经双方确认的过程结算文件作为竣工结算文件的组成部分，竣工后原则上不再重复审核。

2023 年 3 月 22 日，财政部办公厅、住房和城乡建设部办公厅、工业和信息化部办公厅《关于印发〈政府采购支持绿色建材促进建筑品质提升政策项目实施指南〉的通知》（财办库〔2023〕52 号）第 47 条规定，推行施工过程结算，发承包双方通过合同约定，将施工过程按时间或进度节点划分施工周期，对周期内已完成且无争议的工程进行价款计算、确认和支付。经双方确认的过程结算文件作为竣工结算文件的组成部分，竣工后原则上不再重复审核。

2023 年 8 月 20 日，财政部《关于加强财税支持政策落实促进中小企业高质量发展的通知》（财预〔2023〕76 号）第 4 条第 3 项规定，鼓励有条件的项目推行施工过程结算。

对发包人未按合同约定支付进度款，承包人能否据此停工问题，实务界存在两种不同观点：

第一种观点认为，《民法典》明确规定，发包人未按照约定的时间和要求提供资金、技术资料的，承包人可以顺延工程日期，并有权请求赔偿停工、窝工等损失，故承包人有权停工。

第二种观点认为，建设工程施工复杂多变，并非只要发包人未按合同约定支付进度款，承包人就能据此停工。

笔者倾向于第二种观点。

工程进度款，是在合同工程施工过程中，发包人按照合同约定对付款周期内承包人完成的合同价款给予支付的款项，也就是合同价款期中结算支付。实践中，当事人约定的工程款支付方式最常见的是按工程进度支付工程款。等到建设工程竣工验收合格后，发包人再支付扣除质量保证金后的工程款。如果发包人不按时支付进度款，承包人就只能垫资施工。但建筑业是劳动密集型行业，建筑企业往往无力进行垫资施工，发包人迟延支付工程款往往会导致工期延误以及停工、窝工现象。

一、一般来说，发包人未按合同约定支付进度款，承包人可以据此停工并索要损失

《民法典》第803条规定："发包人未按照约定的时间和要求提供原材料、设备、场地、资金、技术资料的，承包人可以顺延工程日期，并有权请求赔偿停工、窝工等损失。"《第八次全国法院民事商事审判工作会议（民事部分）纪要》第32条规定："因发包人未按照约定提供原材料、设备、场地、资金、技术资料的，隐蔽工程在隐蔽之前，承包人已通知发包人检查，发包人未及时检查等原因致使工程中途停、缓建，发包人应当赔偿因此给承包人造成的停（窝）工损失，包括停（窝）工人员人工费、机械设备窝工费和因窝工造成设备租赁费用等停（窝）工损失。"

如最高人民法院在（2020）最高法民终1310号"宁夏瑞泰房地产开发有限公司（以下简称瑞泰公司）、浙江宏成建设集团有限公司（以下简称宏成公司）建设工程施工合同纠纷案"中认为：对于瑞泰公司上诉所称的停工损失系宏成公司所致应由宏成公司自行承担的问题。《合同法》（已失效）第284条规定，发包人致使工程中途停建、缓建的，发包人应当采取措施弥补或者减少损失，赔偿承

包人因此造成的停工、窝工、倒运、机械设备调迁、材料和构件积压等损失和实际费用。该案中，四组团《施工补充协议》第8条第11项约定，瑞泰公司造成工期延误，其责任由瑞泰公司承担。宏成公司承包瑞泰公司四个组团工程，双方在签订第四组团建设工程合同时，前三组团工程均欠付工程进度款。双方于2018年4月25日就工程款的支付达成4.25协议，但瑞泰公司在支付了协议约定第一笔793万元款项后未再付款，导致22#、26#楼停工，瑞泰公司应当承担给宏成公司造成的窝工损失。瑞泰公司提供的证据不能证明停工损失是宏成公司自身所致，此上诉理由不能成立，不予支持。

二、合同明确约定“发包人未按约定支付进度款，承包人不得停工”，并不违反法律强制性规定

合同约定“发包人未按约定支付进度款，承包人不得停工”，是双方当事主体对发包人未按合同约定付款后果的表述，是承包人对其权利的处分，其没有影响国家利益、集体利益和第三人利益，没有违反法律强制性规定，系发承包双方的真实意思表示，在没有其他无效情形下，合同合法有效，对双方当事主体具有约束力。

如最高人民法院在（2019）最高法民终1134号“四川省第一建筑工程有限公司（以下简称四川一建）、云南万都房地产开发有限公司（以下简称万都公司）建设工程施工合同纠纷案”中认为：关于第2笔2014年9月3日至2015年2月2日窝工损失554.3130万元、第3笔2015年2月3日至4月11日的停工损失111.48万元。四川一建上诉主张万都公司未足额支付工程进度款造成的前述停工损失应予支持。法院认为，当事人在《补充协议》第8条中对万都公司支付工程进度款迟延的情形下四川一建是否应停工以及如何计算违约损失进行了明确的约定，虽然案涉合同无效，但毕竟为当事人所实际履行，在处理纠纷时应予充分考量。而依照前述约定，发包人欠付工程款时，承包人有权按银行基准资金利息或按同期银行贷款利息主张30天以外的利息，而不得停工、怠工。现四川一建以万都公司未足额支付工程进度款为由，主张停工损失111.48万元与前述约定不符，一审以此为依据进行认定，并无不当。

三、承包人未按合同约定向发包人申报进度款，发包人有权不予支付

承包人对工程进行施工是发包人支付价款的基础，而在每一个计价周期内的工程量，均需要承包人向发包人申报。《2013清单计价规范》第8.3.4条规定：“承

包人应在合同约定的每个计量周期内对已完成的工程进行计量，并向发包人提交达到工程形象目标完成的工程量和有关计量资料的报告。”第 8.3.5 条规定：“发包人应在收到报告后 7 天内对承包人提交的上述资料进行复核，以确定实际完成的工程量和工程形象目标。对其有异议的，应通知承包人进行共同复核。”《建设工程价款结算暂行办法》(财建〔2004〕369 号) 第 13 条“工程进度款结算与支付应当符合下列规定”第 2 项“工程量计算”第 1 目规定：“承包人应当按照合同约定的方法和时间，向发包人提交已完工程量的报告。”承包人按照合同约定申报进度款是发包人审核进度款的前提，是发包人支付进度款的必要条件。除非合同明确约定在某一节点按照签约合同价的一定比例支付，否则，发包人无法确定进度款数额。

如最高人民法院在 (2014) 民提字第 97 号“重庆新禹投资 (集团) 有限公司、重庆市黔江区泰来水利电力开发有限公司、重庆市黔江区水务局、重庆市黔江区人民政府与中国水利水电第六工程局有限公司 (以下简称中水六局) 建设工程施工合同纠纷案”中认为：关于中水六局关于支付工程进度款及补助补偿款的请求能否成立问题。重庆新禹投资 (集团) 有限公司和中水六局签订《施工承包协议》通用合同条款明确约定工程进度付款为承包人应在每月末按监理人规定的格式提交月进度付款申请单，并附完成工程量月报表；监理人在收到月进度付款申请单后的 14 天内完成核查，并向发包人出具月进度付款证书，提出应支付给承包人的金额；发包人收到监理人签证的月进度付款证书并审批后支付给承包人，支付时间不应超过监理人收到月进度付款申请单后 28 天，若不按期支付，则应从逾期第一天起按中国人民银行同期贷款最高利率计算的逾期付款金额的利息。但在施工过程中，中水六局并没有按约定报送月进度付款申请单和工程量月进度表，而是以借款方式领取工程预付款。中水六局在诉讼中主张应根据工程月进度报表 (2004 年 1、2 月) 支付工程进度款，但该报表实际上是中水六局进场施工至 2004 年 2 月份的全部工程量 (未含 2002 年合同外工程量)，显然与双方提交的相关月进度付款申请单，并附完成工程量月报表的约定不符。故中水六局主张根据工程月进度报表 (2004 年 1、2 月) 支付工程进度款，缺乏合同和法律依据，不能成立。

四、承包人在停工前应合理催告发包人

《民法典》第 591 条第 1 款规定：“当事人一方违约后，对方应当采取适当措施防止损失的扩大；没有采取适当措施致使损失扩大的，不得就扩大的损失请求赔偿。”发包人没有按照约定支付进度款，承包人并非可以任意提供。《民法典》第6条规定：“民事主体从事民事活动，应当遵循公平原则，合理确定各方的权利和义务。”参照《建设工程项目总承包合同（示范文本）》（GF-2020-0216）通用合同条件第15.1.2条的规定，即“发包人发生除第15.1.1项第（6）目以外的违约情况时，承包人可向发包人发出通知，要求发包人采取有效措施纠正违约行为。发包人收到承包人通知后28天内仍不纠正违约行为的，承包人有权暂停相应部位工程实施，并通知工程师。”发包人没有按约定支付进度款，承包人根据诚实信用原则，先向发包人发出催款函，在催告无效的情况下，方可停工。

湖北省高级人民法院在（2020）鄂民申4174号“湖北中润路桥工程有限公司（以下简称中润路桥公司）、黄冈晨鸣浆纸有限公司（以下简称黄冈晨鸣公司）建设工程施工合同纠纷案”中认为：《建设工程施工合同》通用合同条款第12.2.1条约定，发包人黄冈晨鸣公司逾期支付预付款超过7天，承包人中润路桥公司有权向发包人发出要求预付的催告通知，发包人收到通知后7天内仍未支付的，承包人有权暂停施工，并按第16.6.1条（发包人违约的情形）执行。而第16.6.1条约定，因发包人未能按合同约定支付合同价款的，承包人可向发包人发出通知，要求发包人采取有效措施纠正违法行为。发包人在收到承包人通知后28天仍不纠正违约行为，承包人有权暂停相应部分工程施工，并通知监理人。第16.2.4条约定，承包人导致合同解除的，合同当事人应当在合同解除后28天内完成估价、付款和清算，并按以下约定执行：（1）合同解除后，按第4.4条商定或确定承包人实际完成工作对应的合同价款，以及承包人已提供的材料、工程设备、施工设备和临时工程等的价值。由此可知，即使黄冈晨鸣公司存在未按合同约定期限付款行为，中润路桥公司应当先向黄冈晨鸣公司发出催告支付通知，在黄冈晨鸣公司收到通知后28天内仍不纠正违约行为，中润路桥公司有权暂停相应部分工程施工，并通知监理人，原审中，中润路桥公司未提交其停工前履行了通知义务的证据。原判决认定其行为构成违约，有合同依据。……

关联判例

浙江环宇建设集团有限公司与唐山市南北房地产开发有限公司建设工程施工合同纠纷案

（2015）民一终字第9号

【裁判要旨】

发包人未按合同约定支付进度款造成工程停工，并导致工程拖延，工期顺延，承包人可据此主张停工损失。

【基本案情】

2009年9月16日，浙江环宇建设集团有限公司（以下简称环宇公司）与唐山市南北房地产开发有限公司（以下简称南北公司）签订了一份工程补充合同书，双方约定均按此合同履行，该合同与《建设施工合同》有冲突时以该合同为准。该合同第6条约定工程按总造价下浮2%结算；第7条约定了工程进度款的支付方式、工程质量保修金的比例及保修期限等内容。随后（具体日期不详）双方又签订了一份建设工程施工合同，并进行了备案，合同工期总天数为730天，合同价款暂定为192784559.00元，合同价款采取可调价格方式确定，双方约定工程款（进度款）支付的方式和时间：每月10日甲方根据乙方上报的已完工程量并经甲方审核确认后，拨付75%的工程进度款。附件3房屋建筑工程质量保修书中约定，工程总价款的5%作为工程质量保修金，保修期满1年后如无质量问题1周内付工程总价款的2%，保修期满2年后1周内付总价款的2%，剩下1%等防水工程保修期满后1周内付清。该合同还约定甲、乙双方的其他权利义务。

2010年9月20日，该工程取得了建筑工程施工许可证，许可证上载明合同开工日期为2010年6月1日，竣工日期为2012年6月1日。南北公司主张环宇公司于2009年底已经进场施工，环宇公司不认可，认为取得开工许可证的时间即为开工时间。

2011年4月30日，环宇公司致函南北公司，告知南北公司其将于2011年5月7日之前完成双方于2011年4月28日协调会约定的建筑65751平方米，请南北公司做好第一次付款准备。

2011年5月8日，环宇公司致函南北公司称“第一次付款条件已经具备，要求南北公司于2011年5月10日支付工程款。截止到2011年4月，环宇公司上报完成工程造价为85983185元”。

2011年5月11日，环宇公司致函南北公司：“由贵公司开发的龙庭时代商住楼工程1#、2#楼于2010年3月8日开工，3#于2010年8月2日开始挖土，2011年春节前工程施工已达到合同约定四层（平均），但我公司申请支付工程款未果。春节后，我公司克服种种困难继续施工，2011年4月20日我公司已完成建筑面积63701平方米，贵方又因各种理由拒付工程款。我公司本着诚信友好合作的原则，在4月28日再次经双方协商施工至65751平方米建筑面积时支付第一次工程款。至2011年5月8日，我公司又继续施工完成建筑面积至66000平方米。我公司在4月30日已告知贵公司在5月10日前支付第一次工程款，现已上报完成工程量产值8600万元，尚未报产值在400万元左右，至今贵公司未明确支付金额和时间，已造成本工程严重窝工及工期延误。由于贵公司不履行合同约定的义务，窝工造成的每天28万元的损失以及由此而带来的各类经济纠纷和责任由贵公司承担，同时工期也将顺延。”该函后附工程形象进度确认表、告知函、催款函和产值报表。

监理单位和建设单位均于2011年5月9日在工程形象进度确认表上签字盖章，认为形象进度与现场实际相符。2011年5月10日，南北公司未付款，环宇公司停工。2011年5月14日，环宇公司再次致函南北公司要求支付工程款。2011年5月18日，南北公司支付工程款800万元。环宇公司收到该800万元后向南北公司出具承诺书，认可收到了800万元预拨款，该800万元首保该项目工地农民工工资全部兑现，剩余资金全部用在该工地工程项目上，并承诺凡以前和今后不论何种原因导致该项目停工、误工等一切损失由环宇公司单独承担。后南北公司又陆续付款1200万元。环宇公司收到南北公司于2011年7月14日拨付的500万元后承诺在7月18日前恢复正常施工，保证该资金用于龙庭时代工程上，并要求在7月底前双方签订补充协议书。后双方一直未签订补充协议。环宇公司承认7月18日后只恢复了部分施工，由于双方未签订补充协议，对支付剩余工程款及停窝工损失等问题未达成一致，并未全部恢复施工。截至2011年8月1日，南北公司共支付进度款2500万元。2011年8月12日，环宇公司发函要求南北公司于8月16日之前支付拖欠的工程款，于8月21日前支付补偿金，并表示如果南北公司不履约，将解除双方合同。此后南北公司未付剩余工程款。2011年8月22日，环宇公司致函南北公司要求解除双方签订的建设工程施工合同及其他相关合同。南北公司于2011年8月25日回函环宇公司，称环宇公司并未按照承诺函和承诺书的要求将800万元和500万元资金全部用于该公司农民工工资和该工地工程项目上，也未保证项目正常施工。回复函表明截至当前南北公司已付工程资金3300万元（含借支资金），其认可按节点付款尚差1357万元（未考虑借款利息）。由于付款问题，双方矛盾激化，环宇公司全面停工。后双方经协商但未对支付工程款和施工问题达成一致意见。2011年10月16日南北公司发给环宇公司一份工作联系单，要求环宇公司于2011年10月20日前完成人员、材料、机械等的现场清退工作，并通知环宇公司不在规定时间完成现场清退工作的后果由其承担。同日，环宇公司回复称，在退场前必须完成以下工作：双方共同确认工程施工的部位和完成工程产值、双方共同确认工程质量问题、对工期和误工一系列损坏赔偿问题、工程资料随形象进度移交问题。除此之外，南北公司必须有一个明确的支付工程款和赔偿金的数额和支付时间。环宇公司未在2011年10月20日前清场。此后，南北公司多次致函环宇公司，要求环宇公司将遗留现场的机械设备、施工材料和现场物品清理出场。环宇公司称由于南北公司拒绝结算及不配合清场，其一直未进行清点交接和退场工作。双方交涉一直无果，环宇公司于2011年11月被强制驱逐出场。为避免损失进一步扩大，南北公司协调与相关单位进行部分现场物品对接工作。

【裁判摘要】

最高人民法院认为，南北公司未按照合同的约定全额支付进度款，导致环宇公司停工，因而环宇公司存在停工、窝工损失。虽然环宇公司在2011年5月18日收到800万元进度款时承诺，此前和今后不论何种原因导致该项目停工、误工等一切损失由环宇公司单独承担，但根据双方往来的函件可以看出，环宇公司的上述承诺系在迫于南北公司的压力下作出的，不是环宇公司的真实意思表示，而且此后南北公司仍然未能及时支付工程款，因此，南北公司不能免除赔偿环宇公司停工、窝工损失的责任。

问题 2. 能否将进度款作为竣工结算依据？

《建设工程价款结算暂行办法》第 13 条第 1 项规定："工程进度款结算方式：1. 按月结算与支付。即实行按月支付进度款，竣工后清算的办法。合同工期在两个年度以上的工程，在年终进行工程盘点，办理年度结算。2. 分段结算与支付。即当年开工、当年不能竣工的工程按照工程形象进度，划分不同阶段支付工程进度款。具体划分在合同中明确。"一般来说，进度款的支付流程分为承包方报审当月工程量，发包人接到报告后 14 天内核实已完工程量，经双方确定后按照合同约定支付上月进度款。

进度款系在工程施工过程中发生，并经双方当事主体确认后按合同支付的过程款项，发承包双方可以以此为依据直接确定最终结算价款？对此，实务界存在两种不同观点：

第一种观点认为，进度款支付所审核的工程量，仅是按照设计图纸核实已完工程量，并非严格依据合同、工程实际情况所确定的工程量，故进度款也不能称为竣工结算的依据。

第二种观点认为，进度款支付所确定的价款系发承包双方共同确认的价款，可以作为竣工结算的依据。

笔者认为以上两种观点均不完整。

财政部、住房和城乡建设部 2022 年 6 月 14 日公布的《关于完善建设工程价款结算有关办法的通知》（财建〔2022〕183 号）第 2 条规定："当年开工、当年不能竣工的新开工项目可以推行过程结算。发承包双方通过合同约定，将施工过程按时间或进度节点划分施工周期，对周期内已完成且无争议的工程量（含变更、签证、索赔等）进行价款计算、确认和支付，支付金额不得超出已完工部分对应的批复概（预）算。经双方确认的过程结算文件作为竣工结算文件的组成部分，竣工后原则上不再重复审核。"

工程进度款，是在合同工程施工过程中，发包人按照合同约定对付款周期内承包人完成的合同价款给予支付的款项，也就是合同价款期中结算支付。能否将其作为结算依据，取决于以下几点。

1. 签发支付进度款的监理工程师是否有结算授权

根据《2017 工程施工合同》通用合同条款指引，进度款的支付程序如下：（1）月进度工程量的计量和进度款的支付，均是由承包人发起提交监理工程审核后，报发包人签发确认证书；（2）发包人应在收到后 7 天内完成审批并签发进度款支付证书；（3）除专用合同条款另有约定外，发包人应在进度款支付证书或临时进度款支付证书签发后 14 天内完成支付。但同时，《2017 工程施工合同》通用合同条款第 12.4.4 条第 3 款规定："发包人签发进度款支付证书或临时进度款支付证书，不表明发包人已同意、批准或接受了承包人完成的相应部分的工作。"

对监理而言，根据《建筑法》第 32 条第 1 款、住建部 2013 年发布的《建设工程监理规范》（GB/T 50319—2013）等规定，监理工程师不具备签认工程月报表的法定职责，其权力来源于发包人的委托。监理合同仅约束发包人及监理公司，对施工方不发生效力，故监理工程师签字行为会产生如下几种效果：（1）如监理合同约定监理工程师具备签署工程月报表职责，且监理工程师对承包人提交的工程量计量和进度款计算均无异议、无修改，并签字确认，构成发承包双方对该笔进度款的确认。（2）若监理合同约定监理工程师具备签署工程月报表职责，但监理工程师对承包人提交的工程量计量和进度款计算有异议，经修改后签字确认，并以此出具进度款支付证书，则该签字不构成发承包双方对该笔进度款的确认。（3）若监理合同没有约定监理工程师具备签署工程月报表职责，则监理的签字仅代表其已完成审核工作，不具有权力处分效力。（4）如施工过程中，监理工程师具有签认施工月报表的工作惯例。对监理工程师所签认的结果，各方当事人未提出异议，唯独对一份或几份签认结果不认可，应当认定此签认行为构成了表见代理行为，应当认定监理工程师对施工月报表的签认效力。①

2. 进度计量是否准确

由于进度计量和结算计量的目的性不同，其计算精度通常也有很大区别。工程进度计量的目的是支付进度款，进度款的主要功能是维持施工单位持续生产的

① 参见最高人民法院民事审判第一庭编：《民事审判实务问答》，法律出版社 2021 年版，第 83 页。

资金需求。故在工程进度计量中，承包人为了计算方便，可能会出现少报或者多报工程量的情况。监理工程师对月进度工程量的审核一般也较松，通常是仅按照设计图纸核实已完工程量，并不严格依据合同、工程实际情况审核。双方对已完工程量的争议以协商为主，也可以归入下一期处理。

结算是发承包双方最终权利义务的确认，结算计量的准确与否直接影响发承包双方的切身利益。竣工结算要求编制依据必须充分，根据《建设工程造价咨询规范》第 8.2.4 条的规定，竣工结算编制依据应包括影响合同价款的法律、法规和规范性文件；现场踏勘复验记录；施工合同、专业分包合同及补充合同，有关材料、设备采购合同；相关工程造价管理机构发布的计价依据；招标文件、投标文件；工程施工图、经批准的施工组织设计、设计变更、工程洽商、工程索赔与工程签证，相关会议纪要等；工程材料及设备认价单；发承包双方确认追加或核减的合同价款；经批准的开工、竣工报告或停工、复工报告；影响合同价款的其他相关资料。

因此，一般情况下，监理工程师对月进度工程量的审核仅能作为支付进度款的依据，而不能作为支付结算款的依据。

3. 合同是否明确约定按照进度款结算确定竣工结算

“工程进度款”和“过程结算”是不同的概念。进度款的本质是价款支付，目的是保障施工企业可持续生产；过程结算的本质是权力处分，目的是在竣工后直接按照过程结算确定竣工结算。尽管工程进度款在规范属性上并非属于权力处分范畴，但法律并不排斥双方对其有特殊约定。若合同明确约定在施工期间按照工程部位进行结算，或竣工结算以每次进度款数额累计确定，则在此情况下，工程进度款等同于过程结算。

在司法实务中，因个案情况复杂，如果出现无法结算或不适合结算的情况，法院也会酌情以进度款确定最终工程价款。如最高人民法院在（2012）民申字第 447 号“贵州紫元生物药业有限公司与贵州广颢城乡建设工程有限公司建设工程施工合同纠纷再审案”中认为，工程进度款一般是指根据工程的合同预算成本，按照进度的实际完成情况所计算出来的工程款。虽然进度款不能完全等于工程结算款，但是在无法准确获得结算款数目的情形下，进度款比较全面地反映了工程的成本和费用，据此确认还款数目，具有合理性。

关联判例

二十一冶建设集团有限公司、河南九润置业有限公司建设工程施工合同纠纷案

（2018）豫民终1939号

【裁判要旨】

工程进度计量是为工程进度款的支付提供临时性、暂估性的数据支撑，只是对工程款的估算，并不能直接作为工程款最终结算的依据。

【裁判摘要】

河南省高级人民法院认为，工程进度计量是为工程进度款的支付提供临时性、暂估性的数据支撑，只是对工程款的估算，并不能直接作为工程款最终结算的依据。本案中，二十一冶建设集团有限公司（以下简称二十一冶公司）在施工过程中向河南九润置业有限公司（以下简称九润公司）提交九次进度款支付申请，其所载面积之和与监理单位确认的面积不符，亦与九润公司在一审中自认的面积存在较大差距，一审法院以九次进度款支付申请所载面积之和作为二十一冶公司已完工程面积缺乏事实及法律依据。本案双方虽然在合同中约定的是1148元/平方米的固定单价，但同时约定竣工结算时按照实际建筑面积结算，可见双方签订合同时并没有确定总工程量。尽管案涉合同无效，但工程已经交付使用，二十一冶公司仍然可以参照合同的约定请求九润公司支付工程款。双方在履行招投标手续时，二十一冶公司按照招标文件确定的工程量进行投标报价，招投标文件中的工程量清单均对案涉项目的工程量作出了较为详细的描述，再结合案涉《建设工程施工合同》第一部分协议书第6条“投标文件属于《建设工程施工合同》组成部分”的约定，对投标文件工程量清单所载工程量，双方应参照合同约定计算；对超出投标范围外的工程量双方存在争议，且二十一冶公司举证证明存在边施工边设计的情形，为查明案件争议事实，应当以鉴定的方式对工程量进行确认。

三、质量保证金

|导读|

工程质量保证金是建筑行业中建设单位依照约定收取的一种保证金，由建设单位在支付工程进度款或工程尾款时按一定比例预留，专门用于保证维修建设工程，在建设工程领域被广泛应用。[①] 在建设工程质量治理体系中，质量保证金制度作为工程质量缺陷救济的核心担保机制，承载着平衡市场主体权益、保障工程全生命周期质量安全的重要功能。

我国法律规范除规定建设工程的质量保证金外，还曾规定了建设工程质量保修金。从制度沿革维度考察，质量保证金与质量保修金的性质辨析曾引发理论与实务界的长期争议。尽管 2004 年《建设工程价款结算暂行办法》第 7 条[②] 及 2005 年《建设工程质量保证金管理暂行办法》（建质〔2005〕7 号，已废止）第 2 条[③] 均将二者等同视之，但 2016 年《国务院办公厅关于清理规范工程建设领域保证金的通知》及 2017 年《建设工程质量保证金管理办法》（建质〔2017〕138 号）取消质量保修金概念后，法律层面再无工程质量保修金的说法，2020 年出台的《保障中小企业款项支付条例》仅保留投标保证金、履约保证金、工程质量保证金、农民工工资保证金，工程建设中不得收取其他保证金。建设工程施工合同中以工程质量保修金名义收取或预留的资金，一般应认定为工程质量保证金。

2017 年修订的《建设工程质量保证金管理办法》把质量保证金从原规定的 5% 降低到了 3%，同时允许以银行保函替代预留保证金，进一步向建筑市场释放流动性资金，以促进建筑业的发展。

【术语解读】

工程质量保证金是指发包人与承包人在建设工程承包合同中约定，从应付的

① 最高人民法院民事审判第一庭编著：《最高人民法院新建设工程施工合同司法解释（一）理解与适用》，人民法院出版社 2021 年版，第 169 页。

② 《建设工程价款结算暂行办法》第 7 条规定，发包人、承包人应当在合同条款中对涉及工程价款结算的下列事项进行约定：……（七）工程质量保证（保修）金的数额、预扣方式及时限；……

③ 《建设工程质量保证金管理暂行办法》（建质〔2005〕7 号，已失效）第 2 条规定，本办法所称建设工程质量保证金（保修金）（以下简称保证金）是指发包人与承包人在建设工程承包合同中约定，从应付的工程款中预留，用以保证承包人在缺陷责任期内对建设工程出现的缺陷进行维修的资金。

工程款中预留，用以保证承包人在缺陷责任期内对建设工程出现的缺陷进行维修的资金。

（一）质量保证金的性质

质量保证金的法律性质，我国法律并无明文规定。就其功能而言，属于用以保证承包人对建设工程缺陷进行维修的资金，是一种资金担保方式。

1. 保修是承包人的法定义务

我国建设工程实行质量保修制度，工程质量保修范围、最低保修年限及保修起算点均有法律、行政法规明文规定。《建筑法》第 62 条第 2 款规定："建筑工程的保修范围应当包括地基基础工程、主体结构工程、屋面防水工程和其他土建工程，以及电气管线、上下水管线的安装工程，供热、供冷系统工程等项目；保修的期限应当按照保证建筑物合理寿命年限内正常使用，维护使用者合法权益的原则确定。具体的保修范围和最低保修期限由国务院规定。"《建设工程质量管理条例》第 39 条第 2 款规定："建设工程承包单位在向建设单位提交工程竣工验收报告时，应当向建设单位出具质量保修书。质量保修书中应当明确建设工程的保修范围、保修期限和保修责任等。"

以上质量保修规定属于法律、行政法规的强制性规定，合同约定不得与之违背，否则无效。施工方应当按照法律、行政法规的规定承担保修责任。若合同约定质量保修范围超过法律规定，质量保修期限长于法律规定，质量保修标准严于法律规定，则按合同约定执行。

2. 质量保证金的本质是担保金

建设工程质量保修是承包人的法定义务。对发包人而言，质量保修是依据建设工程施工合同形成的债权，质量保证金是为保障质量保修这一债权实现而设置的债权保障机制。质量保证金属于债的担保，是承包人对发包人的一种履约担保，在本质上属于质押的范畴，是标的为金钱的特殊质押。[①]

工程质量保证金作为保证承包人在缺陷责任期内对建设工程缺陷进行维修的担保资金，具有自身特点。

（1）我国实行质量保修强制制度，但并不实行质量保证金强制制度

我国《建筑法》《建设工程质量管理条例》均规定建设工程实行质量保修制

① 参见江必新主编：《全国法院再审典型案例评注》（上、下册），中国法制出版社 2011 年版，第 166 页。

度。质量保修制度为强制执行制度，违反质量保修制度的合同约定无效，违反质量保修制度的行为，除承担民事赔偿外，还将受到行政处罚。《建筑法》第75条规定："建筑施工企业违反本法规定，不履行保修义务或者拖延履行保修义务的，责令改正，可以处以罚款，并对在保修期内因屋顶、墙面渗漏、开裂等质量缺陷造成的损失，承担赔偿责任。"《建设工程质量管理条例》第41条规定："建设工程在保修范围和保修期限内发生质量问题的，施工单位应当履行保修义务，并对造成的损失承担赔偿责任。"第66条规定："违反本条例规定，施工单位不履行保修义务或者拖延履行保修义务的，责令改正，处10万元以上20万元以下的罚款，并对在保修期内因质量缺陷造成的损失承担赔偿责任。"

尽管《建设工程质量保证金管理办法》对工程质量保证金的概念、预留期限、预留比例和返还等作了原则性规定，但该规定仅具有指引功能，不具有强制作用。承包人可以用银行保函替代预留保证金，也可以采用工程质量保证担保、工程质量保险等其他保证方式代替工程质量保证金。[①] 不缴纳或不预留工程质量保证金不影响承包人承担工程保修的法定义务。

（2）工程质量保证金属于约定担保，而非法定的担保形式

我国《民法典》仅规定了保证、定金、担保物权、融资租赁及所有权保留等几种担保类型，保证金并不属于上述类型。

尽管工程质量保证金中有"保证"字样，但并不属于民法典中的保证担保形式。《民法典》第681条规定："保证合同是为保障债权的实现，保证人和债权人约定，当债务人不履行到期债务或者发生当事人约定的情形时，保证人履行债务或者承担责任的合同。"保证合同与保证金担保有以下几点不同：①保证合同属于人的担保，是以人的信誉、商誉和不特定财产作担保。工程质量保证金属于金钱担保，金钱担保是指债务人通过交付或从自身应受偿债权预留一定数额的金钱，给予债务人丧失金钱的压力从而督促债务人适当履行债务的一种担保措施。[②] ②保证人必须是主债权债务合同之外的第三人，而不能是债务人自己。工

---

① 参见《建设工程质量保证金管理办法》第6条规定："在工程项目竣工前，已经缴纳履约保证金的，发包人不得同时预留工程质量保证金。采用工程质量保证担保、工程质量保险等其他保证方式的，发包人不得再预留保证金。"

② 参见最高人民法院民事审判第一庭编著：《最高人民法院新建设工程施工合同司法解释（一）理解与适用》，人民法院出版社2021年版，第173页。

程质量保证金不涉及合同之外的第三人，保证金是承包人前期缴纳或从工程款中扣除的。③保证合同是以保证人的不特定财产担保债权人债权的实现，在保证人承担保证责任之前，该不特定资产一直由保证人掌控。工程质量保证金是以承包人前期缴纳或从工程款中扣除的一定数额的保证金实现质量保证责任的，在质量保证期内由发包人掌控。

工程质量保证金是在工程实务中所形成的，由合同约定而产生的，用以保证承包人按照合同约定对工程缺陷进行维修的资金。《建设工程质量保证金管理办法》第2条规定：本办法所称建设工程质量保证金是指发包人与承包人在建设工程承包合同中约定，从应付的工程款中预留，用以保证承包人在缺陷责任期内对建设工程出现的缺陷进行维修的资金。

《建设工程质量保证金管理办法》第3条规定："发包人应当在招标文件中明确保证金预留、返还等内容，并与承包人在合同条款中对涉及保证金的下列事项进行约定：（一）保证金预留、返还方式；（二）保证金预留比例、期限；（三）保证金是否计付利息，如计付利息，利息的计算方式；（四）缺陷责任期的期限及计算方式；（五）保证金预留、返还及工程维修质量、费用等争议的处理程序；（六）缺陷责任期内出现缺陷的索赔方式；（七）逾期返还保证金的违约金支付办法及违约责任。"

（二）质量保证金担保期限

与质量保证金担保期限有关的保修期限有两个，一个是保修期，另一个是工程质量责任缺陷期。

1. 保修期

《建设工程质量管理条例》对建设工程质量的保修范围和保修期限作了明确约定。在正常使用条件下，建设工程的最低保修期限为：（1）基础设施工程、房屋建筑的地基基础工程和主体结构工程，为设计文件规定的该工程的合理使用年限；（2）屋面防水工程、有防水要求的卫生间、房间和外墙面的防渗漏，为5年；（3）供热与供冷系统，为2个采暖期、供冷期；（4）电气管线、给排水管道、设备安装和装修工程，为2年。其他项目的保修期限由发包方与承包方约定。建设工程的保修期，自竣工验收合格之日起计算。

保修是承包人的法定义务，保修期内，承包人对建设工程的保修义务属于法定义务，不能通过合同约定予以排除。[①]

2. 工程质量缺陷责任期

工程质量缺陷责任期是指工程承包单位履行缺陷责任的时限，即承包人按照合同约定承担质量缺陷维修义务，且发包人预留质量保证金的期限。

（1）质量缺陷责任期起算点

《建设工程质量保证金管理办法》第 8 条规定，缺陷责任期从工程通过竣工验收之日起计。承包人原因导致工程无法按规定期限进行竣工验收的，缺陷责任期从实际通过竣工验收之日起计。发包人导致工程无法按规定期限进行竣工验收的，在承包人提交竣工验收报告 90 天后，工程自动进入缺陷责任期。根据《2017工程施工合同》通用合同条款第 15.2.1 条第 2 款的约定，单位工程先于全部工程进行验收，经验收合格并交付使用的，该单位工程缺陷责任期自单位工程验收合格之日起算……发包人未经竣工验收擅自使用工程的，缺陷责任期自工程转移占有之日起开始计算。

（2）质量缺陷责任期期限

《建设工程质量保证金管理办法》第 2 条第 3 款规定，缺陷责任期一般为 1 年，最长不超过 2 年，由发、承包双方在合同中约定。根据《2007 标准施工招标文件》第 19.3 条的规定，承包人造成某项缺陷或损坏使某项工程或工程设备不能按原定目标使用而需要再次检查、检验和修复的，发包人有权要求承包人相应延长缺陷责任期，但缺陷责任期最长不超过 2 年，包括合同约定责任期和延长责任期。

3. 质量保证金与保修期、质量缺陷责任期的关系

（1）质量保证金所担保的期限为质量缺陷责任期。《建设工程质量保证金管理办法》第 15.2.2 条第 1 款及《2017 工程施工合同》通用合同条款第 9 条第 1 款均约定：缺陷责任期内，由承包人原因造成的缺陷，承包人应负责维修，并承担鉴定及维修费用。如承包人不维修也不承担费用，发包人可按合同约定从保证金或银行保函中扣除，费用超出保证金额的，发包人可按合同约定向承包人进行索赔。承包人维修并承担相应费用后，不免除对工程的损失赔偿责任。

（2）质量保证金在质量缺陷责任期期满后退还。《建设工程质量保证金管理办法》第 10 条及《2017 工程施工合同》通用合同条款第 15.3.3 条第 1 款、第 2

① 参见最高人民法院民事审判第一庭编著：《最高人民法院新建设工程施工合同司法解释（一）理解与适用》，人民法院出版社 2021 年版，第 170~171 页。

款均约定：缺陷责任期内，承包人认真履行合同约定的责任，到期后，承包人向发包人申请返还保证金。发包人在接到承包人返还保证金申请后，应于14天内会同承包人按照合同约定的内容进行核实。如无异议，发包人应当按照约定将保证金返还给承包人。对返还期限没有约定或者约定不明确的，发包人应当在核实后14天内将保证金返还承包人，逾期未返还的，依法承担违约责任。发包人在接到承包人返还保证金申请后14天内不予答复，经催告后14天内仍不予答复，视同认可承包人的返还保证金申请。

（3）返还质量保证金并不影响承包人质量保修义务。《建设工程施工合同司法解释（一）》第17条第2款规定，发包人返还工程质量保证金后，不影响承包人根据合同约定或者法律规定履行工程保修义务。工程质量保证金的返还与保修期没有必然联系。发包人不能以保修期未届满为由拒绝向承包人返还工程质量保证金。

（4）合同可以约定质量保证金返还时间与质量保修期相同。尽管《建设工程质量保证金管理办法》规定质量保证金与质量缺陷责任期相互对应，在质量缺陷责任期期满后退还，但该管理办法为部门规章，且该规定仅为具有指引作用的管理性规定。合同若约定质量保证金返还期限与质量保修期相同并不违反法律、行政法规的强制性规定。《建设工程施工合同司法解释（一）》第17条第1款第1项规定，当事人约定的工程质量保证金返还期限届满，承包人请求发包人返还工程质量保证金的，人民法院应予支持。当事人对返还工程质量保证金有约定，是指当事人在签订建设工程施工合同时对返还工程质量保证金有专门约定，包括在合同的通用条款、专用条款中的返还工程质量保证金的约定，或者签订的其他协议中关于返还工程质量保证金的约定。[①]

一般来说，合同约定质量保证金返还时间的质量保修期，为不含地基、基础和主体结构质量保修的质量保修期。否则，根据《建设工程质量管理条例》第40条第1款第1项的规定，基础设施工程、房屋建筑的地基基础工程和主体结构工程，为设计文件规定的该工程的合理使用年限，即为终生质保，质量保证金将无法返还。

---

① 参见最高人民法院民事审判第一庭编著：《最高人民法院新建设工程施工合同司法解释（一）理解与适用》，人民法院出版社2021年版，第175页。

（三）质量保证金的预留

1. 预留方式

质量保证金的预留方式主要有三种，一次预留、逐次预留和其他方式扣留。一次预留方式是指质量保证金的预留是一次性扣除，通常是在结算时一次性扣除。《建设工程质量保证金管理办法》第2条第1款规定的是在应付的工程款中预留质量保证金，《2013清单计价规范》第11.5.1条规定在结算款中按照合同约定的质量保证金比例预留质量保证金，均体现在工程结算款中对质量保证金进行扣留，属于“一次预留”。逐次预留方是指质量保证金的预留是在进度款中按约定的比例逐次扣除。2007版《标准施工招标文件》第17.4.1条规定，监理人应从第一个付款周期开始，在发包人的进度付款中，按专用合同条款的约定扣留质量保证金，直至扣留的质量保证金总额达到专用合同条款约定的金额或比例为止。逐次扣留情形下，质量保证金的计算基数不包括预付款的支付、扣回以及价格调整的金额。《2017工程施工合同》通用合同条款第15.3.2条第2款约定，除专用合同条款另有约定外，质量保证金的扣留原则上采用上述第一种方式。其他方式扣留即发承包双方在合同中约定与一次性扣除及逐次扣留不一样的扣留方式。

2. 预留比例

质量保证金的预留比例由发承包双方在合同中约定。《质量保证金管理办法》第6条规定，在工程项目竣工前，已经缴纳履约保证金的，发包人不得同时预留工程质量保证金。采用工程质量保证担保、工程质量保险等其他方式的，发包人不得再预留保证金。第7条规定，发包人应按照合同约定方式预留保证金，保证金总预留比例不得高于工程价款结算总额的3%。合同约定由承包人以银行保函替代预留保证金的，保函金额不得高于工程价款结算总额的3%。《2017工程施工合同》通用合同条款第15.3.2条第3款约定，发包人累计扣留的质量保证金不得超过工程价款结算总额的3%。如承包人在发包人签发竣工付款证书后28天内提交质量保证金保函，发包人应同时退还扣留的作为质量保证金的工程价款；保函金额不得超过工程价款结算总额的3%。

（四）质量保证金的使用

（1）质量保证金的管理

根据《质量保证金管理办法》第4条的规定，缺陷责任期内，实行国库集中支付的政府投资项目，质量保证金的管理应按国库集中支付的有关规定执行。其他政府投资项目，质量保证金可以预留在财政部门或发包方。缺陷责任期内，如发包人被撤销，质量保证金随交付使用资产一并移交使用单位管理，由使用单位代行发包人职责。社会投资项目采用预留质量保证金方式的，发承包双方可以约定将质量保证金交由第三方金融机构托管。

（2）质量保证金的使用

在工程移交发包人后，因承包人原因产生的质量缺陷，承包人应承担质量缺陷责任和保修义务。缺陷责任期届满，承包人仍应按合同约定的工程各部位保修年限承担保修义务。根据《质量保证金管理办法》第9条的规定，缺陷责任期内，承包人造成的缺陷，承包人应负责维修，并承担鉴定及维修费用。如承包人不维修也不承担费用，发包人可按合同约定从质量保证金或银行保函中扣除，费用超出质量保证金额的，发包人可按合同约定向承包人进行索赔。承包人维修并承担相应费用后，不免除对工程的损失赔偿责任。他人造成的缺陷，发包人负责组织维修，承包人不承担费用，且发包人不得从质量保证金中扣除费用。

（五）质量保证金的返还

《质量保证金管理办法》第10条规定，缺陷责任期内，承包人认真履行合同约定的责任，到期后，承包人向发包人申请返还质量保证金。

1. 质量保证金返还条件

质量保证金的返还条件有三项，一是缺陷责任期满，二是缺陷责任期内的质量缺陷被修复或维修，三是质量保证金有剩余。承包人造成的缺陷，承包人应负责维修，并承担鉴定及维修费用。如承包人不维修也不承担费用，发包人可按合同约定从质量保证金或银行保函中扣除，费用超出保证金额的，发包人可按合同约定向承包人进行索赔。

2. 质量保证金返还程序

根据《质量保证金管理办法》第11条的规定，发包人在接到承包人返还质量保证金申请后，应于14天内会同承包人按照合同约定的内容进行核实。如无异议，发包人应当按照约定将质量保证金返还给承包人。对返还期限没有约定或者约定不明确的，发包人应当在核实后14天内将质量保证金返还承包人，逾期未返还的，依法承担违约责任。发包人在接到承包人返还质量保证金申请后14天内不予答复，经催告后14天内仍不予答复，视同认可承包人的返还保证金申请。

【司法实务】

问题1.合同无效，质量保证金条款是否参照适用？

设立工程质量保证金制度的目的是具体落实施工承包人的工程质量瑕疵担保责任。《建筑法》第62条规定："建筑工程实行质量保修制度。建筑工程的保修范围应当包括地基基础工程、主体结构工程、屋面防水工程和其他土建工程，以及电气管线、上下水管线的安装工程，供热、供冷系统工程等项目；保修的期限应当按照保证建筑物合理寿命年限内正常使用，维护使用者合法权益的原则确定。具体的保修范围和最低保修期限由国务院规定。"

建设工程领域是无效合同的"高发地带"。根据现行法律规定，建设工程施工合同无效，工程质量合格应参照合同约定支付价款。但施工合同无效，质量保证金条款能否参照适用，我国法律并无明文规定，在实务界也存在不同观点。

第一种观点认为，施工合同无效，关于质量保证金的相关条款亦无效，对合同当事人不具有法律约束力，不能依据该无效的质量保证金条款扣留质量保证金。

第二种观点认为，施工合同虽无效，但质量保修是承包人的法定义务，发包人可以参照合同约定扣留一定比例的价款作为质量保证金，并参照合同约定予以返还。

笔者倾向于第二种观点。

国家实行建设工程质量保修制度，质量保证金是建设工程法律关系中一种督促承包人履行缺陷修复义务的手段，属于质量瑕疵责任担保的担保金。尽管质量保证金条款不属于结算和清理条款，但建设工程施工合同不属于单一权利义务型合同，内含发承包关系的建设与施工合同关系、国家法定义务的保修法律关系及对不同标的进行担保的担保法律关系，属于典型的复合型合同。故当建设工程施工合同无效时，质量保证金条款并不必然无效。当无效的施工合同履行时，意味着法定的保修义务已经产生，合同约定扣除的质量保证金属于对承包人既存债务的担保而非对无效合同的担保，并不违反法律规定。

一、质量保证金条款属性

1.质量保证金条款属于合同约定范畴

尽管建筑工程实行法定质量保修制度，但法律并不实行强制质量保证金制度。工程质量保证金来源于发承包双方合意，由发承包双方在合同中约定。《建设工程质量保证金管理办法》第2条第1款规定，质量保证金为发包人与承包人在建设工程承包合同中约定，从应付的工程款中预留，用以保证承包人在缺陷责任期内对建设工程出现的缺陷进行维修的资金。《2017工程施工合同》通用合同条款第15.3条约定："经合同当事人协商一致扣留质量保证金的，应在合同专用条款中予以明确。在工程项目竣工前，承包人已经提供履约担保的，发包人不得同时预留工程质量保证金。"

2. 质量保证金条款不属于结算和清理条款

《民法典》第567条规定："合同的权利义务关系终止，不影响合同中结算和清理条款的效力。"结算是经济活动中的货币给付行为，清理是对债权债务进行清点、估价和处理。[①]质量保证金条款既不属于结算条款，也不属于清理条款。（1）质量保证金条款不属于结算条款。所谓结算，是指对于因商品交易、劳务供应等所发生的债权债务进行了结和清算，结算条款是指当事人在合同中对有关结算问题的规定。[②]工程质量保证金本应由承包人以工程款之外的自有资金另行支付，在其与发包人约定以工程价款的一部分抵作质量保证金之后，虽然表面上看，该笔钱款是工程价款的一部分，但实际上是由发包人预先支付该部分工程款并转为承包人的工程质量保证金，该种性质的转变，已经使得该笔款项不再是工程价款，而是作为发包人与承包人协商确定用以担保工程施工质量的质量保证金了。[③]质量保证金不是工程款，故质量保证金条款不属于结算条款。（2）质量保证金条款不属于清理条款。所谓清理，是指对当事人之间的权利义务关系及合同有关问题的明晰和处理，包括对债权债务进行清点、估价和处理等。[④]清理条款是指当事人在合同中对有关清理问题的约定，包括清理的范围、方式、方法和主体等。工程质量保证金是用以保证承包人在缺陷责任期内对建设工程缺陷进行维

① 参见全国人大常委会法制工作委员会编、胡康生主编：《中华人民共和国合同法释义》（第2版），法律出版社2009年版，第165页。

② 参见吴高盛主编：《〈中华人民共和国合同法〉释义及实用指南》，中国民主法制出版社2014年版，第191页。

③ 参见王旭光：《建设工程优先受偿权制度研究——合同法第286条的理论与实务》，人民法院出版社2010年版，第174~175页。

④ 参见吴高盛主编：《〈中华人民共和国合同法〉释义及实用指南》，中国民主法制出版社2014年版，第191页。

修的资金，保证金条款不是对既存债权债务进行清点、估价和处理条款，故质保金条款不属于清理条款。

3. 质量保证金条款实质上属于保修合同条款

建设工程施工合同体现的是一种典型的复合型法律关系。所谓复合型法律关系是指在合同主体之间形成多项具有牵连关系的法律关系。这些法律关系可以分解成若干单一结构的法律关系，但又不是单一结构法律关系的机械相加，彼此有着密切联系、相互制约，构成一个不可分割的整体。如物业服务合同就属于典型的复合型合同。①

就建设工程施工合同而言，是把同一施工项目具有牵连关系的施工合同、担保合同和保修合同整合在一起而形成的复合型合同。包含发承包法律关系、担保法律关系、质量保修法律关系。其中，担保法律关系又分为针对发承包法律关系的担保，如履约担保；针对价款支付的担保，如预付款担保；和针对保修的担保，如质量保证金。

《2017 工程施工合同》附件 3 工程质量保修书的文本格式及内容，符合《民法典》第 470 条关于合同内容的一般规定。其中，发包人与承包人即为合同的当事人主体；工程质量保修即为合同标的；质量保修期即合同内容；质量保修责任可视为合同约定质量要求；保修费用为合同价款或者报酬；保修期为合同履行期限等。故工程质量保修书属于与建设工程施工合同有牵连关系的工程质量保修合同。

有观点认为，合同无效，但工程保修义务是施工方的法定义务，并不影响质量保修，无须对建设工程施工合同进行复合性定义及拆分。根据《建设工程质量管理条例》第 40 条的规定，② 法定的保修期为最低保修期限，当事人可以在合同中约定与法律规定不一致的保修期。如屋面防水工程、有防水要求的卫生间、房

① 参见最高人民法院民法典贯彻实施工作领导小组主编：《中华人民共和国民法典合同编理解与适用〔四〕》，人民法院出版社 2020 年版，第 2559 页。

② 《建设工程质量管理条例》第 40 条规定：在正常使用条件下，建设工程的最低保修期限为：（1）基础设施工程、房屋建筑的地基基础工程和主体结构工程，为设计文件规定的该工程的合理使用年限；（2）屋面防水工程、有防水要求的卫生间、房间和外墙面的防渗漏，为 5 年；（3）供热与供冷系统，为 2 个采暖期、供冷期；（4）电气管线、给排水管道、设备安装和装修工程，为 2 年。其他项目的保修期限由发包方与承包方约定。建设工程的保修期，自竣工验收合格之日起计算。

间和外墙面的防渗漏保修期，可以约定超过5年；供热与供冷系统的保修期，可以约定超过2个采暖期、供冷期等。合同约定的质量保修期长于法定质量保修期系当事人真实意思表示，并不违反法律规定。通常，质量保修期限与承包人的风险息息相关，根据等价有偿原则，延长质量保修期限则对应工程价款对应提高。若签订的建设工程施工合同无效，该质量保修条款无效，则按照法定质量保修期限进行质保，质量保修期限变短，而工程价款按照法律规定参照合同约定补偿，没有发生变化，就会出现权责不对等。如果合同无效是施工方所致，那么施工方可从该违法行为中获利，不符合立法本意。

二、质量保证金条款的效力

建设工程施工合同无效，指的是建设施工合同中涉及发承包关系合同条款及对应从合同无效。而履行法定义务的保修合同及对应从合同并不必然无效。

1. 无效合同不得履行

人类在交往中发展，社会在交往中进步。民事主体通过意思表示设立、变更、终止民事权利和民事义务关系，构成民事法律关系。法律对民事法律行为进行效力评价，并对民事法律行为按照有效的民事法律行为、可撤销的民事法律行为和无效的民事法律行为进行分类，其根本目的是保护当事人的合法权益，维护社会的公平和秩序，并通过明确各种行为的效力状态，为行为人提供指引，规范，避免产生不必要的纠纷和冲突。

对有效的民事法律行为，符合法律要求、具备法定要件、能够产生预期法律效果的行为，法律予以鼓励和保护。对可撤销民事法律行为，如行为人的意思表示存在瑕疵或者受到欺诈、胁迫等不正当手段的干扰，因该行为通常仅影响当事人主体权益，法律给予行为人撤销权，行为人行使撤销权后，该行为自始无效，行为人不再受该行为的约束。对无效的民事法律行为，由于该行为或是损害国家、社会利益，或是违背公序良俗，或是行为人与相对人恶意串通损害他人合法权益，故无效法律行为不得履行。法律把损害国家、社会利益和他人利益及违背公序良俗的行为评价为无效民事法律行为的根本目的在于阻碍该法律行为的履行。

对建设工程施工合同而言，一旦合同无效，民事法律行为自始没有法律约束力。不论在施工初期、施工中期还是施工后期，均不具有履行性，不应继续履行。但对于工程质量保修合同而言，工程质量保修具有法定性，合同履行具有法律依据，故质量保修合同不违反法律规定。

2. 合同效力并不影响既存权利义务的处理

无效的民事法律行为具有不可履行性。《民法典》第155条规定："无效的或者被撤销的民事法律行为自始没有法律约束力。"但对于已经履行的无效的民事法律行为，需要根据实际情况进行处理。对于可以恢复原来状态的民事法律行为，行为人因该行为取得的财产，应当予以返还；对于不能返还或者没有必要返还的，应当折价补偿。折价补偿行为符合《民法典》第157条的直接规定，为有效行为；折价补偿依据为合同中结算和清理条款，为有效依据。故合同效力并不影响既存权利义务的处理。《民法典》第793条第1款所规定的"建设工程施工合同无效，但是建设工程经验收合格的，可以参照合同关于工程价款的约定折价补偿承包人"，也属于对既存权利义务的处理，折价补偿有效。

3. 质量保证金属于对既存债务的担保

我国建设工程实行法定质量保修制度。质量保证金是用以保证承包人在缺陷责任期内对建设工程出现的缺陷进行维修的资金，根据《建设工程质量保证金管理办法》第8条"缺陷责任期从工程通过竣工验收之日起计"的规定，故发包人按照合同约定所扣除的与工程质量保证金等额的工程款，在通过竣工验收之日直接转换成工程质量保证金。

建设工程施工合同的履行过程，是一个把材料、技术和企业管理支出的管理费用、人工费用等不间断地物化到建筑产品的过程，属于《民法典》第157条所规定的"不能返还或者没有必要返还的，应当折价补偿"情形。承包人基于《民法典》的规定交付工程产品，并按照《建筑法》《建设工程质量管理条例》对该建设工程承担保修责任，合法有效。此时，发包人参照合同约定在工程款中预留的质量保证金，属于承包人对既存债务的担保，并不违反法律规定。

三、如果合同无效质量保证金不适用，会导致利益失衡

无效民事法律行为的不可履行性，指的当事人在实施无效民事法律行为以后，不得依据该行为要求实际履行，也不承担不履行的法律责任。不得履行指的是合同约定的全部内容不得履行，而非部分履行部分不履行。对已经履行且不能恢复原始状态的，还是要遵守诚实信用、权利义务相一致原则合理确定双方权利义务。

就建设工程施工而言，承包人的主要义务是承建工程，并对工程质量缺陷承

担保修责任，质量保证金即为用以保证承包人在缺陷责任期内对建设工程出现的缺陷及时进行维修的担保金。承建工程、质量保修和缴纳质量保证金均是承包人的义务，与之对应的是获取工程价款的权利。若合同无效则承包人可以不承担缴纳质量保证金的义务而对应权利不受影响，既违反了权利义务相一致原则，也会使得承包人因合同无效比合同有效能获得更大的利益而变相鼓励承包人追求合同无效的后果。尤其是当建设工程施工合同因承包人超资质、借用资质等原因无效时，承包人会在违法中获利，这相当于鼓励违法，与立法本意相违背。

如新疆维吾尔自治区沙湾县人民法院在（2021）新4223民初1970号“昌吉市盈旺商贸有限公司与中核西北建设集团有限公司建设工程施工合同纠纷案”中认为：质量保证金不是简单的未到期工程款，而具有担保作用。承包人无施工资质施工导致合同无效，若不允许发包人预留一定比例的质量保证金，则相当于承包人将因合同无效而获得更大的利益，会造成发包人和承包人之间利益失衡。

四、地方法院指导意见倾向：合同无效，质量保证金参照适用

北京市高级人民法院《关于审理建设工程施工合同纠纷案件若干疑难问题的解答》（2012年）第31条第3款规定：建设工程施工合同无效，但工程经竣工验收合格并交付发包人使用的，承包人应依据法律、行政法规的规定承担质量保修责任。发包人要求参照合同约定扣留一定比例的工程款作为工程质量保修金的，应予支持。

安徽省高级人民法院《关于审理建设工程施工合同纠纷案件适用法律问题的指导意见》（2009年）第14条规定：建设工程施工合同无效，但工程经竣工验收合格并交付发包人使用的，承包人应承担相应的工程保修义务和责任，发包人可参照合同约定扣留一定比例的工程款作为工程质量保修金。

《河南高院建设工程案件审判工作座谈会纪要（2022）》议题一规定，建设工程质量保证金具有担保性质，建设工程施工合同无效后并不免除承包人的工程质量缺陷责任，故施工合同中约定的质量保证金返还期限可以参照适用。

问题2. 合同解除，承包人是否要承担质量保修责任？

建设工程实行法定质量保修制度。《建筑法》第62条和《建设工程质量管理条例》第40条均对建设工程的最低保修期限作了明确规定，即在工程竣工验收后，承包人需要按照法律规定履行质量保修义务。但由于建设工程施工合同所涉

标的额较大、履行周期较长、法律关系复杂，中途合同解除也时有发生。《民法典》第566条第1款规定："合同解除后，尚未履行的，终止履行；已经履行的，根据履行情况和合同性质，当事人可以请求恢复原状或者采取其他补救措施，并有权请求赔偿损失。"

对在施工合同解除后，承包人的质量保修义务是否随合同解除而免除问题，实务界存在两种不同观点：

第一种观点认为，建设工程施工合同解除后，尚未履行的，终止履行，质量保证金条款失去约束力，质量保证金应当直接予以支付。

第二种观点认为，建筑工程的质量保修义务是法定义务，该义务不因合同解除而终止，施工合同解除后，质量保证金返还条款应继续参照适用。

笔者倾向于第二种观点。

一、工程质量保证金是对工程保修义务的担保

《建设工程质量保证金管理办法》第2条第1款规定："本办法所称建设工程质量保证金（以下简称保证金）是指发包人与承包人在建设工程承包合同中约定，从应付的工程款中预留，用以保证承包人在缺陷责任期内对建设工程出现的缺陷进行维修的资金。"故质量保证金是承包人履行施工合同约定的缺陷责任期内质量缺陷修复义务而向发包人提供的一种担保。

二、工程保修义务是施工方的法定义务

《建筑法》第62条规定："建筑工程实行质量保修制度。建筑工程的保修范围应当包括地基基础工程、主体结构工程、屋面防水工程和其他土建工程，以及电气管线、上下水管线的安装工程，供热、供冷系统工程等项目；保修的期限应当按照保证建筑物合理寿命年限内正常使用，维护使用者合法权益的原则确定。具体的保修范围和最低保修期限由国务院规定。"因此，工程保修义务是施工方的法定义务，即使合同中对此没有约定，承包人也应承担。

三、建设工程施工合同属于复合型合同

笔者认为，建设工程施工合同是把同一施工项目具有牵连关系的承揽合同、担保合同和保修合同整合在一起而形成的复合型合同，包含发承包法律关系、担保法律关系、质量保修法律关系。其中，担保法律关系又分为针对承揽法律关系的担保，如履约担保；针对价款支付的担保，如预付款担保；针对保修的担保，如质量保证金。

建设工程施工合同解除，其本质是解除发承包双方之间的承揽法律关系及与之对应的担保法律关系，如履约担保及预付款担保等。因工程保修义务是施工方的法定义务，保修合同并不因施工合同的解除而解除。

四、合同解除，质量保证金条款应当参照履行

即使不能把建设工程施工合同分解为工程承揽合同及保修合同，不能适用建设工程施工合同解除而保修合同未解除理论，在整个施工合同解除前，承包人也应承担修复义务，在合同解除并经过质量检验合格后，承包人承担法定的质量保修义务。参照《民法典》第566条第3款的规定，主合同解除后，并不影响担保义务的继续履行。[①] 作为对“保修义务”担保的质量保证金而言，并不影响其继续履行。

《河北省高级人民法院建设工程施工合同案件审理指南》第42条规定：“未完工程中，承包人主张其已完成部分的工程款的，后续工程已经由第三方施工完毕，并竣工验收合格的，发包人又以承包人施工部分的工程质量不合格主张付款条件不成就或者拒付工程款的，人民法院不予支持。后续工程已经由第三方施工完毕但未进行竣工验收，或者未由第三方继续施工，但分部分项验收合格的，发包人以承包人施工部分的工程质量不合格主张付款条件不成就或者拒付工程款的，人民法院不予支持。人民法院可在承包人已完工程价款中按合同约定比例暂扣质量保证金，暂扣质量保证金的时间最长不超过两年。但确因承包人原因导致建设工程的地基基础工程和主体结构存在质量问题的除外。”

第二节 支付条件

《民法典》第788条第1款规定：“建设工程合同是承包人进行工程建设，发包人支付价款的合同。”支付工程价款是发包人最主要的义务，收取工程价款是承包人最主要的权利。在工程范围、工程质量、工期不变的情况下，工程价款的

① 《民法典》第566条第3款规定：“主合同解除后，担保人对债务人应当承担的民事责任仍应当承担担保责任，但是担保合同另有约定的除外。”

高低通常是发包人与承包人决定是否选择对方订立合同的最主要考虑因素。[①]

（一）工程完工或合同解除

《民法典》第131条规定："民事主体行使权利时，应当履行法律规定的和当事人约定的义务。"承包人要获取工程价款，必须依照法律规定或者按照当事人约定，履行民事义务，承担民事责任。

1. 工程完工

工程完工是进行竣工验收的前提。根据《2007标准施工招标文件》第18.2条的规定，当工程具备以下条件时，承包人即可向监理人报送竣工验收申请报告：（1）除监理人同意列入缺陷责任期内完成的尾工（甩项）工程和缺陷修补工作外，合同范围内的全部单位工程以及有关工作，包括合同要求的试验、试运行以及检验和验收均已完成，并符合合同要求；（2）已按合同约定的内容和份数备齐了符合要求的竣工资料；（3）已按监理人的要求编制了在缺陷责任期内完成的尾工（甩项）工程和缺陷修补工作清单以及相应施工计划；（4）监理人要求在竣工验收前应完成的其他工作；（5）监理人要求提交的竣工验收资料清单。

《建设工程质量管理条例》第16条规定："建设单位收到建设工程竣工报告后，应当组织设计、施工、工程监理等有关单位进行竣工验收。建设工程竣工验收应当具备下列条件：（一）完成建设工程设计和合同约定的各项内容；（二）有完整的技术档案和施工管理资料；（三）有工程使用的主要建筑材料、建筑构配件和设备的进场试验报告；（四）有勘察、设计、施工、工程监理等单位分别签署的质量合格文件；（五）有施工单位签署的工程保修书。建设工程经验收合格的，方可交付使用。"

2. 合同解除

《民法典》第562条第1款规定，当事人协商一致，可以解除合同。第563条第1款规定，出现不可抗力致使不能实现合同目的；或在履行期限届满前，当事人一方明确表示或者以自己的行为表明不履行主要债务；或当事人一方迟延履行主要债务，经催告后在合理期限内仍未履行；或当事人一方迟延履行债务或者有其他违约行为致使不能实现合同目的，另一方可以单方解除合同。合同

① 参见最高人民法院民法典贯彻实施工作领导小组主编：《中华人民共和国民法典合同编理解与适用〔三〕》，人民法院出版社2020年版，第1962页。

解除后，已经完成的建设工程质量合格的，发包人应当按照约定支付相应的工程价款。

（二）质量合格

工程质量需满足发包人需要，符合国家法律、法规、技术规范标准、设计文件及合同规定的特性要求，工程质量是施工合同中的核心内容。《民法典》第793条第1款规定：“建设工程施工合同无效，但是建设工程经验收合格的，可以参照合同关于工程价款的约定折价补偿承包人。建设工程施工合同无效，且建设工程经验收不合格的，按照以下情形处理：（一）修复后的建设工程经验收合格的，发包人可以请求承包人承担修复费用；（二）修复后的建设工程经验收不合格的，承包人无权请求参照合同关于工程价款的约定折价补偿。”工程质量合格是承包人请求工程价款的前提。

1. 竣工验收

建设工程的竣工验收，是指建设工程全部建成后为检查工程质量而进行的一项工作程序，也是建设过程中最后一个工序，是全面考核基本建设工作，检查是否合乎设计要求和工作质量的重要环节，是房屋从建设生产转入使用的一个重要的标志，交付使用的房屋必须经过这一环节。《民法典》第799条第1款规定：“建设工程竣工后，发包人应当根据施工图纸及说明书、国家颁发的施工验收规范和质量检验标准及时进行验收。验收合格的，发包人应当按照约定支付价款，并接收该建设工程。”不管是新建、扩建、改建项目还是技术改造项目，都要经过工程验收后，方可交付使用，未经验收或者验收不合格的，不得交付使用。[①]

2. 擅自使用

《建筑法》第61条第2款规定：“建筑工程竣工经验收合格后，方可交付使用；未经验收或者验收不合格的，不得交付使用。”在未经竣工验收的情况下，发包人开始使用建设工程，构成擅自使用。《建设工程施工合同司法解释（一）》第14条规定：“建设工程未经竣工验收，发包人擅自使用后，又以使用部分质量不符合约定为由主张权利的，人民法院不予支持；但是承包人应当在建设工程的合理使用寿命内对地基基础工程和主体结构质量承担民事责任。”发包人擅自使用

① 参见最高人民法院民事审判第一庭编著：《最高人民法院新建设工程施工合同司法解释（一）理解与适用》人民法院出版社2021年版，第147页。

的，以转移占有建设工程之日为竣工日期。

（三）约定付款条件

《民法典》第 158 条规定："民事法律行为可以附条件，但是根据其性质不得附条件的除外。附生效条件的民事法律行为，自条件成就时生效。附解除条件的民事法律行为，自条件成就时失效。"第 159 条规定："附条件的民事法律行为，当事人为自己的利益不正当地阻止条件成就的，视为条件已经成就；不正当地促成条件成就的，视为条件不成就。"

在司法实务中，经常出现把承包人交付全额增值税发票及交付所有工程施工资料约定为付款条件，也有分包合同把发包人向总包方付款约定为总包方向分包人的付款条件。该约定是否有效，能否成为拒付工程价款的合法理由，在本节阐述。

一、工程资料

| 导读 |

在建设工程质量治理体系中，工程资料管理作为工程质量溯源的制度基石，承载着工程全生命周期管理的证据固化功能。《建筑法》第 61 条规定，交付竣工验收的建筑工程，必须符合规定的建筑工程质量标准，有完整的工程技术经济资料和经签署的工程保修书，并具备国家规定的其他竣工条件。从而确立的"资料交付—竣工验收—价款结算"三位一体治理架构。

建设工程资料是在工程建设过程中直接形成的，能够真实反映工程建设内在状况的文件资料，具有法定证明效力的工程技术文件、质量记录及管理文档。

从规范体系解读，工程资料具有三重功能：其一，证据价值。工程资料不仅是《民法典》第 801 条工程质量争议中"举证责任倒置规则"的核心证据载体，施工日志、隐蔽工程验收记录等技术资料可直接作为认定工程质量事实的司法证据，投标文件、工程预算书、签证及索赔资料等文件是工程价款结算的原始资料，也是工程造价鉴定的核心检材。其二，管理价值。《建设工程质量管理条例》第 16 条规定，建设工程竣工验收应当有完整的技术档案和施工管理资料，有工程使用的主要建筑材料、建筑构配件和设备的进场试验报告，有勘察、设计、施工、工程监理等单位分别签署的质量合格文件等。同时，竣工图、材料复试报告等资料也被纳入工程质量终身责任追溯体系。其三，查询价值。工程资料是了解已完工程结构、设备安装、管线位置和走向等情况的原始资料，对后续工程维修、管理、改建或扩建起到重要作用。

司法实践中，工程资料交付与价款支付的关联性争议凸显制度运行困境。部分建设单位将资料移交作为支付尾款的前置条件，为工程价款争议纠纷解决增加了更多不可控因素。

【术语解读】

工程资料是工程在建设过程中形成的各种形式信息记录的统称，如在工程施工过程中形成的施工资料，在工程建设监理过程中形成的监理资料，建筑工程竣工验收后，反映建筑工程施工结果的竣工图，建筑工程竣工验收、备案和移交等活动中形成的工程竣工文件，在工程建设过程中形成的具有归档保存价值的工程档案等。

（一）工程资料分类

工程资料涵盖立项审批、勘察设计、施工记录、监理日志、检测报告、竣工验收等6大模块。根据《建筑工程资料管理规程》（JGJ/T 185-2009）第4.1.1条规定，工程资料可分为工程准备阶段文件、监理资料、施工资料、竣工图和工程竣工文件5类。

其中，工程准备阶段文件可分为决策立项文件、建设用地文件、勘察设计文件、招投标及合同文件、开工文件、商务文件6类；监理资料可分为监理管理资料、进度控制资料、质量控制资料、造价控制资料、合同管理资料和竣工验收资料6类；施工资料可分为施工管理资料、施工技术资料、施工进度及造价资料、施工物资资料、施工记录、施工试验记录及检测报告、施工质量验收记录、竣工验收资料8类；工程竣工文件可分为竣工验收文件、竣工决算文件、竣工交档文件、竣工总结文件4类。

（二）工程资料作用

工程资料是记录施工过程的载体，是工程维护、管理、灾后鉴定、灾后重建、改建、扩建的主要依据。具体体现在：（1）真实记录工程施工过程；（2）如实反映工程质量和工作质量；（3）是评定工程质量等级和竣工验收的技术文件；（4）是合理使用、保证结构安全的重要依据；（5）是工程结算、决算的重要根据之一；（6）日后工程维修、扩建、改造、更新的重要基础资料。故保留并交付与建设工程相关的技术资料，对确保发包人在安全范围内合理使用起到不可或缺的作用。

（三）工程资料管理

工程资料管理是工程资料的填写、编制、审核、审批、收集、整理、组卷、移交及归档等工作的统称。其中，组卷是指按照一定的原则和方法，将有保存价值的工程资料分类整理成案卷的过程，亦称立卷。归档是指工程资料整理组卷并按规定移交相关档案管理部门的工作。

1. 工程资料管理的基本要求

（1）工程资料应与建筑工程建设过程同步形成，并应真实反映建筑工程的建设情况和实体质量。

（2）工程资料的管理应符合下列规定：①工程资料管理应制度健全、岗位责任明确，并应纳入工程建设管理的各个环节和各级相关人员的职责范围；②工程资料的套数、费用、移交时间应在合同中明确；③工程资料的收集、整理、组卷、移交及归档应及时。

（3）工程资料的形成应符合下列规定：①工程资料形成单位应对资料内容的真实性、完整性、有效性负责，由多方形成的资料，应各负其责；②工程资料的填写、编制、审核、审批、签认应及时进行，其内容应符合相关规定；③工程资料不得随意修改，当需修改时，应实行划改，并由划改人签署；④工程资料的文字、图表、印章应清晰。

（4）工程资料应为原件；当为复印件时，提供单位应在复印件上加盖单位印章，并应有经办人签字及日期。提供单位应对资料的真实性负责。

（5）工程资料应内容完整、结论明确、签认手续齐全。

2. 工程资料的管理责任

针对工程资料，形成单位规定了“各负其责”的原则，即由一方单独形成的资料，由形成单位自己负责；由两方以上形成的资料，按照“谁形成，谁负责”的原则，由各方对签署内容的真实性、完整性、有效性负责。

3. 工程资料收集、整理与组卷

根据《建设工程文件归档规范》（GB/T 50328—2014）第3.0.6条的规定，建设工程项目实行总承包管理的，总包单位应负责收集、汇总各分包单位形成的工程档案，并应及时向建设单位移交；各分包单位应将本单位形成的工程文件整理、立卷后及时移交总包单位。建设工程项目由几个单位承包的，各承包单位应负责收集、整理立卷其承包项目的工程文件，并应及时向建设单位移交。

4. 竣工图的编制及审核

竣工图是建筑工程资料和竣工档案重要的组成部分，是对工程进行维护、管理、灾后鉴定、灾后重建、改建、扩建的主要依据。因此，不仅新建工程要编制竣工图，改建、扩建的工程也要编制竣工图。竣工图必须真实，才有利用价值。

（1）竣工图的编审。竣工图的编制及审核应符合下列规定：①新建、改建、扩建的建筑工程均应编制竣工图；竣工图应真实反映竣工工程的实际情况。②竣工图的专业类别应与施工图对应。③竣工图应依据施工图、图纸会审记录、设计变更通知单、工程洽商记录（包括技术核定单）等绘制。工程洽商记录（技术核定单）中涉及图纸内容改变的洽商（技术核定单）内容要改绘到施工图上；与图纸内容改变无关的洽商，如商务洽商等，不必反映到施工图上。④当施工图没有变更时，可直接在施工图上加盖竣工图章形成竣工图。⑤竣工图上应有竣工图章及相关责任人签字。

（2）竣工图的绘制。竣工图可以采用以下四种方法绘制：利用电子版施工图改绘，利用施工蓝图改绘，利用翻晒硫酸纸底图改绘，重新绘制。其中：①利用电子版施工图改绘的竣工图应符合下列规定：a. 将图纸变更结果直接改绘到电子版施工图中，用云线圈出修改部位对修改内容做备注；b. 竣工图的比例应与原施工图一致；c. 设计图签中应有原设计单位人员签字；d. 委托本工程设计单位编制竣工图时，应直接在设计图签中注明“竣工阶段”，并应有绘图人、审核人的签字；e. 竣工图章可直接绘制成电子版竣工图签，出图后应有相关责任人的签字。②利用施工图蓝图改绘的竣工图应符合下列规定：a. 应采用杠（划）改或叉改法进行绘制；b. 应使用新晒制的蓝图，不得使用复印图纸。③利用翻晒硫酸纸图改绘的竣工图应符合下列规定：a. 应使用刀片将需更改部位刮掉，再将变更内容标注在修改部位，在空白处做修改内容备注表；b. 应在晒制成蓝图后，再加盖竣工图章。

编制单位应根据各地区、各工程的具体情况，采用相应的绘制方法。当图纸变更内容较多时，应重新绘制竣工图。

【司法实务】

问题 1. 发包人能否以未交付资料为由拒绝支付价款？

建筑工程施工资料是施工过程的真实记录，是竣工验收的必备条件，是竣工备案的载体，也是竣工后对工程进行检查、维修、使用、改造的重要依据。《建筑法》第 61 条第 1 款规定："交付竣工验收的建筑工程，必须符合规定的建筑工程质量标准，有完整的工程技术经济资料和经签署的工程保修书，并具备国家规定的其他竣工条件。"《城市建设档案管理规定》第 6 条第 1 款规定："建设单位应当在工程竣工验收后三个月内，向城建档案馆报送一套符合规定的建设工程档案。凡建设工程档案不齐全的，应当限期补充。"

如果承包人没有按照有关规定向发包人交付工程资料，发包人能否以未交付资料拒绝支付价款问题，实务界有两种不同的观点：

第一种观点认为，交付工程资料仅是建设工程施工合同的附随义务，发包人不能以未交付资料拒绝支付价款。

第二种观点认为，如果建设工程施工合同已经把交付工程资料作为支付工程价款的条件，那么发包人可以以未交付资料拒绝支付价款。

笔者认为以上两种观点仅是题设问题的两个方面，并不完整。

《民法典》第 526 条规定："当事人互负债务，有先后履行顺序，应当先履行债务一方未履行的，后履行一方有权拒绝其履行请求。先履行一方履行债务不符合约定的，后履行一方有权拒绝其相应的履行请求。"先履行抗辩权的发生，须具备以下条件：第一，基于同一双务合同；第二，该合同需由一方当事人先为履行；第三，应当先履行的当事一方不履行合同或者履行合同不适当。先履行抗辩权隐含了一个条件，就是互附义务的对等性。

一、合同没有明确约定交付工程资料为支付价款的条件

1. 合同未明确约定交付工程资料为支付价款的条件，通常不能以此抗辩价款支付

建设工程施工合同是双务合同，先履行抗辩权所适用的条件是先履行义务与

后履行义务具有对等性。建设工程施工合同的施工行为与支付价款行为均是合同主要义务，具有对等性。但提交工程资料为从合同义务，与支付工程价款不具有对等性，两者性质不同，原则上不能适用先履行抗辩权。如合同仅约定承包人应按照规定提交工程资料，或约定在支付结算价款前承包人应当提交完整的工程资料，没有明确约定“提交工程资料是付款的必备条件”或“承包人不提交资料，发包人有权不支付价款”等内容，发包人不能以未交付资料拒绝支付价款。

最高人民法院在（2018）最高法民申451号“贵州新宏成房地产开发有限公司、贵州建工集团第六建筑工程有限责任公司建设工程施工合同纠纷案”中认为：“至于贵州新宏成房地产开发有限公司所提因贵州建工集团第六建筑工程有限责任公司未按照规定提交完整的竣工档案，不具备工程款支付条件的申请理由，法律法规并未明确规定开发建设方支付工程价款以施工方提交完整的竣工档案为前提条件，当事人之间的合同也没有该项约定，因此贵州新宏成房地产开发有限公司的该项理由缺乏事实和法律依据，不予支持。

2. 承包人未提交工程资料致使工程无法竣工验收的，发包人可延缓价款支付

如果承包人不提交工程资料致使工程无法竣工验收的，发包人有权以“因承包人无法竣工验收”为由拒绝结算，并延期支付价款。[①] 质量合格是支付工程价款的法定条件，而竣工验收是确定质量合格的最常见手段。尽管合同没有明确约定交付工程资料为支付价款条件，但承包人没有提交工程资料致使工程没有竣工验收触发了质量合格这一法定付款条件，这也足以成为发包人延缓支付工程价款的合理理由。

---

① 《建设工程质量管理条例》第16条规定：“建设单位收到建设工程竣工报告后，应当组织设计、施工、工程监理等有关单位进行竣工验收。建设工程竣工验收应当具备下列条件：（一）完成建设工程设计和合同约定的各项内容；（二）有完整的技术档案和施工管理资料；（三）有工程使用的主要建筑材料、建筑构配件和设备的进场试验报告；（四）有勘察、设计、施工、工程监理等单位分别签署的质量合格文件；（五）有施工单位签署的工程保修书。建设工程经验收合格的，方可交付使用。”第17条规定：“建设单位应当严格按照国家有关档案管理的规定，及时收集、整理建设项目各环节的文件资料，建立、健全建设项目档案，并在建设工程竣工验收后，及时向建设行政主管部门或者其他有关部门移交建设项目档案。”

《房屋建筑和市政基础设施工程竣工验收规定》第5条针对工程竣工验收作了规定，其中第5项：“有完整的技术档案和施工管理资料”和第6项：“有工程使用的主要建筑材料、建筑构配件和设备的进场试验报告，以及工程质量检测和功能性试验资料。”

二、合同明确约定交付工程资料为支付价款条件

1. 合同明确约定交付工程资料为支付价款条件，等同于把从合同义务约定为主合同义务

尽管交付工程资料是施工方履行建设工程施工合同的从合同义务，与施工方履行建设工程施工、建设方履行价款支付等主合同义务不对等，但法律并不限制当事人通过约定的方式把从合同义务提升为主合同义务。如果当事人基于自身实际需要，明确把施工方交付工程资料约定为建设方支付工程价款的前置条件，等于把交付工程资料这一从合同义务提级约定成主合同义务，这是双方在合同中对自己的权利义务作出新的安排，不违反法律、行政法规的强制性规定，不违背公序良俗，合法有效。

最高人民法院在（2015）民申字第1314号"上海陆海建设集团有限公司（以下简称陆海公司）与海城市西柳商贸城有限公司（以下简称西柳公司）建设工程施工合同纠纷案"中认为：关于二审判决中"双方当事人没有全面履行《结算协议书》的责任承担"是否认定错误问题。西柳公司和陆海公司签订的《结算协议书》第5条明确约定，承包人陆海公司在收到第一期工程款之日起15个工作日内向发包人西柳公司递交三套竣工资料，竣工资料须经海城市城建档案馆认可；若承包人陆海公司未能按时提交由海城市城建档案馆认可的竣工资料，则发包人西柳公司有权拒绝支付余款，即由陆海公司提交三套竣工资料系双方当事人的约定，且西柳公司享有先履行抗辩权。由于双方签订《结算协议书》时，陆海公司已经停止施工，诉争工程已验收合格，在此情形下，陆海公司仍与西柳公司约定由陆海公司提供三套竣工资料，可见陆海公司认可其可以提供上述资料。陆海公司申请再审时称其无法交付竣工图纸，与其在《结算协议书》中与西柳公司的约定相矛盾，其抗辩理由不能成立。该案一审法院根据西柳公司的诉请判决"陆海公司应向西柳公司提交图纸会审记录、设计交底记录以及经由陆海公司签字盖章的竣工图纸"并无不当。鉴于西柳公司享有先履行抗辩权，陆海公司未按照双方约定交付竣工资料，西柳公司有权拒绝支付余款，故陆海公司主张双方应按《结算协议书》第1款第1项之约定进行结算，依据不足。陆海公司此项再审理由不能支持。

2. 即使明确约定交付工程资料为支付价款条件，也不能对抗付款义务的情形

（1）发包人不能拒绝支付预付款和进度款。提交竣工资料通常是在工程完工后，故合同约定交付工程资料为支付价款的条件，指的是支付结算款的条件，不包含支付预付款和进度款，发包人不能拒绝预付款和进度款的支付。

（2）合同没有明确约定工程资料具体内容，不能以没有完整交付工程资料为由拒付工程价款。工程资料内容繁多，从开工到竣工验收不下百种。工程资料的种类不同，性质也不相同，有手续性资料，如开工报告、停工通知等；有质控性资料，如见证取样资料、实验报告资料；有管理性资料，如施工日志、交底文件等。工程资料的功能不同，重要性也不相同。有些资料是法律法规明确规定必须提交的，如《城市地下管线工程档案管理办法》（建设部令第136号）第10条所规定的："建设单位在地下管线工程竣工验收备案前，应当向城建档案管理机构移交下列档案资料：（一）地下管线工程项目准备阶段文件、监理文件、施工文件、竣工验收文件和竣工图；（二）地下管线竣工测量成果；（三）其他应当归档的文件资料（电子文件、工程照片、录像等）。城市供水、排水、燃气、热力、电力、电讯等地下管线专业管理单位（以下简称地下管线专业管理单位）应当及时向城建档案管理机构移交地下专业管线图。"有些则属于只影响双方权利义务性的资料，如认质认价单。另外，不同规范所规定的内容并不完全一致。

如最高人民法院在（2017）最高法民申3688号"青岛威乃达投资有限公司、江苏南通三建集团股份有限公司（以下简称南通三建公司）建设工程施工合同纠纷案"中认为：关于工程款支付条件的问题。一审法院依南通三建公司的申请，依法到青岛市城市建设档案馆查询了该公司递交的竣工资料情况，查明南通三建公司已递交单位（子单位）工程质量竣工验收记录表等大量资料。青岛威乃达投资有限公司主张该等资料不完整导致档案馆未出具接收证明，因此不具结算条件。但青岛威乃达投资有限公司未能提交证据证明南通三建公司应提交未提交的资料情况。其关于条件未成就的主张缺乏依据。

三、承包人没有交付工程资料，发包人可以请求其限期履行、赔偿损失等

《第八次全国法院民事商事审判工作会议（民事部分）纪要》第34条规定："承包人不履行配合工程档案备案、开具发票等协作义务的，人民法院视违约情节，可以依据合同法第六十条、第一百零七条规定，判令承包人限期履行、赔偿损失等。"

最高人民法院在（2022）最高法民终212号建设工程施工合同纠纷案件中认为，关于中建公司应否向锦贸鑫公司交付全部工程资料（含技术资料）的问题。中建公司上诉主张撤销一审判决第7项，改判驳回锦贸鑫公司要求中建公司交付全部工程资料的诉讼请求。当事人之间的建设工程施工合同法律关系解除以后，施工方向开发建设方交付全部工程资料（含技术资料）为合同的附随义务。中建公司该案诉讼请求锦贸鑫公司向其支付工程款，当然应当履行自己的包括附随义务在内的全部合同义务。《合同法》（已失效）第60条规定："当事人应当按照约定全面履行自己的义务。当事人应当遵循诚实信用原则，根据合同的性质、目的和交易习惯履行通知、协助、保密等义务。"在判决锦贸鑫公司向中建公司支付工程款后，中建公司应当将完整的建设工程资料（含技术资料）移交给锦贸鑫公司。因此，中建公司的该项上诉理由不符合法律规定，不予采纳。

另外，有些省级高级人民法院亦对此作出明确指导意见，可以作为参考。如北京市高级人民法院《关于审理建设工程施工合同纠纷案件若干疑难问题的解答》第23条第2款、第3款规定：建设工程施工合同约定工程竣工验收合格后再支付工程款，发包人收到承包人提交的工程竣工验收资料后，无正当理由在合同约定期限或合理期限内未组织竣工验收，其又以工程未验收为由拒绝支付工程款的，不予支持。发包人以承包人未移交工程竣工资料为由拒绝支付工程款的，不予支持，但合同另有约定的除外。

关联判例

中铁五局集团建筑工程有限责任公司与四川祥维钢构制造有限公司建设工程施工合同纠纷案

（2014）民申字第651号

【裁判要旨】

支付工程款与交付竣工验收资料是两种不同性质的义务，前者是合同的主要义务，后者是承包方的附随义务，二者不具有对等关系，不能以未交付工程资料对抗工程价款支付。

【裁判摘要】

最高人民法院认为，本案系建设工程施工合同纠纷，发包方的主要义务是依照合同约定及时支付工程款，承包方的主要义务是按照合同约定时间施工并交付合格工程。根据双务合同的本质，合同抗辩的范围仅限于对价义务。一方不履行对价义务的，相对方才享有抗辩权。支付工程款与交付竣工验收资料是两种不同性质的义务，前者是合同的主要义务，后者是承包方的附随义务，二者不具有对等关系，本案中四川祥维钢构制造有限公司将中铁五局集团建筑工程有限责任公司未及时交付竣工验收资料作为拒绝支付工程余款的抗辩理由不能成立。二审法院适用《合同法》（已失效）第67条认定中铁五局集团建筑工程有限责任公司在交付竣工验收资料前主张四川祥维钢构制造有限公司支付其余工程款的条件尚未成就明显不当。裁定：第一，指令四川省高级人民法院再审本案；第二，再审期间，中止原判决的执行。

问题2. 发包人未付工程款，承包人能否拒交施工资料？

在建设工程施工合同纠纷中，造价纠纷无疑占了极大的比重。在工程实践中，当工程经过竣工验收并交付发包人使用后，承包人无权再占有工程。此时，如果发包人不按约定支付工程价款，承包人无法以停工、拒绝交付工程等方法予以抗衡，通常选择扣押、拒绝交付竣工材料的方式对抗发包方，以促使发包人支付工程价款。

司法实务中，对发包人未付工程款，承包人能否拒交施工资料的问题，存在两种不同观点：

第一种观点认为，交付工程施工资料是承包人的法定义务，发包人未支付工程价款，承包人可以通过司法途径救济，但不能拒交施工资料。

第二种观点认为，工程施工和交付施工资料均是承包人的义务，其中工程施工为主合同义务，交付资料属于从给付义务。根据《民法典》的规定，发包人欠付工程款，承包人可以经催告后解除合同。举重以明轻，发包人欠付工程款，承包人当然可以不履行资料交付义务。

笔者倾向于第一种观点。

《民法典》第209条第1款、第2款规定："当事人应当按照约定全面履行自己的义务。当事人应当遵循诚信原则，根据合同的性质、目的和交易习惯履行通知、协助、保密等义务。”建设工程施工活动直接决定着工程质量，工程资料是反映施工过程的载体，记录着施工过程中所使用的工程材料、工程构配件，体现施工方法、施工工艺、各类技术参数，是工程验收、工程使用和维护的重要依据。

一、交付工程施工资料是施工人的法定义务

1. 有完整的工程资料是竣工验收的法定条件

施工资料是在工程建设过程中形成的，能够真实反映工程建设过程中每一个施工节点的文字、图片或视频信息，包括施工管理资料、施工技术资料、施工进度及造价资料、施工物资资料、施工记录、施工试验记录及检测报告、施工质量验收记录、竣工验收资料等。建设工程资料是评价工程质量的重要依据，是工程竣工验收的法定条件。《建筑法》第 61 条第 1 款规定，交付竣工验收的建筑工程，必须符合规定的建筑工程质量标准，有完整的工程技术经济资料和经签署的工程保修书，并具备国家规定的其他竣工条件。《建设工程质量管理条例》第 16 条规定：“建设单位收到建设工程竣工报告后，应当组织设计、施工、工程监理等有关单位进行竣工验收。建设工程竣工验收应当具备下列条件：（一）完成建设工程设计和合同约定的各项内容；（二）有完整的技术档案和施工管理资料；（三）有工程使用的主要建筑材料、建筑构配件和设备的进场试验报告；（四）有勘察、设计、施工、工程监理等单位分别签署的质量合格文件；（五）有施工单位签署的工程保修书。建设工程经验收合格的，方可交付使用。”第 29 条规定：“施工单位必须按照工程设计要求、施工技术标准和合同约定，对建筑材料、建筑构配件、设备和商品混凝土进行检验，检验应当有书面记录和专人签字；未经检验或者检验不合格的，不得使用。”

2. 工程资料备案是法定要求

建设工程资料不仅是评价工程质量、处理质量事故的重要依据，还是了解已完工程结构、设备安装、管线位置和走向等情况的原始资料，对后续工程维修、管理、改建或扩建起到重要作用。为了对建设工程质量进行监督及对后续工程维修、管理、改扩建提供依据，国务院《建设工程质量管理条例》第 49 条第 1 款规定：“建设单位应当自建设工程竣工验收合格之日起 15 日内，将建设工程竣工验收报告和规划、公安消防、环保等部门出具的认可文件或者准许使用文件报建设行政主管部门或者其他有关部门备案。”《城乡规划法》第 45 条第 2 款规定：

"建设单位应当在竣工验收后六个月内向城乡规划主管部门报送有关竣工验收资料。"第 67 条规定："建设单位未在建设工程竣工验收后六个月内向城乡规划主管部门报送有关竣工验收资料的，由所在地城市、县人民政府城乡规划主管部门责令限期补报；逾期不补报的，处一万元以上五万元以下的罚款。"《城市建设档案管理规定》第 6 条规定："建设单位应当在工程竣工验收后三个月内，向城建档案馆报送一套符合规定的建设工程档案。凡建设工程档案不齐全的，应当限期补充。停建、缓建工程的档案，暂由建设单位保管。撤销单位的建设工程档案，应当向上级主管机关或者城建档案馆移交。"《城市地下管线工程档案管理办法》第 10 条规定："建设单位在地下管线工程竣工验收备案前，应当向城建档案管理机构移交下列档案资料：（一）地下管线工程项目准备阶段文件、监理文件、施工文件、竣工验收文件和竣工图；（二）地下管线竣工测量成果；（三）其他应当归档的文件资料（电子文件、工程照片、录像等）。城市供水、排水、燃气、热力、电力、电讯等地下管线专业管理单位（以下简称地下管线专业管理单位）应当及时向城建档案管理机构移交地下专业管线图。"

另外，《2017 工程施工合同》通用合同条款第 3.1 条第 9 项约定，承包人具有"按照法律规定和合同约定编制竣工资料，完成竣工资料立卷及归档，并按专用合同条款约定的竣工资料的套数、内容、时间等要求移交发包人"的义务。

二、施工方对工程资料没有留置权

留置权作为法定的担保物权，其适用有着严格的条件：（1）留置物必须是债务人所有的动产；（2）必须是债权人在事先合法占有债务人的财产；（3）留置物应当具有可让与性；（4）债权人留置的动产，应当与债权属于同一法律关系。

交付工程资料是建设施工合同中承包人的从给付义务。就留置权适用条件而言，交付工程资料除了与支付工程价款属于同一法律关系外，其余条件均不符合。主要体现在：（1）工程资料不属于严格意义上的动产。动产指的是能够移动，且能够被所有权人占有、使用、收益和处分的有价资产。尽管工程资料属于可以移动的物，符合动产的基本定义，但工程资料的主要价值在于资料内容，而非工程资料本身的物理价值，不属于可转让的有价资产，通常不将其视为动产。（2）工程资料不是承包人事先合法占有债务人的财产。工程资料是承包人在工程施工过程中逐渐制作、积累的与工程有关的文件信息。工程资料在施工前并不存在，更不是债务人的财产。（3）工程资料不具有可让与性。法律设置留置权的目的是债权人实现债权。留置权具有强大的优先受偿效力，而优先受偿权的实现需要采取拍卖、变卖、折价的方式，这就要求留置物具有可转让性。换言之，在我国，不可让与的财产不能成立留置权。[①] 工程资料仅适用于特定工程，对其他工程没有价值，不具有可让与性。

承包人不交付工程资料，其本质属于暂停履行建设工程施工合同从给付义务，目的是迫使发包人及时支付工程价款，而非以该工程资料的物理性能获取价值。

三、承包人的停工权不能类推至资料交付

建设工程合同就是承包人进行工程建设，发包人支付价款的合同。承包人的工程建设和发包人的价款支付是建设工程施工合同的对应主要权利和义务。建设工程行业是劳动密集型和资金密集型行业，在施工过程中需要投入大量资金。为了减轻承包人资金压力，在工程实践中，通常约定发包人按工程进度支付工程款，等到工程竣工验收合格后，发包人再支付扣除质量保证金后的工程款。如果发包人不按时支付进度款，且承包人已经无力垫资时，只能停工，会导致工期延误以及停工、窝工损失问题。

根据《民法典》第 803 条的规定，发包人未按照约定的时间和要求提供原材料、设备、场地、资金、技术资料的，承包人可以顺延工程日期，并有权请求赔偿停工、窝工等损失。第 563 条第 1 款第 3 项、第 4 项规定，如果发包人迟延履行主要债务，经催告后在合理期限内仍未履行，或者迟延履行债务或者有其他违约行为致使承包人不能实现合同目的，承包人有权解除合同。

以上两款规定是对发包人未按合同约定支付价款导致承包人无法施工的救济。承包人既可以要求发包人承担顺延工期、赔偿停窝工损失责任；也可以选择单方解除合同，但必须经过催告，且发包人不按合同约定支付工程价款已经达到承包人无法施工或不能实现合同目的的程度。

工程资料要能够真实反映建筑工程的建设情况和实体质量，根据《建筑工程资料管理规程》第 3.0.1 条的要求，工程资料应与建筑工程建设过程同步形成。故在工程竣工时，工程资料已经收集和制作完毕，不能像主合同义务那样停止或解除合同。退一步说，即便合同解除，承包人也需要把已施工的工程交付给发包人，对应的工程资料，也应一并交付。

---

① 参见最高人民法院民法典贯彻实施工作领导小组主编：《中华人民共和国民法典物权编理解与适用》（下），人民法院出版社 2020 年版，第 1284 页。

四、发包人不按约定支付价款，承包人可以通过司法途径救济

对发包人未按合同约定支付工程款，承包人可以通过行使其建设工程优先权的形式进行权利救济。《民法典》第807条规定，发包人未按照约定支付价款的，承包人可以催告发包人在合理期限内支付价款。发包人逾期不支付的，除根据建设工程的性质不宜折价、拍卖外，承包人可以与发包人协议将该工程折价，也可以请求人民法院将该工程依法拍卖。建设工程的价款就该工程折价或者拍卖的价款优先受偿。

另外，部分省市的高级人民法院也有相关规定。如深圳市中级人民法院《关于建设工程施工合同纠纷案件的裁判指引》第26条规定："承包人应当通过行使建设工程价款优先受偿权等合法途径追索工程欠款，不得留置建设工程或施工资料。施工合同终止或工程完工后，承包人以发包人拖欠工程款为由，继续占有工程、拒绝撤场或者移交施工资料，发包人请求承包人赔偿损失的，应予支持。"北京市高级人民法院《关于审理建设工程施工合同纠纷案件若干疑难问题的解答》第38条第2款规定："工程竣工验收合格后，承包人以发包人拖延结算或欠付工程款为由拒绝交付工程的，一般不予支持，但施工合同另有明确约定的除外。"《广东省高级人民法院全省民事审判工作会议纪要》（粤高法〔2012〕240号）[①]第29条规定："承包人应当通过行使建设工程价款优先受偿权等合法途径追索工程欠款，不得留置建设工程或施工资料……"

关联判例

青海方升建筑安装工程有限责任公司与青海隆豪置业有限公司建设工程施工合同纠纷案

（2014）民一终字第69号

【裁判要旨】

交付施工资料和退还全部工程图纸，是承包人的附随义务，不应因发包人拒付工程款而免除。

① 该纪要被《广东省高级人民法院关于废止部分审判业务文件的决定》（2020年12月31日发布，2021年1月1日实施）废止。

【裁判摘要】

最高人民法院认为，尽管青海隆豪置业有限公司单方违约解除合同，但就已完工程的施工资料和全部工程图纸，青海方升建筑安装工程有限责任公司有义务交付和退还，这属于承包人的附随义务，不应因发包人拒付工程款而免除。青海隆豪置业有限公司提出的青海方升建筑安装工程有限责任公司交付已施工部分全部施工资料和全部工程图纸的上诉理由于法有据，予以支持。

二、发票

| 导读 |

在建设工程商事交易闭环中，工程发票管理作为财税合规的核心枢纽，承载着连接合同履行与税收征管双重制度功能。《发票管理办法》第 18 条规定：销售商品、提供服务以及从事其他经营活动的单位和个人，对外发生经营业务收取款项，收款方应当向付款方开具发票；特殊情况下，由付款方向收款方开具发票。所有单位和从事生产、经营活动的个人在购买商品、接受服务以及从事其他经营活动支付款项时，应当向收款方取得发票。取得发票时，不得要求变更品名和金额。

发票是最基本的会计原始凭证之一，是记录经济活动内容的载体，也是财务管理的重要工具。从规范层面解构，工程发票三重功能：其一，法律凭证功能。工程发票作为记载“合同价款结算、成本归集、资产确认”的法定原始凭证，构成确认收入的关键证据链。通过发票的记录，企业可以清晰地了解和掌握自己的收入和支出情况，及时发现和解决财务问题。其二，税收征管功能。《税收征收管理法》建立的以票控税机制，工程发票成为验证“三流一致”（合同流、资金流、发票流）的核心载体，是控制税源、征收税款的重要依据，也是税务稽查和审计的重要凭证，有助于防止税务漏税和偷税行为的发生。其三，企业管理功能。对于收票人来说，发票可以进行成本抵扣和利润核算，进而制定合理的经营策略，提高经济效益。在特定情形下，发票可以作为工程价款支付及工程价款结算的间接证据。

司法实践中，部分建设单位将资料移交作为支付尾款的前置条件，为工程价款争议纠纷解决增加了更多不可控因素。工程发票作为从义务属性不足以对抗工程价款的主义务属性，从而反映合同自由与法律规定边界效力的层级冲突，两者之间的矛盾凸显工程发票交付与价款支付的关联性争议困境。

【术语解读】

《发票管理办法》第 3 条规定，发票是指在购销商品、提供或者接受服务以及从事其他经营活动中，开具、收取的收付款凭证。

（一）发票种类

1. 增值税专用发票与增值税普通发票

根据增值税发票税额是否可以抵扣，发票可分为增值税专用发票和增值税普通发票。

（1）增值税专用发票。增值税专用发票是指只限于增值税一般纳税人领购使用，用于结算销售货物和提供加工、修理修配劳务使用的一种特殊发票。增值税专用发票不仅是一般的商事凭证，还是计算抵扣税款的法定凭证，包括增值税纸质专用发票、增值税电子专用发票和全电发票。

（2）增值税普通发票。增值税普通发票是指非一般纳税人或无法开具增值税专用发票的一般纳税人在购销商品、提供或接受服务以及从事其他经营活动中，所开具和收取的收付款凭证，包括增值税纸质普通发票、电子普通发票和全电发票。普通发票由行业发票和专用发票组成。[①] 其中，行业发票是指用于某个行业和经营业务，如商业零售统一发票、商业批发统一发票、工业企业产品销售统一发票等。专用发票适用于某一经营项目，如广告费用结算发票、商品房销售发票等。[②]

2. 自开发票与代开发票

建筑业发票按照使用对象的不同，主要可以分为两种类型：自开发票和代开发票。

（1）自开发票。自开发票通常是指具备相应资质和条件，能够自行开具建筑业发票的单位或个人自行领购和开具的发票。在开具自开发票时，需要注意以下

① 参见财政部印发的《财经法规与会计职业道德考试大纲》第三章税收征收管理法律制度。

② 参见中国支付清算协会、中国银行业协会印发的《国内信用证审单规则》第 32 条第 3 款规定。

内容：①不得虚开发票。如不得开具与实际经营业务不符的发票；不得让其他企业非法为自己代开发票。②不得违规开具增值税专用发票。如不得向销售货物、提供应税劳务或者销售服务、无形资产、不动产的个人开具增值税专用发票；不得对免征增值税的货物、劳务或者销售服务、无形资产、不动产等开具增值税专用发票等。[①]

（2）代开发票。代开发票通常是指不具备自行开具发票资质或条件的单位或个人，向税务机关缴纳税款并申请代为开具的发票。在代开发票时，需要提供相关的纳税信息和交易信息，由税务机关根据这些信息代为开具发票。

税务机关代开发票基本规定：[②] ①代开发票范围。已办理税务登记的小规模纳税人（包括个体工商户）以及国家税务总局确定的其他可予代开增值税专用发票的纳税人，发生增值税应税行为可以申请代开增值税专用发票。②代开发票种类。税务机关使用增值税发票管理系统代开增值税专用发票和增值税普通发票。代开增值税专用发票使用六联票，代开增值税普通发票使用五联票，税务机关代开发票部门通过增值税发票管理系统代开增值税发票，系统自动在发票上打印“代开”字样。③月销售额不超过免征增值税标准的增值税小规模纳税人代开增值税专用发票税款有关问题。增值税小规模纳税人月销售额不超过免征增值税标准的，当期因代开增值税专用发票（含货物运输业增值税专用发票）已经缴纳的税款，在增值税专用发票全部联次追回或者按规定开具红字增值税专用发票后可以向主管税务机关申请退还。④增值税纳税人应在代开增值税专用发票的备注栏上，加盖本单位的发票专用章（为其他个人代开的特殊情况除外）。税务机关在代开增值税普通发票以及为其他个人代开增值税专用发票的备注栏上，加盖税务机关代开发票专用章。

（二）税务管理

中国税收征管先后经历了“经验管税”“以票管税”两个时期，现在正向“以数治税”时期迈进。

1. 经验管税阶段。经验管税时期，税收征管主要依靠税务管理人员的个人能

---

① 参见全国税务师职业资格考试教材编写组编：《2023 全国税务师职业资格考试教材税法（Ⅰ）》，中国税务出版社 2023 年版，第 196~197 页。

② 参见全国税务师职业资格考试教材编写组编：《2023 全国税务师职业资格考试教材税法（Ⅰ）》，中国税务出版社 2023 年版，第 198 页。

力，由经验积累而提升管理效能。经验管税受个人因素影响较大，提升缓慢且不具有可复制性，属于较低级的税务管理阶段。

2. 以票管税阶段。以票管税是指通过控制发票来了解企业的生产经营状况，掌握涉税交易，并强化税源监控，以促进税收征管目标的实现。20世纪50年代初期，我国开始实行统一的发票管理制度，并将发票作为纳税的重要依据，为“以票控税”提供基础。1993年12月13日，国务院发布《增值税暂行条例》，建立了增值税专用发票制度，实施增值税发票抵扣增值税款，形成了用增值税发票控制进、销项税额，以确定应纳税款的“以票控税”征管方式。

“以票控税”的核心是“销售必开票、扣税必有票、计税必靠票、审计必查票”[①]。在“以票控税”的征管方式下，增值税发票不仅是财务收支凭证，也是买方增值税抵扣凭证、所得税税前扣除凭证、出口退税的申报凭证，还是税务机关的“控税”工具。在税收征管实践中起到极其重要的作用。

3. 以数治税阶段。“以数治税”是指通过运用现代信息技术，对法人“一户式”、自然人“一人式”税费信息进行采集、分析、利用，实现对同一企业或个人不同时期、不同税种、不同费种的智能归集，从而达到更加合理、准确的税务管理。

2021年3月24日，中共中央办公厅、国务院办公厅公布了《关于进一步深化税收征管改革的意见》，提出以下主要目标：到2022年，在税务执法规范性、税费服务便捷性、税务监管精准性上取得重要进展。到2023年，基本建成“无风险不打扰、有违法要追究、全过程强智控”的税务执法新体系，实现从经验式执法向科学精确执法转变；基本建成“线下服务无死角、线上服务不打烊、定制服务广覆盖”的税费服务新体系，实现从无差别服务向精细化、智能化、个性化服务转变；基本建成以“双随机、一公开”监管和“互联网＋监管”为基本手段、以重点监管为补充、以“信用＋风险”监管为基础的税务监管新体系，实现从“以票管税”向“以数治税”分类精准监管转变。到2025年，深化税收征管制度改革取得显著成效，基本建成功能强大的智慧税务，形成国内一流的智能化行政应用系统，全方位提高税务执法、服务、监管能力。

---

① 王倩：《浅谈“以票控税”》，载《行政事业资产与财务》2017年第27期。

（三）建筑业增值税发票

承包人与发包人建立经营关系，应当按照法律规定向发包人开具发票。承包人开具发票需要注意以下内容：[①]（1）提供建筑服务，纳税人自行开具或者税务机关代开增值税发票时，应在发票的备注栏注明建筑服务发生地县（市、区）名称及项目名称。（2）小规模纳税人提供建筑服务，应以取得的全部价款和价外费用扣除支付的分包款后的余额为销售额，按照3%的征收率计算应纳税额。（3）小规模纳税人跨县（市、区）提供建筑服务不能自行开具增值税发票的，可向建筑服务发生地主管税务机关按照其取得的全部价款和价外费用申请代开增值税发票。

承包人未向发包人提供合法有效的增值税发票，对发承包双方都有一定的影响。对承包人来说，未开具合法有效的增值税发票，主要有以下两项影响：（1）即使不开具发票，纳税义务也已经发生，需要按照无票收入正常申报税款；（2）如果承包人未按照无票收入进行申报导致少缴纳税款，属于偷逃税款的违法行为，根据《税收征收管理法》的相关规定，税务机关会追缴其不缴或者少缴的税款、滞纳金，并处以罚款。对发包人来说，未收到合法有效的增值税发票，主要有以下两项影响：（1）没有进项票，无法进行增值税进项税抵扣，增加企业增值税税负；（2）影响企业所得税税前扣除。

尽管发票是税收管理的重要凭证，但发票不是企业成本的唯一凭证。根据国家税务总局《关于发布〈企业所得税税前扣除凭证管理办法〉的公告》第2条规定："本办法所称税前扣除凭证，是指企业在计算企业所得税应纳税所得额时，证明与取得收入有关的、合理的支出实际发生，并据以税前扣除的各类凭证。"第8条规定："税前扣除凭证按照来源分为内部凭证和外部凭证。内部凭证是指企业自制用于成本、费用、损失和其他支出核算的会计原始凭证。内部凭证的填制和使用应当符合国家会计法律、法规等相关规定。外部凭证是指企业发生经营活动和其他事项时，从其他单位、个人取得的用于证明其支出发生的凭证，包括但不限于发票（包括纸质发票和电子发票）、财政票据、完税凭证、收款凭证、分割单等。"

---

① 参见全国税务师职业资格考试教材编写组编：《2023全国税务师职业资格考试教材税法（Ⅰ）》，中国税务出版社2023年版，第199页。

【司法实务】

问题1.发包人能否以承包人未开发票为由拒付工程款?

《发票管理办法》第18条规定:“销售商品、提供服务以及从事其他经营活动的单位和个人,对外发生经营业务收取款项,收款方应当向付款方开具发票;特殊情况下,由付款方向收款方开具发票。”第19条规定:“所有单位和从事生产、经营活动的个人在购买商品、接受服务以及从事其他经营活动支付款项,应当向收款方取得发票。取得发票时,不得要求变更品名和金额。”发承包双方签订建设工程施工合同,构成经营关系,承包人应当向发包人开具发票,发包人向承包人索要发票既是权利也是义务。

对承包人未向发包人交付发票,发包人能否以承包人未开发票为由拒绝支付工程价款问题,实务界存在两种观点:

第一种观点认为,在建设工程施工合同中,施工人的主要合同义务是工程施工,发包人的主要合同义务是支付工程价款,这两项合同义务具有对等性。向发包人开具发票是承包人的义务,但属于从给付义务,与发包人价款支付义务不具有对等关系。若合同未约定发包人支付工程款需以承包人开具发票为付款前提,则发包人不得以承包人未开具发票而拒绝付款。

第二种观点认为,合同中明确约定先后履行顺序,即“如果承包人不开具发票,发包人有权拒绝支付拖欠的工程款,并不承担违约责任”,把开具发票作为支付工程款的前提条件,将其提升为与支付工程款对等的合同义务,在承包人未开具发票之前,发包人有权拒绝支付工程价款。

笔者认为以上两种观点并不矛盾,仅是事务的不同方面。

抗辩权是对抗请求权的权利,与请求权相互关联且对立,是指在符合法定条件时,当事人一方对抗相对人的履行请求权,暂时拒绝履行其债务的权利。根据《民法典》的规定,双务合同的抗辩权包括同时履行抗辩权、先履行抗辩权和不安抗辩权。

行使同时履行抗辩权、先履行抗辩权和不安抗辩权,是正当行使权利,而非违约,应受法律保护,不产生违约责任。[①] 承包人未按合同开具发票是否构成发包人不支付工程价款的合理抗辩,须从以下几种情况分析。

---

① 参见崔建远:《合同法总论》(中卷)(第2版),中国人民大学出版社2016年版,第82页。

一、双方对如何开票与付款没有特殊约定

《民法典》第509条第1款规定："当事人应当按照约定全面履行自己的义务。"对建设工程施工合同而言，为发包人承建工程及向发包人开具发票系承包人义务。其中，承建工程为主给付义务，开具发票是从给付义务。按照合同约定向承包人支付工程价款是发包人的主给付义务。在承包人已完成合同主要义务将涉案工程交付使用的情况下，发包人应当支付价款。合同对如何开票与付款没有特殊约定，发包人无权以承包人未开票为由拒绝付款，且在交易惯例中，通常是在收到款项后再开具发票。

最高人民法院在（2018）最高法民终1205号"敦煌市清洁能源开发有限责任公司、上海电力安装第二工程有限公司建设工程施工合同纠纷案"中认为："根据上述约定，供货和开具增值税发票是南京自动化公司向敦煌市清洁能源开发有限责任公司应履行的合同义务，但合同中未明确约定供货方须先交付增值税发票，发包人才支付设备价款。而且涉案工程已竣工验收，南京自动化公司已经履行了供货主合同义务，敦煌市清洁能源开发有限责任公司应当依约向南京自动化公司支付约定款项。"

二、双方在合同中约定应先开票、再付款

1. 支付工程价款与交付发票权利义务不对等，不能适用先履行抗辩权

先履行抗辩权是指在双务合同中，应当先履行的一方当事人未履行之前，后履行一方有权拒绝其履行请求。《民法典》第526条规定："当事人互负债务，有先后履行顺序，应当先履行债务一方未履行的，后履行一方有权拒绝其履行请求。先履行一方履行债务不符合约定的，后履行一方有权拒绝其相应的履行请求。"从形式上看，合同约定"先开票、再付款"，在承包人未开具发票之前，发包人对支付工程价款有先履行抗辩权。但依据双务合同的本质，同时履行抗辩权、先履行抗辩权存在于"对价关系"，即主给付义务关系之中。[①] 换言之，合同抗辩的范围仅限于对价义务，即只有对价义务时，一方不履行先义务，相对方才享有抗辩权。

根据《民法典》第788条第1款"建设工程合同是承包人进行工程建设，发包人支付价款的合同"的规定可知，建设工程合同双方，发包人的主要义务是按

① 参见崔建远：《履行抗辩权探微》，载《法学研究》2007年第3期。

照工程进度支付工程款，承包人的主要义务是完成施工、交付工程，而承包人开具发票的义务，显然不属于建设工程合同中的主要义务，根据《民法典》以及最高人民法院《关于审理买卖合同纠纷案适用法律问题的解释》的规定可知，开具发票在性质上属于承包人的从给付义务，开具发票与支付工程款之间不具有对等关系，发包人将承包人未开具发票作为拒付工程款的抗辩理由不成立。[①] 最高人民法院民事审判第一庭认为：建设施工合同作为一种双务合同，依据其合同的本质，合同抗辩的范围仅限于对价义务。也就是说，一方不履行对价义务的，相对方才享有抗辩权。支付工程款义务与开具发票义务是两种不同性质的义务，前者是合同的主要义务，后者并非合同的主要义务，二者不具有对等关系。只有对等关系的义务才存在先履行抗辩权的适用条件，如果不是对等关系的义务，就不能适用先履行抗辩权。[②]

最高人民法院在（2021）最高法民申 2714 号“都匀市旅游文化投资发展（集团）有限公司、都匀市国有资产运营中心等建设工程施工合同纠纷案”中认为：都匀市旅游文化投资发展（集团）有限公司不能以华凯公司、中诚公司未履行开具发票的附随义务为由对抗其应当履行支付工程款的主合同义务。都匀市旅游文化投资发展（集团）有限公司关于华凯公司、中诚公司未开具发票而主张免除逾期付款责任的申请再审事由于法无据，不予支持。

山东省高级人民法院《关于审理建设工程施工合同纠纷案件若干问题的解答（2020 年）》第 10 条规定：“支付工程款义务和开具发票义务是两种不同性质的义务，不具有对等关系。发包人以承包人违反约定未开具发票为抗辩理由拒付工程款的，一般不予支持；双方明确约定以承包人开具发票作为支付工程款条件的，可以明确承包人具有向发包人开具发票的义务。”

2. 承包人未向发包人交付发票造成损失，发包人可以提起诉讼

《民法典》第 577 条规定：“当事人一方不履行合同义务或者履行合同义务不符合约定的，应当承担继续履行、采取补救措施或者赔偿损失等违约责任。”

最高人民法院在（2018）最高法民终 342 号案件中认为，开具发票虽属承包人的合同附随义务，应予履行，但该案并未约定足额开具发票属发包人履行付款

---

① 参见最高人民法院民事审判第一庭：《开具发票与支付工程款并非对等义务》，载《民事审判指导与参考》第 39 辑，第 150 页。

② 参见最高人民法院民事审判第一庭编：《民事审判实务问答》，法律出版社 2021 年版，第 86 页。

义务的条件。据此，发包人以承包人未开具发票为由不予付款，没有合同和法律根据。对付款后未足额开具发票问题，双方可另寻途径解决。

河北省高级人民法院《关于印发〈建设工程施工合同案件审理指南〉的通知》第 54 条："支付工程款义务和开具发票义务是两种不同性质的义务，不具有对等关系。发包人以承包人违反约定未开具发票为抗辩理由拒付工程款的，人民法院不予支持。但可以明确承包人具有向发包人开具发票的义务。发包人提起反诉请求主张承包人开具发票的，人民法院应予支持。"

3. 发包人未支付工程价款，不构成违约

违约是违反合同约定的简称，是指一方未按照约定履行自己的义务或责任。尽管发包人支付工程价款与承包人开具发票不属于同等义务，发包人不能以承包人未开具发票行使先履行抗辩权，但合同明确约定承包人先开票发包人再付款，在承包人开具发票之前发包人没有支付工程价款不违反合同约定，不应承担违约责任。而且合同明确约定承包人先开票发包人再付款，该约定并不违反法律规定，如果承包人应当开具发票而未开具，属于违约，其不能从违约中获利。

河南省高级人民法院在（2021）豫民终 1379 号"中铁十八局集团北京工程有限公司（以下简称中铁十八局）、郑州晟润置业有限公司（以下简称晟润公司）建设工程施工合同纠纷案"中认为：中铁十八局请求的工程款和利息应否支持。中铁十八局请求晟润公司支付进度款，提供有相应付款申请表，上面载明"与施工现场相符合"，监理单位和监理人员予以确认，晟润公司的工作人员也签字确认。故晟润公司应当支付该进度款。对于开具发票问题，承包方完成施工项目交付合格工程是主要义务，出具工程款发票是附属义务，同样发包方支付工程价款是主要义务，获取发票与支付工程款不具有对等义务，晟润公司以中铁十八局未先开具发票拒绝支付进度款有违诚信原则，故晟润公司以未达到付款条件、未先开具发票的理由拒付工程进度款不能成立。但双方在合同中约定"乙方在每次申请付款前，必须出具完整而且合法的增值税专用发票……如果乙方未按甲方的流程或程序提交付款申请等资料或发票给甲方，导致甲方付款逾期，甲方不承担逾期付款的责任"，且中铁十八局在向晟润公司出具的承诺书中也有同样内容的承诺。故在中铁十八局未开具发票的情况下，晟润公司不应承担逾期付款的利息损失。

三、若合同中明确约定“交付发票是付款条件”，则应遵循约定

如果合同中明确约定“承包方交付发票是发包人付款的前提条件”或“一方不及时开具发票，另一方有权拒绝支付工程价款”，那么该约定为当事人明确把本属于从给付义务的开具发票行为约定为主给付义务，该约定不违反法律强制性规定，属于当事人意思自治范畴，应当予以尊重。

最高人民法院民事审判第一庭认为，如果当事人明确约定一方不及时开具发票，另一方有权拒绝支付工程价款，那么这种情况就意味着双方将开具发票视为与支付工程价款同等的义务。[①] 发包人可以行使先履行抗辩权。

最高人民法院在（2019）最高法民申 2634 号“辽宁万城建设集团有限公司（以下简称万城公司）、江苏中昶信建设集团有限公司（原江苏中信建设集团有限公司）建设工程施工合同纠纷案”中认为：“虽然结算协议约定如鑫诚公司未按约支付工程款，万城公司可按原分包合同执行，鑫诚公司首付款未按约支付协议无效，但该协议同时约定，万城公司申请付款时应负责开具正规等额的发票，否则鑫诚公司有权拒绝支付。原审未支持万城公司在未开具发票的情形下要求按照原分包合同执行的主张，并无不当。”

湖南省高级人民法院《关于审理建设工程施工合同纠纷案件若干问题的解答（2022 年）》第 16 条第 2 款、第 3 款规定：“发包人以承包人未开具发票为由拒绝支付工程款的，人民法院不予支持。当事人另有明确约定的除外。承包人起诉要求发包人支付工程款，发包人以要求承包人开具发票为由提起反诉的，人民法院可以一并审理。”

四川省高级人民法院《关于审理建设工程施工合同纠纷案件若干疑难问题的解答（2015 年）》第 29 条第 2 款规定：“发包人以承包人未开具发票，未移交工程竣工资料为由拒付工程价款的，不予支持。但建设工程施工合同另有约定的除外。”

四、合同中明确约定“承包方交付发票是发包人付款的前提条件”的例外

有原则就有例外，在出现下列情况时，即便合同明确约定“承包方交付发票是发包人付款的前提条件”，发包人也不能以承包人未开具发票为由拒付工程价款。

① 参见最高人民法院民事审判第一庭编：《民事审判实务问答》，法律出版社 2021 年版，第 77 页。

1. 发包人没有付款能力，承包人行使不安抗辩权

不安抗辩权，又称为保证履行抗辩权，是指双务合同成立后，根据合同约定应当先履行合同义务的当事人在有证据证明对方不能履行合同义务，或者有不能履行合同义务之虞时，在对方没有对待履行或者提供担保之前，暂时中止履行合同义务的权利。[①] 发包人在濒临破产、资不抵债的情形下，即使合同明确约定了"先开具发票后支付工程款，若未开具发票则发包人有权拒付工程款"等内容，发包人也不能以承包人未开具发票为由进行抗辩。因为在发包人已经面临资不抵债、无法保证发包人能够支付工程价款（包含增值税税金）的情况下，仍然要求承包人按照合同约定先开具发票，无疑会增加承包人因垫付税款而扩大损失的风险，承包人可以行使不安抗辩权。

天津市高级人民法院在（2019）津民初 2 号"中天建设集团有限公司（以下简称中天公司）与天津鼎成时代置业投资有限公司（以下简称鼎成公司）建设工程施工合同纠纷案"中认为：关于鼎成公司主张双方约定的工程款支付条件并未成就的问题。虽然《〈大连丰盈大厦项目总承包工程〉结算及支付协议》第 3.4 条约定，在鼎成公司付款前中天公司应向鼎成公司开具符合要求的足额有效工程款发票，但该约定旨在约定鼎成公司有付款能力或部分付款能力且同意付款的情况下赋予其要求中天公司开具发票的抗辩权。该案中，双方签订结算书确认了鼎成公司欠付中天公司工程款的事实，鼎成公司在中天公司发函催告其支付工程款后未按期支付，鼎成公司亦未能证明其具备付款能力。且中天公司开具发票的数额应建立在鼎成公司实际承诺付款数额确定的基础上，鼎成公司在其未依约付款的情况下，即要求中天公司先行开具发票，有违开具发票的惯例。同时，中天公司向鼎成公司开出工程款发票的数额已经超过了鼎成公司支付工程款的数额。故鼎成公司以中天公司未开具工程款发票为由主张不具备付款条件，依据不足，法院不予支持。

2. 发承包双方之间没有结算致使承包人无法开票的，不能适用

开具发票的前提是承包人在开票前有明确的开票金额，如果发承包双方没有结算致使承包人无法开具发票，即便施工合同明确约定发包人在付款前承包人应

---

① 参见最高人民法院民法典贯彻实施工作领导小组主编：《中华人民共和国民法典合同编理解与适用〔一〕》，人民法院出版社 2020 年版，第 439 页。

先开具相应额度的发票，否则发包人有权拒付工程款，该约定也因客观上无法履行而对双方没有约束力，发包人不能以此行使先履行抗辩权。

例如，最高人民法院在（2022）最高法民再286号“广安市富盈酒店有限公司（以下简称富盈酒店）、深圳市郑中设计股份有限公司（以下简称郑中公司）装饰装修合同纠纷案”中认为：“根据《装修合同》专用条款第六条第六款的约定，在富盈酒店支付相应款项前，郑中公司须向富盈酒店开具增值税发票，否则富盈酒店有权拒付任何款项。但是，从富盈酒店提交的已付款增值税发票、付款凭证等证据来看，双方历次收付款过程中，富盈酒店和监理单位先审核确定工程款，然后再由郑中公司开具发票。郑中公司未开具后续发票的原因是富盈酒店未审核确定郑中公司的请款金额，故富盈酒店以‘先票后款’约定为由拒不付款的理由不能成立。因此，原审认定富盈酒店应按约于2019年7月10日审核完毕并支付欠付的工程款，并无不当，本院再审予以维持。”

又如，最高人民法院在（2019）最高法民申1829号“光汇石油储运（大连）有限公司（以下简称光汇石油）、中国交通建设股份有限公司（以下简称中交公司）建设工程施工合同纠纷案”中认为：“虽然案涉施工合同约定，光汇石油每次付款前中交公司应事先开具相应额度的发票，否则有权拒付工程款。但中交公司开具相应的发票显然应以双方达成付款的合意并确定款项数额为前提，即该合同约定涉及的是光汇石油同意履行付款义务的情况下双方履行顺序的问题。在光汇石油始终主张不应向中交公司支付工程欠款的情况下，其要求中交公司提前开具发票不具有正当性，亦不符合前述约定的真正含义。鉴于原审判决在确认光汇石油应当向中交公司支付工程欠款的同时，判令中交公司向光汇石油开具相应的发票，已兼顾光汇石油要求取得相应发票的权益，本院对光汇石油该项申请再审事由不予支持。”

3. 承包人有其他合理理由无法开具发票或开具发票可能导致重大损失的

法律不应强人所难，尽管合同约定“承包方交付发票是发包人付款的前提条件”，但如果承包人因客观原因无法开具发票，或开具发票会导致重大损失情况，在能保证发包人利益不受损失的情况下，根据公平原则，应允许对合同约定的适度突破。

关联判例

贵州灵智农业集团置业有限公司、重庆渝康建设（集团）有限公司建设工程施工合同纠纷案

（2019）最高法民申 1301 号

【裁判要旨】

出具发票属于合同履行中的附随义务，在双方没有明确约定未出具发票发包方可不支付工程款的情况下，发包方不能以承包方该附随义务未履行对抗其应当履行支付工程款的主合同义务。

【基本案情】

贵州灵智农业集团置业有限公司（以下简称灵智公司）将位于都匀农产品综合批发市场 17 号地 1#、2#、8#、9#、10#、11#、12#、13#、14# 楼建设工程项目发包给重庆渝康建设（集团）有限公司（以下简称渝康公司）施工建设，双方为此签订了三份建设工程施工合同及一份《补充协议》，对工程概况、承包范围、工期、质量标准、造价标准及价款支付进行约定，①同时约定了由渝康公司出具发票。

【裁判摘要】

最高人民法院认为，案涉合同“专用条款”约定了在支付工程款同时“并出具发票”或者“乙方出具发票”，但未明确开具发票是支付工程款的前提

① 关于价款支付约定：1#、2#、8#、9#、10# 楼的工程款支付方式为：渝康公司垫资至第十层时，灵智公司按现浇板浇注完工的建筑面积的 60% 支付 80% 的工程进度款，以后主体每完工 6 层按上述方式支付一次进度款，主体填充墙完工 10 日内以已完工建筑面积计算的工程价款的 10% 支付进度款，内外墙抹灰工程完工 10 日内以已完工建筑面积计算的工程价款的 5% 支付进度款，完成工程承包范围内所有内容 15 日内支付工程总价的 80%。11#、12# 楼的工程款支付方式为：工程施工主体封顶 10 个工作日内按实际已完成工程量的 60% 支付工程款，工程承包范围内完成达到验收条件后 15 个工作日支付至总工程造价的 80%。13#、14# 楼的工程款支付方式为：工程施工主体封顶 10 个工作日内按总工程造价的 60% 支付 80% 的工程款，工程承包范围内完成达到验收条件后 15 个工作日支付至总工程造价的 80%。以上所有工程在完成承包合同范围内的工程经质检站验收合格后 3 个月内支付至工程总价的 95%，取得竣工验收备案表后 1 个月内付至工程总造价的 97%，余款 3% 作为工程质量保证金，在工程竣工验收后两年内退还，每年退还 1.5%。

条件。且出具发票属于合同履行中的附随义务，在双方没有明确约定未出具发票发包方可不支付工程款的情况下，发包方不能以承包方该附随义务未履行对抗其应当履行支付工程款的主合同义务。本案中，渝康公司作为承包人已完成了建设工程施工义务并且质量合格，其合同主要义务已履行完毕，因此，灵智公司应当按约定支付工程价款，逾期付款构成违约。故灵智公司该项申请理由亦不能成立。

问题 2. 承包人未开发票，发包人能否以代扣代缴为由直接扣除税款?

《税收征收管理法》第 25 条规定："纳税人必须依照法律、行政法规规定或者税务机关依照法律、行政法规的规定确定的申报期限、申报内容如实办理纳税申报，报送纳税申报表、财务会计报表以及税务机关根据实际需要要求纳税人报送的其他纳税资料。扣缴义务人必须依照法律、行政法规规定或者税务机关依照法律、行政法规的规定确定的申报期限、申报内容如实报送代扣代缴、代收代缴税款报告表以及税务机关根据实际需要要求扣缴义务人报送的其他有关资料。"

建筑行业大量存在没有资质的单位或个人承包工程施工，为了避免承包的单位或个人未依法缴纳税款，发包人一般会要求在施工合同中约定由发包人代扣代缴税款。也有承包人未按约定给发包人开具发票，发包人为了防止税务损失，要求在付款时直接扣除税款。

对承包人未开发票，发包人能否以代扣代缴为由直接扣除税款问题，实务界存在两种不同观点：

第一种观点认为，税收法定原则包括税率法定、征收主体法定和纳税主体法定等，没有法律规定的情况下，发包人不能代扣代缴，更不能以代扣代缴名义扣除税款。

第二种观点认为，依法纳税是承包人的义务，承包人未开发票，发包人代扣代缴并不损害国家利益，也不影响承包人利益，应当允许。

笔者认为以上两种观点均不完整。

税收法定是税法的基本原则。《宪法》第 56 条规定："中华人民共和国公民有依照法律纳税的义务。"税收法定是指税种的设立、税率的确定和税收征收管理必须由法律规定。[①]

一、合同约定一方当事人所负的税款缴纳义务由另一方承担或者代为履行的，有效

《税收征收管理法》第 4 条第 1 款规定："法律、行政法规规定负有纳税义务的单位和个人为纳税人。"纳税义务人法定是税收法定的要素之一，纳税义务人的纳税义务只能由法律规定，不能由合同约定，更不能在不同纳税主体之间自由转移。合同约定一方当事人所负的法定纳税义务由另一方承担或者代为履行的，只是在发承包之间改变了税款缴纳的义务人，并不改变税务局对纳税义务人的认定。对税务征收机关而言，不论税费谁来缴纳，缴纳税费的义务人都不发生改变，只要该税款没有足额及时缴纳，受处罚的就是原纳税义务人。

最高人民法院在（2020）最高法民终 1084 号"武汉长江博润置业有限公司、武汉市百富勤置业有限公司合同纠纷案"中认为："对于税款相关问题。虽然我国税收管理方面的法律、法规对于各种税收的征收均明确规定了纳税义务人，但并未禁止纳税义务人与合同相对人约定由合同相对人或第三人实际承担或者缴纳税款，即税费作为一种金钱之债，可通过约定由他人代为履行。"

二、合同约定发包人代扣代缴，且发包人已经实际缴纳该税款的，可以在支付承包人工程款内扣除

合同约定发包人代扣代缴，是指发包人代承包人扣除税款并代为缴纳税款，并不改变原纳税主体，不违反法律规定，合法有效。承包人按照法律规定缴纳税款是承包人的法定义务，不论发包人代扣代缴还是承包人自行缴纳，其应纳税额都一致，不影响承包人利益。发包人已经实际缴纳，理应由承包人承担的税款的，发包人在支付承包人工程款内扣除该税款有事实依据。

最高人民法院在（2019）最高法民申 2732 号"马某英建设工程施工合同纠纷案"中认为：关于税款的认定问题。重庆隆天宁夏分公司虽无权征收税款，但法律并不禁止税款的代扣代缴。协议书第 3.1.1 条约定，重庆隆天宁夏分公司需按个人所得税 1%，企业所得税 1%，营业税按国家规定向公司缴纳；第 7.4 条约定，重庆隆天宁夏分公司在扣除税款以及其他费用后，将工程款给付马某英。上述约定不违反法律规定，马某英申请再审称工程总价款中不应扣除合同约定的税

---

① 参见《立法法》第 11 条规定："下列事项只能制定法律……（六）税种的设立、税率的确定和税收征收管理等税收基本制度……"

款，不符合上述约定，有悖民法诚实信用原则。重庆隆天宁夏分公司在该案二审中提供了缴纳个人所得税的凭证 84 份、缴纳企业所得税的凭证 52 份、缴纳营业税的凭证 71 份，证明其实际向税务机关缴纳了相关税款。故原判决按照上述协议书的约定将税款 2428557 元从工程总价款中扣除，并无不当。

三、合同没有约定发包人代扣代缴，或发包人没有实际缴纳该税款的，发包人无权在支付承包人工程款内扣除税款

《税收征收管理法》第 4 条第 2 款、第 3 款规定："法律、行政法规规定负有代扣代缴、代收代缴税款义务的单位和个人为扣缴义务人。纳税人、扣缴义务人必须依照法律、行政法规的规定缴纳税款、代扣代缴、代收代缴税款。"当合同没有约定代扣代缴，法律亦无规定发包人替承包人代扣代缴，发包人以代扣代缴为由直接在向承包人支付的工程款中扣除税款没有依据。即便合同约定发包人对承包人税款进行代扣代缴，只要发包人没有缴纳，纳税责任依然存在，作为纳税主体的承包人的纳税义务并未完成，发包人无权从支付工程款中扣除税款。

最高人民法院在（2021）最高法民申 5686 号"平果恒泰房地产开发有限公司（以下简称平果恒泰公司）建设工程施工合同纠纷案"中认为："江苏奥达公司作为建筑工程的承包人，应当向付款方平果恒泰公司开具工程款发票，双方在合同中亦作此约定。但是，双方并未约定平果恒泰公司在江苏奥达公司未提供发票时可以代扣税款，江苏奥达公司系缴纳税款的主体，平果恒泰公司在本案中请求直接扣留相应税款，缺乏事实和法律依据。"

关联判例

陕西航天建设集团有限公司（原陕西航天建筑工程有限公司）、甘肃昊鑫市场开发有限公司建设工程施工合同纠纷案

（2020）最高法民终 496 号

【裁判要旨】

依法缴纳税款本来就是承包人的义务，如果双方之间存在代扣代缴税款的约定，且实际上发生了代扣代缴的行为，该代扣代缴的税款应该认定为已付工程款的组成部分。

【基本案情】

2011 年 4 月 3 日，陕西航天建设集团有限公司（以下简称陕西航建公司）与甘肃昊鑫市场开发有限公司（以下简称甘肃昊鑫公司）签订《建设工程施工合同》，约定由陕西航建公司承建甘肃昊鑫公司开发的“庆阳 CBD 商务中心二期工程”。合同约定施工范围、工期、质量标准、造价标准及价款支付等内容，同时约定由发包人代扣代缴税费。甘肃昊鑫公司已实际代陕西航建公司缴纳了案涉工程款 5020 万元的税款 1716840 元。

【裁判摘要】

最高人民法院认为，甘肃昊鑫公司提交的发票载明付款方为甘肃昊鑫公司，收款方为陕西航建公司，工程项目名称为“庆阳 CBD 商务中心二期工程”，金额为“50200000 元”，税额为“1716840 元”，该证据加盖了西峰区地方税务局代开发票专用章，与中国工商银行客户存款对账单、银行支票存根相互对应，能够证明甘肃昊鑫公司代陕西航建公司缴纳了案涉工程款 5020 万元的税款 1716840 元。二审庭审中，陕西航建公司认可双方有代扣代缴的约定，故本院对该证据予以认定。关于甘肃昊鑫公司上诉主张其代陕西航建公司缴纳的税款 1716840 元是否应予扣除的问题。二审查明，甘肃昊鑫公司与陕西航建公司之间存在代扣代缴税费的约定，甘肃昊鑫公司已实际代陕西航建公司缴纳了案涉工程款 5020 万元的税款 1716840 元，该款项应当从甘肃昊鑫公司应支付的工程款中予以扣除。本院对甘肃昊鑫公司有关其代缴工程税款 1716840 元应当扣除的主张予以支持。

问题 3. 发包人能否起诉承包人开具工程款发票？

《发票管理办法》第 18 条规定：“销售商品、提供服务以及从事其他经营活动的单位和个人，对外发生经营业务收取款项，收款方应当向付款方开具发票；特殊情况下，由付款方向收款方开具发票。”第 19 条规定：“所有单位和从事生产、经营活动的个人在购买商品、接受服务以及从事其他经营活动支付款项，应当向收款方取得发票。取得发票时，不得要求变更品名和金额。”

发承包双方签订建设工程施工合同，构成经营关系，承包人应当给予发包人开具发票，发包人向承包人索要发票既是权利也是义务。

如果承包人未及时给发包人开具发票，发包方能否以起诉的方式要求承包方开具工程款发票，实务界存在两种不同观点：

第一种观点认为，开具发票是当事人行政法上的义务，应由相应的行政管理机关进行管理，不属于人民法院民事诉讼管辖范围。

第二种观点认为，承包人开具发票系合同附随义务，发包人可以起诉承包方开具工程款发票。

笔者倾向于第二种观点。

发票既是税收管理的重要手段，也是民事权利的载体。发票具有以下特点：

一、具有行政和民事的双重属性

一方面，发票是计税的重要凭证，是保障国家税收收入，维护经济秩序重要手段。《税收征收管理法》第 21 条第 2 款规定："单位、个人在购销商品、提供或者接受经营服务以及从事其他经营活动中，应当按照规定开具、使用、取得发票。"依据我国《发票管理办法》第 33 条的规定，收款方未按规定开具发票的，税务机关可以处 1 万元以下的罚款。故开具发票属于行政法所调整的范围，具有行政属性。另一方面，发包人获取承包人开具的增值税专用发票可以按照《增值税暂行条例》及对应实施细则、国家税务总局相关通知进行抵扣，发票作为经营支出凭证，可以冲抵企业所得税。这直接关系着发包人的经济利益，构成发承包之间的民事属性。

二、承包人未及时向发包人开具发票，发包人可以向税务机关投诉，也可以向法院提起诉讼

《发票管理办法》第 6 条规定："对违反发票管理法规的行为，任何单位和个人可以举报。税务机关应当为检举人保密，并酌情给予奖励。"对应当开具发票而未开具发票或者未按照规定的时限开具发票，由税务机关责令改正，可以处 1 万元以下的罚款。

《民法典》第 509 条第 1 款规定："当事人应当按照约定全面履行自己的义务。"开具发票既是承包人的法定义务，也是承包人的合同义务。《第八次全国法院民事商事审判工作会议（民事部分）纪要》第 34 条规定："承包人不履行配合工程档案备案、开具发票等协作义务的，人民法院视违约情节，可以依据合同法第六十条、第一百零七条规定，判令承包人限期履行、赔偿损失等。"在建设工程施工合同中，发承包双方通常会在合同条款中明确约定承包人的开票义务，此

种情况下，开具发票又成为承包人的合同义务。即使合同中未对此作出明确约定，承包人仍然负有向发包人开具发票的义务。就民法理论而言，给付义务可以分为主给付义务和从给付义务。合同关系是建立在主给付义务之上的，从给付义务具有从属性，与主给付义务相互关联。承包人向发包人开具发票义务是合同的从给付义务。所谓从给付义务是指主给付义务以外，债权人可以独立诉请履行，以完全满足给付上利益之义务。从给付义务与附随义务的最大区别就是从给付义务具有可诉性，而附随义务没有可诉性。

故当承包人不按合同约定及法律规定向发包人开具发票，发包人有权要求承包人开具发票，此与承包人承担相应的行政处罚并不冲突。如最高人民法院在（2019）最高法民终 917 号“山东太阳控股集团有限公司、山东圣德国际酒店有限公司建设工程施工合同纠纷案”中认为“开具发票虽属纳税人税法上的义务，本案亦未就发票如何开具作出明确约定，但民事合同中收款方在收到款项后开具相应的发票属于合同当事人应有的附随义务，具有民事性，该民事行为性质与履行税法上的义务具有一致性，二者并不冲突和矛盾。对此，当事人提出诉讼请求的，人民法院予以受理，具有法律依据。”

三、只有纳税争议才属于行政专属管辖

在税法领域，只有纳税争议才属于行政专属管辖，包括小规模及一般纳税人认定、税务局对企业监管、税收管理、税率认定、税务催缴、税务处罚等。《税收征收管理法》第 88 条第 1 款规定，纳税人、扣缴义务人、纳税担保人同税务机关在纳税上发生争议时，必须先依照税务机关的纳税决定缴纳或者解缴税款及滞纳金或者提供相应的担保，然后可以依法申请行政复议；对行政复议决定不服的，可以依法向人民法院起诉。

对平等主体之间的涉及税票交付、税务损失赔偿等事项，并非行政专属管辖。如最高人民法院在（2021）最高法民申 1337 号“新疆天宇建设工程集团有限责任公司建设工程施工合同纠纷案”中认为：双方补充协议中约定的提供发票并非指由税务机关提供发票，而是指在给付工程款时需由承包人向发包人给付税务机关开具的发票，当事人之间就一方自主申请开具发票与另一方取得发票的关系，属于民事法律关系范畴，原判决认定开具发票属于民事案件的审理范围，并无不当。

另外，河北省高级人民法院《关于印发〈建设工程施工合同案件审理指南〉

的通知》第54条规定："支付工程款义务和开具发票义务是两种不同性质的义务，不具有对等关系。发包人以承包人违反约定未开具发票为抗辩理由拒付工程款的，人民法院不予支持。但可以明确承包人具有向发包人开具发票的义务。发包人提起反诉请求主张承包人开具发票的，人民法院应予支持。"

关联判例

中天建设集团有限公司与新疆温商房地产开发有限公司建设工程施工合同纠纷案

（2014）民一终字第4号

【裁判要旨】

发包人要求承包人收取工程款后开具相应数额的工程款发票的请求属于法院受理范围。

【裁判摘要】

关于中天建设集团有限公司应否按照合同约定和实际付款金额开具发票的问题。收取工程款开具工程款发票是承包方税法上的义务，无论是否在合同中明确约定，要求承包方收到工程款后开具相应数额的工程款发票都是发包方的合同权利。因此，新疆温商房地产开发有限公司要求中天建设集团有限公司收取工程款后开具相应数额的工程款发票的请求应予支持，一审判决认为该请求不属于民事审判解决的范围并不予审查，属适用法律错误，予以纠正。

问题4. 发包人向承包人提供甲供材，是否需要向承包人开具发票？

《发票管理办法》第18条规定："销售商品、提供服务以及从事其他经营活动的单位和个人，对外发生经营业务收取款项，收款方应当向付款方开具发票；特殊情况下，由付款方向收款方开具发票。"

在《2013清单计价规范》计价模式下，甲供材是由发包人采购并提供给承包人，由承包人将其用于合同约定的建设工程项目的建筑材料。甲方通常选择钢筋、混凝土等对工程质量有重要影响，或价格占比较高的材料为甲供材。

甲供材的本质是乙方基于买卖合同关系从甲方获取材料并应用于工程，再基于建设工程施工合同关系把工程交付给甲方，甲供材涉及两个经营关系，都应当开具发票。

最高人民法院在（2021）最高法民申1337号“新疆天宇建设工程集团有限责任公司建设工程施工合同纠纷案”中认为：“双方在补充协议中约定商砼为甲供材，在结算时将商砼款计入工程总造价，在对账时将商砼款作为已付工程款进行了扣除，鉴定报告亦将商砼款作为应付工程款计入工程总造价。因此，天宇公司关于其对商砼款不承担开具发票义务的再审申请事由不能成立。”

因《2024清单计价标准》第3.2.4条规定，发包人提供材料、承包人负责安装的清单项目，其清单项目综合单价应包括承包人自身应承担的安装损耗，但不包括发包人提供材料的价格，以及由发包人承担的损耗费用和相应的总承包服务费用；发包人提供材料且材料供应方负责安装，而承包人不负责安装但提供配合及协调服务的，工程量清单不应列项也不计算其综合单价，但应在其他项目清单中计算其相应的总承包服务费用。故在《2024清单计价标准》实施后，建设工程施工合同结算价格不再包含甲供材，发包人向承包人提供甲供材不再视为与承包人成立买卖合同，无须向承包人开具发票。

第七章 造价鉴定

证据制度的价值在于保证当事人及法官可以通过既定的诉讼手段高效、准确地复现或者认识案件的事实。[①]然而，随着科学技术的快速发展和社会的极大进步，证据所呈现的固有属性越来越专业，要求对证据的识别能力越来越强。作为裁判者的法官或仲裁员，无法精通人类所有知识，存在“专业壁垒”现象，在面对各式各样的专门性问题时，很难仅凭自己的知识结构、认知水平识别所有证据，需要有专门知识和技术的人员予以协助，即司法鉴定。

司法鉴定是指在诉讼活动中鉴定人运用科学技术或者专门知识对诉讼涉及的专门性问题进行鉴别和判断，并提供鉴定意见的活动。司法鉴定程序是指司法鉴定机构和司法鉴定人进行司法鉴定活动的方式、步骤以及相关规则的总称。

工程造价鉴定是司法鉴定的一种。根据《建设工程造价鉴定规范》（GB/T 51262—2017）第2.0.1条的定义，工程造价鉴定是指鉴定机构接受人民法院或仲裁机构委托，在诉讼或仲裁案件中，鉴定人运用工程造价方面的科学技术和专业知识，对工程造价争议中涉及的专门性问题进行鉴别、判断并提供鉴定意见的活动。具体而言，就是司法鉴定机构根据人民法院或仲裁机构的委托，指派司法鉴定人员依据相关法律、法规、规章和规范性文件，以及相关标准、图集、定额、规程和有关工程造价调整文件，运用工程造价专业技术和方法，针对人民法院或仲裁机构所委托的鉴定事项，通过对经过质证的施工合同、图纸、变更签

① 参见最高人民法院民事审判第一庭编著：《最高人民法院新民事诉讼证据规定理解与适用》（上、下），人民法院出版社2020年版，第308页。

证等证据资料进行分析、鉴别、评估和计算，从而确定鉴定项目的全部或部分工程内容的工程价款、合理施工工期、经济损失等，并按规定出具工程造价鉴定意见的活动。

工程造价司法鉴定的成果是鉴定意见书，鉴定意见书作为证据的一种，直接关系着案件当事人的切身利益。故客观公证的工程造价鉴定意见，对于保障案件当事人的合法权益、维护良好的司法环境、实现公平正义有着十分重要的意义。

第一节 鉴定程序

《司法鉴定程序通则》第 2 条规定："司法鉴定是指在诉讼活动中鉴定人运用科学技术或者专门知识对诉讼涉及的专门性问题进行鉴别和判断并提供鉴定意见的活动……"工程造价鉴定作为司法鉴定的一种，对工程案件在民事诉讼或仲裁活动中起到非常关键的作用，故必须保证程序合法、操作规范。

（一）鉴定启动

根据民事诉讼法及仲裁法的规定，造价鉴定的启动分为依当事人申请启动和依法院职权启动两种。

1. 依当事人申请启动。鉴定意见是证据的一种，人民法院或仲裁机构委托鉴定人对专门性问题进行检验，出具鉴定意见的目的是查清案件事实。证据收集适用举证时限规则和举证责任规则。最高人民法院《关于民事诉讼证据的若干规定》（以下简称《民事证据规定》）第 31 条第 2 款规定："对需要鉴定的待证事实负有举证责任的当事人，在人民法院指定期间内无正当理由不提出鉴定申请或者不预交鉴定费用，或者拒不提供相关材料，致使待证事实无法查明的，应当承担举证不能的法律后果。"

2. 依法院职权启动。《民事诉讼法司法解释》第 121 条第 3 款规定："符合依职权调查收集证据条件的，人民法院应当依职权委托鉴定，在询问当事人的意见后，指定具备相应资格的鉴定人。"《民事证据规定》第 30 条规定："人民法院在审理案件过程中认为待证事实需要通过鉴定意见证明的，应当向当事人释明，并指定提出鉴定申请的期间。符合《最高人民法院关于适用〈中华人民共和国民事诉讼法〉的解释》第九十六条第一款规定情形的，人民法院应当依职权委托鉴定。”

由于鉴定的本质是举证，即利用专有技术或专门知识把现有证据转换成可被法官或仲裁员识别并用于裁判案件的证据。因此，鉴定仍应当受到当事人举证范围的限制和约束。根据《民事诉讼法》第 79 条和《民事诉讼法司法解释》第 121 条的规定，原则上鉴定因当事人的申请而启动，人民法院不能启动鉴定程序。只有与待证事实具有关联性或对其有意义的，且符合《民事诉讼法司法解释》第 96 条属于人民法院依职权调查收集证据的五种情形，[①] 人民法院才可以依职权启动鉴定程序。通常情况下，依照《民事证据规定》第 30 条的规定，人民法院在审理案件过程之中认为待证事实需要通过鉴定意见证明的，应当向当事人予以释明，并指出提出鉴定申请的期间，由对待证事实负有举证责任的当事人申请启动鉴定程序。

（二）委托和受理

1. 委托

工程造价鉴定的委托人是委托鉴定机构对鉴定项目进行工程造价鉴定的人民法院或仲裁机构。《司法鉴定程序通则》第 2 条规定：“司法鉴定机构应当统一受理办案机关的司法鉴定委托。”人民法院或仲裁机构在委托鉴定机构鉴定时，应尊重当事人选择，当事人可以协商确定鉴定人，当事人协商不成的，由人民法院或仲裁庭指定。《民事诉讼法》第 79 条第 1 款规定：“当事人可以就查明事实的专门性问题向人民法院申请鉴定。当事人申请鉴定的，由双方当事人协商确定具备资格的鉴定人；协商不成的，由人民法院指定。”《仲裁法》第 44 条第 1 款规定：“仲裁庭对专门性问题认为需要鉴定的，可以交由当事人约定的鉴定部门鉴定，也可以由仲裁庭指定的鉴定部门鉴定。”当然，如果发现双方当事人选择的委托鉴定机构有可能损害国家利益、集体利益或第三方利益的，应当终止协商选择程序，采用随机方式选择。

---

① 参见《民事诉讼法司法解释》第 96 条第 1 款规定：“民事诉讼法第六十七条第二款规定的人民法院认为审理案件需要的证据包括：（一）涉及可能损害国家利益、社会公共利益的；（二）涉及身份关系的；（三）涉及民事诉讼法第五十八条规定诉讼的；（四）当事人有恶意串通损害他人合法权益可能的；（五）涉及依职权追加当事人、中止诉讼、终结诉讼、回避等程序性事项的。”

委托人委托鉴定的，应当向鉴定机构出具鉴定委托书，委托书中应当载明受委托鉴定机构名称、委托鉴定的目的、范围、事项和鉴定要求、委托人的名称等，并向鉴定机构提供经质证及法院认定的真实、完整、充分的鉴定材料。委托人委托的事项属于重新鉴定的，应在委托书中注明。诉讼当事人对鉴定材料有异议的，应当向委托人提出。

2. 受理

司法鉴定机构应当对委托鉴定事项、鉴定材料等进行审查，并应当自收到委托之日起 7 个工作日内作出是否受理的决定。对属于本机构司法鉴定业务范围，鉴定用途合法，提供的鉴定材料能够满足鉴定需要的，应当受理。对于鉴定材料不完整、不充分，不能满足鉴定需要的，司法鉴定机构可以要求委托人补充；经补充后能够满足鉴定需要的，应当受理。对于复杂、疑难或者特殊鉴定事项的委托，司法鉴定机构可以与委托人协商决定受理的时间。

司法鉴定机构决定受理鉴定委托的，应当自收到委托之日起 7 个工作日内向委托人书面复函，并与委托人签订司法鉴定委托书。复函的内容应当包括：（1）同意接受委托的意思表示；（2）鉴定所需证据材料；（3）鉴定工作负责人及其联系方式；（4）鉴定费用及收取方式；（5）鉴定机构认为应当写明的其他事项。司法鉴定委托书应当载明的内容有：委托人名称、司法鉴定机构名称、委托鉴定事项、是否属于重新鉴定、鉴定用途、与鉴定有关的基本案情、鉴定材料的提供和退还、鉴定风险，以及双方商定的鉴定时限、鉴定费用、收取方式、双方权利义务等其他需要载明的事项。

鉴定机构接受委托，应在复函之日起 5 个工作日内，向委托人、当事人送达鉴定人员组成通知书，载明鉴定人员的姓名、执业资格专业及注册证号、专业技术职称等信息。并在鉴定人员组成通知书中载明回避声明和公正承诺。

3. 不受理

司法鉴定的过程，就是司法鉴定机构接受委托，指派鉴定人以自身掌握的科学技术和专业技能，利用专业仪器仪表等设备，对有关鉴定材料进行检验分析、判断，形成书面鉴定意见并交付委托人的过程。但并非所有事项都可以鉴定。有下列情形之一的鉴定委托，司法鉴定机构不得受理：

（1）委托鉴定事项超出本机构司法鉴定业务范围的；（2）发现鉴定材料不真实、不完整、不充分或者取得方式不合法的；（3）鉴定用途不合法或者违背社会公德的；（4）鉴定要求不符合司法鉴定执业规则或者相关鉴定技术规范的；（5）鉴定要求超出本机构技术条件或者鉴定能力的；（6）委托人就同一鉴定事项同时委托其他司法鉴定机构进行鉴定的；（7）担任过鉴定项目咨询人的；（8）与鉴定项目有利害关系的；（9）其他不符合法律、法规、规章规定的情形。

司法鉴定机构决定不予受理鉴定委托的，应当自收到委托之日起7个工作日内向委托人书面复函，说明不予受理的理由，并退还鉴定材料。

（三）鉴定实施

1. 组织鉴定

鉴定机构接受委托后，应指派本机构中满足鉴定项目专业要求，具有相关项目经验的鉴定人进行鉴定。鉴定机构对同一鉴定事项，应指定两名及以上鉴定人共同进行鉴定。对争议标的较大或涉及工程专业较多的鉴定项目，应成立由3名及以上鉴定人组成的鉴定项目组。根据鉴定工作需要，鉴定机构可安排非注册造价工程师的专业人员作为鉴定人的辅助人员，参与鉴定的辅助性工作。

鉴定机构应建立科学、严密的管理制度，严格监控证据材料的接收、传递、鉴别、保存和处置。鉴定机构应按照工程造价执业规定对鉴定工作实行审核制。应按照委托书确定的鉴定范围、事项、要求和期限，根据本机构质量管理体系、鉴定方案等督促鉴定人完成鉴定工作。鉴定人应建立鉴定工作流程信息表，将鉴定过程中每一事项发生的时间、事由、形成等进行完整的记录，并进行唯一性、连续性标识。鉴定中需向委托人说明或需要委托人了解、澄清、答复的各种问题和事项，鉴定机构应及时制作联系函送达委托人。

鉴定机构接受鉴定委托，对案件争议的事实初步了解后，当对委托鉴定的范围、事项和鉴定要求有不同意见时，应向委托人释明，释明后按委托人的决定进行鉴定。

2. 鉴定期限

（1）鉴定期限的确定。为了合理确定鉴定期限，防止鉴定期限设定不科学，导致鉴定人无法在预定的鉴定期限内完成鉴定事项，鉴定委托人在委托鉴定时应当根据鉴定项目争议标的涉及的工程造价金额、鉴定事项的复杂程度、鉴定材料的准备等情况，在征询鉴定人意见之后，与鉴定机构合理确定鉴定期限。也可以参照《建设工程造价鉴定规范》（GB/T 51262—2017）中表3.7.1规定的鉴定期限合理确定：①争议标的涉及工程造价在1000万元以下（含1000万元）的，鉴定期限为40个工作日；②争议标的涉及工程造价在1000万元以上3000万元以下（含3000万元）的，鉴定期限为60个工作日；③争议标的涉及工程造价在3000万元以上10000万元以下（含10000万元）的，鉴定期限为80个工作日；④争议标的涉及工程造价在10000万元以上（不含10000万元）的，鉴定期限为100个工作日。鉴定期限从鉴定人接收委托人按该规范第4.2.1条的规定移交证据材料之日起的次日起计算。

（2）鉴定期限的延长。鉴定期限的延长是指因鉴定事项复杂、疑难，在规定的时间无法完成鉴定事项，经与委托人协商，延长鉴定时间。经委托人同意，鉴定的时间可以延长，每次延长时间一般不得超过30个工作日。每个鉴定项目延长的次数一般不得超过3次。

（3）鉴定期限的顺延。鉴定期限的顺延是指非鉴定人致使鉴定行为需要暂停、或效率下降而导致鉴定期限的延长。鉴定期限的顺延的表现形式是顺延的期限不计入鉴定期限。如在鉴定过程中，经委托人认可，等待当事人提交、补充或者重新提交证据、勘验现场等所需的时间，不计入鉴定期限。

（四）中止鉴定和终止鉴定

1. 中止鉴定

通常情况下，司法鉴定机构、司法鉴定人应当及时高效进行鉴定并出具鉴定意见。但在特殊情况下，鉴定机构可以中止鉴定，待条件成熟后再恢复鉴定。通常表现在以下几个方面：（1）委托人要求。司法鉴定委托人要求中止鉴定的。（2）当事人要求。案件当事人要求暂缓履行应尽的责任和义务的。（3）取证要求。出现新的情况需重新调查和取证的；确需补充的鉴定材料，而无法及时补充的；补充或者重新提取鉴定评估材料的；鉴定评估工作开展需要见证人到场见证，见证人员未到场，导致鉴定评估工作延误的。（4）技术要求。发现比较复杂的工程造价专业技术问题，需要时间进行论证或实验的。（5）其他情形。因不可抗力等因素暂时无法开展鉴定评估工作的；法律、法规、司法解释等规定的其他情形。因特殊检验需要预约时间或者需要等待检验结果的。

工程造价司法鉴定中止，无须退回有关鉴定材料，但要向鉴定委托人说明原因。中止鉴定的时间不计入鉴定期间。重新启动该工程造价司法鉴定，还由原工程造价司法鉴定机构和鉴定人负责实施。

2. 终止鉴定

通常情况下，司法鉴定机构、司法鉴定人在接受司法鉴定委托后，应当在规定期限内及时鉴定并出具鉴定意见。但在特殊情况下，鉴定机构可以单方面作出终止鉴定的决定。通常表现在以下几个方面：（1）委托人原因。如委托人就同一鉴定事项同时委托其他司法鉴定机构进行鉴定；委托人拒不履行司法鉴定委托书规定的义务，如拒绝提供鉴定材料、拒绝提供进行鉴定所需要的案件信息等；委托人撤销鉴定委托或要求终止鉴定的。（2）被鉴定人原因。如申请鉴定当事人拒绝支付鉴定费用；被鉴定人拒不配合或者鉴定活动受到严重干扰，致使鉴定无法继续进行的。（3）鉴定材料原因。发现鉴定材料不真实、不完整、不充分或者取得方式不合法的；鉴定材料发生耗损，委托人不能补充提供的；委托人提供的证据材料未达到鉴定的最低要求，导致鉴定无法进行的。（4）鉴定技术原因。鉴定要求不符合司法鉴定执业规则或者相关鉴定技术规范的；鉴定要求超出本机构技术条件或者鉴定能力的。（5）其他需要终止鉴定的情形。如违反法律、法规、规章规定，或鉴定用途不合法或者违背社会公德的；不可抗力致使鉴定无法进行的。终止鉴定的，应向司法鉴定委托人办理终止鉴定手续，退回全部鉴定材料，并向司法鉴定委托人说明终止鉴定的原因。

一、鉴定主体

| 导读 |

在民事诉讼证据制度体系中，司法鉴定主体的资质管理是查明事实的关键一环，肩负着衔接科学技术与法律判断的双重制度功能。《民事诉讼法》第 79 条与最高人民法院《关于民事诉讼证据的若干规定》（2019 年修正）第 32 条共同构建起“协商优先＋法院指定”的双轨制鉴定人选定规则，这实际上是对全国人民代表大会常务委员会《关于司法鉴定管理问题的决定》所确立的“鉴定人负责制”的程序性细化。

现行司法鉴定制度主要从以下三个方面对鉴定主体实施管理：

其一，资质准入制度。依据全国人民代表大会常务委员会《关于司法鉴定管理问题的决定》，申请从事司法鉴定业务的个人、法人或者其他组织，需由省级人民政府司法行政部门进行审核。对于符合条件的，予以登记，编入鉴定人和鉴定机构名册并予以公告。该决定同时对鉴定人员的任职要求做了明确规定。

其二，委托程序制度。当事人就查明事实的专门性问题向人民法院申请鉴定时，可由双方当事人协商确定有资格的鉴定人，这充分保障了当事人的意思自治权利。若协商不成，则由人民法院委托有资质的鉴定人开展鉴定。

其三，责任追究制度。根据《司法鉴定程序通则》，司法鉴定实行鉴定人负责制度以及错误责任终身追责机制。司法鉴定人应当依法独立、客观、公正地进行鉴定，并对自己作出的鉴定意见负责。同时，依据《司法鉴定人登记管理办法》第30条的规定，若鉴定人存在严重不负责任，给当事人合法权益造成重大损失，或提供虚假证明文件，又或采取其他欺诈手段骗取登记等违法情形的，由省级司法行政机关给予停止执业3个月以上1年以下的处罚；情节严重的，撤销登记；构成犯罪的，依法追究刑事责任。

自2021年起，随着“放管服”改革的不断推进，住房和城乡建设部取消了工程造价咨询企业资质审批，工程造价鉴定资质主要体现在鉴定人自身的资质。

【术语解读】

鉴定主体是指在司法鉴定中依法享有鉴定权利与承担鉴定义务的主体。鉴定机构与鉴定人都是司法鉴定中的行为主体，但鉴定机构和鉴定人并非同一概念。司法鉴定机构是具有鉴定资质的法人或非法人组织，司法鉴定机构应当统一受理办案机关的司法鉴定委托；鉴定人通常是指具备专门知识的自然人。司法鉴定实行鉴定人负责制度，司法鉴定人应当依法独立、客观、公正地进行鉴定，并对自己作出的鉴定意见负责。对于造价鉴定而言，工程造价鉴定机构是指接受委托从事工程造价鉴定的工程造价咨询企业，鉴定人是指受鉴定机构指派，负责鉴定项目工程造价鉴定的注册造价工程师。

（一）造价鉴定机构

1. 资质要求

2021年7月1日之前，资质是鉴定机构最基本的要求。不论是法院或仲裁委指定鉴定机构，还是案件当事人协商选定的鉴定机构，都必须符合鉴定资质要求。最高人民法院《关于人民法院民事诉讼中委托鉴定审查工作若干问题的规定》（法〔2020〕202号）第6条规定：“人民法院选择鉴定机构，应当根据法律、司法解释等规定，审查鉴定机构的资质、执业范围等事项。”第7条规定：“当事人协商一致选择鉴定机构的，人民法院应当审查协商选择的鉴定机构是否具备鉴定资质及符合法律、司法解释等规定。发现双方当事人的选择有可能损害国家利益、集体利益或第三方利益的，应当终止协商选择程序，采用随机方式选择。”

造价鉴定机构是工程造价咨询企业。对工程造价咨询企业，《工程造价咨询企业管理办法》第4条规定，工程造价咨询企业应当依法取得工程造价咨询企业资质，并在其资质等级许可的范围内从事工程造价咨询活动。

为贯彻落实国务院《关于深化“证照分离”改革进一步激发市场主体发展活力的通知》（国发〔2021〕7号），持续深化“放管服”改革。2021年6月28日，住房和城乡建设部办公厅发布《关于取消工程造价咨询企业资质审批加强事中事后监管的通知》（建办标〔2021〕26号），取消工程造价咨询企业资质审批，创新和完善工程造价咨询监管方式，加强事中事后监管。自2021年7月1日起，住房和城乡建设主管部门停止工程造价咨询企业资质审批，工程造价咨询企业按照其营业执照经营范围开展业务，行政机关、企事业单位、行业组织不得要求企业提供工程造价咨询企业资质证明，工程造价鉴定对鉴定机构也无资质要求。

2. 跨区执业

委托人委托鉴定机构从事工程造价鉴定业务，不受地域范围的限制。全国人民代表大会常务委员会《关于司法鉴定管理问题的决定》第8条第1款规定：“各鉴定机构之间没有隶属关系；鉴定机构接受委托从事司法鉴定业务，不受地域范围的限制。”《工程造价咨询企业管理办法》第19条第1款规定：“工程造价咨询企业依法从事工程造价咨询活动，不受行政区域限制。”《建设工程造价鉴定规范》（GB/T 51262—2017）第3.2.1条规定：“委托人委托鉴定机构从事工程造价鉴定业务，不受地域范围的限制。”

委托人委托造价鉴定，应向鉴定机构出具书面鉴定委托书，鉴定委托书应载明委托的鉴定机构名称，委托鉴定的目的、范围、事项和要求，委托人的名称等，并提供委托鉴定事项所需的鉴定材料。

（二）造价鉴定人

1. 资质要求

由于鉴定人是对专门性问题进行鉴别和判断的人，需要对一些专业性问题发表意见，故对于鉴定人的专业能力有严格的要求，包括专门知识、技能和经验等。国家设置造价工程师准入类职业资格，纳入国家职业资格目录。

根据《建设工程造价鉴定规范》（GB/T 51262—2017）第2.0.6条的规定，造价鉴定人必须是注册造价工程师。[①]《注册造价工程师管理办法》第15条规定，一级注册造价工程师执业范围包括“建设工程审计、仲裁、诉讼、保险中的造价鉴定，工程造价纠纷调解”，二级注册造价工程师协助一级注册造价工程师开展鉴定工作。

2. 专业要求

造价工程师职业资格考试专业科目分为土木建筑工程、交通运输工程、水利工程和安装工程4个专业类别。其中，土木建筑工程、安装工程专业由住房城乡建设部负责；交通运输工程专业由交通运输部负责；水利工程专业由水利部负责。造价师的执业范围和专业领域是基于其专业知识、技能和经验的认证，超出范围执业可能会导致不准确、不专业的工作成果，甚至可能引发严重的法律风险。注册造价师在执业过程中必须严格遵守其执业范围和注册专业范围，不得超出规定范围进行执业活动。《注册造价工程师管理办法》第20条第9项明确禁止注册造价工程师“超出执业范围、注册专业范围执业”。

3. 人员数量要求

为了鉴定的科学性、准确性，防范道德风险，对同一鉴定事项通常需要两名或两名以上有资质的鉴定人进行鉴定。《司法鉴定程序通则》第19条规定，司法鉴定机构对同一鉴定事项，应当指定或者选择2名司法鉴定人进行鉴定；对复杂、疑难或者特殊鉴定事项，可以指定或者选择多名司法鉴定人进行鉴定。

《建设工程造价鉴定规范》（GB/T 51262—2017）第3.4.3条也规定，鉴定机构对同一鉴定事项，应指定2名及以上鉴定人共同进行鉴定。对争议标的较大或涉及工程专业较多的鉴定项目，应成立由3名及以上鉴定人组成的鉴定项目组。

司法鉴定人有权了解进行鉴定所需要的案件材料，可以查阅、复制相关资料，必要时可以询问诉讼当事人、证人。经委托人同意，司法鉴定机构可以派员

① 参见《造价工程师职业资格制度规定》（建人〔2018〕67号）第32条规定：本规定自印发之日起施行。原人事部、原建设部发布的《造价工程师执业资格制度暂行规定》（人发〔1996〕77号）同时废止。根据该暂行规定取得的造价工程师执业资格证书与本规定中一级造价工程师职业资格证书效用等同。

到现场提取鉴定材料。现场提取鉴定材料应当由不少于2名司法鉴定机构的工作人员进行，其中至少1名应为该鉴定事项的司法鉴定人。现场提取鉴定材料时，应当由委托人指派或者委托的人员在场见证并在提取记录上签名。

（三）鉴定机构与鉴定人的关系

1. 鉴定机构统一接受鉴定委托

司法鉴定机构是司法鉴定人的执业场所，是组织司法鉴定人进行鉴定活动的主体。按照现行法律和司法解释的规定，法院委托的鉴定人，可以是鉴定机构这样的法人组织，也可以是自然人。但为了便于管理，防止自然人鉴定人在鉴定活动中不认真履行鉴定义务，防止个别鉴定人利用特殊的地位滥收费，或实施其他侵害委托人合法权益的行为，更好地保障诉讼当事人的合法权益，[①]实践中，很少有司法机关把鉴定事项委托给自然人。尤其是全国人民代表大会常务委员会《关于司法鉴定管理问题的决定》第9条第1款规定了“鉴定人从事司法鉴定业务，由所在的鉴定机构统一接受委托”，自然人无法直接从司法机关接受鉴定委托。

鉴定机构不是普通商事主体，在履行鉴定职务时属于准司法机构，对法院或仲裁庭的鉴定委托，无正当理由不得拒绝受理。[②]司法鉴定机构经过审查认为委托的鉴定事项属于本机构司法鉴定业务范围，鉴定用途合法，提供的鉴定材料能够满足鉴定需要的，应当接受委托。《司法鉴定程序通则》第14条规定：“司法鉴定机构应当对委托鉴定事项、鉴定材料等进行审查。对属于本机构司法鉴定业务范围，鉴定用途合法，提供的鉴定材料能够满足鉴定需要的，应当受理。对于鉴定材料不完整、不充分，不能满足鉴定需要的，司法鉴定机构可以要求委托人补充；经补充后能够满足鉴定需要的，应当受理。”

2. 鉴定人在鉴定机构执业

全国人民代表大会常务委员会《关于司法鉴定管理问题的决定》第8条第2

① 参见司法部公共法律服务管理局组编：《〈司法鉴定程序通则〉释义》，中国政法大学出版社2020年版，第38页。

② 参见最高人民法院、司法部《关于建立司法鉴定管理与使用衔接机制的意见》（司发通〔2016〕98号）第2条第3款规定：“司法行政机关要严格规范鉴定受理程序和条件，明确鉴定机构不得违规接受委托；无正当理由不得拒绝接受人民法院的鉴定委托；接受人民法院委托鉴定后，不得私自接收当事人提交而未经人民法院确认的鉴定材料；鉴定机构应规范鉴定材料的接收和保存，实现鉴定过程和检验材料流转的全程记录和有效控制；鉴定过程中需要调取或者补充鉴定材料的，由鉴定机构或者当事人向委托法院提出申请。”

款规定，鉴定人应当在一个鉴定机构中从事司法鉴定业务。对于造价鉴定而言，造价鉴定人是一级注册造价师，根据《注册造价工程师管理办法》第20条第5项、第7项的规定，注册造价师不得以个人名义承接工程造价业务，不得同时在两个或者两个以上单位执业。

3. 鉴定人依法独立执业

鉴定人只能在一个鉴定机构执业，但要独立于该机构鉴定。鉴定，归根结底是鉴定人对这些专业性问题进行检查、验算并出具鉴定意见的活动，其行为最终都将由作为自然人的个体来落实和完成。鉴定结果取决于鉴定人，鉴定成果由鉴定人承担。《司法鉴定程序通则》第5条和全国人民代表大会常务委员会《关于司法鉴定管理问题的决定》第10条均规定司法鉴定实行鉴定人负责制度。司法鉴定人应当依法独立、客观、公正地进行鉴定，并对自己作出的鉴定意见负责。鉴定人应在鉴定书上签名或者盖章，多人参加的鉴定，对鉴定意见有不同意见的，应当注明。

4. 鉴定人接受鉴定机构管理和监督

司法鉴定机构应对本机构鉴定人进行管理和监督。（1）资质管理，司法鉴定机构必须指派有相关资质的鉴定人进行鉴定，超资质等级、超专业类别的资质均为无资质鉴定。如房建工程造价鉴定，指派二级造价师为鉴定人即属于超资质，指派水利工程专业造价师为鉴定人属于超专业类别，以上均属于为无资质鉴定。（2）鉴定流程管理，司法鉴定机构必须按照法律、法规和相关规定制定鉴定流程。鉴定过程进行实时记录并签名，记录可以采取笔记、录音、录像、拍照等方式。记录应当载明主要的鉴定方法和过程，检查、检验、检测结果，以及仪器设备使用情况等。记录的内容应当真实、客观、准确、完整、清晰，记录的文本资料、音像资料等应当存入鉴定档案。（3）回避管理，司法鉴定人自行提出回避的，由其所属的司法鉴定机构决定；委托人要求司法鉴定人回避的，应当向该司法鉴定人所属的司法鉴定机构提出，由司法鉴定机构决定。（4）鉴定监督，在司法鉴定活动中，鉴定机构应监督司法鉴定人遵守法定义务、遵守有关技术标准和规范，监督司法鉴定人依法出庭作证，对鉴定意见和程序进行复核，按照有关统一规定的格式出具司法鉴定文书等。①

---

① 参见司法部公共法律服务管理局组编：《〈司法鉴定程序通则〉释义》，中国政法大学出版社2020年版，第35页。

《司法鉴定程序通则》第10条规定："司法鉴定机构应当加强对司法鉴定人执业活动的管理和监督。司法鉴定人违反本通则规定的，司法鉴定机构应当予以纠正。"司法鉴定机构发现司法鉴定人有违法违规行为的，应当予以纠正。

（四）鉴定人义务

我国实行鉴定人负责制，法律规定司法鉴定人应当依法独立、客观、公正地进行鉴定，并对自己作出的鉴定意见负责。法律在赋予鉴定人享有鉴定权利的同时，也必须履行法定义务。

1. 科学鉴定

司法鉴定是对诉讼中的专门性问题进行鉴别、判断和确定的活动，是一项具有高度技术性的工作。鉴定人在鉴定程序中要遵守法律、法规及规章的规定，在思想上要遵守职业道德和职业纪律，在技术上要尊重科学，遵守技术操作规范。

不同的鉴定种类和鉴定项目，有不同的技术规范或技术标准。司法鉴定人进行鉴定时，应当按照技术标准等级进行适用。有国家标准的采用国家标准；没有国家标准的采用行业标准和技术规范；没有国家标准、行业标准和技术规范的，采用该专业领域多数专家认可的技术方法。国家强制性标准必须适用，推荐性标准可以参照适用。

2. 回避

为了保证鉴定工作的公正、客观和中立，确保鉴定结果的可信度和可靠性，维护司法公正和当事人的合法权益，鉴定人与审判人员法官助理、书记员、司法技术人员、翻译人员、勘验人一样，适用回避制度。

一般来说，鉴定人员是本案当事人或者当事人、诉讼代理人近亲属的；与本案有利害关系的；与本案当事人、诉讼代理人有其他关系，可能影响对案件公正审理的；接受当事人、诉讼代理人请客送礼，或者违反规定会见当事人、诉讼代理人的，当事人有权要求回避。鉴定人曾经参加过同一鉴定事项鉴定的，或者曾经作为专家提供过咨询意见的，或者曾被聘请为有专门知识的人参与过同一鉴定事项法庭质证的，应当回避。

3. 出庭作证

出庭作证是鉴定人的法定义务。为了帮助法官更好地理解和判断案件中的专门性问题，增强鉴定结论的可信度、解决鉴定意见的分歧，确保诉讼过程的公正性和透明度，提高判决的准确性和公信力，经人民法院依法通知，司法鉴定人应当出庭作证，回答与鉴定事项有关的问题。

《建设工程造价鉴定规范》（GB/T 51262—2017）第3.8.1条、第3.8.2条、第3.8.3条规定，鉴定人经委托人通知，应当依法出庭作证，接受当事人对工程造价鉴定意见书的质询，回答与鉴定事项有关的问题。鉴定人因法定事由不能出庭作证的，经委托人同意后，可以书面形式答复当事人的质询。未经委托人同意，鉴定人拒不出庭作证，导致鉴定意见不能作为认定事实的根据的，支付鉴定费用的当事人要求返还鉴定费用的，应当返还。

除此之外，鉴定人还有保守在执业活动中知悉的国家秘密、商业秘密和个人隐私的义务，妥善保管送鉴的鉴材、样本和资料的义务，及时出具鉴定意见的义务等。

【司法实务】

问题1. 工程造价鉴定机构没有资质，是否影响鉴定结论效力？

工程造价鉴定机构即工程造价咨询企业，是指接受委托，对建设项目投资、工程造价的确定与控制提供专业咨询服务的企业。

《工程造价咨询企业管理办法》第20条第1款规定，工程造价咨询业务范围包括：（1）建设项目建议书及可行性研究投资估算、项目经济评价报告的编制和审核；（2）建设项目概预算的编制与审核，并配合设计方案比选、优化设计、限额设计等工作进行工程造价分析与控制；（3）建设项目合同价款的确定（包括招标工程工程量清单和标底、投标报价的编制和审核），合同价款的签订与调整（包括工程变更、工程洽商和索赔费用的计算）及工程款支付，工程结算及竣工结（决）算报告的编制与审核等；（4）工程造价经济纠纷的鉴定和仲裁的咨询；（5）提供工程造价信息服务等。第4条规定，工程造价咨询企业应当依法取得工程造价咨询企业资质，并在其资质等级许可的范围内从事工程造价咨询活动。

对工程造价鉴定机构没有资质是否影响鉴定结论效力问题，实务界存在两种不同观点：

第一种观点认为，工程造价鉴定需要双资质，即工程鉴定机构资质和工程鉴定人员资质，二者缺一不可，否则鉴定无效。

第二种观点认为，《工程造价咨询企业管理办法》属于管理性规范，关于鉴定机构是否有资质的规定不是评判鉴定结论效力的依据，鉴定机构无资质不影响鉴定结论效力。

笔者认为以上观点均不完全准确。

一、2021 年 7 月 1 日之前，工程造价鉴定机构没有资质，影响鉴定结论效力

《工程造价咨询企业管理办法》第 4 条规定，工程造价咨询企业应当依法取得工程造价咨询企业资质，并在其资质等级许可的范围内从事工程造价咨询活动。

尽管《工程造价咨询企业管理办法》属于管理性规范，且属于部门规章，但笔者认为，造价鉴定并不属于纯粹的平等主体之间的民事法律行为，对其效力性评判不能依据平等民事主体间的合同标准进行评判。

1. 工程造价鉴定具有司法性

司法鉴定是在诉讼或仲裁过程中对专门问题进行鉴别和判断的一项活动，其目的是为裁判者提供裁判依据。为了裁判的公平、公正，科学，鉴定必须要具有科学性和程序性。程序公正是实现实体公正的前提和保障。我国法律、法规及有关司法解释和规定中，对司法鉴定的启动、委托、鉴定实施要求、鉴定意见审查、鉴定人出庭质证、有专门知识的人出庭、鉴定意见采信等方面作出了严格规定。从科学性上看，司法鉴定是司法鉴定人凭借科学技术知识和技能，运用科学方法，借助科学技术设备，对专门性问题进行鉴别、判断的活动，所得出的鉴定意见是从科学角度对事实的推理、判断，而不是法律性评价。因此，司法鉴定既有科学性的内容，又有法律性的要求，体现了法律性与科学性的有机统一。[①]

代表公权力的司法机关和行政机关，只能在法律、法规授权的范围内行使权利，其没有民事主体意思自治的权利。造价鉴定的决定主体和委托主体是具有裁判职能的审判机关和仲裁机构，没有上位法允许其可以自行选择无资质咨询机构进行造价鉴定，其必须遵守《工程造价咨询企业管理办法》关于造价鉴定资质的要求，否则可能造成公权力滥用，影响案件审理的公正性。故咨询单位的资质影响鉴定效力。

2. 工程造价鉴定的专业性

司法鉴定是鉴定人运用科学技术和专门知识对诉讼或仲裁设计专门性问题进

① 参见司法部公共法律服务管理局组编：《〈司法鉴定程序通则〉释义》，中国政法大学出版社 2020 年版，第 20 页。

行鉴别和判断，并提供鉴定意见的活动。专业性是司法鉴定最重要的特征之一。当审判部门和仲裁机构的裁判者对鉴定机构的专业性无法判别时，由行业协会或鉴定机构的行政主管部门根据法律、法规规定的标准、程序，对鉴定机构进行甄别、对比、评选，并最终按照专业能力给予确定标签即资质时，裁判者理应按此确定鉴定机构。

3. 建设部办公厅《关于对工程造价司法鉴定有关问题的复函》（建办标函〔2005〕155号）第1条规定：从事工程造价司法鉴定，必须取得工程造价咨询资质，并在其资质许可范围内从事工程造价咨询活动。工程造价成果文件，应当由造价工程师签字，加盖执业专用章和单位公章后有效。

二、2021年7月1日之后，工程造价鉴定机构没有资质，不影响鉴定结论效力

2021年5月19日，国务院发布的《关于深化“证照分离”改革 进一步激发市场主体发展活力的通知》，持续深化“放管服”改革，取消工程造价咨询企业资质审批，创新和加强事中事后监管，在全国范围内取消68项涉企经营许可事项，在自由贸易试验区试点取消14项涉企经营许可事项。

2021年6月28日，住房和城乡建设部办公厅发布的《关于取消工程造价咨询企业资质审批加强事中事后监管的通知》第1条规定，自2021年7月1日起，住房和城乡建设主管部门停止工程造价咨询企业资质审批，工程造价咨询企业按照其营业执照经营范围开展业务，行政机关、企事业单位、行业组织不得要求企业提供工程造价咨询企业资质证明。自2021年6月3日起，住房和城乡建设主管部门不再办理工程造价咨询企业资质延续手续，到期需延续的企业，有效期自动延续至2021年6月30日。自2021年7月1日之后，所有工程造价咨询企业已经不再拥有咨询资质，没有造价咨询资质自然不再影响鉴定意见的效力。

对咨询质量，住房和城乡建设部办公厅《关于取消工程造价咨询企业资质审批加强事中事后监管的通知》第4条、第6条规定通过以下方式把控质量：（1）强化个人执业管理。探索建立企业信用与执业人员信用挂钩机制，强化个人执业资格管理，落实工程造价咨询成果质量终身责任制，推广职业保险制度。支持行业协会提升自律水平，完善会员自律公约和职业道德准则，做好会员信用评价工作，加强会员行为约束和管理。充分发挥社会监督力量参与市场秩序治理。鼓励第三方信用服务机构开展信用业务。（2）加强过程监督。各级住房和城乡建

设主管部门要高度重视工程造价咨询企业资质取消后的事中事后监管工作，落实放管结合的要求，健全审管衔接机制，完善工作机制，创新监管手段，加大监管力度，依法履行监管职责。

关联判例

西藏荣辰建设有限公司、西藏宁算信息科技有限公司等建设工程施工合同纠纷案

（2022）藏民终9号

【裁判要旨】

工程造价咨询企业资质已经取消，造价咨询企业没有资质不影响造价鉴定效力。

【基本案情】

2017年6月30日，西藏荣辰建设有限公司（以下简称西藏荣辰公司）与西藏宁算信息科技有限公司（以下简称西藏宁算科技公司）签订《宁算科技集团拉萨一体化项目－数据中心（一期）工程项目大临及土方工程建设工程施工合同》，合同约定：发包人西藏宁算科技公司将宁算科技集团拉萨一体化项目－数据中心（一期）工程项目大临及土方工程发包给西藏荣辰公司实施。合同的工期为45天（计划开工日期为2017年6月30日起至计划竣工日期为2017年8月14日止）。合同的签约价为11964231.18元。

2021年11月28日，正鑫达公司作出工程造价鉴定意见书，其检验结果为“五项已完成工程量含11%税金的工程造价为16697567.22元；不含11%税金的工程造价为15042853.35元；11%税金金额为1654713.87元”。

【裁判摘要】

对于该工程造价鉴定意见书能否采信的问题。西藏宁算科技公司上诉提出一审法院未依法对鉴定材料、鉴定机构资质、鉴定人资质、鉴定回复等进行审查，导致鉴定意见存在诸多问题，工程造价鉴定意见书不能采信。第一，西藏宁算科技公司在一审中向一审法院提交司法鉴定申请，请求对案涉工程实际完成的工程量及工程造价进行鉴定，一审法院依法委托正鑫达公司

对案涉工程进行造价鉴定。2021年11月28日，正鑫达公司于2021年11月28日作出工程造价鉴定意见书。第二，根据住房和城乡建设部办公厅《关于取消工程造价咨询企业资质审批加强事中事后监管的通知》第1条规定，已取消了工程造价咨询企业资质审批。第三，根据工程造价鉴定意见书所附文某军证书，其聘用单位于2013年12月19日由西藏自治区审计事务所变更为正鑫达公司。第四，查阅一审卷宗，2021年10月26日正鑫达公司向西藏宁算科技公司进行了鉴定回复，并要求西藏宁算科技公司提供相关资料进行调整。2021年11月1日，一审法院所作询问笔录中西藏宁算科技公司明确表示需要15天的时间准备鉴定机构要求的相关材料。2021年11月23日，一审法院组织西藏荣辰公司与西藏宁算科技公司、西藏宁算集团公司以及正鑫达公司的鉴定人员对鉴定异议进行说明。2021年11月24日正鑫达公司向西藏宁算科技公司作出了最终鉴定回复。据此，正鑫达公司的鉴定回复不存在篡改的问题。一审法院准许西藏宁算科技公司鉴定申请后，依法对委托鉴定事项、鉴定材料、鉴定机构及人员、鉴定意见书等进行了审查，组织鉴定的程序符合法律规定，并且西藏宁算科技公司在一审中明确表示对该工程造价鉴定意见书的科学性、客观性、合理性予以认可。因此，该工程造价鉴定意见书依法应当予以采信并作为案涉工程款结算的依据。

问题2.鉴定人员不是注册造价工程师，是否影响鉴定效力？

工程造价鉴定主体，包括工程造价鉴定机构、工程咨询企业及工程造价鉴定人员（指受鉴定机构指派，负责鉴定项目工程造价鉴定的注册造价工程师）。

《工程造价咨询企业管理办法》第22条规定，工程造价咨询企业从事工程造价咨询业务，应当按照有关规定的要求出具工程造价成果文件。工程造价成果文件应当由工程造价咨询企业加盖有企业名称、资质等级及证书编号的执业印章，并由执行咨询业务的注册造价工程师签字、加盖执业印章。

《2013清单计价规范》（GB 50500—2013）第14.1.3条规定，工程造价咨询人进行工程造价司法鉴定时，应指派专业对口、经验丰富的注册造价工程师承担鉴定工作。

对工程造价鉴定的鉴定人员不是注册造价工程师，是否影响鉴定效力问题？

实务界存在两种不同观点：

第一种观点认为，既然鉴定机构没有资质不影响鉴定意见效力，那么鉴定人员没有资质也不影响鉴定意见效力。

第二种观点认为，住房和城乡建设部办公厅《关于取消工程造价咨询企业资质审批加强事中事后监管的通知》（建办标〔2021〕26号）只取消了鉴定机构即造价咨询企业资质，并未取消注册造价工程师资质，故造价人员仍然需要资质，否则影响鉴定意见效力。

笔者倾向于第二种观点。

由于工程造价鉴定具有司法性和专业性，鉴定的决定主体和委托主体应按照法律、行政法规、规章及规范的要求组织鉴定，以保证程序的合法性、实体的公正性。在法律、行政法规对工程造价鉴定人员的任职资格没有规定的情况下，《工程造价咨询企业管理办法》、《建设工程工程量清单计价规范》及《建设工程造价鉴定规范》应当被适用。

住房和城乡建设部办公厅公布的2021年6月28日《关于取消工程造价咨询企业资质审批加强事中事后监管的通知》（建办标〔2021〕26号）根据《关于深化“证照分离”改革　进一步激发市场主体发展活力的通知》（国发〔2021〕7号）取消了工程造价咨询企业资质审批，但并未取消注册造价师的资质，且更加强调个人执业管理。通过探索建立企业信用与执业人员信用挂钩机制，强化个人执业资格管理，落实工程造价咨询成果质量终身责任制，推广职业保险制度。支持行业协会提升自律水平，完善会员自律公约和职业道德准则，做好会员信用评价工作，加强会员行为约束和管理。充分发挥社会监督力量参与市场秩序治理。鼓励第三方信用服务机构开展信用业务。

建设部办公厅向四川省建设厅回复的《关于对工程造价司法鉴定有关问题的复函》（建办标函〔2005〕155号）第2条规定：从事工程造价司法鉴定的人员，必须具备注册造价工程师执业资格，并只得在其注册的机构从事工程造价司法鉴定工作，否则不具有在该机构的工程造价成果文件上签字的权力。

根据《建设工程造价鉴定规范》（GB/T 51262—2017）第3.4.1条第2款的规定，鉴定机构可安排非注册造价工程师的专业人员作为鉴定人的辅助人员，参与鉴定的辅助性工作。非注册造价工程师的专业人员参与鉴定辅助性工作并不影响鉴定意见效力。

关联判例

海南第三建设工程有限公司与儋州双联房地产开发有限公司建设工程施工合同纠纷案

（2020）最高法民申 1281 号

【裁判要旨】

造价鉴定意见没有注册造价工程师签字和盖章，当事人有权申请重新鉴定。

【基本案情】

2011年8月18日，海南第三建设工程有限公司（以下简称海南三建公司）与儋州双联房地产开发有限公司（以下简称双联公司）签订《儋州塞维亚A地块建设项目一期工程施工承包合同书》，约定海南三建公司为双联公司承建位于儋州市××区的儋州塞维亚A地块建设项目一期工程。合同对承包范围、工期、质量标准、计价及价款支付等内容进行约定。

双方当事人因价款支付产生争议，遂向法院提起诉讼。因对案涉工程的造价存在争议，海南三建公司向法院申请鉴定，经双方当事人协商，共同选定了重庆市明科建设咨询有限公司作为鉴定机构，该机构于2016年8月23日分别作出结算审核报告（定额计价版和清单计价版），因该两份结算审核报告没有注册造价工程师签字和盖章，双联公司提出异议认为该报告不能采用，并申请法院进行司法鉴定，法院依法委托南京永道工程咨询有限公司对案涉工程进行了鉴定，该公司于2018年11月2日出具永道鉴字（2018）第1号工程造价鉴定意见书（修订稿，以下简称鉴定意见书）。鉴定意见是：确定部分造价为181265352.46元，选择部分造价为32467028.20元（其中计量单未签字部分造价为31374064.79元，其他可供选择性意见造价为1092963.41元）。

【裁判摘要】

关于原审法院采信鉴定意见是否妥当的问题。海南三建公司申请再审时提交了关于本案工程如何计价的通知、司法鉴定委托书。但该通知上既无单位印章，又无法判断是否属原件，亦无法核实该证据材料的真实性；而该委托书系原审法院委托鉴定的法律文书，均不属于足以推翻原判决的新证据，不予采信。事实上，无论原审法院是否发出该通知，因建设工程造价的确定具有较强的专业性，人民法院审查证据时，通常需委托并借助鉴定机构经科学方法出具的鉴定意见，解决当事人间的工程款争议。本案中，双方当事人就案涉工程签订多份合同，在鉴定机构无法确认合同效力和案涉工程计价方式的情况下，一审法院向鉴定机构出具通知，就案涉合同的效力和工程计价方式予以明确，系人民法院依法履行审判职责的行为，不属对鉴定活动的干预。而海南三建公司认为南京永道工程咨询有限公司不具有鉴定资质，却未提供证据予以证明，因此，该理由不能成立。原审法院采信南京永道工程咨询有限公司出具的鉴定意见，并以此作为认定案涉工程价款的依据，并无不当，予以认可。根据全国人民代表大会常务委员会《关于司法鉴定管理问题的决定》第 10 条，《司法鉴定程序通则》第 37 条、第 38 条的规定，司法鉴定实行鉴定人负责制度。鉴定人应当独立进行鉴定，对鉴定意见负责并在鉴定书上签名或者盖章。多人参加的鉴定，对鉴定意见有不同意见的，应当注明。司法鉴定意见书应当由司法鉴定人签名，并加盖司法鉴定机构的司法鉴定专用章。根据原审法院查明的事实，重庆市明科建设咨询有限公司作出的两份结算审核报告，均没有注册造价工程师签字和盖章。因此，原审法院根据儋州双联公司的申请，重新委托机构进行司法鉴定，理据充分。海南三建公司虽主张根据《司法鉴定程序通则》，对签名、盖章不符合制作要求的可以进行补正，但该公司在原审中并没有提出补正请求。因此，原审法院采信南京永道工程咨询有限公司作出的鉴定意见，事实和法律依据充分，予以认可。

问题 3. 鉴定机构未在司法鉴定管理局登记，是否影响鉴定效力？

鉴定行为具有准司法性，鉴定意见属于证据，对案件裁判具有重要作用。法院需要对鉴定机构和鉴定人进行必要管理。《人民法院对外委托司法鉴定管理规定》（法释〔2002〕8 号）第 3 条规定：人民法院司法鉴定机构建立社会鉴定机构和鉴定人名册，根据鉴定对象对专业技术的要求，随机选择和委托鉴定人进行司法鉴定。自此，法院对鉴定机构及鉴定人实行了入库管理制度。

全国人民代表大会常务委员会《关于司法鉴定管理问题的决定》第 3 条规定：

"国务院司法行政部门主管全国鉴定人和鉴定机构的登记管理工作。省级人民政府司法行政部门依照本决定的规定，负责对鉴定人和鉴定机构的登记、名册编制和公告。"第6条又规定："申请从事司法鉴定业务的个人、法人或者其他组织，由省级人民政府司法行政部门审核，对符合条件的予以登记，编入鉴定人和鉴定机构名册并公告。省级人民政府司法行政部门应当根据鉴定人或者鉴定机构的增加和撤销登记情况，定期更新所编制的鉴定人和鉴定机构名册并公告。"目前，我国逐步建立了不同领域、不同行业的鉴定人专家名册或专家库。

对未选择鉴定库中的鉴定机构，是否影响鉴定效力问题，实务界存在两种不同观点：

第一种观点认为，鉴定的决定机关和鉴定机构的委托机关均是具有裁判职能的法院或仲裁委，委托鉴定机构属于公权力适用的一种，应当受到限制。在无法律授权可以在司法鉴定管理局登记之外选择鉴定机构的情况下，只能在司法鉴定管理局登记备案的鉴定机构中选取，否则为无效。

第二种观点认为，全国人民代表大会常务委员会《关于司法鉴定管理问题的决定》第2条已经明确，国家只对该条所列的司法鉴定业务的鉴定人和鉴定机构实行登记管理制度，也就授权了具有裁判职能的法院或仲裁委可以自行决定是否在司法鉴定管理局登记的机构中选取鉴定机构。

笔者倾向于第二种观点。

全国人民代表大会常务委员会《关于司法鉴定管理问题的决定》第2条第1款规定："国家对从事下列司法鉴定业务的鉴定人和鉴定机构实行登记管理制度：（一）法医类鉴定；（二）物证类鉴定；（三）声像资料鉴定；（四）根据诉讼需要由国务院司法行政部门商最高人民法院、最高人民检察院确定的其他应当对鉴定人和鉴定机构实行登记管理的鉴定事项。"从该决定上看，司法鉴定实行登记管理制度，只限于法医类鉴定、物证类鉴定和声像资料鉴定。对于法医类鉴定、物证类鉴定和声像资料的具体含义，该决定第17条又作了具体诠释：（1）法医类鉴定，包括法医病理鉴定、法医临床鉴定、法医精神病鉴定、法医物证鉴定和法医毒物鉴定。（2）物证类鉴定，包括文书鉴定、痕迹鉴定和微量鉴定。（3）声像资料鉴定，包括对录音带、录像带、磁盘、光盘、图片等载体上记录的声音、图像信息的真实性、完整性及其所反映的情况过程进行的鉴定和对记录的声音、图像中的语言、人体、物体作出种类或者同一认定。造价鉴定并不属于以上三类鉴定。

全国人大常委会《关于司法鉴定管理问题的决定》授权国务院司法行政部门根据诉讼需要商最高人民法院、最高人民检察院确定的其他应当对鉴定人和鉴定机构实行登记管理的鉴定事项。迄今为止，国务院司法行政部门、最高人民法院、最高人民检察院也没有确定其他实行登记管理的鉴定事项。相反，《国家级司法鉴定机构遴选办法》第5条明确规定，国家级司法鉴定机构在从事法医类、物证类和声像资料类鉴定业务的司法鉴定机构中，按照法医病理鉴定、法医临床鉴定、法医精神病鉴定、法医物证鉴定、法医毒物鉴定、文书鉴定、痕迹鉴定、微量鉴定、声像资料鉴定等鉴定类别进行遴选。造价鉴定并不在司法鉴定机构遴选范围之内。

此外，最高人民法院《关于如何认定工程造价从业人员是否同时在两个单位执业问题的答复》第1条规定："根据全国人大常委会《关于司法鉴定管理问题的决定》第二条的规定，工程造价咨询单位不属于实行司法鉴定登记管理制度的范围。"由此可见，工程造价鉴定并不属于实行司法鉴定登记管理制度的司法鉴定，人民法院从司法行政机关编制的《国家司法鉴定人和司法鉴定机构名册》以外选择符合法律规定要求的鉴定机构，并不影响鉴定效力。

当然，如果地方法院对选定鉴定、评估机构有要求的，地方法院应当遵守。如广西壮族自治区高级人民法院《关于委托鉴定、评估工作管理规定（试行）》第16条第2款规定："选定鉴定、评估机构应当从人民法院对外委托专业机构备选名册范围内进行。在选择确定鉴定、评估机构前，承办人应当向当事人释明可以从辖区中级人民法院备选机构名单内选定，也可以从高级人民法院备选机构名单内选定。"

关联判例

重庆大雍建设（集团）有限公司、内江市正达房地产开发有限公司建设工程施工合同纠纷案

（2018）最高法民再471号

【裁判要旨】

从事工程造价司法鉴定不属于国家实行登记管理制度之范围，并不要求

必须持有司法鉴定许可证。

【基本案情】

2011 年 4 月 29 日由内江市住房和规划建设局管理中心招标内江市正达房地产开发有限公司“上上东方”1#—4# 楼工程，四川省隆昌乾亨建设有限公司中标，后内江市正达房地产开发有限公司与四川省隆昌乾亨建设有限公司于 2011 年 6 月 17 日签订协议，双方同意解除 2011 年 4 月 5 日签订的施工合同。

后双方因竣工结算存在重大争议，发生纠纷。一审法院委托四川建业工程咨询有限公司对重庆大雍建设（集团）有限公司（以下简称大雍公司）修建的“上上东方”1#、4# 楼工程项目进行造价鉴定，其鉴定意见为：工程造价金额为 49472065 元（不含塔吊费和垂直机械运输费）。塔吊费和垂直机械运输费为 1465833 元。

【裁判摘要】

关于司法鉴定结论的采信问题。最高人民法院认为，一审法院委托四川建业工程咨询有限公司对大雍公司已完成的工程量进行鉴定。依照全国人民代表大会常务委员会《关于司法鉴定管理问题的决定》第 2 条之规定，从事工程造价司法鉴定不属于国家实行登记管理制度之范围，并不要求必须持有司法鉴定许可证。本案鉴定人之一谢某良持有注册造价工程师执业证书，大雍公司以谢某良未在四川省司法厅备案故无资格鉴定为由，认为四川建业工程咨询有限公司出具的鉴定结论不应采信，该主张与全国人大常委会《关于司法鉴定管理问题的决定》的规定相悖，不能得到支持。鉴定机构在正式出具鉴定意见之前征求了双方当事人意见，在作出鉴定意见后针对当事人的异议进行了书面回复，鉴定人员亦出庭接受质询，故鉴定程序合法，大雍公司关于不予采信并重新作出鉴定的主张不能成立，不予支持。

二、鉴定申请

|导读|

在建设工程施工合同纠纷中，工程造价争议因涉及技术复杂性、专业性强、证据庞杂等特点，往往成为案件审理的难点与焦点。工程造价的确定直接关系到合同双方的核心利益，若当事人对工程量、计价标准、结算依据等关键问题存在重大分歧，仅凭书面证据或一般举证手段往往难以厘清事实。为此，法律赋予当事人通过工程造价鉴定程序，借助专业机构的技术力量对争议事实进行科学认定，从而为司法机关或仲裁机构提供权威裁判依据。

工程造价鉴定申请的提出与适用，不仅是当事人维护自身权益的重要途径，更是平衡诉讼效率与实体公正的关键环节。根据我国民事诉讼法、民事证据规则及相关司法解释，鉴定程序的启动需严格遵循举证责任制度。原则上，负有举证责任的一方需主动申请鉴定并承担费用，若怠于履行该义务，将面临“举证不能”的法律风险；但法律亦充分考量弱势群体权益及诉讼公平，允许当事人协商确定申请人，或由法院依职权释明、引导，避免机械适用规则导致实质不公。

与此同时，鉴定申请的时限规则在实践中呈现出灵活性。立法通过逐步完善，从严格限定举证期限到允许二审阶段“补救性申请”，体现了对当事人诉讼权利与案件事实查明的兼顾。尤其在建设工程纠纷中，若一方提交单方委托的鉴定意见，另一方可在合理期限内申请重新鉴定，以确保程序正义。

法官释明权的行使在此类案件中尤为重要。针对当事人法律认知不足或举证能力薄弱的问题，法院需主动释明举证责任、鉴定必要性及法律后果，避免因程序疏漏损害当事人权益。这一机制既是对弱势方的程序救济，也是实现“案结事了”目标的重要保障。

总体而言，工程造价鉴定程序是衔接法律规则与专业技术、平衡诉讼效率与实体公正的桥梁。其有效运用既依赖于当事人的积极举证与配合，也需司法机关精准适用法律、合理行使裁量权。

【术语解读】

工程造价鉴定申请指的是在建设工程施工合同纠纷中，当事人因对工程造价存在争议而向人民法院或仲裁庭提出的对涉案工程造价进行鉴定的申请。

（一）申请人

工程造价司法鉴定的启动，一般是由案件当事人提出鉴定申请，经人民法院或仲裁庭审查后，由人民法院或仲裁庭审委托鉴定。

1. 负有举证责任的当事人为鉴定申请人

鉴定意见理论上属于专家证据的一种形式，是当事人为了证明案件事实而申请有专业知识和技能的鉴定人对现有证据进行检测、分析、鉴别，并出具可被法院或仲裁庭识别并使用的证据。鉴定申请的本质是举证行为，举证适用举证责任制度。《民事诉讼法》第 67 条第 1 款规定："当事人对自己提出的主张，有责任提供证据。"故应由负有举证责任的当事人为鉴定申请人。

《民事证据规定》第 31 条第 2 款规定，对需要鉴定的待证事实负有举证责任的当事人，在人民法院指定期间内无正当理由不提出鉴定申请或者不预交鉴定费用，或者拒不提供相关材料，致使待证事实无法查明的，应当承担举证不能的法律后果。

2. 双方协商确定鉴定申请人

证据制度的价值在于保证当事人及法官可以通过既定的诉讼手段高效、准确地复现或者认识案件的事实。[①] 如申请鉴定一方属于弱势群体，在鉴定费用居高不下的情况下，让其申请鉴定并预交鉴定费确有困难，根据举证责任分配规则由其承担不利后果，社会效果和法律效果都不理想。法律并不排斥不负举证责任的当事人为了案件需要主动举证，法律也不应限制双方当事人协商确定鉴定申请人。如果不负举证责任的当事人为了早日结束案件，在符合条件的情况下申请造价鉴定，那么法院或仲裁庭应当允许，但这并不影响原有的举证责任。

（二）申请时限

鉴定申请属于当事人举证行为，应当遵守举证期限的规定，于举证期限届满前提出。但审判实务中，许多鉴定申请是针对另一方当事人在庭审中出示的证据而提出的，在未组织证据交换的情况下，当事人无法确定是否由其承担举证责任。此种情况，不应以原举证期限限制当事人举证，而应当按照当事人提供反驳证据重新确定举证期限，允许当事人申请鉴定。如在某一建设工程案件中，承包人自行委托鉴定机构对工程造价进行鉴定，并以此作为证据提交给法院，发包人并不认可承包人自行委托的鉴定意见。根据《民事证据规则》第 41 条的规定，对于一方当事人就专门性问题自行委托有关机构或者人员出具的意见，另一方当

① 参见最高人民法院民事审判第一庭编著：《最高人民法院新民事诉讼证据规定理解与适用》，人民法院出版社 2020 年版，第 308 页。

事人有证据或者理由足以反驳并申请鉴定的，人民法院应予准许。

由于鉴定申请涉及案件双方重大利益，为了解决矛盾、平衡双方利益，在立法层面已经扩大了鉴定申请的时限。2001年《民事证据规定》第25条第1款规定，当事人申请鉴定，应当在举证期限内提出。2019年《民事证据规定》将第31条第1款修改为："当事人申请鉴定，应当在人民法院指定期间内提出，并预交鉴定费用……"2022年修正的《民事诉讼法司法解释》第121条第1款则规定："当事人申请鉴定，可以在举证期限届满前提出……"《建设工程施工合同司法解释（一）》第32条第2款规定："一审诉讼中负有举证责任的当事人未申请鉴定，虽申请鉴定但未支付鉴定费用或者拒不提供相关材料，二审诉讼中申请鉴定，人民法院认为确有必要的，应当依照民事诉讼法第一百七十条第一款第三项的规定处理。"这也是在法律规定的框架下，允许法院综合考虑各种因素，对鉴定申请的时间做灵活处理。如人民法院在审理案件过程中，发现需要鉴定的，应当向当事人释明，并指定提出鉴定申请的期间。[①]一审本应申请鉴定但未申请，或虽申请但未缴费，二审法院认为确有必要，也可以启动鉴定程序进行审查或发回重申。[②]

（三）法官释明权

法官释明权是指在诉讼程序中，法官为救济当事人在举证和质证过程中存在的能力上的不足或缺陷，通过发问、释明等方式以澄清或落实当事人所主张的某些事实，以引导和协助当事人对案件的主要事实和证据进行有效的辩论的权利。法官行使释明权既是其职权，也是其职责所在，是确保程序公正和实体公正的重要手段。

在建设工程施工合同纠纷案件中，因当事人不了解某争议焦点所涉及案件事实的举证责任分配方式，或不清楚现有证据是否足以达到令法官形成内心确信，在没有主动申请鉴定的情况下，如果法官认为待证事实需要通过鉴定意见证明的，应当向当事人释明，并指定提出鉴定申请的期间。

法官释明的内容通常包括：（1）明确待证事实的举证责任分配方式；（2）明

---

① 参见2019年《民事证据规定》第30条第1款规定，人民法院在审理案件过程中认为待证事实需要通过鉴定意见证明的，应当向当事人释明，并指定提出鉴定申请的期间。

② 参见《建设工程施工合同司法解释（一）》第32条第2款规定："一审诉讼中负有举证责任的当事人未申请鉴定，虽申请鉴定但未支付鉴定费用或者拒不提供相关材料，二审诉讼中申请鉴定，人民法院认为确有必要的，应当依照民事诉讼法第一百七十条第一款第三项的规定处理。"

确待证事实中的专门性问题，并释明该待证事实需要经过鉴定确定；（3）向当事人释明不申请鉴定或随申请鉴定但不缴纳鉴定费、不提交鉴定资料而导致不能鉴定的后果；（4）告知当事人申请鉴定的时限。

（四）未申请鉴定后果

鉴定申请分为两种，一种是当事人在其对待证事实负有证明责任的前提下主动提出的，另一种是在法官释明举证责任的情况下被动提出的。不论是主动提出还是被动提出，只要法院经审查认为确需鉴定，就会向鉴定申请人告知申请鉴定期限。当事人应当在人民法院指定期间内提出鉴定申请，并预交鉴定费用。对需要鉴定的待证事实负有举证责任的当事人，在人民法院指定期间内无正当理由不提出鉴定申请或者不预交鉴定费用，或者拒不提供相关材料，致使待证事实无法查明的，应当承担举证不能的法律后果。

【司法实务】

问题 1. 一方当事人在诉前单方委托的“造价鉴定”能否作为定案证据？

《民事诉讼法》第 68 条第 1 款规定：“当事人对自己提出的主张应当及时提供证据。”司法实践中，建设工程案件纠纷主要是造价纠纷，造价纠纷的显著特征是双方没有结算。案件当事人为了证明自己的诉讼主张，往往在诉前委托造价咨询机构对工程价款进行计算，并将结果作为证据提交法庭。对方当事人通常会以单方鉴定程序不合法为由，拒绝认可其效力。理由通常包括鉴定机构非共同选择或法院摇号，单方委托的鉴定机构与该方存在委托利益关系，单方委托鉴定的鉴定检材未经质证等。[①]

对一方当事人在诉前单方委托的造价鉴定能否作为定案证据使用问题，实务界存在两种不同观点：

第一种观点认为，自行委托鉴定的送检材料未经质证，无法确保其送检材料的真实性，鉴定程序存在重大瑕疵，不能作为定案证据使用。

第二种观点认为，法律不禁止当事人单方委托鉴定，只有另一方当事人有

① 《民事证据规定》第 34 条第 1 款规定：“人民法院应当组织当事人对鉴定材料进行质证。未经质证的材料，不得作为鉴定的根据。”

证据或者理由足以反驳并申请鉴定的，该单方委托鉴定意见才不作为定案证据使用。

笔者以上观点均有合理性，应根据具体情况综合分析。

一、当事人诉前单方委托的鉴定，不是司法鉴定

司法鉴定是指在诉讼活动中鉴定人运用科学技术或者专门知识对诉讼涉及的专门性问题进行鉴别和判断并提供鉴定意见的活动。单方委托鉴定是当事人自身举证，在诉前委托鉴定机构基于当事人单方提交的资料进行判断、鉴别并出具意见的活动。

根据相关法律规定可知，法律不禁止当事人单方委托鉴定，但单方委托鉴定并非司法鉴定，其与司法鉴定主要有以下区别。

1. 司法鉴定须由法院委托，而单方鉴定系当事人委托

司法鉴定是在诉讼活动中进行的，是一项涉及诉讼的活动。《司法鉴定程序通则》第 11 条规定，司法鉴定机构应当统一受理办案机关的司法鉴定委托。法院委托鉴定体现在以下几个方面：（1）是否委托，由法院决定。法院接收到当事人鉴定申请，需要对鉴定申请进行审查，主要审查的内容包括鉴定事项与待证事实有无关联，鉴定事项是否属于专门性问题，[①] 以及鉴定事项在现行科学技术条件下能否实现等问题。根据《民事诉讼法司法解释》第 121 条第 1 款的规定，申请鉴定的事项与待证事实无关联，或者对证明待证事实无意义的，人民法院不予准许。对所涉鉴定技术和方法没有科学可靠性的，不予委托鉴定。（2）可以依申请委托，也可以依职权委托。司法鉴定以依申请委托为原则，以依职权委托为例外。《民事诉讼法》第 79 条规定："当事人可以就查明事实的专门性问题向人民法院申请鉴定。当事人申请鉴定的，由双方当事人协商确定具备资格的鉴定人；协商不成的，由人民法院指定。当事人未申请鉴定，人民法院对专门性问题认为需要鉴定的，应当委托具备资格的鉴定人进行鉴定。"但法院依职权委托鉴定需要严格限制在：①涉及可能损害国家利益、社会公共利益的；②涉及身份关系

① 最高人民法院《关于人民法院民事诉讼中委托鉴定审查工作若干问题的规定》第 1 条规定，严格审查拟鉴定事项是否属于查明案件事实的专门性问题，有下列情形之一的，人民法院不予委托鉴定：（1）通过生活常识、经验法则可以推定的事实；（2）与待证事实无关联的问题；（3）对证明待证事实无意义的问题；（4）应当由当事人举证的非专门性问题；（5）通过法庭调查、勘验等方法可以查明的事实；（6）对当事人责任划分的认定；（7）法律适用问题；（8）测谎；（9）其他不适宜委托鉴定的情形。

的；③涉及《民事诉讼法》第58条规定诉讼的；④当事人有恶意串通损害他人合法权益可能的；⑤涉及依职权追加当事人、中止诉讼、终结诉讼、回避等程序性事项的。[①]（3）只能委托给鉴定机构。尽管人民法院并不拒绝自然人入库鉴定人，但全国人民代表大会常务委员会《关于司法鉴定管理问题的决定》第8条第2款规定："鉴定人应当在一个鉴定机构中从事司法鉴定业务"，《注册造价工程师管理办法》规定，注册造价工程师的注册条件之一为受聘于一个工程造价咨询企业或者工程建设领域的建设、勘察设计、施工、招标代理、工程监理、工程造价管理等单位。尤其是全国人民代表大会常务委员会《关于司法鉴定管理问题的决定》第9条第1款规定："……鉴定人从事司法鉴定业务，由所在的鉴定机构统一接受委托。"即禁止鉴定人不能脱离鉴定机构私下直接接受委托，而要由所在的鉴定机构统一接受委托。

作为单方鉴定的委托人，则没有如此规定，只要双方达成合意，由咨询机构按照委托人提交的资料进行科学判断、计算并给出最终意见即可。

2. 司法鉴定与单方委托鉴定的鉴定人确定程序不同

司法鉴定的鉴定人系当事人协商选择确定或法院指定，《民事证据规定》第32条规定，人民法院准许鉴定申请的，应当组织双方当事人协商确定具备相应资格的鉴定人。当事人协商不成的，由人民法院指定。单方委托鉴定人系单方当事人确定。

3. 司法鉴定检材须经质证方可使用，单方委托鉴定未经质证

质证是指在审判人员的主持下，由诉讼当事人通过听取、审阅、核对、辨认等方法，对提交法庭的证明材料的真实性、关联性和合法性作出判断，无异议的予以认可，有异议的当面提出质疑和询问的程序。[②]当事人对证据的质证，通常从证据的真实性、关联性和合法性进行展开。揭示证据中的问题和漏洞，使裁判者对证据有无证明力及证明力大小进行判断；全面还原案件事实，使裁判者能够更准确地了解案件的情况，从而形成内心确信或强化内心确信，有助于司法裁判者公正裁判。

---

① 参见贺小荣主编：《最高人民法院第二巡回法庭法官会议纪要》（第3辑），人民法院出版社2022年版，第411页。

② 参见杨荣新、肖建华：《论民事审判方式改革与证据制度完善》，载陈光中、江伟主编：《诉讼法论丛》第1卷，法律出版社1998年版，第355页。

《民事诉讼法司法解释》第103条第1款规定，证据应当在法庭上出示，由当事人互相质证。未经当事人质证的证据，不得作为认定案件事实的根据。作为原始证据的鉴定检材，也必然需要经过质证方可使用。这也是2019年《民事证据规定》第34条第1款所规定的“未经质证的材料，不得作为鉴定的根据”的原因。在审判实践中，鉴定检材未经质证程序，会被认定为程序违法，该鉴定意见不被采信。如最高人民法院在（2019）最高法民申835号“白山市舜发硅藻土科技有限公司、吉林省新金山建筑工程有限公司建设工程施工合同纠纷案”中认为：佳翔公司作出的检测报告系诉吉林省新金山建筑工程有限公司单方委托鉴定。鉴定意见欠缺民事诉讼程序保障，影响鉴定结论的证明力。2017年《民事诉讼法》第68条，2015年《民事诉讼法司法解释》第103条、第104条、第105条等法律、司法解释规定，应当按照法定证据运用规则，对证据进行分析判断。未经当事人质证的证据，不得作为认定案件事实的根据。

有原则就有例外，在以下两种特殊情况下，证据未经质证也可作为鉴定检材。（1）诉前调解鉴定。诉前调解没有进入正式审判程序，无法进行举证质证。对于诉前调解鉴定的鉴定检材，需通过调解员审核，以双方当事人协商确认的方式确定。最高人民法院《关于诉前调解中委托鉴定工作规程（试行）》（法办〔2023〕275号）第7条第1款规定主持调解的人员应当在收到诉前鉴定申请5个工作日内对鉴定材料是否齐全、申请事项是否明确进行审核，并组织当事人对鉴定材料进行协商确认。（2）当事人放弃质证。根据法律规定，所有证据应经过质证方能作为鉴定检材。但实务中，由于案件情况复杂各异，一方当事人在法律组织质证的情况下明确表示不予质证或拒绝质证，应视为对质证权利的放弃，鉴定材料应当经合议庭确认。根据《民事诉讼法司法解释》的规定，[①] 该鉴定不违反鉴定程序。

单方委托鉴定的鉴定材料由委托人单方提交，未经对方当事人质证。

4. 司法鉴定与单方委托鉴定的鉴定费承担方式不同

司法鉴定的鉴定费是由鉴定申请人预缴，最终由法院在裁决书中根据双方胜负关系及案件情况合理分配。《民事证据规定》第31条规定，当事人申请鉴定，

---

① 参见2022年《民事诉讼法司法解释》第387条规定：“当事人对原判决、裁定认定事实的主要证据在原审中拒绝发表质证意见或者质证中未对证据发表质证意见的，不属于民事诉讼法第二百零七条第四项规定的未经质证的情形。”

应当在人民法院指定期间内提出，并预交鉴定费用。逾期不提出申请或者不预交鉴定费用的，视为放弃申请。对需要鉴定的待证事实负有举证责任的当事人，在人民法院指定期间内无正当理由不提出鉴定申请或者不预交鉴定费用，或者拒不提供相关材料，致使待证事实无法查明的，应当承担举证不能的法律后果。

当事人单方委托的鉴定，其本质属于聘请具有专门知识的机构对其证据进行梳理并形成可供法官识别的文字行为。单方委托所出具的报告，不属于民事诉讼法中的“鉴定意见”，其本质属于咨询意见，属于《民事诉讼法司法解释》所规定的由当事人聘请具有专门知识人在法庭上就专业问题提出的意见。单方委托鉴定的费用，由委托人与鉴定人协商确定，并由委托人自行承担。①

二、对单方委托鉴定意见的处理

单方委托鉴定是当事人一方直接委托鉴定机构进行的鉴定，其目的是获取对自己有利的证据，以便在诉讼中获得支持。单方委托鉴定具有利己性和利益驱动性，故其提供的鉴定检材是否真实，与案件是否具有关联性等未经对方当事人质证，均处于存疑状态。对于鉴定人而言，当事人是否单方委托其鉴定，直接决定其能否赚取该笔鉴定费及鉴定费多少问题，其所使用的鉴定方法是否科学，鉴定意见是否客观公正等问题也处于存疑状态。故单方委托鉴定的鉴定意见不宜直接作为定案依据。

《民事诉讼法司法解释》第 90 条第 1 款规定，当事人对自己提出的诉讼请求所依据的事实或者反驳对方诉讼请求所依据的事实，应当提供证据加以证明，但法律另有规定的除外。在一方当事人提供自行委托鉴定意见作为证据后，举证责任发生转移，由另一方当事人举证。法院根据举证情况确定单方委托鉴定意见能否作为最终定案依据。

1. 有证据或者理由足以反驳并申请鉴定的

《民事证据规定》第 41 条规定：“对于一方当事人就专门性问题自行委托有关机构或者人员出具的意见，另一方当事人有证据或者理由足以反驳并申请鉴定的，人民法院应予准许。”此种情况，以法院委托的鉴定意见为定案依据。

---

① 参见 2022 年《民事诉讼法司法解释》第 122 条规定，当事人可以依照《民事诉讼法》第 82 条的规定，在举证期限届满前申请一至二名具有专门知识的人出庭，代表当事人对鉴定意见进行质证，或者对案件事实所涉及的专业问题提出意见。具有专门知识的人在法庭上就专业问题提出的意见，视为当事人的陈述。人民法院准许当事人申请的，相关费用由提出申请的当事人负担。

最高人民法院在（2017）最高法民申78号案件中认为：审计报告系百营公司单方委托鉴定，其鉴定依据未经海尔公司确认，且百营公司提交的部分合同、发票亦不能与涉案业务逐一对应。据此，原判决认定审计报告不能作为该案定案依据并无不当。百营公司称原判决对审计报告不予采信错误的申请再审理由不能成立。

2. 有证据或者理由足以反驳，但不申请鉴定的

一方当事人单方委托鉴定，另一方当事人有证据或者理由足以反驳该鉴定，若鉴定人员无资质、鉴定材料不真实，则意味着该单方鉴定意见不能使用。换言之，属于单方委托鉴定者没有完成举证责任，法院应该按照举证规则分配举证责任。依据《建设工程施工合同司法解释（一）》第32条第1款的规定："当事人对工程造价、质量、修复费用等专门性问题有争议，人民法院认为需要鉴定的，应当向负有举证责任的当事人释明。当事人经释明未申请鉴定，虽申请鉴定但未支付鉴定费用或者拒不提供相关材料的，应当承担举证不能的法律后果。"也就是说，要根据"谁主张，谁举证"的原则确定鉴定义务人，并非一定由另一方申请鉴定，不申请即应承担举证不能的后果。

3. 没有提供证据或者理由予以反驳，直接申请鉴定的

鉴定申请只是引发鉴定启动的基本前提条件，不必然产生鉴定启动的法律后果。为防止鉴定启动的随意性，浪费司法资源和经济资源，法院对于鉴定申请，有权力和义务进行审查。鉴于单方委托未经民事诉讼程序作保障，鉴定检材未经当事人质证，无法保证证据的真实性，鉴定人与委托人之间存在鉴定利益，无法保证客观性等因素，影响鉴定结论的证明力，单方委托的鉴定意见不具有法律意义上鉴定意见的证据效力，该部分内容本就是反驳单方鉴定意见的理由。故笔者认为，法院是否同意另一方鉴定申请，不应基于其是否有证据或理由反驳该单方鉴定意见，而是基于该鉴定申请本身是否符合鉴定申请要求，如申请鉴定的事项是否与案件有待查明的事实具有关联性，是否必须要通过特殊技术手段或者专门方法才能确定相应的专门性问题，是否已经通过一般的举证、质证手段或者现有证据是否确实对相关专门性问题无法查明。对于固定总价合同且无设计变更，可以以该固定总价确定价款的；对于双方曾达成过结算协议，并可以以此定案的情况，法院可以不启动鉴定程序。对需要以司法鉴定意见或单方鉴定意见定案的，只要当事人申请司法鉴定，就应允许。

4. 不同意该单方鉴定意见，但既没有提供证据或者理由予以反驳，也不申请鉴定

对于另一方既不提供相反证据予以推翻，也未申请鉴定，该单方鉴定意见是否可以作为审理依据的问题。尽管单方申请鉴定所出具的意见不具有鉴定意见效力，但具有普通证据效力。根据《民事诉讼法司法解释》第 90 条规定："当事人对自己提出的诉讼请求所依据的事实或者反驳对方诉讼请求所依据的事实，应当提供证据加以证明，但法律另有规定的除外。在作出判决前，当事人未能提供证据或者证据不足以证明其事实主张的，由负有举证证明责任的当事人承担不利的后果。"另一方未能提供证据或者证据不足以证明其事实主张，应承担举证不能后果。参照《民事审判实务问答》关于"建设工程施工合同纠纷案件中，在需要通过鉴定确定工程造价的情形下，若一方提出了具体的工程造价数额，另一方对此数额不予认可但又不申请鉴定的，人民法院应该如何认定工程造价"的问题，最高人民法院答复："我们认为，如果是承包人提出了具体的工程造价数额，发包人不予认可但又不申请鉴定的，可按照承包人提出的数额确定工程造价；如果是发包人提出了具体的工程造价数额，承包人不予认可但又不申请鉴定的，可按照发包人认可的金额确定工程造价，要避免出现简单驳回承包人全部诉讼请求的情形。"在另一方仅表示不同意该单方鉴定意见，但既不提供证据或者理由予以反驳，也不申请鉴定的，应以该单方鉴定意见为定案依据。

最高人民法院在（2021）最高法民申 4491 号"甘肃科源电力集团有限公司（以下简称科源公司）与兰州鸿达电力工程有限公司（以下简称鸿达公司）建设工程施工合同纠纷案"中认为：鸿达公司对涉案工程进行施工后，科源公司未及时与其进行结算，鸿达公司自行委托鉴定机构就涉案工程造价进行鉴定。鉴定机构依据鸿达公司提供的案涉工程图纸、《劳务分包合同》、现场签证审批单、工程审计现场查勘底稿、工程联系单等材料作出了鉴定意见。鸿达公司将提供给鉴定机构的材料（除施工图纸外）已全部向一审法院提交，一审法院组织双方当事人进行了质证。二审法院传唤鉴定人到庭接受双方当事人质询，并就有关鉴定事项进行了说明。经法院释明，科源公司不同意重新鉴定，亦无相反证据推翻鉴定意见，鉴定机构据实鉴定，鉴定意见能够客观反映工程造价，故原审法院按照鉴定意见认定该案工程各部分造价，符合法律规定。

关联判例

成都燕宇投资实业发展有限公司与中国建筑第六工程局第五建筑工程公司建设工程施工合同纠纷案

（2014）民申字第1459号

【裁判要旨】

对于成都燕宇投资实业发展有限公司（以下简称燕宇公司）单方委托的有鉴定资质的鉴定机构就工程造价作出的鉴定结论，根据2008年《民事证据规定》第28条的规定："一方当事人自行委托有关部门作出的鉴定结论，另一方当事人有证据足以反驳并申请重新鉴定的，人民法院应予准许。"但中国建筑第六工程局第五建筑公司（以下简称中建六局五公司）未申请重新鉴定，故原审法院依据燕宇公司提交的鉴定报告确定的数额认定中建六局五公司施工部分造价并无不妥。

【裁判摘要】

最高人民法院认为：关于燕宇公司单方委托的鉴定报告能否作为认定中建六局五公司施工部分工程价款的问题。本案作为建设工程施工合同纠纷，其特殊性在于发包人燕宇公司作为原告请求施工人中建六局五公司返还多支付的工程价款。2008年《民事证据规定》第2条第1款规定："当事人对自己提出的诉讼请求所依据的事实或者反驳对方诉讼请求所依据的事实有责任提供证据加以证明。"因此，燕宇公司应当举证证明其已实际支付的工程价款。根据已经查明的事实显示，燕宇公司向中建六局五公司支付工程款42286420.06元，税款2148645.40元，中建六局五公司确认施工用电金额285079.53元，借支工程款14210436.70元，以上总计58930581.69元。在此情况下，中建六局五公司应当说明其施工部分的工程价款，并有义务提供相应证据予以证实，以此从已付工程价款58930581.69元中扣除。否则，中建六局五公司应当承担没有证据或者证据不足所产生的法律后果。原审诉讼中，燕宇公司委托具有司法鉴定资质的四川恒达建筑工程造价司法鉴定所对中建六局五公司施工部分工程的造价进行了鉴定，鉴定机构根据司法鉴定规范，就全部送检资料所反映的工程情况进行鉴定，并对鉴定情况出具了详细说明。原审法院书面通知中建六局五公司对鉴定报告原件及鉴定资料清单进行质证，中建六局五公司并未对其真实性提出异议。2008年《民事证据规定》第28条规定：一方当事人自行委托有关部门作出的鉴定结论，另一方当事人有足以反驳的证据并申请重新鉴定的，人民法院应当准许。但中建六局五公司亦不申请重新鉴定，故原审法院依据燕宇公司提交的鉴定报告确定的数额认定中建六局五公司施工部分造价并无不妥，其关于举证责任的分配合法妥当，本院予以维持。中建六局五公司的此项再审理由不能成立，本院不予支持。

问题2. 一审未申请鉴定，二审能否申请鉴定？

《民事诉讼法司法解释》第121条第1款规定："当事人申请鉴定，可以在举证期限届满前提出……"

在建设工程司法实务中，有诸多案件在一审中没有对工程造价申请司法鉴定，其主要原因包括：（1）认为证据已经足够；（2）认为自己不应承担举证责任；（3）基于诉讼策略需要；（4）经济原因没有申请鉴定或申请鉴定但未缴费；（5）法官在庭审中没有释明举证责任，当事人不知道由谁申请鉴定。当一审判决已出，没有申请鉴定而承担举证不能法律后果的当事人，在二审通常都要求对工程价款进行鉴定。

对一审未申请造价鉴定，二审能否申请鉴定问题，实务界存在两种不同观点：

第一种观点认为，一审未申请鉴定，其已经放弃鉴定权利，二审不应当允许其申请鉴定。

第二种观点认为，一审未申请鉴定，视为争议基本事实没有查清，二审应当允许其申请鉴定。

笔者认为以上两种观点均不完整，应根据具体案件决定。

鉴定是在诉讼过程中，为查明案件事实，对专门性问题进行检验、鉴别和评定的活动。鉴定意见属于证据的一种，鉴定的申请对当事人来说既是权利也是义务，其不仅影响实体，也影响程序。针对一审未申请鉴定，二审能否申请鉴定问题，笔者认为应从以下几个方面进行分析。

一、一审法院没有释明，二审应当同意当事人的鉴定申请

所谓释明，是指法院或仲裁庭对法律条文、案件事实或争议焦点进行解释和说明，以便当事人和公众能够明白法律适用的依据和理由。鉴定的释明就是告知鉴定的必要性以及不申请鉴定的法律后果，并询问其是否申请鉴定。《民事证据规定》第 30 条第 1 款规定："人民法院在审理案件过程中认为待证事实需要通过鉴定意见证明的，应当向当事人释明，并指定提出鉴定申请的期间。"《建设工程施工合同司法解释（一）》第 32 条第 1 款规定："当事人对工程造价、质量、修复费用等专门性问题有争议，人民法院认为需要鉴定的，应当向负有举证责任的当事人释明……"

释明既是一种权利，也是一种义务。若一审法院认为需要鉴定，而又未明确向当事人释明对待证事实申请鉴定，且又基于此判决该当事人承担举证不能的法律后果，属于基本事实未查清，二审法院原则上应当发回一审法院重审，由一审法院进行鉴定。经释明仍不申请鉴定的，依据证据规则判令其承担举证不能的法律后果。

法院释明的前提是法院认为"待证事实需要通过鉴定意见证明"，若法院认为待证事实不是必须通过鉴定意见予以证明的，则无须释明。

二、一审法院释明后没有申请鉴定的，应分情况处理

根据《民事诉讼法》第 177 条第 1 款的规定，[①] 二审法院对一审法院的审查，主要从案件的事实认定、法律适用及审判程序三个方面进行审查。当原审事实认定错误或基本事实认定不清的，二审法院可以发回重审或在查清事实后依法改判。故二审是否同意鉴定，主要看不经鉴定能否查清案件事实。

1. 二审法院认为确有需要的，应予同意

《建设工程施工合同司法解释（一）》第 32 条第 2 款规定："一审诉讼中负有举证责任的当事人未申请鉴定，虽申请鉴定但未支付鉴定费用或者拒不提供相关材料，二审诉讼中申请鉴定，人民法院认为确有必要的，应当依照民事诉讼法第

---

① 参见 2023 年《民事诉讼法》第 177 条第 1 款规定："第二审人民法院对上诉案件，经过审理，按照下列情形，分别处理：（一）原判决、裁定认定事实清楚，适用法律正确的，以判决、裁定方式驳回上诉，维持原判决、裁定；（二）原判决、裁定认定事实错误或者适用法律错误的，以判决、裁定方式依法改判、撤销或者变更；（三）原判决认定基本事实不清的，裁定撤销原判决，发回原审人民法院重审，或者查清事实后改判；（四）原判决遗漏当事人或者违法缺席判决等严重违反法定程序的，裁定撤销原判决，发回原审人民法院重审。"

一百七十条第一款第三项的规定处理。”2023 年《民事诉讼法》第 177 条（2017 年《民事诉讼法》第 170 条）第 1 款第 3 项规定：“原判决认定基本事实不清的，裁定撤销原判决，发回原审人民法院重审，或者查清事实后改判。”故二审法院认为确有鉴定需要的，可以自审，应同意鉴定并在查清事实后改判；也可以发回原审人民法院重审，由当事人在一审程序中申请鉴定。

2. 二审法院认为不需要的，不予同意

尽管一审法院认为案件需要通过鉴定确定基本事实，但随着时间推移和案件发展，可能会出现一审未申请鉴定，二审已经不需要通过鉴定也可确定基本事实情况。如某《建设工程分包合同》明确约定工程价款以总包方与建设方结算价对应价款下浮 10% 为准，但在一审诉讼中总包方与建设方并未结算，经法院释明分包人也未申请鉴定，一审法院以分包人证据不足驳回诉讼请求。在二审中，分包人申请鉴定时总包方与建设方已经结算。此时，二审法院需要对申请鉴定的事项与待证事实无关联，或者对证明待证事实无意义进行审查，对无关联、无意义的鉴定不予允许。①

如最高人民法院在（2018）最高法民申 5607 号建设工程施工合同纠纷一案中认为，虽然法律规定一审法院经审理认为就工程造价等问题需要进行鉴定的，应当向负有举证责任的当事人释明，但该案不存在需要法院释明的情形。二审时，再审申请人书面申请造价鉴定。案涉工程竣工验收合格后，原审被告作为发包人已委托会计师事务所进行审计并最终由汉中市财政局作出《关于拜将坛景区项目竣工财务决算的批复》，且工程价款已实际支付完毕。故二审法院对造价鉴定申请不予准许，并无不当，不存在程序违法的情形。

一些地方高级人民法院也有对此作出明确规定，如《河北高级人民法院建设工程施工合同案件审理指南》第 28 条规定：人民法院经审理认为就建设工程价款等专门性问题需要进行鉴定的，应当向负有举证责任的当事人进行充分释明、明确告知其不申请鉴定可能承担的不利后果。当事人经释明后未申请鉴定的，可参照民事诉讼法逾期举证的规定，由其承担相应的法律后果。一审诉讼中负有举证责任的当事人未对工程价款申请鉴定，二审诉讼中申请鉴定的，人民法院可予

① 《民事诉讼法司法解释》第 121 条规定：“当事人申请鉴定，可以在举证期限届满前提出。申请鉴定的事项与待证事实无关联，或者对证明待证事实无意义的，人民法院不予准许。”

准许。人民法院准许后，可以将案件发回一审法院委托鉴定，但不得违反民事诉讼法的相关规定。对经一审法院释明未申请鉴定的当事人，可参照民事诉讼法对逾期举证的规定，对当事人进行训诫、罚款。

需要注意的是，进入再审程序后，将无法申请鉴定。《民事诉讼法司法解释》第 397 条规定："审查再审申请期间，再审申请人申请人民法院委托鉴定、勘验的，人民法院不予准许。"因此，当事人申请鉴定，应按照法院指定的举证期限申请，以防止过期失权、承担举证不能后果。

关联判例

四川省第一建筑工程有限公司、昭通市泰斗房地产开发经营有限公司建设工程施工合同纠纷案

（2019）最高法民终 384 号

【裁判要旨】

一审没有申请鉴定，二审认为有必要，可以同意鉴定申请。

【基本案情】

2014 年 3 月 25 日，昭通市泰斗房地产开发经营有限公司（以下简称泰斗公司）与四川省第一建筑工程有限公司（以下简称四川一建）就泰平·盛世荷苑 4#、6# 地块分别签订建设工程施工合同。合同约定了施工范围、工期、质量标准、工程造价、价款支付程序等内容，其中，金额暂定 193167465 元（以实际竣工结算为准）。还约定了，在合同签订后，乙方在每月 25 日向甲方报送当月工程进度报表资料（含签证、索赔等费用），甲方应在收到乙方报送的齐全有效资料后 7 日内审核完毕，超过 7 日未予审定，不论任何原因未审定的，视为甲方认可乙方报送的工程进度完成量，并作为支付工程款的依据，确认应付工程款。乙方报送资料不齐全造成审核时间滞后的，后果由乙方自行负担。双方还对其他权利义务进行了约定。

后双方发生争议，向云南省高级人民法院（以下简称云南高院）提起诉讼。四川一建认为，其已向泰斗公司报送了竣工结算资料，按照双方于 2015 年 7 月 29 日签订的《泰平盛世荷苑项目补充协议》第 4 条的约定，泰斗公司

应在收到竣工结算资料后30日内审核完毕，否则不论任何原因，视为泰斗公司认可竣工结算资料。泰斗公司认为，其在收到竣工结算资料后，已及时向四川一建发出工作联系函，表明因工程未全部完工，且未经竣工验收，结算工程款条件尚未成就，不认可竣工结算资料。云南高院认为，泰斗公司收到四川一建的竣工结算资料后，已在30日内向四川一建出具工作联系函，虽然针对竣工结算资料中记载的工程项目及价款，泰斗公司未提出实体性审核意见，但基于泰斗公司认为工程尚未完工及竣工验收，其已从程序上否定达到结算条件，亦表明不认可竣工结算资料可作为双方结算的依据。泰斗公司提出的此项异议与双方合同约定30日内进行审核并不相悖。故认为四川一建主张将竣工结算资料作为认定其已完工程造价依据的主张不成立，未予支持。云南高院向四川一建释明是否就已完工程造价申请司法鉴定，四川一建明确表示不申请，坚持以竣工结算资料为依据主张其工程款。泰斗公司亦不申请工程造价司法鉴定。对此，云南高院认为竣工结算资料不能作为本案定案依据，在四川一建不申请工程造价司法鉴定的情况下，其主张的已完工程造价无法确定，应承担举证不能的不利后果，故驳回四川一建的诉讼请求。

【裁判摘要】

本院认为，2017年《民事诉讼法》第64条第1款规定，“当事人对自己提出的主张，有责任提供证据”。本案中，四川一建向泰斗公司主张工程款，应当就泰斗公司的应付款金额提供证据证明。四川一建在一审时提交了其单方制作的4#、6#地块竣工结算资料，并认为其已于2018年3月21日向泰斗公司送达了上述竣工结算资料，泰斗公司在收到结算书之日起30个工作日内未予审核，按照双方合同约定，应以竣工结算资料作为确定工程款的依据。但根据查明的事实，泰斗公司在收到结算书后于2018年3月29日向四川一建发出工作联系函，认为四川一建施工工程未全部完工及竣工验收，未达到竣工结算条件。泰斗公司同时在诉讼过程中对竣工结算资料提出多项异议，认为竣工结算资料存在多计、错计、重复计算工程量等情形。一审法院综合上述两方面因素，向四川一建释明是否就已完工程造价申请司法鉴定，在四川一建不申请鉴定的情况下，让其承担不利后果并无不当。

现四川一建在二审中提出鉴定申请，根据《建设工程施工合同司法解释（二）》第 14 条第 2 款“一审诉讼中负有举证责任的当事人未申请鉴定，虽申请鉴定但未支付鉴定费用或者拒不提供相关材料，二审诉讼中申请鉴定，人民法院认为确有必要的，应当依照民事诉讼法第一百七十条第一款第三项的规定处理”的规定，为进一步查清案件事实，确定工程价款，解决当事人纠纷，本案应发回重审进行工程造价鉴定。发回重审后，一审法院还应对已付工程款数额、进度款报送及支付情况等基本事实予以查明，以明确欠款数额，分清违约责任。裁定撤销一审判决并发回重审。

问题 3. 超出举证期限申请鉴定，是否应当允许？

《民事证据规定》第 31 条规定：“当事人申请鉴定，应当在人民法院指定期间内提出，并预交鉴定费用。逾期不提出申请或者不预交鉴定费用的，视为放弃申请。对需要鉴定的待证事实负有举证责任的当事人，在人民法院指定期间内无正当理由不提出鉴定申请或者不预交鉴定费用，或者拒不提供相关材料，致使待证事实无法查明的，应当承担举证不能的法律后果。”

司法实务中，因各种原因，经常出现负有举证责任的鉴定申请人没有在举证期限内申请鉴定。对超出举证期限申请鉴定，是否应当允许问题，实务界存在两种不同观点：

第一种观点认为，在举证期限内没有申请鉴定，视为其放弃鉴定权利，再申请鉴定不应允许。

第二种观点认为，如果该鉴定申请与案件事实有关，即便超过举证期限，鉴定申请人的申请鉴定也应当允许。

笔者倾向于第二种观点。

《人民法院司法鉴定工作暂行规定》第 2 条规定：“本规定所称司法鉴定，是指在诉讼过程中，为查明案件事实，人民法院依据职权，或者应当事人及其他诉讼参与人的申请，指派或委托具有专门知识人，对专门性问题进行检验、鉴别和评定的活动。”人民法院委托鉴定人进行鉴定的行为，属于其调查收集证据的职权行为。人民法院的职权行为适用人民法院调查收集证据的规则，当事人的申请鉴定比照当事人的举证的行为处理，适用举证时限规则和举证责任规则。[①]

对标举证规则，《民事诉讼法司法解释》第 102 条第 1 款、第 2 款规定："当事人因故意或者重大过失逾期提供的证据，人民法院不予采纳。但该证据与案件基本事实有关的，人民法院应当采纳，并依照民事诉讼法第六十八条、第一百一十八条第一款的规定予以训诫、罚款。当事人非因故意或者重大过失逾期提供的证据，人民法院应当采纳，并对当事人予以训诫。"

鉴定意见属于证据的一种，而工程造价是价款争议的核心，属于法院应依法查明的基本事实，故即使逾期申请也应启动鉴定。

如最高人民法院在（2021）最高法民申 127 号"固原润农电子商务有限公司、陕西纬睿信息科技有限公司（以下简称陕西纬睿公司）建设工程施工合同纠纷案"中认为：关于固原润农电子商务有限公司再审申请所称的陕西纬睿公司超过法院指定期限申请鉴定的问题。2017 年《民事诉讼法》第 65 条第 2 款规定："人民法院根据当事人的主张和案件审理情况，确定当事人应当提供的证据及其期限。当事人在该期限内提供证据确有困难的，可以向人民法院申请延长期限，人民法院根据当事人的申请适当延长。当事人逾期提供证据的，人民法院应当责令其说明理由；拒不说明理由或者理由不成立的，人民法院根据不同情形可以不予采纳该证据，或者采纳该证据但予以训诫、罚款。"该案中，虽陕西纬睿公司未在法院指定的期限内申请鉴定，但工程价款作为本案的主要事实，原审根据陕西纬睿公司的申请委托鉴定，并不违反法律规定。

关联判例

李某明、湖南新华晒北滩水电开发有限公司（原祁阳县阳光水电开发有限公司）建设工程施工合同纠纷案

（2018）最高法民再 145 号

【裁判要旨】

在不鉴定无法确定工程款的情况下，即便过了举证期限，法院也可以再

① 参见最高人民法院民法典贯彻实施工作领导小组办公室编著：《最高人民法院新民事诉讼法司法解释理解与适用》，人民法院出版社 2022 年版，第 320 页。

次指定举证期限。

【裁判摘要】

最高人民法院认为，工程造价涉及专业技术领域，在无法通过合同约定确定工程价款的情况下，应由鉴定机构鉴定确定。本案一审第一次举证期满时，虽然各方当事人均未提交鉴定申请，但在不鉴定无法确定工程款的情况下，永州中级人民法院依据相关规定再次指定举证期限，祁阳县阳光水电开发有限公司在此期间提交了鉴定申请，永州中级人民法院据此启动鉴定程序，并无不当。

问题 4. 当事人约定以审计为准，能否申请鉴定?

2001 年，最高人民法院发布的《关于建设工程承包合同案件中双方当事人已确认的工程决算价款与审计部门审计的工程决算价款不一致时如何适用法律问题的电话答复意见》指出："审计是国家对建设单位的一种行政监督，不影响建设单位与承建单位的合同效力。建设工程承包合同案件应以当事人的约定作为法院判决的依据。只有在合同明确约定以审计结论作为结算依据或者合同约定不明确、合同约定无效的情况下，才能将审计结论作为判决的依据。"根据该答复意见，当事人在合同中明确约定以审计结论作为结算依据，系当事人真实意思表示，可以将审计结论作为判决的依据。

对当事人约定以审计为准，能否申请鉴定问题，实务界存在两种不同观点：

第一种观点认为，合同明确约定以审计结论为准，不违反法律强制性规定，双方当事人应当按照约定全面履行自己的义务，申请鉴定不应被允许。

第二种观点认为，合同明确约定以审计结论为准，并非必然将审计结论作为判决依据，当事人可以申请鉴定。

笔者认为以上两种观点均不完整。

所谓审计，是指国家行政主管机关在其建设项目竣工投产试运行后，经过国家发展和改革委员会初步验收，国家审计机关对项目的投资效益、投资质量、对国有资金运行状况按照审计机构的有关规定进行审核评价，实行行政经济监督的行为。

审计的内容包括，对建设项目的总预算或者概算的执行情况、年度预算的执行情况和年度决算、单项工程结算、项目竣工决算依法进行审计监督；对前款规定的建设项目进行审计时，可以对直接有关的设计、施工、供货等单位取得建设项目资金的真实性、合法性进行调查。审计属于固定资产投资建设中最后的环节，是项目评价制度的重要组成部分，其既具有行为性，也具有结果性。

当事人约定以审计为准，则是把原本的“监督”功能提升为“监督”与“结算”双重功能。

一、合同约定以审计为准，约定优先

结算是指对建设工程的发承包合同价款进行约定和依据合同约定进行工程预付款、工程进度款、工程竣工价款结算的活动。合同约定以审计机关出具的审计意见为工程价款结算依据，其本质是以合同约定的方式，把未来可能会发生的“行政审计结果”内置于合同之中，并以此作为合同价款条款。

“以审计结果为准”条款一般存在于政府投资和以政府投资为主的建设项目中。一方面，政府投资项目需要进行审计，《审计法》第23条规定：“审计机关对政府投资和以政府投资为主的建设项目的预算执行情况和决算……进行审计监督。”另一方面，工程项目结束后，发包人需要对工程进行审计，即在工程项目通过竣工质量验收后，发包人委托社会中介机构根据合同、国家定额及有关工程资料，对工程结算造价进行审查与核对。发包人为了防止工程结算与审计结论不一致，尤其是工程结算价高于工程审计价，并由此出现可能需要承担的审计责任，通常在合同中约定结算价以审计结果为准。

若发承包人在合同中明确约定将审计结果作为工程价款的结算依据，该约定并不违反法律、行政法规的强制性规定，双方均应遵守合同约定，按照审计结果结算，法院也应尊重当事人约定，将审计结果作为裁判依据，在审查当事人鉴定申请时，应确定有无鉴定的必要性。《2015年全国民事审判工作会议纪要》第49条规定：“……合同约定以审计机关出具的审计意见作为工程价款结算依据的，应当遵循当事人缔约本意，将合同约定的工程价款结算依据确定为真实有效的审计结论……”

最高人民法院在（2019）最高法民申3810号“深圳市中建南方建设集团有限公司、宁夏回族自治区石嘴山市人民政府建设工程施工合同纠纷案”中认为，该案合同中已约定工程结算值以石嘴山市审计局出具的审定值为准，双方当事人即应当遵守合同约定，原判决以石嘴山市审计局的审计结论作为定案依据有事实依据。在已有相应审计结论为依据的情形下，原审法院未准许深圳市中建南方建设集团有限公司提出的司法鉴定申请并不违反法律规定。

二、特定情形下，应允许当事人申请造价鉴定

虽然合同明确约定“以审计结果为准”，但由于实践中的复杂性，在特定情况下，如出现审计部门长期无理由不审计，或审计部门出具的审计报告明显不合理等情形，应当允许当事人申请造价鉴定。

1. 审计机关的审计意见明显不真实、不客观时，应当允许当事人申请鉴定

《2015 年全国民事审判工作会议纪要》第 49 条规定：“……承包人提供证据证明审计机关的审计意见具有不真实、不客观情形，人民法院可以准许当事人补充鉴定、重新质证或者补充质证等方法纠正审计意见存在的缺陷。上述方法不能解决的，应当准许当事人申请对工程造价进行鉴定。”

最高人民法院在（2021）最高法民申 1739 号“海南三亚湾新城开发有限公司（以下简称新城公司）、海南第二建设工程有限公司（以下简称二建公司）建设工程施工合同纠纷案”中认为：根据原审法院查明的事实，二建公司与新城公司合同约定以海南省三亚市财政局投资评审中心审核结果 46452649.33 元作为预算造价，该价格亦为中标合同价。三亚审计局出具审计报告核定案涉工程造价为 32060988.03 元，远低于预算造价和中标合同价，仅为 69%。而二建公司于原审中表示在施工过程中有增加签证工程量并提供相应签证作为证据予以证明。新城公司虽表示签证只是证明工程量有变更，同时主张工程量有减少，但却未对其主张提供证据予以证明。事实上，案涉工程经竣工验收交付使用多年，三亚审计局未能在合理期限内作出审计报告。一般而言，人民法院审理工程价款结算纠纷案件中，若当事人明确约定“竣工结算以审计部门评审结果为准”，则应尊重当事人的意思自由，按照约定处理。这并不影响人民法院对审计机构出具报告的合法性、合理性负有审查义务及权力，实践中不宜不经审查就直接予以采纳。若经审查，确有证据证明审计意见（或结论）存在明显不真实、不客观、不合理之处，该审计意见则不应作为认定案涉工程价款结算的依据。

2. 审计机关久拖不审、久审不决时，应当允许当事人申请鉴定

在司法实践中，存在发包人为了迟延支付工程价款，迟迟不对工程进行审计或不向审计机关报审。此种情况严重影响承包人合法利益，应当允许承包人选择司法鉴定的方式确定工程价款。如广东省高级人民法院在 2017 年 8 月 1 日发布

的《关于审理建设工程合同纠纷案件疑难问题的解答》（已失效）第11条规定："当事人约定以财政、审计等部门的审核、审计结果作为工程款结算依据的，按照约定处理。如果财政、审计等部门明确表示无法进行审核、审计或者无正当理由长期未出具审核、审计结论，经当事人申请，且符合具备进行司法鉴定条件的，人民法院可以通过司法鉴定方式确定工程价款。"江苏省高级人民法院也持有该观点。①

最高人民法院在（2020）最高法民终630号"黄某忠、郴州市发展投资集团有限公司（以下简称郴投公司）建设工程施工合同纠纷案"中认为，关于采用政府审核价格还是鉴定价格的问题。一般而言，当事人约定以审计部门的审计结果作为工程款结算依据的，应当按照约定处理。但审计部门无正当理由长期未出具审计结论，经当事人申请，且符合具备进行司法鉴定条件的，人民法院可以通过司法鉴定方式确定工程价款。该案中，郴投公司于2014年1月7日向郴州市审计局出具关于郴州市苏仙湖、王仙湖项目竣工结算报送审计的函后，至黄某忠2017年提起该案诉讼，郴州市审计局始终未出具审计结论，原审法院根据黄某忠的申请，委托进行造价鉴定，并无不当。

关联判例

盘锦辽东湾新区管理委员会、沈阳北方建设股份有限公司建设工程施工合同纠纷案

（2018）最高法民终258号

【裁判要旨】

当审计机关拖延，发包人迟迟不予结算时，承包人可通过造价司法鉴定的方式主张价款。

【基本案情】

2011年4月12日，盘锦辽东湾新区管理委员会（以下简称辽东湾管委会）

① 江苏省高级人民法院在2018年6月26日发布的《关于审理建设工程施工合同纠纷案件若干问题的解答》（已失效）第10条规定："当事人约定以行政审计、财政评审作为工程款结算依据的，按照约定处理。但行政审计、财政评审部门明确表示无法进行审计或者无正当理由长期未出具审计结论，当事人申请进行司法鉴定的，可以准许。"

与沈阳北方建设股份有限公司（以下简称北方建设公司）签订《投资建设合作框架协议》，约定：双方拟合作项目为中国医科大学附属盛京医院辽东湾分院，2011年10月项目工程主体封顶，2012年10月项目工程交钥匙。合作项目估算不低于5亿元，以实际结算为准。2011年10月27日，辽东湾管委会经济发展部部长王作田经辽东湾管委会授权代表辽东湾分院（发包人）与北方建设公司（承包人）签订《施工合同》。双方约定：北方建设公司承包建设中国医科大学附属盛京医院辽东湾分院工程，总用地面积127150平方米，总建筑面积127497.515平方米，主要建设门诊楼、住院楼及其所属配套设施等。承包范围：土建、室内外装饰、空调、消防、电梯、庭院及污水处理系统等总承包交钥匙工程。工期：2011年10月28日开工，2012年12月31日竣工。质量标准：合格。合同价款：总价款暂定675802694.57元。最终结算按发包人委托的中介造价机构及上级审计部门实际审核的结果为准，如发生设计变更，经发包人委托的监理和发包人代表确认后，确定实际竣工工程量。（合同约定的其他事项略）

【裁判摘要】

最高人民法院认为，关于工程价款结算依据。本案中，《施工合同》第5条约定："最终结算按照发包人委托的中介机构及上级审计部门实际审核的结果为准。"案涉工程于2013年年底至2014年年初陆续竣工并交付使用后，双方亦按照上述约定对工程价款进行结算，北方建设公司向辽东湾管委会移交了工程结算报告及相关附随资料，辽东湾管委会审核后将相关结算资料移交盘锦市审计局，盘锦市审计局于2014年7月18日委托中成建正咨询公司对案涉工程进行结算审核。但从2014年7月18日起至本案提起诉讼时，审计机构历时两年多仍未出具结算审核结果，辽东湾管委会在本案一审期间提交的相关报告，仍未经上级审计部门审核确认，这导致北方建设公司的工程款数额迟迟不能得到确认。由于审计部门的审计不是确定工程价款的唯一方式，工程价款可以通过司法鉴定的方式予以确定，为解决工程款久拖不决的问题，一审法院根据北方建设公司的申请，委托鉴定机构对案涉工程造价进行司法鉴定，符合本案实际，亦不违反法律规定，并无不当。辽东湾管委会并无充分证据证明一审鉴定意见抬高了工程造价，导致发包人多付工程款。据此，一审法院依据鉴定结论认定工程价款，并无不当，辽东湾管委会依据《施工合同》第5条的约定否定鉴定结论作为结算依据，本院不予支持。

三、鉴定委托

|导读|

司法鉴定作为连接事实认定与专业技术的桥梁，其本质是鉴定人运用学科原理、行业规范及技术设备，对争议事实进行科学还原的实证活动。根据服务场景差异，鉴定可分为诉讼型鉴定与非诉型鉴定：前者严格遵循全国人民代表大会常务委员会《关于司法鉴定管理问题的决定》的程序要求，由经省级司法行政机关登记入册的鉴定机构实施，鉴定意见直接作为法定证据使用；后者则涵盖仲裁、调解、商业尽职调查等场景，虽具备参考价值但不受诉讼法刚性约束。

鉴定委托分为当事人单方委托鉴定和法院委托鉴定两种。当事人单方委托鉴定通常发生在诉讼或仲裁之前，由当事人自主选任鉴定机构、由当事人自行提供检材。此类鉴定，未通知对方当事人参与取样及未通过法院质证程序，鉴定意见的证据效力常受挑战，其证明力将大幅减损。法院委托鉴定是依《民事诉讼法》的规定，经当事人申请或法院依职权启动，鉴定机构由当事人共同选定或由人民法院通过随机摇号确定。此类鉴定严格鉴定程序，鉴定检材经过质证、鉴定意见经质询，构成科学理性与法律程序的融合，具有较高的采信价值。

【术语解读】

鉴定委托是指人民法院或仲裁庭根据当事人申请，委托专业鉴定机构对专门性问题进行检测、分析、鉴别的行为。人民法院或仲裁机构委托鉴定人进行鉴定的行为，属于其调查收集证据的职权行为。

（一）委托主体

《司法鉴定程序通则》第11条规定：“司法鉴定机构应当统一受理办案机关的司法鉴定委托。”

关于司法鉴定的委托与受托，通常涉及四个主体，即办案机关、委托人、司法鉴定机构和鉴定人。四者关系为:（1）委托鉴定主体只能是办案机关，不能是案件当事人。尽管法律规定案件当事人有权申请鉴定，且是以依申请鉴定为原则、依职权鉴定为例外，但在司法程序中，当事人只能申请，不能直接委托。（2）委托人只能委托给鉴定机构，不能直接委托鉴定人。全国人民代表大会常务委员会《关于司法鉴定管理问题的决定》第 9 条第 1 款规定，鉴定人从事司法鉴定业务，由所在的鉴定机构统一接受委托。即禁止鉴定人脱离鉴定机构私下直接接受委托，而要由所在的鉴定机构统一接受委托。（3）司法鉴定机构只能指定本机构鉴定人进行鉴定，《司法鉴定程序通则》第 18 条第 1 款规定："司法鉴定机构受理鉴定委托后，应当指定本机构具有该鉴定事项执业资格的司法鉴定人进行鉴定。"根据《建设工程造价鉴定规范》第 4.5.3 条的规定，鉴定人对特别复杂、疑难、特殊技术等问题或对鉴定意见有重大分歧时，可以向本机构以外的相关专家进行咨询，但最终的鉴定意见依然由鉴定人作出，鉴定机构出具。（4）鉴定人应当在一个鉴定机构中从事司法鉴定业务，①根据《注册造价工程师管理办法》的规定，注册造价师只能在一个咨询单位执业。

（二）委托依据

1. 当事人申请

对待证事实负有举证责任的当事人，在待证事实涉及专门性问题需要鉴定时，应向法院申请，由人民法院在审查许可后以法院的名义委托鉴定人进行鉴定。《民事诉讼法》第 79 条第 1 款规定，当事人可以就查明事实的专门性问题向人民法院申请鉴定。当事人申请鉴定的，由双方当事人协商确定具备资格的鉴定人；协商不成的，由人民法院指定。

2. 法院依职权启动鉴定

鉴定程序可以由当事人申请启动，也可以由人民法院依职权启动。人民法院依职权启动鉴定的，性质上属于人民法院依职权调查收集证据的行为，应当遵守依职权调查收集证据的条件。②根据《民事诉讼法司法解释》第 96 条第 1 款的规定，

① 参见全国人民代表大会常务委员会《关于司法鉴定管理问题的决定》第 8 条规定："各鉴定机构之间没有隶属关系；鉴定机构接受委托从事司法鉴定业务，不受地域范围的限制。鉴定人应当在一个鉴定机构中从事司法鉴定业务。"

② 参见最高人民法院民法典贯彻实施工作领导小组办公室编著:《最高人民法院新民事诉讼法司法解释理解与适用》，人民法院出版社 2022 年版，第 320 页。

"人民法院认为审理案件需要的证据"包括:(1)涉及可能损害国家利益、社会公共利益的;(2)涉及身份关系的;(3)涉及《民事诉讼法》第58条规定诉讼的;(4)当事人有恶意串通损害他人合法权益可能的;(5)涉及依职权追加当事人、中止诉讼、终结诉讼、回避等程序性事项的。这些证据是人民法院能够依职权调查收集的证据,也只有在这种情况下,人民法院才能依职权启动鉴定。

根据最高人民法院《关于适用〈中华人民共和国民事诉讼法〉的解释》的规定,依职权启动鉴定,法院在启动鉴定之前应当充分听取了双方当事人的意见。

(三)委托事项

鉴定申请是保护当事人合法的诉求和权益,确保其顺利履行启动鉴定程序的前提。但并非任由当事人随意、没有限制地行使权利。如果当事人申请鉴定的事项不是专门性问题,或与待证事实无关联,启动鉴定程序非但没有必要,且会造成审判资源的浪费。

法院在委托鉴定时会对鉴定事项的专门性问题进行审查。根据最高人民法院《关于人民法院民事诉讼中委托鉴定审查工作若干问题的规定》第1条的规定,对当事人鉴定申请的审查,主要是对鉴定事项的审查,即严格审查拟鉴定事项是否属于查明案件事实的专门性问题,有下列情形之一的,人民法院不予委托鉴定:(1)通过生活常识、经验法则可以推定的事实;(2)与待证事实无关联的问题;(3)对证明待证事实无意义的问题;(4)应当由当事人举证的非专门性问题;(5)通过法庭调查、勘验等方法可以查明的事实;(6)对当事人责任划分的认定;(7)法律适用问题;(8)测谎;(9)其他不适宜委托鉴定的情形。

鉴定机构在接受委托时,会对鉴定事项、鉴定材料等进行审查。对属于本机构司法鉴定业务范围,鉴定用途合法,提供的鉴定材料能够满足鉴定需要的,应当受理。对委托鉴定事项超出本机构司法鉴定业务范围的;鉴定材料不真实、不完整、不充分或者取得方式不合法的;鉴定用途不合法或者违背社会公德的;鉴定要求不符合司法鉴定执业规则或者相关鉴定技术规范的;鉴定要求超出本机构技术条件或者鉴定能力的;委托人就同一鉴定事项同时委托其他司法鉴定机构进行鉴定的以及鉴定事项不符合法律、法规、规章规定等情况的,司法鉴定机构不得受理。对于鉴定材料不完整、不充分,不能满足鉴定需要的,司法鉴定机构可以要求委托人补充;经补充后能够满足鉴定需要的,应当受理。

（四）选择鉴定机构

对鉴定机构的选择，以双方当事人协商确定为原则，只有当事人协商不成时，才由人民法院指定鉴定人。这一原则既适用于当事人主动申请鉴定的情形，也适用于人民法院依职权委托鉴定的情形。[①] 对于第一种情形，《民事诉讼法司法解释》第 121 条第 2 款明确规定，人民法院准许当事人鉴定申请的，应当组织双方当事人协商确定具备相应资格的鉴定人。当事人协商不成的，由人民法院指定。对于第二种情况，《民事证据规定》第 32 条第 2 款规定："人民法院依职权委托鉴定的，可以在询问当事人的意见后，指定具备相应资格的鉴定人。"对是否询问当事人的意见由法官自行决定，给予法官很大的自主权。然而，《民事诉讼法司法解释》第 121 条第 3 款则规定："符合依职权调查收集证据条件的，人民法院应当依职权委托鉴定，在询问当事人的意见后，指定具备相应资格的鉴定人。"此时，法院需要询问当事人对是否复核依职权委托鉴定，以及双方能否协商确定鉴定机构等问题，在无法协商后由法院指定鉴定机构。

法院指定鉴定机构，并非随意指定，而是在符合一定规则下的随机选定。《人民法院对外委托司法鉴定管理规定》第 3 条规定，人民法院司法鉴定机构建立社会鉴定机构和鉴定人名册，根据鉴定对象对专业技术的要求，随机选择和委托鉴定人进行司法鉴定。

根据《民事诉讼法》第 47 条的规定，鉴定人与审判人员、法官助理、书记员、司法技术人员、翻译人员、勘验人一样，如果是本案当事人或者当事人、诉讼代理人近亲属的；与本案有利害关系的；与本案当事人、诉讼代理人有其他关系，可能影响对案件公正审理的。接受当事人、诉讼代理人请客送礼，或者违反规定会见当事人、诉讼代理人的，应当回避。当事人也有权要求回避。

对于鉴定机构，同样适用回避制度。根据《建设工程造价鉴定规范》（GB/T 51262—2017）第 3.3.4 条、第 3.5.2 条的规定，有下列情形之一的，鉴定机构应当自行回避，向委托人说明，不予接受委托：（1）担任过鉴定项目咨询人的；（2）与鉴定项目有利害关系的。鉴定机构未自行回避的，且当事人向委托人申请鉴定机构回避的，由委托人决定其是否回避，鉴定机构应执行委托人的决定。

---

① 参见最高人民法院民事审判第一庭编著：《最高人民法院新民事诉讼证据规定理解与适用》（上、下），人民法院出版社 2020 年版，第 336 页。

（五）委托手续

司法鉴定是司法鉴定机构和司法鉴定人向委托人提供鉴定意见的一种服务，这种服务既不是行政行为，也不属于审判职权范畴。[①] 委托人委托鉴定机构就某些专门性问题进行鉴别和判断，提出鉴定意见，从而获得可以被委托人识别的证据；司法鉴定机构接受委托，指派本机构鉴定人进行鉴定，出具书面鉴定意见并交付委托人，委托人与鉴定机构之间形成的委托关系。在具体鉴定中，委托人和鉴定机构需要以签订委托书的形式，明确权利义务关系。根据《司法鉴定程序通则》第 16 条的规定，司法鉴定委托书应当载明委托人名称、司法鉴定机构名称、委托鉴定事项、是否属于重新鉴定、鉴定用途、与鉴定有关的基本案情、鉴定材料的提供和退还、鉴定风险，以及双方商定的鉴定时限、鉴定费用及收取方式、双方权利义务等其他需要载明的事项。

鉴定实务中，有些办案机关也常以委托函或聘任书的形式与鉴定机构形成委托关系，只要双方能够明确权利义务关系，确保司法鉴定活动正常进行，就可以视为已签订委托书。

【司法实务】

问题 1. 一方当事人申请鉴定，另一方不同意的，法院能否委托鉴定？

建设工程合同纠纷案件通常涉及很多关于工程造价、工程技术和工程材料的专业性知识，法官和仲裁员往往并不是工程造价或审计行业方面的专家，因此，很多建设工程合同纠纷案件依赖于鉴定意见来解决当事人之间的争议。

故审判实践中，如一方当事人申请鉴定，另一方不同意鉴定，人民法院可以根据查明案件事实的需要及相关法律、法规、司法解释的规定，决定是否启动鉴定程序，无须征得另一方当事人的同意。

一、申请鉴定是当事人的权利

司法鉴定是指在诉讼活动中鉴定人运用科学技术或者专门知识对诉讼涉及的专门性问题进行鉴别和判断并提供鉴定意见的活动。鉴定的本质是具有专门知识的鉴定人利用科学技术手段把现有证据转换成可以被裁判者识别的证据，故鉴定属于当事人举证范畴。《民事诉讼法》第 79 条第 1 款规定，当事人可以就查明事

---

① 参见司法部公共法律服务管理局组编：《〈司法鉴定程序通则〉释义》，中国政法大学出版社 2020 年版，第 52 页。

实的专门性问题向人民法院申请鉴定。负有举证责任的当事人在法院释明后未申请鉴定、虽申请鉴定但未支付鉴定费用或者拒不提供相关材料的，应当承担举证不能的法律后果。

二、对方当事人可以表达观点

一方当事人申请鉴定，另一方当事人可以对鉴定事项是否属于专门性问题发表意见，也可以对鉴定事项与待证事实无关联，或者鉴定事项对证明待证事实无意义发表意见，如就案涉工程是否属于固定总价合同，诉前是否已经达成结算协议，是否属于以第三方确定金额为准等内容发表意见。

三、是否委托鉴定，由裁判者审查结果决定

是否启动鉴定，法院或仲裁庭通常审查以下三方面内容：（1）鉴定事项是否属于专门性问题；（2）现有技术能否完成鉴定；（3）鉴定事项与待证事实有无关联，对证明待证事实有无意义。人民法院基于查明案件事实的需要，根据相关法律、法规、司法解释的规定，决定是否启动鉴定程序，无须征得另一方当事人的同意。

最高人民法院法官会议纪要观点：一方申请鉴定，对方不同意，是否准许鉴定，决定权在人民法院而非当事人，对方当事人的同意不是启动鉴定程序的必要条件。否则，如果还需征得对方当事人的同意，容易使鉴定工作陷入僵局，不利于人民法院查明案件事实，及时作出裁判。当然，在确定鉴定人、鉴材等事项时充分考虑当事人意见，既有利于鉴定程序的顺畅推进，也有利于当事人接受鉴定意见。在鉴定实践中，有的鉴定机构要求各方当事人都同意鉴定，否则就不愿进行鉴定。对此种行为，人民法院应予制止，必要时可给予相应处罚。①

问题 2. 人民法院能否依职权委托造价鉴定程序？

《民事证据规定》第 30 条第 1 款规定："人民法院在审理案件过程中认为待证事实需要通过鉴定意见证明的，应当向当事人释明，并指定提出鉴定申请的期间。"《民事诉讼法》第 79 条第 2 款规定："当事人未申请鉴定，人民法院对专门性问题认为需要鉴定的，应当委托具备资格的鉴定人进行鉴定。"

工程价款纠纷是建设工程施工合同纠纷中最为典型的纠纷，工程价款纠纷的核心是造价争议。司法实务中，经常出现发承包双方因举证责任问题及造价鉴定

---

① 参见贺小荣主编：《最高人民法院第二巡回法庭法官会议纪要》（第 3 辑），人民法院出版社 2022 年版，第 416 页。

费用预缴问题，均不申请造价鉴定，经人民法院释明后依然不申请造价鉴定。对此，人民法院能否依职权启动造价鉴定程序，实务界存在两种不同观点：

第一种观点认为，鉴定意见属于民事诉讼证据的一种。当事人因客观原因不能自行收集的证据，或者人民法院认为审理案件需要的证据，人民法院有权进行调查收集。工程造价属于专门性问题，在双方均不申请造价鉴定的情况下，法院有义务查清案件事实，有权根据《民事诉讼法》第 79 条第 2 款的规定委托鉴定，且属于应当委托鉴定。

第二种观点认为，根据《民事证据规定》第 31 条[①]的规定，司法鉴定原则上是依当事人申请启动，由负有举证责任的当事人提出鉴定申请。若负有举证责任的当事人不申请，则应当承担举证不能的法律后果。法院可以就涉及安全隐患、损害国家或者公众利益等情形依职权委托鉴定。

笔者倾向于第二种观点。

一、当事人对自己提出的主张，有责任提供证据

《民事诉讼法》第 67 条第 1 款规定："当事人对自己提出的主张，有责任提供证据。"鉴定意见属于民事诉讼证据的一种，由负有举证责任的当事人申请司法鉴定是合理的，也是必要的。当事人为向人民法院证明自己的主张，就与待证事实相关的专门性问题向人民法院申请鉴定，经人民法院委托，鉴定人运用科学技术或专门知识就委托鉴定事项进行鉴别、判断后得出鉴定意见，使案件事实得到证明，法官从双方当事人提供的证据中获得内心确信的全部信息，进而作出裁判。当事人没有申请鉴定，致使案件事实无法查明，法院应向当事人释明举证责任。《民事证据规定》第 30 条第 1 款规定："人民法院在审理案件过程中认为待证事实需要通过鉴定意见证明的，应当向当事人释明，并指定提出鉴定申请的期间。"《建设工程施工合同司法解释（一）》第 32 条第 1 款规定："当事人对工程造价、质量、修复费用等专门性问题有争议，人民法院认为需要鉴定的，应当向负有举证责任的当事人释明……"在诉讼过程中，是否申请鉴定，属于当事人意思自治的范畴。经法院释明后，对需要鉴定的待证事实负有举证责任的当事人，在人民法院指定期间内无正当理由不提出鉴定申请或者不预交鉴定费用，或者拒不提供相关材料，致使待证事实无法查明的，应当承担举证不能的法律后果。

---

① 《民事证据规定》第 31 条规定，当事人申请鉴定，应当在人民法院指定期间内提出，并预交鉴定费用。逾期不提出申请或者不予交鉴定费用的视为放弃申请。

二、特殊情形下，人民法院才能依职权启动鉴定

本应由当事人申请而启动的鉴定程序，让法院依职权启动鉴定程序，等同于法院代替当事人收集证据，既影响了当事人权利处分，也加重法院审判负担，不利于保持法院的中立立场、实现当事人诉讼利益的平等保护。①

根据《民事诉讼法》第 67 条第 2 款的规定，只有人民法院认为审理案件需要的证据，才可以由人民法院依职权调查收集。根据《民事诉讼法司法解释》第 96 条的规定，人民法院认为审理案件需要的证据包括：（1）涉及可能损害国家利益、社会公共利益的；（2）涉及身份关系的；（3）涉及《民事诉讼法》第 58 条规定诉讼的；（4）当事人有恶意串通损害他人合法权益可能的；（5）涉及依职权追加当事人、中止诉讼、终结诉讼、回避等程序性事项的。除前款规定外，人民法院调查收集证据，应当依照当事人的申请进行。该司法解释对于人民法院依职权主动调查收集证据只规定了五种情形，没有例外，没有兜底条款，即没有扩大适用的余地。同理，人民法院对依职权启动鉴定的情形也只有该五种情形。

就造价鉴定而言，《建设工程施工合同司法解释（一）》关于司法鉴定的条款主要集中在第 28 条到第 34 条，② 其核心要点为谨慎启动鉴定。具体表现为：（1）严

① 参见最高人民法院民法典贯彻实施工作领导小组办公室编著：《最高人民法院新民事诉讼法司法解释理解与适用》，人民法院出版社 2022 年版，第 251 页。

② 参见《建设工程施工合同司法解释（一）》第 28 条规定，当事人约定按照固定价结算工程价款，一方当事人请求对建设工程造价进行鉴定的，人民法院不予支持。第 29 条规定，当事人在诉讼前已经对建设工程价款结算达成协议，诉讼中一方当事人申请对工程造价进行鉴定的，人民法院不予准许。第 30 条规定，当事人在诉讼前共同委托有关机构、人员对建设工程造价出具咨询意见，诉讼中一方当事人不认可该咨询意见申请鉴定的，人民法院应予准许，但双方当事人明确表示受该咨询意见约束的除外。第 31 条规定，当事人对部分案件事实有争议的，仅对有争议的事实进行鉴定，但争议事实范围不能确定，或者双方当事人请求对全部事实鉴定的除外。第 32 条规定，当事人对工程造价、质量、修复费用等专门性问题有争议，人民法院认为需要鉴定的，应当向负有举证责任的当事人释明。当事人经释明未申请鉴定，虽申请鉴定但未支付鉴定费用或者拒不提供相关材料的，应当承担举证不能的法律后果。一审诉讼中负有举证责任的当事人未申请鉴定，虽申请鉴定但未支付鉴定费用或者拒不提供相关材料，二审诉讼中申请鉴定，人民法院认为确有必要的，应当依照《民事诉讼法》第 170 条第 1 款第 3 项的规定处理。第 33 条规定，人民法院准许当事人的鉴定申请后，应当根据当事人申请及查明案件事实的需要，确定委托鉴定的事项、范围、鉴定期限等，并组织当事人对争议的鉴定材料进行质证。第 34 条规定，人民法院应当组织当事人对鉴定意见进行质证。鉴定人将当事人有争议且未经质证的材料作为鉴定依据的，人民法院应当组织当事人就该部分材料进行质证。经质证认为不能作为鉴定依据的，根据该材料作出的鉴定意见不得作为认定案件事实的依据。

格把控鉴定范围，对通过法庭调查、勘验等方法可以查明的事实不予鉴定。如固定价款合同、已结算工程，一方申请鉴定，原则上不允许；对部分争议的，仅对有争议的事实进行鉴定，除非争议事实范围不能确定或双方均要求全部鉴定。（2）依申请鉴定。工程造价通常不属于法院依职权主动调查取证范围，属于当事人依法应当举证范畴，需要当事人申请鉴定。如果当事人没有申请，人民法院认为需要鉴定的，由法院向负有举证责任的当事人释明。经释明后仍不申请鉴定的，应当承担举证不能的法律后果，没有规定法院可以依职权启动造价鉴定。

当然，对于当事人恶意串通，以明显不合理高价结算，损害国家或公众利益的，人民法院可以依职权启动造价鉴定。安徽省高级人民法院发布类似规定，该院《关于规范全省房地产案件鉴定工作的若干意见（试行）》第10条规定：当事人没有申请，有下列情形之一的，人民法院可依职权委托鉴定：（1）建筑物质量存在安全隐患，可能造成人身和财产安全危害，当事人对质量是否合格存在争议的；（2）建筑物未经验收合格交付使用，当事人对工程质量有争议的；（3）当事人恶意串通，故意低价转让国有资产，损害国家或公众利益的；（4）当事人违反国家法律、行政法规强制性规定，导致房地产合同无效的；（5）其他应当由人民法院依职权委托鉴定的。

关联规则

人民法院能否依职权启动鉴定程序

法官会议意见：[①] 对于人民法院能否依职权启动鉴定程序，存在不同观点。我们认为，在当事人主义的诉讼模式下，原则上应当由当事人自己举证，故原则上应当由当事人申请鉴定，法院不得轻易越俎代庖。但《民事诉讼法》第79条第2款规定，当事人未申请鉴定，人民法院认为需要鉴定的可以依职权进行鉴定，《民事诉讼法司法解释》第121条第3款及《民事证据规定》第30条第2款进一步明确了人民法院可以依职权委托鉴定的情形。可见，理论上人民法院是可以依职权启动司法鉴定程序的。但在建设工程领域，人民法院一般不宜依职权启动司法鉴定。一方面，从建设工程自身特点来看，

① 参见贺小荣主编：《最高人民法院第二巡回法庭法官会议纪要》（第3辑），人民法院出版社2022年版，第414~415页。

工程建设具有较强专业性，从投资决策到工程设计，从施工安装到竣工验收，再到交付使用，每个环节都留有丰富的资料，比如合同、设计方案、监理日志、签证、形象进度单、结算协议等，这些都是对整个建设过程客观的记录。也就意味着，当事人距离证据较近，特别是承包人的举证能力、收集证据能力更强，优势明显。依据“谁主张，谁举证”的原则，当事人能够对自己的主张提供证据证明。另一方面，从当前审判实践看，此类案件罕有涉及可能损害国家利益、社会公共利益，涉及身份关系等《民事诉讼法司法解释》第 96 条第 1 款规定的情形。即使存在上述情形，也极少需要通过启动鉴定程序查明相关事实。

四、鉴定费

| 导读 |

司法鉴定是经依法登记的司法鉴定机构和鉴定人，运用专业技术对诉讼或非讼活动中的专门性问题进行鉴别、判断并提出鉴定意见的科学实证活动。鉴定人向委托人提供鉴定意见的行为，既不是行政行为也不是审判行为，而是基于法律规定由依法取得执业资质的鉴定机构和鉴定人，运用科学技术或专门知识对诉讼涉及的专门性问题进行鉴别、判断并出具意见的市场化专业服务行为。鉴定人因实施鉴定活动有权获得相应的报酬，司法鉴定费的本质是鉴定机构基于专业知识服务获取的经营性对价。

司法鉴定兼具公共服务与市场行为的双重特征，费用构成通常包含基础服务费与技术附加费等，定价机制呈现行政指导价与市场化定价并行的二元格局。这种独特的费用形态，既反映了司法权对专业服务市场的适度干预，又保留了技术创新的定价弹性。

【术语解读】

鉴定费是指鉴定机构或鉴定人为客户提供鉴定服务所收取的费用，通常包括直接用于鉴定的费用和其他与鉴定有关的必要费用。

（一）鉴定费的构成

因鉴定项目的鉴定内容和鉴定方法的不同，其鉴定费的构成也有所不同。

1. 鉴定费包含的内容。鉴定费通常由以下几部分内容构成：（1）鉴定单位运管费，包括办公场所租赁费、公司运营费、非鉴定人员工资等；（2）鉴定人员人工费，包括鉴定人员的工资、奖金、津贴等，这些费用通常是按照鉴定人员的专业水平和职别确定的；（3）鉴定材料费，包括鉴定过程中需要使用的各种材料、试剂、器材所产生的费用；（4）鉴定设备费，包括鉴定过程中需要使用的各种设备、仪器所产生的费用；（5）其他费用，包括鉴定过程中的交通、住宿、餐饮等费用；（6）税金，鉴定单位因收取鉴定费而缴纳的增值税、附加税及企业所得税等。

2. 鉴定费不包含的内容。鉴定费中通常不包括鉴定人出庭费用。鉴定人出庭费是指鉴定人在人民法院指定日期出庭接受质询时所产生的相关费用，包括交通费、住宿费、生活费以及误工补贴等。尽管鉴定人出庭作证是鉴定人的法定义务，[①]但鉴定人出庭作证并非必然发生。只有当事人在收到鉴定人的书面答复后仍有异议且向委托人申请，并经委托人通知，鉴定人才会出庭作证，才产生鉴定人出庭费用。因此，人民法院或仲裁机构委托鉴定时没有明确确定鉴定人出庭费用包含在鉴定费用之中的，鉴定机构收取的鉴定费不应包含鉴定人出庭费用。

《民事证据规定》第 38 条规定，当事人在收到鉴定人的书面答复后仍有异议的，人民法院应当根据《诉讼费用交纳办法》第 11 条的规定，通知有异议的当事人预交鉴定人出庭费用，并通知鉴定人出庭。有异议的当事人不预交鉴定人出庭费用的，视为放弃异议。双方当事人对鉴定意见均有异议的，分摊预交鉴定人出庭费用。《江苏省司法鉴定收费管理办法》第 11 条规定："司法鉴定人在人民法院指定日期出庭作证发生的交通费、住宿费、生活费和误工补贴，不属于司法鉴定收费范围，由人民法院按照有关规定执行。"《天津市司法鉴定收费管理办法》第 9 条规定，司法鉴定人在人民法院指定日期出庭作证发生的相关费用，不属于司法鉴定费，由委托人或当事人另行支付，法律、法规、规章另有规定的，从其规定。

---

① 参见《司法鉴定程序通则》第 43 条规定，经人民法院依法通知，司法鉴定人应当出庭作证，回答与鉴定事项有关的问题。

司法鉴定人出庭作证的费用应当限定在实际支出的范围内，包括直接费用和因出庭而减少的收入，体现补偿的性质，不宜扩大范围。鉴定人出庭费用按照证人出庭作证费用的标准计算，由败诉的当事人负担。委托鉴定时已经确定鉴定人出庭费用包含在鉴定费用中的，不再通知当事人预交。因鉴定意见不明确或者有瑕疵需要鉴定人出庭的，出庭费用由其自行负担。

（二）鉴定费标准

《诉讼费用交纳办法》规定了鉴定费的缴纳方式，故鉴定费通常被认定为属于诉讼费。[①]诉讼费用的交纳和收取制度应当公示，故全国人民代表大会常务委员会2005年颁布的《关于司法鉴定管理问题的决定》第15条规定："司法鉴定的收费项目和收费标准由国务院司法行政部门商国务院价格主管部门确定。"

2015年，为贯彻落实党的十八届三中全会关于深化价格管理体制改革的要求，全国人民代表大会常务委员会对《关于司法鉴定管理问题的决定》作出修正，将第15条修改为："司法鉴定的收费标准由省、自治区、直辖市人民政府价格主管部门会同同级司法行政部门制定。"

2015年，国家发展和改革委员会、教育部、司法部、新闻出版广电总局联合印发《关于下放教材及部分服务价格定价权限有关问题的通知》（发改价格〔2015〕1199号），要求各地应于2016年5月1日前制定出台本地司法鉴定收费标准。

2016年，司法部办公厅印发《关于做好司法鉴定收费标准制定相关工作的通知》（司办通〔2016〕6号），要求各地司法行政机关应当与价格主管部门依据《价格法》、全国人大常委会《关于司法鉴定管理问题的决定》以及司法鉴定地方法规等有关规定，按照国家发展和改革委员会价格司《关于加强有关专业服务收费和教材价格管理的通知》（2016年1月5日印发）要求，结合本地工作实际，制定出台司法鉴定收费管理规定。但由该"收费通知"附件一"司法鉴定项目基本目录"仅规定了三类11个鉴定项目的199个细分项目，没有包含工程造价鉴定项目，未直接规定收费费率和计价基数。工程造价鉴定参照造价咨询服务收费

① 参见《最高人民法院第二巡回法庭法官会议纪要》关于"鉴定费的性质与承担"问题，认为认定鉴定费属于诉讼费用，由败诉方承担，更能平衡当事人之间利益，符合公平原则。

标准进行收费。

2013 年 7 月，中国建设工程造价管理协会发布《关于规范工程造价咨询服务收费的通知》（中价协〔2013〕35 号），发布工程造价咨询收费参照标准，造价鉴定按照申报鉴定金额阶梯计价。以房屋建筑工程为例，申报鉴定金额小于等于 200 万元部分的费率为 12‰；大于 200 万元小于等于 500 万元部分的费率为 10‰；大于 500 万元小于等于 2000 万元部分的费率为 8‰；大于 2000 万元小于等于 10000 万元部分的费率为 6‰；大于 10000 万元小于等于 50000 万元部分的费率为 5‰；大于 50000 万元部分的费率为 4‰。对于其他工程，对于投资额较大，计量和计价相对简单的市政、水利电力、机场、港口、城市轨道等工程，降低其收费系数；对于投资额较小，计量和计价相对复杂的园林、装饰装修、仿古、安装、井巷矿山等工程，提高其收费系数。①

各地方建设工程造价管理协会参照中国建设工程造价管理协会发布《关于规范工程造价咨询服务收费的通知》制定适合本地的工程造价咨询服务收费标准。

2016 年 10 月，湖南省建设工程造价管理协会《关于规范工程造价咨询服务收费的意见》（湘建价协〔2016〕25）号规定工程造价鉴定费按照申报鉴定金额阶梯计价，其中申报鉴定金额在 500 万元以下的费率为 10‰，501 万—2000 万元部分的费率为 8‰，2001 万—5000 万元部分的费率为 6.5‰，5001 万—10000 万元部分的费率为 5‰，10001 万—50000 万元部分的费率为 4‰，50001 万元以上的部分的费率为 3‰。

2020 年 3 月，海南省建设工程造价管理协会《关于海南省建设工程造价咨询服务收费参考价格的通知》（琼价协〔2020〕01 号）规定工程造价鉴定费根据差额定率分档累进收费计算。其中，基数方式分两种，第一种按照“鉴定后工程造价”计算，500 万元以下的费率为 27‰，1000 万元以下的费率为 14‰，5000 万元以下的费率为 12‰，1 亿元以下的费率为 11‰，5 亿元以下的费率为 10‰，10 亿元以下的费率为 7‰，10 亿元以上的费率为 6‰。第二种按照“争议差额”

---

① 根据中国建设工程造价管理协会《关于规范工程造价咨询服务收费的通知》附件 2 工程造价咨询收费专业工程调整系数表的规定，不同工程类别的专业调整系数为：市政工程 0.8，水利电力工程 0.9，机场场道工程 0.7，公路、道路工程 0.8，城轨道工程 0.8，桥梁、隧道工程 0.7，港口工程 0.8，井巷矿山工程 1.1，园林绿化工程 1.1，装饰装修工程 1.2，仿古建筑工程 1.2，安装工程 1.2，其他工程 1.0。

计算，500 万元以下的费率为 8.8%，1000 万元以下的费率为 6.6%，5000 万元以下的费率为 4.4%，1 亿元以下的费率为 3.3%，5 亿元以下的费率为 1.65%，10 亿元以下的费率为 0.88%，10 亿元以上的费率为 0.55%。

其他各省参照当地建设工程造价管理协会发布的工程造价咨询服务收费标准，地方造价协会没有发布的，参照中国建设工程造价管理协会发布的标准。

（三）鉴定费的预缴

尽管鉴定费的最终承担由法院或仲裁机构依法裁判确定，但为了防止裁决生效后无法执行，我国对鉴定费采用预缴方式。

鉴定意见属于证据的一种，当事人申请鉴定的本质是利用鉴定手段向法院或仲裁机构展示举证内容。故鉴定申请责任通常按照举证责任进行分配，申请鉴定的一方也是对待证事实负有证明义务的一方，由申请人预交鉴定费，符合当事人的诉求利益。

《民事证据规定》第 31 条当事人申请鉴定，应当在人民法院指定期间内提出，并预交鉴定费用。逾期不提出申请或者不预交鉴定费用的，视为放弃申请。对需要鉴定的待证事实负有举证责任的当事人，在人民法院指定期间内无正当理由不提出鉴定申请或者不预交鉴定费用，或者拒不提供相关材料，致使待证事实无法查明的，应当承担举证不能的法律后果。

（四）鉴定费的承担

《诉讼费用交纳办法》第 29 条第 1 款规定，诉讼费用由败诉方负担，胜诉方自愿承担的除外。鉴定费作为诉讼费的一种，其由谁承担本不应有太多争议，但实务中却争议较大，裁判观点也不尽相同，主要是因为《诉讼费用交纳办法》第 12 条第 1 款规定："诉讼过程中因鉴定、公告、勘验、翻译、评估、拍卖、变卖、仓储、保管、运输、船舶监管等发生的依法应当由当事人负担的费用，人民法院根据谁主张、谁负担的原则，决定由当事人直接支付给有关机构或者单位，人民法院不得代收代付。"对于该法条中"谁主张，谁负担"该如何理解问题，在（2018）最高法民终 557 号"江西省亿隆建筑装饰工程有限公司与江西桑海投资开发有限公司建设工程施工合同纠纷案"中，最高人民法院认为，《诉讼费用交纳办法》第 12 条规定解决的是在鉴定、评估等程序启动时，由申请鉴定、评估的当事人直接将相关费用交给鉴定、评估机构，禁止人民法院代收代付，而不是解决鉴定、评估费在当事人之间的最终分担问题。根据《最高人民法院第二巡回法庭法官会议纪要》中关于“鉴定费的性质与承担”问题，认为认定鉴定费属于诉讼费用，由败诉方承担，更能平衡当事人之间利益，符合公平原则。

（五）鉴定费退还

鉴定费的退还是指当事人在鉴定初期预缴的鉴定费因某种特定原因又重新退还给缴纳者。从广义上说，鉴定费退还包括事实退还和视为退还两种。事实退还是指鉴定人导致的退还；视为退还是指鉴定费预缴者胜诉，败诉方在履行裁决时一并支付的鉴定费。

1. 鉴定机构退还

鉴定机构退还鉴定费大多是因为鉴定机构导致鉴定意见不能使用。（1）不履行出庭义务。《民事诉讼法》第 81 条规定，当事人对鉴定意见有异议或者人民法院认为鉴定人有必要出庭的，鉴定人应当出庭作证。经人民法院通知，鉴定人拒不出庭作证的，鉴定意见不得作为认定事实的根据；支付鉴定费用的当事人可以要求返还鉴定费用。即经人民法院通知鉴定人拒不出庭对鉴定意见进行说明，当事人可以要求鉴定机构返还已经支付的鉴定费用。（2）虚假鉴定。《民事证据规定》第 33 条第 2 款规定，鉴定人故意作虚假鉴定的，人民法院应当责令其退还鉴定费用，并根据情节，依照法律规定进行处罚。（3）未按期提交鉴定书。《民事证据规定》第 35 条第 2 款规定，鉴定人无正当理由未按期提交鉴定书的，当事人可以申请法院另行委托鉴定人进行鉴定，在法院准许另行委托后，原鉴定人已经收取的鉴定费用应当退还，拒不退还的，按照该规定第 81 条第 2 款的规定处理。（4）鉴定人导致重新鉴定的。根据《民事证据规定》第 40 条第 1 款、第 2 款的规定，当事人申请重新鉴定，存在下列情形之一的，人民法院应当准许：①鉴定人不具备相应资格的；②鉴定程序严重违法的；③鉴定意见明显依据不足的；④鉴定意见不能作为证据使用的其他情形。存在前款第 1 项至第 3 项情形的，鉴定人已经收取的鉴定费用应当退还。拒不退还的，依照该规定第 81 条第 2 款的规定处理。（5）鉴定人无正当理由撤销鉴定意见的。《民事证据规定》第 42 条规定，鉴定意见被采信后，鉴定人无正当理由撤销鉴定意见的，人民法院应当责令其退还鉴定费用，并可以根据情节，依照《民事诉讼法》第 111 条的规定对鉴定人进行处罚。当事人主张鉴定人负担由此增加的合理费用的，人民法院应予支持。人民法院采信鉴定意见后准许鉴定人撤销的，应当责令其退还鉴定费用。

2. 败诉方在履行裁决时一并支付

对当事人在鉴定初期预缴的鉴定费，人民法院或仲裁机构在作出判决时，会根据案件的具体情况和裁决的结果，合理裁决鉴定费的承担方式，由败诉当事人一方承担或者双方当事人按照一定比例分担。

预缴鉴定费的当事人在此种情况下要获取已缴鉴定费，只能通过对方当事人履行裁决，不能基于裁决书裁决己方不承担鉴定费而要求鉴定机构返还。一方面，人民法院或仲裁机构基于本案出具的裁决书仅约束双方当事人，并不约束鉴定机构，鉴定费预缴当事人不能基于该判决要求鉴定机构退费；另一方面，鉴定机构接受委托后，由鉴定人利用其掌握的专门技术和知识对专门性问题进行鉴定，给出权威、专业的鉴定意见，是一种经营行为，会按规定收取鉴定费。[①] 法律设置当事人预先缴纳鉴定费制度，就是预防鉴定费最终无法落实。若要求鉴定机构退费，则设立鉴定费预缴制度的目的落空，且鉴定机构也没有向被诉方主张权力的依据。

【司法实务】

问题 1. 鉴定费该如何承担？

《诉讼费用交纳办法》第 12 条第 2 款规定："诉讼过程中因鉴定、公告、勘验、翻译、评估、拍卖、变卖、仓储、保管、运输、船舶监管等发生的依法应当由当事人负担的费用，人民法院根据谁主张、谁负担的原则，决定由当事人直接支付给有关机构或者单位，人民法院不得代收代付。"

最高人民法院在（2020）最高法民申 2532 号"孝义市乾峰房地产开发有限公司、山西恒业建设集团有限公司（原山西恒业建筑安装有限公司）建设工程施工合同纠纷案"中认为，对于鉴定费的分担，原审法院根据《诉讼费用交纳办法》和案件基本事实决定各方当事人的分担比例，适用法律亦无不当。

关于鉴定费的承担，《诉讼费用交纳办法》所规定的内容与最高院所适用的

---

① 参见最高人民法院民事审判第一庭编著：《最高人民法院新民事诉讼证据规定理解与适用》，人民法院出版社 2020 年版，第 323 页。

内容并不一致。对鉴定费该如何承担问题，实务界存在两种不同观点：

第一种观点认为，鉴定是解决诉讼中的证据问题，《诉讼费用交纳办法》明确规定鉴定费“谁主张，谁负担”，故鉴定费应由举证责任者承担。

第二种观点认为，鉴定费用属于诉讼费用，应依据《诉讼费用交纳办法》第29条的规定由败诉方负担。

笔者认为鉴定费分配负担应根据案件具体情况确定。

一、鉴定费用属于诉讼费用

诉讼费是指当事人为向人民法院提起诉讼程序应当缴纳的费用。尽管《诉讼费用交纳办法》第6条所规定的诉讼费用仅包括案件受理费，申请费，证人、鉴定人、翻译人员、理算人员在人民法院指定日期出庭发生的交通费、住宿费、生活费和误工补贴，没有明确包含鉴定费，但鉴定费依然属于《诉讼费用交纳办法》规制的范畴。[①]

最高人民法院的诸多判例认为鉴定费属于诉讼费用。如最高人民法院在（2014）民申字第950号案件中认为，鉴定费用属于诉讼费用的范畴，当事人如何负担该费用，由人民法院根据案件的具体情况决定。

地方高级人民法院有明确鉴定费属于诉讼费用的规定。湖南省财政厅、湖南省高级人民法院《关于印发〈湖南省人民法院诉讼费管理办法〉的通知》第2条规定：本办法所称诉讼费是指民事、行政案件的当事人向人民法院提起诉讼或申请执行，依照法律规定缴纳的案件受理费、申请费和其他诉讼费。诉讼费中的其他诉讼费是指：（1）财产案件、非财产案件及行政案件当事人应当负担的勘验、鉴定、公告、翻译等费用……

需要明确的是，鉴定费属于诉讼费用，但不属于案件受理费用，案件受理费用是直接向法院缴纳的费用，直接纳入财政收支；而鉴定费是直接向鉴定机构缴纳的费用，属于鉴定机构因实施鉴定活动而获得的报酬。

二、谁主张，谁负担鉴定费并非立法本意

尽管《诉讼费用交纳办法》第12条规定鉴定费由人民法院根据谁主张，谁

---

① 《诉讼费用交纳办法》第12条第1款规定：诉讼过程中因鉴定、公告、勘验、翻译、评估、拍卖、变卖、仓储、保管、运输、船舶监管等发生的依法应当由当事人负担的费用，人民法院根据谁主张、谁负担的原则，决定由当事人直接支付给有关机构或者单位，人民法院不得代收代付。

负担的原则，决定由当事人直接支付给有关机构或者单位，但若鉴定费一律由举证方承担，将影响有胜诉希望但经济能力薄弱的当事人申请鉴定的积极性，可能使得法院就鉴定事项作出对其不利的认定，损害当事人的合法权益。

最高人民法院在（2018）最高法民终 557 号“江西省亿隆建筑装饰工程有限公司与江西桑海投资开发有限公司建设工程施工合同纠纷案”中认为，《诉讼费用交纳办法》第 12 条规定解决的是在鉴定、评估等程序启动时，由申请鉴定、评估的当事人直接将相关费用交给鉴定、评估机构，禁止人民法院代收代付，而不是解决鉴定、评估费在当事人之间的最终分担问题。

《最高人民法院第二巡回法庭 2021 年第 21 次法官会议纪要》关于“鉴定费的性质与承担”专题中，认为：“从目的性解释来看，《诉讼费用交纳办法》第 12 条中规定当事人将负担费用直接向有关机构或单位交纳，此处的‘负担’应理解为‘预交’才符合该条款的本意，举证方负担说的观点过于简单机械。”[①]

三、鉴定费由败诉方负担并不能达到最大的公平

一般来说，认定鉴定费由败诉方负担符合公平原则，更能平衡当事人之间利益。但在特定情况下，鉴定费由败诉方负担会影响公平性及诚实信用体系。假如：A 向 B 索要 5 笔民间借贷款项合计 25 万元，B 对 A 所提交的前 4 笔借款证据均认可，并承认借款事实，唯对 A 所提交的第 5 笔 5 万元借款证据不予认可。经笔迹鉴定及法院审查，第 5 笔借款证据确实不是出自 B 之手，B 也没有借 A 的第 5 笔借款。该案中，如果债务人 B 没有其他合理理由抗辩，大概率会承担败诉，如果按照鉴定费由败诉方负担，并参照《诉讼费用交纳办法》第 29 条第 2 款“部分胜诉、部分败诉的，人民法院根据案件的具体情况决定当事人各自负担的诉讼费用数额”的规定，法院通常会判 B 承担 80% 的鉴定费。B 对第 5 笔借款证据的否定完全符合客观事实，没有任何过错，却承担 80% 的鉴定费，而 A 对鉴定具有明显过错（或故意），只因前 4 笔借款获得支持就只需承担 20% 的鉴定费，明显不公平。

四、应当以鉴定事项胜败关系、对应比例综合分配鉴定费承担责任

1. 诉讼费根据诉讼标的额确定，按照胜败关系及对应比例分配诉讼费承担责任符合过错责任原则。

---

① 贺小荣主编：《最高人民法院第二巡回法庭法官会议纪要》（第 3 辑），人民法院出版社 2022 年版，第 419 页。

诉讼费用的承担通常根据《诉讼费用交纳办法》第 29 条的规定，由败诉方负担，胜诉方自愿承担的除外。部分胜诉、部分败诉的，人民法院根据案件的具体情况决定当事人各自负担的诉讼费用数额。共同诉讼当事人败诉的，人民法院根据其对诉讼标的的利害关系，决定当事人各自负担的诉讼费用数额。

2. 鉴定费根据鉴定标的额、鉴定难易程度等因素确定，参照类推适用的原则，鉴定费也应该按照鉴定事项的胜败关系及相应比例进行承担。

如笔者曾代理的案件，施工方未经报审结算程序直接向法院起诉，要求发包方支付工程价款 2100 万元，其单独委托造价咨询机构出具结算审核报告所显示的工程总价款为 2900 万元，发包方不认可该结算审核报告，称施工方实际施工价值只有 1900 万元左右。法院把申请鉴定的责任分配给了发包方，最终鉴定结果为 1960 万元，与发包人所称 1900 万元极为接近，与承包人所称 2900 万元相差甚远。最终法院认定工程总价款为 1960 万元，已支付工程款 800 万元，未到期质量保证金 60 万元，判决发包人向承包人支付 1100 万元。该案如果按照举证责任承担鉴定费，那么所有鉴定费均应由发包人承担；如果按照胜败关系及对应比例分配诉讼费承担责任，发包人应承担约 50% 的鉴定费。

笔者认为以上两种方式均不合理。从鉴定事项来看，发包人相对善意，其认可的工程价款极为接近鉴定价值；反观承包人，其虚报了 940 万元工程价款，主要集中在虚报工程量，超出合同约定计价，不按合同约定和规范规定组价，显然存在过错。从价款支付程序上看，承包人本应按照合同约定向发包人报审，经双方确定结算后按照合同约定程序支付价款，但承包人未按合同约定向发包人报审结算，而是自行委托造价咨询机构进行结算审核，企图以此为证据起诉并获取超预期利润，明显有过错。根据过错责任原则，承包人应承担更多鉴定费支付责任，如按照鉴定结果差异比例计算鉴定费承担，发包人应承担 10%，承包人应承担 90%。

又如前民间借贷案例的 B，如果根据鉴定结果胜败关系及对应比例承担鉴定费支付责任，则 B 对鉴定事项没有过错，可以不用承担鉴定费。但 B 应当根据败诉关系及对应比例承担诉讼费。鉴定费与诉讼费按照各自胜负关系及比例承担责任符合过错责任原则。

四川省乐山市中级人民法院在（2018）川 11 民终 320 号“峨眉山温泉度假区投资有限公司、四川华西鲁艺建筑工程有限公司装饰装修合同纠纷案”中认为：关于该案的鉴定费用如何分摊的问题。鉴定费用包括四川廉正工程咨询有限公司收取的44.34万元和四川建业工程咨询有限公司收取的10.1万元。峨眉山温泉度假区投资有限公司审核工程款造价为13876812元，华西鲁艺建筑工程有限公司审核工程款造价为18748060元，鉴定费用属于诉讼费用的类别，按照诉讼费由败诉方承担的原则，鉴定费应按照各方主张工程款造价与最终鉴定意见的差额比例进行分摊，以此确定峨眉山温泉度假区投资有限公司承担35%的鉴定费190540元，四川华西鲁艺建筑工程有限公司承担65%的鉴定费353860元。

另外，鉴定费的承担还应考虑当事人在诉讼中是否诚信，是否存在恶意诉讼或者滥用诉讼，是否存在举证迟延导致诉讼费用增加等情形。

关联判例

彩鑫建设集团有限公司淄博分公司、山东金城建设有限公司建设工程施工合同纠纷案

（2022）鲁03民终2077号

【裁判要旨】

鉴定费应按照鉴定结论支持比例由原、被告分担。

【裁判摘要】

最高人民法院认为，彩鑫建设集团有限公司淄博分公司（以下简称彩鑫淄博公司）在本案中支出了鉴定费75800元，鉴于涉案《外墙系统施工合同》约定的综合单价并未包含鉴定费用，而鉴定结论也未支持双方全部主张，该鉴定费应按照鉴定结论支持比例由原、被告分担，其中山东金城建设有限公司（以下简称金城公司）应当分担约47241.62元（2404050.88元 ÷3857341.96元 ×75800元），该费用已由彩鑫淄博公司交纳，金城公司应当支付予彩鑫淄博公司。

问题2.鉴定人能否以当事人未按约交纳鉴定费用为由拒绝出具鉴定意见？

《人民法院司法鉴定工作暂行规定》第25条规定，司法鉴定按国家价格主管

部门核定的标准收取费用。

在鉴定实务中，会出现当事人以经济紧张暂时无法缴纳鉴定费情况。对于当事人未按约交纳鉴定费用，鉴定人能否以此为由拒绝出具鉴定意见问题，实务界存在两种不同观点：

第一种观点认为，司法鉴定的委托主体是法院或仲裁机关，不论当事主体是否按时缴纳鉴定费，鉴定人均不能以此为由拒绝出具鉴定意见。

第二种观点认为，当事主体未按时缴纳鉴定费，鉴定人均可以以此为由拒绝出具鉴定意见。

笔者倾向于第二种观点。

建设工程司法鉴定，是指法院就审理案件中与建设工程相关的专门性问题委托专业司法鉴定机构，由鉴定机构指派的鉴定人员运用建筑行业专业理论和技术进行审核、评估、计算，并作出判断结论意见的活动。

鉴定费是鉴定人实施鉴定活动而获得的报酬。依据最高人民法院《关于人民法院民事诉讼中委托鉴定审查工作若干问题的规定》第12条第2款、第3条的规定，只有公益诉讼可以申请暂缓交纳鉴定费用和鉴定人出庭费用，符合法律援助条件的当事人可以申请暂缓或减免交纳鉴定费用和鉴定人出庭费用，其他当事主体应按照规定及时交纳。

对于不按时交纳鉴定费的，人民法院经审查属实，可以责令当事主体在指定期限内交纳鉴定费用，并向当事主体释明不按期预交鉴定费用及鉴定人出庭费用的法律后果。当事主体在指定期限内仍不交纳鉴定费的，造价鉴定人可以依据《建设工程造价鉴定规范》（GB/T 51262—2017）第3.3.6条第4项“委托人或申请鉴定当事人拒绝按约定支付鉴定费用的”之规定，终止鉴定。

关联判例

浙江广扬建设集团有限公司、威海市望海房地产开发有限责任公司建设工程施工合同纠纷案

（2018）最高法民再171号

【裁判要旨】

对需要鉴定的事项负有举证责任的当事人，在人民法院指定的期限内无

正当理由不提出鉴定申请或者不预交鉴定费用或者拒不提供相关材料，致使对案件争议的事实无法通过鉴定意见予以认定的，应当对该事实承担举证不能的法律后果。

【基本案情】

2007 年 1 月，威海市望海房地产开发有限责任公司（以下简称望海公司）开发的乳山富豪城项目公开向社会招标。2007 年 4 月 5 日，浙江广扬建设集团有限公司（以下简称广扬公司）中标该工程，中标通知书载明的施工工期为 432 天，开工日期为 2007 年 5 月 1 日，竣工日期为 2008 年 7 月 5 日。2007 年 4 月 20 日，双方签订了一份建设工程施工合同（以下简称 4 月 20 日合同），工程质量标准为合格；合同价款暂定 26429156 元，采用可调价格确定合同价款，其中人工费不低于每日 30 元，结算依据 2003 年山东省建筑安装消耗量定额、费用定额按实结算；工程款支付方式和时间按工程形象进度拨付。2007 年 4 月 25 日，双方又签订了一份建设工程施工合同（以下简称 4 月 25 日合同），合同施工内容为地下车库。

上述两份合同签订后，2007 年 5 月 25 日，望海公司取得了乳山富豪城项目建筑工程施工许可证。2009 年 8 月 28 日，涉案工程取得竣工验收备案证。后双方因价款支付争议诉至法院。审理过程中，威海中级人民法院根据广扬公司的申请，依法委托威海天勤工程咨询管理有限公司按 4 月 20 日合同约定的计算工程造价标准，对涉案工程的造价及设计变更是否导致工程量增加、是否导致工期顺延，月进度的工程量与工程款拨付是否相符等进行鉴定。但因广扬公司未按鉴定机构的要求和威海中级人民法院的通知预交鉴定费，鉴定机构未作出鉴定意见，鉴定程序终止。

【裁判摘要】

最高人民法院认为，关于案涉工程价款，双方在签订 4 月 20 日合同后，又签订了 4 月 25 日合同，该合同对 4 月 20 日合同中工程价款等内容进行了变更，属于对合同实质性内容的变更，根据《建设工程施工合同司法解释》（已失效）第 21 条“当事人就同一建设工程另行订立的建设工程施工合同与经过备案的中标合同实质性内容不一致的，应当以备案的中标合同作为结算工程价款的根据"的规定，涉案工程价款结算应以4月20日合同为依据。4月20日合同约定"按实结算"，广扬公司主张依据该合同约定结算工程价款，应当举证证明工程价款金额。其在一审程序中虽然申请对工程造价进行鉴定，但未足额交纳鉴定费用，依据2001年《民事证据规定》第25条"当事人申请鉴定，应当在举证期限内提出……对需要鉴定的事项负有举证责任的当事人，在人民法院指定的期限内无正当理由不提出鉴定申请或者不预交鉴定费用或者拒不提供相关材料，致使对案件争议的事实无法通过鉴定结论予以认定的，应当对该事实承担举证不能的法律后果"的规定，其应当承担举证不能的法律后果。

问题3. 当事人不服鉴定费负担分配，能否就鉴定费用单独上诉？

涉及鉴定，必然涉及鉴定费用问题。《诉讼费用交纳办法》所规定的"谁主张，谁负担"的本质是"谁申请，谁预缴"[①]，但由于涉及工程鉴定的费用通常较大，对双方权益影响较大，也经常出现当事人不服法院对鉴定费负担分配的情况。

对当事人不服鉴定费负担分配，能否就鉴定费用单独上诉问题，实务界存在两种不同观点：

第一种观点认为，鉴定费属于诉讼费用，由法院依职权分配负担比例，不能上诉。

第二种观点认为，鉴定费不属于案件受理费，案件当事人可以就鉴定费分配问题上诉。

笔者倾向于第一种观点。

一、鉴定费的分担不属于《民事诉讼法》意义上的财产关系

《民事诉讼法》第3条所规定的"保护当事人行使诉讼权利"指的是公民之间、法人之间、其他组织之间以及他们相互之间因财产关系和人身关系产生纠纷可以提起诉讼。其中的财产关系是指基于物质关系而形成的相互关系，包括基于债权、物权、知识产权而形成的相关关系。[②]而鉴定费是在诉讼或仲裁中形成的、

① 贺小荣主编:《最高人民法院第二巡回法庭法官会议纪要》(第3辑)，人民法院出版社2022年版，第419页。

② 参见辽宁省鞍山市立山区人民法院民事判决书，(2021)辽0304民初2863号。

当事人为了实现债权而发生的费用。鉴定费对于双方当事主体而言均具有负担性，不具有财产的包含性、转移性、所有性及担保性等属性的相互关系，不属于《民事诉讼法》意义上的财产关系。

二、对鉴定费负担分配异议的救济途径

鉴定费属于诉讼费用，鉴定费用的分担，通常由法院依职权决定，具体的分担标准由法院根据案件的情况综合决定。参照《诉讼费用交纳办法》第43条的规定，[①]当事人不得单独对人民法院关于鉴定费用的决定提起上诉。当事人单独对人民法院关于鉴定费用的决定有异议的，可以向作出决定的人民法院院长申请复核。复核决定应当自收到当事人申请之日起15日内作出。当事人对人民法院决定鉴定费用的计算有异议的，可以向作出决定的人民法院请求复核。计算确有错误的，作出决定的人民法院应当予以更正。

实践中，涉及上诉的，上诉状通常含有“由被上诉人承担本案全部诉讼与鉴定费用”的上诉请求，应视为上诉人就鉴定费用的分担提出上诉。事实上，无论上诉人是否对鉴定费用分担提出上诉，二审法院均可依职权对原审法院的鉴定费分担进行改判。

关联判例

中国华冶科工集团有限公司、新疆昆仑钢铁有限公司建设工程施工合同纠纷案

（2021）最高法民终304号

【裁判要旨】

鉴定费用属于诉讼费用范围，当事人单独对鉴定费用的负担问题提起上诉，缺乏法律依据。

① 参见《诉讼费用交纳办法》第43条规定，当事人不得单独对人民法院关于诉讼费用的决定提起上诉。当事人单独对人民法院关于诉讼费用的决定有异议的，可以向作出决定的人民法院院长申请复核。复核决定应当自收到当事人申请之日起15日内作出。当事人对人民法院决定诉讼费用的计算有异议的，可以向作出决定的人民法院请求复核。计算确有错误的，作出决定的人民法院应当予以更正。

【裁判摘要】

关于中国华冶科工集团有限公司（以下简称华冶公司）主张鉴定费用如何负担的问题，最高人民法院认为，鉴定费用属于诉讼费用范围，根据《诉讼费用交纳办法》第43条第1款关于“当事人不得单独对人民法院关于诉讼费用的决定提起上诉”的规定，华冶公司单独对鉴定费用的负担问题提起上诉，缺乏法律依据。且根据《诉讼费用交纳办法》第29条第2款关于“部分胜诉、部分败诉的，人民法院根据案件的具体情况决定当事人各自负担的诉讼费用数额”的规定，一审法院根据案件具体情况决定双方当事人各自负担的诉讼费用数额并无不当。故华冶公司关于应由新疆昆仑钢铁有限公司全部承担鉴定费用的主张，不能成立。

问题4. 工程造价鉴定收费标准

工程造价咨询服务收费是指工程造价咨询企业接受社会委托，从事投资估算、工程概算、工程量清单、招标控制价、工程预算、工程结算、竣工决算的编制与审核，建设项目各阶段的工程造价控制等与工程造价业务有关的咨询服务，并出具工程造价咨询成果文件等业务活动所收取的费用。

《人民法院司法鉴定工作暂行规定》第25条规定，司法鉴定按国家价格主管部门核定的标准收取费用。2013年，中国建设工程造价管理协会出台了工程造价咨询收费基准价（见表7-1），是工程造价咨询服务机构收费的依据。

全国人民代表大会常务委员会《关于司法鉴定管理问题的决定》第15条规定，司法鉴定的收费标准由省、自治区、直辖市人民政府价格主管部门会同同级司法行政部门制定。尽管工程造价鉴定不属于国家实行对从事司法鉴定业务的鉴定人和鉴定机构实行登记管理制度的三类鉴定，但各地方建设管理部门出台的工程造价咨询服务收费标准更贴近当地市场，应优先适用。如广西壮族自治区物价局《关于我区工程造价咨询服务收费标准的通知》（桂价费〔2013〕88号）第2条规定：工程造价咨询服务收费实行政府指导价和市场调节价管理。实行政府指导价的具体收费项目和收费标准详见附件。附件中没有规定的其他服务项目，其收费标准实行市场调节价，由服务机构根据服务成本等情况与委托方协商确定。第3条第1款规定：本通知规定的收费标准（见表7-2）为全区最高限价标准。各地服务机构实施收费前应向当地价格主管部门进行申报，由同级价格主管部门根据当地的实际情况，在自治区规定的最高限价标准内核定当地最高限价后执行。

表 7–1　工程造价咨询收费基准价

序号	咨询项目名称	工作内容	收费基数 /X	划分标准 / 万元					
				≤ 200	200<X ≤ 500	500<X ≤ 2000	2000< X ≤ 10000	10000<X ≤ 50000	X> 50000
1	工程概算编制	依据初步设计文件计算工程量，套用概算定额，编制工程概算	建安工程费用	3‰	2.5‰	2‰	1.8‰	1.6‰	1.5‰
2	工程量清单编制	依据施工图设计计算工程量，按工程量清单计价规范编制工程量清单，包括工程量和特征描述	建安工程费用	5‰	4‰	3‰	2.2‰	1.8‰	1.5‰
3	招标控制价编制	依据发布的工程量清单，编制招标控制价	建安工程费用	2‰	1.8‰	1.6‰	1.4‰	1.2‰	1.0‰
4	工程预算编制	依据施工图设计计算工程量，套用预算定额，编制工程预算	建安工程费用	4‰	3.5‰	3‰	2.5‰	2‰	1.5‰
5	工程结算审查	依据发承包合同，进行工程量价调整，确定工程结算金额	建安工程费用	8‰	7‰	6‰	5‰	4‰	3‰
6	全过程造价咨询	编制工程量清单、招标控制价、施工过程造价管理、进行工程结算审查	建安工程费用	—	—	—	12‰	10‰	8‰

续表

序号	咨询项目名称	工作内容	收费基数/X	划分标准/万元					
				≤200	200<X≤500	500<X≤2000	2000<X≤10000	10000<X≤50000	X>50000
7	竣工决算编制	依据工程结算成果文件和财务资料编制竣工决算	建安工程费用	2‰	1.5‰	1.2‰	1.0‰	0.8‰	0.6‰
8	工程造价纠纷鉴定	对纠纷项目的工程造价以及由此延伸而引起的经济问题，进行鉴别和判断并提供鉴定意见	鉴定标的额	12‰	10‰	8‰	6‰	5‰	4‰

说明：1. 工程造价咨询收费基准价应根据项目的类别、工程造价金额等因素采取差额定率分档累进方法计算；

2. 工程造价咨询收费地区调整系数为0.9—1.1；

3. 工程造价咨询服务收费，可针对不同专业工程进行调整；

4. 需要进行钢筋工程精细计量的，另计取工程造价咨询附加收费。

表7–2　广西建设工程造价咨询服务收费标准

序号	收费项目		计算基数	收费标准/‰				
				500万元以下（含500万元）	501万—1000万元（含1000万元）	1001万—5000万元（含5000万元）	5001万—1亿元（含1亿元）	1亿元以上
1	概算编制		工程造价	2.00	1.50	1.00	0.70	0.50
2	工程预（结）算、标底编制	工程量清单计价	工程造价	5.00	4.00	2.50	2.00	1.50
		工料单价法计价	工程造价	4.00	3.00	2.00	1.70	1.30

续表

<table>
<tr><th rowspan="2">序号</th><th rowspan="2" colspan="2">收费项目</th><th rowspan="2">计算基数</th><th colspan="5">收费标准 / ‰</th></tr>
<tr><th>500 万元以下（含 500 万元）</th><th>501 万—1000 万元（含 1000 万元）</th><th>1001 万—5000 万元（含 5000 万元）</th><th>5001 万—1 亿元（含 1 亿元）</th><th>1 亿元以上</th></tr>
<tr><td>3</td><td colspan="2">工程预算、标底审核</td><td>送审造价</td><td>4.00</td><td>3.00</td><td>2.00</td><td>1.50</td><td>1.20</td></tr>
<tr><td rowspan="2">4</td><td rowspan="2">工程结算审核</td><td>基本费</td><td>送审造价</td><td>4.00</td><td>3.00</td><td>1.50</td><td>1.20</td><td>1.00</td></tr>
<tr><td>效益费</td><td>核增（减）造价</td><td colspan="5">5%—8%</td></tr>
<tr><td>5</td><td colspan="2">工程建设项目全过程造价咨询服务</td><td>工程造价</td><td>14.40</td><td>10.80</td><td>7.20</td><td>6.00</td><td>4.80</td></tr>
<tr><td>6</td><td colspan="2">注册造价工程师技术咨询服务</td><td>人 / 小时</td><td colspan="5">50—150 元（为完成委托任务发生的差旅、交通费由委托方凭据另付）</td></tr>
</table>

注：1. 工程量清单计价收费含清单编制及计价编制两项工作内容，如单独编制工程量清单按 40% 计费。

2. 单项建设工程造价咨询收费按收费标准计费不足 3000 元的，按 3000 元计费。

3. 单独钢筋抽样分析按 10 元 / 吨收费。

4. 安装、二次装饰、园林绿化工程预（结）算、标底编制及工程预（结）算、标底审核按上述收费标准乘上 1.2 系数计收；一般市政工程收费标准按上述收费标准乘上 0.8 系数计取，市政桥梁工程收费标准按上述收费标准计取。

5. 水电安装工程含主材价格，不含设备价格。

6. 工程预算、标底、结算、决算的审核如果只需对部分工程量进行审核，应按实际审核工程量收取费用。

7. 建设工程造价咨询服务收费标准实行差额累进计费方式。

如某土建工程预（结）算、标底的工料单价法计价，其总造价为 5000 万元，计算工程造价咨询服务收费额如下：

500 万元 ×4.00‰ =2.00（万元）

（1000-500）万元 ×3.00‰ =1.50（万元）

（5000-1000）万元 ×2.00‰ =8.00（万元）

合计收费：2+1.5+8=11.5（万元）

工程结算审核公式 = 基本费（送审造价 × 相关费率）+ 效益费［核增（减）造价 × 相关费率］

如某土建工程送审造价 5000 万元，核减 200 万元，则工程造价咨询服务收费为：

基本费：500 万元 ×4.00‰ =2.00（万元）

（1000–500）万元 ×3.00‰ =1.50（万元）

（5000–1000）万元 ×1.50‰ =6.00（万元）

效益费：200 万元 ×5‰ =10（万元）

合计收费：2+1.5+6+10=19.50（万元）

8. 工程建设项目全过程造价咨询服务是指工程造价咨询机构接受委托人委托，对建设项目从前期（立项、可行性研究）、实施（设计、施工）到竣工结算（决算）各阶段环节工程造价进行全过程监督和控制。

第二节
鉴定实施

司法鉴定机构受理鉴定委托后，应当指定本机构具有该鉴定事项执业资格的司法鉴定人进行鉴定。对同一鉴定事项，应当指定或者选择两名司法鉴定人进行鉴定；对复杂、疑难或者特殊鉴定事项，可以指定或者选择多名司法鉴定人进行鉴定。

委托人有特殊要求的，经双方协商一致，也可以从本机构中选择符合条件的司法鉴定人进行鉴定，但不得要求或者暗示司法鉴定机构、司法鉴定人按其意图或者特定目的提供鉴定意见。

（一）工程造价鉴定事项

鉴定事项是指鉴定项目工程造价争议中涉及的问题，通过当事人的举证无法达到高度盖然性证明标准，需要对其进行鉴别、判断并提供鉴定意见的争议项目。在工程造价鉴定实务中，常见的工程造价鉴定事项主要包括：

1. 工程计量争议的鉴定。主要是对鉴定项目工程量计算结果是否准确进行的鉴定。包括对没有完备施工图纸的工程量鉴定、对实际工程量与合同约定不符的鉴定、对总价合同中变更工程量的鉴定等。

2. 计价争议的鉴定。主要是对计价的合理性和准确性进行鉴定。涉及因素包括计价依据是否合理，综合单价计算是否正确，工程量变化后的单价调整是否准确，市场价格变化引起的工程价款调整是否准确，计价子目套用是否准确、取费是否合理等内容。

3. 工期争议的鉴定。我国没有出台专门的工期鉴定规范，未把工期鉴定纳入造价鉴定范畴。工期争议鉴定通常包括合理工期鉴定、顺延工期鉴定和延误工期鉴定三种。合理工期是指在正常建设条件下，采取科学合理的施工工艺和管理方法，以现行的建设行政主管部门颁布的工期定额为基础，结合项目建设的具体情况，而确定的使发承包双方均获得满意的经济效益的工期。根据法律规定，发包人不得压缩合理工期，故合同约定工期、承包人实际工期和合理工期是决定承包人是否延误工期的基础。

4. 费用索赔争议的鉴定。费用索赔是指在工程合同履行过程中，承包人（或发包人）因非自身原因（或对方原因）而遭受损失后，根据合同约定或法律规定，向相对方提出费用补偿要求的行为。费用索赔一般包括人工费、材料费、机械使用费、分包费用、现场管理费、利息、总部管理费等。费用索赔争议通常发生在索赔成因、损失数额、索赔时效上。

5. 工程签证争议的鉴定。工程签证是工程建设中最常见的往来文书，也是合同双方进行沟通协调的重要手段。记载着发承包双方对原合同的变更、修改的内容，是对施工过程的记载和对应权利义务的确认。工程签证争议主要是瑕疵签证引发的，如签证没有明确人工、材料、机械台班数量及其价格；签证的内容与竣工图纸不符；签证没有发包人签字确认或只签收到等。

6. 合同解除争议的鉴定。合同解除意味着合同没有得到完全履行。合同解除的争议通常既涉及计量的争议，也涉及计价标准的争议。因工程未完工，已完工程接茬部位在图纸上通常不能很好得体现，需要现场勘察、测量计算工程量。合同解除原因及合同类型通常都是确定计价方式和计价范围的因素。根据《建设工程造价鉴定规范》（GB/T 51262—2017）第 5.10.3 条的规定，（1）如委托人认定发包人违约导致合同解除的，工程价款应包括以下费用：①已完成永久工程的价款；②已付款的材料设备等物品的金额（付款后归发包人所有）；③临时设施的摊销费用；④签证、索赔以及其他应支付的费用；⑤撤离现场及遣散人员的费用；⑥发包人违约给承包人造成的实际损失（其违约责任的分担按委托人的决定执行）；⑦其他应由发包人承担的费用。（2）如委托人认定承包人违约导致合同解除的，应包括以下费用：①已完成永久工程的价款；②已付款的材料设备等物品的金额（付款后归发包人所有）；③临时设施的摊销费用；④签证、索赔以及其他应支付的费用；⑤承包人违约给发包人造成的实际损失（其违约责任的分担按委托人的决定执行）；⑥其他应由承包人承担的费用。（3）如委托人认定不可抗力导致合同解除的，鉴定人应按合同约定进行鉴定；合同没有约定或约定不明的，鉴定人应提请委托人认定不可抗力导致合同解除后适用的归责原则，可建议按现行国家标准计价规范的相关规定进行鉴定，由委托人判断，鉴定人按委托人的决定进行鉴定。

（二）工程造价鉴定过程

建设工程案件较为复杂，从设计施工到竣工结算经过多个工序环节。工程造价鉴定事关案件当事双方的利益，鉴定过程要程序合法、实体科学，才能最大限度地保证鉴定结果的公平合理。

1. 收集鉴定资料

（1）鉴定人自备资料

鉴定人自备资料主要是具有通用功能的规范性资料，包括鉴定人进行工程造价鉴定工作应自行收集适用于鉴定项目的法律、法规、规章和规范性文件；应由鉴定人自行准备与鉴定项目相关的标准规范；应由鉴定人自行收集与鉴定项目同时期、同地区、相同或类似工程的技术经济指标以及各类生产要素价格等资料。若工程合同约定的标准规范不是国家或行业标准，则应由当事人提供。

（2）委托人移交的资料

委托人移交的资料是鉴定人获取鉴定资料的主要来源。一是当事人为了获得诉讼或仲裁支持，向法院或仲裁机构提交代表其主张的起诉状（仲裁申请书）、反诉状（仲裁反申请书）、答辩状、代理词，并提供支持其主张的证据，包括但不限于工程招标文件、标前答疑文件、投标文件、中标通知书、工程施工合同及相关协议文件、各类图纸及变更文件、各类造价性文件、工程施工过程资料及验收资料等。二是法院或仲裁机构在审查案件时所形成的庭审笔录、质证记录等文件。

委托人向鉴定机构直接移交的证据，应注明质证及证据认定情况。鉴定机构在接收委托人移交的证据材料时，应开具接收清单，收取复制件应与证据原件核对无误。对委托人提交的证据未注明质证情况及认定结果的，鉴定机构应提请委托人明确质证及证据认定情况。

（3）当事人提交

一般来说，不应允许案件当事人直接与鉴定机构联系并向鉴定机构提交鉴定材料。最高人民法院《关于人民法院民事诉讼中委托鉴定审查工作若干问题的规定》（法〔2020〕202号）第5条规定："对当事人有争议的材料，应当由人民法院予以认定，不得直接交由鉴定机构、鉴定人选用。"《司法鉴定程序通则》第5条规定："……司法鉴定人不得违反规定会见诉讼当事人及其委托的人。"重庆市高级人民法院《关于建设工程造价鉴定若干问题的解答》（渝高法〔2016〕260号）第17条规定："……当事人应当将鉴定资料提交给人民法院，由人民法院组织质证后提交给鉴定人，而不得直接提交给鉴定人。当事人直接将鉴定资料提交给鉴定人的，鉴定人应当告知当事人将鉴定资料提交给人民法院或者将鉴定资料转交给人民法院。未经人民法院组织质证，鉴定人直接根据当事人提交的鉴定资料作出鉴定意见的，人民法院应当对该鉴定意见不予采信，并重新进行鉴定或者对相关鉴定资料质证后由鉴定人重新出具鉴定意见。"

鉴定工作中，委托人要求当事人直接向鉴定机构提交证据的，鉴定机构应提请委托人确定当事人的举证期限，并应及时向当事人发出函件，要求其在举证期限内提交证据。鉴定机构收到当事人的证据材料后，应出具收据，写明证据名称、页数、份数、原件或者复印件以及签收日期，由经办人员签名或盖章。鉴定机构在收到证据材料后，应及时将收到的证据移交委托人，并提请委托人组织质证并确认证据的证明力。

委托人委托鉴定机构组织当事人交换证据的，鉴定人应将证据逐一登记后进行当事人签领。若一方当事人拒绝参加交换证据，鉴定机构应及时报告委托人，由委托人决定证据的交换。证据交换后，鉴定人应组织当事人对交换的证据进行确认，当事人对证据有无异议都应详细记载，形成书面记录，由当事人各方核实后签字，并将签字后的书面记录报送委托人。若一方当事人拒绝参加对证据的确认，鉴定人应将此报告委托人，由委托人决定证据的使用。当事人申请延长举证期限的，鉴定人应告知其在举证期限届满前向委托人提出申请，由委托人决定是否准许延期。

（4）鉴定材料的补充

鉴定过程中，鉴定人可根据鉴定需要提请委托人通知当事人补充证据，对委托人组织质证并认定的补充证据，鉴定人可直接作为鉴定依据；对委托人转交，但未经质证的证据，鉴定人应提请委托人组织质证并确认证据的证明力。当事人逾期向鉴定人补充证据的，鉴定人应告知当事人向委托人申请，由委托人决定是否接受。鉴定人应按委托人的决定执行。

2. 确定鉴定方案

工程造价鉴定方案是指，在具体造价鉴定案件开始前所确定的、包含鉴定原则、鉴定方法、鉴定步骤及应对各种问题的处理措施等内容的方法性文件。不论何种造价鉴定项目，通常都要遵循以下基本原则。（1）便于委托人使用原则。司法鉴定的目的是协助委托人查明案件事实并依法裁判。鉴定人应当按照委托人的要求，根据当事人的争议事项列出鉴定意见，便于委托人判断使用。（2）符合合同约定原则。合同是双方当事人的权利来源，鉴定人应根据合同约定的计价原则和方法进行鉴定。如因证据所限，无法采用合同约定的计价原则和方法的，应按照与合同约定相近的原则，选择施工图算或工程量清单计价方法或概算、估算的方法进行鉴定。（3）促调解原则。鉴定过程中，鉴定人可从专业的角度，促使当事人对一些争议事项达成妥协性意见，并告知委托人。鉴定人应将妥协性意见制作成书面文件由当事人各方签字（盖章）确认，并在鉴定意见书中予以说明。鉴定过程中，当事人之间的争议通过鉴定逐步减少，有和解意向时，鉴定人应以专业的角度促使当事人和解，并将此及时报告委托人，便于争议的顺利解决。

3. 鉴定案件调查

为了使工程造价司法鉴定人能够客观、公正地掌握案件情况，避免鉴定材料不完整、不清楚，不能客观反映案件事实，防止造成工程造价鉴定意见出现错误。经过委托同意或在委托人组织下，鉴定人可以对案件进行调查。鉴定案件调查的方式通常有以下三种。

（1）调查听证会

根据鉴定需要，鉴定人有权了解与鉴定事项有关的情况，并对所需要的证据进行复制。必要时可以由委托人组织调查听证会，询问当事人、证人，并制作询问笔录。对特别复杂、疑难、特殊技术等问题或对鉴定意见有重大分歧时，鉴定人可以向本机构以外的相关专家进行咨询，但最终的鉴定意见应由鉴定人作出，鉴定机构出具。

（2）现场勘验

现场勘验是指在司法鉴定委托人组织下，在审判人员或仲裁人员监督下，工程造价司法鉴定人会同案件当事人共同到达现场，凭借专门检测工具对鉴定项目进行观察、查勘（包括查询、查档、访问）、检验以及收集证据的活动。[①] 现场勘验是实施工程造价司法鉴定工作非常重要的取证方式之一，鉴定人对现场勘验需要经过委托同意。

根据现场勘验启动原因的不同，常见做法如下：①当事人要求现场勘验。当事人（一方或多方）要求鉴定人对鉴定项目标的物进行现场勘验的，鉴定人应告知当事人向委托人提交书面申请，经委托人同意后并组织现场勘验，鉴定人应当参加。②鉴定人认为需要现场勘验。鉴定人认为根据鉴定工作需要进行现场勘验时，鉴定机构应提请委托人同意并由委托人组织现场勘验。③案件需要第三方现场勘验。鉴定项目标的物因特殊要求，需要第三方专业机构进行现场勘验的，鉴定机构应说明理由，提请委托人、当事人委托第三方专业机构进行勘验，委托人同意并组织现场勘验，鉴定人应当参加。④委托人要求现场勘验。鉴定机构按委托人要求通知当事人进行现场勘验的，应填写现场勘验通知书，通知各方当事人参加，并提请委托人组织。一方当事人拒绝参加现场勘验的，不影响现场勘验的进行。

勘验现场应制作勘验笔录或勘验图表，记录勘验的时间、地点、勘验人、在场人、勘验经过、结果，由勘验人、在场人签名或者盖章。对于绘制的现场图表应注明绘制的时间、方位、绘测人姓名、身份等内容。必要时鉴定人应采取拍照或摄像取证的方式，留下影像资料。当事人代表参与了现场勘验，但对现场勘验图表或勘验笔录等不予签字，又不提出具体书面意见的，不影响鉴定人采用勘验结果进行鉴定。

（3）发质询函

质询函是质询方向受询方发送有关对案件特定事项质疑和询问，并要求受询方提供进一步的解释、证据或信息的函件，发质询函的目的是更好地了解问题并找到解决方案。通常，受询方必须针对问题作出书面答复。工程造价司法鉴定人

① 参见朱化武、高长春、陈建永编著：《工程造价司法鉴定实务》，中国建筑工业出版社2015年版，第33页。

在实施工程造价司法鉴定过程中，如对鉴定事项或内容有疑问，需要当事人澄清和说明的，可通过法院或仲裁庭向案件当事人发出书面质疑函。案件当事人应在规定限期内予以书面澄清和说明，逾期不予答复的，视为放弃权利。

4. 鉴定

（1）鉴定原则

合法性原则。《司法鉴定程序通则》第 4 条规定，司法鉴定机构和司法鉴定人进行司法鉴定活动，应当遵守法律、法规、规章，遵守职业道德和执业纪律，尊重科学，遵守技术操作规范。工程造价首先应遵循合法性原则，具体包括：①启动主体合法。鉴定通常只能由案件当事人申请，法院或仲裁庭委托才能启动，在涉及国家利益、公共利益及第三人利益时，法院或仲裁庭可以在询问当事人后依职权启动。②实施主体合法。鉴定机构应由当事人共同选定产生，当事人不能共同选定的，由法院或仲裁庭按照法定程序依法指定；鉴定人必须是具有注册造价师执业资格的人员担任，且注册造价师的数量和专业应符合相关规定。③鉴定材料合法。鉴定材料必须经过当事人质证，如果当事人放弃质证，必须经过法院或仲裁庭认定。④鉴定成果合法。鉴定内容不能超出委托范围，也不能遗漏；鉴定成果要能满足鉴定要求，必须有明确的结论性意见；鉴定意见书要符合法定格式；在当事人申请并经委托人同意，鉴定人员要出庭接受质证。

中立性原则。中立性原则是指工程造价鉴定人在实施造价鉴定过程中，完全独立于司法鉴定委托人和案件当事人，不依附任何主体，依法独立鉴定。《司法鉴定程序通则》第 5 条规定，司法鉴定实行鉴定人负责制度。司法鉴定人应当依法独立、客观、公正地进行鉴定，并对自己作出的鉴定意见负责。中立性原则主要体现在客观、公正、独立、科学，以事实为依据，以法律为准绳，按照技术标准、技术规范科学鉴定。

从约定原则。合同约定是双方当事主体合意的结果，在没有违反法律行政法规规定，应属合法有效。《民法典》第 119 条规定，依法成立的合同，对当事人具有法律约束力。《建设工程施工合同司法解释（一）》第 19 条第 1 款规定，当事人对建设工程的计价标准或者计价方法有约定的，按照约定结算工程价款。

（2）鉴定复核

鉴定复核是司法鉴定的内部程序，也是司法鉴定的法定程序。《司法鉴定程序通则》第 35 条第 1 款规定：“司法鉴定人完成鉴定后，司法鉴定机构应当指定具有相应资质的人员对鉴定程序和鉴定意见进行复核；对于涉及复杂、疑难、特殊技术问题或者重新鉴定的鉴定事项，可以组织三名以上的专家进行复核。”

鉴定复核是为了预防和减少鉴定错误，防止虚假鉴定，在造价鉴定人员完成造价鉴定后正式出具造价鉴定意见前的一项必要工作内容。鉴定复核主要从鉴定人资格，鉴定程序，鉴定检材，鉴定事项，鉴定方法，鉴定依据，鉴定意见书的格式、完整度、内容表达等要素进行复核。复核意见与鉴定意见存在分歧的，应由造价鉴定人员按照复核意见进行核查，必要时组织专家论证。

（3）鉴定成果

司法鉴定成果的表现形式是鉴定意见书。鉴定人在接受鉴定委托后应按照法律、法规、规范及当事人的约定鉴定，并按照规范要求格式出具鉴定意见书。对委托人新增加的鉴定要求或就同一鉴定事项又提供补充证据的，鉴定机构可以根据委托人要求进行补充鉴定并出具补充鉴定意见，补充鉴定构成原鉴定的组成部分。如果补充鉴定意见与原鉴定意见显著不一致，鉴定人应说明理由。

（三）鉴定审查

鉴定审查是鉴定委托为了保证鉴定公平公正、合法有效的必要手段，也是司法鉴定的法定程序，最高人民法院《关于人民法院民事诉讼中委托鉴定审查工作若干问题的规定》第10条规定：“人民法院应当审查鉴定意见书是否具备《最高人民法院关于民事诉讼证据的若干规定》第三十六条规定的内容。”第11条规定：鉴定意见书有下列情形之一的，视为未完成委托鉴定事项，人民法院应当要求鉴定人补充鉴定或重新鉴定：（1）鉴定意见和鉴定意见书的其他部分相互矛盾的；（2）同一认定意见使用不确定性表述的；（3）鉴定意见书有其他明显瑕疵的。补充鉴定或重新鉴定仍不能完成委托鉴定事项的，人民法院应当责令鉴定人退回已经收取的鉴定费用。

一、鉴定意见

| 导读 |

工程造价鉴定意见作为建设工程施工合同纠纷中的核心证据，是衔接专业技术与法律裁判的关键纽带。其本质是鉴定人依托专业知识和科学方法，对工程造价争议中的专门性问题作出的权威结论，不仅直接决定当事人的经济利益，更关乎司法裁判的公正性与公信力。在司法实践中，鉴定意见的生成、表达与审查需严格遵循法定程序与专业规范，以确保其科学性、客观性与合法性。

根据鉴定结论的确定性程度，工程造价鉴定意见可分为确定性意见、推断性意见及选择性意见三类。确定性意见以事实清楚、证据充分为基础，对争议事项作出明确结论；推断性意见则在证据有限时，依据合同原则与专业分析提出倾向性判断；选择性意见则针对合同约定或证据矛盾的情形，列明多种可能性供裁判者选择适用。

从程序维度看，鉴定意见的生成需经历征求意见稿—正式稿—补充 / 补正的完整流程。其中，征求意见稿的法定化程序要求鉴定机构在正式结论出具前充分听取当事人异议，通过复核、修正甚至听证等环节确保鉴定结论的客观性。正式鉴定意见书作为司法裁判的核心依据，需严格遵循格式规范并附具鉴定人资质承诺；而补充鉴定与补正则分别针对新证据发现或非实质性瑕疵，通过动态修正机制保障结论的准确性与完整性。

尤为重要的是，鉴定意见的效力需经法院双重审查：一方面，法官需对其形式要件（如委托程序、签名盖章、内容完整性）进行程序性核验；另一方面，需对鉴定方法、逻辑及结论的合理性进行实质性判断。对于存在矛盾表述、不确定性结论或明显瑕疵的鉴定意见，法院可要求补充鉴定、重新鉴定甚至追责退费，从而构建起司法权对鉴定活动的有效监督。

工程造价鉴定意见的生成与适用，本质上是专业技术与法律规则的深度融合。其科学性依赖于鉴定人的专业能力与职业操守，而合法性则依托于严格的程序规制与司法审查。在建设工程纠纷日益复杂的背景下，厘清鉴定意见的类型特征、程序规范及审查标准，对于统一裁判尺度、维护当事人权益、实现“以鉴促审”目标具有重要实践价值。

【术语解读】

鉴定意见是指鉴定人根据鉴定依据，运用科学技术和专业知识，经过鉴定程序就工程造价争议事项的专门性问题作出的鉴定结论，表现为鉴定机构对委托人出具的鉴定项目鉴定意见书及补充鉴定意见书。

（一）造价鉴定意见类型

鉴定意见包括确定性意见、推断性意见或供选择性意见。

1. 确定性意见。确定性意见包括确定性肯定意见和确定性否定意见两种。当鉴定项目或鉴定事项内容事实清楚，证据充分，应作出确定性意见，此为确定性肯定意见。如当事人因工程签证存在瑕疵而发生争议的，承包人仅以发包人口头指令完成了某项零星工作或工程，要求费用支付，而发包人又不认可，且无物证的，鉴定人应以法律证据缺失为由，作出否定性鉴定，此也为确定性意见，属于确定性否定意见。

在鉴定过程中，对鉴定项目或鉴定项目中的部分内容，当事人相互协商一致，达成的书面妥协性意见应纳入确定性意见，但应在鉴定意见中予以注明。重新鉴定时，对当事人达成的书面妥协性意见，除当事人再次达成一致同意外，不得作为鉴定依据直接使用。

2. 推断性意见。当鉴定项目或鉴定事项内容客观，事实较清楚，但证据不够充分时，应作出推断性意见。如当事人因工程签证存在瑕疵而发生争议的，签证既无数量，又无价格，只有工作事项的，由当事人双方协商，协商不成的，鉴定人可根据工程合同约定的原则、方法对该事项进行专业分析，作出推断性意见，供委托人判断使用。

3. 选择性意见。当鉴定项目合同约定矛盾或鉴定事项中部分内容证据矛盾，委托人暂不明确要求鉴定人分别鉴定的，可分别按照不同的合同约定或证据，作出选择性意见，由委托人判断使用。如当事人因工程签证存在瑕疵而发生争议的，签证发包人只签字证明收到，但未表示同意，承包人有证据证明该签证已经完成，鉴定人可作出鉴定意见并单列，供委托人判断使用。

（二）造价鉴定意见版本

《司法鉴定程序通则》（司法部令第 132 号）第 36 条规定："司法鉴定机构和司法鉴定人应当按照统一规定的文本格式制作司法鉴定意见书。"造价鉴定意见书应当由造价鉴定人签名并加盖司法鉴定机构的司法鉴定专用章。多人参加的鉴定，对鉴定意见有不同意见的，应当注明。

1. 工程造价鉴定意见书征求意见稿

鉴定意见是鉴定人运用科学技术或者专门知识对诉讼或仲裁所涉及的专门性问题进行鉴别和判断，并以此作出的结论性意见。为了鉴定的科学性，提高鉴定质量，防止鉴定中可能出现的错误，在出具鉴定意见之前先出具工程造价鉴定意见书征求意见稿，以便案件当事人能够及时发表意见。

工程造价鉴定意见书征求意见稿已经不仅是造价鉴定技巧性文件，而且逐步成为法定程序性文件。工程造价鉴定规范和部分地方高级人民法院均有类似规定。

《建设工程造价鉴定规范》（GB/T 51262—2017）第 5.2.5 条、第 5.2.6 条规定，鉴定机构在出具正式鉴定意见书之前，应提请委托人向各方当事人发出鉴定意见书征求意见稿和征求意见函，征求意见函应明确当事人的答复期限及其不答复行为将承担的法律后果，即视为对鉴定意见书无意见。鉴定机构收到当事人对鉴定意见书征求意见稿的复函后，鉴定人应根据复函中的异议及其相应证据对征求意见稿逐一进行复核、修改完善，直到对未解决的异议都能答复时，鉴定机构再向委托人出具正式鉴定意见书。

《江苏省高级人民法院建设工程施工合同纠纷案件委托鉴定工作指南》第 12 条第 3 款规定："鉴定意见最终出具前征求当事人意见，当事人提出异议的，鉴定机构应当在鉴定报告中作出解释、说明。"

重庆市高级人民法院《关于建设工程造价鉴定若干问题的解答》（渝高法〔2016〕260 号）第 21 条规定：鉴定人在出具正式鉴定意见前，应当出具初步鉴定意见，征求人民法院和当事人的意见。收到初步鉴定意见后，人民法院应当及时向当事人送达，并要求当事人在一定期限内提交书面意见。当事人应当就鉴定意见与鉴定事项是否相符、计价原则和计价方式是否科学、鉴定依据是否合法、鉴定意见是否存在错漏等提出意见。当事人提交书面意见后，人民法院认为有必要的，可以组织当事人、鉴定人进行听证，听取当事人、鉴定人的意见。人民法院将当事人提交的书面意见、听证意见反馈给鉴定人后，鉴定人应当结合当事人提交的书面意见、听证意见对初步鉴定意见进行修正，并及时出具正式的鉴定意见。

《海南法院对外委托鉴定、评估工作管理规定（试行）》第 40 条第 1 款规定，专业机构出具鉴定、评估意见书或报告书初稿的，应送交监督协调员，由人民法院送达当事人。对报告初稿有异议的当事人，应在规定时间内提出书面意见，期限由监督协调员根据案情确定，最短不得少于 3 个工作日。意见书或报告书初稿征求意见期间不计入专业机构鉴定、评估期限。

江西省高级人民法院《关于民事案件对外委托司法鉴定工作的指导意见》第

40 条第 1 款规定，有鉴定报告初稿的，司法技术部门应严格履行初稿征求意见程序。根据当事人对鉴定初稿的书面异议，司法技术部门认为需要进行听证的，应通知鉴定机构及当事人进行听证。

2. 工程造价鉴定意见书正式稿

工程造价鉴定意见书是工程造价司法鉴定的成果文件，其内容除了要封面、鉴定人承诺书、依法鉴定声明外，还包括案件基本情况、案情简介案、鉴定过程、鉴定意见、附件、鉴定委托书、鉴定人资质文件等部分。其中，造价鉴定对案件当事人有最实质性影响的内容是鉴定过程、鉴定意见。

当事人对工程造价鉴定征求意见稿是否发表意见，均不影响其对工程造价鉴定意见书提出异议。《民事证据规定》第 37 条规定，人民法院收到鉴定书后，应当及时将副本送交当事人。当事人对鉴定书的内容有异议的，应当在人民法院指定期间内以书面方式提出。对于当事人的异议，人民法院应当要求鉴定人作出解释、说明或者补充。人民法院认为有必要的，可以要求鉴定人对当事人未提出异议的内容进行解释、说明或者补充。

3. 工程造价鉴定意见书的补充及补正

（1）补充鉴定

补充鉴定是指在原有鉴定结论的基础上，由于出现新的证据或者原有证据发生变化，为了进一步查明案件事实，再次进行的鉴定活动。补充鉴定有助于确保鉴定结论的准确性、完整性和科学性，从而为案件的公正处理提供有力支持。《司法鉴定程序通则》第 30 条规定，有下列情形之一的，司法鉴定机构可以根据委托人的要求进行补充鉴定：①原委托鉴定事项有遗漏的；②委托人就原委托鉴定事项提供新的鉴定材料的；③其他需要补充鉴定的情形。补充鉴定是原委托鉴定的组成部分，应当由原司法鉴定人进行。根据《建设工程造价鉴定规范》（GB/T 51262—2017）第 5.12.1 条增加了如下应进行补充鉴定事项：委托人增加新的鉴定要求的；鉴定人通过出庭作证，或自行发现有缺陷的。

补充鉴定是原委托鉴定的组成部分。补充鉴定意见书中应注明与原委托鉴定事项相关联的鉴定事项；补充鉴定意见与原鉴定意见明显不一致的，应说明理由，并注明应采用的鉴定意见。

（2）鉴定意见书的补正

鉴定意见书的补正，主要指的是对鉴定意见书中的非实质性内容进行修正或补充。如文字表述上的错误、笔误、排版错误、格式问题等，或者是某些不影响鉴定结论准确性和可靠性的次要信息。《建设工程造价鉴定规范》（GB/T 51262—2017）第6.2.3条规定，应委托人、当事人的要求或者鉴定人自行发现鉴定意见有图像、谱图不清晰等不影响司法鉴定实体意见瑕疵，经鉴定机构负责人审核批准，应对鉴定意见书进行补正。《司法鉴定程序通则》第41条规定，司法鉴定意见书出具后，发现有下列情形之一的，司法鉴定机构可以进行补正：①图像、谱图、表格不清晰的；②签名、盖章或者编号不符合制作要求的；③文字表达有瑕疵或者错别字，但不影响司法鉴定意见的。补正应当在原司法鉴定意见书上进行，由至少一名司法鉴定人在补正处签名。必要时，可以出具补正书。对司法鉴定意见书进行补正，不得改变司法鉴定意见的原意。

鉴定意见补正通常有两种形式：①补正意见书形式。以补正意见书形式对已发出鉴定意见书进行补正，应包括如下声明："对××字号（或其他标识）鉴定意见书的补正。"鉴定意见书补正应满足《建设工程造价鉴定规范》的相关要求。②重发鉴定意见书形式。以更换鉴定意见书的形式对已发出鉴定意见书进行补正，应经委托人同意，在全部收回原有鉴定意见书的情况下更换。重新制作的鉴定意见书除补正内容外，其他内容应与原鉴定意见书一致。

鉴定机构和鉴定人发现所出具的鉴定意见存在错误的，应及时向委托人作出书面说明，由委托人决定后续程序。

（三）鉴定意见的审查

除当事人依法对鉴定意见质疑外，法院应对鉴定意见进行依法审查，这既是程序要求，也是在实体上保证鉴定意见公平合理。《民事证据规定》第36条规定，人民法院对鉴定人出具的鉴定书，应当审查是否具有下列内容：（1）委托法院的名称；（2）委托鉴定的内容、要求；（3）鉴定材料；（4）鉴定所依据的原理、方法；（5）对鉴定过程的说明；（6）鉴定意见；（7）承诺书。鉴定书应当由鉴定人签名或者盖章，并附鉴定人的相应资格证明。委托机构鉴定的，鉴定书应当由鉴定机构盖章，并由从事鉴定的人员签名。

最高人民法院《关于人民法院民事诉讼中委托鉴定审查工作若干问题的规定》第11条规定，鉴定意见书有下列情形之一的，视为未完成委托鉴定事项，人民法院应当要求鉴定人补充鉴定或重新鉴定：（1）鉴定意见和鉴定意见书的其他部分相互矛盾的；（2）同一认定意见使用不确定性表述的；（3）鉴定意见书有其他明显瑕疵的。补充鉴定或重新鉴定仍不能完成委托鉴定事项的，人民法院应当责令鉴定人退回已经收取的鉴定费用。

【司法实务】

问题 1. 鉴定意见已经作出并送达委托法院，申请人能否撤回鉴定申请？

《人民法院司法鉴定工作暂行规定》第 2 条规定："本规定所称司法鉴定，是指在诉讼过程中，为查明案件事实，人民法院依据职权，或者应当事人及其他诉讼参与人的申请，指派或委托具有专门知识人，对专门性问题进行检验、鉴别和评定的活动。"《民事诉讼法》第 76 条规定："当事人可以就查明事实的专门性问题向人民法院申请鉴定……"

对鉴定意见已经作出并送达委托法院，申请人能否撤回鉴定申请问题，实务界存在两种不同观点：

第一种观点认为，当事人有权申请鉴定，当然也有权撤回鉴定申请，此系当事人程序上的处分权。

第二种观点认为，鉴定是为查明案件事实，由人民法院委托对专门性问题进行检验、鉴别和评定的活动，鉴定意见一旦作出并送达委托法院，当事人不得撤回鉴定申请。

笔者认为以上两种观点均不完整。

《民事诉讼法》第 136 条第 4 款规定："需要开庭审理的，通过要求当事人交换证据等方式，明确争议焦点。"鉴定意见属于八大证据中的一种，[①] 一旦鉴定意见作出并送达委托法院，法院应当及时将副本送交当事人，供当事人对鉴定书的内容提异议，[②] 这一过程应属于证据交换。参照证据交换，对鉴定意见已经作出并送达委托法院，申请人申请撤回鉴定，笔者认为应按照以下三种情况进行

① 参见《民事诉讼法》第 66 条第 1 款规定："证据包括：（一）当事人的陈述；（二）书证；（三）物证；（四）视听资料；（五）电子数据；（六）证人证言；（七）鉴定意见；（八）勘验笔录。"

② 参见《民事证据规定》第 37 条规定："人民法院收到鉴定书后，应当及时将副本送交当事人。当事人对鉴定书的内容有异议的，应当在人民法院指定期间内以书面方式提出。对于当事人的异议，人民法院应当要求鉴定人作出解释、说明或者补充。人民法院认为有必要的，可以要求鉴定人对当事人未提出异议的内容进行解释、说明或者补充。"

处理：

一、鉴定意见刚到法院，双方当事人均未收到鉴定意见

《民事诉讼法》第 13 条第 2 款规定，当事人有权在法律规定的范围内处分自己的民事权利和诉讼权利。当双方当事人均未收到鉴定意见，不构成《民事证据规定》第 3 条第 2 款“在证据交换、询问、调查过程中，或者在起诉状、答辩状、代理词等书面材料中，当事人明确承认于己不利的事实”的规定，鉴定申请人撤回鉴定申请属于自身权利处分，但由于鉴定意见已作出，作为鉴定工作对价的鉴定费用，鉴定申请人需要承担。

如最高人民法院在（2019）最高法民申 5522 号“东营市益通房地产开发有限公司、江苏省苏中建设集团股份有限公司（以下简称苏中公司）建设工程施工合同纠纷案”中认为：苏中公司对结算报告“本报告不含未解决的争议问题和安装工程中的甲供材料费”的备注，不能得出苏中公司对工程造价咨询结算报告全盘否定的结论。虽苏中公司在一审诉讼中对该结算报告提出异议，并申请鉴定，但其后又撤回鉴定申请，并向一审法院书面表示认可该结算报告，此是其对自身权利的处分，不属于禁反言的情况。

二、鉴定意见已到法院双方当事人均收到鉴定意见

当事人在收到鉴定意见后申请撤销鉴定的，通常是鉴定意见对己方不利。而鉴定意见属于申请方所提供的证据。《民事证据规定》第 3 条规定：“在诉讼过程中，一方当事人陈述的于己不利的事实，或者对于己不利的事实明确表示承认的，另一方当事人无需举证证明。在证据交换、询问、调查过程中，或者在起诉状、答辩状、代理词等书面材料中，当事人明确承认于己不利的事实的，适用前款规定。”故当鉴定意见已送达法院，且双方当事人均收到鉴定意见时，鉴定意见对鉴定申请者不利的，构成自认，对方无须举证。鉴定申请人要撤销鉴定，须经对方当事人同意。①

三、鉴定意见经双方质证，法院认为应当作为定案依据

《人民法院司法鉴定工作暂行规定》第 2 条规定：“本规定所称司法鉴定，是指在诉讼过程中，为查明案件事实，人民法院依据职权，或者应当事人及其他诉

---

① 参见《民事证据规定》第 9 条规定，有下列情形之一，当事人在法庭辩论终结前撤销自认的，人民法院应当准许：（1）经对方当事人同意的；（2）自认是在受胁迫或者重大误解情况下作出的。人民法院准许当事人撤销自认的，应当作出口头或者书面裁定。

讼参与人的申请，指派或委托具有专门知识人，对专门性问题进行检验、鉴别和评定的活动。”

如最高人民法院在（2015）民申字第1542号“江西佳卓投资管理发展集团有限公司、长业建设集团有限公司与长业建设集团有限公司、丁某平建设工程施工合同纠纷案”中，针对再审申请人“在当事人声明撤回鉴定申请后，法庭仍然以当事人申请鉴定为由委托鉴定，违反了法律规定”的再审理由，认为：根据《民事诉讼法》相关规定，法院在认为需要鉴定的情况下，可以组织鉴定。江西万隆中审工程咨询有限公司关于对景河星宫二标段项目有关工程的造价鉴定意见书采用有效的备案合同《建设工程施工合同》作为鉴定依据。同时，该鉴定书的制作过程与内容，符合相关法律法规的规定，合法有效，故原审将其作为认定该案所涉工程造价的依据并无不妥。原审法院在上述认定事实基础上，以备案的《建设工程施工合同》为依据作出的鉴定结论作为双方结算的工程价款，根据双方的《建设工程施工合同》及履约情况分别计算出应给付的工程款、履约保证金及利息（含利息的起算时间和参照标准），适用法律和裁判结果正确。

实践中，部分法院认为当事人提交证据或者撤回证据是其行使诉权的一种表现形式，当事人可以基于需要选择撤回证据。除此之外，证据本身与案件事实无关联、对方当事人无异议、证据对案件举证、质证并不产生实质影响等均能成为法院支持当事人撤回已提交证据的理由。① 在证据交换过程中，自己提交证据所载明的事实出现于己不利的事实，等同于自认事实，须经对方同意方可撤回，而非任意撤回。最高人民法院民一庭编写的《民事审判实务问答》对于证据是否能够撤回问题，观点如下：对于当事人提出撤回已提供的证据的，应当区分不同情况处理。② 如果当事人申请撤回的证据尚未送交对方当事人，且所要证明的事实不涉及国家利益、社会公共利益或者他人合法权益，法院审查后可予以准许。如果当事人申请撤回的证据复制件或者副本已经递交对方当事人，审判人员应当征询对方当事人的意见，对方当事人表示同意，那么应允许其撤回该证据，对此不再加以审查，视该当事人自始未提供该证据，对方不同意的，则不允许其撤回。

---

① 参见刘洋、陈佳阳：《民事诉讼中的证据撤回问题》，载微信公众号“盈理律师事务所”2021年7月14日，https：//mp.weixin.qq.com/s/bKAbRKTMVHgFKpf7AnXa3w。

② 参见最高人民法院民事审判第一庭编：《民事审判实务问答》，法律出版社2021年版，第259页。

关联判例

满洲里东源房地产开发有限责任公司、南通幸福建设集团股份有限公司与满洲里东源房地产开发有限责任公司、南通幸福建设集团股份有限公司建设工程施工合同纠纷案[①]

（2015）民申字第2814号

【裁判要旨】

虽然申请人撤回鉴定申请，但其在造价咨询公司出具鉴定结论后，在规

① 根据关联判例（2015）内民一终字第00023号案件所记载的查明事实：2011年6月22日，南通幸福建设集团股份有限公司（以下简称幸福公司）与满洲里东源房地产开发有限责任公司（以下简称东源公司）签订《建设工程施工合同》，约定：由幸福公司负责承建东源公司开发的嵯岗镇嘎拉布尔小区综合楼2A#、2B#工程。工程地点为新巴尔虎左旗嵯岗镇，工程内容为土建、安装、消防、给排水工程，工程承包范围为土建、水、电、暖、消防、给排水工程，不包括室外所有附属工程。开工日期为2011年6月20日，竣工日期为2011年12月15日，合同价款约为1200万元。2011年6月5日，双方签订《建筑工程施工合同补充协议》，约定：开工日期为2011年6月5日，竣工日期为2011年12月15日，合同总造价约1200万元。工程总造价执行固定单价平方米包干，地下室为每平方米1200元，一层门市、车库为每平方米1600元，二层至六层为每平方米1240元。工程决算时参照工程价款约定第1条执行，按照实际竣工测绘面积结算。施工中出现的设计变更、现场签证以2009年《内蒙古自治区建筑工程预算定额》及政策性文件为计算标准，以施工图纸、设计变更作为计算依据，造价按照审计部门审定为准。幸福公司承建上述工程后于2011年5月18日开工，施工过程中双方就施工进度发生争议，东源公司于2011年11月1日与幸福公司解除了施工合同。幸福公司施工的嵯岗镇嘎拉布尔小区综合楼工程未全部完工，施工期间东源公司给付幸福公司工程款720万元。案件审理过程中，2012年12月28日，幸福公司申请对嵯岗镇嘎拉布尔小区2A#、2B#楼已完工程量工程造价进行鉴定，原审法院委托正平公司对涉案工程造价进行鉴定。2013年11月4日，正平公司出具工程造价鉴定意见书，鉴定结论为工程造价10339056元。上述鉴定意见书送达双方当事人后，东源公司在规定的时间内提出了异议。2014年5月13日，正平公司出具工程造价鉴定意见书更正，内容为因原鉴定报告中水泥、砂子材料价格未按市场价格调整，故更正后工程造价为10587847元。东源公司对工程造价鉴定意见书更正又提出异议，并申请对未完工程进行鉴定。2014年5月13日，正平公司出具工程造价补充鉴定书，鉴定结论为已完工程造价为10587847元，未完工程造价2674375元，工程总造价为13262222元。未完工程造价占工程总造价的20.17%，已完工程造价占工程总造价的79.83%。东源公司对工程造价补充鉴定书材料价格等再次提出异议。2014年6月27日，正平公司又出具工程造价补充鉴定书，内容为对嵯岗镇嘎拉布尔小区2A#、2B#楼已完、未完工程材料价格调整，鉴定结论为已完工程造价10072346元，未完工程造价2411024元，工程总造价为12483370元。未完工程造价占工程总造价的19.31%，已完工程造价占工程总造价的80.69%。后东源公司以鉴定结论程序严重违法、结论明显依据不足为由提出重新鉴定申请。

定时间内就鉴定结论内容提出异议，一审法院依法委托呼伦贝尔正平建设工程造价咨询有限责任公司（以下简称正平公司）进行工程造价鉴定，并无不当。

【裁判摘要】

最高人民法院认为，本案一审审理期间，东源公司于2012年10月23日申请一审法院对已完工程造价进行鉴定，2012年12月28日，幸福公司提出鉴定申请。2013年1月8日，东源公司撤回了鉴定申请。虽然东源公司撤回鉴定申请，但其在正平公司作出鉴定结论后，在规定时间内就鉴定结论内容提出异议，并在2014年8月6日的一审庭审中提出重新鉴定的申请。此后，还多次对正平公司出具的工程造价补充鉴定意见及工程造价补充鉴定书提出异议。东源公司在一审、二审程序中曾申请司法鉴定、申请重新鉴定以及对鉴定机构出具的鉴定报告依法提出异议。虽然在二审庭审时主张本案系固定价款合同，但其也表示“我方按照法院的要求，要求鉴定机构依据我方提供的鉴定依据进行鉴定”。一审法院依法委托正平公司进行工程造价鉴定，并无不当。东源公司主张鉴定报告违反双方当事人意思自治，侵害了东源公司合法权利，损害其他竞标人利益，没有事实依据，本院不予支持。东源公司的代理人在二审庭审时还提出经其核算，涉案工程“价款一共是1216万元。与当初双方的约定1200万元没有多少有差异……比例错误，我方没有必要考虑最后的结论”。东源公司主张正平公司认定的幸福公司已完工程比例错误，在二审过程中已向正平公司提交相关证据，正平公司未予以采信。其在申请再审过程中也未向我院提交相关证据，本院对其主张不予支持。

问题2. 当事人对鉴定意见不予理睬能否否认其效力？

依据《民事诉讼法》的规定，鉴定意见属于法定八种证据之一，证据必须查证属实，才能作为认定事实的根据。[①]《民事诉讼法司法解释》第103条第1款规定：“证据应当在法庭上出示，由当事人互相质证。未经当事人质证的证据，不

① 参见《民事诉讼法》第66条第1款规定，证据包括：（1）当事人的陈述；（2）书证；（3）物证；（4）视听资料；（5）电子数据；（6）证人证言；（7）鉴定意见；（8）勘验笔录。证据必须查证属实，才能作为认定事实的根据。

得作为认定案件事实的根据。”

在司法实践中，经常出现当事人对鉴定意见不满意时，采取不签收、不理睬的方式，并希望以此否定其效力。当事人对鉴定意见不予理睬能否否认其效力？

随着社会发展和科学技术的提高，专业领域细分程度越来越高，在司法实践中需通过鉴定才能解决认定事实涉及的专门性问题的情况十分普遍。

由于鉴定意见不是在案件发生时自然形成的证据，而是鉴定人运用科学技术或者专门知识对诉讼涉及的专门性问题进行鉴别和判断后所提供的意见，鉴定意见受现有科学技术、鉴定标准、鉴定方法及鉴定人员的认知能力所限，鉴定意见可能会出现相应误差，甚至是错误。故法律充分保证当事人对鉴定意见的质证权利。

《民事证据规定》第 37 条规定：“人民法院收到鉴定书后，应当及时将副本送交当事人。当事人对鉴定书的内容有异议的，应当在人民法院指定期间内以书面方式提出。对于当事人的异议，人民法院应当要求鉴定人作出解释、说明或者补充。人民法院认为有必要的，可以要求鉴定人对当事人未提出异议的内容进行解释、说明或者补充。”当事人在收到鉴定人的书面答复后仍有异议的，可以申请鉴定人出庭作出解释、说明。鉴定人拒不出庭作证的，人民法院可以暂停委托、责令退还鉴定费用，鉴定意见不得作为认定案件事实的根据。人民法院应当建议有关主管部门或者组织对拒不出庭作证的鉴定人予以处罚。对鉴定人不具备相应资格的、鉴定程序严重违法的、鉴定意见明显依据不足的鉴定意见，不得作为认定案件事实的根据。

在依法保障当事人对鉴定意见的质证权利的同时，如果当事人采取不签收、不理睬、不质证行为，属于对质证权利的放弃。参照最高人民法院《关于人民法院民事诉讼中委托鉴定审查工作若干问题的规定》第 4 条规定：“未经法庭质证的材料（包括补充材料），不得作为鉴定材料。当事人无法联系、公告送达或当事人放弃质证的，鉴定材料应当经合议庭确认。”放弃对鉴定意见的质证，不影响鉴定意见的使用。《民事诉讼法司法解释》第 387 条规定，当事人对原判决、裁定认定事实的主要证据在原审中拒绝发表质证意见或者质证中未对证据发表质证意见的，不属于《民事诉讼法》第 207 条第 4 项规定的未经质证的情形。

最高人民法院在（2017）最高法民申 2399 号“长春新星宇建筑安装有限责任公司、吉林省普林松保健用品有限公司建设工程施工合同纠纷案”中，对案涉工程造价鉴定意见书应否予以采信的问题认为：案涉工程造价鉴定意见书是建兴公司在结合双方当事人提交的经过质证的鉴定资料及现场勘查基础上作出的，具有客观真实性，且建兴公司在出具正式的鉴定报告前，多次征求双方意见，长春新星宇建筑安装有限责任公司明确表示拒绝参加鉴定听证会，放弃了针对鉴定报告征求意见稿提出质询的权利。据此，一审法院对工程造价鉴定意见书予以采信，该采信并无不当，予以维持。

二、以鉴代审

| 导读 |

“以鉴代审”作为司法实践中的争议现象，虽非法定概念，却深刻影响着建设工程纠纷等专业性案件的裁判公正。其本质是裁判者对鉴定意见的过度依赖，将本应独立行使的审判权或仲裁权让渡于鉴定机构，导致鉴定权逾越法律边界，形成“专业判断替代司法裁量”的异化格局。这一现象既挑战司法权威，亦可能损害当事人合法权益，急需从法律逻辑与实务操作层面厘清边界。

建设工程纠纷因涉及海量技术数据、复杂合同条款及专业计价规则，常需借助造价鉴定明确争议事实。然而，鉴定意见作为证据的本质属性，决定了其应接受法庭质证与司法审查，而非直接转化为裁判结论。实践中，裁判者若对鉴定范围、合同效力、计价标准等本属法律裁量的事项不加甄别，放任鉴定机构越权认定，或将无须鉴定的争议机械委托鉴定，实则构成对裁判权的消极让渡。此类行为不仅违反《民事诉讼法》《民法典》对司法权公正行使的刚性要求，更可能因鉴定程序瑕疵或结论偏颇引发“二次争议”。

现行法律框架下，鉴定权源于裁判权的委托授权，其行使须严格限定于“专门性问题”范畴。裁判机关对鉴定依据的选定、合同条款的解释、证据材料的认证等核心事项，均负有不可推卸的审查职责。若将鉴定意见视为“免检证据”，回避实质性审查义务，则无异于默许鉴定机构代行司法职能。多地法院判例已明确：鉴定机构擅自组织证据质证、替代认定合同效力或超范围出具意见等行为，均构成程序违法，相关鉴定结论不得作为定案依据。

【术语解读】

“以鉴代审”并非法律概念，在法律中并无准确定义。通常是指在争议案件裁判实务中，裁判者直接或间接将鉴定机构所出具的“鉴定意见”转换成“裁判意见”的行为。

（一）以鉴代审的本质

以鉴代审的本质是把法定的裁判权直接或间接让渡于鉴定人，从而构成委托的鉴定权对法定的裁判权的侵犯。

1. 裁判权

裁判权又称裁决权，其权利来源于法律，裁判权包括法院的审判权和仲裁委的仲裁权。《宪法》规定，中华人民共和国人民法院是国家的审判机关；人民法院依照法律规定独立行使审判权。[①]《仲裁法》第 2 条规定，平等主体的公民、法人和其他组织之间发生的合同纠纷和其他财产权益纠纷，可以仲裁；第 8 条规定，仲裁依法独立进行，不受行政机关、社会团体和个人的干涉。

裁判权体现在对法律的解释权和对案件的裁量权，故案件事实的认定、法律的适用及案件的裁判均属于裁判权。

2. 鉴定权

司法鉴定是指在诉讼活动中鉴定人运用科学技术或者专门知识对诉讼涉及的专门性问题进行鉴别和判断并提供鉴定意见的活动。

《民事诉讼法》第 79 条规定，当事人可以就查明事实的专门性问题向人民法院申请鉴定。当事人申请鉴定的，由双方当事人协商确定具备资格的鉴定人；协商不成的，由人民法院指定。当事人未申请鉴定，人民法院对专门性问题认为需要鉴定的，应当委托具备资格的鉴定人进行鉴定。《仲裁法》第 44 条第 1 款规定，仲裁庭对专门性问题认为需要鉴定的，可以交由当事人约定的鉴定部门鉴定，也可以由仲裁庭指定的鉴定部门鉴定。故司法鉴定权来源于裁判权。

（二）以鉴代审的边际

以鉴代审不是法律概念，没有统一的认定标准。司法实务中，对某一带有鉴定的裁决是否构成以鉴代审明显存在两大观点倾向。一种是以“在带有鉴定的裁决中获得不利结果的当事方”为代表，他们通常把所有不利己方的鉴定或裁判都认为是以鉴代审，包括鉴定人员有无资质，鉴定依据是否充分，有无计算过程，

---

① 《宪法》第 131 条规定：人民法院依照法律规定独立行使审判权，不受行政机关、社会团体和个人的干涉。

甚至鉴定人员答复不能使其满意等；而另一种则是委托鉴定的裁判方，通常以“该鉴定意见程序合法、内容真实”为由采信该鉴定意见，对于当事人针对鉴定意见提出的异议及相关证据，不做实质性审查，而是将相关材料转交给鉴定人，由鉴定人给出答复意见作为直接驳回异议人异议的理由。

笔者认为以上两种观点倾向均不准确。首先，认定以鉴代审的核心是把“鉴定意见”作为“裁判意见”，如果没有把“鉴定意见”作为“裁判意见”，那么无论“鉴定意见”的获得是否违反程序，“鉴定意见”是否准确，都不能构成“以鉴代审”。其次，“以鉴代审”强调的是裁判人员放弃了“审”的权利，把鉴定意见直接转化成裁判意见。如果裁判人员经过法定审理程序认为“鉴定意见”符合其对该案件的认知，并以此作为定案依据，不能认为是“以鉴代审”。相反地，如果裁判人员放弃了“审”的权利，对应该由其认定的事项不履行认定职责，把鉴定意见直接转化成裁判意见，即构成“以鉴代审”。

因此，笔者认为，以鉴代审只有一个评判标准，就是本属于裁判机构的法定裁判权是否被直接或间接让渡于鉴定机构。笔者认为以鉴代审具体表现在以下几个方面。

1. 鉴定行为超出权利边际，且该鉴定意见在裁判结果中得以应用

司法鉴定是对专门性问题进行鉴别和判断并提供鉴定意见的活动，因此，只有超出裁判人员专业认知水平的待证事务才能够委托鉴定。鉴定权源于裁判权，裁判权法定，对鉴定委托必然受到限制，只有在法律允许的范围内才可委托鉴定。现实中却经常出现鉴定权限不明的情况，有些是法院超范围委托，有些则是鉴定机构超范围鉴定。

（1）鉴定范围的确定权属于裁判机关

鉴定的启动通常有两种途径，一种是当事人申请，另一种是法院认为而依职权启动。不论是哪种途径，最终决定是否鉴定的权力都属于裁判机构。《民事证据规定》第 30 条规定，人民法院认为待证事实需要通过鉴定意见证明的，应当向当事人释明，并指定提出鉴定申请的期间。[①] 符合法定必须查明的专门性问题，人民法院应当依职权委托鉴定。而对于当事人主动申请签订，人民法院要对涉及

① 《民事证据规定》第 30 条规定：人民法院在审理案件过程中认为待证事实需要通过鉴定意见证明的，应当向当事人释明，并指定提出鉴定申请的期间。符合《民事诉讼法司法解释》第 96 条第 1 款规定情形的，人民法院应当依职权委托鉴定。

的问题是否属于专门性问题，是否属于必须鉴定进行评估，对于不需要鉴定的，可以根据《民事诉讼法解释》第 121 条第 1 款[①]的规定不予准许。

鉴定权来源于裁判机构的委托，委托的事项、权限和期限均由委托人依法确定。《民事证据规定》第 32 条第 3 款规定，人民法院在确定鉴定人后应当出具委托书，委托书中应当载明鉴定事项、鉴定范围、鉴定目的和鉴定期限。《建设工程施工合同司法解释（一）》第 33 条规定人民法院准许当事人的鉴定申请后，应当根据当事人申请及查明案件事实的需要，确定委托鉴定的事项、范围、鉴定期限等，并组织当事人对争议的鉴定材料进行质证。

因此，鉴定范围的确定权属于裁判机关，若鉴定机构替代裁判机关确定鉴定范围，则构成权利边际的逾越。

（2）鉴定依据的确定权属于裁判机关

建设工程施工领域，由于工期长、金额大、法律关系复杂、涉及利益群体多等情况，经常出现就一个工程签订多份合同的情况，有的有效，有的无效，也可能出现多个有效和多个无效情况，究竟以哪个合同为鉴定依据，是法院及仲裁机构的考量范畴。

根据《民法典》规定，违反法律、行政法规的强制性规定的民事法律行为；行为人与相对人恶意串通，损害他人合法权益的民事法律行为；违背公序良俗的民事法律行为，无效。根据《建设工程施工合同司法解释（一）》的规定，转包，违法分包，无资质、借用资质施工，没有规划许可证手续的工程，以及违反招标投标法规定的合同无效。而认定合同的效力不属于专门性问题，应由法院或仲裁机构直接认定。

鉴定机构应当对有多个具有排斥性的鉴定依据请示委托人予以确定，或裁判机构在委托时予以明确鉴定依据，或者由鉴定机构按照各个鉴定依据逐一鉴定，并将鉴定结果交由裁判机构确认，否则可能造成权利逾越。

（3）计价标准的确定权属于裁判机关

在实务中经常出现建设施工合同对计价标准约定不明，如有的约定合同为固定总价，在任何情况下均不调整，而又约定人工费按照当地政府发布的人工调差信息予以调整；有的约定材料价在任何情况下均不调整，而客观由甲方造成工

---

① 《民事诉讼法司法解释》第 121 条第 1 款规定，当事人申请鉴定，可以在举证期限届满前提出。申请鉴定的事项与待证事实无关联，或者对证明待证事实无意义的，人民法院不予准许。

程延期施工致使材料费大幅上涨造成利益失衡；有的约定固定总价，甲方却未按期支付进度款造成工程未完工而解除合同，不能直接适用已约定的固定总价作为结算。

通常，这些计价标准若双方能够达成一致，则属于双方对自身权利的处分，裁判权利机关无须干涉；如果当事双方无法达成一致，裁判机关可以根据《民法典》及《建设工程施工合同司法解释（一）》的相关规定均衡双方利益综合确定。[①] 这些属于法院或仲裁机构的裁量范围，鉴定机构不宜越权行使认定职责。

（4）合同条款的解释权属于裁判机关

建设工程属于投资大、涉及专业多的行业，故建设施工合同涵盖工期、质量、价款、管理、支付、违约、分包、检验与试验、审批、验收等各个领域，各种条款相互交织，各种权利义务相互制约。建设工程工期长，签约时无法预料的工况、环境等均会引起双方重新签订合同或补充合同。因此，合同与合同之间或同一合同内部各条款之间都难免出现矛盾、歧义或约定不明现象。

对于合同条款中出现的矛盾、歧义或约定不明问题，均可由双方当事主体重新达成一致意见。双方无法达成一致意见，应由法院或仲裁机构依据《民法典》的相关规定，[②] 按照所使用的词句，结合相关条款、行为的性质和目的、习惯以及诚信原则，确定意思表示的含义，不应由鉴定机构进行认定。

（5）证据资料的认定权属于裁判机关

裁判权法定，而裁判权最核心的就是对证据的认定权。民法典、民事诉讼法、民事诉讼法司法解释还是民事证据规定均对此有较详实的规定。但司法实践中依然有鉴定机构代替法院行使证据材料认证权，造成以鉴代审。

如海南省高级人民法院在（2016）琼民终95号“南通长城建设集团有限公司与海南香水湾海滨假日酒店有限公司建设工程施工合同纠纷案”中认为：原审法院在没有对作为涉案工程造价鉴定依据的证据材料进行相应认证的情况下，博泉造价公司又参照南通长城建设集团有限公司并不认可的丰帆咨询公司审核意

① 《民法典》第510条规定：合同生效后，当事人就质量、价款或者报酬、履行地点等内容没有约定或者约定不明确的，可以协议补充；不能达成补充协议的，按照合同相关条款或者交易习惯确定。第511条第2项规定：价款或者报酬不明确的，按照订立合同时履行地的市场价格履行；依法应当执行政府定价或者政府指导价的，依照规定履行。

② 《民法典》第142条第1款规定：有相对人的意思表示的解释，应当按照所使用的词句，结合相关条款、行为的性质和目的、习惯以及诚信原则，确定意思表示的含义。

见，对有关鉴定的证据材料擅自取舍；在当事人针对鉴定意见初稿所依据的有关证据材料提出异议时，博泉造价公司在并无原审法院审判人员参加的情况下擅自组织对有关异议的证据材料进行质证，又在原审法院未对有关异议证据材料进行认证的情况下对鉴定意见进行调整，故博泉造价公司事实上代行了人民法院的审判权，即以鉴代审，严重违反法定程序。

另外，如违约金标准、欠款利息计算标准、工期起止时间的确定、工程交付时间的确定、是否构成擅自使用等均属裁判机构裁判权利范畴，构成裁判权力边际。而衡量鉴定权利边际的标准是裁判机构委托的事项是否是专门性事务，是否有“专业壁垒”，只有在此范围内的事务才可委托鉴定，如在确定工程范围内的工程计量，按照确定计价规则情况下对工程价款进行组价、计价，在委托范围内按照规范的方法对工程质量和工程参数进行鉴定，特定条件下的工期鉴定等。

2. 鉴定行为虽未超权利边际，但裁判机构未经鉴别便对鉴定意见进行采纳

鉴定意见是指具备资格的鉴定人对民事案件中出现的专门性问题，通过鉴别和判断后作出的书面意见。鉴定意见的本质是证据，理论上属于专家证据的一种。对鉴定意见既要进行程序性审查，又要进行实体性审查。

在程序法上，鉴定意见和其他证据一样，都需要裁判者组织双方当事主体对其质证，其能否作为定案依据需要裁判者根据自身经验、知识、逻辑及其他证据，进行全面、客观、综合分析后，形成自我内心确信。例如，新疆维吾尔自治区高级人民法院在（2021）新民终 340 号“中国化学工程第九建设有限公司、新疆美汇特石化产品有限公司等建设工程施工合同纠纷案”中认为，鉴定意见的本质是证据，人民法院除审查其合法性外，还应充分利用当事人的异议和鉴定机构的答复对鉴定意见的科学性、客观性与合理性进行审查，结合在案其他证据及当事人的诉辩意见，对相关专门性问题作出接近客观事实的准确认定，避免以鉴代审。

在实体上，裁判机构应对鉴定过程是否有依据，鉴定内容是否符合规范，鉴定结论是否正确等进行实质性审查，允许当事主体充分质疑，并由鉴定机构对鉴定过程合规性、科学性及结果正确性作合理解释，从而形成法官或仲裁人员的内心确信。对存疑部分，裁判机构应当进行鉴别确定，否则，直接引用鉴定意见，则属于把裁判权让渡于鉴定人，构成以鉴代审。

如常德市中级人民法院在（2015）常民一初字第 11 号“中国建筑第五工程

局有限公司诉常德雨润食品有限公司、常德湘润食品有限公司、常德福润食品有限公司建设工程施工合同纠纷案”中认为，鉴定机构不仅对无争议的工程价款明确列出，还对有争议部分造价 10932406.73 元单独列出。同时说明“鉴于送审证据三性问题，为免以鉴代审，作为争议子目单列计算，请法院进一步认定，若单列争议部分不成立则不增加相应子目，若单列争议部分成立则予以相应增加”。从形式上看，鉴定意见并无不当。但一审判决直接认定：“1. 可确认部分造价为 65627966.25 元；2. 单列争议部分造价 10932406.73 元。共计工程造价 76560372.98 元……”显然，一审判决对鉴定机构的说明未予考虑，未根据双方的证据对鉴定机构单列的争议子目逐一进行判断，属于直接引用鉴定意见，最终二审被湖南省高级人民法院撤销。笔者认为此行为构成以鉴代审。

3. 对不需要的鉴定的随意鉴定，同样构成以鉴代审

是否启动鉴定，必须针对的是裁判者在案件审理过程中对专门性问题缺乏判断认定能力，只有通过鉴定机构利用科学方法和手段方能查明案件事实。因此，是否需要启动鉴定不是依据当事人是否申请，而是基于案件是否需要为前提。主要从以下几个方面予以确定：（1）待证事实与案件是否有关联关系；（2）是否可以通过一般的举证质证予以确定；（3）是否属于专门性问题且需要鉴定的。

如果对本不需要鉴定的待证事务进行鉴定，同样属于把裁判权让渡于鉴定机构，构成以鉴代审。

【司法实务】

问题．鉴定单位根据现有证据确定施工方已完工程范围，是否构成以鉴代审？

《人民法院司法鉴定工作暂行规定》第 2 条规定，本规定所称司法鉴定，是指在诉讼过程中，为查明案件事实，人民法院依据职权或者应当事人及其他诉讼参与人的申请，指派或委托具有专门知识的人，对专门性问题进行检验、鉴别和评定的活动。

因鉴定事项的专业性，法院法官及仲裁委仲裁员通常无法深入了解鉴定材料，如施工图纸、施工组织设计、专项施工方案及人材机计划等。而这些材料又反映施工内容和计价依据，如双方签订的签证，通常被认为计价的依据；双方签字确定的竣工图，通常可认为施工内容。鉴定实务中，鉴定机构通常根据委

托人的指示、在委托人组织下进行现场勘察，并依据经质证的庭审资料和经现场勘察的勘察资料对委托事项进行鉴定，鉴定单位也会根据现有证据确定已完工程范围。

对于鉴定单位根据现有证据确定施工方已完工程范围，是否构成以鉴代审问题，实务界存在两种不同观点：

第一种观点认为，鉴定单位具有独立鉴定权，依据现有证据对完工范围做独立判断，不构成以鉴代审。

第二种观点认为，鉴定单位只能对专业问题进行鉴定，施工方完工范围属于事实认定范畴，该认定权限仅属于法院或仲裁委，鉴定单位根据现有证据确定施工方已完工程范围，构成以鉴代审。

笔者倾向于第二种观点。

“以鉴代审”通常是指在争议案件裁判实务中，裁判者直接或间接将鉴定机构所出具的“鉴定意见”转换成“裁判意见”的行为，其本质是审判权让渡给了鉴定权。鉴定单位根据现有证据确定施工方已完工程范围，法院以此鉴定意见定案的，构成以鉴代审。

一、确定鉴定范围系审判权范围

鉴定权来源于裁判机构的委托，委托的事项、权限和期限均由委托人依法确定。《民事证据规定》第 32 条第 3 款规定，人民法院在确定鉴定人后应当出具委托书，委托书中应当载明鉴定事项、鉴定范围、鉴定目的和鉴定期限。《建设工程施工合同司法解释（一）》第 33 条规定，人民法院准许当事人的鉴定申请后，应当根据当事人申请及查明案件事实的需要，确定委托鉴定的事项、范围、鉴定期限等，并组织当事人对争议的鉴定材料进行质证。

二、鉴定人只能在鉴定范围内鉴定

《建设工程施工合同司法解释（一）》第 31 条规定：“当事人对部分案件事实有争议的，仅对有争议的事实进行鉴定，但争议事实范围不能确定，或者双方当事人请求对全部事实鉴定的除外。”争议事实范围是法院依法查明案件事实后确定的，属于法院职能范围。鉴定事项、鉴定范围、鉴定目的由裁判者确定并告知鉴定人，鉴定人不能自行扩大或缩小鉴定范围。鉴定人只能运用科学技术或者专门知识对诉讼涉及的委托人所委托的专门性问题进行鉴别和判断并出具鉴定意见。

因此，鉴定范围的确定权属于裁判机关，鉴定机构替代裁判机关确定鉴定范围，构成权利边际的逾越。鉴定意见只是证据的一种，是专业机构针对相关专门性问题出具的专业意见，与其他证据形式在本质上并无区别，人民法院可以根据案件情况决定是否采信鉴定意见，以及对其中哪一部分予以采信。[①]

关联判例

甘肃华澳铁路综合工程有限公司、宁夏灵武市陆港物流集团有限公司建设工程施工合同纠纷案

（2018）最高法民终 861 号

【裁判要旨】

鉴定意见书关于“依据现有证据不能认定原告已完工程数量及价款”的结论属于以鉴代审，应不予采信。

【基本案情】

2013 年 12 月 26 日，甘肃华澳铁路综合工程有限公司（以下简称华澳公司，承包人）与宁夏灵武市陆港物流集团有限公司（以下简称陆港公司，发包人）签订《施工合同》，约定由华澳公司承建宁夏灵武陆港物流园区铁路专用线工程施工图纸的全部内容（包工包料）。合同约定承包范围、工期、质量标准、计价标准、价款支付等内容。2014 年 9 月 1 日，华澳公司与陆港公司签订《补充合同》，合同约定部分新增项目。（其他事项略）

后因发生争议诉至法院，一审法院委托陕西时代工程项目管理有限公司对案涉工程的工程量及工程造价进行了鉴定。经鉴定，双方无争议部分工程造价 43282729 元；有争议部分工程造价 1818862 元。鉴定意见书记载：“证据不足争议项，华澳公司诉求金额为 2208124 元，陆港公司认可 627325 元，现场勘查实际已完工程金额 1818862 元，具体如下：1. 原合同内管网工程；2. 补充合同 2 项目——新增给水外线工程。以上两项内容，由于原、被告双方对已完工程量统计存在较大差异，经二次现场勘验，虽然确定了已完工程

① 参见江苏南通三建集团股份有限公司与重庆双益肉类加工有限公司加工合同纠纷案，最高人民法院（2017）最高法民申 2775 号民事裁定书。

实际数量，但由于原告未能提供已完工程量的过程验收资料，且被告认为部分已完项目为第三方施工单位完成，依据现有证据不能认定原告已完工程数量及价款。”

【裁判摘要】

最高人民法院认为，鉴定意见书记载：“证据不足争议项，施工单位诉求金额为2208124元，建设单位认可627325元，现场勘查实际已完工程金额1818862元，具体如下：1.原合同内管网工程；2.补充合同2项目——新增给水外线工程。以上两项内容，由于原、被告双方对已完工程量统计存在较大差异，经二次现场勘验，虽然确定了已完工程实际数量，但由于原告未能提供已完工程量的过程验收资料，且被告认为部分已完项目为第三方施工单位完成，依据现有证据不能认定原告已完工程数量及价款。”本院认为，根据鉴定意见书记载内容，施工单位与建设单位对争议项中已完工程量存在争议，但鉴定意见书关于“依据现有证据不能认定原告已完工程数量及价款”的结论属于以鉴代审，应不予采信。鉴于鉴定意见书所列证据不足争议项对应的工程量属于案涉《施工合同》《补充合同》约定的工程量，而在华澳公司曾对上述合同约定的工程进行施工的情形下，陆港公司主张鉴定意见书所列证据不足争议项对应的工程量系第三方施工完成，对此陆港公司应承担相应的举证责任，但陆港公司未提交相应的施工合同或竣工结算文件且其在二审庭审时陈述无证据证实前述工程量系由第三方施工完成，故陆港公司应承担举证不能的责任，其关于鉴定意见书中证据不足争议项1818862元应从一审判决确定的欠付工程价款中予以扣除的上诉主张不能成立。

致　谢

本书的完成，得益于上海市锦天城律师事务所同仁的支持，尤其是建设工程团队在实务案例与行业洞察上的无私分享。感谢法律出版社田浩编辑的严谨审校，以及多位造价专家对技术细节的核验。

特别感谢锦天城律所及各位领导的鼎力支持，尤其是顾功耘主任拨冗赐序，其高屋建瓴的指导为本书增色良多；感谢锦天城律师学院的倾情赞助；感谢团队徐慧、程浩、倪璐、宋婧、裴蕾、王海峰及各位小伙伴的辛勤付出；感谢西安仲裁委仲裁研究院刘红院长的专业指导；感谢注册会计师李新老师对本书财税领域的专业审校；衷心感谢西北政法大学博士生导师李其瑞教授、董少谋教授及我的导师肖福禄教授在学术与实务上的宝贵建议。特别感恩我的家人多年来的理解与支持，你们是我最坚实的后盾。

囿于学识能力，书中疏漏谬误、挂一漏万、思虑未周、论证未臻之处，恐在所难免，谨此深表歉意。殷切期待读者的批评与修改建议，俾使本书得以逐步完善，在此先行谢忱！

最后，谨以此书献给所有在建设工程领域追求专业融合与实务精进的同行者——愿我们共同推动法律与造价的无缝衔接，为行业的高质量发展注入更多理性之光。

单春利

2025 年 5 月于西安